rororo

Über den Verfasser

Vladimir Biti, geboren 1952, studierte Vergleichende Literaturwissenschaft und Südslavische Sprachen und Literaturen an der Universität Zagreb (Kroatien). Habilitation 1981. Seit 1988 Professor am Lehrstuhl für Literaturtheorie der Abteilung für kroatische Sprache und Literatur der Philosophischen Fakultät in Zagreb. Seit 1985 Forschungsstipendium der Alexander von Humboldt-Stiftung; seither mehrere Forschungsaufenthalte in Konstanz, Göttingen, München, Bochum, Mannheim. Mitglied des Herausgeberrats mehrerer Fachzeitschriften. Seit 1992 Koordinator der offiziellen Kooperation zwischen dem Slavischen Seminar der Universität Hamburg und der Abteilung für Kroatistik der Universität Zagreb. Seit 1994 Mitglied des Executive Committee der *International Association for Semiotic Studies*; 1998 Sekretär, seit 2001 Präsident des Committee for Literary Theory der *International Comparative Literature Association*. Er erhielt den großen Preis der Kroatischen Akademie der Wissenschaften und den Preis der Matrix croatica für Wissenschaft. – Mehrere Buchveröffentlichungen, u. a. (mit D. Burkhart) *Diskurs der Schwelle. Aspekte der kroatischen Gegenwartsliteratur* (Frankfurt et al. 1996); das hier zugrunde liegende «Vokabular der gegenwärtigen Literaturtheorie» (*Pojmovnik suvremene književne teorije*; 2., ergänzte und erweiterte Aufl. 2000) erschien zuerst 1997 in Zagreb; von führenden kroatischen Literaturwissenschaftlern wurde es zum theoretischen Buch des Jahrzehnts ernannt.

Vladimir Biti

Literatur- und Kulturtheorie

Ein Handbuch gegenwärtiger Begriffe

Deutschsprachige Redaktion
Ljiljana Šarić und **Wiebke Wittschen**
unter Leitung von **Rainer Grübel**

rowohlts enzyklopädie
im Rowohlt Taschenbuch Verlag

rowohlts enzyklopädie
Herausgegeben von Burghard König

Deutsche Erstausgabe
Veröffentlicht im Rowohlt Taschenbuch Verlag GmbH,
Reinbek bei Hamburg, November 2001

Die Originalausgabe erschien 1997 (2. Aufl. 2000)
unter dem Titel «Pojmovnik suvremene
književne teorije» im Verlag Matica hrvatska, Zagreb
Umschlaggestaltung any.way, Walter Hellmann
Satz aus der Aldus PostScript, PageOne
Gesamtherstellung Clausen & Bosse, Leck
Printed in Germany
ISBN 3 499 55631 6

Inhalt

Vorwort

Die Literatur, wie wir sie kennen, ist eine moderne Erscheinung. Erst an der Schwelle zum 19. Jahrhundert gewannen jene besonderen Maßstäbe ihres Schaffens und Verstehens Gestalt, mit deren Hilfe sie begann, sich in den entwickelten Schichten entwickelter Gesellschaften der bisherigen religiösen, moralischen und pädagogischen Aufsicht zu entziehen. Seither musste noch ein ganzes Jahrhundert bis zur Entstehung einer Literaturwissenschaft vergehen, die diese Maßstäbe einer systematischen Betrachtung unterzog. So erstreckt sich die *Gegenwart*, welche die Spannweite der Probleme dieses Buchs umfasst, im Grunde genommen auf das 20. Jahrhundert. Und wenn man bei der Präsentation einzelner Begriffe aus der Tradition der europäischen Poetik nach Konzepten von Philosophen der Antike oder der Romantik greift, so geschieht dies um eines besseren Verstehens jener Veränderungen willen, welche die Gegenwart in ihre Gestaltung eingeschrieben hat. Dort, wo ich der Auffassung war, dass ein bestimmter Begriff im 20. Jahrhundert keiner beträchtlichen Revision unterzogen wurde, habe ich ihn nicht aufgenommen.

Zu diesem ersten selektiven Filter kommt ein weiterer, der die Betrachtungsweise betrifft. Der Blickpunkt, von dem aus die Gegenwart betrachtet wird, wurde erst mit der Mitte der 60er Jahre des 20. Jahrhunderts eingeführt. In dieser Zeit markiert die Entstehung der *literarischen Theorie* (literary theory) den Anfang einer intensiven Selbstreflexion der Literaturwissenschaft. Von der traditionellen *Literaturtheorie* unterscheidet sich die literarische Theorie dadurch, dass sie die konstitutive Grenze zwischen Wissenschaft und Literatur in Frage stellt, indem sie auf die Doppeldeutigkeit bzw. Wechselseitigkeit des Verhältnisses zwischen dem Analytiker und dem literarischen Text hinweist. Dank dessen nennt sie sich selber doppeldeutig «literarisch». Eine solche theoretische Wende bringt das gesamte Begriffssystem der Disziplin ins Schwanken, indem sie in ihr eine «Grundlagenkrise» verursacht. Es entsteht eine Vielzahl konkurrierender Ansätze, die sich von nun an nur untereinander messen können, keinesfalls aber an einem gemeinsamen Gegenstand, der mit dem Verlust des Konsenses verschwunden ist.

Aus dieser Sachlage gewinnt die Auswahl der hier präsentierten Begriffe an Profil, aus ihr entwickelt sich die Argumentation, die ihnen gewidmet ist. Von vornherein wird freilich die Annahme ausgeschlossen, dass diese Auswahl und diese Argumentation die einzig mögliche sei. Der Zustand der gegenwärtigen literarischen Theorie ist dermaßen komplex und so schwer zu überblicken, dass niemand sie weiterhin auf eine einsichtige Weise darstellen kann. Ein jeder muss seine Gattung auswählen und in ihr seinen eigenen *itinéraire*. Wie sehr die so entstandenen Überblicke sich voneinander unterscheiden, davon kann sich der/die Leser/in überzeugen, der/die sich entscheidet, einige Handbücher mit ähnlichem Anspruch durchzublättern (vgl. dazu das *Literaturverzeichnis*). Nicht nur, dass die Auswahl der Begriffe von gegensätzlichen Perspektiven vorgenommen wird, nicht nur, dass einem und demselben Begriff unterschiedliche Aufmerksamkeit zuteil wird, und nicht nur, dass Schulen und Richtungen verschiedenen Status genießen und unterschiedlichen Raum erhalten, auch ist die Argumentation von Fall zu Fall ganz und gar andersartig.

Das Handbuch wird also notwendig ein Autorenbuch sein, das nicht weniger vom Ort, von der Zeit und von den Umständen Zeugnis ablegt, unter denen es geschrieben worden ist, als von meinen eventuellen theoretischen und weltanschaulichen Neigungen. Dies impliziert leider unzählige Beschränkungen, die mit meinen Fachpräferenzen und meinem Fachwissen zusammenhängen, wie viel Mühe auch immer ich mir gegeben habe, Letzteres zu diesem Zweck zu erweitern und zu vervollständigen. Ich bin mir bewusst, dass es mir in vielen Fällen, besonders dort, wo es sich um Begriffe handelt, die außerhalb meines bisherigen Interesses liegen, nicht gelungen ist, der Komplexität der Anforderungen zu entsprechen. Es bleibt mir die Hoffnung, dass die unangenehmen Versäumnisse, zu denen wohl jeder verurteilt ist, der sich selber auf ein Unternehmen dieser Art einlässt, kompensiert werden durch die Gleichmäßigkeit der Darstellung in allen Schlagwörtern – die wiederum in durch Teamarbeit geschaffenen Sammelwerken fehlt. Darauf ist es mir deshalb so sehr angekommen, weil mein Buch eine Einführung in die literarische Theorie auch durch seine Denkweise sein möchte.

Insbesondere habe ich mich bemüht, das Handbuch dem aktuellen Stand der Theorie anzupassen, den nicht nur die so genannte kulturale, sondern auch die ethisch-politische Wende kennzeichnet. Die anscheinend unversöhnlichen Unterschiede zwischen den Schulen haben den «Kontaktzonen» zwischen ihnen Platz gemacht, d. h. Problembrennpunkten, an denen sich gleichzeitig Einsichten austauschen und Zusammenstöße anbahnen. Die theoretischen Schulen haben ihre Homogenität eingebüßt, indem sie von inneren Spaltungen befallen wurden. Bis vor kurzem unbestreitbare Größen und unantastbare Begriffe haben eine Umdeutung in neue, unerwartete Richtungen erlebt. Ein derartig hoch sensibilisierter Stand der Dinge ist unter anderem dem so genannten *cultural turn* zuzuschreiben, der jedwede Theorie mit einem kulturellen Index versehen hat, um dadurch ihre Reichweite einzugrenzen. Nicht also nur literarisch, Theorie erweist sich heutzutage auch *kulturell* in dem Sinn, dass sie aus sich stillschweigend eine andere Theorie als *nichtkulturell* ausschließt, unwert der Aufmerksamkeit und Beschäftigung mit ihr, und gerade das ist die Art und Weise, wie die ethisch-politische Dimension in sie eindringt. Die heutige Theorie befasst sich mit Literatur und Kultur in vollem Wissen davon, dass beide sich zuvor schon mit ihr beschäftigt haben, wobei sie ihren Horizont, den Ort des Sprechens und das Vokabular imprägniert haben. Dabei ist übrigens die gleichzeitige Zugehörigkeit der Theorie einerseits zum literarischen, d. h. ästhetischen, und andererseits zum kulturellen, d. h. ethisch-politischen, Feld gekennzeichnet durch den dauerhaften inneren Antagonismus zwischen diesen Feldern – die eine Zugehörigkeit erzeugt die Bedingung der Unmöglichkeit der anderen, indem sie ihre endgültige Konstituierung behindert. Auf diese innere Spaltung der Theorie wollte ich unter anderem mit der Zweideutigkeit (vor allem in der Originalsprache) meines Titels * hinweisen.

Es ist sicherlich kein Zufall, dass die Übersetzung meines Buchs gerade in Deutschland erscheint. Aufgrund des Stipendiums der Alexander von Humboldt-Stiftung, das ich zum ersten Mal im Jahre 1985 erhalten habe, habe ich mit einer breit angelegten Forschung in den deutschen Universitätsbibliotheken angefangen, die seither dank demselben Stipendium mehrmals fortgesetzt werden konnte. An dieser Stelle möchte ich an die Alexander von Humboldt-Stiftung meinen recht herzlichen Dank dafür richten. Der letzte derartige Forschungsaufenthalt, im Jahre 1998 im Slavischen Seminar der Universität Mannheim, als die Idee der deutschen Übersetzung schon reif war, hat dank der vielseitigen Unterstützung von Professor Dagmar Burkhart zur Durchsetzung des Projekts wesentlich beigetragen. Ihr gilt mein besonderer Dank. Vielen anderen Personen bin ich aber zu einem ebenso großen Dank verpflichtet: der Lektorin meines kroatischen Verlags Matica hrvatska, Frau Jelena Hekman, nicht nur weil sie die finanzielle Unterstützung für die deutsche Übersetzung gesichert, sondern weil sie dieses Projekt auf jedem seiner Schritte beharrlich unterstützt hat; Professor Rainer Grübel, der sich mit seinen verdienstvollen Oldenburger Mitarbeiterinnen Wiebke Wittschen und Ljiljana Šarić in einer kritischen Phase bereit erklärt hat, die Redaktion der deutschen Übersetzung zu übernehmen und das Projekt zu Ende zu bringen; den Übersetzern und Übersetzerinnen für ihre kompetente und aufmerksame Arbeit.

Zum Schluss, aber keineswegs zum Geringsten, haben meine Söhne Ozren und Neven, ohne es zu wissen, zum Vollenden des Handbuchs wesentlich beigetragen. Sie haben mir mit ihrer erstaunlichen Ausdauer und Freude gezeigt, wie ich mich, trotz aller Achtung vor der Schwierigkeit der Situation, in die wir

* Das Original hat im Kroatischen den Titel *Pojmovnik suvremene književne i kulturne teorije*, was bei wörtlicher Übersetzung *Begriffswörterbuch der gegenwärtigen literarischen und kulturellen Theorie* heißt.

manchmal, ohne es zu wollen, geraten, in keinem Augenblick davon beeindrucken lassen darf. Zum Zeichen meines Dankes und meiner Liebe widme ich ihnen mein Buch.

Zagreb, Februar 1997/September 2000/Juni 2001 *Vladimir Biti*

Vorwort zur deutschen Ausgabe

Sachwörterbücher dienen als Nachschlagemittel dem praktischen Zweck, handliche Informationen über ein in Begriffe zerlegtes Wissen zu vermitteln; dies gilt auch für Handbücher einer Theorie, wenn sie als Glossar angelegt sind. Zugleich archivieren sie zum jeweiligen Zeitpunkt in lexikalischer Ordnung ein paradigmatisches Selbstmodell der jeweiligen Wissenschaft. Wissensräume und Problembezüge, Theoriehorizonte und Methoden werden in ihnen weniger diskursiv entfaltet als in sachgerecht gegliederte, mehr oder weniger äquivalent gesetzte Lemmata zerteilt und alphabetisch aneinander gereiht. So erfüllen sie die beiden Grundbedeutungen des griechischen Ausdrucks *Lemma*: Als Gesendetes erheben sie Anspruch darauf, *Voraussetzung* zu sein (z. B. für künftiges Sprechen über das Sachgebiet), als Empfangenes versprechen sie *Nutzen* (etwa bei der Orientierung in einem unübersichtlichen Begriffsfeld). Ihr Gebrauchswert für den Empfänger hängt wesentlich ab vom Vermögen, das vorausgesetzte Fachgebiet modellhaft zu vergegenwärtigen.

Anders als etwa das «Reallexikon der deutschen Literaturwissenschaft» (genauer wäre wohl: ‹der deutsch*sprachigen* Literaturwissenschaft›), dessen Titel dem Gemeinschaftswerk vieler Gelehrter eine bezeichnende ethnisch-sprachliche Selbstbeschränkung auferlegt, zielt Vladimir Bitis *Literaturtheorie* als Werk eines einzelnen Verfassers auf eine globale Theorie der Literatur, die sich regionaler Einschränkung folgenreich verweigert. Dies macht sie ungeachtet der Einzelautorschaft vielsprachig und vielstimmig, und es lässt sie auf andere Weise übersetzbar werden als das zuvor genannte Werk. Berücksichtigt sind im vorliegenden Handbuch nicht nur französische, angloamerikanische und deutsche, sondern auch englische und russische, polnische, tschechische, kroatische und slowakische Theoretikerinnen und Theoretiker. Erstmals verbindet ein Begriffswörterbuch der aktuellen Literaturtheorie somit östliche und westliche Entwürfe aus den Quellen und strebt statt räumlicher Eingrenzung die Zuspitzung auf Gegenwart und jüngste Vergangenheit an. So tritt innerhalb der topischen Gliederung durch das Alphabet eine historische Segmentierung in Kraft, die auf den disputativen Reiz des Aktuellen setzt. Dies stellt die Übersetzung freilich vor nicht geringe terminologische Schwierigkeiten, da viele Originale in deutscher Sprache noch gar nicht vorliegen.

Das «Handbuch gegenwärtiger Begriffe» hat das terminologische Feld – auch darin anders als das «Reallexikon» – konsequent von der Sache her auf die *Literatur- und Kulturtheorie* eingeschränkt. Das Zeitfenster öffnet sich in das zwanzigste Jahrhundert, bezieht in das gebotene Panorama aber nur ein, was noch an der Jahrhundertwende als wirksam erkennbar ist. Begriffe aus der Antike, dem Mittelalter und der Neuzeit wie «Anagramm», «Divination», «Ironie», «Paradox», «Prolepse» oder «Subjekt» sind dann aufgenommen, wenn sie im ausgehenden 20. Jahrhundert eingreifend und nachhaltig neu bestimmt worden sind. Termini wie Burkes «symbolic action», Lukács' «Totalität», Sartres «littérature engagée», Staigers «Vergegenwärtigung», Kaysers «Groteske», Flakers «stilska formacija», die zu ihrer Zeit die Streitgespräche über die Literatur und ihre Theorie geprägt haben, bleiben dagegen ausgespart, weil sie in den gegenwärtigen Diskussionen kaum mehr eine Rolle spielen. Dies gilt für die deutsche Situation nicht weniger als für die kroatische.

Im Unterschied zu den Herausgebern des *Reallexikons der deutschen Literaturwissenschaft* verzichtet Biti auf die Trennung von Ausdrucks-, Begriffs- und Sachgeschichte; er strebt also keine umfassende *historia notionis* an. Wichtig ist hier, *wann* und *wie* der für ein Sachproblem signifikante Begriff in die heute noch aktuelle Diskussion Eingang gefunden und wie er sich in ihr entfaltet hat.

Unter den am häufigsten genannten Autoren – M. Bachtin, R. Barthes, J. Culler, J. Derrida, U. Eco, M. Foucault, G. Genette, A. J. Greimas, R. Jakobson, J. Kristeva, J. Lacan, C. Lévi-Strauss, N. Luhmann, P. Ricœur, F. de Saussure, T. Todorov – finden sich nur wenige Literaturwissenschaftler im engeren Sinn. Dies zeigt, in welchem Maß sich die Theorie(n) der Literatur im vergangenen Zentennium von Nachbarwissenschaften haben bestimmen lassen: von Linguistik und Ethnologie, von Sozialwissenschaften, Psychologie und Ästhetik, und es erforderte bei der Übertragung nicht selten Ausgriffe in die Terminologien benachbarter Wissenschaften.

Der deutschen Ausgabe wurde die im Jahr 2000 in Zagreb erschienene zweite Auflage des *Vokabulars gegenwärtiger literarischer und kultureller Theorie* (*Pojmovnik suvremene književne i kulturne teorije*, zuerst Zagreb 1997: *Pojmovnik suvremene književne teorije*) zugrunde gelegt. Bei der Übertragung der einzelnen Lemmata ins Deutsche, die zur Wahrung der Aktualität nur als Gemeinschaftsleistung möglich war, ergab sich eine Reihe von Fragen. So ist die kroatischsprachige Sekundärliteratur dem deutschsprachigen Leser in der Regel unzugänglich, sodass hier im Ausnahmefall eine Literaturangabe zu streichen war. Auf ein Sachregister wurde nicht allein aus Umfangsgründen verzichtet: Einzelverweise in den Artikeln und regelmäßige Querverweise am Ende der Lemmata erschließen die begrifflichen Zusammenhänge unseres Erachtens hinreichend.

Wie das Original übersetzt die deutsche Ausgabe nahezu alle fremdsprachigen Zitate. In wenigen begründeten Fällen haben wir auch bei slavischsprachigen Ausdrücken den Terminus im Original beibehalten (z. B. «Skaz» – erzählte Rede). Der Verzicht auf die Seitenangaben bei Quellennachweisen im Original führte nicht selten zur Notwendigkeit der Paraphrase, da übersetzte Übersetzungen nicht als Zitate ausgegeben werden sollten.

Im Sinne der internationalen Orientierung des Begriffswörterbuchs galt es, den deutschen Lemmata ihre englischen, französischen und russischen Äquivalente möglichst vollständig zur Seite zu stellen. Auf besonderen Wunsch des Verfassers wurde kroatisch «praksa» in bestimmten Kontexten nicht mit deutsch «Praxis», sondern mit «Praktik» wiedergegeben.

An der Durchsetzung der Idee einer deutschen Ausgabe dieses Handbuchs der modernen literaturtheoretischen Begriffe hatte Frau Prof. Dr. Burkhart (Mannheim) keinen geringen Anteil. Die deutsche Fassung wurde dank der finanziellen Unterstützung durch den Zagreber Verlag Matica hrvatska ermöglicht. An den zahlreichen Korrekturen und der Umstellung der Bibliographie wirkten Frau Andrea Eggers und Frau Ingrid Niehoff-Schulz mit.

Den Übersetzern, deren Arbeit durch die Vielzahl der einbezogenen theoretischen Standpunkte und die Vielfalt der herangezogenen Terminologien gewiss nicht einfach war und deren Anteil durch ein Verzeichnis aufgelöster Kürzel nachgewiesen ist, sei für ihre kontinuierliche Mitwirkung gedankt. Besondere Anerkennung verdient die Geduld von Frau Dr. Ljiljana Šarić (Leipzig, zuvor Oldenburg) und Frau Wiebke Wittschen, M. A. (Oldenburg), da sie als Mitglieder der Redaktion die erforderlichen Verbindungen zu den Übersetzern, zum Rowohlt Verlag, zum Verlag Matica hrvatska und zum Verfasser der Originalausgabe aufrechterhielten. Der Verfasser hat die revidierten Übersetzungen zum Schluss dankenswerterweise noch einmal durchgesehen. Nicht weniger Dank schulde ich dem Herausgeber von *rowohlts enzyklopädie*, Herrn Dr. Burghard König, der das Erscheinen dieses Buchs durch seine Erfahrung, seinen klugen Rat und seine stetige Zugewandtheit befördert hat.

Oldenburg, im Mai 2001 *Rainer Grübel*

Anleitung zum Gebrauch

Alle Stichwörter sind mit fremdsprachigen Bezeichnungen des Begriffs versehen, wobei zumindest diejenigen Sprachen berücksichtigt worden sind, in denen die gegebenen Begriffe am häufigsten verwendet wurden.

Durch Querverweise (→) sind am Ende eines jeden Stichworts Begriffe bezeichnet, die mit dem dargestellten Begriff eine Art von Bedeutungs- oder Theorie-Familie bilden. Da solche Familien oft sehr zahlreich sind, habe ich die Zahl der Querverweise zugunsten der Übersichtlichkeit auf jeweils fünf Begriffe beschränkt. Bezüglich dieser Zahl der Querverweise bilden Stichwörter eine Ausnahme, in denen Theorieschulen und -richtungen dargestellt werden. Ich bin so vorgegangen, damit der/die an einer einzelnen Konzeption interessierte Leser(in) durch jenes ganze Begriffssystem in die Fährte eintreten kann, mit dem diese Entwürfe in dem Buch eingestuft sind. Es gibt Fälle, in denen ich die Konzeption in Stichwörtern bearbeitet habe, die durch ihren Schlüsselbegriff bezeichnet sind (z. B.: archetypische Kritik unter *Archetyp*, Rezeptionstheorie unter *Rezeption*, Systemtheorie unter *System*, Dialogkritik unter *Dialog*).

Am Anfang des Buchs findet sich ein Verzeichnis der Stichwörter, das die Orientierung erleichtern soll.

Stichwörter von A bis Z

Abduktion

(engl., franz. abduction, russ. abdukcija)

Begriff des amerikanischen Philosophen und Pragmatisten Peirce, eines der Begründer der Semiotik *avant la lettre*. Er verwendete den Begriff der A. abwechselnd mit dem der *Retroduktion*, um das hypothetische Wahrnehmungsurteil zu bezeichnen, mit dem jede logische Urteilsbildung beginnt. Während die Induktion der *Gewohnheit* entstammt, wird die A. aus einem Gefühl heraus erzeugt, wobei sie ein einzigartiges Gemisch hervorbringt, dessen Hauptbestandteile Unmotiviertheit, Allgegenwärtigkeit und Glaubwürdigkeit sind. Der menschliche Gedanke projiziert nämlich bei der ersten Berührung mit irgendeiner komplexen Erscheinung ohne Interesse an einer eventuellen Unterstützung von außen und überzeugt von der eigenen Richtigkeit – analog zum animalischen Instinkt – blitzartig eine Wahrscheinlichkeit in Form eines Urteils über diese Erscheinung. Die Häufigkeit, mit der sich diese Wahrscheinlichkeit als tatsächlich und zutreffend erweist, stellt praktisch eines der größten Wunder des Weltalls dar, schließt Pierce, wobei er die A. als «natürliches Licht» *(il lume naturale)* bezeichnet. Die A. bildet für ihn überdies ein «göttliches Privileg», das der Mensch beständig zu pflegen hat.

Die A. auf der Suche nach einer Theorie, die jene Tatsachen erklären könnte, geht von (überraschenden) Tatsachen aus, und dadurch wird die A. der Deduktion gegenübergestellt, die ihrerseits bei der Suche nach bestätigenden Tatsachen (Fällen) von einer hypothetischen Theorie (von Regeln) ausgeht. Da jedoch die A. der Empfindung, dem «Akt der Einsicht» und einer «blitzartigen Ahnung» entstammt, sind die Tatsachen, die sie zu Beginn wahrnimmt, nicht (wie jene, nach denen die Deduktion forscht) offensichtlich, sondern unerwartet, marginal, unbedeutend. Es sind dies Spuren, Widerscheine, Andeutungen, die ein konjekturales (mutmaßendes) Nachsinnen durch das «Abwickeln» in Richtung seiner Verursacher erfordern. Im Einklang damit definiert Eco (1990) die A. als einen «Vorgang, der es uns ermöglicht, bei einer Semiose schwierige Entscheidungen zu treffen, wenn wir unklaren Anweisungen folgen». Der dechiffrierende Charakter verbindet die A. mit den archaischen Künsten des Jägers, Arztes, Astrologen, Navigators, Alchemikers und Physiognomen, die im 20. Jh. beispielsweise in der Psychoanalyse, der Kriminalistik, in den Techniken der Attribution von Kunstwerken oder dem Indizienparadigma der sog. Schule der Mikrogeschichte wiederbelebt wurden, während sie in der Literaturtheorie, z. B. in der Semiotik, der Dekonstruktion, in der feministischen und marxistischen Kritik wieder zu finden sind. In der Semiotik stellt die A. einen untrennbaren Teil etwa von Greimas' Begriff der isotopischen Umlaufbahn *(parcours isotopique)* oder Ecos Begriff des schlussfolgernden Spaziergangs *(passeggiato inferenciale)* dar, und in der Dekonstruktion finden wir sie im Umfeld der Dissemination, der Pfropfung oder des Rahmens, in der marxistischen Kritik im sog. Symptomlesen und in der feministischen, der afroamerikanischen Kritik oder etwa dem Neuen Historismus in der analogen Projektion des Anderen. (S. R./Z. Z.)

→ Divination, Index, Isotopie, Semiose, Übertragung

Abgründigkeit

(engl. ungroundedness, groundlessness, franz. mise-en-abîme, russ. bespočvennost')

Der Begriff stammt aus der Heraldik und bezeichnet eine Figur, die in das Wappen auf dem Schild gemalt ist und in Miniaturausführung die Figur des ganzen Schildes wiedergibt. A. ist verbunden mit der postmodernen (dekonstruktivistischen und poststrukturalistischen) Lektüre des Textes, wo sie im engsten Sinn auf den Teil des Textes verweist, der einen konstitutiven Aspekt seiner Ganzheit widerspiegelt (Dällenbach 1977). In einem etwas weiteren Sinn meint der Begriff ein selbstentmachtendes Verfahren, durch welches ein beliebiger Text einen seiner Teile in eine Ganzheit verwandelt (sein Inneres in sein Äußeres verkehrt) oder seine Ganzheit in einen Teil transformiert (sein Äußeres in sein Inneres dreht) – beide Male erfolglos. Im weitesten Sinn berührt sich A. mit Schlüsselbegriffen der sog. postmodernen Theorie wie Grundlagenkrise, Kontingenz, Antifundationalismus und Antiessenzialismus.

1. Wenn es um die Frage der Überordnung von Teilen einer Ganzheit geht, behandeln die Dekonstruktionisten und Poststrukturalisten meistens die Randzonen des Textes, seine Para- oder Transtextualität (Genette 1982), nämlich Titel, Untertitel, Gattungsbezeichnung, Name bzw. Unterschrift des Autors, Kapitel-Synopse u. Ä., die, obwohl scheinbar unwichtig und bei der Lektüre gewöhnlich vergessen, den Rahmen für das Verstehen des Textes bilden. Die Art und Weise der Einschreibung dieser «Fremdkörper» des Textes in sein Inneres, wo sie ihre Aufgabe der selbstreferenziellen Einrahmung erfüllen sollen, veranschaulicht Derrida mit den Begriffen Pfropfung *(greffe)*, Bug oder Falte *(pli)* bzw. «invaginierte/inkorporierte Tasche» *(poche)*. Dabei vergisst er nicht hinzuzufügen, dass jede derart bewirkte Kontextuierung auch selbst wieder die Ergänzung, das Supplement *(supplément)*, durch neue Kontexte fordert. Aber außer «Marginalien» können in narrativen Texten eine solche Funktion – durch ihre Zusammenfassung des Sinns der Ganzheit – auch eingeschobene Erzählungen, einzelne Szenen zwischen den literarischen Gestalten oder von ihnen ausgesprochene Sentenzen übernehmen (Bennington

1985). Eigentlich enthält *jeder* Teil in sich die Fähigkeit zum Ausspielen der Ganzheit, und kein Teil (so polemisieren die Postmodernisten mit der modernistischen aristotelisch-hegelschen Tradition) gehört dieser Ganzheit völlig an bzw. hebt sich in ihr auf.

2. Wenn es um die Frage der Verkehrung des Äußeren in das Innere bzw. die Inkorporation der postulierten Ganzheit des Textes geht, dann erfolgt diese gewöhnlich durch Unterhöhlung der theoretisch-analytischen oder kritisch-interpretativen Ansichten über den Text und allgemein sämtlicher klassifikatorischer Kategorien, die darauf Anspruch erheben, seine Ganzheit zu erfassen. Sie zeigen sich als unbewusste «aufgeschobene Performanz des Textes» (Felman), als «Triebkraft für die Multiplikation seines Rahmens» (Derrida), das heißt, dass sie durch irgendeinen (übersehenen oder verdrängten) Aspekt der Struktur des Textes unbewusst befördert worden sind. In seiner Polemik mit Lacan interpretiert Derrida (1980b) den Text als *Sendung mit vorbehaltenem Bestimmungsort*, als eine ihres idealen Lesers bzw. ihres endgültigen Kontextes beraubte Botschaft. Auf jeden Fall wiederholt sich nämlich bei ihrem Bestimmungsort der psychoanalytische Mechanismus der Übertragung, und die Kette der Textualisierung als semantische Verschiebung setzt sich fort. Indem er nach dem notwendigen Anhaltspunkt für seinen Verstehensvorgang greift, mischt sich der Leser in das Spannungsfeld des Textes ein, wird zum Buchstaben, durch welchen er sich seiner Schrift anfügt, zu einem der Effekte seiner Reproduktion.

3. Einer dekonstruktivistischen Interpretation der A. als selbstreferenzieller Rekursivität steht auch die Systemtheorie nahe. Der Luhmannschen Erklärung der Autopoiesis zufolge, die Maturana (1996) revidiert, reproduzieren sich soziale Systeme durch einen *Dauerzerfall der Ereignisse,* ihrer Einheiten, wobei hier die Ereignisse als Akte, als *Vorgänge der Bedeutungszuweisung* verstanden werden müssen, weil das System in der Funktion der Selbstbeschreibung sie unablässig selber generiert (Luhmann 1984). Im Fall des literarischen Systems sind dies z. B. verschiedene Formen des literaturkritischen, literarhistorischen und literaturtheoretischen Kommentars, die als spezifische «Extension des Objekts» (Fohrmann 1988) sich gegenseitig untergraben und ersetzen. Sie können dies durch *Wiedereinführung (re-entry) der Leitdifferenz* bewirken, wodurch sich das System anfangs von seiner Umwelt abgegrenzt hat; beispielsweise stellen sie im Falle des Wissenschaftssystems die Frage nach der Richtigkeit seines operativen Codes von richtig/falsch und im Falle des Systems der Moral die Frage: Wie gut ist die Unterscheidung zwischen «gut» und «böse» (Luhmann 1990a, 1990b). Wenn wir den Beobachtungs-Code des Systems mit Luhmann als *Unterscheidung anhand einer Bezeichnung* definieren, können wir sagen, dass in diesem rekursiven Beobachten des Beobachtungs-Codes im

Grunde genommen seine ursprünglich nichtbezeichnete Seite bezeichnet wird (Luhmann 1993). Aber weil auch diese Bezeichnung wieder ihre unbezeichnete Seite hat, liegt die Pointe darin, dass das System schließlich seine Grundlage nicht begründen kann und keine Gewissheit über seine Gewissheit zu erlangen vermag. Dies hatte Wittgenstein (1969) im Sinn, als er behauptete, «wenn Wahrheit dasjenige ist, was begründet werden soll, dann ist diese Grundlage weder wahr noch falsch». Ebenso denkt Butler (1993), wenn sie sich fragt, ob «eine Theorie der ‹Kontingenz› bestehen kann, welche nicht gezwungen ist, das, was sie zu erklären trachtet, zu verwerfen oder zu verhüllen?» Kurz gesagt «versteht man unter Bodenlosigkeit, Höhle, *Abgrund,* ‹leerem› Schlund die Unmöglichkeit des Prinzips der Begründung, sich selbst zu begründen» (Derrida 1983).

4. Aber ist überhaupt eine jeder Grundlage beraubte Gemeinschaft möglich? Diese Frage verschärfte sich extrem in den gegenwärtigen ethischen Diskussionen über den Status des kognitiven und politischen Subjekts, des Kommunitarismus, Nationalismus und Ethnozentrismus sowie der feministischen und postkolonialistischen Emanzipation (Smith 1997; Reese-Schäfer 1997). Welche Art von Konsens kann man auf der Basis von A. und Differenz erreichen, und ist er nicht trotzdem die Voraussetzung für jegliche Vereinbarung oder jegliche Aktion? Beim Versuch, auf diese aktuelle Frage zu antworten, entwickelte Elam (1994) ihr Konzept der «abgründigen Solidarität» *(groundless solidarity).* Danach hat sie sich an die feministische Überarbeitung dekonstruktivistischer Thesen in den Arbeiten von Butler, Spivak, Cornell, Scott und Johnson gemacht. So schlug Butler (1992) eine Konzeption weiblicher Identität als nichtsignifizierbares Feld der Differenz, als Schauplatz ständiger Offenheit und Wiedersignifizierbarkeit *(resignifiability)* vor. «Meiner Ansicht nach müssen die Risse zwischen und unter den Frauen gerade geschützt und aufgewertet werden, ja, man sollte diese ständige Spaltung als grund-losen Grund der feministischen Theorie sogar bejahen» (S. 50). Dies ist deshalb notwendig, weil (politische) Subjekte unter Ausschluss bestimmter «vorsubjektiver» oder «nichtsubjektiver» Bereiche geschaffen werden, sodass der Verweis auf das Subjekt als natürlichen Ausgangspunkt einen solchen Ausschluss nur bestätigen oder sogar beschleunigen würde. Man muss im Gegenteil dauernd an die Kontingenz bzw. Fiktionalität jeder symbolischen Benennung erinnern, wie sehr sie auch ständig die Grenzen der Identifizierbarkeit zu fixieren bestrebt sein mag. Allein auf diese Weise «misslingt es dem Namen, dass die Identität des Körpers in Termini kultureller Identifizierbarkeit aufrechterhalten wird; die Teile des Körpers lösen sich von dem gemeinsamen Zentrum, rücken voneinander ab, führen ein getrenntes Leben und werden Orte phantasmatischer Investitionen, welche nicht allein auf die Sexualität zurückgeführt werden dürfen» (1993

S. 140). Diese Beschreibung des «zerstückelten Körpers» ähnelt Nancys Beschreibung der «unwirksamen Gemeinschaft» als «Ganzheit zusammenhängender Einzelheiten» ohne gemeinsame Grundlage, als Netz- oder Flechtwerke von Einzelpersonen, welche die Grenzen ihrer Gemeinsamkeit teilen (im doppelten Sinne des Worts: das heißt, sie sind voneinander abgeteilt und sie teilen miteinander; Nancy 1986). Deshalb ist dasjenige, was eine solche Gemeinschaft verbindet, immer gleichzeitig auch das, was sie entzweit: Ihr Konsens ist der Ort der Kontroverse. «Was diese Gemeinschaft in ihrer grundlosen Solidarität dauernd destabilisiert, ist die Differenz gleichzeitig innerhalb und außerhalb ihrer selbst, eine Differenz, welche durch die Destabilisierung jeglicher klaren Trennung zwischen dem Individuum und der Gemeinschaft, dem Selbst und dem Anderen wirkt» (Elam, S. 109). Eine Grenzziehung von dem gesetzgebenden Ort aus um der Installierung «gleicher Rechte» willen bedeutet nämlich eine politische Identifikation der «Rechtsträger» und damit auch eine Diskriminierung jener, die sich nicht dem vorgeschriebenen Standard der Identität anpassen. Die Distribution humaner Rechte geht stets von einer bestimmten (nämlich gesetzgeberischen) Vorstellung von Humanität aus (Lyotard 1983)! «Rechte sind wie Torwege: die Tatsache, dass sie den Durchblick auf Freiheit zu eröffnen scheinen, lässt uns ignorieren, wie sehr wir uns bücken, beugen und verrenken müssen, um sie passieren zu können» (Elam, S. 78). Damit soll selbstverständlich keinesfalls für eine Gemeinschaft ohne Gesetze (Recht) plädiert werden, sondern für die Notwendigkeit ständigen Verhandelns darüber vor einem der radikalen Alterität der Gerechtigkeit gegenüber geöffneten Horizont; eingetreten wird daher für die Freiheit kollektiver Ungewissheit hinsichtlich dessen, was tatsächlich «unser» ist. «Das Unentscheidbare bleibt wenigstens als Hirngespinst – aber als entscheidendes Hirngespinst – in jeder Entscheidung, in jedem Ereignis der Entschlußfassung eingefangen und angesiedelt. Seine Gespenstigkeit dekonstruiert von innen her jede Gewißheit der Präsenz, jede Sicherheit oder angebliche Kriteriologie, welche uns die Gerechtigkeit einer Entscheidung garantieren könnte (...)» (Derrida 1990, S. 965).

(Dg. B.)

→ Differenz, Identität, Selbstreferenzialität, Supplement, Unentscheidbarkeit

Abweichung

(engl. deviation, franz. déviation, russ. otstuplenie)

Dieser Begriff ist in der Tradition der Auffassung über die Literatur zu sehen, die russische Formalisten durch den Vergleich der Literatur mit der Alltagssprache als deren normativen Hintergrund entwickelt haben. Im Strukturalismus übernimmt die Grammatik die Rolle dieses Hintergrunds, gegen deren Gesetze in der Dichtung verstoßen wird (daher z. B. der Begriff «Agrammatik» von Riffaterre, 1978). In der Theorie des Sprechakts wird die Literatur als die A. von den Konventionen der sog. einfachen Sprache verstanden. Fish (1973) hat sich kritisch gegenüber solchen Überzeugungen geäußert. Er meint, wenn man die Einheit des alltäglichen sprachlichen Umgangs die Nachricht nenne, dann könne die Literatur nur eine Minusnachricht oder eine Plusnachricht sein. Zur Minusnachricht werde sie z. B. im Schema von Jakobson (1960), wo sie die semantische Dimension zugunsten syntaktischer Parallelismen verdränge, oder bei Barthes (1970a), wo die Literatur zur «Kunst des Rauschens» und zur «Antikommunikation» erklärt werde. Zur Plusnachricht werde sie z. B. bei Lotman (1966), wo das Geräusch zur Quelle literarischer Zusatzinformation werde. Problematisch und strittig ist aber, dass die A. in beiden Richtungen (Plus und Minus) eine im Voraus normierte Bedeutung der Nachricht voraussetzt. Der Sprachgebrauch ist hingegen dermaßen vom kontingenten Kontext abhängig, dass seine Bedeutungsnorm und Konvention nicht festgelegt werden können. Deswegen meiden die Poststrukturalisten diese Begriffe, die mit dem Begriff A. eng verbunden sind. «Wenn ein Satz auf jede erdenkliche Art und Weise benutzt werden kann, wenn die Bedeutung auf keinerlei Weise seinen Gebrauch beeinträchtigt, wenn ein Zeichen jederzeit aus seinem Kontext herausgenommen und in einem anderen Kontext eingesetzt werden kann, wobei seine Identität nicht sein Funktionieren in diesen neuen Kontexten beeinträchtigt – dann ist es besser, dasjenige, was diesen Satz oder dieses Zeichen semantisch konstituiert, auf ein Minimum zu reduzieren» (Pradhan 1986). Einen ähnlichen Standpunkt vertrat aber schon Bachtin (Vološinov 1928): «Die Bedeutung bedeutet im Grunde genommen nichts, sondern besitzt nur die Potenz, die Bedeutungsmöglichkeit in einem konkreten Thema.» Aus diesem Grund büßt dieser Begriff im Laufe der 1970er Jahre seine Popularität ein. (B. D.)

→ Automatisierung, Code, Konvention, Norm, Verfremdung

Akt

(engl. act, franz. acte, russ. dejstvie)

Abgeschlossenes Segment einer zielgerichteten Tat oder Handlung (z. B. dramatischer), das erst aus der Perspektive seines Ausgangs seine Qualität bezieht. Jeder A. hat einen *Träger*, ein *Mittel*, ein *Ziel* und einen *Adressaten*, wodurch er sich notwendigerweise in eine größere Gesamtheit (von Voraussetzungen, Intentionen, Bedingungen, Wirkungen usw.), von der sein Charakter abhängt, einfügt.

1. Der A. als Begriff tritt in die zeitgenössische sprachtheoretische Diskussion mit Bühlers Organon-Modell der Sprachkommunikation (1934). Selbst in humboldtscher und husserlscher Tradition, deutet Bühler die Sprache als *Werkzeug*, mit dem das Bewusstsein die Welt beherrscht, als Instrument, das seine eigenartige Effizienz der Möglichkeit der Einbindung anderer in das Erreichen dieses Ziels verdankt. Der Sprechakt ist nur eine unter vielen, genauer gesagt die zweite Etappe auf dem Weg zur endgültigen Übermacht des Bewusstseins, weil die erste Etappe die Sprechhandlung ist (vgl. das Schema im Lemma Viereck).

Der A. unterscheidet sich von der Handlung aufgrund seiner struktur-modalen Abgeschlossenheit, die ihm eine gewisse intersituative Beweglichkeit ohne Verlust an «artspezifischen Merkmalen» ermöglicht. In der Polemik gegen Husserls Begriff des *sinnverleihenden A.s*, der auf dem transzendentalen, ebenfalls vom empirischen Subjekt verselbständigten Subjekten beruht, besteht Bühler darauf, dass die Intention des Sprechakts in ihren Merkmalen durch den vorherigen sprachlichen Umlauf schon *intersubjektiv* festgelegt ist. Deswegen schließt dieser A. mit seiner Beschaffenheit außer (der Rolle von) dem Aussagesubjekt auch (die Rolle von) den Empfänger ein. Aber trotz des erreichten Unabhängigkeitsgrades des Sprechakts hängt seine Realisierung noch immer von kontingenten Kommunikationspartnern ab, weil sie die so zugewiesenen Rollen auch adäquat erkennen müssen.

2. In der von Austin (1962) entwickelten *Theorie des Sprechakts* hat der A. bereits einen ganz anderen Status. Er unterscheidet zunächst zwischen den Aussagen, die dem Kriterium wahr/unwahr – er nennt sie *Konstative* –, und denen, die dem Kriterium des «Geglücktseins» *(felicity)* unterliegen, die er *Performative* nennt. Performative drücken schon durch ihre Aussprache Handlungen wie Trauung, Taufe, Sitzungs- oder Wettkampferöffnung, Ernennung, Absage oder Kriegserklärung u. Ä. aus, unter der Voraussetzung, dass sie (1) einmalig, (2) ernsthaft, (3) unter bestimmten Umständen und (4) von ermächtigten Personen vollzogen werden. Für ihren Erfolg setzen sie also genau festgelegte Angemessenheitsbedingungen *(appropriateness conditions)*

voraus, sodass sie in dieser Hinsicht völlig vom Kontext abhängig sind. Aber Austin räumt in der nächsten Phase seines Argumentationsflusses ein, dass es neben dieser «echten» noch eine Reihe von impliziten Performativen gibt – Versprechungen, Schwüre, Drohungen, Bitten, Entschuldigungen, Befehle usw. –, die auf die Wirkung auf die Gesprächspartner und nicht auf den Sachzustand ausgerichtet sind. Sie brauchen nicht einmal mit deutlichen Signalen ihrer Gattungsangehörigkeit versehen zu werden; solche Verständnisanweisungen können «in Klammern gesetzt werden», sodass der Ausdruck wie ein Konstativ erscheint, obwohl er keiner ist! Wenn man z. B. sagt: «Es ist fünf Uhr», ist das augenscheinlich eine einfache Feststellung, aber es ist kaum wahrscheinlich, dass man sie dem Gesprächspartner «nur so» mitteilt. Betrachtet man den Zusammenhang des breiter gefassten Kommunikationsszenarios, auf den sich die Aussage bezieht, ist es wahrscheinlicher, dass es sich um eine Mahnung, Entschuldigung oder Drohung handelt. Das ist es, was Austin als Beispiel angibt, um den eingangs aufgestellten Gegensatz Konstativ versus Performativ zu neutralisieren und die mannigfaltige Sprachtätigkeit als performativ bzw. auf die Aktion gerichtet zu erkennen. Dabei unterscheidet er drei Arten von Akten, je nachdem, welcher von den folgenden Aspekten in ihnen dominiert: *lokutiver, illokutiver* oder *perlokutiver.* Der erste deckt sich mehr oder weniger mit der mitgeteilten *Bedeutung*, der zweite meint die konventionell gewordene und gesellschaftlich sanktionierte Wirkungs*kraft* der Aussage, und der dritte setzt die am Gesprächspartner *vollzogene Manipulation* voraus.

Danach entwickelt Austin die Theorie der illokutiven A.e, die, im Vergleich mit den zuerst definierten Performativen, wegen ihrer Wiederholbarkeit (1) der Einmaligkeit der Aussage entledigt sind, (2) von praktisch jedermann ausgesprochen werden können, und das (3) unter unterschiedlichen Umständen. Gerade wegen dieser Trennung vom Ursprungskontext sind sie konstitutiv dem Misserfolg oder der Verfehlung ausgeliefert, weil ihre «Gattungssignale» jederzeit falsch verstanden werden können. Dies befreit auch das Subjekt der Aussage teilweise von seiner Verantwortung und erschwert die Abgrenzung von Dimensionen der Illokution und der Perlokution in seiner Aussage. Wenn z. B. der Gesprächspartner in der Aussage «Es ist fünf Uhr!» einen Tadel bemerkt, dann wird er seine Intuition schwerlich dem Sprecher erklären können, der sich wiederum verteidigen wird, indem er behauptet, dass es sich dabei um eine reine Warnung gehandelt hätte. Gleichgültig, wie sehr er sich selbst kontextuiert – das ist die Pointe von Austins Argumentation –, kann sich der Sprechakt nicht aus seiner Abhängigkeit vom kontingenten Konstituieren seitens des Anderen lösen.

Felman (1980) hat diese unvorhersehbare Eigenschaft in ihrer Interpretation der Derridaschen Polemik mit der Theorie des Sprechakts (1972a) den Exzess oder Skandal des Performativs genannt. Sie besteht auf der konstitutiven Mehrdeutigkeit des Begriffs *performance*, der zugleich eine sprachliche, eine sexuelle und eine szenische Aufführung bedeutet. Durch solche Einfügung der *Aufführung* in den A. will sie Austin vor Derridas Einwand in Schutz nehmen, die wegen der Unerschöpflichkeit seines Kontextes jedem Sprechakt Verfehlungsimmanenz beschere. Auf der Unvertilgbarkeit der dramatischen («parasitären») Konnotationen im Begriff des Sprechakts hat später Goffman (1974) bestanden, wesentlich deutlicher als Austin, der allerdings etwas zweideutig gewesen war. Goffman behauptet ausdrücklich, dass sich die Kommunikation weniger auf Informations- als auf *Aufführungs*effekten gründet.

3. Austins Zweideutigkeit bezüglich der Abgrenzung des A.s von der Aufführung benutzend, nahm der Hauptrezeptionsstrang der Theorie des Sprechakts, der von Austins Schüler und sozusagen «legalem Nachfolger» Searle angeführt wurde, einen anderen Weg (1969ff.): Er versuchte, durch die ausführliche Beschreibung der Bedingungen ihrer Angemessenheit eine Typologie der Sprechakte zu entwerfen. Aus dieser «Grammatisierung der Rhetorik» (de Man) ergab sich die repräsentative Behauptung von Ohmann (1971), nach der Regeln für illokutive A.e bestimmen, ob ein solcher A. richtig ausgeführt wurde, genauso wie grammatische Regeln bestimmen, ob der Satz – als Produkt des lokutiven A.s – auf richtige Art und Weise gebildet wurde. Auf die Literaturtheorie hatte dennoch das Modell des Kooperationsprinzips der Konversation *(cooperation principle)* von Grice (1975) den stärksten Einfluss, das auf vier Maximen des wirksamen Informationsaustauschs gegründet wird. Dies gilt vor allem deswegen, weil er auch Verstöße oder Verweigerungen, die der literarischen Kommunikation eigen sind, eingerechnet hat. Während in Grice' Konzeption die Konversation final ausgerichtet ist und sich deswegen an den ökonomischen Kodex halten muss, unternimmt die Literatur einen «Ausflug vom Markt auf die Spielwiese der Sprache» (Smith 1978), was ihr ein Recht auf gewisse Freiheiten und Entlastungen verleiht, um die endgültige Verständigung zu erschweren oder zu verzögern. Dabei ist das Hauptziel sicherlich nicht die Unverständlichkeit per se, worauf die sog. Theorie der Minus-Nachricht besteht (z. B. Barthes 1970a, der die Literatur «die Kunst der Antikommunikativität» nennt), sondern die Transcodierung der Botschaft, um die neue Qualität der Information zu erzielen, worauf die sog. Theorie der Plus-Botschaft besteht (z. B. Eco 1960 oder Lotman 1964). Verstöße / Abweichungen werden in diesem Sinn als Codesignale verstanden, welche die Rezeption auf die gewünschte Fährte lenken; Coseriu (1981) spricht ihnen sogar die Rolle eines Rahmens zu, der die Besonderheit des Bildinhaltes in Bezug auf den Hintergrund ausdrückt.

Sie sind aufgrund der Institutionalisierung der literarischen Kommunikation vor den üblichen Sanktionen geschützt (Pratt 1977).

Das Verständnis von Literatur als eines geplanten kommunikativen «Nichtakts», der versucht, unmerklich normierte Aktstereotype zu umgehen und die Aufmerksamkeit auf sie zu lenken, wird mit der größten Schwierigkeit jeder Abweichungstheorie konfrontiert: Wie kann man eine einheitliche (repressive) Norm im Bereich eines so mannigfaltigen alltäglichen Sprachgebrauchs festlegen? Wenn wir als Beispiel Grice' Normierungsversuch des Redeaustauschs durch seine *Wirksamkeit* nehmen, werden wir gewahr, dass er die Sättigung alltäglicher Kommunikationssituationen mit affektiven, institutionellen, interessengeleiteten und rangbestimmten Konflikten usw. ignoriert, sowie dass er, in typischer Manier des «Terrorismus des Codes» (Baudrillard), utopisch alle Kommunikanten mit den gleichen Rechten und Zielen ausstattet (Bourdieu 1982; Pratt 1986a). Offensichtlich ist die unvorhersehbare Mehrdeutigkeit nicht nur der literarischen Kommunikation vorbehalten, weil es auch die nichtliterarische sprachliche Kommunikation nicht schafft, über ihren eigenen Kontext absolute Kontrolle zu erlangen.

4. In seiner eigenen Anwendungsart der Theorie des Sprechakts auf die Interaktion zwischen dem literarischen Text und dem Leser hat auch Iser (1976) den Begriff des A.s benutzt, um mit ihm den von der appellativen Textstruktur gelenkten Leseprozess zu versinnbildlichen. Die Schaffung des Referenzhorizonts eines literarischen Textes spielt sich laut Iser über den «wandernden Blickpunkt» ab, auf den der Text den Leser durch den Wechsel seiner «aspektualen Schemen» ununterbrochen verweist. Die Totalität werde in dem Maß geschaffen, wie der Leser den ihm im Voraus aufgezeigten Standpunkt einnimmt und so in seiner Vorstellung über die Aspektualität des Textes seinen (ganzheitlichen) Sinn versinnbildlicht. Wegen des Übergewichts, den bei der Interaktion – im Gegensatz zur Rezeptionsästhetik von Jauß – der Text über den Leser gewinnt, nennt Iser seine Konzeption Wirkästhetik.

5. Eine eigentümliche Revision von Austins Performativbegriff unternahm Butler (1990, 1993, 1997), indem sie die zwischenzeitlich intensiv geführte Diskussion nachzeichnete. Sie akzeptiert zunächst Derridas Deutung der Wiederholbarkeit *(iterabilité)* als konstitutive Bedingung für den A., indem sie die Geschlechtsidentität *(gender)* für eine Wirkung / ein Sediment der Bedeutungswiederholung in der Zeit erklärt. Indem sie so die unentbehrliche Zeitspanne oder Diskontinuität seiner einzelnen Aufführungen in den A. einfügt, öffnet sie den Raum für die Reinszenierung, die Deformation und den parodistischen Umschlag seiner Wirkungen. In diesem Sinn kann kein Performativ ein Selbsternennungsakt sein, wie Žižek (1989), Kripkes Konzeption der «steifen Signifikanten» revidierend, z. B. Lacans «Steppstich» *(point de capiton)* deutet. Mit

ihm würde man die kontingente Bedingungsvielfalt in eine einheitliche logische Ursache ideologisch «zusammennähen» – wie das Spiegelbild eines Kindes seinen «zerstückelten Körper» imaginär zentriert, indem es die neu entstandene Körpereinheit als *Ursache* anstatt als *Folge* des Spiegelbildes darbietet. Die Benennung erschafft also nachträglich das, worauf sie sich als auf ein fertiges Faktum beruft, und Žižek (1993) erkennt ihre politische Wirksamkeit gerade in dieser unsichtbaren identifikatorischen Fixierung einer gewissen Menge von Verhältnissen, Beziehungen und Positionen, als gäbe es sie tatsächlich. Der Benennungsakt sei ‹performativ› nur und gerade deswegen, weil *er immer schon ein Teil der Definition des bezeichneten Kontextes sei* (Žižek 1993). Mit anderen Worten, er spricht dem Benannten keinen neuen Inhalt zu – und gerade das ist laut Butler (1993) nicht möglich, weil jedem A. die Erinnerung an andere A.e und somit auch die Nachahmung immanent ist. Sie schließt aber die «katachrestische Illoyalität» der Namen gegenüber dem benannten Inhalt ein. Žižeks patriarchalem «Kryptokripkeismus» zum Trotz kann kein Name strikt, ursprünglich und ganz eigen sein! Das bedeutet dennoch nicht, was Derrida anscheinend zu suggerieren sucht, dass nämlich der Bruch mit der Vergangenheit die strukturelle Notwendigkeit eines jeden A.s bedeutet. Daher hat Bourdieu (1982) Recht, wenn er auf Kosten solcher Transformabilität die sozial-rituelle Kraft des Performativs betont. Die Kultur wird durch den Habitus als performativ institutionalisierte Vergangenheit, die neue Identifikationen hervorbringt, auf eine Weise reproduziert, der man sich manchmal nur schwer widersetzen kann. In politischen Kalkulationen sei es wichtig, die Kraft des Wunsches, die Zukunft auszuschließen, nicht zu unterschätzen. Aber jener *Theorie* zum Trotz, die sich an solch einem Ausschluss im Namen des lacanschen *futur antérieur* betätigt, sei betont, dass jegliches Gewaltinstrument immer ein potenzieller Ort des Widerstandes bleibt (Butler 1997; Cornell 1993). (B. D.)

→ Handlungsspiel, Illokution, Iterabilität, Kommunikation, Kontext

Aktant

(engl., franz. actant, russ. aktant)

1. Der französische Semiotiker Greimas (1966) übernimmt den Begriff A. aus Tesnières Gliederung eines syntaktischen Ganzen in Subjekt-Objekt- und Prädikat-Funktionen, wobei das Prädikat die Position des Kerns einnimmt, aus dem sich in abgestuften Abhängigkeitsrelationen andere Funktionen gabeln. Die Verbindung und die Verteilung aller Rollen bildet ein «Äußerungsschauspiel» (*l'énoncé-spectacle*, welches von Tesnière auch Stamm oder Baum ge-

nannt wird). Unter den Funktionen, die unmittelbar vom Prädikat abhängig sind, unterscheidet Tesnière *A.en* als Träger der Handlung und *Circumstanten* als Determinatoren der Umstände.

2. Obwohl er in seinem *aktantiellen Modell* (siehe Schema) diese Einteilung im Prinzip beibehalten hat, begrenzt Greimas zunächst die Anzahl der Circumstanten («modaler A.») auf einen *Adjuvanten* und einen *Opponenten*. Diese verknüpft er mit dem Modus der *Macht*, weil sie dem Subjekt entweder Macht verleihen oder entziehen. Anschließend hat er den echten («syntaktischen») A., *Subjekt* und *Objekt* (die er durch die Teleologie des *Begehrens* vereint, weil das Subjekt das Objekt begehrt), noch *Adressanten* und *Adressaten* hinzugefügt. Diese wiederum verbindet er durch die Ätiologie der *Erkenntnis*, welche der eine A. durch die Übertragung des Objekts ermöglicht und der andere empfängt. Auf diese Weise erzielte er eine zweifache Entwicklung: Er hat (1) den Adressaten an den Adressanten verwiesen statt an das Subjekt, wie es bei Tesnière der Fall war, wo dieses eine Art indirektes Objekt darstellt, und er hat (2) das Objekt zusätzlich relationiert, indem er es auch in der Position eines Vermittlers der Adressant-Adressat-Relation situiert, wie auch das Subjekt die Adjuvant-Opponent-Relation vermittelt.

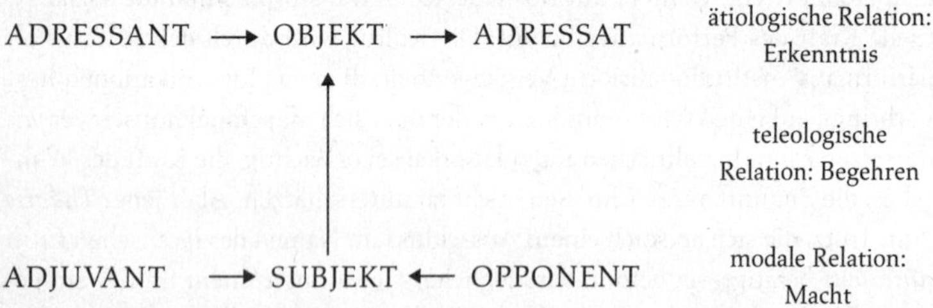

Indem er durch dieses Schema die konvertierbare Konfiguration der Relationen zwischen den Aktantenklassen entwarf, erkannte Greimas in ihm einen *apriorischen* Mechanismus des Verstehens der Diskurs-Bedeutung überhaupt. Dieser Mechanismus ermöglicht eine Strukturierung der Linearität dieser Bedeutung, sodass der *Prozess* der Äußerung sich während der Rezeption in ein *System* verwandelt. Die Einbindung in das System ereignet sich durch Überdeterminierung des teleologischen Subjekt-Objekt-Verhältnisses gegenüber dem kognitiven Adressant-Adressat-Verhältnis und resultiert in einer semantischen Kondensierung. Da der semantische Effekt der Äußerung in Einklang damit die grundlegende Voraussetzung zur Aktantenanalyse bildet, ist es verständlich, dass Greimas im Endeffekt den semantischen (phänomenalen oder anthropomorphen) Aspekt des A.en seinem ansonsten ebenso konstitutiven syntaktischen Aspekt (der A. als Bündel von Merkmalen) vorzieht. Dadurch begründet er den A.en als den Generator der Merkmale, welcher die Modalisierung lenkt, und nicht (wie bei Propp) umgekehrt. Dies ermöglicht es ihm, seine Erzähl-Grammatik an den Diskurs (oder sogar an die Gattung) anstatt, klassisch strukturalistisch, an den Satz zu binden und durch eine solche Beförderung des integralen Prozesses der Signifikation zum Gegenstand linguistisch-semiotischen Interesses die Opposition zwischen der Tiefenstruktur und ihren Manifestationen, wie sie für seine einflussreichen Vorgänger (de Saussure, Hjelmslev, Chomsky) charakteristisch ist, zu überwinden.

3. In der Erzähltheorie ersetzte der Terminus A. den Begriff literarische Gestalt bzw. *dramatis personae* auch deshalb so erfolgreich, weil er sich gleichermaßen auf menschliche Wesen, Tiere, Gegenstände, Erscheinungen oder Begriffe anwenden lässt. Doch wichtiger noch – im Einklang mit der Grundrichtung der Greimasschen Kritik an Propps Schema des Märchen-«Personals» und der Greimasschen Adaption von Sourieaus Typologie dramatischer Rollen – ist die Tatsache, dass der funktional reduzierte Begriff A. die Ambiguität vermeidet, welche den erwähnten Begriffen eigen ist, die außer (häufig mehreren) A.en- auch noch Akteur-Dimensionen enthalten. Durch die Verlagerung der Analyse von der distributiv-sequenziellen auf die logische Ebene erscheint der Proppsche *Held* auf diese Weise als ungerechtfertigte (akteurmäßige) Verknüpfung von *Subjekt* und *Adressat*, während der Proppsche *Bösewicht* und *falsche Held* sich als ungerechtfertigt (akteurmäßig) getrennter *Opponent* erweisen.

Auf der einen Seite ist Propp also nach der Auffassung von Greimas ein *bricoleur*. Seine Analyse bleibt geleitet von «undurchsichtigen» Merkmalen der Elemente, mit denen er arbeitet (in diesem Fall mit den Gattungsagenzien des Märchens), statt diese Merkmale in einem abstrakteren Beziehungsgefüge aufzulösen, aus dem heraus der Effekt ihrer Figurativität erst abgeleitet werden muss. Auf der anderen Seite hält Greimas Propps Schema der Märchenakteure als «Kompositionsinvariante», welche aus einer Vielzahl von Vorlagen abgeleitet wurde, für allzu abstrakt (d. h. für allzu breit in der Abdeckung des Stoffs). Dieses Schema bleibt nämlich bei der Aussonderung der Einheiten auf die Ausdrucksdimension fixiert und vernachlässigt die inhaltliche. Sobald die Analyse des Signifikats an die Segmentierung des Signifikanten gekoppelt wird – und gerade das unterscheidet der Kritik von Lévi-Strauss zufolge den Strukturalismus vom Formalismus (Lévi-Strauss 1960) –, gewinnt man statt einer linearen Intrige eine semio-narrative Matrix der Permutationen und Kombinationen von Beziehungen, welche zwischen Logik und Semantik vermittelt, anstatt sie unkritisch zu verknüpfen.

4. Die Pointe der Greimasschen Umgruppierung und Transcodierung von Propps Schema ließe sich als Einfügung einer Vermittlungsebene der Aktuali-

sierung zwischen die Virtualität der Tiefenstruktur und ihrer Diskursivierung beschreiben. Greimas versteht diese drei Ebenen – die logische, die narrative und die diskursive – als stets aspektuell geteilte, syntaktisch-semantische Etappen einer einzigen generativen Laufbahn *(parcours génératif)*. Dabei fungiert für ihn gerade die Vermittlungsebene als Initiator der Modalisierung, d. h. der semantischen Besetzung aktantieller Kategorien. Ohne sie könnte nämlich das *Subjekt des Zustands* – als die Instanz, die über Wissen und Fähigkeiten verfügt – nicht dem *Subjekt des Handelns* – als demjenigen, der Wissen und Fähigkeiten erst erwerben will und soll – überdeterminiert werden. Auf diese Weise würden Voraussetzungen zur Entstehung des anthropomorph-diskreten Subjekts des Instandsetzens der Tat, das eigentlich schon Akteur ist, ausbleiben. Hier gilt es zu betonen, dass Überdeterminierung als grundlegender Mechanismus der semantischen Genese bei Greimas die Aufhebung des einen Typus von Beziehungen zwischen den Instanzen durch einen anderen Typus ihrer gegenseitigen Beziehung bedeutet, z. B. Aufhebung des Gegensatz-Verhältnisses durch das Verhältnis des Implizierens oder Widersprechens u. Ä. Das heißt, dass der A., während er seine Bahn durchläuft, anstatt eine kontinuierliche lineare Entwicklung zu erfahren, die von einer gleichmäßigen Ansammlung von Merkmalen begleitet ist, seine fundamentalen Positionen von Etappe zu Etappe auf den Achsen des semiotischen Vierecks (somit A., Antaktant, Negaktant und Negantaktant werdend) und auf den Achsen des aktantiellen Modells wechselt. Dabei verbindet er sich entweder mit den vorherigen Konkurrenten in einer *Aktantenrolle*, oder er teilt die vorherige Integrität in zwei entgegengesetzte Rollen auf. Die Aktantenrolle ist eine gesellschaftlich profilierte, verhältnismäßig selbständige und erkennbare, doch immer relationierte Position oder ein Zustand, die der A. in verschiedenen Etappen seiner Laufbahn einnimmt. Diese Position ist an sich noch nicht ausreichend diskret, um einen Akteur hervorzubringen. Der *Aktantenstatus* wird indes als spezifischer Habitus dadurch erlangt, dass mehrere Rollen passiert werden, und er ändert sich bis zum Ende der Laufbahn.

5. Die jüngere Rezeption befreit das Greimassche Schema von seiner ungerechtfertigt reduktiven Fixierung auf das diegetische Universum (die Erzählwelt) des Textes und zeigt, dass dieses Schema sich fruchtbar auch zur gattungs-modalisierenden Verknüpfung der Erzählpositionen mit den Kommunikationspositionen bzw. der *Äußerungsinstanzen* mit den *Instanzen des Äußerns* eignet. In diesem Sinn ist bezeichnend, dass Greimas das Proppsche (und Tesnièresche) Schema gerade durch die Klasse des Adressanten und Adressaten bereichert hat, welche als A.en die *Situation* der sprachlichen Aktivität kennzeichnen. Er hat vielmehr das *Erzähl*verhältnis zwischen den Positionen des Subjekts und Objekts nur als Projektion dieses primären *Kommu-*

*nikations*verhältnisses erklärt. Der Vorstellung von Greimas zufolge schließt eine solche Projektion der «Welt», welche von Äußerungsinstanzen bevölkert wird, sobald sie sich verselbständigt, die Instanzen des Äußerns durch Neutralisierung aus und erzeugt dadurch den Eindruck einer semantischen Totalität der Mitteilung. Da die semantische Totalität literarischer Welten gewöhnlich mit Gattungen assoziiert wird, suggerieren Schleifer und Velie (1987), dass eine Gattungstypologie sich auf der Basis verschiedener Varianten der Exklusion des Adressanten und (insbesondere) des Adressaten durch deren Kombination und Verdichtung mit anderen Aktantenklassen (d. h. Subjekt, Objekt, Adjuvant und Opponent) schaffen ließe.

6. Durch die Analyse verschiedener Typen der Exklusion oder Neutralisierung hat die Greimassche Semiotik eine Verbindung semantischer und ideologischer Werte ermöglicht, was sie auch für manche marxistischen Kritiker attraktiv machte (Jameson 1981). Wenn die Bedeutung aus den Positionswerten abgeleitet wird und diese Werte aus den Beziehungen im jeweiligen System hervorgehen – wie es schon bei de Saussure der Fall war –, dann kann auch weiterhin die Frage gestellt werden, was dieses System ausschließt. Die Schwierigkeit besteht jedoch darin, dass allein die Definition des Wertesystems eine Wertposition impliziert, aus der heraus sie erfolgt. Und gerade sie schließt Greimas aus, um den Eindruck der Objektivität einer «logischen Analyse» zu erwecken. «Auf diese Weise gibt es im semiotischen Viereck, das Verwandlungen und Wechsel der Werte skizziert, keinen Platz für den Wert als solchen» (Connor 1992). Greimas hat aus seinem wissenschaftlichen Stil alle Spuren eines Aussage-Orts sorgfältig getilgt. Das hinderte feministische Kritiker nicht daran, die in eine Richtung verlaufende «heterosexuelle Fixierung» seines zentralen Begriffs des Begehrens (ein Subjekt begehrt ein Objekt) festzustellen, der aus sich heraus weitere asymmetrische Oppositionen generiert, die auf der dominanten männlich-weiblichen Matrix begründet sind (Irigaray 1984; Butler 1990). Auf diese Weise blieben alle Identitäten vernachlässigt, deren Begehren sich weder aus dem biologisch bestimmten Geschlecht noch aus der kulturell vorgegebenen Geschlechtsidentität *(gender)* unilateral entfaltet. (Dg. B.)

→ Akteur, Figur, Märchen, Quadrat, Subjekt

Akteur
(engl. actor, franz. acteur, russ. akter)

1. In der Bedeutung Protagonist oder Teilnehmer einer (üblicherweise dramatischen) Handlung wird der Begriff A. aufgrund seiner abstrakteren Bedeutung sowie seines breiten Anwendungsspektrums umgangssprachlich als Ersatz für den traditionellen Begriff des Charakters, der Person oder *dramatis personae* gebraucht.

2. In Greimas' Konzeption erscheint der A. als diskursive Manifestation einer aktantiellen Rolle, die für einen konkreten Erzähltext charakteristisch ist und nicht, wie der Aktant, für eine Gattung. Er entsteht durch Anschluss eines Individuations-Sems, das üblicherweise in Namen enthalten ist, an eine figurative, nichtfigurative (z. B. Schicksal), vereinzelte, zweiteilige oder kollektive Entität. Als Ort der Übereinstimmung und der wechselseitigen Transformation von Erzählsyntax und Diskurssemantik kombiniert er mindestens eine aktantielle (z. B. Informator) mit mindestens einer thematischen Rolle (z. B. Vater) und erlangt auf diesem Weg Differenzqualität. Er kann mehrere Aktanten vereinigen, aber auch zusammen mit anderen Akteuren die Variable eines Aktanten bilden. Das topologische Netz der A.-Positionen auf der Oberfläche eines Textes bildet die *A.-Struktur,* welche der Typologie unterliegt, während die *Anordnung der A.e* ein Charakteristikum jedes einzelnen Textes darstellt. Die *Akteurisierung* ist jedoch, zusammen mit der Temporalisierung und Lokalisierung, ein konstitutiver Bestandteil der Diskursivierung – eine Operation, welche durch Zusammenschluss syntaktischer und semantischer Elemente mittels Verfahren der Einklammerung und Einschaltung die A.e des Diskurses inthronisiert.

3. Vom Standpunkt der Diskursproduktion aus lässt sich das Subjekt des Äußerns als Aktant, den jede Äußerung logisch voraussetzt, vom *A. des Äußerns* (eigentlich der Autoren-Funktion) unterscheiden, welcher durch die Gesamtheit seiner Äußerungen (z. B. «Thomas Mann») gebildet wird. (Dg. B.)

→ Aktant, Figur, Handlung, Märchen

Aktualisierung
(engl. actualization, franz. actualisation, russ. aktualizacija)

1. In der Tradition des Russischen Formalismus und der Prager Schule versteht man unter A. den Vorgang der Desautomatisierung oder der Schaffung eines Verfremdungseffekts durch Anwendung einer besonderen Metapher, der Iro-

nie, eines Wortspiels, einer periphrastischen Konstruktion oder sogar der Realisierung der Metapher. Später spricht man in diesem Zusammenhang von einer «begründeten Abweichung» (Ščerba) von den Normen der Literatursprache in künstlerischen Texten.

2. In der linguistischen Perspektive bezeichnet die A. den Übergang der Bedeutungseinheit aus dem virtuellen Zustand des Systems in den aktuellen Zustand des Prozesses, z. B. aus der Sprache in die Rede bzw. in die Aussage oder sogar aus dem paradigmatischen Zusammenhang (in dem die Einheit als Lexem hervortritt) in einen syntagmatischen Zusammenhang (in dem sie als Semem hervortritt).

3. In Greimas' Erzählsemiotik bezeichnet die A. diejenige Etappe der semantischen Genese, die zwischen der Virtualität der Tiefenebene und der Realität der diskursiven Konkretisierung vermittelt. Dabei trennt die A. das Subjekt vom Objekt, indem sie das Subjekt mit einem Begehren versieht, das Objekt mit dem *aktualisierten Wert*. Die A. ist eine oberflächenhafte, semio-erzählerische Ebene der Aktantenoperationen. Sie geht der diskursiven Ebene voraus, auf der sich die Diskursivierungen in der syntaktischen Dimension und in der semantischen Dimension die Thematisierung und Figurativisierung aktiviert.

4. In der Rezeptionstheorie bezeichnet die A. den vom Leser durchgeführten Akt der Verwirklichung, der Belebung, der Entwicklung von Details oder Episoden des literarischen Werks (Ingarden 1968). Obgleich der Leser, wenn es sich um inhaltliche Details handelt, die größte Freiheit bei der Übertragung verbaler Anzeichen in emotionale Eindrücke (zumeist in Bilder) hat, neigt er jedoch, Ingarden zufolge, auch hier zur Bildung von Stereotypen und Klischees. In diesem Sinn kann die A. das Muster, von dem sie «programmiert» wird, im Stich lassen. (S. R./Z. Z.)

→ Automatisierung, Diskurs, Konkretisation

Allegorie

(engl. allegory, franz. allégorie, russ. allegorija)

1. Die A. wird oft als erweiterte Metapher definiert, da sie dazu neigt, die gesamten erzählerischen Gefüge von literarischen Gestalten, Handlungen, Szenen, Gegenständen und Erscheinungen, die in einem sprachlichen, visuellen oder auditiven Medium materialisiert sind, einem Gedanken, einer Idee oder einer Lehre unterzuordnen. Diese Bestrebung kann sich vor allem im Verstehen und in der Interpretation literarischer Werke zeigen. In diesem Sinn ist die

Allegorese der Epen von Homer zu verstehen, die sich in der altgriechischen Kultur mit dem Aufstieg der Philosophie durchgesetzt hat, oder die Doktrin der mittelalterlichen Exegeten von den vier Bedeutungsschichten eines Textes: der wörtlichen, der *allegorischen*, der tropologischen und der anagogischen. Frye (1957) hat sogar behauptet, die *Allegorisierung* sei die Voraussetzung jeder literaturkritischen Analyse.

Die grundlegende Intention kann sich jedoch ebenso deutlich in der Strukturierung der literarischen Texte selbst manifestieren wie in der Organisation der Werte-Anordnung ihrer Welt. So gestaltet, zeigt sich – zumindest aus heutiger Sicht – etwa die spätantike und mittelalterliche epische und dramatische Literatur, versehen mit einer paradigmatischen Galerie von chiffrierten literarischen Gestalten, die der Held wie eine eigentümliche Verkörperung der Unschuld durchquert, des Weiteren auch bestimmte Gattungen wie die Fabel, die Parabel, die Satire, didaktische Epen oder der sog. Schlüsselroman. Heute ist die A. als Strukturprinzip der Literatur vorwiegend in Alltagssatire, *science fiction*, Kinderliteratur und populäre didaktische Heftchen verdrängt worden.

2. Der Wendepunkt im Verhältnis zur A. tritt mit der Romantik auf, welche die A. zugunsten des Symbols abwertet und somit zwei Tropen einander gegenüberstellt, die jahrhundertelang eigentlich nicht wesentlich unterschieden wurden. Richtungsweisend war Goethes Reflexion, die besagt, dass im Unterschied zur A., welche des Einzelnen nur bedarf, um das Allgemeine zu *exemplifizieren*, das Symbol das Wesen der Dichtung selbst verkörpere, indem es das Allgemeine im Einzelnen *erahnt*. Deshalb bleibe die Idee im Symbolbild unermüdlich aktiv, weil sie nie endgültig mit Worten ausgedrückt werden könne. Demnach gewinnt seit der Romantik die Darstellung Oberhand über das Sprechen, die Mimesis über die Diegese, sodass die A. als literarisches Verfahren auch in den Augen der Praktiker und Theoretiker der Literatur im 20. Jh. unter dem Verdacht steht, trocken rational zu sein, obwohl einige wichtige moderne Literaturwerke (z. B. von Kafka oder Musil) in ihrem Code entstanden sind. Mehr noch wird die Abhängigkeit des Verstehens der A. vom wirklichen Kontext, der von ihr unmittelbar referiert wird, aus der Definition des literarischen Textes verbannt. Autonom wie ein Symbol kontextuiert sich der literarische Text angeblich selbst in jedem neuen Akt der Rezeption, und statt als deutlicher Wegweiser für die Referenz äußert er sich als unaufhaltbarer Generator der Bedeutungen.

3. Die Wende in der zeitgenössischen Behandlung der A. deutet sich bereits in Benjamins Dissertation über das deutsche barocke Trauerspiel (1928) an, die allerdings erst in den Diskussionen um die Postmoderne aktualisiert wurde. Benjamin zeigt, wie die Welt der barocken Sicht als eine Ansammlung von Ruinen erscheint, bzw. als eine zusammenhanglose Anhäufung *(bricolage)* to-

ter Gegenstände, bar jeder eigenen Bedeutung. Um verstanden und vor der Vergänglichkeit sowie vor Schuldgefühlen gerettet zu werden, erfordern sie die Zuweisung eines interpretativen Gefüges. Da unter den entstandenen Bedingungen kein Interpretationsgefüge natürlich erscheint, verlangt ein jedes von sich aus nach weiteren Deutungen. Deshalb verwandeln sich die bereits erreichten Sinngehalte in den Händen des barocken Allegorikers erneut in Chiffren. Die Allegorisierung der Welt baut in die Zeichen den Mechanismus des Bedeutungsaufschubs ein. Diese Auffassung der A. hat de Man (1979) übernommen und darauf den Widerstand der eigenen Lesemethode gegenüber der verfrühten hermeneutischen Totalitarisierung aufgebaut.

4. De Man deutet die A. als unüberbrückbare zeitliche Kluft zwischen Bedeutung und Referenz, die von der Sprache kraft ihrer «figuralen Verführung» verdeckt werde. Indem sie den Angesprochenen in sein rhetorisches Netz hineinziehe, führe ihn die Sprache dazu, die bloße Kontingenz der Referenz zu vergessen und sie sich in Form der Bedeutungsgewissheit anzueignen (bzw. das Signifikat mit dem Referenten zu vertauschen). «Dieser metaphorische Tausch ist widernatürlich, aber kein menschliches Wesen hätte geboren werden können ohne diesen Fehler.» Allein der Referenztrieb rettet den Menschen vom Irrsinn des permanenten Bedeutungsaufschubs, von der unermüdlichen Gegenüberstellung mit der Zufälligkeit und Bedeutungslosigkeit der eigenen Lage in der kosmischen Ordnung. Aber es handelt sich nicht nur um diesen Trieb allein, sondern «man ahnt die Möglichkeit, dass die gesamte Konstruktion des Triebs, des Ersatzes, der Verdrängungen und der Vorstellungen ein widernatürliches, metaphorisches Korrelativ der allumfassenden Sinnlosigkeit der Sprache ist», sodass also auch alle Bedeutungsaufstellungen, alle sprachlichen Kategorisierungen, Klassifizierungen und Antropomorphisierungen (Katachrese, Prosopopöie, Ekphrasis), ästhetische und ethische Abwehrreaktionen gegenüber dieser immanenten Sinnlosigkeit wären. Sogar die Literatur, welche verkündet, «dass das *Ich* gewissermaßen eine Lüge sei», entkommt deshalb der Täuschung nicht, weil auch in ihr die Wirkungen des Aussagens die Bedeutungsergebnisse der Aussage untergraben. «Die wahre theoretische Frage lautet, was ist das Besondere in der Sprache, das notwendigerweise die Bedeutungen produziert, aber immer wieder das, was es produziert hat, abbaut.» Die A. wird somit für de Man zum generativen Mechanismus der Geschichte.

5. Die frühen 1980er Jahre zeichnet das nachdrückliche Bewusstsein über die allegorische Natur jeder perzeptiven und verbalen Darstellung der Wirklichkeit aus, der wissenschaftlichen inbegriffen. In diesem Zusammenhang entblößt auch die neuere historiographische Prosa die Arbitrarität des eigenen Diskurses, enthüllt Kriterien ihrer Selektivität, lenkt die Aufmerksamkeit auf ihre Ziele. Der analistische Tausch der sich ereignenden Historie *(l'histoire*

événementielle) gegen die wissenschaftliche Historie *(l'histoire-science)* führt die quantitative Historie als die am meisten allegorische historiographische Gattung ein. «Der selbstbewusste Abstand zwischen der Darstellung und dem Dargestellten, die willige Blindheit der Quantifizierung, die sich auf jenen Aspekt des Beweises konzentriert, der eine Reihe produziert, ausdrückliche Referenzen an jene Werte und wissenschaftliche Autorität, die sich anderswo befinden, in anderen Diskursen – alle diese Faktoren charakterisieren die A., weil es ihr eigen ist, die Diskontinuität zu betonen und den unüberwindbaren Abstand zwischen der Darstellung und der Idee hervorzuheben» (Kellner 1989). Rancière (1992) liest die berühmte Beschreibung des Todes von König Philippe II. in Braudels *Méditerranée* als eine allegorische Geschichte, welche eine «doppelte Operation» ausführt. «Sie markiert das Aufsaugen des Erzählsystems, das für die alte Geschichte charakteristisch ist, in das Diskurssystem, das sie zur Wissenschaft befördern soll; andererseits bezeichnet sie gleichfalls die Umgestaltung der Diskurskategorien in die Kategorien des Erzählens, die notwendig ist, um es der neuen Wissenschaft möglich zu machen, Historie zu sein. Die allegorische Erzählung, die Erzählung über das Unerkennbare, führt diesen Wechsel zwischen den Kategorien des Diskurses und den Kategorien des Erzählens durch, und dieser Wechsel ermöglicht es, dass sich die neue Historie niederschreibt, indem sie die königliche Chronik tötet.» In *récit-allégorie* tritt die wissenschaftliche Gemeinschaft in die Position des autoritären *wir* der königlichen Hoheit (den sog. *pluralis majestatis*) ein.

6. Die neuere feministische Kritik (Wagner, Stephan, Weigel, 1985ff.) hat – im Kontext der Hinwendung auf die Erforschung der Frau als ein sprachliches und kulturelles Konstrukt – darauf hingewiesen, dass die allegorischen Verkörperungen der führenden Begriffe der Französischen Revolution weiblichen Geschlechts seien. In derselben Zeit, in der die Frau in der männlichen Imagination dominiert, wird sie in der Wirklichkeit der revolutionären Ereignisse von ihnen an den Rand gedrängt. Dasselbe gilt für die europäische Philosophie, in der die Begriffe des Wahren, Schönen und Guten weiblichen Geschlechts sind, obwohl sie (oder eben gerade weil sie) dem männlichen Verstand entsprungen sind.

(A. B.)

→ Bricolage, Lesen, Symbol

Alteration

(engl., franz. alteration, russ. al'teracija)

Begriff von Genette, der den vorübergehenden Wechsel innerhalb eines ausgewählten Typs der Fokalisierung angibt; er bezeichnet die momentane Verletzung seines dominanten Codes, sei es in Richtung des Gebens von mehr Information, wenn Genette von der *Paralepse* spricht, oder von weniger Information als die vom Code vorgesehene Menge, wenn er von der *Paralipse* spricht. (Lj. Š. / W. W.)

→ Fokalisierung

Ambiguität

(engl. ambiguity, franz. ambiguïté, russ. mnogoznačnost')

Den Begriff hat meiner Analyse der poetischen Sprache zufolge Empson (1930) eingeführt und ausgearbeitet. Er ist zwar verbunden mit dem allgemeinen Insistieren des New Criticism auf Mehrdeutigkeit der dichterischen (im Gegensatz zu der Eindeutigkeit der wissenschaftlichen) Sprache, aber Empson versucht, dieses Phänomen durch einen rationalen Zugang zu gliedern. Dies rief den Widerstand der New Critics hervor, die sich zufrieden gaben mit dem Konstatieren von Bedeutungsspannung *(tension)*, der Ironie und des Paradoxons in der Dichtung; sie waren überzeugt, dass das Ziehen von logischen Konsequenzen und Feststellen von Antinomien in der Art und Weise von Empson mit Blick auf das Dichtungs- ebenso sehr wie mit Blick auf ein Glaubensgeheimnis unangemessen ist. Da die Mehrdeutigkeit der poetischen (wie auch der religiösen) Sprache gleichsam sowohl die eine als auch die andere Bedeutung zulässt, schlägt Wheelwright (1940 / 1954) vor, Empsons Begriff A., der den logischen Zweifel *entweder – oder* suggeriert, mit dem angemesseneren, «einschließenden» Begriff *Plurisignifikation* zu ersetzen. Auch Ransom (1938) dachte, dass Empsons detailliertes Sich-Einlassen auf die logischen Effekte der dichterischen Sprache die klare kategorische Grenze zwischen der transparenten Theorie und der figurativen Dichtung vergisst. Aber Empson ging es gerade – wie später auch de Man – um das Auflösen dieser «selbstverständlichen» Grenze, sodass er in seiner graduellen Typologie gerade jene A.en als produktivste erklärt, welche die unlösbare logische Spannung zwischen zwei oder mehr unzweifelbaren Bedeutungen beginnen. Statt wie seine Zeitgenossen in die frühe ästhetische Versöhnung der Widersprüche zu flüchten, treibt er demnach seine rationale Analyse bis zu jenen Grenzen, wo ihr die Figurativität der dichterischen Sprache den größten Widerstand bietet. So erweist sich sein Begriff A. – am erfolgreichsten (und am häretischsten) in seinen Analysen religiöser Dichter (Herbert, Milton) dargelegt – als Vorläufer der Dekonstruktionsbegriffe (Norris 1985; Culler 1988). (Lj. Š. / W. W.)

→ Ironie, Paradoxon

Anachronie

(engl. anachrony, franz. anachronie, russ. anachronija)

Begriff von Genette (1972) für das Nichtübereinstimmen von Dauer, Reihenfolge und Frequenz von Ereignissen in der Geschichte (Fabel) und im Diskurs (Sujet). Der Diskurs kann die Dauer der Ereignisse in der Geschichte zusammenfassen oder ausdehnen, er kann ihre Reihenfolge durch Verlagerung in Vergangenheit (Analepse) oder Zukunft (Prolepse) verändern, und er kann auch mehrmals über ein einmaliges Ereignis erzählen bzw. einmal über ein mehrmaliges. Dieses letzte Verfahren betrachtete Genette als «Kern des epischen Geistes». (Lj. Š. / W. W.)

→ Analepse, Fabel, Geschichte, Isochronie, Prolepse

Anagramm

(engl. anagram, franz. anagramme, russ. anagramma)

Umstellen von Buchstaben oder Silben eines Worts, wodurch sich ein anderes Wort ergibt. Wird oft zur Verschlüsselung verwendet, z. B. von heiligen Namen in alten religiösen Texten, von Personennamen in Pseudonymen oder zur Lösung von Rätseln, auch Bilderrätseln (Rebus). Neben dieser mystischen und spielerischen enthält das A. offenbar auch die archaisch-rituelle Dimension des Zerstückelns einer Gottheit.

1. Das A. ist mit dem Palindrom verwandt, das ebenfalls durch Variation oder wiederholte Verdrehung entsteht. Es ist typisch für eine bestimmte Art poetischer Texte, die mit der Tradition des Rätsel-Stellens, auch in Folkloretexten, und der Sprache zusammenhängen, die Erwachsene gegenüber Kindern verwenden (Babysprache). De Saussure vermutete im A., im Paragramm und im Hypogramm einen allgemeinen generativen Mechanismus der Dichtung schlechthin. Seine Hypothese, die er nicht ohne Unsicherheiten darlegte und die erst posthum erschien (Starobinski 1971), entspricht dem damaligen Inter-

esse der russischen Formalisten an der *zaumnaja poėzija* (‹transmentale› Experimentaldichtung der russischen Futuristen). Auf der Idee des Hypogramms baute Riffaterre (1978) seine Semiotik der Lyrik auf.

2. De Saussures Vermutung, nach der die Entstehung eines dichterischen Textes durch *spontane* mimetische Übertragungen von der einen Signifikantenstruktur auf eine andere motiviert ist und nicht durch die *planvolle* Verwendung der Signifikanten für ein thematisches Signifikat, hat Derrida mit seiner eigenwilligen Lesart von Ponge und Genet (1974ff.) radikal erweitert. Diese Radikalisierung geht zuerst in die Richtung, dass die «unbemerkte Umbildung eines Namens» (z. B. Ponge zu *éponge*, Schwamm), «ein großes Interesse des literarischen Diskurses», als enteignende Aufsplitterung des Autorsubjekts im Text gedeutet wird, weil es nicht in der Lage ist, die Bedeutungsverästelungen zu kontrollieren, zu denen es auf diese Weise im Geflecht der Sprachwirkungen kommt. Doch dann beginnt sich der Eigenname, das konventionellste (arbiträrste) sprachliche Zeichen, «mit Bedeutung zu beschmutzen», weil diese Verästelungen nach und nach die Motivation der Verbindung zwischen Signifikanten und Signifikaten bestimmen. Das ermuntert Derrida dazu, de Saussures A.-These gegen dessen vorherige These von der Arbitrarität des sprachlichen Zeichens zu wenden und die Wirkungen der Motivation, Demotivation und Remotivation der Verbindung zwischen Signifikant und Signifikat dem Funktionieren des sprachlichen Systems als Ganzes zuzuschreiben. Mit anderen Worten, Bedeutung würde sich in der Sprache gewissermaßen nach dem Prinzip der Pfropfung des Eigennamens (der Unterschrift) entfalten. Gleichzeitig mit der Aneignung von Bedeutungen für diesen Namen würde dieses Prinzip die in Besitz genommenen Sprachverbindungen dezentralisieren (es würde ihre Bestandteile von den konventionellen Wortbedeutungen trennen), indem es sie *anasemisch* und *anathematisch* macht. Sprache würde sich so als Netz aus Anklängen von Wörtern an andere Wörter erweisen, von gegenseitigen Überschneidungen und Interferenzen ihrer Länge, Lautstärke, Intonation, Modulation und Zartheit, ihres Akzents und Tempos. Das aber würde durch das spontane Erschaffen semantischer Relevanzmuster, durch ihre *materiellen Wirkungen* in konkreten Situationen allgemein, die Sprecher dazu bringen, diese statt jener Strukturen als Signifikanten anzuerkennen (Culler 1987). (W. F.)

→ Arbitrarität, Dissemination, Hypogramm, Pfropfung, Semantik

Analepse
(engl., franz. analepsis, russ. analeps)

Begriff von Genette (1972) für die erzählerische Evokation der Ereignisse, die sich vor dem Augenblick abspielten, in dem das Erzählen unterbrochen wurde; traditionell lauten die Begriffe für dieses Verfahren Retrospektive und Flashback. A. kann entweder in der Funktion der *Vervollständigung* auftreten, wenn sie etwas zuvor Ausgelassenes mitteilt, oder als *Revision*, wenn sie etwas bereits Gesagtes aus einer neuen Perspektive wiederholt. Sie hat ihren *Umfang*, der mit dem Zeitraum verbunden ist, welche die A. mit ihrer Rekonstruktion abdeckt, wie auch ihre *Reichweite*, mit der sie den zeitlichen Abstand zwischen dem Augenblick misst, in dem die A. beginnt, und dem Augenblick, auf den sie sich bezieht. (Lj. Š. / W. W.)

→ Anachronie, Isochronie, Prolepse, Sujet

Andere
(engl. other, franz. autre, russ. drugoj / drugoe)

Der Begriff «der / das A.» wird in die zeitgenössische Theorie aus verschiedenen Perspektiven von der Hermeneutik und Psychoanalyse eingeführt und erlebt eine breite Anwendung durch den Poststrukturalismus und dessen verschiedene Verzweigungen.

1. Der Beginn der Hermeneutik als Interpretationsdisziplin, ohne Rücksicht darauf, in welchen historischen Epochen, ist durch die Umgestaltung von etwas gekennzeichnet, das *eigen* und vertraut war, in etwas, das *anders* und fremd wird. Es wird angenommen, dass die Ursache solcher Entfremdung der Vergangenheit ihre historische Entfernung ist, weshalb die Systematisierung der Hermeneutik mit der Entstehung des historischen Bewusstseins verbunden ist (Szondi 1975). Aber mit welcher Richtung auch immer sich die Hermeneutik auf den Weg machte – der philologischen auf der Suche nach dem *wörtlichen* Sinn oder der theologischen auf der Suche nach dem *geistigen* Sinn eines vergangenen Textes –, bleibt ihr Ziel immer die Aufhebung des Gefühls der *Alterität* (der Andersartigkeit) der Vergangenheit, und zwar durch die Überwindung der ihr gegenüber entstandenen Distanz. In der philologischen Richtung erfolgt dies durch die Versetzung der Gegenwart in die Vergangenheit, in der theologischen Richtung durch die Versetzung der Vergangenheit in die Gegenwart, was bedeutet, dass die konträren Ausgangspunkte am Ende doch die Absicht einer vollzogenen Aufhebung zwischen dem *Ich* und dem *A.n* bzw. die

(Wieder-)Herstellung des «mythischen» Zustandes der ewigen Gegenwart und der ungetrübten Identität der Welt verbindet.

2. Die Hermeneutik kann definitionsgemäß dieses Ideal der Rückkehr des A.n in das Gleiche durch eine allmähliche «Bewusstwerdung der verirrten Entität» nicht aufgeben, fühlt sich aber gezwungen, sie zu verzögern. Das erste grundlegende Hindernis dieser Art auf dem Weg einer völligen Rekuperation stellt, wenn ich mich nicht irre, Schleiermacher (1832 / 1959) durch sein Beharren auf der *analogen Konstruktion* als Grundlage des Verständnisses des A.n auf. Wenn ich den Sinn der Sprache des A.n aufgrund der Beobachtung und des Erlebens des *Ich* in seiner Situation projizieren muss, dann fehlt mir die Möglichkeit, die Authentizität dieser Projektion zu verifizieren. Aber meiner Reflexion bleibt dabei nicht nur das A., sondern auch mein eigenes vorreflexives «inneres Gefühl» (das die Sinnprojektion hervorbrachte) unzugänglich.

3. Die These von der «analogen Übertragung» bei Apperzeption des A.n hat danach Husserl übernommen und entwickelt. Er wollte mit dieser These nicht, wie man ihm vorwarf, das A. vollständig in das Ich assimilieren. Das *Ich* kann nämlich das A. nie in jener Authentizität erleben, in der das Ich sich selbst erlebt. Wenn aber das Ich das A. nicht *erleben* kann, weil es durch einen *Abstand* getrennt ist, dann kann das Ich sich selbst nicht *reflektieren*, weil es von sich selbst gerade *keinen Abstand* nehmen kann und das A. aus dem Eintauchen in nur einen Teil des eigenen Ganzen versteht. Ein solcherart reduziertes Verständnis musste laut Husserl aufgrund seiner unabsichtlichen Voreingenommenheit die anfängliche analoge Projektion einer ständigen Revision, einer endlosen «Bereicherung der Abschattung» auslegen. Bei dieser «ständigen Revision» bleibt aber unklar: «Wie soll das möglich sein, wenn ich unfähig bin, ein reflektiertes Verhältnis zu meinem situationsbedingten Vorgriff zu gewinnen?» (Holenstein 1976, S. 195). Schwierigkeiten entstehen aus der charakteristischen Oszillation der Hermeneutik zwischen dem *egozentrischen* Begriff des Horizonts und der Möglichkeit von dessen *intersubjektiver* Überwindung oder – wie Gadamer (1960) Dilthey vorwarf – der Unentschlossenheit zwischen der These von der historischen Bedingtheit des menschlichen Bewusstseins und der These von der Möglichkeit der objektiven historischen Erkenntnis. Weil die Hermeneutik der homogenen Vorstellung vom *Ich* treu bleiben muss, verwandelt sich das A. schließlich in ein «zweites Ich», welches auf dem Weg der Wiedergewinnung einer vorläufig verkürzten Identität zurückbesetzt werden soll.

4. Holenstein (1976ff.) hat in seinen Arbeiten nachgewiesen, dass sich eine solche unangemessene Asymmetrie zwischen rein *intentionalem* Ich und rein *gegenständlichem* A.n vermeiden lässt, wenn man sich einige Errungenschaften des Strukturalismus aneignet und die Ausgangssituation *Ich* von Beginn an durch (sprachliche) Beziehungen heterogenisiert. Mit einem solchen

Einbeziehen in das «Geflecht der Unterschiede» verlöre sie ihre erlebnishafte Einzigartigkeit und dadurch zugleich die Unzugänglichkeit gegenüber der Reflexion. Zu jeder sprachlichen Handlung gehört nämlich die Möglichkeit der metasprachlichen Reflexion, als Überführung des anfänglichen Zusammenhangs in ein neues Gefüge bzw. als Permutation des ursprünglich eingeführten Codes. Demnach erweist sich im Verlauf des Verstehens «das Intendierte (...) seinerseits als intendierend, das Konstituierte seinerseits als konstituierend, das Sinngestiftete seinerseits als sinnstiftend. Intentionale Strahlen gehen nicht nur vom Subjekt aus; die Objekte insinuieren von sich aus Beziehungen aufeinander, denen sich das Subjekt nur nachträglich zuwenden kann» (Holenstein 1985, S. 55). Daher ist die Projektion des A.n überall polyzentristisch und polymorph, ausgearbeitet auf einem System beweglicher und anpassungsfähiger Bedeutungsmuster, Erfahrungs- und Gedankenschemata. Die Umkehrbarkeit der Bestandteile ihrer Konfiguration ist das, was Verstehen ermöglicht, nicht nur zwischen dem Ich und dem A.n, sondern auch zwischen historisch und geographisch voneinander entfernten Kulturen und Zivilisationen (1985).

5. Die Psychoanalyse ist noch radikaler im Einschreiben des A.n in das Ich. Eigentlich könnte man sagen, dass ihr Ausgangspunkt in einem Spiegelverhältnis zum hermeneutischen steht. Während die Hermeneutik behauptet, dass das A. immer schon die Projektion des Ich ist, behauptet die Psychoanalyse, dass das Ich schon immer eine Projektion des A.n bzw. das Resultat einer ursprünglichen und verdrängten Identifikation mit ihm ist. Daher erfolgt auch die Übertragung in Freuds Auffassung vom Ich auf das A. nicht direkt, sondern sie erfolgt vom verinnerlichten idealen A.n (mit dem sich das Ich bereits identifiziert hat) auf eine dritte Instanz. In seiner (post)strukturalistischen Rekonstruktion von Freuds Lehre führte Lacan (1966) zwei Arten des A.n ein. Die erste Art bezog er auf die imaginäre Phase der Entwicklung des Kindes, wenn es sich in seinem Spiegelbild *(le semblable)* erkennt und sein Ich gemäß diesem Bild gestaltet. Auf diese Weise erhält das *Ich*, allerdings unwissentlich, die Identität *eines Michs (moi)*, indem es das A. wird. (Die entsprechende Lacan-Formel *Je est un autre*, übernommen von Rimbaud, verwendete später Lejeune [1980] als Titel seines Buchs über die Autobiographie.) Im Gegensatz zu diesem «kleinen A.n» *(l'autre, objet petit a)* zeigt sich in der späteren Phase der Kindesentwicklung das «große A.» *(l'Autre)* des Vaters, der die duale Beziehung des Kindes zur Mutter durch eine «symbolische Kastrierung» bzw. die Einführung des Inzestverbots unterbricht. Der Weg zur Mutter wird von nun an nur über den Umweg «des Namens / Nein des Vaters» *(le Nom / Non du Père)* bzw. über den gesetzlichen Paragraphen führen, der im Subjekt die Urverdrängung durch seine die Spaltung / Durchschneidung *(sujet barré)* verursacht. So von seinem imaginären A.n getrennt, wird das Ich (das Lacan nun als *je* bezeichnet) gestempelt mit

einem konstanten Mangel des Begehrens *(désir)* nach dem (symbolischen) Phallus als Gegenstand des Mutterbegehrens. Lacan definiert Begehren als konstitutives Spalten des Bedürfnisses *(besoin)* nach Befriedigung und der Forderung *(demande)* nach Liebe: Das Bedürfnis wird von nun an in seiner Orientierung auf das «kleine A.» unvermeidlich auf den sprachlichen Umweg der Forderung des «großen A.n» angewiesen sein. Das ist, was unbewusstes Handeln – Träume, Lapsus und andere Symptome – in die «Sprache des A.n» *(discours de l'Autre)* verwandelt oder aber das, was allgemeiner die Entstehung des Unbewussten als Wirkung der Sprache entblößt. Mit anderen Worten, Lacan beharrt darauf, dass das als das «kleine A.» gekennzeichnete Signifikat die unbewusste Wirkung des Begehrens eines Signifikanten nach dem anderen als dem «großen A.n» ist. Gerade weil der Signifikant «Symbol der Abwesenheit» oder des Fehlens (des anderen Signifikanten) ist, muss das Signifikat unaufhaltsam unter ihn «rutschen» (in die Zone der primären Prozesse des Unbewussten), was Lacan in seiner Zeichenformel (1966) in Klammern (S / (s)) stellt. Da diese Formel «des Buchstabens / der Schrift *(lettre)* des vorenthaltenen Bestimmungsortes» bei Lacan das Recht auf Allgemeingültigkeit innehat, d. h. auch außerhalb des Bereichs von Träumen, Tagträumen und Lapsus, wurde sie von den Interpreten gleichermaßen auf die Analyse literarischer Texte angewendet.

6. Ein sehr einflussreiches Konzept des dialogischen A.n hat auch Bachtin (1979) entwickelt. Auch bei ihm ist das A. in einen Gesprächspartner (den A.n) und einen Adressaten («Dritten im Dialog») geteilt. Dabei erhält der Adressat die Rolle einer spezifischen utopischen Kompensierung für die Versäumnisse des sog. unmittelbaren Verstehens, vonseiten des in die sozio-kommunikativen Stereotypen des Alltagslebens eingetauchten Gesprächspartners. Ihn in die «metaphysische Ferne» als idealen Adressaten, einen «reinen ‹Menschen im Menschen›», «Vertreter aller anderen für das Ich» projizierend, erwartet der Adressant von ihm ein «absolut korrektes Verstehen» «jenseits der gewöhnlichen Normen des Verhaltens und der Höflichkeit». Da das «einfache Leben» die literarischen Werke (wie auch alle anderen Äußerungen) um den Horizont deren endgültiger Begleichung kürzen muss, verharrt dieser letztere in den Werken wie eine andauernde dialogische Resonanz der Zukunft, die jegliche gegenwärtige Bedeutungsvollendung verhindert und auf diese Art und Weise alle stattgehabten Verstehensakte frustriert.

Der Gesprächspartner kann sich wegen seiner Verwurzelung in der Lebenswelt bzw. im konkreten «Ereignis des Seins» bei keiner Gelegenheit die Position des Adressaten aneignen. Der «Sitz im Leben» hindert ihn daran, aus dem Sinnhorizont des Textes herauszutreten und ihn im Ganzen zu umfassen. Aufgrund dessen können wir feststellen, dass in der Konzeption Bachtins das *Ich* in seinem Verstehen des A.n (des Gesprächspartners) fortwährend durch einen

Dritten (unendliche Differenziertheit des Partners der Äußerung) bestimmt ist, wie übrigens auch der A., der verstanden werden soll, notwendigerweise von *seinem* Dritten (dem reduktiven Rahmen jenes *Ich*, das ihn versteht) abhängt. Auch er (in diesem Fall der Text) kann nämlich seine Bedeutung nicht absolut verwirklichen, sondern nur so viel, wie es ihm der aktivierte Horizont des Verstehens erlaubt. Bachtin beharrt somit, im Gegensatz zu den sog. transzendentalen oder universalen Pragmatikern (Habermas, Apel, Wellmer) als Verfechter der bevorstehenden Kommunikationsidylle, hartnäckig auf einer Dissensplattform der Verständigung bzw. auf der Unmöglichkeit einer endgültigen Harmonisierung «idealer Kommunikationssituationen», durch deren Übertragung in einen Zeit-Raum des allgemeinen Dialogs.

7. Außer als Problem der Interaktion der Person mit einer anderen Person oder mit einer Aussage bzw. einem Text, ist der Begriff der / das A. in der zeitgenössischen Theorie von Beginn der 1960er Jahre an auch als Problem der zeitlichen oder räumlichen Fernkommunikation zwischen den Kulturen aktiv. Die Frage wurde aufgeworfen, als Lévi-Strauss (1962) den unbewussten Ethnozentrismus der historisch-dialektischen Methode Sartres als eine «Mythologie unserer Zeit» anklagte, die alle diskursiven A.n in den eigenen Diskurs der Vorherrschaft assimiliert. Foucault (1961) hat dieser Anklage des Ethnozentrismus des historischen Denkens die Beschuldigung seines Logozentrismus hinzugefügt, der auf dem gleichen Mechanismus der Zähmung eines radikalen oder absoluten A.n (des Wahnsinns) zu einem brauchbaren A.n (wissenschaftlichen Gegenstand) beruht. In den 1970er Jahren hat der Feminismus auf dieselbe Weise die Frage der Geschlechtsdifferenz sensibilisiert; die postkoloniale Theorie regte danach die Frage nach dem im westlichen Diskurs immanenten Kolonialismus an und die Cultural Studies die nach dem Elitarismus. All diese Diskriminierungen des A.n sind letztendlich in der sog. Ideologie des Humanismus verkörpert, die stillschweigend den «Menschen» als einen vernünftigen, elitär gebildeten, wohlhabenden, unternehmungslustigen, heterosexuellen und männlichen Westlichen darstellt. Aber bei einer solchen scharfen Gegenüberstellung von Humanismus und polymorphem und benachteiligtem A.n kommt es manchmal zu einer unangemessenen Homogenisierung der Pole. So verdrängt z. B. die Betonung des Unterschieds zwischen Mann und Frau den Unterschied zwischen schwarzen und weißen, wohlhabenden und armen Frauen. Jede *äußerliche* Spezifizierung des A.n verschuldet die Vernachlässigung seiner *inneren* Alteritäten. Die problematische humanistische Methode der Einebnung von Unterschieden lässt, bei unzureichender Vorsicht, seine Wirkungen auch in den Antihumanismus einschleichen.

8. Die Schwierigkeiten mit einer positiven Definition des A.n – sei es in Form der Frau, des einfachen Menschen, des Eingeborenen, des östlichen oder

südlichen Menschen, des Schwarzen oder des Indianers, des Verrückten oder sogar des Homosexuellen – führten zum Rückzug des A.n in die Unfassbarkeit bzw. Nichtdiskursivität. Hier übernahm es das Erbe der «Poesie des Lebens» von Dilthey und Nietzsche, die sich irgendeiner begrifflichen Besetzung entzieht. Charakteristisch ist in diesem Sinn das feministische Insistieren auf «Frau» als Geschlechtsidentität *(gender)* anstelle von Geschlecht *(sex)*, wodurch darauf aufmerksam gemacht wird, dass sie das imaginative, gedankliche und sprachliche Konstrukt einer männlichen Kultur bildet, das deren Wünschen und Bedürfnissen angepasst ist. Ebenso wird den Westlern vorgeworfen, dass sie die Gewohnheiten der östlichen Menschen in Übereinstimmung mit den eigenen Zivilisationscodes interpretieren (Barthes 1970b; Said 1978) oder dass die Weißen das Gleiche in ihrem Verhältnis gegenüber den Schwarzen (Gates 1987) bzw. gegenüber den Indianern tun (Todorov 1982). Nicht weniger verfälscht ist auch das Bild, welches die Schriftkultur über die mündliche, die hohe über die niedrige, die produzierende über die konsumierende Kultur hinterlässt (Bachtin 1929b; Detienne / Vernant 1974; Ginzburg 1976; de Certeau 1980). Schließlich verzerrt auch der Phänotext den *anderen Schauplatz* des Genotexts, indem er ihn zur Verbreitung der Symptome zwingt (Kristeva 1969ff.; Riffaterre 1978). Aber wie kann irgendjemand über die Fälschungen des A.n sprechen, ohne Einblick in das Original zu haben? Und auf welcher Grundlage wiederum kann man solch einen Einblick bekommen, wenn wir ausschließlich über Fälschungen verfügen? Das ist es, was die Interpretation des A.n in der dargelegten Tradition der kritischen Theorie, der Ideologiekritik oder Kulturkritik strittig macht. Sie hält das ausschließliche Recht auf die Vertretung des A.n und beharrt auf seiner radikalen Absenz.

9. Es handelt sich um einen Widerspruch, der die Entstehung des sog. New Historicism angeregt hat (1980ff.). Da er sich im Zuge der Erforschung der englischen Renaissancekultur entwickelte, war er mit dem Problem der Erklärung des *Kolonialismus* als eines spezifischen Verhältnisses gegenüber den damals neu entdeckten exotischen Kulturen konfrontiert. In seinen ersten Arbeiten der neohistoristischen Richtung erklärt Greenblatt (1980) den Kolonialismus als das Aufheben der *Wechselbeziehung* zwischen Ich und A.m zum Nutzen der *Unilateralität* dieses Verhältnisses, die die Manipulierung ermöglicht. Das kolonisatorische Ich lebt sich in das Glaubenssystem des A.n ein und übernimmt in ihm die entsprechende Rolle, mit deren Hilfe es seine symbolische Konfiguration in das Gravitationssystem des eigenen Glaubens versetzt, um danach durch dieses System die Ausbeutung zu legitimieren. Greenblatt erörtert das Verfahren am Beispiel der Spanier, die den Glauben der amerikanischen Indianer, dass ihre Toten eines Tages mit Booten von jener Seite des Meeres zurückkehren würden, ausnutzten, die Rolle dieser Toten übernahmen

und die Indianer so ohne Widerstand für die Arbeit in ihren Goldbergwerken gewannen. Aber möglich ist auch eine andere Technik der Kolonialisierung, die Greenblatt anhand des Beispiels von Jago und Othello darlegt. Jago missbraucht Othellos «Kolonialisiertheit durch den katholischen Glauben» als einem von den Diskursen aus dem Repertoire des dominanten Codes der Renaissancekultur. Er seinerseits weigert sich indes, sich mit irgendeinem dieser (religiösen, juristischen, politischen, kulturellen) Diskurse zu identifizieren, und identifiziert sich stattdessen mit dem *Code selbst* als mit dem radikal A.n dieser Diskurse, das sie alle aufteilt und positioniert. Solch eine verschobene Identifikation, die den distanzierten Renaissance-«Improvisatoren» eigen ist, schenkt ihm die Macht der Entzauberung und der Manipulation der A.n. Greenblatt schreibt sie selbst Shakespeare zu, der «ein grenzenloses Talent für das Eindringen in das Bewusstsein des A.n, zur Wahrnehmung seiner tiefsten Strukturen als manipulierbarer Fiktionen und für deren Überschreibung in die eigene Erzählform» besaß. Aber in seinem Gebrauch der kolonialen Technik der theatralen Beherrschung des drohenden A.n erweist sich Shakespeare, ohne es zu wissen, als «ideologischer Apparat» (Althusser) der staatlichen Ordnung des elisabethanischen und Tudorenglands. Er reproduziert angeblich lediglich die Grundmechanismen der damaligen «Theater»-Herrschaft, die ihrerseits selbst ihre Untertanen in manipulierte Selbstformende *(self-fashioners)* und manipulierende Improvisatoren *(improvisational selves)* aufteilte.

Wie dem auch sei, es bleibt die Frage, ob der New Historicism nicht durch eine solche Umwandlung des Kolonialismus in eine allumfassende «Poetik der Kultur» das eigene Verhältnis gegenüber den A.n durch die «spezialisierten» Arten und Weisen der Erforschung der Renaissance auf die Renaissance selbst als einen Gegenstand projiziert. Schreibt er nicht, mit anderen Worten, durch diese unbewusste Übertragung seines totalisierenden Verhältnisses verschiedenartige Renaissancetexte in den Terminus einer *eigenen Kolonialisierung* um? Colebrook (1997) bezeichnet als die Grundeigenschaft des New Historicism das Erkennen der eigenen neohistorischen Theorie in den Texten, die erforscht werden. Im New Historicism seien gewisse kritische Motive zu spüren, die der Kritiker oft als in den Renaissancetexten bereits thematisierte betrachte.

10. Einen großen Einfluss hat in der ethisch-politischen Wende der Theorie der 1990er Jahre Lévinas' philosophische Konzeption des A.n ausgeübt. Sie entwickelt sich in Analogie, aber auch in Opposition zu Heideggers Überschreibung der europäischen philosophischen Tradition aus der Perspektive ihres «Vergessens des Seins» fort, denn Lévinas glaubt, diese Tradition verdränge die ethische Frage noch radikaler als die Frage nach dem Sein. Indem sie

das A. als ein notwendiges Moment des Selben (*le même* als Platons *to auton*) interpretierte, habe sie durch diese Totalisierung ihre radikale Außerhalbbefindlichkeit *(exteriorité)* ausgeschlossen. Das Ethische ist für Lévinas (1961) indes gerade «this calling into question of my spontaneity by the presence of the other» *(l'Autrui)* (Robbins 1999, S. 5). Der A. lebt «außerhalb der Präsentation, nicht im Selben aufgelöst, ein Fremder, mit dem ich weder den Platz, noch den Begriff teile» und der mich als Gesicht *(le visage)* gewinnt. Statt sich gegenüber dem einzigartigen Gesicht großherzig zu öffnen und mit «my joyous possession of the world» (Robbins 1999, S. 6) zu brechen, wandelt die Philosophie mit Hilfe des «alchemistischen Steines des kognitiven Ich» seine ethische Alterität in ein ontologisches Gleichsein (Lévinas 1962). Das Gesicht ist für Lévinas der Ort des Einbruchs des Unendlichen (oder der an-archischen Vergangenheit) in die Totalität der Geschichte. In diesem Sinn beraubt es sich durch seine beispiellose Nähe *(proximité)* der vor-stellenden Figuration. Das Gesicht begegnet uns «ohne irgendeine Metapher» (1967 / 1974), denn als eine Spur der Vergangenheit, die der Kontextuierung entgeht, gehört es nicht zum humanen Einzelnen, sondern zur vorhumanen Pluralität. Deleuze und Guattari (1980) treffen das Wesentliche, wenn sie es «etwas ganz Unmenschliches» nennen, «eine Wand, die der Signifikant braucht, um sich von ihr abzustoßen (…) auf dem Weg zum Nichtbedeutenden und Nichtsubjektiven». Aber für Lévinas offenbart sich das Unendliche immer einzig im Endlichen, als eine «Transzendenz in der Immanenz», als das A. *(L'Autrui)* im A.n *(l'autre)*, als paradoxes «jenseits-inmitten» *(au-delà-dans)* (Derrida 1997). Es sei ein echtes Paradox, dass das Unendliche die Totalität der Geschichte und des Denkens *überflute* und dass der Sinn dieses Überschusses oder Überflusses das Ethische sei (Schroeder 1996). Eine solche Begegnung mit dem Gesicht ist ohne Vermittler eigentlich unmöglich, und es erstaunt nicht, dass sich auch Lévinas (1961) seiner Figurationen bemächtigt, indem er es «offene Hand» oder «Krümmung der Schulter» nennt. Obwohl er die ethische Sprache in den Termini eines performativen Herbeirufens des A.n darstellt, «it is not necessarily the case that such a performative would be free of all contamination by the constative, or by what Levinas calls the language of ontology» (Robbins 1999, S. XIV). Vielleicht liegt darin der Grund, dass Lévinas später (1974) die ethische Sprache in die untrennbar-unversöhnlichen Aspekte des Sagens *(le dire)* und des Gesagten *(le dit)* trennt. «Whereas *Totality and Infinity* described the putting into question of the self in the presence of the other, *Otherwise than Being* describes the self as already worked over, traumatized and dispossessed by the other. Responsibility does not emanate from the initiative of a subject; it chooses me before I choose it» (Robbins 1999, S. XIVf.). Die ethische Verantwortung leitet sich nicht mehr aus einem großzügigen Willensakt des Einzelnen her: Bevor wir sie wählen, sind wir schon von ihr gewählt! Daher die neue, «katastrophische» Terminologie des Werks: ewige Verantwortung, ursprüngliche Akkusativität, Opferbereitschaft, Unersetzbarkeit, Substituierung des Nachbarn, Verwundbarkeit, Aussetzung, Passivität, Geiselnahme. Aber gerade ich – ich und nicht der A. – sei eine Geisel des A.n; im Austausch löse sich mein Sein auf, das nur mir und nicht dem A.n gehöre, und gerade durch diesen Tausch sei ich ich und nicht der ‹A.› (1974). Aber wie bereits Blanchot (1980), die Schneide von Lévinas' Absolutem Performativ mildernd, vermerkte, widerfährt mir die Geiselnahme gemäß Definition dieser nicht, weil ich wirklich ich bin, sondern weil ich mich auf einem bestimmten Platz befand. So betrifft ein Hilfeschrei nicht mich persönlich, sondern mich als irgendjemanden: Dass der A. nur den Sinn der unendlichen Hilfe *(recours)* habe, die ich ihm schulde, mache mich nicht unersetzbar und noch weniger einzigartig. Aber dies bewirkt, dass ich in der ewigen Bewegung des Dienens verschwinde, wo ich nur zeitweilig einzigartig bin, ein Simulakrum der Einzigartigkeit. So wird auch die unerbittlich strenge *Akkusativität* des ethischen Befehls des A.n durch die gleichgültigere, konventionelle *Nominativität* der unpersönlichen Anrede des A.n korrigiert, der dem herbeigerufenen Ich Raum für Entscheidung lässt. Bei jeder unserer Begegnungen mit dem unfassbaren Gesicht des A.n greift ein sozialer Dritter ein, der uns das Erraten befiehlt und uns dadurch dem Zweifel aussetzt, nie moralisch genug sein zu können. Das sei die wahre Aporie der moralischen Nähe. Wenn ich nicht nach meiner eigenen Interpretation des Wohls des A.n verfahre, bin ich dann etwa nicht an der sündhaften Gleichgültigkeit schuld? Aber wenn ich trotzdem danach verfahre, wie weit muss ich im Brechen des Widerstandes des A.n gehen, wie viel Autonomie darf ich ihm nehmen? (Bauman 1993) (C. S.)

→ Außerhalbbefindlichkeit, Dialog, Ethik, Herbeirufen, Identität

Androgynie

(engl. androgyny, franz. androgynie, russ. androginija)

Ursprünglich Hermaphrodismus oder Zweigeschlechtlichkeit, doch die feministische Kritik gebraucht den Begriff in einem kulturellen statt biologischen Sinn. Den Anstoß gab Virginia Woolf im Essay *A Room of One's Own* (1929), indem sie Coleridges Schlagwort über den Androgynismus eines jeden großen Geistes ausarbeitete. Einmal im Umfeld der amerikanischen Gender Studies aufgegriffen, entwickelte er sich mehr in Richtung Werk als in Richtung Autor, aber er stieß schnell auf den Widerstand der Theoretiker der Geschlechtsdifferenz, welche die androgyne Gesellschaft offensichtlich viel zu schnell vernachlässigt (Irigaray, Murano, Cavareno). So behauptete Daly (1979), dass aus der Verbindung der geschlechtlich unterschiedlichen Hälften im besten Fall eine Pseudoganzheit entstehen kann, im schlechtesten nichts. Ruthven (1984) gibt zu bedenken, dass schon die Wortstruktur A. eine geschlechtliche Dichotomie und die Überlegenheit des Männlichen über das Weibliche widerspiegelt. Der alternative Begriff *giandry* (Gilbert / Gubar 1979) hat sich jedoch nicht durchsetzen können. (Lj. Š./W. W.)

→ Andere, Feministische Kritik

Apostrophe

(engl., franz. apostrophe, russ. apostrof)

Wird für gewöhnlich beschrieben als eine Figur des poetischen Anredens eines radikal abwesenden Adressaten – einer Gottheit, des verstorbenen oder verschollenen Freundes oder der Geliebten, einer natürlichen oder übernatürlichen Erscheinung, eines Phänomens oder Gegenstandes –, der durch solches «hinausschreitendes Anrufen» des realen Empfängers des Gedichtes wiederbelebt oder zur Anwesenheit gebracht wird. Es gibt aber auch Beispiele des «totredenden» Anredens des Abwesenden an den Anwesenden. Für die Definition der A. als Figur gilt als wesentlich, dass ihr Anreden an den Gesprächspartner vor Augen eines anderen, dem «der Dichter gleichsam den Rücken kehrt» (Frye 1957), die Grenze überschreitet, die zwei unvereinbare Welten trennt.

1. In die moderne theoretische Diskussion wird A. von de Man (1981) eingeführt, als er sie – im polemischen Gestus gegen ihre zeitgenössische Geringschätzung – zur für die Poesie im Ganzen paradigmatischen Figuration der lyrischen Stimme proklamierte. Er widersetzte sich den Bestrebungen – enthalten in den Konzeptionen von Riffaterre und Jauß, aber im Grunde auch in der gesamten Tradition des amerikanischen New Criticism –, diese Figuration bloß als eine Wegmarke für die Aktualisierung oder Phänomenalisierung der lyrischen Stimme im Leseprozess zu verstehen. Die Figur der A. kann aus der lyrischen Stimme nicht verdrängt werden, weil ihrem Gestus, das Unbelebte in das Belebte anzusiedeln, immer der symmetrische Gestus der Umsiedlung des Belebten in das Nichtbelebte folgt. Das führt dazu, dass die lyrische Stimme sich zusammen mit der Welt, die sie aufruft, der Vergegenwärtigung dauerhaft entzieht. Der Leser findet sich vor ihr in der gleichen Lage wie das lyrische Ich, als es durch die A. die unbelebten Gegenstände oder tote Wesen aufrief oder gar durch eine ähnliche Prosopopöie seinem gesichtslosen Leser ein Gesicht

schenkte. Da die lyrische Stimme wegen dieser grundsätzlichen Verbundenheit mit der Bedeutungsleere radikal abwesend ist, können ihre Merkmale nur vermittels der Halluzination beobachtet werden, was heißt, dass die Figuration der Gedichtrezeption selbst zugrunde liegt und damit auch dessen Beschreibung. Das bringt de Man dazu, die A. nicht nur zum Gattungsmerkmal der traditionellen Psalmen, Elegien oder Oden, sondern auch zum konstativen Merkmal aller Lyrik zu proklamieren.

2. Die Intervention de Mans erfuhr eine interessante Erarbeitung in der amerikanischen Lyriktheorie (Culler 1981, 1985; Johnson 1986; Buddick 1989). Die Aufmerksamkeit kehrt zurück zur ontologischen Diskontinuität des Zeitraumes der lyrischen Äußerung mit dem Zeitraum des lyrischen Aussagens sowie zum (damit verbundenen) Zwiespalt im lyrischen Ich zwischen Teilnehmer und Beobachter, der durch Ausschreitung des mittelbaren Anredens hervorgerufen wurde. Und obwohl diese Dimensionen gegenseitig dauerhaft unbegreifbar bleiben, bestehen sie doch im Verhältnis der ständigen Nähe *(perpetual nextness)* und benachbarten Verneinung *(neighboring negativity)*. Eine ähnliche Doppeldeutigkeit kennzeichnet auch das Verhältnis des lyrischen Gedichts zur Tradition. Diese lässt sich nicht aneignen ohne Risiko der Entleerung und Spaltung der eigenen Welt, der Abwendung von ihren Werten, was zugleich eine affirmative Besetzung der Gattungsvergangenheit verhindert. Nach Buddick (1989) ist die Tradition der lyrischen Gattung durch Akzeptanz und Auferlegen der durch A. abgegrenzten *Negation* gebildet worden. Dies könnte als versteckte Polemik gegen die neoaristotelische Auffassung der positiven Gesetzeskraft der Tradition in der Schule der Chicago Critics verstanden werden.

3. Johnson beschäftigte sich (1986) mit einer anderen Spaltung, die A. durch verschlungene Drehungen zwischen der gleichzeitigen Belebung und Tötung vergeblich zu schließen sucht – mit jener zwischen dem jungen und reifen Ich in der männlichen Lyrik einerseits, jener zwischen der Mutter und ihrem abgetriebenen Fetus in der zeitgenössischen amerikanischen weiblichen Lyrik andererseits. Beide Lyrikarten enden in der Thematisierung des Scheiterns der A. Da aber die Männer die eigene Gebärunfähigkeit durch Behandlung der *Gedichte* als eigener Kinder ersetzen, stellt sich die Frage, ob man nicht auch ihre lyrischen Stimmen – ob des Misserfolgs dieses «Nachwuchses» bei der Integration seines *Ich* – als den eigenen ermordeten Kindern zugewandte Mutterstimmen betrachten sollte. Johnson entdeckt so mit ihren Analysen in der unentscheidbaren Struktur des A. eine starke politisch-ethische Ladung. (D. M.)

→ Appell, Herbeirufen, Stimme, Übertragung

Appell

(engl. appell, franz. appel, russ. apell)

Die Dimension, in welcher die Äußerung oder der Text den Adressaten durch das Lenken seiner Rezeption überredet.

1. Im Organon-Modell Bühlers (1934) bildet die appellative Funktion zusammen mit der darstellenden und der expressiven die konstitutive Dimension des sprachlichen Zeichens. Durch diese organisiert der A. die Bedeutungserfüllung seiner Intention im Bewusstsein des Adressaten, ähnlich der konativen (in erheblichem Maß auch der phatischen) Funktion im unten folgenden Schema Jakobsons. Als Anhänger Husserls beschränkt Bühler die alltägliche Redepraxis durch «Okkasionalität» und bindet sie an das «empraktische» Zeigfeld, was bedeutet, dass die Bedeutungserfüllung der alltäglichen Redeäußerung unmittelbar von den Parametern der pragmatischen Situation abhängt, in der sie erscheint. Eine Äußerung der Alltagsrede appelliert nämlich an die kontingente sinnlich-anschauliche Struktur im Bewusstsein des Adressaten, um die Vorstellungsprojektion des Bewusstseins zu wecken, die – Husserl und Bühler zufolge – die notwendige Voraussetzung der Bedeutungserfüllung ist. Doch während die Reaktion auf diesen A. in der alltäglichen mündlichen Kommunikation noch unmittelbar bleibt (dem Grundsatz Reiz – Wirkung folgend), wird sie durch die Trennung der Teilnehmer an der künstlerischen schriftlichen Kommunikation aufgeschoben und verkompliziert. Der Adressant einer solchen entfernten Kommunikation kann nicht mehr damit rechnen, den gleichen Zusammenhang der Voraussetzungen mit dem Adressaten zu teilen, weshalb sich die Rezeption des Letzteren auf das synsemantische oder symbolhafte Zeigfeld richtet. Dieses ist nunmehr das *Produkt* der appellativen Satzstruktur und nicht mehr ihre *Voraussetzung*. In diesem Sinn spricht Bühler von der allmählichen Ablösung des Zeigens durch die Darstellung als dem Grundthema seiner Theorie.

2. Nachdem Jakobson (1960/1981) das von Bühler entworfene Organon-Modell revidierte, schlug er eine terminologische Ersetzung der appellativen Funktion durch die konative und ebenso ihre Ergänzung durch die phatische Funktion vor. Letztgenannte ist durch mehr oder minder automatisierte Signale auf die Kontaktaufnahme, -erhaltung oder -unterbrechung gerichtet. Den späteren Kommentaren zufolge scheint es, dass weder die Ersetzung noch die Ergänzung zu einer Erkenntnisbereicherung des A.s beitrugen. Anders steht es hingegen mit Jakobsons metasprachlicher Funktion, welche sich auf den Code der Mitteilung, auf die Anzeige ihrer Zugehörigkeit zu einer bestimmten Zeichenreihe, das System oder die Klasse richtet. Dadurch freilich, dass sie den Adressaten zu einer bestimmten Verstehensweise der Bedeutung

verführt, scheint sie in Bühlers Konzeption der Befugnis der appellativen Funktion zuzufallen und in diesem Sinn die Eigenständigkeit nicht zu verdienen, die Jakobson für sie verlangt. Und dennoch, die Signale, die durch die metasprachliche Funktion geordnet werden, überschreiten den Wirkungskreis des *Adressanten* als des kontingenten Trägers der «Bedeutungsintention», weil sie in der Regel durch das vorher stabilisierte *Muster* des Sprachgebrauchs generiert werden. Dadurch, dass die sprachliche Kommunikation schon in der Alltagssphäre in derartige gattungsmäßige Muster (Sprechakte) «gegossen» wird, stellt sich sogar die Frage, ob solche «mittelbaren» Code-Signale den «unmittelbaren», die durch Bedeutungsintention des Absenders gesetzt werden, nicht *in der Regel* vorausgehen. Sollte dem so sein, ist dann die Darstellungsfunktion der Aussage – die Bühler für die fundamentale Sprachfunktion hält – nicht schon immer vorgängig durch seine *selbstdarstellende* bzw. metasprachliche Funktion vermittelt? Die appellative Funktion müsste also schon von Anfang an so wirken, wie Bühler ihr einräumt, erst am Ende, im literarischen Werk zu wirken, also durch Versetzung des Adressaten in das symbolische Zeigfeld. Das heißt, dass auch die Aussage in der Alltagsrede ihre Bedeutungserfüllung nicht der einmaligen Anschauungsintervention der Gegenstände verdanken würde, wie Bühler (Husserl folgend) behauptet, die sich vor Augen *(ad oculos)* der Gesprächsteilnehmer, in der Situation ihres Redeaustauschs befinden, sondern diese Elementaraussage selbst hätte schon im Voraus und unbeobachteterweise – durch Gattungssignale ihrer eigenen metasprachlichen Funktion (nach Jakobson) – den Blick der Teilnehmer an der Kommunikation «codiert» und ihm somit die situative Einmaligkeit entzogen.

3. In letzter Zeit gab es Versuche solcher «Semiotisierung» des phänomenologischen Ansatzes Bühlers durch Annäherung an Grundlagen der Sprechakttheorie. Obwohl beide Theorien, der Humboldtschen Tradition folgend, die Sprache als Handlung betrachten, unterscheiden sie sich erheblich dadurch, dass für Bühler der Handlungsurheber die bewusste Intention des *Subjekts*, während dies für Austin (1962) die kommunikativ eingespielte Intention der *Äußerung* ist. In der Sprechakttheorie ist die Äußerung selbst – aufgrund der generischen Verfassung der alltäglichen Sprachpraxis als Versprechung, Bitte, Drohung, Danksagung, Entschuldigung etc. – Träger der illokutiven Kraft (wie Austin die appellative Funktion nennt) und daher auch der Hersteller der Eignungsbedingungen *(appropriateness conditions)* für den eigenen Empfang. Doch obwohl die Selbstkontextualisierung darum nicht erst bei der literarischen Äußerung ansetzt, sondern auch die alltäglichen sprachlichen Manifestationen kennzeichnen würde, wird sie nach der Deutung Austins im Bereich der «gemeinen Sprache» durch Konvention naturalisiert, während sie in dem Bereich der literarischen Kommunikation «parasitär» oder abgeleitet bleibt. Sie

ahmt hier die «natürliche» Selbstkontextualisierung der Äußerung *nach* und hebt durch solche Inszenierung die unmittelbare Wirkung ihrer illokutiven Kraft auf. Statt etwas zu *vollziehen, setzt* die Äußerung ihre «Handlung» als Zustandsindex des Äußerungssubjekts. Anders gesagt: Liest der Empfänger den Satz *Pflückt Rosen, Mädchen* als eine poetische Äußerung – und mag es sich auch um ein Mädchen handeln –, wird er sie gewiss nicht als Handlungsaufforderung verstehen, sondern vor allem als Indikator der Einstellung und der Stimmung des Äußerungssubjekts.

So fiele die appellative Funktion innerhalb der literarischen Kommunikation in die Zuständigkeit der individuell-mimetischen Intention, was bedeutet, dass sie durch die *Ausdrucksfunktion* vermittelt wäre. Wenn also die expressiven und darstellenden Äußerungsfunktionen in der alltäglichen Sprachpraxis in ihrer Wirkung von der konventionalisierten appellativen Äußerungsfunktion abhängen, kehrt sich das Abhängigkeitsverhältnis in der literarischen Praktik um, sodass die Bedeutungswirkung sowohl der (darstellenden) Symbolfunktion als auch der (appellativen) Signalfunktion unter die Zuständigkeit der (expressiven) Symptomfunktion der Äußerung gestellt wird. Doch eine Funktion kann nicht einmal in der literarischen Praktik Parameter der dargestellten Welt aufstellen noch erwünschte Merkmale ihres Empfängers völlig frei gestalten, weil die expressive Funktion darin auch selbst immer schon durch darstellende und appellative Konventionen eingeengt wird. Die zweite Generation der New Critics hob gerade in diesem Sinn den sog. Irrtum der Intention hervor und befürwortete, die Bedeutung des Autors *(authorial meaning)* zugunsten der Textbedeutung *(textual meaning)* aufzugeben. Kurzum, die Annäherung der Bühlerschen Konzeption der appellativen Funktion an Austins Konzeption der illokutiven Kraft öffnet den Raum für permanente *Überdeterminierung von semantischen Befugnissen* der drei Funktionen und damit für die latente Plurifunktionalität der Bühlerschen Zeichenarten: der Signale, Symbole und Symptome, die allerdings in Bühlers Ursprungsmodell homogener Funktionen noch keinen Platz hat.

4. Die Auflösung der konventionellen Struktur der appellativen Funktion, deren Entpragmatisierung sowie Ästhetisierung auf dem Weg von der gemeinen zur fiktionalen Sprachäußerung erfolgen – das ist die Idee, auf der die Konzeptionen der spezifisch literarischen Kommunikation basieren, die im Laufe der 1970er Jahre in den USA (Pratt, Smith) und in Deutschland (Schmidt, Iser) entwickelt wurden. So erläutert Smith (1978) verschiedene Arten literarischer Äußerungen als Darstellung oder Nachahmung unterschiedlicher sprachlicher Äußerungsarten, wobei etwa die lyrischen Gedichte persönliche Äußerungen nachahmen sollten. Die Nachahmung ist hier als Verlockung des Lesers zu verstehen, um diejenige Situation (Umstände, Interesse, Absicht, Position,

Stimme, Ton, Stimmung) vermittels der «Partitur» aus dargebotenen Anweisungen zu rekonstruieren, in welcher jemand eine so strukturierte Äußerung machen könnte. Ihr zufolge füge sich der Text, der uns sagt, wie der Sprechakt, den er darstellt, herzustellen ist, nicht in den bestehenden Kontext ein, sondern schaffe für die Weise, wie er verstanden werden soll, den *eigenen Kontext*. Eine ähnliche, aber erheblich rundere Konzeption des literarischen Textes als *Appellstruktur*, die sich durch eine Reihe von Überschreitungen die angemessene Kontextualisierung schafft, wurde von Iser (1970, 1976) entwickelt. Gerade weil er das Befreiungspotenzial des literarischen Textes in Bezug auf die pragmatischen Voraussetzungen anerkennt, die im konventionellen Sprechakt «hochdefiniert» sein müssen, wenn der Akt gelingen soll, hält Iser die Beschränkung dieses ästhetischen Potenzials auf eine neue Rekonstruktion derselben Voraussetzungen für nicht gerechtfertigt. Einen Situationskontext, der die einmal enthüllten Bedeutungsleerstellen durch die im Prozess des Lesens des literarischen Kunstwerks sich entziehenden Signale des «Bedeutungsanschlusses» definitiv stabilisieren würde, gibt es eigentlich nicht. An diesen Unterbrechungen eines kontinuierlichen Wahrnehmungsflusses als «den artikulierten Augenblicken des Lesens» entzünden sich die Kombinationsmöglichkeiten des Leserbewusstseins. Das Bewusstsein muss unter dem Druck der Umstände aus den Vorstellungsstereotypen hinausschreiten, um neue Vorstellungen aufzuspüren. Während die Erschwerung der Wahrnehmung bloß einen Typus der Automatisierung durch den anderen ersetze, befreie die Erschwerung des Vorstellens – so Iser polemisch gegenüber der frühen formalistischen Definition des Kunstspezifischen – den Leser von den habitualisierten Vorlieben, um ihn zu befähigen, sich jenes, was durch Bestimmtheit der angeeigneten Orientierungen unvorstellbar schien, vorzustellen. Die Strukturkraft der «Leerstellen» (mit diesem Terminus ersetzt Iser den Ingardenschen Begriff der Unbestimmtheitsstelle) äußert sich im Leseprozess durch Anregung des Bewusstseins zu ständigem Wechsel der «Projektionsflächen» des Themas und des Horizonts, um darin den geeigneten Ort für «den wandernden Blickpunkt» zu finden. Ohne Appellstruktur des Textes sei es nicht denkbar, die dynamische Verkettung von sich wechselseitig widersprechenden Vorstellungen in Bewegung zu setzen, die gerade das Bewusstsein des Lesers in bisher ungeahnte Räume führe. (D. M.)

→ Äußerung, Deixis, Illokution, Kommunikation, Lesen

Äquivalenz

(engl. equivalence, franz. équivalence, russ. ėkvivalencija)

1. De Saussure (1916) setzt den sprachlichen Signifikanten in eine zweifache Beziehung: die der Kontiguität zu den Einheiten der gleichen Art (anderen Signifikanten) und der Ä. zu Einheiten unterschiedlicher Art (Signifikat). In der ersten Positionsart der Beziehungen erringen die Signifikanten ihren *Wert*, in der zweiten, austauschenden Beziehungsart ihre *Bedeutung*. De Saussure vergleicht dies mit dem Geld, das seinen Wert im Vergleich mit einer anderen Währung und seine Bedeutung im Tausch gegen Waren erlangt. Seiner Auffassung zufolge ist der Wert immer die Voraussetzung der Bedeutung, was man auch folgendermaßen ausdrücken kann: Syntagmatische (parasemische) Beziehungen haben in der Sprache Vorrang vor den paradigmatischen (aposemischen). De Saussure verteidigt damit die Stabilität der Sprachsysteme gegen den Einbruch der Sinnlosigkeit in der Form einer unerwarteten Bedeutungsassoziation (Volksetymologisches: *coq à l'âne*).

2. Jakobson (1956) übernahm diese These von den zwei Sprachachsen und arbeitete sie weiter aus. Die eine ist die Selektions- oder Substitutionsachse, nach der die Sprecher zwischen bedeutungsähnlichen Sprachteilchen auswählen; Jakobson nennt sie auch die metaphorische Achse. Die zweite ist die Kombinationsachse, nach welcher die Sprecher die kontextuell nahe liegenden Sprachkategorien verbinden (d. h. jene, die der Verbindung unterliegen); Jakobson nennt diese auch metonymische Achse. Auf der Äquivalenzachse erlangen die Spracheinheiten ihren semantischen Aspekt, auf der Kontiguitätsachse ihren Positionsaspekt, wobei diese Aspekte in einem Alternantenverhältnis zueinander stehen. Durch die Wahl einer von ihnen entdeckt der Einzelne nach Jakobson seinen persönlichen Stil, seine Sprachneigungen und Vorlieben. Doch schon in derselben Studie korrigiert Jakobson das Verhältnis des Ausschließens der Alternanten durch die Beziehung ihrer Implikation, wenn er von «positionaler Ä.» und «semantischer Kontiguität» spricht. Das gemeinsame Hervortreten dieser Aspekte wird von Jakobson noch ausdrücklicher im Aufsatz *Closing Statement: Linguistics and Poetics* (1960) vertreten. Auf die Problematik der Gleichstellung der Selektion mit Ä. und Metapher sowie der Kombination mit Kontiguität und Metonymie haben später Holenstein (1972ff.) und Ruegg (1979) hingewiesen. In gleichem Maß ist auch Lacans (1966) Verbindung der Metonymie mit den psychischen Verschiebungsmechanismen sowie der Metapher mit dem Verdichtungsmechanismus strittig. Silverman (1983) glaubt, dass Ä. und Kontiguität gleichermaßen in primären Verschiebungs- und Verdichtungsprozessen, in sekundären Prozessen der paradigmatischen und syntagmatischen Verbindung sowie im metaphorischen

und metonymischen Prozess aktiv sind, die in sich das psychische und sprachliche Register vereinen.

3. Jakobson stellte in *Linguistics and Poetics* (1960) die These auf, dass die «poetische Funktion das Prinzip der Ä. von der Achse der Selektion auf die Achse der Kombination projiziert». Damit will er eigentlich sagen, dass die Dichtung durch aufeinander folgende Wiederholung strukturell äquivalenter Sprachsegmente (Silben, Glieder, Verse usf.), d. h. durch das Erzeugen von Parallelismen entsteht. Deshalb richtet sich das Augenmerk auf die Sprachform des Textes, während seine referenzielle Funktion in den Hintergrund gedrängt wird. Schon zuvor stellte Jakobson fest (1933), dass sich das Dichterische darin zeigt, dass das Wort als Wort und nicht als bloßer Vertreter des benannten Gegenstandes erlebt werde. Doch muss man in der Poesie, wie er später selbst einsehen musste (1960), nicht nur phonologische Reihen einander gleichsetzen, sondern die rekurrenten Muster können auch aus semantischen Einheiten errichtet werden. Lotman (1970) verband diese beiden Dimensionen der Rekurrenzstrukturen, indem er einigen Hinweisen von Jakobson folgte, in eine einheitliche Gesetzlichkeit der Dichtung. (Demnach wird jede auffallende Lautäquivalenz in der Poesie im Verhältnis zur Ä. oder Inäquivalenz der Bedeutung bewertet.) Lotman postuliert *expressis verbis*, dass sich jedes strukturelle Phänomen im Gedicht schließlich als Bedeutungsphänomen erweise. Die Einführung der Ä. (oder der Konvergenz) zwischen der Ausdrucks- und Inhaltsebene verwandelt das primäre modellbildende System der Sprache in das sekundäre modellbildende System der Literatur. Der literarische Text ist folglich völlig frei von Entropie. Was im Leben als nichtsystematisch auftaucht, offenbart sich in der Kunst als plurisystematisch.

Auch A. Greimas (1972) erkennt in der Isomorphie der Ausdrucks- und Inhaltsebene die Besonderheit des poetischen Diskurses und postuliert eine homologe Beziehung zwischen seinen phonologischen und semantischen Elementen.

In einer Reihe von Arbeiten zeigten Koch und Riffaterre (1966ff.) überzeugend, dass das Poetische bei weitem noch keine Dichtung ausmacht. Dichtung hängt davon ab, ob und wo die Aufmerksamkeit des Lesers bei potenziell poetischen Strukturen innehält, um sie zu aktualisieren. Allen Parallelismen zum Trotz gibt es keinen Text, der allein aus sich selbst Dichtung wäre. (D. M.)

→ Arbitrarität, Ikon, Kontiguität, Metapher, Symbol

Arbitrarität

(engl. arbitrariness, franz. arbitraire, russ. uslovnost')

1. Ein von de Saussure (1916) eingeführter Begriff zur Bezeichnung der Willkürlichkeit, mit welcher sich der Signifikant («Lautbild») des Sprachzeichens auf sein Signifikat («Begriff» oder «Vorstellung», *l'idée*) bezieht. Diese Willkürlichkeit erklärt er genauer als Ausbleiben einer «natürlichen» oder «notwendigen Verbindung», eines «rationalen Bezugs» oder gar der Motivation in der Relation zwischen dem Ausdruck und dem Inhalt des Sprachzeichens. Den Beweis einer solchen A. machen unterschiedliche Signifikanten für das gleiche Signifikat in verschiedenen Sprachen aus. Wegen der hohen Konventionalisierung der arbiträren Beziehung merkt man jedoch für gewöhnlich im Zusammenhang einzelner Natursprachen ihre Willkürlichkeit nicht, die vielmehr in Natürlichkeit bzw. Notwendigkeit gehüllt wird. Vielleicht brachte dies Benveniste (1939/1966) zu der Gegenthese, der zufolge die Verbindung zwischen Signifikanten und Signifikat notwendig sei, weil sie im Bewusstsein der natürlichen Redner aneinander haftend auftauchen. Ihm zufolge hätte man von A. sprechen können, wenn es sich um eine Verbindung zwischen dem Sprachzeichen und dem referenziellen Gegenstand handelt. Aber de Saussures Entwurf stimmt im Grunde mit der Pointe von Benvenistes Argumentation überein, wir müssten als Sprecher das System der natürlichen Sprache irgendwie gedanklich überschreiten, um die Konventionalität ihrer Einheiten zu bemerken. In seiner anderen These von der Unveränderbarkeit *(immutabilité)* der Zeichen räumt er ein, dass weder das Individuum noch eine Sprachgemeinschaft die Wahl des Signifikanten, die einst von jemandem für sie getroffen wurde, zu ändern vermögen. In synchroner Perspektive ist das Zeichen also nicht frei, sondern auferlegt; aber de Saussure befürwortet die Beobachtung in der diachronischen Perspektive. Um zu beweisen, dass es keine rationale Erklärung für die Wahl gerade eines bestimmten Signifikanten (neben so vielen möglichen!) für ein bestimmtes Signifikat gibt, führt er als Beispiel Wörter an, die heute in der französischen Sprache als onomatopoetisch empfunden werden – *fouet* (Peitsche) und *glas* (Totengeläute) –, obwohl ihre Etymologie diesen Eindruck als unbegründet erscheinen lässt. Anders als bei der Konventionalität der Sprachzeichen, unterstreicht de Saussure, beruhen die visuellen Zeichen auf der symbolischen (natürlichen/notwendigen) Verbindung seiner beiden Bestandteile, weshalb man auch den Begriff des Symbols für die Sprachzeichen nicht benutzen sollte.

2. Offenbar hat de Saussure hier den romantischen Inhalt des Symbolbegriffs vor Augen, den man einst dem Inhalt des Allegoriebegriffs entgegensetzte, wie er sich über Hegel bis heute erhalten hat. Doch der Begriff des Sym-

bols wurde im vorigen Jahrhundert ebenso für hochkonventionelle mathematische und chemische Zeichen gebraucht, weshalb ihn z. B. Pierce, Bühler oder Lacan in einem den Romantikern entgegengesetzten Sinn verstehen. Von dieser wesentlich anderen Bedeutung ging Lotman (1964) aus, als er im Gegensatz der ideographischen (visuellen) und symbolischen (sprachlichen) Zeichen die Erklärung für die Verbindung von Ausdrucks- und der Inhaltsebene fand – die bei der ersten Zeichenart durch die Ähnlichkeit motiviert und bei der zweiten durch Konvention bedingt ist. Die Genesis des Sprachzeichens führt ihm zufolge von einem zum anderen Pol. Aber die genetisch entstandene bedingte Verbindung kann auch wieder in Sprachzeichen motiviert werden, wenn man sie durch eine Art Erneuerung des aus ihnen verdrängten Prinzips der Ähnlichkeit in die übergeordneten modellierenden Zusammenhänge einfügt, wie es z. B. literarische Texte sind. Lotman spricht in diesem Zusammenhang von Verwandlung der primären oder sprachlichen in sekundäre oder künstlerische modellierende Systeme vermittels der Aktivierung von «Code-Information», welche in natursprachlichen Zeichen «betäubt» wurde. Seine Argumentation ist dabei einer früheren Auslegung Barthes' (1957, 1964) über die Verwandlung des denotativen sprachlichen Zeichens in das konnotative vergleichbar. Das höchste Ziel solcher (Re-)Motivierung der Zeichenverbindung liegt nach Lotman in der Befreiung des literarischen Zeichens von der Entropie (Unordnung) bzw. Einprägung der Gesetzmäßigkeit in die Lage jedes seiner Segmente: Je mehr Gesetzmäßigkeiten sich in einem Strukturpunkt überkreuzten, desto mehr Sinn bekäme dieses Element, desto individueller und weniger systemisch wirke es. Was sich im Leben als unsystemisch zeige, offenbare sich in der Kunst als plurisystemisch.

3. Lotmans Beschreibung der Genesis des Sprachzeichens hält sich an die traditionelle und breit vertretene These, wonach die Onomatopöie (das Ausdruckswort) im Ursprung der Sprache liegt, um von der phonetischen und semantischen Sprachentwicklung allmählich verwischt zu werden. A. wäre demnach historischen Ursprungs und nicht ein Naturzustand der Sprache, wie von de Saussure behauptet (und vor ihm von Hermogenes in Platos Dialog *Kratylos*). Aber die Erforschung alter oder «primitiver» Sprachen hatte keinen höheren mimetischen Grad nachweisen können, als ihn heutige Sprachen aufweisen. Aus dieser Widerlegung der klassischen These der vergleichenden Grammatik erwuchs die entgegengesetzte These, der zufolge die sprachliche Diachronie die mimetisch verfassten Zeichen nicht tilgt, sondern vielmehr ausbildet. Sie wurde vom dänischen Linguisten Jespersen (1921) lebhaft unterstützt, der de Saussures Argumentation vorwarf, die onomatopoetischen Wortbedeutungen zu negieren, indem er mehr Aufmerksamkeit der Frage schenke, woher sie stammten, als jener, was sie geworden seien. Diese Etymo-

logiebesessenheit der Junggrammatiker widerspricht sogar geradewegs der Forderung de Saussures nach synchroner Beobachtung. Außerdem ist de Saussures Wahl des Beispiels für Onomatopöie *(fouet, glas)* in Jespersens Augen auch selbst arbiträr, womit er alle vernünftigen Versuche, die den phonischen Symbolismus zu ergründen trachten, in Misskredit bringt.

4. Genette spürte in *Mimologiques. Voyage en Cratylie* (1976) der Tradition des europäischen Kratylismus (also der seit Platos *Kratylos* entwickelten These über die Ähnlichkeit als Prinzip des Sprachzeichens) eingehend nach und wies auf den Bezug zwischen dieser doppelten Kritik (Jespersens) an der These de Saussures über die A. des Sprachzeichens mit jener hin, die später von Derrida (1974) vertreten wurde. Derrida widersprach dieser These vermittels einer anderen, apokryphen These de Saussures über das Anagramm bzw. die Permutation der Silben irgendeines Schlüsselworts als des Organisationsprinzips des poetischen Textes. Wenn in der dichterischen Schöpfung assoziative mimetische Übertragungen von einer Struktur des Signifikanten auf die andere walten, dann sammelt diese Struktur unterwegs wie ein «Schleppnetz» Bedeutungen, die mit ihr nach und nach eine natürliche Verbindung eingehen. So wird die Verbindung zwischen dem Signifikanten und dem Signifikat schon in der Sprachpraxis durch spontane Kettenbildung des Signifikanten motiviert, und zwar in umfassenderen Strukturen, als es die Lexeme sind (die de Saussure als reduktiver Ansatz dienten). Deshalb ist auch die Ähnlichkeit, welche die so entstandenen sprachlichen Einheiten durch ihre referenziellen Horizonte erringen, komplexer, als es die von visuellen Symbolen kraft der ihnen eigenen Horizonte geschaffenen Ähnlichkeiten sind. (D. M.)

→ Äquivalenz, Denotation, Kontiguität, Motivation, Zeichen

Archäologie

(engl. archeology, franz. archéologie, russ. archeologija)

Verfahren, das mit Rekurs auf die Bezeichnung einer etablierten Wissenschaft von Foucault in der zweiten Hälfte der 1960er Jahre konzipiert und in die zeitgenössische Ideengeschichte eingeführt wurde. Ihre Entstehung ist verbunden mit Foucaults analytischer Bestrebung, *Bedingungen der Möglichkeit* (oder epistemologische Voraussetzungen) menschlicher Vorstellungen, Erkenntnisse und sprachlicher Konstruktionen in bestimmten historischen Epochen (Epistemen) zu rekonstruieren – anstatt sich im Sinne der traditionellen Historiographie und Hermeneutik in ihre *Welt* einzuleben. Sämtliche epistemischen Elemente sind in ihrem Verhalten durch das systematische Ganze, durch die Ordnung und das Beziehungsgefüge bestimmt, die für sie historische Apriori bedeuten und eigentlich nur im Rahmen des Gesamtgefüges zu verstehen sind – ganz so wie in der realen A. die Überreste vergangener Kulturen und Zivilisationen eingeordnet werden. Die Untersuchungsfelder der Foucaultschen A. stellen sich somit als in sich homogen, untereinander jedoch als heterogen heraus. Da die A. die für die modernistischen humanwissenschaftlichen Episteme charakteristische Dialektik für tot erklärt, ist ihr jegliche Kontinuität, jeglicher «Austausch von Materie» zwischen geschichtlichen Segmenten (d. h. zwischen den Epochen der Renaissance, des Klassizismus und der Moderne) fremd. Das bedeutet, dass die Ähnlichkeitstheorie der Renaissance an der Schwelle zur klassizistischen Ära verschwindet, die klassizistische Theorie der Repräsentation an der Schwelle zur Moderne. Demnach müsste mit Foucaults Buch auch die Idee vom Menschen verschwinden, die seit dem Entwurf von Kants Anthropologie (1800) die moderne Epoche markierte. Es beginnt das antihumanistische Zeitalter.

Da er es ablehnte, sich mit Übergängen und Kontinuitäten zu befassen, sieht sich Foucaults archäologische Argumentation mit ernsthaften Schwierigkeiten konfrontiert. Wenn Descartes gänzlich in der Repräsentations-Episteme aufgeht, dann ist der Cartesianismus in einer anthropozentristischen Epoche undenkbar – eine These, die unmittelbar im Widerspruch zu Foucaults Revolutionierung cartesianischen Denkens steht. Wie ist eine Trennung der Idee des *cogito* von der Idee des Menschen als Subjekt überhaupt möglich? Foucault vollzieht sie trotzdem, indem er Husserls *Méditations Cartésiennes (Cartesianische Meditationen)* mit Cuvier, Bopp und Ricardo verbindet und die Phänomenologie als *empirische* Wissenschaft verkündet – nur um nicht die Integrität der klassizistischen Episteme zu gefährden. Darüber hinaus wird Descartes – obwohl er zehn Jahre vor dem Zeitpunkt verstorben ist (1650), der für Foucault das Ende der Renaissance bedeutet (1660) – trotzdem als klassizistischer Denker betrachtet. Lässt sich daraus schließen, dass der Klassizismus bereits in der Renaissance begonnen hat?

Ein weiteres Problem für Foucaults Beweisführung ist Nietzsche, der durch seinen Antihumanismus mit der Integrität der modernistischen Episteme bricht und sich zusammen mit Marx, Freud und noch einigen weiteren geradezu als Foucaults Vorläufer erweist. Wie aber kann jemand im Zeitalter der transzendentalen Anthropologie die Idee des Menschen untergraben? Ließe man dies gelten, müsste Foucaults A., die eine neue Episteme verkünden will, ihre Verpflichtung gegenüber der vergangenen Episteme und die Kontinuität dieser anerkennen. Wenn sich jedoch die A. nicht in den Raum der nietzscheanischen «Diskursivität» einfügen lässt, wie erklärt man dann Foucaults Beifall für Nietzsche?

Außerstande, das Problem des «Übergangs» zwischen Epistemen verbindlich zu lösen, beschließt Foucault, zwischen ihnen gewisse mystische «Klüfte» einzufügen, die nicht ihren strengen Formationsgesetzen unterliegen. Dementsprechend ermittelt er für «transgressive Autoren» wie de Sade, Marx, Nietzsche, Freud, Hölderlin, Artaud und Bataille einen Platz, indem er ihnen den Status von «Diskursivitätsbegründern» (1969) zuweist. Dadurch angeregt sprachen andere bald darauf Foucault denselben Status zu (Said 1975; Rabinow 1984). Aber warum sollte gerade für die genannten Autoren eine Unterordnung unter die diskursiven Formationsregeln nicht zutreffen, denen sich alle anderen unterwerfen müssen? Die Unmöglichkeit, diese Frage überzeugend zu klären, veranlasst Foucault letzten Endes dazu, in der ersten Hälfte der 1970er Jahre das Konzept der A. des Wissens durch das der Genealogie zu ersetzen.

(T. P.)

→ Archiv, Diskurs, Episteme, Formation

Archetyp

(engl. archetype, franz. archétype, russ. architip)

Uraltes mythisches, rituelles, religiöses oder symbolisches Handlungs- oder Beziehungsmuster zwischen den Beteiligten, das sich in ganzheitlichem Sinn in den kollektiven und individuellen psychischen Manifestationen, und im engeren Sinn in einer Gattungsreihe literarischer Werke wiedererkennen lässt.

1. Jungs analytische Psychologie und Frazers Anthropologie stellen sich Geschichte als zyklische Reproduktion universeller Motive, Symbole und deren Schemata vor. Diese werden in natürlichen Rhythmen (z. B. Jahreszeiten) in den Tiefen des menschlichen Unbewussten aktiviert und bestimmen das bewusste Verhalten und das gesamte geistige Schaffen des Menschen. Dieser komplexe Gedanke, der in der ersten Hälfte des 20. Jh.s in verschiedene Bereiche der Geisteswissenschaften eindrang, hatte in der Literaturwissenschaft zahlreiche Anhänger und ebenso wichtige Vorkämpfer, so z. B. zu Beginn des 20. Jh.s unter den Interpreten der klassischen dramatischen Gattung der sog. Cambridge Anthropological School. Ab den 1930er bis in die 1950er Jahre entwickelt sich unter den englischen Literaturkritikern die Schule des sog. archetypal criticism, vertreten durch Bodkin, Graves, Campbell, Knight, Chase, Fergusson und Wheelwright. Ihren Höhepunkt erreicht sie 1957 mit der umfassenden und später äußerst einflussreichen Konzeption, die der kanadische Kritiker Frye in *Anatomy of Criticism: Four Essays* präsentiert. Obgleich Frye selbst nichts von Etikettierungen hielt, gilt das Buch gemeinhin als Manifest des archetypal criticism.

2. In seinem Bestreben, die chaotischen Kriterien zur Klassifizierung der Literatur zu vereinheitlichen, gegen die er in der Einleitung heftig polemisiert, schlägt Frye mehrere Klassifizierungsperspektiven vor, darunter eine historische, eine archetypische und eine rhetorische.

In der *historischen Perspektive* unterscheidet er nach dem *inhaltlichen Kriterium* der Statusmerkmale der Helden im Verhältnis zu anderen literarischen Gestalten und zur Umwelt fünf Modi: den Mythos, die Romanze, die hohe und die niedrige Mimesis und die Ironie. Obwohl sie in der Historie einander zyklisch ablösen, ist jeder einzelne gebunden an bestimmte Umstände seiner Entstehung, z. B. der Mythos an die vorhomerische griechische und vormittelalterliche europäische Literatur, die Ironie an die römische Satire und an die Literatur unserer Zeit. Das gewählte inhaltliche Kriterium hebt die Klassifizierungsoppositionen Vers / Prosa, mündlich / schriftlich, Länge / Kürze auf und zwingt Frye zur Einführung zusätzlicher Kriterien in seine Typologie.

Bei der *archetypischen Perspektive* unterscheidet er nach dem *formalen Kriterium* der Komposition ihrer Handlung und dem Repertoire typischer literarischer Gestalten vier Typen der «Gattungserzählung»: die Komödie, die Romanze, die Tragödie sowie Ironie oder Satire. Während etwa die Romanze aus historischer Sicht, d. h. als Modus, gekennzeichnet ist durch die Übermacht des Helden im Verhältnis zu anderen literarischen Gestalten und zur Natur, wird sie in der archetypischen Perspektive, d. h. als Gattung, charakterisiert durch die Verfolgung, die aus den Etappen des Konflikts, des Kampfes und der Anerkennung des Helden besteht, wobei Protagonist, Gegenstand der Verfolgung und sein Antagonist unvermeidliche Akteure sind.

Zuletzt führt Frye die *rhetorische Perspektive* ein, in der er nach dem *Kriterium des Darstellungsmediums* (mündlich, spielerisch, schriftlich) zwischen Epos, Drama und Erzählprosa unterscheidet.

Die im schriftlichen Medium realisierte Erzählprosa lässt sich nach dem Kriterium der *autorseitigen Perspektivierung* des Gegenstands – und diese wiederum kann man aus innerer und äußerer Sicht realisieren, in persönlicher oder intellektueller Bearbeitung – weiter unterteilen in Formen des Romans, in Romanze, Bekenntnis und Anatomie. Nimmt man erneut die Romanze als Beispiel, so stellt sie sich nunmehr als Kombination der Innensicht auf die Welt, vermittelt durch Imagination mit einer Bearbeitungsweise dar, die auf die Person konzentriert ist. Neben diesen vier reinen Formen bestehen die weitaus häufigeren Mischformen. Unter ihnen nehmen enzyklopädische Formen wie die Bibel und andere heilige Bücher, aber auch *Finnegans Wake* (1939) einen zentralen Platz ein. Das Betonen der Schriftlichkeit der Erzählprosa ermöglicht Frye nicht nur den Einschluss von bisher vernachlässigten anatomisch-gelehrten Formen (Rabelais, Swift, Voltaire) oder Bekenntnisformen (Augustinus, Rousseau) in seine Typologie, sondern auch den Hinweis auf die hybride Natur des Romans, der Beschreibungen, Erläuterungen und Dialoge enthalten kann, die im mündlichen Medium des Epos undenkbar sind. Letztlich lässt sich über die Konzeption von Frye sagen, dass sie mit ihrer *Polyperspektivität und der relationalen Bearbeitung* der Gattungsmerkmale die starke Konzentration der damaligen Literaturtheorie und -kritik auf den Roman demontiert, wobei sie deren Interessenhorizont spürbar erweitert. Das machte sie geeignet für spätere Ergänzungen und Bearbeitungen (Martin 1986). (A. R.)

→ Gattung, Gattungspoetik, Modus, Mythos, Wiedererkennen

Archiv

(engl., franz. archive, russ. archiv)

Terminus aus dem Begriffsrepertoire von Foucaults Konzept einer Archäologie des Wissens. Er bezeichnet eine Formationsregel der Diskurse, eine «Dachreihe» ihrer Reihen, die ebenso exakt beschreibbar ist wie diese Reihen selbst. In Übereinstimmung mit Barthes' (1966b) Begriff des Diskurses als der einem Satz übergeordneten Einheit, die ebenfalls ein «großer Satz» ist, bildet A. einen epochalen Satz-Code, der seinerseits die Subcode-Sätze umrahmt. (T. P.)

→ Archäologie, Diskurs, Episteme, Formation, Homologie

Ausdruck

(engl., franz. expression, russ. ėkspressija / vyraženie)

1. Ein von Croce in die moderne literaturtheoretische Diskussion Anfang des 20. Jh.s eingeführter Begriff. Croce sieht in der Kunst im Unterschied zur Philosophie, die diese Empfindung logisch ausdrückt, den ästhetischen Empfindungsausdruck des Künstlers. Kunst und Philosophie sind geistige *Erkenntnistätigkeiten,* «Ökonomie» und Ethik hingegen *praktische* Tätigkeiten des Menschen. Das Spezifikum der Kunst liege darin, dass ihre Erkenntnisse *intuitiv* erlangt werden, sodass Kunstwerke nur A. dieser reinen Intuition sind. Indem er die Intuition den A.en gleichstellte, machte Croce – in der romantischen Tradition von Vico und Herder – seine Ästhetik für Kunstwerke mit starkem intellektuellen Ton wie etwa Dantes *Göttliche Komödie* untauglich. Wie schon sein Zeitgenosse Pirandello in einer raschen und grundsätzlichen polemischen Reaktion feststellte, könne die Ästhetik Croces bei zahlreichen Kunstwerken,

die durch Humor gekennzeichnet sind, in welchen die Sprache eine Unterwerfung unter die Erkenntnisfunktion verweigert, ebenfalls keine Verwendung finden (*L'umorismo*, 1908).

2. Cassirer (1923–29/1964) sieht den Schwachpunkt der Ästhetik Croces in der Geringschätzung des A.s als bloßer Veräußerlichung *(estrinsecazione)* der Intuition – bar jeglicher selbständigen ästhetischen Substanz. Demgegenüber entwickelte Cassirer seine symbolischen Formen gerade aus der Eigenart des sprachlichen, religiösen, künstlerischen und wissenschaftlichen *Mediums* und verlieh damit dem A. eine erheblich wichtigere Rolle. Daran knüpfte Langer Mitte des 20. Jh.s an und entwickelte eine Konzeption von Kunst als objektiviertem Empfindungsausdruck, der sich in unterschiedlichen Modi des nichtdiskursiven Symbolismus offenbart. So erzeugt die Kunst im Unterschied zur Sprache, deren Symbolismus diskursiv (d. h. rational) ist, das Aufscheinen *(semblance)* unseres inneren Lebens.

3. Die auf den Grundlagen der Saussureschen Linguistik in den 1960er Jahren entwickelte Semiotik verwarf die dem A.s-Begriff immanente Sprachkonzeption vollkommen. Die Sprache dient nicht dem Ausdrücken von fertigen Inhalten, sondern erzeugt diese durch das Netz differenzierender Verhältnisse unter den Signifikanten selbst. Auf dieser These beruht Hjelmslevs Konzeption der Spaltung des Sprachzeichens in A.s- und Inhaltsebenen, welche dann auch selbst in Form und Substanz geteilt werden. Die Tatsache, dass sowohl der A. als auch der Inhalt ihre Formen haben, zeigt, dass das eine nur als Wirkung des anderen und auf keinen Fall selbständig möglich ist. In diesem Zusammenhang steht auch, dass Jakobson den Bühlerschen Begriff der A.s-Funktion des Sprechakts durch den Begriff seiner emotiven Funktion ersetzt. (D. M.)

→ Erlebnis, Form, Funktion, Inhalt, Stil

Außerhalbbefindlichkeit

(engl. outsideness, franz. extériorité, russ. vnenachodimost')

Der Begriff A. ist frühromantischer Provenienz und bezeichnet eines der zentralen Register, in denen die zeitgenössische Theorie sich mit der Frage der Materialität befasst hat. Er hinterließ beachtliche Spuren in vielen ihrer Zweige und etikettierte eine ganze Strömung französischen Denkens in diesem Jahrhundert als *la pensée du dehors*.

1. Bachtin hat ihn allem Anschein nach als Erster explizit angewendet (1920/1986). Er bezeichnete durch A. den unversöhnlichen Bruch nicht nur zwischen den Dialogpartnern, von denen jeder seinem besonderen «Ereignis

des Daseins» angehört, sondern auch zwischen dem *Ich*, das diesem Ereignis angehört, und dem *Ich*, das diese Zugehörigkeit zu verstehen sucht. Streng genommen können zwei beliebige sprachliche oder generische Entitäten ihre Relation nur über die Verankerung in den eigenen Kontexten bzw. «architektonischen Positionen» herstellen. Da sich diese Unwiederholbarkeit der bestimmenden Effekte des (eigenen) Ausgangspunkts unmöglich (durch die bloße wohlmeinende Absicht der «Annäherung» an einen Anderen) aufheben lässt, erkennt Bachtin den Zweck des Dialogs in einer permanenten semantischen Bereicherung des eigenen Horizonts. Die A. ist für ihn (1970/1979) insofern die entscheidende Voraussetzung für die Kreativität des Dialogs, als es für die verstehende Person außerordentlich wichtig ist, *sich außerhalb* des von ihr kreativ zu verstehenden Gegenstandes – in der Zeit, im Raum und in der Kultur – *zu befinden*. Bachtin hat eigentlich in seinem Gesamtwerk hartnäckig «ein ökologisches Modell der Welt» befürwortet, «welches das Subjekt als unlösbar verbunden (...) mit der umgebenden Umwelt bestimmt» (Holquist 1997). Doch nicht nur das Subjekt, sondern auch jede Äußerung ist durch eine individuelle Situiertheit gekennzeichnet, welche die Assimilation aus der Position eines Anderen verhindert. Die einzigartige zeitlich-räumliche Positioniertheit verschafft den Entitäten ihre materielle Basis in Form einer konkreten physischen Verkörperung. Loziertheit ist für Bachtin gleichbedeutend mit Körperlichkeit, wobei der Körper nicht nur der Platz-Halter, sondern auch der Sitz des Lebens ist – ein lebendiger *Organismus im Entstehen*. Dies ist es, was die Bachtinschen Kategorien mit organischem Denken durchdringt. «Die Weltanschauung, welche sie offenbaren, konzentriert sich auf alle Beziehungen, als hätten sie jene Komplexität, wie wir sie in lebendigen – im Gegensatz zu mechanischen – Systemen vorfinden» (Holquist). Lebendige Systeme, wie etwa das von Maturana und Luhmann formulierte autopoietische, reproduzieren sich indes durch einen Austausch mit der prinzipiell *äußerlichen* Umwelt über die konstitutive (sog. ökologische) Grenze hinweg.

2. Ein zweites einflussreiches Konzept der A. hat Lévinas (1961) in seiner Philosophie entwickelt, wobei er das Primäre des ethischen Vis-à-vis-Verhältnisses des Anderen gegenüber der kognitiven (dialektischen) Besetzung dieses Anderen hervorhob. Die absolute Transzendenz lässt sich nicht in die Hegelsche Korrelativität Desselben und des Anderen integrieren. Sie bleibt uneinlösbar als Spur der unendlichen A., während sie das eschatologische Zukunftspotenzial in sich bewahrt. Schroeder (1996) zufolge lässt die Eschatologie durch die Herstellung eines Verhältnisses mit der radikalen A. die Möglichkeit einer radikalen Überraschung und eines «Einbruchs» der Totalität gerade deshalb offen, weil sie die ursprüngliche Orientierung der Subjektivität auf den Anderen und des Seins auf das vollkommen Anders-als-Sein oder Wesen ist. Dank der

Eschatologie wohnt diese Möglichkeit eines Neuanfangs jedem Intervall des geschichtlichen Kontinuums inne, dessen Verlauf sich dadurch von innen spaltet und zersetzt. Da die Historie dem eschatologischen Urteil als Ganzes simultan ausgesetzt ist, gewinnt jeder ihrer Augenblicke einen eigenständigen, individuellen Wert. Handelmann (1991) zufolge betont Lévinas durch eine solche diskontinuierende Punktuierung, dass ohne ein «Anderswo» und einen «Anderen» in Bezug auf die Politik keine Wende und nicht einmal eine Subversion von Gewalt und Repressivität der Geschichte möglich ist, sondern einzig und allein eine Wiederholung ihrer Grausamkeiten. Somit stellt die Aufrechterhaltung des Verhältnisses zur A. als einer uneinlösbar-unvereinbaren Zeit der Vergangenheit und der Zukunft sowohl für Lévinas als auch für Bachtin die einzige Quelle der Erneuerung und der Fruchtbarkeit dar.

3. Das Beharren auf der A. des Dings *(la chose)* charakterisiert auch Lacans ethische Phase (1959–60/1986). Das Ding fügt sich keiner gültigen Interpretation, aber gerade deshalb generiert es diese unaufhörlich. Das Ding ist die Kehrseite *(l'envers)* oder die stumme Realität *(cette réalité muette)* jeder Signifikation, es ist ein selbst im Akt seiner Wiederfindung verlorener Gegenstand, der gerade deshalb immerfort «befiehlt und anordnet». Das Ding bildet die konstitutive A. des Signifikats *(le hors-signifié)* und die «ausgeschlossene Innerlichkeit» der Subjektbeziehung zur Realität, die dessen Begehren unaufhörlich in Gang setzt. Es ist auffällig, dass hier – ähnlich wie auch bei Lévinas – das unsignifizierbare Ding dennoch adäquate Merkmale erhält: Wenn der entscheidende Lévinas'sche Begriff des Unendlichen mittels Negation der ontologischen Endlichkeit geschaffen wurde (Derrida 1967c), dann ist der entscheidende Lacansche Begriff des Dings mittels Negation formaler (männlicher) Attribute zugunsten der reinen (weiblichen) Materialität entstanden. Das Ding bleibt indes abwesend, ausgeschlossen, «jenseitig», leer, hohl, abgründig, flüchtig, stumm, bedrohlich und – es generiert das Begehren (Cornell 1998)! Eine solche Beschreibung der gähnenden Leere drängt sich als offensichtliche Negation einer symbolischen Fülle sowie als eigenartiger kastrierter Phallus auf, um den sich jedoch die gesamte symbolische Ordnung organisiert und ihn durch ihre metonymischen Phantasmen «vertritt». Ohne abwesende Materie gibt es also keine anwesende Form, Erstere ist *conditio sine qua non* der Letzteren, obwohl sie einander dauerhaft verwehrt bleiben. Schon Irigaray (1974) hat gezeigt, dass diese keine gleichrangigen Handikaps darstellen, weil der Frau die *Möglichkeit der Rede* (die sie nur um den Preis des Verlusts der geschlechtlichen Identität nutzen kann), dem Mann dagegen der *Ort der Rede* entzogen sind (sodass er um diesen Verlust durch die Verschiebung entlang der symbolischen Kette kreisen muss). Das weibliche Subjekt ist somit zur Passivität und das männliche zur Aktivität verurteilt. Žižek (1993) hat die geschlecht-

liche Diskriminatorik der Lacanschen Konzeption eher unbeabsichtigt bestätigt, als er in der Schlussfolgerung seines Versuchs ihrer «Korrektur» festgestellt hat, das Ding an sich sei in der Modalität des «Seins» dasjenige, was das Subjekt in der Modalität des «Werdens» ausmache. Die Arbeitsteilung zwischen dem Ding und dem Subjekt konnte präziser nicht umrissen werden. Chanter (1995) zufolge erzeugen Frauen Potenzial, materielle Ansprüche und physische Unterstützung, während Männer diese im intellektuellen Leben, im geistigen Abenteuer sowie in der Fähigkeit zur Abstraktion vom Konkreten realisieren.

4. Die Problematik der ausgeführten Konzeptionen der A. – der Bachtinschen, Lévinasschen und Lacanschen – besteht darin, dass sie vom *Wissen um die Unergründlichkeit* (der Materie) anstatt von der *Unergründlichkeit* (der Materialität) *des Wissens* ausgehen. Wie können wir *wissen*, dass etwas äußerlich ist, wenn dies jedem Wissen tatsächlich *äußerlich* ist? Die totale A. (die Transzendenz) ist nur unter der Bedingung totalen (transzendentalen) Wissens möglich, denn wenn das Wissen (wie diese Theoretiker es sonst proklamieren) partiell und befangen ist, so kann auch die A. nicht davon verschont bleiben bzw. kann ihre souveräne Bestimmungskraft nicht bewahren. Das Wissen (die Form) wäre somit notwendiger Bestandteil der A. (der Materie), ebenso wie auch die A. des Wissens. Es scheint so, als hätte Gasché (1986) diesen permanenten Wieder-Eintritt (*re-entry*; Brown) des einen in das andere im Sinn gehabt, als er die dekonstruktivistische Herstellung eines Verhältnisses zwischen Form und Materie *quasitranszendental* genannt hat. Sie sind einander gleichzeitig eine Bedingung der Möglichkeit und der Unmöglichkeit. Jede Bedingung der Möglichkeit ist im Prinzip gleichzeitig die Bedingung der Unmöglichkeit, weil sie auf der Ausschließung basiert. Heideggers «Seinsvergessenheit» (im Seienden) und Derridas «Schriftvergessenheit» (in der Rede) haben gerade eine solche unüberwindbare Ausschließung im Sinn, die sich durch jeden Akt ihrer «Realisierung» wiederholt. Dasselbe Problem hat, ihrer Spur folgend, Irigaray (1974, 1977, 1983, 1985) analysiert, wobei sie die Frau als ekstatischen blinden Fleck des dominanten symbolischen Registers bezeichnete. Der westliche philosophisch(-metaphysische) Diskurs kann die Frau nicht anders denn als Negativ seiner eigenen Reflexion, als sein Spiegelbild darstellen. Daher findet man sie konstitutiv außerhalb seines Blicks als des Hauptwerkzeugs seiner Macht und seines Besitzes. Wie «das, was man» aus der homosexuellen (gleichgeschlechtlichen) Perspektive «nicht zu sehen vermag», kann man sie nicht besitzen. Doch wie kann sie selbst unter diesen phallozentrischen Umständen überhaupt zu Wort kommen? Indem sie den subversiven Rest *(reste)* dieser Umstände verschleißt, auf die Spur des übersehenen Supplements *(supplément)* gelangt sowie das durchsucht, was in ihnen ist – um zu finden, was nicht

ist (1984), damit aus der Perspektive dieser verbliebenen Differenz die Doktrin der «gleichen Rechte» neu geschrieben werden kann. Alle «gleichen Rechte» beruhen auf der ausgeschlossenen Zone des «konstitutiv Äußeren» *(constitutive outside)*, weil sie durch Hypostasierung eines bestimmten Gefüges geschlechtlicher, rassischer, religiöser und kultureller Annahmen auf Kosten anderer möglicher, nun jedoch verdrängter und rechtloser Gefüge entstanden sind. Deshalb wird die «Ausschließung aus dem Spannungsfeld der Unterschiede, welche innerhalb des ‹wir›-Kreises als legitim angesehen werden, die dem Pluralismus aufgezwungenen Grenzen bestimmen» (Mouffe 1995). Doch der ausgeschlossene Aspekt lebt weiterhin im Herzen der Gemeinschaft als deren immerzu reale Möglichkeit fort, wobei er sie in ein prinzipiell offenes, nicht zu vollendendes Projekt verwandelt: «Die Bedingung der Möglichkeit einer politischen Gemeinschaft ist zugleich die Bedingung der Unmöglichkeit ihrer vollständigen Verwirklichung» (Mouffe 1995).

5. Anscheinend bietet eine dekonstruktivistische *quasi*transzendentale Setzung der A. wichtige Vorteile gegenüber der transzendentalen, zu welcher nach Bachtin, Lévinas und Lacan gleichsam auch die Pioniere der Postkolonialen Theorie, des New Historicism, und sogar Luhmann in seiner Systemtheorie neigen (Schulte 1993; Mussil 1993, 1997; Plumpe/Werber 1995; Staniczek 1997; Gumbrecht 1997). Ersteren hat Derrida (1989) vorgeworfen, sie hätten die Frage des Rahmens wohl deshalb nicht angemessen gelöst, weil sie ihren Gegenständen den Zustand der formlosen Materialität zuschreiben, um mit Hilfe der Berufung auf ihn die falsifizierende Form all seiner Deutungen leichter problematisieren zu können. Auf eine solche Art und Weise behandelt beispielsweise Said (1978) den Osten und Greenblatt (1980, 1988) die Renaissance. Dabei wird die semantische Beweglichkeit oder Komplexität, welche man dem Gegenstand (der Materie) zuschreibt, in der Regel für die eigene Kritiker-Perspektive (die Form) usurpiert!

Said nennt sein *Kultur und Imperialismus* (1993) betiteltes Werk ein «Flüchtlingsbuch», um dem eigenen Denken das Privileg der nomadenhaften Verschiebung zu wahren, welche der Falle einer kulturellen Verwurzelung vermeintlich ausweicht. «Das Problem besteht darin, dass Said die Positionierung ausschließlich negativ, ausschließlich vom Standpunkt der Hermeneutik des Zweifels aus, betrachtet» (Steele 1997b). «Die totale Unbestimmbarkeit ist das auffallendste Merkmal seiner Politik, das am deutlichsten aus seiner Entwurzelung und dem Ausgeschlossensein, welches seine Kritikerposition charakterisiert, hervorgeht» (Gallagher 1985 in McGowan 1990).

Greenblatt andererseits verteidigt die Spezifik der Renaissance gegenüber allen späteren reduktiv-historischen Aneignungen, indem er auf sie die Metaphern des Austauschs, der Zirkulation und der Verhandlung anwendet, welche selbst offensichtlich kapitalistischer Provenienz und insofern sehr wohl geschichtlich relativ sind. Das historistische Argumentationsmanöver ist daraus ersichtlich, dass seine «Ablehnung monolithischer Weltbilder [...] durch die Berufung auf eine größere historische Kategorie: den Kapitalismus, bevollmächtigt ist [...]», welche ihm als stillschweigender endgültiger Horizont die Totalisation des historischen Feldes nebst begleitender Relativierung aller ihm zugehöriger «Parzellen» ermöglicht (Colebrook 1997).

Eine ähnliche Technik der «Ausbleichung» des letzten Stützpunkts der eigenen Perspektive wendet Luhmann (1990e) an, wenn er behauptet, dass «die letzte Realität als sinnlos gedacht werden» muss. «Wenn Erkenntnis Unterscheidungen, Unterscheidungen zwischen Unterscheidungen und demzufolge Sinn als Vielfalt von Kombinationsmöglichkeiten produziert, so muss Realität als frei von allen Unterscheidungen gedacht werden, d. h. als frei von Sinn» (Gumbrecht 1997). Die Differenzlosigkeit oder die unendliche Komplexität der Realität braucht Luhmann, damit er auf der anderen Seite der Erstanweisung die göttliche Souveränität für die Einführung des Unterschieds zuschreiben kann: *Draw a distinction!* «Gleichzeitig jedoch hält die systemtheoretische Ablösung der Realität vom Erkennen und die Eliminierung des Konzepts der Materie (...) jene Unterscheidungen, Formen und Bedeutungen auf sicherer Distanz von der Ansteckung, vom Affiziert-werden durch Äußerlichkeit und Zeitlichkeit» (Gumbrecht 1997). Somit erhält die Form bei Luhmann den Status absoluter Transzendentalität oder des göttlichen Performativs, dem nur noch die indifferente Ursuppe der materiellen Wirklichkeit vorausgeht. Wenn alle anderen Theoretiker zu dem ersten transzendentalen Horizont (oder der Leitdifferenz) als zur «einzigen unumstößlichen Tatsache im Universum der kognitiven Konstruktionen» (Mussil 1995) verurteilt sind, dann deutet Luhmanns beharrliche Indifferenzierung und Desengagierung der eigenen Beobachtungsposition, die sich auf keinerlei Kritik einlässt, darauf hin, dass er insgeheim mit dem anderen, dem *äußeren* Horizont kokettiert (Staniczek 1997). Impliziert eine so hartnäckige Vermeidung der Einflechtung in die Knoten des Unterscheidungsflechtwerks der Welt womöglich die Erneuerung von Husserls Rückkehr zu den Dingen selbst – so, wie sie schlechthin? «Wenn der Soziologe sich einem Thema wie ‹romantische Kunst› widmet, muss er sich bemühen, dem bestehenden Stand der Dinge nichts Neues hinzuzufügen» (Luhmann 1996b).

(A. H.)

→ Andere, Androgynie, Dialog, Ereignis

Äußerung

(engl. utterance, franz. énoncé, russ. vyskazyvanie)

1. Begriff, den die französischen Linguisten und Semiotiker als Paar mit dem Begriff *énonciation* (Äußern) einführten, und zwar im Gefolge der Kritik am Saussureschen bzw. strukturalistischen Paradigma und in dem Bestreben, eine entsprechende, den Satz übersteigende Einheit zu finden. Das Äußern *(énonciation)* ist der individuelle Akt der Realisierung einer Äußerung *(énoncé)*, die in der Ä. (*énoncé*) die Spuren der Kontingenz der *énonciation* (Äußern) hinterlässt. Diese Indizes, über die einzig und *allein* die Merkmale der *énonciation* (Aussage) abgelesen werden können (weil die *énonciation* wegen ihres flüchtigen prozesshaften und momentan-situativen Charakters nicht unmittelbar zu Wort kommen kann), treten auf:

– als Deixis (Personalpronomen, Verbalformen, Adverbien der Zeit und des Orts, bestimmte und unbestimmte Artikel),

– als verschiedene Modalpartikeln, welche die Einstellung des Sprechers gegenüber der Ä. ausdrücken («scheinbar», «gewiss», «vielleicht» u. Ä.),

– als Passiv, Konditional, unpersönliche Konstruktionen («man forderte ihn auf, er wurde aufgefordert») u. Ä.

Jedoch ebenso sehr, wie die *énonciation* der Manifestierung ihrer zentralen Subjektivitätskategorie halber auf die Ä. ausgerichtet ist, ist die Ä. nur als Produkt der *énonciation* vorstellbar. Die Ä. ist damit sozusagen eine geäußerte *énonciation (énonciation énoncée)* und nur in dieser Perspektive zu verstehen. Benveniste (1966), der gerade mit der Diskussion in diesen Termini begann, pflegte diesen frisch ernannten Primat der *parole* (Rede) über die *langue* (Sprache) mit dem Spruch zu unterstreichen: *Nihil est in lingua quod prius non erit in oratione* (in der Sprache gibt es nichts, was es nicht zuvor in der *parole* [Rede] gegeben hätte). Dabei wird der Übergang von der *énonciation* zur Ä. als Koppelung der Dynamik und Offenheit der *energeia* an den statischen und vollendeten Charakter des *ergon* verstanden.

2. Die Analyse des Zusammenhangs zwischen *énonciation* und Ä. verwendet in der Regel folgende Parameter: (1) den Sprecher (*locuteur*), (2) den Akt des Äußerns, (3) die Ä. als Schauplatz von dessen Spuren oder Belegen (franz. *marques*, engl. *markers*), (4) den *allocutaire* (Angesprochenen). Sie werden, von Theoretiker zu Theoretiker, unterschiedlich nach ihrer Wichtigkeit gereiht. Ducrot (1972, 1980, 1984, 1989) legte in seinen Forschungen besonderes Augenmerk auf die Beziehungen zwischen Sprecher und *allocutaire*. Ducrot führte als Ä.s-Instanzen zusätzlich den *énonciateur* (Sender der Ä.) und den *destinataire* (Adressat der Ä.) ein. *Locuteur* und *Enonciateur* nehmen in der Struktur der Ä. eine ähnliche Stellung ein wie Erzähler und Fokalisator im nar-

rativen Text. Und ebenso, wie in einem narrativen Text, der aus der Perspektive der dritten Person erzählt wird (Benveniste nannte diesen Typ *histoire* oder *narration historique*), der Erzähler hinter dem Fokalisator verborgen bleibt, so kann sich in einer alltäglichen Ä. der *locuteur* hinter dem *énonciateur* verbergen. Derartige Ä.en, die dank dem Fehlen von Deixis und Modalwörtern Eindeutigkeit erreichen, nannte der Ducrot-Schüler Récanati (1989) *transparent*. Möglich sind allerdings auch semantisch nicht transparente Ä.en, bei denen der *locuteur* im Vordergrund steht, doch sind diese zum Erzählen in der ersten Person analog (Benvenistes *discours*). Und ebenso, wie sich in dieser Art von narrativen Texten der Erzähler in ein erzählendes Ich und in ein erlebendes Ich aufspaltet (Stanzel), kann sich auch bei der Ä. der locuteur in ein *thematisiertes* Ich als «Wesen der Welt» und in ein *implizites* Ich als «Diskurswesen» aufteilen. Das erste Wesen erlangt die Merkmale als Gegenstand der Ä., das zweite über ihre grammatikalische und pragmatische Struktur. Eine besondere Gruppe stellen die mannigfaltigen indirekten Ä.en dar, in denen der *locuteur* seine Verantwortlichkeit reduziert, indem er sie auf dem *énonciateur* als dem Bewusstseinszentrum der Ä. ablädt. Mit ihnen befasste sich 1929 Vološinov, Bachtins Schüler und Doppelgänger, in seinen Untersuchungen der inneren Dialogizität bzw. Doppeldeutigkeit des Worts auf besonders einfühlsame Weise. Respekt zollt ihm Ducrot (1984) mit seinem Beharren auf der Polyphonie aller Ä.en ohne Rücksicht darauf, wie sehr sich einige von ihnen für selbstverständlich bzw. monologisch ausgeben.

3. Bachtin allerdings hat seit den 1920er Jahren – zuerst in der Polemik mit dem Formalismus und dann mit Strukturalismus und Semiotik – die Idee der grundsätzlichen Dialogizität der Sprache verteidigt, die man nur durch die Abstraktion in eine Monologizität übersetzen kann. Er erkennt solche Abstraktionen gleichermaßen im literarischen Sprachgebrauch wie in seiner wissenschaftlichen Behandlung.

(a) Was Ersteren angeht, macht er sie z. B. in der Poesie aus, im Gegensatz zur Prosa, im Klassizismus im Gegensatz zur Romantik, bei Tolstoj im Gegensatz zu Dostoevskij. Kaum stellte er allerdings diese Oppositionen zwischen monologischem und dialogischem Wort in der Literatur her, da erschienen sie ihm problematisch. Denn obwohl er den Roman zunächst als in der Vielstimmigkeit verwurzelt, im Gegensatz zu der Einstimmigkeit anderer Gattungen erklärt, spürt Bachtin sogleich auch in ihm eine monologische Tradition auf, die mit dem griechischen Roman beginnt, sich im Ritterroman fortsetzt und über den idyllischen, pastoralen und sentimentalen Roman auf Tolstoj und Henry James wirkt.

(b) Ähnliche Zweifel über die Abgrenzung des authentischen vom nicht-authentischen Sprachgebrauch bestimmen auch Bachtins Kartographie der wissenschaftlichen Sprachkonzepte. Nicht-authentische Konzepte, welche sich die Linguistik mit ihrem verdinglichenden Ansatz einverleibt, gehen vom Satz als von der Sprechinteraktion *(rečevoe vzaimodejstvie)* isolierter Ä. aus: «Die Linguistik sieht die lebendige Sprache an, als sei sie tot, und die Muttersprache, als sei sie Fremdsprache.» Die authentische Konzeption – Bachtin taufte sie mit dem bezeichnenden Relations- und Negationskonzept *Metalinguistik* – geht von der Ä. als Sinnganzem aus, das von Dialogspannungen in der konkreten Interaktionssituation durchzogen ist. Doch hat Bachtin später seinen radikalen jugendlichen Standpunkt abgemildert und die Berechtigung, ja die Unabdingbarkeit der linguistischen Abstraktion unter der Bedingung anerkannt, dass sie sich «nicht als reale konkrete Totalität des Phänomens ausgibt». Die Ä. in ihrer ereignishaften Gesamtheit ist schließlich eine wesentlich komplexere Erscheinung als ein Satz, weil in ihr wie in einem einmaligen «sozialen Ereignis» zahlreiche ideologische Kräfte in einer spezifischen «Arena des Klassenkampfes» aufeinander prallen und heterogene Bedeutungsstränge auf der Suche nach semantischer Bestätigung durchkreuzen. Um also eine solchermaßen aufgefasste Ä. dem Zuständigkeitsbereich der Linguistik zu entziehen, gliedert Bachtin sie in den Strom des Werdens ein und macht sie so nicht nur zu etwas Unvollendetem, sondern auch zu etwas Unvollendbarem. Dadurch aber verliert seine Metalinguistik die Möglichkeit, ihre Loyalität zum Gegenstand positiv darzustellen – weil sich die Ä. als Prozess einfach nicht vergegenständlichen lässt –, und sieht sich gezwungen, sich ausschließlich negativ zu legitimieren, und zwar als Kritik der Linguistik, womit die Metalinguistik ihre Abhängigkeit von der Linguistik unmittelbar anerkennt.

4. Die beschriebenen Schwierigkeiten bei der Rechtfertigung des eigenen Ansatzes, sowohl hinsichtlich des Gegenstands als auch der Methode, hinterlassen ihre Spuren in Bachtins Konzeption der Ä. Einerseits besteht er auf der Einzigartigkeit und Unwiederholbarkeit der Ä., als Qualitäten, die diese erwirbt, indem sie den kontingenten Sinn ihrer immanenten Bedeutung hinzufügt. Andererseits kritisiert er de Saussures Auffassung, nach der die Ä. (so übersetzt Bachtin *acte de la parole*) eine nicht vorhersagbare individuelle Erscheinung ist und nicht dazu geeignet, Gegenstand der wissenschaftlichen Forschung zu werden. Nach de Saussure ist jede Ä. etwas Einzigartiges, weil der Sprecher völlig frei bei der Kombination sprachlicher Konventionen während der Verkettung einer Redeäußerung ist. Bachtin hingegen meint, eine derartige Freiheit sei eine wissenschaftliche Fiktion, da die gesellschaftliche Kommunikation von jeher die einen Arten von Kombinationen normiert und die anderen sanktioniert habe. Jede Sphäre des Sprachgebrauchs schaffe ihre relativ stabilen Ä.s-Typen, die wir Gattungen der Rede nennen. Eigentlich erwerben wir die Muttersprache gerade über Gattungen der Rede, weshalb man sich unbewusst

nach ihnen wie nach Grammatikregeln richtet. Wenn es keine Gattungen der Rede gäbe und wir sie nicht beherrschten, wenn wir sie erst im Prozess des Redens zum ersten Mal neu erschaffen und jede Äußerung frei und von Grund auf produzieren müssten, wäre die sprachliche Kommunikation gänzlich unmöglich (Bachtin 1936/1979). In diesem Zusammenhang spricht Bachtin vom immanenten (oder inneren) sozialen Wesen der Ä. Das bedeutet, dass das Andere ihre Struktur bewohnt, ohne Rücksicht darauf, ob wir uns mit unserer Ä. einem Gesprächspartner unmittelbar zuwenden. Dieses Andere, das eigentlich die Bedingung für die Möglichkeit unserer Ä. darstellt, weil sie deren Gattungsgedächtnis ist, nannte Bachtin (1935/1975) den «Dritten im Dialog» *(tret'e lico, tret'e soznanie)*. Wenn aber ein Drittes das Verhältnis von Sprecher und Gesprächspartner über ein «Gattungsszenario» und diesem eigene Statuszuteilungen, Rollen, Verantwortlichkeiten und Verpflichtungen im Vorhinein organisiert, wie kann man unter solchen Bedingungen die Einzigartigkeit der Ä. erreichen? Ist sie nicht im Gegenteil zur Konventionalität verurteilt, wenn sie kommunikative Anerkennung begehrt? Und ist nicht selbst das *Bewusstsein* darüber, dass wir in der Kommunikation nach ererbten Regeln funktionieren, eine Eigenheit der literarischen Ä.en, also auch hier nicht Teil aller Gattungen? Bachtin erkennt das selbst auch an, und zwar auf zweierlei Weise: zuerst mit der Hervorhebung der unbewussten Verwendung der Gattungen der Rede und dann durch die Trennung der subversiv-dialogischen Natur des Romans im Vergleich zur gehorsamen Natur der übrigen literarischen Gattungen, die sich der festgelegten Verteilung der Zuständigkeiten innerhalb der entsprechenden Gattungssysteme unterwerfen. So scheint es, dass Bachtins Ä.s-Konzeption an derselben Einseitigkeit leidet wie sein Konzept des Karnevals und des Romans. Allen diesen Erscheinungen schreibt er nämlich einen *a priori* revolutionären Charakter zu ohne Rücksicht darauf, dass diese gleichzeitig gesellschaftlich institutionalisiert sind; der institutionelle Aspekt scheint von Bachtin unterbewertet worden zu sein.

5. Einen besonderen Platz nimmt der Begriff Ä. in Lacans (1966) Konzeption des Unbewussten ein, welche den Ursprung von *parole* (Rede) in das Andere verlegt. Das sprechende Subjekt teilt sich bei Lacan in ein Subjekt der Äußerung *(le sujet de l'énoncé)* und ein Subjekt des Äußerns *(sujet de l'énonciation)* auf und stellt sich dadurch gleichzeitig als gesprochenes und als sprechendes Subjekt dar. Während das erste Subjekt «eine Nachricht übermittelt», «ruft» das zweite Subjekt im gleichen Moment «das Andere» herbei (Lacan 1939/1966). Diese beiden Subjekte können nie übereinstimmen, weil die Lage des Subjekts des Äußerns *(sujet de l'énonciation)* für die Lage des Äußerungssubjekts exzentrisch bleibt wie der Signifikant für das Signifikat exzentrisch (unzugänglich) oder wie, in Lacans (1946/1966) Terminologie, das Symboli-

sche für das Imaginäre exzentrisch ist. Das führt zu einer psychotischen Gespaltenheit der *énonciation*. MacCabe (1985) fasst das folgendermaßen zusammen: Als sprachliche Subjekte oszillieren wir ständig zwischen dem Symbolischen und dem Imaginären – wir stellen uns stets vor, wie wir unseren Worten eine volle Bedeutung schenken, und sind immer überrascht, dass wir sie durch die Beziehungen außerhalb unserer Kontrolle determiniert antreffen. Das, was kommuniziert, ist mit anderen Worten keine Tätigkeit der *parole* (Rede) selbst, sondern es ist eine Tätigkeit, die der *parole* (Rede) gegen ihren Willen widerfährt. Jedes sprechende (bewusste) Subjekt stellt sich schließlich als gesprochenes (unbewusstes) heraus. Deshalb ist die symbolische Ordnung, folgert Lacan (1964/1973b), nicht mehr als eine durch den Menschen geschaffene vorstellbar, sondern als eine den Menschen schaffende. Sie ist ein absoluter, weil abwesender Herrscher. Denn die *parole* (Rede) entsteht durch absichtliches syntagmatisches Aneinanderreihen, das aber von Phase zu Phase unweigerlich jene semantischen Alternativen ausschließt, die sich in jedem Moment durch Assoziationen auf der paradigmatischen Achse aktualisieren könnten. So ist jeder Punkt der syntagmatischen Reihe voll von nicht realisierten, ausgeschlossenen, aber relevanten Kontexten. Damit entsteht eine Gesamtbedeutung der Ä., die bedingt ist durch alle Bedeutungen, die möglich waren, aber verdrängt blieben. Es ist die Aufgabe des Analytikers, sich auf diesen anderen Schauplatz der wahren *parole (la vraie parole)* vorzukämpfen, denn ohne Einblick in sie macht die Ä. nur wenig Sinn *(le peu du sens)*. So enthüllt sich die wahre Bedeutung der Ä. ausgerechnet in dem, was sie *nicht sagt*, in der *Abwesenheit*, auf die sie hinweist jenseits der konstitutiven Barriere *(la barre)* des Widerstandes. Lacan lehnt es also ab, die Subjektivität in der *parole* auf die Deixis zurückzuführen, wie es die Pragmalinguisten tun, und beharrt auf der konflikthaften Beziehung beider Subjekte und darauf, dass sie immer versuchen werden, einander zu übertrumpfen.

6. Alle drei dargestellten Konzeptionen der Ä. sind in der zeitgenössischen Literaturtheorie auf breiten Widerhall gestoßen, einmal getrennt, einmal kombiniert. Was Benveniste und seine französischen Anhänger anlangt, so zeigen ihre Ideen eine Verlagerung des Interesses der frühen französischen Narratologie an der Ä. auf ein pragmatisches Interesse an der *énonciation* und am Subjekt. In den 1970er Jahren verlagert sich die Aufmerksamkeit auf das Alltagserzählen, auf die Konversationsumstände seines Zustandekommens, wo die Erzähläußerung das Recht erkämpfen und ihre Relevanz beweisen muss (Labov 1972). Dabei werden literarische Texte ein privilegiertes Diskussionsthema, die, statt eine Geschichte zu erzählen, eine Erzählsituation inszenieren oder gar das Subjekt des Erzählers in den Vordergrund rücken. Kristeva (1969, 1970, 1972, 1974b) hebt in ihrer Analyse der Romanstruktur Bachtins Idee der

mehrstimmigen Ä. und in der Analyse der lyrischen Struktur Lacans Modell des Subjekts im Prozess hervor. Mit der Konstituierung des Subjekts im Text befassen sich, in kritischer Abrechnung mit den Ideen der Psychoanalyse, auch die französischen feministischen Kritikerinnen. Rhetorische Erforschungen der journalistischen und politischen *parole* fassen festen Boden (Courdesses, Guespin, Maldidier). Die verborgenen Merkmale des *énoncée* der Subjektivität in wissenschaftlichen Texten werden in Frankreich von Kerbrat-Orecchioni (1980) und Ouellet (1983) erforscht. (W. F.)

→ Akt, Deixis, Diskurs, Handlungsspiel, Rede

Autobiographie

(engl. autobiography, franz. autobiographie, russ. avtobiografija)

1. Erzählung über das eigene Leben im Unterschied zur *Biographie*, die sich mit fremdem Leben befasst. Dabei wird das eigene Leben aus ganz anderen Gründen erzählbar (*tellable*, Labov) als das fremde. Im Unterschied zu den sog. *persönlichen Geschichten* oder den Geschichten aus dem Leben, unter denen man kürzere mündliche Erzählungen eines begrenzten Gegenstandsbereiches versteht, tritt die A. in einer längeren schriftlichen Form auf. Sie ist aus einer integralen zeitlichen Distanz heraus konzipiert, die einen Überblick über einen bestimmten Lebensabschnitt gestattet, im Unterschied zum *Tagebuch*, das sich aus kleineren, aufeinander folgenden Zeitabschnitten zusammensetzt. Im Gegensatz zu *Memoiren*, die ein vorwiegend aus der Erkenntnisperspektive des Erzählsubjekts entworfenes breiteres gesellschaftliches Panorama präferieren, ist die A. bei der Darstellung der vor allem auf den eigenen Erfahrungen fußenden Ereignisse und Anschauungen auf die innere Perspektive des erlebenden Subjekts ausgerichtet. Sie geht von einer funktional differenzierten Gesellschaft aus, in welcher der Lebensweg des Individuums weder durch seine Geburt vorgezeichnet ist noch einem mythischen oder religiösen Muster folgt, sodass er – im Unterschied etwa zu den *Confessiones* (397/1961) von Augustinus – offen für völlige Ungewissheit ist. Sie folgt nicht schriftlichen Mustern wie etwa modernen Formen von «Auftrags*biographien*» zu juristischen wissenschaftlichen oder publizistischen Zwecken. Sie erhebt den Anspruch auf Wahrhaftigkeit, indem sie sich für die Identität von Autor und Erzähler bzw. zumindest für die autorenseitige Absicherung der Erzähleraussage (Lejeune 1980) verbürgt, im Unterschied zur sog. *quasiautobiographischen Prosa* (Stanzel 1979) oder zur fiktionalen A., welche die Unzuverlässigkeit des Erzählerberichts in den Vordergrund rücken. Auf der körperlichen und zeitlichen Konti-

nuität des erlebenden und des erzählenden Subjekts beruhend, können sowohl eine echte als auch eine fiktionale A. wie in der 1. so auch in der 3. Person angelegt werden, wenngleich letztere in einer echten A. weniger häufig auftritt und als experimentelle wahrgenommen wird. Als fiktionale A. gilt Joyce' *Portrait of the Artist as a Young Man* (1916/73). Die postmoderne quasiautobiographische Prosa (Rushdie, Thomas, Coetzee) erprobt im Rahmen eines einzigen Textes die wechselnde Umschaltung von der einen zur anderen Perspektive.

2. Die A. wird Ende der 1950er, Anfang der 1960er Jahre Bestandteil des theoretischen Disputs, und zwar parallel zur Zerstörung des romanzentrischen Paradigmas in der Prosatheorie und zum Ausbau des Interesses für das Erzählen in der Komplexität seiner Manifestation. Schon Frye (1957) lenkt die Aufmerksamkeit auf die Neigung der A. zur Verbindung mit anderen Prosaformen: mit der Romanze in Prosa (De Quincey), der Anatomie (Kierkegaard) bzw. dem Roman (Sterne), was ihre Merkmale aufweicht und die klare Abgrenzung erschwert. Die A. gerät ins Zentrum des theoretischen Interesses gerade durch die Tatsache, dass der moderne Roman von einigen ihrer Eigenschaften Besitz ergreift, um die Glaubwürdigkeit des eigenen Berichts zu versichern (in der Tradition der sog. Dokumentarprosa), wobei sie selbst, in der dem Roman eignenden selbstreferenziellen Manier, die Fiktionalität der eigenen Geschichte entlarvt. Hinzu kam weiterhin eine beachtliche Anzahl von Umständen, die zur Transformierung des Erkenntnisfeldes der modernen Theorie führten: (1) Lacans Einschreiben der Sprache in das Unbewusste, was die Genesis «autobiographischer» Patientenberichte in ein anderes Licht setzte; (2) Benvenistes Entdeckung des «Ich» als Instanz des Diskurses, eingespannt in das Verhältnis zu «Du» und «Er»; (3) die Mikroanalyse der Konversation (in den USA Schegloff, Jefferson, Sacks, Labov; in Deutschland Quasthoff, Gülich, Stempel), die auf das komplizierte Geflecht von Rechten, Pflichten und Schuldigkeiten in einer Situation verweist, in der die Geschichte über das eigene Leben generiert wird; (4) die Unterscheidung des Äußerns *(énonciation)* von der Äußerung *(énoncé)* in der linguistischen Pragmatik (Ducrot) mit nachfolgender Differenzierung zwischen Kommunikations- und kommuniziertem Subjekt und weiterer Untergliederung des letzteren; (5) die soziologische Erforschung der gesellschaftlichen Konstitution persönlicher Identität als integrales «Modell für die Öffentlichkeit» eines ansonsten disparaten Subjekts (Goffman, Foucault, Bourdieu); (6) die Aufdeckung der Mechanismen des Einschreibens institutioneller Verhältnisse der Diskursproduktion in seine Konstruktion von Vergangenheit in der modernen Theorie der Historiographie (de Certeau, LaCapra) usw. Damit sind gleichzeitig die Perspektiven skizziert, innerhalb deren die gegenwärtige Diskussion über die A. entfacht wurde, wobei es nicht nur um die

A. als Gattung oder Gattungsfamilie geht, sondern auch um ein stillschweigendes Kennzeichen eines jeden Diskurses (Selbstreferenzialität).

3. Der Begriff kennzeichnet besonders stark eine Entwicklungsphase der feministischen Kritik (1970ff.), als die A., aufgefasst als besondere Nähe zwischen Autorin und zentraler literarischer Gestalt oder zwischen Autorin und Text, zur authentischen Gattung der Frauenprosa gekürt wurde, die allein in der Lage sei, das Privileg des weiblichen Geschlechts zu reflektieren: die unmittelbare Berührung mit dem Leben. Die Unmittelbarkeit weiblicher Autorschaft in den Gattungen A. und Brief befreit angeblich vom autoritären Druck der männlich geprägten Begriffe Autor, Werk und Kunst. Auf dieselbe Art und Weise wurde die autobiographische Äußerung des kritischen Textes für eine unumgängliche demokratische und ethische Geste des Öffentlichmachens einer parteilichen Position in der Kritik gehalten. Da Letzteres vor allem aus Lebenserfahrung resultiert, fühlen sich die Kritikerinnen dazu berufen, diese in autobiographischer Form vorzutragen. «The importance of this principle cannot be overestimated; it remains one of the fundamental assumptions of any feminist critic to date» (Moi 1985).

4. Offen bleibt die Frage, bis zu welchem Maß Einschränkungen unseres kritischen Ansatzes mit Hilfe der autobiographischen Äußerung enthüllt werden können. Im Gegensatz dazu verteidigt Foucault in *La volonté de savoir* (1976/77) die These, nach welcher der exemplarische Mechanismus der sog. kapillaren Kontrolle der Gesellschaft den Anlass für die A. darstellt. Sie ist nämlich am produktivsten gerade dort, wo die Illusion von der Befreiung des Menschen geweckt wird. Dieser nimmt an, dass ihm die Äußerung die «Rückkehr zu sich selbst» ermöglicht, und er verwandelt sich im Akt «des Ausleerens seiner Seele» in ein «beichtendes Tier» *(bête d'aveu)*.

5. Eine noch radikalere Diskontinuität zwischen dem *Ich* des Autors und seiner A. postuliert de Man im Essay *Autobiography as De-Facement* (1984/93). Er hält die A. für eine Form der Selbstzerstörung, nicht aber der Selbstausblendung. Es ist die A., die das Leben bestimmt, und nicht umgekehrt. Allerdings wollte es die Ironie des Schicksals, dass nach der Aufdeckung seiner Phase der Kollaboration im nazistischen Belgien «seine Ideen über die Autobiographie als Maskenspiel nicht länger als uninteressierte theoretische Äußerungen betrachtet wurden, sondern als unselige und sorgfältige Akte des Selbstschutzes, mit denen er versuchte, sich seines geschichtlichen Ichs zu entledigen, ihm auszuweichen.» «Autobiographie als Maskenspiel wurde zum Maskenspiel als Autobiographie. Text und Autor vereinten sich unter dem Vorzeichen ihrer Trennung» (Burke 1992). Die Zweiteilung in lebendes und geschriebenes Subjekt problematisiert freilich die A. als Gattung, führt aber noch keineswegs zu ihrer Aufhebung. Möglicherweise unter Berücksichtigung von Barthes' Expe-

riment *Roland Barthes par Roland Barthes* (1975/78) schlussfolgert Derrida in einem Kommentar: «Wir sind konfrontiert mit einer Zweiteilung des *autos*, mit einer Zweiteilung des Autobiographischen, aber das heißt nicht, dass wir dazu gezwungen sind, den Wert der autobiographischen Erzählung zu bestreiten. Eher lohnt es sich, sie umzustrukturieren auf der Grundlage eines Projekts, das ebenfalls autobiographisch oder thanatographisch ist» (1982). Sich selber mit den Augen eines Biographen zu betrachten, könnte man mit Barthes' Frage «Warum sollte ich nicht über mich selbst reden, wenn dieses ‹selbst› nicht mehr ‹ich› ist?» verbinden. Der thanatographische Blick könnte abheben auf Barthes' Satz «Ich spreche über mich selbst, als sei ich mehr oder weniger tot». Schließlich beschreibt Derridas Bemerkung von der Aufhebung der Grenze, die den Körper des Autors vom Corpus trennt, sodass jene nun durch beide hindurchgeht – «im Einklang mit Gesetzen, die wir erst zu erkennen beginnen» –, präzise die Herausforderung, die Barthes' Versuch zur «Umwandlung des Schreibens des Körpers in einen Körper des Schreibens» an die autobiographische Gattung stellt. (A. R.)

→ Ausdruck, Biographie, Geschichte, Selbstreferenzialität, Subjekt

Automatisierung

(engl. automatization, franz. automatisation, russ. avtomatizacija)

Begriff, den die künstlerische und theoretische Avantgarde in den ersten Jahrzehnten des 20. Jh.s mit dem rezeptiven Mechanismus und dem Geschmack der konventionellen Kunstkonsumenten verbindet. Die A. schafft eine Wertnorm, der gegenüber die avantgardistische Kunst bestrebt ist, die Effekte der Verfremdung (Šklovskijs *ostranenie* und Brecht) zu erzielen. Jauß kritisierte den Mechanizismus und Reduktionismus bei der Erklärung der literarischen Evolution in den Parametern A. und Desautomatisation, die für die Endphase des russischen Formalismus und für die Prager Schule charakteristisch waren. Sein Kollege Iser (1976) wendet den Begriff A. auf die Technik der «Erleichterung» der Leserrezeption an, welcher sich ein Werk, indem es den Rezipienten zur Belegung höherer, komplexerer Ebenen anregt, entgegenstellen muss. (Lj. Š./W. W.)

→ Abweichung, Konvention, Norm, Verfremdung, Wiedererkennen

Autopoiesis

(engl., franz. autopoiesis, russ. avtopoėzija)

Begriff des chilenischen Biologen und Neurophysiologen Maturana und Varelas (1982), mit dem sie das allgemeine Prinzip der Organisation aller Lebewesen als rückkoppelnde Selbstherstellung und Selbstaufrechterhaltung ihrer Bestandteile aus der rückbindenden Tätigkeit dieser Bestandteile selbst beschreiben. Es handelt sich also um eine dermaßen fundamentale Wiedereinfuhr *(re-entry)* der (kognitiven) Resultate des Prozesses in denselben (Erfahrungs-)Prozess, dass das System seine Entstehung und die Reproduktion seiner inneren Differenziertheit eigentlich nur ihr verdankt. Die grundlegende Selbstreferenz, die völlige Hinwendung des Systems zu sich selbst, bestimmt daher auch ganz seinen Austausch mit der Umwelt, aus der es nur jene Stoffe und Energie übernimmt, die es für seine A. braucht, und der es nur jene Stoffe und Energien zurückgibt, die ihm für diese A. überflüssig sind. In diesem Sinn wird die *Geschlossenheit des Systems* als *Voraussetzung seiner Offenheit* gedeutet. Dabei hat nach Maturana und Varela ihre These nur für lebendige, nicht aber für soziale Systeme Gültigkeit, die zwar auch aus interagierenden lebendigen Systemen bestehen, selbst aber auf andere Weise operieren.

1. Die These erfuhr in den 1980er Jahren nicht nur in den Stammfächern ihrer Autoren, sondern auch in Philosophie, Psychiatrie und Soziologie lebhafte Rezeption, Diskussion und Ausarbeitung. In die Literaturtheorie gelangte sie durch Luhmanns erneuerte Systemtheorie (1984). Dieser deutet nicht nur – entgegen der ausdrücklichen Mahnung der Autoren – die sozialen Systeme, sondern auch die psychischen und Nervensysteme als autopoietische Systeme und leitet damit eine radikale Wende gleichzeitig in der fremden und seiner eigenen Theorie ein. Dabei hebt er den Begriff der A. auf ein hohes Abstraktionsniveau, um die für die Anwendung auf unterschiedliche Systemarten nötigen Spezifikationen in ihn einführen zu können. So ist beispielsweise die *Vorstellung* bzw. der *Gedanke* (später kehrt Luhmann zum *intentionalen Akt* als dem neutraleren Begriff Husserls zurück) die Einheit des psychischen Systems, die sich im Prozess der Rückkoppelung der A. selbst herstellt, während im sozialen System die *Kommunikation* diese Einheit bildet (im Unterschied zur *Handlung*, die diese Position im vorherigen Paradigma der Systemtheorie innehatte). Das heißt in anderen Worten: Das soziale System wird nur so aufrechterhalten, dass es autoreflexiv die Kommunikation an Kommunikation anschließt, während die psychischen, neuralen und organischen Systeme (d. h. der Mensch) – die im traditionellen Paradigma der Gesellschaftswissenschaften seine Bestandteile waren – in seiner *Umwelt* verbleiben und die immerhin erforderlichen Stoffe und die Energie beschaffen. Ohne das

psychische System (Bewusstsein) wäre die Kommunikation nicht möglich, aber das psychische und das soziale System sind, obzwar miteinander strukturell verbunden, aufgrund ihrer basalen Selbstreferenz einander unzugängliche Umwelten.

2. Auch das Funktionieren der literarischen Systeme wird auf autopoietische Art und Weise ausgelegt. Den Anschluss für diese Anwendung ermöglichte in den bisherigen Versuchen Luhmanns (1987a) Erklärung der A. des Bewusstseins. Wie in jedem autopoietischen Prozess gilt es auch hier, jenen Teil abzusondern, der als Beobachter (das Ergebnis des Prozesses) die anderen Teile als beobachtete Bestandteile des Prozesses reflektiert, um durch diese Beobachtung bzw. Beschreibung ihre Eigenart zu bestimmen. Den Beobachter nennt Luhmann *Gedanke* und das Beobachtete *Vorstellungen*, wobei diese Unterscheidung nur von zeitweiliger Dauer ist, weil schon in der nächsten Phase des Prozesses der Gedanke zur Vorstellung wird, wenn er nämlich seitens des neuen bevorstehenden Gedankens der Beobachtung unterworfen wird. Der Gedanke entdeckt nämlich den Code (oder die Leitdifferenz), mit dem der ihm vorausgegangene Gedanke *seinen* Vorläufer beobachtet, um mittels dieser Unterscheidung des *Gegenstandes* (Fremdreferenz) von der *Art* des Beobachtens (Selbstreferenz) diesen Gedanken in eine Vorstellung umzuwandeln. Hier gilt es zunächst festzuhalten, dass der Unterschied zwischen dem Gegenstand und der Beobachtungsweise, der den Kern der Vorstellung ausmacht, ein Resultat der Einheit des Beobachtens sog. zweiter Ordnung als eine vom Gedanken vollzogene Operation ist. Zum Zweiten gilt es festzuhalten, dass diese vereinheitlichende Beobachtungsoperation des Gedankens, der er seinen Status verdankt, auch selbst Resultat einer gewissen Leitdifferenz ist, jedoch einer solchen, die der Gedanke nicht zum Bewusstsein bringen kann, weil sich seine Beobachtung im vorausgegangenen Gedanken erschöpft. Luhmann veranschaulicht diese «Blindheit» des Gedankens damit, dass er den Gedanken als mit dem Rücken zur Bewegungsrichtung gekehrt, d. h. völlig dem Beobachten des folgenden Gedankens ausgesetzt darstellt, der ihn durch Enthüllung seines Codes in eine Vorstellung verwandeln wird. Der Bewusstseinsprozess ist durch Dauerzerfall seiner Ereignisse gekennzeichnet.

3. Diese Analyse benutzt Schwanitz (1990) dazu, das Verhältnis des Erzählens als eines Beobachtungselements des Prozesses zur Geschichte als dem beobachteten Prozesselement im Erzähltext zu erklären. Das moderne Erzählen (d. h. der Roman) fängt ihm zufolge in dem Augenblick an, wenn die Geschichte aufhört, sich in den Augen des Lesers mit der Wirklichkeit zu decken, und beginnt, auf sich selbst zu verweisen, d. h. auf ihre Gattungszugehörigkeit. Das geschieht zum ersten Mal in Cervantes' *Don Quijote*, wo der Unterschied zwischen der Geschichte (verkörpert im von ritterlichen Romanzen erfüllten Don

Quijote) und der Realität (verkörpert im bodenständigen Sancho Pansa) in die Geschichte selbst einbezogen wird. Indem der Erzähler die «romantischen» Realitätsvisionen des Ritters als wirklichkeitsfremd anzeigt, bestätigt er seine eigene Realitätstüchtigkeit bzw. die Übereinstimmung der eigenen Beobachtung mit der Wirklichkeit. Dieses Bestätigen spielt sich durch das Verfahren des Ausschließens oder der Invisibilisierung ab, weil das Erzählen sich selbst gleich dem Gedanken in der A. des Bewusstseins nicht problematisieren kann. Das kann erst durch das andere, darauf folgende Erzählen in der A. der Literaturgeschichte geleistet werden, die durch Dauerzerfall der erzeugten Erzähltexte und ihre Abwertung zu *Geschichten* gekennzeichnet ist. Schwanitz erkennt den Anfang einer solchen Problematisierung im *Tristram Shandy* des englischen Romanciers Laurence Sterne, wo der Unterschied zwischen dem Erzählen und der Geschichte (anstatt wie vorher zwischen Geschichte und Wirklichkeit) in die Erzählung eingebracht wird, und zwar dadurch, dass der Tristram-Erzähler die Erzählleiden des Tristram-Helden darlegt. Die Leiden gehen aus der jedem Erzählen eigentümlichen «Blindheit» hervor, das aufgrund seiner völligen Hinwendung zur Geschichte nicht imstande ist, die Begrenzung der eigenen Situation zu reflektieren, sodass es Schritt für Schritt in der Absurdität versinkt. Das gilt ebenso für Tristrams Vater, der eine seinem Sohn zugedachte Erziehungsschrift verfasst, wobei der Rhythmus des Schreibens dem Rhythmus des Erwachsenwerdens des Sohns beträchtlich hinterherhinkt und somit dieser Schrift ihren Grundzweck entzieht, wie für Tristram selbst, der, geleitet vom Ideal der Ausführlichkeit, zur Rekonstruktion des ersten Tages seines Lebens ein Jahr für das Erzählen braucht. *Tristram Shandy* enthüllt somit die Verspätung des Erzählens hinsichtlich der Geschichte bzw. die Unmöglichkeit der Geschichte, dem Erzählen nachzukommen. Der erzählte Gehalt sei somit vom Gesichtspunkt des Erzählens her immer Vergangenheit und das Erzählen vom Gesichtspunkt des erzählten Gehalts her immer Zukunft. Da diese Enthüllung die Glaubwürdigkeit des Erzählakts in Frage stellt, muss dieser erneut invisibilisiert werden, indem man ihn als natürliche *Folge* der Erzählung statt deren *Ursache* darstellt. Dies geschieht zum ersten Mal im Roman von Jane Austin. (D. M.)

→ Beobachten, Differenz, Kommunikation, Selbstreferenzialität, System

Autor

(engl. author, franz. auteur, russ. avtor)

1. Auch wenn er heute selbstverständlich erscheinen mag, der Begriff des A.s wurde zusammen mit dem Begriff des Werks erst gegen Ende des 18. Jh.s als wirtschaftliches und rechtliches Regulativ des literarischen Markts eingeführt. Solange der A. bloß als Inhaber seines Manuskripts galt, konnte er sein Eigentum, nachdem es einmal verkauft worden war, vor mutwilligen Änderungen oder Vervielfältigungen vonseiten des Verlegers kaum schützen. Daher wurde der Begriff ‹Eigentum des A.s› vom «materiellen Schriftbesitzer» allmählich auf das «geistige Substratum» des Werks übertragen, womit das Endergebnis der im Werk eingesetzten intellektuellen Arbeit gemeint war. Einmal fertig gestellt, konnte nun das Werk seinen Eigentümer nicht mehr wechseln, das geistige Eigentum durfte lediglich unter bestimmten Umständen und zu einem entsprechenden Preis kurzfristig verwertet werden. Denn es ist jetzt endgültig in den *Eigenschaften* des Werks, in der individuellen *Eigentümlichkeit* seiner Gestaltung niedergeschrieben und in diesem Sinn unverwechselbar. Nachdem der A.-Begriff in dieser Weise juristisch geregelt worden war, haben Fichte und Hegel ihn in die Philosophie übertragen und systematisch in der Bedeutungsrichtung eines Werkstifters entwickelt, die im heutigen Rechtssystem immer noch ihre Gültigkeit beansprucht (Plumpe 1979, 1981, 1988).

2. Durch die dargelegte Kopplung des A.s mit dem Werkbegriff war nicht nur der literarische Markt geregelt, sondern weitgehend auch die ästhetische Reflexion der Dichtung bestimmt, die bereits in der zweiten Hälfte des 18. Jh.s durch das Netz ihrer Begriffe die Verselbständigung der literarischen Kommunikation von den religiösen, moralischen und wissenschaftlichen Normen verfolgte. Da dieser Prozess in England den anderen westlichen Ländern um fast ein halbes Jahrhundert vorausging, ist es kaum verwunderlich, dass wir bereits in Youngs *Conjectures on original composition* (1759) auf eine Apologie des individuellen schöpferischen Genies stoßen. Dort wird behauptet, dass allein der Künstler, im Unterschied zu den Gelehrten, die voneinander entleihen, das Recht auf *the noble title of an author* besitzt. So wurde die Individualität des A.s zum Garanten der literarischen Autonomie des Werks promoviert (Plumpe 1981).

In der Romantik entstand daraus das folgende Paradoxon: Da das Individuum *per definitionem* unteilbar ist, führt jede kommunikative (Mit-)Teilung seiner Substanz an die anderen zum Scheitern. Ein A. kann sich selbst nur treu bleiben, indem er sich jedweder sozialen Kommunikation entzieht! Damit war ein grundsätzlicher und dauerhafter Vorrang des A.s gegenüber dem Werk gesichert. Das Werk ließ sich seither als bloßes Produkt, sei es des Lebenslaufs, des Charakters, der Begabung, der Intention oder des Stils seines A.s betrachten – was erst einmal durch eine entsprechend sorgfältige Spurensuche ermittelt werden sollte. Dieser unaussagbare *individuelle Überrest* bleibt bis heute das entscheidende Merkmal des literarischen Kunstwerks nicht nur in der Ästhetik, sondern ebenfalls in der Hermeneutik. Noch vor kurzem warf sie z. B. dem Strukturalismus die Einschränkung auf das «Gemeingut» der Struktur vor, wodurch das «individuelle Wesen» des Künstlerischen angeblich verfehlt wird (Plumpe 1988).

3. Gegen Ende des 19. Jh.s zieht sich in den Überlegungen der herausragenden Schriftsteller der Begriff des A.s zugunsten jenes des Werks zurück. So wird z. B. Flauberts Lehre von der Impersonalität des A.s von Mallarmé so weitgehend radikalisiert, dass er bereits ein Verschwinden des A.s befürwortet. Proust wendet sich ebenfalls energisch gegen die positivistische Zurückführung des Werks auf seinen A. In einer Polemik gegen den «Vater des Biographismus» Sainte-Beuve (1909) bemerkt er, dass die biographische Methode jene Erkenntnis leugnet, zu welcher uns eine etwas nähere Selbstkenntnis führt: dass unser Buch nämlich von einem anderen Selbst hervorgebracht wird als jenem, das in unserem gesellschaftlichen Alltag, unseren Gewohnheiten und Lastern zum Vorschein kommt. Ein jeder A. sei von mehreren aufeinander geschichteten Personen «bewohnt»: Die Substanz unserer Bücher, unserer Sätze solle substanzlos sein, nicht aus der Wirklichkeit übernommen, sondern aus der durchsichtigen Substanz unserer besten Minuten bestehend, wenn wir uns außerhalb der Wirklichkeit und Gegenwart befänden.

Solche Überlegungen legen ein klares Zeugnis davon ab, dass zu Beginn unseres Jahrhunderts der A.-Begriff zwar nicht vertrieben, aber ein empirischer, *personaler* Autor durch ein *transzendentales,* ästhetisches Legitimierungsprinzip des literarischen Werks ersetzt wurde. In derselben Richtung lassen sich sicherlich auch die Thesen des *New Criticism* und des Russischen Formalismus deuten, die sich nur gegen die Berücksichtigung des *biographischen* A.s wehren, nicht aber gegen die Inanspruchnahme des A.s als des Bestimmungsprinzips des Werks. Auf eine ähnliche Beweisführung stößt man letzten Endes auch bei Hirsch (1967), der im A. den letzten Bürgen für die objektive bzw. beständige Bedeutung des Werks erkennt.

Im Gegensatz zu einer solchen Ästhetisierung der A.-Substanz behauptet Booth (1961), dass ein Werk seinen A. vor allem durch die moralische und ideologische Einstellung in seinem Text ankündigt. Einen derart «implizierten» A. nennt er dann *the implied author.* Durch ein solches Attribut soll wahrscheinlich der Unterschied gegenüber dem *expliziten Erzähler,* der im Text das Wort unmittelbar ergreift, hervorgehoben werden. Booth geht es also darum, jene Instanzen sorgfältig abzusondern, die z. B. in Stanzels Begriff der *auktorialen Erzählsituation* noch unkritisch «zusammengeklebt» erscheinen (Stanzel

1955). Im Unterschied aber zu der späteren strukturalistischen Deutung des *implied author* als eines aus dem Ganzen des Erzähltextes abgeleiteten Lesekonstrukts findet Booth (1961) in ihm die einmalige und intentionelle Prägung der Überzeugungen des *wirklichen (konkreten, historischen) A.s.* Derselbe ego-psychologische Rahmen bleibt übrigens auch in seinem neuesten Modell der «Freundschaft» zwischen dem A. und dem Leser erhalten (Booth 1988).

Während für Booth das Nachvollziehen der Präsenz im Text *cum grano salis* auf die auktoriale Weltanschauung verwiesen wird, kommt sie für Sartre hauptsächlich in den unbewusst hinterlassenen *Stilspuren* seiner Individualität zum Ausdruck. Das Objektivste, was ein Schriftsteller von sich anbieten könne, lasse sich vermutlich auf seine unsichtbare, lediglich *vermutete* Präsenz zurückführen. Als ein «unsignifikantes Element der Sprache» lässt sie sich also aufspüren oder erahnen, nicht aber erkennen, aussagen, begreifen. Deswegen beteiligt sich der Leser notwendigerweise an jener Bedeutung, die er dem A. zuschreibt.

4. Die Strukturalisten brechen aber mit jeglichem Zusammenhang zwischen dem wirklichen und dem impliziten A., indem sie letzteren als einen neutralen *Strukturfokus* (und nicht mehr als das ideologische, ethische oder stilistische Zentrum) des Textes erklären, von dem aus alle seine Instanzen entwickelt werden. Seinerseits beansprucht dieser Fokus wiederum einen impliziten (bzw. ideellen, modellhaften, Arche- oder Super-)Leser als den einzigen Ort, von welchem aus der Text als eine *ästhetische* Tatsache verstanden und gedeutet werden kann. So hat z. B. Lotman die reichlich belegte russische Diskussion um die Frage der *Autorenfigur* (*obraz avtora*, Vinogradov) als einer kultur-, weltanschauungs-, geschichts- und gattungsspezifischen Kategorie gründlich umstrukturiert und den Begriff so gereinigt, dass er nur noch einen *kunstspezifischen Standpunkt des Textes* bedeutet, der die ästhetische Rezeption steuert. Obwohl die Strukturalisten den analytischen Schwerpunkt entschlossen auf den Text übertragen, lässt sich nicht verbergen, dass dieser Begriff bei ihnen weiterhin durch einen «individuellen Überrest» gestützt bleibt, der die ganze Textäußerung in einen Fokus bringt. Daher erweist sich der strukturalistische Begriff des Textes, anstatt (wie beansprucht) zum Totengräber des A.-Begriffs zu werden, durch seinen stillschweigenden Transzendentalhorizont eigentlich als ein verborgener Ersatz für ihn.

5. Dies bleibt erstaunlicherweise auch in Barthes' Verkündigung *des Autorentodes* (1968a) bzw. eines Verschwindens des A.s im namenlosen Fluss der Schrift *(écriture)* erhalten. Letzteren Begriff hat er bereits (1953) eingeführt, wobei er die «weiße Schrift» *(écriture blanche)* als ein Signal der Emanzipierung des modernen Schriftstellers von den bürgerlichen Schreibweisen und damit von etablierten sozialen Wertvorstellungen deutet. Gerade durch ihre

Farblosigkeit erscheint diese Schreibweise dem jungen Barthes als ein ausgesprochen politischer Akt, indem er der eingebürgerten modalen und stilistischen Legitimierung des A.s ausweicht. Gegen Ende der 1960er Jahre allerdings durfte sich Barthes' Ablehnung des damals vorherrschenden Sartreschen Modells der freien Autorenindividualität noch durch die allgemeine Überzeugung bestätigt fühlen, der zufolge das Ziel der Humanwissenschaften nicht darin bestehe, den Menschen zu erschaffen, sondern darin, ihn aufzulösen (Lévi-Strauss 1962). In diesem Sinn verschärft Barthes in den Jahren der Studentenbewegungen seine These, indem er sie in einer offenen Analogie zu Nietzsches (1972) Verkündigung des Gottestodes aus der *Fröhlichen Wissenschaft* formuliert. Wie die Welt auf das Zeichen des Gottestodes «das eigene Meer öffnete», so wirft auch der Text, auf das Zeichen des Autorentodes, mit Erleichterung die Fesseln der «einheitlichen theologischen Bedeutung» ab.

Allerdings deutet seine Theologisierung des A.s darauf hin, dass Barthes stillschweigend mit einem A.-Begriff aus dem 19. Jh. operiert. Denn weder in der Theorie (z. B. des *New Criticism*, des Russischen Formalismus, von Bachtins Kreis oder der Prager Schule) noch in der Praxis unseres Jahrhunderts wurde dem A. eine göttliche Rolle zugewiesen. Bei Barthes sei der A. eine metaphysische Abstraktion, ein platonischer Typ, eine Fiktion des Absoluten (Burke 1992). Gerade dadurch, dass er den A.-Begriff in einer dermaßen theozentrischen Art und Weise gestaltet, rechtfertigt er sein eigenes Todesurteil. Die Tötung ist aber hier, wie im Fall von Christus oder Dionysos, nur eine Vorankündigung der bevorstehenden Auferstehung. Zwei Jahre später nämlich heißt es: Er solle sich selbst als ein papierenes Wesen und sein Leben als eine Bio-Graphie (im etymologischen Sinne des Worts) betrachten, als eine gegenstandslose Schrift, als eine aus *Beziehungen* und nicht aus *Ableitungen* bestehende Substanz (1970a). «Denn im Text», behauptet Barthes, von der Rolle des Lesers ausgehend, «*wünsche* ich den A.: ich brauche seine Figur (...) so wie er die meine braucht» (1973a). Sein neuer A. «ist keine (bürgerliche, moralische) Person, er ist ein Körper (...) Falls der Text (...), der Zerstörer jedweden Subjekts, ein liebenswertes Subjekt beinhaltet, dann ist dieses Subjekt wie die Asche, die infolge eines Todes in die Luft geworfen wird, verstreut (...)» (1971).

Es handelt sich also hier letzten Endes um einen Prioritätenumsturz, durch welchen alle Revolutionen gekennzeichnet sind: Das künstlerische Werk geht dem lebensweltlichen A. voran (wie etwa gleichzeitig bei Derrida die Schrift der Stimme) und übernimmt von ihm das Steuer! Das Leben ahme das Buch nach, und das Buch selbst sei ein bloßes Zeichengeflecht, eine verloren gegangene, ins Endlose verschobene Nachahmung (1968a). Es ist übrigens bezeichnend, dass die Erklärung dieses Geflechts als einer unermüdlichen Transgression aller gesetzten Eingrenzungen wiederum unwillentlich nach den privilegierten Merkmalen des A.s greift. Barthes behandle das Gesamtwerk als einen simultanen Intertext, als einen Raum, der ohne wachsende Verantwortung in allen Richtungen durchkreuzt werde; das Gesamtwerk werde zur Arena oder Ellipse, in welcher alles rhapsodisch, nichts sequenziell erscheint, in welcher die Themen, Übergänge, Ideen wie die Leitmotive sich übereinander falten (Burke). Die Niederschrift des Körpers wird aus seiner Sicht zum Körper der Niederschrift.

6. Foucault hat als Erster darauf hingewiesen, dass im Schriftbegriff wieder einmal umgewandelte Merkmale des ehemaligen A.-Begriffs stecken. Es scheint, als ob der Schriftbegriff die empirischen Merkmale des A.s in eine transzendentale Anonymität überleitet (1969b/1979). Er sieht darin ein unvermeidliches Ergebnis des unkritischen Verzichts auf einen Begriff, dem zumindest eine promovierend-klassifikatorische Funktion gebührt und auch zuerkannt werden sollte. Zugleich reagiert Foucault auf die Kritiken, die inzwischen hinsichtlich seiner groß angelegten Studie *Die Ordnung der Dinge* (1971), in welcher er zum ersten Mal eindeutig «den Tod des Menschen» verkündigte, geübt wurden. Mit dem «Menschen» wurde dabei freilich ein imaginäres Konstrukt der humanistischen Ideologie gemeint, das durch den Anthropologieentwurf Kants um 1800, also in der Entstehungszeit der modernistischen Episteme, ausgelöst wurde.

Dort unternahm Foucault eine klare Verabschiedung dieser durch die transzendental-empirische Spaltung gekennzeichneten, vom dialektischen Denken geprägten Episteme: Heute sei es nur noch möglich, von jener Leere aus zu denken, die das Verschwinden des Menschen hinterlassen habe. Während die Dialektik das Subjekt und die Kontinuität bevorzugte, hebt die Archäologie die Episteme und die Diskontinuität hervor. Denn wie sehr die Episteme auch intern rigide und homogen sind, sosehr bleiben sie untereinander gespalten und heterogen. Die Archäologie bedeute einen radikalen Bruch mit dem Anthropologismus, sie überschreite die Grenzen dieser Ära. Um jene Grenzen zu überschreiten – und das werde verschwiegen –, müsse sie zugleich die formalen Bedingungen überschreiten, die allen anderen Diskursen ihren Grund und ihre Möglichkeitsgrenzen bestimmen. Die Episteme müssten von einem idealen Außenstandpunkt beschrieben werden. Ein Archäologe kann die Geschichte des Diskurses nur von einem mystischen und privilegierten, allen Epistemen fremden Kontinuum aus begreifen, beschreiben und darstellen (Burke). Somit scheint Foucault gezwungen, für den eigenen Beobachtungsposten jenes Merkmal «der individuellen Überschreitung der vorgegebenen Umstände» in Anspruch zu nehmen, das er mit dem humanistischen Gespenst des «Menschen» eigentlich begraben wollte. Sein Diskurs erhebe sich über alle Diskurse, werde zum einzigen Ort, von dem aus die Formationsregeln der vier Jahrhunderte der Schrift entdeckt werden können. Daher könne es Foucault nicht vermeiden, zum

A. seines eigenen Textes zu werden, obwohl der Begründungsbegriff des Subjekts seine hartnäckigsten und dauerhaftesten Widerlegungen auslöse.

Um die dargelegte auffallende Privilegiertheit seines Betrachtungspostens zu vermeiden, führt Foucault (1969) den Begriff des «Diskursivitätsstifters» ein, durch den er die unberechtigt eingeengten Schranken seines ehemaligen A.-Begriffs ausdehnt und zugleich einen «Verein der Erkorenen» für sich selbst sichert. (Kein Wunder, dass ihn dann Said 1975 und Rabinow 1984 z. B. tatsächlich in diese «erlesene Clique» eingeordnet haben.) Der neue Begriff deckt nämlich jene A.en ab, die wesentlich mehr als einen Text, ein Buch oder ein Werk unterschreiben – d. h. transdiskursive Theorien, Traditionen oder Disziplinen, wie es z. B. der Fall ist mit Homer, Aristoteles oder den Kirchenvätern, oder in der modernen Zeit mit Marx, Freud oder Nietzsche. Diese Stifter stellen die Koordinaten auf, in welchen ein Diskurs entfaltet wird, sodass alles, was in ihm später stattfindet, diesem Ansatz zugeschrieben wird und durch solche retrograde Zuschreibung die ganze diskursive Praktik umwandelt.

Während er einerseits derartige metaauktoriale Figuren einführt, untersucht Foucault – ungeachtet der möglichen Widersprüche – weiterhin die archäologischen Voraussetzungen, «unter denen etwas wie ein A. in der Ordnung des Diskurses überhaupt erscheinen kann». Da er darin anscheinend keinen Widerspruch spürt, mag Deleuze (1986) gute Gründe haben, ihn «einen romantischen Positivisten» zu nennen! Was die Möglichkeitsbedingungen angeht, grenzt der A.-Name gemäß Foucault das Feld der *Autorenfunktion* ein, wodurch eine bestimmte Gesellschaft erstens den Status und die Rezeption eines gegebenen Diskurses regelt, zweitens die Kraft seiner Subversion zähmt und drittens die Unvorhersehbarkeit seiner Bedeutungsauswirkungen reduziert. In diesem Sinn stellt der A., ähnlich wie das Werk, einen der *inneren Mechanismen* der diskursiven Kontrolle dar, der in verschiedenen geschichtlichen Perioden jeweils unterschiedlich funktioniert hat und auch in der Vorgehensweise von Diskurs zu Diskurs variiert worden ist. Dadurch ist des Weiteren seine Verwendung in den Typologien und geschichtlichen Analysen des Diskurses ermöglicht.

7. Selbst wenn wir die «Diskursivitätsstifter» beiseite lassen (wie es auch die meisten Kommentatoren der Foucaultschen «Subjektdestruktion» tun, z. B. Sheridan 1980, Major-Poetzl 1983, Racevskis 1983), übernimmt bei Foucault der Diskursbegriff selbst offenbar denselben dem A.-Begriff eigenen «mystifikatorischen Überrest», dem Foucault in Barthes' Schriftbegriff auf die Spur kam. Bezeichnenderweise prägt diese «Rückkehr des Verdrängten» ebenfalls die heftigen Versuche der feministischen Kritik, die A.-Autorität zu entthronen. In ihr wird nämlich eines der stärksten Bollwerke der patriarchalischen Kultur, ihres «phallischen Ich», erkannt. Die feministische Kritik kommt auf der Linie, die vom Text zum A. führt, der in der Gesellschaft dominierenden

väterlichen Genealogie auf die Spur. Andererseits stellt die feministische Kritik die Autorschaft der weiblichen Texte kaum in Frage, und zwar wegen der ungenügend begründeten Überzeugung, dass sie den Texten nicht bewusst auferzwungen sei, sondern mit ihnen auf irgendeine Weise «naturgemäß (unbewusst) verschmolzen» erscheint. Somit kehrt das homogenisierende «transzendentale Signifikat» des A.s auf der Ebene der «weiblichen Schrift» zurück.

8. Die fortwährende Wiederkehr des immer mehr verdrängten Begriffs legt letztendlich seinen Widerstand gegenüber allen Versuchen, ihn in einem übergeordneten Ganzen aufzuheben, deutlich genug bloß. Mit Recht bemerkt also Japp (1988): *L'Auteur est mort. Vive l'auteur.* Der A.-Begriff macht offenbar einen untilgbaren Bestandteil des Literatursystems aus, der nicht nur seine innere Reproduktion ermöglicht, sondern durch welchen dieses System ebenfalls mit dem Rechts-, Wirtschafts-, Moral- oder Erziehungssystem kommuniziert. Inwiefern diese Behauptung richtig ist, wurde durch den «Fall de Man» demonstriert, der nach der Entdeckung der kollaborationistischen Jugend des berühmten amerikanischen Kritikers in Belgien die amerikanische theoretische und intellektuelle Szene heftig erschütterte. Wieder einmal wurde die Frage aufgegriffen, ob das Leben eines A.s die Einschätzung seines Werks beeinflussen soll, vor allem im Licht der Einsicht, dass dieser A. die Streichung des biographischen Subjekts aus dem Text beharrlich befürwortete. Burkes These lautet, dass ein solches groteskes Szenario notwendig war, um die Theorie zum Geständnis zu zwingen, dass das A.-Prinzip schon immer tätig war, dass der A. nie verschwand. Der A.-Begriff hätte sich der kritischen Aufmerksamkeit nicht aufzwingen können, wäre er nicht immer schon und überall – *de facto* und *de jure* – aktiv und der theoretischen Verdrängung gegenüber widerstandsfähig gewesen (Burke 1992).

9. Das letzte Jahrzehnt hat einige interessante Versuche hervorgebracht, das Verhältnis zwischen dem lebenden und dem textuellen A. einerseits, zwischen dem A. und den literarischen Gestalten andererseits konsequent auf einer neuen Basis aufzuarbeiten. So stellt Miller (1988) den Roman des 19. Jh.s – jener Zeit also, als diese Gattung seiner Meinung nach eigentlich entstand – als Subjekt *und* Objekt einer grundsätzlichen Zweideutigkeit der Macht in der bürgerlichen Gesellschaft dar. Diese Zweideutigkeit entsteht dadurch, dass die Macht einerseits (in Form der polizeilichen Gewalt) eine notwendige Abgrenzung des privaten vom öffentlichen Leben ermöglicht, um damit die Freiheit des Individuums zu sichern, dass sie andererseits (in Form der gerichtlichen Gewalt) diese Grenze unermüdlich verschiebt, um der Willkür der polizeilichen Grenzziehung zuvorzukommen. Die beiden Tendenzen, nämlich zur Schlussfolgerung bzw. zur Schlussverschiebung, lassen sich auch in der Struktur des Romans entdecken, weswegen er sie nicht nur in seiner Welt *darstellt*, sondern auch in seinem Erzählverfahren *verkörpert*. In diesem Sinn untergräbt

und befragt der Roman durch sein endloses Mäandrieren die institutionelle Macht zur selben Zeit, da er sie durch seine erkennbare Gattungsform reproduziert und befestigt. Miller zufolge besteht die dekonstruktivistische Kritik zu sehr auf dem ersten, bürokratisch-gerichtlichen, die marxistische Kritik dagegen zu sehr auf dem zweiten, untersuchungspolizeilichen Aspekt; man muss sie *beide* aber zugleich im Blick haben. Damit ist der theoretische Rahmen für einen neuen Zugang auch zum Problem des A.s gesetzt. Wie die Grenze zwischen dem öffentlichen und dem privaten Raum ist auch die Grenze zwischen dem biographischen und textuellen A. zweideutig, entscheidbar und unentscheidbar zugleich. Miller behandelt die Frage am Beispiel von *David Copperfield,* in welchem Dickens seiner Meinung nach nur deshalb von David spricht, um die Trivialisierung seines *eigenen* persönlichen Geheimnisses zu vermeiden, dessen Aufdeckung andererseits seine Glaubwürdigkeit als literarischer A. sichert. Somit verdankte der Roman seine Entstehung dem Paradoxon, dass das Geheimnis seines A.s zugleich gelüftet und nicht gelüftet werden sollte. Die Niederschreibung des Selbst sei also folgerichtig durch das Paradoxon geregelt, dass das Selbst sich selber am treuesten bleibe, wenn seine bestimmende Innerlichkeit am meisten geheim sei, am meisten sich dem Schreiben verweigere – mit der gleichermaßen paradoxen Folge, dass die Autobiographie am besten dort gelingt, wo sie *durch den Roman ersetzt werde*. Mit anderen Worten, nur die Entblößung der literarischen Gestalt bürgt für die Verborgenheit des A.s (und damit auch des Lesers) bzw. für die Freiheit der Depersonalisierung, die eine solche Verborgenheit mit sich bringt. Die Heimlichkeit sei also eine subjektive Praxis, welche die Oppositionen privat / öffentlich, innerhalb / außerhalb, Subjekt / Objekt einführe und ihre erstgenannten Termini vor der Kontaminierung schütze. Das totalisierende System der Gesellschaft beherzigt seinerseits diese Praxis, weil sie die Illusion von einer ansonsten schon längst verwischten Grenze reproduziert und damit die Anpassung der Subjekte an das System erleichtert.

10. Durch den Rückzug des A.s auf Kosten der Entblößung der literarischen Gestalt (wenn nötig auch des Erzählers) wird also auch der Leser in die Verwicklungen der ethischen Verhältnisse hineingezogen. Indem er diese Verhältnisse als Gegenstand seines Buchs wählt, knüpft Newton (1995) vor allem an die Ideen von Bachtin und Lévinas an. Bachtin hat diese Frage in seiner frühen Abhandlung *Der Autor und der Held in der ästhetischen Tätigkeit* aufgegriffen, wo er darauf besteht, dass der A. mit sich selbst hartnäckig kämpfen muss, um eine axiologisch durchdachte und nicht bloß zufällige oder launenhafte Einstellung gegenüber dem Helden zu erlangen. Denn erst aufgrund einer solchen Einstellung erweist sich eine fest umrissene bzw. sinnhafte, selbständige Figur des Helden als möglich. Jemanden zum Helden machen kann man nur,

indem man sein Leben in erzählerischer Form zugänglich macht. Und ein Leben zu erzählen, stellt eine mit hoher und nicht nur ästhetischer Verantwortung beladene Aufgabe dar, gleichermaßen in Bezug auf die erzählte literarische Gestalt wie in Bezug auf die Zuhörer bzw. Leser. Newton zufolge handelt es sich dabei eigentlich um eine dreifache ethische Verantwortung. Die erste betrifft die sog. Darstellungsethik bzw. die Frage, in welcher Hinsicht eine Person als literarische Gestalt dargestellt wird. Die zweite betrifft die sog. erzählerische Ethik bzw. die Frage, wie durch den Akt des Erzählens die Rollen der Zeugen, Beobachter, Zuhörer oder Leser und die ihnen zuteil werdenden Verantwortungen verteilt werden. Die dritte betrifft die sog. hermeneutische Ethik bzw. die Verständigungs- oder Deutungsverhältnisse zwischen den literarischen Gestalten wie auch zwischen dem Leser und dem Text. Mit Newtons Worten also erhebt das Erzählen Ansprüche gegenüber allen seinen Teilnehmern, denjenigen, die in der Erzählung beschrieben sind, wie auch den Zeugen und außen stehenden ethisch Beteiligten – den Lesern. (V. B.)

→ Autobiographie, Gesamtwerk, Schrift, Subjekt, Werk

Bedeutung

(engl. meaning, franz. sens, russ. značenie)

In der vorsemiotischen Phase – d. h. bevor er auf das Verhältnis zwischen dem Signifikat und dem Signifikanten angewendet wurde – setzte man den B.s-Begriff mit dem der Referenz, verstanden im Sinne des Hinweisens der Spracheinheiten auf die Entitäten der Wirklichkeit, mehr oder minder gleich. Was die Literatur betrifft, so wird er im mimetischen Rahmen erörtert, in welchem er zwischen Nachahmung und Darstellung oszilliert. Wenn die Literatur nachahmt, dann unterscheidet sich ihre B. nicht wesentlich von anderen B.s-Arten, weshalb man sie paraphrasieren kann (im Sinne des Inhalts, der Lehre oder der Mitteilung). Wenn die Literatur darstellt, dann erlangt ihre B. Spezifik, weil sie durch die Vermittlung ihrer Form geschaffen ist und daher jede Paraphrase als häretisch gesehen wird.

Mit dem durch Verselbständigung des Literatursystems entstandenen Organizismus der deutschen und englischen Romantiker verschiebt sich der Begriff der literarischen B. aus dem mimetischen in den expressiven Rahmen und wird aus der freien poetischen Einbildungskraft bzw. aus der individuellen Erlebniswelt hergeleitet. Dadurch wird die später oft genutzte Möglichkeit eröffnet, die Rolle der B. in der Dichtung (im Sinne ihrer Verbindung mit der Wirklichkeit) vollkommen zu leugnen, und zwar meistens zugunsten der Erlangung entweder der Affekttherapie (Katharsis) oder des ästhetischen bzw. reinen Genusses des Lesers (vgl. New Criticism).

1. Die erste Lösung wurde von Richards (zusammen mit Ogden, 1923, 1924, 1926) ausgearbeitet, um den Unterschied zwischen dem emotiven Wesen der poetischen und dem propositionellen Charakter der wissenschaftlichen B. hervorzuheben. Der Dichter gebraucht demnach Wörter in der Absicht, «Emotionen und Standpunkte» auszudrücken oder anzuregen, worin Richards in einer polemischen Reaktion auf den neopositivistischen «Grundsatz der Überprüfung» eine «vergleichbar wichtige und erheblich vitalere Funktion» der Sprache sieht als (in der) referenziellen B. Empson (1930, 1935, 1951), einer der besten Schüler Richards', führte in eingehenden Analysen die Ambivalenz und die Mehrdeutigkeit der dichterischen Sprache vor. In die gleiche Richtung bewegen sich die Bemühungen anderer Vertreter des *New Criticism*. Tate (1938) hebt die Spannung zwischen der bedeutungsmäßigen Erweiterung und der Vertiefung des poetischen Worts hervor, Brooks stellt das Paradoxon und die Ironie heraus (1947), und Wimsatt Jr. (1950) unterstreicht, dass Poesie, im Unterschied zur Transparenz der gewöhnlichen Rede, «den Abstand zwischen sich und ihren Referenten durch Verdichtung ihres Mediums» vergrößere.

Im Unterschied zu den *New Critics*, die auf Unterscheidungen beharren, beachten die Befürworter der archetypischen Kritik die Ähnlichkeiten zwischen der poetischen und der folkloristischen, rituellen und mythischen Sprache. So kommt die Dichtung in Berührung mit den Quellen der Humanität selbst – mit Bild und Symbol –, denen eine nicht zu bändigende Vielfalt von B.en entspringt. Aus dieser Perspektive betont Wheelwright, dass der «poetische Ausdruck» für B.en aufgeschlossen sei, die weder über endgültige Gestalt verfügen noch mit streng definierten Termini angemessen dargestellt werden können. Die letztgenannte Sorte der «logisch exakten» B.en, mit denen sich die Positivisten beschäftigen, setzt er sogar mit der Benennung «Stenozeichen» oder «Stenoaussage» (abgeleitet vom griechischen *stenos*, eng, beschränkt) herab, im Unterschied zu denen sich die poetische Semantik mit «Tiefensymbolen» zu beschäftigen hat.

2. Doch schon gegen Ende der 1950er Jahre wird klar, dass die scharfe Gegenübersetzung der poetischen gegenüber der gewöhnlichen oder wissenschaftlichen B. (wie sie übrigens außer den oben erwähnten Kritikern auch die Theoretiker der ersten Phase des russischen Formalismus praktizierten) zugunsten der feineren Abstufung aufgegeben werden sollte. Der harte Gegensatz verdankt sich viel zu sehr der propositionellen Sprachbeobachtung in den Parametern Wahrheit/Lüge. Wittgenstein, der sich dieser Auffassung noch Mitte der 1930er Jahre widersetzte (1958a), wies definitiv nach, dass Aussagesätze nur einen kleinen Teil der Sprache ausmachen und die B. in anderen Satz-

typen nicht vermittels einer Verbindung der Sprachbedeutung mit irgendwelcher physischen oder geistigen Entität zustande kommt (1953). Daraus zog Hungerland (1958) den Schluss, dass sowohl die poetische als auch die gewöhnliche Sprache grenzenlos reicher und vielfältiger sind, als die logischen Positivisten und *New Critics* sie darstellen. In Richtung des von Wittgenstein eingeschlagenen Wegs der Konzeption der «Sprachspiele» entwickelte Austin (jedoch selbständig) Anfang der 1960er Jahre die Gebrauchstheorie der B. und kehrte damit zur Humboldtschen Konzeption der Sprache als Handlung *(energeia)* zurück. Die B. einer Aussage wird durch den Kontext geformt, der wiederum durch die Gattung aktiviert wird, dem die Äußerung angehört (Gruß, Bitte, Versprechung, Drohung, Dank etc.). In diesem Sinn geht die B. aus gesellschaftlich eingespielten Konventionen des sprachlichen Verkehrs hervor, die jedes Mal den entsprechenden Rahmen bereitstellen, um die Rollen, Vollmachten und Verantwortungen zu teilen.

Literaturtheoretiker wendeten diese neue, pragmatische Sprachkonzeption bereits im Laufe der 1970er Jahre auf ihr eigenes Gebiet an. Ohmann kommt zum Schluss, dass «unsere Bereitschaft», implizite Bedeutungen der Literaturwerke zu erkennen, bei ihnen zu verweilen und ihnen Wichtigkeit beizumessen, mehr Folge unseres Wissens sei, dass sie eben Werke der Literatur seien, als dessen, was diese an sich selbst zur Sprache brächten. Da die Situation der literarischen Rede institutionell geschützt ist, verleiht der Leser dem Autor «ein Recht auf das Wort» sogar auch dann, wenn dieser alle Kommunikationsstandards, -normen und Konventionen verletzt. Diese Gewähr ermöglicht dem Autor, wie Pratt (1977) meint, die gewiss problematischste und gefährlichste Erfahrung überhaupt zu entwickeln und zu benutzen, nämlich den Bruch der Kommunikation selbst. Der Autor geht das Risiko dieses Bruches ein, um den Leser zu dem entsprechenden Verständnis seines Textes, d. h. zum Überschreiten des «Erwartungshorizonts» zu bewegen. Während im alltäglichen sprachlichen Austausch die sozio-kommunikativen Stereotype die Bedingungen des angemessenen Verstehens *(appropriateness/felicity conditions)* aufstellen, kontextualisiert sich jeder (künstlerische) Text in der literarischen Kommunikation selbst. Ohne einen solchen Kontext lässt sich seine B. nicht richtig verstehen.

3. Damit wurde in der Diskussion über die literarische B. das pragmatische Kapitel der Selbsteinrahmung und Autokontextualisierung aufgeschlagen. Es kündigte sich allerdings schon durch die Entwicklung der phänomenologisch-hermeneutischen Dichotomie zwischen der B. und dem Sinn an. Die phänomenologische Kritik betrachtet das literarische Werk nämlich von Anfang an als eine virtuelle intentionale Struktur (als sog. Verweisungszusammenhang), die ihre Konkretisierung (Bedeutungserfüllung) im Akt des Lesens erfährt. Des-

halb ist die B. dieser Konzeption zufolge immer ein Ergebnis der Interaktion zwischen dem Text und dem Leser. Ingarden (1931) hält die B. beispielsweise lediglich für eine der Schichten, die der Leser im Rezeptionsprozess durchläuft – obwohl sie den «Strukturrahmen für das ganze Werk» bereitstellt. Sie übersteigt die Subjektivität des isolierten Leseaktes, indem sie ihm intersubjektive Grenzen setzt. B. ist so der beständige Kern, der durch die Zeit hindurch unverändert bestehen bleibt, während der Sinn sich ändert. Die Untermauerung dieser Distinktion Ingardens besorgte Hirsch (1967), der *B.* als dasjenige definiert, was durch den Text dargestellt wird; dasjenige, was der Autor durch eine bestimmte Zeichenreihe ausdrücken wollte; dasjenige, was die Zeichen vertreten. Im Unterschied dazu bezeichne der *Sinn (significance)* das Verhältnis zwischen dieser B. und einer Person, Konzeption, Situation oder einer beliebigen Sache. Die Richtigkeit der Interpretation hängt demgemäß von der Bereitschaft des Lesers ab, seine Lesart am «normativen Prinzip» der B. des Autors zu messen. Obwohl er den Ingardschen Grundsatz der ästhetischen Identifikation und auch den «normativen Grundsatz» Hirschs ablehnt, indem er eine permanente Interaktion zwischen dem wirklichen (sozial-empirischen) und dem impliziten (textuell profilierten) Ich des Lesers befürwortet, erkennt Iser (1972, 1976) im komplexen B.s-Aufbau dennoch den Vorrang der textuellen «Verleitungsstrategien». Hier kommt es dann zum Widerspruch mit Fish (1980), der einwendet, der endgültige Bedeutungsrahmen des Texteverstehens werde durch die Interpretationsgemeinschaft aufgestellt, welcher der Leser angehört.

4. Im Laufe der 1980er Jahre zeigte sich jedoch, dass sich die Homogenisierung der B. nicht aufrechterhalten lässt – gleichgültig, ob sie auf der Textebene oder innerhalb des Interpretationssystems durchgeführt wird. Was den Text anbelangt, so hat Cohen (1986) zufolge keiner von den Texten, die «Roman» genannt werden, solche Charakteristika, die alle Texte innerhalb dieser (gleichen) Klasse identifizieren würden. Auch ein einzelner Text verfüge über so viele gegensätzliche Merkmale, dass ihre gemeinsame Wirkung seine Gattungszugehörigkeit zersetze. Deshalb könnten ein und dieselben Texte verschiedenen Gruppierungen angehören und ihre B. nicht nur im Laufe der Geschichte, sondern auch in ein und derselben Epoche unterschiedlich gestalten. Was die Interpretationsgemeinschaft anbelangt, so sind, Pratt (1986b) zufolge, die Völker und Gruppen nicht gemäß einem einzigen und vereinheitlichten, sondern vielmehr nach konkurrierenden und widersprüchlichen Überzeugungssystemen konstituiert. Eine Interpretation befördern heißt, sie in das Netz der Machtverhältnisse einzufügen.

Diese Einsichten sind vor allem unter dem Einfluss der Dekonstruktion Derridas entstanden, der zufolge sowohl der Autor als auch der Leser ihrer traditionellen Autorität beim B.s-Aufbau entledigt wurden (Ray 1984). Alle diese

Instanzen fügten sich als eigentümliche Schnittpunkte ihrer Feldlinien in ein Feld «kämpfender Signifikationskräfte» ein. Derrida spricht von diesem Schauplatz im Sinne des endlosen Supplementierens der B. oder des Betriebs ihrer Vervielfältigung. Das Problem wurde durch seine Abhandlung *Struktur, Zeichen und Stil im Diskurs der Humanwissenschaften* (1967c) erschlossen, in der de Saussure und Lévi-Strauss vorgeworfen wurde, sie hätten nur den Strukturbegriff von der Differenz bzw. der Relativität befreit, die sie sonst allen in sein Netz eingezogenen Begriffen zuschrieben. Sobald man aber diese Struktur dezentriert – durch Einbeziehung der Abwesenheit in ihre Anwesenheit, wie Derrida vorschlägt –, hat die B. keinen beständigen Stützpunkt mehr. Des Urkontextes verlustig gegangen, zerbröckelt die B., zerbröselt und zerstreut sich. Von diesem Gedanken ausgehend, dekonstruierte Derrida auch Husserls Gegensatz zwischen der B. und dem Sinn und zeigte, dass der Sprachausdruck, der Husserl zufolge einzig die vorsprachliche B. übertragen sollte, mit seiner Performativität die vorsprachliche B. «durchwebt» und mit dieser Textualisierung das geologisch-stratifizierende Verhältnis der Husserlschen Metapher (niedere Schicht – höhere Schicht) untergräbt (1972a). Gerade diese unaufhörliche semantische Untergrabung und B.s-Entsagung hoben die Dekonstruktionisten von Yale nicht nur als «tropologische Arbeit» des Textes, sondern auch als sein entscheidendes Merkmal hervor. In nietzscheanischer Manier lobten sie den (vermeintlich immanenten) Drang der Literatur nach Untergrabung so gut wie aller gegebenen B.s-Formen, die der Sprache täglich von verschiedenen wissenschaftlichen, philosophischen und überhaupt ideologischen Strategien auferlegt werden.

5. Mitte der 1980er Jahre meldeten sich grundsätzliche Kritiker dieser Konzeption zu Wort, die als ihren Ausgangspunkt den Einfluss der Semiotik von Peirce wählten. Im Zentrum von Peirce' Lehre steht zwar der Begriff der unendlichen Semiose, der in vielerlei Hinsicht an das «freie Spiel» des Schreibens bzw. das stete Gleiten des Signifikats erinnert. Die Zeichen lassen sich potenziell unbegrenzt interpretieren, weil die Wirklichkeit nach Peirce ein synechastisches Kontinuum ist, das in sich alle Individualitäten auflöst. Ein echtes Kontinuum verfügt über solche Determinierungsmöglichkeiten, die durch keine Vielzahl von Individuen ausgeschöpft werden können (1931–1958, Bd. 6 / 1935). Daraus, dass jede Zeichenidentifikation hypothetisch und vorläufig bleibt, zieht Peirce aber noch nicht den Schluss, dass alle Identifikationen gleichermaßen falsch wären. Über ihre Wahrheit wird innerhalb der Grenzen der entsprechenden Diskurswelt immer pragmatisch-kontextuell entschieden. Die Ähnlichkeit zwischen dem Zeichen und dem Gegenstand (bzw. dem Signifikanten und dem Signifikat) kommt nur in einer bestimmten Hinsicht oder Eigenschaft *(in some respect or capacity)* zustande, daher gebe es in der praktischen Logik weder einen

größeren noch einen häufigeren Fehler als zu meinen, die Sachen, die einander in bestimmten Hinsichten sehr ähneln, könnten gleichfalls auch in anderen Hinsichten dazu neigen, einander zu ähneln (Bd. 2 / 1931). Eco zieht den Schluss, die Semiose sei zwar virtuell unbegrenzt, aber unsere Erkenntnisziele organisierten, begrenzten und reduzierten diese unbestimmten und unbegrenzten Möglichkeitsreihen. Im Verlauf des Semioseprozesses interessiere uns nur dasjenige, was in Bezug auf eine bestimmte *Diskurswelt* relevant sei (1990).

Im Grunde vollzieht sich diese Selektion der Relevanz, wie Barnouw (1986) meint, spontan vermittels sog. natürlicher Zeichen, welche die Geschichte der Interpretationsprozesse der Semiose in unser Bewusstsein geprägt hat. Sie schaffe die *Gewohnheit* als den «endgültigen logischen Interpretanten». Obwohl die Gewohnheit auf andere Art und Weise Zeichen sein kann, ist sie kein Zeichen in dem Sinn, wie es das Zeichen ist, das sie logisch interpretiert. Die Bildung der Gewohnheit als einer natürlichen Handlungsdisposition bremst (wenn auch nur zeitweilig) den unbegrenzten Prozess der Interpretation. Aus der Peirceschen empirischen Perspektive überlässt also die Unentscheidbarkeit mittels spontaner Abduktionsurteile ihren Platz dem Unterscheidungsvermögen. Der Ausschluss einer bestimmten Anzahl von Interpretationsmöglichkeiten stellt übrigens die Vorbedingung des Überlebens unter konkreten Bedingungen des Alltags dar. Ihrer Natur nach schließen «die psychologischen Rahmen», wie noch Wittgenstein meinte, zugleich aus und ein (Foley 1986).

Es ist bezeichnend, dass die dekonstruktivistischen, vor allem durch die Interpretation von *Texten* gewonnenen Thesen gerade mittels der Analyse der Funktionsweise der *Perzeption* in Frage gestellt werden. Da sie in der Art der Semiose operiert, wird sie nunmehr selbst als Interpretation verstanden. Dadurch erstreckt sich der Interpretationsbegriff vom hermeneutischen Umgang mit Texten auf die gesamte Interaktion mit der Umgebung, die bei weitem nicht so freie Hand hat. Während es in der Hermeneutik oder der Literaturtheorie zwar provokativ wirken konnte, aber dennoch als haltbar galt, zu behaupten, dass Träger einer Interpretation, wie Eco ausführen würde, hauptsächlich das interpretierende Subjekt sei, würde eine solche Behauptung kühner wirken mit Blick auf Prozesse, auf deren Basis man einen Menschen oder einen Gegenstand in der zeitlichen Entfernung oder in unterschiedlichen Situationen erkennt, auf deren Basis man den Hund vom Pferd unterscheidet oder jeden Tag den Weg nach Hause findet (Eco 1990).

Aber auch die Textrezeption enthält diese spontane, inerte Dimension, mit der das Gehirn als unermüdliche «Erkenntnisvorrichtung» seiner immer-schon-ausgeschriebenen Körperlichkeit Tribut zahlt. Ihr schenkt die Dekonstruktion unzureichende Aufmerksamkeit. Sie wird in den Einzelnen durch das Leben in der Gemeinschaft eingefügt, das eine dominante oder wenigstens privilegierte Vorstellung über das Wirkliche entstehen lässt. Diese Vorstellung könnte man statt «transzendentales Signifikat» (das Derrida mit Recht anficht) das konsensuell aufgebaute (daher nur provisorische) «intersubjektive Signifikat» nennen. Schon die Herkunft der Wirklichkeitskonzeption zeigt, dass diese Konzeption den Begriff der Gemeinschaft impliziert (Peirce Bd. 5 / 1935). Der Konsensus in der Gemeinde kann wohl nicht gleich stabil sein im Fall von beispielsweise Gegenständen, Tatsachen, Sachverhalten, Gesetzen und Interpretationen. Gegen Ende der angeführten Referentenreihe werden Missverständnisse erheblich wahrscheinlicher. Wenn es um Interpretationen geht, kommt die Gemeinschaft, folgert Eco, eher darin überein, welche falsch als welche richtig sind. Dem lässt sich hinzufügen, dass jede Gemeinschaft mehrere kleinere Gemeinschaften enthält, die kein harmonisches Verhältnis miteinander haben müssen.

6. Durch den Begriff der Gemeinschaft, als seines neuesten Aufbaurahmens, öffnet sich der Begriff der B. für breitere Zusammenhänge der gesellschaftlichen Praxis, was ihn von den traditionellen Formen der semantischen Textanalyse weit wegführt. In diesem Zusammenhang scheint der Einfluss von Foucaults Arbeiten entscheidend gewesen zu sein. Nach ihm gehen die B.en aus dem Netz der sozialen Regelungen, institutionellen Zwänge und Diskursmechanismen als Wirkungen hervor, welche die Vielfalt und Unvorhersehbarkeit des bestehenden sprachlichen «Gemurmels» zähmen, bändigen und lenken. Auch die Theoretiker des Neuen Historismus glauben, dass die B.en sich an den Schnittpunkten unterschiedlicher Diskurspraktiken konstituieren, die sich im Rahmen einer gegebenen «Poetik der Kultur» miteinander verflechten und aneinander stoßen. In der feministischen Kritik wird die Privilegierung bestimmter (z. B. klarer, ganzheitlicher und komplexer) B.s-Arten zur Folge einer lang anhaltenden Vorherrschaft der männlichen Kultur proklamiert. Schon das Repertoire der B.s-Identitäten, das einige Sprachen und auch die Fachsprachen anbieten, ist geschlechtlich diskriminierend (oder in der postkolonialen Theorie rassisch diskriminierend). Da die Ideologie in allen diesen «unkanonischen» Theorientypen als der B. übergeordneter Rahmen erscheint, hört die B. heute allmählich auf, das primäre Phänomen oder der Hauptgegenstand zu sein. Sie wird aus dem konstitutiv Vorangehenden abgeleitet, das verschiedene Namen bekommen kann, z. B. in der psychoanalytischen Kritik aus dem Begehren, in der Dekonstruktion aus der Schrift, in der Semiotik aus dem synechastischen Kontinuum, in der marxistischen Kritik aus der Ideologie, bei Barthes aus dem Genuss, bei Foucault aus dem Diskurs und in Luhmanns Theorie der selbstreferenziellen Systeme aus dem Sinn. (D. M.)

→ Dissemination, Gemeinschaft, Referenz, Semantik, Zeichen

Begehren

(engl. desire, franz. désir, russ. želanie / žažda)

B. ist einer der Schlüsselbegriffe der psychoanalytischen Theorie Lacans. Obwohl Lacan damit Freuds Wunsch übersetzt, erscheint B. im Vergleich zu Wunsch als die bessere Übertragung dieses Terminus, denn (1) ist der Lacansche Begriff «wesentlich umfassender und abstrakter» als der Freudsche (Macey 1995), (2) impliziert er eine kontinuierliche Kraft, und (3) konnotiert er Hegels Begriff der *Begierde*, der über die Lektüre von Kojève (1947) Lacans Revision der Lehre Freuds wesentlich beeinflusst hat (Evans 1996).

1. B. erscheint im Prozess der Genese des Subjekts gleichzeitig mit dem Unbewussten, d. h. an der Schwelle von der imaginären zur symbolischen Phase, weshalb B. bei Lacan immer unbewusst bleibt. Wie schon in Platons *Phaidros* bewegt es den Körper und nicht umgekehrt. Es ist dasjenige, was uns in Ek-Stase oder in das Außer-sich-Sein versetzt, z. B. in Form von körperlicher und geistiger Befruchtung wie in Platons *Symposion*. Die psychoanalytische Deutung widersetzt sich damit zugleich Aristoteles und seinen gegenwärtigen Nachfolgern, bei denen das Subjekt kein passives Medium, sondern ein aktiver und rationaler Träger des B.s ist (Butler 1995). Angesiedelt im Unbewussten, verweigert sich das B. in Lacans Konzeption prinzipiell der Intention: B. sei weder ein Streben nach Befriedigung noch ein Verlangen nach Liebe, sondern die Differenz, welche entsteht, wenn das Erstere vom Letzteren subtrahiert werde (Lacan 1996). Das Streben nach Befriedigung ist ein Bedürfnis *(besoin)*, das der hilflose Säugling in dem sog. Spiegel-Stadium als biologischen Instinkt gegenüber der Mutter empfindet. In dem Augenblick, wenn dieses Bedürfnis laut artikuliert wird (sei es auch in Form von Weinen), wird es zum Verlangen *(demande)*. Da er auf den symbolischen Umweg der Artikulation angewiesen ist, die notwendig einen Dritten als Regulator der dyadischen Beziehung einführt, beschränkt sich das Verlangen nicht mehr auf die unmittelbare Befriedigung des Bedürfnisses, sondern fordert darüber hinaus die Erwiderung des B.s (oder die Anerkennung).

2. Gerade dieser irreduzible Überschuss an Verlangen in Bezug auf das Bedürfnis – dieses «B. nach dem B. des Anderen» (1964 / 1973b) – nennt Lacan Begehren. Es strebt nicht nach Befriedigung, sondern nach der eigenen Reproduktion, sodass es in diesem Sinn ein Differenzmerkmal des Menschen gegenüber dem Tier darstellt. Im Zuge einer derart entschiedenen Verlagerung des B.s auf das gesellschaftlich-kulturelle Feld stützt Lacan sich offensichtlich auf Kojèves Hegel-Lektüre (1947), wo das B. ebenso vom biologischen Standpunkt aus als nutzlos gedeutet wird. Es impliziert kein bewusst-konsumierendes Verhältnis dem Gegenstand gegenüber, sondern das unbewusst-kompensierende

Verhältnis zum Verlust der Phallus-Mutter als einen Mangel, welcher durch die Involvierung eines Dritten entsteht. Diese Einbeziehung hat die ursprünglich phallische durch die konkrete Mutter abgelöst, deren Identität von der Ernennung des Vaters abhängig ist. In Übereinstimmung damit «wendet sich das narzisstisch gekränkte Kind dem imaginären Vater zu, weil der imaginäre Vater derjenige ist, den ‹Mama› begehrt» (Cornell 1998). «Wenn das Begehren der Mutter dem Phallus gilt, wünscht sich das Kind, der Phallus zu sein, um dieses Begehren zu befriedigen» (Lacan), aber auch, um durch die Ernennung der Mutter Macht über deren Verhalten zu erlangen. Diese Orientierung des eigenen B.s auf den Gegenstand des fremden B.s hat nämlich schon in Kojèves Auslegung der Hegelschen Dialektik von Herr und Knecht zum Ziel, durch Besitzergreifung des Gegenstandes die Vorherrschaft über den Anderen zu realisieren. Das klassische Beispiel hierfür stammt aus Freuds *Bruchstück einer Hysterie-Analyse* (1905), wo Dora Frau K. begehrt, um über das B. von Herrn K. Oberhand zu gewinnen. Da sich aber das B. des Anderen in keinem konkreten Gegenstand erschöpft – es ist gerade das B. nach etwas *Anderem* als demjenigen, das man besitzen könnte –, lässt sich auf diese Weise über das B. des Anderen und damit auch über das eigene B. keine Herrschaft erlangen. Der Hegelsche Versuch der Reflexion des eigenen B.s im Anderen scheitert bei Lacan grundsätzlich, weil der Andere für ihn der Ort des Selbstscheiterns und nicht der Selbstverwirklichung ist. «Wie sehr das Begehren auch immer bestrebt ist, die eigenen Ursprünge zu sammeln und zu erneuern, um die metaphysische Einheit zu verwirklichen, es wird in dieser Regeneration durch die ursprüngliche Trennung oder den Verlust vereitelt. Anstelle dieser Rückkehr eignet sich das Begehren den imaginären Weg» (Butler 1995) der ständigen metonymischen Verschiebung von einem Surrogat zum anderen an. «Das unerfüllte Begehren des Phallus durch die Mutter ist das Spiegelbild des kindlichen frustrierten Begehrens der Mutter» (Slethaug 1993), nämlich gerade der Phallus-Mutter als dem unwiederbringlich verlorenen ursprünglichen Anderen *(désir de l'Autre)*, welcher der prinzipielle Motor des B.s bleibt (Lacan 1986).

3. Das B. wird also gefördert durch einen Schnitt bzw. durch ein Niederfallen der Phallus-Schranke, wodurch das Subjekt für immer von der Einsicht in die Ursache seines B.s getrennt wird. Diese Ursache zieht sich in die Abwesenheit des «Realen» *(le réel)* zurück und hinterlässt dabei lediglich metonymische Zeichen als Spuren, auf denen das B. endlos nachforschend «gleiten» (Lacan) wird. Wenn wir «Phallus-Schranke» als Schnitt zwischen dem Signifikanten und dem Signifikat im sprachlichen Zeichen übersetzen, offenbart sich das metonymische Gleiten des Signifikats unter dem Signifikanten als Resultat der Undurchsichtigkeit, welche die Referenz auf den kastrierten Genuss in die Sprache einbringt. Im Ausmaß dieser seiner rückläufigen Ausrichtung auf den unzu-

gänglichen Anfang schafft das B. die Undurchsichtigkeit, ohne die die Sprache nicht funktionieren kann, sodass sie sie nur inszenieren, nicht aber erklären kann. «Keine Exposition des Begehrens kann ohne Verstrickung in das, was sie zu erklären versucht, entkommen» (Butler 1995), da das B. immer schon entlang der Signifikanten-Kette zirkuliert. Sein Kreislauf umsäumt den Hohlraum oder die Leerstelle des kastrierten *Dings*, um das sich die gesamte symbolische Ordnung formiert. Lacan hat insbesondere in seinem Ethik-Seminar (1986) auf der konstitutiven Rolle dieses Dings beharrt, das der Mensch nur als verloren bzw. als symbolisch verkürzt vorfindet. Die Stelle des abwesenden Dings wird vom Phantasma ausgefüllt (wie wir auch bei Kant anstatt des Dings an sich nur das Phänomen oder die Erscheinung erfahren), aber – und darin liegt die Pointe bei Lacan – gerade die Bewegung entlang dieses Phantasmas bereitet uns Genuss! Das, was wir in der Verschiebung von der einen phantasmatischen Vorstellung zur anderen suchen, ist nicht «die Sache, die mit der Vorstellung identisch ist, sondern die Welt, die es dem Subjekt ermöglicht, das Unbehagen möglichst zu verringern (…) wir sehnen uns nach Stabilisierung (…) Übereinstimmung ist die Funktion der Phantasie und nicht der Wirklichkeit, die sich mit ihr zu decken scheint» (Cornell 1998). Andernfalls wäre es schwer, das allgemein bekannte hartnäckige Beharren auf den eigenen Überzeugungen trotz der unwiderlegbaren und für alle anderen offensichtlichen Beweise, die ihnen widersprechen, zu erklären (Smith 1997). Der traumatische Abgrund des Dings wird also um des Genusses willen mit einem Phantasma «zugeschüttet» – und gerade dieses Ausradieren der Erinnerung an das Leiden ist es, dem sich der Psychoanalytiker Lacan zufolge entgegenstellen muss. Durch das Beharren auf dem psychoanalytischen Ausgangspunkt in dem anstößigen Ding als dem Trauma, das durch die Unmöglichkeit seiner getreuen Einschreibung in die symbolische Ordnung zu Macht gelangt ist, kehrt er bewusst Kants primär gnoseologisches Interesse in ein ethisches um. Der Erkenntnistrieb hat nämlich seinen Preis: «Die Bildung eines Signifikanten und das Einführen einer Kluft oder eines Hohlraumes in das Reale sind identisch» (Lacan 1986). Diesen Preis darf man nicht vergessen.

4. Wie soll aber dieser Preis angemessen berücksichtigt werden, wenn die Bildung des Signifikanten mit Hilfe eines Differenzschnitts die Voraussetzung der Subjektivation und damit auch der Existenz ist? «Die grundlegende Beziehung des Menschen zur symbolischen Ordnung ist (…) die Beziehung des Nichtseins zum Sein (…). Der symbolische Prozess endet damit, dass ein Nichtwesen zum Wesen wird, weil es zu sprechen angefangen hat» (1978). Lacan lässt also in dieser Beziehung keinerlei Zweifel bestehen, doch auch hier knüpft er gleichsam an Platons Version des von Aristophanes formulierten Mythos über die Teilung der ursprünglich hermaphroditischen Figur in zwei Geschlechter, die einander bedürfen, an. Bei Lacan sind nämlich diese zwei aufeinander folgenden Zustände

des Menschen – der vollständige und der unvollständige – in der jenseitigen *Einheit* des Realen und in der diesseitigen sprachlichen, aber eigentlich geschlechtlichen *Differenz* verkörpert. Die sprachliche Differenz ist bei ihm insofern geschlechtlich gekennzeichnet, als die Phase des Spracherwerbs durch den Eintritt des Vaters in die Mutter-Kind-Beziehung beginnt. Dieser Eingriff des Phallus-Gesetzes kastriert zwar beide Geschlechter, weil sowohl das weibliche als auch das männliche Kind ohne Schutz bleiben, aber mit jeweils unterschiedlichen Folgen hinsichtlich der identifikatorischen Kompensation. Der Junge, da er «mit einem Penis ausgerüstet» ist, fügt sich problemlos in die projektive Identifikation mit dem imaginären Vater zwecks Wiedereroberung der verlorenen Mutter ein, während dem Mädchen, dem die entsprechenden Attribute fehlen, diese Strategie vorenthalten bleibt. Bei dem Mädchen wird also statt der Kompensation für diese Vorenthaltung eine neue Vorenthaltung in Bezug auf die Möglichkeit der Eroberung der symbolischen Ordnung aktiviert. Um Lacans Formulierung zu gebrauchen, es kann keinen Phallus *haben*, da es dieser Phallus *ist*. Mit anderen Worten, die phallische Ordnung selbst beruht auf der Ausschließung des Mädchens bzw. auf der dadurch verursachten Leere: Die Frau ist deren *conditio sine qua non*. Und während ihr in ihrer Weiblichkeit die symbolische Ordnung vorenthalten bleibt (d. h., sie kann sie nur um den Preis des Verzichts auf die Spezifik ihres Geschlechts erlangen), bleibt dem Mann jedoch diese Leere («das Reale»), die er unermüdlich, wenn auch vergebens, durch die Arbeit seines B.s «auszufüllen» bestrebt ist, vorenthalten. Die «Männlichkeit» seiner Existenz spiegelt sich vielmehr gerade in der unerschrockenen Konfrontation mit dieser Vergeblichkeit wider! Wie aus Lacans Deutung der Zehn Gebote (1986) hervorgeht, verstärkt das Verbot, das den Abgrund des Dings umgibt, nur das B. nach ihm, aber dem Wunsch nach unmittelbarer Eroberung muss «mannhaft» widerstanden werden, weil die Schranke, die uns von ihm trennt, die Vorbedingung der psychischen Gesundheit und sogar der Existenz selbst ist. Schon Irigaray (1974) hat durch ihre Lesart von Platons *Symposion* gezeigt, dass die Ausschließung der Frau die Bedingung der Möglichkeit der Zirkulation des gleichgeschlechtlichen B.s bzw. der Philosophie als des Mediums der männlichen Selbstverdoppelung ist. Es ist also kein Zufall, dass Lacan den Stil des Paulus-Briefs nachahmt, da er wie auch sein Vorbild daran erinnert, dass «die Kastration der Preis ist, den der Mann für seine Existenz zahlt. Die Versuchung, in welche die Frau den Mann führt, ist die Versuchung des Todes seiner selbst als eines sprechenden Wesens (...)» (Cornell 1998). Als moralischer Auftrag der authentischen menschlichen Existenz bleibt also einzig und allein die Fortbewegung entlang der symbolischen Umgehung übrig – während die Frau, indem sie ihre Ermöglichungsbedingung darstellt, diesen Auftrag nicht befolgen kann. Daher bleibt sie der ambivalente Ort der verhängnisvollen Anziehungskraft, der zugleich von B. und Verbot umgeben ist. «Für Lacan ist das Subjekt durch das Andere strukturiert, was bedeuten soll, dass es, wenn es weiterhin Subjekt bleiben will, das Andere *verwerfen* muss, während sein B. dennoch das B. nach diesem Anderen als dem Zeichen seiner potenziellen Auflösung selbst bleiben wird» (Butler 1995). Daraus lässt sich schließen, dass Lacan sein Schlüsselkonzept auf der maskulinen Variante des heterosexuellen Pathos gründet. Dies macht ihn strittig nicht nur aus der weiblichen, sondern ebenso aus der homosexuellen Perspektive.

5. Das geschlechtlich Diskriminierende des Lacanschen Konzepts des B.s resultiert schon aus seiner Bestimmung des Begriffs des Realen *(le réel)*, der dem Begriff des B.s als Ausgangs- und Zielpunkt dient, anhand (im Französischen) «weiblicher Termini» – nämlich des Dings, der Höhle, der Lücke, der Öffnung, des Abgrunds, des Verlusts und des Mangels. Wie ist es überhaupt möglich, etwas zu benennen, was sich per definitionem als Undenkbares und Unbegreifbares der ontologischen Attribution entzieht und immer nur aus der «menschlichen Sublimation» hervorgeht (1986)? Ist nicht die Beschreibung des Realen als eines erschreckend klaffenden Hohlraums bereits ein offensichtliches Produkt einer solchen (männlichen) Sublimierung, das nämlich schon durch die «Fülle» der symbolischen Ordnung durchbrochen wird? Wenn diese Beschreibung als Minus-Fülle (oder kastrierter Phallus) bestimmt ist, wie soll sie nun wieder gegenüber dem, was sie derart bestimmt hat, eine Bestimmungskraft entfalten? Kurzum, es scheint so, als ließe sich die außerordentliche Relevanz, die Lacan in seiner späten Konzeption dem Mangel zuschreibt, nicht von der bereits durchgeführten symbolischen Intervention in das Reale trennen. Erst nachdem es stillschweigend zur weiblichen Form oder Erscheinung ermächtigt worden ist, erhält das Reale das Mandat zur Ermächtigung. «Lacans Untreue gegenüber seinem eigenen Argument beruht auf Folgendem: er nimmt die *Erscheinung* des Realen, die durch seinen Trieb zur Veranschaulichung *ermächtigt* ist, als das Wirkliche» (Cornell 1998). Wie soll aber das bereits so dargestellte Reale die Art und Weise ermächtigen, auf die es durch das Symbolische dargestellt wird? Nachdem Žižek (1989) dieses Problem der Lacanschen «transzendentalen Semantik» erkannt hatte, versuchte er, es durch die Postulierung des Paradoxons einer «retroaktiven Performativität» zu lösen, wo die Verschiebung entlang der Signifikanten-Kette auf der Suche nach dem Genuss zuerst als Ursache proklamiert wird, deren Folge das traumatische Ding ist, um dann jedoch die Ursache-Folge-Relation umzukehren: «Zuerst haben wir das Paradox des Signifikanten, der ein Teil der Wirklichkeitsvorstellung ist (indem er die Lücke, den Hohlraum in ihr ausfüllt). Dann haben wir das umgekehrte Paradox des Objekts, das in die Textur des Signifikanten eingeschlossen werden muss.» Während er später diese zirkuläre Verkehrung von Ursache und Folge

im Verhältnis zwischen dem symbolischen und realen Register herausarbeitete, benannte Žižek (1993) sie in «Setzung der Voraussetzungen» *(positing the presuppositions)* bzw. in «Voraussetzung der Setzungen» um, wobei in beide Richtungen das Moment der Kontingenz bzw. das «unfassbare X» *(je ne sais quoi)*, das sich einer Bestimmung entzieht, wiederhergestellt wird. Wegen dieses Überschusses als des notwendigen Nebenprodukts der (Voraus-)Setzung können weder die Voraussetzungen völlig die Setzungen verursachen, noch können die Setzungen die Voraussetzungen vollständig erschöpfen. Der einzige Ausweg aus dieser «Dialektik der versäumten Begegnung» ist die tautologische Geste der Selbstbenennung, welche die Kontingenz (der äußeren Bedingungen) in die Notwendigkeit (der inneren Ursache) verwandelt. Lacan nannte sie «Steppstich» *(point de capiton)* und Hegel das Ersetzen des Möglichen durch das Wirkliche. Žižek lässt dabei keinen Zweifel daran, wie die Rollen in dieser «dialektischen Einheit» von Unruhe des Werdegangs und Determiniertheit des Seins verteilt sind: Die Sphäre der Potenz nämlich fällt dem Subjekt zu und die Sphäre der Realität dem Objekt. «Das Ding an sich ist in der Modalität des ‹Seins› das, was das Subjekt in der Modalität des ‹Werdegangs› ist.» Das B. verbleibt somit wieder im Zuständigkeitsbereich des aktiven männlichen Prinzips des Vorwegnehmens (noch-nicht) und sein Ziel im Zuständigkeitsbereich des passiven weiblichen Nachträglichkeitsprinzips (immer-schon). Schon die Tatsache, dass Žižek die zirkuläre Bestimmung (die «dialektische Einheit») des B.s beibehält, verweist auf sein Beharren auf der Lacanschen restriktiven Ökonomie des B.s, die den Ausgangs- und Bestimmungsort seiner Zirkulation im Voraus garantiert – sei es auch in der konstitutiv abwesenden Zone des Dings. Denn wenn wir *wissen*, dass etwas konstitutiv abwesend ist, dann machen wir dieses Etwas allein durch unser Wissen *anwesend*. «Die retroaktive Performativität macht auch weiterhin das Abwesende anwesend, um uns das Ding als Ursache darzustellen» (Cornell 1998). Es geht also darum, das *Wissen* über das Ding als einen *Mangel* durch den *Mangel des Wissens* über das Ding bzw. durch Untergraben der festen Fundamente jener symbolischen Ordnung, die das Ding benennt, zu ersetzen. Denn wenn das symbolische Gesetz vom Standpunkt der Überreste aus hinterfragt wird, welcher jede seiner Konstitutionen ausstößt, dann entzieht sich auch das Reale als seine Basis einer Definition innerhalb der festen Termini des «unnachholbaren Verlusts».

6. Warum sollte das B. nämlich zum unwiederbringlichen Abgeschnittensein vom Genuss am Ding verurteilt sein, und warum sollte diese Kastration als Voraussetzung der psychisch gesunden Existenz betrachtet werden? Eine derartige Inszenierung der «grundlegenden Verwerfung und des sie begleitenden Begehrens begründet das heterosexuelle Pathos als die strukturierende Erotik der Sprache» und erweckt insbesondere im Rahmen der sog. *queer*

theory den Verdacht der Begrenztheit und der Voreingenommenheit (Butler). Muss das B. einzig auf der heterosexuellen Matrix organisiert sein, oder könnte der Preis, der damit bezahlt wird, dadurch verringert werden, dass die Matrix gleichzeitig entlang der gleichgeschlechtlichen sowie der Rassen-, Nationalitäten- und Klassenachsen vervielfacht würde? «Was bedeutet es, vom ‹unmöglichen Begehren nach Rückkehr› im Kontext der geopolitischen Dislokationen verschiedener Art zu reden? Wohnt dem Begehren das gesellschaftliche und kulturelle Unbewusste inne, und wie sollen wir die komplexe Verflechtung dieser Rassen- und Geschlechtsimaginarien beschreiben, mit deren Hilfe das Begehren seinen politischen Wert gewinnt» (Butler)? Eine solche Pluralisierung der Matrizes würde die Möglichkeit einer Substanzialisierung der Termini verneinen, von denen das B. abhängt, und würde an die Stelle eines jeglichen Determinismus den Pluralismus setzen. Warum soll das B. übrigens, anstatt als Mangel, nicht als Produktionsmultiplizierung (Deleuze / Guattari 1972) oder als erotische Erschütterung bis zur Auflösung des Subjekts figurieren (Bersani 1986)? Oder warum sollte es nicht das Ding lediglich als Vorwand zur «mimetischen Adoption» des Vermittlers / Rivalen nehmen, der sich in den Weg zum Ding gestellt hat (Girard 1961)? Sedgwick (1985) hat auf der Spur dieser These zu beweisen versucht, dass das B. nach Beseitigung des Rivalen auf dem Weg zum heterosexuellen Objekt des B.s – das Grundgerüst einer Vielzahl klassischer englischer Romane – sich in der Endanalyse als das verborgene B. nach dem homosexuellen Rivalen selbst erweist. Die Gleichsetzung wäre dann nicht mehr so sehr das Ziel als vielmehr die Äußerungsweise des B.s. Die Pointe liegt mit einem Wort darin, dass der Bestimmungsort des B.s, als Zone der beweglichen und veränderlichen Effekte, der Gewissheit einer transzendentalen Lage entblößt wird. Nur die Apriorität dieses Bestimmungsorts vermag um ihn eine Mauer des Verbots zu errichten. (Dg. B.)

→ Andere, Differenz, Spiegel, Übertragung, Unbewusstes

Beglaubigung

(engl., franz. authentication, russ. autentifikacija)

Erzählerisches Verfahren, durch welches dem eingeführten Motiv, der Aussage, Instanz oder Ebene Glaubwürdigkeit zugesprochen wird. In den Erzähltexten in der dritten Person haben die erzählerischen Äußerungen im Prinzip eine höhere Stufe der Glaubwürdigkeit als die Äußerungen irgendeiner literarischen Gestalt, während der Erzähler eine Hierarchie unter den Äußerungen der Gestalten durch die Art ihrer Darstellung herstellen kann. In den Erzähltexten in der ersten Person hat das erzählende Ich wegen der Möglichkeit der Retrospektive im Prinzip eine größere Glaubwürdigkeit als das erlebende Ich. Aber die moderne und postmoderne Prosa untergraben die Glaubwürdigkeit des Erzählerberichts, indem sie ihn auf verschiedene Weisen unzuverlässig machen. Obwohl dadurch das «Kooperationsprinzip» scheinbar gebrochen wird, das laut Grice (1975) jede Kommunikation verpflichtet, hebt es sich eigentlich nur auf eine höhere Ebene der Autor-Funktion, denn jetzt ist es sein Name, der den Sinn der Aussage garantiert. So wird die B. in der gegenwärtigen Literatur auf den Rahmen des literarischen Textes verschoben: Der Name des Autors, die Bezeichnung des Verlags, Auszüge aus Rezensionen auf dem Umschlag, all dies verleiht einem Text den Status eines literarischen Werks, der, trotz aller Forderungen (oder gerade ihretwegen), die an den Leser gestellt werden, als «symbolisch generalisiertes Kommunikationsmedium» (Luhmann) die Glaubwürdigkeit garantiert. (Lj. Š. / W. W.)

→ Autor, Institution, Medium, Rahmen, Werk

Beobachten

(engl., franz. observation, russ. obnaruženie)

B. ist einer der Schlüsselbegriffe in Luhmanns Theorie der selbstreferenziellen Systeme. Er abstrahiert ihn von der Alltagsbedeutung, durch die der Begriff (in der kartesianisch-phänomenologischen Tradition) auf das menschliche Bewusstsein fixiert war, indem er ihn als fundamentale – und zwar prälogische – Operation nicht nur psychischer, sondern auch organischer, neurophysiologischer und sozialer Systeme behandelt. Die Operation sei deshalb prälogisch, weil sie sich nicht zwischen Affirmation und Negation entscheiden kann, sondern in diesem Sinn (wie auch die Welt) keine Qualifikationsmöglichkeit habe (1995). Eine so hohe Abstraktionsstufe ermöglicht die Überwindung des Unterschieds zwischen Handeln und Erleben bzw. zwischen Produktion und Rezeption literarischer Werke, der durch den Hinweis auf konkrete «materielle Bedingungen» lediglich «die Begriffseinheit zerstören» würde (ebd.). Die Operation des B.s besteht aus zwei vereinten Teilen: dem *Unterscheiden* und *Bezeichnen*. In der Übersetzung von Browns Begriffen *distinction* und *indication* definiert Luhmann die Operation des B.s als Bezeichnung anhand einer Unterscheidung. Obwohl die bezeichnete Seite im Endergebnis die unbezeichnete in den Schatten stellt und damit den Einblick, dass es sich um irgendeine Unterscheidung handelt, verhindert, impliziert das B. immer die Wahl im Rahmen einer Differenz: z. B. eine Frau und kein Mann, Gerechtigkeit und nicht Ungerechtigkeit, Ideologie und nicht Wissenschaft usw. Um diese Auswahl zu verändern, ist eine neue Operation der Überschreitung *(crossing)* von der bezeichneten Seite auf die unbezeichnete notwendig, die das sog. B. zweiter Ordnung einführt. Das B. stellt die einzige Art und Weise der Kontaktherstellung zwischen einem System und seiner Umwelt (oder der sog. Außenwelt) dar, weswegen seine Referenz immer schon durch die Selbstreferenz vermittelt wurde. Man beobachtet zwar etwas anderes oder außerhalb des Systems Befindliches (Fremdreferenz), jedoch nur als Konstrukt der eigenen oder innerhalb des Systems sich befindenden Unterscheidungsparameter (Selbstreferenz). All das, was beobachtet und kommuniziert wird, hängt demnach von der Leitdifferenz (oder dem Systemcode) ab, welche die Beobachtungsoperation anwendet. Luhmann (1990b) wies Vorwürfe, seine konstruktivistische Erkenntnistheorie leugne die Existenz der Realität, auf folgende Weise, zurück: Wenn er tatsächlich die Realität negierte, gäbe es nichts, was operieren, nichts, was beobachten, nichts, was durch Differenzierungen erfasst werden könnte. Er erkenne lediglich der ontologischen Realitätsdarstellung die erkenntnistheoretische Relevanz ab.

Obwohl sich kein B. während desselben Akts (sondern erst nachträglich mit Hilfe der Überschreitung) selbst zu beobachten vermag (vgl. als Kritik Mussil 1993), kann es trotzdem von einem anderen System aus beobachtet werden, das mit Hilfe der eigenen Differenz seinen blinden Fleck entdeckt. In einem solchen Fall spricht Luhmann vom B. zweiter Ordnung im Verhältnis zum B. erster Ordnung. Das B. zweiter Ordnung ändere alles. Es gestaltete auch das um, was das B. erster Ordnung beobachtet. Es modalisiere alles, was als gegeben erscheint und verleihe ihm eine Form der Kontingenz und der Möglichkeit-anders-zu-sein. Für einen Einschluss des Ausgeschlossenen muss das B. eine Welt schaffen, die selbst unbeobachtbar bleibt (1995). Da allerdings auch dieses sekundäre B. sich selbst nicht beobachten kann, bleibt es im Verhältnis zu sich selbst wieder das B. erster Ordnung, d. h. auch selbst einem anderen B. ausgesetzt. Es weiß zwar, *dass* es etwas nicht sieht (belehrt durch die Erfahrung des eigenen B.s der Blindheit des anderen Systems), weiß aber nicht, *was* das ist. Aber schon dieses beschränkte Wissen genügt ihm zum Relativieren des eigenen Standpunkts. Auf diese Weise gelangen wir auf der Ebene des B.s zweiter Ordnung bis zur *polykontexturalen* Welt. Die Polykontexturalität bedeutet, dass eine Vielzahl von Unterscheidungen, eine Vielzahl von unterschiedlichen Kontexten existiert, die von keinem archimedischen Beobachtungspunkt aus verglichen oder ineinander übertragen werden können. Doch dies lässt sich auf einen völligen Relativismus und Willkür zurückführen. Als relativistisch und willkürlich erscheint die polykontexturale Welt nur jenem Beobachter, der davon ausgeht, dass ein absolut *korrektes* B. der Welt existiert. Mit anderen Worten, nur für den Beobachter erster Ordnung ist das B. zweiter Ordnung vollkommen willkürlich (Kneer/Nassehi 1993). Die Willkür des B.s ist durch die strukturelle Determinierung des Systems und durch seine Lage gegenüber den anderen Systemen begrenzt. Weder das eine noch das andere nämlich kann das System wählen. (S. R./Z. Z.)

→ Autopoeisis, Code, Differenz, Funktion, System

Biographie

(engl. biography, franz. biographie, russ. biografija)

Die B. entstand zu juristisch-administrativen, wissenschaftlichen, geschichtlichen, publizistisch-populären oder paraliterarischen Zwecken (vgl. Zweigs Romanbiographien). Es gibt sie bereits seit der Antike (Plutarch, Sueton); Ansehen und Zielrichtung änderten sich von Epoche zu Epoche – von der Darbietung eines imitationsfähigen Musters im Mittelalter über Formen der Verifikation von Identität, Prestige, Status im 19. Jh. bis hin zu Formen der Falsifikation des individuellen Lebenswegs durch seine Konventionalisierung seit der Moderne.

1. In die gegenwärtige theoretische Diskussion gerät die B. primär auf zweierlei Weise: über den Widerstand gegen die positivistische Methode des *Biographismus* und über den modernen und postmodernen Roman. Der Biographismus nahm seinen Anfang im Rahmen des literarhistorischen Paradigmas in den *Portraits littéraires* (1836–39) von Sainte-Beuve, welche die gesellschaftlichen und künstlerischen Ideen der Epoche betonen; er festigte sich mit Taines Doktrin von Rasse, Milieu und Moment sowie Brandes' Hervorhebung der kollektiven Bewegungen als Wiege der Literatur. Für seine Gegner im 20. Jh. wird er vorwiegend durch markante Zeitgenossen wie de Gourmont in Frankreich, Scherer in Deutschland oder Ajchenval'd in Russland verkörpert. Bereits Diltheys Geistesgeschichte verlagert zu Beginn des 20. Jh.s den Akzent von äußeren auf innere Faktoren der Entstehung eines literarischen Werks und regt die Transformierung des Biographismus in den *Impressionismus* an. Im Unterschied zum Biographismus wird hier vom Werk über das Gesamtwerk an die Rekonstruktion des Grunderlebnisses bzw. der ihm immanenten Weltanschauung gegangen. Die geistesgeschichtliche B. dient häufig der Illustration des Zeitgeistes. Ihr Abkömmling ist auch die Stilkritik von Spitzer (1928ff.). Eine weitaus radikalere Kritik erfolgt allerdings seitens des *New Criticism* und des Formalismus; diese entheben das literarhistorische zugunsten des literaturwissenschaftlichen Paradigmas seiner Relevanz.

2. Schon der moderne Roman (und das Drama wie bei Frisch) spielt gern mit der B. als einem Genre, das die Forderung nach der Wahrhaftigkeit seines Berichts prononciert. So geraten in Manns *Doktor Faustus* und Hesses *Glasperlenspiel* Biographen in den Vordergrund, zu deren Berichten eine feine ironische Distanz hergestellt wird. Eine weitaus ausführlichere und auch radikalere Überprüfung des biographischen Ansatzes erfolgt in Sartres *La nausée* (dt. Der Ekel), in dem über die zentrale Figur gerade die B. als Thema akzentuiert wird. Die Novelle *Los pasos en las huellas* von Cortázar (aus der Sammlung *Octaedro*, 1974), der Roman *Historia de Mayta* (dt. Maytas Geschichte) von Vargas Llosa sind nur exemplarisch ausgewählte postmoderne Beispiele. Auf diese Art und Weise ist die Aufmerksamkeit der modernen Theorie auf die Tatsache gerichtet, dass der Biograph, indem er eine B. mittels einer spezifischen Selektion ihrer fiktionalen Mechanismen produziert, spontan auch seine eigene Autobiographie formuliert.

3. Eine charakteristische Revision der Gattung nach Nietzsche vollzog Barthes in *Sade, Fourier, Loyola* (1971). In seinem (zweiten) Vorwort zu *Die Philosophie im tragischen Zeitalter der Griechen* notiert Nietzsche, seine Art der Rezeption verworfener philosophischer Systeme stelle die Belebung dreier Anekdoten dar, welche die Person des Philosophen illustrieren, alles andere werde beiseite gelassen. Auch Barthes konzentriert sich im erwähnten Buch auf einige Anekdoten als Biographeme. Das Aussondern derartiger Kristallisationsmomente suspendiert die zweckmäßige Ausrichtung der Erzählzeit. Barthes selbst erklärte das Verfahren in dem Essay *Camera Lucida* (1980): «Die Photographie hat dasselbe Verhältnis zur Geschichte wie das Biographem zur Biographie.» (A. R.)

→ Autobiographie, Geistesgeschichte, Subjekt

Bricolage

(engl. patchwork, franz. bricolage, russ. podelka)

1. Ein Begriff, den Lévi-Strauss (1962) eingeführt hat, um zwischen der Wirkungsart des mythischen Denkens, das den «kalten Kulturen» eigen ist, und der Wirkungsart des wissenschaftlichen Denkens, das die «warmen Kulturen» kennzeichnet, zu unterscheiden. Während der *ingenieur* – als Träger der letztgenannten Kulturen – den Stoff, mit dem er arbeitet, teleologisch einem im Voraus angefertigten Plan oder Projekt unterwirft, «bastelt» der Meister-Amateur *(bricoleur)* mit den Teilen, die er aus anderen funktionalen Gefügen übernommen hat, und passt sich dabei in einer Art Spiel dem ererbten Feld ihrer In-

strumentalität an. Eine solche Anpassung fordert auch Lévi-Strauss, indem er das Ingenieurtum der westlichen historisch-philosophischen Tradition kritisiert, welche die Andersartigkeit der «primitiven Kulturen» auf die verarmte Version seiner selbst ethno- und ratiozentrisch reduziert. Im Gegensatz dazu präsentiert er seine eigene analytische Methode als eine den Mythen adäquate B. Hiermit wird freilich der Gegensatz zwischen beiden Kulturen relativiert, da auch die zweite der B. ihre Türen öffnet, und das ausgerechnet in der Wissenschaft und nicht nur in Spielen, Dichtung und Kunst, jenen «Reservaten», die Lévi-Strauss von Anfang an anerkannt hat und die er sogar stillschweigend als «die Plattform für die Verständigung» zwischen den gegensätzlichen Kulturen behandelte.

2. Ebendieses Zugeständnis verleitet die strukturalistische Kritik (Genette, Barthes, Ricardou; 1965ff.) dazu, sich für ihre analytische Methode den Begriff B. in einer charakteristischen antihermeneutischen Geste anzueignen, als das bloße Auseinander- und Zusammensetzen des Mechanismus des literarischen Textes, ohne ihm irgendwelche Intentionen von außen hinzuzufügen. In der nächsten Phase wird eine derartige «strukturalistische Tätigkeit» (Barthes) bereits dem literarischen Text selbst zugeschrieben, der angeblich ein rein technisches Produkt («Erzeugnis») ist, bar aller schöpferisch-welterschaffenden, mimetischen Ambitionen. Dergestalt verbinden sich die Tätigkeiten des Schriftstellers und des Kritikers, indem diese ihr Interesse von der *Bedeutung* des Textes zu seinem *Mechanismus* verlagern und hiermit – trotz des ausgerufenen Ausbleibens jeglicher Projekte – ihr Projekt als *Selbstdarstellung* entlarven, als eine Struktur, deren einziges Ziel die Spiegelung der Art ihres eigenen Funktionierens ist. Dieser selbstproduzierende Text verkörpert schließlich das Ideal der Romantiker vom «literarischen Absoluten» (Lacoue-Labarthe/Nancy 1978), und so – indem sie einer europäischen Tradition des Denkens über Literatur entflieht – findet sich die strukturalistische B. unwillkürlich in einer anderen wieder (Carroll 1982)! Der *Bricoleur* entpuppt sich als ein verkleideter Ingenieur und verweist auf die Komplikationen, die dem Gegensatz von Lévi-Strauss eigen sind.

3. Der Begriff B. ist auf einer noch allgemeineren Ebene in die Diskussionen über die Postmoderne geraten. Hier bezeichnet er bereits *die Lage der Welt*, die sich nicht mehr einer Perzeption in vollständigen Zeichen öffnet, sondern in fragmentierten Andeutungen, versetzend-aufschiebenden *grams* (Derrida), wie der allegorische «Schauplatz der Indizien» von Benjamin. Diese Andeutungen greifen sich, ganz so, wie es sich für eine B. gehört, etwas vom Ganzen – dessen Bestandteil sie sind – heraus und betonen dabei die eigene Diskontinuität, indem sie die Kontexte in Erinnerung behalten, welchen sie früher angehört haben. Mit einer derartigen Fülle von Erinnerungen versorgt, mani-

festieren sie sich als eine mehr oder weniger zufällige Collage aus Trümmern, Zitaten, Kopien, Duplikaten, Simulakren und Denkmälern, als ein eigenartiger Rebus, dessen Chiffreanordnung durch eine Lösung zwar erneut motiviert, aber keinesfalls naturalisiert werden kann. Das ist darin begründet, dass auch der postmoderne Kritiker in einer charakteristischen Anpassung an den Bricoleur die Rolle des Fremdkörpers im Organismus der Welt, die übrigens allen Weltbewohnern zugedacht ist, auf sich selbst nehmen muss. Die Lage dieses Kritikers wird demzufolge als *parasitär* bezeichnet (Serres). Er überlebt nur dank der Tatsache, dass er durch Ausnutzung der energetischen Strömungen seines Weltsegments ihre Richtung ändert. Aber auch dieses Projekt (wie auch jenes strukturalistische) wirkt nicht weniger «absolut» als das verworfene «Ingenieur»-Projekt der Kritik. (A. B.)

→ Allegorie, Anagramm, Grammatologie, Mythos, Pfropfung

Chicago Critics

Eine Gruppe von Kritikern, Literaturwissenschaftlern und Philosophen, die Mitte der 1930er Jahre an der Universität Chicago zu wirken beginnen (Crane, Keast, McKeon, Maclean, Olson, Weinberg). Seit 1952, mit dem Erscheinen des Sammelbandes ihrer Arbeiten *Critics and Criticism*, haben sie einen starken und bleibenden Einfluss auf die moderne Kritik. Sie verlagern ihr Interesse von der Lyrik, die in den vorausgegangenen Analysen der New Critics dominant war, auf Prosa und Drama. Doch auch diese haben sie, erneut im Unterschied zur Lenkung der Aufmerksamkeit der New Critics auf den Text, holistisch im ursprünglichen Genre- und Geschichtskontext untersucht. Ihr Ausgangspunkt ist ein konkretes Textcorpus und ihr Ziel eine aus der «Natur» des Corpus abgeleitete Poetik. Jene Natur schulden die Texte der Erfahrung ihrer geschichtlichen Laufbahn, die ihnen eine bestimmte Struktur, ein Bedeutungsfeld und ein Repertoire von Geschäften, Pflichten und Aufgaben verlieh. Ebenso wie literarische Werke ihre Natur haben, weist auch die Kritik ihre Natur auf. Anstelle der Verwendung von außerliterarischen Erkenntnisschemata spiegelt sie sich in der sachgemäßen Rekonstruktion der Natur der Werke in Gestalt von verschiedenen spezifisch literarischen Mustern wider, durch welche die Werke ihr Verstehen realisieren. Eines dieser Muster ist der Plot, der auf typisch neuaristotelische Weise die formale (als Organisation der erzählten Ereignisse), inhaltliche (als Spannweite der Themen und literarischen Gestalten) und rhetorische (als Autorenauswahl und Anrede an den Leser) Dimension vereinigt. Die letztgenannte Dimension hat Booth in erster Linie in der *Rhetoric of*

Fiction (1961) herausgearbeitet, dem sicherlich einflussreichsten Werk der Chicago Critics. Dennoch sind für die gesamte Schule Cranes Arbeiten repräsentativer (1953). (Lj. Š. / W. W.)

→ Gattung, New Criticism, Plot

Chronotop

(engl., franz. chronotope, russ. chronotop)

Bachtin (1975) bezeichnete mit diesem Begriff den raum-zeitlichen Zusammenhang eines Erzähltextes. Er führte ihn in der 1937/38 entstandenen Abhandlung *Formen der Zeit und des Chronotopos im Roman* ein. Das Gefüge der zeitlich-räumlichen Koordinaten dient Bachtin zuallererst dazu, den Roman von den übrigen Prosagenres abzugrenzen, um ihm anschließend, im Geiste der Methodologie der sog. historischen Poetik, eine historische Typologie zuzuordnen. So schlägt er in seiner Studie – allerdings ohne den Anspruch auf Vollständigkeit – die vorläufige Unterscheidung von vier Typen vor. Der erste Typus ist der altgriechische Abenteuerroman, in dem Zeit und Raum als abstrakter, neutraler Rahmen für die Handlung erscheinen, wobei sich weder die Handlung noch die Figur substanziell verändern. Der zweite Typus ist der abenteuerliche Alltagsroman, der bereits die Entwicklung des Helden, die innere Zeit und den realen geographischen Raum kennt. Im dritten Typus, dem biographischen Roman, gewinnt der Raum ethisch-moralische Koordinaten, welche die Persönlichkeit des Helden in eine sichtbare und eine unsichtbare Dimension trennen. Der vierte Typus ist der Renaissanceroman im Stil von Rabelais, der sich auf die Körperlichkeit des Menschen in einigen funktionalen «Reihen» konzentriert: Kleidung, Essen und Trinken, Lachen und Tod.

Obwohl Bachtin sich in seinen Betrachtungen auf den Biologen Uchtomskij beruft, steht seine Relativierung der zeitlichen Verläufe über die Kategorie des Raums der Relativitätstheorie von Einstein näher. Sie wurde in der russischen Literaturwissenschaft entscheidend durch Lichačëvs Untersuchungen zum Raum in der altrussischen Literatur (1967) bestärkt. Während Lichačëv die relevanten Arbeiten Bachtins zu diesem Thema noch nicht gekannt hat, entstehen die Bücher von Gurevič über Kategorien und Probleme der mittelalterlichen Kultur (1972, 1981), unter denen die Raum-Auffassung einen wichtigen Platz einnimmt, im kritischen Dialog mit der Bachtinschen Konzeption. Dasselbe gilt auch für Meletinskij (1986). (A. H.)

→ Figur, Gestalt literarische, Poetik

Code

(engl., franz. code, russ. kod)

Zeichenreihe oder -system, auf die eine Mitteilung hinweist. C. bezieht sich sowohl auf den Vorrat (das Inventar, das Repertoire) von Zeichen als auch auf die Regeln ihrer Kombinierung und Anknüpfung (Codierung), wodurch der Begriff doppeldeutig wird. Die Regeln können geringer Anzahl und ausdrücklich sein, wenn der C. einfach ist; sie können aber auch zahlreich und stillschweigend sein, wenn der C. komplex ist. Dies ist in der natürlichen Sprache der Fall, in der phonologische, morphologische, syntaktische und semantische Regeln kombiniert werden. Im Zusammenhang mit dem System einer solchen Sprache (im Unterschied zur künstlichen) spricht man deshalb vom *primären* oder ursprünglichen C. Vielleicht ging Todorov (1972) gerade von einer solchen Einsicht aus, als er vorschlug, dem Komplexitätsgrad des «Beschränkungssystems» *(système de contraintes)* gemäß den C. als das einfachste System, das *Zeichensystem* als das mittlere und das symbolische System bzw. *Sprache* als das komplexeste solcher Systeme zu unterscheiden. Es gibt allerdings auch Linguisten, welche die Anwendung des Begriffs C. auf die Sprache vollkommen verwerfen (wie Mounin 1975).

1. Der Begriff wurde in der Linguistik von de Saussure (1916, kritische Ausgabe R. Engler: I / 1967, II / 1974) (nur an einer Stelle!) eingeführt – nämlich in der Bedeutung der Sprache *(code de la langue)* als konventionell (arbiträr) errichtetes Regelsystem zur Herstellung der Rede *(parole)*. Danach bezog Jakobson (1960) den C. in sein Kommunikationsmodell ein und schlug das Paar Mitteilung / C. vor, das sich in gewissem Maß mit de Saussures Begriffspaar *langue / parole* deckt. Wenn nämlich die Mitteilung auf ihren C. referiert, dann dominiert in ihr nach Jakobson die metasprachliche Funktion. Doch erst in den soziolinguistischen Arbeiten seit dem Ende der 1960er Jahre nimmt der Terminus C. erheblich an Häufigkeit und Wichtigkeit zu (Bernstein 1968; Hymes 1974).

2. In der Semiotik verlässt der Begriff den engen, ihm durch die Informationstheorie angepassten theoretischen Rahmen der sprachlichen Kommunikation und beginnt, auf alle Arten von Zeichensystemen zu verweisen (auf das biologische, medizinische, alltägliche, kulturelle System u. Ä.). Lévi-Strauss analysierte beispielsweise die Verwandtschaft, Zubereitungs- und Darbietungsweise von Speisen als C.-Systeme, desgleichen Barthes die Bekleidungsweisen. Ducrot und Todorov (1972) setzen C. mit Zeichensystem gleich, während Eco (1973) meint, dass der C. ein Verhältnis zwischen *zwei* miteinander verknüpften Systemen (der Signifikanten und Signifikaten) voraussetzt. In der späteren Entwicklung der Semiotik verwandelt sich C. in die Grundlage und

die Voraussetzung für das Verständnis und die Auslegung von Zeichen jeder Art, und zwar nicht nur innerhalb kommunikativer Prozesse.

3. Für die moderne Literaturtheorie wurde der Terminus C. durch den französischen Strukturalismus gewonnen. C. wird von Todorov und Greimas zunächst in der Bedeutung der encodierten Sprache, der Grammatik, dann in der Bedeutung des Systems von Transformationsregeln gebraucht. Riffaterre (1978) fügt ihn in seine Semiosis-Konzeption als *Transcodierung* ein, die vom Leser dann vollzogen wird, wenn er vom mimetischen zum Sinnregister des Textes hinüberzieht bzw. wenn er die erste heuristische Lektüre durch die darauf folgende hermeneutische ersetzt. Auch für Greimas (1970) stellt die Transcodierung eine paradigmatische Herstellungsweise der Bedeutung dar: Die Signifikation stelle die Verlagerung von einer Sprachebene auf die andere, aus einer Sprache in die andere dar; die Bedeutung aber sei die Möglichkeit dieser Transcodierung überhaupt. Jameson (1972) meint darüber hinaus, der Übergang vom Strukturalismus zur Semiotik, der mit dem Begriff der Transcodierung entworfen worden sei, biete die Möglichkeit einer neuen Hermeneutik, die von den teleologischen, für die Konzeption des Ricœur oder Gadamer charakteristischen, Anklängen frei sei.

4. Es stellt sich aber die Frage, inwieweit sich der Begriff C. mit jenem der Interpretation versöhnen lässt, weil diese ein schöpferisches Moment der Divination voraussetzt, die den Begriff C. und seine Ableitungen ausschließen. Das muss Culler (1975) vor Augen gehabt haben, als er davon sprach, dass wir die Sätze, die wir hören, doch eher interpretieren als decodieren. Später schloss er sich jedoch den amerikanischen Theoretikern der Leserreaktion *(reader-response criticism)* an, die ihr Lesemodell im Geist der Barthesschen Konzeption von der «strukturalistischen Aktivität» *(l'activité structuraliste)* entwickelten. Das meint, dass ihnen zufolge der Autor und der Leser über den gleichen Fonds von C.s verfügen, wobei der Autor ihre Standardkonfiguration durch Verfassen des Texts «verwickelt», während der Leser sie «entflechtet», indem er den Text zerlegt, dass die Konfiguration der C.s am Ende des Prozesses anschaulich wird (während sie am Anfang spontan war). Die proklamierte Freiheit des Lesers wird solchermaßen auf die erkannte Notwendigkeit und seinen Genuss am Wiedererkennen der eingeschriebenen C.s reduziert. Daraus folgt, dass sich das Darstellungsproblem in der strukturalistischen Rezeptionstheorie lediglich von der referenziellen auf die kommunikative Achse verlagert hat, wobei nun das C.-Repertoire die frühere Rolle der Wirklichkeit als des Konsensusträgers übernommen hat. Carroll (1982) glaubt, die literarische Kommunikation sei auf ein Puzzlespiel des homogen codierten Kultursystems heruntergekommen, das im literarischen Text nur vorübergehend einen Chaoszustand durchlaufe.

5. In der berühmten Abhandlung *S/Z* (1970), der Lektüre einer Erzählung

von Balzac «gegen den Strich», bot Barthes eine neue poststrukturalistische Textkonzeption an, die den Text nunmehr nicht als harmonische «Errungenschaft von C.s», sondern als einen «Betrachtungsraum» ihres unvorhersehbaren Wandels darstellt. Barthes beschreibt den Text hier als «Wirrwarr von C.s», als «prachtvollen Moiré sporadischer Stimmquellen», der bewusst die eindeutige Kommunikation stört. Die Arbeit des Lesers liegt so nicht mehr im bloßen Decodieren, sondern in der Benennung. Dieses wird aber von einer Position aus vollzogen, die ins «Schauspiel des Textes» je schon einbegriffen und deshalb relativ, dem nachfolgenden Lesen ausgesetzt ist. Demgemäß ist der Text für das Nachweben des Netzes eigener C.s wie in einer Spielart unendlicher *bricolage* offen. Barthes benennt fünf C.-Arten: die proäretische, hermeneutische, semische, symbolische und referenzielle (kulturelle); aber in nachfolgenden Arbeiten ergänzt er dieses offensichtlich beliebige Verzeichnis (durch soziale, ethnische, wissenschaftliche C.s). Seine Codefixierung erweist sich jedoch an bestimmten Textstellen wegen des Phänomens der *Übercodierung* als problematisch, worauf Eco (1979) hingewiesen hat. In ihnen kann nämlich ein einziger Satz gleichzeitig mehrere konkurriende C.s anregen. Deshalb fand das Barthessche Schema nur wenige Anhänger (Chatman 1978; Scholes 1982).

6. In der Systemtheorie bezeichnet der C. die Fundamentalunterscheidung, welche die Beobachtungsoperationen leitet. So richtet sich das politische System nach der Leitdifferenz Macht / Ohnmacht, das wissenschaftliche nach der Differenz Wahrheit / Unwahrheit, das Wirtschaftssystem nach der Differenz zwischen Zahlungsfähigkeit und -unfähigkeit, das Rechtssystem nach der Differenz Rechtlich / Widerrechtlich usf. Der C. bleibt das stetige Merkmal des Systems und verschafft ihm die nötige Geschlossenheit. Offenheit verschaffen ihm hingegen *Programme* als veränderbare Bedingungen, unter denen das System sich für diesen oder jenen Wert innerhalb der C.s entscheidet. Luhmann (1986g) zufolge operiert das System als geschlossenes in Bezug auf seinen C., und zwar dadurch, dass jede Bewertung als wahre / unwahre immer nur auf den im gegebenen Moment entgegengesetzten Wert desselben C.s und niemals auf andere äußere Werte hinweist. Die Systemprogrammierung ermögliche es aber gleichzeitig, die Außenbedingungen in Betracht zu ziehen, d. h. die Bedingungen, unter denen der eine oder der andere Wert gewählt werde, festzuhalten. Im Wissenschaftssystem wird die Entscheidung für das Wahre oder Unwahre durch Theorien, im Wirtschaftssystem wird sie durch Preisbildung und Investitionsprogramme gefördert. Kurzum, Programme ermöglichen es, die Umwelt in die Operationen der geschlossenen Systeme einzubeziehen, ohne den eigenen binären C. zu verlassen. (D. M.)

→ Isotopie, Kommunikation, Kompetenz, Konvention, System

Cultural Studies

1. «Die *Cultural Studies* seien als Praxis jener Theorie zu verstehen, die wir kurz die ‹*theory*› zu nennen pflegen», lautet Cullers (1997) lakonische Pointe, anhand deren er die das Theoriefeld der 1990er Jahre verwandelnden Geschehnisse auf einen gemeinsamen Nenner zu bringen suchte. Indem sie ihr Interesse von der Literatur auf sozio-kulturelle Probleme verlagerte und ihr Begriffsinstrumentarium dementsprechend umstrukturierte, hat die Theorie dieses Zeitraums auf jene Veränderung der Literaturrezeptionsmodi geantwortet, zu welcher, vor allem in den Vereinigten Staaten, die Massenhaftigkeit und Diversifizierung des Kulturkonsums geführt hatten. Der Aufschwung der *Massenkultur* hat dabei eine gewisse Selbständigkeit der Verbraucher in Bezug auf die von den Kulturprodukten vorgeschriebenen Verbrauchsanweisungen in den Vordergrund gerückt; indem sie durch die Rassen-, National-, Geschlechts-, Bildungs- und Altersmannigfaltigkeit ihres Geschmacks bloßgelegt wurde, konnte diese Selbständigkeit unter den Umständen einer fortgeschrittenen «Fernkommunikation» der Kultur nicht mehr verwischt werden. Die Unterschiede zwischen den Verbrauchsmodi traten umso mehr zutage, je mehr sich die Kunstproduktion ihrerseits bemühte, die bis dahin gezogenen Kulturgrenzen zu überschreiten und sich den bis dahin vernachlässigten oder ausgeschlossenen Bevölkerungssegmenten gegenüber zu öffnen. Je mehr die Möglichkeit eines Zusammenstoßes zwischen jenem Annahmezusammenhang, in dem das Kulturprodukt entstand, und jenen Zusammenhängen, in denen es aufgenommen war, zustande kam, desto mehr wurde der Nachdruck der Theorie auf den *Verbrauch* als einen veränderlichen Zuschreibungsrahmen verlagert, und zwar in einer Spannweite von der primären Leserezeption über die Werbungs- und Bildungsverarbeitung bis hin zur literaturkritischen, hermeneutischen oder theoretischen Behandlung (Certeau 1980). Dadurch wurde ein unaufhaltsamer Dispersionsraum eröffnet (Radway 1988; Grossberg 1988). Zwar ist der Konsum grundsätzlich der Kulturproduktion untergeordnet, weil die Verbraucher statt zu ihr selbst sich bloß einen Zugang zu ihren Produkten verschaffen können; dafür kann der Verbrauch aber seine Kreativität in einem selektiven, funktionalen, antagonistischen oder sogar verzehrenden Verhältnis den Produkten gegenüber erweisen (Radway 1984; Ross 1989). Des Rechts auf eigene Stimme enthoben, findet die *Volkskultur (popular culture)* den Ort ihrer Selbstbehauptung gerade in jenem Manövrierraum zwischen dem vorgesehenen Zweck und dem jeweiligen Verzehr von Kulturprodukten, «der Kompromisse und Widerlegung vermittelt, der zwischen den bestimmenden Sozialbeziehungen und dem Versuch der Bevölkerung liegt, ihre Identitäten und Verhältnisse zu kontrollieren; diese Räume

stellen jenen Bereich dar, in dem die Volkskultur ihre höchste Aktivität erreicht» (Fiske 1995). Was immer vonseiten einer massenhaften Kulturindustrie als Ware hervorgebracht wird, wird von der Volkskultur kunstvoll und eigenartig umfunktioniert. Indem sie ihre Mittel an die eigenen Zwecke anpasst, entmachtet und entartet die Volkskultur sowohl die *Massen-* als auch die *Hochkultur.* Da sie aber durch ihre «unmittelbaren Zwecke» auf eine situationsmotivierte, taktische «Entwendungsaktivität» reduziert wird, hinterlässt sie keine eigenen materiellen Zeugnisse und ist insofern jeglicher erkennbaren Identität enthoben (Certeau 1980). Die Volkskultur wird eher dadurch bestätigt, was sie *tut,* als dadurch, was sie *ist;* sie beweist sich mehr durch ihre operativen *Prozesse* als durch ihre *Gegenstände* (Fiske 1995). Als ein bewegliches Gefüge von Interessen, Positionen und Präferenzen, das seine Aktivitäten selbst weder in Bewegung setzt noch bewältigt, schreibt sie sich dennoch in zweierlei Hinsicht in die Kulturprodukte ein: (1) durch das beständige Bemühen der Massenkulturproduzenten, die Volkskultur in ihre Produkte «einzuprogrammieren» und für sich zu gewinnen; (2) durch das beständige Bemühen der Hochkulturproduzenten, die Volkskultur durch das Erheben hoher Ansprüche von ihren Produkten abzuhalten oder sie aus ihnen völlig auszuschließen.

2. Von Anfang an hat die «hohe Kunst» ihre Genießer von einer unmittelbaren Erfahrung distanziert (Schön 1987). Seit dem Ende des 18. Jh.s hat diese Abstandnahme einen derartigen Fortschritt erreicht, dass die Feingliederung der heutigen hohen Kunst dem Volksgeschmack vollkommen verweigert bleibt, weil der Letztere einer notwendigen pädagogischen Kultivierung entledigt ist. «Die Entschlüsselung des Kunstwerks auf das hin, was an ihm Kunst ist, erfordert geschulte Aktivität; und dies ist nicht nur ein bedauerlicher Nebeneffekt der Komplexität des Kunstwerks, sondern Grund seiner Qualität, eingebaute Absicht, Erfordernis des Weiterwirkens, Explikationspunkt des Stils. (...) Im Ergebnis wirkt dann die Steigerung der Inklusionsanforderungen als Exklusion» (Luhmann 1986b). Das Kommunikationssystem der hohen Kunst wurde im Laufe des 19. Jh.s auf einen «schmalen Liebhaberkreis» reduziert, dessen Eingeweihten der Zugang zum akademischen Literaturunterricht eigentlich bis zu den 1960er Jahren des 20. Jh.s fast exklusiv vorbehalten war. «Richards wollte, dass sich die Studenten eine Geisteserfahrung aneignen, anhand derer sie dann von ihren Überzeugungen einen entsprechenden Abstand nehmen und sie transzendieren würden. Diese Erfahrung, meinte er allerdings, sei nur die Dichtung imstande zu verschaffen» (Menand 1995). Mit anderen Worten, nach der Meinung derjenigen, die den akademischen Literaturkanon unseres Jh.s errichtet haben, entfaltet gerade das Studium der Literatur als Literatur (und nicht als einer psychologi-

schen, soziologischen oder philosophischen Quelle) das Humane im Menschen bzw. bringt die sozial auseinander geratenen Menschen zu bestimmten Gemeinwerten zurück. Diese paradoxe Auffassung von einer *allgemeinmenschlichen* Gemeinschaft – angesichts eines Dutzends jener, die tatsächlich imstande gewesen waren, sich für sie zu qualifizieren – führt in ihrer «Kontrafaktizität» politisch so stark entgegengesetzte Denker zusammen, wie z. B. Leavis und Adorno (Gossman 1990). So bestand Adorno (1970) auf einer Kunst, die das verlorene Ganze der bestehenden Gesellschaft in Schutz nehmen und sich in einem harten Widerstand gegen die «Versklavung des menschlichen Bewusstseins» verselbständigen soll, wobei er vollkommen außer Acht ließ, dass die Verselbständigung von Literatur zu einem eigenartigen sozialen System erst aufgrund von vielen Ausschließungen zustande kam (Luhmann 1986d). Indem nicht alle Beteiligten dieselben Bedingungen haben konnten, wurde das emanzipatorische Projekt einer beharrlichen Distanzierung von aufgezwungenen Bedingungen von Anfang an auf jemandes Kosten durchgeführt, sodass z. B. dasjenige, was dem einen sich als Vorurteil ergab, dem anderen gerade seine Identität sicherte. Immerhin trat die dargelegte Kehrseite des Literaturbegriffs erst im Laufe der 1960er Jahre an den nordamerikanischen Universitäten zutage, als nämlich unter den Studenten immer mehr Frauen und Nicht-Weiße vorkamen. Bis dahin war «ein Weißer, der in einem von weißen Jungen überfüllten Raum unterrichtet, eher eine typische als eine Ausnahmeerscheinung». Heute sind hingegen «auf vielen amerikanischen Campus die Weißen nur eine der Minderheiten» (Menand). Erstaunlicherweise ging diese Mannigfaltigkeit aus der Kanonisierung akademischer Programme hervor, die mit der Absicht durchgeführt wurde, die wachsende soziale und fachliche Ausdifferenzierung der nordamerikanischen Gesellschaft vorwegzunehmen und eine gemeinsame amerikanische Identität aufzubauen. Eine solche Absicht hat den Fähigkeitsmaßstab eingeführt, der auf einem möglichst mannigfaltigen Bevölkerungsraster bestätigt werden sollte. Blind für die Rasse und das Geschlecht, taub für die Kulturzugehörigkeit, war laut Menand die Meritokratie das Ei, dem der Multikulturalismus entschlüpfte. Auf der Schwelle der 1990er Jahre gewann er dann einen zusätzlichen Anstoß vom Zerfall der totalitären Gebilde Sowjetunion und Jugoslawien, der vor den Augen der Weltöffentlichkeit die ganze Kraft verdrängter National-, Kultur- und Ethnienunterschiede demonstrierte (Schlesinger 1991). Ebenso hat der durch den Sturz der Berliner Mauer erreichte Zerfall eines blockartigen «Weltbildes» die Nordamerikaner von der Notwendigkeit befreit, ihre Identität vor den Feinden in Schutz zu nehmen (obwohl Shapiro 1997 zufolge nur bis zum Zeitpunkt, als die nächste Gefahr vonseiten der islamischen Welt entstand).

3. Gegen Ende der 1980er Jahre führt das multikulturelle Klima in die akademischen Lehrräume die Slogans der Mannigfaltigkeit *(diversity)* und der politischen Korrektheit ein. Seitdem legt eine durch hartnäckige und mehrfache Distanzierung von «Vorurteilen» errungene kanonische Literaturauffassung zugleich ihre diskriminatorische Seite bloß. Nur ein Weißhäutiger kann die Rasse, nur ein Mann das Geschlecht und nur ein Heterosexueller die sexuellen Präferenzen ignorieren; jene «Markierten» können sich eine solche «Großzügigkeit» nicht gönnen. Daher erweist sich eine objektiv-distanzierte Literaturbehandlung, zu welcher ein jeder Professor seine zur unkritischen Identifikation geneigten Studenten zu überreden versucht, als auf einer stillschweigenden Annahme von bestimmten Werten und insofern auf einer ähnlichen ideologischen Position wie alle jene gegründet, die sie angeblich überwunden hat. In einem so gesetzten Rahmen gibt es keinen grundsätzlichen Unterschied mehr zwischen einer studentischen und einer professoralen Einstellung zur Literatur. Beide heben diese Merkmale hervor und verdrängen jene, sodass die einzig relevante Fragestellung darin bestände, wodurch der Unterschied zwischen zwei Einstellungen unter den Umständen einer allgemeinen *standpoint epistemology* letztlich hervorgebracht wird. Eine derartige Fragestellung setzt dann ihrerseits eine Untersuchung der vorherrschenden Geschmacksrangordnung in Gang. Falls z. B. eine *soap opera* schlechter gewertet wird als ein Krimi, dann deswegen, weil sie vor allem den Frauen gefällt; daraus wird der Schluss gezogen, dass «unterschiedliche Wertungen aus dem Geschlechtscharakter des kulturellen Geschmacks und nicht aus dem ästhetischen Wert der Gattungen selbst hervorgehen» (Fiske 1995). Aus ähnlichen Gründen wird z. B. die Rock-Musik, die jungen Leuten gefällt, niedriger gewertet als die klassische Musik, die Erwachsenen gefällt. Solch eine Einsicht stellt allerdings die harte Opposition zwischen den dauerhaften (ästhetischen) und vorübergehenden (populären) Werten grundsätzlich in Frage, die während einer beträchtlichen Zeit die sog. hohe von der sog. niedrigen Kunst problemlos abtrennte. Ungeachtet ihres aktuellen sozialen Status werden alle Werte für im Grunde genommen kontingent proklamiert (Smith 1988). Die «ewige» Kultur der Bücher, Museen, Theater und Galerien wird allmählich einer Betrachtung vom alltäglichen Standpunkt der in die provisorischen profanen Neigungen eingetauchten Volkskunst aus unterzogen. «Das Profane ist ein Ort von höchster kultureller Bedeutung, weil es das einzige Terrain sei, an dem die Volkskultur entsteht und ihre Bedeutung erwirbt. Kultur ist ordinär und das Ordinäre ist höchst bezeichnend» (Fiske 1995).

4. Dies könnte gewissermaßen als der Ausgangspunkt der C. S. bezeichnet werden. Die Tatsache aber, dass Fiske in das obere Zitat stillschweigend eine berühmte polemische Bemerkung von Williams einbettet *(Culture is ordi-*

nary), macht auf die äußerst komplexe Genealogie von C. S. aufmerksam. Durch diese Bemerkung hat Williams (1958) seinerseits mit dem in der folgenden berühmten Arnoldschen Definition verkörperten liberal-humanistischen Kulturkonzept polemisiert: «Eine interesselose Perfektionssuche (…) die mit dem Ziel, das Beste zu erreichen und dieses Beste dominant zu machen unternommen wird» (1869/1960). Arnold glaubte, dass erst einmal die durch eine entsprechende Schulausbildung erreichte Einsicht in die höchsten Errungenschaften des menschlichen Geistes den Menschen erlaube, den Vorrang des Verstandes den durch die anwachsende soziale Zerstückelung hervorgerufenen kleinbürgerlichen Leidenschaften gegenüber zu erkennen. «Als ein emanzipatorischer Überrest aller sozialen Klassen, der sich durch seine optimistische, gewaltlose und einer unmittelbaren politischen Tätigkeit enthobene Arbeit über den Klassengeist erhebt, erweist sich der Intellektuelle als Kulturträger» (Leitch 1993). Indem er die «Perfektionsstandards» setzt, führt er seine Zeitgenossen hin zur Einsicht in die «eigentliche Natur der Sachen», womit er Einklang zwischen ihnen stiftet. Arnolds «Naturverbindung» zwischen den Perfektionsstandards (der herrschenden Klasse) und der «eigentlichen Natur der Sachen» *(things as they are)* setzte sein Gesinnungsgenosse aus dem 20. Jh. Leavis danach in ein privilegiertes Verhältnis zwischen der Literatur und der «menschlichen Erfahrung» um. Nur indem sie Literatur lesen, können Menschen nämlich «in Kontakt mit jenen ewig-humanen Gefühlen treten, welche die Grundlage des Menschenlebens und der Moral ausmachen» (Colebrook 1997) und zwar deshalb, weil Literatur die menschliche Erfahrung von allen historisch kontingenten, pragmatischen Merkmalen befreit. Für Williams (1958) besteht die Kultur hingegen nicht nur aus «einem Corpus intellektueller und imaginativer Werke; sie ist ebenso und vor allem eine Lebensart im ganzen», indem sie z. B. Fotografie und Werbung, Film und Rundfunk, das Fernsehen, die alltägliche Gärtnerei und Tischlerei sowie die menschlichen Bräuche und Gewohnheiten, Erinnerungen und Vorstellungen umfasst. Eine so aufgefasste *Gesamterfahrung* lässt sich lediglich in einem komplexen und beweglichen Zusammenhang von Signifikationspraktiken, Institutionen, Reproduktions- und Verteilungstechniken, auf der Kreuzung von dominanten, emergenten und überrestlichen *(residual)* Kulturkräften aufbauen (Williams 1961). Statt durch die Einheit also ist Williams' Kulturbegriff durch Antagonismus und Konflikt gekennzeichnet, weshalb keine von seinen Formen das Kulturganze vertreten kann. Jedwede muss für ihre Vorherrschaft gegen die überrestlichen und emergenten Kräfte kämpfen, welche die ihrerseits beanspruchte Ganzheit zu untergraben bestrebt sind. «Falls die Konzentration der Leavis'schen Kritik auf die Sensibilität und Erfahrung zur Universalisierung und Enthistorisierung der Textbedeutung führte, hat Williams' Verwendung vom Erfahrungsbegriff einen gerade entgegengesetzten Effekt aufgewiesen. Er hat durch seinen Begriff der Empfindungsstruktur *(structure of feeling)* die subjektive Dimension des menschlichen Lebens in die gesellschaftlich-geschichtliche Kulturdynamik einbezogen (...) indem er die geschichtliche Eigenart und Kontingenz der Erfahrung demonstrierte» (Colebrook). Während er einerseits durch die materielle Konkretisierung der Erfahrung mit der humanistischen Theorietradition polemisierte, wehrte sich Williams andererseits, durch eine Hervorhebung ihrer Individualität und Autonomie dem Kulturganzen gegenüber, gegen den marxistischen Determinismus. Sein Materialismus unterscheidet sich vom klassisch marxistischen darin, dass er das kausale Basis-Überbau-Verhältnis abbaut, um an seiner Stelle einen pluralen Raum von Kommunikations- und Wahrnehmungsmedien zu öffnen. Indem die letzteren durch die Setzung ihrer unaufhebbaren «Registerschwellen» die Kontinuität der Produktion und des Verbrauchs unterbrechen, beanspruchen sie eine ununterbrochene Restrukturierung von Kulturgütern. Konstitutive Grenzen z. B. zwischen dem ästhetischen Merkmal und einem auf ihm gegründeten Kanon, zwischen dem Kanon und einem ihm zugehörigen Text, zwischen dem Text und seinem Autor oder zwischen dem Autor und dem Leser unterbinden einen bequemen dialektischen Übergang aus den «höheren» in die «niederen» Zonen des Kulturfelds und eruieren somit das frühere organische Verhältnis zwischen dem Subjekt und dem Objekt des Literaturstudiums. Nur indem wir von der Eigenart des «Intelligibilitätsregimes», in dem eine Kulturzone eine andere darstellt, absehen, kann das Subjekt (der Analytiker) über einen unmittelbaren Zugang zum Objekt (der Literatur) verfügen. «Indem die Repräsentationsmittel transparent – unproduziert – dargestellt werden, äußern sich Subjekt und Objekt ebenso als unproduziert oder einfach gegeben» (Easthope 1991). Einem solchen «expressiven», um das emanierende ästhetische Objekt zentrierten Kulturfeld (einem Wunschbild des akademischen Subjekts) entgegen positioniert Williams sein kritisches Subjekt in einem pluralen Feld von untereinander unauflöslichen Kräften, die, während sie um die Vorherrschaft kämpfen, lediglich ihre Effekte hinterlassen.

5. Indem aber Williams seinen Schlüsselbegriff der Erfahrung als eine Empfindungsstruktur definiert, die alle Kulturäußerungen bzw. die «ganze Art des menschlichen Lebens» durchzieht, stößt er notwendigerweise auf einen Widerspruch. Sein Kulturanalytiker zielt letztlich darauf ab, die dem Erfahrungsganzen immanenten Bedeutungen und Werte zu erklären. Wie kann sich aber ein an der Erfahrung Beteiligter einen Zugang zu ihrem Ganzen verschaffen, wenn seine Erfahrung bloß einen von vielen unterschiedlichen Effekten eines dauerhaften Antagonismus zwischen Kulturkräften und -zonen ausmacht?

Williams beantwortet diesen Widerspruch, indem er gewissen Einzelerfahrungen einen stillschweigenden Vorrang zuweist, und zwar jenen der emergenten zu Lasten jener der dominanten Kulturkräfte. Die ersteren seien für Williams die aktivste Kulturkomponente, weil sie das lebendige Kulturganze vor dessen entstellenden Objektivierungen vonseiten der dominanten und überrestlichen Kräfte in Schutz nimmt. «Insofern hat sein Werk einen humanistischen Emanzipationismus unterstützt: er konnte innerhalb der Kultur eine eigentliche Lebenserfahrung lokalisieren, auf die wir uns berufen und sie im Namen einer Kritik dessen, was in der Kultur vorherrscht, befreien können» (Colebrook 1997). Die Eigentlichkeit der Erfahrung emergenter Klasse leitete Williams daraus ab, dass sie in einer letzten Analyse den lebendigen Prozess einer bevorstehenden Konsensbildung trägt, wodurch sie zum Agenten einer «lang andauernden Revolution» wird (Williams 1961). «Im Unterschied zu den traditionellen Marxisten glaubte er, dass die Revolution nicht in Form einer plötzlichen ökonomischen Umwälzung stattfindet, sondern bereits im Gange sei (...) und dass sich diese allmähliche Bewegung in Richtung eines demokratischeren und kollektiveren Staates vor allem auf der Kulturebene abspielt» (Surber 1998). Weshalb aber müsste eine von diesen antagonistischen Erfahrungen «eigentlicher» als die zwei anderen sein, und weshalb müsste gerade sie das Ganze bzw. das Interesse *aller* Beteiligten repräsentieren? Die Unmöglichkeit einer zufriedenstellenden Antwort auf diese Frage weist auf die Widersprüchlichkeit des Konzepts der *Kulturkritik* hin, das Williams bei allen wichtigen Innovationen dennoch von Arnold und Leavis übernahm. «Im Projekt der Begründung eines oppositionellen Kulturkonzepts in einem organischen und konsensuellen Gesellschaftsideal gibt es etwas offenbar Widersprüchliches. Wie könnte die Hingabe einer Kultur gleichzeitig konsensuell und dissensuell sein?» (Graff/Robbins 1992) Falls der Konsens aber, der als Ausgangspunkt für eine Kritik der sozialen Desintegration dient, immer schon aus einer Wunschprojektion des Kritikers hervorgeht, dann wurde die Kultur nicht erst einmal, wie oft behauptet, etwa mit der marxistischen oder feministischen Kritik politisiert. Schon «die Kulturkritiker des 19. Jh.s haben das Literaturstudium in eine Art sozialer und politischer Aktion mit anderen Mitteln umgesetzt» (ibd.). Auch Adornos Kulturkritik stellte übrigens die Kunst in den Dienst einer letztendlichen Befreiung aus dem «universalen Verblendungszusammenhang», indem sie sie als ein «Relais zur unmittelbaren Erfahrung», so z. B. der *New Criticism*, aus dem Bereich der sozialen Spannungen und Missverständnisse herausnahm. Dieser Ausgangspunkt ist durch die Einsicht in die diskursive Konstruktion *aller* Erfahrungen in Kritik geraten, da unter solchen Umständen keine Erfahrung mehr «das natürliche Recht auf die Unmittelbarkeit» für sich beanspruchen durfte (Scott 1992). «Aus dem Blickwinkel der Theorie lässt sich keine einheitliche Zentralkultur zum Ausgangspunkt nehmen, die alle Individualerfahrungen integriert und mit Sinn versieht, statt dessen aber eine unvermeidliche Kulturdifferenz, Spaltung und Dissens. Man kann einer theoretischen Kontroverse in der Grundlage jeglicher Kultur kaum ausweichen. (...) Wie die Texte so werden die Kulturen für unbestimmbare Konfliktsorte gehalten, deren einheitliche Gesamtbedeutung keiner Fixierung unterliegt» (Graff/Robbins 1992).

6. Darauf hat im Laufe der 1980er Jahre der sog. *Cultural Materialism* bestanden, eine englische Schule, die Williams' Erbe unter anderem durch die poststrukturalistischen Errungenschaften korrigierte. Nicht nur durch diese theoretische Hybris, auch durch die Konzentration auf kulturelle Grenzen lässt sie sich mit dem nordamerikanischen *New Historicism* in Verbindung bringen. Eine erste Grenze trennt die/den Analytiker(in) von der Kultur ab, indem sich die Letztere, eines Zentrums enthoben, in der Lage des Anderen *allen* ihren Beteiligten gegenüber befindet. Da ihre Erfahrungen parteiisch bzw. durch ihre sozio-diskursive Lage konstruiert erscheinen, werden sie aus Kulturbeteiligten in Kulturbeobachter verwandelt, oder genauer: in die Beobachter fremder Beobachtungen, Umbeschreiber fremder Beschreibungen. Wenn alle Theorien mit ihrem eigenen «blinden Fleck» versorgt sind, dann erweist sich die Hybris als Notwendigkeit: Eine jede Theorie muss vom Standpunkt einer jeden anderen her sukzessive beschrieben werden, um durch eine derartige Relativierung schließlich auch die Theorien selbst in das antagonistische Kulturfeld einzubeziehen. «Dann äußern sich auch die theoretischen Abhandlungen, ihre Austausch- und Annahmemodalitäten durch die Art und Weise, wie sie die Grenzen ziehen und sich mit anderen Theorien befassen» (Schwab 1996). Der Verzicht auf eine klare disziplinär-methodologische Identität, welche allen Theorien von den 1980er Jahren an eigen ist, weist auf ihren «Widerstand gegen die Kolonisierungstendenzen der bestehenden Disziplinen» (Alasuutari 1995), auf die Widerlegung eines exklusiven Rechts auf die Wahrheit hin. In den Fällen von *Cultural Materialism* und *New Historicism* war die Vorsicht angesichts der diskursiven «Kolonisierung» umso notwendiger, als sie sich beide mit der Renaissance befassen, deren Andersheit wegen der Entfernung einen nahezu ethnographischen Charakter aufweist. Gerade in der Renaissance fing nämlich parallel zu den kolonisatorischen Abenteuern auch der Abbau einer bis dahin festgelegten sozialen Stratifikation an und damit ebenso der symbolische Austausch zwischen den bis dahin voneinander abgetrennten sozialen Sphären der Politik, Religion, Moral und Kunst. Seitdem wurde der Andere aus einer uneinholbaren Gottessphäre, aus welcher er noch die mittelalterliche Welt steuerte, «gleich hinter die Grenze» versetzt, eine Grenze, die nun verschiedene Zonen innerhalb einer Kultur oder aber verschiedene Kulturen voneinander

trennte. Jeder Grenzziehungsakt – und gerade ihr Wechsel prägt das Kulturleben, seitdem die Kultur einen Austausch zwischen ihren Segmenten in Gang gesetzt hat – bringt mit ihrem «Besitz» auch den «ausgeschlossenen Anderen» als einen zugleich verbotenen und begehrten Bereich hervor. Indem sie in dieser unaufhörlichen kulturellen Umgrenzung die geschichtliche Eigenart der Renaissance erkennen, stellen kulturelle Materialisten die Andersheit als einen Bestandteil des Diskursregimes der Macht, als einen blinden Fleck ihrer Ausübungstechniken dar. Gesetz und Begehren sind als gleichzeitige Effekte ihrer Ausübung vorzustellen. «Das Begehren ist ein notwendiger Effekt eines Gesetzes, das die Grenze zwischen der Ordnung und Überschreitung zieht» (Colebrook 1997). Deswegen weist es keinen eindeutig emanzipierenden Charakter auf, ebenso wie ein Gesetz nicht notwendigerweise repressiv sein muss. Indem er das Verhältnis zwischen der transgressiven und bändigenden Kraft des Begehrens unentscheidbar lässt, schreibt ihm Dollimore (1991), wie der Andersheit auch, einen widersprüchlichen und zweideutigen Status zu. Nirgends existieren diese Kräfte in einem allgemeinen Zustand, an und für sich, sondern sie sind stets diskursiv produziert, d. h. historisch und kulturell spezifisch. Kein Kulturgebilde verfügt über eine immanente politische Bedeutung, sondern erstreckt sich, als Ort der Kulturstreite und insofern einer potenziell ständigen Umbezeichnung, entlang vielfältiger *faultlines* (Sinfield 1992). Daher lässt sich jegliche «Selbstverständlichkeit», wie jene von Shakespeares Größe, durch die Frage danach, wessen Interessen sie dient, in Frage stellen, wie die amerikanische Anthropologin Bohannan, indem sie *Hamlet* den Angehörigen des westafrikanischen Stammes Tiv vorführte, tatsächlich getan hat (Schwab).

7. Wenn auch nicht so stark politisch geladen, erforscht der *New Historicism* die «Kulturpoetik» der Renaissance, indem er ebenso die Technik der Umbeschreibung (*re-description*, zum ersten Mal bei Hesse 1966) von der einen durch die andere Kulturzone mit dem Ziel ihrer sukzessiven «Entkolonialisierung» einsetzt. Politische Ladung bleibt hier wegen Greenblatts (1980) Anlehnung an die in Geertz' *Ethnologie der Triebkulturen* erarbeitete Technik der sog. dichten Beschreibung (*thick description*, Geertz 1973) aus, welche sich den globalen strukturalistischen Mustern in einer ähnlichen Weise wie Greenblatt dem dekonstruktivistisch verallgemeinerten Text entgegensetzt. Beide zielen auf eine Entkolonisierung des analytischen Blicks ab, um dem konkret-einzelnen Gegenstand möglichst nahe zu kommen. Falls aber dieser Gegenstand lediglich eine Auswirkung von symbolischen Austauschprozessen ausmacht, die seine Bedeutung schrittweise kondensiert haben, falls seine Substanz allein aus einem Umlauf der symbolischen Energie über vielfache kulturelle Grenzen hervorgeht, dann lässt er sich auf kein beständiges Merkmal, auf keinen festgelegten Zusammenhang von Bestimmungsregeln zurückführen. Dement-

sprechend behauptet Geertz (1995), dass die Determinanten dem Kulturgebilde nicht so sehr innewohnen, wie sie ihm zugeschrieben werden. Alle Identitäten seien somit Auswirkungen eines allumfassenden Prozesses der Kulturausdifferenzierung, so wie sie bei Luhmann (1984) nichts als Kommunikationseffekte sind – und sie werden nur so viel «Substanz» zeigen, wie viel Differenzierung unsere Beobachtung ihnen zu verleihen imstande ist! Keine Bedeutung wird insofern einfach entdeckt, sondern alle Bedeutung wird (hartnäckig) produziert. Bezeichnenderweise stellt Geertz (1973) selbst fest, dass «die anthropologischen Schriften Interpretationen zweiter und dritter Ordnung seien. (Per definitionem vollzieht allein der ‹Eingeborene› die Interpretationen erster Ordnung; es geht um seine eigene Kultur.) Sie sind also Fiktionen; Fiktionen im Sinne von ‹etwas Geschaffenem›, ‹etwas Gestaltetem› und nicht im Sinne, dass sie trügerisch, ungenau, bloße Als-ob-Denkentwürfe seien. Beschreibungen von fremden Kulturen seien demzufolge, obwohl ‹zweiter und dritter Ordnung›, ebenso selbstreferenziell wie die Beschreibungen erster Ordnung. «Die Ethnographie begegnet dem Anderen in Bezug auf sich selbst, indem sie sich selbst als eine Andere beobachtet» (Clifford 1986). Sie vollzieht allerdings einen Unterscheidungsakt *höherer*, komplexerer Ordnung, indem sie die Unterscheidungsakte *niedrigerer* Ordnung, die ihr ihre Sichtweisen unmerklicherweise unterstellen, mit dem Ziel in Frage stellt, ihre eigene Beobachtungsweise von der Verzauberung durch jene unterstellten zu emanzipieren. Es ist bezeichnend, dass Geertz die Beobachtungsakte niederer Ordnung den Angehörigen der beobachteten Kultur zuschreibt, deren Sichtweisen es durch die überdeterminierende Überquerung ihrer Grenzen, durch die aufmerksame Entflechtung vielfacher Selbstrepräsentationsfäden des beobachteten Kulturtextes zu durchbrechen gilt. Von daher erfolgt auch die Schlussfolgerung von Garfinkel (1984), dass der Gegenstand der ethnomethodologischen Forschung die «Interpretationsmethoden» seien, welche die Angehörigen einer bestimmten Gemeinschaft in ihrem Alltag verwenden. «Ihr Forschungsgegenstand besteht aus beobachtbaren, konkreten, verkörperten Gesellschaftsaktivitäten, anhand deren die Akteure ihre Alltagssituationen produzieren und sich fähig erweisen, darin zu agieren» (Alasuutari 1995). Wie kann aber eine Kultur überhaupt als ein Sondergegenstand beobachtbar werden, wenn nicht dadurch, dass ein Beobachter durch seinen Beobachtungsakt ihr eine bestimmte Bedeutung zuweist? Geertz (1995) selbst weist in diesem Zusammenhang auf den unausweichlichen «Schein der *Washeit (whatness)*» einer Kultur hin: Wir halten sie für die Ursache aller Auswirkungen, obwohl sie eigentlich allein eine Auswirkung unserer Beobachtungsstruktur ist. Ist dem nicht auch mit einer Kultur so, die wir als einen literarischen Text auffassen, in dem der Autor (d. h. der Analytiker als Beobachter zweiter oder dritter Ordnung) die Ansichten aller Textinstanzen, die sich durch eine gegenseitige Überdeterminierung untereinander «kolonisieren», in eine letztendlich fiktional-kontingente Funktion setzt? Es scheint, als ob eine derart aufgefasste Kultur die ehemalige Rolle der Geschichte oder Ideologie übernimmt, indem sie alles einer gründlichen Relativierung mit dem Ziel unterzieht, sich selbst davon zu verschonen. Foucault (1966) meint, dass die Anthropologie verpflichtet ist, solch einen Transzendentalhorizont zu setzen, um eine globale «Spezifizierungsperspektive» zu erreichen. Bei Geertz und Greenblatt besteht dieser Horizont aus einem allumfassenden ideologischen Besessensein von Vorstellungen *(representations)*, welche eine Kultur bei allen ihren Angehörigen auslöst mit Ausnahme von einem «improvisierenden Ich» (des Analytikers selber als eines «letztendlichen Exorzisten!»), das allein imstande sei, sie «umzubeschreiben» und dadurch zu entmachten (Pease 1991). Im Unterschied zum *New Historicism*, der Macht und Kultur mit der Ideologie identifiziert, um sie dann durch eine entsprechende Umbeschreibung bequem durchschauen zu können (LaCapra 1989), bewahren sie im *Cultural Materialism* mit seinem marxistischen Hintergrund ihre repressiv-politische Schärfe und einen erkennbaren sozialen Ort. «Die Ideologie wird in einer Gesellschaftsordnung überall und zu jeder Zeit produziert, und dennoch sind bestimmte Institutionen (...) beträchtlich mächtiger als die anderen. Die von ihnen unterstützten Geschichten unterliegen einer weitaus schwierigeren Widerlegung und Entwertung» (Sinfield 1992). Somit ist die Macht keine allgemeine Bedingung mehr für das Funktionieren einer Kultur, sondern wird von ihren herrschenden Institutionen und Autoritäten gegen ihre untergeordneten Gruppen eingesetzt.

8. Der *New Historicism*, der sich auf ein neutral-anthropologisches Ideologiekonzept bezieht, und der *Cultural Materialism*, der mit dem marxistischen Klassenkonzept der Ideologie arbeitet, stellen zwei grundsätzliche Einstellungen zur kulturellen Andersheit dar, die sich auf die Hoch- und Volkskultur zurückführen lassen. Während die Hochkultur den Anderen durch eine theoretische Distanzierung von ihm zu bewältigen sucht, geht die praktisch ausgerichtete Volkskultur mit ihm «von Innen aus» um. Der Andere ist für die Volkskultur kein exotischer Fremder, sondern der Besitzer oder mindestens einer der Bewohner unseres Hauses, und wie können wir uns von ihm emanzipieren? Er verpflichtet uns zu unterschiedlichen Formen von Alltagskompromissen – und die C. S. sind eben durch eine derart erzwungene «taktische» Theorieausrichtung geprägt. Eine fast alltägliche Enteignung der «eingeborenen Kulturen» durch unterschiedliche gegenwärtige (ökonomische, mediale, politische, ethnische, kulturelle) «Kolonisierungsweisen» hat die C. S. hauptsächlich auf soziale Gegenwartserscheinungen hingewiesen. Dies hat zu einer Entfernung von der Anthropologie in Richtung auf die *Soziologie* beigetragen

(McLennon 1998). Im Unterschied zur Soziologie aber, die traditionsgemäß alle Kulturerscheinungen auf einen angeblich transzendentalen Kontext bezog (Gesellschaftsordnung, Ideologie, Mentalität usw.), machen die C. S. diesen «außerkulturellen» Kontext selbst zur Eigenart einer bestimmten Kultur, führen an ihm eine nahezu anthropologische Verfremdung so lange vor, bis er seine «Natürlichkeit» einbüßt. Wie werden die sog. großen Werke der deutschen Literatur in Israel, der französischen Literatur in Afrika oder der englischen Literatur in Indien gelesen? Wird bereits die laute Erfahrung der Kunst in fremden Kulturen nicht anders ausgebildet als in unserer (Schmidt 1995)? «Die Reflexion der Kultureigenart ermöglicht eine kritische Reflexion der Zentralkonzepte des Literaturstudiums, wie es die Einbildung, das Gefühl oder die Geschichte sind. Da solche Konzepte niemals gegeben oder unveränderlich sind, kann eine aufmerksame Kulturbetrachtung die Art und Weise befragen, wie die Konzepte durchgearbeitet oder produziert werden – die Konzepte ‹Kultur›, ‹Geschichte› und ‹Literatur› einschließend» (Colebrook). Wir sind somit durch unsere Arbeitskonzepte «niemals den bloßen ‹Tatsachen› ausgesetzt gewesen (…) sondern ihren vielfältigen Brechungen innerhalb von Geschichten, die jene Verhältnisse reflektieren, die durch die auf den Anderen projizierten spezifischen Erwartungen, Vorurteile, Wünsche, Bedürfnisse und Ängste gestaltet worden waren» (Schwab 1996). Demzufolge werden vorherige Merkmale kultureller Andersheit auf unsere eigenen Vor- bzw. Darstellungsmittel versetzt, die dadurch plötzlich sozial, politisch, ethnisch oder geschlechtlich markiert erscheinen. «Das Lesen als eine Grenzoperation erweist sich somit nicht nur als eine Tätigkeit des ‹Verlassens des Hauses› sondern ebenso des ‹Zurückkehrens nach Hause›» (ibd.). Letztendlich zeigt es uns selbst als den Anderen vor. Eine geschichtliche oder kulturelle Andersheit führt uns zu unserer inneren Andersheit – und umgekehrt. «Falls es stimmt – wie ich glaube –, dass unsere kulturell angeeigneten und verinnerlichten Muster des Antwortens auf die Andersheit auch unsere Lesegewohnheiten gestalten werden, dann infiziert und bewegt das Lesen unser gesamtes Verhalten der Andersheit gegenüber. Das Lesen kann diese Muster beeinflussen und verändern und bestenfalls auch unsere Fähigkeit erweitern, diese Andersheit wahrzunehmen und zu erkennen» (ibd.). Wenn also ein Kulturforscher notwendigerweise vorgekaute (koloniale, imperiale, nationale, phallozentrische, hegemoniale usw.) Vorstellungen einsetzt, dann wird ihm, wenn überhaupt, eine Begegnung mit der kulturellen Andersheit die Gelegenheit für ihre kontrapunktische Umbeschreibung, für eine Umgrenzung der durch sie gezogenen Grenzen anbieten. Daher entstehen die Allianzen, die von den C. S. in den letzten Jahren vor allem auf der nordamerikanischen Szene eingegangen werden, sei es mit den sog. *area studies*: postkolonialen, afro-amerikanischen oder ethnischen Studien, oder *gender* bzw. *queer studies*. «In vielen Fällen ist es schwierig geworden, abgesehen von der thematischen Hinsicht, einen Unterschied zwischen den in diesen Bereichen und jenen im Bereich der C. S. durchgeführten Untersuchungen festzustellen. Möglicherweise lag der Hauptunterschied wie auch eine gewisse Spannungsquelle darin, dass die C. S. im Allgemeinen die Klassenfrage hervorgehoben oder ihr mindestens einen ebenbürtigen Status wie der Geschlechts-, Rassen- und Ethnienfrage zugewiesen haben» (Surber 1998). Jegliche Identitätsbildung bezieht eine Grenzziehung – und dadurch zugleich einen Ausschluss – entlang von mehrfachen Achsen ein. Den Anderen gilt es keineswegs statisch und monolithisch vorzustellen, er wird stets andersartig produziert.

9. In wessen Namen soll dann ein Kulturanalytiker sprechen? Was verleiht ihm die Handlungsfähigkeit *(agency)* in einer Welt von an jedwedem Ort andersartig aufeinander stoßenden Perspektiven (Bhabha 1994)? Die britische marxistische Tradition, welche die C. S. seit der Gründung des Centre for Contemporary Cultural Studies (in Birmingham 1964) stark beeinflusst, verpflichtet sie, im Namen der ausgeschlossenen Volkskultur zu reden. Dieser Ausschluss fand in Form einer Assimilierung der kulturellen und sozialen Andersheit statt, welche die *English studies* stillschweigend vollzogen. Insofern hat der «Übergang von einer klassenbegründeten Bildungsstruktur auf eine Nationalbevölkerungsausbildung», wie sie in den *English studies* verkörpert war, zugleich eine «Verschiebung des ideologischen Widerlegungsorts» gezeitigt (Steele 1997). Die Grundidee der C. S. bestand also darin, die verdrängte Wahrheit der *English studies,* d. h. deren Ausrichtung auf Ausbildung einer beispielhaften nationalen Identität anhand einer entsprechenden Korrektur angeblicher Grundmerkmale der Kolonial- und Arbeiterbevölkerung (Unmoral, Sinnlichkeitswahn, Faulheit, Bestechlichkeit usw.) bloßzulegen. Im Endergebnis ist es, «falls die Identität der Arbeiterklasse von Anfang an durch eine Nationalismusinfektion kompromittiert worden war, ebenso wahr, dass die Legitimierung der Nation viele von Arbeiterwerten und -Institutionen miteinbeziehen musste» (ibd.). Während in England allerdings die Volkskulturerforschung eine Widerstandsleistung in Bezug auf die dominante Kultur einbezog, war dies keineswegs in den Vereinigten Staaten der Fall, in denen «die nationale Identität häufig *gegen* die Hochkultur ausgerichtet war (…) Traditionsgemäß ist der Amerikaner ein Mensch, der die Kultur verabscheut (…) Daher hatten die C. S. in den Vereinigten Staaten wenig mit jenen politischen Bewegungen zu tun, welche die C. S. in England veranlassten, und lassen sich eher als eine reiche, interdisziplinäre, aber dennoch akademische Erforschung der Kulturpraktiken und -vorstellungen auffassen» (Culler 1997). Die amerikanische Institutionalisierung der C. S. mag deshalb den Eindruck eines «Verrats» an jenen Emanzipationsidealen der C. S. erwecken, welche z. B. Brecht, Bach-

tin, de Certeau oder Bourdieu in ihren für die Entwicklung von für die C. S. äußerst wichtigen Volkskulturauffassungen verfolgt haben (Fiske 1995; Surber 1998). Obwohl sie heute in zahlreichen Debatten um die politische Identität der C. S. intensiv besprochen wird, wiederholt die Opposition zwischen der akademischen Institution und den «Rechtlosen» als zwei entgegengesetzten Trägern der Idee von C. S. letzten Endes nur ihr Grundproblem: Inwiefern ist die Kulturproduktion imstande, durch die Struktur ihrer Produkte, ihre Konsumenten zu produzieren, inwiefern können hingegen die Konsumenten, durch die geistreiche Verwendung dieser Produkte, ihrerseits die Produktion beeinflussen? Bis zu welchem Grad stehen die Aktivitäten «ordinärer» Kulturzugehöriger unter der manipulativen Kontrolle der Kulturproduktion? Im Banne einer derartigen Frage stehen die C. S. bereits seit jener marxistisch-strukturalistischen Kontroverse, der Hall (1981) in seinem Essay über die beiden Paradigmen der C. S. entsprechend Rechnung getragen hat. Hebt die akademische Institutionalisierung tatsächlich jene Handlungsfreiheit auf, welche den C. S. ihre angebliche Hörbarmachung der zum Schweigen verurteilten Stimmen verleiht? Führt die «Mandarinisierung» der C. S. in der Tat zum Verlust «jedweder Möglichkeit eines politischen Engagements im sozialen Leben»? (Steele)

10. Was die Stellvertretung von Unterdrückten anbetrifft, hat «die Praxis der Privilegierten, die für oder im Namen jener weniger Privilegierten sprechen, auf der Seite der stellvertretenen Gruppe (in vielen Fällen) eigentlich einen Repressionszuwachs oder eine Repressionsstärkung zur Folge gehabt» (Alcoff 1991 / 92). Das Problem liegt darin, dass der soziale Ort, von dem aus gesprochen wird und der die Äußerung autorisiert, wegen seiner unvermeidlichen Einflechtung in die Unterdrückungsstrukturen die persönlichen Intentionen des Sprechers subvertiert. Sich auf dem Ursprung einer Sprachäußerung zu befinden, reicht für einen Autorenstatus bei weitem noch nicht aus; dazu muss man sozial-symbolisch legitimiert werden, auch wenn eine derartige Legitimierung keine festgelegten, sondern verwickelte und verschiebbare Determinanten in Anspruch nimmt. Von daher äußern Foucault (1977) und Deleuze ihre grundsätzliche Abneigung gegenüber einer stellvertretenden Rede. Sogar Bourdieu, der die ethische Ladung seines Diskurses teilweise sicherlich seiner Stellvertretung der Volkskultur verdankt, ist letztlich zum Schluss gekommen, dass «die ‹Bevölkerung› oder ‹völkisch› (…) vor allem einen Einsatz im Intellektuellenkonflikt darstellt. Die Tatsache, dass eine / r autorisiert ist oder sich so fühlt, von der oder *für* (in beiden Sinnen des Worts) die Bevölkerung zu sprechen, kann an und für sich in den Konflikten zwischen verschiedenen Feldern (dem Politik-, Religions-, Kunstfeld usw.) sie oder ihn bekräftigen – und diese Kraft ist umso größer, je geringer die Autonomie des entsprechenden Feldes ist» (1990). Ist andererseits der Diskurs eines Kultur-

theoretikers, indem er sich einer breiten «Basis» gegenüber notwendigerweise untreu erweist, dann letztlich nur dafür zuständig, jene Institution zu vertreten, die ihm den Sitzort verleiht? Solch eine Behauptung würde aber wiederum die Tatsache vernachlässigen, dass jegliche Redeäußerung den Sitz der eigenen Legitimierung gewissermaßen erst durch eigene Auswirkungen *produziert*. «Die Diskursorte sind (...) mächtige und sehr reale performative *Auswirkungen*. Ich meine damit, dass sie Auswirkungen jener Diskursinstitutionen der Autorisierung seien, die den Redner durch den Mitgliedsstatus in einer oder mehreren Redegemeinschaften und durch den Ort in einer oder mehreren Autoritäts- und Beglaubigungshierarchien selektiv legitimieren» (Frow 1995). Daher ist niemand, auch bei seinem / ihrem besten Willen imstande, ohne Rest im Namen seiner / ihrer Gemeinschaft zu reden; nicht einmal die soziale Position des Zugehörigen legitimiert ihn / sie dazu. «Die Meinung, dass nur die Eingeborenen die Eingeborenen, nur die Frauen die Frauen usw. kennen können, ist eine theoretisch unhaltbare Annahme (...), indem sie die Möglichkeit des Wissens aus der Identität ableitet» (Spivak 1987). Die Klassen-, Rassen-, Geschlechts-, Alters-, mit einem Wort: alle Kulturdeterminanten sind also keine vorgegebenen Größen, in welche dann eine Äußerung einfach eingebettet wird; sie sind vielmehr ein beweglicher Zusammenhang, der durch jegliches Redeereignis umgestaltet und in neue Bedeutungsbeziehungen gestellt wird. Es geht hier somit um eine kreative Redefreiheit, die einem jeden Kultursegment seine relative Selbständigkeit sichert, ungeachtet einer häufig ausgeprägten Neigung der Kulturtheoretiker, eine unaufhebbare Andersheit der Kultur durch ideologische Indizien der Klassen-, Rassen-, Geschlechts- und Nationalzugehörigkeit unter Kontrolle zu bringen. (V. B.)

→ Gemeinschaft, Identität, Mentalität, System, Wert

Deixis

(engl., franz. deixis, russ. dejksis)

Der Begriff D. bezeichnet hinweisende Segmente der Äußerung *(énoncé)*, mit denen diese auf die Instanz des Aussagens *(énonciation)* und ihre Raum-Zeit-Koordinaten verweist. Deiktische Ausdrücke – bei Bühler (1934) *Zeigworte*, bei Jakobson (1957 / 71) Verschieber (sc. in den Metatext, *shifters*), bei Benveniste (1966) Zeiger *(indicateurs)* – sind meistens, wenn auch nicht notwendig, Pronominal-, Adverbial- und Verbalformen. Sie sind insofern unselbständig, als sie im Verständnisprozess entweder auf die visuelle Unterstützung der konkreten Situation der Aussage oder auch auf die imaginäre Unterstützung der Vorstellungswelt bzw. die Kommunikationskompetenz des Gesprächspartners ausgerichtet sind. Doch obwohl sie selbst keine Bedeutung tragen – oder vielleicht gerade deshalb –, «umrahmen» sie die semantische Rezeption derjenigen Segmente der Aussage, die über Bedeutung verfügen. In der Äußerung «Der ist schwarz» beispielsweise ist die Bedeutung der «Schwärze» auf *eine* gerichtete Weise ausgeprägt, wenn «der» sich auf einen Stift bezieht, den der Sprecher in der Hand hält; anders aber, wenn es sich auf eine Tasse Tee bezieht, und wieder anders, wenn damit ein Arbeiter auf einer Baustelle gemeint ist.

Die D.-Diskussion hat sich in der zeitgenössischen Theorie in mehrere Richtungen bewegt:

1. Der deutsche Linguist Weinrich (1988) hat die «Ich-hier-jetzt-*Origo*» in Bühlers Konzeption der D. problematisiert, die seiner Meinung nach zu sehr Fichtes Idee vom absoluten Subjekt geschuldet ist. Er hat sich für die der Kommunikationssituation des Dialogs entsprechende «dyadische» D. eingesetzt. So werde in dessen Modell die personelle D. zur interpersonellen, die ganzheitliche Origo sei in hier / da und jetzt / dann gespalten, der geometrische Raum sei zum durch zwei sich Auge in Auge gegenüberstehende Körper begrenzten Kommunikationsraum geworden, und Bühlers physikalische Zeit offenbare sich als sozialisierte verbale Zeit. Dabei seien Bühlers drei Arten der D. – die *ostensive* (zum konkreten Kommunikationsraum), die *anaphorische* (zum Raum des Textes im Leseprozess) und die *phantasmische* (zum imaginären oder erfundenen Raum) – durch die drei Arten des Gedächtnisses bedingt: Das Langzeitgedächtnis verwahre in den Sinnesreaktionen des *Körpers*, das Kurzzeitgedächtnis in angespannter *Aufmerksamkeit* und das topographisch-visuelle Gedächtnis in den Operationen der *Phantasie*.

2. In der deutschen Narratologie werden Bühlers, in der französischen dagegen Benvenistes Grundsätze über die D. angewendet. So hat Ehlich (1982) Bühlers These über die zwei Funktionen des sprachlichen Zeigens ausgearbeitet: (1) die situativ-deiktische, die auf die räumlich-zeitliche Umgebung des Aussagens referiert, und (2) die textuell-deiktische, bei Bühler anaphorisch oder kataphorisch genannt, die durch Anknüpfung eines Substantivs an ein Pronomen auf etwas verweist, das in der Äußerung erwähnt worden ist oder noch erwähnt werden wird. Erstere Funktion verknüpfte Ehlich mit dem Ich-Erzählen, letztere mit dem Er-Erzählen. Seine These lautet, dass Erzähltexte in der ersten Person ununterbrochen die Aufmerksamkeit des Hörers / Lesers refokussieren, während Erzähltexte in der dritten Person den einmal aufgestellten Fokus der Kommunikation aufrechterhalten. Stanzel (1984) hat das in gewisser Hinsicht bestritten, indem er auf zahlreiche moderne und postmoderne Texte hinwies, die mit Pronomina *beginnen*: Auch wenn dies ein Pronomen der dritten Person ist, weist es in die Leere des vorangehenden Nicht-Textes, auf-

grund dessen der Fokus der Kommunikation fehlt. Außerdem ist der Gebrauch von Pronomina ohne nominalen Halt keine ausschließliche Besonderheit künstlerischen Erzählens, sondern auch ein beliebtes Verfahren der sog. *natural narratives* (Pratt 1977), die ebenso über ein persönliches wie über ein fremdes Erlebnis berichten können (Labov 1971). Daher schlägt Stanzel vor, das phorische Zeigen im Raum des Textes anstatt mit der kommunikativen Fokussiertheit mit dem *Erzählmodus*, d. h. mit durch den Erzählakt vermittelten diegetischen Äußerungen, zu verknüpfen und das situative Zeigen anstatt mit der kommunikativen Refokussierung mit dem *Reflektormodus*, d. h. mit mimetischen Äußerungen, in denen die erzählerische Vermittlung zwecks Erzeugung einer Illusion der Unmittelbarkeit der Ereignisse verborgen ist. Während der Rezipient in vermittelten Äußerungen auf das distanzierte Orientierungszentrum des Erzählers fixiert bleibt, versetzt er sich in «unmittelbaren» Äußerungen auf eine Weise in die räumlich-zeitliche Situation der literarischen Gestalt, die Bühler als «Deixis am Phantasma» beschrieben hat. Dabei zielt Stanzel natürlich auf die zweite Form dieser D., in welcher der «Prophet» (eine reale Situation) zum «Berg» (zum Phantasma) geht, da die erste Form, in welcher der «Berg» (das Phantasma) zum «Propheten» (zur realen Situation) kommt, dem Drama vorbehalten ist. Die Verwendung bezugsloser Pronomina fördere seines Erachtens die Empathie in dem Reflektormodus, während es die Empathie beim Erzählermodus halte, wenn die Parameter des Orientierungszentrums des Erzählers unbekannt bleiben.

3. Benvenistes Verständnis der D. unterscheidet sich von Bühlers durch seine Semiotisierung. Bei ihm kann die D. nämlich keine situative (reale), sondern nur noch kontextuelle Unterstützung (durch den Code) erhalten, was bedeutet, dass *die Äußerung selbst* durch ihre Demonstrativa den Kontext schafft, in dem sie zu verstehen ist. In diesem Sinn behauptet Benveniste, dass *ich* eine Instanz des Diskurses sei, ebenso wie *du* und *er*: Die Personalpronomina erhalten ihre Bedeutung gerade durch den Aussageakt in seiner Gesamtheit sowie durch den von ihnen geschaffenen referenziellen Horizont, und nicht durch den Verweis auf in der konkreten Situation der Sprachvermittlung eventuell anwesende Personen. Hiermit übernimmt Benveniste Jakobsons Kritik (1957/71) an Husserls Konzeption der völlig situationsgebundenen Bedeutung der D. (1901) und stimmt mit dem Kritiker darin überein, dass der *shifter* eine gewisse semantische Beständigkeit von einer Situation zur anderen herstellt. Hieraus folgt auch sein Postulat, nach dem *es keine Bedeutung unterhalb der Zeichenebene gibt*: Die Sprache berührt niemals die Dinge selbst, sondern nur (semiotisch konstruierte) Referenten als Bestandteile ererbter referenzieller Horizonte. Die sprachlichen Strukturen haben diese Horizonte durch ihren bisherigen Gebrauch stabilisiert und unsichtbar gemacht. Gern zitiert Benve-

niste die Redensart *Nihil est in lingua quod prius non fuerit in oratione*: Es gibt nichts in der Sprache, was nicht schon vorher in der Rede gewesen wäre! Gerade auf der Basis dieses grundsätzlichen Vorrangs des *Diskurses* vor der *Sprache* zieht er dann jene Grenze zwischen dem enger gefassten *Diskurs* und der *(erzählten) Geschichte,* die entscheidenden Einfluss auf die Narratologie ausgeübt hat. Für den Diskurs in diesem engeren Sinn ist charakteristisch, dass man ihn nicht außerhalb des Kontextes verstehen kann, den seine D. erzeugt, weil seine gesamte Bedeutung in der Funktion dieses Sinns liegt, welche von der Intention des Erzählers kontrolliert wird. Das Verstehen des Diskurses ziele also auf das ab, was er *voraussetzt,* und nicht auf das, was er *bedeutet,* wobei es sich auf die «Lücken» stützt, die adäquat einzig aus seiner «Realität» ausgefüllt werden können (d. h. auf Personal- und Demonstrativpronomina, auf Adverbien und adverbiale Ausdrücke, auf Verbformen in Gegenwart, Vergangenheit und Zukunft). Im Gegensatz dazu verdrängt die (erzählte) Geschichte *(histoire)* die Beziehung zwischen dem Subjekt der Äußerung *(sujet de l'énoncé)* und dem Subjekt des Aussagens *(sujet de l'énonciation),* indem sie den Adressaten vom Versuch abbringt, ihre Bedeutung im Verstehensprozess umzucodieren bzw. ihre Zeichenfolge aus dem Symbol in einen Index umzuordnen. Sie stützt sich mit ihrer D. auf einen durch kollektiven Sprachgebrauch zustande gekommenen universellen Kontext statt auf einen einzelnen intentionalen Kontext, und es entsteht der Eindruck, dass «die Ereignisse für sich selbst sprechen». Das Subjekt der erzählerischen Vermittlung schließt sich aus der (erzählten) Geschichte nicht nur durch die Verwendung der universellen, unpersönlichen und abwesenden dritten Person aus, sondern auch durch den Gebrauch des Aorists, eines Tempus, das durch die Präsentation vergangener Ereignisse keine Verbindung zum gegenwärtigen Zeitpunkt aufbaut.

4. Benvenistes Grundsätze über die Priorität der asemischen «Hilfsdimensionen» gegenüber den semischen «Hauptdimensionen» der Sprache haben den damaligen französischen Strukturalismus stark beeinflusst, was man an der Wendung in Barthes' Denken gegen Ende der 1960er Jahre sieht. Sein Grundsatz, nach dem jede Tatsache nur in der Sprache existiert, weckt das Interesse für die Mechanismen, durch die Texte ihren grundsätzlich konnotativen Charakter verdrängen und als denotativ wie historische Texte erscheinen, oder sogar als «lesbar» *(lisible)* wie literarische Texte. Die wirklich literarischen («schreibbaren», *scriptible*) Texte eröffnen hingegen durch Vermehrung ambivalenter, deiktischer Stellen – wenn auch um den Preis der Frustrierung des Lesers – ihre mehrdimensionale Interpretierbarkeit. In der Tat hat schon die Einführung des «weißen Schreibens» durch Camus, wie der frühe Barthes (1953) diesen Begriff versteht – im Gegensatz zu der «erzählten Geschichte» als «Sicherheitssystem» der bisherigen französischen Prosaliteratur (unter der Do-

minanz der autoritativen dritten Person und des Aorists) –, den Prozess der Frustrierung des Lesers eröffnet, indem es ihm die verlässlichen deiktischen Halte entzog. Der Rückzug des allwissenden Erzählers in das Schweigen der «unbeteiligten Perspektive» hat in der modernen Prosa allgemein zur Explosion «subjektzentrierter Welten» der literarischen Gestalten geführt und den Leser mit der schweren Aufgabe der Entscheidung zwischen ihnen konfrontiert (Banfield 1985, 1987, 1991). Nach Banfields radikaler These (1982) charakterisiert den Erzähltext sogar per definitionem die Entleerung des deiktischen Mittelpunkts; keine seiner Instanzen übernimmt die Verantwortung für die Äußerung, aufgrund deren alle Rede und Wahrnehmung sich als nur fiktiv oder dargestellt erweisen.

5. Fludernik (1993) hat durch eine pragmatische Korrektur des transformationsgrammatischen Ausgangspunkts und eine Analyse von Romanen des 18. und 19. Jh.s die Anwendbarkeit dieser These auf die um das Reflektorbewusstsein zentrierte zeitgenössische Prosa beschränkt, in der die Stimme in Wirklichkeit flüchtig ist und der Leser oft durch bewusste Widersprüche im Text aufs Glatteis geführt wird. Dennoch bleibt sie Banfields Grundidee treu, dass der Leser die dargestellten Innensichten evozieren und ihnen die entsprechenden Repliken oder Gedanken zuschreiben muss, wenn er verstehen will, was im Text überhaupt passiert. Während aber Banfield auf dem pluralisierten Erzähl-Universum ohne verbindende Erzählerstimme beharrt, wirft Fludernik ihr vor, dies widerspreche der intuitiven Wahrnehmung des Diskurses, der zufolge der Leser angeblich immer eine Erzählerstimme konstruiert, wenn auch nur als «Tauschwert». So vollendet Fludernik schließlich, ebenso wie andere Banfield-Kritiker (Cohn 1978; McHale 1983; Jahn 1983), die Wiedererrichtung des «natürlichen» deiktischen Mittelpunkts eines Erzähltextes, den Banfield resolut dekonstruiert hatte (Gibson 1996). In der neuesten, ehrgeizig geplanten Revision der klassischen Narratologie gibt Fludernik (1996) diesem Mittelpunkt die Bezeichnung «Erlebnishaftigkeit» *(experienciality)* und stellt seine Rekonstruktion in die Zuständigkeit des Naturalisierungs- und Narrativisierungsverfahrens des Lesers. Ihrer Meinung nach lassen sich auf diese Weise Probleme lösen, welche die Narratologie mit postmodernen Texten hat, welche die Dichotomie von Geschichte und Diskurs disqualifizieren. Die Wahrnehmung der Narrativität eines Textes wird weniger von der Zerstörung der Chronologie der Geschichte gefährdet (wie die Strukturalisten behaupten) als von der Desintegration der Rahmen und der fehlenden logischen Beziehung *zwischen* den aufeinander folgenden Rahmen. Die deiktische Entwurzelung der postmodernen Prosa, in der die Grenze zwischen Geschichte und Erzählung nicht mehr zu erkennen ist, weil z. B. der Adressat der Erzählung zur literarischen Gestalt gemacht wird oder umgekehrt, ist die Folge des Bemühens ihrer Autoren, den

Akt der Erzählung gänzlich in die Gegenwart der fiktionalen Welt einzutauchen (Cohn 1993) und so seine Verantwortung zu tilgen. Da auf diese Weise die Unterscheidung der Ebenen der Geschichte (oder der Figuren) von denen der erzählerischen Kommunikation (oder des Erzählers) unmöglich gemacht ist, verliert auch die Unterscheidung zwischen der Ich- und der Er-Erzählung (Stanzel) oder zwischen homodiegetischen und heterodiegetischen Erzähltexten (Genette) ihren Sinn. Die einzige für Fludernik relevante Frage ist, ob es dem Leser gelingen wird, aus den ihm zugeworfenen Unstimmigkeiten und Unsinnigkeiten die Erzählsituation und die Identität des Erzählers künstlich zu rekonstruieren. Da die wirkliche Welt ohne *Identität* nicht denkbar sei, müsse die bewusste Verspottung der integralen Figurenbeschreibung durch einen entsprechenden Motivationsrahmen kompensiert werden, um die fiktionale Welt nicht zu zerstören. Fludernik bietet jedoch keine gültige Erklärung an, warum es die Texte nahezu unlesbar machen müsse, wenn dem Leser ein solcher Reintegrationsversuch (z. B. wegen zu vieler ambivalenter Pronominalanschlüsse) misslingt. Ist die «natürliche» Erfahrung der Realität wirklich immer so konsistent, oder sind diejenigen Erfahrungen, in denen sie das nicht ist, als *unnatürlich* zu betrachten? (D. B.)

→ Appell, Äußerung, Index, Skaz / Erzählte Rede, Stimme

Dekonstruktion

(engl. deconstruction, franz. déconstruction, russ. dekonstrukcija)

1. Spezifische Lesestrategie, konzipiert von dem französischen Philosophen Derrida (1967ff.), der Heideggers Begriff der *Destruktion* (der europäischen Denktradition der Metaphysik) umbenannte und sich später angesichts des «Einfrierens» seines so umgedeuteten Begriffs immer mehr davon distanzierte. Als eigenständiger Ansatz wird er ohne größere Einschränkungen von den amerikanischen Dekonstruktivisten (1970er Jahre) an der Yale University (de Man, J. Miller, Bloom, Hartman) übernommen. Im Laufe der 1980er Jahre weitet sich der Einfluss der D. auf verschiedene Fachrichtungen und theoretische Kreise des amerikanischen akademischen Lebens aus, wobei sie Verbindungen mit der Psychoanalyse (Felman, Weber), der Philosophie (Gasché), der Historiographie (LaCapra, Gearhardt), der Rechtstheorie (Fish, Cornell), der Feministischen Kritik (Johnson, Butler), der Postkolonialen Theorie (Spivak, Bhabha) mit institutionellen (Weber, Kamuf) sowie politisch-ethischen Fragen (Bennington, Keenan, Eaglestone, Robbins) usw. eingeht. Ungeachtet dieser schnellen und aufgefächerten Institutionalisierung widersetzt sich die D. ihrer

Darstellung als Methode, Theorie oder Schule (Elam 1994; Wolfreys 1998), ähnlich wie Derrida dies noch für den Strukturalismus behauptete, da diese große Bewegung der Beunruhigung über die Sprache nur eine «Unruhe der Sprache» und *in* der Sprache selbst sein könne (1967b). Durch die Radikalisierung dieses strukturalistischen Arguments zeigt er, wie Sprache selbst ihre Darstellungsfunktion dekonstruiert, wodurch letztendlich kein einziges ihrer Elemente über seine Bedeutung und kein Nutzer über ihre Verwendung verfügt. Dasselbe gilt für das «Etikett» der D., dessen späterer, häufiger Gebrauch einschloss, dass verschiedenartige Lesarten verschiedener Kritiker eine gemeinsame Grundlage haben und damit die Einsicht der D. vernachlässigt wurde, der zufolge die sprachlichen Entitäten selbst eine solche Grundlage abbauen. «Deconstruction is not a dismantling of the structure of a text but a demonstration that it has already dismantled itself. Its apparently solid ground is no rock but thin air. The uncanny moment in Derrida's criticism, the vacant place at the non center around which all his work is organized, is the formulation and reformulation of this non-existence of the ground out of which the whole textual structure seems to rise (...)» (Miller 1991b). Alle Bedeutungen sind bereits im sprachlichen «Spiel der Differenzen» verwoben, das Derrida abwechselnd mit *différance*, Schrift oder allgemeiner Text und die amerikanischen Dekonstruktivisten später mit Textualität bezeichneten. In seiner komplexen Bedeutung ist es nicht greifbar, da es uns in der Position der eigenen Komponente belässt, die – situiert *inmitten* ihres Gegenstandes – nur auf ihn re-agieren, ant-worten kann. «Il faut commencer *quelque part où nous sommes* et la pensée de la trace, qui ne peut pas tenir compte du flair, nous a déjà enseigné qu'il était impossible de justifier absolument un point de départ. *Quelque part où nous sommes*: en texte déjà où nous croyons être» (1967b). Derrida (1974) hat diese grundsätzliche «Blindheit» des Lesers für die Vorlage am Beispiel eines in einer Baggerkabine Eingeschlossenen illustriert, der auf Kommando den Greifer auf den Meeresgrund lenkt, wo er jedoch nur ein paar Steine und Algen zu fassen bekommt, während der Rest zwischen seinen Greifzähnen herausrinnt. Das Meer kann nicht gefangen werden, es ist ständig im Wandel begriffen. In diesem Maß ist Derridas populärer (und oftmals falsch verstandener) Satz «Ein Außerhalb des Textes gibt es nicht.» *(Il n'y a pas de hors-texte)* (1967b), durch den der paradoxe Ausgangspunkt der D. umrissen wird, auch für die Situierung unseres bevorstehenden Lesens von Bedeutung. Letzteres ist selbst nur ein Knoten in der mehrsprachigen – philosophischen, literarischen, politischen, ideologischen, ethischen – Textur der D. Dieses Gewebe kann nur von einer bestimmten Stelle aus «weitergewoben», niemals jedoch identifiziert und objektiviert werden. Dies hat die D. schon immer für die Metaphysik bekräftigt. Jede ihrer Übertretungen ist mit ihrer unbewussten Erneuerung verbunden (1967b). Die Vorsicht hinsichtlich des möglichen Endes der Metaphysik, die Derrida walten ließ, indem er Heideggers *Vollendung* bzw. *Verendung* als *clôture* übersetzte, ist notwendig auch angesichts der heute üblichen Verkündigung des Totengeläuts für die D. als «theoretischer Schule», die kompromittiert oder *passé* sei. Wenn Heideggers «Post-Idee» des Daseins als vergessene griechische «Sendung» (das Seins-Geschick) von D. in Begriffe der Schrift *(écriture)* umgeschrieben wird, die sich als Netz unterschiedlicher Spuren im ständigen Aufschub von keinem Ausgangspunkt aus historisch vereinigen lassen, sondern ihre *Schickung (envoi)* immer nur als Re-Aktion *(renvoi)* auf die entsprechende Anrede des Anderen artikulieren, dann könnte eine solche Heterogenisierung und plurale «Beunruhigung» der Metaphysik mit gleichem Recht auf die D. selbst angewendet werden. Auch sie ist eine solche reaktive Schrift, die sich mit jedem Akt ihres «Überwindens» erneuert.

2. Derrida selbst widersetzte sich in einer Reihe von Äußerungen (1978ff.) einem Verkuppeln der D. mit einer analytischen oder kritischen Methode, mit einem Programm, Protokoll oder einer Lektürepraxis, die sich in der Literaturkritik oder Literaturvermittlung anwenden ließe. Die D. ist nichts von alledem; sie insistiert auf der Einzigartigkeit des Textes, die sich gegen jegliche Programmatik sperrt. Eben wegen jener (prinzipiell unfassbaren) Einzigartigkeit erforscht sie die verborgenen philosophischen und politischen Voraussetzungen der institutionalisierten Methoden der Kritik, die im Allgemeinen unser Lesen steuern. Dabei handelt es sich nicht um einen Aufruf zur Zerstörung derartiger Institutionen, sondern darum, bewusst zu machen, was wir eigentlich tun, wenn wir diese oder jene institutionelle Art der Lektüre vertreten (1984). Die Besonderheit jedes Textes, die eine allgemeine Lesestrategie unmöglich macht, ist auch der Grund dafür, warum sich die D. nicht unter einem allgemeinen Begriff zusammenführen lässt. Das Wort «has interest only within a certain context, where it replaces and lets itself be determined by such other words as ‹écriture›, ‹trace›, ‹différance›, ‹supplement›, ‹hymen›, ‹pharmakon›, ‹marge›, (…)» (1985), ebenso wie die von Derrida gelesenen Texte nur eine spezifische, an ihnen vorgenommene «kontextuelle Transaktion» zulassen. «(Q)u'il n'y a que des contextes sans aucun centre d'ancrage absolu» (1988a), ist der Text «als solcher» oder als Einheit nicht möglich, was bedeutet, dass jede Identität des Textes bloß ein Effekt kontingenter Interaktion dieser Kontexte ist. Konsequent lässt die D. ausschließlich die Möglichkeit einzelner Lektüren zu, nicht aber eine globale Theorie des Lesens. Das soll nicht heißen, es gäbe keine Wahrheiten; allerdings bestehe die Wahrheit der *Wahrheit* darin, dass es keine Wahrheit gibt. Wahrheiten müssen als Augenblicke in der Struktur des Denkens oder der Philosophie verstanden werden, wenn der Prozess der Zergliederung oder Nachforschung, Kritik oder Analyse zur Ruhe kommt (vgl.

Wolfreys 1998). Aus der Pluralität von Wahrheiten folgt indes nicht, dass alle Lesarten zugelassen sind. Das Spiel ist nämlich nie völlig frei *(paideia, free play)*, sondern ist immer gleichzeitig an Regeln gebunden *(ludus, game)*; letztere Dimension ist in der Rezeption von Derridas Argumentation oft vernachlässigt worden. Deshalb wurde diese Argumentation, besonders aus der Perspektive der «gesellschaftlich verantwortlichen» marxistischen Kritik (und der mit ihr verbundenen) Mentalitätsgeschichte, der Feministischen Literaturtheorie, dem New Historicism, der Postkolonialen Theorie und den *Cultural Studies* gegen Ende der 1980er Jahre, verstärkt noch durch die Entdeckung von de Mans nazistischer Vergangenheit, vom Vorwurf einer sich verantwortungslos vom «Tumult des Lebens» entfernenden «elitären Frivolität» überschattet.

3. Die Kritik an Derrida zielt darauf, dass er sich selbst aus dem Spiel der Differenzen, dessen Regeln er anderen auferlegt, herausnimmt und dies, indem er seinen Diskurs in eine bewusste Verkörperung des Spiels verwandelt, während er in anderen Diskursen sein unbewusstes Vergessen entdeckt (z. B. Burke 1992). Ohne damit andeuten zu wollen, dass Derrida sich selbst die fröhlich-unverbindliche Dimension des Spiels vorbehält, den anderen aber jene riskant-verbindliche zuweist, wies bereits Spivak (1974) auf Derridas «Fluchtstrategie» hin, die ein langes Festhalten an einzelnen Schlüsselbegriffen nicht vorsieht, da diese in den nachfolgenden Texten keine dauerhafte Gültigkeit besitzen werden. Anstatt sie «einzufrieren», belässt Derrida seine Begriffe im Strom der unermüdlichen Veränderung durch verschiedene Gebrauchskontexte, durch Umbenennung, die seines Erachtens bereits dem Ereignis ihrer Wiederholung selbst anhaftet. Dieses Perpetuum der «Multiplikation von Kontexten», das unaufhörlich Derridas Ort der Rede «durchstreicht», gibt ihm den unmerklichen, aber grundlegenden Vorzug vor anderen Denkern. «No one can be quite as self-conscious as he, so all the striving of his various explicators to suspect their own words as radically as he does with his» (Holquist 1986), niemand kann so konsequent die Grenzen bereits im Moment ihrer Festlegung anfechten. Und gerade durch diese Vernichtung der eigenen Identität glaubt man die versteckte Identifikation von Derridas Stil mit der subversiven und alles durchdringenden Schrift zu erkennen. Konzipiert in einer spezifischen, aus der Lektüre von Husserl (1967a), Lévi-Strauss und de Saussure (1967b) hervorgegangenen Revision, versteht nämlich Derridas Begriff der Schrift die grundlegende Überschreitung aller bestehenden Grenzen der Identifikation. So wird beispielsweise der Text im Lichte der Schrift als «differential network, a fabric of traces referring endlessly to something other than itself, to other differential traces» (1987) verstanden, so wie auch seine Bedeutung aus der Erfahrung der *Supplementarität* abgeleitet wird, die mit seiner Verdoppelung bzw. mit dem Verweis auf den Ort des Anderen verbunden ist. Alles beginnt mit der

Reproduktion (1967c). Derrida schafft seinen frühen Begriff der Schrift im Widerspruch zum Phonozentrismus der europäischen metaphysischen Tradition, welche die Stimme (lebendige Rede) als Ort der transparenten Anwesenheit des Menschen bei sich selbst, im Unterschied zum Buchstaben (Schrift, *lettre*), mit dem sich der Mensch durch seine Abwesenheit von sich selbst entfremdet. Die Opposition Anwesenheit / Abwesenheit stellt eine von zahlreichen ähnlichen Oppositionen (innen / außen, Stimme / Wort, Sein / Wesen, Signifikant / Signifikat, Gott / Mensch, Mann / Frau, Bild / Begriff usw.) dar, bei denen das onto-, theo-, phallo- oder logozentrische Denken den einen Teil privilegiert, der als primär, zentral, grundlegend, einheitlich oder rein markiert ist gegenüber dem zweiten Teil, der als sekundär, marginal, abweichend, abgeleitet oder infiziert markiert ist. Die D. möchte zeigen, dass die vom zweiten Bestandteil im ersten hervorgerufene Infektion oder Abweichung nicht sekundär und temporär ist, sondern produktiv und dauerhaft, was bedeutet, dass sich die Schrift im Herzen der Rede befindet, wo sie unbemerkt ihre Beziehungen strukturiert. Die so eingeschriebene Abwesenheit eröffnet bei der Erschaffung jeder Identität in dieser einen Zwischenraum / Aufschub / eine Kluft, indem sie zur Spur, zum Gramma, zum Merkmal *(marque)*, Furche, Pfropfung wird, die nur in Bezug auf das abwesende und sie in seiner Anwesenheit bestimmende Andere existiert. Da die ursprüngliche Struktur der Wiederholung alle Akte des Bezeichnens steuern muss, weil man beispielsweise nicht sprechen kann, ohne bereits eine Vorstellung von der eigenen Rede zu haben (1967a), schließt jede Bedeutung immer schon das differenzielle Eingeschriebensein ihrer Identität ein, wie viel Mühe sie sich auch gibt, diese wegen der eigenen Konstitution zu unterdrücken. Die grundsätzliche Nachträglichkeit von Identitäten, die in der Struktur der Übertragung gefangen sind, ist folglich das, was bei der D. Schrift impliziert und was das Einsperren eines Textes in den Grenzen des «Buchs», Subjekts, Organismus oder Körpers, beliebiger Gesetze überhaupt, unmöglich macht (Derrida 1990).

4. Aber wie kann man anders das unendliche Schreiben verstehen, wenn nicht dadurch, dass man es begrenzt, benennt, legalisiert, einrahmt? Wäre dann nicht irgendeine identifikatorische Gewalt notwendig, wäre man dann nicht gezwungen, einen bestimmten Ort der Rede einzunehmen? Derrida bestreitet das nicht – im Gegenteil bekräftigt er, dass Wiederholung *(réitération)* bzw. Iterabilität die Voraussetzung jeglicher Bedeutungskonstitution ist –, bloß bei seinem eigenen Schreiben beharrt er auf der Strategie der «Durchstreichung» *(figure sous rature)* als Form der Selbstbewusstwerdung und Selbstuntergrabung dieser Gewalt. Unvorhersehbaren metaphysischen Effekten der identifikatorischen Verblendung allgemein ausgeliefert, markiert Derrida (und noch deutlicher de Man) dennoch den Unterschied zwischen sich selbst und an-

deren Denkern, indem er im Grad ihres Reflektierens über dieses Ausgeliefertsein bzw. der Konfrontation mit der Kontingenz der eigenen Stellung mitenthalten ist. Wenn de Man also letztendlich zugibt, dass man dem Drang nach semantischer Bestimmtheit nicht entkommen kann, dann trifft das eigentlich nur für alle anderen zu, während er sich selbst das Recht vorbehält, aus ihren «vorzeitigen interpretativen Urteilen» Bilanz zu ziehen. Während die anderen schließlich die Zufälligkeit *(randomness)* der Sprache figurieren, um sich aus dem gefährlichen Strudel ihres semantischen Aufschubs zu retten, setzen die «Dekonstruktivisten» die Destruktion aller Figuren fort und tragen sich mit dem so entstandenen «unpersönlichen Monster», mit einer Furchtlosigkeit von Nietzsches «Auge in Auge». Als ob sie damit stillschweigend den *literarischen Ort der Rede* in Besitz nähmen, da «(o)nly poets (...) can truly appreciate contingency. The rest of us are doomed to remain philosophers (...) to spend our conscious lives trying to escape from contingency rather than, like the strong poet, acknowledging and appropriating contingency. For Nietzsche, therefore, the line between the strong poet and the rest of the human race has the moral significance» (Rorty 1989). In der Tat gesteht de Man einzig und allein der Literatur, die er allerdings als eine Stufenqualität aller Textarten versteht, eine unermüdliche Subversion aller Bedeutungsstützen zu (Carroll 1987). Derrida behauptet, dass Literatur sich produziert, sich als von-sich-selbst-entfremdet darstellt und im Abstand zu sich selbst darzustellen ist. Diese Tatsache und die Beschäftigung mit literarischen Texten führte Derrida dazu, die Problematik der *Schrift* als Schlüsselfaktor in der Dekonstruktion der Metaphysik zu verstehen (1984).

5. Die prätendierte moralische Bedeutung einer solchen stilistischen (bei Derrida) oder argumentativen (bei de Man) «Wahlverwandtschaft» scheint (wie bereits früher bei Adorno) zweifelhaft. Es stellt sich heraus, dass es das literarische Auflösen des Orts der theoretischen Rede vereitelt, auf diesen ebenjene Kriterien anzuwenden, die verwendet wurden, um fremde Orte der Rede zu untergraben. Diese Rede zögert nicht, das zu verkörpern, was andere zwangsläufig ausgeschlossen haben – Unlesbarkeit! –, womit sie sich in einer etwas schwebenden Lage über dem fesselnden gesellschaftlichen Netz von Vorstellungen, Bräuchen, Pflichten und Praktiken positioniert. In einer Derrida-Lektüre erwähnt Holquist (1986) die tiefe Verzweiflung des Interpreten, die beim «fixing this constantly self-decentering figure, who even signs his works with different names» entsteht. Die Problematik der dekonstruktivistischen Unentscheidbarkeit im Hinblick auf die Moral wird durch die Enthüllung von de Mans nazistischer Jugend drastisch verschärft (1987), als «his ideas of autobiography as de-facement, have come to be seen not as disinterested theoretical statements, but as sinister and meticulous acts of self-protection, by which he

sought to (a)void his historical self» (Burke 1992, S. 2). Die Identifikation mit dem «excluded enabling domain» der angeblich totalen «sprachlichen Zufälligkeit» erreicht plötzlich das Merkmal eines Alibis für ethisch und politisch heikle Aktivitäten in der «diesseitigen» Sphäre der sog. Lebenswelt. Wenn auch unbewusst, zeugt das äußerste und instinktive Abbauen dennoch von der Anziehungskraft der Totalisierung (vgl. LaCapra 1994). Weit davon entfernt – wie Derrida in seiner Verteidigung de Mans beansprucht hat (1988b) –, die notwendige Bedingung für die Festlegung und Widerlegung der totalitären Gefahr jeder vorgenommenen Homogenisierung, Objektivierung, Politisierung und Historisierung zu sein, ist ein dekonstruktivistisches «(f)oreclosing these (grounds for argument, evaluation, and deliberation) in endless aporias and ‹undecidabilities› (...) an act as absolutist and open to violence as that of the fanatic who refuses to debate because of her or his conviction of possessing that absolute truth» (Handelman 1991). Letzterer setzt sich der Gefahr aus, wichtige moralische, politische und ethische Unterschiede, von denen unzählige Menschenleben abhängig sind, zu entwerten, indem er sie in Phantomwerte der allgemeinen Textualität umwandelt. Dabei vernachlässigt er, dass er sich im Unterschied zum Gegenstand der eigenen Relativierung nur aufgrund des von der Institution gewährleisteten Schutzes den Luxus der Unlesbarkeit leisten und seine eigene Identität nur deshalb bestreiten kann, weil sie bereits gesellschaftlich abgesichert ist. Das erinnert an das einstige Bestreben der avantgardistischen Literatur, die Grenzen der eigenen Institution im Namen des sog. unfassbaren Lebens anzufechten. Auch dieses wurde erst möglich, nachdem solche Grenzen einen Grad der literarischen Autonomie geschaffen hatten, die solche totalisierende Ambitionen zuließ. Wie man weiß, endete das avantgardistische Streben, die Grenzen literarischer Konventionen, Normen und Techniken als Formen der Gewalt am Leben zu zerschlagen, in einem Gewaltakt am Publikum, das von ebenjenen Konventionen, Normen und Techniken lebt bzw. mit dem Ausschluss der Uneingeweihten aus dem Adressantenkreis. Einen ähnlichen Eindruck macht die Bilanz der D.: Es ist eine tragische Ironie, meint Hooks, dass sich der gegenwärtige Diskurs, der die Heterogenität und das dezentrierte Subjekt verkündet, indem er Durchbrüche erklärt, die die Anerkennung des Anderen ermöglichen, zuallererst an ein spezialisiertes Publikum richtet, das mit ihm eine gemeinsame Sprache teilt – eine Sprache, die in Metaerzählungen verwurzelt ist, von denen die D. behauptet, dass er sie hinterfrage (vgl. Hooks 1990). Angenommen, bei der D. handele es sich um eine Metaerzählung über die Emanzipation von allen Gegensätzen, die unser alltägliches Dasein bestimmen (gut/böse, richtig/falsch, Wahrheit/Lüge usw.), jedoch mit Ausnahme eines endgültigen, großen und alles nivellierenden Gegensatzes, und zwar von Blindheit *(blindness)* und Einsicht *(insight)*. Dann erweist sich die D. als Textpraxis, die sklerotischem Denken und Schreiben einen unversöhnlichen Krieg erklärt, aber selbst auf gewissen dogmatischen Prämissen und Überzeugungen aufgebaut wurde (vgl. Holub 1992). Ihren Abschluss findet sie im klar hierarchisierten metaphysischen Gegensatz von Totalisierung und Abbau als drastische Demonstration eines jener «vorzeitigen interpretativen Urteile», gegen die sie erbarmungslos ankämpfte. Gäbe es einen besseren Beweis für die Schlussfolgerung, der zufolge «it would be misguided to believe that once a binary opposition has been deconstructed it remains deconstructed forever» (Elam 1994)? Erst das Bewusstsein davon, dass «every alternative practice tends to erect itself as ultimate authority can instill the imperative of unceasing vigilance and self-interrogation» (Stanton 1986).

6. Trotz zeitweiliger Fehltritte bewahrte Derrida selbst – im Gegensatz zu einigen seiner amerikanischen Nachfolger – diese Wachsamkeit. Von daher seine Warnungen vor dem «deconstructionism» als «an effort to reappropriate, tame, normalize this writing in order to reconstitute a new ‹theory›» (1989). Man verzichtet damit auf die ethische Verpflichtung, die Eigenart zu wahren, um eine institutionelle Identifikation zu gewinnen und einen neuen «Theorie-Club» der Akademiker zu begründen. Stattdessen muss die D. ihr «diadisziplinäres» Profil bewahren, auf einer ständig «durchgestrichenen» Disziplinarität, die eine Vergegenständlichung des Lesens zur Methode nicht zulässt, sondern sie im Krisenzustand des *Ereignens* oder des *Zufalls* zurückhält. Die D. könnte demnach das sein, «what happens, what is happening today in what they call society, politics, diplomacy, economics, historical reality, and so on and so forth» (1989). Die Ereignishaftigkeit jedes dekonstruktivistischen Lesens würde daraus resultieren, dass das, was wie der Knoten im Gewebe des Textes, der ihn enträtselt, seinen «verschobenen» Ausgangspunkt der zahlreichen und unendlichen Fäden selbst nicht kontrollieren kann. Diese strukturell unbewusste Dimension des Lesens wird in Form jener identifikatorischen Adressierung des Textes re-produziert, die Derrida das Werk des Rahmens *(cadrage)* nannte. Durch sie zieht uns der Text unbemerkt in sein – weder «freies» noch ungefährliches – «Spiel der Differenzen» hinein. Freiheit würde bedeuten, dass wir seine Regeln festlegen, da wir aber dagegen in unserer Rolle immer-schon-identifiziert-sind durch das Spiel des Lesens, setzen wir so manches aufs Spiel! Wie soll die Individualität gegenüber dem Streben des Textes bewahrt werden, sie zugunsten einer bestimmten rezeptiven Identität aufzuheben? Der literarische Text bestimmt eine solche Identität (bzw. steuert die eigene Rezeption) durch seine «systemhafte» Dimension, d. h. durch selbstkontextualisierende Beziehungen, die ihm seine Zugehörigkeit zum literarischen System verleihen: durch ein Netz periodisierender, situierender, den Status betreffender, modaler, gattungshafter, formaler, kompositorischer, stilistischer, «technischer» Signale

sowie solcher, die Code und Autor betreffen, usw. Letztere entindividualisieren uns, indem sie uns in die Position des «Ideallesers» zwingen. Diese Dimension könnte als «Repräsentationsmechanismus» des Textes gekennzeichnet werden, und zwar im doppelten Wortsinn, da der Text irgendeinen Inhalt, die Realität oder die Welt nur unter der Bedingung repräsentiert, dass er gleichzeitig die eigene Institution oder das eigene System repräsentiert. Luhmanns Behauptung also, jeder Fremdreferenz sei eine mitlaufende Selbstreferenz immanent, setzt auch Derrida mit seinem Satz voraus: «Ein Außerhalb des Textes gibt es nicht.» Demgemäß gibt es keinen anderen Zugang zur Welt (Umwelt) als durch den Text (das System)! Dadurch wird jedoch die Existenz der Welt als Außerhalbbefindlichkeit überhaupt nicht widerrufen. Die Spuren der Welt sind im Text präsent, die in Form ihrer fehlgeschlagenen Verinnerlichung ins Textsystem eingeschrieben sind; diese sind Zeugnisse der unzerstörbaren «quasitranszendentalen Materialität» der Welt, welche eine «konstitutive Andersheit» aller Elemente des Systems hervorruft (vgl. Cornell 1992). Derrida lässt eine absolute Verselbständigung des Textes nicht zu, da dieses Verschließen der systemisch instituierten Identität auf Kosten des Vergessens der Gesetzesgewalt (bzw. nach Luhmann: der Leitdifferenz) geht, auf der sie basiert.

7. Derrida lässt indes auch eine solche Verselbständigung der *Außerhalbbefindlichkeit* des Textes (bzw. nach Luhmann: Umwelt) nicht zu; darin liegt gerade der Grund ihrer *Quasi*transzendenz (Gasché 1986). Wenn es die selbstreferenzielle Dimension des Textes, die in die symmetrische und gleichwertige Beziehung im Systeminneren einführen würde, nicht vermag, den Leser völlig zu unterwerfen, kann das dessen fremdreferenzielle Dimension, die ihm eine asymmetrische Differenzbeziehung zwischen dem Textsystem und der außertextuellen Umwelt aufzwingen würde, auch nicht leisten. Der letzteren Absolutheit hat sich Derrida unter anderem mit seiner Kritik an der Lévinasschen Konzeption des Anderen widersetzt, der jegliche Vermittlung des Dritten fehle. Der verabsolutierte Andere – hier erinnert er an das klassische Argument von Hegel – wird infolgedessen mit dem Ich gleichgesetzt: Der Andere ist der «absolute Andere», wenn er das Ego verkörpert, also wenn er auf bestimmte Art und Weise mit dem Ich übereinstimmt (vgl. 1967c). Um einer solchen Hypostase zu entkommen, hat Derrida (wie auch später Lévinas) die Merkmale des Effekts des Anderen (Heteroreferenz) variiert: Schrift, Différance, Dissemination, Rahmen, Spur, Furche, «Gramma», Merkmal, Buchstabe, Lücke, Pfropfung, Aufschub, Zwischenraum, Supplement, Wiederholung, Verschiebung, Übertragung u. Ä. Damit wollte er sicherlich davor warnen, dass er immer auf andere Weise, in einer andersartigen Form der Überdeterminierung durch das Dritte (Autoreferenzialität) schreibt. Das hat zur Folge, dass diese Überdeterminierung der Art und Weise, in der der Andere durch den Text den Leser an-

spricht, eine unmittelbare empirisch-phänomenale Kommunikation mit ihm unmöglich macht und damit die Eindeutigkeit seines Appells aufgehoben wird. Zerstreut in seiner Adressierung, muss ein solcher Ruf des Anderen immer «herausbekommen» werden – darin liegt das Risiko beim «Durchstöbern fremder Post» (vgl. Dienst 1994), die der unwiederholbaren Verantwortung jedes Lesakts innewohnt.

8. Trotzdem bleibt die Re-Produktion des heteroreferenziellen «Konstativs» im selbstreferenziellen «Performativ» des Textes für Derrida weiterhin die *conditio sine qua non* der Individualität bzw. der Ethik des Lesens im Sinne von Lévinas. Letzterer beharrt darauf, dass «(i)l n'y a pas d'ipséité commune à moi et aux autres, moi c'est l'exclusion de cette possibilité de comparaison, dès que la comparaison s'installe» (1974). Dabei bedeutet dieser Ausschluss des Vergleichs das «Durchstreichen» (die Fiktionalisierung) der systemisch instituierten Identität, in welche die «appellative Struktur» des Textes den Leser einfügen möchte. Das Ziel besteht darin zu zeigen, dass diese Struktur im Gegensatz zu den Behauptungen von Lacan und Althusser keinen selbstverständlichen Bestimmungsort hat. An jedem Ort ihrer «Pfropfung» wird sie lediglich re-zitiert, re-pliziert, re-produziert, re-iteriert; dies jedoch ermöglicht ihre Abänderung in dem Maß, in der es möglich ist, die Rezeptionssituationen, die durch das institutionelle Netz vorgeschrieben werden, umzubenennen. Das bedeutet, dass jeder, der einen Text re-präsentiert, dabei eine Rolle oder den Ort der Sprache unvermeidlich re-präsentiert, die oder den ihm der Text durch sein «intertextuelles Gedächtnis» als jeweiliges Programm der Rezeptionsform, des Verstehens, des Kommentars, der Kritik, der Interpretation und der theoretischen Analyse vorherbestimmt hat. Diese unüberschaubare selbstreferenzielle Verflechtung aller Arten des Bezugs auf literarische Texte, wird in zahlreichen zeitgenössischen Kritiken der Dekonstruktion von links und rechts vergessen (Bennington 1993, 1994), wenn sie auf der Fixierung ihres Referenzhorizonts durch eine «politisch korrekte» und gezielte Steuerung der theoretischen Rede insistieren. Je mehr nämlich die Heteroreferenz hervorgehoben wird, desto mehr wird die Einsicht in ihre a priori strukturelle Gegebenheit bzw. stillschweigende Reproduktion der vorherrschenden Systemstruktur verdrängt. Noch in seinem Essay *Der Autor als Produzent*, auf den Derrida bezeichnenderweise immer wieder zurückkommt (1978, 1995), hat Benjamin (1936 / 1978) polemisch darauf hingewiesen, dass die politische Qualität der Literatur nicht im dargestellten Inhalt besteht, da ihr «Produktionsapparat (…) erstaunliche Mengen von revolutionären Themen assimilieren, ja propagieren kann, ohne damit seinen eigenen Bestand (…) ernstlich in Frage zu stellen», sondern in ihrer Form. «(D)ie Tendenz einer Dichtung (kann) politisch nur stimmen, wenn sie auch literarisch stimmt.» Sollte man in der heutigen Situation, in der

es Konsens geworden ist, den Begriff der Literatur von einem begrenzten Corpus auf alle mögliche Textsorten zu verschieben, Derridas polymorphe Fiktionalisierung der theoretischen Aussage als ethisch-politischen Akt betrachten (Critchley 1992; Keenan 1997)? Sie zeigt, dass Politik nicht, wie in der Regel proklamiert wird, erst mit der «Repräsentation von jemandem» (Stellvertretung) beginnt (sei es eines Volks oder einer Ethnie, eines Geschlechts, einer Rasse oder Klasse), sondern bereits mit der gewaltsamen Abspaltung dieser Repräsentation von der angeblich fiktionalen «Repräsentation von etwas» (Darstellung). Niemand kann jemanden vertreten, ohne dass er dabei etwas nicht darstellt! Politisch entscheidend ist für die D. folglich, was man überhaupt und mit welchem Recht als Politik proklamiert. (T. P.)

→ Abgründigkeit, Allegorie, Anagramm, Cultural Studies, Différance, Differenz, Dissemination, Ethik, Feministische Kritik, Gedächtnis, Grammatologie, Historie, Historismus, Identität, Institution, Iterabilität, Kontext, Körper, Logozentrismus, Opposition, Pfropfung, Poststrukturalismus, Rahmen, Schrift, Spiel, Stimme, Supplement, Text, Wert

Denotation

(engl. denotation, franz. dénotation, russ. denotacija)

Im Standardgebrauch ist D. eine unmittelbare, extensive, ausführliche Bedeutung eines beliebigen Sprachelements. In der Semiotik bezeichnet sie die Art und Weise, wie der Signifikant oder nach de Saussure das «Lautbild», das Sinifikat evoziert, d. h. den «Begriff» – im Unterschied zur Designation, die sich auf die Beziehung zwischen dem Zeichen und dem Gegenstand bezieht. In Hjelmslevs Konzeption (1943 / 1961) von zwei Sprachschichten, des Ausdrucks und des Inhalts, hält man jene Sprache für denotativ, in der keine dieser beiden Schichten per se schon Sprache ist, wie z. B. in der natürlichen Sprache. Denotativ wäre demzufolge jene Semiotik, die sich mit Zeichen beschäftigt, in denen weder Ausdruck noch Inhalt per se schon Zeichen sind, das heißt, die ihrerseits nicht aus Ausdruck und Inhalt bestehen. Wenn jedoch die Sprache den Platz des Inhalts einnimmt, haben wir es mit *Metasprache* zu tun (z. B. einer technischen Sprache, welche die natürliche Sprache beschreibt). Wenn die Sprache den Platz des Ausdrucks einnimmt, geht es um die *konnotative* Sprache. Den letzten Hinweis setzte Barthes ein (1957ff.), indem er sich mit den sog. Bedeutungssystemen zweiter Ordnung befasste. Er stellt eine Formel auf, nach der sich das konnotative Zeichen aus dem denotativen Zeichen auf der Stelle des Signifikants und aus dem ihm hinzugefügten konnotativen Signifikat zusammensetzt. Die «Naturalisationstechniken» dieses Hinzufügens, die vor allem in der Sphäre der alltäglichen Mythologie tätig sind, hält Barthes für ideologisch im Sinne der Bedienung der dominanten Werte einer gegebenen gesellschaftlichen und politischen Ordnung. Damit wird aber die Unschuld (der entideologisierte Zustand) der denotativen Zeichen der natürlichen Sprache, die als bloßes Material für die Bildung der konnotativen Signifikaten dienen, impliziert. Von solcher Implikation distanziert sich Barthes schon in *S / Z* (1970) deutlich. In diesem Werk wird Barthes' Einstellung gegenüber der Konnotation ambivalenter, denn sie kann ebenso der pluralisierenden Befreiung wie auch der Bezwingung durch Konventionalisierung dienen, während die D. nun verurteilt wird als «letzte in der Reihe der Konnotationen», als jene, die, mit der Absicht, den Text zu vereinheitlichen und zu schließen, vorgibt, «Herz, Zentrum, Wächter, Zufluchtsort, Licht der Wahrheit» zu sein. (Lj. Š. / W. W.)

→ Arbitrarität, Referenz, Signifikant, Signifikat, Zeichen

Diachronie

(engl. diachrony, franz. diachronie, russ. diachronija)

1. Diesen und den komplementären Begriff Synchronie hat de Saussure eingeführt (1916), um zwei Zugangsarten zu Sprachphänomenen voneinander zu trennen. Für die D. interessiert sich die historische Grammatik, von der de Saussure sich dadurch distanzieren will, dass er seine Linguistik an die Synchronie als den «Horizontalschnitt» durch den Sprachzustand anlehnt. Damit wird die Existenzberechtigung der D. nicht negiert, sondern nur die Priorität zwischen den beiden Arbeitsweisen festgelegt. Die D. kann nämlich nur als Verwandlung eines Sprachzustandes in einen anderen oder genauer als Übergang eines Systems von Sprachbeziehungen in ein anderes erklärt werden. Man kann das, die berühmte Analogie de Saussures benutzend, mit Hilfe der Züge beim Schachspiel erklären: Jeder einzelne Schachzug ändert durch die Veränderung der Gesamtposition automatisch auch den Wert aller Figuren. Der Wert der Schachfiguren ist nämlich, wie auch der Wert der Spracheinheiten, ausschließlich positionsbedingt, d. h. relativ, weshalb der synchronische Zugang zum Beziehungsnetz als vorrangig gilt.

2. Dennoch stimmt etwas in der Behauptung, der Wert von Schachfiguren sei ausschließlich positionsbedingt, nicht, weil bekannt ist, dass sich die Figuren, z. B. die Dame, der Turm und der Läufer, durch ihren Anfangs- oder Investitionswert voneinander unterscheiden und dass sich diese hierarchischen Verhältnisse nur ausnahmsweise drastisch verändern lassen. Offenbar gilt dasselbe für die Sprache. Darauf hat Carroll (1982) hingewiesen, als er sich, de

Saussures Perspektive einnehmend, der Gleichsetzung der Sprache mit der Synchronie und der Rede mit der D. widersetzte, die sich bei de Saussures Nachfolgern gefestigt hatte. Im Allgemeinen hat die Veröffentlichung der kritischen Ausgaben der *Kurse* (Engler 1968ff.) viele inadäquate «Adaptationen» der ersten Ausgabe von de Saussures Vorlesungen (1906–11) zum Vorschein gebracht, die seine Studenten Bally und Sechehaye (1916) herausgegeben haben, sodass Mitte der 1970er Jahre eine ganze Reihe von de Saussures Begriffen einer Überprüfung durch «Authentisierung» unterzogen wurde. Einer von solchen Irrtümern der oberflächlich arbeitenden Deuter ist die These, nach der die Sprache mit dem synchronischen System gleichgesetzt wird, eine These, die als Grundlage für zahlreiche Angriffe des sog. dialektischen Denkens gegen den ahistorischen Charakter des Strukturalismus diente.

Carroll beginnt seine Überprüfung mit der Behauptung, der Angriff gegen den Strukturalismus im Namen der Dialektik übersehe, dass in den Strukturbegriff die historische Dimension schon einbezogen ist. «Deswegen lautet die Frage nicht Synchronie *oder* D., weil sie von Anfang an als Gegensätze im Rahmen desselben Ursprungs zusammen gedacht worden sind.» Dieser gemeinsame Ursprung ist *die Sprache* als System, das die vergangene *Sprachpraxis* in ihrer Evolution gebildet hat, dieselbe Praxis, die übrigens auch seine bevorstehende Evolution verursachen wird. Carroll erinnert an de Saussures Schema,

$$\text{Sprachliche Aktivität} \begin{cases} \text{Sprache} \begin{cases} \text{Synchronie} \\ \text{Diachronie} \end{cases} \\ \text{Rede} \end{cases}$$

aus dem zu lesen ist, dass von der D. zunächst abstrahiert wird, um die Sprache zu erforschen, dass sie dann aber in die Sprache einbezogen wird, um ihre Aspekte weiter zu differenzieren. Die D. erweist sich so gleichzeitig als die Grenze der Synchronie und als ihre Komponente.

3. Wenn die D. so in die Synchronie des Sprachsystems eingetragen wird, wird deutlich, dass sie nicht nur ein terminologischer Ersatz für den Begriff der Geschichte ist, sondern dass sie gegenüber diesem Begriff ein kritisches Verhältnis herstellt. Indem er dem Modell von de Saussure folgte, hat Barthes (1966) daran erinnert, dass die Strukturanalyse die chronologische Zeitfolge als unproblematische Gegebenheit nicht akzeptiert, sondern sie als ein Element des semiotischen Systems (des erzählerischen Textes) betrachtet, das die Illusion vom Zeitverlauf erzeugt. In der berühmten Polemik gegen Sartre hat Lévi-Strauss (1962) die Geschichte als einen nicht hinterfragbaren ideologischen Code entlarvt, der einer Gliederung seiner tief eingewurzelten Voraussetzun-

gen bedarf. Die Strukturalisten bagatellisieren mit dem Diachroniebegriff das Geschichtsdenken nicht, sondern kritisieren es. Die Verräumlichung (Dechronologisierung) der Geschichte in der D. als Funktion eines umfassenderen Systems ist aus einem anderen Grund fehlerhaft: wegen der Homogenisierung und Zentrierung des Begriffs Raum bzw. System. Carroll weist darauf hin, dass de Saussure von der Einheit der Sprache als angeblicher Naturgegebenheit ausgeht, die allerdings nicht bewiesen werden kann, sondern hypothetisch bleiben muss. Zu einer ähnlichen Absolutsetzung von «wildem Denken» greift auch Lévi-Strauss, wenn er es für zeitlos und totalisierend erklärt. Deswegen offenbaren sich die dialektische *Linearität* und die strukturalistische *Einheit* (Ganzheit) unerwartet als Mitspieler anstatt als Gegner – systematisierter Raum ist nur eine andere Form von linearisierter Zeit.

4. Kehrt man zur Eintragung der D. in die synchronische Ebene zurück, sieht es, aus der Perspektive der in sie einerseits eingetragenen, andererseits in ihr gewonnenen Werte der Sprachelemente – das mit der Schachanalogie aufgeworfene Problem –, so aus, dass in dem Konzept von de Saussure auch andere Lesarten möglich sind. Sie werden sichtbar, wenn man seinen dritten Gegensatz (neben Sprache vs. Rede und Synchronie vs. D.) in Betracht zieht, nämlich den Gegensatz zwischen den syntagmatischen und paradigmatischen Beziehungen. Darauf hat mit Bezug auf Carrolls Vorschlag Attridge (1987) hingewiesen. Paradigmatische Beziehungen verbinden mittels der im Gedächtnis des Sprechers gespeicherten Assoziationen die Sprachelemente mit der Vergangenheit der Sprache, womit sie auch zum legitimen Bestandteil der Synchronie werden – und nicht nur, wie man lange Zeit irrtümlich geglaubt hat, ein Bestandteil der D. sind. De Saussure sucht aber nur diejenigen paradigmatischen Beziehungen anzuerkennen, die das synchronische Sprachsystem als kollektiv sanktionierte Vergangenheitsdeutung bestätigt, während er individuelle volksetymologische Abweichungen entwertet, bei denen sich die Bedeutung ohne Sinn *(coq-à-l'âne)* windet. Er schützt damit die Stabilität des Systems vor der Gefahr seines Wechsels durch irgendeinen unerwarteten «Durchbruch der D.» in Gestalt einer etymologischen oder onomatopoetischen Geschichte. Das synchronische System kann sich aber im Bewusstsein aller Sprecher wegen der unterschiedlichen Anfangswerte dieser Bewusstseine analog den unterschiedlichen Anfangswerten der Schachfiguren nicht gleichartig festsetzen.

5. Damit wird die Interpretationstätigkeit des konkreten Sprecherbewusstseins als eigentlicher Gegenstand der Sprachwissenschaft ausgewiesen – und eine deutsche Deutungsströmung von de Saussures Nachlass (Godel, Jäger, Stetter, Frank, 1975ff.) hat gerade diese Dimension entgegen eingebürgerten konventionellen Lesarten betont. Demnach spreche de Saussure vom «akustischen Eindruck» *(impression acoustique)*, weil er betonen wolle, dass die

Spracheinheiten erst im innerhalb des Systems des konkreten Geschichtsbewusstseins durchgeführten Verständnisakt gebildet werden. In diesem Sinn – der Bedingtheit der D. durch die Synchronie – spricht de Saussure von der *parasemischen Relation* des Sprachzeichens, worunter er seine Beziehung zu gleichartigen Einheiten versteht; diese Relation trennt Sprachzeichen von anderen Zeichenarten. Die Synchronie wird aber genauso durch die D. bedingt, weil *langue* immer nur eine historisch geschaffene, einmalige und kontingente, pragmatische Fähigkeit der Sprachtätigkeit *(faculté de langage)* ist; de Saussure spricht in diesem Sinn von einer anderen, *aposemischen Relation* zwischen verschiedenartigen Zeichen. Gerade diese Fähigkeitsdimension der Sprachtätigkeit würde durch ihre hypothetischen, spontan analogischen Projektionen die Sprache erneuern. Die so entstandenen aposemischen Sinnvorstellungen von Spracheinheiten würden nämlich dem sozialen Sprachgebrauch eine Art von Vorschlag machen, sie in das System parasemischer Beziehungen einzuordnen und somit in Seme zu verwandeln. Die Pointe dieser Deutung läuft, trotz der proklamierten gegenseitigen Ergänzung von de Saussures Gegensätzen, letztendlich auf die Deutung der D. als Motor der Synchronie hinaus.

6. Der Deutung von Attridge und der deutschen pragmatisch-hermeneutischen Auslegung des Gegensatzes Synchronie vs. D. von de Saussure ist es gemeinsam, dass sie den Bestandteilen des synchronischen Systems eine gewisse diachronisch bedingte operative Freiheit in Bezug auf die vom System festgelegten Gesetze zugestehen. Aber im Unterschied zu den Hermeneutikern assimiliert Attridge die Synchronie nicht der D., ebenso wie er auch der von de Saussure vertretenen gegenteiligen Lösung nicht zustimmt. Er stellt zwischen den Gliedern des Gegensatzes ein Verhältnis des jederzeit möglichen gegenseitigen Austricksens oder Leugnens fest. Dieses dekonstruktiv-unentscheidbare Moment bedarf laut Bennett (1990) einer Korrektur: Der Mangel dieser Auffassung der kompromisslosen Geschichtswiderlegung liege darin, dass sie, während sie neue potenzielle Praxisbereiche erschließe, keine Aussichten auf irgendwelche positive Erkenntnis bietet, die in Bezug auf diese Praxis nützlich sein könnte. Das diachronisierte Wortspiel sei kein ausreichender Grund für die Schaffung von historischen Wahrheiten, für die Entstehung von positiven Erkenntnissen, die als Grundlage für klare Richtungen der Tätigkeit in der Gegenwart dienen könnten. Die Fragwürdigkeit eines solchen erkennbar marxistischen Historisierens macht sich aber darin bemerkbar, dass in ihm jenes unvorhersehbare diachronische Potenzial der synchronischen Teile (und umgekehrt) gewaltsam reduziert wird, das ihre glaubwürdige Präsentation prinzipiell verhindert (Kamut 1997). (B. D.)

→ Gedächtnis, Historie, Rede, Sprache, Synchronie

Dialog

(engl., franz. dialogue, russ. dialog)

1. Im engeren Sinn wird der Begriff in der Literaturtheorie zur Bezeichnung des mündlichen Redeaustausches zwischen zwei Figuren im Drama, Roman oder in der Erzählung verwendet. Der D. kann aus reiner «Mimesis der Rede» (Genette) bestehen oder kommentierende und erklärende Einschübe des Erzählers bzw. des Dramenautors enthalten. Die strukturalistische Erzähltheorie betrachtete den D. im Wesentlichen als «mimetischen Einschub» in die diegetische Struktur des Erzähltextes, d. h. als Verfahren, das gemeinsam mit Segmenten der Beschreibung den «Effekt des Realen» erzielt. Die phänomenologische Erzähltheorie versteht ihn als denjenigen Bestandteil der Deixis von Erzähltexten, mit deren Hilfe die Rezeption dieser Texte unbemerkt von der textuellen (imaginativen) Realität in die sinnliche (visuelle) überführt wird, vor allem mit dem Ziel der dokumentarischen Bestätigung oder der Authentifikation der erstgenannten.

2. Der Begriff D. lässt sich im Gegensatz zu dem des Monologs auch zur Bezeichnung eines literarischen, philosophischen, wissenschaftlichen oder politischen Diskurstyps verwenden. In dieser Verwendungsweise deutet er auf eine sich anderer Gesprächspartner bewusste Aussage hin, welche die verschiedenen Formen ihres eventuellen Widerstands gegen Form und Inhalt der Äußerung antizipiert. Schwieriger ist allerdings die Feststellung, *welche* Spuren ein so tolerantes Bewusstsein in der Struktur und Textur des dialogischen Diskurses hinterlässt, bzw. die Antwort auf die Frage, wodurch ein Diskurs aufhört, monologisch zu sein. Husserl (1900/01) verband das mit der Verselbständigung der Bedeutungsintention der Äußerung und des ihr assoziierten «Gefühlskomplexes». Dazu kommt es, wenn die Intention eine eindeutige, objektive und notwendige Beziehung zum Annahmebündel des Rezipienten durch eine künstliche, wahrscheinliche und assoziative Beziehung ersetzt, wenn also eine Äußerung die *Verursachung* der Antwort des Rezipienten durch die *Motivation* dieser Antwort kompensiert. Dann eröffnet sich nämlich ein identischer Bedeutungskern einer Vielzahl möglicher Sinngebungen, und die Rolle des Anderen in der Bedeutungskonstituierung der Äußerung wird aktiv. Eco (1962ff.) zog daraus für seine einflussreiche Konzeption des *offenen Werks* radikale Konsequenzen, indem er das Werk als einerseits für verschiedene Integrationen, konkrete kreative Ergänzungen verfügbar, andererseits als organisch vital beschrieb, denn es bewahre neben verschiedenen und vielfältigen Ausgängen seine Solidität. So würde sich die Freiheit der Leserintervention auf die Einordnung in eine bestimmte Welt reduzieren, die aber immer die vom Autor beabsichtigte sei. Das bedeutet, dass die dialogische Äußerung in letzter

Instanz monologisch zutage tritt. Das ist ein wichtiger Hinweis auf die Schwierigkeiten mit einer geradlinigen Abgrenzung zwischen dialogischem und monologischem Diskurs.

3. Auch in seiner semiotischen Phase bleibt Eco (1979) der These treu, nach der offene Texte ein detaillierteres und präziseres Lesermodell aufweisen, das den realen Leser bei der Freiheit der Interpretation einengt, während geschlossene Texte, die im Hinblick auf bestimmte empirische Verstehenskontexte konstruiert sind, sobald sie sich von diesen Kontexten abheben, unbegrenzt interpretierbar werden. Ein solches Verständnis der Beziehung zwischen monologischem und dialogischem Text widerspricht genau Barthes' Opposition von lesbaren / schreibbaren Texten (1970), in der gerade die ersten für ernsthaft, geschlossen, begrenzt und autoritär, d. h. für monologisch erklärt werden, die zweiten aber für verspielt, offen, fließend und pluralistisch, d. h. dialogisch. Aus dieser Kontroverse resultiert der Schluss, dass die Eigenschaften der Monologizität und der Dialogizität nicht ausschließlich auf der Äußerungs- bzw. Textebene beurteilt werden können und dass die Situations- bzw. Kontextmerkmale ihrer Rezeption, woher solche Beurteilungen letztendlich auch kommen, notwendigerweise zu berücksichtigen sind.

4. Der D. in diesem breitesten Sinn – als Beziehung zwischen dem Text und seinem Adressaten – war ein herausragender Gegenstand der modernen Hermeneutik als Disziplin der Textinterpretation. Sie verknüpft mit jeder Bedeutungsentität einen irgendwie gearteten intentionalen Horizont («Verweisungszusammenhang», «im Hinblick auf ...») und erklärt diese Bedeutungsentität auf diese Weise für *konstitutiv dialogisch*. Das Einschreiben des Horizonts als eines mehr oder weniger verborgenen Signalsystems, das auf Verstehen abzielt, schafft im Text eine Kluft zwischen der geäußerten («scheinbaren») und der gemeinten («eigentlichen») Bedeutung bzw. zwischen Bedeutung und Sinn. Ungeachtet dessen, ob die Kluft durch existenzielle oder intendierte Gründe hervorgerufen wurde, hält die Hermeneutik sie für temporär und überbrückbar. Gerade ein als kontinuierlicher Austausch von Fragen / Herausforderungen und Antworten / Erwiderungen begriffener D. hat die Aufgabe, die ursprünglich gespaltenen Horizonte miteinander in Übereinstimmung zu bringen, bzw. das Ziel, die initiale Fremdheit des Textes in eine schließliche Nähe zu ihm zu verwandeln. Diese Aufgabe steht dem Interpreten eigentlich nicht frei, denn einzig das dialogische Verstehen kann die Intention (den Sinn) des Textes aus dem Zustand der Verweigerung oder der Nötigung befreien, in dessen Rahmen sie entstanden ist, und so stellt die dialogische Annäherung für die Hermeneutik gewissermaßen eine ethische *Pflicht* dar. Einen besonders starken Imperativ des Verstehens postulierte die sog. psychoanalytische Hermeneutik (Ricœur 1965, 1969; Habermas 1968), welche die Äußerung des Pa-

tienten vom Verdrängungszustand ableitet, indem sie diese Äußerung als Feld von Symptomen betrachtet, die sein Unbewusstes sendet. Aber auch die semiotischen Texttheorien (Kristeva 1974a; Riffaterre 1978, 1979a) griffen auf das Verdrängungsmodell zurück, um die Spezifika der literarischen Struktur zu erklären. Daher tritt bei den einen wie den anderen als Ziel die ideale oder *symmetrische*, von sozialen Kontrollinstanzen befreite Dialogsituation in Erscheinung, welche die Partner zur inneren Spaltung der Äußerung (öffentlich / privat, aufrichtig / lügnerisch, real / fiktiv, wörtlich / figurativ, diskursiv / phänomenal, symbolisch / semiotisch u. Ä.) nötigten.

5. Doch außer der Gebundenheit an die Emanzipation des Partners bzw. des Textes kann man dem D. auch die konträre Funktion der *Selbstbewusstwerdung des Interpreten* zuschreiben. Den Rahmen für dieses Schwanken über die wahre Aufgabe des D.s steckte eigentlich schon die Auseinandersetzung zwischen Dilthey und Simmel zu Beginn des 20. Jh.s ab. Dilthey ging vom Hegelschen Postulat des identischen allgemeinmenschlichen Geistes aus, der alle kulturellen Unterschiede durchdringt, sodass er die Funktion des D.s im Akt der psychischen Vereinigung der Partner sah. In Übereinstimmung damit steht auch seine Definition des Verstehens als Prozess, in dem wir aus sinnlich gegebenen Zeichen «ein Psychisches» erkennen, das durch sie ausgedrückt wird. Verstehen ist so ein Sich-Hineinversetzen (Dilthey verwendet diesen von Humboldt inspirierten Begriff) in den Ausdruck fremden Erlebens. Simmel dagegen geht von einer apriorischen Trennung von *Ich* und *Du* aus, die durch keinerlei Projektion der Seelen überwunden werden kann. Da die Partner, ein jeder in seiner Abgesondertheit, einander prinzipiell fremd sind, kann das Verstehen einzig danach streben, Kohärenz, Exaktheit und Glaubwürdigkeit innerhalb seines historischen Ausgangspunkts zu erreichen.

6. Besonders in diesem Simmelschen Sinn spricht der einflussreichste Hermeneutiktheoretiker des 20. Jh.s, Gadamer (1960), von einer allmählichen Horizontverschmelzung. Darunter versteht er nicht, dass der Interpretenhorizont systemhaft in den Dienst des «ursprünglichen» Autorenhorizonts tritt. Im Gegenteil, der Interpret stellt an den Text eine Frage oder wirft ein Problem auf, das aus dem Horizont *seiner eigenen geschichtlichen Situation* erwächst, und erwartet eine dafür relevante Lösung in dem angesprochenen Texthorizont (wenn auch keine praktisch-wirksame, normative Lösung, wie es z. B. bei Betti und Apel der Fall ist). Wenn er sie findet, und darin muss er aber bis zur Erschöpfung aller Interpretationsmöglichkeiten beharrlich sein, dann tritt die erwähnte Horizontverschmelzung ein, womit die Reproduktion der im Text bewahrten Tradition gesichert wird, und die Überlieferung setzt ihr «Geschehen» fort. In diesem «Spiel» des dialogischen Verstehens stehen Autor, Text und Interpret nicht über dem, was den Prozess generiert: «Das Spiel wird gespielt, in-

dem es die Spieler einbezieht, und so wird es zum echten Subjektum der Spielbewegung.» Eine solche ständige Bereicherung des Texthorizonts mit Hilfe dialogischer Interventionen der Horizonte seiner Interpreten, die sich am Ende im ersten Horizont *wiedererkennen*, nennt Gadamer außer Spiel auch *Wirkungsgeschichte* des Textes. Diese beiden Begriffe erinnern daran, dass in der hermeneutischen Problemstellung des D.s die Dialogpartner irgendeine dritte, *übergeordnete Instanz* haben müssen, die «hinter ihrem Rücken» die dialogische Beziehung organisiert und den Kommunikationsprozess zu einem stimmigen Abschluss bringt.

7. Obwohl auch Bachtin (1979) die Rolle jenes «Dritten im D.» hervorhebt, erhält der bei ihm statt einer Konsens- eine Dissensrolle, das heißt, er verursacht ein Missverständnis. Bachtin beschreibt den Dritten als «Überadressaten», dessen absolut korrektes Verstehen der Autor voraussetzt, sei es in metaphysischer Ferne oder in einer fernen historischen Zeit, also als kompromisslose Instanz, die jegliches konkret-unmittelbare Verstehen vonseiten eines «gewöhnlichen» Adressaten frustriert. Dieses Verstehen kann wegen seiner Verwurzelung in den «Gewohnheitsnormen» und «sozialen Formen» der Kommunikation, die das hermeneutische Blickfeld partikularisieren, nicht gelingen. Weil er zu einem bestimmten «Sitz im Leben» (Dilthey) verurteilt ist, projiziert jeder aktivierte hermeneutische Horizont erneut seinen Dritten als Instanz eines künftigen Ausgleichs der gegenwärtigen Benachteiligung. Insofern ist diese Instanz immer nur eine Funktion des konkreten Seinsgeschehens *(bytie-sobytie)* und im Maße der Einzigartigkeit dieses Geschehens auch selbst einzigartig. Eine Aussöhnung zwischen den beiden Projektionen des Überadressaten im D. ist daher unvorstellbar. Die eine Projektion ist für die andere konstitutiv außerhalb befindlich *(vnenachodimaja)*.

Die Unergründbarkeit des Anderen hebt aber das Bedürfnis nach dem D. keinesfalls auf, denn er stellt die einzige Form der *Selbst*erkenntnis dar, als wie immer unvollständig die letztere sich erweist. Wir können allerdings die eigene Bestimmtheit durch einen Dritten nicht erkennen, weil es in der unbewussten «architektonischen» Form des «Gedächtnisses» unseren gesamten Horizont definiert. Aber die Veräußerlichung jenes Horizonts im dialogischen Verstehensprozess des *Anderen* ermöglicht es uns, eine gewisse Distanz auch zu dem eigenen *Dritten* herzustellen. Als wie wertvoll sich diese Distanz, und dadurch auch die Erkenntnis, herausstellen wird, hängt von der Tiefe unseres aktivierten Verstehens ab. Im selben Moment, in dem wir uns von einem Ereignis der Konditionierung unserer Erkenntnis lösen, treten wir in ein anderes solches Ereignis ein, transfigurieren wir die Parameter des Horizonts, halten wir den Prozess unseres «ideologischen Werdegangs» lebendig. Darin erkennt Bachtin den dialogischen Imperativ der ethischen Existenz: eine ständige Fixierung auf einen bestimmten «Sitz im Leben» zu vermeiden. Daher spricht er auch vom «unendlichen bzw. unvollendbaren D.» als eines menschlichen Müssens (*dolženstvovanie*).

8. Wie jede imperativische Konzeption hat auch das Dialogverständnis seine Kehrseite. Ein endloser D. ist nur möglich und wünschenswert in einer utopischen Kommunikationssituation, die keine konkrete Machtaufteilung aufweist. Die übrigen Situationen – und das bedeutet praktisch alle – funktionieren unter dem Druck von Drohungen und Sanktionen bei Verzögerung einer bestimmten Interpretationsreaktion; in den übrigen Situationen wäre der durch eine ununterbrochene dialogische Resonanz hervorgerufene Ungewissheitszustand unerträglich. Darauf wiesen mit ihrer gezielten Kritik z. B. Fogel (1985) und Bernstein (1989) hin. So lässt beispielsweise die Verherrlichung der verhüllten Rede «mit dem Schlupfloch» von Dostoevskijs Mensch in «Aufzeichnungen aus dem Untergrund» die psychische Wunde unberührt, die seine Rede sich um die destruktiven Formen des Herrschens und der Unterordnung drehen lässt (Steele 1997a). Auf die problematische Verbundenheit von Bachtins Dialogkonzeption und der utopischen, idealistischen Vision der Karnevalsgemeinschaft wies Carroll (1987) hin. Berücksichtigt man die Begrenzung der Dialogbeziehungen durch die Machtverhältnisse nicht, dann droht das Dialogmodell in ein liberales Schema zu versinken, das voraussetzt, dass die Sprecher gleichartige Machtpositionen einnehmen, dass sie das Vorverständnis vom Inhalt der Begriffe «Übereinkunft» und «Einheit» teilen und dass sie darüber hinaus in den Zielen übereinstimmen, die angestrebt werden (Butler 1990). Geht man demgegenüber davon aus, wie es z. B. Lyotard (1983) tut, dass unterschiedliche Perspektiven grundsätzlich inkommensurabel sind, dann wird die Möglichkeit eines echten D.s zur Illusion (Morson / Emerson 1990). Bachtin schließt so im Grunde die Asymmetrie aus der Dialogbeziehung aus und sichert ihr einen gemeinsamen Ort, an dem sich die einzelnen Äußerungen im D. in jedem Augenblick treffen können (Gibson 1996). Erst ein solcher gemeinsamer Ort gewährt eine feste «architektonische Positioniertheit» der Fach- und Gruppensprache, der Sprache der Altersgruppe, Klasse und Gemeinschaft, die in der polyphonischen Redevielfalt des Kollektivs zusammentreffen (Stam 1989). Dialogizität ist eine Theorie von Zusammenstößen verschiedener Positionen an einer Stelle, die allen gemeinsam ist. Die Betonung liegt auf der Struktur, innerhalb deren sich die Dialogaktivität abspielt und die als umfassender oder «grundlegender» als die Dialogaktivität gedacht wird (Gibson 1996). Genau das war der Grund z. B. für Lévinas' deutliche Reserviertheit gegenüber dem Dialogbegriff (1961) als einer der Hauptformen der Hegelschen Zähmung des Anderen durch das Selbe, für jene Zurückhaltung, die dann z. B. im Werk von Blanchot, Derrida und Lyotard tiefe Spuren hinterließ.

9. Obwohl de Man schon 1982 seine Reserviertheit gegenüber der unkritischen Aneignung des Bachtinschen Dialogbegriffs vonseiten verschiedener literaturtheoretischer Schulen zum Ausdruck brachte, löste die Veröffentlichung von Todorovs Studie *Mikhail Bakhtin: Le Principe dialogique* (1981) und Holquists Auswahl *The Dialogic Imagination* (1981) eine breite theoretische Auseinandersetzung aus, die sogar mit dem Epitheton *dialogische Kritik* versehen wurde (Bialostosky 1989). Vielleicht wurde Bachtin für die Theoretiker unterschiedlicher Ausrichtungen deshalb interessant, weil er seine Konzeption auch selbst in einem aktiven kritischen D. mit der Tradition und Gegenwart der Theorie ausgearbeitet hatte. Vor allem opponiert er gegen das Interesse der herrschenden aristotelischen Poetik an der Fiktion und greift dabei auf Platons rhetorische Beschäftigung mit der (gemischten oder vielstimmigen) Diktion zurück. Er kritisiert ebenfalls die aristotelische klassische Hierarchie, welche die stabilen, um die Intrige (Drama) zentrierten Genres privilegiert, indem er die subversiven Genres in den Vordergrund rückt, die sich aus der platonischen Tradition des offenen sokratischen D.s (Roman) ableiten lassen. Alles das kam verschiedenen theoretischen Schulen der Zeit nach dem Strukturalismus gelegen, die kommunikationsorientiert waren und bereits selbst auf Platons Theorie der Erzähldiktion zurückgriffen (Hernadi 1972; Genette 1979; Kenner 1978; McHale 1978; Sternberg 1982). Besonders eifrig nahmen die Vertreter der marxistischen Kritik Bachtins Konzept an, obwohl es keinesfalls ein «dialektisches» Transzendieren und eine letztendliche Aufhebung der Widersprüche in der teleologischen Bewegung der Geschichte eingeschlossen hatte. Ganz im Gegenteil definiert sich Dialogizität durch die Ablehnung aller Formen von Transzendenz, aller Versuche zur Vereinigung (Young 1985/86). Doch obwohl Jameson das anfangs klar einsah (1974), führte er z. B. (1981) den D. schnell auf die Dialektik des Klassenantagonismus zurück (LaCapra 1983). Weniger unangebrachte Vereinfachungen durch die marxistischen Kritiker evozierte Bachtins Kritik an de Saussures Linguistik mit ihrer Konzentration auf die Äußerung (als Ereignis) statt auf die Sprache (als System) (Holquist 1986). Doch selbst aus diesen Grundthesen Bachtins wurden keine einhelligen Schlussfolgerungen gezogen. So schreibt Williams (1977) ganz im Bachtinschen Sinn, dass die Menschen miteinander kommunizieren und das fortsetzen, bevor irgendein beliebiges System, das ihr Produkt ist, begriffen wird und seine eigene Determination durchführen kann; es ist eher das Resultat praktischen und weniger des abstrakten Bewusstseins. Im Gegensatz dazu ist Young (1985/86) der Meinung, dass Bachtins Privilegierung des Individuums über das System seiner Demontage der Einheit des Subjekts widerspreche. Allgemein lässt sich sagen, dass die dialogische Kritik von verschiedenen, ja gegensätzlichen Interpretationen der Schlüsselstellen in Bachtins Konzeption

durchdrungen ist, abhängig von dem «theoretischen Hintergrund», auf dem sie sie betrachten und verstehen: formalistisch, semiotisch, psychoanalytisch, feministisch, dekonstruktivistisch, poststrukturalistisch (Lyotard), soziolinguistisch (Halliday), entwicklungspsychologisch (Vygotskij), marxistisch (Lukács, Jameson, Benjamin) oder analytisch-philosophisch (Wittgenstein). Diese Differenzen konnte weder Todorovs Versuch verhindern, Bachtin von weiteren Ideenassoziationen und von einer enttäuschenden Vielzahl von Bedeutungen zu entlasten (1981), noch das Bemühen von Clark und Holquist (1984), ihn losgelöst von verschiedenen «Aneignungen» zu interpretieren. Mit Bestimmtheit kommt es zu solcher «Redevielfalt» auch deshalb, weil Bachtin seine Stimme auf vielfältige argumentative Töne und Genres projizierte, da sich Gegenstand und Publikum, an das er sich wandte, änderte und weil er sie nicht nur in seinem Namen, sondern auch im Namen anderer verbreitete und sie für die Aneignung von Seiten einiger Disziplinen zu unterschiedlichen Zwecken zugänglich machte (Bialostosky 1989).

10. Der Ersatz der Fiktion durch die Diktion, der auf die Intrige konzentrierten Genres durch dialogische Genres, des zielgerichteten D.s durch den endlosen D. – all das verweist auf Bachtins stillschweigende Identifikation mit der romantischen, melancholisch-utopischen Ästhetik des Erhabenen. Vielleicht war die Vergötterung des erhabenen Überadressaten, gegenüber dessen absolutem Verstehen sich alle konkreten Verstehensakte als armselige Fehlschläge ausnehmen, bei Bachtin mit der persönlichen Traumatisierung durch die damaligen finsteren Maßnahmen des stalinistischen Terrors verbunden (Emerson 1993). So taucht in der scheinbar klaren theoretischen Auseinandersetzung plötzlich die Frage des Ausagierens der Lebenserfahrung auf, die LaCapra (1994) im Zusammenhang mit der historiographischen Problematik energisch vorantrieb. Er weist darauf hin, dass die grundlegenden psychoanalytischen Konzepte wie Übertragung, Verweigerung, Widerstand, Verdrängung, Ausagieren und Verarbeitung nicht nur das Verhältnis zwischen Kulturen, sondern auch zwischen Gegenwart als Erkenntnis und Vergangenheit als ihrem Gegenstand wirkungsvoll zu erklären vermögen. Dabei sollte den ideologischen Erlösungsgeschichten das Bemühen entgegengestellt werden, die Probleme außerhalb des Rahmens einer reinen strategischen Umkehrung anzugehen. Wenn der D. der Gegenwart mit der Vergangenheit in der völligen theoretischen Beherrschung der letztgenannten endet, dann ist das gewöhnlich das Resultat des Niederhaltens verschiedener Subjektpositionen des Historikers durch eine übermächtige Identität, die meist die unwillkürliche Verwirklichung vergangener Erfahrungen darstellt. Dabei sind zwei völlig gegensätzliche Positionen möglich: zunächst die *Kontextualisierung*, welche die Texte ohne zu zögern von der Höhe der Gegenwart in ihre historische Zeit versetzt, und dann der

dialogische Austausch, in dem wir als Menschen des Heute uns in dem überraschenden Spiegel vergangener Texte unablässig erkunden und erforschen. LaCapra beschreibt so die strukturalistischen Befürworter der ersten Haltung als jene, die um der Intrige willen lesen *(read for the plot)*, und die dekonstruktivistischen Befürworter der zweiten Haltung als die, welche um des Lesens willen Intrigen knüpfen *(plot for the read)*. Aber keine dieser beiden Haltungen ist zufrieden stellend, denn beide präsentieren die dialogische Beziehung einer wechselseitigen Übertragung unangemessen einseitig. Daher müssen sich Kontextualisierung und dialogischer Austausch in einer Reihe von wichtigen und in Schlüsselmomenten gespannten und konfliktbeladenen Modalitäten gegenseitig ergänzen. Es gibt nämlich Texte, *über die* wir sprechen (und die wir gründlich durcharbeiten), nur insofern gleichzeitig Texte existieren, *mit denen* wir sprechen (und die wir dabei wirksam werden lassen). Auch wenn also der Wiederholungszwang in Bezug auf die Vergangenheit nicht ganz vermieden werden kann, ist es dabei doch wichtig, mehrere Subjektpositionen ständig beizubehalten, welche die Übernahme und gründliche Durcharbeitung der einen durch die anderen ermöglichen. (R. H.-K.)

→ Andere, Äußerung, Interpretation, Verstehen

Diegese

(engl. diegesis, franz. diégèsis, russ. diègeza)

1. Begriff von Platon für die (indirekte) Erzählung der Ereignisse im Gegensatz zur Mimesis als ihrer (direkten) Darstellung. In der zeitgenössischen Theorie reaktualisierte Genette (1968) den Begriff der D., um die traditionelle Opposition *telling / showing* aus der angloamerikanischen Prosatheorie durch ihn zu ersetzen. Diese Theorie privilegierte in der aristotelischen Tradition die Darstellung als künstlerisch anspruchsvolleres und auch «der Realität näheres» Verfahren im Roman. Der Strukturalismus weist das mimetische Prinzip als Wertmaßstab der Analyse zurück, da er davon ausgeht, dass das Erzählen seine eigene Welt bzw. das *diegetische Universum* (franz. *diégèse*) bildet. In Übereinstimmung damit sieht er D. als Grundvoraussetzung des Erzählmodus. Innerhalb des Erzähltextes existieren demzufolge nur verschiedene Stufen der D. (als die Stufen eines «Übersetzungszahnrads»), da die «vollkommene Mimesis», die «eine strenge Isochronie zwischen dem Text und der Geschichte» einschließt, unmöglich ist.

2. Die Stufen der Diegesizität (der Vermitteltheit der eingeführten Instanzen) bezeichnet Genette mit dem Begriff der *diegetischen Ebene*. In diesen Ebe-

nen befinden sich sowohl Erzähler als auch literarische Gestalten, aber ebenfalls die erzählten Ereignisse und Zustände (Existenten), die verschiedene Stufen der Glaubwürdigkeit besitzen. In diesem Sinn bestehen auch verschiedene Arten des Universums: das primäre, sekundäre, tertiäre usw. Der *extra-diegetische Erzähler* bewohnt so nicht das Universum, das er durch seinen Erzählakt formiert, der *intra-diegetische Erzähler* existiert in diesem Universum, und der *meta-diegetische Erzähler* ist Bestandteil der Geschichte, die in ein grundlegendes (oder in irgendein anderes) diegetisches Universum *eingebettet* ist. Alle diese Erzähler können *hetero-diegetisch* sein, wenn sie als literarische Gestalten nicht an dem Universum teilhaben, das sie durch ihre Erzählung errichten. Sie sind *homo-diegetisch*, wenn sie an ihm teilnehmen. Die Unter-Gattung der homo-diegetischen Texte, in denen der Erzähler auch die *Hauptfigur* ist, bezeichnet man als *auto-diegetischen Erzähltext*. Wenn die meta-diegetische Ebene (die Geschichte der zweiten Stufe) die Funktion der basis-diegetischen Ebene annimmt, spricht Genette von *pseudo-diegetischen* Texten. (Lj. Š. / W. W.)

→ Beglaubigung, Ebene, Erzähler, Standpunkt

Différance

«Sie ist weder Wort noch Begriff»; die D. wird in der gleichnamigen Abhandlung von Derrida (1967c) eingeführt, um auf diese Weise mit einer polemischen Geste à la Heidegger, entgegen der metaphysischen Tradition, das Primat der Schrift gegenüber der Rede zu etablieren. In diesem Sinn setzt er ein stummes *a* an der Stelle ein, wo in dem ursprünglichen französischen Wort ein *e* steht: In der Schrift ist der Unterschied bemerkbar, in der Aussprache nicht. Die Schrift ermöglicht uns also, Unterschiede zu notieren, die unaussprechbar sind, und gerade weil sie so sind, organisieren sie durch ihr «Spiel» die Rede. D. als gesprochenes Wort sublimiert in sich die französischen Verben *différencier* (unterscheiden) und *différer* (verschieben, aufschieben), wodurch ihm eine komplexe Bedeutung gleichzeitiger Unterscheidung, Verschiebung und Aufschub zukommt. Durch das Einsetzen von *a* anstelle des *e* einerseits, durch die Verblendung verschiedener Bedeutungen andererseits versucht Derrida, sich in der Reihe vieler ähnlicher Gesten der philosophischen «Gewalt über die Sprache» (die auch seinen «Wahlverwandten» Heidegger und Lévinas eigen ist) der Schlauheit der «griechischen» Grundlage der europäischen Sprachen zu entziehen, die ihnen unmerklich metaphysische geistige Strömungen einflößt. Aber die Schrift wie die Metaphysik überholen uns in dem Augenblick, in dem wir glauben, sie besiegt zu haben. «Wie können wir durch den Zeichengebrauch die Bedeutung übertragen, dass der Zeichengebrauch die Bedeutung niemals übertragen kann?» (Marius/Jahrhaus 1997). Das Verbinden von Unterscheidung, Verschiebung und Aufschub radikalisiert de Saussures Idee von der Sprache als «System der Unterschiede». Es ersetzt das System mit dem unanhaltbaren «Spiel» oder dem «Weben», das es nicht mehr zulässt, den Abgrund der Unterschiede als überbrückbar und ihre Umleitung als vorübergehend zu betrachten. Im Gegenteil, die Verschiebung bringt in eine sprachliche Entität eine radikale *zeitliche* und die Bewegung eine radikale *räumliche Abwesenheit* einer anderen Entität, ohne die sich die erste Entität nicht konstituieren, d. h. nicht identifizieren lässt. Die auf diese Weise verschobene Identität bezeichnet Derrida als Urspur *(arché-trace)*, eine einzigartige Maske der Quelle, an der immer ein «nichtanwesendes Überbleibsel des Merkmals» zurückbleibt. Durch das Bestehen auf der radikalen Abwesenheit des Anderen, das durch die D. in der Urspur ausgelöst wurde, widersetzt sich Derrida der Idealisierung des Anderen (der Quelle) in der Tradition der Philosophie der Selbstreflexion, die glaubt, es werde gerade dank der Wirkung des «Geistes» des Anderen erst möglich, in den Identitäten einen sich wiederholenden Kern auszumachen (Frank 1983; Gasché 1986). Außer durch die D. widerruft Derrida diese Behauptung auch durch eine Reihe von verwandten «Begriffen» wie Entfernung *(décalage)*, Ausrenkung *(déhiscence)*, Riss oder Öffnung *(brisure)*, wobei das letztzitierte französische Wort gleichzeitig den *Abbruch* und die *Verknüpfung* am Scharnier bedeutet: Über die Urspur verbindet sich die Identität mit den anderen Identitäten und trennt sich von ihnen. Hier «hängt» sich die D. an ein weiteres sehr wichtiges *porte-manteau*-Wort von Derrida an: Iterabilität. Sie alle stehen im Dienst des Abbaus der klassischen Ontologie durch die Temporalisierung des Seins: Im selben Augenblick, in dem sie vergegenwärtigt oder dargestellt wird, trennt sich die Wahrheit von sich selbst ab (Cornell 1991, 1992a). (D. P.)

→ Abgründigkeit, Differenz, Iterabilität, Schrift, Supplement

Differenz

(engl. difference, franz. différence, russ. differencija)

Einer der Schlüsselbegriffe der gegenwärtigen Literaturtheorie, der fast alle ihre Richtungen determiniert, wobei auch er in ihnen verschiedene Bestimmungen erhält.

1. Seine Karriere beginnt mit de Sausure (1916), der postuliert hat, dass die Sprache als System der D. funktioniert, wobei D.en eigentlich Oppositionen

bedeuten. Die Bedeutung der sprachlichen Teile (*signification*, d. h. ihre Fähigkeit, durch andersartige Teile ersetzt zu werden, z. B. als Signifikanten durch die Signifikate) hängt von ihrem Wert ab (*valeur*, d. h. ihrer Fähigkeit, mit gleichartigen Signifikantenteilen zu kontrastieren). So hat die englische Sprache die Bezeichnung *sheep* und *mutton* dort, wo die französische nur *mouton* (Schaffleisch) kennt, sodass die Bedeutung *sheep* von der Bedeutung *mutton* unterschieden werden kann. Ebenso kann die Bedeutung des Worts *Sonne* nicht in allen Sprachen gleich sein, weil man in einigen Sprachen nicht sagen kann: «sich in die Sonne legen oder setzen». Nach de Saussure jedoch überwiegen die Oppositionen zwischen den Signifikanten sowohl auf einem niedrigeren als auch auf einem höheren Niveau als das Wort. In diesem Sinn interpretieren Jakobson (1932ff.) und Trubetzkoy schon das Phonem als Bündel distinktiver Merkmale *(distinctive features)*. Die paradigmatischen Beziehungen der Integration verschiedener Elemente in jedem Bedeutungssystem sind durch die syntagmatischen Beziehungen der Distribution der gleichartigen Elemente a priori bedingt. Jedes Zeichen ist nur das, «was das andere nicht ist».

2. Solche spinozistische Grundlage des Strukturalismus, die besagt, dass jenes, was etwas ist, von jenem abhängig ist, was dieses etwas nicht ist *(omnio negatio est determinatio)*, wurde von Derrida (1967c) weitreichend neu geschrieben, wobei er das Untergraben der Anwesenheit durch die Spuren des Abwesendseins radikalisierte. Da das Schreiben als unübersichtliches Spiel von D.en der Rede vorausgeht, wird das Signifikat unendlich verschoben/verzögert, wobei es in jeder realisierten Zeichenbildung immer neue D.en produziert. Wenn von nun an demzufolge auch die Beziehung zwischen dem Signifikanten und dem Signifikat als D. definiert wird, emanzipiert sich die D. gegenüber der Vormundschaft der Identität, die ihr bis dahin «metaphysisch» eine wie auch immer kurze, eigentlich nur vorübergehende Dauer garantiert hat. Aber «das bedeutet, dass die Differenz ursprünglicher als die Identität ist: eine Behauptung, die unvorhersehbare Folgen haben könnte, wenn wir uns ihr anschließen würden», hat hier Frank (1983) im Namen von vielen, trotz aller Sympathien, den charakteristischen Widerwillen geäußert. Wenn es keinen äußeren Grundsatz mehr gibt, der die Identität irgendeiner Innerlichkeit garantieren würde, wird dadurch das theoretische Bewusstsein für sich selbst uneinholbar, unfähig, zum Schluss die Wiedereinholung der Uneinholbarkeit für sich selbst zu erreichen? An jene Stelle innerhalb des Theoriebaus, die früher die endgültige Begründung besetzt hatte, tritt nur die Referenz zur Notwendigkeit einer kontingent gewählten D. als Quelle, als Initialzündung und Ausgangspunkt einer jeden Weltbeschreibung. Aber das bedeutet gleichzeitig, dass dasjenige, was die Theorie nicht mehr konstitutiv erfassen kann, selbst nicht mehr von ihr abhängig ist (Marius/Jahrhaus 1997). Führt dies aber dann nicht

zur Verwischung aller D., zur allgemeinen Verneblung der Begriffe und zur Beseitigung jeder Möglichkeit eines begründeten Urteils? «Die Homogenisierung der abendländischen Tradition in einen unausweichlichen metaphysischen Kerker suggeriert eine wesentliche Ähnlichkeit und Abbaubarkeit aller Positionen» (Holub 1992). Oder wird nicht vielleicht, genau umgekehrt, die Möglichkeit einer aufmerksameren Untersuchung der jeweils gegebenen ethisch-politischen Beziehung zwischen den entstandenen D.en erst einmal durch den Abbau der fest verankerten Oppositionen ermöglicht – weswegen die D.en eigentlich an «Bedeutung gewinnen und nicht verlieren» (LaCapra 1994)?

3. Die ethisch-politische Ladung in der Bevorzugung der D. auf Kosten der Identität ist nämlich noch vor Derridas Intervention ergründet worden, z. B. in der Ontologiekritik von Lévinas und in Adornos Kritik der Erkenntnistheorie (Gripp 1986; Brunkhorst 1990; Cornell 1992a; Critchley 1992, Baumann 1993). So schreibt Lévinas (1961) der Negation und der Korrelation als reversiblen Beziehungen, die innerhalb des hegelschen dialektischen Gegensatzes herrschen, eine «Unfähigkeit zur Transzendenz» zu bzw. «einen Durchbruch zum Anderen». «Indem sie sich ablehnen, ziehen sich These und Antithese an, und auf diese Weise unterliegen sie der synoptischen Betrachtung, die sie umfasst.» Diese imperiale Betrachtung unterzieht die Korrelate einem «selbstverständlichen» Standard der Gleichheit, der unter seinem «Identifikationsschirm» die Affirmation ihres Andersseins unmöglich macht. Daher rührt auch Adornos Beharren auf der Unwahrheit des Ganzen bzw. auf der konstitutiven Nichtidentität von Begriff und Gegenstand. Durch die restlose Besetzung des Gegenstandes reduziert die Reflexionsphilosophie den Anderen auf sein eigenes Spiegelbild. Ratio als Grundsatz der Selektion widerruft die Wirklichkeit bestimmter Gemeinschaften, Völker und Nationen mit der Begründung, dass sie für die Abwicklung der Ratio in der Geschichte nebensächlich ist. Auf diese Weise misshandelt er sie und bestätigt wiederholt, dass Hegels Vereinheitlichungsgeist eine erzwingende Gewalt ist (Cornell 1992a). Deswegen erinnert Adornos negative Dialektik unermüdlich daran, dass jedes angeblich intersubjektiv-solidarische «Wir» auf mehr oder weniger verdecktem Ausschluss aufgebaut ist. Dies gilt nicht nur für das Traditionskonzept z. B. eines Gadamer oder eines Rorty, sondern auch schon für Husserl, dessen eurozentrische Konzeption aus Angst vor der «Indianisierung Europas» der «Zigeuner, die ständig durch Europa herumvagabundieren», entsagt (Luhmann 1996). Dieselbe Gewalt bringt nach Lévinas die gesetzlich-repräsentative Mediation des Dritten in die unvorstellbare, nicht zum Bewusstsein zu bringende Beziehung der Nähe zwischen dem Ich und dem Anderen ein. «Wenn es kein Gesetz und keine Ordnung gäbe, hätte meine Verantwortung keine Grenzen» (1991). So aber garan-

tiert uns die Ordnung den Platz «unter der Sonne», mit dem die menschliche Usurpation der Erde beginnt. Bei den beiden Denkern bekommt also die Sorge um die D. die ausgesprochene ethische Dimension der Erhaltung des nichtzurückführbaren Andersseins des Anderen.

4. Obwohl er an Adorno und Lévinas in der Widersetzung assimilierenden Neigung des Geistes anknüpft, beseitigt Derrida ihr Absolut-Setzen der D. Dem Anderen einen völligen Außenseiterplatz zuzuweisen bedeutet, die binäre Opposition wieder anzunehmen, statt sie abzubauen. Deswegen bringt die D. den Anderen immer wieder zu den Spuren, zu den Resten zurück, welche die Verwirklichung der Totalität verhindern, und auf diese Weise ihre eigene Rettung in eine gleichzeitig unmögliche und unendliche, aber auch notwendige und unaufschiebbare Aufgabe umwandelt (Martyn 1995). Angesichts dessen, dass die Interiorisierung des Anderen in das Ganze niemals vollkommen gelingt (Luhmanns «nichtidentische Reproduktion» der Umwelt im System), konfrontiert uns dieser Misserfolg unentwegt mit dem Verlust des Anderen. Die Erneuerung der Trauer um ihn bewegt zur Wiedereinführung *(re-entry)* der D. Deshalb, hebt Cornell (1992a) hervor, soll man unter «Unmöglichkeit nicht die absolute Schranke» verstehen. So ist z. B. Derridas Distanzierung von Lacan zu erklären. «Das Unmögliche geschieht in jedem Augenblick. Der Andere kann aus keinem der bestehenden Repräsentationssysteme gänzlich verschwinden. Der Andere überlebt.» Derridas Relativierung der Schranke, welche die Glieder der ethischen Beziehung abtrennt – sodass diese Beziehung immer nur im Diskurs *inszeniert,* anstatt dass sie ontologisch *konzeptualisiert* wird –, widersetzt sich dem Einfrieren der Hierarchien, die mit gegebenen binären Oppositionen vorausgesetzt werden. So ist z. B. in Lacans Auslegung die herrschende Vorstellung vom weiblichen Geschlecht das Resultat der Phantasie, welche die Männer als Ersatz für die Trennung von der Mutter entwickeln, die durch das Hineintreten in die symbolische Ordnung des Vaters hervorgerufen ist. Es handelt sich um eine Phantasie, die den Penis mit dem Phallus gleichsetzt und die zur entwertenden Schlussfolgerung über die Benachteiligung der Frauen führt. Angesichts dessen, dass es sich bei der letzteren um die Kastration handelt, die nur der Mann begleichen kann, wird sie zur notwendigen Voraussetzung für die Festigung der männlichen Identität. Die Geschlechtshierarchie wird so durch die männliche Kompensationsphantasie begründet, und dies macht *beide* Geschlechter zu problematischen Bedeutungskonstrukten. Beide bauen ihre Identifikationsnormen auf Verlust auf (Lacan 1966, 1982). Doch Lacan hält diese Normen trotzdem für unveränderlich, und zwar wegen der Unerreichbarkeit der richtigen, authentischen Grundlage, von der aus sich dieser fiktionalen Identität widersprechen ließe. Da die semantischen Strukturen der letzteren in das Unbewusste eingeschrieben sind, erneuern sie sich unausweichlich. Im Gegensatz

dazu betont Derrida die konstitutive Unentscheidbarkeit (d. h. gerade die Lacansche *signifiance*) dieses Codes, der im Unbewussten eingeschrieben ist. Sie ermöglicht eine Neusignifikation in jedem Akt seiner performativen Erneuerung. «Möglichkeit der Reinterpretation der Bedeutung des Weiblichen sowie des Sinns der standardisierten Geschlechtsaufteilung, welche die Entschlossenheit der Heterosexualität für die normale Geschlechtsidentität voraussetzt, hält den Raum für Derridas ‹neue Choreographie der Geschlechtsunterschiede offen›» (Cornell 1992b). Diese Choreographie ermöglicht es, sich der binären Stereotypisierung der Geschlechter zu widersetzen, die alles beschämt, was ihrem Modell entrückt. Sie lässt die Solidarisierung der Frauen im Namen einer verschiebbaren D. zu, die *gegen* die bestehende Geschlechtsidentität ausgerichtet ist und nicht auf ihrer Differenzgrundlage beruht, die die Disqualifikation nur reproduziert oder gar bekräftigt.

5. Auf derselben Basis widersetzen sich postkoloniale Theoretiker dem Konzept der kulturellen Verschiedenheit *(diversity)*, das in den 1990er Jahren von der Doktrin der politischen Korrektheit *(political correctness)* in den Vordergrund gestellt wurde. Solche Verschiedenheit setzt voraus, dass die Entitäten auf einen gemeinsamen Identifikationsnenner gebracht werden, der natürlich vom dominanten kulturellen Paradigma aufgezwungen wird. Die eigene D. gegenüber solch einer Verschiedenheit affirmieren heißt, sich von dieser stillschweigenden Kastrationsattribution zu distanzieren. Aber wenn Spivak (1987) sagt, dass es für die «wirklich subordinierte Gruppe, deren Identität ihr Unterschied ist, kein Subjekt gibt, das für sie wissen und für sie sprechen könnte», dann gilt dieses nach Bhabha (1994) auch für das Subjekt des dominanten kulturellen Paradigmas, dessen Identität ebenso mit verdrängten kulturellen Spuren durchdrungen und daher hybride, ambivalent und differenziert ist. «An dieser Stelle muss ich den Weg der *vox populi* ebnen: den relativ unausgesprochenen Traditionen der hinzugefügten Völker – der kolonialen, der postkolonialen, der Migranten, der Minderheiten – der umherziehenden Völker, die im Heim der nationalen Kultur und in seinem einstimmigen Diskurs nicht enthalten sind, sondern selbst als Kennzeichen einer verschiebbaren Grenze fungieren, welche die Ränder der modernen Nation entfremdet. Sie sind Marx' Reservearmee für die Leiharbeit, die, indem sie die Fremdheit der Sprache spricht, die Vaterlandsstimme von der Einstimmigkeit trennt und dadurch zu Nietzsches beweglicher Armee der Metapher, der Metonymien und der Anthropomorphismen wird. Der akkumulierten Geschichte des Westens widersetzen sich diese bauchredenden Völker der Melancholiker und der Migranten.» In diesem Rahmen der «besonders intimen», eng verflochtenen Beziehung zwischen dem Kolonisator und dem Kolonisierten (Suleri 1995), was die distinktiven Identifikationsumrisse eines jeden von ihnen vernebelt, werden die Bändigungsstrategien *(strategies of*

containment), die der kolonial-autoritative Diskurs in Betrieb setzt, ihrer verrufenen Macht beraubt und als Region der symbolischen Intervention eröffnet. Die Latenz der Perversion dieses Diskurses in jeder seiner Aufführung, die sich aktivieren ließe – z. B. durch das Bloßlegen der Performativität seines Konstativs oder der Konstativität seines Performativs –, «macht die absolute Durchführung der Macht unmöglich» (Parry 1995). So äußert sich die Wiedereinführung der vernachlässigten D. in die postkoloniale Theorie in letzter Instanz als politischer Akt. Der Transformationswert des Wechsels liegt hier in der Umgestaltung oder in der Übersetzung der Elemente, die *weder das Eine noch das Andere sind, sondern den beiden etwas gegenüber Äußerliches*, das die Begriffe und Gebiete der beiden widerlegt (Bhabha 1994).

6. Die Untergrabung der gesetzgebenden Macht eines jeden (absondernden) Diskurses kann nicht ohne Folgen auch für das Verständnis der sog. Erstanweisung *Draw a distinction!* bleiben, aus der Luhmann sein Schlüsselkonzept der Leitdifferenz herleitet. Im Gegensatz zu Derrida legt Brown (1971) dieses imperative «Gesetz der Form» als eine Gegebenheit aus, die sich der beobachtenden Unterscheidung entzieht. Der Auftraggeber ist also Gott bzw. der erste Beobachter, der sich selber einer Beobachtung entzieht und der über seine Unterscheidungen als seine Mission herrscht, sodass er sich selbst nicht unterscheiden muss, denn er *ist* in der D. (Plumpe / Werber 1995). «Nachdem er die Erde vom Himmel getrennt hat, schließt Gott sich selbst als den Dritten aus, als jenen, dessen Eintritt in die D. ein Paradox hervorrufen würde» (Luhmann 1987). Erst sein Selbstausschluss ermöglicht Einheit bzw. reine Selbstreferenzialität der Form als grundlegende Präsupposition ihrer Gesetzlichkeit. Eine Form, die in ihrer Blindheit für sich selbst ihre Einheit nicht sehen kann, ohne sie zu verlassen, verkündet Gott als eine unsichtbar anwesende Bedingung der Selektionsmöglichkeit, als Horizont jeder Individualisierung und jeder Unterscheidung und Signifikation (Schulte 1993). Diese Stellung der transzendentalen Möglichkeitsbedingung ist dasjenige, was entscheidend die Form von den Leitdifferenzen unterscheidet, mit denen einige Systeme zum Zweck ihrer Beobachtung operieren. Jede Konstruktion setze diese Form als selbstidentische Struktur voraus. Da aber jede Beobachtung der gleichen archetypischen oder transzendentalen Form folgt, bleibt sie als einzige unerschütterliche Tatsache im Universum der Erkenntniskonstruktionen (Mussil 1995). So kommt es am Schluss zum Vergegenständlichen derselben distinktiven Funktion, welche die Erkenntnisrelativierung jeder Gegenständlichkeit zur Aufgabe hat – die erkenntnistheoretische Kritik der Ontologie wird zur neuen Ontologie! Darin unterscheidet sich die konstruktivistische Behandlung der D. von der dekonstruktivistischen. Anders als die Form ist die D. an sich kein Gegensatz, keine D., kein Urzeichen, das sich in anderen abbildet. Vom dekonstruktivistischen

Standpunkt aus hinterlässt die Form den Eindruck eines typischen philosophischen Denkmodells: Sie verabsolutisiere den Gegensatz zwischen dem Inneren und dem Äußeren, zwischen Akt und dem Objekt (Mussil 1995). Das Absolut-Setzen der Form aber geht nur aus dem Verabsolutieren des Mediums hervor, weil Luhmann Browns *unmarked state* als selbstreferenziell-sich-selbst-genügenden Zustand der In-Differenz, der undifferenzierten Ursuppe, versteht, der dem differenzierten Anfang *vorausgeht* und sich nicht aus ihm als nachträgliche Wirkung der durchgeführten Unterscheidung *ergibt* (ebenso wie diese Unterscheidung sich nicht aus ihm ergibt – wieder im Gegensatz zur Dekonstruktion, wo sie gleichzeitig Medium und Akt ist; Mussil 1995). Die unmarkierte Seite wäre nach dieser Annahme ursprünglicher als die Form, ursprünglicher als die Erstdifferenzierung in Browns Sinn (Mussil 1993). Sonst könnte Luhmann nicht behaupten, dass jede Beobachtung, Beschreibung, Konstruierung und Herstellung Formen aktiviert, die den *unmarked state* der Welt verletzen (1990c). So setzt er «den letzten Horizont» der Welt mit der *Einheit* des unmarkierten *Zustandes* gleich, anstatt mit der *Alternative* zwischen *zwei* Seiten, d. h. zwischen der markierten *und* der unmarkierten Seite, wie Brown es tut.

7. In der Antwort auf diese Kritik räumt Luhmann (1995) ein, dass der Begriff für den vordifferenzierten Zustand der Welt bei Brown ausbleibt; aber er beharrt auf der Notwendigkeit eines Begriffs, der die Einheit der D. zwischen dem markierten und dem unmarkierten Raum *(space)* deckt, und er schlägt vor, für ihn den Begriff des unmarkierten Zustandes *(state)* zu verwenden. Er beziehe sich auf die letzte undurchdringliche Einheit der Welt, die als beweglicher Sinneshorizont bzw. als unsichtbarer Schatten alle Systemoperationen der Differenzierung begleite. Diese Welt ist und bleibt erreichbar, natürlich nicht als Einheit, als Ganzes, als Totalität, als Mystisches alles in einem Augenblick, sondern nur als Bedingung und Gebiet des zeitlichen Prozessierens des Sinns (Luhmann 1995). Aber wie können wir überhaupt das Ganze von etwas (er-)kennen, was uns nur partiell zugänglich ist? Wie soll man die Einheit erkennen, wenn jede ihre Erkenntnis immer-schon differenziell ist? Wie soll man das Unsichtbare vergegenständlichen, wenn es die Erkenntnisvoraussetzung jeder Gegenständlichkeit ist? Luhmann bestätigt, dass wir uns über den Zustand, auf dem alle D.en basieren, auf keine Weise vergewissern können, weil er differenzlos ist. Aber er hebt gerade diese Differenzlosigkeit als grundsätzliche Textur des Urzustandes hervor, die jeden Versuch des differenziellen Durchdringens zur Reduktion der eigenen Komplexität bzw. Komplexitätsgefälle der grundlegenden Opposition zwingt. «Die Blindheit» dieser Reduktion ist der Grund, warum in dem Basisgegensatz der Luhmannschen Theorie die ungeordnete Umwelt gegenüber dem geordneten System stillschweigend bevorzugt wird bzw. warum in dieser Theorie jede reflexive Überschreitung der

Grenze von der markierten auf die unmarkierte Seite unterstützt wird. Schließlich ist es die Umwelt, die dem System die Anschlussfähigkeit an das verlorene Ganze der Welt garantiert. Obwohl sie nur die zweite, unmarkierte *Seite* des gewählten Systemcodes ist, wird ihre «Mitarbeit» mit dem unmarkierten *Zustand* der unergründlichen Gesamtrealität an der Analogie sichtbar, die Luhmann zu Hegels Begriffen des Unendlichen als simplem Gegensatz der Endlichkeit und der wahren Unendlichkeit zieht (1995). Wie nah Luhmann Hegel steht, bei dem nur die wahrhaftigen Philosophen der wahren Unendlichkeit gewachsen sind, zeigt seine Überzeugung, dass wegen der unermüdlichen Reflexion der eigenen theoretischen «Kontextur» (bzw. der wiederholten Überschreitung auf die unmarkierte Seite) die Systemtheorie eine höhere Komplexität der eigenen Einsicht erreicht und damit einen Vorsprung vor anderen Theorien gewinnt. Also, auch wenn es wahr ist, dass die Außerhalbbefindlichkeit der Welt prinzipiell nur aus dem Inneren der Systeme erreichbar ist, kann man sich des Eindrucks nicht erwehren, dass sie einigen Beobachtern zugänglicher ist als anderen. Das zeigt, dass sich der Dritte aus dem Gegensatz von System und Umwelt doch nicht ausschalten (unsichtbar machen) konnte, sondern dass er, wie in allen binären Oppositionen, unbemerkt eine seiner Seiten besetzt hat. Die auf diese Weise entstandene Beziehung zwischen der Umgebung und dem System hat die Hierarchisierung der Beziehungen zwischen den Systemen in Form der Rollenverteilung auf Beobachter des ersten, zweiten und dritten Grades ermöglicht. Wenn aber die Beobachter des ersten Grades ihrer Definition nach glauben, dass die Welt tatsächlich eine solche ist, wie sie sich ihrem selektiven Beobachten darstellt – und Luhmanns system-theoretischen Beobachter haben wir eben in dieser Überzeugung angetroffen –, dann wird seine Aneignung der Rolle des Beobachters des *zweiten* und *dritten* Grades in Frage gestellt. Das aufklärerische Ziehen der Einsichtgrenze legt noch einmal seinen blinden Fleck bloß. (D. P.)

→ Abgründigkeit, Différance, Identität, Opposition, System

Diskurs

(engl. discourse, franz. discours, russ. diskurs)

In der französischen Alltagssprache (die Diskurstheorie hat den Begriff von dort übernommen) bezeichnet er einen spontanen, improvisierten sprachlichen Auftritt unbestimmter Länge in einer intersubjektiven Diskussionssituation.

1. Der Begriff D. geht in den theoretischen Gebrauch durch Lévi-Strauss'

Analyse der Mythenstruktur (1958) ein. Er führt ihn hier als die Bezeichnung für die dritte Ebene der linguistischen Analyse ein, jenseits der Reversibilität der Sprache als der ersten Ebene und der Irreversibilität der Rede als der zweiten Ebene. Der D. ist die Ebene, auf der als Grundeinheiten Sätze erscheinen. Dank der vereinigenden Kraft des Mythos verwandeln sich diese Sätze – als die komplexesten konstitutiven Einheiten der Sprache – in noch komplexere Einheiten, in Mytheme. Im Unterschied zum literarischen D. realisiert der mythische D. das Spezifische der Sätze als seiner Einheiten nicht im Stil oder im Erzählmodus, sondern ausschließlich in der Geschichte, die diese übertragen. Wie Barthes (1966b) festgestellt hat, erlaubt es diese Tatsache, auch den D. zu einem Gegenstand der linguistischen Analyse zu machen: «Es ist am vernünftigsten, homologe Beziehungen zwischen Satz und Diskurs zu postulieren (...) Dabei wäre der Diskurs ein großer ‹Satz› (dessen Einheiten nicht unbedingt Satzeinheiten sein müssen), während der Satz – bei gewisser Vereinfachung – ein kleiner Diskurs wäre.»

2. Von hier aus verzweigt sich die Rezeption des Begriffs D. in zwei Richtungen. Eine zeichnet Foucault (1966) mit seiner Anpassung des Begriffs D. an den archäologischen Rahmen, in dem der Begriff eine Art symbolische Ordnung bedeutet, oder eine Art des historischen *a priori* der Phantasie-, Denk- und Sprachschemata vor allem aus der klassizistischen Epoche. Wie bereits in Lévi-Strauss' Mythosanalyse wird auch hier der D. zum Mittler zwischen der allgemeinen, zur Erfahrung gehörenden *Sprache*, deren Ordnung (strukturell) konvertibel ist, und der elitären philosophisch-theoretischen *Rede*, deren Reihenfolge (historisch) festgelegt ist. Kurzum, der D. wird für die Rahmenbedingung der Entstehung von Vorstellungen, Erkenntnissen, Reden, Verfahren und Gesellschaftlichkeitsformen einer Zivilisation gehalten, für ihr *konstitutionelles Fundament*. Der D. ist dabei konkreter, reifer und intimer als die fundamentalen Erfahrungscodes, die ihm als Stoff dienen, jedoch ursprünglicher, rätselhafter und verwirrender als wissenschaftliche Erklärungen.

Die Diskontinuität, die ein derart umfassend begriffener D. bezüglich der Bedingungen seiner verschiedenen Erscheinungsformen zeigt, ist anfänglich nur in der Beziehung *zwischen* Epochen sichtbar, wird später (1969) aber auch *innerhalb* des zuvor immer noch monolithischen Blocks der Epoche selbst entwickelt. Nun zerfällt nämlich der gesamte D. mittels der Vervielfältigung seiner Codes in diskontinuierliche Reihen von *Unterdiskursen*. In bestimmten historischen Augenblicken werden diese Reihen zwingend in Ansammlungen mit Hilfe der Regelmäßigkeit gewisser «senkrechter Systeme» vernetzt – zweifelsohne gehört zu einem dieser Systeme auch die Analytik von Foucault selbst. Foucault möchte mit einer derartigen Kombination von *verspielten waagerechten* oder diachronischen Beziehungen und *zähmenden senkrechten* oder synchronischen Beziehungen den Begriff D. möglichst stark gegenüber der Kontingenz seiner Basiseinheit öffnen: der Äußerung *(énoncé)*.

Dabei werden die Begriffsgrenzen durch die Tatsache verschwommen, dass Foucault diesen Begriff einerseits in der Bedeutung des gesamten (des apriorischen) Gebiets *aller* Äußerungen beibehält, andererseits in der Bedeutung der regulierten Praxis einer *bestimmten* Zahl von Äußerungen. Die so entstandene Doppeldeutigkeit wird danach noch von der Auslegung der Äußerung als eines Grundelements des D.es bekräftigt. Ihre Merkmale sind gleichzeitig *Individualität*, die ihr ein einmaliges Äußerungsereignis verleiht, und *Wiederholbarkeit*, die sie durch die Unterwerfung unter verschiedene Regeln und Schemen des D.es gewinnt bzw. durch die Unterwerfung unter seine «institutionellen Ordnungen» und «Gebrauchsfelder». Wie auch immer ein derart erreichter Status «beweglich, relativ und ständigen Befragungen ausgesetzt» ist, er muss doch schließlich aus den Archivparametern als Möglichkeitsbedingungen seiner Existenz auf irgendeine Weise abgeleitet werden.

Das unentscheidbare Schwanken zwischen dem Gesetz (Code) und der Kontingenz (Ereignis) in Foucaults D.-Begriff ist jedoch kein Resultat seiner theoretischen Unbesonnenheit oder der Unabgeschlossenheit seiner Konzeption, sondern steht in Zusammenhang mit seiner grundsätzlichen Ablehnung, irgendeine Art von integraler D.-*Theorie* zu erstellen. Andernfalls würde die semantische Einheitlichkeit des allgemeinen D.-Begriffs ebenjenem logozentrischen Verstand geschuldet sein, gegen den sich das gesamte Denken Foucaults durch sein Beharren auf der konstitutiven Unabgeschlossenheit aller semantischen Entitäten wendet. Da diese Unabgeschlossenheit ein Resultat der unaufhaltbaren Einschreibung des äußeren Unterschieds in jedem erkämpften inneren Zustand des Begriffs ist, wendet Foucault seine Aufmerksamkeit statt auf den hegelianisch-hermeneutischen Durchbruch auf das *innere* Wesen des Begriffs, auf die kantisch-analytische Rekonstruktion der *äußeren* Bedingungen seiner Möglichkeit. Falls jedoch die Bedeutung des Begriffs nur das Resultat einer immer-schon-vorangegangenen Struktur der Beziehungen – innerhalb welcher dieser Begriff betrachtet wird – sein kann, ist es verständlich, dass Foucault es ablehnt, seinen Begriff der Äußerung entweder mit der *Proposition* im formal-logischen Sinn oder mit dem *Satz* im grammatikalischen Sinn, entweder mit dem *Sprechakt* im pragmatischen Sinn oder mit dem *Zeichen* im semiotischen Sinn gleichzusetzen. Gerade die Äußerung ist seiner Meinung nach das, was kontingente Bedingungen für die Möglichkeit der Erscheinung einer Proposition, eines Satzes, eines Akts und eines Zeichens schafft, indem sie sie jedes Mal mit einem anderen zeitlich-räumlichen Inhalt versorgt bzw. mit einem anderen *Referenten*, mit einem anderen *Äußerungssubjekt*, mit einem andersartigen *Gebrauchsfeld* und einer andersartigen *materiellen Erscheinung*.

Die Schwierigkeiten, die sich aus einem dermaßen ausgeklügelten D.-Begriff ergeben, sind vielfältig. Erstens ist es fraglich, inwiefern das Ersetzen der hermeneutischen *Bedeutung* durch die strukturalistischen *Bedingungen* seiner *Möglichkeit* von immanenten metaphysischen Voraussetzungen befreit wird. Weshalb ist die Ganzheit pluralistischer als ihr Teil? Foucault neigt eigentlich dazu, die Zuständigkeit der subjektiven semantischen Entscheidungen zu entwerten, indem er sie in erkennbarer rhetorischer Tradition vollständig aus den konstitutiven Bedingungen des D.es ausführt. Aber er kann nicht beweisen, wieso bereits die pure Rekonstruktion dieser Bedingungen nicht eine solche subjektive semantische Entscheidung ist. Jedes Gefüge konstitutiver Bedingungen hat seine eigenen konstitutiven Bedingungen, jede Außerhalbbefindlichkeit hat ihre weitere nicht aufgeklärte Außerhalbbefindlichkeit. Deshalb zeigt sich *das Denken des Äußeren (pensée du dehors)* – in deren romantische Tradition Foucault sich selbst zu Recht einordnet – als eine unendliche, nicht durchführbare Aufgabe.

Foucault hat daraus in seiner berühmten Antrittsvorlesung am Collège de France (1971) entsprechende Schlussfolgerungen gezogen, gemäß seiner bereits etablierten selbstreflexiven und selbstkritischen Gewohnheit. Hier verliert der Begriff D. die konstitutive Dimension der Bedingungen des eigenen Verständnisses, indem er sich in eines der Werkzeuge verwandelt, in das sog. Dispositiv eines ihm übergeordneten Willens zur Macht. Mittels einer solchen Rollenaufteilung übernimmt der Wille zur Macht die einstige transgressiv-dissemantische Kraft des gesamten D.es, während der Unterdiskurs, der nun den Namen der *diskursiven Praktik* erhält, mittels seiner synthetischen Instanzen Autor, Werk und Kommentar, zum Mechanismus ihrer Bändigung, Einschränkung und Zuordnung wird. Da er die Gefahr bemerkt hat, dass auch seine Analyse selbst als ein derart befördertes Dispositiv des Willens zur Macht verstanden werden könnte, vernebelt Foucault allerdings bereits am Anfang seinen eigenen diskursiven Ausgangspunkt, taucht ihn ein in das subversive Wogen *(moutenement)* oder Murmeln *(mourmure)* einer ununterbrochenen Strömung der Unterschiede, bar jeder festen diskursiven Stütze. Hiermit wird das Projekt der Feststellung von Voraussetzungen des D.es als Bedingungen der Möglichkeiten von semantischen Entscheidungen definitiv verlassen. Doch auch wenn man diese nie endgültig feststellen kann, da jede Feststellung der *Voraussetzungen* bereits selbst durch *Implikationen* bedingt ist, sollte man wenigstens diese Unmöglichkeit durch ein ständiges «Hinterfragen» der Bedingungen der eigenen diskursiven Praxis selbst reflektieren. Die unendliche Selbstreferenzialität ist in diesem Sinn die abschließende Eigenschaft von Foucaults D.-Begriff oder vielleicht, präziser gesagt, vom Unterdiskursbegriff, der den Status des gesamten D.es beansprucht.

Daher stammt auch seine Vorliebe für den literarischen D. oder wenigstens für eine seiner Spielarten, die vor allem mit den Namen von Cervantes, de Sade, Hölderlin, Nietzsche, Mallarmé, Artaud, Bataille und Blanchot verbunden ist. Sie verkörpern in den Augen von Foucault die kompromisslose selbstreferenzielle Literaturart, die ein besonderer *Antidiskurs* gegenüber den nicht selbstbewussten D.en der Wissenschaft und der Philosophie ist. Einen solchen nicht greifbaren D., der im Leser einen unersättlichen interpretativen Identifikationstrieb freisetzt, befördert Foucault zur Beglaubigungsinstanz für das eigene kritische Denken und setzt ihn dabei gleich mit dem Funktionieren des gesamten D.es des Willens zur Macht. Er handelt nämlich derart, dass er andere D.e zur Sichtbarkeit oder zum Sprechen verlockt – ihnen den sog. *autobiographischen Antrieb* bietend –, um sich dabei selbst in die «alles sehende» Unsichtbarkeit oder das Schweigen zurückziehen zu können. Eine derartige systematische Deidentifikation der eigenen Lage durch das Herbeirufen anderer in Interpretationslagen, die leicht einer (ideologischen) Identifikation unterliegen, bildet offensichtlich die operative Strategie von Foucaults argumentativem D. Aber wie ist es möglich, eben *dieses* als die Tätigkeitsart des Willens zur Macht zu beschwören, wenn dieser uns immer in nur eine ihrer restriktiven Positionen beruft, von welchen aus eine globale Einsicht in ihre Mechanismen a priori verhindert ist? Und ist deshalb die proklamierte Strategie vom *gesamten* D. des Willens zur Macht letztendlich nicht nur eine Hypostase Foucaults über ein sehr wohl historisch *bedingtes* (d. h. avantgardistisches) Verständnis der Literatur?

Auf diesen argumentativen Vorwurf, der an den angeblich oppositionell-emanzipatorischen D. der Literatur und des engagiert-kritischen Denkens gerichtet wurde und mit dem er sich eine Zeit lang identifiziert hatte, indem er ihn durch den gesamten D. des Willens zur Macht legitimierte, hat Foucault (1976) doch noch selbstkritisch geantwortet. Hier greift er die sog. repressive Hypothese über die Macht als einer «Ausbeutung von oben» an, die irgendwann einmal durch die unerbittliche Benennung der Machthaber gebrandmarkt werden muss. Er setzt ihr die Konzeption der allumfassenden Macht entgegen, die in ihr Netz auch die scheinbar befreienden D.e der Literatur und der Kritik einbezieht. Mehr noch, die Macht braucht geradezu Gebiete, welche vermeintlich außerhalb ihrer Zuständigkeit liegen, weil diese sie tarnen und erträglich machen und somit ihre Reproduktion garantieren. Mit einer derartigen Problematisierung der großen «erlösenden Unternehmen» wird jedoch keinesfalls jede Widerstandsmöglichkeit verneint, sondern es wird nur der Möglichkeit seiner *‹theoretischen Begründung›* widersprochen. Der Widerstand wird nun zur Frage der konkreten praktischen Einschätzung in einer bestimmten Konfiguration von D.

3. Die Polyvalenz und die beabsichtigte Inkohärenz in Foucaults Behandlung des Begriffs D., die aus der zuvor zusammengefassten Rekonstruktion ersichtlich ist, hat seine vielfältige und oft widersprüchliche Anwendung in der Erforschung der Literatur ermöglicht. Grundsätzlich könnte man behaupten, dass Foucaults Analyse des D.es ihrer Intention nach der Beschreibung und noch weniger der Interpretation der Literaturwerke kein Instrumentarium verschafft, sodass seine nebenbei geschriebenen Artikel über die Literatur nicht als die Anwendung dort ausgearbeiteter methodologischer Prämissen verstanden werden können. Jedoch hat dies nicht verhindert, dass sich – dem üblichen rezeptiven Brauch nach – einige Elemente selektiv in die kritisch-hermeneutisch ausgerichtete Literaturforschung eingefügt haben.

(a) Eine – hauptsächlich amerikanische – Richtung (Said, Davis, Terdimann, 1983ff.) hat Foucault (im Unterschied zu Derrida) den Anwalt des *Austritts aus dem Text* in den historischen Kontext der antagonistischen diskursiven Praktiken bzw. in die politische Sphäre der diskursiven Institutionen genannt. Doch dabei wird *der Konflikt* üblicherweise vereinfacht als ein Verhältnis des literarischen Gegendiskurses gegenüber dem «Hintergrund» des wissenschaftlichen, politischen oder publizistischen D.es in der gegebenen historischen Situation gesehen, ohne zu berücksichtigen, dass Foucault nicht *eine* Geschichte anerkennt, welche die unterschiedlichen Reihen in irgendeinen «realen» historischen Kontext homogenisiert. Im Gegenteil, er problematisiert die Parameter dieser «Realität» selbst – unbestrittene Termini, Kategorien, Techniken – als kontingentes Zusammentreffen verschiedener diskursiver Geschichten. Eine ähnlich unberechtigte Reduktion erlebt auch Foucaults Begriff der diskursiven *Institution*, wenn man ihn ausschließlich als politisches Werkzeug der Widerstandsbändigung deutet und nicht zugleich als Anregungsort seiner verschiedenen Möglichkeiten in den errichteten Subjektpositionen, innerhalb eines festgelegten Gegenstandshorizonts sowie im Rahmen des entwickelten terminologischen Repertoires des gegebenen D.es.

(b) Die zweite, vorwiegend deutsche Richtung hat sich auf Foucaults Genealogie der Begriffe *Autor*, *Werk* und *Kommentar* konzentriert (Japp, Plumpe, Müller, Fohrmann), indem sie versuchte, ihre Errungenschaften in den erneuerten hermeneutischen Ausgangspunkt zu reintegrieren. Es ist wahr, so wird hier gesagt, dass Foucault den Autor für eine diskursive Funktion hält, welche die Gruppierung einer bestimmten Anzahl von Texten erlaubt, das Definieren ihres Wertniveaus und der stilistischen Zugehörigkeit, jedoch erklärt er ihn ebenso für den «Begründer des diskursiven Feldes», welcher die fruchtbare Hinzufügung anderer verwandter Texte ermöglicht. Seine Analyse bereichert auf ähnliche Art auch den Begriff des *Werks*, indem sie zeigt, wie dieser Begriff die Mitarbeit der Leser organisiert, die Willkür der Standpunkte reduziert und die Erwartungen reguliert. Am radikalsten hat Foucault den *Kommentar*-Begriff verworfen, da er in ihm den Kern der metaphysisch ausgerichteten Hermeneutik in ihrer Suche nach dem «verborgenen Wesen» erkannt hat. Aber sobald man ihn als disziplinäres Organ der diskursiven Praxis betrachtet, zeigt sich, dass die «Reduktion des Signifikanten auf das Signifikat», als Technik seines Tuns, die unausweichliche Bedingung der Selbsterhaltung des D.es ist. Sogar die D.-Analyse selbst zeigt sich als eine gewisse Rückkehr zum Kommentar – in Form des Kommentars über die Gestaltung des D.es.

Andere Adaptationen von Foucaults D.-Begriff haben dagegen versucht, seinem betrachtend-beschreibenden, analytischen Ausgangspunkt treu zu bleiben. Angesichts des dargestellten «Mäandrierens» seiner D.-Konzeption sollte man sich gewiss vor einer Schlussfolgerung über eine *authentische* Anwendung von Foucaults Ideen in der Literaturwissenschaft in Acht nehmen. Auch hier ist es möglich, provisorisch zwei Richtungen zu unterscheiden.

(a) Eine (z. B. Seltzer 1984) konzentriert sich auf die Entblößung der politischen Dimension der literarischen Darstellungstechniken bzw. ihrer unbewussten Verschwörung mit «umfangreicheren gesellschaftlichen Verhaltens- und Anschauungsregimen». Der Anknüpfungspunkt ist Foucaults These, dass die Macht am wirksamsten sei, wenn sie mit harmlosen und angeblich subversiven Formen bekleidet ist. So erscheint z. B. die erzählerische Perspektive als entweder mit panoptischen oder mit kapillaren Praxen der bürokratischen Kontrolle und der polizeilichen Spitzelei verwandt – statt wie üblich als distanzierter Erzeuger ästhetischen Genusses.

(b) Die andere Richtung (z. B. Hunter, Bennett; 1988ff.) nutzt die Implikationen von Foucaults Begriff der D.-Institution für die Auseinandersetzung mit klassisch-idealistischen und marxistischen Konzeptionen vom oppositionell-emanzipatorischen Subjekt, das «zum Bewusstsein kommt» oder sogar andere zu diesem Bewusstsein führt. Nicht nur das Bewusstsein des Subjekts, sondern auch sein Körper – und d. h. seine Vorstellungen, Gewohnheiten, Überzeugungen, sein Geschmack, seine Wünsche und Bedürfnisse – ist unabwendbar von institutionellen Praktiken, Techniken und Methoden infiltriert, die dann auch Projekte der «Befreiung vom Herz und vom Verstand» bestimmen. So kann man auch die moderne Literaturtheorie als ein Kind des Disziplinierungssystems der öffentlichen Erziehung verstehen, die im 19. Jh. den Literaturunterricht zu einem Mittel der wirksamen Kontrolle über Subjekte gemacht hat. Die unergründliche Qualität der Literarizität und ebenso der Textualität, auf der die moderne Theorie besteht, ist in ihrer letzten Ausführung ein Produkt der korrektiven pädagogischen Lesart der Literaturtexte, die mit einer bestimmten moralischen Technologie verbunden ist. Der Kritiker eines solchen Ausgangspunkts kann jedoch nur selbst in einem der festgelegten

Systemrahmen wirken und dabei versuchen, seine Konfiguration der Praktiken durch das Verlagern von einem Institutionsknotenpunkt auf den anderen umzuwandeln.

(c) Die originelle dekonstruktivistische Lesart vom D. als einem Ort der Verknüpfung oder der Koimplikation von Erkenntnis und Macht hat Keenan (1997) angeboten, wobei er zahlreiche reduktive Auslegungen von Foucault widerlegt. Er erinnert an die Behauptung aus dem Vorlesungszyklus aus dem Collège de France (1971/72), in dem Foucault zum ersten Mal den Komplex *pouvoir-savoir* eingeführt hat: «Keine Erkenntnis kann geformt werden ohne das Kommunikations-, Aufbewahrungs-, Ansammlungs- und Verlegungssystem – das selbst eine Form der Macht ist (...). Andererseits kann keine Macht ohne die Aussonderung, Aneignung, Verteilung und Erhaltung des Wissens ausgeübt werden» (1994/Heft 3). Dank dem D. meint also das Eine immer das Andere ohne die Möglichkeit des gegenseitigen Ausschlusses oder der dauerhaften Unterwerfung. Das ist es, was von innen her den D. destabilisiert, indem es bei jeder seiner Äußerungen die Überdeterminierungen, Lücken und Falten öffnet: «Den Diskurs müssen wir als eine Reihe von diskontinuierlichen Segmenten verstehen, deren taktische Funktion weder eintönig noch beständig ist (...) Wir müssen das komplexe und unstete Spiel erlauben, in dem der Diskurs vielleicht zugleich das Mittel und Ergebnis der Macht ist, aber ebenso Hindernis, Stein des Anstoßes, Widerstandspunkt (...) Der Diskurs überträgt und produziert die Macht, er bekräftigt sie, aber ebenso untergräbt er sie, er stellt sie aus, macht sie fragil oder zerbrechlich, indem er ihr Scheitern ermöglicht» (1976). Dies verleitet Keenan zu dem Schluss, dass der Bindestrich in *pouvoir-savoir* als ein materielles Zeichen einer unlesbaren Kluft gelesen werden muss und dennoch nicht gelesen werden kann.

4. In derselben Zeit, in der Foucault die Rezeption des D.-Begriffs mit seinen historischen Untersuchungen in die eine Richtung geführt hat, wies Benveniste (1966) ihm einen anderen und präziser profilierten Inhalt zu. Im Unterschied zu Foucaults Begriffsgenese steht dieser Inhalt zudem im offenen Gegensatz zur vorgetragenen Suggestion von Barthes gegenüber dem D. als einem «großen Satz». Doch bleibt auch bei Benveniste der Begriff D. nicht eindeutig, vor allem deshalb, weil er gleichzeitig in zwei konstitutiven Gegensätzen fungiert. Das hat seine Rezeption wesentlich bestimmt.

Der erste Gegensatz ist der zwischen dem D. und der Sprache *(langue)* bzw. zwischen dem *Satz* als einer Einheit des Ersten und dem *Zeichen* als einer Einheit des Zweiten. Der Satz ist die höchste Ebene der Sprache, und als solche ist er «eine Einheit, die nicht auf die Summe ihrer Teile (Worte) zurückgeführt wird»; indem er sie integriert, verleiht er ihnen einen einmaligen Sinn, den sie als lexikalische Einheiten des Sprachsystems (Zeichen) nicht haben konnten.

Gerade wegen dieser sinngebenden Dimension in Bezug auf die Spracheinheiten unterscheidet sich Benvenistes D.-Begriff von de Saussures Begriff der Rede *(parole)* und von Barthes' D.-Begriff. In de Saussures Gegensatz Sprache / Rede erlangen die semiotischen Beziehungen zwischen den gleichartigen Einheiten eine Überlegenheit gegenüber den semantischen Beziehungen zwischen den verschiedenartigen Einheiten, während es sich in Benvenistes Gegensatz Sprache/D. umgekehrt verhält. Bei Benveniste überwiegt die Bedeutung deshalb, weil der D. den sprachlichen Einheiten *die Ereignishaftigkeit* bzw. zeitlich-räumliche Punktualität einprägt. Diese geht aus der dreifach kontingenten Deixis des Äußerungsakts hervor: aus dem gegebenen Subjekt des Äußerns, aus dem gegebenen Gesprächspartner und aus der gegebenen Situation. Dank der Idee oder der *Absicht*, die infolgedessen ausgedrückt wird, «existiert der Satz nur in dem Moment, in dem er ausgesprochen wird, und verschwindet sofort, er ist ein Ereignis im Verschwinden». Gegenüber einer solchen Absicht des D.es (als etwas, was der «Äußernde meint» oder einfach als «das, was der Sprecher sagen will») steht die *Wirklichkeit* des D.es als die «Bedeutung der Äußerung» oder einfach als ihr «mitgeteilter Inhalt». Gerade diese Wirklichkeit (das Signifikat) macht das D.-Ereignis identifizierbar und wiederholbar, weil sie ihn in Bezug auf die Absicht damit selbständig macht und ihm dadurch die Einmaligkeit entzieht.

Ricœur (1975b) hat gezeigt, wie es infolge der geschriebenen Fixierung des dahinschwindenden D.es im Text zur Stärkung der Wirklichkeit (des Signifikats) als eines identischen D.-Nukleus kommt. Um in seiner unerwünschten Isolierung von den konkreten Dialogpartnern verstanden werden zu können, muss der Text die Bedeutung seiner *Äußerung* über die Bedeutung ordnen, die *der Äußernde* dieser Äußerung zuschreibt. Deshalb wird die Bedeutung des Äußernden im Text durch die Bedeutung der Äußerung aufgestellt, anstatt umgekehrt wie im D., was aus der Bedeutungsstabilisierung der Zeichenstruktur hervorgeht. Der Text allein schafft nämlich die Bedingungen für sein Verständnis, sodass er nicht mehr so stark von der Situation abhängt. Sein Autor und Leser sind als Projekte in seine Struktur eingeschrieben. In diesem Sinn kann man vom Ausschluss des Subjekts des Äußerns als Funktion der Kommunikation durch das Subjekt der Äußerung als Funktion der kommunizierten Mitteilung sprechen.

Erst von diesem Punkt an kann man die Einführung des zweiten Gegensatzes Benvenistes von D. und *(historischer) Geschichte* angemessen erklären (im Französischen hat *histoire* die doppelte Bedeutung von *Historie* und *Geschichte*, obwohl Benveniste stellenweise ausdrücklich über *narration historique* spricht). In ihr bekommt der Begriff D. die sekundäre und engere Bedeutung einer (Re-)*Aktivierung* der deiktischen Struktur, welche durch den sprachlichen Gebrauch neutralisiert wird, bzw. einer *erneuten Öffnung* des Grabens zwischen der Bedeutung und dem Sinn (der Absicht). Da die unpersönliche Äußerung, in der «die Ereignisse scheinbar von sich selbst berichten», an die wissenschaftliche Praxis der Historiographie gebunden wird, ist es natürlich, dass der D. als persönliche Äußerung, welche die Anstrengung des Verständnisses verlangt, mit der Literaturpraxis verbunden wird. Dabei zeichnet sich der Unterschied zwischen diesem D.-Begriff im engeren Sinn und jenem vorangestellten breiteren D.-Begriff am deutlichsten in der Weise ab, in der der literarische D. seine *Ereignishaftigkeit* zustande bringt. Nach der Erklärung von Smith (1978) bringt der alltägliche Ausdruck seine Ereignisfähigkeit in den Parametern des historischen Zeitraums als eine unausweichliche Qualität zustande, die ihm aus der einmaligen Situation des Äußerungsakts zukommt. Die Ereignisfähigkeit der literarischen Äußerung ist dagegen ein Resultat der schöpferischen Autorenintention, die mittels verschiedener Interventionen *die Stereotypen des literarischen Verstehensakts durchbricht*. Sie hat also eine mimetische und keine reale Bedeutung und ist insofern von der angemessenen Rezeption abhängig.

Im engeren Sinn der Rezeptionskanalisierung in eine erwünschte Richtung (durch die Trennung vom unerwünschten Hintergrund) hat die Narratologie Benvenistes D.-Begriff übernommen. Ein derart begründetes Manifest hat Genette (1972) angeboten, der den Begriff D. im Sinne einer «Bearbeitung der Geschichte» (Beker) verwendet bzw. im Sinne ihrer Umgestaltung im Einklang mit der Botschaft, die der Autor senden will. So wird der D. statt zu einer *Art* (wie noch bei Benveniste) zu einem *Aspekt* des Erzähltextes, der zu seiner Semiotisierung bzw. der Funktionalität seiner Teile beiträgt. Er deckt sich eigentlich mit dem, was Barthes in seinem Manifest der Narratologie (1966b) eine Integrationstendenz des Textes genannt hat und Chatman in der Zusammenfassung der Narratologie (1978) eine Verwicklung der Entdeckung *(plot of revelation)*. In beiden Fällen handelt es sich doch darum, dass der wahre Leser durch die Restrukturierung seiner Erwartung stufenweise in die Lage des idellen Lesers gebracht wird, von wo aus er die distributive Tendenz des Textes oder die Verwicklung der Lösung *(plot of resolution)* in die logische Grundlage der Geschichte sinnvoll zusammenfassen kann. Die Wegweiser, die der D. dabei aufstellt, stehen in der Funktion eines Erkenntnisführers des Lesers. Es ist offensichtlich, dass der D. in diesem Zusammenhang als eine Hilfsstruktur (die sog. Indizienstruktur) des Textes selbst begriffen wird, als eine aktivierte «Codeinformation» (Lotman), mit der er die Autokontextualisierung durchführt, und nicht als eine kommunikative «Vorhalle des Codes» (Hörmann) bzw. als einen Aspekt der Dialogsituation, welcher der Text erst einmal sein Entstehen schuldet.

5. Gleichzeitig mit der Entwicklung des Interesses für die Genese des Erzähltextes entsteht im Rahmen der Narratologie allerdings ein anderer D.-Begriff. Dieser wurde von Greimas mittels seines generativen Modells der *Diskursivierung* eingeführt. Er gliedert die Entstehung des Erzähltextes in drei Phasen: (1) die logisch-semantische, (2) die narrativ-aktantische und (3) die diskursivierende, welche die Akteurisierung, Verzeitlichung und Verräumlichung einschließt (Schleifer 1987). In der Phase der Diskursivierung werden auch die Verfahren des Ausschließens *(débrayage)* bzw. des Einschließens *(embrayage)* aktiviert, die das Verhältnis der Äußerungsinstanzen zu den Instanzen des Äußerns regulieren. Sie können das entweder dergestalt erreichen, dass sie den Graben zwischen ihnen und somit die Selbstreferenzialität des Textes betonen, oder dadurch, dass sie ihre Übereinstimmung und damit die darstellende Dimension des Textes hervorheben. Deshalb kann man sagen, dass der erzählerische Text seine gattungs-stilistische Differenzierung erst auf der Ebene des D.es erfährt und dass er hier etwa als Mythos, als Roman oder als wissenschaftliche Abhandlung profiliert wird. Es wäre sogar möglich, wissenschaftliche Texte voneinander zu unterscheiden, und zwar danach, ob sie die Kennzeichen ihrer analytischen bzw. interpretativen Muster vor allem in Raum- (wie im Strukturalismus), Akteur- (wie in der Psychoanalyse oder der Theorie des Sprechakts) oder Zeitparametern (wie in die Hermeneutik) diskursivieren. Mit der Erkenntnis, dass die diskursiven Mechanismen auch in jenen D. reaktiviert werden, der versucht, diese Mechanismen «neutral» zu beschreiben und aufzuteilen, nähert sich Greimas den Befunden von Foucaults Archäologie und Genealogie der Humanwissenschaften. Beide reduzieren das Subjekt des Äußerns auf einen mehr oder weniger *vorbezeichneten Ort*, der von dem Subjekt der Äußerung bereits durch den Akt der historisch bedingten Aktualisierung der virtuellen semi-narrativen Strukturen besetzt wird. Die beiden halten das Subjekt für einen Effekt der diskursiv installierten «Patente des Austricksens».

6. In dem verworrenen Itinerarium der Diskussionen um den D.-Begriff gab es zwei Versuche, dieses zu korrigieren. Der erste ist die *hermeneutische* Umbesetzung von Greimas' generativ-narratologischem Schema, wie sie Stierle (1973) vorgeschlagen hat. Auch sein Modell besteht aus drei Phasen und umfasst: (1) unstrukturiertes Geschehen, (2) die Geschichte als eine kollektive Form seiner Schematisierung und (3) die Textualisierung seitens des Autors, die in zwei Schritten abgewickelt wird: (a) der Tiefen-D. als das subjektive Aneignen der Geschichte, (b) der Oberflächen-D., durch welchen die Geschichte ihre endgültige sprachlich-stilistische Form erhält. Stierle begrenzt die Zuständigkeit der greimasschen Analyse auf die andere, systematisch-ideologische Phase, welche die konventionellen, als Genre erkennbaren fabulären Schemata aktiviert, während sich die dritte subjektiv-auktoriale Phase der Diskursivie-

rung einer analytischen Regulierung aufgrund ihrer historischen Einmaligkeit entziehen würde. Hiermit wäre der Raum für die Interpretation eröffnet, und der Interpretationstext wäre vor dem Vorwurf geschützt, dass er die Mechanismen seiner Vorlage weitergibt. Das stimmt vollständig mit den Bemühungen von Ricœur (1975) überein, den D.-Begriff aus der Kommunikationssituation des Äußerns abzuleiten statt aus der textuellen Konfiguration der Äußerung. Nach Ricœur wird im D. die symbolische Funktion der Sprache aktualisiert, ihre Fähigkeit, auf die Welt jenseits der zwischensprachlichen Beziehungen innerhalb des Sprachsystems zu verweisen. Diese Fähigkeit geht hervor aus dem transgressiven Eingriff der Redeabsicht des Äußernden (Ricœur stellt diese Absicht mit Austins *act in saying* gleich) in das, was das Äußerungssubjekt gesagt hat *(act of saying)*. Der Eingriff resultiert im intentionalen Horizont der Äußerung, der, gerade deshalb, weil er nicht ausdrücklich, sondern verschwiegen ist, von dem Gesprächspartner in seiner Rekonstruktion aktiviert werden muss. «Das, was schriftlich fixiert wird, ist der Diskurs, der gesagt werden konnte, der aber eben deshalb aufgeschrieben wurde, weil er nicht gesagt wurde. (...) Der Text wird zum Text, wenn er nicht auf das Notieren einer vorangegangenen Rede begrenzt wird» (1971 / 1981). Ricœurs Verständnis und überhaupt der hermeneutische Begriff des D.es fügen sich – im Unterschied zu den Strukturalisten – in Benvenistes breiteren Gegensatz zwischen D. und Sprache ein, wobei der D. die konstitutive Rolle bei der Gründung des Bedeutungsbegriffs als eines überschreitenden *vouloir-dire* (eines Sagen-Wollens) spielt.

7. Die zweite Richtung der Kritik an Greimas' und Foucaults Ableitung der äußernden Instanzen aus den Instanzen der Äußerung knüpft an das *materialistische* Erbe der marxistischen Philosophie an. Im Unterschied zu den dargestellten Phänomenologen-Hermeneutikern, die das Äußern mit der Dialogübertragung identifizieren bzw. mit der Sinntransgression der Äußerung in Richtung auf einen idealen Adressaten, identifiziert z. B. Althusser das Äußern mit der konfliktträchtigen *materiellen Basis* der Äußerung bzw. mit dem, was der Äußerung *vorausgeht*, und nicht mit dem, was ihr *folgt* (McDonell 1986). Es geht ihr jedoch nicht nur die Zugehörigkeit zur gegebenen diskursiven Institution voraus, wie es Greimas und Foucault festlegen, sondern die Bedingtheit dieser Institution durch andere diskursive Institutionen – was sie vernachlässigen, wenn sie dem D. die vollständige Kontrolle über die eigenen Folgen verleihen. Gerade diese zweite Bedingtheit (die in die Sphäre der *Implikationen* des D.es gehört, während jene erste zur Sphäre seiner *Voraussetzungen* gezählt wird) verleiht dem D. einen *ideologischen Ort* und verwandelt ihn aus einem souveränen Hersteller von Ideologien in ein Werkzeug für deren Reproduktion. Das Gefesseltsein durch das «Strukturunbewusste» begrenzt nicht nur die Macht der diskursiven Institution, sondern untergräbt jedes Glied in der

Kette ihrer Reproduktion durch das spezifische «Regime der Materialität» und trägt somit die Spaltung und den Antagonismus in ihn hinein. Die diskursiv-institutionelle und ideologische Ordnung greifen ständig wechselseitig in ihre Zuständigkeiten ein.

Foucault selbst ist auf die Spur dieser Erkenntnis gelangt, als er (1975) zeigte, wie die D.e der Kriminologie, Psychologie, Pädagogik, Psychiatrie und Historiographie, um ihren Gegenstand abgrenzen und identifizieren zu können, nach den gleichen Techniken der Untersuchung, der Gliederung, der Sortierung und der Beschreibung greifen, die auch von den Institutionen verwendet werden, welche sie zu ihrem Gegenstand verwandeln: Polizei, Gefängnis, Erziehungsheim, Krankenhaus, Kaserne, Fabrik, Schule usw. Auch ohne es zu wissen, reproduzieren diese D.e dergestalt die Disziplinierung als eine dominante Art der ideologischen Unterwerfung. Aber die Widersprüche der verselbständigten Institution des akademischen D.es tragen doch auch einige subversive Wirkungen in diese instrumentell-ideologische Funktion hinein. Es handelt sich darum, dass die wissenschaftlichen D.e gerade die «Ausscheidung» (den nicht zu überarbeitenden Überschuss) der strafrechtlichen, medizinischen, erzieherischen, militärischen und Arbeitsmaschinerie zur Disziplinierung der Körper durchpflügen, nämlich die *Seele*, die dann in Psyche, als Charakter, als Bewusstsein oder als Individuum aufgeteilt wird. Indem sie eine derartige «allgemeinmenschliche Substanz» abtrennen, fördern sie die moralischen Ansprüche des Humanismus. Die humanistische Ideologie erzeugt dann daraus eine egalitäre Vorstellung vom Individuum, das sich direkt der Hierarchie widersetzt, welche von den disziplinierenden Praktiken gegründet wurde.

8. Die Einsicht in das unausweichliche Übergreifen der einen D.-Ordnung in die andere hat im Werk von Althussers Schüler Pêcheux Raum für die Problematik des Interdiskurses geschaffen (1975) und über ihn auch in den Untersuchungen des deutschen Semiotikers Link (1983ff.). Auf der Tagesordnung der französischen theoretischen Diskussionen der 1970er Jahre stand auch die Frage der Beziehungen zwischen *diskursiven* und *nicht-diskursiven* Praktiken oder, in traditionellen Termini ausgedrückt, zwischen Sprache und Bild. Diese Frage ist ein Leitmotiv in fast allen Büchern Foucaults, wir treffen sie an in der Beziehung zwischen der imaginären und symbolischen Ordnung bei Lacan, in Derridas grammatologischer Affirmation der Collagen-Techniken, doch die systematischste polemische Ausarbeitung erlangt sie bei Lyotard (1970). Für seine Argumentation ist es bezeichnend, dass sie zwischen folgenden Punkten schwankt: (1) Dem Figuralen wird vollständige Selbständigkeit verliehen, womit es mit dem plastischen Register des Visuellen gleichgesetzt wird, wie es auch bei Merleau-Ponty der Fall ist; (2) das Figurale wird der Repression des Diskursiven unterworfen, womit ihm eine subversive Macht der Vortäuschung

zugeschrieben wird, wie es beim frühen Foucault der Fall ist; (3) die Aufstellung des Figuralen jenseits der sowohl sprachlichen wie auch visuellen Ordnung in die Rolle der nicht darstellbaren, unzähmbaren, außerzeitlichen Matrize, wie es in der intertextuellen Phase von Kristeva der Fall ist. Wenn man die These des späten Foucault beifügt, nach der die nicht diskursiven Praktiken ein bloßes Nebenprodukt (Ausscheidung, Exkrement, bei Lacan *rejet*) der Selbstverarbeitung der diskursiven Praktiken sind und nicht ihre Voraussetzung, dann ist die Topographie der französischen Diskussion über diese Frage – wenn auch in knapper Form – geschildert worden. (A. B.)

→ Äußerung, Interdiskurs, Präsupposition, Situation, Subjekt

Dispositiv

(engl. dispositive, franz. dispositif, russ. dispozitif)

Begriff, den Foucault (1971) während des Übergangs von der archäologischen in die genealogische Phase eingeführt hat, um die Konstellation zwischen der diskursiven und nichtdiskursiven Praxis zu kennzeichnen: die relativ stabilisierte Konfiguration der Rechte, Status, Stellungen, der Auswahl der Gegenstandsbereiche und Terminologie – im Dienste des Willens zur Macht. Die Diskurse werden zum D., indem sie sich den äußeren und inneren *Ausschlusssystemen* unterwerfen. Die äußeren Systeme führen in sie die «zensierende» Unterscheidung zwischen z. B. Vernünftigem und Wahnsinnigem, Wahrem und Falschem, Rationellem und Irrationellem ein, während sich die inneren Systeme der Kommentartechnik und der Institution des Autors sowie der wissenschaftlichen Disziplin bedienen. Dem werden Formen der Subjektivierung *(assujettissement)* bzw. Bevollmächtigung durch Unterwerfung (Status, Rang, Rederecht etc.) hinzugesellt. Demnach lehrte uns die Geschichte stets, dass Diskurs nicht etwas ist, was Schlachten oder Herrschaftssysteme schlechthin überwindet, sondern eine Angelegenheit, um derentwillen und durch die ein Kampf geführt wird (1971).

Baudry (1975) gebrauchte den Begriff des D.s, um gleichzeitig zu kennzeichnen: (1) die Anordnung von technischen Geräten zum Vertrieb der Medienprodukte; (2) die dieser Anordnung angepassten Medienprodukte und (3) die durch diese Produkte gebildete mentale Verfassung des Publikums. In dieser Bedeutung wurde der Begriff des D.s später von den deutschen Medienforschern Paech, Zielinski, Hickethier u. a. ausgiebig benutzt. (D. M.)

→ Diskurs, Genealogie, Institution, Macht, Medium

Dissemination

(engl. dissemination, franz. dissémination, russ. disseminacija)

Verstreuen, Verschwenden, Zerstäuben, Zerstreuen der Bedeutung (mit der ironischen Konnotation «phallische Fruchtbarkeit», Cornell 1993) gegenüber der Isotopie, die das allmähliche Zusammenbringen, das Zusammenfassen der Bedeutung meint. Ein Begriff aus der dekonstruktivistischen Begriffsgruppe Derridas (1967ff.), der weiterhin die Iterabilität, das Zitieren, die Verdopplung, das Supplement, die Unentscheidbarkeit angehören; durch all dies wird auf die Unmöglichkeit hingewiesen, den Bedeutungskern (oder die wirkliche Bedeutung, die Grundbedeutung) einer beliebigen sprachlichen Entität zu bestimmen. Denn jegliche sprachliche Entität ist durch die Eigenschaft gekennzeichnet, dass sie sich niemals ganz einem Gebrauchskontext unterwirft, der als ihre natürliche oder Matrix- bzw. ursprüngliche Umgebung funktioniert. Eine solche Konzeption – die Interpretation der Identität einer Bedeutungseinheit ausschließlich als unendliche Potenz ohne eingeschriebene Neigungen zur Herstellung bestimmter Arten von Beziehungen – wurde als «minimalistische Semantik» charakterisiert (Pradhan 1986) und lässt sich in verschiedenen Formen bei Peirce, Bachtin, Eco, Foucault, Davidson und anderen finden. (Lj. Š. / W. W.)

→ Anagramm, Bedeutung, Grammatologie, Iterabilität

Divination

(engl., franz. divination, russ. divinacija)

Diesen Begriff führte und arbeitete noch Schleiermacher (1832 / 1959) aus. Bei ihm bezeichnet er unmittelbares (vorreflexives) Erfassen der individuellen Dimension einer interpretativen Vorlage, die in ihrem *Stil* verkörpert wird. Nach Schleiermacher entzieht sich der Stil jeder begrifflichen oder grammatischen Analyse, er ist ein «Kombinationsgesetz des individuellen Menschen», der sich durch alle semantischen, syntaktischen und pragmatischen Schemata zieht und sie damit übersteigt, sodass er nur *erlebt* werden kann. In diesem Sinn kann man sagen, dass durch die D. die Ermöglichungsbedingung jeder Bedeutung, die selbst keinen semantischen Inhalt hat, erreicht werden kann. Das erziele man mit Hilfe des «inneren Gefühls», das schon selber die für die Reflexion uneinholbare Ermöglichungsbedingung der Selbstreflexion sei (Frank 1980).

1. Gadamer (1960) deutet Schleiermachers Theorem in der Tradition von Dilthey und Husserl im Sinne der Einfühlung bzw. eines «unmittelbar sympathetischen und kongenialen Verstehens». Bei der D. werde die Zeitspanne, die

den Deuter vom Text trennt, übersprungen, während das psychologische Substrat der Autorenintention von den Grenzen der natürlichen Sprache befreit werde. Auf der Grundlage eines solchen Verständnisses der D. zieht Gadamer den Schluss, dass Schleiermacher trotz aller Betonung der Relativität der Interpretation dennoch an die Möglichkeit ihrer Objektivität glaubte.

2. Frank (1977ff.) widersprach Gadamers Deutung durch die Betonung des Erratens (bei Sartre *compréhension conjecturale*) bei der D., das sie – schon in Schleiermachers Augen – der Gefahr des Irrationalismus aussetzt. Um dieser Gefahr auszuweichen, schlug Schleiermacher die Rückversicherung der D. durch den Vergleich des einmaligen Autorenstils mit den tradierten stilistischen Mustern, der einmaligen Komposition mit den Regeln der Gattung vor, und er empfahl auch die Rekonstruktion des ursprünglichen Zwecks (Publikums) des Werks. Auch «Vorkenntnisse» über den Autor könnten der D. helfen, in die richtige Richtung zu verlaufen. Aber all das zusammen reicht nicht aus, um der D. den objektiven Charakter zu verschaffen. Frank bekräftigt die subjektivistische Konzeption des Theorems von Schleiermacher mit dem Hinweis auf Merleau-Pontys «Hermeneutik der Stille» und insbesondere auf Sartres «Hermeneutik des Schweigens», bei denen die D. eine wichtige Rolle spielt. (B. D.)

→ Abduktion, Ausdruck, Erlebnis, Stil, Verstehen

Dominante

(engl. dominant, franz. dominante, russ. dominanta)

1. Dieser Begriff ist in der mittleren Entwicklungsphase der Formalismus-Schule entstanden, als ihre Vertreter die Konzeption des Werks als einer Anhäufung des Materials und der Verfahren durch die Konzeption des Textes als eines dynamischen und hierarchischen Funktionssystems ersetzt haben. Der Deutung von Ėjchenbaum und Tynjanov (1921ff.) zufolge steht an der Spitze dieser Hierarchie in Konflikt geratener Konstruktionselemente die D. (oder das «Konstruktions-Prinzip»), welche sich die übrigen Funktionen und Werte unterordnet. Diese Idee stammt von dem deutschen Philosophen Christiansen (1908), der die Synthese eines ästhetischen Objekts in der Rezeption durch die «Verdichtung» der schwächeren Gruppe seiner Strukturfaktoren durch die stärkere bzw. dominante Gruppe erklärt hat. Tynjanov ersetzte den Begriff Verdichtung durch den Begriff *Deformation*, um der konfliktreichen Interaktion gegenüber der harmonischen Aufhebung der Elemente bei der Kollision mehr Gewicht zu verleihen. Bei ihm integriert die D. durch Zwang und desintegriert gleichzeitig durch einen diesem Zwang entgegenwirkenden Wider-

stand, sodass sie umso mehr den «diachronen Entwicklungen» bzw. dem evolutionären Wandel ausgesetzt ist. Infolgedessen kann sich letztendlich auch die Gattungszugehörigkeit eines Werks als vorläufige «Gesamtheit der Dominanten» verändern (Tomaševskij).

2. Ausgehend von den Errungenschaften der letzten Entwicklungsphase des Formalismus, in welcher die D. als *inner*textuelle Funktion gleichzeitig durch die Beziehungen *zwischen* den Texten im gesamten Gattungssystem bestimmt wird, haben die Strukturalisten die Zuständigkeit dieses Begriffs auf die umfassenderen Systeme einzelner Künste und Kulturen erweitert. So wird bei Jakobson und Mukařovský (1935ff.) die ästhetische Funktion den anderen kulturellen Funktionen – sozialen, psychologischen, ökonomischen und ideologischen – entgegengesetzt, wobei die Position der D. einzig der Domäne der künstlerischen Texte vorbehalten bleibt. Gleichwohl verschiebt sich auch da die D. je nachdem, mit welcher Fragestellung wir an einen Text herangehen und aus welcher Position wir diesen analysieren. Die gleiche Verschiebung der D. ruft auch der historische Wandel – durch die Transformation beispielsweise des Systems der Künste – hervor: In der Renaissance dominiert die Malerei, in der Romantik die Musik u. Ä.

3. McHale (1987) hat den Jakobsonschen Begriff der D. übernommen, um mit seiner Hilfe die *membra disjecta* zahlreicher Oppositionen, durch die das Verhältnis zwischen der Moderne und der Postmoderne bestimmt wurde, zu systematisieren und zu dynamisieren. Seiner These zufolge ist die modernistische D. *epistemologisch*. Im Vordergrund stehen Fragen wie: Wie soll ich eine Welt interpretieren, deren Teil ich selbst bin? Was lässt sich in ihr erkennen, wie und mit wie viel Gewissheit? Wie wird dieses Wissen übertragen, und wo sind seine Grenzen? Die postmodernistische D. ist hingegen *ontologisch*. Es werden solche Fragen gestellt wie: Was ist die Welt und wem gehört sie? Hängt sie von meiner Projektion ab, und wenn ja, wie viele Welten gibt es? In welcher Beziehung zueinander stehen sie? Auf diese Weise ließe sich die Prioritätenfrage vielfältiger Aspekte moderner und postmoderner Texte erneut stellen. (A. H.)

→ Formation, Funktion, Reihe, System

Ebene

(engl. level, franz. niveau, russ. uroven')

Einer der Schlüsselbegriffe aus dem strukturalistischen analytischen Instrumentarium, methodologische Alternative oder Konkurrenzbegriff zum Schichtenbegriff der phänomenologischen Kritik. Er ist eng mit dem Begriff der *doppelten Gliederung (double articulation)* verbunden, den Martinet (1949/1965), der mittelalterlichen Tradition der Lehre über Signifikationsmodi folgend, in die Linguistik einführte.

1. In der doppelten Gliederung erkennt Martinet die Eigentümlichkeit der menschlichen gegenüber tierischen Sprachen. Auf der ersten Gliederungsebene *(première articulation)* offenbaren sich die Sprachzeichen als Bedeutungseinheiten von Monemen oder Morphemen. Auf der zweiten Gliederungsebene *(deuxième / seconde articulation)* gliedern sich die Sprachsignifikanten auf Unterscheidungseinheiten von Phonemen, die keine selbständige Bedeutung haben. Eine kleine Zahl Phoneme macht durch Kombinationen untereinander eine unbegrenzte Zahl Morpheme aus, so wie Morpheme wiederum durch ihre Kombinationen Lexeme, Sätze, Texte bilden. Daher rührt die einmalige Ökonomie der Sprache. Doch in diesem letztgenannten Gebilde sieht Martinet keinen solchen «qualitativen Sprung» wie jenen, den die Verwandlung aus Phonemen in Morpheme vollzieht, und erkennt deshalb keine weiteren Gliederungsebenen der Sprache außer den zwei genannten an.

Martinets These über die zweifache Gliederung der Sprache wurde im Allgemeinen anerkannt, obwohl einzelne ihrer Aspekte Anfechtungen erfuhren. So wies Prieto (1966) nach, dass sie sich auch auf nichtsprachliche Zeichen anwenden lässt, während Jakobson (1949) behauptete, dass Phoneme auch schon Zeichen sind, deren Signifikat das Anderssein oder die Unterscheidbarkeit ist. Deshalb kann man sie auch direkt mit der Bedeutung assoziieren. Diese These hat anscheinend Benveniste (1964/66) in seinem Aufsatz *Die Ebenen der linguistischen Analyse* angenommen, wo er die weitere Gliederung des Phonems in Merismen oder Unterscheidungseigenschaften vorschlug. Erst die Merismen lassen sich nicht weiter gliedern, sondern nur austauschen, sodass sie die unterste E. der linguistischen Analyse ausmachen würden. Sie stellen die letzten Bestandteile der Sprachstruktur dar und werden als solche aufgrund der integrativen Tätigkeit der Phoneme erkannt, die ihnen die Bedeutung schenken. Eine Spracheinheit, führt er weiter aus, werde als eine solche nur dann erkannt, wenn man sie in einer höheren Einheit identifizieren kann. Das heißt, dass die Distribution der Phoneme ebenso von der integrativen Tätigkeit der Wörter abhängt wie auch die Distribution der Wörter von der integrativen Tätigkeit des Satzes. Kurzum, die Verteilungsverhältnisse innerhalb einer E. lassen sich nicht von den Integrationsverhältnissen zwischen den E.n trennen. (Mit der Hervorhebung dieses Prinzips polemisiert Benveniste offensichtlich gegen das distributive analytische Verfahren des amerikanischen taxonomischen Strukturalismus von Bloomfield, Harris u. a., die den Bedeutungsaspekt der Spracheinheiten vernachlässigten.) Der Satz kann kein Bestandteil einer höheren Spracheinheit sein, sodass er die höchste E. der linguistischen Analyse bildet. Deshalb sagt Benveniste, dass der Satz keine Unterscheidungsklasse bildet. Er könne nicht mehr als Teil in ein Ganzes höherer Ordnung eingegliedert werden. Ein Satz könne nur einem anderen vorausgehen oder im Verhältnis des Nacheinander folgen. Eine Satzgruppe bildet keine Einheit höherer Ordnung als die eines Satzes.

2. Die letztgenannte Behauptung Benvenistes, die eine Homologie zwischen dem Satz und Diskurs bzw. Text postuliert, bildet den Ansatzpunkt für die Anwendung seiner Analyse auf den Bereich der Erzähltexte, die in der zweiten Hälfte der 1960er Jahre von Barthes, Greimas und Todorov vorgeschlagen wurde. Das Ziel einer solchen Anwendung liegt darin, ein abstraktes analytisches Muster zu finden, das allen Texten trotz möglicher generischer, modaler, pragmatischer, ästhetischer und stilistischer Unterschiede zwischen ihnen gemeinsam ist. Dieses Muster (die sog. Tiefenstruktur) wäre nach Frank (1977) ein gewisses transzendentales Signifikat, das als unabhängiges Organisationsfundament der Gesamtstruktur das Feld aller anderen Signifikate wie ein Magnet in das Verhältnis zu einer invarianten Ordnung zusammenführt. So zeigt sich, dass der Begriff der E. im Grunde auf der Schließung von Textgrenzen *(clôture)* beruht, die die vermeintliche Unabhängigkeit der Strukturanalyse sichert. Den von der Vorlage unabhängigen Beobachtungspunkt proklamiert Todorov (1968/73) zur Gewähr der Wissenschaftlichkeit.

Doch gibt es, nach Frank, keine Textanalyse, die in Bezug auf die Tatsache nicht «transformatorisch» vortäuschen würde, dass sie im Akt der Lektüre (der Interpretation) das «Fehlen» des transzendentalen Bezeichneten ersetzt, d. h. es durch die Semantik ihrer eigenen Auslegung also überbesetzt hätte. Derrida (1972a) spricht in diesem Zusammenhang vom Einschreiben oder Einimpfen des Signifikats in Signifikantenketten. Sperber (1974) betrachtet – vielleicht an Lévi-Strauss' Charakterisierung der eigenen analytischen Technik als «mythomorph» anknüpfend – die Strukturanalyse als «Übungsplatz des symbolischen Denkens», das ein «interpretatives, aber kein generatives System» zeitigt.

So ist es kein Wunder, dass Kristeva (1968) die Trennung der Struktur von der Signifikationspraxis (Strukturation), die sie hervorbrachte, als «fetischistisch» taufte. Der Text stelle lediglich den Schnittpunkt des Bedeutungsaustauschs *(échange de sens)* zwischen den sprachlichen und nicht-sprachlichen (biologischen, ökonomischen, kulturellen, biographischen, generischen) Codes dar. Mit dieser Öffnung der Textgrenzen wurde dann auch der Begriff der E. fragwürdig. (D. M.)

→ Reihe, Schicht, Struktur, Text

Effekt

(engl. effect, franz. effet, russ. ėffekt)

Ein von Strukturalisten im Zuge der radikalen Trennung der Sprache von der Wirklichkeit eingeführter Begriff. Die Wirklichkeit wird als E. der sprachlichen Produktion bzw. als das durch das Bewusstsein des Rezipienten unter dem Einfluss der Arbeit des Signifikanten produzierte Signifikat erklärt. So stellt nach Greimas jede Bedeutung im Grunde den Sinneffekt dar *(effet de sens)*. Dem Semantiker stellt sich daher anstelle der Inhaltsbeschreibung die Frage nach der Ausdrucksform, die ihn ermöglicht hat. Die Implikationen des Begriffs reichen nach Jameson (1972) so weit, dass, nimmt man die Bedeutungen allesamt als einen Gegenstand, wir von ihm nicht mehr im Rahmen der Signifikation als solcher reden könnten, sondern uns getrieben fühlten, eine Position außerhalb des Bedeutungsfeldes einzunehmen, um einschätzen zu können, was sie denn alle, unabhängig vom Inhalt, formal miteinander gemeinsam haben.

Dieser These entspringen dann Derivate wie Barthes' «E. des Wirklichen», «Diskurs der Geschichte» u. Ä., bei denen die Überzeugung der Leser von der Glaubwürdigkeit der Aussage dem E. ihrer Diskursmechanismen zugeschrieben wird. Im selben Geist erklärt White (1987) die der Geschichte zugeschriebene Wahrheit zum E. ihrer Einbettung in das Plot der Erzählung *(emplotment)*. Die Macht der Sprache wird auf der Manipulation aufgebaut, mit der das (diskursiv eingegrenzte) Signifikat heimlich als Referent für eine universelle Tatsache untergeschoben wird.

In der psychoanalytischen Kritik erscheint statt der Sprache das Unbewusste bzw. die Sehnsucht, die in allen Manifestationen des Subjekts ihre Symptome streut, als Generator des E.s. Foucault (1971) erklärt den Autor, das Werk und den Kommentar zu Bedeutungseffekten des Diskurses. In der marxistischen Kritik ist es die Ideologie, die durch entsprechende Mechanismen und Techniken das Subjekt in den Schauplatz ihrer E.e verwandelt. Zeitgenössische Theorien wie Neuer Historismus, Mentalitätsgeschichte, Empirische Literaturwissenschaft, Systemtheorie, *Cultural Studies* usf. stellen gar ihre eigenen operativen Kategorien als komplexe E.e entsprechender «kultureller Poetiken», Institutionen, Felder, Systeme dar. Kurzum, das Erstarken des E.-Begriffs ist mit der Abnahme des Begriffs des (theoretischen) Subjekts eng verknüpft. (D. M.)

→ Außerhalbbefindlichkeit, Diskurs, Herbeirufen, Ideologie, Unbewusstes

Einbettung

(engl. embedding, franz. enchâssement, russ. vloženie)

Begriff der generativen Transformationsgrammatik, mit dem der Austausch einer Einheit des sog. Kernsatzes durch eine neue Einheit – dieses Mal durch einen Satz – bezeichnet wird. In der Narratologie gebrauchte man den Begriff zur Bezeichnung eines Grundverfahrens, der sog. narrativen *mise-en-abîme*-Strukturen, in denen sich ein Erzähltext in einen anderen gleichzeitig als sein Fragment und als sein Rahmenkommentar einordnet. In Bachtins (1929) Terminologie versteht man unter E. die Einbeziehung der fremden Stimme in die Grundstimme der Aussage, wodurch eine besondere Wirkung der Zweistimmigkeit geschaffen wird. Die E. des «Seitenblicks» des Dialogpartners (der gewöhnlich abwesend ist, z. B. beim Briefschreiben) ruft das charakteristische Sich-Winden der Äußerung der Heldenfigur hervor, die durch Überholen, Rückzüge und Umgehen unterbrochen ist. (Lj. Š. / W. W.)

→ Abgründigkeit, Fokalisierung, Heteroglossie

Einklammerung

(engl. disengagement / bracketing, franz. débrayage)

1. Begriff von Greimas und Courtés (1979), mit dem sie die Neutralisation des Unterschieds zwischen der Aussage *(énoncé)* und dem Aussagen *(énonciation)* bzw., in Greimas' Terminologie gesprochen, zwischen der Achse der Erkenntnis und der Achse der Macht (vgl. Aktant) bezeichnen. Die Erkenntnis schließt den Sender und Empfänger aus und strebt zu einer rein beschreibenden Aussage, die durch die Anwesenheit des Sprechers nicht infiziert ist. Dieser Ausklammerung der Aussagekraft der Rede neigte Greimas selbst in seinem «objektivierten» wissenschaftlichen Stil zu, der sorgsam von allen Spuren der «nichtsprachlichen Situation des Diskurses» gesäubert ist. Die E. schafft auf diese Weise die Bedingungen für das Verstehen der Aussage als Bedeutungsganzes, das mit einer selbständigen, eigenen Intention ausgestattet ist. Es scheint nämlich, dass dieses Bedeutungsganze keinerlei Beziehungen zu dem konkreten Subjekt der Aussage und seiner Situation aufweist. Daher ist die E. eine der beliebtesten Strategien der Analyse als eines methodischen Verfahrens, das danach strebt, seinen Ausgangspunkt zu verheimlichen und somit sein Erkenntnispotenzial zu stärken.

2. Foucault (1971) führt den Begriff Mechanismus der E. ein, um eine Form der gesellschaftlichen Kontrolle der Diskursproduktion, die Zähmung ihrer Er-

eignishaftigkeit und der Unvorhersehbarkeit ihrer Bedeutungswirkung *(effet de sens)* zu bezeichnen. Es existieren demgemäß äußere und innere Mechanismen der E., wobei Foucault ersteren unterschiedliche Verbote und Begrenzungen zuschreibt, die den Gegenstand, Kontext und das Subjekt des Diskurses betreffen, ebenso die Vertreibung des Wahnsinns aus dem Verstand und der Falschheit aus der Wahrheit. Die inneren Mechanismen der E. der Materialität der Aussage *(procédures de contrôle et de délimitation du discours)* bzw. jene, durch die der Diskurs sich selbst kontrolliert, sind Kommentar, Autor und disziplinäre Aufteilung des Diskurses. Foucault nennt diese Mechanismen alternativ auch Dispositive der Macht.

3. Der Begriff E. deckt auch das Verfahren der phänomenologischen Reduktion oder die *epoché* der Vorurteile des «gesunden Menschenverstandes» über einzelne Gegenstände oder Sachverhalte zugunsten des Erfassens ihres echten Wesens *(der Wesensschau)*. Ihn hat Husserl in der Phase der sog. reinen oder transzendentalen Phänomenologie vertreten. Aber außer den in der Erfahrung eingebürgerten Vorurteilen ist der Philosoph in seiner Suche nach dem «archimedischen Punkt» der absoluten Gewissheit verpflichtet, aufmerksam auch wissenschaftliche Vorurteile und Vor-Meinungen auszuschalten – darin erblickte Husserl die Aufgabe der philosophischen Wissenschaftskritik. Auf dieser Idee bauten einige literaturwissenschaftliche Schulen (beispielsweise Chicago Critics, die werkimmanente oder die stilistische Kritik) ihre Einblicke in die immanente Intentionsstruktur der entsprechenden Grund-Gattungen, Unter-Gattungen, Gesamtwerke oder Werke auf. (Lj. Š. / W. W.)

→ Äußerung, Diskurs, Einschaltung

Einschaltung

(engl. engagement, franz. embrayage, russ. vključenie)

Nach Greimas die Aktivierung der Aussagedimension (ich – hier – jetzt bzw. des Subjekts und seiner Situation) in der Aussage bzw. die Überdeterminierung der Erkenntnisachse (die Signifikant und Signifikat verbindet) durch die Machtachse (die den Absender und Empfänger verbindet). Es geht um ein Verfahren, durch das der Empfänger zur Suche nach einem breiteren Verständnisrahmen verleitet wird bzw. zum sog. hermeneutischen Lesen (Riffaterre).

(Lj. Š. / W. W.)

→ Äußerung, Deixis, Einklammerung, Hypogramm

Ellipse

(engl. ellipsis, franz. ellipse, russ. ėllipsis)

Genettes Begriff (1972) für verkürzte Information in einer Erzählsequenz. Ist diese Information auch dem Erzähler nicht bekannt, handelt es sich um eine implizite oder unmarkierte E.; wenn der Erzähler sie dem Leser aber absichtlich vorenthält, ist die E. explizit oder markiert. Oft sind E.n hypothetisch, da sie sich nicht lokalisieren lassen, und treten dann als solche erst nachträglich in Form der Analepse zutage. Sie können von kurzer oder langer Dauer sein (wie in Detektivromanen, wo sie erst am Ende aufgedeckt werden). (R. H.-K.)

→ Analepse, Unbestimmtheitsstelle

Empirische Literaturwissenschaft

(engl. empirical literary critics, franz. science empirique de la littérature, russ. ėmpiričeskoe literaturovedenie)

In der bundesrepublikanischen Literaturwissenschaft deutete sich Mitte der 1970er Jahre eine pragmatische Verschiebung des Gegenstandsinteresses vom literarischen Werk zum literarischen Handeln an. So führte Schmidt noch 1973 den Begriff des *kommunikativen Handlungsspiels* ein, der mit der Entstehung oder Rezeption der Äußerung oder des Textes verbundene Handlungen impliziert.

1. Doch erst Schmidts Buch *Grundriss der empirischen Literaturwissenschaft* (1980) mit dem indikativen Untertitel «Der gesellschaftliche Handlungsbereich der Literatur» fällt die Rolle eines programmatischen Manifests der neuen literaturwissenschaftlichen Schule zu. Darin wird der endgültige Abschied vom geistesgeschichtlichen hermeneutischen Paradigma verkündet, da dieses den wissenschaftlichen Grundsätzen der theoretischen Begründung und der intersubjektiven Überprüfbarkeit nicht unterliegt, sondern an der parteiischen Position des Teilnehmers festhält. Diese Prüfung der Wissenschaftlichkeit bestehen in Schmidts Manifest weder die psychoanalytische Kritik oder der Strukturalismus, Semiotik, marxistische Kritik, Literatursoziologie noch Diskursanalyse, da alle gleichermaßen durch den Text und – was noch erheblich schlimmer sei – durch «das böse Laster» des Strebens nach seiner «richtigen Interpretation» «angesteckt» sind. Auch wenn sie keine Zutrittsgenehmigung in das System der Wissenschaften erhalten, bleiben die aufgezählten methodologischen Konkurrenten nach der E. L. dennoch völlig legitime Angehörige des *Literatursystems*, genauer der *Verarbeitung* als einer seiner vier

konstitutiven Aktivitäten. Das solchermaßen bestimmte System besteht neben der kritischen und hermeneutischen Bearbeitung auch aus Aktivitäten der *Herstellung, Vermittlung* und der *Rezeption* literarischer Werke. Dadurch wird ein komplexes institutionelles Netz aus Voraussetzungen, Verfahren und Rollen errichtet, innerhalb dessen nicht nur die Bedeutungen, sondern auch die Werte literarischer Werke und zuallererst ihre Literarizität festgestellt und bestätigt wird. Dieses System sollte nun in seiner Gesamtheit den Gegenstand der literaturwissenschaftlichen Beobachtung und Beschreibung bilden.

2. Wie man den bisherigen Resultaten entnehmen kann, richtete die E. L. jedoch die forschende Aufmerksamkeit nicht gleichmäßig auf alle vier Aspekte des Systems. Als dominant erwiesen sich die Fragen der Rezeption, was angesichts der Anleitung Schmidts von 1984 auch nicht wundert; dieser zufolge verfolgte die E. L. bei der Bestimmung der Spannbreite der Problematik eine Strategie der Abgrenzung des Gegenstandsbereichs, den man als Bereich jener Handlungen im weitesten Sinn beschreiben könne, die Texte thematisieren oder fokussieren, welche die Aktanten für literarisch halten. Stellt man indes immer wieder die Frage, was die Aktanten mit den *Texten* tun und wie sie es tun, dann wird offensichtlich, wie sehr die E. L., trotz gegenteiliger Beteuerung, bei dem anathematisierten hermeneutischen Ansatz in der Schuld steht.

3. Um dies zu verschleiern, zielt das «entseuchende» Hinausziehen des Beobachters aus dem «verseuchten Gebiet» des Systems von Texten, Positionen und Praktiken auf die interdisziplinäre *Anwendungsrelevanz* literaturwissenschaftlicher Befunde. Absicht ist, die Disziplin in den schützenden Schoß des analytischen Paradigmas einzufügen, das in den 1970er und 1980er Jahren verschiedene Geisteswissenschaften erfasste. Abgesehen von den proklamierten prinzipiellen theoretischen Gründen sollte man auch nicht vernachlässigen, dass ein so mächtiges paradigmatisches Milieu der Literaturwissenschaft ein erfolgreiches Bestehen auf der völlig praktischen Ebene institutioneller Gesetze des modernen akademischen Lebens garantiert. Das Streben nach einer panoptischen Perspektive ist ja auch einigen anderen Unternehmen analog, die den wissenschaftlichen Blickwinkel aus der umfassenden und verzweigten Gegenstandsauffassung hinaustragen wollen – etwa aus dem Diskursfeld (Foucault), dem literarischen Feld (Bourdieu) oder der literarischen Institution (angloamerikanische Theoretiker). Eine solche abstrakte Positionierung des wissenschaftlichen Ansatzes bietet einen entscheidenden Vorteil gegenüber den konkurrierenden, näher am Gegenstand situierten Ansätzen, weil man diese dann aus der neuen Perspektive als Bestandteile (Teilnehmer) des Gegenstandes relativieren kann, deren Blickfeld deshalb beschränkt und befangen ist. Aber zu große Entfernung verwehrt zugleich den Blick für das Erkennen wichtiger Strukturunterschiede am allzu global abgegrenzten Gegenstand.

4. Neuere Kritiken an Schmidts Entwurf innerhalb der E. L. lenkten die Aufmerksamkeit hierauf (Barsch 1993; Andringa 1994; Natori 1994). Schmidts Gegenstandskonzeption ist zu sehr um die geschichtliche *Erfahrungskonstruktion des literarischen Textes* zentriert, sodass alle vier Aktivitäten ohnehin mit dem Verfertigen seiner Unterscheidungsmerkmale beschäftigt sind. Daher werden komplexe Verhältnisse aus der Behandlung ausgeschlossen, die beispielsweise Verarbeitungstexte entweder untereinander oder mit den spezifischen Medien haben, in denen sie erscheinen, oder mit einer bestimmten Art des Publikums, dem sie zugedacht sind. So aber ist es schwer, etwa eine Rezension von einer Interpretation, von einem literaturwissenschaftlichen oder metawissenschaftlichen Text zu unterscheiden – sie alle sind gattungsmäßige Manifestationen, deren Funktionen sehr wohl divergieren, obwohl alle derselben Grundaktivität der Verarbeitung angehören. Ebenso wenig gelingt es zu zeigen, wie einzelne Aktivitäten des Literatursystems durch Geschichte bereichert werden, weil beispielsweise die Meta-Metareflexionen nicht immer ein legitimer Bestandteil der Verarbeitung und damit des Literatursystems waren.

5. Eine andere und prinzipiellere Art des Problems, die mit der übermäßigen Angewiesenheit von Schmidts Auslegung des Literatursystems auf den Text verbunden ist, geht aus seinem *Erfahrungs*verständnis hervor, auf dem er nicht nur den Namen, sondern auch den gesamten «Bau» seiner Konzeption aufbaut. Schmidt versucht nämlich, den Dualismus von Text und Leser dadurch zu überwinden, dass er proklamiert, die Literarizität und die Bedeutung seien keine dem Text inhärenten Eigenschaften, sondern Ergebnisse kognitiver Prozesse seitens des Lesers. Deshalb richtet er die Aufmerksamkeit auf zwei angeblich «konsensuell eingespielte» Konventionen – die *Ästhetizität* und *Polyvalenz* –, welche die Erfahrung des literarischen Textes im Bewusstsein des Lesers regulieren. Zunächst ist einzuwenden, können so definierte Konventionen die volle geschichtliche und kulturelle Mannigfaltigkeit der literarischen Erfahrung nicht decken, sondern bleiben an der Erfahrung der europäischen Moderne haften (Andringa 1994; Barsch 1993; Kramaschki 1991). Ferner zollen sie der hermeneutischen Hypothese über jene unendliche Interpretabilität des literarischen Textes ihren stillschweigenden Tribut – die auf der anderen Seite in Frage gestellt wird (Ort 1994).

Noch größere Probleme bereitet das Nachweisen der intersubjektiven Bedeutung von Konventionen. Wie werden diese in das Bewusstsein der Gemeinschaftsangehörigen eingeprägt? Schmidt lässt sich auf familiäre, schulische und mediale Sozialisierungsmechanismen nicht ein – ohne die man sich diesen Prozess der Konsensbildung nicht vorstellen kann –, um die Konventionen als Systemgaranten vor der Willkür ihrer subjektiven Konkretisierung in verschiedenen Netzsegmenten zu bewahren. Die Homogenität der Bedeutungsattributionen sichert er schlicht dadurch, dass er sie – in klassisch holistischer, jener Fishs ähnlicher Manier in der Konzeption der «interpretativen Gemeinschaften» (1980) – den «Urteilsfähigen» oder «vernünftigen» Subjekten zuschreibt (Pasternack 1994). Aber diese These lässt sich zu Zeiten allseitiger und heftiger Kritik am Ratiozentrismus offensichtlich schwer halten. Die Probleme werden dadurch noch schwieriger, dass die E. L. alle Systemaktivität an menschliche Subjekte bindet. Das zwingt sie dazu, unterschiedlichen psychologischen «Füllungen» der intersubjektiven Konventionen erheblichen Raum zu überlassen, zumal wenn es sich um literarische Texte handelt, bei denen die Konventionen der Ästhetizität und der Polyvalenz dem interpretativen Umgehen größere Freiheit gewähren als im Fall andersartiger Texte. All das veranlasste Schmidt (1993), den Bedeutungsselektionen des Subjekts einen hohen Grad an Freiheit und Kontingenz in Bezug auf intersubjektiv bewährte Verstehensverfahren zu verleihen, um damit im Grunde der ästhetischen Erfahrung jene Autonomie zurückzugeben, die er ihr zunächst durch die Einbeziehung in das Literatursystem entzogen hatte. Freilich wird damit zugleich der universelle Maßstab der Literarizität als Grenzzeichen des literaturwissenschaftlichen Gegenstandes erschüttert und somit die Garantie der Wissenschaftlichkeit des Verfahrens in Frage gestellt, weil die Hürden gegen die Beliebigkeit der individuellen Beurteilungen verschwinden.

6. Das Öffnen des Tors für die geschichtliche, kulturelle, institutionelle und erzieherische Kontingenz weist auf die dem radikalkonstruktivistischen Gründungsversuch der E. L. immanente Aporie hin, ihren Gegenstand abzugrenzen. Der radikale Konstruktivismus geht davon aus, dass alle unsere Erfahrungen Konstrukte unserer Vernunft (des Gehirns) sind – genauer, alle außer einer, nämlich der Erfahrung, dass es sich genau so verhält! Er scheut also vor der Konsequenz zurück, die aus seiner Ansatzhypothese folgen sollte, dass nämlich auch diese These über die immer-schon konstruierte Wirklichkeit selbst Konstrukt und insofern diskutabel ist. Vielmehr nimmt man grundlos an, diese These entspreche jenem allgemeinen Konsens, über den eine Diskussion überflüssig sei. Aus dieser durch nichts gestützten Überzeugung leitet der radikale Konstruktivismus der E. L. das Vorrecht einer vermeintlich unvoreingenommenen (weil nicht konstruierten) Beschreibung fremder Voreingenommenheit (Konventionsbefangenheit) ab. In diesem Aspekt erkennt man die Anhänglichkeit gegenüber der deutschen Tradition der Ideologiekritik, die die E. L. übrigens mit dem Neuen Historismus zu teilen scheint. Denn dieser beansprucht – Viktoria Kahn (1990) zufolge – ebenso im Namen seiner kritischen Distanz für sich jene Interesselosigkeit, die er seinerseits den kulturellen Tatsachen bestreitet. (D. M.)

→ Handlung, Institution, Intersubjektivität, Konvention, System

Entropie

(engl. entropy, franz. entropie, russ. ėntropija)

Zunächst ein Begriff der Thermodynamik, der das Ausmaß der molekularen Unordnung in einem beliebigen System bezeichnete. Im Unterschied zu sprachlichen und literarischen Systemen, die zur Ordnung streben, d. h. zu minimaler E., streben thermodynamische Systeme zur maximalen E. Während in den ersten das wahrscheinlichere Zeichen niedrigeren Informationswert hat, weil es sich der durch Ordnung vorbereiteten Erwartung anpasst, hat es in den zweiten einen höheren Informationswert, weil es die Unordnung negiert. Der Grad der E. verkleinert sich im Strukturierungsprozess des Systems, da dieser Prozess zwischen seinen Elementen die Unterschiede bzw. die Oppositionen einführt (Nöth 1985). Der Signifikant verleiht nach de Saussure solche Strukturierung dem Signifikat, nach Hjelmslev die Substanz (des Ausdrucks oder Inhalts) der Materie (des Ausdrucks oder Inhalts). (Lj. Š. / W. W.)

→ Differenz, Information, Redundanz, Struktur, System

Episteme

(engl. episteme, franz. épistémè, russ. ėpistema)

1. Hauptbegriff von Foucault (1966) aus seiner strukturalistischen Phase. Die E. ist der strukturell unbewusste Erkenntnisraum einer bestimmten Epoche, ein Netz von Signifikationsbeziehungen zwischen den Wörtern und Dingen, das die Vorstellungen, Praktiken und Texte strukturiert. In der Renaissance stimmen die Wörter und Dinge in einem einheitlichen «Welttext» überein, im Klassizismus werden die Ideen zwischen ihnen eingefügt, und im Modernismus wird ihr Verhältnis durch das Leben, die Arbeit und die Sprache vermittelt. Nach zahlreichen Kritiken wegen des «Abschieds vom Subjekt», wegen der Vernachlässigung der historischen Fakten und des ungenügend begründeten Übergangs einer E. in die andere gab Foucault den Begriff in seinen nächsten Büchern auf.

2. In der zeitgenössischen Sprachphilosophie hat der Begriff der E. eine breitere Bedeutung, und in der zeitgenössischen Wissenschaftsphilosophie wird er parallel zum Begriff des Paradigmas gebraucht. (Lj. Š. / W. W.)

→ Archäologie, Archiv, Formation, Geistesgeschichte, Periodisierung

Ereignis

(engl. event, franz. événement, russ. sobytie)

Der Begriff E. wird in der modernen Literaturtheorie in einigen miteinander lose verbundenen Bedeutungen verwendet.

1. Eine der etablierten Bedeutungen ist *Bestandteil eines narrativen Textes*. Chatman (1978) hat sich diesbezüglich um eine genauere Bestimmung bemüht und E.se jene narrativen Äußerungen genannt, die Prozesse bezeichnen. Sie stehen im Gegensatz zu denjenigen, die Zustände ausdrücken und die er Existenten *(existents)* nannte. Dies deckt sich in etwa mit der formalistischen Einteilung von Erzähltext-Motiven in dynamische und statische (Tomaševskij 1925) oder aber mit Barthes' strukturalistischer Einteilung in Funktionen und Indizien (1966b; Martin 1986). Ein E. verursacht die Veränderung einer Situation als eines bestimmten Verhältnisses zwischen den Figuren. Im Einklang mit dieser Bestimmung steht auch die Definition, die Bal (1980/1985) angeboten hat: «Übergang von einem Zustand in einen anderen, der durch die Akteure verursacht oder von ihnen erlebt wird.» Bal erkennt jedoch, dass die Bestimmung eines E.ses im Erzähltext allein auf der Grundlage dieser Definition mit großen Schwierigkeiten verbunden wäre, weshalb sie zusätzlich die Kriterien der Veränderung *(change)*, der Wahl *(choice)* und der Konfrontation *(confrontation)* einführt. Das erste Kriterium verlangt, dass nur diejenigen E.se in Betracht gezogen werden, die eine Veränderung in der Fabel verursachen; das zweite Kriterium sondert jene E.se aus, die eine Wahl zwischen zwei Möglichkeiten eröffnen oder realisieren (Barthes nannte solche Funktionen *Kerne*); dem dritten Kriterium werden nur diejenigen E.se zugeordnet, durch die zwei den gegensätzlichen Gruppen angehörende Akteure miteinander konfrontiert werden. Obwohl die erwähnten Kriterien die Intuition des Lesers nicht gänzlich ausschalten, helfen sie ihm dennoch, seine analytischen Entscheidungen bei der Bestimmung und Wahl der E.se zu formalisieren. Erst nachdem der Analytiker die E.se auf diese Weise identifiziert hat, kann er an die Konstruktion der Fabel als einer «Kette, welche die Ereignisse chrono-logisch verbindet», herangehen.

2. Eine andere Bedeutung des E.ses wird während der 1970er Jahre mit der *sprachlichen Äußerung* assoziiert. Durch diesen Begriff sollen diejenigen seiner Aspekte betont werden, die sich der linguistischen Analyse entziehen, weil sie dem Ganzen der Äußerung eine Sinneinheit zusprechen – die Einbindung in irgendeinen pragmatisch-interaktiven Zusammenhang von Rechten und Pflichten, in irgendeine umfassendere Kommunikationshandlung oder Handlungsspiel oder aber in irgendein dem Satz übergeordnetes, diskursives Gefüge. Sowohl das *Hervorbringen* als auch das *Empfangen* von Äußerungen

werden in diesem Sinn als bedingt durch die begrenzte Situation verstanden, in der sie stattfinden, sodass diese Überschneidung zweier getrennter Komplexe von Umständen, Prämissen, Implikationen und Sanktionen den Äußerungen die Qualität der Ereignishaftigkeit verleiht. Wie im Fall der historischen E.se ist auch hier das Verstehen auf die vorhergehende Rekonstruktion eines umfassenderen Kontextes angewiesen. Auf dem ereignishaften, unwiederholbaren Charakter von Äußerungen hat insbesondere Foucault (1969) beharrt, indem er diese aus dem Zusammentreffen von diskontinuierlichen diskursiven und nondiskursiven Praktiken eines Archivs ableitete. Indem die Äußerung die Anordnung der vorgefundenen Praxis reorganisiert, produziert sie seiner Konzeption zufolge allein durch den Akt ihrer Formulierung den Gegenstand, das Subjekt und den Adressaten, sodass gerade dieses *nicht zurückführbare Mehr* in Bezug auf alles ihr Vorhergehende aus ihr ein E. macht.

3. Das E. einer alltäglichen Äußerung unterscheidet sich vom *E. eines literarischen Textes.* Letzteres verdankt seine Ereignishaftigkeit nicht länger den konkreten historischen Umständen, unter denen es geschrieben oder gelesen wird. Es schafft diese Ereignishaftigkeit selbst, und zwar durch das Verfahren der Autokontextualisierung, in deren Verlauf es sich von dem stereotypen Rezeptionshintergrund löst, welcher durch die literarische Erwartung entsteht. In Wirklichkeit schafft es dabei lediglich Anleitungen für die Erzeugung der eigenen Ereignishaftigkeit, sodass diese letztlich doch von der Konkretisierung durch den Leser abhängt. Ein literarischer Text kann nicht E. werden ohne das Risiko, das im Verstoß gegen das «Kooperationsprinzip» (*cooperative principle*; Grice 1975) enthalten ist. Derartige Verstöße erscheinen wiederum dort obligatorisch, wo sich, wie es seit der Avantgarde bis heute der Fall ist, der Text auf zahlreiche Bedeutungsleerstellen stützt, um beim Leser die Motivation zur Sinnkonstitution anzuregen. Die Werke der Avantgarde, erklärte Benjamin (1929/77), erlangen die Eigenschaft eines ereignishaften Heraustretens aus dem kontinuierlichen Zeitverlauf gerade dadurch, dass sie ihre Adressaten immer aufs Neue zu einer Art ekstatischer, mystischer Gemeinschaftlichkeit jenseits der Geschichte einladen. Wenn jedoch die an den Leser gerichtete Herausforderung so groß ist, dass sie – wie Habermas betont – sein Potenzial zur Anknüpfung brachliegen lässt, kann er einfach mit dem Lesen aufhören und damit die Verwandlung der «Partitur» des literarischen Textes in ein einmaliges ästhetisches E. scheitern lassen.

4. Auch ein geschichtliches E. teilt mit einem literarischen die Gemeinsamkeit, dass es sich nicht zurückführen lässt auf das, was ihm vorhergegangen ist (Jauß). Von diesem Standpunkt ausgehend, kritisierten die Rezeptionstheoretiker zu Beginn der 1970er Jahre die *strukturalistische* Minimalisierung des E.ses zugunsten von Strukturen. Während das E. mit der subjektiven, psy-

chischen Zeit der Teilnehmer des historischen Geschehens verbunden ist, umfassen Strukturen langfristige Perioden geographisch-klimatischer Verhältnisse, von Rechts- und Herrschaftssystemen, Mentalitäten und Gebräuchen, die sich einzig der Analyse eines distanzierten Beobachters fügen. Deshalb wurden diese seit den 1950er Jahren den Theoretikern der sog. Nouvelle Histoire zusammen mit den Theoretikern und Autoren des sog. Nouveau Roman im Rahmen einer gemeinsamen Rebellion gegen die narrative Geschichte in den Vordergrund ihres Interesses gerückt. Obwohl kein Zweifel daran besteht, dass E.se mehrfach durch Strukturen bedingt sind, beinhalten sie dennoch immer sowohl etwas mehr als auch etwas weniger als diese, sodass sie sich nicht gänzlich aus ihnen ableiten lassen. Selbst nach der strukturalistischen Definition von Lotman (1970) stellen E.se die Verschiebung, Transformation oder Negation der Struktur dar, die eine Erwartung setzt. Je geringer die Wahrscheinlichkeit sei, dass ein bestimmtes E. eintritt, desto höher rangiere es auf der Skala der Sujethaftigkeit. In diesem Sinn bestimmt Lotman das E. als die kleinste unzerlegbare Einheit des Sujetaufbaus, wobei er unter Sujet das Hinüberschreiten einer Figur aus einem semantischen Feld in ein anderes versteht. Um aber die Grenze zwischen den Feldern erkennbar zu machen, bedarf es eines normativen Systems, das sie bestimmt. Somit enthält Lotman zufolge jedes E. einen gewissen «in-bezug-auf-etwas …»-Index, um letzten Endes doch innerhalb der Funktion der Struktur zu verbleiben.

5. Bei den *Poststrukturalisten* hingegen bringt das E. durch seinen «Schlamm der Zufälligkeit» und seinen «Bodensatz des Andersseins» (Duby/Lardreau 1980) Ungewissheit und Kontingenz in die Strukturordnungen hinein. Dies ist es, was zwischen den Ebenen der Struktur und des E.es eine konstitutive Kluft aufreißt (Koselleck 1979). Jedes Strukturelement wird von einer unbestimmten Zone unverwirklichter Möglichkeiten (Veyne 1978) umgeben, wodurch es potenziell zu einer mehrdimensionalen Geschichte von destruktiver assoziativer Kraft wird. Aus dieser Richtung stammt auch die von Demandt (1986) formulierte Frage, ob sich der Standpunkt, von dem aus wir die Irrwege der bisherigen Geschichte bestimmen, womöglich auch selbst auf einem solchen Irrweg befindet. Die poststrukturalistische Konzeption des E.ses steht allgemein unter dem Zeichen einer schonungslosen Kritik an den zähmenden Mechanismen der Geschichte, die Lyotard (1970ff.), der Spur von Bergson, Heidegger und insbesondere Lévinas (1961) folgend, formuliert hat. Schon bei Lévinas (1948/1994) grenzte die Geschichte die Beweglichkeit und die Offenheit des E.ses ein und entzog ihm dadurch sein schöpferisches, zukunftsfähiges Potenzial. Bei Lyotard (1970) ist E. der Ort des Eindringens des Figuralen (und damit auch des Begehrens) in den Diskurs, der Begegnungspunkt mit dem Anderssein. Die Erzählung verwandelt diese nicht zurückführ-

bare Asymmetrie in eine geordnete Aufeinanderfolge, überschreibt das Anderssein mit dem Gleichsein. Diachronie ist das Medium der Akkumulation und der Kapitalisation (1974), sie neutralisiert die Verschiedenartigkeit der Satzregime und der Diskursgenres, neutralisiert «das Wunder der Begegnung mit dem Anderen», zähmt die Bedrohlichkeit und die Zügellosigkeit des E.ses (1983). Deren progressives, teleologisches Muster vermittelt das modernistische «humanistische» Streben nach allmählichem Beherrschen der Vergänglichkeit (1988). Kurzum, wenn die postmoderne (Deleuzesche) Politik nach der Unbestimmbarkeit des E.ses greift und die postmoderne (Lévinassche) Ethik der unmittelbaren Beantwortung und der ständigen Verantwortung Vorrang gibt, dann – so der Standpunkt Gibsons (1996) – scheint die Geschichte einzig Modelle zu versorgen, die sich sowohl der ersten als auch der zweiten entgegensetzen.

6. Der Begriff E. taucht in der Konzeption von Bachtin in Verbindungen wie *E. des Verstehens* oder *E. des Daseins (bytie – sobytie)* auf. Bachtin leitet diese Begriffe aus Diltheys «Sitz im Leben» jedes Verstehensakts ab, radikalisiert aber dabei den Ausgangspunkt. Er befindet nämlich, dass jedem Verstehensakt eine einzigartige «Architektonik» von dessen «Horizont» eigen ist, die sich keineswegs, wie es bei Dilthey der Fall ist, «in Klammern setzen lässt». Im Gegenteil, sie ist diejenige, die durch ihre konstitutive Außerhalbbefindlichkeit *(vnenachodimost')* selbst Klammern setzt. Auf diese Weise nimmt Bachtin eine charakteristische Revision der hermeneutischen Prämisse vor, der zufolge sich ein E. nur aus dem (geschichtlichen) Ganzen erklären lässt, und zwar indem sich bei ihm das (geschichtliche) *Ganze einzig aus dem einmaligen E.* (des Verstehens) erkennen lässt. Der Interpret ist gleichwohl nicht dazu verurteilt, im Horizont des konkreten E.ses des Daseins zu verbleiben, der ihm von der Geschichte jedes Mal aufs Neue zugewiesen wird. Ganz im Gegenteil, Bachtin trägt ihm die ethische Verpflichtung *(dolženstvovanie)* auf, sich am ununterbrochenen ideologischen Entstehungsprozess *(stanovlenija postupok)* der Wirklichkeit zu beteiligen, indem er im Prozess des Verstehens des Anderen die Parameter seines eigenen Horizonts aktiv veräußerlicht und sie auf diese Weise dem Hinterfragen aussetzt. Er darf nicht zulassen, dass das E. sich in einen Zustand verwandelt. Bachtin leitet diese Verantwortung aus dem etwas «romanhaften», für ihn jedoch bezeichnenden Verständnis der Wirklichkeit ab. Wie in dem Roman-Plot oder der Roman-Tradition (zumindest wie Bachtin sie deutet) befrage auch in der Wirklichkeit jedes neue E. alle vorhergehenden, und jede Gegenwart wähle sich die eigene Vergangenheit. Somit ist das E. in Bachtins Konzeption gänzlich der Vergangenheit zugewandt, während seine antizipatorische Kraft bezüglich bevorstehender Ereignisse nichtig ist (weil es, gleich dem Gedanken in Luhmanns Deutung der Autopoiesis des Bewusst-

seins, mit dem «Rücken» in die Zukunft schaut). Alle Optionen in Richtung Zukunft sind – wie auch bei Luhmann – offen, weil das semantische Potenzial des E.ses letzten Endes grenzenlos ist. Bachtin veranschaulicht dies anhand des Begriffs des *alles bedeutenden Ur-Wortes*. Die bevorstehenden E.se müssen die gesamte Verantwortung für die gewählte Art des Anknüpfens an ihre Vorgänger selbst übernehmen.

7. Ein ähnliches innovatives Potenzial gewinnt das E. in der Luhmannschen Theorie der selbstreferenziellen Systeme (1984). Darin bildet das E. ein *Element der komplexen sozialen Systeme*, welche durch die Temporalisierung ihrer Struktur reproduziert werden. Die Basisebene dieser Operation stellt die Erzeugung von E.sen dar, die das Aneinanderknüpfen der Elemente nach dem Schema vorher / nachher ermöglichen. Im Gegensatz zu den Strukturalisten, für welche die Struktur der Ausgangspunkt des E.ses ist, stellt das E. für Luhmann den *Ausgangspunkt der Strukturierung* dar. Dies bedeutet, dass sich das Muster der inneren Beziehungen des gegebenen Systems von E. zu E. – d. h. praktisch ununterbrochen – verändert. Die durchgängige Desintegration des E.ses bedingt eine ständige Veränderung in der Konstellation der zeitlichen Horizonte von Vergangenheit, Gegenwart und Zukunft. In diesem Sinn erhält sich das System durch die Betonung der Neuigkeit bzw. der Individualität des E.ses aufrecht, die jedoch schon beim nächsten E. diese Eigenschaft (der singulären Gegenwart) verliert. Die permanente Öffnung neuer Selektionszusammenhänge begründet die dynamische Stabilität als Prinzip der Selbsterhaltung komplexer sozialer Systeme. Luhmann nimmt also, ähnlich wie Derridas Dekonstruktion der Ontologie durch die Temporalisierung des Daseins, dem E. jegliche Substanz, indem er dessen Gegenwärtigkeit in ein bloßes Intervall zwischen Vergangenheit und Zukunft übersetzt. Das Zeichen E. verwandelt sich in eine *Zwei-Seiten-Form*. (A. H.)

→ Dialog, Geschichte, Historie, Plot, Struktur

Erlebnis

(engl. experience, franz. vécy, russ. pereživanie)

1. Der Begriff wurde von Dilthey (1905 / 1929) in das Repertoire der modernen Theorie eingeführt. Da das E. die unmittelbare Beziehung zum *Leben* andeutet, die nach Diltheys Auffassung der mittelbaren Beziehung zum *Begriff* vorangeht, nimmt Dilthey ihn als Ansatz für die Kritik an Hegels Rationalismus. Diese lehnt sich stark an das frühromantische Erbe (Hamann, Fichte, Herder, Schlegel, Schleiermacher) an, und zwar insbesondere, indem er der Weltan-

schauung als jener sinnlichen Anschauung die Priorität einräumt, die in den Urgrund *(epoché)* der Welt und ihre Ganzheitlichkeit vordringt. Darin begründet Dilthey seine Vision der Geisteswissenschaften als verstehende Wissenschaften, deren Forschungsinteresse sich auf das Individuelle und nicht auf das Universelle richtet. Sie streben ein Verständnis von Werten und nicht das Feststellen von Tatsachen an. Einen anderen zu verstehen heißt, die Fremdheit seiner Kultur und Weltanschauung heimisch zu machen, seine «Lebensäußerungen» im Rahmen der Ganzheitsstruktur des «Zeitgeistes» bewusst werden lassen.

2. Dilthey unterscheidet zwischen drei Arten der Lebensoffenbarungen: Urteile, Handlungen und E.se, wobei diese die glaubwürdigsten und vollendetsten Lebensausdrücke darstellen, zu denen wiederum nur die Kunst fähig sei. Denn nur Kunstwerke bewahren einmalige, ganzheitliche und zweckmäßige Lebenserlebnisse und ermöglichen es uns dadurch, an ihrer geistigen Substanz als einem «gemeinschaftlichen Medium» teilzunehmen. Es handelt sich um ein Gemeinschaftsgefühl, das sich durch den Durchbruch bis an die Grenze der eigenen E.-Substanz verwirklicht, weil das der einzige Ort ist, wo sie ihre Bedingtheit durch «den Sitz im Leben» erfährt, den sie mit den anderen spontan teilt. Dilthey hypostasiert nämlich die prinzipielle Übereinstimmung zwischen der E.-Fähigkeit des verstehenden Subjekts und der in der geschichtlich fernen geistigen Objektivierung enthaltenen E.-Fähigkeit. Entscheidend ist aber, dass der Mensch die eigene E.-Welt nicht durch reflexive Introspektion – der sich das E. als *vorreflexives* per definitionem entzieht –, sondern nur durch seine Expression oder Veräußerung erfahren kann. Der einzige Weg zum eigenen Selbst führt über das E. des Sinns, des Zwecks und des Werts der anderen! Indem die Fremdheit der Anderen durch das Nacherleben verstanden wird, setzen wir eigentlich unsere eigenen nicht realisierten Fähigkeiten frei. Der Mensch erlangt nach Dilthey, bestimmt und beengt durch reale Lebensverhältnisse, die Freiheit nicht nur durch Kunst, sondern auch durch das Geschichtsverständnis.

3. Schon die umgehende und grundsätzliche polemische Reaktion Simmels zeigte, dass Diltheys Aneignung der deutschen romantischen Tradition gewisse Anpassungen zugrunde liegen – vor allem mit Blick auf die Möglichkeit, den Abgrund zwischen dem *Selbst* und dem *Anderen* zu überwinden. Simmel (1818/1984) hält die Fremdheit des Anderen für unüberwindbar, womit er zur ursprünglichen These Schleiermachers über die Notwendigkeit zurückkehrt, im Verstehen eine Analogie zu konstruieren. Da wir den Anderen nur dadurch verstehen können, dass wir eine Analogie zu uns ziehen, sei die Einfühlung von Anfang an ausgeschlossen. An ihrer Stelle stand bei Schleiermacher das Erraten oder die Divination als Technik, eigene sinnhafte Projektionen vermit-

tels der sog. psychologisch-technischen (oder künstlerischen) Interpretation zu überprüfen. Doch auch Schleiermacher hält die «unmittelbare Empfindung» als *vorreflexive* Selbstkenntnis für die Geburtsstätte dieser sinnhaften Projektionen – was bedeutet, dass man über sie nicht anders reflektieren kann als anlässlich des Widerstandes des Anderen.

4. Der Begriff des E.ses bei Sartre und Granger knüpft genau daran an. Bei Sartre erscheint er in der passivischen Form des Partizip Perfekt vom Verb *vivre* (leben, erleben) – *le vécu* –, um das nicht-thetische Selbstbewusstsein auszudrücken *(conscience/de/soi; non-savoir silencieux)*, das einen interpretativen Rahmen bei jeder Reflexion abgibt. Solches E. ist die spontane Stilquelle des Autors eines literarischen Werks. Der Autor erfährt ihn auch selber erst, indem er ihn in die Bedeutungsstruktur des Textes einfließen lässt. Was den Interpreten anlangt, kann er ihn als «nicht-bedeutendes (aber sinnstiftendes) Prinzip» nur durch Verstehen *(compréhension)* und niemals durch Erkenntnis *(connaissance)* oder objektive Einsicht *(intellection)* begreifen. Wie unsicher diese Technik auch sein mag, sie bleibt doch die einzige, die zur Einmaligkeit des individuellen Stils führt.

Mit seinem Begriff der «individuell erlebten Erfahrung» *(expérience individuelle vécue)* als der «negativen Seite der Strukturen» oder des «unmitteilbaren Code-Rests» knüpft Granger (1968) einerseits an Sartre, andererseits an Peirce an. E. wird für ihn wie für Sartre im Stil bewahrt, dessen Wiedererkennen vom Interpreten eine «transstrukturelle Kompetenz» fordert. Ihr Idealziel ist die Rekonstruktion solcher Spielregeln, deren einziges Beispiel durch das gegebene Werk angeboten wird.

5. Scott (1992) hat den Begriff des E.ses einer prinzipiellen Kritik aus feministischer Perspektive unterzogen. Die Behandlung des E.ses in der traditionellen Geschichtsschreibung als einer unfraglichen, weil «offensichtlichen» Quelle beruht auf der Überzeugung von der Einheitlichkeit des historiographischen Subjekts, die inzwischen problematisch geworden ist. Demnach bringt uns derartige Rede über das E. dazu, die Existenz des Individuums als schlechthin gegeben anzuerkennen, statt dass wir uns fragen, wie denn die Konzeptionen der Selbstheit produziert werden. Wenn man dagegen das Individuum als Sitz von Konflikten und Streitigkeiten begreift, dann zeige sich auch das E. lediglich als vorläufige Unterscheidungswirkung, die am kontingenten Schnittpunkt der Subjektpositionen entstanden ist. So sei das Erlebnis immer schon eine Interpretation, die *gleichzeitig* interpretationsbedürftig ist. Was man für E. halte, sei nichts Offensichtliches und Unmittelbares, sondern sei immer strittig und daher politisch. (D. M.)

→ Divination, Geistesgeschichte, Hermeneutik, Stil, Verstehen

Erzählen

(engl., franz. narration, russ. rasskazyvanie)

1. Ein dispersiver Begriff, der bei verschiedenen Theoretikern in verschiedenartigen Bedeutungen erscheint – als Modus, Verfahren oder Akt –, abhängig von der primären Relation, in die er gebracht wird. Diese ist jedoch entweder mit der methodologischen oder der nationalen Tradition der Theoretiker verbunden, die diese Beziehung herstellen.

(a) Todorov (1966) setzt den Erzählmodus der Darstellung entgegen in einer ähnlichen Bedeutung wie der amerikanische *point-of-view criticism* das Reden (*telling*, Diegesis) der Darstellung (*showing*, Mimesis).

(b) Bei Ricardou (1967) wird das E. als Verfahren in Verbindung mit Fiktion gebracht, auf eine ähnliche Art wie in der Narratologie der Diskurs mit der Geschichte verknüpft wird.

(c) Genette (1972) unterscheidet das E. vom Text *(récit)* und der Geschichte *(histoire)* und definiert es als Akt oder Handlung der Kommunikation (die er später in der Analyse vernachlässigt). Rimmon-Kenan (1983) erklärt – sich an Bal (1977) anlehnend – die Geschichte und das E. als Konstrukte, die der Leser aus dem Text herleitet, als «zwei Textmetonymien, die erste durch seinen erzählerischen Inhalt hervorgerufen und die zweite durch seine Produktion».

2. Die Pragmatiker befürworten allerdings den umgekehrten Zugang bzw. die Herstellung des Textes aus dem E. So behauptet z. B. Labov (1972), die Geschichte verdanke ihre endgültige Form den Umständen, in welchen sie erzählt werde. Falls sie keine *Mitteilungs*qualität besitzt *(tellability)*, heißt das Urteil der Zuhörer Gleichgültigkeit («Na und?») und hat Sanktionen für den Erzähler zur Folge. Diese Mitteilbarkeit wird, so Leitch (1986), an ihrer *Erzählbarkeit (narrativity)* gemessen, wie an einem Erwartungszustand des Rezipientenbewusstseins, in dem, wie in der textuellen Mitteilbarkeit, zwei Grundsätze zusammenstoßen: die geradlinig-teleologische und die umherirrend-diskursive, wobei sie mit ihrem kontingenten Verhältnis ein immer neues Gefühl der «wahren Geschichte» aufbauen. Auch bei Young (1987) entscheidet der Umkreis des E.s *(storyrealm)* über die Beschaffenheit der erzählerischen Welt *(taleworld)*: Der Text hat seinen Ursprung im E.

3. Aber der erwähnte Begriff der Erzählbarkeit *(narrativité)* war bereits von der Semiotik Greimas' als Differenzierungsmerkmal der Erzähltexte aufgenommen worden, und zwar in einer radikal anderen Bedeutung als jener der Pragmatiker. Greimas (1960) geht nämlich von Lévi-Strauss' strukturalistischer Konzeption aus, nach der «die Rangordnung der chronologischen Folge sich auflöst *(se résorbe)* in der atemporalen Struktur-Matrix». Deshalb ist die Erzählbarkeit für ihn die Sammlung logischer Verfahren, welche die logisch-

semantische Tiefenstruktur in die diskursive Oberflächenstruktur überführen, wobei sie an dieser generativen Umlaufbahn den Bedeutungseffekt *(l'effet de sens)* der Temporalität produzieren. Um die Ableitung der Zeit aus dem Raum hervorzuheben, nennt Greimas eine solche «Transformation der narrativen Organisation in die Geschichte» auch *Temporalisation.*

Ricœur (1983–85, Heft 2) hat in seiner detaillierten Kritik beobachtet, dass bereits der Begriff der Transformation eines Termins in einen anderen im semiotischen Viereck oder aber der Transformation einer Ebene in die andere in der generativen Umlaufbahn eine Taxonomie voraussetzt und damit die Chronologisierung des «achronischen» Modells von Greimas. Das Problem besteht darin, dass der Übergang aus einer Phase in die andere nur aus der späteren Perspektive als logisch notwendig erscheint: Während die Handlung fortdauert, stehen verschiedene Optionen offen, unter welchen (nach der Analyse der elementaren Sequenz von Bremond 1973) eine Wertauswahl möglich ist. Ricœur widersetzt sich somit der Eingliederung der «Kernsequenz» des Erzähltextes, welchen Greimas als Versuchung *(l'épreuve)* darstellt, und behauptet dabei, dass in ihr «der Übergang von dem Zustand der Konfrontation in den Zustand des Ergebnisses vollkommen aleatorisch ist; und deshalb lässt sich das Verhältnis des Nacheinanders nicht auf das Verhältnis des notwendigen gegenseitigen Mit-Einbeziehens zurückführen». Mit anderen Worten, aus der hermeneutischen Perspektive kann die Zeit als Dimension der Freiheit nicht aus der Definition der Erzählbarkeit ausgeschlossen werden. Daher der Schluss: «Die Einheit des erzählerischen Genres soll man nicht mehr in den Erzählstrukturen und in ihrer Äußerung suchen, sondern im Erzählen als Äußern» (1983, Heft 1).

4. Bres (1994) hat dagegen festgestellt, dass – trotz dieser Proklamation – Ricœur «die Analyse der Tätigkeit des Geschichten-Erzählens der Analyse der erzählten Geschichte opfert». Sein Begriff «Zeit des Erzählens» (*temps du raconter,* in Analogie zur *Erzählzeit* von Müller) setzt nämlich «die tote Zeit» voraus, die mit «der Zeit der konventionellen Lektüre» gemessen wird. Dasselbe gilt für seine Begriffe des Standpunkts und der Erzählstimme, die der Leser aus dem Text, also ohne Relation zum Akt des erzählerischen Äußerns, rekonstruiert. Es ist nach Bres bezeichnend, dass Ricœur den Begriff der mimetischen Umlaufbahn nur für den Übergang des Lesers aus der Zeit des Textes in die Zeit des Lesens beibehält, nicht jedoch für den Übergang des Erzählers aus der gelebten Zeit in die Zeit des Textes.

Demgegenüber definiert Bres selber die Erzählbarkeit als «einen Sprachakt, in dem der Erzähler sein Handeln (im Falle von Geschichten über ein persönliches Erlebnis) hineinschreibt in die zeitliche Ausrichtung, in der sein Subjekt erschaffen wird.» Sein Ausgangspunkt ist also alltägliches mündliches E., in welchem die Erzählbarkeit nicht von der ricœurschen Fabulation *(mise-en-intrigue)* abhängig ist: Sie ist nicht an die Kunst *(art)* gebunden, sondern an den Akt *(acte)*. Die Konfiguration hört auf, Maßstab der Erzählbarkeit zu sein, weil in ihr die unbewusste Einwilligung Ricœurs zur strukturalistischen Ideologie der Literarizität erkennbar ist, die das geschriebene Literaturwerk von der alltäglichen mündlichen Produktion scharf trennt. Für Bres handelt es sich hier um einen graduellen und nicht um einen Charakterunterschied, ebenso wie für Bachtin, der in seiner frühen Abhandlung *Das Wort im Leben und das Wort in der Dichtung* (1926) festgestellt hat, dass «die Grundlagen und die Möglichkeiten der höchsten künstlerischen Form schon im Wort des alltäglichen Lebens angelegt sind.» Deshalb kehrt er wegen ihrer ständigen interaktiven Spannung mit der Vergangenheit bei der Gestaltung der Geschichte und der erzählerischen Identität zurück zu der lebendigen Zeit des E.s: «Falls die Produktion von Geschichten kein Ende hat, so deshalb, weil es eine Produktion von Bedeutungen/Identitäten gibt, die Veränderungen in Gestalt der Verschiebungen, des Einholens, sogar der Abwertungen in den vorherigen Geschichten verursacht. (...) Es scheint uns, dass diese unablässige Veränderung der Vergangenheitsperspektivierung, die von der Gegenwart ausgeht, den Stützpunkt der Erzählbarkeit bildet, der es dem Subjekt ermöglicht, seine Identität mit dem Ziel der Integration der Vergangenheit zu nutzen.» (A. B.)

→ Äußerung, Diegese, Erzähler, Geschichte, Handlung

Erzähler

(engl. narrator, franz. narrateur, russ. rasskazčik)

1. Im fiktionalen Erzählen ist der E. die Stimme, welche die Verantwortung für die narrative Äußerung übernimmt, und er ist als text*interne* Instanz vom impliziten Autor als text*externer* (Rahmen-)Instanz zu unterscheiden, von der Autorenfunktion als *inter*textueller Instanz und schließlich vom Autor als dem Protagonisten der Kommunikationssituation. Der E. ist andererseits auch vom *Fokalizer* als dem Träger des Äußerungsmodus zu unterscheiden sowie von einer sprechenden Erzählinstanz, die er eventuell als seinen mündlichen Doppelgänger in das diegetische Universum einführt. Es versteht sich, dass nicht in allen Arten narrativer Texte alle diese Instanzen gleichermaßen gut zum Ausdruck kommen, was bedeutet, dass bei ihrer Identifikation Schwierigkeiten auftreten können.

2. Analogien zwischen den Rollen in der fiktionalen und in der nichtfiktionalen narrativen Äußerung untersuchte Ducrot (1984ff.). In seiner Analyse

tritt der Autor in der nichtfiktionalen Äußerung als ihr realer Schöpfer oder als Redesubjekt zutage, der E. wird zum Sprechenden *(locuteur)*, der «focalizer» aber zum sich Äußernden *(énonciateur)*, wobei auch weitere Differenzierungen möglich sind. In jedem (d. h. im fiktionalen und nichtfiktionalen) Fall sind die erwähnten Instanzen auf verschiedenen Ebenen der (narrativen) Kommunikation angesiedelt, zeichnen sich in Übereinstimmung damit durch einen abgestuften Grad an Glaubwürdigkeit aus und rufen eine unterschiedliche Art der Reaktion beim Rezipienten hervor. Es kommt auch vor, dass der E. (bzw. der Sprecher) in seine Erzählung andere E. mit ihren Erzählungen (bzw. Äußerungen) einbettet; Rimmon-Kenan (1983) spricht in diesem Fall von der *hypodiegetischen* Ebene (ein Terminus, der weniger verwirrt als Genettes *Metadiegese*). Häufig vollzieht sich die Erzählkommunikation als Wechsel von Ebene zu Ebene (sog. *code switching*), was bedeutet, dass sich die Informationen, die der Rezipient von diversen Instanzen erhält, nicht addieren, sondern dass sie untereinander komplexere Bewertungsbeziehungen (Einschluss, Ausschluss, Einbettung u. Ä.) herstellen.

3. Der E. tritt im Verlauf seiner Tätigkeit in drei prinzipiellen Dimensionen zutage (Lanser 1981).

(a) Die erste und meistdiskutierte umfasst seine Beziehung zu den Figuren; wir werden sie mit dem Begriff *Standpunkt* bezeichnen. Dieser Begriff wirft durch seine Doppeldeutigkeit zwei Arten von Fragen auf. Die erste ist, wo der E. *steht*: inmitten der Figuren, abseits von ihnen oder auf einer ganz anderen Ebene. Die zweite Art von Fragen ergibt sich aus seiner *Stellung* gegenüber den Figuren: der sozialen, psychologischen, ideologischen u. ä. So kann der E. mit den Figuren die gleiche Existenzebene teilen; in diesem Fall nennt ihn Genette (1972) *innerdiegetisch*. Wenn der E. aber von einer raum-zeitlich übergeordneten Ebene aus erzählt, bezeichnet ihn Genette als *außerdiegetisch*. Hier hat man offensichtlich den sog. allwissenden E. der 3. Person im Auge. Wenn der E. als Figur in den Ereignissen, die er erzählt, nicht auftritt, nennt ihn Genette *heterodiegetisch*; tritt er z. B. als deren Zeuge auf, dann ist er *homodiegetisch*; im Fall, dass er die Hauptfigur darstellt, *autodiegetisch*. Als Maßstab in dieser dargestellten Unterscheidung dient nicht mehr die Ebene, die den Erzählakt generiert, sondern der Grad, in dem der E. an der Handlung beteiligt ist. Natürlich hat der raum-zeitliche Standpunkt des E.s in vielem Einfluss darauf, wie er das diegetische Universum mit seinen «Bewohnern» betrachtet: aus der Ferne und als Ganzes oder aus der Nähe und fragmentarisch; mit Ungewissheit bezüglich der bevorstehenden Handlungsentwicklung oder mit Wissen darüber, was sich ereignet hat; global und oberflächlich oder lokal und detailliert. All das beeinflusst im Weiteren auch seine Beziehung zu den Merkmalen, zum Verhalten, zur Wahrnehmung, zum Denken und zur Sprache der Figuren wesentlich.

Es ist nicht einerlei, ob sie von außen (sei es durch direkte Erzählerinformationen, Erklärungen, Paraphrasen und Kommentare oder aber so, dass andere Figuren über sie urteilen) oder von innen dargestellt sind (sodass sie selbst handeln, denken und sprechen bzw. andere Figuren wahrnehmen und einschätzen). Aus alldem folgt also, dass die Stellung des E.s zu den Figuren (Nähe/Ferne, Übereinstimmung/Nichtübereinstimmung, Offenheit/Verborgenheit, Emotivität/Rationalität u. Ä.) eng mit seinem Platz unter ihnen verbunden ist. So nimmt ein E., der an einem Ereignis beteiligt war, sozusagen eine körperliche Erfahrung mit, die ihn parteilich, seine Äußerung entblößend macht. Ein E., der nicht beteiligt war, hat zu dem Ereignis eine distanzierte literarisch-ästhetische Beziehung, deren Ideologizität auf einer ganz anderen Ebene zutage tritt (Stanzel 1982). Diese ist nun auf dem Hintergrund der literarischen Tradition und der Situation des literarischen Genres, der Kultur der entsprechenden Periode usw. zu erschließen.

(b) Die zweite Dimension, in welcher sich der E. offenbart, ist sein Verhältnis zum Empfänger der Narration, was wir als *Kontakt* bezeichnen. Unter Kontakt ist die Art der Beziehung zum Adressaten, die Stellung ihm gegenüber und das spezifische Bündel von Annahmen über seine sprachliche, literarische und kulturelle Kompetenz zu verstehen. Der E. kann nämlich eine direkte Beziehung durch irgendeine Anrede des Adressaten oder eine mittelbare Beziehung herstellen, die keine direkte Anrede aufweist. Er kann in dieser Beziehung sich seiner selbst bewusst oder vom Denken anderer abhängig sein, von sich überzeugt oder schwankend, vertrauenswürdig oder unzuverlässig, formell distanziert oder nahe stehend, verwundert oder abschätzig usw. Er kann sich seinen Gesprächspartner als Angehörigen der gleichen sprachlichen Gemeinschaft, Generation oder sogar Clique, als naiv oder pfiffig, gebildet oder ungebildet, aktiv oder passiv usw. vorstellen. Manche dieser Aspekte des Kontakts hängen von der grammatischen Person ab, in welcher der E. erzählt. Ich-Erzähler sind in wesentlich größerem Maß personalisiert und individualisiert, weshalb ihnen im Unterschied zu den Er-Erzählern, welche die Autorität des Historikers genießen, kein rückhaltloses Vertrauen entgegengebracht wird (Doležel 1980; Martínez-Bonati 1981). Das veranlasste sogar einige Theoretiker (Hamburger 1957; Banfield 1982) dazu, die letztere Art von Texten für erzählerlos zu erklären; dort sprechen die Ereignisse angeblich für sich selbst.

(c) Die dritte Dimension, in welcher der E. durch seine Tätigkeit zutage tritt, ist sein Verhältnis zu sich selbst bzw. sein *Status*. Der Status betrifft zunächst die Bestimmungsmerkmale, die er außerhalb seiner Tätigkeit erhält, sei es über seine soziale Identität (Rasse, Geschlecht, Klasse, Nation, Kultur, Alter) oder über den Ort, den ihm der Autor zugedacht hat. Er wird aber auch durch die Erzähltätigkeit selbst erworben, welche die Zuverlässigkeit, Aufrichtigkeit, Fähigkeiten, Weltsicht, Zugehörigkeit zu einer bestimmten Genre- oder Stiltradition usw. bezeugt. Über den Erzählerstatus rekonstruiert der Leser das Verhältnis des E.s zu den ihm übergeordneten Instanzen des impliziten Autors und der Autorenfunktion. (R. H.-K.)

→ Äußerung, Autor, Beglaubigung, Gestalt, literarische, Polyphonie

Ethik

(engl. ethics, franz. éthique, russ. ėtika)

1. Man spricht gegenwärtig in sehr unterschiedlichen Zusammenhängen viel von E., bemerkte Luhmann (1990c) und verbindet dies mit ähnlichen Ethikwellen in den 80er Jahren eines jeden Jahrhunderts mindestens seit der Verbreitung des Buchdrucks. Die E. als theoretische Reflexion der Moral ist allerdings erst gegen Ende des 18. Jh.s entstanden, als individuelle Moralurteile ihren vorgegebenen sozialen Stratifikationspunkt eingebüßt und daher nach einer neuen, abstrakteren Grundlage gesucht haben. Die E. stellt einen ebensolchen Versuch der rationalen, theoretischen Moralbegründung dar, der sich seinerseits einer moralischen Bewertung entzieht. Eine andersartige Abstandnahme von der moralischen Bewertung menschlicher Verfahren unternimmt derzeit die Literatur, indem sie dem moralischen den ästhetischen Code überordnet. Die Kunst zwingt das moralische Urteil zur Berücksichtigung ihrer Spezifizität. Sobald man es darauf anlegt, eine moralische Vorschrift kundzugeben, sei der freie Eindruck, den die Meisterwerke der Kunst machen, notwendig zerstört (Staël 1814/1985). Daher seien moralische Urteile nur Nebenzwecke, mit denen die Literatur ihre Ansprüche mitversorgt (Werber 1992). Zunächst macht die Fiktionalität literarischer Werke eine solche *Reflexion* moralischer Urteile möglich, die ihr unmittelbares *Instandsetzen* ersetzt. Martyn (1995) bemerkt: Erstens könne die Frage nach Fausts Schuld nur strittig werden, weil es sich bei Faust um eine fiktive Figur handelt. Das ‹Tragische› erscheine zunächst als der poetische Bereich, in dem ethische Beurteilungen in Widerspruch mit sich selbst gerieten und deshalb nicht mehr angewendet werden könnten. Auf diese Weise grenze sie einen eigentümlichen poetischen Bereich von der nicht-ästhetischen Erfahrung von Wirklichkeit ab, in der allein moralische Urteile Anwendung fänden.

Die dargelegte Abkopplung von moralischen Urteilen in der E. einerseits, der Literatur andererseits verweist auf das Bedürfnis verselbständigter sozialer Systeme einer entwickelten Bürgergesellschaft, ihre Codes von den moralischen Merkmalen loszulösen, um sie operativer zu machen. Luhmann (1990c) fragt: «Wenn verwerfliches Handeln gute Folgen haben kann und wenn umgekehrt die besten Absichten in Schlimmes ausarten können, dann stoppe die moralische Motivation sich doch selber. Soll die Ethik dann zu gutem oder zu schlechtem Handeln raten?» Da solche Werte nun perspektivabhängig werden, ersetzt die E. eine vorschreibende Werteinstellung durch die Erforschung ihrer Möglichkeitsbedingungen. Einer ähnlichen Objektivierung ist der moralische Code in der romantischen Kunst durch seine «nicht-identische Reproduktion» unterzogen, wobei moralisch unangemessene Momente poetische Würde erhalten. Die Kunst betreibt laut Werber (1992) einen an ästhetischen Kriterien justierten, hochselektiven Import von Wirklichkeitskonstruktionen aus ihren Umwelten Religion und Moral, deren Werte im Kunstsystem nicht mehr als die auftauchen, welche sie in religiöser oder moralischer Kommunikation ‹seien›.

2. Es dauerte eine Zeit, bis die dargelegte Eindämmung moralischer Urteile ins Literaturstudium gelangte. Erst seitdem es Anfang unseres Jh.s verwissenschaftlicht wurde, verliert in ihm die Anwendung moralischer Maßstäbe an Popularität, weil sie zu einer «Erweichung der analytischen Strenge» beitrage (Heath 1990). Die Exklusivität moralischer Urteile schadet dem objektivistischen Anspruch des Wissenschaftsdiskurses und unterliegt einer entsprechenden Verdrängung. Im *New Criticism* z. B. wird sie durch das sog. *close reading* ersetzt, das eine anstrengende Disziplin der Beherrschung von eigenen moralischen Vorurteilen einbezieht. Richards (1929) bemerkt, dass in wenigen Praktiken die Einschränkungen, an denen wir leiden, mit mehr Klarheit entblößt werden. Parallel dazu wird aber eine enorme Erweiterung unserer Vorräte geschaffen. Die Disziplinierung des Literaturstudiums verlagert also das emanzipatorisch-integrative Muster von der Ebene öffentlicher sozialer Verständigung auf die Ebene des individuell Inneren. Individuelle Erfahrung wird zu jenem Raum promoviert, in dem der literaturwissenschaftliche Diskurs von nun an seine Beglaubigung in Anspruch nehmen wird. Wegen seiner empirischen Erkenntnistheorie und seiner Anlehnung an die Kategorie des Ästhetischen rufe das Literaturstudium sein Subjekt als ein *Erfahrungssubjekt* statt als einen Erkenntnisträger herbei, womit es häufig seinen eigenen Erkenntnisstatus verneine (Easthope 1991). Dies findet ein gutes Jahrhundert nach der Verselbständigung der psychischen Erfahrung statt, die durch die Exklusion des Individuums aus den sozialen Systemen von Politik, Wirtschaft, Recht usw. angeregt wurde, in denen es auf der Schwelle zum 19. Jh. seinen natürlichen Zufluchtspunkt verlor. In ihrer Umwelt lagernd, bildete das psychische System gegenüber den Gesetzen und Rollen sozialer Systeme allmählich ein Differenzgefühl aus, das auf der Wahrnehmung als eigener und von der Kommunikation bedrohter Operationsweise beruhte. Da wegen dieser «operativen Geschlossen-

heit» jede Inklusion des Bewusstseins in ein soziales System ein Übertreten «der ökologischen Grenze» (zwischen zwei unversöhnlichen Zonen) einbezog, gestaltete das Individualbewusstsein ein Prinzip der Exklusion durch Inklusion: «Ich bin, was ich nicht bin» oder «Ich bin nur, indem ich mich unterscheide». Die Semantik der Individualität scheine nun geradezu eine kompensatorische Funktion für stärkere Abhängigkeiten zu übernehmen (Luhmann 1989b). Das Bewusstsein fühlte sich selbst nämlich umso vollständiger, je mehr es sich selbst in unterschiedliche Kommunikationsrollen hineinversetzen musste. Ein derartiges «Allmachtsgefühl» trat aus der Wahrnehmungsbearbeitung der Kommunikationscodes sozialer Systeme hervor, die deren Relativierung durch die Entdeckung ihres blinden Flecks ermöglichte. Ein solches verselbständigtes Bewusstsein wurde dann von der Literatur, vor allem vom Roman, mit dem Ziel angesprochen, seinen reflexiven Abstand von den sozialen Identifikationen und damit seine «Individualitätssemantik» zu stärken (Baecker 1996). Von daher Arnolds Behauptung (1869/1960), dass unsere alltäglichen Selbste uns voneinander trennten, persönlich machten, konfrontierten, während uns unser *bestes Ich* einheitlich, unpersönlich, harmonisch mache.

3. In derselben emanzipatorischen Funktion wurde in den ersten Jahrzehnten des 20. Jh.s das Literaturstudium eingeführt. Wie immer am Anfang unbemerkt, baut es seine disziplinären Ansprüche auf dem Projekt der Umwandlung eines kognitiv und moralisch eingeengten Einzelnen in einen «Weltbürger» auf. Obwohl der moralische und kognitive zugunsten des ästhetischen Codes anscheinend verdrängt wird, kommen sie durch das Projekt kultureller Horizonterweiterung dennoch zurück ins Spiel. Von Anfang an sind diesem «Zivilisierungsprojekt», trotz all den erhobenen humanistischen Ansprüchen, klare euro-, logo- und phallozentrische Grenzen gezogen, wie schon Arnolds Idee der kulturellen Integration einer sozial zerstückelten Welt bezeugt. Der Unterricht der englischen Literatur als ein vorgesehenes Mittel zur Integration der englischen Bevölkerung in der ersten Hälfte des 19. Jh.s wurde als ein ideologisches Pazifizierungsmittel der indischen Bevölkerung erprobt. In Indien konnte die Wichtigkeit des Englischunterrichts kaum größer sein; als eine Quelle moralischer Beispiele für das richtige Verhalten und Handeln sei er ein angemessener Ersatz für den gesetzwidrigen Religionsunterricht gewesen (Viswanathan 1989). Mit einem Wort, nachdem die Literatur in der modernen Welt jene «Bedeutungsunmittelbarkeit» einbüßte, die sie ehemals von jeglichem Deutungsbedürfnis frei machte, galt es nun eine Quasi-Unmittelbarkeit anhand des «Wasserdrucks» der Lehreransichten «einzuprägen».

In seinem Kern verstehe das moderne Literaturstudium sich selbst als einen ethischen Akt, der die Art und Weise «bloßlegt», wie die Literatur ‹die Welt zu verbessern› suche und der die allgemeinmenschlichen Werte, «die ewigen literarischen Wahrheiten» entdecke. Der Literaturforscher ist ein geheimer Missionar, der die durch ‹aufmerksames Lesen› entdeckten Wahrheiten den Anderen überträgt. Er übernimmt die institutionelle Funktion eines Betreuers des ‹eigentlichen Werts› der Literatur. Die Betreuung bezeichne aber nicht nur einen «aufrichtigen» Zugang zum literarischen Text, der «das Leben bestätigt». Die Betreuung sei außerdem eine Idee, die eine juristische Kontrolle über etwas einbezieht, um dessen Entschlüpfung vorzubeugen. Die Betreuung setze sowohl eine zwanghafte als auch eine ungehorsame Kraft voraus, die gebändigt werden solle (Eaglestone 1997). Dadurch erhält der unentzifferbare literarische Text die Interpretation als dessen unablöslichen Schatten. Das eine ermögliche und bestätige das Andere. Es entsteht eine Allianz von komplexem Text und akademischer Lektüre als eine institutionell gesicherte Machtkonstellation. Der New Criticism dürfe als das hermeneutische Komplement zu einer literarischen Praxis gesehen werden, die sich dem Schwierigkeits-Gebot unterstellt habe (Assmann 1996). Im Namen einer «Gemeinschaft des Gefühls, der Denkeinstellung und der Sensibilität» (Palmer 1992), die auf ihrem intuitiven Verstehen beruht, nimmt die akademisch institutionalisierte Interpretation somit die Literatur vor einer unangemessenen metakritischen Abstrahierung in Schutz (Leavis 1952).

Damit wird zugleich eine bisher wenig beachtete *ethisch-humanistische Basis des modernen Literaturstudiums* zutage gefördert. Zwar unterbindet es die Anwendung des moralischen Codes gut/böse auf das Verhalten von literarischen Figuren, auf die Komposition des literarischen Werks oder etwa Auswirkung einer literarischen Gattung – behält ihn aber stillschweigend im allgemeinen Verständnis der Literatur weiterhin bei, die fraglos als ‹gut› angenommen wird. «Gut» ist dabei lediglich die akademisch kanonisierte Literatur, was uns zum Schluss führt, dass durch die eingebürgerte Technik des *englobement du contraire* in die Unterscheidung zwischen Gutem und Bösem von vornherein eine Vorherrschaft der eigenen Auffassung von Gutem eingebaut ist. Der Beobachter, der die Unterscheidung trifft und schon deshalb in ihr nicht vorkommen kann, sichere sich selbst einen Platz auf der von ihm bevorzugten Seite (Luhmann 1996). Daher stammt die Ausscheidung der Literaturen kleiner oder kolonisierter Völker oder der sog. Trivialliteratur aus dem «Dienst an den höheren Menschheitsinteressen». Ausgeschlossen würden Autor(inn)en, welche nicht den geltenden künstlerischen Normen entsprächen, und ausgeschlossen würden Leser(innen), welche nicht den akademischen Normen entsprächen (Assmann).

4. Die dargelegte ethische Parteilichkeit des modernen Literaturstudiums blieb eine beträchtliche Zeit lang vor allem deswegen verborgen, weil es wissenschaftliche Ideale der Objektivität und Neutralität sowie eine vorbehaltlose

humanistische Zielsetzung der Kunst in den Vordergrund rückte. Das Beharren auf dem *ästhetischen* Wert der Literatur bringt jedoch die Gefahr mit sich, ihre Erforschung zu sehr von den *alltagsbezogenen* Werten zu entfernen. Daher ist die sog. *ethische Wende* im Literaturstudium der zweiten Hälfte der 1980er Jahre von einem zweifachen Antitheoretismus geprägt, je nachdem wie die der Kunst entgegengesetzte Lebenswelt gedeutet wurde:

(a) Wenn sie als *Kontingenz* gedeutet wurde, geriet vor allem der Universalitätsanspruch der Theorie unter Kritik, wobei die Notwendigkeit seiner sorgfältigen Eingrenzung hervorgehoben wurde. Damit untergrub die Theorie ihren eigenen Diskursort.

(b) Wenn die Lebenswelt als das *Erfahrungsganze* gedeutet wurde, wurde die Theorie, gerade umgekehrt, wegen ihres Reduktionismus kritisiert und die Notwendigkeit seiner Überwindung betont. Die Authentizität eines kritischen Akts werde erst durch seine Regelverletzung erkannt, durch seine Anlehnung an den Wert des Unsagbaren (Thurley 1983). Hier wurde die Theorie von der sog. Kritik überwunden.

Der theoretische (konstruktivistische) und der kritische (humanistische) Antitheoretismus sind seit den 1980er Jahren einander antagonistisch entgegengesetzt. Der eine antwortet auf die Herausforderung des anderen, beide aber nehmen das ethische Differenzmerkmal nur für sich selbst in Anspruch. Ziehen wir zunächst die Beweisführung der humanistischen Kritiker in Betracht.

5. Bezeichnenderweise verlassen sie die enge Zone des Textes zugunsten eines breiten Felds menschlichen Verhaltens und menschlicher Überzeugungen. Das Literaturstudium gedeihe am besten, wenn es sich in den Raum zwischen der Literatur und dem Leben platziert sieht, nicht um sie voneinander zu trennen, sondern um die Kluft zu überbrücken (Siebers 1988). Erst dadurch bleibt es der Literatur treu, deren einzig echte Gegenstände das Leben und Entscheiden in der menschlichen Welt sind. Human sein heiße, Geschichten über uns selber und über andere menschliche Wesen zu erzählen. Der allerletzte Zweck des Humanen sei Literatur. Indem sie moralische Güter der Selbständigkeit und Verantwortung hervorheben, zeigten uns große Bücher, wie man leben solle (Grant 1992). Herausragende Merkmale ethischen Lebens überträfen die jeweiligen Kulturgrenzen und ließen sich auf kultur-spezifische Praktiken und Denkweisen nicht zurückführen (Freadman/Miller 1992). Das wichtigste von diesen Merkmalen findet Nussbaum (1986, 1990) in der moralischen Komplexität des Lebens, die aus einem Zusammenstoß inkompatibler Werte in entscheidenden Situationen hervorgeht. Häufig treffen unsere moralischen Überzeugungen auf den Widerstand der Umstände, unter denen sie angewendet werden sollen. Im Verstehen sowie der Bewältigung von solchen Konflikt-

situationen hilft uns Literatur weitaus besser als Philosophie. Durch sie sind wir als ganzheitliche Wesen in deren narrativ-heuristische Durcharbeitung einbezogen und zur Wahrnehmung von jenen Einzelheiten angespornt, die sich den ethischen Regeln entziehen. Erst dadurch wird unser moralisches Betäubtsein *(obtuseness)* durchbrochen. Literatur rege eine gewaltige Antwort auf das Neue durch unsere Sinne und Gefühle an: eine tiefe Fürsorge für zufällige Weltereignisse statt einer Abstandnahme ihnen gegenüber; eine Erwartung des Ergebnisses im Verwirrungszustand – ein Warten und Flottieren und eine aktive Passivität (1990). Lediglich Literatur könne durch ihre Erzählstruktur ein spürbares Gleichgewicht *(perceptive equilibrium)* als eine nicht zu vollendende Erforschung des Verhältnisses zwischen den Regeln und Einzelheiten entfalten, weil sie die Komplexität und Unentscheidbarkeit der Wahl nicht aufhebt (Nussbaum 1990). Die Deutung einer Tragödie sei verwickelter als die Bewertung eines philosophischen Beispiels (1986), weil sie eine bestimmte Art des Moralkonflikts als einen wichtigen und unaufhebbaren Bestandteil des Lebens statt als ein zu lösendes Rätsel behandelt (Furrow 1995). Nussbaum erkennt einen moralischen Fehler in der Bestrebung der Akteure, nach einer ‹Messlehre› zu suchen, anhand deren man eine unzweifelhaft richtige Antwort auf moralische Zweifel bestimmen könnte – weil dies ein Zugang zum moralischen Entscheiden sei, der in seiner Suche nach der Kontrolle über zufällige Vorkommnisse den moralischen Charakter unterhöhlt und dabei die Gelegenheit versäumt, den immanenten Wert entgegengesetzter Güter zu bewahren. Statt der Theoretiker werden so die epischen und tragischen Dichter zu den «ethischen Hauptdenkern und Lehrern», weil sie uns moralische Errungenschaften im Namen der Gemeinschaft unterbreiten. Ihr Ziel sei letztendlich im Rahmen eines ‹Wir› als jener Menschen bestimmt, die zusammen leben wollten, indem sie eine Tugend teilten (Nussbaum 1986).

Was sich aber an diesem Punkt nicht vermeiden lässt, ist die Frage danach, wer im Namen dieses ‹Wir› spricht: die *Literatur* selber oder ihr *Kommentator*? Bekanntermaßen entzieht sich Literatur allen Versuchen, ihr eine Botschaft aufzuzwingen, zunächst durch die Fiktionalität all jener Instanzen, die solch eine Botschaft legitimieren könnten. Sie sind dermaßen in den Text «hineinverwoben», dass ihre Bedeutung keine letztendliche Transparenz aufweist. Nussbaum negiert diese *Bedeutungs*unentscheidbarkeit der Literatur, indem sie sie als ein «Fenster» für die Beobachtung *moralischer* Unentscheidbarkeit menschlicher Handlungen behandelt. Literatur aber besteht nicht nur im Entblößen, Aufdecken, Darstellen; das Fensterglas selbst gelte es, als einen Text zu lesen (Derrida 1967b). Nussbaum vermeidet das durch ihren Schlüsselbegriff der «Identifizierung», der zu einer notwendigen Voraussetzung hat, dass literarische Gestalten ebenso zugänglich sind wie wirkliche Menschen. Sie lässt die Unentscheidbarkeit nur auf der Ebene einer moralischen Debatte zwischen den Figuren (und dem Autor) zu, nicht aber auf der Ebene der Textlektüre, womit sie die Literatur in eine veredelte Philosophie verwandelt: Jene Eigenschaften, die die Romane so unterschiedlich von den dogmatischen und abstrakten Abhandlungen gestalten, machten für uns eine Quelle ihrer *philosophischen* Attraktivität aus (Nussbaum 1990). Allerdings dürften Kunstwerke nicht mit ‹Kommentaren› verwechselt werden, und nur ein Kommentar sei ein Werk der Moralphilosophie (oder kann es sein) (Putnam 1983). Mit anderen Worten, die Behauptung, dass Literatur eine zentrale Äußerung der Moralphilosophie sei, weist letztendlich nur darauf hin, wie wichtig es für sie ist, einen Kommentar zu haben (Wollheim 1983). Falls aber der Kommentator und nicht die Literatur im Namen einer gemeinsamen Tugendauffassung spricht, dann wird diese Auffassung vom «empfindsamen Gleichgewicht», die nichts für verloren hält, problematisch. Indem sich die Empfindsamkeit auf die Anerkennung der Tugend und des Werts konzentriere, versetze sie alles Profane und Bedeutungslose in den Hintergrund. Daher erscheine das Hauptmerkmal der Tugend der Empfindsamkeit, eine Fähigkeit, Wertunterschiede anzuerkennen, inkompatibel zu unserem Bestreben, nichts für verloren zu halten. Die Anerkennung einer derartigen Empfindsamkeit als Tugend setze eine Rangordnung voraus, die etwas entwertet oder reduziert (Furrow). Wenn aber auch die Empfindsamkeit selbst zur Ausschließung und Blindheit verurteilt ist, dann ist es schwierig, von der Literatur, die sie angeblich anregt, zu erwarten, im Interesse der ganzen Gemeinschaft zu handeln und «allen Leser(innen) gleichermaßen zugänglich» zu sein (1986).

6. Während die «Humanisten» den ethischen Charakter der Literatur darin erkennen, dass sie unsere Empfindsamkeit für die Unterschiedlichkeit moralischer Werte entfaltet – und darin ihre «Güte» beweist –, neigen die «Konstruktivisten» eher dazu, die Literatur als «böse» zu betrachten, weil sie ihre Leser zwingt, eine *bestimmte* ethische Einstellung einzunehmen und andere auszuschließen. Streng betrachtet, sei jedwede Lektüre ethisch, weil sie sich mit unerbittlicher Notwendigkeit als eine Antwort auf den kategorischen Anspruch abspielen *müsse* und weil der Leser für sie und ihre Folgerungen in sozialen, personalen und politischen Welten Verantwortung zu übernehmen *habe* (Miller 1987). Paradoxerweise werden sowohl humanistische als auch konstruktivistische Ethizität mit der Natur des Erzähltextes verbunden, wobei die letztere von den Humanisten als eine harmonische Versöhnung inkompatibler Werte gedeutet wird, während sie bei den Konstruktivisten gerade die Inkompatibilität der Werte unterstreicht.

Die E. ist gewissermaßen traditionell auf das Erzählen angewiesen, weil sie notwendigerweise stets zwischen «es ist» und «es sollte sein», zwischen der Regel und dem Zufall vermittelt. Die E. sei ein *es sollte sein* im Denken, weil sie die Probleme nicht löst, sondern strukturiert. Deswegen wird in der E. die Theorie zur Literatur und die Literatur zur Theorie verwandelt (Harpham 1995). Diese zwei Aspekte lassen sich für Miller (1987) indessen nicht in Einklang bringen. Der Slogan «ohne Erzählen keine Ethik» gilt lediglich insofern, als uns jede Erzählung zu einer Deutung verpflichtet, indem wir in ihr ein Unbenennbares benennen, ein Gesetz darin errichten, worin sich kein Gesetz finden kann. Daher beruht jegliches ethische Postulat auf einer Katachrese, auf einem Missbrauch der Gesetze der Modalität des einen Diskurses als derjenigen eines anderen. Zwar lässt sich solch eine Katachrese kaum umgehen, da ohne sie kein Leseakt stattfindet. Laut Miller ist man nicht imstande, den üblichen Fehler einer Beantwortung der sprachlichen Notwendigkeit, als ob sie ontologische Kraft und Autorität hätte, zu vermeiden. Als eine «Diskursmodalität unter anderen» (de Man 1979) hat eine Sprachäußerung lediglich eine sprachliche Kraft und insofern nirgendwo eine feststellbare Basis außerhalb der Sprache (Miller 1987). Bezeichnenderweise deutet hier Miller die ethische Unentscheidbarkeit «demanisch» als die *Unlesbarkeit*, womit er sie auf die *Text*ebene versetzt, die im humanistischen Zugang zur Literatur vollkommen ausbleibt. Indem er aber die Dekonstruktion vor den Anklagen wegen einer «pantextualistischen Wertgleichgültigkeit» in Schutz nimmt, besteht er auf einer ethischen Pflicht beharrlichen Widerstands einer (theoretischen) Abschließung der Lektüre aufgrund der Verschmelzung unterschiedlicher Modalitäten. Da das Textgesetz letzten Endes unlesbar sei, zwinge es den Leser, entweder den Text zu verraten oder von ihm im Leseakt abzuweichen, und zwar im Namen eines höheren Anspruchs, der dennoch nur durch den Text zu erraten sei (Miller 1987). Mit anderen Worten, wir sind verpflichtet, im «Buchstaben» des Textes immer wieder einen Widerstand gegenüber unserem Wunsch zu erkennen, die Lektüre in einem bestimmten «Geist» durchzuführen. Das sorgfältige Lesen stellt sich somit einer zwanghaften Interpretation entgegen.

Hier treffen wir aber auf einen klassischen ethischen Anspruch, der Millers Beweisführung in Schwierigkeiten bringt. Der einen Notwendigkeit widerspricht die andere. Falls das Gesetz des Erzähltextes darin liegt, eine ethische Antwort auf sich selbst zu *erzwingen*, wie kann dann dieses Gesetz zugleich darin liegen, solch eine Antwort zu *verzögern*? Falls das erste Gesetz der Sprache innewohnt, entstammt dann das letztere möglicherweise dem ontologischen Register? Miller deutet darauf hin, wenn er bemerkt, es sei ungewiss, ob es um eine Unterordnung der «sprachlichen oder ontologischen Notwendigkeit» geht. Allein die letztere hätte uns einen Streit mit der Sprache ermöglichen können, nur könnte man dann für die E. nicht mehr behaupten, sie habe als eine Diskursmodalität unter anderen keine außersprachliche Basis. Oder gilt die Notwendigkeit einer moralischen Wahl möglicherweise nur für die «Nicht-Philosophen», die sich eine ethische Verzögerung nicht leisten können, sondern «interpretieren und verstehen müssen» (Harpham 1987)? Zwar betont Miller, dass sich *niemand* einer eigenwilligen Lektüre des Unlesbaren in einer letzten Analyse entziehen kann. Und dennoch sind nur die Auserkorenen fähig, diese unausweichliche Eigenwilligkeit zu reflektieren, indem sie die Annahme von einer möglichen Heterogenität des Textes verfolgen, statt zwischen sich und dem Text einen «Wunschbildschirm» zu setzen (Miller 1990).

Statt einer *ethischen Unbestimmtheitsregel*, die die Rolle des Willens des menschlichen Akteurs bestreitet, wird das Lesen somit von einer *bestimmten ethischen Regel* gesteuert, die diese Rolle beantragt. Keenan (1997) bemerkt: Indem ich lesen bzw. die ‹unmögliche Aufgabe des Lesens› vollziehen und dabei unzählige ‹Lehrstunden im Dulden der Unmöglichkeit des Lesens› ertragen müsse, erfahre ich mich selber als ein ethisches Subjekt (...) im Angesicht der Unentscheidbarkeit setzt Millers ‹Ich› das Entscheiden heroisch fort. Dabei werde E. zum Namen für eine höchst ausgefeilte Lesepraxis promoviert, die sich dem dekonstruktivistischen Anspruch unterordne, nichts für gegeben anzunehmen, sondern stets auf den Buchstaben des Textes zu achten (Norris 1988). Wie gilt es denn aber, sich einen Zugang zum *Buchstaben* desselben Textes zu verschaffen, den wir vorher schon katachrestisch *beseelt* haben? Ist es in einem derartigen Rahmen nicht unangemessen, das Lesen der Interpretation schlicht entgegenzusetzen (Burt 1984)? Wie können wir Leser von unerlässlicher Empfindsamkeit sein für «jenes, was in den Werken wahrhaft verwundert» (Miller 1991a) – wenn dieses Verwunderliche bereits aus unserer Interpretation hervorging? Wie können wir uns überhaupt darauf «*vorbereiten, überrascht* worden zu sein» (Johnson 1987)? Die Sanitarisierung der Leserposition erfolgt aus Millers Bemühung, eine dem Modus der Interpretation innewohnende missbräuchliche Anwendung des Philosophie- auf den Erzähldiskurs vorwegzunehmen. Es stellt sich jedoch die Frage, ob das dekonstruktive Lesen selbst, das von Miller als die höchste Form der einem literarischen Text erwiesenen Treue dargestellt wird, ob dieses Lesen nicht etwa von einem bereits interpretatorisch kanonisierten Muster des literarischen Textes ausgeht, der sich allen Formen seiner kognitiven Inbesitznahme entzieht. Miller vertritt damit jenen Zweig der Dekonstruktion, der sich darum bemüht, innerhalb der Schranken eines etablierten Literaturkanons zu verbleiben (Johnson 1985), um durch solch einen Anschluss an die mächtige Tradition des *New Criticism* die Dekonstruktion womöglich vor den damals immer häufiger auftretenden Anklagen wegen eines pantextualistischen Sakrilegiums in Schutz zu nehmen. Wie ist es aber möglich, die E. in einem derartigen Kanonkonservativismus zu einer Zeit seiner allseitigen Untergrabung zu gründen?

7. So treffen wir in Millers (De-)Konstruktivismus wiederum auf dieselbe stillschweigende ethische Umrahmung der angeblichen poetologischen Selbständigkeit der Literatur, der wir bereits in der Institutionalisierung des Literaturstudiums während des *New Criticism* auf die Spur gekommen sind. Wir haben es hier also mit einem Spiegelbild der «humanistischen» Aporie zu tun, in welcher die poetologische Selbständigkeit der Literatur – also umgekehrt, aber ebenso unbemerkt – die ethische Reflexion der Moral ermöglicht hatte. Beide *theoretischen* Perspektiven beruhen also auf einer *nicht-theoretischen* Möglichkeitsbedingung, was auf die Untrennbarkeit des ethischen vom poetologischen Rahmen hinweist. Ethische Beurteilungen seien in literaturwissenschaftlichen Analysen schwerer zu vermeiden, als man zunächst denken mag (Martyn 1995), weil sich sogar jene *poetologische* Abgrenzung der Theorie von der Literatur, die auf eine Autonomiezusicherung der letzteren abzielt, als ein Problem erweist. Gilt es, eine derart gezogene Grenze im Namen der Identifikation zu verwischen (wie bei Nussbaum) oder sie etwa im Namen der Frustrierung hervorzuheben (wie bei Miller)? Die E. sei ein Ort, an dem das Denken auf die Pflicht zutrifft, eine Beziehung mit ihrem Anderen, mit der *Alterität des Denkens* herzustellen (Harpham 1995). Das Wort ‹E.› tauche häufig bei Problemen auf, die theoretisch nicht lösbar, also ‹unmöglich›, aber praktisch nicht zu vermeiden, also ‹notwendig› sind. Die E. werde so an den Grenzen der Theorie situiert: Sie wurzele in einer theoretischen Aporie (Martyn). Es geht um die Aporie einer Begegnung des Selben mit dem Anderen.

8. In unterschiedlichen Erscheinungsformen steht sie im Zentrum des Interesses des wohl einflussreichsten gegenwärtigen ethischen Denkers, Lévinas. Das riesige Interesse des letzten Jahrzehnts an Lévinas' Werk ist vor allem seiner radikalen Asymmetrisierung des ethischen Verhältnisses zu verdanken, welche die Partner dieses Verhältnisses jeglicher Möglichkeit einer letztendlichen dialektischen Assimilierung des Anderen beraubt. Solche durch die modernistische Tradition eingewurzelten Formen ontologisch-zähmender Einordnung des ethischen Verhältnisses in ein gemeinsames «Miteinandersein» hält Lévinas mitverantwortlich für grauenhafte Verbrechen, die ihre lange Vorherrschaft zeitigte. Das moralische *Ich* erscheint in allen diesen Formen als ein Bestandteil des staatlich-politischen *Wir*, womit sein unzurückführbares Verhältnis zu einem *Du* als dem Anderen durch einen Dritten vermittelt wird, der diesem Verhältnis Reziprozität aufzwingt. Sie beruht im Recht bzw. einer gesetzlich vorgeschriebenen Moral oder politisch begründeten Gerechtigkeit. Die Gerechtigkeit unterscheide sich von der Wohltätigkeit *(charité)* darin, dass sie das Einbeziehen einer Form der Gleichheit oder eines Maßes, einer Reihe von sozialen Regeln ermöglicht, welche im Einklang mit dem staatlichen Richterspruch und damit der Politik errichtet worden seien (Lévinas 1992). Die Einbe-

ziehung des Dritten zerstört die Nähe der Mitglieder des ethischen Verhältnisses, indem er die wechselseitige Unersetzbarkeit der Partner in eine Gleichberechtigung der Gemeinschaftsmitglieder verwandelt, die nun von einer Distanz aus gesteuert werden können. Die Sozialisierung sei ein Klassifizierungs- und Differenzierungsinstrument (Bauman 1993), was die Verdrängung von jenen Gesellschaftssegmenten einbezieht, die sich diesem Beherrschungsverfahren nicht unterziehen lassen: von «niedrigeren Rassen», «Armen und Bedürftigen», «moralisch Schwachen», Frauen, Kriminellen, Homosexuellen usw., all jenen also, die der Forderung nicht «gewachsen» sind, ihre Identität allein auszuwählen. Ihrer gibt es indessen dermaßen viele, dass eine strukturierte Gesellschaft letztendlich auf eine geregelte Insel im Meer solcher Zufälligkeiten hinausläuft: Eine Regelmäßigkeit lasse sich nur als ein ständiges, unaufhörliches Ergebnis des ‹Sozialisierungsdrucks›, als ein Beharren auf «der Neutralisierung des subvertierenden und verwirrenden Einflusses des Moraltriebs» verstehen (Bauman). Der Moraltrieb ist gemäß Lévinas für eine Gesellschaft insofern problematisch, als er von einer zwanglosen Verantwortung, von einer Vertretung des Anderen ohne reziproke Erwartungen, d. h. von einer Gleichgültigkeit gegenüber der Begleichung, ausgeht. *L'être pour l'autre* ist singulär, unterliegt keiner Verallgemeinerung: Meine Verpflichtung geht der fremden Verpflichtung immer einen Schritt voran. Es gehe um das Ich desjenigen, der ausgewählt wurde, dem Anderen zu antworten. Die Einmaligkeit der Wahl (Lévinas 1991)! Während die Pflicht Menschen einander ähnlich macht, vereinzelt die Verantwortung sie: Sie ist ein «Angesicht-zu-Angesicht ohne Vermittler» (Lévinas 1947/1979). Der Freiheit überlassen, ruht solch ein Moraltrieb als ein Verhängnis im Herzen der Gesellschaft und muss deswegen einer entsprechenden Regulierung unterzogen werden. Indem sie die Ontologie der E. bevorzugen, meint Lévinas, stellen sich Hegels und Heideggers Philosophie in den Dienst einer solchen Regulierung. Denn die ontologische Codierung der E. setze voraus, dass das Individuum die Freiheit der moralischen Wahl gerne missbraucht, weswegen es sich empfiehlt, es einer sozialen (bzw. philosophischen) Kontrolle zu unterziehen. Lévinas entblößt dagegen die Kehrseite solch einer sozialen «Weisheit» in jenen Massenverbrechen, die im Namen der sozial eingeführten «heiligen» Moralprinzipien begangen worden sind.

9. Ist es aber in der Tat möglich, das Verhältnis zwischen dem Selbst und dem Anderen von jedwedem Eingriff eines Dritten zu verschonen? Derrida (1967c) bestritt dies in seiner ersten großen Auseinandersetzung mit Lévinas' E., indem er davor warnte, die Hingabe vollkommener Gewaltlosigkeit könnte auf eine höchst gewalttätige Einstellung hinauslaufen. Lévinas (1961) wies nämlich alle Darstellungsformen des Anderen als Gewalt zurück, da sie ihn an-

geblich, während sie die hilflose Nacktheit seines Gesichts in eine Dingform umkleiden, ins Register des Selben überführen. Im Unterschied zum Gesicht haben die Dinge keine Fähigkeit der Selbstbenennung, weswegen ihr Wert perspektivenabhängig bleibt. Durch seine Nähe und Unmittelbarheit, durch die Fülle seiner Anwesenheit unterbindet das Gesicht demgegenüber alle Perspektivierung, sodass jede Form es nur verfremdet. Dennoch hat Lévinas große Schwierigkeiten mit der Attribuierung von etwas, was jenseits aller Attribuierungen ruht, weswegen er in den Bemühungen, einen Weg zwischen diesen verwandten Optionen zu finden, wechselweise die Sprache der Transzendentalphilosophie und die Sprache des Empirismus verwendet (Bernasconi 1989). Um das Gesicht zu bezeichnen, versucht er unter Bezug auf die empirische Wahrnehmung, die jenseits des philosophischen Diskurses zu sein vorgibt, womöglich nicht nur die Philosophie, sondern auch die Sprache zu umgehen. Die laute Vorstellung vom Empirismus ist jedoch dermaßen eng mit der Geschichte der Philosophie verbunden, dass Lévinas in seinem Streben, die Ontologie zu überwinden, nach ontologischen Instrumenten greifen muss. Aufgrund dieses Arguments von Derrida sieht Lévinas (1974) letztendlich ein, dass keine sichtbare Form das Ethische vertreten kann, und lenkt die Aufmerksamkeit vom Gesicht als dem letzten Bürgen für die Sprache auf die Sprache selbst (Wyschogrod 1982). Der Andere wird aus der transzendentalen Unendlichkeit ins Herz der Sprache verlagert, um dort durch seine Performativität alle Sprachinhalte zu untergraben. *Anders als sein* sei ein Buch über die Unterbrechung der philosophischen Sprache und aller Diskursarten durch dasjenige, was anders sei (Eaglestone 1997). Durch seinen eigenartigen, interrogativ-repetitiven Stil lässt Lévinas den Anderen in der Sprache der philosophischen Tradition «arbeiten», sie umschreiben, die Grenzen des Gesagten erweitern, und ermöglicht dadurch, dass unterschiedliche Alteritätsformen mit ihren konkurrierenden Denotations- und Signifikationsarten Verhandlungen über den Raum und die Identität aufnehmen (Shapiro 1997). So wird z. B. dasselbe Problem des Verhältnisses des Ich zum Anderen mit unterschiedlichen Namen versehen: Ersetzen, Eins-fürs-Andere, Geiselsein, Opfern, Aussetzen, radikale Passivität, Nähe, Trauma, «Hier bin ich!», Akkusativ usw. Dadurch werden ihre jeweiligen Abgrenzungslinien vervielfältigt, damit keine übercodiert wird (Connolly 1995). Statt ihre Möglichkeit zu verneinen, durchdringt Lévinas also die Darstellung des Anderen mit Paradoxien und Widersprüchen. In die Sprache verlagert, wird das Unendliche zum Sagen *(le dire)*, das nicht nur alles Gesagte *(le dit)* als sein Surrogat bloßlegt, sondern dasselbe mit sich selbst tut – weil das Sagen eine Metapher für das Unsagbare und insofern immer schon ein «Gesagtes» sei. Indem er das Gesagte als ein eigenartiges Vergessen des Sagens einführt, gesteht Lévinas die Notwendigkeit der Gewalt gegenüber dem Anderen ein; er weist auf die amphibische Form (luhmannsche Zwei-Seiten-Form!) der Sprache hin, in der das Sagen und das Gesagte sich «gegenseitig untergraben» (Bernasconi 1988). Das Sagen und das Gesagte stehen in einem kontrapunktischen gegenseitigen Verhältnis (Eaglestone).

10. Das Spiel der gegenseitigen Überdeterminierung zwischen dem Sagen und dem Gesagten lässt sich in die Termini des Verhältnisses zwischen dem ethischen und dem ästhetischen Aspekt des literarischen Werks überführen. Das Sagen (der Andere) ließe sich so als ethische Anrede des literarischen Werks verstehen, die während der Einordnung des Werks ins verselbständigte Literatursystem allmählich durch das Gesagte (den Dritten) ästhetisch domestiziert wird. Gerade aufgund einer derartigen Verfremdung ursprünglicher ethischer Anrede in «Spielzeug» und «Zauberei» hat Lévinas (1961) die Kunst einer scharfen Kritik unterzogen. Sie verdingliche das «Jene» des Unendlichen in eine der sinnlichen Erfahrung zugängliche Totalitätsform. Diese Kritik folgt demselben Leitfaden, auf den wir bereits in Lévinas' Frühphilosophie hingewiesen haben; wiederum geht es darum, die Vermittlung des Dritten aus dem Verhältnis zwischen dem Ich und dem Anderen zu entfernen! Dieselbe Tendenz wird (1974) durch eine Kritik des thematisierenden Einflusses des Gesagten fortgesetzt, das jedwedem Bedeutungshorizont, und besonders stark jenem des Kunstwerks, eine bestimmte Identität aufzwingt. Infolge solch einer Verdinglichung der Bedeutung des Kunstwerks redet es uns nicht mehr in unserer Einmaligkeit, sondern als einen bloßen Konsumenten an. Als Kunstkonsumenten haben wir eine erkennbare soziale Identität, unser «Selbst». Die Eigenart der ethischen Anrede besteht jedoch gerade darin, dass sie uns von solcher Identität enteignet, um uns aus dem Nominativ in den Anklagefall, in den Akkusativ zurückzuwenden. Bei Lévinas (1974) heißt es, dass die Verantwortung für den Anderen kein Zufall sei, der sich an einem Subjekt zugetragen hat, sondern sie gehe seinem Wesen voran. Ich habe nichts getan, und dennoch bin ich immer schon angeklagt: vertrieben. Das laute Ich sei eine Geisel. Das Wort *Ich* heißt *hier bin ich*, indem ich einem jeden antworte und für jeden verantwortlich bin. Im Akkusativ, der keine Modifizierung irgendeines Nominativs ist und in dem ich an jenen meinen Nächsten herangehe, für den ich, ohne es zu wollen, Rede und Antwort stehen muss, wird ein Unersetzbarer angeklagt. Es gebe keine mir und den anderen gemeinsame Selbstheit *(ipseité)*; das *Mich (moi)* schließe sich aus diesem Vergleich aus, sobald der Vergleich errichtet worden ist (1974). Obgleich Lévinas der Literatur die Fähigkeit für solch eine Anrede abspricht, müsste die Tatsache, dass jeglicher Diskurs von einem Schatten des Sagens begleitet ist, dass alle Sprachformen amphibisch sind, dennoch zu dem Schluss führen, dass die Literatur uns ebenso zwangsläufig ethisch dem Anderen ausliefert. Sonst ließe sich die wohl bekannte Identifizierung des Le-

sers mit den Figuren, welche Lévinas mit der berühmten shakespeareschen Frage «Was ist mir Hekuba?» illustriert, kaum erklären. Im Übrigen heißt es bei Lévinas wörtlich, dass die Liebesliebkosung reichlich jene Gesänge, Gedichte und Bekenntnisse überflute, in denen sie in so vielerlei Arten und durch so vielerlei Themen gesagt und in denen sie anscheinend vergessen sei. Wie reich und aufgegliedert das Gesagte also auch immer wäre, es kann das Sagen dennoch nicht vollständig verdrängen. Die ästhetische Zähmung der ethischen Anrede kann niemals vollendet sein.

11. Vom Standpunkt eines unzertrennlichen Ineinandergreifens des Sagens und Gesagten erweist sich Lévinas' Versuch ebenso problematisch, den Adressaten der ethischen Anrede jeder Identität zu entheben; es würde im Falle der Kunst darauf hinauslaufen, ihre ethische Anrede von jeglicher ästhetischen Vermittlung loszulösen. Der Andere wohnt nicht jenseits des Dritten, sondern inmitten seines Herzens! Bereits Blanchot (1980) hat Lévinas in diesem Zusammenhang daran erinnert, dass ich nicht unersetzbar bin, dass der Andere in mir irgendjemanden als einen, der ihm Hilfe schuldet, herbeiruft – einen nichteinmaligen, immer schon ersetzten Irgendjemand. Die Verantwortung, für die ich zuständig bin, gehört nicht mir und macht mich nicht mehr zu mir selbst. Ich bin ein bloßes «Einmaligkeitssimulakrum» und werde nur deshalb angeredet, weil ich mich zufällig am Ort befunden habe (Keenan 1997). Wie könnten uns die Kunstwerke in einer Zeit der technischen Reproduzierbarkeit überhaupt unmittelbar anreden? Ihr Herbeirufen ist hingegen eine die Möglichkeit des Adresseverfehlens mit einbeziehende *Fernkommunikation,* die zu einem Flottieren verurteilt sei, einem Herumvagabundieren, das die unumgängliche Einflechtung von anderen als notwendige Bedingung des Ereignisses illustriere. Der Ruf ist ohne irgendeine Anknüpfungsgewissheit übertragen oder gesandt, ‹wir schauen in diese Botschaften hinein, als ob wir jemandem lauschen, als ob wir jemandes Post durchsuchten› (ebd.). Und dennoch ist die ethische Anrede «irgendwo da», weil ich «aus einem Anspruch heraus, der konkret niemanden anspricht, von meiner Entscheidung nichts beansprucht und mich bis zum Punkt meiner Entindividualisierung übertrifft, keine Rechtfertigung ziehen könnte» (Blanchot). Falls ein Text dennoch *meine* Entscheidung beansprucht, dann in der Form einer *Identifizierung* seiner ethischen Anrede, eines Wiedererkennens seines Sagens, hinsichtlich dessen mich niemand von meiner Verantwortung lossprechen kann, weil es keinen einzigen Ort gibt, an dem dieses Wiedererkennen ein für alle Mal vollzogen werden könnte. Indem das literarische Werk seine ethische Anrede «telekommuniziert», wohnt sie ihm als ein stets offener, ästhetisch unzähmbarer utopischer Horizont inne. (V. B.)

→ Andere, Außerhalbbefindlichkeit, Dialog, Herbeirufen, Ironie

Etymon

(engl. etymon, franz. étymon, russ. ėtimon)

Die ursprüngliche, dem Wort eigenste Form (oder Bedeutung). Diesen Begriff hat Spitzer (1928) aus der Etymologie übernommen und ihn in der Prägung *geistiges E.* ins Zentrum seiner Stilkritik gestellt. Spitzer dringt zum geistigen E. eines Schriftstellers vor, indem er zuerst dessen «Schlüsselwörter» bzw. charakteristische stilistische Verfahren im Werk erkennt, um sie danach auf ihren gemeinsamen Ursprung in der jeweiligen Eigenart des Autors zurückzuführen. In der späteren Entwicklung dieser Methode hat sich das Gesamtwerk als ein zu umfangreiches Feld für die Untersuchungen erwiesen, sodass man das geistige E. entweder auf ein einzelnes Werk oder auf eine literaturgeschichtliche (stilistische) Epoche bezogen hat. (B. D.)

→ Autor, Gesamtwerk, Komposition, Stil, Werk

Fabel

(engl., russ. fabula, franz. fable)

Nach der Definition der russischen Formalisten chronologische (kausal-temporale) Folge von Ereignissen in der Wirklichkeit, die dem Sujet *(sjužet)* als der Bearbeitung durch den Autor im Text unterliegt (Tomaševskij 1925). Enthält nur dynamische Motive, welche die Situation (eine Beziehung zwischen mindestens zwei Figuren) verändern und die nicht folgenlos für die Erzählung entfallen können. Die F. antwortet nämlich einzig auf die Frage: «Was hat sich im Weiteren ereignet?» Die übrigen statischen und freien Motive gliedern sich dabei in das System des Sujets ein, um dem Leser zu helfen, auf die zweite wichtige Frage zu antworten: «Wovon handelt die Erzählung?» Die Beziehung zwischen F. und Sujet übernahmen die Strukturalisten später mit den Termini Erzählung und Diskurs bzw. Intrige der Lösung *(plot of resolution)* und Intrige der Aufdeckung *(plot of revelation)*. (R. H.-K.)

→ Geschichte, Handlung, Plot, Sequenz, Sujet

Feld

(engl. field, franz. champ, russ. pole)

1. In der Verbindung *semantisches F.* oder *Begriffsfeld* ist dieser Begriff in den 1930er Jahren von Trier und Jolles eingeführt worden und beschreibt in etwa eine zusammenhängende Menge lexikalischer Einheiten, welche durch langen Gebrauch in einer sprachlichen Gemeinschaft geformt wurde und infolgedessen mit gemeinsamer Struktur versehen ist. Greimas und Courtés (1979) räumen dem Begriff nur noch einen operativen Wert ein. Mit ihm lässt sich nämlich intuitiv ein Lexemcorpus identifizieren, von dem ausgehend man durch semische Analyse zu einer Beschreibung des semantischen Mikrouniversums gelangen könnte.

2. In der Verbindung *diskursives F.* wurde dieser Begriff durch Foucault (1969/79) eingeführt. Gegen Ende seiner Abhandlung erwähnt er Marx und Freud als Begründer «transdiskursiver» F.er der Diskursivität. Seiner Auffassung nach sind Marx und Freud darin einzigartig, dass sie nicht nur Autoren ihrer eigenen Werke seien, sondern darüber hinaus noch Möglichkeiten und Regeln zur Formation anderer Texte geschaffen hätten. Sie hätten die Möglichkeit zu etwas anderem als zu ihren eigenen Texten geschaffen, was wiederum zu dem gehören wird, was sie gegründet haben. Das wesentliche Merkmal des diskursiven F.es besteht darin, dass der Akt seiner Begründung einen bestimmten Raum für Anwendungen und Verwandlungen schafft, an dem es jedoch selbst keinen Anteil hat bzw. in dem es keinen Platz einnimmt. Vielmehr kehrt alles, was im F. anschließend passiert – alle Erweiterungen, Verwandlungen, Veränderungen und Umorientierungen –, zu ihm zurück, wird in es eingeschrieben und an ihm gemessen. Auf diese Weise ist die Funktion des Autors im diskursiven F. noch komplexer als in einem Werk oder Gesamtwerk.

3. Foucault (1969) führte den Begriff des *Gebrauchsfeldes (champ d'utilisation)* auch in seine Konzeption des Diskurses ein. Dieser Begriff stellt eines der wenigen «senkrechten Systeme/Ordnungen» dar, welche die einzelnen Historien unterschiedlicher Reihen zusammenhalten und unter denen noch z. B. Archiv, Formation, Diskurs und Institution vorkommen. Das entscheidende Merkmal aller dieser Begriffe ist, dass deren Status nie definitiv, sondern veränderbar, relativ und immer der Überprüfung ausgesetzt ist, weil sie auf der Interaktion einer Vielzahl von Codes aufgebaut sind. Dies bedeutet, dass das Gebrauchsfeld, obwohl es manche Regeln des Gebrauchs von Äußerungen, Schemata zu ihrer Anwendung sowie Konstellationen bestimmt, in denen sie ihre Rolle bekommen und ihre Identität stabilisieren, dennoch das Phänomen einer völlig neuen, singulären Äußerung, welche diese Regeln verändern und diese Schemata neu ordnen wird, nicht verhindern kann. Auch das F. befindet

sich somit, wie auch die übrigen aus dieser Periode stammenden Begriffe Foucaults, in einer unbestimmten Position zwischen dem Pol der irreduziblen Individualität und dem Pol der festen Ordnung – obwohl selbstredend näher an dieser Ordnung als die Ereignishaftigkeit der Äußerung *(énoncé)* oder des Äußerns *(énonciation)*.

4. Der Begriff F. spielt auch in Bourdieus Mentalitätsgeschichte eine wichtige Rolle. Bei ihm hat er eine ähnliche Bedeutung wie der Begriff des Systems in Luhmanns Theorie – er betrifft also die relativ selbständigen ‹Wertsphären› der sozialen Wirkung wie Wirtschaft, Wissenschaft, Religion, Recht, Politik, Kunst u. Ä. Bourdieu wählt den physikalischen Begriff des (Spannungs-)F.es (der Kräfte), um den in ihm permanent herrschenden und auf die Akkumulation des materiellen oder des symbolischen Kapitals ausgerichteten Konflikt unterschiedlicher Arten des «Kapitals», des Habitus, der klassen- und statusbedingten Positionen zu veranschaulichen. Dies bedeutet, dass das F. nicht statisch, sondern offen gegenüber der Restrukturierung unter dem Einfluss anderer F.er und Konflikte innerhalb seiner selbst ist, welche unaufhörlich neue Positionierungen *(prise de position)* ermöglichen. Dennoch hebt sich jedes F. durch eigene Legitimationskriterien und Regeln hervor, die strukturelle Homologien zwischen seinen Zonen ermöglichen. Bourdieu (1984a) bestimmt es als «ein Kräftefeld, das auf alle einwirkt, die es betreten, und zwar je nach der Position, in die sie sich begeben (...), in verschiedener Weise», weil jede Position durch ein entsprechendes System von Dispositionen (als dem Raum ihrer Möglichkeiten) gekennzeichnet ist. (A. H.)

→ Autor, Diskurs, Formation, Mentalität, System

Feministische Kritik

(engl. feminist criticism, franz. critique feministe, russ. feminističeskaja kritika)

Ihrem ursprünglichen, emanzipatorischen Impuls nach reagiert die f. K. auf das Ungleichgewicht, zu dem die mehrere Jahrhunderte dauernde Überlegenheit des männlichen Geschlechts in der Produktion, Verteilung und Rezeption des Wissensdiskurses führte. Das verleiht ihr die Kraft des politischen Engagements und verpflichtet sie zum weiblichen Geschlecht, in dessen Namen sie auftritt. Auf der anderen Seite muss sie sich auch angesichts des «männlichen» Standards der Erkenntnisstrenge und wissenschaftlicher Objektivität beweisen, da sie sich ohne seine Achtung kein Stimmrecht erkämpfen kann. Diese prinzipielle Diskrepanz zwischen politischer und kognitiver Forderung bestimmte ihr institutionelles Schicksal, das zwischen der Notwendigkeit zur

Gründung eigenständiger Frauenstudien, Programme und Zentren und einer entgegengesetzten Notwendigkeit zur Eingliederung in die bestehenden Studienrichtungen und Disziplinen mit der Absicht der Aufhebung des Status des tolerierten Reservats schwankte. Sie setzte sie auch ständiger, von beiden Seiten vorgebrachter Vorwürfe aus, wobei sie sie immer mehr zum Manöver des wechselseitigen Wiederaufschreibens des kognitiven und des politischen Standpunkts verleitete. Bei solchem Wiederaufschreiben sind nach und nach nicht nur die Kategorie der Erkenntnis (Irigaray 1974; Le Dœuff 1989; Braidotti 1991), sondern auch die der Politik (Butler / Scott 1992) in Frage gestellt worden. Daher ist die «Verhandlung» mit der psychoanalytischen, marxistischen und afroamerikanischen Kritik, mit dem Poststrukturalismus, der Dekonstruktion, den *Cultural Studies*, mit der postkolonialen und «verdrehten Theorie» *(queer theory)* umso intensiver. Da die Umstände, unter denen sich die Frauenbewegung von 1968 an entwickelte, viel von dem politischen, gesellschaftlichen und kulturellen Umkreis und von dem dominanten, intellektuellen Erbe in den einzelnen Ländern abhingen, ist die Beziehung der theoretischen und politischen Dimension in den entsprechenden Zweigen und Phasen der f. K. unterschiedlich gewesen. Als sich die feministische Bewegung institutionalisierte, nachdem sich der politische Einfluss und die Tätigkeiten, geographisch gesehen, ausgeweitet hatten, begann die Heterogenität der kulturellen und nationalen Räume zum Ausdruck zu kommen, die sie beherbergten, griffen sie mit ihren argumentativen Perspektiven intensiver ineinander ein, wobei sie sich die bis dahin vernachlässigten Akzente aneigneten. All diese Bewegungen beachtend, muss ich mich in meiner Darstellung doch auf zwei nationale Traditionen konzentrieren, welche die Träger theoretischer Innovationen gewesen sind (Moi 1985; Osinski 1998).

1. (a) Die angloamerikanische f. K. begründete Millett (1969). Ihr Buch spiegelt das kämpferische Klima der *Women's Studies* wider, die ähnlich den *Black Studies* in unmittelbarer Folge der 68er und mit der gleichen Absicht gleichzeitig mit der Kritik an der dominanten Kultur und der Affirmation der eigenen Identität entstanden. In diesem Sinn geht es um das Bewusstwerden einer spezifisch weiblichen Erfahrung unter den Schichten der aufgezwungenen Kulturmodelle. Schon 1980 können die Frauenstudien stolz auf ungefähr 350 Studienrichtungen an verschiedenen amerikanischen Universitäten blicken, unterstützt von eigenen Programmen, Zentren und Vereinigungen, deren überzeugende Vorherrschaft der emanzipatorisch-politischen gegenüber der wissenschaftlichen Orientierung noch eine strenge Trennung von den traditionellen akademischen Abteilungen erfährt. *Feminist literary Criticism*, als ihr Zweig, beginnt eigentlich mit dem erwähnten Buch von Millett. Obwohl ihre Ideen nicht gerade ohne Vorgängerinnen waren (Woolf; Rogers; Ellmann), ver-

wirft Millett diese fast gänzlich, indem sie sich ebenso radikal äußert wie auch im Zurückweisen des dominanten Patriarchalismus. Da sie die Voraussetzung der Affirmation der Frau in einem völligen Absetzen von der männlichen Kultur sieht, war dies offensichtlich ein Standpunkt, der sich kaum mit den komplizierteren und liberaleren Argumentationen der Vorgängerinnen vereinbaren ließ. Woolf (1927ff.) befürwortete demnach auf einer praktischen Ebene die Gleichberechtigung der Frau im gesellschaftlichen Leben, aber auf einer theoretischen entwickelte sie eine verfeinerte Konzeption der Androgynität, welche die strenge Grenze zwischen den Geschlechtern ausradiert. Nach einem Überblick über die patriarchalen Strukturen der Biologie, Soziologie, Ökonomie, Religion und Psychologie im ersten Teil und über die Geschichte der politischen Bewegung zur Befreiung der Frau im zweiten ist das Buch in seinem dritten, dem analytischen Teil, besonders den männlichen Autoren gewidmet: Lawrence, Miller, Mailer und Genet. Dabei zögert die Autorin nicht, eine eigene häretische Perspektive des Lesens im Gegensatz zu der damals noch starken New-Criticism-Tradition der Unterwerfung der Schriftstellerautorität und der «formalistischen Haarspalterei» einzuführen. So verwandelt sich die Literatur in eine Illustration der These vom Bedürfnis des herrschenden Geschlechts, seine Macht über das unterlegene Geschlecht auch mit Hilfe von Gewalt beizubehalten und zu vergrößern. Diese Geschlechterideologie wird zu einer Theorie der gut organisierten Verschwörung reduziert – der Lücken und Widersprüchlichkeiten auf der männlichen Seite und der verinnerlichten sexistischen Haltungen auf der weiblichen Seite beraubt –, sodass auch die Befreiung im Rahmen einer unerbittlichen Anklage des patriarchalen Gesetzes wiedererkannt wird. Millett weist das Interesse des New Criticism an den sprachlich-strukturellen Abgrenzungen völlig zurück, identifiziert z. B. den Autor, den Erzähler und die literarische Gestalt fraglos und bindet sich an eine etwas mechanische Widerspiegelungstheorie. Ihre Verachtung gegenüber der Theorie, die bezeichnend für die frühe amerikanische f. K. ist, spiegelt sich auch in einer drastischen Reduktion der Freudschen Psychoanalyse auf einen biologischen Essenzialismus wider, der angeblich auf sexistischen Grundsätzen über den weiblichen Nazismus, Masochismus und «Penisneid» beruht. Trotz der nachfolgenden Kritiken, welche die Aufmerksamkeit auf die Komplexität der Freudschen Lehre richteten (Mitchell 1975; Chodorow 1978; Kofman 1980; Mitchell/Rose 1982), hatte der zur Schau gestellte eindimensionale und gerade deswegen entschlossene Standpunkt zur Psychoanalyse in der angloamerikanischen f. K. einen großen Einfluss. Im Allgemeinen ist für den Zeitraum bis 1975 ein niedriger Theoriestandard charakteristisch, der sich rechtfertigen ließ, indem die Theorie der männlichen Tendenz zur Abstraktion zugeschrieben wurde, während die weibliche Überlegung angeblich dem Leben näher steht und nicht vor Aufdeckung ihrer Verwurzeltheit in ihm zurückscheut. Die Anerkennung der Begrenztheit der eigenen Situation und das Veröffentlichen seiner erfahrungs-, altersbezogenen und institutionellen Voraussetzungen wird allgemein in dieser Zeit in der f. K. als eine Frage der Ehre betrachtet. Dabei gerät aus dem Blick, dass die Grenzen des gedanklichen Horizonts *unterhalb* der Schwelle beliebig zahlreicher konkreter biographischer Aussagen entstehen, weswegen auch die Individualität nicht auf einer deklarativen Ebene erkämpft werden kann. Im Mittelpunkt eines weiterhin inhaltlichen Interesses an der Literatur stehen die Bilder von Frauen in der männlichen Prosa, begleitet von der normativen Forderung nach neuen Modellen weiblicher Figuren, die Abstand halten zu den stereotypen Rollen. Bis 1975 blieb die Literatur Quelle soziologisch orientierter Forschungen, und die f. K. gilt als literaturwissenschaftlich inkompetent.

(b) In dieser Zeit wird die Aufmerksamkeit auf der Suche nach einer allgemeinen weiblichen Erfahrung als neuer operativer Kategorie auf die weibliche Prosa verschoben. Showalter (1977) präsentiert ein ausführlich dokumentiertes Buch über die englischen Schriftstellerinnen (die Schwestern Brontë, Austen, Eliot u. a.), jedoch begründet auf den traditionellen theoretischen Voraussetzungen. Erst Gilbert / Gubar (1979) gehen von einem theoretisch fundierten Konzept der feministischen Poetik aus. Sie gründet sich auf parodistisch gespaltenem, schizophrenem weiblichem Schreiben, das sich in Ermangelung einer eigenen Sprache auf diese subversive Art von den Stereotypen der männlichen Darstellung losreißt. Eine authentische, weibliche Wirklichkeit lebt jenseits der Möglichkeit unmittelbarer Vergegenwärtigung. In diesem Sinn halten Gilbert / Gubar die weiblichen Figuren Ungeheuer-Hexen fast für Doppelgänger der Frauen-Autorinnen oder zumindest für eine Verlängerung ihres Unbewussten und sind in ihrem eigenen Lesen bestrebt, diese verdrängte (und dem männlichen Publikum gänzlich unbegreifliche) Wirklichkeit aufzudecken. Sie resultiert folglich daraus, dass Frauen das ästhetische Ideal zerstören müssen, das sie selbst um der Kunst willen zerstöre (Gilbert / Gubar 1979). Solch ein Modell des Unterhöhlens der künstlerischen Stereotypen, das in der Analyse der männlichen Prosa schon zur Genüge abgenutzt ist, reproduziert jedoch letztendlich nur «phallozentrische» ästhetische Kriterien, die sich als zweifelhaftes Mittel zur Abgrenzung einer charakteristischen, weiblichen Erfahrung erweisen.

(c) Die 1980er Jahre brachten einen höheren theoretischen Standard. Er resultierte aus dem Einblick in die Isoliertheit der Frauenstudien, die mit ihrer theoretischen Gleichgültigkeit oder sogar Animosität keine Konkurrenz für den Schwung der Theorie in den literarischen Abteilungen bilden konnten, wo sie fast zum einzigen Garanten der Wissenschaft geworden ist (Showalter

1979). Indem sie sich der Theorie als typisch männlicher Tätigkeit widersetzte, schlug Showalter die Gründung der *gynocritics* vor, die auch weiterhin auf der weiblichen Erfahrung beruhen sollte, wobei sie ihrer Findung die eigenen analytischen Verfahrensweisen anpasst. Aber wie ist dies ohne Vergleich mit den Techniken der männlichen Literatur zu erreichen, die unvermeidliche Spuren auch in der von Frauen geschriebenen Literatur hinterlassen haben (Kolodny 1975)? Ebenso wie eine Verflechtung der weiblichen mit der männlichen Sprache klar wird, kehrt die Aufmerksamkeit zurück von der Schriftstellerin, welche die Unterdrückung der Frauen thematisiert, hin zu denjenigen, die ihre Weiblichkeit weniger offensichtlich in die Erzählung und die sprachlichen Strukturen integrieren. Bezeichnend ist die Bewegung des Interesses bis hin zu den damals vernachlässigten Romanen Virginia Woolfs, die begleitet wurde von einem vorsichtigen Griff nach der «männlichen Theorie», was Kolodny (1980) als «Tanz übers Minenfeld» bezeichnet hat. Dem fröhlichen, methodologischen Pluralismus, den sie hier empfiehlt, ist der Weg schon durch die Bücher von Mitchell (1975) und Chodorow (1978) bereitet gewesen, wo die theoretische Autorität der Psychoanalyse für die amerikanische f. K. erneuert worden ist. Nun konnte der Import des französischen Feminismus einsetzen, der in den 1970er Jahren erheblich verfeinertere Theoriestrategien entwickelt hatte.

2. Die Rolle der großen Vorgängerin, die in der angloamerikanischen f. K. Woolf einnahm, fiel in der französischen f. K. de Beauvoir zu. 1949 veröffentlichte sie ihr wichtiges Buch *Le deuxième sexe (Das andere Geschlecht)*, in dem sie die These von der Frau als Objekt männlicher Kultur verteidigte, das des Rechts auf Subjektivität beraubt ist. Aber auch die Frauen selbst gehen dazu über, dieses Modell mit Hilfe verschiedener Mechanismen zu verinnerlichen, weswegen de Beauvoir kategorisch behauptet, dass Frauen nicht als Frauen geboren werden, sondern dazu werden. Damit wird *Geschlecht* als biologische Kategorie klar von *Geschlechtsidentität* als Bewusstseinskategorie unterschieden, die für de Beauvoir insofern Gegenstand der weiblichen freien Wahl ist. Eigentlich ist diese Konzentrierung auf das Sartresche Subjekt als «Projekt der Freiheit» später Ziel intensiven Bestreitens gewesen – denn was für eine Freiheit besteht darin, das Bewusstsein über die Verschiedenartigkeit vom Mann zu erlangen? Und hängt sie außerdem wirklich vom individuellen Willen ab? Indem sie den letzten Einwand vorwegnimmt, erkennt de Beauvoir die Lösung der Frauenfrage nur im breiten Rahmen einer Veränderung der gesamten gesellschaftlichen Ordnung, aber damit unterschätzt sie wiederum die geschlechtlichen Determinanten der Frau. Obwohl sie später die Trennung der Frauen- von der Klassenfrage schon mit einem Sichannähern an die radikale *Bewegung zur Befreiung der Frauen (Mouvement de la Libération des Femmes)* einräumte, durch die auch Irigaray, Kristeva und Cixous gegangen sind,

blieb sie dennoch bis zum Ende der ursprünglich marxistischen Auffassung treu, die in der englischen f. K. größeren Anklang fand als in der französischen.

(a) Obwohl sie wie auch die amerikanische aus der gleichen Erfahrung von 1968 hervorgegangen ist, hatte die französische f. K. von Anfang an eine starke theoretische, hauptsächlich philosophische und psychoanalytische Ladung. Eingebunden in die intellektuelle Avantgarde an der reformierten Universität in Vincennes, die von 1968 bis 1980 als Symbol einer fortschrittlichen Erziehung galt, war sie auch in der Zeit des abstrakteren Theoretisierens von einem Gefühl der politischen Revolutioniertheit getragen. Der Gegensatz zwischen theoretischer Spekulation und politischem Handeln war dem französischen Klima dieser Zeit fremd. In diesem Sinn, weit davon entfernt, Gegner zu sein, verstanden sich Derrida, Althusser, Foucault und Barthes eher als Mitarbeiter an der emanzipatorischen Aufgabe. Dieser Aspekt wie auch die Tatsache, dass sie sich mehr mit Linguistik, Texttheorie, Semiotik und Psychoanalyse sowie mehr mit dem literarischen Schreiben als mit der Literaturwissenschaft beschäftigte, erschwerte und verlangsamte die Rezeption der französischen f. K. in der Welt. Bei Cixous, die mit ihren Hauptwerken Mitte der 1970er Jahre die intellektuelle Szene betrat (Cixous 1975; Cixous/Clément 1975), tritt noch ihr eigentümlicher poetischer Stil zu diesen Ursachen hinzu, der die spezifische, beispielgebende *écriture féminine* bildet, um dessen theoretische Einführung sie sich so sehr bemühte. Ihrer These zufolge ist die männliche Theorie Sklave eines binären Denkens und führt fortwährend Gegensätze ein, die unbewusst auf einem positiv-negativen Leitunterschied von männlich/weiblich aufgebaut werden. Im Gegensatz dazu vervielfacht und dynamisiert das weibliche Schreiben die Unterschiede im lebendigen Austausch mit dem Bereich der Andersartigkeit. Daher entzieht sich die Frauenfrage als authentische Fortsetzung der mütterlichen Stimme jeglicher Benennung. Diese Vorstellung von der weiblichen Kreativität ist wegen der utopischen Vernachlässigung der materiellen Umgebung, in der die Frauen als gesellschaftliche Wesen angetroffen werden, der Kritik unterzogen worden (Clément 1981). Ebenso wird ihre angeblich dekonstruktive Inspiration durch eine unkritische Flucht zum homogenen «Wesen der Fraulichkeit» (Moi 1978) beschnitten. Cornell (1991) jedoch schützte den produktiven Charakter der Mutterfiguration des Femininen gegen diese Kritiken, dessen Gültigkeit gerade darin besteht, dass sie den weiblichen Unterschied nicht bestimmt, sondern ihn offen lässt. Anstatt ihn zu identifizieren, schafft erst die metaphorische Übertragung einen Platz für die Frau als Raum eines utopischen «noch nicht». Wenn wir aber die Rolle der Metapher bei der Schaffung des ‹Seins› anerkennen, wird die strenge Teilung zwischen ‹Realismus› und Utopismus unterhöhlt.

(b) Die andere herausragende Lehrende aus Vincennes, Irigaray (1974), eröffnete ein dekonstruktives Lesen des patriarchalen philosophischen Diskurses von Platon bis Hegel, wobei sie die Freudsche Theorie der Frau als Minus-Mann (d. h. des Penis beraubt) einbezog. Der philosophische Diskurs im Westen ist nicht in der Lage gewesen, die Frau anders zu thematisieren denn als ein Negativ, als das Objekt seiner Besitzerbeziehung. Die damit hervorgerufene Ausgeschlossenheit der Frau aus dem herrschenden Darstellungsregime beraubte die Frau der Möglichkeit zur Subjektivierung und vertrieb sie in Hysterie und Mystik als ihre «eigensten Bereiche». Daraufhin radikalisierte Irigaray (1977) die Anfangsthese de Beauvoirs über die Frauen als «anderes Geschlecht» – sie besitzen überhaupt kein Geschlecht in einer durch eine eingeschlechtliche Ökonomie gekennzeichneten Welt! Doch eine zweite Pointe des Titels besteht darin, dass sich die Frau in phallozentrischen Umgebungen der binären geschlechtlichen Identifikation einzig dadurch entledigen kann, dass sie die subversive Beziehung der Unterschiede ihr gegenüber aufrechterhält. Die Lektüre herausragender Philosophen in einer Reihe von Büchern dieser Autorin folgt hier eigentlich dem Leitgedanken des Untersuchens dessen, was in ihnen ausgesagt wurde, um das zu finden, was nicht gesagt wurde (Irigaray 1984). In ihnen operiert der weibliche Unterschied als Derridasches *Supplément*, das Irigaray ständig wegen der Identitätsstörung des Gesagten aktiviert. Sie bestreitet die quasidemokratische Devise «der gleichen Rechte», welche die Frauen eigentlich in einem Zustand der «Derelektion» zurücklässt, wobei sie ihre Rechte auf «unverschuldete Spezifität» verlieren. Indem sie sich für einen konstitutiven Rest an Gerechtigkeit einsetzt, der durch kein positives Gesetz aufgehoben wird, bestreitet Irigaray auch eine homogene Vorstellung der Fraulichkeit, welche die Rassen-, Klassen- und Kulturunterschiede vernachlässigt. Es lohne sich, laut Irigaray (1977), die Formen des Kampfes jeder Frau entsprechend zu finden, gerade dort, wo sie sei, abhängig von Nationalität, Beruf, gesellschaftlicher Klasse, geschlechtlicher Erfahrung, d. h. von der Form der Unterdrückung, die für sie am unerträglichsten sei (1977). All das widerspricht einer Reihe von Anklagen wegen ‹biologischen Essenzialismus›, denen Irigarays Konzeption der geschlechtlichen Unterschiede vor allem aus der Perspektive der amerikanischen *Gender Studies* ausgesetzt gewesen ist (Moi 1985; Stanton 1986; Braidotti 1994). Nachdem die Begrenzung der Kategorie der Geschlechtsidentität *(gender)* aufgedeckt worden ist, geben die neuen Lektüren (Butler 1990, 1993; Whitford 1991; Cornell 1991; Grosz 1995; Chanter 1995) ihren vielen Folgerungen das Recht zurück.

(c) Kristeva schließt sich den Theoretikern der Frauenschrift erst mit *Revolution der poetischen Sprache* (1974) an, wo sie die poetische Sprache als Subversion der herrschenden Sprache durch die primären psychischen Prozesse der Verschiebung, Verdichtung und Verdrehung erklärt, die die durch das Heranwachsen zurückgedrängten Rhythmen des mütterlichen Körpers reaffirmieren. Ihrer Lacan-Lektüre zufolge geht es um das Retten der vor-signifizierten Triebkräfte des sog. Semiotischen vor den Anpassungen, zu denen die Triebe die dominante symbolische Ordnung durch ihre Bedeutungsstruktur zwingt. So jedoch wird dem Symbolischen eindeutig eine repressive, dem Semiotischen dagegen eindeutig eine emanzipatorische Rolle zugewiesen, was beide Gebiete aus dem Prozess der Umgestaltung ausschließt. Sie werden zu unveränderlichen Größen, da die Subversion in sorgfältig geschützten Reservaten der Dichtung und Mütterlichkeit untergebracht wird. Die anderen Formen des Greifens nach dem Semiotischen nämlich (Homosexualität, orientalische Praktiken, halluzinative, mystische und psychotische Zustände) sind gesellschaftlichen Sanktionen ausgesetzt. Das führt Kristeva (1980, 1981, 1983, 1985, 1987) allmählich zur völligen Ablehnung der phallischen Mutter und zur Proklamierung des Vaters (und seiner heterosexuellen Ordnung) als unfraglicher Vorbedingung der Subjektivierung (Butler 1990; Cornell 1991).

(d) Eine eigentümliche Verkörperung der *écriture feminine* bot Wittig (1969) mit einer Mischung aus Theorie und Fiktion, welche die argumentativen, erzählerischen und grammatischen Stereotypen durch eine spezifische, parataktische, vom Rhythmus des Körpers getragene Flut zerschlägt. Mit ihr kündigte die Autorin die These eines gleichermaßen charakteristisch strukturierten *Le corps lesbien* (1973) an, in dem, im Gegensatz zu Irigaray, behauptet wird, dass das Geschlecht immer weiblich ist, da die Grammatik der Sprache in solchem Maß durch Männlichkeit gekennzeichnet ist, dass die männliche Sexualität zu einem Universal wird. Das Zerschlagen der grammatischen Hegemonie ist also Vorbedingung für eine weibliche Befreiung, da sie verantwortlich für das Aufzwingen «geschlechtlicher Fiktion» auf den physischen Körper ist, der seiner Natur nach ungeschlechtlich bzw. wie bei Foucault sexuell polyvalent ist. Aber ersetzt nicht eine Enthebung der heterosexuellen Matrix lediglich den grammatischen Mythos des Geschlechts durch einen agrammatischen Mythos der Ungeschlechtlichkeit *(pregendered person)*? Und wäre Gewalt, zu der dies aufruft, nicht bloße Reproduktion der Gewalt, mit der die phallozentrische Ordnung angeblich die ursprünglich entfesselte Anatomie des weiblichen Körpers unterwarf? Es scheint, als ob gerade dieses letzte Moment den Einfluss jener Konzeption auf die amerikanische und deutsche feministische Szene verzögerte – im Unterschied zu den Konzeptionen von Cixous, Irigaray und Kristeva, denen die Tür weit geöffnet wurde.

3. (a) In den Vereinigten Staaten ist in den 1980er Jahren diese neue Theoriewelle durch die Konkurrenz der Dekonstruktion angeregt worden, die zu dieser Zeit die humanistischen Abteilungen der führenden amerikanischen Universitäten eroberte, wobei sie die subjektzentrierte theoretische Matrix im

Namen eines «freien Spiels von Unterschieden» untergrub. In diesem Sinn wurden auch die Theoretikerinnen des weiblichen Schreibens rezipiert, weswegen dann auch letzterer Begriff eines politisch-emanzipatorischen Vorzeichens beraubt wurde, das ihm im französischen Klima anhaftete. Die ideologiekritischen Standpunkte verlieren an Popularität, weil sie die Sprache im Namen der «Frau» implizieren, die jetzt als rhetorisches Konstrukt eines Geschlechtsunterschieds fungiert, der in der Sprache durch die heterosexuelle Ordnung konstruiert ist. Deswegen zieht sich das «Weibliche» in eine undarstellbare Außenposition «des Unterschieds gegenüber dem Unterschied» zurück, von der aus es einzig möglich ist, diesen «selbstverständlichen» Gegensatz zu untergraben. Wenn ‹Weiblichkeit› nicht eine Seite der Geschlechtsunterschiede ist, so Osinski (1998), dann müsse es schon ein anderes Moment in und gegenüber allen Unterschieden geben, dann müsse die Frau, die ‹weiblich› sein will, lesen ‹wie eine Frau›, gerade ‹weiblich› – und das bedeute mit Blick auf die Unterschiede, anstatt dass die Texte durch die Identifikation wahrgenommen werden. Damit sei ein abschließender, gedanklicher Schlusspunkt jener subjektorientierten Kritik gesetzt worden, die real-politisch zur Emanzipation der Frau beitragen wollte. Die feministischen Versuche, die Gegenkanons weiblicher Literatur durchzusetzen und zu entwickeln, wären im dekonstruktiven Feminismus wegen ihres Beharrens auf Darstellen und Identität als ‹männlich› abgestempelt worden; aber eigentlich führte solch eine Denkweise zur Verdrängung des ‹Weiblichen› als unvorstellbares Unterscheidungsmoment aus der symbolischen Ordnung.

(b) Aber auch um eine solche konstitutiv unzugänglich begriffene weibliche Verschiedenheit kann man problematisierende Rahmen schlagen, wie es tatsächlich auch Mitte der 1980er Jahre geschieht, als in den weiblichen Unterschied durch eine Umkehr zu den neu entstehenden, vom sozialen Aspekt gekennzeichneten *Gender Studies* der Rassenunterschied eingeführt wird (Pryse / Spillers 1985). Es zeigt sich, dass das jenseitige ‹Weibliche› nicht einfach allen Frauen zugänglich ist und dass es deshalb notwendig ist, es perspektivisch zu relativieren. Der bestimmende Geschlechtsunterschied räumt allmählich der Überdeterminierung der verschiedenen, unterschiedlichen Determinanten den Platz: der rassengebundenen, klassenbezogenen, ethnischen, geschlechtlichen und kulturellen, die mit ihrer prozessualen Interaktion eine sozio-kulturelle Kategorie der Geschlechtsidentität *(gender)* konstituieren (Rich 1987; Scott 1988). Sie ist, als Resultat einer stets attributivischen Reproduktion durch Symbole, individuelle Praktiken und Vorstellungen, Institutionen, wissenschaftliche Diskurse, veränderlich. Braidotti (1994) fügt in diesem Zusammenhang hinzu, dass das Erwerben von Subjektivität ein Prozess materieller (institutioneller) und (symbolischer) Diskurspraktiken sei, deren Ziel gleichzeitig positiv sei – weil sie Formen der Bevollmächtigung ermöglicht, und regulierend sei – da die Formen der Bevollmächtigung Orte der Eingrenzung und Disziplinierung seien. Das Lesen öffnet sich in Übereinstimmung damit den verschiedenartigsten Texten und verwandelt sich in eine *crossing border operation*, die jeder grundlegenden Variablen beraubt wurde. Es geht laut Haraway (1990) nur noch um partielle, widersprüchliche, dauerhaft mangelhafte Konstruktionen persönlicher und kollektiver Ichs. Die Grenze zwischen Unterdrückern und Unterdrückten kann nicht länger klar gezogen werden, da sie von subjektiv-spezifischen Situationen, von der Verkörperung der eigenen Position als Ort mehrschichtiger, komplexer und potenziell widersprüchlicher Erfahrungsreihen abhängig ist. Haraway plädiert für eine provisorische, situierte Erkenntnis. Sawicki (1992) ergänzt, die Politik der Unterschiede operiere ohne die für die Moderne charakteristische Bezugnahme auf das revolutionäre Subjekt. Sie strebe nicht danach, ihren Wahrheitsanspruch für immer aufzustellen.

(c) In diesem Rahmen wird mit Vehemenz wieder die ethisch-politische Frage der Handlungsfähigkeit *(agency)* angeschnitten. Wenn unsere Identität immer nur Resultat einer kontingenten Verflechtung der Praxis kultureller Signifikation und dazu noch Schauplatz einer ständigen Resignifizierbarkeit *(resignifiability)* ist, wo liegt dann für uns der Anhaltspunkt zu ihrer Ausbildung? Können wir in einer Welt, in der jeder Anhaltspunkt phallozentrische Dominanz reproduziert, überhaupt die eigene Produziertheit durch andere überwinden? Es scheint, als ob die Idee einer situierten, verkörperten Erkenntnis auf eine positive Antwort darauf verweist, da sie bedeutet, dass, falls wir schon nicht abstrakt im Namen anderer reden können, wir das zumindest konkret im Namen unserer «individuellen Erfahrung» können. So kritisieren z. B. Young (1987) und Fraser (1989) das Habermassche Modell der Universalpragmatik aus dem Grund, dass sein rationales Ideal einer vereinbarten Kommunikation unter der Maske der Universalität nur die männliche Hegemonie wiederholt, sie selbst jedoch auf den Legitimierungshorizont einer zukünftigen Verständigung nicht zu verzichten bereit sind (Fraser 1986, 1987, 1993). Benhabib (1987, 1992) spezifiziert diese Idee, indem sie darauf hinweist, dass Habermas seine Position durch die unhaltbare männliche Form des «verallgemeinerten Anderen» legitimiert, während eine Lösung in der weiblichen Form des «konkreten Anderen» liegen könnte. Während das entkörperte Andere nichts anderes als ein Spiegel seines eigenen Vertreters ist, wurde der verkörperte Andere Gegenstand einer unmittelbaren moralischen Aufmerksamkeit, die ihre individuellen Bedürfnisse, Talente und Fähigkeiten beachtet. Eine ethische Perspektive bestehe somit Benhabib (1987) zufolge nicht länger nur noch aus universell verschreibbaren Normen, sondern auch aus der Annäherung der Andersartigkeit in der Gegenwart, die auch in die Zukunft führen könne. Somit werde laut Braidotti (1994) der Anhaltspunkt für ein politisch verantwortliches Handeln schließlich in einer strategisch wiederum essenzialisierten Verkörperung durch *Durcharbeitung* der mehrschichtigen Strukturen unseres Ich, in einem fortwährenden Abziehen der alten Häute gesichert, denn einzig das Verdauen von Altem könne Neues hervorbringen. Die als einzig übrig gebliebene Verbindung mit der lebendigen Erfahrung ist die Verbindung mit unserer Körpererfahrung – aber diese dürfte angeblich nicht unterbrochen werden, da sie zur Erneuerung der Solidarität führt.

(d) Aber die Erfahrung als traditionelle Handlungskategorie der f. K. bleibt neben all ihrer körperlichen Spezifität ein umstrittener Ausgangspunkt, da sie auf dem Konzept des integralen Subjekts beruht. Laut Lauretis (1984) ist die Erfahrung ein Prozess, mit dem die Subjektivität für alle gesellschaftlichen Wesen konstruiert wird. Durch diesen Prozess platziere sich jemand oder werde jemand in die soziale Wirklichkeit platziert und nehme somit wahr und verstehe jene Beziehungen, die eigentlich sozial und, in einem größeren Rahmen gesehen, auch historisch sind, als subjektiv. Mit anderen Worten, es handelt sich hierbei um ein mehrfach differenzielles Konstrukt oder einen Effekt und nicht um einen natürlichen Ausgangspunkt. Scott (1992) äußert sich hierzu in dem Sinn, dass das, was für Erfahrung gehalten wird, weder selbstverständlich noch unmittelbar, sondern immer strittig und somit auch politisch sei. Die einzig relevante Frage lautet, wie sie, d. h. in welchem interpretativen Rahmen, mit welchem geschichtlichen Hintergrund und mit welchen Folgen, ihren unumstrittenen Status erhielt. Das ist eine Argumentation, die eine Gruppe von Theoretikerinnen an der Schwelle der 1990er Jahre vor allem in den Spuren des Poststrukturalismus entwickelte. Sie behaupten, dass die Position eines verantwortlichen politischen Subjekts immer auf der Grundlage gewisser Begrenzungen und Ausschließungen entwickelt wurde: Die Aufgabe der Analyse ist es also, die Bedingungen ihrer Ermöglichung zu untersuchen. Wenn wie immer auch verkörperte Identität zum Ausgangspunkt genommen wird, wird nur das Verwerfen und das Spalten beschleunigt, das sie stillschweigend mit einschließt. Deswegen ist es besser, vom Weiblichen als «unsignifizierbarem Feld von Unterschieden» auszugehen, da «es nützlich ist, Spaltungen zwischen Frauen aufrechtzuerhalten und zu bewerten, man müsste diese ständige Spaltung sogar als nicht fundierte Grundlage der feministischen Theorie festlegen» (Butler 1992). Butler (1990, 1993, 1997) leitet daraus ihr *performatives Konzept der Geschlechtsidentität* ab, das in vielem die neueste amerikanische f. K. kennzeichnete. Sie beruht auf dem Foucaultschen Subjektkonzept, das sich erst durch eine Unterwerfung unter die Signifikationsstrategien autorisiert. Es kann sie nicht kontrollieren, ohne dass sie den größten Teil des unübersehbaren Netzes dieser Strategien ausschließt. Schon dadurch aber arbeitet es das Erbe ihrer autorisierenden Mechanismen jedes Mal spontan durch, indem es seine Handlungsfähigkeit durch die Einbettung in die rituelle Kette der Resignifizierung artikuliert, deren Anfang und Ende unfixiert und unfixierbar bleiben. In diesem Sinn wäre laut Butler (1997) eine Handlung kein Momentgeschehen, sondern irgendein Nexus zeitlicher Horizonte, eine Verdichtung der Wiederholbarkeiten, die den Moment, den sie bildet, übertrifft. Das bedeutet, dass alle Identitätsdeterminanten – solche der Geschlechter, Klassen, Rassen usw. – distinktive Sedimente eines lang andauernden Re-Zitierens, von Diskurs- und Nichtdiskurspraktiken sind, die einer individuellen Spezifität beraubt sind, aber wegen der Bereiche der verworfenen Möglichkeiten, die in jedem Akt ihrer Verwendung reaktiviert werden können, der Änderung unterliegen. Doch obwohl jeder materialisierte Körper seinen nichtmaterialisierten Schatten besitzt, der ihn ermächtigt und befestigt, bleibt der letztere in der Regel unsichtbar, damit nicht der Eindruck von der Gewalt des Abgrenzungsgesetzes gefährdet wird. Butler (1997) ergänzt, die Macht wirke mittels einer Verkleidung: Sie gebe sich für etwas anderes aus, als sie ist, im Grunde für einen *Namen*. Und die Aufeinanderlagerung der Verwendungen ist das, was dem Namen die Kraft gebe. Die Aufgabe der Analyse ist es demgemäß, dieses Gesetz als kontingenten und als veränderlichen Antrieb der Identitätsregulation zu entlarven anstatt als dauerhafte gesetzgebende Struktur. Zu diesem Zweck schlägt Butler verschiedene Formen der Gesetzesentmachtung vor, die hauptsächlich auf eine Art seiner subversiven Mimesis (ähnlich der, die auch Cornell 1991, 1992 suggeriert) zurückgeführt werden, wobei sich die negative Energie seiner ausgeschlossenen, verletzenden Seite hin zum karnevalistischen «Überschreiten» ins Positive wendet. Butler (1993) zufolge wird sich diese Art des Zitierens insofern als theatralisch erweisen, als sie nachahmt und jene Diskurskonventionen hyperbolisch macht, welche sie dabei subvertiert. Und sie ergänzt (1997), die Möglichkeit einer Dekontextualisierung und Rekontextualisierung solcher Termini durch radikale Handlungen ihres offenen Missbrauchs schaffe die Grundlage für die ironische Hoffnung, dass die konventionelle Verbindung zwischen Wort und Wunde gelockert und mit der Zeit sogar beseitigt werden könne.

(e) Auf diese Weise wurden die Grundlagen für die *queer theory* («verdrehte Theorie») als Form des Untergrabens der legalisierten Natürlichkeit heterosexueller Beziehungen geschaffen. Der gewählte Terminus ist allerdings bewusst doppeldeutig, indem er gleichzeitig mit seiner Ironie die devianten *Gegenstände* der Forschung erraten lässt, deren Sexualität von den «normativen» abgelehnt wird, und die deviante *Art* ihrer Forschungen, die auf ihre Verurteilung und Zurückweisung hinausläuft. Was die erste Dimension anlangt, so ist der Terminus «Verdrehtheit» (anstatt von *gay and lesbian studies*) insofern angemessen, als in ihm außer Homosexualität auch (sowohl für die lesbische als auch für die schwule Seite strittige) Bisexualität, heterosexueller Transvestismus, Transsexualität und sadomasochistische Heterosexualität eingeschlossen sind, womit die «Verdrehtheit» in der Tat zu einer Frage der Perspektive wird. Sie kann nämlich auch erscheinen, was sie auch tut, im Rahmen einer heterosexuell-patriarchalen Matrix, wie auch die homosexuellen Gemeinschaften ihrerseits wiederum, was auch der Fall ist, das exklusive Recht auf «Richtigkeit» erheben können. Auf diese Art wird jeder Körper zu irgendeinem Verhältnis zwischen Richtigkeit und Verdrehtheit geleitet und kann nicht einfach für sich selbst den Anspruch auf den eigenen «Konservatismus» oder die eigene «Revolutionarität» erheben. Aber es besteht die Gefahr, dass hinter der dadurch provozierten Proliferation von Sexualität in jedem geschlechtlichen Körper und dem Verwischen klarer Grenzen zwischen seinen «unterdrückerischen» und «unterdrückten» Bereichen die Spezifität vernachlässigt wird, die diesem Körper auch weiterhin durch eine dominante zweigeschlechtliche Matrix auferlegt wird. Laut Grosz (1995) funktioniert der männliche Sadomasochist nicht auf dieselbe Weise und mit denselben Folgen wie ein weiblicher Sadomasochist. Es besteht keine Verdrehtheit, die alle Außenseiter vereint, und unter bestimmten Umständen könnten sie entdecken, dass sie sehr wenig gemeinsam haben. (A. E.)

→ Abgründigkeit, Allegorie, Andere, Androgynie, Apostrophe, Autobiographie, Autor, Begehren, Dekonstruktion, Differenz, Ethik, Identität, Körper, Opposition, Phallozentrismus, Psychoanalytische Kritik, Spiegel, Stil

Figur

(engl., franz. figure, russ. figura)

Der Begriff F. wird in der modernen Theorie in einigen sehr unterschiedlichen Bedeutungen verwendet.

1. In der Tradition der klassischen Rhetorik bezeichnet F. die Rede, die sich vom standardisierten Sprachgebrauch abhebt, aber vor allem im Ausdruck und nicht in der Bedeutung. Für den englischen Rhetoriker Puttenham (1589) war die F. eine sprachliche Neuheit, die offensichtlich (aber wiederum nicht auf absurde Weise) von den Gewohnheiten und den Arten unserer Alltagsrede entfernt ist, und für den französischen Rhetoriker Fontanier (1830/1968) ist sie ein Diskurs, der sich im Ausdruck von Ideen, Gedanken und Gefühlen mehr oder weniger von dem unterscheidet, was deren einfacher und gewöhnlicher Ausdruck wäre. Als Ziel der figurativen Sprachverwendung gilt die attraktivere und wirkungsvollere Äußerung von Ideen; nach Fontanier sollten Ideen in lebhafteren und auffälligeren Bildern dargestellt werden, als es deren eigene

Zeichen sind. F.en erweisen sich demnach für den Diskurs – sie können aber (im Gegensatz zu den Tropen) ebenso eine Verbindung mit dem Wort oder dem Satz eingehen – als das, was die Erscheinungsform für den Körper ist. Ihnen immanent und natürlich für sie auch konstitutiv ist die *Absicht zur Ausschmückung oder Hervorhebung*. Der Ersatz eines Ausdrucks durch einen anderen muss in diesem Sinne das Ergebnis eines Formungswillens, der freien Auswahl sein und darf nicht aus einer Zwangslage des Sprechers resultieren. Die F. besteht nur in dem Maß, wie man ihr den buchstäblichen Ausdruck gegenüberstellen kann. Rede, die nicht unter anderen möglichen Arten der Rede ausgewählt wurde, teilt nichts mit, ist keine Rede (Genette 1966).

2. Unter den Rhetorikern bestehen von Anfang an Unstimmigkeiten bezüglich der Unterteilung der F.en. Die erste Unstimmigkeit betrifft das Verhältnis der F. zu den *Tropen*. Die Letzteren werden gewöhnlich als Bedeutungsveränderungen einzelner Wörter definiert, wie wir sie z. B. in der Metapher, Metonymie, Synekdoche oder Allegorie antreffen. Nach Meinung der griechischen Rhetoriker gab die Fixiertheit auf die *Bedeutung* und auf das *Wort* den Tropen das Recht auf Eigenständigkeit gegenüber den F.en, denn diese basieren auf dem *Ausdruck* und in der Regel auf größeren *syntaktischen Einheiten*. Jüngere Rhetoriker betrachten die Tropen wiederum als eine (allerdings zentrale) Art von F.en. Fontanier z. B. begründet eine solche Entscheidung mit zwei Kriterien: (1) Weder die Tropen noch die F.en erweitern das ursprüngliche Bedeutungsfeld (den wörtlichen Sinn), von dem sie abweichen, und sie können jederzeit in dieses übertragen werden. (2) Beide sind das Resultat einer Auswahl und nicht einer Notwendigkeit wie die Katachrese, in der die übertragene Bedeutung die einzig bestehende ist und die wegen der Unmöglichkeit des Vergleichs als wörtlich empfunden wird. Dennoch privilegiert er unter den so definierten F.en die Tropen als *Bedeutungsfiguren*, denn sie beruhen auf einer einzigen Idee, einem einfachen Element des Denkens. Deshalb nennt er die F.en der *Diktion* und der *Konstruktion* «unechte Tropen» und die *Gedankenfiguren* (Vergleich, Antithese, Hyperbole, Paradoxon) sogar «Nichttropen», denn sie sind unabhängig vom Wort und bestehen nur in einer bestimmten Bewegung des Geistes und der Phantasie. Außer dem Unterschied zwischen Tropen und F.en war auch die Kategorisierung der F.en Gegenstand von Meinungsverschiedenheiten in der rhetorischen Tradition.

3. Die Unstimmigkeiten werden verständlich, wenn man die Implikationen des lange gültigen Ausgangspunkts der Rhetorik von der Deviationstheorie (auch Abweichungstheorie) genauer betrachtet. Ein solcher Ausgangspunkt insistiert auf der Möglichkeit, die wörtliche Bedeutung zu bestätigen, oder sie schreibt zumindest der eigenen Sprachpraxis einen normativen Grad an Figürlichkeit zu, von dem ausgehend sich andere, abweichende Abstufungen unter-

scheiden lassen. Das führt dann unausweichlich zu einer stillschweigend angenommenen, aber umstrittenen *Hierarchie* der F.en anstelle ihrer proklamierten, scheinbar unstrittigen *Typologie*. Jene gab sich immer wieder als neutral deswegen aus, weil das Kriterium ihrer Ausarbeitung als solches, wie figurativ es auch sein, das heißt, wie sehr es von anderen, ebenso möglichen Kriterien auch abweichen mochte, von der rhetorischen Analyse ausgeschlossen blieb. So gab man nicht nur die Klassifikation und Interpretation, sondern auch die Auswahl der F.en selbst als selbstverständlich, archetypisch aus, bis dies in einer veränderten Wertekonfiguration zutage trat und angefochten wurde.

4. Angesichts der Schwierigkeiten, welche die traditionelle Rhetorik aus den dargelegten Gründen mit der Identifikation der wörtlichen Sprache als Norm hatte, von der eine Abweichung erfolgt, leiteten die Vertreter der «Nouvelle rhétorique» (1965ff.) diese Norm scharfsinnig von der Projektion des Rezipientenbewusstseins ab, das mit der übertragenen, figurativen Sprachverwendung konfrontiert ist. Während es nämlich unmöglich ist, sich eine solche natürliche Sprache zu vergegenwärtigen, die alle F.en ausschließt – sie wäre nach T. Todorov farblos und tot –, ist es ebenso schwierig, sich irgendeinen figurativen Effekt vorzustellen ohne den Bezug zu einem wie auch immer gearteten, ja selbst nachträglich konstruierten Hintergrund. Erst der Hintergrund erlaubt eine räumliche Trennung der F.en, jene bildliche Konturierung, die ihrer Definition immanent innewohnt. Da sich die nötige Übertragung von der Abweichung auf die Norm, als Einnahme dieses Raums, im Rezipientenbewusstsein imaginär vollzieht, erhält die wörtliche Sprache einen lediglich *virtuellen Status*. Nach Genette (1966), der in dieser Verbindung die «Zwiegestalt der Sprache» hervorhebt, trägt die F. «in ihrer Transparenz die Norm sichtbar als Filigran und Palimpsest unter ihrem scheinbaren Text». Demnach ist der gesamte Geist der Rhetorik in dem Bewusstsein von der Leere zwischen realer Sprache und virtueller Sprache enthalten, die es mit einem Gedanken auszufüllen genügt, um den Raum der F. einzugrenzen. Auch wenn dieses Postulat den Keim einer andersartigen Figurentheorie enthält, welche z. B., wie die angloamerikanische, die Idee der F. auf der Spannung zwischen einem präsenten und einem absenten Pol begründen würde, hält Genette unbeirrbar an der Möglichkeit fest, diese Spannung durch Übertragung aufzuheben. Darin erkennt er auch weiter das konstitutive Merkmal der F. und behält damit eine neue Rhetorik im traditionellen Rahmen der Deviationstheorie mit allen Aporien bei, die das einschließt.

5. Die angloamerikanischen Theoretiker stellen diesem problematischen konzeptuellen Rahmen eine Figurentheorie als Bedeutungsinteraktion gegenüber, die schon bei Richards (1936) und Empson (1930) keine privilegierte Fokussierung aufweist. Daraus leitet sich beispielsweise die Interpretation von Beardsley (1958) ab, wonach die F. eigentlich den Ersatz des realen (d. h. über-

tragenen) Ausdrucks durch einen virtuellen (d. h. wörtlichen) verhindert, denn ihre inkommensurable Merkmalattribution macht diesen letzten Ausdruck logischerweise absurd. Das zwingt den Empfänger, im virtuellen (absenten) Ausdruck zunächst die bis dahin verborgenen Bedeutungen zu finden und durch ein solches geduldiges Vergleichen des Inkommensurablen seine Bedeutungshierarchie umzuordnen. Durch den Einschluss der Interpretationstätigkeit des Lesers in die Realisierung der figurativen Bedeutung erhält der Begriff Interaktion eine neue Dimension. Diese nutzte Riffaterre (1978) für seine semiotische Konzeption der lyrischen Dichtung. Ähnlich wie Beardsley von einem zweifachen, nämlich einem technischen und einem poetischen Lesen spricht, verwendet Riffaterre die Begriffe des heuristischen und des hermeneutischen Lesens: das erste, in dessen Verlauf der Leser sich an die «Agrammatikalitäten» anlehnt, und das zweite, in dessen Verlauf diese zu einem entsprechenden Sinnschlüssel transcodiert werden. Auch bei Riffaterre wäre die Rückführung des Gedichts auf seine wörtliche Bedeutung (die er als Matrix bezeichnet) wegen der völligen Banalität dieser Bedeutung absurd; daher muss sich die Übertragung aus dem gegebenen in einen absenten Ausdruck auf einer neuen Ebene vollziehen, in einem Kontext, der durch das Gedicht selbst geschaffen ist. Dabei führt uns die literarische Beschreibung nur scheinbar zu den Dingen, dem Bezeichneten zurück; die poetische Darstellung beruht eigentlich auf der Referenz zu den Signifikanten. Das bedeutet, dass die Korrektheit der ausgewählten figurativen Mittel an dem Verhältnis zwischen zwei oder mehr konkurrierenden verbalen Systemen gemessen wird und nicht an dem Verhältnis zwischen verbalem System und der dadurch beschriebenen «Wirklichkeit».

6. De Man (1981 / 1986), der Riffaterres Konzept als das eines weiteren Vertreters der traditionellen Abweichungstheorie verwarf, schuf eine einflussreiche poststrukturalistische Figurentheorie mit dem Ausgangspunkt in Katachrese und Prosopopöie, also gerade jenen F.en, welche die Deviationstheorie verworfen hatte. Für de Man ist es bezeichnend, dass Riffaterre die Beziehung seiner grundlegenden F. des Hypogramms mit diesen beiden F.en vernachlässigt, obwohl de Saussure, auf den er sich beruft, das Hypogramm als Zueignung der künstlichen Existenzweise eines Namens, eines Worts oder einer Person durch die Hervorhebung einiger ihrer Merkmale definiert; diese Definition kommt der Prosopopöie als F., die etwas Unpersönliches personifiziert, sehr nahe. Der Unterschied ist allerdings der, dass in der Prosopopöie die ursprüngliche Person, die der Figuration unterliegt, nicht existiert und dass der Leser sie lediglich im Vorstellungssystem seines Bewusstseins konstruieren kann. Riffaterre dagegen beharrt darauf, dass seine klischeehafte Matrix etwas semantisch Gegebenes *(donnée semantique)* darstellt, d. h. einen Referenten, an dessen Hintergrund der «effekthaschende Eintrag» des poetischen Signifikats ablesbar

ist. De Man wiederum meint, dass diese Referentenmatrix bereits selbst eine F. ist und der Text, der um sie herum geschaffen wird, Mimesis oder eine F. der F., sodass jenes, womit uns das Gedicht versieht, in letzter Konsequenz ein halluzinatorischer Effekt ist. Da sich die Rezeption der Halluzination nicht entledigen kann, zerstört die Prosopopöie als konstitutive poetische Trope den Unterschied zwischen dem Referenten und dem Bezeichneten. Die Figürlichkeit lässt sich so im Licht der *Bodenlosigkeit* ablesen, denn es gibt keine so fundamentale Bedeutungsebene, die von einer unvorhersehbaren Sinngebung durch den Leser unabhängig wäre. So findet sich das Hypogramm in de Mans Interpretation in der Nachbarschaft zu Katachrese und Prosopopöie, Tropen, mit denen der Leser angesprochen wird.

7. De Man reiht sich mit seiner Auffassung von F. in die romantische Tradition ein. Denn schon die Romantiker reagierten auf die aufklärerische Deviationstheorie mit der Verwandlung der Ausnahme zur Regel: Alles in der Sprache ist oder war zumindest einst eine F.! Diese Idee trug, in der Nachfolge von Vico, Hamann und Rousseau, Nietzsche aus der Perspektive der modernen Theorie in seinem Angriff gegen die zentrale philosophische Kategorie der Wahrheit am radikalsten und einflussreichsten vor. Wenn sowohl Philosophie als auch Literatur von der figurativen Basis der Sprache abgeleitet sind, dann besteht der Vorteil der Literatur darin, sich dessen bewusst zu sein, während die Philosophie (und mit ihr auch Religion, Moral und Wissenschaft) das hartnäckig zu verbergen suchen. Aber de Man (1979) weist in seiner Lesart Nietzsches dennoch die unproblematische Weise zurück, mit welcher der deutsche Philosoph die Literatur privilegiert, und er fügt hinzu: Selbst wenn es die Literatur zugibt oder explizit erklärt, dass sie täuscht, so kann sie doch nicht der Täuschung entgehen! Indem er das berühmte frühromantische Postulat untergräbt, stellt de Man die Behauptung auf, dass endlose Reflexion selbst schon ein rhetorischer Modus sei, denn sie sei nicht in der Lage, die rhetorische Täuschung zu vermeiden, die sie aufzeige. Daher ist die Weisheit des Textes selbstzerstörerisch, aber diese Selbstzerstörung wird endlos verschoben in einer Reihe aufeinander folgender rhetorischer Wendungen, die durch die unermüdliche Wiederholung derselben F. diese F. in einem unentschlossenen Zustand zwischen Wahrheit und Tod dieser Wahrheit halten. Dennoch bleibt Literatur in dem Maß, wie er diese sich selbst demontierende Geste mit Literatur identifiziert, auch in de Mans Konzeption in einer «metaphysischen» Position, um von dort aus die Beziehungen zwischen den übrigen Formen der Sprachpraxis abzugrenzen und zu überprüfen. Eine allgemeine Rhetorisierung bzw. Figuration der Sprache fällt auf diese Weise wieder der Metaphysik anheim. Die F. ist als Moderationsgrundlage nicht zuverlässiger als die Wahrheit (Carroll 1987).

8. Darauf wiesen in ihren wesentlich vorsichtigeren Lesarten Nietzsches

Derrida (1973) und Lacoue-Labarthe (1971, 1979) hin. Wer wie Nietzsche die literarische F. benutzt, um die philosophische Wahrheit anzufechten, vergisst, dass *diese F. selbst ein Produkt der philosophischen Konzeptualisierung* der Sprache ist bzw. dass gerade die Philosophie die Rhetorik als ihr Anderes geschaffen hat, in dem sie die eigene Macht erkennen kann. In diesem Sinn kann die Literatur, weit davon entfernt, völlig selbstreferenziell und unabhängig zu sein, nicht über sich sprechen (und auch nicht denken), außer in der Form, dass sie mehr oder weniger schamhaft die Sprache der Philosophie entleiht. Daraus leitet Lacoue-Labarthe (1979) den folgenden Schluss ab: Die Grenze, die die Philosophie von ihrem *Anderen* trennt, beginne sich aufzulösen. Die Betonung der Rhetorik führe zu einem Punkt, an dem es nicht mehr möglich sei, musikalische, mythische usw. Ursprünglichkeit gegen die Philosophie als ihre reine ‹Äußerlichkeit›, welcher Art auch immer, zu wenden. Die Rhetorik infiziere das ganze Glaubenssystem. Jede Position wird in einem Spannungsfeld aufeinander stoßender Kräfte von Bezeichnungen gebannt, jede kann nur über den Umweg des Anderen zu sich selbst kommen.

9. Das Problem der F. als des «unumgänglichen Umwegs» oder des «innerlichen Äußeren» ging auch über Lyotard (1971) in die poststrukturalistische Diskussion ein. Er knüpft explizit an Merleau-Pontys Problematisierung des klassisch-philosophischen Reflexionsverständnisses mit Hilfe des Begriffs Überreflexion *(sur-réflexion)* an. Merleau-Ponty erklärte die perzeptive Undurchdringlichkeit des Körpers zur Bedingung jeglicher Perzeption, was im Grunde bedeutet, dass die Reflexion körperliche, vorreflexive Wurzeln hat. Wie sehr man sie auch durch das Über-sich-selbst-Beugen aufzudecken versucht, ist sie jenen gegenüber doch immer verspätet und nachträglich. In diesem Sinn entledigt Merleau-Ponty die Dialektik der Überreflexion der ausgleichenden Hegelschen Synthese und sieht in diesem unwillkürlichen, aber ständigen Öffnen des figuralen Schlunds im Spiegelbild des Denkens das eigentliche Wesen der Philosophie. Lyotard versetzt in der spezifischen «Dekonstruktionsreformulierung» dieser Ausführung den vorreflexiven Ursprung einer unermüdlichen Vorstellungs- und Denkfiguration vom Körper in die Sprache. Die Sprache macht die Reflexion des Signifikanten im Signifikat durch das Spiel ihrer Unterschiede unmöglich, das die scheinbar selbständigen Signifikanten in Unterscheidungsmerkmale verwandelt. So ist jeder einzelne Signifikant auf dem Weg zum Signifikat auf einen (endlosen) Umweg über andere Signifikanten angewiesen. Gleichzeitig kann kein Signifikant eine Differenzbeziehung zu anderen Signifikanten eingehen, ohne auf sein visuelles Signifikat zurückzugreifen, das in diese Beziehung Überschreitung, Doppeldeutigkeit und Undurchsichtigkeit hineinträgt. Das bedeutet, auch die Sprache ist auf den Umweg über die Realisation in der Rede bzw. im Diskurs angewie-

sen. Diese zwei Umwege bzw. diese zwei Arten von Negativität, die in das Verhältnis zwischen Text und Raum intervenieren und die keine Verselbständigung eines der beiden Pole als ihres eigentümlichen «innerlichen Äußeren» zulassen, nennt Lyotard *Bild-Figur* und *Form-Figur*. Aber erst die dritte Art von F., die er *Matrix* nennt, erhält die Rolle des «Störfaktors» der Reflexion des Visuellen im sprachlichen Register, und umgekehrt stellt sie in diesem Sinn eine echte Nachfolgerin von Merleau-Pontys Begriff der Überreflexion dar. Die unvorstellbare Figuralität ihres «reflexiven Darüberbeugens» *(flexion)* wird für Lyotard durch Mallarmés radikale Dichtung verkörpert. So hat die Literatur noch einmal, als Garantie für die Bodenlosigkeit bzw. die figurale Grundlage der Sprache, in der poststrukturalistischen Konzeption das letzte Wort.

10. Den Ausgangspunkt für die semiotische Diskussion der F. legte Hjelmslev (1943/61), als er die F. als nicht zeichenhaften Bestandteil des Zeichens definierte, und das gleichermaßen auf der (phonologischen) Ausdrucksebene wie auf der (semantischen) Inhaltsebene. Die Sprache ist demnach so aufgebaut, dass mit einer Hand voll F.en und ihren immer neuen Verbindungen eine unüberschaubare Vielzahl von Zeichen gebildet werden kann. In diesem Sinn versteht Hjelmslev die Figurenanalyse als Reduktion sprachlicher Varianten auf Invarianten bzw. die unbegrenzte Zahl von Zeichen auf eine beschränkte Zahl von F.en, sei es, dass sie als Pheme oder als Seme in Erscheinung treten. Davon ausgehend schlug Greimas zunächst die Beschränkung des Begriffs F. nur auf jene Kombinationen von Phemen und Semen vor, die Phoneme und Sememe oder größere Organisationen von denen bilden; dann suggerierte er, als er diesen Begriff auch auf die nichtlinguistische Semiotik ausdehnte, den Ersatz der Begriffe Phonem und Semem durch die Begriffe *Ausdrucksfigur* und *Inhaltsfigur*. In der Ausarbeitung der letzten Kategorie, für die schon Hjelmslev postuliert hatte, dass sie analytisch besonders defizitär sei, führte er den Begriff der *Kernfigur (figure nucléaire)* dort ein, wo sich in der natürlichen Sprache (oder Welt) die Inhaltsfigur mit der Ausdrucksfigur deckt. Im Unterschied zu den verwandten Begriffen der *Gestalt* oder der Raumfigur G. Bachelards ist diese Kategorie allerdings nicht primär gegeben, sondern unterliegt einer weiteren differenziellen Zerlegung bzw. einer funktionalen Analyse. Greimas demonstrierte das in seiner Kritik an Propps morphologischem Modell, als er dessen figürliche Einheiten in abstraktere Kategorien von Aktanten auflöste. Der *Prozess der Figuration* ist so für Greimas nur eine Phase der generativen Laufbahn *(parcours géneratif)* des Diskurses im Bewusstsein der Empfänger, und zwar eine solche, in der die Aktanten einer semantischen Besetzung *(investissement sémantique)* unterliegen, sodass sie entsprechende Merkmale oder Werte erhalten. Dabei unterscheidet er mindestens zwei Grundpfeiler dieser Phase: die *Figuration* als Verortung semiotischer F.en und die *Ikonisierung*, in

der die F.en Merkmale einer referenziellen Illusion erhalten, wobei sie sich in Bilder der Welt verwandeln (Schleifer 1987).

11. Die semiotische Konzeption der F. setzte mit den vorgestellten Prinzipien auch eine neue Art von Reflexion über die literarische F. in Gang. Sie wurde zum Konstrukt einer Verschmelzung von Bedeutungspartikeln. Die Spezifik der literarischen F. basiert auf der prozessualen Konfiguration ihrer semantischen Merkmale (Barthes 1970a: der Name als «Sammelbecken von Semen») mit Hilfe von Kontrast- oder Identifikationsbeziehungen gegenüber anderen F.en: Beziehungen der Geschlechter, des Alters, der Schichtzugehörigkeit, ethnischer oder genealogischer Beziehungen. Es werden verschiedene Techniken der Merkmalzuschreibung untersucht (Kommentar, Monolog, Dialog) und deren Hierarchie in einzelnen Genres und Texten (Hamon 1972/77; Pfister 1978). (R. H.-K.)

→ Apostrophe, Fiktion, Hypogramm, Katachrese, Metapher

Fiktion

(engl., franz. fiction, russ. fikcija)

1. Die traditionelle Betrachtungsweise des Begriffs F. ist mit der *ontologischen Perspektive* verknüpft. Ihre Stützpfeiler errichteten Platon und Aristoteles durch ihre gegensätzlichen Auffassungen des Seinsbegriffs: Für den Ersten ist Seiendes nur jenes, was der unmittelbaren sinnlichen bzw. erfahrenden Prüfung standhält, für den Zweiten wiederum nur jenes, was in sich mittelbar eine Entwicklungsmöglichkeit enthält. So wird der Begriff der F. im Rahmen der ontologischen Perspektive in Bezug auf zwei unterschiedliche Kategorien bestimmt: *des Wirklichen* und *des Möglichen*. In der ersten Dimension bekommt er die Bedeutung «vom wirklichen Inhalt entleert, unglaubwürdig, Schein oder gar Trug» und wird in dieser Bedeutung in der griechischen und biblischen Tradition als Werkzeug der Kunstkritik gebraucht. In der zweiten Dimension bekommt er die Bedeutung «der inneren Wahrheit des Dinges entsprechend, ganzheitlich, allgemein» und wird in dieser Bedeutung als Werkzeug der Verteidigung und gar der Erhöhung der Kunst genutzt. Der platonischen und aristotelischen Tradition der Begriffsauffassung der F., die durch wechselseitiges Ablösen und Verdrängen die europäische intellektuelle Geschichte prägt, haften zwei widerstreitende Kunstkonzeptionen der Mimesis an. Einer zufolge wird sie als Nachahmung der wirklichen (seienden) Welt, der anderen gemäß als Darstellung bzw. Schaffung der (neuen) Welt verstanden. Dieser Polarität fügt sich auch die Privilegierung unterschiedlicher Kunstgattungen an: Die

platonische Strömung neigt zu sog. inerten Kunstgattungen, die sich – wie Malerei, Bildhauerei, Architektur – realer Vorlagen bedient, die aristotelische tendiert zu sog. progressiven Kunstgattungen, die – wie Dichtung und Musik – aus der Einbildungskraft entstehen.

2. Der Streit zwischen diesen beiden Konzeptionen der F. spitzt sich in der zweiten Hälfte des 18. Jh.s zu, als die Kunst sich in Bezug auf Religion, Wissenschaft oder Moral selbständig macht. Weil die F. die Wahrheit zugunsten der erzählerischen Gesetze verdreht, wurde sie Angriffen der Aufklärer ausgesetzt und der wissenschaftlichen, pädagogischen und rechtlichen Überwachung unterworfen. Da die Polemiken vornehmlich über den bei dem literarischen Publikum populären Roman geführt wurden, rührt aus dieser Zeit auch der englische Begriff *fiction* in der Bedeutung der ersinnenden Erzählliteratur, die Wahrhaftigkeit anders als Geschichtsschreibung nicht für sich in Anspruch nimmt. Aber die Romanapologien erneuern das aristotelische Argument über die Latenz als Seinsweise der Welt und klagen die Geschichtsschreibung wegen der Einengung dieser Energiedimension der Wirklichkeit durch ihre verhärteten Wahrnehmungsstereotypen an; der Roman hingegen öffnet in diesem Fundus des *Wirklichen* den Raum des Möglichen oder *Wahrscheinlichen* und schirmt dadurch die Ganzheit des Menschlichen von der geschichtlich bedingten Reduktion ab. Ausgehend von einer solchen Apologie der F. entwickeln die Romantiker ihre weitreichende Theorie des individuell Allgemeinen.

3. Die moderne theoretische Auseinandersetzung mit dem Begriff der F. übernimmt viele der dargelegten Argumente beider Seiten, verlegt sie lediglich aus dem ontologischen in den gnoseologischen, d. h. *erkenntnistheoretischen Bereich*. Es handelt sich bei der F. nicht mehr um die Seinsweise einer Entität, sondern um ihre Erlebnisweise. F. ist so der Interpretation Stierles (1975b) zufolge weder Nachahmung dieser noch Darstellung einer neuen Welt, sondern schlicht der «Horizont», auf dem die Welt uns erscheint, die Form ihres Anblicks, worin man ein verkapptes romantisches Argument über den Primat des *Mythos* vor dem *Logos* erkennen kann. W. Iser stellt etwas vorsichtiger fest, es gelte, das ontologische Argument durch das funktionale zu ersetzen. Das Verhältnis zwischen F. und Wirklichkeit solle nicht als ein Seinsverhältnis, sondern vielmehr als eines der Kommunikation verstanden werden (1976). Doch auch er entwickelte in den 1980er Jahren eine Theorie des «Fiktiven und Imaginären», in welcher der erste Begriff als zielgerichtete Als-ob-Handlung und der zweite als ein vorreflexives Repertoire der verdrängten und überlieferten Muster definiert wird, vermittels deren eine unabsichtliche Irrealisierung der Wirklichkeit in Richtung einer «kontrafaktischen» Vollkommenheit vollzogen wird. Ausgehend von diesem Ansatz einer apriorischen Wahrnehmungsfiktionalisierung der Welt sind viele moderne Theorien entwickelt worden.

4. So baut etwa die Rezeptionsästhetik von Jauß auf dem apriorischen Wahrnehmungsmuster des individuellen oder gemeinsamen Erwartungshorizonts auf. Er stellt das fiktionale Schema dar, das die Perspektivierung eines «unübersehbaren Faktenreichtums» auf eine Art und Weise ermögliche, kraft deren das Ergebnis aufgrund allgemeiner Anerkennung dieses Schemas als wirklich und wahr akzeptiert wird. So bekommen die primären (erkenntnismäßigen) Mechanismen der Fiktionalisierung die Bürgschaft für die Wirklichkeit oder Wahrheit und grenzen somit ihre Bürgen von Subjekten anders verfasster Mechanismen ab – z. B. von Bewohnern früherer Geschichtsepochen. In diesem Sinn sind sie Werkzeuge der *Wissenschaft.* Ihnen stehen sekundäre (darstellende) Mechanismen der Fiktionalisierung als Werkzeuge der *Literatur* gegenüber. Sie laden die Menschen ein, die primären Mechanismen ihrer eigenen Erkenntnishorizonte zu überschreiten und sich von ihnen zu distanzieren. Die unbewussten heuristischen Techniken einer bewussten hermeneutischen Überprüfung zu unterziehen, darin sieht Jauß die Aufgabe der erzählerischen, d. h. *intentionalen F.* Wenn also der Mensch der wissenschaftlichen F. die Feststellung und Gewährung seiner Beziehung zur Vergangenheit verdankt, die ihn durch ihre Kontingenz ohne stete institutionelle Beglaubigung gegenwärtiger Verstehensschemata bedrohen würde, dann kann er umgekehrt der literarischen F. die Schaffung des Zustands einer gewissen Verlegenheit oder Fragwürdigkeit verdanken. Dieser entsteht als Folge der literarisch-fiktionalen Enthüllung der Bedingtheit jener Konventionen, die durch die Wissenschaft errichtet wurden.

5. Eine ähnliche romantische Bevorzugung der F. vor der Wirklichkeit bzw. Wahrheit findet sich in der ungefähr zur gleichen Zeit (1983–85) entwickelten Konzeption Ricœurs. Er geht von der These aus, dass der menschlichen Zeiterfahrung die Figuration als Verlangen nach ihrer Sinngebung bzw. nach Vorwegnahme der Erlebnisungewissheit immanent ist. Er unterscheidet dabei die Strukturierung der sog. *gelebten Zeit* oder der innerzeitlichen Erfahrung, in der der Mensch unter der unaufhebbaren Ungewissheit bezüglich des Schicksals eigener Projekte leidet, von der Strukturierung der *geschichtlichen Zeit,* bei der der Historiker bereits über die nachträgliche Einsicht in die Ganzheit menschlicher Schicksale verfügt. Die erste Figurationsart nennt er aufgrund ihrer konstitutiven Unvollständigkeit *Vorfiguration,* während die zweite durch die Vollendetheit ihres Handlungsablaufs den Titel der *Konfiguration* verdient. Der Übergang von der einen in die andere Struktur setzt eine mimetische oder symbolische Übertragung voraus. Der Blick vom «Ende» der Geschichte aus hin zu ihrem Anfang verändert das Verständnis ihrer Ganzheit wesentlich. Sie erscheint nun im Licht des «Im-Hinblick-auf ...», das in der gelebten Zeit noch ausgeblieben war. Aber die sinnhafte Vollendung bleibt dennoch auch in der Konfiguration des Handlungsablaufs aus – wenn auch auf einer neuen Ebene,

weil man sie nun mit dem «Im-Hinblick-auf ...» des Adressaten bzw. Lesers organisieren muss, der sie zu *refigurieren* hat. Der Unterschied zwischen Vorfiguration und Konfiguration liegt dennoch darin, dass der Autor der Verwicklung einen beträchtlich größeren Einfluss auf die Refiguration hat, als es der Träger (eigentlich das Opfer) der Erfahrung in der Innerzeitlichkeit in Bezug auf die Verwandlung dieser Erfahrung in Geschichte hatte. Der Erste ist im Gegensatz zum Zweiten imstande, die Refiguration zu antizipieren, und zwar vor allem deshalb, weil er in seinem Vorgang der Zeitstrukturierung von Zeitgenossen nicht so abhängig ist (wie jener, der in dieser Zeit lebt), sodass er sich aufgrund dieser Unabhängigkeit von der Gegenwart leichter auf das künftige Ziel richten kann.

So stuft Ricœur die Figuration gemäß der Freiheit ab, über die sie mit ihrem «Im-Hinblick-auf ...» bzw. der Übertragung verfügt. Je weniger diese Übertragung von den Umständen, unter denen sie erfolgt, abhängig ist, desto mehr ist sie imstande, Rücksicht jenen gegenüber auszuüben, die Opfer dieser Umstände werden, desto umfassender ist das entworfene Ziel und mithin gerechter gegenüber der Verschiedenheit oder gar der Unversöhnlichkeit unter den menschlichen Projekten. Gerade wegen dieser «Ehrenrettung der stumm gewordenen toten Stimmen» gibt Ricœur dem literarischen Handlungsablauf den Vorzug vor dem geschichtlichen, weil der erstgenannte weniger der Überprüfung vonseiten der Zeitgenossen ausgesetzt ist als der letztgenannte. Die Zeitgenossen teilen nämlich die Muster der aus der «versunkenen» Literaturtradition überlieferten Vergangenheitswahrnehmung *(représentance)*, die in der Selbstverständlichkeit der Lebenswelt verwurzelt sind. Im Unterschied zur Geschichtsschreibung macht die Literatur auf die Ausschließlichkeit dieser «erloschenen Figuren» aufmerksam und lässt sie im Namen der eigenen F. scheitern, die den Anspruch auf eine umfassendere und reichere Ganzheit erhebt.

Da er seinen Begriff der F. mit der Orientierung des existenzialen Projekts künftiger Sinnvollendung (des Heideggerschen *Entwurfs*) verknüpft, womit das Verhaftetsein dieses Projekts in der (gelebten) Zeit relativiert wird, verwandelt Ricœur die F. in einen Faktor der Menschlichkeit. Doch gelingt es ihm dabei nicht, die Konsequenz zu umgehen, dass nämlich auf diese erhabene Art der Menschlichkeit, die in der Erlösung der korrosiven Zeitlichkeit des Seins durch schöpferische Zukunftsantizipation besteht, nicht alle Menschen mit gleichem Recht Anspruch erheben können, da sie in radikal unterschiedlichen Bereichen der existenziellen Determinierung wohnen. Wenn aber die sublimierte imaginative Befreiung den Ausschluss all jener, die «ihr eigenes Verhaftetsein lieben», voraussetzt, dann stellt sich die Frage, ob man der F. ohne weiteres das Epitheton der Menschlichkeit verleihen darf.

6. Außer im erkenntnistheoretischen Rahmen ist der Begriff F. auch im Rah-

men der *Theorie des kommunikativen Handelns* aufgetreten. Hier übernimmt er gleichfalls einige Motive aus dem traditionellen ontologischen Zusammenhang. Die platonische Linie wird beispielsweise durch die Auffassung der F. als Minus-Mitteilung vertreten und die aristotelische durch ihre Auffassung als Plus-Mitteilung. Dabei ist der Begriff der Mitteilung im Sinne der Sprechakttheorie zu verstehen, d. h. als Äußerung mit illokutiver Verpflichtungskraft für den Gesprächspartner. Searle verfocht die These (1979), dass die fiktionalen Äußerungen in Aussageform nicht die Illokutionskraft eines wirklichen Akts besitzen, da sie die pragmatischen Bedingungen der Aufrichtigkeit, Verpflichtung und Überprüfbarkeit nicht erfüllen. Weil sie aber alle formellen Aussageeigenschaften aufweisen, nennt Searle sie *prätendierte Aussagen*. Solche Aussagen sind Searle zufolge fiktional, aber nicht unbedingt literarisch, wobei er diese beiden Begriffe nicht für identisch hält: Comics und Witze seien z. B. fiktional, aber keine Literatur. Welchen Status haben Anspruch oder Verstellung? Obwohl er einräumt, dass sie einen «ernsthaften Sprechakt» zeitigen kann (wie etwa die Fabel eine Belehrung), stufte Searle die Verstellung dennoch unter diesen ernsthaften Akt und beurteilte sie als «weniger komplex und von niedrigerem Rang». Genette (1991) widersetzte sich dieser Auffassung und behauptete, der Anspruch sei legitimer Bestandteil jenes Sprechakts, den Searle als Forderung beschreibt. Nimmt man die fiktionalen Akte als eingebürgert an, wäre die Forderung überflüssig, und diese Akte wären passender als Verkündung *(déclarations)* zu beschreiben, die eine institutionelle Macht des Redners voraussetzen. Im Unterschied zu direkten Verkündungen (wie: Es werde Licht!) wäre die fiktionale Aussage eine indirekte Verkündung, d. h. eine Verkündung im Gewand der Äußerung. Genette kommt zum Schluss, dass fiktionale Texte prätendierte Aussagen sind, die hinter indirekten Sprechakten fiktionale Sprechakte als illokutive Akte *sui generis* verborgen halten, die der Definition gemäß ernsthaft seien. Er beschränkt dabei den Begriff des fiktionalen Textes (Äußerung) auf heterodiegetische Erzähltexte (in denen der Erzähler nicht gleichzeitig der Held ist), die von der dritten Person, und zwar von einem realen, historischen Autor geäußert werden. Dort, wo der Held erzählt – gleich ob es sich um ein Drama oder eine Erzählung in erster Person handelt –, lägen direkte, ernsthafte Sprechakte (innerhalb der fiktionalen Welt) vor, bei denen der pragmatische Status ebenso wenig strittig sei wie in der nicht-fiktionalen Literatur (Geschichte, Autobiographie, Tagebuch, Essay, Aphorismus u. Ä.). Im Allgemeinen kann der fiktionale Text Aussagen sehr unterschiedlicher Fingiertheitsgrade enthalten; dabei gilt prinzipiell die Regel, dass das Ganze fiktionaler ist als irgendeiner ihrer Bestandteile. Schließlich räumt Genette ein, dass die pragmatische Perspektive im Rahmen der Redeintention verharrt, die vom Adressaten erkannt werden kann, aber nicht erkannt werden muss. F. ist nicht bloß eine Frage des willentlichen Entschlusses des Sprechers, sondern auch eine des Kontextes, in welchem sie verstanden wird, weshalb man sich dementsprechend eine Veränderung des fiktionalen Status eines und desselben Textes durch die Geschichte hindurch vorstellen kann. Der pragmatische Rahmen ist eigentlich vom erkenntnistheoretischen nicht zu trennen. Missverständnisse unter ihnen kann man nicht im Voraus ausschließen. (D. M.)

→ Figur, Horizont, Übertragung

Fokalisierung

(engl., franz. focalisation, russ. fokalizacija)

1. Begriff, den Genette in einer Polemik gegen zahlreiche in der Tradition des *point-of-view criticism* ausgearbeitete Typologien der Erzählperspektive (1972) eingeführt hat. Genette wirft ihnen die Vermischung zweier Kriterien vor – der *Stimme* (wer spricht?) und des *Modus* (wer sieht?). So werden z. B. in Stanzels einflussreicher Typologie der Erzählsituationen (1955) unterschieden: (1) die auktoriale Erzählsituation (der «allwissende» Erzähler), (2) die personale Erzählsituation (Erzählen durch das Bewusstsein einer literarischen Figur) und (3) die Ich-Erzählsituation (Erzähler = literarische Figur), wobei (1) und (3) sich voneinander durch das Kriterium der Stimme unterscheiden und (2) sich von diesen durch den Modus abhebt. Würde man nur die Stimme als Kriterium zählen, wäre (2) mit (1) identisch, und wenn man nur das Kriterium des Modus zählte, würden (2) und (3) sich decken. Bei konsequenter Verwendung eines einzigen Kriteriums könnte also nur von zwei Erzählsituationen die Rede sein. Daher schlägt Genette die Beschränkung auf das modale Kriterium des *Blickwinkels* vor, womit er an Pouillon (1946), Blin (1954) und Todorov (1966) anknüpft. Im Einklang mit Pouillons Einteilung in *Betrachtung von hinten, Betrachtung von oben* und *Betrachtung von außen* übernimmt er den abstrakteren und weiter gefassten Ausdruck *focus of narration* von Brooks und Warren (1943), der nicht mehr nur visuell konnotiert ist, und schlägt *innere, äußere* und *Null-F.* vor.

2. *Null-F.* haben traditionelle oder klassische Texte, in denen die Position des Erzählers den literarischen Figuren in Bezug auf die Wahrnehmung so überlegen ist, dass der konzeptionelle Fokus der dargestellten Welt nicht zu lokalisieren ist. Texte mit *innerer F.* verengen die Reichweite der Wahrnehmung des Erzählers auf den perzeptiven Gesichtskreis einer literarischen Gestalt. Genette unterscheidet drei Unterkategorien dieses Typs: (1) die fixe innere F. wie in Henry James' *Ambassadors,* wo konsequent eine Perspektive verfolgt wird, (2)

die veränderliche innere F., wie in Flauberts *Madame Bovary*, wo sich die Perspektive in Abhängigkeit vom Objekt der Darstellung verändert, und (3) die multiple innere F., wie in Akutagawas «Rashomōn», wo ein und dasselbe Ereignis unter verschiedenen Blickwinkeln beleuchtet wird. Begrenzt sich schließlich die Darstellung auf das äußerliche Verhalten der literarischen Gestalt, ohne auf ihre Gedanken und Gefühle einzugehen, so haben wir es mit der *äußeren F.* zu tun, wie dies in Hemingways und Hammetts Texten der Fall ist, wo diese Art Information bewusst reduziert wird, oder auch in Dumas' und Vernes Abenteuerromanen, wo sie den Erzähler gar nicht interessiert.

3. Bal (1977ff.) hat Genette angelastet, in seiner Typologie denselben Fehler zu wiederholen, den er seinen Vorgängern vorwirft: das Vertauschen von Kriterien. So unterscheiden sich innere und Null-F. durch die Position des Erzählers – der im letzteren Fall alles und im ersteren nur so viel wie eine literarische Gestalt sieht –, während sich innere und äußere F. durch die Position der literarischen Gestalt unterscheiden, die im ersten Fall sieht und im zweiten gesehen wird. Die äußere F. hebt sich also durch das *Objekt*, nicht das *Subjekt* der Wahrnehmung ab, denn in Bezug auf das Subjekt könnte sie auch als innere F. erscheinen – wie dies auch Genette selbst an einem Beispiel aus Vernes *Reise um die Erde in 80 Tagen* einräumt, wo Philéas Foggs Äußeres durch das Bewusstsein seines Schülers Passepartout geschildert wird. Daher schlägt Bal vor, sich auf das Subjekt der F. zu konzentrieren, woraus sie nur zwei mögliche Typen der F. ableitet: (a) die *äußere F.* mit integralem Erzähler-Subjekt, gleich ob dieser extradiegetisch ist wie in den aus der 3. Person erzählten Texten oder intradiegetisch wie in den aus der 1. Person erzählten, und (b) die *innere F.* mit gespaltenem Subjekt wie in Texten (sowohl der 1. als auch der 2. Person), in denen der Erzähler extradiegetisch, die Fokalisierungsinstanz aber intradiegetisch ist. Bal bestreitet also Genettes Kategorie der Null-F. durch die These, dass der *Erzähler immer auch Fokalisierungsinstanz* sei, sogar wenn er extradiegetisch ist. Indem Bal F. als sprachliches Handeln immanent ansieht, reintegriert sie den Modus in die Stimme und wandelt so auch Erzählung in *discours* um. Dadurch widersetzt sie sich Genette, der Erzählung mit unpersönlicher *histoire* identifiziert, um den (engeren) Begriff des Diskurses ausschließlich für das perzeptive Register der F. zu reservieren. Dem Begriff F., wie wir ihn bei Bal finden, liegt also die performative Konzeption der Sprache zugrunde, welche den Referenten eines Erzähltextes (d. h. die Geschichte) als *Effekt* der metatextuellen Strategie der Rezeptionssteuerung versteht und nicht nach Genette als *Gegebenes*, das vom Text «bearbeitet» wird. Rimmon-Kenan (1983) erklärt dies, indem sie den Text als Schauplatz der gleichzeitigen Realisierung von Geschichte (in der inhaltlichen Dimension) und Erzählung (in der Produktionsdimension) darstellt: Hierin kommen die Dimensionen des Aussagesubjekts zum

Ausdruck, denen sich die Erzähltheorie der 1980er Jahre in der Tat hauptsächlich widmen sollte. In den Vordergrund rückt die Art, wie der Erzähler als räumlich-zeitlicher, psychologischer und ideologischer Brennpunkt der eigentlichen Erzählhandlung impliziert ist.

4. Von dieser Erweiterung des Begriffs F. profitierend hat Fontanille (1986) vorgeschlagen, F. als eines der Diskursivierungsverfahren *(mise en discours)* zu verstehen, mit deren Hilfe der Aussagende, indem er seinen Erkenntnisvertreter in die Aussage schickt, die Erkenntnisdimension der *eigenen* Aussagehandlung ausschließt. In diesem fundamentaleren Sinne, der über Genettes Verständnis der rhetorischen oder stilistischen Technik des literarischen Textes hinausgeht, wäre die «Zentrierung» einer Dimension der Aussage konstitutiv mit der Verdunkelung *(occultation)* der anderen verbunden. Die hervorgerufene Diskontinuität zwischen dem erhellten Aspekt (dem Subjekt der Aussage, *sujet de l'énoncé,* d. h. der Fokalisierungsinstanz) und dem verdunkelten Aspekt (dem Subjekt des Aussagens, *sujet de l'énonciation,* d. h. dem Aussagenden) könnte sich dann verstärken oder verringern.

5. Vom *Objekt* der F. ausgehend hat Greimas (1979) F. als Verfahren der konzentrisch aufeinander folgenden Erfassung eines erzählerischen Akteurs oder einer Sequenz in immer genaueren zeitlich-räumlichen Koordinaten beschrieben. Außer in Form der Lokalisierung lässt sich dies auch in Form der Einfügung eines Moments in einen Moment, einer Zeitspanne in eine Zeitspanne oder eines Raums in einen anderen Raum ausführen. Wie Bastide (1986) erklärt hat, hat auch diese Schöpfung einer Reihe aufeinander folgender Ebenen durch Umrahmung *(cadrage)* zweifache Folgen: Perspektivierung *(mise en perspective)* eines Objekts und Verdunkelung eines anderen als dessen Hintergrund *(fond).*

6. Ricœur (1975b) benutzt den Begriff der F. zur Versöhnung zweier Theorien: der Theorie des Metapher-Worts, die auf dem Prozess der Denomination besteht, und der Theorie der Metapher-Äußerung, die auf dem Prozess der Prädikation beharrt. Dabei beruft er sich auf Blacks Definition der Metapher als eines Satzes, in dem bestimmte Wörter metaphorisch gebraucht sind, andere aber nicht (1962). Das metaphorische Wort nennt Black Brennpunkt *(focus)* und den Rest Rahmen *(frame).* Die F. eines Worts ruft eine semantische Unstimmigkeit auf der prädikativen Ebene des Satzes hervor, was umgekehrt eine semantische Rehierarchisierung des Worts erfordert, um den Sinn der Äußerung zu bewahren. (D. B.)

→ Einbettung, Gestalt literarische, Rahmen, Standpunkt

Form

(engl. form, franz. forme, russ. forma)

«Die unterschiedlichen Anwendungen und Spielarten des Wortes Form spiegeln praktisch die gesamte Geschichte des westlichen Denkens» (Greimas/Courtés 1979).

1. Bei Aristoteles – dessen Einfluss auf die zeitgenössische Auseinandersetzung mit dieser Frage kaum zu überschätzen ist – erlangt die F. die Potenz, das schlafende Potenzial des Materials zu erwecken. Wenn man diese «embryonale Möglichkeit» aber als schwächer aufgegliederte *innere F.* des Materials (sein sog. emergentes Merkmal) versteht, kann man die Stufe der Treue der zergliederteren *äußeren F.* eines Kunstwerks gegenüber der inneren F. des Materials, das sie bearbeitet hat, betrachten. Hegel, der zweite große Weichensteller in der Auseinandersetzung mit diesem Problem innerhalb dieses Arbeitsfeldes, ersetzte den Humboldtschen Begriff der inneren F. durch den der Inhaltslogik, und zwar mit zwei wichtigen Folgen: (1) Mit der Einführung des Begriffs vom *Inhalt* als neuem F.-Paar leugnete er in der Sphäre des Geistes das Vorhandensein eines amorphen Stoffs; (2) er unterwarf die F. der Forderung, die Logik dieses Inhalts gemäß der historischen Situation, in der sie entsteht, zu offenbaren. So betrachtet Hegel die F. als die entsprechende Reaktion auf jene immanente «Bestellung» des Inhalts, die im Kontext, in dem sie zum ersten Mal erscheint, nicht sichtbar sein darf. Wenn sie im Vordergrund steht, lenkt sie die Aufmerksamkeit davon ab, was in der Kunst wichtiger ist, nämlich gerade vom Inhalt, dem sie lediglich unter den gegebenen Umständen zu Wort zu kommen helfen muss. Jameson (1981) bleibt diesem Hegelschen Postulat treu, wenn er schreibt, im komplexen literarischen Werk überlagerten sich die Motivationen der F. in Schichten, sodass jede obere Schicht als Vorwand für die Existenz einer tieferen Schicht diene, und wenn er im Einklang damit den kritischen Prozess als Enthüllung der ursprünglichen Botschaft, der ursprünglichen Erfahrung unter der Verformung diverser auf sie einwirkender Zensuren erklärt. Der psychoanalytische Beiklang dieser Formulierung erinnert im Übrigen daran, dass noch die psychoanalytische Kritik im Hegelschen Geist auf der Reduzierung der äußeren auf die innere F., d. h. den Inhalt beharrt, ebenso wie auch andere wichtige Theorien des 20. Jh.s, z. B. die Geistesgeschichte, die archetypische Kritik, die Chicago Critics, die stilistische Kritik, die werkimmanente Interpretation, der Strukturalismus auf den Spuren der transformativ-generativen Grammatik usw.

2. Parameter für die Behandlung des Formbegriffs im 20. Jh. wurden jedoch im Klima der russischen Literaturwissenschaft aufgestellt, wo die Formalisten gegen Potebnjas und Špets Ausarbeitung des Problems der inneren F. am Bei-

spiel der Beziehung zwischen Sprache und Dichtung kämpften. Potebnja (1862) schlug die Theorie von der Drei-Phasen-Entwicklung der Sprache vor, die von der Stimme (der äußeren F.) über das Bild (die innere F.) bis hin zum Begriff (dem gedanklichen Inhalt) verläuft, über eine Entwicklung, die seiner Meinung nach, obwohl die Sprache in den funktionalen Zustand des Denkens eingetreten ist, weiterhin als Latenz in jedem Sprachelement erhalten bleibt. Die Dichtung entsteht demnach durch die Evokation der bildlichen oder symbolischen Phase dieser Entwicklung, in der sich die Sprache, ungezähmt durch die Abstraktionsarbeit des Begriffs, als lebendiges, unerschöpfliches Gefüge von Vorstellungsmerkmalen offenbart. Auch bei Husserls Schüler Špet (1927a, 1927b) wird die Dichtung an die innere F. gebunden, doch dieses Mal begriffen als Spannung zwischen dem logisch-prädikativen Tiefen- und dem morphologisch-grammatischen Oberflächenregister der Sprache. Der Dichter erweckt die erloschenen bildhaften Tropen in der Sprache, indem er die auf der Oberfläche neutralisierte, im Grunde aber eine mehrfach vermittelte Diskontinuität zwischen diesen beiden Bezugsgrößen entdeckt. So wird die Dichtung als komplexeste und vollkommenste Verwirklichung der strukturellen Fähigkeiten der Sprache auch in Špets Konzeption im Zwischenraum von Reflexion und Artikulation angesiedelt.

3. In einer polemischen Reaktion auf eine solche Hervorhebung der inneren, begrifflich-konzipierten F. leiten die Formalisten die poetische Qualität zunächst aus der äußeren, der Lautform her. Die dichterische Konzentration auf die Materialität der Sprache ruft – wie in der futuristischen «zaum'»-Dichtung – deren Spürbarkeit *(oščutimost'*, Jakubinskij*)* hervor und spricht damit statt der kognitiven die emotional-affektive Dimension des Leserbewusstseins an. Doch ebenso wenig wie die gesamte Dichtung in Bildern gründet, wird auch nur ein kleiner, deutlich eingeschränkter Teil von ihr durch die Anwendung von Kindersprache, Abzählreimen und Glossosalie inspiriert. Daher definiert Šklovskij (1914a) das Unterscheidungsmerkmal des poetischen Sprachgebrauchs auf einer prinzipielleren Ebene, nämlich auf einer offen antihegelschen – als Hervorhebung der F. durch ihre Belastung. Die poetische F. muss dem Leser, indem sie die Aufmerksamkeit auf sich selbst lenkt, das Erreichen des Inhalts erschweren oder sogar ganz verhindern. So wird die F. zum ersten Mal zum entschlossenen Bürgen für die literarische Identität, da der Inhalt sich nicht mehr in Begriffen seiner inneren Logik paraphrasieren lässt, ohne dabei die künstlerische Qualität des Textes zu bedrohen. (Im selben Sinn sprechen die Neuen Kritiker von der «Häresie der Paraphrase».) Die äußere F. ist genau genommen lediglich die autoreflexive Verdoppelung der inneren. Es ist angemessen, darin einen entschlossenen methodologischen Fortschritt des Formalismus im Verhältnis zum aristotelisch-hegelschen Erbe zu sehen. Das Aktua-

lisierungsverhältnis F.-Inhalt wird bei den Formalisten in das Röntgenverhältnis F.-Hintergrund («fon» vom französischen *fond*) verwandelt.

4. Dies wird in Jakobsons Erklärung der Verwandlung der sprachlichen Mitteilung in eine poetische als «Projektion des Prinzips der Äquivalenz von der Achse der Selektion auf die der Kombination» deutlich (1960). In der Dichtung rufen Wörter – als grammatische Einheiten verstanden – andere Wörter, nicht Ideen herbei. So spiegelt sich die Grammatik durch parallele Aufreihung ihrer Einheiten wider; die anderen sprachlichen Werte ordnen sich dieser Dominante unter. Da jedoch die Grammatik für Jakobson «Essenz und Angelpunkt der Sprache ist» – er bezeichnet sie sogar in Analogie mit der Rolle der Geometrie in der Malerei als «wundervolle Notwendigkeit der Sprache» –, kehrt die Sprache in der Dichtung durch «Biegung» zu sich selbst zurück, genauer: zu ihren Grundlagen. Auch wenn sie nicht mehr als innere F., d. h. als historisch bewältigte Phase in der Sprachentwicklung verstanden werden können, sind diese Grundlagen im alltäglichen Sprachgebrauch unsichtbar: Die Dichtung macht sie durch Röntgenstrahlen als organisches Skelett sichtbar. Mit anderen Worten: Sie kehrt die festgesetzte Reihenfolge von Vorder- und Hintergrund um, was bedeutet, dass die F. erneut etwas benötigt, demgegenüber sie als «Sieger» anerkannt werden kann.

5. Diese kaum verdeckte «Siegermentalität» der F. entstammt der jahrhundertelang betriebenen Vereinigung dieses Begriffs mit «starken Gliedern» der Oppositionen, die den europäischen Zivilisationsraum begründeten, wie Gesetz / Chaos, Verstand / Gefühle, Kultur / Natur, Sein / Existenz, Kunst / Realität, Erwachsensein / Kindheit oder männlich / weiblich. Daher nimmt auch die Reaktion nicht wunder, die wir z. B. in Heideggers oder Adornos Kunsttheorie vorfinden. Heidegger (1935 / 1950) legt die Wahrheit des Kunstwerks als verdeckend-entdeckende Kontroverse zwischen Erde und Welt aus, wobei wir uns bei dieser Gelegenheit den Komfort erlauben könnten, die «Erde» mit «Material» zu übersetzen und die «Welt» mit «F.». Heidegger insistiert darauf, dass der Bildhauer den Stein, der Maler die Farbe nicht auf dieselbe Weise gebraucht, wie das der Steinmetz oder der Anstreicher tun, d. h. funktional oder zielgerichtet, sondern so, dass er in der F. ihre Eigentümlichkeit offenbart. In diesem Sinn verhindert die wirkliche künstlerische F. das Material nicht, sondern befreit es geradezu. Heidegger verbannt jede Gewalt durchaus emphatisch aus ihr. Noch expliziter ist darin Adorno (1971), der die künstlerische F. mit der Tyrannei der Gesamtheit über die Bestandteile, mit der Tätigkeit des Ausschnitzens, des Abstoßens und des Entsagens verbindet: Der Prokrustes-Mythos erzählt etwas von der philosophischen Urgeschichte der Kunst. Aber geniale Künstler wie Mozart verstehen es, sich gewaltlos der F. zu bedienen, sodass sie die gesamte Lockerheit des Materials und Unbezähmbarkeit seiner Ein-

zelheiten lose in sich vereint. In solchen Fällen wird sie zu einem Raum von freien gegenseitigen Abrechnungen künstlerischer Feldlinien, statt ein Raum ihrer dirigierten Klassifizierung zu sein.

6. Derselbe antiszientistische Geist der «Erweichung» des Formbegriffs, und zwar durch seine Vereinigung – sei es mit bestimmten Bedeutungs- oder Sinn-Richtlinien, sei es mit bestimmten pragmatischen Entstehungsumständen –, kennzeichnet zwei Begriffe, die in den frühen 1920er Jahren auf der theoretischen Szene erscheinen: die *symbolische F.* und die *Lebensform*. Die erste wurde in einer dreibändigen Studie von Cassirer (1923–29) bekräftigt. Er unterscheidet drei Kategorien weltschaffender oder kulturschaffender F.en – die sprachliche, mythische und wissenschaftliche –, deren jede mit einem selbständigen und gleichberechtigten «Modalindex» ausgerüstet wird: einer spezifischen, an ihre historischen Entstehungsbedingungen gebundenen Weise der Organisation von Raum, Zeit, Zahl, Verständnis u. Ä. Im Licht einer so errichteten Grammatik der symbolischen F.en weist Cassirers kultureller Kosmos einen Modalpluralismus auf, der in einem im klassisch kantianischen Sinn angeordneten Erkenntniskosmos unvorstellbar wäre. Ein ähnliches Konzept der F. der *verschwommenen Ränder* birgt der Begriff der Lebensform in sich, den der deutsche Psychologe Spranger (1922) einführte, doch um seine Popularität hat sich vor allem der «späte» Wittgenstein verdient gemacht. Er interpretiert die Lebensformen gleichzeitig als Etappen der Naturgeschichte des menschlichen Gattungswesens und als sozio-kulturelle Protophänomene, die – jede nach ihren eigenen Regeln – die sprachlichen und nichtsprachlichen Aspekte des menschlichen Handelns in ein loses, aber gängiges interaktives Muster vereinen. Habermas (1982b) erklärt, die Lebensformen umfassten nicht nur Institutionen, die zur Domäne des Rechts gehören, sondern auch Sprachspiele, historische Konfigurationen der eingebürgerten Gewohnheiten, der Gruppenzugehörigkeit, der kulturellen Interpretationsmuster, der F.en der Sozialisierung, der Kompetenz, der Standpunkte usw. Durch diesen Übergang aus der eng gefassten künstlerischen in die kulturelle, soziale und alltägliche Lebenssphäre relativiert, pluralisiert und sättigt sich die F. mit Bedeutung und Werten und verliert auf diese Weise ihre gesetzgebend-siegerhafte Mentalität. Ein weiterer wichtiger Schritt in diese Richtung ist auch Bourdieus *Soziologie der symbolischen Formen* (1970), in der er die F.en im Spannungsfeld der intellektuellen und künstlerischen Kräfte auf der einen und wirtschaftlicher, politischer Kämpfe und Klassenkämpfe auf der anderen Seite betrachtet – und ihnen nur relative Selbständigkeit zugesteht (vgl. Mentalität). Auf diese Weise wird ein gewisser utopischer Holismus des Wittgensteinschen Begriffs durchbrochen, der vor allem bei Habermas (1981ff.) ersichtlich ist, der die oppressive und zwiespältige Natur der Lebensform auf dieselbe Weise vernachlässigt, wie

die Begründer der modernen Linguistik ihre konstitutive F. in die Reinheit der Abstraktion gezogen haben. Die Distanz zwischen der Sprache und der Rede, der Kompetenz und der Performanz sei die Distanz zwischen der Homogenität der imaginären Gemeinschaft und der zerrissenen Realität der sprachlichen Erfahrung in den modernen stratifizierten Gesellschaften (Pratt 1987).

7. Irigaray (1974) interpretierte jenen hartnäckigen Schmuggel der endgültigen Legislativität der F. als die sublimierte Art der Ausschließung des Weiblichen, das in der europäischen metaphysischen Tradition regelmäßig mit der Materie assoziiert wurde. Aber das Übel mit der Materie als Katachrese für die Weiblichkeit erwies sich in ihrer unerwarteten Abgründigkeit, die nicht endgültig semantisch besetzt werden konnte, sodass sie sich der Kontrolle der F. durch die Produktion eines gewissen entmachtenden Überschusses und der Ausschweifung vollkommen entzog. Dieser «Skandal» kehrte immer wieder von neuem zur F. als Moment ihrer Umbezeichnung zurück, indem er den fixierten Gegensatz zwischen dem «Eindringling» und der «Empfängerin» als dessen angeblich vollkommene Außerhalbbefindlichkeit untergräbt. Es bestehe keine einheitliche Äußerlichkeit, denn F.en fordern eine Vielzahl von Ausschließungen. Sie bestehen und werden durch das aufrechterhalten, was sie ausschließen, dadurch, dass sie nicht tierisch, weiblich, sklavisch sind. Ihre Qualität wird durch Eigentum, eine rationale und rassische Grenze, den Maskulinismus und erzwungene Heterosexualität erzeugt (so Butler 1993). Deshalb sollte man anstelle der eingebürgerten unkritischen Identifizierung des weiblichen Geschlechts mit der Materie und des männlichen mit der F. die Begriffe der Materie und der F. selbst als Effekte der kontingenten Ökonomie des Geschlechtsunterschieds umschreiben.

8. Es scheint, als träfe diese Kritik in hohem Maß auch auf Luhmanns autopoietisches Konzept der F. zu, die auf der absoluten Differenz aufbaut: Die auf der Differenz begründete F.-Theorie behandele F.en als reine Selbstreferenz, die einzig dadurch ermöglicht sei, dass die F. selbst durch eine Grenze gekennzeichnet wird, die zwei Seiten voneinander trennt, sodass die F. im Grunde eine Grenze darstellt. Die F. bietet die Möglichkeit zur Grenzüberschreitung. *Forma formans* sei *forma formata* (1995). Da die ursprüngliche F. als absolutes Performativ so ausschließlich und einzig auf sich selbst verweist, kann jedes weitere Anknüpfen sie lediglich «erneut einführen», niemals aber abschaffen. Das Problem besteht darin, dass für Luhmann, indem er Brown (1971) so deutet, der Begriff der F. das Gesamtgebiet der Differenzierung bezeichnet, nicht nur eine seiner Seiten, nicht nur eine Figur als solche, nicht nur ein Objekt, nicht nur ein System, sondern die Unterscheidung zwischen System und Umwelt, welche (überhaupt erst) das Bezeichnen des Systems ermöglicht (Luhmann 1995). Die F. erlangt bei Luhmann den göttlichen Status der einzigen unerschütterlichen

Tatsache im Universum der kognitiven Konstruktionen (Mussil 1995), wobei sie sich ein für alle Mal unangenehmer «materieller Belastungen» entledigt. Das systemtheoretische Beseitigen des Konzepts der Materie hält Differenzierungen, F.en und Bedeutungen auf sicherer Distanz von einer Infizierung durch Außerhalbbefindlichkeit und Zeitlichkeit (Gumbrecht 1987). (S. R. / Z. Z.)

→ Formalismus, Inhalt, Medium, Struktur, Viereck

Formalismus

(engl., franz. formalism, russ. formal'naja škola)

Obwohl der Begriff F. häufig als allgemeine Bezeichnung für verschiedene avantgardistische Kunstströmungen des 20. Jh.s und sogar für ihre «manieristischen» Vorgänger verwendet wird, deckt er in der modernen Literaturtheorie hauptsächlich jene allgemeine Orientierung des analytischen Interesses an der künstlerischen Form ab, wie sie in den verschiedenen europäischen Ländern im zweiten Jahrzehnt des 20. Jh.s zu konstatieren ist. Die bei weitem differenzierteste und einflussreichste Gestalt erlangte diese Orientierung innerhalb des russischen F., jener literaturwissenschaftlichen Schule, die zwischen 1914 und 1924 unter der institutionellen Obhut der Gesellschaft für die Erforschung der dichterischen Sprache (OPOJAZ) und des Moskauer Linguistenkreises Linguisten (Polivanov, Jakubinskij), Verstheoretiker (Brik, Bernštejn, Tynjanov), Prosatheoretiker (Šklovskij, Ėjchenbaum), Stilforscher (Vinogradov) u. a. versammelte, und die sich parallel zu den Transformationen der russischen literarischen Avantgarde durch einige methodologische Phasen hindurch entwickelte.

1. Die erste Phase ist gekennzeichnet von der polemischen Reaktion auf die traditionelle Literaturgeschichte – verkörpert in den Gestalten Veselovskijs und Potebnjas – infolge ihrer inhaltlich-motivischen oder aber «bildhaften» Orientierung. Die Formalisten betonen die entautomatisierende Kraft der literarischen Form, vernachlässigen aber mit ihrer Auffassung, dass gerade die Form ein Werk literarisch macht, deren gedanklichen Aspekt. Ihrer Überzeugung nach muss ebendiese Literarizität als das Unterscheidungsmerkmal zwischen dem literarischen und einem anderen Sprachgebrauch der Gegenstand der Literaturforschung sein. Demnach bedeutet das literarische Werk für sie nur eine Gesamtanzahl (Summe, Anhäufung, Montage) von Verfahren, die beim Leser Verfremdung auslösen sollen. Dies kann ihrer Überzeugung nach am besten durch die Sinnentleerung des sprachlichen «Materials» sowie durch damit einhergehendes «Erschweren» seiner Form erzielt werden. Eine derart

gesättigte Äußerung, in der «das Verhältnis von Klang und Sinn umgekehrt ist» (Medvedev 1928), kann nicht mehr wie im Falle der alltäglichen Äußerung hinsichtlich ihres Gegenstands oder ihres Autors einfach *erkannt* werden, sondern sie muss nun in der Materialität ihres Ausdrucks *gesehen* werden. Obwohl bei den frühen Formalisten die dichterische Sprache der Hauptgegenstand ihres poetischen Interesses war, wandten sie die durch ihre Analyse gewonnenen Erkenntnisse analog auch auf die Gliederung der Novellen-Komposition bzw. des Aufbaus des Sujets eines Romans an (Ėjchenbaum 1919, 1924; Šklovskij 1919, 1925).

2. In ihrer zweiten Phase erkennen die Formalisten, dass das Verfahren der Entautomatisierung, das durch die künstlerische Form geleistet wird, ohne den aktiven Bezug zu jener automatisierten und entweder zum sprachlichen oder zum literarischen Code erstarrten Form undenkbar ist. Tynjanov (1924a, 1924b, 1927) spricht in diesem Sinn vom Widerstand, den das «Formmaterial» dem «Konstruktionsprinzip» leistet, sowie von der «energetischen Kraft verschwundener Versmuster» oder aber «sprachlicher Reihen», die in die neue Versschöpfung übernommen werden. Es ist also nicht mehr die Rede vom «Aufprägen» der Form auf das amorphe Material, sondern von der Form als dem dynamischen Prinzip, das die Rehierarchisierung der Bedeutungsebenen bzw. der «untergeordneten Faktoren» leistet. Doch außer dem Bezug zu seinem Material stellt das literarische Werk auch die Differenzrelation zu den anderen Werken innerhalb der zeitgenössischen literarischen Reihe her, wobei es sich dadurch in den Augen des Lesers in ein ganzheitliches funktionales Gefüge oder System von Funktionen und Werten verwandelt. Der Leser rezipiert das literarische Werk nämlich unvermeidbar innerhalb des Erwartungsrahmens, der durch die traditionellen Rhythmus-, Metren-, Strophen- oder Gattungsmuster gesetzt wurde, und «zähmt» in diesem Rahmen auch dessen Polysemie durch Auffindung der entsprechenden Dominante. Durch ein derartiges Einweben in das Netz von Differenzen verliert die Literarizität endgültig ihre bis dahin statische Bedeutung. Tynjanovs entschlossenem Diktum zufolge wird offensichtlich, dass diejenigen Eigenschaften der Literatur, die gemeinhin als die grundlegenden und primären gelten, in endlosem Wechsel begriffen sind und die Literatur in Wirklichkeit gar nicht charakterisieren. Die Beseitigung dieses Widerspruchs ist nach Tynjanovs Ansicht gleichbedeutend mit dem Beziehen des evolutionären und historischen Standpunkts. Das Annehmen der evolutionären Perspektive stelle eine *conditio sine qua non* der richtigen Fragestellung der Literatur und der Literarizität dar.

3. Dies führt den F. in die Problematik der Literaturgeschichte bzw. der literarischen Evolution ein. Auch die literarischen Muster – Figuren, Tropen, Rhythmus, Metrum, Reime und sogar Gattungen – unterliegen der Kanonisie-

rung und Automatisierung durch Verschiebung aus einem System in ein anderes. Tynjanov (1927) unterscheidet vier Etappen des evolutionären Prozesses: (1) eine dialektische Bildung des revolutionären «Konstruktions-Prinzips», (2) seine Anwendung und Stabilisierung, (3) seine Ausweitung auf eine Vielzahl von Erscheinungen und (4) seine Automatisierung. Doch dieser Prozess verläuft – und deshalb nennt Tynjanov ihn Evolution statt Geschichte – nicht gleichmäßig, sondern über Verschiebungen und Sprünge von der einen (beispielsweise der literarischen) Reihe zur anderen (z. B. der außerliterarischen). Ein und dasselbe formale Element erlangt beim Eintreten in verschiedene Systeme verschiedene Funktionen. Für jedes System, jede Gattung und jedes Verfahren artikuliert sich dieser Prozess anders, wenn auch immer als «Kampf und Ablösung». «In der Epoche ihrer Zersetzung verschiebt sich die Gattung aus dem Zentrum an die Peripherie und macht einem neuen Phänomen Platz, das aus dem Bereich der Bagatellen, Hinterhöfe und Niederungen der Literatur aufsteigt.» Wie Günther (1983) bemerkte, impliziert die spätformalistische Konzeption der literarischen Evolution, die vor allem von Tynjanov und Jakobson ausgearbeitet wurde, die Diskontinuität verschiedener Reihen. Dadurch erweist sie sich als entfernte Vorgängerin des sog. New Historicism bzw. der neuen Ideen von Lévi-Strauss und Foucault.

4. Der Einfluss des F. auf die verschiedenen Richtungen der modernen Literaturtheorie ist kaum zu überschätzen. Im Westen beginnt er 1965 mit dem synthetisierenden Buch *Russian Formalism* des Jakobson-Schülers Ehrlich. Vier Jahre später veröffentlicht Todorov in Frankreich seine Auswahl von formalistischen Texten; und 1969 erscheint im deutschsprachigen Raum eine Auswahl von Striedter. Dieser Einfluss erstarkt durch das Bekanntwerden der Verdienste der Prager Schule, die sich, wiederum unter dem Einfluss von Jakobson, durch die unmittelbare Verarbeitung spätformalistischer Ideen gebildet hat. In der zweiten Hälfte der 1960er Jahre übernehmen auch die Semiotiker der Tartuer Schule das formalistische Erbe für ihre Textanalysen. Die neuere Phase der F.-Rezeption, durch die Bücher von Hansen-Löve (1978) und Steiner (1984) gekennzeichnet, hat gezeigt, dass der F. Elemente beinhaltet, die der Strukturalismus nicht zu assimilieren vermochte, sodass er folglich nicht, wie es sich eingebürgert hat, als im Strukturalismus gänzlich «aufgehoben» betrachtet werden darf. (A. H.)

→ Abweichung, Automatisierung, Dominante, Fabel, Form, Funktion, Grammatik, Komposition, Literatur, Literaturgeschichte, Motiv, Motivation, Narratologie, Prager Schule, Rede, Reihe, Sprache, Strukturalismus, Sujet, Tartuer Schule, Verfahren, Verfremdung

Formation

(engl., franz. formation, russ. formacija)

1. Begriff, der im französischen Strukturalismus den traditionellen geistesgeschichtlichen Begriff der Epoche oder der Periode ersetzt. Im Unterschied zu diesen Begriffen, die sich auf einen «transzendentalen Signifikaten» einstellen, bedeutet die F. ein *konvertibles Regelsystem*, das konjunkturelles Funktionieren einer bestimmten Anzahl von sonst verschiedenartigen Gegenständen und Phänomenen in einer bestimmten Zeitspanne ermöglicht. Gewöhnlich bekommt die F. ein ergänzendes Schlagwort, das auf die Dominante dieses Systems verweist, so bei Foucault die Diskurs-, bei Althusser die Ideologieformation und bei Flaker die Stilformation.

2. In Althussers Konzeption der Gesellschaftsformation, die auf der sog. strukturellen Kausalität basiert, hebt die Hierarchie der Ebenen – ökonomischer, politischer, ideologischer, theoretischer – die relative Selbständigkeit jeder einzelnen Ebene nicht auf. Damit wird das Modell von «Basis und Überbau», das für die sog. Widerspiegelungstheorie charakteristisch ist, bestritten und ein komplexeres, polyzentrisches Verhältnis zwischen den Komponenten eingeführt. Diese Konzeption benutzte Jameson (1981) in seinem Modell des geschichtlichen Lebens der Literatur und in seinen späteren Untersuchungen postmoderner F.

3. Bennett (1987) führte den Begriff der Leseformation *(reading formation)* als eine Reihe von diskursiven und intertextuellen Determinanten ein, welche die Lesepraxis beleben und organisieren, indem sie die Texte mit den Lesern verbinden und in bestimmte Beziehungen zueinander stellen. Dabei wird der Leser als Subjekt des Lesens einer besonderen Art gebildet, und die Texte werden auf bestimmte Weisen als Gegenstände für das Lesen ausgebildet. Texte und Leser erweisen sich somit als variable Funktionen einer diskursiv geordneten Reihe von Beziehungen. Frow (1995) hat dieses Konzept mit seiner Idee der «Werteordnung» *(regimes of value)* als veränderbarer transsozialer und transkultureller Formationen von Praxen, Institutionen und impliziten Werteregeln in Verbindung gebracht. (B. D.)

→ Archiv, Dominante, Episteme, Reihe

Funktion

(engl. function, franz. fonction, russ. funkcija)

1. Der von den frühen Formalisten in Anknüpfung an die Lehre von de Courtenay in *instrumenteller* Bedeutung des intentionalen Ziels gebrauchte Begriff, mit dem der poetische von dem alltäglichen Sprachgebrauch unterschieden werden sollte. Die poetische Sprache wird als nicht-funktional angesehen, da sie auf praktische kommunikative Ziele verzichtet.

2. In der neuen Bedeutung wurde der Begriff F. in der zweiten und dritten Entwicklungsphase des russischen Formalismus eingeführt, und zwar als Folge der Dynamisierung des statischen Formbegriffs und der ganzheitlichen zusammenhängenden Beobachtung des «ästhetischen Objekts» (Bernštejn). In diesem *relationellen* Sinn steht auch die Behauptung Tynjanovs, wonach es keine Tatsachen, sondern nur F.en gebe. In der gleichen Bedeutungsfamilie mit dem so verstandenen F.s-Begriff treten noch Begriffe wie konstitutives Element, Bestandteil, Unterscheidungsmerkmal, Wert, (konstruktiver) Faktor, Prinzip, Aspekt, Akzent und Dominante auf. Tynjanov besteht darauf, dass der F.s-Begriff das Kunstwerk jener bewussten Aufsicht der schöpferischen Intention entzieht, die seine Vorgänger noch als in der Komposition *(ustanovka)* einbegriffen ansahen. Deshalb sei die Nuance der Zweckmäßigkeit aus dem Terminus der Komposition auszumerzen. Der Begriff der F. schließe nämlich die Teleologie aus. Wenn also der Autor nicht darüber entscheidet, welche F. seinem Werk zukommen wird – vielmehr dies durch das literarische System des Zeitalters, in dem es auftaucht, entschieden wird –, dann kann auch die Motivation einzelner Elemente oder Faktoren dieses Werks nicht mehr in den Händen des Autors liegen. Sie erfolgt aus dem Zusammenstoß integrativer und desintegrativer Faktoren, der sich in verschiedenen Situationen – abhängig von der «Position» des Werks innerhalb des Systems – auf unterschiedliche, aber im Grunde unabsehbare Art und Weise äußert.

3. Der Relationsbegriff der F. befreit somit die Teleologie von der äußerlich-*psychologischen* Dimension, verleiht ihr dafür eine inner-*logische*, sodass von der beabsichtigten Aufhebung der Teleologie keine Rede sein kann. Der Zweck wird zur wahrhaft konstitutiven Organisationsweise der Struktur erst in der Prager Schule, die das Sprachzeichen in der funktionalen Perspektive seines Sinns sieht und nicht, wie die Bloomfieldsche Linguistik, in der deskriptiven Perspektive seiner Bedeutung. Dies steht völlig im Einklang mit der These Jakobsons, der zufolge die methodologische Schlüsselfrage nicht instrumenteller Art ist: wer also mit welcher Absicht die Strukturprozesse und -gesetze hervorgerufen hat, sondern relationeller Art: welcher F. sie ohne Absicht und Wissen im gegebenen Moment dienen. Wie Mukařovský (1936) es formuliert, be-

stimmt dieses unbeabsichtigte Dienen die Beziehungen aller anderen Bestandteile und versetzt sie in Bewegung. Die psychologische, soziale, wirtschaftliche, metaphysische und ideologische F. des Werks ordnen sich ineinander zu, indem es zu einer «Spannung eines Netzteiles» unter gleichzeitiger «Abschwächung anderer Teile» kommt. So ordnen die Teile ihr Energiepotenzial jedes Mal einer neuen dynamischen F. des Ganzen unter. Allein die *ästhetische* F. als offensichtliche Erbin der Kantschen «Zweckmäßigkeit ohne Zweck» *befreit* und *harmonisiert* die Tätigkeit der anderen, «praktischen» F. und offenbart sich somit als «dialektisches Widerlegen der Funktionalität überhaupt». Durch die ästhetische F. spiegelt das literarische Werk seine eigene Identität wider, indem es sie von allen äußeren Abhängigkeiten befreit. Die relationelle Auffassung der F. verwandelt sich dadurch in eine *organizistische*.

4. Mukařovský betont aber, dass die Vorherrschaft der ästhetischen F. erst eine Errungenschaft der modernen Kunst sei, die sich von den kognitiven, moralischen, informativen und national-sozialen F.en der realistischen und naturalistischen Phase befreit hat. Erst die moderne, nicht-mimetische Kunst (seit dem Symbolismus) habe die Ganzheit des literarischen Werks selbständig gemacht, indem sie sie in ein Oppositionsverhältnis sowohl gegenüber dem alltäglichen *Sprach*gebrauch (in der Reihe der sog. allmählichen Abhebung) als auch gegenüber der vorherigen *literarischen Praxis* gebracht habe (in der Reihe der sog. beschleunigten Widerlegung). Das Werk hat sich nicht nur in Bezug auf seine Umgebung ausdifferenziert, sondern seine einzelnen F.en haben sich auch in Bezug auf es selbst ausdifferenziert, sodass erst in der modernen Kunst jede von ihnen die Rolle einer dominanten F. übernehmen kann. Unter solchen Bedingungen vermochte es das ästhetische Zeichen, sein Gegenstandskorrelat voll zu neutralisieren, indem es seine eigene disponible «Leere» hervorhob. Die «Leere» heißt (einerseits), dass weder (wie in der Hegelschen Konzeption der ‹Inhaltsästhetik›) die auf den Gegenstand gerichtete Idee noch (wie in den Konzeptionen der ‹Ausdrucksästhetik› Croces und Diltheys) der subjektive Ausdruck Gegenstand des ästhetischen Erlebnisses seien. Der Gegenstand dieses Erlebnisses ist die reine Verfassung der ästhetischen Formen selber (Schmid 1991).

Mukařovský zeigt sich hier, eigenem Bekenntnis zufolge, als Nachfolger von Špets These über die scheinbare Leere des ästhetischen Gegenstandes, die unterhalb des Scheins den Kunstverständigen eigentlich zur Beobachtung seiner eigenen Verfassung selbst einlädt. Damit aber der Schein beseitigt und die Verfassung erkannt wird, muss die angebotene «Leere» zuerst adäquat «gefüllt» werden – sowohl in Bezug auf die hintergründigen Sprachformen als auch in Bezug auf hintergründige Literaturformen. So wird schließlich der Empfänger mit für die (Ent-)Funktionalisierung des ästhetischen Zeichens verantwortlich. Obwohl erwartet oder gar «bestellt», bleibt seine Anstrengung dabei dennoch nicht unbelohnt, da «der Sinn der Kunsthandlung im Schaffen solcher Werke» liege, die einerseits «das rezipierende Individuum» von den überlieferten Zeichen und mit ihnen verbundenen Weltanschauungen und Wertvorstellungen befreien, andererseits in ihm dennoch das angeborene Vermögen bewusst machen, die Welt der Zeichen und Werte einzurichten (Schmid 1991). Die organizistische Auffassung der F. verleiht also nicht nur dem Werk das Merkmal des göttlichen Welterschaffungsvermögens, sondern genauso auch seiner Rezeption. Das eine Welterschaffungsvermögen ist sogar eng von dem anderen abhängig. Das alles spielt sich wohlgemerkt zu einer Zeit ab, als die Kraft der sozialen Wirksamkeit der Literatur gründlich und sorgfältig ausgedünnt wurde.

5. Die gesamte Argumentation Mukařovskýs beruht im Grunde auf der gleichen Aporie wie die berühmte Argumentation Schillers in der Abhandlung *Über die ästhetische Erziehung des Menschen* (1805) – und zwar keinesfalls zufällig. Beide Beweislinien sind nämlich Ertrag der Verselbständigung der Kunst aufgrund der verschärften gesellschaftlichen Differenzierung, der Säkularisierung einiger ihrer Sphären zu besonderen Systemen. Beide versuchen, die entscheidende *Errungenschaft* dieser Verselbständigung der Literatur in ein System – ein in der stratifizierenden Organisation der Gesellschaft undenkbarer Totalitäts- bzw. Weltanspruch – zur Aufhebung der *Grundvoraussetzung* dieser selben Verselbständigung auszunutzen: der Aufspaltung der Gesellschaft bzw. des Menschen in Arbeit und Genuss, Recht und Moral, Verstand und Sinne. Die Kunst sollte – so die Argumentation – dem Menschen helfen, die Kontrolle über die ganze Gesellschaft und das eigene Individuum wiederzuerlangen, und zwar bei Mukařovský und Schiller auf die gleiche Art und Weise: indem sie den Menschen für unterschiedliche «funktionale Investitionen» verfügbar macht. Verfügbar sein heißt, in der F. von nichts anderem als sich selbst, und das wiederum heißt – völlig selbstreferenziell sein.

Würde man aber diesen Zustand der in sich ruhenden reinen Potenzialität für das *Ziel* der Kunst halten, müsste man ihre Nichtfunktionalität im Ganzen der Gesellschaft einräumen und die Differenzierung beglaubigen, die zu dieser Isolierung geführt hat. Deshalb entscheiden sich beide, Mukařovský und Schiller, die freie Verfügbarkeit als ein *Mittel* zu betrachten, der Erste als Mittel für die politische Erziehung und der Zweite für die Verweltlichung (Totalisierung) der individuellen Existenz, aber auf jeden Fall als ein Mittel für ein künftiges, hinausgeschobenes Ziel. Dieses utopische Ziel, in dessen F. sich die Kunst vorübergehend stellt, könnte man als Errichtung einer Gesellschaft oder einer stimmigeren, vollständigeren und besseren Welt im Vergleich mit der bestehenden beschreiben. In dem Augenblick jedoch, wenn Kunst zu einer Phase oder zum Mittel wird, hört sie auf, sich selbst zu genügen, und kann nicht mehr die Erreichung des Ziels gewährleisten. Das Ziel kann nunmehr nur von jemandem erreicht werden, der sich des Mittels *bedient* bzw. die Phase durchläuft, d. h. dem Menschen als Kunstliebhaber. So kommt die Kunst unerwarteterweise wieder in die F. jenes selben Menschen, den sie der Definition gemäß erziehen bzw. zum Bewusstsein bringen – also in ihre eigene F. stellen – sollte. Die organizistisch aufgefasste F. kann sich der Doppelung zwischen Voraussetzung und Mittel nicht entledigen.

6. Das veranlasste Luhmann (1984), das Vorrangverhältnis zwischen Struktur und F. in seiner Theorie der selbstreferenziellen Systeme umzudrehen und die Struktur aus der F. statt wie im Strukturalismus die Letztere aus der Erstgenannten abzuleiten. Dadurch verliert die Struktur endlich ihre normative Bedeutung. Sie kann nicht mehr die F. als die einzig richtige Art und Weise ihrer eigenen Reproduktion vorbestimmen. Immer gibt es alternative Lösungen, und so wird nunmehr das Verhältnis zwischen Struktur und F. nicht dem Modell Ursache – Wirkung gemäß, sondern nach dem Modell Problem – Lösung interpretiert. Wird als Beispiel die Gesamtstruktur der Gesellschaft genommen, dann offenbaren sich einzelne gesellschaftliche Systeme (Wirtschafts-, Rechts-, Politik-, Religions-, Kunst-, Wissenschafts- und Erziehungssystem) als *alternative* Lösungen für die Probleme, die diese stellt. Indem sie aus ihrer jeweiligen Beobachtungsperspektive die Komplexität der Gesamtheit reduzieren, üben sie bestimmte F.en für diese aus. Man kann aber nicht sagen, dass so entstandene F.en durch die Gesamtstruktur der Gesellschaft diktiert werden, weil die Gesamtheit (Luhmann nennt sie Welt) ihrem Wesen nach unbegrenzt ist und als solche keine F. hat. Nur Systeme üben F.en aus, obwohl nicht in ihren eigenen Augen, sondern aus der Sicht anderer, sie beobachtender Systeme. Daher *gehört* die F. keinem ontologischen Träger, sondern wird ihm durch Beobachtung *zugeschrieben* vermittels der Reduktion der Komplexität von einem Gesichtspunkt aus, der durch diese Strukturierung sein Problem löst. So wird im Grunde die (unbegrenzte) *Weltkomplexität* zum Grundbegriff der Luhmannschen funktional-strukturellen Theorie, zu jener «einfachen Identität», welche die funktionelle Differenzierung erst überhaupt ermöglicht. Die Funktionalisierung der unendlichen, gleichgültigen Undurchdringlichkeit der Welt offenbart sich dabei nicht als mühsame Auswahl zwischen mehr oder minder ungünstigen Möglichkeiten, sondern als selbstwillentliche, fast göttliche Herstellung. In diesem Sinn endet die Umkehrung der hierarchischen Beziehung zwischen Struktur und F. mit der ähnlich ungeeigneten Entrechtlichung der Ersteren und der Vergöttlichung der Letztgenannten. Mit den Worten von F. Englisch (1991) könnte man es fast die List der Vernunft nennen, dass sich die Systemtheorie im Gegensatz zur Metaphysik, die sich, in der Einheit der Gründe beruhend, auf

Unterschiede richtete, mit ihrem differenzialtheoretischen Ansatz als radikale Reduktion (der Welt) auf «einfache Identität» erweist. (D. M.)

→ Dominante, Formation, Reihe, Struktur, System

Gattung

(engl., franz. genre, russ. žanr)

G. ist ein Begriff, der in der Geschichte der westeuropäischen Poetik und Ästhetik eine lange Tradition hat. Sie beginnt mit Platon und Aristoteles, erfährt in den Poetikdiskussionen der Renaissance, in der deutschen Romantik und dem französischen Positivismus, in Croces Expressionsästhetik und Diltheys Geistesgeschichte ihre Fortsetzung, um im 20. Jh. zum Gegenstand des russischen Formalismus, der morphologischen Poetik, des Archetypal Criticism, der Chicago Critics, der Hermeneutik, des Strukturalismus, der Marxistischen Kritik, der Rezeptionstheorie, der Systemtheorie usw. zu werden. Mit Hempfer (1994) können wir annehmen, dass die moderne (vor)strukturalistisch-semiotische Gattungstheorie mit dem russischen Formalismus und, bis zu einem gewissen Grad, mit der deutschen Morphologischen Schule begonnen hat.

1. Hempfers Reserviertheit hinsichtlich der morphologischen Poetik resultiert aus seiner Ablehnung ontologischer zugunsten funktionaler Konzeptionen. Gleichwohl hat die morphologische Poetik bei der Formung des gesamten generischen Bewusstseins im 20. Jh. eine wichtige Rolle gespielt. Sie entwickelt sich in einem geistesgeschichtlichen Wirkungskreis, welcher die «innere Form» literarischer Werke als Ausdruck dichterischer Weltanschauung privilegiert (Ermatinger 1921). Diese Form durchdringt das Werk organisch, einem Naturprozess ähnlich, und entreißt es damit sämtlichen Launen des Willens und der Intention des Autors. Das Werk wird – ähnlich wie Pflanzen oder Tiere – zu einem Körper, dessen Harmonie die Natur selbst bestimmt – daher Goethes *Naturform* oder Walzels *Gestalt* (1929). Somit geht Müller (1968) ausdrücklich von Goethes Prinzip aus, dass die Kunst eine zweite Natur sei, weshalb Kunstwerke nach den gleichen Gesetzen organisiert sind, d. h. sich ebenso wie die Natur in Arten teilen. Die Einheit der dichterischen Struktur ist laut Müller ebenso wie die Einheit der organischen Schöpfung nicht gedanklich, rational, sondern sie stellt die Einheit eines Glieder- und Kräftegefüges dar. Dieses Gefüge ermöglicht durch seine Metamorphosen die Verwandlung eines Typus in immer neue Anschauungsstrukturen – genauso wie eine Rose oder eine Tulpe «Metamorphosen des Urbilds der Blume» sind.

Auf diese Weise wurde in der morphologischen Poetik die wichtige Unterscheidung zwischen einer natürlichen und historischen, einer abstrakten und konkreten sowie einer konstanten und variablen Dimension der generischen Entität gemacht, ganz im Sinne von Goethes Distinktion zwischen *Naturform* und *Dichtart*. Dabei bleibt das entstandene Übergewicht zugunsten einer tieferen, konstitutiven, jedoch unergründlichen Dimension, welche die morphologische Poetik von der Romantik geerbt hat, als Richtlinie aller ihrer theoretischen Erbinnen in diesem Jahrhundert, ungeachtet aller Unterschiede in den Ausgangstermini, bestehen: Werkimmanente Kritik (G.), Archetypal Criticism (Archetypus), Chicago Critics (Muster oder Form), Phänomenologisch-hermeneutische Konzeption (Form, Gestalt), Bachtins Konzeption (Gattungsgedächtnis), Marxistische Kritik (Historie) usw.

All diese Versuche, der G. einen Begriff *à longue durée* (zu denen später noch Kategorien wie Typus, Klasse, Sprechsituation und Modus hinzukamen, Hempfer 1973; Genette 1979; Fowler 1982) überzuordnen, entstanden aus der konsequenten Bemühung der Theoretiker, dem historischen Charakter ihrer Leitbegriffe und damit auch ihrer begrenzten Gültigkeit auszuweichen. Wie soll man über die G. relevant sprechen, wenn die Kategorien, in denen man dies tut, selbst auch einer bestimmten G. und nicht der Natur angehören? Gerade dies geschieht jedoch immerfort von neuem. Laut Meyer (1995) sehen wir, dass sich mit der Evolution von G.en auch die Evolution von Gattungskonzeptionen ereignet. Wir stellen fest, dass diese beiden Evolutionsprozesse sich gegenseitig beeinflussen und bedingen. Deshalb wird die Gattungspoetik wiederholt mit der Aufgabe konfrontiert, die historische Position eingeführter Begrifflichkeiten, deren logischen Status und das argumentative Gefüge, in dem sie erscheinen, zu erklären. Das heißt, dass in den Prozess *innerer* Abgrenzung generischer Kategorien letztendlich auch jene *äußeren* Kategorien einbezogen werden, die zur Festlegung seines Rahmens eingeführt wurden. «Die in der Gattungsbeschreibung verwendeten Begriffe haben einen Mischlingsstatus. Sie sind keine reinen analytischen Termini, die sich von Außen auf die Geschichte von Texten beziehen, sondern nehmen in verschiedenen Stufen an dieser Geschichte selbst teil» (Schaeffer 1989). Auf diese Weise bestimmt die Triebkraft der generischen Differenzierung die Grenze zwischen ihrem *Außen* und *Innen* stets neu.

2. Dieser Umstand hat bereits in der Schlussphase der Entwicklung des russischen Formalismus zur Einsicht in die Problematik essenzialistischer Bestimmungen der G. geführt: Es gibt keine neutrale Benennung generischer Substanz, wie abstrakt auch immer sie sein mag! Mitte der 1920er Jahre entwickelt Tynjanov eine dynamische Konzeption beweglicher Reihen, durch die es zu einer weitreichenden Revision sowohl der Vorstellung vom Verhältnis zwischen den generischen Kriterien als auch zwischen den G.en selbst kommt. Sei-

ner These zufolge ändert sich die Konfiguration des Gattungssystems in der Evolution dadurch, dass vernachlässigte und außerliterarische G.en (z. B. Aphorismus, Skizze oder Brief) aus den Randzonen ins Zentrum (der Literatur) vordringen und die Position einer Dominante erlangen. Auf diese Weise kristallisieren sich neue G.en häufig infolge der Umcodierung von Eigenschaften der alten heraus. Ein und dieselbe G. kann in verschiedenen Systemen ihre unterschiedlichen Eigenschaften (Aussagemodus, Umfang, Thema, Stimmung, Standpunkt des Autors gegenüber dem Leser, Figurenprofil, dargestellte Welt, Komposition, Stil usw.; vgl. Fowler 1982) in den Vordergrund rücken und sich auf diese Weise in einem jeweils neuen Licht darstellen.

Auf dieser Grundlage hat Genette in einer Reihe neuerer Arbeiten (1977ff.) versucht, eine flexible Taxonomie von Kategorien zu schaffen, durch deren Kombination sich literarische G.en identifizieren ließen. Als Erstes reinigt er den Begriff Modus *(mode)* von allen variablen thematischen Eigenschaften, welche ihm von der deutschen Tradition einer Diskussion über die Schreibweise (Hempfer 1973) zugeschrieben worden sind, und reduziert ihn auf transhistorische, invariante Aussagemodalitäten. Auf diese Weise lassen sich Satire, Komik usw. jenen Typen zuweisen, welche bereits durch die thematische Spezifizierung des Modus entstehen, während G.en und Untergattungen auf noch niedrigeren Spezifikationsebenen angesiedelt werden (1977, 1979). In diesem Sinn setzt sich jede generische Entität aus einigen permutablen Ebenen der Geschichtlichkeit zusammen. Bei der Gestaltung dieser Idee verwandelt Genette (1982) den literarischen Text in ein Geflecht unterschiedlicher, erkennbarer Gattungssignale (der Arche-, Inter-, Para-, Meta-, Hyper- und Hypotexte), welche die «Transzendenz» des Textes (Genette 1987, 1994) ausmachen.

3. Es stellt sich jedoch die Frage, inwieweit sich die Ableitung der G. aus dem synchronen Beziehungsnetz zwischen den Texten von den Aporien befreit, welche ihre Ableitung aus der traditionell-tiefenspezifischen Bestimmungskraft bewirkte (zur Erneuerung der Aporien in der Gattungspoetik vgl. Schnur-Wellpott 1983). Auch dieses Netz muss, genau wie die Kraft, letztendlich von einer Position aus gesichert werden – kein Bewusstsein perzipiert *alle* Beziehungen! Ebenso können sie auch nicht alle intendiert sein, denn jeder Autor wendet sich an ein spezifisches Gattungsbewusstsein *(généricité)* seines Publikums, nach dem er seine Abgrenzung durchführt. Und selbst wenn das Werk mit einem anderen Publikum konfrontiert wird, kommuniziert es wiederum mit einem bestimmten Gattungsbewusstsein, welches nur eine bestimmte Anzahl der potenziellen Beziehungen des Textes herstellen kann. Colie (1973) betont in diesem Zusammenhang, dass literarische Untergattungen in ihrer Konfiguration eng verbunden sind mit den Erkenntnis- und Erfahrungsarten bestimmter Epochen, während Steinmetz (1983) sie für einen –

wenn auch indirekten – Ausdruck herrschender Weltbilder oder vorherrschender Sinn- und Realitätsstrukturierungen hält. Erst Veränderungen in der Konfiguration des Gattungsbewusstseins entscheiden also darüber, wie sich das Bündel ihrer Merkmale *(cluster of attributes)* verteilen und welche Bedeutung es im System gewinnen wird (Cohen 1987).

4. Somit präferiert das Gattungsbewusstsein der sog. Postmoderne offensichtlich globale generische Kategorien wie Diskurs, Schrift, Medium, Kommunikation, Textualität, Lebensform, Kulturpoetik, Diskursgemeinschaft u. Ä. Diese Kategorien sind bestrebt, ihren begrenzten generischen Charakter durch Einschaltung einer unüberschaubaren Anzahl permutabler Richtlinien zu vertuschen. Innerhalb solcher Gefüge werden Gattungskennzeichnungen in hohem Grade arbiträr: «Kein Text, den man ‹Roman› nennt, (…) enthält Merkmale, welche *alle* Texte innerhalb dieser Klasse identifizieren würden (…) Mancher Text enthält derart viele konträre Merkmale, dass (ihre) Mitwirkung (seine) Zugehörigkeit (zu einer bestimmten Gattung) zerstört». So können «gleiche Texte zu verschiedenen Gruppierungen» innerhalb derselben Periode gehören, weil «verschiedene Autoren, Leser und Kritiker verschiedene Gründe für ihre Identifizierung von Texten haben» (Cohen 1986). Wenn indes der heterogene und konfliktvolle Charakter der Gattungsbestandteile in verschiedene Richtungen verlaufende und sogar auch widersprüchliche Attributionen der Mitglieder einer «Familie» («die nicht unbedingt ein einziges Charakteristikum gemeinsam haben müssen», Fowler 1982) ermöglicht und wenn es «keine Innerlichkeit eines Textes gegenüber seiner Äußerlichkeit gibt, dann gibt es keinen Unterschied zwischen Text und Kontext» (Armstrong 1987), sodass immer wieder neue Grenzziehungen möglich sind – dann wird die «hybride Gattung» (Bachtin) auf einmal zur Norm statt zur Ausnahme! Die Grenzverschiebung stellt vielmehr die Konsistenz des Gattungssystems und die Hierarchie des Gattungsbewusstseins einer Epoche in Frage, sodass diese Epoche den Eindruck eines umgekehrten Spiegelbildes einer Epoche mit stabiler Verteilung der Gattungszuständigkeiten und deutlichen Grenzen zwischen den Klassen vermittelt. Ist es möglich, dass die Kategorie G. im Gattungsbewusstsein einer Epoche von entscheidender Bedeutung und in dem einer anderen Epoche unbrauchbar ist?

Erst wenn man auf diese Art und Weise der poststrukturalistischen Argumentation bezüglich der G. bis zur letzten Konsequenz folgt, wird ihre Fraglichkeit bewusst. Die Dekonstruktion der G. ist stillschweigend auf die essenzialistische Vorstellung von G. fixiert, welche die Möglichkeit einer Vermischung und Verschmelzung ausschließt. Lediglich für eine solche Konzeption kann die Derridasche Definition des «Gattungsgesetzes» (1980a) problematisch sein: «Es entspringt innerhalb der Grenze zwischen zwei Gattungen, die, weder trennbar noch untrennbar, ein merkwürdiges Paar der einen ohne die andere bilden». Derrida zielt hier darauf ab, dass die Regeln einer G. immer schon einer anderen G. angehören und sie somit in «einer Art von Teilnahme ohne Dazugehörigkeit, von Teilhabe an einer Menge, ohne deren Teil zu sein», kontaminieren. Dies bedeutet, dass wir im Falle einer Gattungsbestimmung durch beispielsweise historische Parameter damit rechnen müssen, dass auch die Historie eine G. ist, obwohl sie sich (in «parasitärer Ökonomie») vorläufig nicht als solche ausdrückt, sodass in Einklang damit ihr Anspruch auf die Position eines konstituierenden Rahmens der ersten G. zweifelhaft erscheint (weil sich dieses Verhältnis auch umkehren könnte). Doch «das Gesetz der Unreinheit» ist, erstens, keine Entdeckung der Postmoderne (Colie 1973; Cohen 1987), und zweitens befreit es nicht einmal denjenigen, der es anwendet, aus der Umklammerung der G. Cohen (1987) weist darauf hin, dass die erwähnte Abhandlung von Derrida, in der er die Kategorie G. dekonstruiert, zweifelsohne der Parodie- und Satire-G. angehört.

Doch ihre Gattungszugehörigkeit ist eigentlich noch komplexer, denn sie gehört zur Theorie als «einer Art von Schrift, welche weder eine Wertung proportionaler Qualitäten von Literaturprodukten noch eine Ideengeschichte, Moralphilosophie, Epistemologie oder Gesellschaftsprophetie darstellt, sondern alles zusammen vereint in einer neuen Gattung» (Rorty 1982). Das Hauptmerkmal dieser G. besteht darin, dass sie alle generischen Regeln, die sich auf sie anwenden ließen, unermüdlich dekonstruiert oder, in Derridascher Terminologie, dass sie «ihren Rahmen als Triebkraft zur Vervielfachung einsetzt». Eine solche neue G. des philosophisch-theoretischen Essays, das gerade die «Nicht-Umrahmbarkeit» der Kommunikation kommunizieren möchte, konnte indes nur unter entsprechenden institutionellen Voraussetzungen des akademischen Lebens entstehen, welche die Rezeption dieser G. trotz der Verwirrung, der Frustration oder sogar des Anstoßes, die sie beim Leser erregt, gewährleistet. Wie ließe sich sonst der ungeheuere Einfluss Derridas in den Vereinigten Staaten und anderswo erklären – trotz der besonderen psychischen Zustände, welche durch seine Texte hervorgerufen wurden: Niemand kann so selbstbewusst sein wie er, sagt Holquist (1986), sodass sämtliche Bemühungen seiner Interpreten, an den eigenen Worten genauso radikal zu zweifeln, wie er das tut, zum Scheitern verurteilt scheinen. Derridas Schrift erneuert im Bereich des wissenschaftlichen Systems Experimente einer Skandalisierung der Leser, welche von der Avantgarde-Literatur – unter gleichem Schutz einer Institution – erprobt wurden. Da die Institution ein «symbolisch generalisiertes Kommunikationsmedium» (Luhmann) einschließt, ist auch sie eine generische Kategorie.

5. Die Herauskristallisierung einer solchen Einsicht führte Mitte der 1980er

Jahre zu einer Erneuerung des Interesses an der Gattungsproblematik (in den Vereinigten Staaten Fowler 1982; Rosmarin 1985; Cohen 1986, 1987; in Frankreich Genette / Todorov 1986; Chiss 1987; Schaeffer 1989; Combe 1990; in den Niederlanden van Dijk 1985; in Deutschland Steinmetz 1983; Hauptmeier 1987; Hauptmeister 1987; Fohrmann 1988; Lämmert / Scheunemann 1988). Es wird klar, dass es kein homogenes Gattungsbewusstsein (z. B. der Postmoderne) gibt. Dieses ist vielmehr zergliedert durch Klassen-, Rassen-, Geschlechts-, Zivilisations-, Kultur- und Institutionsunterschiede, welche nicht nur den Raum zwischen den Individuen, sondern auch den innerhalb ihrer selbst spalten. In diesem Gefüge offenbaren sich auch G.en als komplexe historische, ideologische und politische Konstrukte, als Sedimente «des Ringens von konkurrierenden Formen um die Autorität der Aufsicht über die Semiose» (Armstrong 1987). Auf diese Weise funktioniert die G. als Instrument einer Selbstreproduktion des literaturwissenschaftlichen Systems (Fohrmann 1988; Dainat / Kruckis 1996) wesentlich anders als beispielsweise die «Redegattungen» (Bachtin 1979). In den Zonen des Gattungsbewusstseins, wo G.en zu praktischen und orientierenden Zwecken identifiziert werden, ist der Konsens natürlich stabiler, während in den Zonen, wo die Identifikation notwendigerweise theoretisch begründet werden muss, die Dissens-Dimension der Gattungskategorien überwiegt, die die Diskussion über die Prototypen ausschließt. Infolgedessen erfährt die organische Vorstellung von G. ihre Auflösung: Wenn Derrida in seinem Buch *Eine Postkarte: von Sokrates bis Freud und jenseits,* betont Meyer (1995), fortwährend auf die doppelte Bedeutung des französischen Worts *genre* als ‹Geschlecht› und als ‹Gattung› anspielt, dann intendiert er keineswegs, den organischen Effekt, welcher der G. immanent ist, zu entmystifizieren. Weil jedoch der Wirkungskreis dieser Effekte nicht vorweggenommen werden kann, konzentriert sich die heutige Theorie der G. lieber auf die pragmatische Frage: Wer formuliert und löst mit Hilfe von Klassifikationskonzepten in welcher Situation welche Art von Problemen (Schmidt 1994)? (Dg. B.)

→ Gattungspoetik, Modus, Periodisierung, Poetik

Gattungspoetik

(engl. genre theory, russ. poėtika žanra)

Zentrale Disziplin der traditionellen Poetik, die das Definieren und die Erforschung der literarischen Genre-Entitäten sowie der Kategorien wie Modi, Gattungen, Arten oder Genres, Unterarten, Klassen, Typen und Gestalten behandelt. Schon die Fülle dieser Bezeichnungen selbst (eigentümlich auch im englischen Sprachgebrauch: *genre, subgenre, kind, species, type, form, mode* usf.) zeugt von Dilemmata oder gar Aporien, die die G. durch ihre lange Geschichte bis heute begleiten.

1. Die Gliederung der Literatur ist nämlich seit Urzeiten ein Bestandteil ihres Verstehens. Die verwendeten wandelbaren Maßstäbe strukturierten sich dabei sowohl hinsichtlich der Position und des Status der Literatur im gegebenen geschichtlichen Zeitalter als auch hinsichtlich des konzeptuellen Rahmens, innerhalb dessen die Gliederung vollzogen wurde (Poetik, Rhetorik, Ästhetik, Literaturgeschichte, Geistesgeschichte, Literaturkritik, Anthropologie, Soziologie, linguistische Pragmatik, Texttheorie u. Ä.). In einem jeden dieser Rahmen wird die Literatur zum Zweck der Analyse ihrer Charaktere in eine Beziehung mit einer grundlegenderen Kategorie gebracht – z. B. mit der Natur, der Wirklichkeit, der Gesellschaft, dem Schönen, der Kunst, der Geschichte, dem Geist, dem Menschen, der Ökonomie, der Sprache, der Kommunikation u. Ä. Da aber das Literaturverständnis außerhalb eines solchen primären Verhältnisses eigentlich nicht vorstellbar ist, erweist sich die Gliederung als eine spontane Regel eines solchen Verständnisses. Oder, wie Perkins sagt, die Gliederung sei das Strukturierungsprinzip von Kursen (Lyrik), Regalen in Buchhandlungen (Belletristik: amerikanische – 19. Jh.), Verbänden (Modern Language Association), Zeitschriften *(Studies in Romanticism)*, Anthologien, Sammlungen, Abhandlungen, Versammlungen und Ausschreibungen für Professorenstellen. Man bedient sich ihrer oder ficht sie im Kampf um institutionelle Macht an (1992). Damit beschreibt er die heutige Lage der Dinge angemessen.

2. Doch Anfechtung ist nicht von Urzeiten an die Begleiterin der Gliederung, weil sie erst in der Konkurrenzsituation zwischen konzeptuellen Rahmen auftaucht, das heißt in dem Augenblick, wenn man ein Verhältnis als primäres *nachweisen* muss. Erst ab diesem Moment muss die Gliederung ihre Maßstäbe reflektieren und verwandelt sich damit in G. Bis dahin hält sich die Klassifizierung innerhalb des unanfechtbaren präskriptiv-normativen Rahmens, der noch im ersten Jahrhundert in der *Ars poetica* des Horaz entworfen wurde. Horaz schreibt jeder Gattung die passende Komposition, die Einheitlichkeit, den Gegenstand, die Gestalten, die Sprache und das Metrum vor, was die Rhetoriker der Renaissance, des Klassizismus und des 18. Jh.s später übernehmen und weiter ausarbeiten. Wie sehr die Gliederung der Literatur innerhalb der Rhetorik auf den festgelegten Ansichten über die psychologische und gesellschaftliche Differenzierung beruht, zeigt auch Popes Vergleich der literarischen Stile bzw. Gattungen mit der vorherrschenden Hierarchie mit Blick auf die Kleidung (1711). Erst wenn diese selbstverständliche Werteskala durch gleichwertige Ausformung verschiedener Arten von (Welt-)Erkenntnis und

Erfahrung aufgelöst wird, wird die vorschreibende Haltung der Poetiker durch die beschreibende und polemische Haltung ersetzt.

3. G. ist also *die sich ihrer Fragwürdigkeit bewusst gewordene Gliederung*, welcher sie durch Argumentation zuvorzukommen versucht. Davon kann allerdings erst seit dem Ende des 18. Jh.s gesprochen werden. Damals riefen die Romantiker die Theorie über die Individualität des literarischen Werks ins Leben, das sich keinen fertigen Gattungsnormen unterwirft, sondern sie vielmehr jeweils für sich selbst erschafft. Anfang des 20. Jh.s verteidigte Croce ihre Ideen in noch radikalerer Form als Reaktion auf die evolutionistischen Modelle der literarischen Klassifizierung, die in Analogie zur darwinistischen Biologie entwickelt wurden (wie jenes von Brunetier 1890). Heute charakterisiert ein gleichermaßen starker antigenerischer Impuls die poststrukturalistischen Theorien, die sich auf «transgenerische» Begriffe wie Textualität, Schrift und Diskurs stützen. Trotz des parallelen modernen Bestehens und gar der Weiterentwicklung des gattungsmäßigen Interesses an der Literatur, wie z. B. in der Chicagokritik und der Archetypenkritik, führte das alles allmählich in einen Zustand, in dem auf Genrekategorien errichtete Interpretationsansätze suspekt sind. Wenn aber die Genregliederungen nach den Maßstäben, die heutzutage begründet und in Anspruch genommen werden, in der Tat auch selbst umgehend einer Gliederung und Problematisierung unterworfen werden, dann ist dies die Folge ihrer Unfähigkeit, ihren konzeptuellen Rahmen durch Hervorhebung eines dominanten Merkmals, Maßstabs oder Verhältnisses zu schließen. Dieser Zustand der Disziplin – wenn man überhaupt noch von so etwas wie Disziplin reden darf – wirkt sich rückwirkend auch auf die Autorität der einflussreichen traditionellen Einteilungen der Literatur aus, die zu Zeiten der mehr oder minder stabilen Normen entstanden sind.

4. Nehmen wir als Illustration für dieses rückwirkende Erschüttern der überlieferten gattungsmäßigen Klassifizierung das in vieler Hinsicht richtungsweisende Beispiel Aristoteles. Den exklusiven Klassifizierungsmaßstab der *Nachahmungsart* Platons (der mimetischen Nachahmung wie in der Tragödie und der Komödie, der diegetischen Nachahmung wie in Dithyramben und Chorhymnen und der gemischten wie im Epos) bereicherte Aristoteles, indem er in die Beschreibung des Genres die später eingehend ausgearbeiteten Kriterien des *Mittels* und des *Gegenstandes der Nachahmung* einführte. Aber keinem von ihnen gelang es trotz zahlreicher nachträglicher Auf- und Bearbeitungen, sich zu verselbständigen und durchzusetzen.

Beschränken wir uns hier auf das Kriterium des *Gegenstandes* des poetischen Werks. Aristoteles behauptet in der *Poetik*, dass dieses eine einheitliche (durch Ursache und Wirkung verbundene) Handlung ist. Ihre Bestandteile sind in der Reihenfolge der Wichtigkeit Geschichte *(mythos)*, Gestalt *(ethos)*,

Gedanke *(dianoia)* und szenischer Schmuck *(opsis)*. Des Weiteren unterscheidet er zusammengesetzte (bessere) von den einfachen (schlechteren) Geschichten daran, dass sie in sich neben dem Pathos auch Verwicklung und Wiedererkennen enthalten. Diese beiden Verfahren verursachen die Wende – das erste im Lebensschicksal und das zweite im Grad des Wissens –, vermittels deren sich die Geschichte über sich selbst «beugt» (Aristoteles gebraucht für das, was wir als zusammengesetzte Geschichte übersetzen, das Epitheton *peplegmenos*, das verflochten, verknotet, verwoben bedeutet). Mit diesem Ineinanderverwobensein stellt die Geschichte sich selbst als Ganzes jäh in überraschendem, paradoxalem Licht dar. Die Pointe dieser paralogischen Wende ist für Aristoteles darin enthalten, dass das logisch nicht Mögliche auf einmal als das Wahrscheinliche oder gar aufgrund der spezifischen Situation des Schreckens oder des Schocks *(ekplêxis)* Notwendige hervortritt. Jemand, der sich in einem solchen Zustand befindet, erkennt identifizierende Verbindungen, die anderen verborgen bleiben. Er erkennt dort die «wundersame» *(thaumaston)* Wahrheit, wo die anderen nur den Schein sehen. Den so entstandenen Spalt zwischen der persönlichen und der kollektiven Deutung derselben Ereigniskette kann der «Entsetzte» nur dadurch überwinden, dass er mit seinem Handeln auch die anderen zur gleichen Wiedererkennung der Wahrscheinlichkeit und Notwendigkeit bewegt. In diesem «Verführen» zur Wahrnehmung der verborgenen Gesetze (des Möglichen), die sich den offiziellen Gesetzen der Logik (des Faktischen) widersetzen, erkannte Aristoteles die «Seele» der Dichtkunst, wobei die Geschichte für ihn umso wertvoller war, je intensiver sie den Zustand des Schauders bzw. je überraschender sie die Beglaubigung des stattgehabten Ereignisablaufs hervorrief.

5. An dieser bezeichnenderweise komplexen Argumentation merkt man, wie Aristoteles' Definition der «verführten» Instanz schlittert und unbestimmt wird. Aristoteles setzt nämlich mit der These ein, diese Instanz sei der Held, und er behandelt daher das Wiedererkennen zunächst als einen *formellen Teil* der Geschichte, eine von ihren (für die Qualität entscheidenden) Szenen. Danach geht er unbemerkt zur These über, diese «hineinverwickelte» Instanz der Leser bzw. der Zuschauer sei es, weshalb nun das Wiedererkennen die Bedeutung einer *Haltung gegenüber der Geschichte im Ganzen*, einer eigentümlichen Verständnisweise der Gesamtstruktur ihrer Beziehungen gewinnt. Diese Eigentümlichkeit findet sich darin, dass der Wiedererkennende in seinem scharfsinnigen Verfahren aus dem anscheinend nebensächlichen, zufälligen und belanglosen Detail eine weitreichende und für ihn umstürzende Erkenntnis gewinnt. Die Literatur erinnert uns mit eindrucksvollen Beispielen, zu welchen verheerenden Irrtümern eine so kühne Schlussfolgerung führen kann, die statt auf nüchtern beurteilte Tatsachen auf die durch den Ausnahme-

zustand erlangten Hinweise baut! D. Miller (1988) erinnerte in diesem Zusammenhang, das verbreitete Vorurteil über den beschützten Freiraum der Romanleser und -leserinnen kritisierend, an die Methode des Sensationsromans, die Urteilsfähigkeit durch gefühlsmäßige Überreizungen auszuschalten. Der Roman strebe – weit davon entfernt, zur reflexiven Ruhe zu ermuntern – danach, positive persönliche Überraschungsschocks und Aufregung auszulösen, die den Körper des Lesers dermaßen überreizen, dass sie ihn zur Reflexion unfähig machen. Doch gerade aus dieser in unterschiedlichen Varianten den zahlreichen literarischen Gattungen eigentümlichen Konstellation leitet Aristoteles die Grundcharakteristik der literarischen Wirkung auf den Leser/Zuschauer ab. Nach Cave (1988) hieße das Erzählen einer Geschichte, die mit dem Wiedererkennen endet, einen der wesentlichsten Akte des fiktionalen Erzählens zu vollbringen – die Szene der Wiedererkennung stelle geradezu das Merkmal, ja die Unterschrift der Fiktion dar, sodass, wenn sich etwas ihr Vergleichbares in der Wirklichkeit ereignet, es der Fiktion ähneln wird und in diesem Sinn weitererzählt werden könnte. Diesem schwankenden Kriterium des Effekts (Wahrscheinlichkeit und Notwendigkeit) als unanfechtbaren Indikator der literarischen Qualität unbemerkt folgend, gliedert Aristoteles die literarischen Gattungen, zieht er die Tragödie dem Epos vor und dieses der Geschichtsschreibung usf. Dass dieser Indikator aber sehr wohl anfechtbar, d. h. vorurteilsbehaftet ist, zeigte Else (1957) anhand der Tatsache, dass sich nur ein Zehntel der griechischen Tragödien und prozentual noch weniger von epischer Dichtung in die aristotelische ideale Geschichtsstruktur hineinpressen lässt. Daraus zog Doležel (1990) den Schluss, die Poetik der Idealstruktur sei eine Theorie über die Lieblingskunstwerke der Poetologen.

Doch die dem aristotelischen Beweisverfahren immanente Zweideutigkeit erweist sich auch auf einer prinzipielleren, nämlich der poetologischen Ebene als subversiv. Ist die Komplexität der Geschichte dasjenige, was beim Zuschauer die Wirkung des Wiedererkennens hervorruft, oder ist die ausgelöste Wirkung des Wiedererkennens für die komplexe Qualität der Geschichte förderlich? Ist die literarische Wirkung Ursache oder Folge der generischen Identifikation? Das Wiedererkennen oszilliert als Grundmaßstab für die Gliederung der Erzählliteratur unentschlossen zwischen dem formellen Kompositionsverfahren und dem Interpretationshorizont, zwischen Poetik und Rhetorik bzw. Hermeneutik. Deshalb sickern die Eigenschaften des Wiedererkennungsverfahrens, wie es in der Literatur bekannt ist – List, Betrug, Verborgenheit, Aufschub, Legen von falschen Spuren mit allen Folgen der «irrenden Gewissheit» –, von Anfang an auch in die Disziplin ein, in der das Wiedererkennen die Rolle übernimmt, die Gattungszuordnung eines Textes zu gewährleisten. Wie in der Literatur kann auch in der G. die Wirkung und nicht die immanente Logik über ihre Glaubwürdigkeit entscheiden. Das würde bedeuten, dass auch die G. – weit davon entfernt, gegen die Literatur als ihren Gegenstand immun zu sein – wie dieser auf einem Paralogismus aufbaut.

6. Dass es sich so verhält, machte Cave am Beispiel der Argumentation von Frye, einem der einflussreichsten modernen «Kartographen» der G., plausibel. Im Unterschied zu den kontinentalen Kritikern räumt Frye (1957) offen seine Anleihe bei der aristotelischen Poetik ein und legt – im Bestreben, das inzwischen entwertete Genre der Romanze zu reaffirmieren – seinen Begriff des Wiedererkennens ins Zentrum seines analytischen Instrumentariums. Er beginnt dabei mit der traditionellen Definition des Wiedererkennens als jenes Teils des Plots, in dem der Held die wahre, aber bis dahin unerkannte Identität seiner Verwandten wiedererkennt. Doch gleich danach erweitert sich diese *cognitio* auf die *gnosis*, die als jener Moment der Handlung verstanden wird, der aus dem Bewusstsein des Helden die Einbildungen vertreibt, die durch Verstecken, Besessenheit oder Heuchelei hervorgerufen wurden. Diesem Wiedererkennen im Genre der Komödien folgt das hegelianisch definierte tragische Wiedererkennen einer bestimmten Lebensgestalt, die der Held für sich aufgebaut hat, im Unterschied zum nicht vollzogenen möglichen Leben, das er versäumt hat. So eklektisch diese ganze Menge von Beispielen in der Wahl des Gegenstandes des Wiedererkennens auch ist, so beschränkt sie sich auf das Wiedererkennen, dessen Träger der Held im Plot ist. Doch in *Fables of Identity: Studies in Poetic Mythology* (1963) wird der aristotelische Begriff der *anagnorisis* bereits als Herstellung eines umfassenden Sinnschemas des *Lesers* bzw. der vereinigenden Gestalt des Ganzen gefasst, die die lineare Spannung des Plots aufhebt und das Ende mit dem Anfang verbindet. So verleiht das Wiedererkennen – nunmehr als Erkenntnisereignis – dem Plot ein bestimmtes Thema oder in aristotelischen Termini dem Mythos die *dianoia*. Im Grunde unterwirft sie den Plot dem Thema wie ein Mittel dem Ziel. Obwohl eine solche thematische Definition des Wiedererkennens die aristotelische Poetik eigentlich vollkommen hinter sich lässt, beschränkt sich Frye nicht darauf, sondern erklärt das Wiedererkennen des Weiteren zu jenem epiphanischen Moment in der Genregeschichte, in dem dieses Genre die bestimmende Einfachheit seiner Anfänge wiederentdeckt. Ihm zufolge strebe diese finale Verwicklung des Wiedererkennens sogar naturgemäß dazu, die gesamte Kulturgeschichte zu erfassen. Nicht nur das Werk als solches und nicht nur die Gattungen, sondern die gesamte Kultur baute sich demnach um ein «stilles Zentrum (ihrer) Wortordnung» auf. Dieses Zentrum wiederzuerkennen fällt freilich außerhalb der Zuständigkeit des normalen Lesers und ist die Aufgabe des *Kritikers*, und zwar umso mehr, als dieses Zentrum außer der literarischen Imagination auch die gesamte wissenschaftliche Imagination insgeheim organisiert. Wenn daher je-

mand meinte, dass die Freudsche Analyse des Ödipusmythos die literarische Kritik aufklärt, sei dies ein Fehler, denn der Ödipusmythos habe die psychologische Untersuchung über diese Angelegenheit seinerseits gestaltet und strukturiert. Bei Frye bekommt der Mythos als Gliederungsmaßstab die unantastbare Rolle des Hegelschen Geistes, der einzig fähig ist, sich selbst zu erkennen – wenn auch nur in der Gestalt des Archetypenkritikers als seines exklusiven Vertreters.

7. Der Hegelsche Geist wurde hier nicht zufällig neben dem *normativen* aristotelischen als der zweite und zwar *geschichtliche* Pol in Fryes Konzeption erwähnt. Die gleiche undurchschaubare Verschiebung des einmal errichteten gattungspoetischen Maßstabs kann man nämlich auch an Hegels Literaturgliederung darlegen, die als eine großartige Synthese auf dem schon weitgehend vollzogenen Übergang von der rhetorisch-normativen zur *spekulativen geschichtsphilosophischen Poetik* beruht. In dieser Zeit bürgerte sich vor allem aufgrund der Verdienste Schlegels, Goethes und Schellings das dreigliedrige Modell der literarischen Gattungen (Epik, Lyrik, Drama) ein, was bedeutet, dass die Lyrik sich die Rechte erkämpfte, die sie wegen der Verästelung ihrer Formen vor 1800 nicht besaß. Dieses Modell fügt Hegel einerseits in seine dialektische Trias von These, Antithese und Synthese, andererseits in die Trinität der symbolischen, klassischen und romantischen Geschichtsphasen ein – und begegnet schon da den ersten Schwierigkeiten seiner Argumentation. Im Zusammenhang der ersten Trias übernimmt die Epik die Rolle der These, die Lyrik jene der Antithese und das Drama jene der Synthese, während in der zweiten Triade die Epik in die symbolische, das Drama in die klassische und die Lyrik der romantischen Phase zugewiesen wird. Das dramatische Kunstwerk nimmt so im ersten Fall die *End-* und im zweiten Fall die *Mittelposition* ein, und zwar deshalb, weil es die Extreme der beiden anderen Gattungen harmonisch in sich vereint. Diese Verbindung der dramatischen Gattung mit dem klassischen griechischen Zeitalter, das bereits im Widerspruch zu seiner «Systemstellung» steht, wird erneut durch ihre soziohistorische Eingliederung in den modernen, «prosaischen» Weltzustand in Frage gestellt.

Die Logik des Hegelschen dialektischen Systems macht es also erforderlich, dass das Drama die Erfahrung des Epos und der Lyrik bereits hinter sich gelassen hat: «Das Drama ist das Produkt eines schon in sich ausgebildeten nationalen Lebens. Denn es setzt wesentlich sowohl die ursprünglich poetischen Tage des eigentlichen Epos als auch die selbständige Subjektivität des lyrischen Ergusses als vergangen voraus, da es sich, beide zusammenfassend, in keiner dieser für sich gesonderten Sphären genügt» (1980). In historischer Hinsicht freilich kann Hegel nicht bestreiten, dass nicht die Prosa der modernen Welt, sondern das antike Griechenland das Paradigma der dramatischen Kunst erzeugte. Daher wird die Tragödie zum Produkt des ursprünglichen, «heroischen» Weltzustands: «Denn nur in den heroischen Tagen können die allgemeinen sittlichen Mächte, indem sie weder als Gesetze des Staats noch als moralische Gebote und Pflichten für sich fixiert sind, in ursprünglicher Frische als die Götter auftreten, welche sich entweder in ihrer eigenen Tätigkeit entgegenstellen oder als der lebendige Inhalt der freien menschlichen Individualität selbst erscheinen» (ebd.). Die Erfordernisse des Systems stimmen somit offensichtlich nicht mit Hegels ästhetischem Geschmack überein, der ihm anscheinend eingibt, dass die modernen Schauspielstücke nicht den Rang der alten Tragödie erreichen.

Nicht nur wegen des persönlichen bürgerlichen Geschmacks Hegels wird die Einordnung der Erfahrungswirklichkeit dort verweigert, wo der spekulative Begriff sie vorfinden möchte. Die griechische Tragödie spiegelt in sich etwas viel Höheres und Wichtigeres wider – das dialektische Prinzip der Aussöhnung der Gegensätze, das nach Hegels Konzeption die Bewegung der Wirklichkeit selbst kennzeichnet. Da dieses vermeintliche «Wirklichkeitsprinzip» in der Ironie des modernen Dramas verraten wird, entschließt sich Hegel – wenn auch mit charakteristischer Verzögerung –, das dialektische System dem historischen Prozess vorzuziehen. So hebt eine bestimmte Wirklichkeitsauffassung eine historische Erscheinung – die griechische Tragödie – in den Status des allgemeinen Gattungsparameters für andere historische Erscheinungen empor, weil das System auf einer Hierarchie aufgebaut werden muss, obwohl die Geschichtswirklichkeit dafür keine Rechtfertigung liefert (Plumpe 1993a).

8. Das gleiche Prinzip – *pars pro toto* – macht Hegels gesamte Literaturtheorie zweideutig. Zunächst ordnet Hegel die Literatur (die Poesie) zusammen mit Malerei und Musik als Gipfel der Verselbständigung der «subjektiven Innerlichkeit» von der sinnlich-äußerlichen Wirklichkeit unmissverständlich in die romantische Phase der Kunstentwicklung ein. Darüber hinaus erklärt er – was die Kenner seiner Philosophie oft vernachlässigen – die Literatur zur allgemeinen Kunst, die allen Kunstformen gleichermaßen angehört. Zu dieser privilegierten Position der Literatur innerhalb der Künste verhilft ihr, so scheint es, die eigentümliche Natur ihres Stoffes – die Sprache –, die sich anders als die Sinnlichkeit des Steins, der Farbe oder des Tons durch Geistigkeit der Vorstellung oder der Anschauung auszeichnet. Die unvergleichliche Stofflosigkeit der Sprache macht somit «die Phantasie» selbst, d. h. diese allgemeine Grundlage aller anderen Kunstformen und einzelner Künste, zum «eigentlichen Material» der Literatur (ebd.). Deshalb ist die Literatur anders als alle andere Kunst nicht auf einen spezifischen Inhalt beschränkt, sondern gleich der Wissenschaft oder Philosophie allen Themen gegenüber offen. Das verleiht ihr den Charakter der Allgemeinheit.

Aber gerade diese ihre Geistigkeit, die droht, sie ihres künstlichen, der Definition nach sinnlichen Wesens zu berauben und sie in den höheren Aggregatzustand des Geistes überzuführen, zwingt sie, sich gegenüber den «echten» Erscheinungsformen dieser Zustände zu äußern – der Wissenschaft und der Philosophie. Vermag sie es nicht mehr aufgrund ihres Gegenstandes – denn darin ist sie ihnen vergleichbar geworden –, so schützt sich die Literatur durch das Spezifische ihrer *Form* vor der Konkurrenz der «prosaischen» Wissenschaft und Philosophie. Hegel beschreibt diese Form als eine «organische Totalität», die den dem rhetorischen Sprachgebrauch eigenen Gelegenheitscharakter ausschließt, und zwar ebenso in der Dimension der dargestellten Welt wie auch in jener der kommunikativen Wirkung, der gegenüber die Literatur gleichgültig ist, weil sie von ihr nicht abhängt. Die Selbständigkeit und die innere Vollendung der poetischen Welt als Unterscheidungsmerkmale ihrer «organischen Totalität» werden durch ihre Individualität als harmonische Einheit des Allgemeinen und Besonderen ergänzt. «So ist jedes wahrhaft poetische Kunstwerk ein in sich unendlicher Organismus: gehaltreich und diesen Inhalt in entsprechender Erscheinung entfaltend; einheitsvoll, doch nicht in Form und Zweckmäßigkeit, die das Besondere abstrakt unterwirft, sondern im Einzelnen von derselben lebendigen Selbständigkeit, in welcher sich das Ganze ohne scheinbare Absicht zu vollendeter Rundung in sich zusammenschließt; mit dem Stoffe der Wirklichkeit erfüllt, doch weder zu diesem Inhalte und dessen Dasein noch zu irgendeinem Lebensgebiete im Verhältnis der Abhängigkeit, sondern frei aus sich schaffend, um den Begriff der Dinge zu seiner echten Erscheinung herauszugestalten und das äußerlich Existierende mit seinem innersten Wesen in versöhnenden Einklang zu bringen» (ebd.).

Kurzum, die Literatur nimmt gegenüber anderen Künsten dieselbe zweideutige Position ein wie das Drama gegenüber Lyrik und Epik: gleichzeitig Teil ihres Ganzen und das Ganze zu sein, aus dem sie als Teile erklärt werden. Diese Doppeldeutigkeit löste bei der Rezeption der Hegelschen Ästhetik Schwierigkeiten aus, das hierarchische Verhältnis zwischen der Literatur und ihrer wissenschaftlichen und philosophischen Reflexion zu begründen, weil diese Rangordnung sich als abhängig von der angewandten Perspektive erwies (Plumpe 1993a).

9. Die beschriebenen Probleme der präskriptiven, rhetorisch-normativen, deskriptiven und geschichts-philosophischen Poetik haben einige Theoretiker einer wichtigen Strömung des 20. Jh.s veranlasst, *strukturell-funktionale gattungspoetische Konzeptionen* zu entwickeln. Diese beharren nicht mehr auf dauerhaften Merkmalen literarischer Arten und Gattungen. Statt der in diachronischer Perspektive verfolgten Merkmale treten nun synchronische *Beziehungen* in den Vordergrund, und zwar nicht nur unter den Bestandteilen *innerhalb* der Genre-Gebilde, sondern auch *zwischen* diesen Gebilden selbst im

Zusammenhang mit sog. Genresystemen einzelner Epochen. Diese gleichzeitig doppelte Gebündeltheit verwandelt die gattungspoetischen Entitäten in soziokulturell abgestimmte *relational-konventionelle Konstrukte*. Sie entbehren jeglichen beständigen Wesens, da sie steten geschichtlichen Wandlungen ihrer konstitutiven Verhältnisse ausgesetzt sind. Doch innerhalb gegebener Epochen dienen sie dennoch als relativ festes Netz der kommunikativen Codes, als Sammelbecken literarischer Normen, vermittels deren Texte miteinander in Verbindung gebracht werden können und Bedeutung und Einheitlichkeit erlangen (Culler 1975). Damit bekommen die Genres die Funktion der Beglaubigung *(vraisemblablisation)* literarischer Welten in der Rezeptionsperspektive. Aus der Autorenperspektive erscheinen sie als «Aufforderungen an die Form», d. h. als Vorschläge, den Inhalt mit der Form auf eine bestimmte Weise abzustimmen (Guillen 1971).

10. Die rezeptionsgeschichtliche Perspektive der Konstanzer Schule setzte im Laufe der 1970er Jahre dem strukturalistisch bestimmten Genre als einem elastischen Erwartungszusammenhang das dialektische Verständnis des Genres als eines Ereignisses entgegen. Damit widersetzte sie sich nicht nur der strukturalistischen Genreauslegung als eines tief verwurzelten «mentalen Konstrukts» (Todorov), sondern auch der von Hirsch vertretenen Abtrennung des Bedeutungskerns des Genres als Interpretationsgegenstand; trotz ihrer Unterschiedlichkeit hält Jauß die beiden Konzeptionen für «essentialistisch». Seiner Meinung nach existiert eine Gattung nur als geschichtliche Größe, als veränderbarer Horizont ihrer aufeinander folgenden Erwartungen. Die radikale Historisierung hat im Laufe der 1980er Jahre die Gattungssubstanz somit gegenüber der ideologischen, politischen, geschlechtlichen und rassischen Perspektive in unterschiedlichen Varianten im gleichen Maß der feministischen, marxistischen und postkolonialen Kritik geöffnet. Aufgrund dessen behauptete sich allmählich die Analogie zwischen Gattungsentitäten und Institutionen – wobei beide als Ablagerungen eingespielter sozialer Interaktionen und eingeübter Praktiken stillschweigend die Kommunikationsorientierung ihrer «Verbraucher» strukturieren, indem sie ihre Wertakzente verteilen und automatisieren.

11. Die funktionale Genrekonzeption beobachtet ihre operativen Einheiten somit hauptsächlich im Licht der Identifikations*wirkung*, die diese, ohne es zu wollen, im Beziehungsnetz eines größeren gesellschaftsgeschichtlichen Ganzen erzielen. Genres gelten ihr als mindestens indirekter Ausdruck herrschender Weltbilder oder vorherrschender Sinn- und Realitätsstrukturierungen (Steinmetz 1983). Sie geht anders als die Typologie niemals davon aus, dass die Gattungsdefinition durch den Text gegeben ist. Dies erwies sich als nutzlos, weil abgeleitete Texttypen und die Zuschreibung der Texte zu Typen nicht nur mit jeder

neuen typologischen Basis anders aussähen, sondern sie vielmehr durch den Aufschwung neuer Medien und neuer Gattungsbegriffe in der Regel überschritten würden (Hauptmeier 1987). Der Text wird ohnehin nicht mehr als homogenes Ganzes erlebt; Bachtin und Jameson (1981) heben seinen hybriden, heterogenen und im Inneren konfliktträchtigen Charakter hervor, der unterschiedliche und sogar widersprüchliche Gattungsanschlüsse ermöglicht (Kent 1991). Armstrong (1987) behauptet, die innere Komposition eines Textes sei nichts anderes als die Geschichte seines Ringens mit entgegengesetzten Formen um Überwachungsautorität über die Semiosis. In diesem Sinn gäbe es auch keine Innerlichkeit des Textes im Gegensatz zu seiner Äußerlichkeit, keine Unterschiede zwischen Text und Kontext. Dementsprechend strukturiert Fowler (1982) das Gattungsmodell auf der Grundlage der «Familien-Ähnlichkeiten» Wittgensteins. Eine Gattungsentität bildet die Familie, deren Clans und individuelle Mitglieder verschiedentlich miteinander verbunden sind, ohne dass sie unbedingt irgendein gemeinsames Merkmal teilen müssen. Davis definiert den Roman als beweglichen Diskurs, der sich im komplexen Feld der Bedingungen, Voraussetzungen und Regeln stets neu gestaltet und seine Genregrenzen anpasst. Die Klassen als «lose Familienbegriffe», die zu pragmatischen Zwecken entworfen wurden, verfestigen sich mit dem Kern der prototypischen Mitglieder, die unter sich einen höheren Grad der Gemeinschaft erzeugen. Darüber hinaus beeinflusst die gemeinsame bewusste oder unbewusste Beziehung zur gemeinsamen Herkunft die Verbindungen unter Familienmitgliedern, die auch die Offenheit zu Allianzen mit anderen Familien hemmt (Fishelov 1991). Dennoch geht jede Genrefamilie mit einer geschichtlich und situational variablen Anzahl ihrer Merkmale Verbindungen mit anderen Familien ein.

12. Unabhängig davon, wie komplex und vielfältig das Netz der ausgelösten Wiedererkennungsresonanzen im «Zirkulationsfeld der sozialen Energie» (Greenblatt) auch dargelegt wird, muss man es dennoch in einer Zone seines Anknüpfens schließlich als Ganzes schließen, um seine «Generatoren» zu identifizieren. Das ist deshalb unumgänglich, weil sich die Gattungsanalyse in der Regel als Bestandteil eines umfassenderen, literaturkritischen, hermeneutischen, literaturgeschichtlichen und kulturgeschichtlichen Verfahrens erweist; denn in der Regel ist sie nicht Selbstzweck, sondern eine Art Hilfsmittel. Mit einer solchen Forderung nach der Gattungskonstitution des analytischen Gegenstands wurden daher auch literaturwissenschaftliche, mittelbar oder unmittelbar auf den Errungenschaften der Diskursanalytik Foucaults aufbauende Schulen konfrontiert: z. B. die Empirische Literaturwissenschaft, die Mentalitätsgeschichte Bourdieus und der Neue Historismus. An ihnen allen fällt das Streben auf, die abschließende Gattungsidentifikation des Gegenstandes von der Befangenheit zu befreien, die aus besonderen Merkmalen der Lage ent-

stand, in der die Identifikation vollzogen wurde. Die Voraussetzung für diese Neutralisierung der Grundeinschätzung ist die klare Unterscheidung des analytischen Gegenstandes vom analytischen Gesichtspunkt bzw. die sorgfältige Ablösung der eigenen Perspektive von der Einflusssphäre des Gegenstands – der Sphäre, in welcher dann ersatzweise «gegnerische» Standpunkte eingesetzt werden. In diesem Widerwillen der Analytiker gegenüber der Möglichkeit, ihren Gegenstand im Zustand zu identifizieren, der auf diese oder jene Art und Weise noch unter dem Einfluss dieses Gegenstandes steht, erkennt man einen Reflex der eingangs erwähnten aristotelischen Definition der Erzählliteratur als einer Aufführung, die beim Leser / Zuschauer die betäubende Wirkung des Schreckens hervorruft, eine Wirkung, die ihn veranlasst, nur die wundersame erzählerische Paralogik als wahr zu akzeptieren. Um dieses Einbezogensein zu vermeiden, versuchen neuere Schulen, den Gegenstand ihrer Betrachtung dahin gehend auszuweiten, dass er alle *Identifizierungswirkungen* des literarischen Textes einschließt: die des Lesers und jene verlegerischen, literaturkritischen, hermeneutischen, philosophisch-ästhetischen, literaturwissenschaftlichen, aber auch rechtlichen, ökonomischen und erzieherischen Wirkungen, kurzum das ganze systemisch-institutionelle Netz, das in der gegliederten sozio-kulturellen Interaktion um Literatur geknüpft wird. Es wird als ausdifferenzierter Handlungszusammenhang des Schreibens, Lesens, der Erziehung, Bearbeitung und Auslegung der Texte unmerklich, und das heißt sehr wirkungsvoll, in die Rezeption, das Verstehen und die gesamte Bewertung der Literatur eingeschrieben. Deshalb erweist sich als zentrales Interesse der Analyse nicht mehr die Eigenidentifikation der Gattung, sondern eine möglichst genaue Beschreibung der Umstände, unter denen sie in der gegebenen Gestalt entsteht. Die Analyse versucht also, die konkreten *Bedingungen der Möglichkeit* der entsprechenden Identifikation bzw. des Identifikationszusammenhangs zu zerlegen. Die Offenbarung dieser Bedingungen will auf die Interessiertheit der Identifikationen hinweisen, die in das aufgewühlte Feld der sich «bekämpfenden Signifikationskräfte» eingetaucht werden. Sie will gleichzeitig, wenn auch erheblich dezenter, die *Nichtinteressiertheit* jener Instanz kenntlich machen, die das Spannungsfeld rekonstruiert, um sie als das klassische humanistisch-wissenschaftliche Ideal hervorzuheben. In diesem Sinn stellt Kahn (1990) fest, dass etwa der Neue Historismus jene gleiche Interesselosigkeit, die er den Kulturtatsachen streitig macht, für sich in Anspruch nimmt, indem er kritische Distanz übt. Somit reproduziert er auf moderne Art und Weise das konstitutive Paradox des Humanismus, das Interesse an Interesselosigkeit. (D. M.)

→ Gattung, Gedächtnis, Literaturgeschichte, Modus, Poetik

Gedächtnis

(engl. memory, franz. mémoire, russ. pamjat')

Der Begriff G. erlebte seine literaturtheoretische Konjunktur gegen Ende der 1980er Jahre, indem er die Triebkräfte lebendiger Diskussionen vereinigte, die in unterschiedlichen Theorietraditionen und Interessenbereichen geführt worden waren. Durch eine für die neuesten Theorieausrichtungen charakteristische Horizonterweiterung wurden in all diesen Traditionen und Bereichen letztendlich die *Möglichkeitsbedingungen* des Menschen-, Erkenntnis-, Wahrnehmungs-, Rede-, Literatur-, Geschichts-, Kultur- oder Gemeinschaftsbegriffs untersucht, um den Theoriediskurs aus einer bis dahin unbemerkten Verzauberung durch ihre «Spannungsfelder» zu entreißen.

1. Die erste Fragestellung hat Foucault (1966) aufgenommen, indem er zeigte, dass der «Mensch» als Grundbegriff der Humanwissenschaften an bestimmte Entstehungsdispositionen und Rahmenbedingungen gebunden ist, mit dessen Verschwinden auch der Mensch verschwinde wie am Meeresufer ein Gesicht im Sand. Der Begriff des Menschen entstand, als das Individuum das Feld des Wissens gegen Ende des 18. Jh.s betrat, wobei die für die Privilegierten reservierten historischen Monumente in die zur wissenschaftlichen Bearbeitung geeigneten Archivdokumente umgewandelt wurden – eine Bearbeitung, die zum ersten Mal z. B. Kinder, Kranke, Wahnsinnige, Kolonisierte und Verurteilte als Thema nicht verabscheute. Dadurch ist es zu unzähligen Akten, Gerichtsprotokollen, Aufzeichnungen, biographischen Berichten, Tagebüchern, Krankengeschichten, Anamnesen, Urteilen, Stundenplänen und Beichtspiegeln gekommen, die dann einer juristischen, kriminologischen, medizinischen, anthropologischen, psychiatrischen oder ökonomischen Bearbeitung unterzogen wurden. Ein mächtiger Prozess der Korrelierung von Elementen, der Speicherung und Ordnung von Unterlagen, der Organisation von Vergleichsfeldern zum Zwecke der Klassifizierung, Kategorienbildung, Durchschnittsermittlung und Normenfixierung wurde in Gang gesetzt, wodurch die öffentliche Aufmerksamkeit von den «Größen» auf den «Jedermann» verlagert wurde (Foucault 1975). Der Letztere wird zu einer diskursiven Äußerung seiner vertrauten Neigungen in den Tagebüchern, Autobiographien, Bekenntnissen, Briefen und Memoiren, in allen vorstellbaren Formen eines «freiwilligen Gestehens» angespornt (1976). Foucault zielt damit eigentlich darauf ab, dass die Wissenschaftsdiskurse der modernen Episteme (1775–1965) durch die dargelegten Beziehungen eines komplexen gegenseitigen Produzierens unterschiedlicher Praktiken bedingt worden waren, was die gegenwärtige Selbstverständlichkeit ihrer Kategorien in Frage stellt. In diesem Sinn macht der Begriff des Menschen – weit davon entfernt, einen dauerhaften Sachverhalt einzube-

ziehen – nur eine provisorische Auswirkung des *kulturellen G.ses* des modernistischen Archivs aus und ergibt sich insofern kontingent.

2. Eine ähnliche Archäologie des kulturellen G.ses – obwohl nun am Beispiel des «selbstverständlichen» Literaturbegriffs – hat eine interdisziplinäre Forschungsgruppe aus Heidelberg vorgeschlagen, indem sie danach fragte, was dem heutigen Literaturbegriff zugrunde liegt, durch welche Kanonisierungsstufen er eventuell hervorgebracht wurde (Assmann/Assmann/Hardmeier 1983; Assmann/Assmann 1987, 1990; Assmann/Hardt 1991; Assmann 1992; Assmann/Gladigow 1994). Auf der Spur der Toronto-Schule (Innis, Havelock, McLuhan) und ihrer deutschen Nachfolger (Kittler 1986, 1987) hat sich die Gruppe auf die *technologischen Medien* der Produktion, Speicherung, Übertragung und Kommunikation von kulturellen Bedeutungen konzentriert, da die Medien letztendlich sowohl die Gestaltung als auch die Aufnahme dieser Bedeutungen steuern. Ohne die technologischen Medien ist keine «zeitliche Zerdehnung der Kommunikation» vorstellbar, wie auch nachher eine Institutionalisierung der Speicher (z. B. der sog. heiligen Texte), welche in den mündlichen Kulturen, die ihre Kontinuität durch eine rituelle Wiederholung gesichert haben, undenkbar gewesen wäre. Einmal kanonisiert, werden die entsprechenden Texte von einer Aura der Unantastbarkeit umgeben, außer für die legitimen «Wegweiser», die zu ihrer Auslegung offiziell bevollmächtigt sind. Solch eine Vermittlung ist unter den Umständen einer «interaktionslosen Kommunikation», die ihre Teilnehmer isoliert, fast zu einer Notwendigkeit geworden. In die Einsamkeit zurückgezogen, ist der Leser nun jener Wegweiser enthoben, die ihm einmal der lebendige Redeaustausch besorgte und somit für einen quasi entbundenen «Spaziergang durch das literarische Paradies» und für eigene Urteile frei gemacht – aber umso mehr den Irrwegen ausgesetzt (Schön 1987)! Zwar hat die Schrift gegen Ende des 18. Jh.s, also in der Zeit der Verselbständigung der Literatur, vor allem ihre emanzipatorische Seite gezeigt, sodass sie z. B. in der Romanform der Leserschaft eine wertvolle Gelegenheit zur Integration, Auslegung und Vertiefung von Alltagserfahrung bot. Da der literarische Autor in einem noch höheren Maß als der Leser zur Selbstausbildung veranlasst war, war es niemand anderer als Kant, der den Eindruck äußerte, dass sich in der Literatur alles ehrlich und aufrichtig abspielt, weswegen er sie dann deutlich gegen die Rhetorik abgrenzte, die die Angesprochenen zielorientiert manipuliert (Bender/Wellbery 1996). Aber schon Schelling warf den Lesern von Bildungsromanen vor, dass sie die Figuren als Bildungsobjekte betrachten und damit die endgültigste Bildungshandlung des Romans verfehlten – welche die Gattung mit ihnen selbst als ihren wichtigsten Objekten vorführt (Menninghaus 1987). Die Literatur hat aber lange noch nach Schelling erfolgreich ihre manipulative Seite verborgen – als jenes feine Verweisungsnetz, das

vom kulturellen G. schrittweise als «Wasserzeichen» in ihren Text eingetragen war – und stellte ihr Verhältnis zum Leser als eine spontane «Liebesbeziehung» dar (Schwanitz 1993). Erst das Auftauchen von neuen Medien – der Fotografie, Telegraphie, Telephonie, Grammophonie, Kinematographie – hat die Einsicht in die Mangelhaftigkeit der Schrift als Gedächtnisspeicher eröffnet. Eben weil Phonographen keine Differenz zwischen Sinn und Unsinn ziehen, wird laut Rieger (1995) in wunderbarer Ausführlichkeit Abfall wie Unsinn menschlicher Rede in all ihrer Poesie, mit all den Alliterationen, Rekurrenzen, Kontaminationen und Verdopplungen, Vor- und Nachklängen aufgeschrieben. Während sie so die Position des «Wirklichen» einnehmen, weisen die neuen Medien dem schriftlichen Text die Position des «Symbolischen» zu und legen damit zugleich seine Grenzen frei.

3. Die vom «Heidelberger Projekt» entworfene und durch die Medienevolution vollzogene Umwandlung des *Kollektivgedächtnisses* (Halbwachs 1942) und der Kollektividentität lässt indessen eine wichtige Frage unbeantwortet. Sind die technologischen Medien tatsächlich imstande, das G. so konsistent zu machen, dass es eine Gemeinschaft jeglicher Fremdheit gegenüber immun macht und ihre Identität unbeschadet über die Generationenfolge hinweg reproduziert? Durch die Materialisierung der Medien werde der Horizont verkörperter, lebendiger Erinnerung gesprengt und die Bedingung für abstraktes Wissen und unverkörperte Überlieferung geschaffen (Assmann/Assmann 1990). Die Schwierigkeit liegt im Begriff der «unverkörperten Überlieferung», die auf eine gemeinsame und objektive Grundlage für die Harmonisierung aller einzelnen Identitäten hindeutet. Damit aber werden die Differenzen zwischen den Mitgliedern eines Kollektivs, was z. B. den Zugang zu den Textspeichern und ihre Deutung anbetrifft, vernachlässigt, und es wird eine unangemessene Zentralisierung des Kollektivs zum Schaden seiner sozialen Differenzierung durchgeführt. Daraus folgt, dass es in Gesellschaften keinen Wissensspeicher im Sinne des Speichermodells von G. gibt. Gesellschaften erinnern sich, indem Ereignisse entlang den jeweils organisatorisch gegebenen Konnektivitäten von Komponenten diese aktivierten, was schließlich in einen Prozess heterarchischer Selbstregelung münde (Hejl 1991). Das Kollektiv lässt sich eigentlich durch keine der technologischen Medien definitiv strukturieren, da keine von ihnen eine definitive Struktur aufweist: So erschließt z. B. das Aufkommen des Films die bis dahin verborgenen Aspekte des literarischen Textes. Der Filmsehende liest Erzählungen anders. Aber auch wer Erzählungen schreibt, ist seinerseits ein Filmbetrachter. Die Technifizierung der literarischen Produktion ist nicht mehr rückgängig zu machen. Der Autor werde hineingerissen in den technischen Prozess, dieser als Warenproduktion angesehen. Sei der Begriff Kunstwerk nicht mehr zu halten für das Ding, das entsteht,

wenn ein Kunstwerk in eine Ware verwandelt wird, dann müssten wir vorsichtig und behutsam, aber unerschrocken diesen Begriff weglassen, wenn wir nicht die Funktion dieses Dings selber mitliquidieren wollten (Brecht 1931). «Die Zeit seiner Reproduzierbarkeit» hat also die Funktion des Kunstwerks zerstreut und es in ein Indizienfeld verwandelt (Benjamin 1936/1977). Unbestimmte Indizien sodann in bestimmte Werte zu verwandeln, das eben ist die Aufgabe, die dem «Verbraucher» überlassen wird. Aus einem derartigen Sachverhalt hat die Theorie ihre Konsequenzen verhältnismäßig früh gezogen.

4. Bachtin hat seit Mitte der 1930er Jahre sein Konzept des *Gattungsgedächtnisses* erarbeitet. Er meint damit einen durch die Interaktionsgeschichte kristallisierten, aber elastischen Zusammenhang von Bedeutungsanweisungen der Rede- oder Literaturgattungen, der seine definitive Gestalt erst in bestimmten Verwendungssituationen annimmt. In den Epochen, die sich durch hierarchisch geordnete Gattungssysteme mit einer klaren Zuständigkeitsverteilung auszeichnen, seien solche Konkretisierungen weniger problematisch. Subversiv würden sie erst mit dem Aufkommen des Romans, der als das einzige Kind der Schriftkultur unter den literarischen Gattungen zu einer ständigen Veränderung der Vergangenheit vom Standpunkt der Gegenwart aus tendiert. Der Romanschriftsteller weigert sich sozusagen per definitionem, sein Produkt in die bestehende Gattungsarchitektonik einzuordnen, und neigt stattdessen dazu, ihr Angebot durch die bis dahin vernachlässigten Aspekte zu erweitern, so wie z. B. Dostoevskij die vergessene Tradition der antiken Gattungen der Menippöe und des sokratischen Dialogs wiedererweckte. Durch solch eine Umschreibung von der Position der Schriftkultur aus reaktiviert der Roman das G. der mündlichen Gattungen, ähnlich wie danach die kinematographische Technologie mit seinem eigenen G. vorgehen wird (z. B. bei Döblin). Damit wird allerdings in das rhetorische Gefüge jedweder (auch der mündlichen!) Gattung eine nietzscheanische Wende eingeführt, die die Gattung jeglicher Immanenz enthebt und ihren «Intentionshorizont» für einen grundsätzlich unvollendbaren Dialog offen macht. Nietzsche hat nämlich die Vergangenheitsschuld der Gegenwart weitreichend in Frage gestellt und das *Vergessen* zur Lebensnotwendigkeit und zur Bedingung der Gesundheit des Individuums, des Volks und der Kultur promoviert. «Es gibt einen Grad von Schlaflosigkeit, von Wiederkäuen, von historischem Sinne, bei dem das Lebendige zu Schaden kommt und zuletzt zu Grunde geht, sei es nun ein Mensch oder ein Volk oder eine Kultur» (Nietzsche 1972). Man kann nicht dem eigenen G. vollkommen treu sein, weil die Verweisungen des letzteren in unendlichen Verästelungen ohne einen letztendlichen Stützpunkt verschwinden und immer anders vorkommen. Solch ein ausweichendes G. lässt sich unter keine Kontrolle der Geschichts*erinnerung* bringen, indem es durch seine bewegliche, gleitende, grundsätzlich figurative Kategorien jede un-

sere Weltbegegnung a priori steuert. Die Rhetorik verliere bei Nietzsche ihren Werkzeugcharakter und werde zum Namen für die Wurzellosigkeit unseres Seins (Bender / Wellbery 1996). Sie entziehe sich der disziplinierenden philosophischen Umarmung und verwandele sich in eine allgemeine Rhetorizität. Das heißt laut Bender / Wellbery (1996), die Sprachfiguren können nicht mehr als spezialisierte Domäne behandelt werden, als beschränkte Menge elokutionärer Optionen. Sie machen vielmehr die Fäden aller unserer kommunikativen Transaktionen aus. Auf derselben Spur wird dann Jakobson Metapher und Metonymie als zwei generelle, jedweder manipulativen Absicht vorausgehende Prozesse der semantischen Produktion behandeln. Das G. verliert damit endgültig einen bestimmten Speicherungsort, um sich auf die Effekte eines unübersichtlichen Feldes zu erstrecken; zugleich wird das Vergessen zu einem Strukturmoment im Erinnerungsgewebe (Haverkamp 1993a). Die Erinnerung ist seitdem auf eine Selektion, d. h. auf eine kreative Konstruktion verwiesen. Nicht die Erinnerungen stammen aus der Vergangenheit, sondern Vergangenheit resultiere aus Erinnerungen (Schmid 1991).

5. Auch die neurobiologischen und kognitiv-psychologischen Untersuchungen, die unter dem Sammelbegriff des radikalen Konstruktivismus seit den 1970er Jahren intensiv durchgeführt wurden, argumentieren etwa in dieselbe Richtung. Sie haben schrittweise ebenso die Einsicht erbracht, dass das G. eine Funktion des gesamten *Gehirns* sei und nicht etwa eines bestimmten Teils (Roth 1975; Maturana 1982). Das G. besteht nicht aus einem Erinnerungsvorrat, sondern aus den eingebauten Erkenntnisstrukturen oder einer bekräftigten inneren Ordnung, die es einem System ermöglicht, die Ungewissheit der Vorwegnahme von zukünftigen Ereignissen in seiner Umwelt geringer zu machen (von Foerster 1985). Die Vergangenheit des Systems stellt sich über das G. als Produkt der bisherigen Auseinandersetzung des Systems mit der Umwelt den gegenwärtigen Beziehungen des Systems mit seiner Umwelt zur Verfügung (Baecker 1991). Das G. ließe sich also als eine ausdifferenzierte Struktur des Systemverhaltens der Umwelt gegenüber verstehen, die sich ihr gegenüber verselbständigt und somit in die Systemoperationen Selbstreferenzialität einführt. Das System gewinne so außerordentlich folgenreich die Möglichkeit, nicht nur auf seine Umwelt, sondern auch auf sich selbst zu reagieren und vor allem: die Umwelt in Distanz zu setzen (Baecker). Daraus hat von Foerster eine geradezu bachtinsche aktiv-dialogische Konsequenz gezogen, nämlich dass eine vorangegangene Selbstrekursivität des Systems nicht nur nach den in der Vergangenheit tatsächlich vorgefallenen Ereignissen, sondern auch nach den versäumten Aktionen des Systems greift und dadurch die Kontingenz des G.ses zum Vorschein bringt. Daher agiert das Systemgedächtnis nicht wie ein mechanisches Wiederholen der Vergangenheit, als eine bloße Anwendung von bereits eingebauten

Strukturen, sondern arbeitet diese Vergangenheit in einem jeglichen Erinnerungsakt zugleich durch. Die Handlungsfähigkeit *(agency)* eines Systems in Bezug auf seine Möglichkeitsbedingungen ist genau in diesen Manöverraum zwischen dem Ausagieren und Durcharbeiten platziert (LaCapra 1994). Die eigentliche Form des G.ses sei diese Rekursivität als Bezugnahme des Systems auf sich selbst bzw. die Wiedereinführung seiner Leitdifferenz als eine Wiederholung von sich selbst unter anderen Bedingungen (Baecker 1991).

6. Wir haben es hier mit einer äußerst wichtigen Einsicht zu tun, welche die neuesten Argumentationen der Dekonstruktion, des Poststrukturalismus, der Systemtheorie, der feministischen Literaturwissenschaft und psychoanalytischen Kritik zusammenführt. Solch eine Heterotopie des Problemfeldes ergibt sich aus einem Zustand der «entschränkten Rhetorik»: Das G. als *Grundbedingung der menschlichen Erfahrung* und Existenz kann laut Bender/Wellbery (1996) nicht der Gegenstand eines homogenen Fachs sein. Moderne (und postmoderne) Rhetorikforschung ist irreduzibel multidisziplinär; man kann nicht einfach Rhetorik studieren, sondern nur linguistische, soziologische, psychoanalytische, kognitive, kommunikative, mediale oder literarische Rhetorik. Das Wichtigste ist aber, dass man in allen erwähnten Ausrichtungen einer Ausweitung des G.-Begriffs auf die Grundbedingung unseres Verhaltens entgegenkommt, ohne dabei die theoretische Beobachtungsposition aus seinem Zuständigkeitsbereich herauszunehmen. Das Problem mit der Bestimmung des G.ses liegt darin, dass wir die Adressaten des G.ses sind, bevor wir zu seinen Theoretikern werden können (Glanville 1988), dass seine irreduzible Materialität (bzw. eine unendliche Differenzierung) alle Versuche seiner Thematisierung gewaltsam verhindert. Die Gedächtnisleistungen eines Organismus gehen weit über dessen Erinnerungsleistungen hinaus (Rusch 1991). Ebendas haben z. B. Derrida durch den (von Heidegger inspirierten) Begriff der *différance*, Foucault durch den (von Nietzsche inspirierten) Machtbegriff und Luhmann durch den (von Husserl inspirierten) Sinnbegriff gemeint. Es ist nicht von ungefähr, dass es bei allen um eine *Um*beschreibung und nicht eine Beschreibung unserer Möglichkeitsbedingung geht. Sobald wir sie zu beschreiben versuchen, nehmen wir uns «selbstverständlich» aus ihrem Zuständigkeitsbereich aus – und fallen ihr damit erst recht anheim. Das ist nicht nur mit dem «Heidelberger Modell» der schriftlichen Kanonisierung des sozialen G.ses der Fall, sondern ebenso mit dem gesamten radikal-konstruktivistischen Deutungskomplex, der in der Regel mit einem zirkulären Gedächtnisbegriff operiert. Der Zirkel entsteht dadurch, dass unsere Wirklichkeitswahrnehmung durch unser G. bedingt erklärt wird und unser G. wiederum durch die Geschichte unserer Wirklichkeitswahrnehmung. Wir nähmen stets durch die ‹Brille› unseres G.ses wahr; denn das, was wir wahrnehmen, sei durch frühere Wahrnehmungen entschei-

dend mitbestimmt, wobei die letzteren als «kontinuierliche Sequenz von Bedeutungszuweisungen» gedacht seien (Roth 1991). So sind das G. und die Wirklichkeit gegenseitige Konstrukte, indem beide angeblich einen ununterbrochenen Verwandlungsprozess durchlaufen (Squire 1986; Varela 1991). Anders als in technischen Systemen lasse sich demnach im Gehirn nicht zwischen Hard- und Software unterscheiden. *Das Programm liege in der Architektur* des Gesamtsystems (Roth 1990). Die neuronale Architektur des Gehirns wird demgemäß zum jeweiligen Stand seiner Wahrnehmungsgeschichte, der die Bedeutungszuweisungen an aktuelle Wahrnehmungen durch die angeeigneten bzw. eingearbeiteten Schemata bzw. Erkenntnisstrukturen steuert (Schmidt 1991). Falls aber in diese Schemata prinzipiell nichts Neues eingehen kann – denn was neu sei, sei neu nur in Bezug auf frühere Erfahrungen (Roth) –, wie kann dann die Gehirnarchitektur als provisorisch und verwandlungsfähig erklärt werden? Denn auch durch die Erinnerungsleistungen lassen sich lediglich bereits eingebaute Erkenntnisschemata unseres G.ses reflektieren (Roth 1987). Dabei soll ebenso der hartnäckige Erkenntniskonservativismus als ein epidemischer Widerstand der Überzeugungen gegen den Widerstand der Umwelt einberechnet werden. Menschen haben laut Schmidt (1997) ein so großes Interesse daran, die interne Konsistenz ihrer konzeptuellen Systeme zu bewahren, dass sie mit Abwehrreaktionen antworten, wenn Erfahrungsdaten nicht in ihre Selbsttheorie integrierbar sind. Selbstkonzepte seien daher hochgradig idiosynkratisch und konstruktiv. Konsistente Selbstkonzepte erlauben dem Subjekt konsistente Handlungsorientierungen und vermitteln das Erlebnis von personaler Kontinuität und Identität, argumentiert Schmidt (1991). Dieselbe *pseudodoxia epidemica* – ein intensives, obsessives Bemühen, eine innere Kohärenz zwischen der gegenwärtigen Erfahrung und früheren Überzeugungen zu bewahren (Smith 1997) – betrifft Gesellschaften, in denen das soziale Gedächtnis wie ein Immunsystem für den Körper funktioniert, indem es Eigenes von Fremdem unterscheidet.

7. Kein Wunder, wenn auf einer ähnlichen Konservierungsgrundlage, neben der konstruktivistischen Gehirntheorie, auch das *semiotische Konzept* des *kulturellen G.ses,* wie es vor allem in der sog. Tartuer Schule entwickelt worden war, aufgebaut ist. Dabei wird der Übergang vom Individuum auf das Kollektiv durch übliche «interaktionistische Intersubjektivierungen» vollzogen; durch die Synchronisierung der Zeithorizonte, Parallelisierung der Bewusstseinshandlungen, Homogenisierung unterschiedlicher Wirklichkeitsmodelle usw. werden Erinnerungen mit den Erzählmustern, Erzählmuster mit den Erwartungen schrittweise in Einklang gebracht. Dadurch wird letztlich ein kollektives G., ähnlich wie Halbwachs' *mémoire collective*, ausgebildet, das für die Beständigkeit der Handlungsbedeutungen bürgt. Der kulturelle Raum wird durch

«Gemeintexte» als «Akkumulatoren» und «Generatoren» des Gemein-G.ses integriert (Lotman 1985). Das G. sei kein passiver Speicher, sondern ein komplexer Textproduktionsmechanismus, der alle Selbstbeschreibungsentwürfe einer Kultur unterstütze und dadurch ihr Lebensgleichgewicht aufrechterhalte (Lachmann 1993a). Damit werde eine aktive kulturelle Kompetenz gegen eine passive natürliche Kompetenz aufgeboten. Daraus folgt, dass es ein natürliches Vergessen in der Kultur nicht geben kann (Lachmann 1991b), sondern lediglich zeitweilige Entsemiotisierungen von bestimmten Zonen, die dann wiederum einer Re-Semiotisierung unterliegen. Der semiotische Mechanismus des kulturellen G.ses bürgt durch eine derartige Zirkulation für die Stabilität des gesamten «Zeichenhaushalts» einer Gemeinschaft, für eine letztendliche Ausgleichung ihres Inputs mit ihrem Output – aber in wessen Namen? Ausgrenzen, ohne zu löschen, Eingrenzen, ohne zu ‹überspeichern›, seien Aspekte eines konservativen Kulturmodells (Lachmann 1993a). Sein Konservativismus lässt sich daran ablesen, dass das kollektive G., «in den durchaus repräsentativen Status für ein Gesamtsubjekt gebracht», «einem primär praktischen Interesse zugerechnet» wird: Es werde mit der Bewältigung von Vergangenheit betraut, als Programm für Museen benutzt, zur Rechtfertigung für Archive empfohlen (Haverkamp 1993a). Haverkamps Polemik richtet sich hier gegen die Konjunktur eines derartigen Begriffs im Deutschland der 1980er Jahre, als er zu einer attraktiven symbolischen Währung zur Verdeckung von gesellschaftlichen Antagonismen und zur politischen Entsorgung einer Nation wurde, die die «Gnade der späten Geburt» erlebte. Wie in anderen Ländern kommt die Ernüchterung allerdings auch hier in Form der Erkenntnis, dass die Vereinigung auf der Staats- und Währungsebene kaum von der Ebene des Diskurses, der Kultur, Erfahrung und des Alltagslebens begleitet worden war. Reale Kulturunterschiede zwischen der BRD und DDR prallen jetzt unmittelbar aufeinander, statt von einem Schutzwall voneinander getrennt gehalten zu werden (Huyssen 1995). Das Problem liegt also nicht erst darin, dass das angebliche Gemein-G. niemals für alle seine Beteiligten gleichermaßen zugänglich ist, sondern bereits darin, dass die Sprache, in welcher das G. notwendigerweise zum Vorschein kommt, durch ihre Darstellungsstruktur selbst die Identifizierung von bestimmten Gemeinschaftsmitgliedern nicht zulässt (Lyotard 1983).

8. So stellt sich heraus, dass letztendlich niemand das G. repräsentieren darf, da es unrepräsentierbar ist (in beiden Sinnen des Wortes). Da wir aber nicht wissen, was es ist, wie können wir in seinem Namen handeln? Sobald wir damit anfangen, führen wir in ihm eine durch das Vergessen überschattete Interessenreduktion durch und widerlegen damit zugleich ebenjene allgemeine Gültigkeit, die wir ihm zugeschrieben haben. Laut Smith (1997) ist es nicht von ungefähr, dass die Gruppen und Bewegungen, deren Ideologien auf absolutis-

tische, universalistische Ansprüche hinauslaufen, auf neu entstandene Umstände (und unvorgesehene menschliche Zugzwänge) in der Regel mit einem selbstwiderlegenden Dogmatismus und auf mannigfaltige Perspektiven (und abwegige menschliche ‹Naturen›) in der Regel durch Verdrängung und selbstzerstörende Spaltung, durch Säuberung und Entseuchung reagieren. Eine andere Option wäre, sich auf die Seite von relativistischen Gedächtnisauffassungen zu stellen, als eines unübersichtlichen Differenzgewebes, das auf jedem seiner Knotenpunkte anders erscheint und damit auch unsere Vorstellung von ihm zum Bestandteil dieses Gewebes bzw. zu einem fiktionalen Entwurf macht. Da kein Axiom unsere Urteile generieren und kein Prinzip ihre allgemeine Gültigkeit versichern könne, müssten wir selbst sie unentwegt klären und erarbeiten, sie in jenem Maß gültig machen und rechtfertigen, wie wir es bei einer allseitigen Betrachtung nur könnten (Smith 1997). Das G. würde dann zu einer Art des stets sich entziehenden, aber dennoch regulativen Horizonts werden, dessen eine «Nische» wir jeweils in unserer Praxis verwenden, und zwar in voller Kenntnis, dass ebendas, was sich im Funktionieren des G.ses entziehe, als Begriff auch hinderlich sei bei der Ausübung der Kunst (Haverkamp 1991a). Welch ein Ausmaß eine derartige Störung annehmen kann, zeigt der Fall des «semiotischen Unglücks» des Mnemonisten Šereševskij, von dessen hypertrophiertem, wucherndem G. Lurija (1968) berichtet. Lachmann (1991b, 1993b) hat seine Geschichte Borges' *Funes el memoroso* entgegengesetzt, um auf die Gefahr des «Totalanspruchs» jeglicher Art von Kollektiv-G. zu verweisen. Die kommunikative Unbrauchbarkeit einer in der Hypersemiose erstickten Gedächtniskapazität verlange nach Reduktion und Regulierung vonseiten des Vergessens (Lachmann 1991b). Borges setzt in seiner Erzählung die Figur des Mnemonisten, dem sein G. eine «unendliche Spaltungsfähigkeit» aufzwingt und sich jedweder Ordnung zu entreißen droht, den Bemühungen des Erzählers entgegen, dieses G. den Gesetzen der Erzählerinnerung unterzuordnen. Mit seinen ins Unendliche wuchernden Katalogen und unaufhaltsamen, in einer Heterodoxie endenden Verästelungen konfrontiert das G. das Erzählen letztendlich mit einem unentrinnbaren Weltverlust. Beide, Funes und Šereševskij, bestehen laut Lachmann (1993b) auf einer Eins-zu-eins-Relation von Signifikant und Signifikat und lassen lediglich partikulare, punktuelle Identitäten zu; die Bildung von Klassen oder Paradigmen sei ausgeschlossen. Die infinitesimalen Verästelungen des Erinnerungslabyrinths führen einerseits zu einer unheilbaren Disharmonie. Andererseits sind sie ein Projekt der Verbesserung, wie sie die präzisierende Differenzierung verspricht. In Funes' hypersensibilisierender Wahrnehmung erscheine jede gemeinsprachliche Benennung, da sie eine klassifikatorische sei, bereits als Fälschung. Mit einem Wort, worauf Borges hinauswill, ist die Konfrontation eines Denkens, das aufgrund von Erfahrung und Wahrnehmung

Vielfalt eindämme, Komplexität zähme und die Konstruktion von Zusammenhängen und Kausalitäten erlaube, mit einer Weltwahrnehmung, die als Erinnern nur auf das Einzelne und in Bezug auf das Einzelne nicht auf dessen Konsistenz gerichtet sei, sondern das Einzelne in seiner ununterbrochenen Veränderung im Fluss der Zeit und in der Veränderung des Raums wahrzunehmen in der Lage sei. Dies sei eine komplett neue Sicht auf eine sich in Myriaden von Aufspaltungen entziehende Welt (Lachmann 1993b).

9. Ein derart aufgefasstes G. konfrontiert die Mnemotechnik mit einem *ethischen Impuls*, der ihr eigentlich seit der Antike innewohnt. Von Anfang an war es ihre Aufgabe, die Erinnerung an jene Menschen und Ereignisse zu bewahren, die von einer Natur- oder Geschichtskatastrophe «verwischt» worden waren. Diesen inzwischen verdrängten Imperativ gilt es jetzt wieder aufzunehmen. Jenseits des Horizonts von Verständigungshandlungen gegen den Strich ihrer praktischen Lösungen wäre dieses Interesse an Gerechtigkeit ein allen Interessenlagen zuwiderlaufendes, sie samt der eigenen Bindungen überschießendes Interesse, in dem die Textualität dessen, von dem wir in Diskursen einen mehr oder weniger restriktiven Gebrauch und von dem wir uns in der Lektüre einen mehr oder weniger restriktiven Begriff machten, den Horizont abgäbe, in dem wir Gerechtigkeit allein kennen (Haverkamp 1993b). Die Rekonstruktion dieser Materialität bzw. Wortwörtlichkeit der Texte bezieht allerdings die Lektüre dessen mit ein, was in sie allein mit unsichtbarer Tinte eingetragen ist, was in ihnen so grundsätzlich ausbleibt – wie die Gerechtigkeit im Recht! Die Eigenart dieser Gerechtigkeit besteht darin, dass sie niemals stattfindet, dass aber die Möglichkeit ihres Vorkommens in unserer Lektüre trotzdem wachgehalten werden soll (Vinken 1991). Die Gerechtigkeit der Texte sei die Aufrechterhaltung dieses Horizonts der Erwartung; in der Bezogenheit auf diese Erwartung liege eine ‹Wahrheit› der Texte, die nicht die Wahrheit ihrer Aussagen allein sei (Haverkamp 1993b). Das Andenken des Leidens wohnt somit – trotz Adorno – weniger dem Ausdruck als dem G. der Texte inne. (V. B.)

→ Differenz, Ethik, Gemeinschaft, Identität, Körper

Geistesgeschichte

(engl. intellectual history, franz. histoire des mentalités, russ. istorija mental'nosti)

Unter G. versteht man eine Methode, die Dilthey gegen Ende des 19. Jh.s einführte, um das verstehend-beschreibende Verfahren der sog. Geisteswissenschaften von den naturwissenschaftlichen analysierend-kausalen Erklärungsweisen zu trennen, die im Positivismus vorherrschten.

1. Dilthey verschiebt den Akzent von der mechanischen Erklärung einer Art von Tatsachen durch eine andere auf die Rekonstruktion des Sinnganzen des sog. *Wirkungszusammenhangs.* In den Mittelpunkt der Aufmerksamkeit gelangen die charakteristischen Eigenarten im Spannungsnetz der Erlebnis-, Gedanken- und Ausdrucksschemata ihrer Zeit. Doch im Unterschied zu den Positivisten, welche die Autorenpersönlichkeiten anhand der positiven Fakten aus deren Leben objektivieren, durchdringt Dilthey mit der inneren, erlebnishaft-weltanschaulichen Struktur dieser Persönlichkeiten die verschiedenartigen Kulturobjekte des jeweils herrschenden *Zeitgeistes.* Daher operiert seine Methode eigentlich mit dem unergründlichen, uneingrenzbaren Gegenstand, dessen Ursprung *(Epoché)* sinnlich bzw. irrational ist. Auf der anderen Seite gewährleistet gerade ein solcher Ursprung – gleichgültig, ob man ihn Sitz im Leben, Erlebnis, Weltanschauung, Individuum oder Zeitgeist nennt – dem Gegenstand der G. die nötige Ganzheit. Je ganzheitlicher etwas in sich ist, desto weniger ist es von der Herleitung aus dem abhängig, was ihm historisch vorhergegangen ist oder was es umgeben hat. Dieses Gesetz gilt vor allem für Weltanschauungen, denen Dilthey außer «Einseitigkeit» eine gleichmäßige «Wahrhaftigkeit» zuschrieb: Jede ist für sich und in sich ein getreuer Ausdruck des Lebens. Doch dieses Gesetz gilt ebenso für die großen Autoren, deren Kunstwerke Dilthey – in der charakteristisch mystifizierenden Manier nicht nur der G., sondern auch der deutschen Tradition des 19. Jh.s – aus dem ihnen zugehörigen Zeitgeist herauslöst, um sie aus den «äußerst schwer zu ergründenden Tiefen der Menschennatur» abzuleiten. Dilthey (1905 / 1929) zufolge kann das Werk eines großen Dichters oder Erfinders, eines religiösen Genies oder eines echten Philosophen immer nur der wahre Ausdruck seines geistigen Lebens sein.

Da er sich aber der Tatsache bewusst ist, dass er seine «individualisierende Betrachtungsweise» nicht rational begründen kann, lehnt Dilthey – dessen Lieblingsmotto das Goethesche *individuum est ineffabile* war – im Unterschied zu seinen Nachfolgern, die zu weitreichender Psychologisierung neigen, seine Rekonstruktion an verschiedenartige *Beziehungen zwischen den kulturellen Objektivationen* des entsprechenden Ganzen anstatt an ihr *verborgenes Urprinzip* an. Ebendieses Interesse für Verbindungen oder Systeme anstatt für Herkunft und Quellen unterscheidet ihn deutlich von dem damals einflussreichen positivistischen Atomismus.

Nichtsdestoweniger bleibt seine auf die historische Einzigartigkeit der Phänomene ausgerichtete Betrachtungsweise auch weiterhin durch ihre beharrliche *Isolierung* der betrachteten Ganzheiten stillschweigend dem Positivismus verpflichtet. Somit setzt sie sich jener Aporie aus, auf die Gadamer (1960) in Diltheys Konzeption hingewiesen hat – sie beharrt nämlich auf der Einseitigkeit und dem historischen Relativismus aller Weltanschauungen außer der ihrigen, der sie Vollständigkeit und Objektivität zuschreibt. Mit anderen Worten, alle historisch verwurzelten Weltanschauungen haben das gleiche Recht auf *Teil*wahrheit, während das alleinige Recht auf die *ganze* Wahrheit derjenige besitzt, der ihnen – vom außerhistorischen Standpunkt aus – dieses Recht großzügig einräumt. Auf diese Weise wird die Diltheysche G. in der Hegelschen Manier vom proklamierten Prinzip ausgenommen, dem zufolge derjenige, der die Geschichte erforscht, zugleich derjenige ist, der sie (als deren Bestandteil) macht.

Dieselbe Aporie umfasst auch das Verhältnis der Literaturwissenschaft zu den anderen geistigen oder kulturellen Objektivationen einer bestimmten historischen Epoche. Auf der einen Seite beharrt Dilthey in seiner polyvalenten Rekonstruktion der weltanschaulichen Substanz auf den Querverbindungen, welche die *Dichtung* mit der Philosophie, Religion und Wissenschaft der jeweiligen Epochen eingeht, und vernachlässigt dadurch ihre künstlerische Spezifik. Auf der anderen Seite behält die *Dichtung* bei ihm eine Sonderstellung aufgrund der besonders unmittelbaren Berührung mit dem Leben bei, auf die weder die Religion noch die Philosophie Anspruch erheben können. Daher *unterliegt* die Dichtung nicht der Weltanschauung einer Epoche wie die anderen Ausdrucksarten des Geistes – sie *problematisiert* diese. Doch wie kann die Philosophie, als Opfer der Weltanschauung ihrer Zeit, jemandem das Recht auf eine Stellvertretung des Lebensganzen zuerkennen, wenn zur selben Zeit ihr selbst der Zugang zu dieser Ganzheit verwehrt bleibt?

2. Diltheys G. übte einen immensen Einfluss aus, und zwar nicht ausschließlich auf das deutsche wissenschaftliche Denken; es sei beispielsweise an G. Lukács oder an Bachtin erinnert. Sie hat diese Wirkung vor allem ihrer Fähigkeit zu «Spaltungen» in verschiedene Richtungen zu verdanken, was Hybridisierungen, sei es mit der Hermeneutik, der Sozialpsychologie, der Wissenssoziologie oder mit dem Marxismus, gezeitigt hat. Ebenso lassen die ausgeführten Aporien und Zweideutigkeiten der Konzeption von Dilthey genügend Raum für unterschiedliche Akzentsetzungen: auf die gesellschaftlichen Bedingungen, die Eigenart des Autors oder auf den Geist der Nation. Infolge all dessen zerfällt die G. im Laufe der 1920er Jahre in eine Vielzahl von Richtungen, unter denen sich, beschränkt man sich nur auf die Literaturwissenschaft, folgende unterscheiden lassen: Biographismus (Gundolf), nationale Literaturgeschichte (Nadler), Literatursoziologie (Lukács), Stilkritik (Spitzer), marxistische Widerspiegelungstheorie (Mehring) und, etwas später, die werkimmanente Interpretation (Viëtor, Müller, Staiger, Kayser).

3. Die angloamerikanische *intellectual history* beschritt andere Wege. Sie bildete sich als eine eigentümliche Mischung aus *Geschichte* (bezüglich der

Herkunft in der Philosophiegeschichte), *Literatur* (bezüglich der Art, wie sie geschrieben wurde) und *Philosophie* (bezüglich der Ambitionen in der Reflexion anderer Disziplinen) und vereinigte in sich all jene Strömungen, die seit dem 19. Jh. unter den Namen «Geschichte des Denkens», «Zivilisationsgeschichte», «Kulturgeschichte», «Kulturkritik», «Geisteskultur», «Geistesgeschichte» und «Ideengeschichte» im Umlauf waren. Der amerikanische Begründer dieser Disziplin (neben Miller), Lovejoy, stellte 1936 folgende Typologie der Gegenstände auf, mit denen sich die Geschichtsforschung befasst: Philosophie, Wissenschaft, Folklore, Semantik, Religion, Literatur, Kunst, Ökonomie, Erziehung, Politik und Gesellschaftsordnung sowie deren Theorien. Doch zur zentralen Aufgabe der Disziplin erklärte er die Beschäftigung mit den Ideen-Einheiten *(unit-ideas)* als Quelle jeglichen Denkens sowie mit den aus ihnen abgeleiteten Doktrinen, Theorien, Systemen und Epochen. Lovejoys Konzentration auf die zum Kanon gehörenden Autoren und Texte, die in dem gemeinsamen «Meinungsklima» *(climate of opinion)* «Einflüsse» austauschen, bleibt teilweise auch bei den Nachfolgern (Cassirer, Randall, Kristeller, Pocock, Skinner, Hollinger) in Kraft.

Während Lovejoy die *intellectual history* im Wirkungskreis der elitistischen Philosophiegeschichte aufrechterhielt, kommt es hingegen Anfang der 1980er Jahre zu einer «Kehrtwende hin zur Literatur», die statt Ideen nun Texte in das Zentrum der Aufmerksamkeit rückt. Die auf Tatsachen gestützte wissenschaftliche Erklärungsweise wird durch rhetorische und interpretatorische Techniken mit Ausrichtung auf Topik, Tropen, Figuren, unbewusste Konstrukte, Analogien, Allegorien u. Ä. ersetzt. White und LaCapra öffnen die Tore für die «Einfuhr» französischer strukturalistischer und poststrukturalistischer Ideen und gleichzeitig damit auch für eine radikale Selbstkritik. Sie trifft zunächst den Status der Tatsachen, zu denen man durch sog. *Quellenkritik* gelangt war. Wie kritisch auch immer eine derartige aus dem 19. Jh. stammende Herangehensweise gewesen sein mag, sie ist hauptsächlich auf den Inhalt der Quellen ausgerichtet und vernachlässigt dabei deren diskursive bzw. rhetorische Dimension, durch die sie den Historiker zu einer bestimmten Art des Lesens bzw. Wiedererkennens von Tatsachen bringt. Die auf diese Weise gewonnenen Fakten sind also immer schon das Ergebnis von bestimmten Interpretationsschemata und von Lesarten, die aufgrund ihrer Konventionalisierung und Institutionalisierung nicht wahrgenommen werden. Somit wird die Aufmerksamkeit auch auf den disziplinären Ort der Geschichtsproduktion gelenkt – auf die diskursive Institution mit allen kontextuellen Einschränkungen, die dieser Begriff beinhaltet. Dieses Interesse dominiert in den 1980er Jahren.

4. Die Verschwommenheit des Gegenstandes der G., der sich am einfachsten als ein Denkweisenwechsel bestimmen ließe, bewirkte auch, dass ihr französi-

sches Pendant – *histoire des mentalités* oder *histoire sociale des idées* – seinen eigenen Entwicklungsweg ging. Dieser ist hauptsächlich mit der Karriere der Zeitschrift *Annales* verbunden, welche ab 1930 die intellektuelle Bühne und ab 1945 die Institutionen beherrschte. Doch Febvre, einer der Begründer dieser Zeitschrift, setzte sich schon seit 1907 für eine Dekonstruktion der Periodisierungsstereotypen ein, die auf einem allzu abstrakten Verständnis der «gedanklichen Gemeinsamkeit» beruhen. Der «Zeitgeist» darf nicht der Ausgangspunkt, sondern muss das Ergebnis der Analyse sein, die das materielle Leben der Ideen im Netz der ökonomischen, politischen und gesellschaftlichen Verhältnisse zeigt. Dieses Netz zerreißt die unmittelbare Verbindung zwischen den Autoren und ihren Werken, bändigt die individuelle Schaffensfreiheit und stellt sich den Wegen des Einflussaustauschs entgegen, und all dies gelingt durch die Errichtung eines Repertoires «geistiger Werkzeuge» *(outillages mentaux)*, d. h. lexikalischer und syntaktischer Einheiten, Perzeptionsschemata, methodologischer Techniken und Wissenschaftsdisziplinen.

Entgegen dieser Konzeption eines «gemeinsamen Vorrats», die interessante Übereinstimmungen mit den damaligen anthropologischen Ansichten von Lévy-Bruhl aufweist, betont Panofsky die unbewusst eingeprägte geistige Gewohnheit *(habitude mentale)* als das verinnerlichte Wahrnehmungs-, Empfindungs- und Denkprinzip. Auf diese Weise wird der Weg eröffnet für den Begriff der Mentalität als eines stillschweigend angenommenen kollektiven Systems von Gefühlen, Werten und Vorstellungen, das den Zeitgenossen unsichtbare Grenzen des Denkbaren absteckt. Nachdem dieser Begriff in den Arbeiten von Bloch, Durkheim, LeGoff, Mandrou, Vernant, Dupront u. a. herausgearbeitet worden war, affirmiert er sich in den 1960er Jahren als das populärste Gebiet der französischen Historiographie in der Auflehnung gegen die bisherige Tyrannei der quantitativen Sozialgeschichte. Goldmann (1955) schlägt sogar eine Umorientierung der G. von mentalen Strukturen auf Spitzenleistungen vor, aber dank der Untersuchungen von Bachelard, Koyré und Canguilhem bleibt diese hybride Disziplin in Frankreich dem Interesse an der Abhängigkeit zwischen Sinnen, Vorstellungen, Erkenntnistechnologien und Wissenschaftstheorien angenähert. Dies ist sehr deutlich sichtbar an Foucaults Arbeiten, in denen die Beschäftigung mit Gegenständen gänzlich aufgegeben wird und stattdessen flexible Konfigurationen der Praktiken eingeführt werden. Als eine wichtige Korrektur seiner Überbetonung der Bedeutung der Produktion knüpfen die Untersuchungen von Bourdieu und de Certeau in der Sphäre der Distribution und des Konsums von Texten, Reden und Bildern oder sogar – wie bei dem etwas jüngeren Corbin – von Gerüchen an. (A. H.)

→ Erlebnis, Habitus, Historie, Literaturgeschichte, Mentalität

Gemeinschaft

(engl. community, franz. communauté, russ. soobščestvo)

Ein Begriff, der in letzter Zeit sehr ausgiebig im politischen, religiösen, ökonomischen, wissenschaftlichen und pädagogischen Diskurs meist mit der Absicht verwendet wird, einerseits die Identifizierung zu belohnen, andererseits Konflikte auszuschließen. Die Familiarisierung der Angesprochenen, besonders stark im politischen Diskurs vertreten, fungiert dabei «als Argumentationsstopmaßnahme mit latenten oder manifesten Ausgrenzungs- und Sanktionsmechanismen» (Müller 1994). «Mit dem Gemeinschaftsbegriff ist häufig eine Symmetrieannahme verknüpft, faktisch sind die Verhältnisse in den Gemeinschaften meist asymmetrisch, schnell bilden sich Hierarchien, und Macht und Gewalt spielen eine nicht unbeträchtliche Rolle.» Der Begriff operiert also kontrafaktisch, als eine Art Einbildung wirksamer horizontaler Solidarität trotz (oder gerade wegen) aller in der G. tatsächlich vorhandenen Ungleichheit und Ausbeutung. Nach Anderson (1983), der sich mit der Nationalgemeinschaft befasst hat, verfügt sie über eine magische, verführerische Macht vor allem aufgrund ihres Ersetzungspotenzials für den verdrängten oder verlorenen Gottesglauben. Obwohl es unterschiedliche Weisen gibt, wie die Gemeinschaftsbegriffe operieren, ist es ein Kennzeichen aller G.en, dass ihre Angehörigen sich untereinander nicht kennen bzw. dass sie füreinander keine wirkliche, sondern eine erwünschte Raum- und Zeitkontinuität bevölkern. Im Falle der Nationalgemeinschaft besteht die Kraft dieser eingebildeten Kontinuität z. B. darin, dass sie den unerbittlichen Schicksalsvorfällen und -zufällen einen beruhigenden einheitlichen Sinn verleiht. Kein Wunder also, dass diese Vorstellung gleichermaßen von linken und rechten Ideologien gepflegt wird und dass sie ebenfalls in den philosophischen Behandlungen des Dialog-, des Handlungs- und des Intersubjektivitätsproblems erkennbar ist (Bubner, Apel, Habermas). Die allgemeine Begriffskonjunktur hat einem Kommentator neuerdings sogar den Anlass zur ironischen Schlussfolgerung gegeben, dass vom Gemeinschaftsbegriff jetzt erwartet werde, jene Nothilfe herbeizuführen, die vorher von der allgemeinen Vernunft und deren irdischen Übersetzungen beansprucht worden war (Baumann 1992).

1. Der Gemeinschaftsbegriff wird in die Praxis der gegenwärtigen Literaturtheorie im Laufe der 1980er Jahre infolge der rezeptionsästhetischen Prämisse eingeführt, wonach die Literarizität, die Ästhetizität und die Bedeutung eines gegebenen Textes mit dem Zuweisungsakt des Rezipienten zusammenhängt. Da die Rezeptionsannahmen, -codes, -normen, -regeln und -standards erst im Laufe der Kommunikationsinteraktion entstehen, deuten sie letzten Endes auf jene G. hin, welcher der gegebene Leser angehört. Durch eine Verallgemeine-

rung des generativ-grammatischen Begriffs der Sprachkompetenz also wird eine Analogie zwischen *Sprach-* und *Interpretationsgemeinschaft* hergestellt (Fish 1980). Wie die grammatischen und syntaktischen Transformationsregeln bei der Bildung und Aufnahme der Sätze, so bestehen angeblich auch bei den Gemeinschaftsangehörigen gemeinsame «Interpretationsstrategien». Fish folgert daraus, dass die Angehörigen einer und derselben G. mit deren Urteilen notwendigerweise einverstanden sind, wobei die Limitiertheit ihrer Urteile nur den Angehörigen anderer G.en einsichtig werden kann. Unlimitierte Urteile jedenfalls bzw. jene, die außerhalb jedweder G. erfolgen, gibt es schlechthin nicht. Mit anderen Worten, eine einzige richtige und natürliche Lesart existiert nicht, es gibt nur ‹Lesarten›, die aus den Gemeinschaftsperspektiven hervorgehen (1980). Bald stellt sich aber heraus, dass eine derart radikale Homogenisierung der Interpretationsgemeinschaft jegliche Diskussion zwischen unterschiedlichen Urteilen unterbindet, weil sie innerhalb der gegebenen G. unnötig (denn Missverständnisse sind von vornherein ausgeschlossen) und zwischen den G.en unsinnig erscheint (weil keine Verständigung in Aussicht steht). Doch ohne diskutiert und gegeneinander gemessen zu werden, verbleiben die einmal festgelegten Interpretationen in einem dauerhaften Status quo – was eigentlich kaum vorstellbar ist (Scholes 1985). Eine G. könnte übrigens in der ausdifferenzierten Welt von heute kaum reproduziert werden, ohne deren Produkte, Urteile und Wertstellungen zumindest ab und an in Frage zu stellen. Es scheint deswegen, als ob sich Fish an die Seite jener Theoretiker stellt, welche die Unterschiede *innerhalb* einer G. mit der Absicht aufheben, sie dann zur Übertreibung der Unterschiede *zwischen* den G.en zu nutzen (Guillory 1993).

2. Dennoch unerschüttert in seiner Überzeugung vom spontanen und stabilen Gemeinschaftskonsens, weil die Menschen keine Unsicherheit in Bezug auf ihre Überzeugungen hegen und keine widersprüchlichen Annahmen pflegen könnten (Pratt 1986), übertrug Fish (1989) sie indes auf die fachliche Tätigkeit des Literaturwissenschaftlers. Hier heißt es, dass jede Theorie aus dem ihr zugehörigen Überzeugungszusammenhang und den Fachprotokollen hervorgeht und sich zudem als Produkt ihrer institutionellen und disziplinären Grenzen erweist. Es handelt sich dabei um eine Einstellung, die als eine «Konsequenz des Pragmatismus» entstanden ist und von amerikanischen Philosoph(inn)en (Kuhn seit den 1960er Jahren, danach Rorty, Hesse, Feyerabend, Smith) im Laufe der 1980er Jahre weiterentwickelt wurde. Dabei wurde die Korrespondenztheorie zugunsten der Konversations- bzw. Interaktionstheorie der Wahrheit dekonstruiert, wodurch die Wahrheit sich als ein provisorisch-pragmatisches Ergebnis eines im Rahmen der G. geführten, ununterbrochenen Gesprächs herauskristallisiert hat. Damit erhält jede Wahrheit, um es mit Rorty (1989) zu formulieren, milde ethnozentrische Merkmale: Sie schließt eine in

einer anderen G. entstandene Wahrheit notwendigerweise aus. Nicht alle Menschen lassen sich nämlich von unserer Wahrheit überzeugen, weswegen die Welt für uns letztendlich aus zwei Teilen besteht: aus jenem, in dem unsere Überzeugungen stillschweigend geteilt werden, und jenem, in dem wir sie immer wieder begründen müssen. Nur dem ersten Teil fühlen wir uns verpflichtet, weil wir seinen Institutionen angehören bzw. weil sie durch ihre *unconditional commandments* unser Wahrnehmungs- und Sprachverhalten bestimmt haben und auch weiterhin steuern. Wir sind uns also, Rorty zufolge, durchaus der Kontingenz unserer Überzeugungen bewusst, umso mehr aber fühlen wir uns jenen ausklammernden «Wir-Intentionen» verpflichtet, von denen sie unterstützt werden. In demselben Sinn hat Smith (1988, 1997), mit Bezug auf die wissenschaftliche G., von der *self-privileging / other-pathologizing*-Tendenz ihres Diskurses gesprochen, von einem hartnäckigen Erkenntniskonservativismus, der in ihrer Reproduktion eine wichtige Rolle spielt. Wenn die Pragmatisten aber den kontrastiven bzw. ausschließenden Charakter aller Urteile als ihren unaufhebbaren sozialen Index hervorheben, wodurch fühlt sich dann Rorty berechtigt, von einem *milden* Ethnozentrismus zu reden? Lässt sich die bestimmende Kraft unseres sozial ererbten Wahrnehmungs- und Verhaltenszusammenhangs – unseres «ethnozentrischen Vokabulars» – also doch irgendwie unter Kontrolle bringen? Nicht unbedingt und keineswegs restlos, aber er lässt sich «dichterisch wiederbeschreiben», um die G. durch eine solche Erweiterung ihrer Schranken auch für andere Erfahrungen zugänglich zu machen. Obwohl nur wenige unter uns zu einer derart sensibilisierenden Dichtungstätigkeit fähig sind, findet sie Rorty weitaus empfehlenswerter als die theoretische Tätigkeit, welche ihr partikuläres Vokabular den Vokabularen anderer G.en aufzwingt. Indem wir unser Vokabular wiederbeschreiben, mildern wir seine Herrschaft über uns, machen uns für fremde Erfahrungen empfindlicher und kreieren damit uns selbst immer aufs Neue. Kein Wunder, dass Rorty den Anfang seiner «wiederbeschreibenden» philosophischen Tradition in Hegel erkennt, der tatsächlich mehr die Thesen seiner Vorgänger umgestaltete, als dass er die Wahrheit als solche zu gestalten wusste. Dasselbe ist ihm danach vonseiten seiner Nachfolger widerfahren, z. B. von Nietzsche, Freud, Heidegger, Dewey, Wittgenstein, Rawls, Derrida und Davidson, die einander der Reihe nach wiederbeschrieben haben, wobei immer der jeweils Letzte die Rolle des Erzählers der entsprechenden Geschichte übernahm, um ihr dann seinerseits ein neues Ziel zu setzen – so wie es letztendlich auch Rorty tut. Denn sein Ziel ist es, der gegenwärtigen liberalen Kultur ein Vokabular anzubieten, das durch und durch ihr eigenes sei, von jedwedem Satz eines Vokabulars bereinigt, das den Bedürfnissen der Vergangenheit entspräche (1989).

3. Allerdings stößt Rorty bei der Entfaltung seiner G.s-Hypothese auf ähn-

liche Probleme, wie dies bereits bei Fish der Fall war. Woher nimmt er nämlich das Recht, im Namen der ganzen G. zu reden? Ist er nicht durch seine eigenen kontingenten (sozialen, ökonomischen, kulturellen usw.) Umstände von anderen Mitgliedern der G. abgetrennt? Stellt sich dementsprechend seine «liberale G.» nicht als eine Fiktion dar? So fragt sich z. B. Wolfe (1994), ob die «praktischen Vorteile», die Rorty für die liberale G. in Anspruch nimmt, tatsächlich allen ihren Mitgliedern zuteil werden oder ob sie, ganz im Gegenteil, von den einen nur auf Kosten der anderen erworben werden können. Auch Fraser (1991) meint, dass Rorty alle sozialen Konflikte aus seiner eingebildeten G. vertreibt, weil sie in deren Rahmen entgegengesetzte Gruppensolidaritäten verursachen könnten. Und in der Tat bleibt die Frage offen, wieso die Inkompatibilität nur *zwischen* den Gemeinschaftsvokabularen herrscht und nicht eventuell auch *innerhalb* eines Vokabulars, als ob seine Träger sich aller Wir / Sie-Spaltungen entledigt hätten und als ob das sog. liberale Gespräch imstande bzw. bereit sei, keinen der Vokabularträger auszuschließen. Obwohl die Unterschiede nicht immer entscheidend sein müssen, *können* sie sich immer als solche erweisen, und Lyotard scheint gegen Rorty Recht zu behalten, wenn er darauf besteht. Es hängt letztlich mit jeweils gegebenen Umständen zusammen, ob die Vokabulare der Gemeinschaftsmitglieder miteinander übereinstimmen oder auseinander gehen werden: Rein theoretisch lässt sich das kaum vorwegnehmen.

Davon ausgehend kann das Gespräch im Rahmen einer G. auch in diskontinuierter Form dargestellt werden. Damit kommt man einigermaßen jenen Einwänden entgegen, denen zufolge die Gemeinschaftsidee der sog. Identitätslogik (Adorno) bzw. Präsenzmetaphysik (Derrida) anheim fällt und dadurch die Gewalt der intersubjektiv erreichten Solidarität dem Anderen gegenüber vernachlässigt (Cornell 1992a). Wenn wir einmal die entgegengesetzten sozialen, institutionellen, diskursiven usw. Positionen und Interessen berücksichtigen, erscheint das Gemeinschaftsgespräch als ein konfliktbeladenes und bewegtes Feld sog. Familienähnlichkeiten (Wittgenstein), aber auch der Differenzen, Missverständnisse zwischen Vokabularen und der mit dem Zweck ihrer Beseitigung unternommenen Änderungen und Verschiebungen. Radway (1988) spricht in diesem Zusammenhang von einem «sich stets verschiebenden Kaleidoskop der kulturellen Zirkulation und Konsumption». Im Rahmen einer so aufgefassten G. scheint aber nicht nur jegliche Symmetrie zwischen den Kommunikationsereignissen zu verschwinden, sondern ist auch jene zwischen den Teilnehmer(inne)n eines und desselben Kommunikationsereignisses aufgehoben. Denn jede(r) Teilnehmer(in) bewohnt nun einen anderen Knotenpunkt vielfältiger sozialer Triebkräfte! So stellt z. B. Smith (1988) ein Mitglied solcher G. als einen Ort der aufeinander stoßenden Motive, Interessen, Überzeugungen und Wünsche dar, was seine «unaufhebbare Zerstückelung» *(irreducible scrappiness)* zur Folge hat. Aufgrund der Komplexität und Variabilität solcher «Orte» geht sie von ihrer grundsätzlichen Asymmetrie aus, die durch keine kommunikative Verständigung ausgeglichen werden kann. Was gegenseitige Unterschiede jedoch reduziert und zumindest provisorische Einigungen ermöglicht, sind die verkörperten Spuren vergangener Erfahrungen, Handlungen und Interaktionen, welche die sog. personale Ökonomie der Gemeinschaftsmitglieder ausmachen. Da die G. bei der Ausbildung solcher «Ökonomien» durch die Wiederholung entsprechender Maßnahmen notwendigerweise beteiligt ist, *we may expect each of the individual members of a given community to have similar corporeally inscribed «personal economies»; these, in turn, will lead them to behave similarly in similar circumstances. The result is (the inclination to produce) social order* (Taylor 1992).

4. Was die akademische G. betrifft, so ist sie durch die hohe Ausdifferenzierung ihres Institutionsbetriebs und durch die damit verbundene Interpenetration mit dem Erziehungs-, Politik-, Kunst- und Wirtschaftssystem zu ständigen Auseinandersetzungen zwischen gemeinschaftsinternen Perspektiven, Status, Positionen, Voraussetzungen, Einflüssen und Betreuern gezwungen, was die angeblich vorherrschende Erkenntnisausrichtung wissenschaftlicher Forschungen ernsthaft in Frage stellt (de Certeau 1975 / 1980). Ihre Ergebnisse scheinen somit wesentlich mit den systemeigenen Voraussetzungen, Regeln und Normen der wissenschaftlichen Tätigkeit, mit den spezifischen Handlungs-, Umgangs- und Arbeitsformen, Verhaltenskonventionen, Kommunikationsmustern und Organisationsstrukturen zusammenzuhängen. Kein Wunder also, wenn «wegen der verschiedenen Gegenstandsbereiche, Aufgabengebiete und auch Institutionalisierungsformen der einzelnen Fächer (...) die spezifischen Anforderungen (ihres) Alltagsgeschäfts (...) sich deutlich unterscheiden» (Brenner 1993). Bekanntlich unterliegt die heutige Forschungstätigkeit einer hohen Spezialisierung, die nicht nur das ehemalige «Weltganze», sondern auch das Ganze des Lesepublikums schon längst aus dem Blick verloren hat, indem sie sich gezwungen sah, sich einem engen Fachkreis zuzuwenden. Aus diesem Grund wird die Gültigkeit einer neuen Theorie nur an den im jeweils gegebenen Rahmen relevanten Theorien, aber nicht an dem zu lösenden Problem selbst gemessen. Falls es einer Theorie dabei gelingt, ihren Vorrang gegenüber den anderen konkurrierenden Entwürfen zu beweisen, weitet sie ihr Einflussfeld schrittweise gegen die «verschwommenen Ränder» ihres ehemaligen Zuständigkeitsbereichs aus, wo dann ihre Fallibilität immer wahrscheinlicher wird. Je entfernter ein Gegenstandsbereich zeitlich und räumlich ist, desto wahrscheinlicher wird an ihm die Anwendung unseres Vokabulars scheitern. Das sollte aber unseren Wissenschaftsglauben und selbst unseren Glauben an den Fortschritt

der wissenschaftlichen Erkenntnis in begrenzten Bereichen keineswegs verunsichern. Denn es stände im vollkommenen Einklang mit all dem, was wir über die Wissenschaft und ihre Geschichte wissen: Da stießen wir auf solche Regularitäten, welche wir anhand der Universalbegriffe in allen Natur- und Theoriesprachen dargestellt hätten; einige von denen, oft die grundlegendsten, hätten sich inzwischen als durchaus unhaltbar erwiesen; wir nähmen deshalb die noch nicht verfälschten Regularitäten eigentlich nicht als vollkommen richtig oder in weitliegenden Bereichen anwendbar an (Hesse 1985). Eine ähnliche Meinung vertrat Smith (1997), als sie behauptete, der Begriff des Wissenschaftsfortschritts sei nur dann sinnvoll, wenn er in begrenzten Zeiträumen und in Bezug auf eine ganz bestimmte Bevölkerung und auf partikuläre Projekte gemessen wird. Dem ist deshalb so, weil die wissenschaftliche Wahrheit kontingent bzw. von den Geschmacksänderungen und den sie bestätigenden oder widerlegenden Umständen abhängig ist. Abgesehen davon, dass sie ausschließlich durch entsprechende Interaktionssysteme und Organisationsformen entsteht, wird die Erkenntnis in einer Wissenschaftsgemeinschaft in jeder einzelnen Situation durch die Vorwegnahme eventueller Reaktionen anderer Kommunikationsteilnehmer gebildet. Dementsprechend beschreibt sie Stichweh (1988) als lockerere Netzwerke, in denen jeder die Reaktionen nur einiger anderer antizipiert und diese das für wiederum andere Personen tun. Im Vergleich zu den lediglich themen- oder problembezogenen Disziplinen entfaltet also die sog. Wissenschaftsgemeinschaft eine interpersonale Kultur als die «affektive Infrastruktur der Wissenschaft». Im Einklang damit definiert Smith (1997) die (wissenschaftlichen) Überzeugungen als *relatively stable and coherent configurations of linked perceptual / behavioural tendencies (continuously shifting, growing, wakening, and recombining)* und als *relatively stable patterns of response to relatively recurrent and stable environmental conditions.* Was wir also die Erkenntnis zu nennen pflegen, hängt entscheidend mit der Interaktion zwischen dem gegebenen Organismus und seiner Umwelt zusammen: Und diese ist bei jedem Organismus in einem jeden Augenblick einmalig.

5. Die Untersuchungen der literaturwissenschaftlichen G., innerhalb deren Rahmen der Gegenstandsbereich Literatur überhaupt erst konstituiert wird, kommen besonders intensiv im Laufe der 1980er Jahre zum Vorschein. Dabei werden die Gruppierungs-, Finanzierungs-, Überwachungs-, Karrierenaufstiegs- und Bewertungsformen der literaturwissenschaftlichen Arbeit, die Gründung unterschiedlicher wissenschaftlicher Organe, mannigfaltige Förderungsmaßnahmen, die Subjekt-, Disziplinen- und Gegenstandsbildung, die gegebenen Rollen- und Identitätenassortiments, die literaturwissenschaftlichen Sondergattungen (die Buchbesprechungen, Monographien, Kompendien, Bibliographien, Literaturgeschichten, kritischen Ausgaben usw.), die Lage der Li-

teraturwissenschaft hinsichtlich der globalen Wissenschaftseinteilungen und -einordnungen (Natur-, Geistes-, Sozialwissenschaften) auf die dominanten Ideologien usw. untersucht (Ohmann 1976; Bruss 1982; Eagleton 1983, 1984; Scholes 1985; Voßkamp/Lämmert 1986; Graff 1987; Fohrmann/Voßkamp 1987; Hunter 1988; Smith 1988; Culler 1988; Weimar 1989; Bennett 1990; Fohrmann/Voßkamp 1991; Brenner 1993; Fohrmann/Voßkamp 1994; Fohrmann 1995).

6. Mit einer ähnlichen Absicht wie die Wissenschaftsphilosophie und -theorie – nämlich um die Unsicherheit, das Risiko und die Unwahrscheinlichkeit der Kommunikation bei all ihrer dargelegten Kontingenz vorwegzunehmen – hat auch die Diskurstheorie den Gemeinschaftsbegriff aufgegriffen. Bereits die amerikanische Ethnographie der Kommunikation hatte die Vielfalt der Redearten in einer Redegemeinschaft hervorgehoben: Es sind stets mehrere Diskurswelten, die in einem einzigen Kommunikationsereignis aufeinander prallen (Hymes 1974). Selbst wenn die Kommunikationspartner im Laufe ihres Lebens dieselben Normen verinnerlicht haben, können sie sie in einem Verständigungsereignis ganz unterschiedlich deuten und anwenden, wobei keine(r) berechtigt ist, auf die Richtigkeit ihrer Anwendung Anspruch zu erheben (Garfinkel 1967). Die Norm muss deshalb immer aufs Neue – unter gegebenen Umständen und zwischen gegebenen Kommunikanten, lokal und vorläufig, d. h. «zum ersten Mal» – reziprok vereinbart werden. Aufgrund eines solchen *local management of social interaction* entfallen alle vorgegebenen Gemeinschaftsregeln, -normen und -konventionen, alle sozialen und biologischen Determinismen. *To the extent that a set of circumstances is «new»* (...) *the conditioning acquired from the agent's previous experiences of the consequences of other sets of circumstances cannot help him determine how to behave* now (Taylor 1992). Es ist also gerade der dem Gemeinschaftsmitglied zugesprochene Grad an interpretativer Freiheit, der die ethnomethodologische Auffassung der Diskursgemeinschaft von allen normativen Hypothesen unterscheidet. Da die Regel für die Anwendung der Regel ihrerseits wiederum einer Regel bedarf, beruht die Wahl der Kommunikationsoptionen letztendlich auf einer Interpretation, deren Freiheit dann aber eine entsprechende Verantwortung einbezieht. Diese Freiheit darf nämlich das gegenseitige Vertrauen der Kommunikanten keinesfalls missbrauchen und sich nicht durch unangemessene Normenabweichungen dem gemeinsamen Ziel der Verständigung in den Weg stellen. «Given the local ‹occasionality› of the meanings of utterances, their referential vaguenesses, their possibilities of reinterpretation over time, and their lack of scientific specificity, the ‹common understandings› achieved by the parties to conversations can only be achieved by the parties doing whatever is necessary at the time to ‹fill-in› a background of ‹seen but unnoticed› interpre-

tation for whatever is said as it is said» (Heritage 1984). Kann man aber hinsichtlich eines so kontinuierlichen *practical reasoning* überhaupt feststellen, ob dies tatsächlich der Fall ist, ob also der Mitredner unser Vertrauen möglicherweise nicht aus irgendeinem Grund verspielt hat? Eigentlich kaum, und deswegen sieht man auch nicht, wie man ihn dann zur Verantwortung ziehen kann (Taylor 1992). Der ethnomethodologische Ansatzpunkt – das gegenseitige Vertrauen der frei handelnden Kommunikanten trotz (oder wegen) der Undurchsichtigkeit der von ihnen eingesetzten Interpretationsrahmen – lässt sich somit als die allerletzte Gemeinschaftsgrundlage kaum überprüfen.

7. In diesem Sinn hat Hutcheon (1994) den Begriff der *Diskursgemeinschaft* mit dem verwickelten Netz ihrer Voraussetzungen, Erwartungen und Überzeugungen, ihrer Regeln, Verweisungen und Gebote im zweifachen Licht einer notwendigen Kommunikationsbedingung und eines gefährlichen Kommunikationshindernisses dargestellt. Ihr zufolge fungieren die ethnischen, kulturellen, geschlechtlichen, professionellen usw. Alternativen in der jeweils gegebenen Situation als «ermöglichende Einschränkungen» unserer kommunikativen Entscheidungen. Mit anderen Worten: Jede Diskursgemeinschaft besteht aus vielen einander überlappenden oder selbst entgegengesetzten G.en, denen ihr Mitglied gleichzeitig angehört. Frow (1995) nennt sie *Werteregime*, worunter er unter anderem die Klasse, die Rasse, das Geschlecht und das Alter versteht und darauf beharrt, dass sie die eingebildeten (*imagined*), d. h. mit keinen bestimmten sozialen Gruppen unbedingt verbundenen G.en ausmachen. Nach Hutcheon und Frow erfolgen die Übereinstimmungen zwischen ihnen jeweils kontingent, unerwartet, unvollständig und aspektuell in den sog. Kontaktzonen, in «sozialen Räumen, wo die Kulturen einander begegnen, sich miteinander auseinandersetzen, aufeinanderstoßen, also häufig in Kontexten hoch asymmetrisierter Machtverhältnisse» (Pratt 1991). Aus der Unvorhersehbarkeit der Auswirkungen gegebener Zusammenstöße der Werteregime im Rahmen einer Diskursgemeinschaft geht ihre grundsätzliche Doppeldeutigkeit hervor, weswegen diese G. ihre Mitglieder durch die kommunikativen Ereignisse gleichzeitig ein- und ausschließt: Sie schließt sie in bestimmte eingebildete G.en nur unter der Voraussetzung ein, dass sie sie dabei aus den anderen ausschließt. (V. B.)

→ Institution, Interpretation, Lesen, System

Genealogie

(engl. genealogy, franz. généalogie, russ. genealogija)

G. ist die Methode des Entdeckens des «Stammbaums» eines Individuums, Begriffs oder einer Erscheinung. Nietzsche hat sie mit seiner *Genealogie der Moral* und anderen Werken, in denen er die Begriffsstützpunkte der westlichen Zivilisation problematisierte, in das zeitgenössische Denken eingeführt, indem er ihre Selbstverständlichkeit als Wirkung der komplexen Netze von Institutionen, Vorstellungen und der Praktiken denunziert. Er versteht die G. als eine Art «der chemischen Analyse», mit der man scheinbar natürliche Elemente in widersprüchliche Bestandteile zerlegt und sie so mit Hilfe der Techniken der Auflösung, Verdichtung, Verzweigung und Übertragung unbemerkt von einem Register in das andere verschoben werden (Ding › Vorstellung, Vorstellung › Wort, Wort › Anschauung, Anschauung › Trieb usw.).

1\. Eine solche Zerlegung der Wahrnehmungen, Empfindungen und Begriffe in unsichtbare Gefüge diskontinuierlicher Reihen, Spuren und Beziehungen übernahm Foucault (1975), als er die Archäologie aufgab und sich der Erforschung der alles durchdringenden Machtmechanismen widmete. Die Macht lässt die beobachtend-beschreibende Position des Archäologen nicht unberührt, sie fordert sie sogar ein, behauptet Foucault, der seine neue Methode gerade aus dieser Problematisierung ableitet. Seine Frage lautet: Welche Umstände ermöglichen es uns, über diese Dinge auf diese Weise nachzudenken, welche Einschränkungen werden durch diese Umstände den Gegenständen und der Spannweite unseres Denkens auferlegt? Ziel der G. ist es, die Herkunft unserer gegenwärtigen Lage zu rekonstruieren und die Entstehung unserer kategorialen Ordnung im Licht aller Kontingenzen, die ihr «Pate» standen, zu erklären. Da Foucaults Rede-Ort durch den Status der Humanwissenschaften bestimmt ist, stellt der westliche Humanismus, der durch die Ideologie der Aufklärung inthronisiert wurde, den Hauptgegenstand seiner genealogischen Kritik dar. Die Auffassung, dass das Wissen zu vervollkommnen und irgendwie in den Prozess integriert sei, der seine Praktiker immer näher an die Wahrheit heranführt, stellte einen der fundamentalen, aus der Aufklärung ererbten Irrtümer dar. Seitdem diese Überzeugung diskreditiert wurde, sei es möglich geworden, kritische Erforschungen an die Schnittstelle diskursiver Effekte und soziopolitischer Mechanismen zu platzieren – in einen Raum, der für gewöhnlich vom humanistischen Diskurs und seiner Forderung nach universeller Gültigkeit gedeckt und unzulänglich gemacht werde (Racevskis 1989). So betrachtet Foucault die Praxis der Geisteswissenschaften in den Begriffen ihrer spezifischen Logik, Strategie, Ursachen, historischer Voraussetzungen, moralischer Imperative, institutioneller Vorschriften, sozio-ökonomischer und politischer Bedingungen, welche die Disziplin schützen und fördern, indem sie entsprechende «Regime der Wahrheit» schaffen. Die Art und Weise des Zustandekommens der Wahrheit bzw. der genealogischen Aufarbeitung der *problématiques* hält er für die Hauptaufgabe des Kritikers. Im Zeichen einer so aufgefassten G. entstehen auch seine Forschungen zur Sexualität (1975–84).

2. Es ist ersichtlich, dass ein derart radikal postuliertes «Denken des Äußeren» im Widerspruch zum hermeneutischen «Denken des Inneren» entsteht. Im Gegensatz zum Geertzschen Ziel der Verringerung der Distanz zwischen der eigenen und den anderen Gesellschaften seien Foucaults umgekehrte Ethnologien errichtet worden, um die Distanz zu wahren und der Verschmelzung zu widerstehen (Shapiro 1997). Anstelle der Aneignung des Anderen empfiehlt es sich also, die Andersartigkeit der Aneignung zu enthüllen. Doch sind diese beiden Standpunkte nicht allzu eng aufeinander angewiesen? Die Funktion der G., die von der Täuschung und der Selbsttäuschung befreie, erfordert die Identität und Kontinuität zwischen jenem Ich, welches getäuscht worden ist, und jenem Ich, das jetzt besteht und das weiter bestehen muss (MacIntyre 1990). Mit anderen Worten, der/die Erzähler/-in der (genealogischen) Erzählung weist nicht nur auf die negative Freiheit hin, sondern erzählt eine Geschichte über die positive Freiheit, die in seinem/ihrem Text verkörpert ist (Steele 1997a). Wir können nämlich nicht entscheiden, ob diese Erzählung wahr ist, wenn wir uns nicht stillschweigend oder ausdrücklich auf jene Objektivitäts- oder Rationalitätsstandards berufen, welche die genealogische Forschung zu diskreditieren gedachte (MacIntyre 1982).

3. Auch die italienische Schule des sog. schwachen Denkens *(pensiero debole)* beruft sich auf Nietzsches genealogische Methode als ihren Vorläufer. Doch Vattimo (1985) betont dabei vor allem Nietzsches Kritik der totalen Ambition des Denkens und seine Mahnung, der Ausgangspunkt jeglichen Philosophierens sei immer schon mehrfach mit seinem Gegenstand verflochten. Von daher ist es laut Vattimo die primäre Aufgabe des Denkens, die Art dieser Verflochtenheit zu entdecken – und gerade das ist die G. (S. R./Z. Z.)

→ Archäologie, Außerhalbbefindlichkeit, Macht, Poststrukturalismus

Genuss

(engl. bliss, franz. jouissance, russ. naslaždenie)

1. Begriff, der im Unterschied zum Begriff *Lust* (plaisir) bei Lacan erst in den 1960er Jahren auftritt (1960a/1966); in den Seminaren der frühen 50er Jahre erhält er noch die sporadische Rolle in der Hegelschen dialektischen Beziehung

zwischen Herr und Knecht. Aber in der bereits erwähnten Abhandlung stellt Lacan das *Lustprinzip* als Form der symbolischen Kastration des Subjekts vom G. dar. Diese Kastrationsform versucht das Subjekt, indem es auf den Schmerz stößt, unaufhörlich zu überschreiten: Der G. ist laut Definition eine «schmerzhafte Lust», die auf der umgekehrten Skala *(l'échelle renversée)* des Gesetzes des Begehrens erreicht wird. In dem Maß, wie jenseits der Lust das traumatische Ding verbleibt, versteht Lacan den G. gerade als wiederholte Überschreitung in Richtung auf den Tod.

2. Mit dem Gegensatz G. – Lust operiert auch Barthes (1973). Diese Opposition schließt an seinen vorhergehenden Gegensatz zwischen dem schreibbaren und dem lesbaren Text an (1970). Schreibbare Texte sind jene, die durch ihre Unterbrechungen und ihre Öffnungen G. hervorrufen, wohingegen lesbare Texte, der Leserüberzeugung entgegenkommend, Lust erzeugen. Der G. erreicht «eine Krise im Leserverhältnis gegenüber der Sprache», beunruhigt seine «geschichtlichen, kulturellen und psychologischen Annahmen». Aber die feste Abgrenzung zwischen den erwähnten Begriffen wird durch die Bedeutungsspanne des Titelbegriffs der Lust in Frage gestellt. Offensichtlich schließt er auch den G. bzw. die Wonne als gewalttätige Orgasmuserschütterung mit ein, die das (rationale) Ego aufhebt, da Barthes' ganze Argumentation polemisch auf die Ausbreitung des Rezeptionsprozesses im Körper des Lesers bzw. auf den Vergleich dieses Prozesses mit einem erotischen Verhältnis zweier Körper gerichtet ist. Barthes versöhnt sich jedoch offen mit dieser Zweideutigkeit und Widersprüchlichkeit des eigenen Arguments, da die Simultanität von Lust und G. auch dem Lesen eigen ist, das laut Barthes gleichzeitig den Erhalt des Egos und seinen Verlust anstrebt. Schließlich unterliegt der G. seiner Natur nach keiner «These» oder «Doktrin»; er lässt sich in seiner inneren Gespaltenheit nur reproduzieren, und es scheint, genau dies leiste Barthes' Buch. (Lj. Š. / W. W.)

→ Begehren, Lesen, Leser, Rezeption, Text

Gesamtwerk

(engl., franz. œuvre, russ. sobranie sočinenij)

1. Einer der Begriffe aus dem Repertoire der traditionellen Literaturgeschichte, mit welchen sie diese Literaturwerke eingruppiert und klassifiziert hat, indem sie sie einer bestimmten Quelle ihrer Entstehung zuordnete. Das G. gehört zu den Kategorien der positivistisch-biographistischen Phase der Literaturgeschichte aus jener Zeit, als der Autor mit seinen historischen und sozial-biologischen Bestimmungen im Mittelpunkt der Aufmerksamkeit stand. Schon die

Stilkritik (1928ff.) versetzt den Mittelpunkt des G.s in die geistig-expressiven Parameter (vgl. Etymon), und zwar in Übereinstimmung mit der damals herrschenden Schule der Geistesgeschichte, die mechanisch-kausale Erklärungen meidet und zu Komplexen neigt, die auf der Motivation aufgebaut sind.

2. Lotman (1970) behandelt das G. als eine «außertextuelle Struktur», welche ein bestimmter Literaturtext aktivieren kann, um das eigene Verstandenwerden zu begünstigen. Aber wie etwa ein Zyklus zum Text werden kann – wenn man ihn im Rahmen eines G.s betrachtet –, so kann auch das G. zu einem Text innerhalb einer umfassenderen «außertextuellen Struktur» werden. Die Grenzen, mittels welcher das G. identifiziert wird, sind also für Lotman im Spannungsfeld der Beziehungen zwischen den inner- und außertextuellen Strukturen beweglich.

3. Der Poststrukturalismus problematisiert den Begriff zusammen mit dem Begriff Autor, indem er ihn als eine Funktion der arbiträren Attribution des Rezipienten vorführt. Derrida (1986) z. B. stellt die «unentscheidbare» Frage, ob Nietzsches Randbemerkung darüber, dass er seinen Regenschirm vergessen habe, zu seinem G. zählt oder nicht. Doch für Foucault ist das G. eines jener unvermeidlichen «vertikalen Systeme der Abhängigkeit» oder der «Anschlussregionen» oder «der äußeren Ausschlussmechanismen» (neben Autor und Kommentar), mittels welcher die unvorhersehbaren Folgen der Überschneidung von diskontinuierlichen historischen Reihen gebändigt werden, ihre «radikale Dissemination» gezähmt wird. Das G. erlangt somit seine Erklärung nicht mehr *innerhalb*, sondern *außerhalb* seiner selbst, als eines der Instrumente der (notwendigen, aber relativen) Identifikation. Seine Relativität rührt aus der Einfügung in die breiteren Beziehungsnetze her, die es selbst als eine klassifikatorische Kategorie der Literaturwissenschaft ebenfalls einer historischen Analyse aussetzen. Perkins (1992) unterstreicht folgende Schlussfolgerung: «Die Literaturhistoriker können fortfahren zu klassifizieren mit Hilfe derselben Verfahren und Erklärungen wie in der Vergangenheit. Aber sie werden ihre Züge reflektieren müssen, und sie werden jeden unter ihnen namentlich in ihren Geschichten rechtfertigen müssen.»

4. In der poststrukturalistischen Konzeption des G.s gibt es allerdings einen Widerspruch, der üblicherweise schweigend übergangen wird. Während sie einerseits den Tod des Autors und des Werks proklamieren, führen die Poststrukturalisten andererseits die metaauktorialen Figuren «Logotet» (Barthes) und «Urheber der Diskursivität» (Foucault 1969/1979) ein. Man kann noch verstehen, dass sich etwa Barthes in seiner frühen Phase dem Konzept des G.s annähert (so schlägt er 1953 vor, den Stil als Etymon zu sehen, der das Werk des Autors hervorhebt und vereinigt, und 1954 «gibt er diesem Menschen [Michelet] seine Kohärenz zurück»; schließlich sucht er 1963, obwohl er sich schon

der Idee der schöpferischen Ganzheit widersetzt, trotzdem nach struktureller und thematischer Einheit von Racines Tragödien). Aber sogar (1970a) akzeptiert er stillschweigend die Idee von Balzacs G., während er (1971), ohne zu zögern, die «Begründer der (neuen) Sprache» vorstellt, die ihre autark geschlossenen «Texte» niederschreiben. Vielmehr stellt er hier fest: «Allen Modi des Schreibens ist eigentlich ‹die Geschlossenheit› eigen (...) Schreiben ist eine verhärtete und selbstgenügsame Sprache (...).» Doch für Logoteten ist auf alle Fälle charakteristisch, dass ihr «Text» aus dem einflussreichen Feld des breiteren Intertexts ausgeschlossen ist, weshalb die Veränderungen nur innerhalb des Textes erfolgen. So werden die intertextuellen Beziehungen nur *innerhalb* des G.s (unter seinen Bestandteilen) hergestellt, da sich Barthes weigert, das G. als einen syntagmatisch (narrativ-progressiv) organisierten Text zu betrachten und sich dabei die Freiheit herausnimmt, ihn nach eigenem Ermessen kreuz und quer zu durchfahren. Das Umbenennen des G.s in Text hat also den Entzug der Richtung bzw. seiner Bedeutung *(sens)* zum Ziel, und das heißt, ihn aus dem (damals verhassten) Rahmen der Darstellungsästhetik herauszureißen. Bei Barthes wird deshalb das G. keineswegs verleugnet, sondern nur aus den mimetischen in die semiotischen Parameter verlegt.

Merkwürdigerweise ist Derrida in seinem Verständnis vom G. noch klassischer. Er verwendet (1967b) 25 Seiten auf die wahre Reihenfolge von Rousseaus Abhandlungen. Dass es sich hierbei um keine zufällige «Ausschreitung» handelt, beweist eine ähnlich sorgfältige Bemühung um die Abhandlungen von Plato (1972c). Die Dekonstruktion scheint spiegelartig die Konstruktion einzuschließen (Burke 1992), sodass Derrida auch in anderen seiner Lektüren geduldig die Autorenintention aus einem breit verstandenen G. ausführt, das gleichberechtigt Briefe, frühere Manuskripten, Notizen und die sog. unreifen Werke beinhaltet. Er setzt sich überdies oft (vielleicht sogar regelmäßig) für Kontinuität und Untrennbarkeit einzelner Autorenschriften, z. B. von Heidegger (1972a) oder Freud (1967c), ein. (A. B.)

→ Autor, Biographie, Periodisierung, Stil

Geschichte

(engl. story, franz. histoire, russ. povest')

1. Mit dem Begriff G. haben die französischen Strukturalisten/Narratologen den durch die russischen Formalisten geprägten Begriff der Fabel ersetzt. In ihrer Terminologie bezeichnet er eine grundlegende, zeitlich und kausal-logisch verbundene Abfolge von Ereignissen, welche durch den literarischen Dis-

kurs in dreierlei Hinsicht – der Dauer, der Reihenfolge und der Häufigkeit – verändert wird (Genette 1972). Obwohl der Leser die G. nie in Reinform erhält, bedingt sie dennoch sein Verständnis eines bestimmten Textes als eines erzählenden. Aus diesem Grund stellen die Narratologen sie in den Mittelpunkt der analytischen Aufmerksamkeit. Bremond (1964) zufolge liest der Mensch Wörter, sieht Bilder und dechiffriert Gesten, während er jedoch durch diese der G. folgt – und dies könnte überall die gleiche G. sein. Die G. ist also ein Phänomen der Tiefenstruktur oder immanenten Ebene des Textes und als solche eine Abstraktion, ein Konstrukt. Während der Analytiker sie extrahiert, vernachlässigt er nicht nur die Sprache und den Stil des Textes, sondern auch sein spezifisches (bildnerisches, filmisches, gestisches usw.) Medium. Dabei geht er davon aus, dass sie beim Verfahren der Abstraktion keinen entscheidenden Einfluss haben. Nur auf der Basis einer solchen Hypothese konnte die Narratologie – alle bis dahin festgesetzten disziplinären Grenzen überschreitend – die Universalität des Erzähltextes postulieren. Beachtenswert ist, dass sie dies in einem Augenblick tut, da die G. als Grundgerüst literarischer Prosa – wie Genette (1966) feststellt – aus der künstlerischen Praxis verschwindet. In einer Situation, in der die Literatur nur noch «einem undeutlichen Rauschen ihres eigenen Diskurses» lauscht, wurde die G. – so Genette – zu einer Sache der Vergangenheit, die sich zurückzieht und die es zu betrachten gilt, bevor sie gänzlich aus unserem Horizont verschwindet. Auf diese Weise wenden die Narratologen sich entweder einem literarischen Corpus aus weit zurückliegender Vergangenheit (Mythen, *Decamerone*) oder einem der Trivialliteratur (James Bond) zu, in dem die G. noch eine deutliche Rolle bei der Organisation des Textes spielt.

2. Da der Erzähltext in der Narratologie als erweiterter Satz betrachtet wird, geht man auch an die G. entweder aus einer grammatischen (Todorov 1969; Prince 1973) oder logischen (Bremond 1973) Perspektive heran. Dabei werden ihre Einheiten herausgelöst und der Charakter ihrer gegenseitigen Beziehungen ermittelt. Was die Einheiten betrifft, so herrscht – im Geiste der formalistischen Einteilung der Motive – deren Gliederung in dynamische und statische vor. So sprechen z. B. Barthes (1966b) von Funktionen und Indizien, Danto (1965) und Prince (1973) von Geschehen bzw. von Handlung und Zustand und Chatman (1978) von Ereignissen und Existenten. Doch auch die Ereignisse lassen sich je nach ihrer Funktion in der Handlung weiter in Kerne und Katalysatoren bzw. Satelliten einteilen, so wie auch bei Zuständen zwischen Informanten und echten Indizien unterschieden wird.

Allgemein lässt sich sagen, dass erst die Art der Verbindungen zwischen den Einheiten darüber entscheidet, inwiefern die einzelnen Einheiten erkannt werden. Die Theoretiker differieren in ihrer Meinung darüber, welche Art von

Verbindungen notwendig ist, um aus den Einheiten eine sog. minimale G. zu schaffen. Prince ist der Ansicht, dass diese ohne Kausalität (beim Übergang von der Handlung in den Endzustand) nicht möglich sei, während Rimmon-Kenan (1983) die Dimension der Temporalität als ausreichend betrachtet, worin sie sich auf Danto stützen kann. Sie teilt jedoch nicht die Ansicht von Danto und Prince, die wiederum darin übereinstimmen, dass der Endzustand den Anfangszustand symmetrisch invertieren muss: Es reicht, wenn dieser sich von jenem unterscheidet. Die ausgeführten Meinungsdifferenzen lassen erkennen, dass über die grundlegende Struktur der G. kein Konsens erzielt worden ist.

3. Die nächste wichtige und viel diskutierte Frage betrifft die Modalisierung der G. Sie vermittelt zwischen der Tiefenstruktur und ihren zahlreichen und verschiedenartigen Manifestationen. Todorov schlägt vor, die Frage analog zu den Verbmodi bezüglich des Verhältnisses zwischen Subjekt und Prädikat zu lösen: Indikativ, Konditional, Optativ u. Ä. Bremond spricht von semantischen Systemen, die entsprechende Arten von Rollen (Agens, Patiens, Wohltäter, Helfer, Opfer, Gegner u. Ä.), entsprechende Prozesse zwischen den Akteuren (Schutz, Bestrafung, Verfolgung, Falle u. Ä.) sowie entsprechende Phasen der Verwirklichung usw. einschließen. Stierle (1975) entwickelt den Gedanken von einer mehrphasigen pragmatischen Besetzung des elementaren Erzählschemas. Doch die komplexesten Modelle der Transformation der Tiefen- in die Oberflächenerzählstruktur haben Lévi-Strauss (1958) und Greimas (1966) entwickelt. Im Unterschied zu den beschriebenen linearen Modellen der G. sind ihre Modelle logisch-relational und werden auf Permutationen von Beziehungen zwischen den Faktoren aufgebaut. Daher können mit ihrer Hilfe die meisten Manifestationen erklärt werden. Ein gleichermaßen differenziertes Netz von Kategorien zur Darlegung des Verhältnisses zwischen G. und Text hat Genette (1972) ausgearbeitet: Anachronien, Fokalisierungen und Alterationen, Erzähl-Ebenen, Typen diegetischer Beziehungen u. Ä.

4. Genette unterscheidet G. *(histoire)*, Erzähltext *(récit)* und Erzählen *(narration)*, beschränkt aber seine Betrachtung eigentlich auf die Beziehung zwischen Text und G. Die Rechtfertigung dazu findet er in der Opposition zwischen Diskurs und G. bei Benveniste (1966). Dieser schließt nämlich aus der (historischen) G. *(histoire)* das rhetorische Verhältnis des sich Äußernden und des Angeredeten aus – der Erzähler orientiert sich dort angeblich nur auf den Vergangenheitsstoff. Genette leitet daraus das Recht ab, die Rolle des Äußerungs- oder Erzählakts im Erzähltext zu vernachlässigen und den Diskurs nur als «Verarbeitung» oder «Umänderung» der G. aufzufassen. Eine ähnliche Minorisierung der Rolle der Kommunikationssituation im Erzählen charakterisiert übrigens auch die von Hamburger (1961) dargestellte Opposition zwischen Äußerungen und fiktionalem Erzählen sowie die von Weinrich (1964)

formulierte Opposition zwischen besprochener und erzählter Welt. In all diesen Begriffspaaren wird das Erzählen nach dem traditionellen Modell fester Verständigungscodes veranschaulicht, wo allein der Inhalt bzw. die G. etwas Neues einbringen kann, nicht aber die Art und Weise, wie sie vermittelt wird, oder die Situation, aus der heraus dies geschieht. Dieser stillschweigende Ausgangspunkt beeinflusste auch die strukturalistische Konzeption der Zusammenfassung des Textes in die G., wie sie der Leser vollzieht. Die G. entsteht nämlich auf die Art und Weise, dass der Leser Sätze zusammenfügt, welche auf Prozesse / Ereignisse hindeuten, wobei er in diesem Vorgang Sätze benutzt, welche auf Zustände verweisen – ohne dass er sich fragt, wer, wo und warum jemand diese Sätze verwendet und in Bezug auf wen er/sie sie empfindet, denkt, ausspricht oder notiert, ohne also die Art der Information zu unterscheiden, die er durch sie gewinnt. Eine solche konnotative Differenzierung des Textes würde die Tätigkeit des Lesers sophistizieren und ihre Bedeutung bei der Konstitution der G. als eines Endergebnisses hervorheben, und dies wiederum würde die konstitutive Rolle der G. als einer Tiefenstruktur in der Artikulation der Lesererkenntnis in Frage stellen.

5. Gerade auf einer solchen Auffassung der G. als einer veränderlichen Ableitung einer konkreten und komplexen Interaktion zwischen dem Leser und dem Text haben in den 1970er Jahren die phänomenologische und pragmatische Konzeption des Erzählens beharrt. Sie gaben der Situation den Vorrang, d. h. den Beziehungen, welche im «Umkreis des Erzählens» entstehen und die Muster für die Relevanz der Erzähläußerung aufstellen (Labov 1972; Goffman 1974; Young 1987). In einem solchen Rahmen hört die G. auf, eine Struktur zu sein, und wird zu einem Wert, welcher auf der Schnittstelle einer Vielzahl von Kraftlinien im Zwischenraum zwischen der Konfiguration des Textes und aktueller Lesetechniken (Leitch 1986) entsteht. (A. H.)

→ Diskurs, Fabel, Grammatik, Plot, Sujet

Gestalt, literarische

(engl. character, franz. personnage, russ. geroj)

1. Die Verschiedenartigkeit der Bezeichnungen für ein und dieselbe Instanz des literarischen Textes in verschiedenen Sprachen – Charakter, Eigenartigkeit, Figur, Held – weist auf die Verschiedenartigkeit der Perspektiven hin, in denen dieser Begriff geformt wurde. Dies hängt zunächst mit den literarischen Gattungen, Modi, Genres und Untergenres zusammen, in deren Gefüge sich die l. G. im Laufe ihrer Ablösungen in der literaturhistorischen Szene überhaupt

identifizierte: mit den dramatischen, epischen, prosaischen – und innerhalb des letzten Modus mit dem Roman (unterschiedlicher Arten), mit der Novelle, mit dem Märchen usw. Die Art der Figurenbezeichnung wechselte ebenfalls mit der Änderung ihrer Präsentation in der Geschichte *einer* Gattung, beispielsweise des Romans, wenn dieser aus der «psychologischen» Phase in die Phase des «Bewusstseinsstroms» wechselte. Letztlich variierte die Auffassung von dieser Instanz auch mit Rücksicht auf die Integriertheit der Literaturforschung in weitere wissenschaftliche und geistige Paradigmen, in deren Rahmen der Begriff vom Subjekt, vom Menschen, vom Individuum, von der Identität u. Ä. errichtet wurde. Wenn wir dies im Auge behalten, werden wir die gegenwärtige Vorsicht im Umgang mit der l.n G. als homogene und universelle literaturtheoretische Kategorie verstehen. Vielleicht werden wir Strelkas Verwunderung (1978) mildern können – und er spricht hier im Namen vieler –, es sei mit Rücksicht auf die fundamentale Wichtigkeit der Figurendarstellung in einem großen Teil der Belletristik nur eine geringe Anzahl an Beiträgen zur Theorie der l.n G. von allgemeiner Gültigkeit veröffentlicht worden.

2. Ganz allgemein lässt sich feststellen, dass das Interesse für die l. G. in der Literatur und in der Literaturwissenschaft im 20. Jh. nachlässt. Seit dem Naturalismus empfindet sich der Mensch bis auf den heutigen Tag nicht mehr als Held historischer Ereignisse, ja nicht einmal mehr als Protagonist der eigenen Absichten. Was den Menschen steuert, entgleitet seiner Kontrolle. (Der Mensch ist nicht Herr im eigenen Hause, stellte Freud schon zu Beginn des 20. Jahrhunderts fest.) Romanautoren geben die Idee der psychologischen Tiefe und Individualität auf zugunsten «magmatischer Schichten», «alotropischer Seelenzustände», «Atommyriaden, die durch das Bewusstsein gleiten». Die l. G. verliert an Stabilität und Einheit, zerfließt in eine Akkumulation widersprüchlicher Bestrebungen, die durch irgendeinen Eigennamen nur lose zusammengehalten werden. Sogar der Name selbst wird als letztes Identitätsmerkmal zum fiktiven und arbiträren Initial und überträgt die l. G. somit in die Anonymität der *everyman*-Existenz. Barthes (1970a) schreibt, als er Bilanz über den Nouveau Roman zieht: Was im heutigen Roman veraltet ist, sei nicht das Romaneske, sondern die l. G.; das, was sich nicht mehr niederschreiben lässt, sei der Eigenname.

3. Die Theorie verfolgt diese Veränderungen der literarischen Konfiguration wie üblich mit einem bestimmten zeitlichen Abstand. So lässt sich feststellen, dass im mimetischen Paradigma der *Prosatheorie,* wie sie seit den 1920er bis in die 1960er Jahre hinein dominiert, die l. G. noch immer eine bemerkenswerte Rolle spielt. Hier wird sie als «fiktionale Darstellung der Person» definiert und ist als solche «einer der mimetischsten Termini im Vokabular» der Kritik und innerhalb der fiktionalen Umgebung demzufolge am schwierigsten

beizubehalten (Bradbury 1973). Damit ist freilich gemeint, dass die Leser auf die l. G. emotional reagieren, *als* handelte es sich dabei um ihren Freund oder Feind, obwohl sie wissen, dass die l. G. aus «Wörtern und Sätzen» und nicht aus «Fleisch und Blut» besteht. Bei der Erforschung einer so stark gesteigerten Identifizierung ziehen die Theoretiker der künstlerischen Prosa *(fiction)* eine für ihr Paradigma konstitutive Parallele zwischen den Verhältnissen in der Sphäre der literarischen Kommunikationen auf der einen, den Verhältnissen in der Sphäre der Lebenswelt auf der anderen Seite, wobei sie die «Dominanz der inneren Ansicht über die äußere» im ersten Fall feststellen. Die l.n G.en erleben wir hauptsächlich von innen (durch ihre Gedanken, Gefühle und Beobachtungen), die Menschen hauptsächlich von außen (durch ihre Gesten, Grimassen, Handlungen und Rede).

Auf derselben Vergleichsgrundlage und mit derselben Absicht der Abstufung der Identifikation wird die Aufteilung der l.n G.en auf solche, die besser, schlechter oder genauso sind wie wir, aus Aristoteles' *Ars Poetica* übernommen. Auf der so hergestellten Spannweite zwischen *Held* und *Bösewicht* (dem negativen Helden) werden zahlreiche Typologien errichtet. Auf der einen Seite stehen die «runden», «tiefen», «dynamischen», «mehrdeutigen», «individuellen», «realistischen», auf der anderen die «flachen», «oberflächlichen», «papiernen», «eindeutigen», «stereotypen», «unrealistischen» l.n G.en (Forster 1927; Pfister 1978). Abgesehen von diesen Typologien, in denen der Übergang von den ethischen Kategorien des Aristoteles zu den modernen psychologischen Kategorien (hervorgerufen durch die Motivationsverfahren des psychologischen Romans) hervorgehoben wird, erscheinen als eigentümliche Mittellösung auch moralistische Typologien, und zwar hauptsächlich in Anwendung auf die dramatische Gattung (die altrömische Komödie, die Renaissance- und die Boulevardkomödie): Geizhals, Aufschneider, Naivling, Hahnrei u. Ä.

Eine besondere Klasse stellen formale Typologien dar, die auf dem (erneut aristotelischen) Kriterium der Figurenrolle in der Handlung errichtet sind. Um den Helden (Protagonisten) als ihren (der Handlung) Träger gruppieren sich «dienende Figuren», die an entsprechende Funktionen und Wirkungsfelder gebunden sind: Gehilfe, Gegner, Auftraggeber usw. (vgl. Propp 1928 und Souriau 1950). Dabei unterstreicht Propp, dass derart herausgelöste Rollen nicht immer mit einer l.n G. übereinstimmen, da eine l. G. mehrere Rollen und mehrere l. G.en eine Rolle übernehmen können.

4. Damit wurde der Übergang vom mimetischen Paradigma der Prosatheorie auf das semiotische Paradigma der *Erzähltheorie* vorbereitet. In der letzteren wurde die l. G. mit Rücksicht auf die Realitätsvorlage weder beachtet noch bewertet, sondern als Einheit des gesamten Textgefüges gesehen. Die «atomare Herangehensweise» wird durch die holistische Akzeptanz der Gesamtheit er-

setzt, um die Autonomie des literarischen Textes im Verhältnis zur Realität anzuerkennen. Da diese Autonomie auf Differenz gründet, gerät jener Aspekt des Textes in den Vordergrund, in dem seine *differentia specifica* zu erkennen ist. Von daher meinten die Strukturalisten, dass man bei narrativen Texten von der Geschichte *(histoire)* auszugehen habe, und betrachteten die l. G. deswegen aus der Perspektive ihrer Funktion, die sie in der Geschichte verliehen bekommt.

Zwischen Geschichte und Handlung besteht ein wichtiger Unterschied. Er scheidet die strukturalistische von der formalistischen Behandlung der l.n G. und ermöglicht ihr eine höhere Abstraktionsstufe. Während die Handlung vor allem ein syntagmatisches Ganzes darstellt, bleiben in der Geschichte gleichzeitig jene paradigmatischen Verhältnisse bestehen, die ihre zeitliche Ausdehnung in ein Erkenntnismuster verräumlichen. Barthes (1966b) spricht in diesem Zusammenhang von einer Tendenz des Textes zu Distribution und Integration. Die erste versorgt den Leser mit der Antwort auf die Frage «Was geschah dann?», die zweite informiert ihn darüber, «worum es sich hier eigentlich handelt». Im Unterschied zu den Funktionen, die Barthes nach einer dieser Tendenzen unterscheidet, denen sie folgen, nehmen die l.n G.en an beiden gleichzeitig teil: mit ihren *Handlungen* an der ersten, mit ihren *Merkmalen* an der zweiten. In Abhängigkeit von den Elementen, auf die der Leser seine Aufmerksamkeit richtet, kann er in verschiedenen Augenblicken die ihm zugängliche Information in unterschiedliche Hierarchien einordnen. So können die l.n G.en der Handlung untergeordnet werden, wenn diese im Zentrum der Aufmerksamkeit steht, aber es kann auch die Handlung der l.n G. untergeordnet werden, sobald der Leser sein Interesse auf Letztere richtet (Rimmon-Kenan 1983). Obgleich die Strukturalisten die l. G. in der ersten Phase ausschließlich als Handelnden behandelten (vgl. Aktant), stellt schon Barthes (1970a) fest, dass das Charakteristische für den narrativen Text nicht die Handlung sei, sondern die l. G. als Eigenname. Die l. G. wird für ihn zu dieser Zeit zum Bestandteil des gesamten «Signifikationsprozesses», wie ihn der Leser während des Leseakts durchführt, indem er die immer größeren Handlungssegmente semantisch zusammenfasst. Diesem Gedanken folgend, schlug Chatman (1978) die Behandlung der l.n G. als «Paradigma der Merkmale» *(traits)* vor, welche die syntagmatische Ereigniskette, die der Handlungsverwicklung innewohnt, senkrecht durchschneiden. Ereignisse wandern «waagrecht» wie Vektoren vom vorherigen zum nächsten. Merkmale erstrecken sich oberhalb der von Ereignissen abgegrenzten Zeitspannen. Ferrara (1974) ist in seinem Modell noch eindeutiger, wenn er feststellt, dass Ereignisse in der Fiktion um der l.n G. willen bestünden und dass sie eigentlich einzig in Bezug auf die l.n G.en die Qualitäten der Integrität und Wahrscheinlichkeit erwürben, die ihnen Bedeutung und Erkennbarkeit verleihen. So ergibt sich allmählich, dass die syntagmatische Einteilung der Geschichte einzig aus ihrer paradigmatischen Organisation abzuleiten ist, in der die l. G. eine kapitale Rolle spielt.

5. Dies hat den Übergang zu einem neuen *Kommunikations*hintergrund vorbereitet, vor dem man begonnen hat, die l. G. nicht mehr wie bislang – d. h. gegenüber der Geschichte – zu betrachten. Denn wie wichtig die l. G. in der semantischen Integration der Geschichte auch sein mag, sie bleibt trotz allem nur ein Wegweiser in Richtung auf höhere Kommunikationsebenen: wie Erzähler, impliziter Autor, Autor-Funktion. Das ist in den sog. postmodernen Texten besonders sichtbar, welche die fiktionale Konstruiertheit der l.n G. offenbaren, indem sie die Aufmerksamkeit auf das Instrumentarium der «literarischen Werkstatt» lenken. Aber auch dort oder sogar gerade dort, wo der Leser sich seiner Verfahren der Figurenrekonstruktion aus den Textinformationen nicht bewusst wird (der Analyse von Rimmon-Kenan 1983 gemäß erfolgen sie aus der *Wiederholung, der Ähnlichkeit, der Opposition* und *dem gegenseitigen Implizieren* dieser Informationen), handelt sein Leseakt nach einem irgendwie vorbereiteten «Programm».

Bei der Ausarbeitung dieses Programms kann der Erzähler die l. G. direkt oder mittelbar charakterisieren. Letzteres geschieht mit Hilfe von Handlungen, Verfahren, Rede, Eindrücken, Wahrnehmungen, Gedanken, der äußeren Erscheinung und Kleidungsweise, seiner Umgebung und auch durch Reflexionen anderer l.r G.en. All diese Informationen sind natürlich nicht gleichberechtigt, sodass sie einfach «addiert» werden könnten, sondern bilden eine Hierarchie, in der jene Stufe die höhere Glaubwürdigkeit besitzt, zu welcher der Leser durch eigenes Schlussfolgern gelangt ist. In strittigen Fällen, in denen Informationen voneinander abweichen oder einander widersprechen, sind die impliziten den expliziten überlegen. Je mittelbarer (eher «von innen» sozusagen) eine l. G. dargestellt ist, desto materieller ist ihre Existenz für den Leser. Filip Latinovicz ist glaubwürdiger als Bobočka (M. Krleža, *Die Rückkehr des Filip Latinovicz*), da wir *seinen* Gedanken *über sie* folgen. Doch niemals können Informationen über die l. G. so mittelbar sein, wie es Informationen sind, die wir über den Erzähler bekommen. Er kann nämlich durch eine innertextliche Instanz weder thematisiert noch problematisiert werden. Nur er kann dies durch sein Verhältnis zur l.n G., zum Leser und zu sich selbst bewirken. Wenn l. G.en das ausnahmsweise doch tun, indem sie durch ihr Verfahren andere Merkmale offenbaren als jene, die der Erzähler ihnen explizit zuschreibt – wie manchmal in der Prosa Dostoevskijs –, so ist das wiederum eine sehr mittelbare Thematisierung des Erzählers. Daraus folgt, dass der Erzähler als höchste innertextuelle Instanz der Beglaubigung von narrativen Informationen bestehen bleibt (Martínez-Bonati 1981).

Seine Welt der narrativen Tätigkeit ist (da dem Adressaten zugewandt), im

Hinblick auf den Zeit-Raum, die ideologischen Werte und die Sinne, der Lebenswelt der l.n G. gegenüber (die anderen Figuren zugewandt ist) «transgredient». Doch auch die Figurenwelt befindet sich als «vollendetes Ganzes» außerhalb der Welt des Erzählers, sodass die ethischen und erkenntnismäßigen Standpunkte, die von der l.n G. vertreten werden, wegen ihrer Inkarniertheit nicht dem Erzähler zugeschrieben werden können. Doch trotz all ihrer Getrenntheit, ja sogar gegenseitigen Fremdheit, kommt es zwischen diesen Welten ab und an zu Verschmelzung und Vermischung. In diesem Sinn spricht Bachtin (1920–24/1979) nicht nur vom *Gesichtskreis des Helden (krugozor geroja)*, sondern auch vom *Umfeld des Helden (okruženije geroja)* in der Autorenrede, über zweistimmige, hybride Segmente des narrativen Textes, in dem sich die Einflusssphären «überschneiden». Wenn sich diese Tendenz im Roman wie in der polyphonischen Struktur des Dostoevskijschen Romans verzweigt, kann dies auch zur vollständigen Abschaffung des «Überschusses» *(izbytok)* führen, über den die Welt des Autors im Gegensatz zur Figurenwelt verfügt.

6. Die postmoderne Prosa erschüttert die so errichtete Hierarchie der Kommunikationsebenen bzw. Instanzen der Beglaubigung des diegetischen Universums gewöhnlich in der Absicht, dem Leser den Identifikationsboden unter den Füßen wegzuziehen, um ihn dazu zu bringen, sich seiner Position als «Konsument» bewusst zu werden. Der sog. metafiktionale Erzähler verheimlicht nicht, dass er mit seiner l.n G. ein Spiel treibt, weswegen seine Aussage nicht allzu ernst zu nehmen ist, das heißt, man soll ihr nicht aufs Wort glauben. So erprobt z. B. der Erzähler von Max Frischs Roman *Mein Name sei Gantenbein* (1964) für sein «narratives Ich» unterschiedliche «erlebende Ich», wobei sich jedes vorherige in ein «Er» verwandelt. («Ich probiere Geschichten an wie Anzüge.») Kurt Vonnegut Jr. subvertiert jedoch in *Schlachthof 5* (1969) nicht nur die Glaubwürdigkeit des erlebenden, sondern auch des narrativen Ich seines Erzählers in einer einzigen furiosen Satzreihe: «That was I. That was me. That was the author of this book.» Aber auch das umgekehrte Verfahren ist möglich, wenn nämlich anstelle der Allmacht des Autors gegenüber seinen «Kreaturen» seine Machtlosigkeit hervorgehoben wird. Für eine solche Umkehrung der festgelegten Hierarchie entschloss sich z. B. John Fowles in *French Lieutenant's Woman* (1969), wobei er den Figuren die Wahl ihres Schicksals und den Lesern die Wahl eines Schlusses überließ. Unter dieser Wahl versteht man nicht nur Freiheit, sondern auch Verantwortung, denn das eine Ende integriert den Roman in die klassische, viktorianische Tradition, das andere in den Kontext des postmodernen Romans. Somit findet die l. G. ihren letzten Zufluchtsort statt im Erzähler und Autor im Leser. Er ist jener, der ihn heute durch seine Tätigkeit der Kontextuierung bzw. Intertextuierung «rückschreibt», da die durch ihre eigene Welt versehene l. G. als ganzheitliches We-

sen nicht mehr existiert. McHale (1987) zufolge ist sie für ungültig erklärt worden *(cancelled character)*. Der Raum, in dem sie abhanden komme, sei nicht nur ein heterotopisch projizierter Raum, sondern ein buchstäblich geschriebener Raum, sodass ihr Zerfall die Absorption der l.n G. durch den Text enthülle.

7. Phelan (1989, 1996) widersetzte sich, mit Fishs radikalem Konstruktivismus (1989) polemisierend, mit seiner polyvalenten Konzeption der l.n G. einer solchen Schlussfolgerung. Er gibt der literarischen Rhetorik Booths (und auch Burkes) wieder Recht und stellt die l. G. auf den Schauplatz der komplexen Erkenntnistransaktion, der Transaktion von Gefühlen, Werten und Überzeugungen zwischen Autor, Text und Leser. Doch im Unterschied zu Booth verlagert bei ihm der Zugang, für den er einsteht, den Akzent vom Autor als Aufseher auf die rekursiven Verhältnisse zwischen der Autoreninstanz, dem Textphänomen und der Leserreaktion, wo jeder dieser Aspekte abwechselnd Einfluss auf die beiden anderen ausübt oder ihrem Einfluss ausgesetzt ist (Phelan 1996). In diesem Rahmen wird die l. G. auch zu einer dynamischen Konstellation der *mimetischen* Komponente (mit deren Hilfe der Leser sie personifiziert bzw. individualisiert), der *thematischen* Komponente (durch die sie typisiert wird), der *synthetischen* Komponente (die sie als fiktionales Konstrukt wiedererkennt). Die Überdeterminierung dieser drei Komponenten im Prozess des «Voranschreitens» *(progression)* des Textes, das Verschiebungen in der allgemeinen Anredestruktur (des Textes) vom idealen Leser zum Erzähleradressaten und wiederum zurück bewirkt und das die Instabilitäten unter den l.n G.en in die Spannungen in der Beziehung zwischen Autor und Leser verwandelt (und auch umgekehrt), trägt in letzter Instanz die Verantwortung für die ideologischen und ethischen Effekte des Textes. Die Tradition der Chicago Critics bleibt also trotzdem sichtbar, wenn es darum geht, das Interesse auf die Frage zu richten, wie «Autoren das Interesse des Lesers für die Erzählung wecken, aufrechterhalten, entwickeln und auflösen», und in der Verpflichtung des Lesers, «die Prinzipien, nach denen Werke geschaffen wurden», so kongenial wie möglich zu verstehen. Dabei teilt Phelan (1989) mit Rabinowitz (1987) die Überzeugung, dass wir, wenn wir die Transaktion untergraben und dem Text auf produktive Weise erwidern wollen, uns zunächst mit den Grundlagen, auf denen ein Text aufgebaut ist, vertraut machen müssen; und Phelan behauptet, dies sei zu erreichen, indem man das Fortschreiten aufgliedert (1989). (S. R./Z. Z.)

→ Aktant, Akteur, Erzähler, Fokalisierung, Standpunkt

Glaubwürdigkeit

(engl. verisimilitude, franz. vraisemblance, russ. dostovernost')

Die Qualität eines literarischen Textes, die aus dem Grad seiner Deckung mit dem Gefüge von Normen, Voraussetzungen und Überzeugungen hervorgeht, mit deren Hilfe der Leser die ihn umgebende Wirklichkeit verifiziert. Der Text erreicht diese Qualität durch die Vorgänge der Nachahmung, der Darstellung, der Authentifikation, der Motivation (von der Seite des Autors) und des Naturalisierens (von der Seite des Lesers). In der klassischen aristotelischen Poetik wurde die G. aus der Beschaffenheit der Handlung bzw. der Intrige *(mythos)* nach den Grundsätzen der Wahrscheinlichkeit und der Notwendigkeit (Kategorien, deren Deutung je nach dem herrschenden Kunstgeschmack variiert) gewonnen. In der zeitgenössischen Theorie wird dieser Begriff mehr implizit als explizit benutzt, aber mit dem wichtigen Unterschied, dass die Beschaffenheit der G. nach Textebenen und -instanzen und nach der Kommunikationsebene relativiert wird. Das bedeutet, dass nichts an und für sich glaubwürdig ist, sondern alles glaubwürdig gemacht werden muss: Die G. ist das Resultat des vorweggenommenen Zweifelns des Lesers. Zunächst wird diese Vorwegnahme dem Autor zugeschrieben, der den Plot konstruiert, Beschreibungen und Dialoge einführt, den literarischen Gestalten Motivation verleiht oder einen angemessenen Erzähler einfügt. Doch von dem Augenblick an, wenn die G. eines literarischen Werks durch die Institution der Literatur selbst gesichert ist, kann der Autor den Text auch mit der Absicht komponieren, sich den herrschenden Modellen und Systemen der G. zu widersetzen bzw. sie bloßzustellen. Er kann sogar, worauf schon die russischen Formalisten hingewiesen haben, die Motivation einzelner Textteile *(vypadenije iz motivirovki)* oder des gesamten Textes vermeiden, um die Bedingtheit der Kunst bzw. ihren selbständigen Wert *(samocennost')* zu betonen. Aber in solchen avantgardistischen Fällen «künstlerischer Motivation» (Tomaševskij) wird die Rolle des Glaubwürdigkeitsgaranten von Rahmensegmenten des Textes übernommen, die dem Leser garantieren, dass auch Grundlosigkeit, Alogik und Sinnlosigkeit einen Sinn haben.

Sogar diejenigen Schulen, die augenscheinlich die Frage der G. wegen ihrer angeblichen Altertümlichkeit zurückweisen, nehmen sie «als gegeben» an. So bevorzugt z. B. der *New Criticism* paradoxe, ironische und die Dekonstruktion unerlässlich selbstreferenzielle Texte wegen ihrer G. in Bezug auf unsere Weltkenntnisse. Dieses «unsere» bezieht sich jedoch auf westliche, elitäre, weiße, männliche und systematisch gepflegte Erfahrung, was die Bedeutungsspanne dieses angeblich universalen Begriffs erheblich einengt. (B. D.)

→ Beglaubigung, Motivation

Grammatik

(engl. grammar, franz. grammaire, russ. grammatika)

Gewöhnlich versteht man unter diesem Begriff die Beschreibung der Existenz und der Wirkungsweise der Einheiten der natürlichen Sprache, wobei diese Einheiten von den Lauten über die Wörter zu den Sätzen variieren können. Ausgehend von der Annahme, dass literarische Texte wie Sätze funktionieren, haben die Strukturalisten gegen Ende der 1960er und zu Beginn der 1970er Jahre diesen Begriff als allgemeines universales Zeichen für ihre Analyse poetischer und prosaischer Texte genutzt. So veröffentlicht Jakobson (1961) seine *Poėzija grammatiki i grammatika poėzii*, Todorov (1969) *Le Grammaire du Décaméron*, Greimas (1970) *Éléments d'une grammaire narrative*, van Dijk (1972) *Some Aspects of Text Grammar* und Prince (1973a) *A Grammar of Stories*.

1. Die Konzeption Jakobsons gründet sich auf die grammatischen (d. h. syntaktischen) Vorteile gegenüber der semantischen Dimension der Sprache. G. ist «das Skelett und die Muskulatur» der Sprache, wie auch die Geometrie «die herrliche Notwendigkeit» der Malerei ist. Beide nämlich wirken sowohl unbewusst mechanisch als auch unerbittlich bei der Konstitution verbaler und visueller Bedeutungen. Die G. schreibt vor, wie die sprachlichen Einheiten verbunden werden, da sich in einer bestimmten natürlichen Sprache bestimmte grammatische Arten nur auf bestimmte Art und Weise verbinden können – und das beeinflusst die Gestaltung ihres semantischen Feldes. Aber die grammatikalische Zugehörigkeit des Worts bleibt im täglichen Sprachgebrauch meistens unreflektiert und tritt erst in der Dichtung zutage. Die Dichtung verdrängt nämlich nach Meinung Jakobsons das Prinzip der Nähe *(contiguity)* aus den assoziativ gebräuchlichen Beziehungen zwischen den Worten und führt das Prinzip der Äquivalenz *(equivalence)* ein, sichtbar in den zahlreichen Parallelismen der poetischen Struktur. So erwirbt die Sprache die Qualität der Literarizität durch den Akt der Spiegelung ihrer Einheiten – und das heißt nach Jakobson: ihres grammatikalischen «Skeletts» – im Bewusstsein des Lesers. Erst über dieses Skelett, also durch die feste Relationalität ihrer Einheiten, realisiert sie dann ihre Bedeutung.

2. Die dargelegte Konzeption hat einige Theoretiker veranlasst, nach der Tiefenstruktur zu forschen, die in literarischen Prosatexten für die Sinnkonstituierung verantwortlich ist. Todorov (1968/1973) z. B. erkennt darin die grundlegende Aufgabe der Poetik, da sie durch einen solchen erklärend-deskriptiven Zugang, im Unterschied zur «projektiven (biographischen, soziologischen, psychoanalytischen, phänomenologischen, archetypischen etc.) Kritik», einen wissenschaftlichen Status behielte. Anders als die Interpretation, die sich in die Bedeutung des literarischen Textes vertieft, verzeichnet die Poe-

tik lediglich die grammatischen Bedingungen dieser Bedeutung und beschreibt dadurch eigentlich nur das, was einen Text spezifisch literarisch macht.

Auf einer solchen Inventur der literarischen Kategorien und ihrer Beziehungen basiert auch die *Grammar of Stories* (G. der Erzählung) von Prince. Er erkennt in der Erzählung drei grundlegende Typen von Bestandteilen: statische, dynamische und komplexe. Die Erzählung setzt in ihrer Tiefenstruktur mit einer Situation ein, mit Hilfe der zeitlichen Verbindung setzt sie sich fort durch die Handlung, um sodann mit Hilfe der zeitlichen und kausalen Verbindung wieder in einer Situation zu enden. «Er war glücklich, dann begegnete er einer Frau, und dann war er deshalb unglücklich.» Obwohl diese G. explizit Einfachheit und universale Anwendbarkeit anstrebt, hat die Überprüfung gezeigt, dass keine dieser beiden elementaren Forderungen erfüllt wurde.

3. Die Schwierigkeiten, die aus solchen Erforschungen der Tiefengrammatik des Textes entspringen, stehen in Zusammenhang mit dem unreflektierten Übernehmen der de Saussureschen Distinktion von Sprache und Rede bzw. der Distinktion von System und Prozess nach Hjelmslev. Bei beiden beinhalten die ersten, sozial beglaubigten Glieder (Sprache und System) eine begrenzte Anzahl von Elementen, die eine unbegrenzte (oder zumindest sehr große) Anzahl von Kombinationen ermöglichen und dadurch die Erscheinungsverschiedenheit individueller Äußerungen erklären würden. Aber die soziale Beglaubigung, die sich außerhalb des Bereichs des Individuums ereignet, bringt in die Analyse eine unvorhersehbare Dimension der Geschichte, denn es ist möglich, dass der Analytiker aus der großen Menge der Modelle unbewusst gerade jene Tiefenstruktur hervorhebt, die seine Gesellschaft beglaubigt hat und die in anders geschichtlich situierten Gemeinschaften nicht der Träger der Literarizität wäre. In diesem Fall wäre die durch das linguistische Verfahren ausgesonderte G. für alle diskursiven Äußerungen nicht gleichermaßen relevant gewesen.

4. Dies veranlasste Greimas, Tiefengrammatik auf andere Art und Weise zu verstehen, indem er sich auf den von Chomsky in der generativen Transformationsgrammatik eingeführten Unterschied zwischen Kompetenz und Performanz stützte. In der von Bloomfield begründeten Tradition der amerikanischen Linguistik setzt Chomsky deren Distinktion nämlich nicht mit dem Gegensatz sozial / individuell gleich, sondern platziert ihre beiden Glieder in die individuelle Sphäre. Das erlaubt ihm, die Kompetenz aus der rationalen Kategorie der Logik statt aus der empirischen Kategorie der Gesellschaft abzuleiten und sich dadurch auf die Peircesche statt auf die de Saussuresche Linie des semiotischen Denkens zu stellen. Greimas (1966) übernimmt diese Lösung, denn wenn die elementare Struktur logischen und nicht sozialen Ursprungs ist, dann gehört sie zu der *Schlussfolgerung* statt zu den *Texten*, was bedeutet, dass sie den Uni-

versalitätsanspruch ohne Einschränkung stellen kann. Und wirklich hat Greimas' semiotisches Quadrat als Elementarstruktur der Bedeutung die translinguistische Ambition, jegliche menschliche Bedeutungsbildung als eine Umformung des Systems der Zeichen in einen semiotischen Prozess zu erklären. Im Unterschied zu Chomsky, der die Performanz außerhalb der Zuständigkeit der Linguistik belässt, überwindet Greimas' Semiotik durch ihre Konzentration auf die transformativen *Richtlinien* statt auf die feste *Struktur* darüber hinaus den Kontrast zwischen der satzbezogenen und der diskursiven Linguistik, der formalen und der semantischen Linguistik, der systembezogenen und der prozessualen Linguistik. Seine G. stellt sich als eine umstellbare Konfiguration von Merkmalen, Aktanten und Funktionen dar. Durch ihre derartige Gliederung und Beweglichkeit antizipiert sie jedmöglichen Prozess syntagmatischer Verkettung, und das sogar bis zu dem Grad, dass sie nicht allein dem Aussage-, sondern auch bereits dem aussagenden Subjekt seinen Platz zuweist. Dieses unaufhaltsame Okkupieren der Subjektpositionen «von innen nach außen» negiert anscheinend das Subjekt als klassische metaphysische Basis und skizziert das ambitionierte Projekt einer alternativen Anthropologie. Aber schon durch diese Ambition, sich als (spiegelverkehrte) Anthropologie zu formen, tut sie *ultima linea* ihre metaphysische Provenienz kund.

5. Die entschiedenen Hinweise auf die Verbindung der G. mit der Metaphysik finden wir übrigens bereits bei Nietzsche, der daran erinnert, dass wir uns, auch bei den Proklamationen seines Todes, nicht ganz von Gott befreien werden, solange wir an die G. glauben. Die Philosophie z. B. scheitert an der Illusion von Existenz und Substanz, weil diese in der grammatischen Beziehung von Subjekt und Prädikat verwurzelt ist; Gleiches gilt für die psychologischen Kategorien Ich, Person oder Individuum. Diese Grundsätze hat – mit großem nachfolgendem Einfluss – Foucault (1975ff.) in seiner genealogischen Phase ausgearbeitet, während Wittig (1973) die unter den feministischen Theoretikern erste und radikalste Kritik an der sexistischen Grundlage der G. (der französischen Sprache) dargelegt hat. Auch Irigaray (1984) erinnert daran, dass *l'homme* im Französischen Mensch und Mann gleichsetzt, wie man z. B. das Substantiv *le sexe* in dieser Form nicht für «Geschlecht» benutzen kann wegen der starken Assoziierung des männlichen Geschlechtsorgans, und so musste sie (1977) *le* durch *ce* ersetzen. Außerdem sind ihre Anmerkungen (1984) über das grammatische Modellieren des Begehrens nach dem Vorbild Subjekt – Objekt interessant, die das Greimassche Aktanten-Schema assoziierten, wenn sie es auch nicht ausdrücklich erwähnt. Das Einbahnströmen des Begehrens vom Pluspol zum Minuspol schließt die Frau in den Raum des Platzes für den Anderen ein, während es dem Mann das temporale Medium der Bewegung gewährleistet und dadurch die Rückkehr zu ihm selbst. Statt auf diese maskulin-

grammatische Art und Weise könnte man sich das Begehren als doppelte Schleife vorstellen, die den Zwischenraum *(entre-deux)* sichern und die Okkupation eines Pols / Geschlechts durch den/das andere verhindern würde. (C. S.)

→ Geschichte, Kompetenz, Poetik, Sprache, Struktur

Grammatologie

(engl. grammatology, franz. grammatologie, russ. grammatologija)

Der Terminus wurde von Derrida (1967b) geprägt. Er bezeichnet «die Wissenschaft von den Buchstaben oder der Schrift», die sich nicht mehr dem metaphysischen Privileg des Lauts über den Buchstaben unterwirft, wie es für den Logozentrismus charakteristisch ist. Derrida erweitert den Begriff der Schrift *(écriture)* auf ein System unterschiedlicher Merkmale, das Grundlage jeglicher Signifikation und Signifikationsfähigkeit *(signifiance)* ist und folglich (wie die «Urschrift») auch der Sprache vorausgeht. (C. S.)

→ Dekonstruktion, Dissemination, Logozentrismus, Pfropfung, Schrift

Habitus

(engl., franz. habitus, russ. gabitus)

1. Begriff, den Bourdieu (1971) von Panofsky übernommen und ihn, in Analogie mit dem Begriff der generativen Grammatik von Chomsky, definiert hat als «System der verinnerlichten Muster, die es einer Kultur möglich machen, all ihre Gedanken, Handlungen und Wahrnehmungen – und nur sie – zu produzieren». Im *Entwurf für eine Theorie der Praxis* (1972) wird diese Definition etwas umgewandelt, sodass H. nun zu verstehen ist als «System der dauerhaften, übertragbaren *Dispositionen,* strukturierter Strukturen, die prädestiniert sind, als strukturierende Strukturen zu funktionieren, d. h. als Grundsätze der Erzeugung und Strukturierung von Praktiken und Vorstellungen. Praktiken, die durch den H. erzeugt werden, bilden den Grundsatz der Generierung der Strategien, welche die Handelnden befähigen, mit den unberechenbaren und immer veränderbaren Situationen zurecht zu kommen.» Ein so definierter Begriff des H. vermittelt einerseits zwischen den Sphären des Kollektiven und denen des Individuellen, andererseits z. B. zwischen den Bereichen der Kultur, der Wissenschaft und der Politik, die im Rahmen bestimmter Zeitabschnitte oft «strukturale Affinität» (der Homologie und der Korrespondenz) zeigen. Er ist

ebenso adäquat für die Verbindung der Kunstmodelle mit den breiteren kulturellen Modellen des Interpretierens und der Bewertung, was sich gewöhnlich in den literarhistorischen Synthesen als nützlich erweist.

2. Obwohl schon auf den ersten Blick die Ähnlichkeit des Bourdieuschen Begriffs H. mit dem der Mentalität als Ensemble *attitude mentales* auffällt, wie ihn die französische Geistesgeschichte interpretiert, ist bezeichnend, dass Bourdieu in ihn eine scharfe Klassendifferenzierung einbrachte, die Bloch und Febvre abstoßend fanden. Die Strukturierung des H. in einer Gesellschaft führen nämlich nach Bourdieu in der Regel die Träger des «Kulturkapitals» durch, also Künstler und Intellektuelle, die wiederum materiell von den Trägern des ökonomischen Kapitals abhängig sind. Auf der Basis solch langwieriger und kontinuierlicher Strukturierung, die durch ihre Einbindung in die körperliche Gewohnheit unbemerkbar wird, machen die Subjekte Unterschiede zwischen guter und schlechter, hoher und niedriger, echter und für die Massen bestimmter Kunst, zwischen Tatsache und Fiktion, übernehmen einen «Lebensstil», der sich in ihrem Auftreten, in ihrer Kleidung, Gestik und Mimik äußert, festigen und unterstützen ihre Benehmensart, unterscheiden Zeichenräume der gesellschaftlichen Praktik – mit einem Wort, malen die ganze Wertkarte der entsprechenden Kultur, (Spannungs-)Felder der Macht und Felder der intellektuellen Rollen.

3. Dieses Moment der subtilen körperlichen Infiltration des «Dispositivs» nähert den H. der Althusserschen Reinterpretation der Hegemonie als ein leises ideologisches Herbeirufen des Subjekts mit dem Endeffekt der *Offensichtlichkeit*: Mit Hilfe eines so gestellten, absolut ideologischen «begrifflichen» Dispositivs (*dispositif*; das Subjekt, das mit einem Bewusstsein versehen ist, mit dem es die Ideen, an die es glaubt, frei formt oder frei erkennt) entsteht natürlich die (materielle) Haltung dieses Subjekts (Althusser 1971 / 1976). Dasjenige jedoch, was sowohl bei Althusser als auch bei Bourdieu fehlt, ist die Einsicht in die Methoden, wie der Körper der Habitualisierung kraft seiner konstitutiven «exzessiven» Aufführungen widersteht. Seine konservative Erklärung des Sprechakts nimmt an, das die Konventionen, die das Performativ autorisieren werden, in ihm schon enthalten sind, womit sie versäumt, die derridasche «Trennung» mit dem Kontext in der Aufführung der Aussage zu berücksichtigen. Seine Betrachtung versäumt es, die Krise zu berücksichtigen, die in der Konvention das Sagen des Unsagbaren auslöst, die rebellische «Kraft» der zensierten Rede, die in einen «offiziellen Diskurs» übergeht und auf diese Weise das Performativ für eine unberechenbare Zukunft öffnet (Butler 1997). (D. P.)

→ Feld, Hegemonie, Herbeirufen, Kompetenz, Mentalität

Handlung

(engl., franz. action, russ. dejstvie)

Begriff, der alternativ entweder den Gegenstand der Nachahmung des Literaturwerks bezeichnet (etwa in Aristoteles' Begriff der *praxis*) oder das zentrale Prinzip seiner Organisation in einer Einheit (z. B. in der Dramentheorie, die durch den aristotelischen Begriff des *mythos* inspiriert wurde) oder die Sequenz der Kommunikationstätigkeit, der das literarische Werk seine Entstehung verdankt (wie in den verschiedenen Arten der linguistischen und literaturwissenschaftlichen Pragmatik).

1. Der Begriff H. bei Aristoteles *(praxis)* steht für die Potenz der natürlichen Materie, die der Mensch vermittelt. Die Materie bleibt «im Schlaf», bis der Mensch ihr ein Projekt der Gestaltung zukommen lässt und damit ihre Energie erweckt. Der Mensch zwingt also, indem er arbeitet, nicht die Natur auf sein Maß (wie es Plato darstellt), sondern er hilft ihr nur, sich zu äußern, indem er ihre immanente, innere Form zum Vorschein bringt. So kann die Formung des inerten natürlichen Stoffs verschiedene Stufen haben – von (1) dem *Eindruck* der Sinnesorgane als der Interpretation der *Reizung* über (2) die *Stimme* als Interpretation des Eindrucks, (3) die *Erinnerung* als Interpretation der Stimme, (4) das *Wort* als Interpretation der Erinnerung bis (5) zur *Erfahrung* als Interpretation des Worts usw. Es ist offensichtlich, dass zwischen den vorgestellten Stufen der Praxis als besonderen Formen des Austauschs zwischen den Menschen und der Natur die Mechanismen der Interiorisierung und der Exteriorisierung vermitteln, und zwar weil einige Stufen dem inneren Medium oder Register (Eindruck, Erinnerung, Erfahrung) und andere dem äußeren angehören (Reizung, Stimme, Wort). Dies verweist darauf, dass dem Begriff Praxis von Aristoteles die Übertragung eines qualitativen Registers in ein anderes immanent ist, was eine entsprechende Deformation mit sich bringt. Deshalb äußert sich keine erreichte Stufe der Praxis als in sich abgeschlossen, sondern sie verlangt nach einer neuen Übertragung durch den «unverdauten Überschuss», der hinter der Rekonstruierung des vergangenen Registers verblieben ist.

Einer ebensolchen transgressiven Forderung der Praxis kommt die künstlerische Mimesis entgegen. Die Mimesis kann sich bei Aristoteles nämlich nur mit der Praxis befassen und in keinem Fall mit der Natur selbst wie bei Plato. Die Praxis sichert durch ihre Bearbeitung den *Gegenstand* der Mimesis als eines der Kriterien der Gattungsaufteilung der Literatur (neben der Art, dem Mittel und dem Ziel; vgl. Gattungspoetik). So ahmt z. B. die Tragödie nur eine ernsthafte, einheitliche und in sich abgeschlossene H. nach (eine solche, die Anfang, Mitte und Ende hat). Das reicht aber nicht, um eine Tragödie entstehen zu lassen. Es ist ebenso wichtig, dass die H. durch das menschliche (physische, sprachliche, denkende) Tun dargestellt wird, statt nur nacherzählt zu werden. Für Aristoteles ist eine solche dramatische Art der Darstellung (mittels der direkten Führung der H.) ein Zeichen der höheren literarischen Qualität. Deshalb zieht er die Tragödie dem Epos vor, und unter den Epikern lobt er Homer, weil der sich bemüht, die Personen sich selbst äußern zu lassen (1460a). Die dramatische Mimesis bedeutet – verglichen mit der erzählerischen Diegese – eine höhere Stufe der interpretativen Bearbeitung von *praxis* – ebenso wie die epische Diegese eine höhere Mimesis-Stufe bedeutet als etwa die Lyrik. Die Letztere ist eigentlich für Aristoteles keine Mimesis (es gibt keine Handlung und keine literarischen Gestalten!), sondern sie ist einfach H. (H. des Aussageakts!), sodass er sie – wie auch in diesem Sinne ähnliche Praktiken der Historiographie und Philosophie – überhaupt nicht für Literatur hält. In der Literatur muss die H. *übertragen* sein, sich in dem inneren, erdachten und nicht im äußeren, wirklichen Register entwickeln. Eine H. ist für Aristoteles umso literarischer, je weniger sie sich wirklich zeigt. Deshalb dürfe in der Literatur die H. des Aussageakts der Erfahrung nicht zugänglich sein.

2. Die Tatsache, dass Aristoteles die Mimesis solchermaßen in sein Verständnis der H. einfließen lässt, hat in der jahrhundertelangen Rezeption seiner Lehre die charakteristische Doppelsinnigkeit des Begriffs hervorgebracht. Gehört die H. zur Praxis und ist sie deshalb ein *Gegenstand* der Literatur, oder aber gehört sie zur Mimesis und wäre so ein *Modus* der Literatur, vor allem ein dramatischer? Der aristotelische Begriff der H. oszilliert unentscheidbar zwischen *praxis* und *mythos*.

(a) Wenn die H. als *praxis* verstanden wird, bekommt sie Eigenschaften einer chrono-logischen (d. h. zeitlich und kausal) verketteten Reihenfolge von Ereignissen – so wie die Formalisten die Fabel definieren und die Strukturalisten die Geschichte. Sie geht der literarischen Bearbeitung (eines Sujets oder Diskurses) voraus, und das bedeutet eigentlich, dass sie ihr bereits abgeschlossen zur Verfügung steht. So verstanden, hat die einheitliche H. ihren Sinn in sich selbst, sodass die transgressive H. der Nachahmung diese nicht in eine neue, eigene Struktur einfügen soll. Vielmehr gibt sie jeder möglichen schöpferischen Bearbeitung im Voraus einen Sinn, sodass es verständlich ist, warum man das formalistische Sujet nicht ohne Fabel verstehen kann, ebenso wie den strukturalistischen Diskurs nicht ohne Geschichte. Für Formalisten und Strukturalisten endete der Leseakt eines Erzähltextes erst in der Rekonstruktion seiner H., und auf diese ist er die ganze Zeit hindurch gerichtet. Die H. hat den Vorrang vor allen Funktionalisierungen, weil sie nur einen Teil ihrer Potenzialität realisieren, nur einen Aspekt ihrer Disponibilität ausnutzen können. In diesem Sinn sprechen z. B. die Anhänger der Schule Greimas' (Stockinger in Greimas / Courtés 1986) über das tiefe «narrative Programm» als ein sehr abstraktes «Modell der Veränderung des Zustands». «Das narrative Programm besitzt dadurch, dass es die hierarchische Transformation zwischen einem Anfangs- und einem Endzustand artikuliert, die genaue innere Dynamik, die sich in acht einfachen Formen der Handlung erschöpfen lässt.»

(b) Aber ein solches Verständnis der H. setzt einen beobachtenden Blick von ihrem Ende her voraus, von dem Zeitpunkt aus, an dem sie schon beendet und ihr Ausgang bekannt ist. Aus der Perspektive des Teilnehmers, der nach Lösungen sucht, sieht sie wesentlich anders aus. Der Teilnehmer kann mit der H. nicht «technisch» umgehen, sondern er muss schöpferisch ihre mögliche Entwicklung antizipieren, falls er richtige Entscheidungen treffen will. Er ist also zur mimetischen Aktivität gezwungen, die selektiv vielen verschiedenartigen, sich ergebenden Variablen einen Sinn verleihen wird, sodass gerade dieses symbolische Übergehen in die zweite Dimension (der Zukunft) das ist, was Aristoteles' Begriff *mythos* impliziert. Erst mit dem *mythos* erlangt die H. jene ganzheitliche Bedeutung, die dem Teilnehmer, der in die «gelebte Zeit» (Ricœur) eingetaucht war, gefehlt hatte. Das heißt, dass der *mythos* als Einheit die Teile unterwirft – *praxis*, literarische Gestalten, ihr Denken und ihre Rede, die Musik und die szenische Einrichtung –, während er es selbst dem Zuschauer nicht leicht erlaubt, ihn in einen Teil des größeren interpretativen Zusammenhangs zu verwandeln. (Ähnlich entzog sich die *praxis* als Ganzes in der vorangegangenen Argumentation der künstlerischen Interpretation.)

Auch in dieser Deutung also bewahrt die H. die unendliche symbolische Potenz, jedoch – daran sollte erinnert werden – nur dann, wenn es sich um die dramatische Mimesis handelt. Die erzählerische Diegese zieht bereits die Mimesis zur Praxis hin, bzw. sie lenkt die Aufmerksamkeit des Rezipienten auf den Aussageakt, dem die notwendige Allgemeinheit fehlt. Deshalb verlangt die Diegese vom Leser die mimetische Aktivität der «Übertragung»; eine Mühe, die die dramatische H. dem Zuschauer wegen ihrer Anschaulichkeit erspart. Kurzum, die H. engt, als *mythos* verstanden, das Gesamtfeld der Literatur drastisch auf das Drama ein und die darstellerisch orientierte Erzählung in der dritten Person, während die mitteilend orientierte Erzählung in der dritten Person, die Erzählung in der ersten Person und die Lyrik als nicht-mimetische Tätigkeiten von der Erforschung ausgeschlossen bleiben. So wird «alles, was wir heute Literatur nennen, in zwei auffällig unterschiedlich bedeutsame Teile geteilt» (Genette 1966).

Eine vergleichbare Diskriminiertheit impliziert auch Ricœurs Begriff Plot (*intrigue*; 1983–85). Auch er grenzt alle jene Werke aus dem Bereich Erzählung aus, die es nicht geschafft haben, durch die eigene Konfiguration eine «Disharmonie in der Harmonie» der gelebten Zeit in die «Harmonie in der Disharmonie» der Werkszeit zu verwandeln. Indem er den Plot nur dem ausgearbeiteten Erzähltext zuschreibt *(récit élaboré)* und die alltägliche Geschichte *(récit quo-*

tidienne) in dem Magma der Vorfiguration belässt, fällt Ricœur – so scheint es – ungewollt der strukturalistischen Ideologie der Literarizität anheim, «die die Trennung des Werkes von der alltäglichen Produktion anstrebt» (Bres 1994). Aber um dieser Ideologie zu entgehen, musste er seinen Begriff der H. von der erzählten Geschichte *(l'histoire racontée)* auf die Tätigkeit des Erzählens *(l'activité de raconter)* ausweiten, und das bedeutet, die «heilige» Domäne der aristotelischen Poetik dem «weltlichen» Eindringling der Rhetorik zu öffnen.

3. Gerade das geschieht in den verschiedenen Varianten der Pragmatik, die aus der analytisch-philosophischen Tradition der Wirkungstheorie hervorgegangen sind. Sie beherrschte in den 1960ern und 1970ern die angloamerikanische und deutsche Szene der Gesellschaftswissenschaften (wo sie auf die Humboldtsche philosophisch-sprachliche und die Webersche soziologische Tradition gepfropft wurde). Bei der Beschreibung derart verstandener H.n treten Begriffe wie Subjekt (der Handelnde), seine Voraussetzungen, Intention oder Motivation, Typen und Modalitäten der H., Gegenstände und Mittel der H., ihr normativer und konventioneller Kontext bzw. ihre Situation, weiter noch ihr Ziel und ihre Folgen in die erste Reihe. Wegen der großen Spanne der geführten Diskussion werde ich mich bei der folgenden Darstellung auf den Begriff H. in der literaturwissenschaftlichen Pragmatik beschränken.

(a) Stierle (1975) hat als Erster vorgeschlagen, literarische Produktion und Rezeption in ein einheitliches Handlungsmuster oder Handlungsschema zusammenzufügen, das die Wirkung des Autors und des Lesers verbindet. Die Anregung hierzu hat bereits Schmidt (1973) gegeben, indem er den Begriff des kommunikativen Handlungsspiels ins Leben rief, mit dem Auftrag an die Literaturwissenschaft, in sich selbst die pragmatische Komponente einzubauen, um sich damit breiteren gesellschaftlichen Szenarien des literarischen Lebens zu öffnen. Auch Stierles Muster der sprachlichen Wirkung setzt die Öffnung der ästhetischen Kategorien gegenüber spezifischen historisch-pragmatischen voraus. In der «historischen Textpragmatik» des zweiten Jauß-Schülers, Gumbrecht (1975ff.), wird die Beschreibung des literarischen Textes definitiv zum Bestandteil der Beschreibung der gesellschaftlichen Wirkung. Er strebt die Rekonstruktion der Erkenntnis-, Motivations- und Erfahrungsstruktur der entsprechenden Produktion und Rezeption an, um die Funktion zu begreifen, die der literarische Text in ihnen erhält. Es wird angenommen, dass seine Struktur sowohl auf die räumlich-zeitlichen als auch die gesellschaftlichen Gegebenheiten des historischen Moments referiert, auf die Stratifikation des Wissensvorrats, der den Kommunikanten gemeinsam ist, wie auch auf die Möglichkeiten der ausgewählten Gattung und der gegebenen Sprache. Aber wie dicht auch immer sich diese Strukturvorbedingungen des generativen Gefüges des literarischen Textes abzeichnen mögen, sie können doch das voluntaristische Moment der H. nicht endgültig ausschließen. «Die Auswahl aus verschiedenen Handlungsoptionen ist immer an Entscheidungen geknüpft; aufgrund der Komplexität verschiedener Motivationen, Kapazitäten, Situationseinschätzungen kann man den Ausgang einer gegebenen Situation nie hundertprozentig voraussehen» (Baasner 1996). In diesem Sinn gehen die Handlungstheorien – im Unterschied zu den Systemtheorien – grundsätzlich vom Subjekt der H. aus, dem sie eine gewisse Entscheidungs- und Bewegungsfreiheit gegenüber den Strukturen einräumen.

Wie üblich bereitet jedoch die Position Schwierigkeiten, aus der die Situation des Textes rekonstruiert werden soll, der als H. begriffen wird. Einerseits projiziert der Texthorizont selber seinen *ideellen* Leser; andererseits hat es ein *konkretes* historisches Publikum gegeben, an das sich der Text im Moment und am Ort seines Entstehens gewandt hat; schließlich gibt es den späteren *realen* Leser, mit dem der Text gewissermaßen gar nicht gerechnet hatte. Kann dieser spätere Leser, der in seine Erkenntnisstruktur, in die Ideologie des eigenen historischen Augenblicks und in seine ganz individuellen Selbstverständlichkeiten eingebunden ist, wirklich den Horizont des ideellen oder historisch-empirischen Textlesers erreichen? Falls hier aber Fälschungen unausweichlich sind, welchen Wert hat dann seine ganze Rekonstruktion der H., wie viel Authentizität kann sie haben?

(b) Diese Bedenken haben das Aufgeben der interpretativen zugunsten der funktionalen Richtung angeregt. Die empirische Literaturwissenschaft proklamierte 1980, ihr Ziel sei die Rekonstruktion des gesamten Systems aller H.s.-Bereiche, die den Begriff der Literatur schaffen, und das heißt: Produktion, Distribution, Rezeption und Bearbeitung mit den entsprechenden Rollen und Ergebnissen. So besteht die Gesellschaft für Schmidt (1980) aus Kommunikationshandlungssystemen (Politik, Wirtschaft, Kultur usw.), sie sind aus ihren Konstituentenbereichen (Erziehung, Kunst usw.) zusammengesetzt, diese Bereiche wiederum setzen sich aus Elementarsystemen zusammen (Malerei, Literatur usw.) und diese aus ihren Manifestationen. Das gesamte Gesellschaftssystem ist also dem Handlungssystem der Literatur hierarchisch eindeutig übergeordnet – und das ist der Streitpunkt, an dem die sog. Münchener Gruppe der Systemtheoretiker kritisch interveniert. Statt des hierarchischen Modells der Beziehungen zwischen den Systemen spricht sie sich für das Interpretationsmodell aus, das die Beziehungen *innerhalb* eines Systems – anders als bei den «Empirikern» – untrennbar macht von den Beziehungen *zwischen* ihnen. Die Systeme werden untereinander gleichberechtigt. «Der umfassende Blick der sozialen Geschichte (der Literatur) erweitert und korrigiert ‹Sinngebungen›, die dem Verständnis einzelner Texte und individueller Werkreihen zugeschrieben wurden. Ihr primäres Interesse gilt der Analyse und Darstellung der

Ereignisse und der Erscheinungen jenseits ihres Situationskontextes in der vergleichenden Perspektive, sodass sie in ein Verhältnis mit den typischen Konfigurationen, Strukturen und Prozessen in der Modernisierung der Gesellschaft gebracht werden können (...)» (Pfau / Schönert 1988).

Obwohl jedoch ein Werk in das komplexe Institutionsnetz eingebunden wird, das den Umgang mit ihm reguliert wie auch die Erwartungen, die man ihm zuträgt, verbindet sich dieses Netz über das viergliedrige Schema der Handlungssysteme Parsons' auch weiterhin mit den Handlungssubjekten. Da letzten Endes auch das Literatursystem selbst als ein solches Subjekt begriffen wird, bleibt unklar, welche Funktion aus Parsons' Spektrum ihm als Hauptfunktion zugeschrieben werden soll – die integrative oder die struktur-reproduktive. Beide erweisen sich entweder als zu eng oder zu weit. So werden die Schwierigkeiten der empirischen Literaturwissenschaft mit der Spezifizierung des Literatursystems anderen Systemen gegenüber wiederholt.

(c) An diesem Punkt interveniert Luhmanns Theorie der selbstreferenziellen Systeme, welche Parsons' Bindung der Systeme an das Handeln oder die H. verlässt, um ihren Systembegriff aus der Kommunikation abzuleiten. Das heißt, dass die Zuschreibung (Attribution) der H. zum Subjekt als ein (reduktiver) *Effekt* der Kommunikation betrachtet wird statt als ihr (natürlicher) *Ausgangspunkt*. Die Kommunikation versteht nämlich *sich selbst* und gibt sich als H. der (Mitteilung) aus, indem sie einer Person zugeschrieben wird. Sie stellt auf diese Art die notwendige Stütze für den Anschluss künftiger Kommunikationen bereit und sichert damit die Systemreproduktion. Aber die Theorie, die diesem Effekt aufs Wort glaubt, erzeugt den falschen Eindruck, der Mensch könne die Kommunikation bewusst steuern, obwohl er tatsächlich weder der Urheber noch die Ursache, sondern bloß die Folge der hergestellten Beziehung ist.

Es handelt sich darum, dass die Kommunikation nicht mit dem bloßen Akt der Mitteilung entsteht, sondern erst durch den Verständnisakt, was bedeutet, dass mindestens *zwei* psychische Systeme notwendig sind. Über die H. hat man dagegen nur in Bezug auf die *Einzelnen* als ihre Träger reflektiert. H.en werden durch Zuschreibungsprozesse konstituiert. Sie entstehen so, dass die Selektionen, aus welchem Grund auch immer, in welchem Kontext auch immer und mit Hilfe welcher Semantiken auch immer (‹Absicht›, ‹Motiv›, ‹Interesse›), den Systemen zugeschrieben werden. Deshalb kann man das, was die einzelne H. ist, nur aufgrund der sozialen Beschreibung erfahren. Nur so findet die H. ihre Einheit, ihren Beginn und ihr Ende, obwohl die Autopoiesis des Lebens, des Bewusstseins und der sozialen Kommunikation weiterläuft (Luhmann 1984). (A. H.)

→ Akt, Geschichte, Handlungsspiel, Plot, Pragmatik

Handlungsspiel

(engl. performance)

1. Begriff, der während der Rezeption der Sprechakttheorie in den 1970er Jahren in die moderne Literaturtheorie eintritt. Es zeigt sich nämlich das Bedürfnis, den Sprechakt als einen Bestandteil von umfassenderen Kommunikationsszenarien zu betrachten, die einen Austausch einer bestimmten Anzahl von Sprechakten einschließen: (1) innerhalb einer bestimmten Konstellation von Sprechrollen mit entsprechenden Verpflichtungen und Rechten und (2) innerhalb eines bestimmten Interaktionsschemas, das mit einem entsprechenden Annahmenzusammenhang versehen ist. Daher führt Schmidt (1973) den Begriff des *kommunikativen H.s* ein, und zwar als eine spezifische Übergangsetappe zum Begriff des literarischen Systems als grundlegende Kategorie der empirischen Literaturwissenschaft, die er 1980 etablierte. Die Theaterkonnotationen des Begriffs sind nicht zufällig, sondern werden aus einer reichen Tradition des Sprachverständnisses abgeleitet, die Wittgenstein (1958) oder Goffman (1974, 1981) in jüngster Zeit durch ihre Thesen kennzeichneten. So behauptet Wittgenstein, dass wir durch die Rede nicht aussagen, sondern zeigen, nicht mitteilen, sondern uns erklären, während Goffman (1974) noch ausdrücklicher postuliert, dass eine Konversation nicht aus Nachrichtenaustausch, sondern aus einer Reihe von Aufführungen besteht. Mit anderen Worten, die Bedeutung einer Äußerung geht aus der Art hervor, wie sie den Rahmen ihres Verstehens «inszeniert». Gewöhnlich vollzieht sich dies unbewusst, da diese Handlungsspielrahmen durch einen langen Gebrauch in der Kommunikationspraxis eines Kollektivs ritualisiert sind. Wenn sich das Verhältnis zwischen den Kommunikatoren so organisiert, dass sich ihre Äußerungen in dem vorherbestimmten Interaktionsschema (Szenarium) eingliedern, spricht van Dijk (1977) von einer Kommunikations*situation*, wenn es den Äußerungen durch ihre Form gelingt, selbst ein Szenarium hervorzurufen, in dem sie ihre Bedeutung verwirklichen, spricht van Dijk von einem Kommunikations*kontext*. Die erste Art des Handlungsspielrahmens aktiviere die Voraussetzungen aus der Sphäre des gemeinsamen Wissens *(shared knowledge)* der Kommunikatoren, die zweite Art Voraussetzungen aus der Sphäre ihres expliziteren und klarer aufgegliederten Allgemeinwissens *(common knowledge)*. Das Ideal eines solchen Sprachverständnisses ist eine ausführliche Beschreibung der Voraussetzungen entweder der Situation oder des Kontextes; denn nur wenn diese Beschreibung der Regel, welche die Kommunikation der Sprachhandlung aufstellt, vollständig ist, kann man erklären, warum eine Äußerung die entsprechenden Bedeutungseffekte erzielt. Aber es ist nicht möglich, solch eine Ausführlichkeit zu erreichen, da auch die Beschreibung selbst nach bestimmten Regeln vorgeführt

und als solche Vorführung auch selbst durch die Regeln relativiert wird. Das heißt, dass ein neutrales, «nicht vorgeführtes» Gefüge von Regeln für eine Beschreibung der Handlungsspielregeln nicht existiert. So ist auch die Äußerungsposition der Wissenschaftler nolens volens in das Szenarium des H.s mit einbezogen.

2. Von dieser Erkenntnis ausgehend, entwickelte Felman (1980) eine eigene Konzeption des H.s durch die spezifische Lektüre von Austins Sprachphilosophie. Sie versucht eigentlich, Austin vor Derridas Kritik zu schützen. Dieser Kritik nach schließt er die Nachahmung (anderer Akte) aus den sog. normalen Sprechakten ungerechtfertigt aus und reinigt sie so von der «Bühnen»dimension. Felman behauptet dagegen, dass Austin zugunsten der These über die Immanenz der Verfehlung jedes Sprechakts argumentiert bzw. zugunsten der These, dass eine Aussage immer fehlschlagen *(misfire)* kann. Das Fehlschlagen lässt sich nicht verhindern, denn kein Akt, wie auch immer er sich selbst kontextuieren mag, kann alle Voraussetzungen seines Verständnisses ausschöpfen; am Ende hängen sie immer vom kontingenten Adressaten und von den Umständen ab, in denen er/sie angesprochen war. Solch eine Auslieferung der Rede an den unvorhersehbaren Verstehensakt erklärt Felman durch den Anteil des Körpers in ihr. Da der Körper nicht nur die konstitutive Voraussetzung des sprachlichen, sondern auch des szenischen und geschlechtlichen H.s schafft, wählt sie den Begriff *performance*, der alle diese H.e in seinem Bedeutungsfeld vereint. Butler (1993, 1997) nutzte diese prinzipielle «Verfehlbarkeit» der Handlungsspielintention, um zu zeigen, wie die H.e zwar durch lang anhaltenden Druck der gesellschaftlichen Begrenzungen, Drohungen und Sanktionen normiert sind, diese Normierung sie jedoch nicht vor Bedeutungsuntergrabung in jedem Akt ihrer Wiederholung schützen kann. Den Performativen ist, obwohl sie es sorgsam verdecken, gerade das szenische Mimetische eigen, das ihre Bedeutung verdoppelt und sie karnevalsmäßig verdreht. Das ist jenes, was das geschichtliche Nacheinander ihres Gebrauchs diskontinuiert, indem es ihm beständige Gattungsidentität vorenthält.

3. Der Begriff H. ging in die literaturtheoretischen Diskussionen der 1970er und 80er Jahre ein – außer auf die schon beschriebenen Arten auch infolge der Verstärkung pragmatischer Einflüsse auf die bis dahin vorherrschend textgerichtete Poetik. In dem Maß, wie die Produktion und die Rezeption des Textes in den Vordergrund treten, wird klar, wie viel Einfluss sie nicht nur auf seine Form, sondern auch auf seinen Inhalt nehmen. Diese Lehre zieht die Literaturtheorie vor allem aus der Folkloristik, die als Erste auf die Fehlerhaftigkeit, sogar einen Charakter der Verfälschung des klassischen Geschriebenen und der Tonaufzeichnungen im Vergleich mit dem synkretistischen, «polymedialen» H. der mündlichen Literatur hinweist. Letzteres H. wird in den unwiederhol-

baren Umständen geboren, begleitet von der lebendigen Reaktion des Publikums, die von dem Aufführenden eine entsprechende Improvisation verlangt. Daraus kann man schlussfolgern, dass die Gerichtetheit des Textes auf eine bestimmte Rezeptionsart seine Strukturierung sowohl unter den Bedingungen der mündlichen als auch der schriftlichen Kultur beeinflusst. Schließlich weisen zahlreiche heute eminente literarische Formen, z. B. der Vers, eine mündliche Herkunft auf, was das Leser- und Forscherverhältnis ihnen gegenüber entscheidend bestimmt.

Es ist nämlich nicht zufällig, dass sich zum Beispiel die Prosodie auf die gesprochenen Worte des Verses konzentriert – die Betonung, Länge und Art der Laute –, die man nur in der Aussprache *hören*, aber im Text nicht *sehen* kann. Ihr Ausgangspunkt ist demnach der gesprochene Vers. Denn in der Antike und im Mittelalter war das Aussprechen eines Gedichts eine so natürliche Gestalt seiner Perzeption, dass die mittelalterlichen Schriftsteller ihrer graphischen Präsentation keinerlei Aufmerksamkeit schenkten und diese mit ruhigem Gewissen als Prosa abschrieben. Die auf der Bühne gesprochenen Verse wurden überhaupt nicht als Verse verstanden, und die Dramatiker, die wünschten, dass man die Form in der Aussprache ihrer Bühnengestalten wahrnimmt, mussten verschiedene Versarten für verschiedene Gestalten kombinieren, oder sie mussten die Verse so strukturieren, dass sie in Konflikt mit der Syntax gerieten, anstatt sie der Syntax anzupassen, wie zum Beispiel der Blankvers der englischen Dramatiker der Renaissance.

Andererseits ermöglichte die Bestimmung der Prosa zum Lesen eine entsprechende Umwandlung z. B. der Figurenrede im Roman, und zwar gleichermaßen der äußeren und inneren Rede. Sie musste nicht länger der Alltagserfahrung der Rede ähnlich sein, weil die Umstände, unter denen sie rezipiert wurden, ganz unterschiedlich waren. Die sog. Geschichte des Lesens (1970ff.) trug durch ihre Erforschung der Umbildungen der Lesesituation (laut, leise, stehend, sitzend, liegend etc.) zum Verstehen des literarischen Textes als H. bei.

4. Das Problem des H.s wird am offensichtlichsten, wenn es um einen Dramatext geht. Deswegen waren die Diskussionen über die Wichtigkeit des H.s für sein Verstehen auch am heftigsten. Von Aristoteles über die Renaissance-Kritiker bis hin zum New Criticism zieht sich die Vernachlässigung, sogar das Verwerfen der Theateraufführung als ein Aspekt des Dramatextes durch die europäische poetologische Tradition.

Mitte der 1960er Jahre erscheint allerdings in der angloamerikanischen Kritik der sog. *performance criticism* (Beckermann, Brown, Williams, Styan) als ein Gegensatz zur Dominanz des New Criticism. Die Performativisten betonen, dass die Dramaforschung nur im Licht der Theaterbedingungen möglich ist, für welche die Dramen geschrieben sind und in deren Zusammenhang sie zum ersten Mal veranschaulicht waren. So tritt die Bühne anstatt der Textseite in den Vordergrund, das Szenarium anstatt des Textes, die Spielbarkeit des Stücks anstatt von Wortspielen. Statt des fertigen Produkts wird der Prozess der Aufführung zum Mittelpunkt des Kritikerinteresses, mit allen Vermittlerinstanzen, die er einschließt. Der Geschmack und das Verhalten des Publikums, Stil des Schauspielers und Diktion, Regisseurverfahren, Kostümographie und Szenographie der entsprechenden Epochen und die Organisation des Theaterraums werden erforscht. Am besten zeigt die Umwandlung der kritischen Ausgaben bedeutsamer Dramaautoren, wie einflussreich der *performance criticism* war. In ihnen befinden sich Hinweise zu vergangenen und möglichen Aufführungen, die den philologischen Apparat des 19. Jh.s zurückdrängten.

Aber mittlerweile kristallisierten sich auch die Schwierigkeiten des Performativismus heraus. Aus der Forscherperspektive sind die Quellen, die von der Aufführung zeugen, oft unzugänglich, fehlerhaft oder begrenzt gebrauchbar. Aus der praktischen Perspektive ist es sehr schwer, in das interpretative Ganze die Gesamtkonstellation der Ereignisse einzubinden, von denen die Mehrheit unbemerkt abläuft und die sich zwischen dem Aufführenden und dem Publikum von dem Moment an abspielen, wenn der erste Zuschauer den Aufführungsraum betritt, bis zu dem Augenblick, wenn der letzte Zuschauer ihn verlässt – und genau das ist Schechners Definition des H.s (1988).

(Lj. Š. / W. W.)

→ Akt, Handlung, Mündlichkeit, Pragmatik, Situation

Hegemonie

(engl. hegemony, franz. hégémonie, russ. gegemonija)

1. Gewaltfreie Herrschaftsart über unterworfene Klassen im Kapitalismus, die Kompromisse zum Zweck der Befriedung und der Integration des Widerstandes einschließt. Es geht darum, dass dem gesellschaftlichen Leben eine gewisse allgemeine Richtung durch das Infiltrieren von Gewohnheiten, Überzeugungen, Denk- und Handlungsarten sowie Moral auferlegt wird. Diesen Begriff entwickelte Gramsci (1929–35), der darunter ein heterogenes und widersprüchliches Corpus von Elementen aus der Steinzeit und den Prinzipien fortschrittlicher Wissenschaft, von Vorurteilen aus allen vergangenen historischen Epochen auf lokaler Ebene und der Einsicht in eine zukünftige Philosophie, die der vereinten Menschheit in der ganzen Welt gehören wird, versteht. Williams (1977) definiert H. als gelebtes System von Bedeutungen und Werten. Sie werde ideologisch gegründet und halte sich in der geistigen Sphäre der allge-

meinen Kultur durch verschiedene Institutionen aufrecht, die das Koordinieren des Corpus des sog. gesunden Menschenverstandes unter der Devise des sog. Gemeinguts übernehmen. Zu solchen Institutionen gehört natürlich auch die Literatur mit ihrem gesamten «Servicebetrieb». In ihr werden hegemoniale Wirkungen vor allem durch Festlegung von Kanones und die Förderung gewisser Lese- und Anwendungsarten erzielt.

2. Doch wie bestimmte Schreib-, Lese- und Interpretationsarten von literarischen Werken die H. unterstützen, so können sie sie auch untergraben. Indem er diesen Aspekt innerlicher Auflösung aufgrund klassenbezogener, ethnischer und kultureller Verschiedenartigkeit des Hegemoniefeldes – das schon bei Gramsci auftauchte – entwickelte, bemerkte Williams (1977), dass jedes Hegemoniesystem überlebte *(residual)* und neu entstehende *(emergent)* Praktiken beinhaltet, wobei sich die letztgenannten durch Kristallisationskerne der sog. *Gegenhegemonie* ausdrücken. Viele Theoretiker (z. B. Adorno, Foucault, Baudrillard) bevorzugten zwar apokalyptische Visionen von H. in der Gesellschaft, die über Erziehung und Bildung, militärische und medizinische Vorsorge, Syndikate, Massenmedien und Unterhaltung verfügt, um die ‹kapillare Kontrolle› zu erreichen. Trotzdem hat de Certeau (1980, 1986) Williams' subversiven Faden in einer Reihe seiner Arbeiten resolut übernommen und reformuliert, womit er deutliche Spuren auf dem Gebiet zeitgenössischer *Cultural Studies* hinterlassen hat. Außer in den *Cultural Studies* (Hall et al. 1978) wurde der Begriff H. seit den 1980er Jahren in der Postkolonialismustheorie (Lawrence 1982; Guha 1982; Mallon 1994; Cooper 1994) intensiv benutzt, weil nach Arnold (1994) in Kolonialgesellschaften repressive Techniken gemeinsam mit dem ‹Konsens› wirkten, der teilweise freiwillig erreicht und teilweise auferlegt wurde. Aber das Gewinnen bestimmter Gruppen kolonisierter Bevölkerung konnte nicht ohne zeitgleiche Umwandlung kolonialer Ideen stattfinden. Laut Loomba (1998) werde die Schlüsselrolle solcher Umwandlungen im Rahmen der Kolonialherrschaften immer mehr eingesehen. (B. D.)

→ Andere, Ideologie, Institution, Macht

Herbeirufen

(engl., franz. interpellation, russ. prizyv)

1. Nach Althusser (1970/1976), der hier an Gramscis Konzeption der Hegemonie anknüpft, ist das H. eine Art der Operation der sog. ideologischen staatlichen Einrichtungen (Kirchen, Schulen, Familien, politische Parteien, Medien, kulturelle Institutionen), die über ihre Angestellten – Pfarrer, Professoren,

Animateure und ähnliche – die Untertanen in die entsprechende Rolle, d. h. Subjektpositionen herbeirufen. Althusser vergleicht dieses Verfahren mit dem polizeilichen H. auf der Straße «Hallo, ihr dort!» *(Hé vous là-bas)* oder mit dem simplen Pfeifen, das bei einigen Passanten, nämlich denen, die sich *erkannt haben*, eine «Drehung um 180 Grad» bewirkt. Gerade diese Drehung des spontanen Erkennens in dem Ruf teilt ihnen die Rolle des Subjekts durch die «Einschreibung in die ideologische Ordnung» zu, sodass sie Althusser demgemäß *assujettissement* (Bevollmächtigung / Unterwerfung) nennt.

2. Seinen späteren großen Einfluss schuldet Althussers Konzept gewiss der Demystifikation der scheinbar apolitischen Institutionen des gesellschaftlichen und kulturellen Lebens wie der Familie, Schule, Vergnügungen oder Kunst. Einer seiner Schüler (Macherey 1966) hat das Konzept auf die Wirkung der literarischen Texte angewandt, während ein anderer (Pêcheux 1975) es in seine Theorie des Interdiskurses eingebaut hat. Hier macht er auf die sog. parafrastischen Räume aufmerksam, die mit ihrer «Offensichtlichkeit» zwischen verschiedenen diskursiven Formationen als ihre «Vorkonstrukte» vermitteln. Ihre Aufgabe ist es, die divergenten Diskurse mit lexikalischen Feldern des Allgemeinwissens und mit elementaren syntaktischen Modalitäten *(enchâssement)* zu versorgen. Auf dieser Basis bilden sich «selbstverständliche» Synonymien zwischen verschiedenartigen Elementen, die in fertige «Bedeutungsmatrizes» verschmelzen. Solche scheinbare «symmetrische Verwechselbarkeit» zieht dann Einzelne in die «offensichtlichen» Identifikationen hinein und über diese Wiedererkennung auch in die Rolle des «universellen Subjekts».

3. Doch bereits die ersten Kritiken machten darauf aufmerksam, dass Althussers Darstellung des H.s funktionalistisch eindimensional ist: Er unifiziert gleichermaßen die Institutionen und ihre Opfer und lässt keine Möglichkeit zu Widerstand und Veränderung offen. Besetzt das H. wahrhaftig das ganze Subjekt? Pathak und Rajan (1992) haben in ihrer Analyse des Falls einer unter Zwang geschiedenen indischen Muslimin, deren Einspruch vor Gericht eine Verfassungskrise ausgelöst hat, gezeigt, dass ihre subjektive Lage in dem Verfahren «alles andere als stabil war, sie war geradezu *verschoben* entlang einer Reihe verschiedener ideologischer Appellationen» als Anhängerin einer Minderheitenreligion, Angehörige einer niederen Klasse und als Frau. Die asymmetrische und inkompatible Beziehung zwischen diesen Stellungen hat jedweden erkennbaren Kern der Identität verhindert. Wie eindeutig ist andererseits die Stimme des H.s, wenn man bedenkt, dass sie schon Althusser als «Telekommunikation» bezeichnet? Dienst (1994) nutzte die Gelegenheit, an Derridas Konzeption der Kommunikation zu erinnern, die konstitutiv eines endgültigen Bestimmungsorts entledigt ist. Die Ideologie müssen wir als eine Masse von Sendungen oder eine Strömung von Vorstellungen verstehen, deren Macht

darin besteht, dass sie weder perfekt adressiert noch aus einem Zentrum disseminiert sind. Weit davon entfernt, immer zu verbinden, verbindet die Ideologie niemals: Die Subjekte beobachten die Nachricht, als würden sie belauschen, als würden sie fremde Post durchstöbern. Da aber die Intention des herbeirufenden Performativs unausweichlich durch unpersönliche Konvention überschattet ist, schließt sein Verständnis notwendigerweise die Aktivität des Empfängers ein (der dadurch kein simples Objekt mehr ist): Ist denn nicht die minimale Bedingung für unsere Fähigkeit, etwas als Etwas zu hören, die Auffassung, dieses Etwas sei weder für uns bestimmt noch an jemanden anderen gerichtet? Denn wenn Quelle und Bestimmungsort des Rufs schon feststehen würden und wenn der Ruf schon als Ruf bestimmt worden wäre, dann sollte ich ihn überhaupt nicht hören (Hamacher 1984).

In dem Sinn sollte das H. von der souveränen Unwiderstehlichkeit der göttlichen Stimme, die Althusser ihr zuschreibt, befreit werden, und es sollte ebenso wie sein Ziel in einer Reihe von Derivationen aufgelöst werden. Wenn, wie es Foucault gezeigt hat, die Macht weder leicht festzustellen noch leicht zu lokalisieren ist, dann liegt der Grund dafür in der Tatsache, dass sie weder vom Subjekt ausgeht, das herbeiruft, noch mit dem Subjekt endet, das antwortet (Butler 1997). (D. P.)

→ Hegemonie, Ideologie, Subjekt, Wiedererkennen

Hermeneutik

(engl. hermeneutics, franz. herméneutique, russ. germenevtika)

1. H. bedeutet gleichzeitig Kunst und Theorie der Interpretation, was in diesem Begriff einen dauerhaften Riss zwischen dem (subjektiven) Verstehen und seiner (objektiven) Erklärung verursacht. Der Terminus leitet seinen Ursprung aus dem griechischen *hermeneuein* her (d. h. etwas Unverständliches in eine verständliche Sprache oder in einen verständlichen Ausdruck übersetzen) und steht in Zusammenhang mit dem antiken Gott Hermes, der den Sterblichen lebenswichtige Botschaften vom Olymp übermittelt. Auf ebendiese Weise überschreitet auch der Hermeneut die Grenze, welche die eigene von der fremden Kultur, den eigenen Glauben vom fremden, die Gegenwart von der Vergangenheit, die Stimme vom Text und das Bild vom Wort trennt – all das auf der Suche nach dem verlorenen Werkzeug der Selbsterhaltung. Seine Tätigkeit wird motiviert durch die Entstehung des Risses zwischen den bis dahin konstitutiv verbundenen Bedeutungsregistern sowie durch das Gefühl des Getrenntseins von der Matrix, welches ihn zu Versuchen der Überbrückung veranlasst. Der Zu-

stand der Kastration (des Subjekts vom einstigen Subjekt und dem jetzigen Objekt) ist in jedem Fall der Initiator einer hermeneutischen Tätigkeit. Doch dieser Zustand stellt gleichzeitig ein Hindernis dar, weil die Auslegung seinetwegen zur Position der *Nachträglichkeit* verurteilt ist. Ein solches Immer-schon-abgeleitet-Sein aus der Vormaligkeit, anstatt «reifen» Vordringens in die Irrtümer der Vergangenheit, setzt die Auslegung der «unreifen» Erneuerung dieser Irrtümer aus. Statt die Vergangenheit «durchzuarbeiten», verhilft das Subjekt ihr ungewollt «zur Wirksamkeit». Daher kennzeichnet die Aufdeckung des blinden Flecks des Verstehens die Geschichte der H. bereits seit ihrem modernen Anfang – der in der Romantik einsetzenden Kritik der Aufklärung.

2. Die Aufklärer beharrten auf der prinzipiellen kognitiven Präferenz der Gegenwart gegenüber der Vergangenheit als dem Zustand der Blindheit. Die Romantiker bestreiten indes eine solche Überlegenheitshaltung unter dem Eindruck der wachsenden Krise des Subjekts. Sie löst das einstmals universelle Gefühl der Gewissheit der Welt durch die unversöhnliche Vielfalt ihrer verschiedenen individuellen Deutungen ab. Da keine dieser Deutungen mehr als selbstverständlich gelten kann, ist jede von ihnen von nun an zu einer reflexiven Gegenüberstellung mit den anderen gezwungen. Durch die Konfrontation mit dem Anderssein des bisherigen Nächsten hat der Verlust des geerbten sozialen Bindeglieds die Vergangenheit als Schauplatz der Legitimierung der entgegengesetzten individuellen Anschauungen eröffnet. Daher steht die Narrativisierung des geschichtlich Anderen seit der Romantik in enger Verbindung mit Bestrebungen, die Krise der Beziehungen zum aktuellen sozialen (kulturellen, religiösen, geschlechtlichen, rassen- oder altersbedingten) Anderen zu überwinden, welcher im gegebenen Augenblick durch die Erweiterung des bisherigen Horizonts der Welt entdeckt wurde. Es gibt also Gründe, weshalb die Vertreter der Romantik die Vergangenheit – ein Zustand, der die späteren Unterschiede zwischen den Menschen (angeblich) noch nicht kannte – gerade durch Termini der *östlichen* Empfindsamkeit, der *weiblichen* Rätselhaftigkeit, der Mütterlichkeit oder der *Infantilität* darstellen (Gossman 1990). Doch die Aufdeckung solcher «ursprünglichen» Zustände, welche vermeintlich unter der unaufhaltsam fortschreitenden Differenzierung der Welt begraben liegen, ist dazu verurteilt, sich in der Gegenwart mit dem Widerstand der konfliktbeladenen öffentlichen Meinung auseinander zu setzen, mit deren ungeteilter, einstimmiger Unterstützung die aufklärerische argumentative Rhetorik noch rechnen konnte. Deshalb berufen sich die Romantiker auf «kontrafaktische», transzendentale Werte, sodass deren Annäherung an die Anfänge mystische, prophetisch-religiöse oder künstlerische Eigenschaften des Herbeirufens des Anderen gewinnt. Sie gehen von der charakteristischerweise paradoxen Über-

zeugung aus, dass uns nur der rückwärts gewandte Blick vorwärts bringen kann, weil uns der Blick nach vorn rückwärts führt (Novalis). Indem sich das, was hinter uns liegt, da es ins Jenseits übergesiedelt ist, prinzipiell dem Blick entzieht, löst die H. von Anfang an das aufklärerische empirisch-sichtbare Register der *Überprüfung* durch das eigene intuitiv-hörbare Register des *Vernehmens* ab, doch gilt dieses im Unterschied zu ersterem lediglich in der Domäne des individuell Inneren.

3. In diesem Geist spielt sich Schleiermachers Grundlegung der modernen H. ab. Er richtete als Erster die Aufmerksamkeit auf den individuellen Stil des Autors und verlieh der H. damit – im Gegensatz zu seinen scholastischen Vorgängern – den Status der Kunst («Das Auslegen ist Kunst»). Bis dahin erschöpfte sie sich in der Exegese einzelner wichtiger (Text-)Stellen gleichsam in einer Art permanenten Kommentars *(commentarius perpetuus)*. Schleiermacher stellt in seiner Revision das Theorem des hermeneutischen Zirkels auf, das besagt, dass die isolierten Stellen nur aus dem Ganzen heraus angemessen verstanden werden können, wobei dieses Ganze wiederum nur intuitiv (durch Divination) über seine Teile zu erfassen ist. Obwohl nur die Divination der H. allgemeine Gültigkeit zu verleihen vermag – andernfalls artet die H. in eine pure Ansammlung von arbiträren Beobachtungen aus –, kann sie als Projektion des inneren Gefühls nicht erlernt werden. Dies bedeutet keineswegs, dass Schleiermacher sie der zufälligen Eingebung überantwortet, die sich einer objektiven Kontrolle entzieht. Ganz im Gegensatz zu den «speziellen H.en», die ein Missverständnis für beseitigt ansehen, sobald sie eine umstrittene Stelle erklärt haben, geht die allgemeine H. davon aus, dass das Missverständnis einer jeden (selbst der abschließenden) Etappe des Verstehens immanent ist, weshalb jede von ihnen umsichtig-progredierend durch Erforschung der Gesetzmäßigkeiten des Mediums bekräftigt werden soll, in dem sich der Stil des Autors manifestiert hat. Da der Stil nur in textualisierter Form existiert, hängt auch die Überzeugungskraft der Interpretation von dem Grad der «Textualisiertheit» ab, durch die sie den anderen konkurrierenden Interpretationen standhält, und nicht von der eventuellen Übereinstimmung ihrer Einsicht mit dem ohnehin unergründlichen Stil des Textes. «Es scheint so, als würde die psychologische Einsicht unser sprachliches Verstehen der Ausdrucksmittel, die dem Autor in einem bestimmten Augenblick zur Verfügung gestanden haben, nur verstärken» (Hamilton 1996). Dennoch vermag keine methodische Vorgehensweise den apriorischen Kunstcharakter der Interpretation definitiv aufzuheben, die ein Werk ergründet, indem sie das Ausgangshandikap ihrer Position gegenüber seiner Welt «fruchtbar macht» (ähnlich einem Sprecher, der eine Fremdsprache, oder einem Kind, das die Muttersprache erwirbt). Das Ergebnis einer solchen «weiblich» intuitiven «Seiten»-Einsicht ist, dass das Werk (oder die Spra-

che) einer bestimmten psychologischen Motivation (oder einem Geisteszustand) als deren *individueller Ausdruck*, und nicht der gemeinsamen Wirklichkeit als deren *wahrheitsgetreuer Widerspiegelung*, attribuiert wird. Aus diesem Grund hat Schleiermacher, indem er die konstitutive Verspätung des Interpreten in einen Vorteil umwandelte, nicht so sehr die wissenschaftlich-argumentative *Aufklärung* (Kritik) im Sinn gehabt als eher die interpretativ-erzählende *Bewusstwerdung* des Autors (die Heranführung an seine eigene Individualität). Es stellt sich jedoch die Frage, ob er durch eine solche Neutralisierung der universellen Wahrhaftigkeit in der partikularen Ausdrucksfähigkeit (wie Gadamer ihm später vorgeworfen hat) letztlich auf einer neuen Grundlage jene aufklärerische Übermacht gegenüber der Vorlage reproduziert hat, die er durch seine Konzeption ursprünglich aufheben wollte.

4. Um was für eine neue Grundlage es sich hierbei handelte, ließ sich erst anhand von Diltheys grandioser Ausarbeitung des (Schleiermacherschen) Theorems, dass der Interpret den Autor besser verstehen müsse, als dieser sich selbst versteht, vollständig erfassen. Indem er die H. im Kern seiner Konzeption der Geisteswissenschaften ansiedelte, erweitert er deren Gegenstandsinteresse wesentlich von Texten auf gesamte Lebensprozesse – Vorstellungen, Handlungen und Erlebnisse –, die von nun an alle als das Gebiet der unbewussten menschlichen Kreativität betrachtet werden. So verwandelt Dilthey die romantische Ästhetik in eine auf neue wissenschaftliche Grundlagen gestützte Geschichtsphilosophie. Hat Schleiermacher die H. bis hin zur Erfassung juristischer, religiöser und literarischer Texte verallgemeinert, fungiert sie nunmehr – in Gestalt einer Philosophie der Geschichte bzw. des Lebens – als Grundlage aller Geisteswissenschaften. Auf diese Weise wird das gesamte Leben bzw. die Geschichte in Wirklichkeit als ein Kunstwerk verstanden, das in seiner unergründlichen Ganzheit die kulturellen Systeme einzelner Perioden mitsamt der ganzen Gliederung ihrer gesellschaftlichen, politischen, rechtlichen, religiösen und ästhetischen Manifestationen in sich vereinigt. Das philosophische Verstehen geht dabei auch weiterhin divinatorisch von der eigenen Erlebniswelt aus, aus der sich der Interpret in einen anderen hineinfühlt und dessen Gefühle rekonstruiert *(Einfühlung, Nachfühlung, Nacherleben)*. Dieses «Rückwärtsspulen» ist insbesondere beim Verstehen wahrhaft großer Kunstwerke als eines Ausdrucks des durch den Autor synthetisch erfassten Geistes der eigenen Epoche erforderlich. In einem solchen Fall ist das *Sich-Hineinversetzen* in einen Anderen besonders offenkundig mit der «Vertiefung in sich selbst» verbunden; denn erst das mühevolle Entwirren des fremden Gewebt-Seins mit den verschiedenartigen Fäden der eigenen Zeit veranlasst uns dazu, in ihm den komplexen Ursprung des eigenen Kulturwesens zu erkennen. Durch das Verstehen eines am weitesten entfernten Anderen durchdringen wir

eigentlich am wirksamsten das eigene Ich. Doch wenn die Reflexion einer Person über sich selbst die Grundlage zum Verständnis der Geschichte bildet, dann kann uns von einem Anderen eigentlich niemals eine unüberbrückbare Kluft trennen. «Dilthey glaubt nicht an die Möglichkeit der unübersetzbaren persönlichen Sprachen. Wir verstehen uns selbst in derselben Sprache, in der wir auch andere verstehen, wobei sich diese Aktivitäten in ständiger ‹Interaktion› befinden» (Hamilton). Wenn uns indes mit dem Anderen letztendlich die gleiche Sprache «des Lebens» verbindet, dann gibt es in unserem Verstehensakt – unter der Bedingung, dass dieser den geschichtlich-hermeneutischen Zirkel zwischen den zwei scheinbar einzigartigen Erlebniswelten erfolgreich schließt – nichts Eigenwilliges (was Schleiermacher noch *nolens volens* mit seinem Konzept der Divination verband). Mit dem notwendigen Quantum an hermeneutischer Sorgfalt wird der Andere in Diltheys autobiographischer Konzeption der Geschichte als getarntes Ich enthüllt! Um dieses in sich aufzuheben, muss der Interpret lediglich die geschichtliche Bedingtheit seines «Sitzes im Leben» durch Eintauchen in die Substanz des «objektiven Geistes» überwinden, der mutmaßlich alle seine subjektiven geschichtlichen Manifestationen gleichmäßig durchdringt. Im Gegensatz zu Schleiermachers in ihrer Konsequenz subjektiven H. gibt sich Diltheys H. als objektiv aus und betont dadurch ihren Anspruch auf einen wissenschaftlichen Status. Die These über die Auflösung des eigenen Erlebnisquellgrunds widerspricht indes direkt Diltheys Konzeption des Erlebnisses als der individuellsten, geradezu egozentrischen Sphäre der geschichtlichen Existenz, die dem Menschen das «unmittelbare Gefühl» der Gewissheit gibt. Wie ist es möglich, in eine so authentische Einzäunung der Individualität den anderen, kulturell verschiedenen Erlebnishorizont rückstandslos zu integrieren? Enthält die Überlieferung nicht auch solche Zonen, die sich der bloß in eine Richtung verlaufenden geschichtlichen Assimilation nicht fügen?

5. Diese Art von Zweifeln hat den ersten ernsthaften Kritiker Diltheys, Georg Simmel, dazu veranlasst, die Idee einer psychischen Vereinigung der Partner durch seine Annahme der irreduziblen Differenz zwischen *Ich* und *Du* vollständig zu verwerfen. Die Arbeit des Interpreten besteht schon deshalb nicht in der Verständigung mit dem Autor, weil Werke ihr eigenes Dasein führen, auf das die Autoren vom Augenblick der Vollendung an nicht mehr das ausschließliche Anrecht haben. Die Interpretation beweist ihre Gültigkeit nicht durch Übereinstimmung mit der künstlerischen Intention des Autors, sondern durch Konsistenz, Exaktheit und Objektivität als denjenigen Qualitäten, die in der Institution der wissenschaftlichen Gemeinschaft nachgeprüft werden. Ihr Ziel ist demnach vielmehr ein möglichst genaues Verständnis der eigenen Position innerhalb dieses Gefüges. Lukács (1911) hat diesen Standpunkt Simmels nur be-

stätigt, als er behauptete, dass die Interpretation nicht so sehr durch das Werk als durch die Lebenssituation bestimmt wird, die im Werk Antworten auf ihre Fragen sucht. Die Tatsachen sind – so Lukács – immer präsent, und in ihnen ist immer alles enthalten, aber jede Epoche benötigt andere Griechen, ein anderes Mittelalter und eine andere Renaissance. Durch wachsame Befolgung der Gesetze des wissenschaftlichen Denkens, die sie selbst aufgestellt hat, und durch das Schöpfen aus dem Wissensvorrat, den sie selbst geschaffen hat, greift jede Epoche auf diese Weise auch nach der eigenen geschichtlich spezifischen Intuition, der keine hermeneutische Tätigkeit entsagen kann.

6. Damit wurde die Akzentverlagerung auf die Situation des Interpreten und auf die Probleme der Grundlegung des Verstehensakts samt der Umstände, unter denen er stattfindet, angedeutet. Indem Heidegger den bisherigen Problemhorizont enorm erweitert, definiert er (1927) diese uneinlösbaren Umstände als *Dasein*, das uns als dauerhafte «Vorstruktur des Verstehens» verliehen ist. Sie organisiert alles und somit auch die wissenschaftliche Art der Erkenntnis in Form von immer-schon-verstandenen «Existenzialien». Das bedeutet, dass wir durch jeden unserer Gegenstände eher und gründlicher verstanden werden, als wir ihn selbst verstehen können. Da ein Heraustreten aus diesem hermeneutischen Zirkel gar nicht möglich ist, soll wenigstens angestrebt werden, in ihn angemessen hineinzutreten. Dies haben die philosophischen Vorgänger Heideggers allerdings nicht getan, als sie dem Subjekt des Verstehens auf diese oder jene Art und Weise die Übermacht zusprachen, weil sie dadurch, wenn auch unwillkürlich, die lang andauernde kosmische Nacht der «Seinsvergessenheit» (die laut Heidegger schon seit Platon andauert) lediglich vertieft haben. Heidegger ist der Ansicht, dass der Philosoph kein wissenschaftlich-instrumenteller «Herr des Wesens» sein darf, sondern lediglich «der Hirte des Seins», welcher dessen Rede in dichterischer Weise vernimmt. Daher ist der Akt des authentischen Verstehens für ihn lediglich eine der Maschen jenes allumfassenden Netzes, das die Sprache täglich spinnt, während sie unser Sein umgibt. Doch ein so radikales kopernikanisches Argument, das die gesamte metaphysische Tradition in den Termini einer vorgeblich «fundamentaleren» ontisch-ontologischen Differenz erneut umschreibt, befreit Heidegger gleichsam von der Verpflichtung des Eingehens auf die geschichtliche, rassen-, klassen-, geschlechts- und altersabhängige Spezifizierung des *Daseins*, sodass sich der Schluss aufdrängt, seine hermeneutische Struktur besitze für alle gleichermaßen Gültigkeit. In Übereinstimmung mit der (quasi-)transzendentalen Perspektive der allgemeinen «Seinsvergessenheit» und der zweitausendjährigen «Metaphysik der Anwesenheit» behauptet Heidegger (1953) beispielsweise, dass der Marxismus, der Kapitalismus, der Nazismus und die Demokratie ziemlich gleich aussehen – ganz zu schweigen von den Unterschieden

zwischen Männern und Frauen, den Schwarzen und den Weißen, den Westlern und den Ostlern (Steele 1997b). Heidegger interessiert «der Mensch als solcher». Seine Demonstration ist nach Ansicht von Dreyfus (1984) ‹transzendental›, weil er nicht erörtert, was es bedeutet, ein menschliches Wesen in einer spezifischen Kultur oder einer geschichtlichen Epoche zu sein, sondern versucht, die Merkmale des selbst interpretierenden Wesens, die für alle Zeiten und alle Orte gültig sind, zu erläutern. Ist jedoch der geschichtliche Verlauf des Daseins nicht diskontinuierlich, differenziell und ungleichmäßig, und stürzt nicht seine Vorstruktur auf jeden von uns mit jeweils unterschiedlicher «Fundamentalität» hernieder?

7. Vielleicht war Gadamer (1965), wiewohl er Heideggers These vom Interpreten als einem Buchstaben in dem als Erbe empfangenen Text des Daseins ansonsten affirmativ übernahm, aus diesem Grund nicht geneigt, der Situation des Interpreten ihre Authentizität völlig abzusprechen. Das Verstehen ist ein produktiver Akt: «Man versteht anders, wenn man überhaupt versteht.» Der Interpret aktiviert also dem Text gegenüber sein geschichtlich bedingtes spezifisches Problem, für das er im angesprochenen Horizont eine Lösung sucht – und zwar, wie Gadamer ausdrücklich vorschreibt, bis zur Ausschöpfung aller Möglichkeiten. Im Augenblick des Findens tritt die *Horizontverschmelzung* ein, das heißt, der bisherige Bedeutungshorizont des Textes wird durch den Horizont des Interpreten bereichert und tritt in eine neue Etappe seiner *Wirkungsgeschichte* ein. Gadamer stellt sich also das Überlieferungsgeschehen als einen permanenten Dialog vor, in dem der eine Partner das Selbstverständnis des anderen bereichert. In den Fällen, in denen das Sachverstehen auf unüberwindbare Hindernisse stößt, erklärt Gadamer dies mit den dem Text allzu fremden Vorannahmen des Interpreten und verlangt von ihm, dass er diese seine Präsuppositionen durch das «Vorurteil der Vollkommenheit» des Textes überwindet. Erst wenn auch das nicht hilft, ist es erlaubt, vom Textverstehen zum *Meinungsverstehen* überzugehen. Daraus lässt sich erkennen, wie stark das Konsensstreben dieser holistischen H. ist und wie hartnäckig sie das Einvernehmen gegenüber dem Dissens und das Kollektiv gegenüber dem Individuum bevorzugt. «Wenn sich unser historisches Bewusstsein in historische Horizonte versetzt, so bedeutet das nicht eine Entrückung in fremde Welten, die nichts mit unserer eigenen verbindet, sondern sie insgesamt bilden den einen großen, von innen her beweglichen Horizont, der über die Grenzen des Gegenwärtigen hinaus die Geschichtstiefe unseres Selbstbewusstseins umfasst» (1965). Durch eine solche Auffassung werden jedoch kulturelle Unterschiede und ideologische Konflikte zwischen den einzelnen Traditionen sowie hierarchische Machtverhältnisse, welche die vermeintlich einheitliche, offene und zwanglose Matrix der Überlieferung spalten und sie für manche ihrer Mit-

glieder in eine Last und einen Albtraum verwandeln, vernachlässigt. Der Argumentation von Steele (1997b) zufolge geht es nicht mehr um die Frage, ob das Subjekt integriert ist oder nicht, sondern darum, worin es integriert ist. Die Aufgabe der modernen H. sei es, die Idee von der Tradition als einer nährenden Reserve mit den antihermeneutischen Ansichten, die unser Sein in der Sprache als Beweis unserer Unterordnung unter die Netzwerke der Macht lesen, zu verbinden.

8. Dies war gewiss der Grund, warum sich schon Habermas (1973) in seiner Kritik an Gadamer einer «Hermeneutik des Zweifels» in Bezug auf mögliche Täuschungen, welche uns die Tradition unter dem Deckmantel des Konsenses als Erbe hinterlässt, zuwandte. Um unsere Achtsamkeit gegenüber ideologischen Verzerrungen zu bewahren, hält er die Erneuerung der aufklärerischen Tradition – trotz der bekannten Kritik, die deren Dialektik durch die Frankfurter Schule (Adorno / Horkheimer 1947) erfahren hat – für notwendig. Habermas «rettet» die Aufklärung, indem er ihren instrumentalen technologischen Verstand durch einen kommunikativen Verstand ersetzt, welcher vermeintlich die Lebenswelt beherrscht, indem er eine von Zwängen freie gegenseitige Verständigung anstrebt. Auf diese Weise gerät das erklärende Subjekt der Philosophie als Bollwerk der «systemhaften» Macht des Menschen über die Natur erneut unter Kritik, nun jedoch aus der Sicht der im gesamten intersubjektiven Wirkungsprozess der jeweiligen Gemeinschaft gebildeten Hintergrundannahmen. Habermas zerschlägt somit einerseits die monolithischen marxistischen Konzepte von Klasse und Arbeit als bisherige Stützpunkte der emanzipatorischen Kritik und öffnet die Möglichkeit verschiedener Subjektpositionen, welche auf kommunikative Übereinstimmung angewiesen sind und unter denen die philosophische Position nur eine ist. Auf der anderen Seite lässt er, im Unterschied zu Gadamers H., auch freien Raum für den Konflikt zwischen den Subjektpositionen, indem er sie, außer in der Lebenswelt, auch in den entsprechenden «Lebensformen» ansiedelt, deren sprachliche Praktiken unterschiedliche Rahmen für die eigene Geltung setzen. Jedes Subjekt ist gleichzeitig Teilnehmer und Beobachter der Lebenswelt, ein konsensuell und strategisch Handelnder der Kommunikation und kann in seinem Handeln entweder die eine oder die andere Dimension hervorheben. Gleichwohl lässt Habermas keinen Zweifel an den Prioritäten der aufklärerischen Analyse selbst: «Die Entitäten, die aus der Außenperspektive eines Beobachters systemtheoretischen Begriffen subsumiert werden sollen, müssen *zuvor* als Lebenswelten sozialer Gruppen identifiziert und in ihren symbolischen Strukturen verstanden worden sein» (1981 / 2). Die Bedeutung von symbolischen Manifestationen lässt sich indes «nur als virtueller Teilnehmer an dem Verständigungsprozess der unmittelbar Beteiligten aufklären» (1981 / 1), weil sich allein auf diese Weise

die inneren Begrenzungen erkennen lassen, die mit dem Referenzhorizont der Handelnden im Prozess der Gestaltung dieser Manifestationen zusammenhängen. Habermas verlangt also – ähnlich wie Geertz – vom Interpreten, dass er die Fäden der Selbstauslegung des entsprechenden symbolischen Ganzen sorgfältig entwirrt, um dadurch gewissermaßen ein Einverständnis mit diesem hinsichtlich der von ihm gebotenen Interpretation zu erzielen. Das Einverständnis wird nur dann möglich sein, wenn sich jeder der beiden Dialogpartner – der Interpret und der Interpretand – aus seinem aufgezwungenen Beobachtungssystem in den gemeinsamen Raum der Lebenswelt, die ihnen mit ihrem gesamten Gefüge von Annahmen eine definitive Kommensurabilität garantiert, hinausbegeben. Die vorgeschlagene beidseitige «Übersiedlung» der hermeneutischen Kommunikanten erweist sich indes als umso problematischer, als der Interpret letzten Endes doch das Subjekt dieser Übersiedlung ist und sie bereitwillig unternimmt, wohingegen der Interpretand als sein Objekt der Überzeugung unterworfen ist, dass die Lebenswelt, in die er versetzt wurde, tatsächlich die seinige ist. Für diese Behauptung sind allerdings keine schlüssigen Beweise zu erbringen, denn wie kann irgendein System den Zugang zur Lebenswelt haben, wenn letztere jedem System grundsätzlich transzendent ist? Die Behauptung universeller, unhintergehbarer Regeln der Lebenswelt kann daher nur in einem bestimmten – im Habermas'schen Fall dem philosophischen – Diskurs aufgestellt werden, wobei sie allein dadurch «eine fallible, prinzipiell revidierbare Hypothese» (Sutter) bleibt. Regeln, die in einem Diskurs als konsensfähig erscheinen, können in einem anderen Diskurs immer dissensanfällig sein. Kurzum: «Verstehen ist nur möglich auf der Grundlage eines Vorverständigtseins mit dem Gegenstand» (Sutter 1997).

9. Ricœur hat (1981) die Bilanz der Habermasschen Konfrontation mit der Hermeneutik Gadamers auf folgende Weise zusammengefasst: «Die Hermeneutik wird Habermas sagen, woher sprichst du, wenn du zur Selbstreflexion aufrufst, wenn nicht von jenem Ort, den du selbst als Nicht-Ort proklamiert hast (...) Du sprichst tatsächlich von der Grundlage der Tradition her. Das ist vielleicht nicht dieselbe Tradition wie die von Gadamer. Sie ist vielleicht die Tradition der Aufklärung, während die von Gadamer die Tradition der Romantik sein könnte (...), eine Emanzipations- anstelle einer Erinnerungstradition. Doch auch Kritik ist Tradition». Mit anderen Worten, das Erklären ist dem Verstehen nicht entgegengesetzt, wenn es sich selbst notwendigerweise auf eine bestimmte Tradition stützt. Daher vermag sich auch der beobachtend-erklärende Verständigungshorizont nicht als neutral und selbstverständlich zu behaupten. Indes verbindet das Streben nach einem solchen Sichbehaupten in letzter Schlussfolgerung eigentlich Gadamer und Habermas, weil sie beide die Verständigung bzw. das Erzielen eines Einverständnisses als Telos des Verste-

hens ansehen (Kneer 1997). Es handelt sich um eine Annahme, welche stillschweigend die Grundlage aller hermeneutischen Konzeptionen darstellt, ungeachtet aller anderen Unterschiede zwischen ihnen. Die Transparenz der hermeneutischen Instanz schafft für sich selbst letzten Endes alle Streitigkeiten um die Natur dieser Instanz (Subjekt? Leben? Sein? Sprache?) ab (Wellbery 1996). Dies bestätigt auch die neohermeneutische Konzeption von Frank (1977, 1983, 1986, 1988, 1990), der das redeskriptive Verhältnis zwischen Erklären und Verstehen dynamisiert hat, indem er die motorische Kraft des Letzteren auf einen irreduziblen Rest an Individualität des Interpreten stützte. Nicht nur der Interpret eines literarischen Werks, sondern jeder Teilnehmer an der alltäglichen Sprachkommunikation kann seiner Ansicht nach einen unvorhersehbaren novatorischen Beisatz in die Sprache einbringen. Doch wenn jedes einzelne Ich seine Interpretation des Ganzen auch aus einer gewissen mutmaßenden Hypothese entwickelt und diese wiederum aus dem «inneren Gefühl» der unmittelbaren Vertrautheit-mit-sich-selbst, kann es diese seine Projektion letztendlich nur im Prozess der dialogischen Verständigung überprüfen. Erst in dieser Verständigung wird seine Hypothese mit anderen Hypothesen konfrontiert und an ihnen gemessen. «Jede dieser Interpretationen kann jede andere nur in Form einer hermeneutischen Hypothese (Divination) in sich aufnehmen, und jede Divination trägt einen Index methodischer Unkontrollierbarkeit, keine erreicht den Status eines objektiven, singuläre Sinnhypothesen abschüttelnden Wissens» (1986). Die überindividuelle semantische Ordnung als Einheit der verschränkten Interpretationsperspektiven wird Frank zufolge immer nur provisorisch hergestellt, d. h. jedes Mal durch eine regulative, durch einen unvorhersehbaren individuell-konjekturellen Akt gesetzte Idee. Indem Frank dem Individuum vorübergehend die Sinneinrahmung divergenter Perspektiven überlässt, weicht er von Gadamer ab, bei dem diese Rolle das mächtige Überlieferungsgeschehen übernahm. Doch trotz der wesentlich unterschiedlichen Begründung der Konstitution des definitiven Verständigungshorizonts stellt Frank dessen *Transzendenz* nicht in Frage. Obwohl jedes Subjekt vermeintlich von der Hypothese ausgeht, dass die vorübergehend nicht übereinstimmenden Perspektiven am Ende versöhnt werden müssen, ist diese Annahme über die Ganzheitlichkeit der Welt vorreflexiv, sodass sie sich in der Kommunikation nicht unumstößlich beweisen lässt.

10. Luhmanns Theorie selbstreferenzieller Systeme greift gerade dieses stillschweigende Minimum an Konsens zwischen den polemisch entgegengesetzten hermeneutischen Positionen an, d. h. die Tatsache, dass die H. von der Idee einer endgültigen Verständigungsplattform (oder einer «Kommunikationsidylle») zwischen den Menschen abhängt. Indem sie es ablehnt, eine solche Idee für bare Münze zu nehmen – denn es gibt ebenso viele Gründe, die These

von der Unmöglichkeit der Verständigung zwischen den Menschen anzunehmen (Taylor 1992; Smith 1997) –, deutet Luhmann die Welt immer nur als kontingente Projektion eines der Teilsysteme des gesellschaftlichen Gesamtsystems. Aus der Perspektive einer solchen «lokalen Ontologie» stellt sich die Welt – anstatt transzendental zu sein – als immer wieder *empirisch* heraus, d. h. als Beobachtung erster Ordnung, welche der Beobachtung der sog. zweiten Ordnung untergeordnet ist. Letztere Beobachtung wird zwar das Abgeleitetsein der ersteren erklären, doch wird sie zugleich unbewusst ihre eigene «Blindheit» offenbaren. Auf diese Weise verwandelt sich die Welt aus einem permanenten Konsensgaranten hinsichtlich der zerstrittenen Interpretationsperspektiven in einen provisorischen Stützpunkt für deren kommunikative, die Reproduktion des Systems sichernde Anknüpfung. Sie ist nicht länger unveränderlicher Träger der Kommunikation, sondern deren veränderliches Ergebnis. Nach Ansicht von Kneer und Nassehi (1991) erlaubt eine Verlagerung von der H. auf die Soziologie die Einsicht, dass die Sinngefüge keine Entitäten an sich sind, sondern vielmehr Ergebnisse von kommunikativen Operationen der geschlossenen Systeme, welche sich und ihre Umgebung beobachten und sich durch weitere Versuche der Kommunikation reproduzieren. Da alle Systemoperationen durch eine spezifische Leitdifferenz gekennzeichnet sind, ohne die kein System hergestellt werden kann, ist ihnen ein bestimmter «blinder Fleck» eigen. Das, was sie sehen, bezahlen sie mit dem, was sie nicht sehen. Das wiederum, was sie im gegebenen Moment nicht sehen, kann entweder ein anderes System oder dasselbe System in einem der folgenden Augenblicke seiner kommunikativen Reproduktion beobachten – dies bedeutet, dass die Beobachtung eine wesentlich temporalisierte Operation ist. Die Theorie kann sich ihren Irrtum bewusst machen, jedoch immer nur nachträglich. Auf diese Weise hebt das systemtheoretische Beobachtungskonzept den privilegierten Ort der wissenschaftlichen *Erklärung* auf, indem es in seine Basis das Vorverstehen des Gegenstandes einbaut. Doch es widerlegt ebenso das Privileg des *Verstehens*, indem es jede mögliche Verbindung zur «Identität» des Gegenstandes (wie bei Gadamer) oder des Systems (wie bei Frank) dadurch unterbricht, dass es diese konstruktivistisch aus der temporär bedingten Leitdifferenz ableitet. Erklären und Verstehen gehen in der Beobachtung das zirkuläre Verhältnis der permanenten gegenseitigen Widerlegung ein. Das eine erweist sich als die Ermöglichungsbedingung des anderen.

11. In einer Reihe neuerer Arbeiten entwickelte Luhmann diese Problematik des Verhältnisses zwischen der Beobachtung erster und zweiter Ordnung (1986, 1990, 1993, 1995). Psychische und soziale Systeme gründen ihre gegenseitige Kommunikation auf das Verstehen, indem sie bei der Beobachtung eines anderen Systems jene Leitdifferenz *anwenden*, die dieses System bei der eige-

nen Reproduktion verwendet (1986). Genauer gesagt, sie *meinen*, dass sie diese Differenz tatsächlich anwenden, obwohl sie sie lediglich *zuschreiben*, und das deshalb, weil sie nicht imstande sind, aus der eigenen Leitdifferenz herauszukommen, um in die andere vorzudringen. «Die Handhabung von Selbstreferenz eines anderen Systems kann demnach nur – systemrelativ! – *beobachtet*, es kann dagegen nicht wahrgenommen oder gar angezapft werden» (Nassehi 1997a). Selbstreferenzielle Systeme sind einander prinzipiell unergründlich, was von vornherein die Möglichkeit ihrer «intersubjektiven Übereinstimmung» aufhebt. «Verschiedene Beobachter legen verschiedene Schnitte in die Welt, unterscheiden verschieden, benutzen verschiedene Formen, konstruieren also die Welt nicht als Universum, sondern als Multiversum» (Luhmann 1993b). Daher ist jedes Verstehen zugleich ein Nicht-Verstehen bzw. ein Missverstehen, doch das System kann zu dieser Differenzerkenntnis bezüglich seiner eigenen Beobachtungsoperation nur im Nachhinein kommen. «Erst der Lauf der Zeit und die Notwendigkeit, Konsequenzen zu ziehen, führen vor die Frage, ob jemand einen richtig oder falsch verstanden hatte» (Luhmann 1986a). In welchem Maß Luhmann in die Gegenwart des Verstehens die Blindheit in Bezug auf das eigene Handeln einbaut, zeigt der Umstand, dass er das Verstehen bereits zum entscheidenden Bestandteil des selektiven Verlaufs der *inner*-systemischen Kommunikation macht. «Das Verstehen sichert den Anschluss einer neuen Kommunikation und ist damit der Garant für die Autopoiesis des sozialen Systems» (Nassehi 1997a). So begründet das Verstehen nicht nur die intersystemische thematisierende Beobachtung, sondern bereits auch die reproduktive Anknüpfung von Elementen innerhalb des Systems, und dieses operiert wesentlich reduktiver, denn es «geht nicht in die Tiefe, wo es sich ja nur verlieren könnte» (Luhmann 1986a). «Im Vergleich zum Verstehen selbstreferentieller Systeme, das sich an der Leitdifferenz System/Umwelt des zu verstehenden Systems orientiert, nimmt das kommunikative Verstehen somit eine beträchtliche Vereinfachung vor» (Kneer 1997). Diese ist bedingt durch das unmittelbare Anschließen einer Kommunikationssequenz an eine andere, während das beobachtende Verstehen immer schon durch ein solches Anschließen vermittelt wird. Es beginnt folglich erst mit der *dritten* Kommunikationssequenz, von wo aus es imstande ist, die Qualität des Verstehens der zweiten Sequenz zu unterscheiden (Schneider 1994a, 1994b). Auf diese Weise beobachtet das (reflexive) *beobachtende* Verstehen die Akte des (reduktiven) *operativen* Verstehens und verdient erst dadurch die Bezeichnung Beobachtung zweiter Ordnung (Nassehi 1997a, 1997b). Nur eine solche Form des (wissenschaftlichen) «Verstehens des Verstehens» kann als H. bezeichnet werden.

12. Die Theorie autopoietischer Systeme nähert sich insofern der H. an, als sie für sich die Position eines Beobachters zweiter Ordnung beansprucht. Sie

beobachtet in wissenschaftlicher Manier die Art und Weise, auf welche andere Systeme, die sich von Augenblick zu Augenblick durch das operative Verstehen bzw. dessen selektive Entscheidungen konstituieren, ihre operative Unterscheidung selbstreferenziell anwenden. So wird der kontingent-ereignishafte Gestaltungsprozess ihrer aktuellen Struktur in seinem zeitlichen Nacheinander aufgedeckt. Nur «wenn man nicht von vornherein *analytisch* eine Struktur vor die Prozesse setzt, lässt sich Strukturbildung *in actu* beobachten» (Nassehi 1997a). «*Autopoiesis* ist letztlich die Chiffre dafür, dass sich sinnverarbeitende Systeme – sowohl psychische wie soziale – über das selbstreferentielle, *zeitlich* aufeinander Bezug nehmende Nacheinander einzelner Ereignisse reproduzieren. (...) *Kommunikation* kommt also empirisch ausschließlich als temporalisierter Prozess, als Nacheinander je gegenwärtiger Ereignisse, als (...) *Kommunikationsstrom* vor» (Nassehi 1997b). Systeme werden auf einmal zu Texten, weil sie wie diese nur im zeitlichen Nacheinander verstanden werden können und weil sie wie diese die Art ihres Verstehens selbst bestimmen. Jedes nachfolgende Ereignis identifiziert durch die Errichtung seines eigenen Horizonts das vorhergegangene Ereignis, weshalb alle Identitäten bloß nachträgliche und reinterpretierbare Konstrukte einer durchgängigen Textualisierung der gesellschaftlichen Wirklichkeit sind. «Kommunikationen / Texte werden nicht vorgestellt als Produkte von kommunizierenden Personen, sondern Personen sind in diesem Sinne Produkte von Kommunikationen» (Nassehi 1997b). Aus der Perspektive der Systemtheorie manifestieren sich folglich alle Sender- und Empfänger-Instanzen als innere Einheiten des Kommunikationsgeschehens, als Früchte der Thematisierung des sozialen Textes / der Kommunikation – wodurch *die Konstitution des autopoietischen Systems an die Struktur des literarischen Textes gekoppelt wird!* Er ist ein «kommunikativer Akt, der seine Einheit dadurch gewinnt, dass er die in einem zeitlichen Nacheinander von Sätzen organisierten bedeutungstragenden Elemente in eine Simultanpräsenz, in eine virtuelle Gleichzeitigkeit versetzt». Der «implizite Autor fungiert als hierarchiehöchste Beobachtungsinstanz, als *Beobachter aller horizontal und vertikal verschränkten Beobachtungsverhältnisse*» (Sill 1997). Wenn der implizite Autor in Übereinstimmung mit Iser (1989) als oberstes organisierendes Prinzip des Textganzen verstanden wird, dann ist genauso allein sein Kommunikationspartner, nämlich der implizite Leser – und keineswegs der reale Leser! –, imstande, «die Gesamtheit der durch die fingierenden Akte hervorgerufenen Oszillationseffekte des Textes vollständig und gleichzeitig zu beobachten» (Sill). Luhmann glaubt, dass das Kunstwerk in der Vernetzung seiner Anleitungen eigentlich ein komplexes Kommunikationsprogramm ist: «Die Herstellung eines Kunstwerks hat (...) den Sinn, spezifische Formen für ein Beobachten von Beobachtungen in die Welt zu setzen» (1995). Es inkarniert auf diese

Weise gerade jenes unendliche Bedeutungspotenzial, das dem multizentrischen *Gesamtsystem* der Gesellschaft eigen ist und das jede Beobachtung aus der begrenzten Perspektive eines Teilsystems selektiv reduzieren muss.

13. Die Analogie zwischen der hierarchischen Beobachtungsstruktur eines literarischen Textes und des Gesamtsystems der Gesellschaft basiert eigentlich auf der prinzipiellen Vorenthaltung (oder der Außerhalbbefindlichkeit) ihrer beobachtungsleitenden Unterscheidung. Sie beobachten einzig und allein, indem sie sich unentscheidbar der Beobachtung *aussetzen* – bzw. beobachtet werden – ähnlich wie die Macht in Foucaults Konzeption! «Der literarische Text erweist sich als ein kommunikativer Akt, dessen ereignishafte Gegenwart es ihm erlaubt, die dargestellten Beobachtungsverhältnisse zu beobachten, ohne an eigene beobachtungsleitende Unterscheidungen gebunden zu sein (...). An binäre Codes gebunden sind die beobachteten Beobachter der Textwelt, nicht anders als die Beobachter des Textes verpflichtet – der Text selbst ist es nicht» (Sill). Anscheinend gilt dasselbe für die höhere emergente Ordnung des Gesamtsystems der Gesellschaft, das «wie eine letzte Metasprache fungiert und alle Bedeutungen für alle potenziellen Benutzer offen hält», d. h. für die partiellen Systeme, die sich an sein Netz anschließen (Ellrich 1997). Dank seiner (hypothetischen!) Sinngarantie spitzt sich die Erneuerung des blinden Flecks in jeder einzelnen Beobachtung «nie zur antihermeneutischen Erfahrung eines völlig Unerreichbaren oder Widerspenstigen zu, sondern wird im Bild der bloßen Selbstverschiebung eines zwischen Präsenz und Absenz pendelnden Sinns neutralisiert». Ellrich (1997) bringt diese iterative Ereigniskette von einander permanent überdeterminierenden Beobachtungen aus gutem Grund mit Geertz' anthropologischer Technik der «dichten Beschreibung» in Zusammenhang, welche vom New Historicism übernommen und ausgearbeitet wurde. Auch er insistiert – genau wie Luhmanns Systemtheorie – auf einer rekonstruktiven Auflösung des beobachteten kulturellen Textes in der Gesamtheit all seiner Beobachtungsperspektiven, wobei er das reduktive Einnehmen einer bestimmten Perspektive ablehnt. Luhmann (1995) beseitigt in diesem Sinn die Kopplung seiner wissenschaftlichen Beobachtung des Kunstsystems an irgendeine Art von Kritik, weil er sie für eine bloße Extension dieses Systems hält. «Der Kunst werden ihr systemisches Eigenleben, ihre genuine Operationsweise und Evolution unterstellt, die vom soziologischen Beobachter von außen zu beschreiben sind, ohne dass er sich seinerseits (...) an diesem System beteiligte» (Staniczek 1997). Daher Luhmanns (1996b) Behauptung: «Wenn der Soziologe sich einem Thema wie ‹romantische Kunst› widmet, muss er sich bemühen, der bestehenden Situation der Dinge nichts Neues hinzuzufügen.» Anstelle irgendeiner «Einschreibung» der eigenen Leitdifferenz gilt es, sich mit der Übereinstimmung des Verlaufs der eigenen Beobachtung mit jenem

Nacheinander von Unterschieden, das angeblich schon in der Struktur des Gegenstandes selbst eingeschrieben ist, zu befassen. Luhmann (1995) verlangt deshalb, «den Begriff des Textes zu erweitern zur Annahme von interpretationsbedürftigen Objekten irgendwelcher Art». Ein so verstandener Text würde nämlich das vollständige Programm seiner Kommunikation enthalten, sodass der wissenschaftliche Beobachter zweiter Ordnung sich nach Luhmanns Ansicht darauf beschränken könnte, mitzuteilen, was das Kunstsystem selbst als Kunst bezeichnet. Er würde damit «die Aussicht auf einen formentheoretischen Kalkül» schaffen, «der alle Beobachter, die mitmachen, zum selben Ergebnis führt». Doch wie kann irgendein Beobachter von seiner Darstellung behaupten, dass sie – im Unterschied zu den anderen – gleichsinnig ist mit dem redeskriptiven Ereignisstrom des beobachteten Gegenstandes (und nicht das Ergebnis der Leitdifferenz des Beobachters selbst)? Prätendiert die Systemtheorie durch ihre Annäherung an eine solche Behauptung nicht, am Ende jenen bereits viele Male beobachteten hermeneutischen Pakt mit dem Sinnganzen des Gesamtsystems der Gesellschaft zu verwirklichen, welchen sie allen anderen Theorien von Anfang an und prinzipiell verweigert hat? (A. H.)

→ Andere, Ausdruck, Beobachten, Cultural Studies, Dialog, Divination, Ereignis, Erlebnis, Historismus, Horizont, Intention, Interpretation, Kommunikation, Lesen, Phänomenologische Kritik, Poststrukturalismus, Stil, Verstehen, Werk, Werkimmanente Kritik / Interpretation

Heteroglossie

(engl. heteroglossia, franz. heteroglossie, russ. raznorečie / raznorečivost')

Bachtin lenkt mit diesem Mitte der 1930er Jahre entstandenen Begriff die Aufmerksamkeit auf die Besiedlung des (romanesken) Worts mit verschiedenartigen Bedeutungsrichtungen von konkurrenten Soziolekten der Sprache. In jedem Wort treffen zwei grundlegende Bestrebungen der Sprache aufeinander, nämlich die Bestrebung nach Vereinheitlichung und die nach Trennung, wobei die Linguistik meistens die Letztere vernachlässigt. Bachtin stellt sie gerade mit dem Begriff der H. in den Vordergrund. Auf diese Weise gewinnt er einen Wertmaßstab, mit dessen Hilfe er z. B. Dostoevskij über Tolstoj, die Romantiker über die Klassizisten und den Roman über die Dichtung stellt. (D. P.)

→ Äußerung, Dialog, Intertextualität, Karneval

Historie

(engl. history, franz. histoire, russ. istorija)

H. wird in den 1970er Jahren zum Gegenstand des literaturwissenschaftlichen Interesses, und zwar als Folge der Ausweitung der Narratologie, die sich nicht länger auf literarische Texte beschränkt. Literarische Texte stellen nur eine von mehreren Arten dar, auf die sich ein narrativer Text äußern kann, da dieser ebenso gut als philosophischer, wissenschaftlicher, journalistischer oder als filmischer, fotografischer oder bildnerischer Text auftreten kann. Auch die H. beruht demnach auf dem Prinzip des Erzählens, wie sehr sie das auch zu bemänteln trachtet, um ihre Glaubwürdigkeit zu bewahren. Die Narratologie deckt aber *per definitionem* gerade jene Dimensionen von Texten auf, die sich der Kontrolle der Absicht ihrer Verfasser entziehen, und befasst sich dementsprechend auch in historiographischen Texten mit deren unbewussten Strukturen.

1. Pionierstatus auf diesem Gebiet gebührt heutzutage zweifellos White (1973). White befasst sich mit Grundmodellen der Imagination der Historiker im 19. Jh., und das sowohl bei Historikern (Michelet, Ranke, Tocqueville und Burckhardt) als auch bei Geschichtsphilosophen (Hegel, Marx, Nietzsche und Croce). Laut Whites Grundthese gab es in dieser Epoche vier Tropen, die «in der Ökonomie des Historikerbewusstseins vorbewusst und vorkritisch sind»: Metapher, Metonymie, Synekdoche und Ironie. Das heißt, dass Historiker Fakten unbewusst den Gesetzmäßigkeiten dieser Tropen entsprechend auswählten und ordneten, da diese Tatsachen nur so für ein bestimmtes Zielpublikum verständlich sind bzw. den «Standards der Annehmbarkeit» gerecht werden.

In der breiten Debatte, die sich um diese Thesen entspann, monierten Whites Kritiker zwei Schwachpunkte seines Modells, wie sie für alle formalistischen Klassifikationen charakteristisch sind. Erstens sind nur die drei ersten erwähnten Tropen (Metapher, Metonymie, Synekdoche) im eigentlichen Sinn metahistorisch, während die vierte (die Ironie) bereits metatropisch ist. Die Ironie ist in Whites impliziter Hierarchie eigentlich keine Trope mehr, da sie die tropische Bedeutung untergräbt und dadurch den ideologischen Missbrauch figurativer (verbildlichender) Sprache bewusst macht (Carroll 1976). Daher bedient sich White der Ironie für seinen eigenen Standpunkt, von dem aus er «wissenschaftlich-rational» das fremdartige «mythische» Denken beherrschen kann. Der zweite Schwachpunkt hängt eng mit dem ersten zusammen und besteht darin, dass White als Formalist seine eigene Sprache und seinen selektiven Horizont bei der Klassifizierung der Tropen ausnimmt – ganz so, als könne Sprache auf einer referenziellen, nichtfigurativen Ebene funktionieren, auf der das Denken echt, frei und nicht an historische Einschränkungen gebunden ist (Gearhart 1984).

So stellt sich heraus, dass White ebenjene Grenze, die er auf der Ebene zwischen Literatur und H., die in diesem Zusammenhang beide gleichermaßen figurativ sind, aufzuheben trachtet, auf einer anderen Ebene wieder errichtet, nämlich der Ebene zwischen Figuration und (Whites eigener) Theorie. Diese implizite Abgrenzung bleibt auch in dem etwas komplexeren Modell bestehen, das White in den letzten 20 Jahren entwickelt hat; darin leitet er das «natürliche» *emplotment* (Ursache-Folge-Erzählstruktur) nicht mehr von den Darstellungsnormen im Bewusstsein des Historikers ab, sondern von den Gegebenheiten der historischen Situation, in der sich der Historiker befindet. Schon laut Hegel erwächst die erzählende Naturalisierung der Vergangenheit durch den Historiker aus der Notwendigkeit, den gegenwärtigen Zustand der Gesellschaft zu rechtfertigen; nach Whites Theorie allerdings wird diese ideologische Projektion dann verschleiert, wenn der Historiker den Eindruck vermittelt, dass «die Ereignisse von sich selber berichten».

Im Unterschied zum *gattungsbezogenen* (d. h. impliziten) Idealisieren und Moralisieren der Wirklichkeit, wie es in der Geschichtsschreibung seit dem 19. Jh. noch bis heute üblich ist, bewahrt der Geschichtstheoretiker der Gegenwart (in Gestalt von White) das *diskursive* (und somit grenzüberschreitende) Bewusstsein, dass die Wirklichkeit unvollkommen und chaotisch ist. Im Namen der Wirklichkeit untergräbt er alle modalen und generischen Muster ihrer geschichtlichen «Zähmung». Indem er so das Recht des Diskurses vor der Gattung verteidigt, schützt ein solcher Theoretiker in Wirklichkeit jene vorromantische Vorlogik oder gar Anti-Logik (An-Archie) der Wirklichkeit, die dem Blick durch die angebliche semantische Vollkommenheit all jener Stereotype entzogen wird, die uns die sprachliche Praxis unermüdlich als selbstverständlich vormacht.

2. Während White so den *gattungsbezogenen* Charakter der H. anprangert, den man diskursiv (oder literarisch) dekonstruieren muss, damit er nicht «zu einer Hypostase erstarrt, welche die unmittelbare Wahrnehmung blockiert» (1978), verteidigt die deutsche, aus der Tradition der Geschichtsphilosophie entstandene Theorie den *diskursiven* Charakter der H. gegen die Fiktionalität literarischer Gattungen. So hebt z. B. Lützeler (1989) polemisch hervor, dass der Gebrauch einer literarischen Gattung noch aus keinem historischen Bericht eine fiktionale Erzählung mache, und zwar deshalb, weil sich die Gültigkeit der historischen Argumentation intersubjektiver Nachforschung und kritischer Infragestellung stellen muss – während die literarische Sinnbildung von dieser Verpflichtung entbunden ist. Tatsächlich unterscheidet sich die H. von anderen Sozialwissenschaften gerade dadurch, dass man von ihr erwartet, dass sie erzählt (und nicht beschreibt, analysiert oder erklärt). Das Besondere am historischen Erzählen ist schließlich gerade, dass es «durch das Nadelöhr der spezi-

fischen wissenschaftlichen Normenkritik» gehen muss. Konstruktiv werden historische Erzählungen durch die Theorien. Dadurch verlieren sie ihren mimetischen Charakter nicht, nur ihre Plastizität und ihre Anschaulichkeit nehmen ab zugunsten eines Anstiegs der analytischen Schärfe und Präzision (Rüsen 1990).

3. Der Unterschied zwischen Whites poetischer (1) und der deutschen rhetorischen Konzeption der H. (2) besteht vor allem in der Positionierung des Historikers als Subjekt. White hebt an dessen Situation hervor, dass er der Vergangenheit zugewandt ist, eine Einstellung, die auf den subjektiven (Wahrnehmungs-)Mechanismen des *Gedächtnisses* beruht, während die deutschen Theoretiker betonen, dass der Historiker auf die Zukunft ausgerichtet ist, die auf den intersubjektiven (sprachlichen) Mechanismen der *Kommunikation* beruht. Nach Kocka (1989) habe die Identität des historischen Subjekts mehr mit Machbarkeit zu tun als mit geschichtlichem Gedächtnis. Würden wir uns dem Erinnern ohne argumentatives Durchkämmen hingeben, dann entstünde ein Vakuum, in dem sich Legenden und Mythen, Vorurteil und Manipulation mit unabsehbaren Folgen verbreiten.

Doch abgesehen von dieser Verpflichtung des Historikers gegenüber der aufklärerischen Ideologiekritik (an der romantischen Ideologie), die bei White (natürlich mit Vorbedacht) fehlt, verargen die Kritiker White auch noch die reduktionistische Einengung des Erzählens auf vergangene Ereignisse. Es ist nämlich nicht so, dass die geschichtliche Erzählung etwa nur über Ereignisse *spricht*, sie *selbst* ist ein Ereignis bzw. ein kommunikativer Akt. Und weil sie ihre Glaubwürdigkeit in erster Linie aus dieser pragmatischen Verbindung zu beziehen sucht, hängt ihr Funktionieren mehr von dem *Eindruck* ab, den sie beim Leser hinterlässt, als von irgendwelchen Berührungspunkten mit der Vergangenheit. Die Übereinstimmung einer historischen Äußerung mit tatsächlichen Ereignissen wird nur mittels äußerst komplizierter rezeptiver Vorgänge im Hintergrund hergestellt. Deshalb ist Whites Behauptung umstritten, dass einzig in der Chronik und in Annalen die Ereignisse «für sich sprechen», während sich ihnen im narrativen Text ein verfälschender «Bedeutungsüberschuss» hinzugeselle (1987). Ein Bedeutungsüberschuss ist allen historiographischen Ausdrucksformen immanent, denn ohne ihn wäre es unmöglich, den Eindruck zu gewinnen, das Ereignis sei real (Dray 1987; Winch 1987).

4. Doch auch die dargelegte rhetorische Konzeption von H. als Diskurs hat ihre Schwachstellen. Sie setzt zu viel Vertrauen in die rational-kommunikative Ausrichtung der Tätigkeit des Historikers und vernachlässigt dabei den Druck der zivilisatorischen, kulturellen, nationalen, sozialen und institutionellen Gegebenheiten, in denen sie sich entwickelt. So entsteht der irrige Eindruck, als ob in der historischen *scientific community* «unvoreingenommene, nur ihrem

Gewissen gehorchende Individuen frei von sozialen Bindungen in einen zukunftsorientierten Dialog treten, der den Vernunftgesetzen gehorcht» (Sloterdijk 1983). Dem ist nämlich nicht so, in erster Linie wegen der fortgeschrittenen Arbeitsteilung im akademischen Betrieb der Geschichtsforschung, innerhalb dessen ein erbarmungsloser Kampf geführt wird zwischen Perspektiven, Status, Positionen, Bedingungen, Einflüssen und Betreuern. Welche Art von historischer Forschung ein bestimmter Historiker auswählt, offenbart sich demnach nicht mehr so sehr im Resultat seines «freien Willens zur Erkenntnis» als vielmehr in der Wirkung der Position, die ihm die widerstreitenden Kraftlinien der symbolischen, sozio-ökonomischen und institutionellen Systeme zuweisen. Im derart organisierten Raum stehen einander die Gegner nicht gemäß einem vorher vereinbarten Friedensabkommen gegenüber, sondern in einem Zustand der Konkurrenz, der Verdrängung und Vernichtung. Sie seien nicht frei im Hinblick auf jene Kräfte, die ihrem Bewusstsein erlauben, so zu sprechen und nicht anders (Sloterdijk).

Die Verwandlung von Ideologie in einen Gegenstand «neutraler» historischer Forschung, ob unter poetischem oder rhetorischem Vorzeichen, verleugnet kurzerhand stillschweigend die Ideologie als Voraussetzung der Forschung (de Certeau 1975/1980). Die Gesamtheit der H. ist stets unverhältnismäßig größer als derjenige Ausschnitt, auf den sich die Aufmerksamkeit des heutigen Historikers richten kann, z. B. des Ernährungs-, Klima-, Körper-, Kunst-, Begriffs-, Geruchs-, Angst-, Todes-, Leseverhaltens-, Kindheits- oder Sexualhistorikers. In gewissem Sinn werden wir ständig von einem Ganzen bestimmt, von dem unsere Arbeit in der Regel nur Bruchteile berücksichtigt (Meier 1989). Es geht um eine Ausgrenzung, die nicht nur das Fach betrifft, sondern auch die Empfänger, weil 90 Prozent der heutigen historiographischen Produktion für Historiker bzw. für die Regalbretter wissenschaftlicher Bibliotheken bestimmt ist. Auch in diesem Sinn bleibt das Ganze außer Reichweite.

5. So befindet sich die H. in einer etwas unklaren Position zwischen Gattung und Diskurs bzw. zwischen Poetik und Rhetorik. Das ist verständlich, wenn man sich vergegenwärtigt, dass sie sich aus der Beschaffung von Vorstellungen (Forschung) und deren Darstellung (Schrift) zusammensetzt. Das Wesen dieser Position lässt sich jedoch allem Anschein nach nicht genauer bestimmen, denn dafür wäre eine fixe Ausgangsbasis nötig, z. B. im Begriff der Literatur. Die Literatur aber bezieht diese Basis auf die gleiche Weise ein, wie sie die H. seinerzeit bei den Anstrengungen, einen Literaturbegriff zu bestimmen, ausnahm. Weder H. noch Literatur böten eine *terra firma*, von der aus die eine die andere korrekt betrachten könnte (Gossman 1990). Auch wenn er keiner ihrer Anhänger ist, hat Gossman diesen Schluss offensichtlich aufgrund der Erfahrungen der Dekonstruktion gezogen, die ja in der ersten Phase ihrer Entwick-

lung ausdrücklich nach einer radikalen Demontage des Begriffs H. strebte. Wenn Derrida (1972a) betonte, dass «allein die Unterschiede von Anfang an und ganz und gar geschichtlich sind», zielte er damit eigentlich darauf ab, dass auch jeder Begriff von H. immer schon geschichtlich, d. h. relativ zu oder abhängig von anderen Begriffen, ist. LaCapra (1985) zog daraus den Schluss, dass die Historiker gegenüber der Übermacht ihrer kognitiven Rolle bezüglich historischer Quellen misstrauisch sein müssten, und zwar, weil diese Quellen unbemerkt die Art und Weise vorherbestimmen, wie man zu einer Erkenntnis kommt. Die Klassifizierung und Kategorisierung geschichtlicher Quellen ist nämlich immer nur das Ergebnis eines langen Prozesses der «Selbstverortung» ihrer Texte; und das bedeutet, dass der Historiker in dem Augenblick, in dem er ihre Zugehörigkeit zu einer Kategorie vollzieht, unbewusst seine historische Verstricktheit bekennt, seinen Platz in der «dialogischen Anrede» oder in der «verlängerten Aufführung» ihrer Texte. So wird die H., welche die Gegenwart in die Vergangenheit einschreiben will, durch die *Geschichtlichkeit* aufgehoben, welche die Vergangenheit immer schon in die Gegenwart einschreibt. De Certeau hat in diesem Zusammenhang die «zweifache Lage des Realen *(réel)*» hervorgehoben: Die wissenschaftliche ‹Vernunft› sei untrennbar mit der Realität verwoben und begegne ihr in dem Moment, in dem er sie ausschließe, wieder als seinem eigenen Schatten und als seinem Anderen (1975 / 80). Um solch einer Wiederkehr des Verdrängten *(le retour du refoulé)* zu entkommen, muss die Historiographie nach LaCapra den gesellschaftlichen, ökonomischen und kulturellen Intertext bewusst machen, der ihr als diskursive Institution gleichzeitig Macht verleiht und sie behindert. Wenn man die Fiktionalität des kognitiven Rahmens der Geschichtsschreibung auch nicht aufheben kann, heißt das nicht, dass man aufgeben sollte, seine geschichtliche Vorläufigkeit und Vergänglichkeit aufzudecken. Eine geisteswissenschaftliche Disziplin bleibe in dem Maß lebendig, in dem sie die Einbeziehung von Standpunkten zulässt, die ihren eigenen Standpunkt grundsätzlich in Frage stellen (LaCapra 1985). Es scheint, als enthalte dieser Satz eine Art ethischer Bilanz des dekonstruktivistischen Einflusses auf die Theorie der Geschichtsschreibung.

6. Es mag einleuchtend klingen, doch scheint LaCapra an die Institution einen ebenso illusorischen aufklärerischen Anspruch zu stellen, wie ihn die bereits erwähnten deutschen Diskurspragmatiker an den Historiker stellten. Denn die Diskursinstitution ist einem ähnlichen Druck ausgesetzt wie das einzelne Bewusstsein; wie dieses ist auch sie manchmal zu keinem humanistischen Dialog bereit.

So unterscheidet etwa Kellner (1989) vier Axiome, auf denen die Übereinstimmung von H. als Geschehen und als Darstellung beruht, die er als eine besondere Garantie oder ein «Gütesiegel» der Historikerzunft sieht: Ganzheit,

Einheit, Kohärenz und Geschlossenheit. Ohne eine solche Definition davon, was H. *sei*, nimmt ihre Reputation ab, fallen die Abteilungen auseinander, Bezahlung, Positionen und Anstellungen können nicht Schritt halten. Erschwerend kommt hinzu, dass die H. den Geistes- und Sozialwissenschaften lange Zeit als Referenzrahmen diente, dessen Fakten sorgfältig einer anderen Ordnung zugeordnet wurden, die höher war als die Ordnung der Interpretationen und Diskussionen der Literatur- und Sozialwissenschaftler. Daher die Angst davor, die H. einer rhetorischen Lesart auszusetzen und ihren manchmal verschlungenen Pfaden (Kellner 1989). Die Historiker fürchten sich davor, dass sie, wenn die Theorie einmal ihre Aufmerksamkeit auf sich selbst lenkt, ihre Tage in einem kognitiven Labyrinth zubringen müssen, aus dem kein Ausweg zu finden ist. Die Literaturtheorie sei offenbar das schlimmste dieser Labyrinthe: esoterisch, subversiv, anarchisch – etwas, das man schon der intellektuellen Hygiene wegen meiden sollte (Harlan 1989).

Dies sind also jene hartnäckigen Widerstände, mit denen die LaCaprasche dekonstruktivistische Untergrabung des Ortes, von dem aus die Historiographie spricht, zu rechnen hat. LaCapra stellt diese Untergrabung in Form eines Herbeirufens «des ermächtigenden Bereichs» des Anderen, den die Historiographie auszuschließen trachtet *(excluded enabling domain)*. Dabei geht es um eine Alterität, die so tief verwurzelt ist, dass sie jegliche Möglichkeit planvollen Reflektierens überschreitet. Man kann sie übrigens nie ganz bewusst machen, gerade deswegen, weil sie sich nicht *außerhalb* der monolithischen historiographischen Institution befindet, sondern sich unbemerkt an den Knotenpunkten ihres feinmaschigen Netzes ansiedelt. In dieser Perspektive erweist sich ein gewisses konflikthaftes Gattungssystem als unvermeidlicher Bestandteil jedes institutionellen Diskurses.

Das bedeutet, dass der Diskurs der historiographischen Institution in seinen eigenen Grenzen – wie ihn LaCapra aufzeigt, um eine grenzüberschreitende Selbstuntergrabungstherapie vorschlagen zu können – nicht homogen und konsistent ist, sondern von Anfang an durchdrungen von Antagonismen. «‹Politik› ist nicht die Antithese zum Professionalismus, sondern dessen Ausdruck», behauptet Scott (1989), welche die verschiedenen akademischen Disziplinen «nicht als homogene Körper» ansieht, «sondern (als) aus verschiedenen Konstituenten bestehend, die um Macht und Einfluss kämpfen». Sie sieht darin, in Anlehnung an die Forschung von Novick (1988), eine Konstante in der Identität der Historiographie und keine Krise des Fachs. «Interpretationsgemeinschaften», deren Standards dauernd in Bewegung sind und sich ändern, sind der Ort, wo historisches Wissen entsteht; deshalb ist es kontextuell, relativ und offen für Korrekturen, Ergänzungen und Diskussionen. Selbstverständlich hält dies die orthodoxen Hüter von *H.* und *objektivem* Wissen nicht davon ab, Andersdenkende zu Unwissenden, Eindringlingen und Obstruenten zu erklären. «Vielmehr möchte ich andeuten, dass die Spezialisierungsdiskussionen häufig (...) Kritik an der Demokratisierung sind – am Auftauchen einer Menge von Interpretationen, Historie und Historikern unterschiedlicher Einstellungen –, weil sie alle die Uniformität, Kontinuität und Homogenität bedrohen, welche einem orthodoxe Historiker traditionell aufzwingen wollen.» Die Schlacht um die Macht, die zwischen diesen Optionen tobt, ist eine Schlacht um die Kontrolle über die Funktion des Erzählens. «H. lässt sich am besten definieren als unablässige Spannung zwischen Geschichten, die erzählt wurden, und Geschichten, die erzählt werden könnten» (Hunt 1991).

7. Das unentschlossene Oszillieren des Begriffs H. zwischen den Begriffen Gattung (einer Geschichte) und Diskurs (des Übergangs von einer Geschichte in eine andere) veranlasste Kellner, ganz im Sinn der de Certeauschen These von der «zweifachen Lage des Realen» die H. als «Übergang» zu bezeichnen *(passage)*. «Der Übergang wäre dann ein Ort, der ein Un-Ort ist, der zwei Orte verbindet, aber selbst kein Ort *in diesem Sinne* ist.» Zweck dieser Verbindung ist es, den Bruch *(fracture)* – als Erkenntnis*objekt* und Erkenntnis*voraussetzung* – zwischen Vergangenheit und Gegenwart zu kitten. Jeder historische Text setzt an diesem Bruch an, doch gleichzeitig trachtet er danach, ihn zu verleugnen. Kellner stimmt hier wiederum (stillschweigend) mit de Certeaus These überein, dass H. gleichzeitig ein Diskurs der Abtrennung sei – da die H. zunächst die Vergangenheit «abtötet» und «begräbt» – und ein Diskurs der Überwindung dieser Abtrennung –, weil die H. dann unermüdlich «die Toten zum Leben erweckt». Der Diskurs formiere sich ständig über den Tod, den er voraussetzt, dem aber die Praxis der H. selbst dauernd widerspricht (de Certeau 1975 / 1980). Kellner behauptet ganz ähnlich, dass historische Texte mit einer ganzen Reihe rhetorischer Verfahren versuchen, den Bruch zu kitten, in der Hoffnung, er werde heilen, und mit dieser Therapie verleugnen, dass es jemals einen Bruch oder aber eine Unterbrechung gegeben habe (1989).

Doch so wie bei de Certeau die «Beunruhigung» zu einer progressiven Diskursordnung zurückkehrt, so «verfolgt» bei Kellner «ein nächtlicher Alptraum endloser Regression» seine «Szene». Dieses Andere, auf dem die Diskursordnung beruhe und das sie ermögliche, sei das, was die Historiographie stets «früher» orten könne; sie könne immer weiter zurückgehen oder aber bezeichnen, was jenes Andere innerhalb des ‹Realen› sei, welches die Darstellung legitimiert, mit dem es aber nicht identisch ist. Dieser *Anfang* sei ein *Nichts* im Sinne der Möglichkeit seines Aussagens (Certeau). Jede H. müsse ihren Untersuchungsgegenstand definieren, indem sie Grenzen zieht, doch diese Grenzen bewirken immer die Anerkennung der Schlupflöcher, welche die Definitionen geschaffen haben. Schlupflöcher in der dokumentarischen Evidenz rufen

Ängste hervor, die man durch Erzählen verbergen könne. Doch weil die Erzählung selbst Angst vor Grenzen erzeuge, seien die Lösungen komplizierter. Keine wie auch immer geartete weitere Forschung wird das Problem des Übergangs lösen; dies rührt von der ‹Andersartigkeit› der historischen Quellen her (Kellner 1989). Der Begriff der «historischen Quelle» wird dabei absichtlich mit zwei gegensätzlichen Bedeutungen gebraucht – der des Erkenntnisobjekts und jener der Erkenntnisvoraussetzung –, weil damit ausgedrückt werden soll, wie sehr sich ihre jeweiligen Andersartigkeiten gegenseitig enthüllen.

8. Die Ambivalenz, die dem Begriff H. zu Eigen ist, macht ihren Diskurs zum Schauplatz intensiver ethischer und politischer Konflikte. Diese Konflikte stellen mit ihren Ergebnissen tagtäglich die Vorzeichen «Fortschrittlichkeit» und «Rückwärtsgewandtheit» in Frage, welche die einzelnen Optionen in den gegebenen Kontexten für sich oder andere beanspruchen. So zeigt sich, dass sich die H. auf lange Sicht keinem (politischen, ethischen, moralischen, ideologischen, ökonomischen) Rahmen unterwirft, der sich ihr aufzudrängen versucht, sondern dass sie ihn durch die Wirkung ihrer Textualität assimiliert und umstülpt.

Als Beispiel können wir die Revision des Begriffs H. im Rahmen des *New Historicism* nehmen, die auf der poststrukturalistischen Ablehnung der allwissenden Position des klassischen Historikers beruht. Denn der *New Historicism* folgt (teils unbewusst!) de Certeaus Aufforderung an den zeitgenössischen Historiker, anstatt ein eigenes Modell zu bilden, lieber die Grenzen anderer Modelle der Vergegenwärtigung und des Denkens von Vergangenheit zu erkunden; ihre Gültigkeitsbedingungen und versteckten Inhalte aufzudecken; durch Analyse deren Hierarchieebenen und festgelegten sozialen Reihen zu durchschneiden; Heterogenität in die Homogenität, Abwesenheit in die Anwesenheit, Mangel in die Fülle zu bringen. Es stellt sich jedoch heraus, dass dieser subversiv gedachte Ansatz letztendlich selbst eine neue Totalität erzeugt. Um die Grenzen der verschiedenen kulturellen Zonen umzuverlegen, verabsolutiert er unweigerlich den kulturellen Text als «stabilen und bestimmten Referenzpunkt» (Pechter 1987). In diesem Rahmen werden auf einmal alle Subjekte von einem Szenario vereinnahmt, das ihnen Rollen zuteilt, in denen sie als dessen blinde Agenten fungieren. Weil er alle anderen kulturellen Diskurse als Kolonialmächte definiere, besitze der *New Historicism* einen nahezu unbegrenzten Erklärungsspielraum. Die einzige Regel, an die sich der *New Historicism* halte, sei, diese Strukturen aus ihren eigenen Kontexten zu verlagern und sie in seine eigene Praxis einzubeziehen. Diese grenzenlose Assimilationspraxis könne man kurz als Entmystifizierung jeglichen kulturellen Diskurses in der Gestalt einer Theaterillusion beschreiben, wie sie eine Kolonialmacht hervorbringt (Pease 1991). So schreiben sich die ideologischen (Dis-)Qualifikationen innerhalb der (literatur-)historischen Zunft, wo eine Figuration des Feldes die andere bezeichnet und widerlegt, wieder in den Text der Welthistorie ein, die sich ihnen als weiterer Rahmen anbietet – denn der *New Historicism* ruft sich selbst zum Teil ebenjenes «Kulturspektakels» aus, mit dem Ronald Reagan den nordamerikanischen Kolonialismus in Lateinamerika und anderswo medial theatralisierte (Pease 1991). Die immanente Ambivalenz ihres Begriffs macht es der H. möglich, regelmäßig aus einer umrahmten Position in eine Rahmenposition zu schlüpfen, und das bedeutet, dass der Kampf mit den anderen Systemrahmen weitergeht. (W. F.)

→ Genealogie, Literaturgeschichte, Periodisierung, Subjekt

Historismus

(engl. historicism, franz. historisme, russ. istorizm)

1. Schule, die im Zuge der Institutionalisierung der deutschen Geschichtswissenschaft im 19. Jh. als eigenständige akademische Disziplin hervorging. Ihr Begründer von Ranke widersetzt sich der spekulativen Geschichtsphilosophie des Deutschen Idealismus, indem er auf dem objektiven Tatsachenmaterial beharrt, das man selbst sprechen lassen solle. Seine «Erzählung vergegenwärtigt vergangenes menschliches Handeln in zeitlichem Ablauf als einen anschaulichen, rein durch sich selbst verständlichen Ereigniszusammenhang» (Rüsen 1977). Indem er die Notwendigkeit des Einlebens in die historischen Ereignisse akzentuiert und dabei die eigenen Vorurteile verwirft, widersetzt sich der H. – in den Fußstapfen der Romantik – der aufklärerischen Ableitung von Geschichte aus vermeintlichen Naturgesetzen. Geschichte entsteht aus keinem der vorgegebenen Muster, sondern aus der einmaligen Intention des Geschehensträgers und ist – nicht anders als das Kunstwerk – nur in diesem Intentionshorizont zu verstehen. «Part of the meaning of a thing's being historical» ist laut Hamilton, «that it has happened once and for all» (1996).

2. In dieser Schlüsselthese hat sich der H. von Anfang an der Hermeneutik angenähert; seine Praxis war stärker mit der literaturkritischen Tätigkeit der Interpretation als mit der wissenschaftlichen Tätigkeit des Deutens verbunden. Fortan selbst ein Akteur der Geschichte, ist auch diese eingegliedert in den begrenzten Verstehenshorizont, den es durch den Akt der Interpretation zu überwinden gilt. Gerade weil historische Ereignisse einmalig sind, können sie nicht «once and for all», sondern nur durch Mutmaßungen über ihre innere Logik erklärt werden, sodass sich ihre Auslegungen im Wandel der Zeiten ändern. Demnach setzt die Gegenwart stets einen divinatorischen Rahmen fest, inner-

halb dessen sie die Vergangenheit überhaupt erst als Ereignis erkennt, in welchem Maß auch immer dies zunächst unter der Maske des Ausdrucks von bloßen Ereignens verborgen sein mag. Bei Ranke heißt dieses implizite Verstehensprinzip noch (nach Hegel) «Macht der objektiven Weltordnung»; aber bereits Burckhardt überschreibt das erste Kapitel seiner *Kultur der Renaissance in Italien* (1860) mit «Der Staat als Kunstwerk» und meint mit «künstlerisch» die Tätigkeit großer historischer Persönlichkeiten (und letztendlich auch sich selbst). Später weitet Dilthey die Idee von der menschlichen Kreativität auf die komplexe Geschichtsauffassung aus, um letztere im Interesse der Freiheit des menschlichen Geistes gänzlich aus dem Kausalzusammenhang zu lösen. Der Mensch kann seine Geschichte jedoch nur in dem Maß schaffen, wie er in jedem gegebenen Augenblick selber durch sie geschaffen wird. Dies meint, dass wir immer schon durch das hervorgebracht wurden, das wir zu verstehen trachten. Daher können wir uns von vergangenen Geschichtsepochen nicht mehr und nicht weniger als von vergangenen Phasen des eigenen Lebens distanzieren. Jede von ihnen ist ein notwendiger Bestandteil unserer heutigen Erkenntnis und kann nicht unbeschadet entwertet werden. Der Wert jeder einzelnen Phase ist ebenso wie der Wert unserer Gegenwart relativ, seine Rechtfertigung erwächst also nur aus der gesamten «Lebensgeschichte». «Because Dilthey located all knowledge, practices and representations within human ‹life›, and because that ‹life› was in its very nature historical, there could be no appeal to some law or first cause outside history. (...) The historian's task would always be conditioned and delimited by his or her own historical position which would not in itself permit of ultimate explication» (Colebrook 1997).

3. Dilthey konnte sich jedoch eine radikale Relativierung aller Zeiträume nur deshalb leisten, weil er am Hegelschen Muster der «objektiven Notwendigkeit» im erzählerischen Aufbau des historischen Horizonts selbst festhielt, wo bestimmte Erscheinungen als Ausdruck des entsprechenden «Zeitgeistes» nur in einem bestimmten historischen Augenblick auftreten können. Anstelle einer Geschichte, die sich der Kontrolle des Geistes unterordnet, wird bei Dilthey der Geist unter die Kontrolle der Geschichte gestellt. Lässt diese symmetrische Verkehrung der Thesen nicht an eine verhüllte Erneuerung der aufklärerischen in der romantischen Konzeption denken? Führt die konsequente Historisierung der Geschichtswissenschaft letztlich nicht zu einer eigentümlichen Verwissenschaftlichung des H.? Dilthey findet diese ingeniöse Lösung, indem er mit einer «selbstreferenziellen Schleife» die Polarisierung zwischen der grammatischen und der psychologischen Interpretation, die ihm Schleiermachers Hermeneutik hinterließ, aufhebt. Dabei wird der Divination als grundlegender Operation des erwähnten Interpretationsverfahrens die Arbi-

trarität derart entzogen, dass sie bis zum Ende aus der «Grammatik der Erzählung» abgeleitet wird, welche, so wird behauptet, die Divination durch ihr bloßes Muster hervorgebracht hat. Wenn sich die gegenwärtige interpretatorische *Erkenntnis* in der Rekonstruktion jedoch als natürliches Produkt der gesamten bisherigen kulturellen *Erfahrung* erweist, dann entreißt ihr eine derartige narrative Textualisierung das Merkmal eigenwilliger Intuition; das letztere brachte Schleiermacher dazu, der Divination weibliche oder kindliche Attribute zuzuschreiben. Sie stellt sich hier hingegen als völlig «männlich» heraus, da sie die Andersartigkeit historischer Epochen und Kulturen als Schein entlarvt und damit die Differenz zwischen dem Ich und dem Anderen, zwischen dem Männlichen und Weiblichen überwindet. Das Weibliche erweist sich letztlich als Männliches, das aber nicht fähig ist, sich selbst als solches zu erkennen! Das stimmt mit der von Humboldt in *Über die Aufgabe des Geschichtsschreibers* vertretenen These überein, nach der wir, um einander verstehen zu können, uns zunächst selbst auf irgendeine Weise verstanden haben müssen. In der Geschichte ist die ursprüngliche Grundlage des Verstehens besonders klar, da «alles, was in der Weltgeschichte wirksam ist, sich auch im Inneren des Menschen bewegt.» Daher ist auch bei Dilthey die Substanz von historischem und individuellem Leben gleichartig: Wir verstehen uns selbst in derselben Sprache, in der wir die anderen verstehen; Differenzen entstehen lediglich in den Realisierungsstufen dieser Einsicht. Spätere Epochen sind diesbezüglich im deutlichen Vorteil, da es ihnen überlassen ist, den «Haupthelden» der Erzählung zu identifizieren.

4. Gerade aus dieser Perspektive wird das «Leben», Diltheys «Hauptheld» also, anfechtbar, da es aus seinem hermeneutischen Erzählstrom alles ausschließt, was seinen Parametern entrinnt. Kann man denn etwas als «Nicht-Leben» verkünden, nur weil es sich dem Verstehen entzieht? Ist nicht gerade das sich dem Verstehen (in den Bereich des Unbewussten) Entziehende von entscheidenderer Bedeutung für den Verlauf der Lebensgeschichte im Vergleich zu allem anderen, was von ihm erhellt werden kann? Diesem Faden folgt Sloterdijk (1988) in seiner Kritik an Dilthey und macht etwa auf den *horror vacui* des Anfangs durch die Geburt aufmerksam, der keinesfalls aus der Erinnerung rekonstruiert werden kann, obwohl sein «Donnern» unser ganzes Leben lang widerhallt. Wenn sogar schon der autobiographische Faden reißt, sobald man das einzelne Leben weit genug seinen Anfängen entgegen aufspult – wie könnte dies für die Weltgeschichte nicht der Fall sein? Daher schlussfolgert er, dass «Individuen sich selbst zumindest ebensoviel missverstehen wie verstehen und dass im gelebten Selbstverständnis der Menschen stets ein Geflecht von Selbsterhellungen und Dunkelheiten vorliegt. Im Sicherkennen des bewussten Lebens spielt stets auch eine konstitutive Blindheit eine Rolle.» Es ist

daher nicht verwunderlich, dass Gadamer (1960), Heidegger folgend, die von Dilthey stillschweigend angenommene hierarchische Beziehung zwischen Gegenwart und Vergangenheit mit der Behauptung umkehrte, dass nicht wir eine Tradition haben, sondern die Tradition uns, was unsere Fähigkeit ihrer Inbesitznahme grundlegend einschränke. Wenn es keinen Anfang der Geschichte geben kann, ohne von ihr selbst immer schon getragen zu werden, dann hat unser Verstehen dieser Geschichte keinen absoluten Charakter mehr, sondern einen ereignishaften. Unter der Bedingung, dass sie ihre eigene spezifische Differenz ausarbeitet, wird dadurch der Fortgang des Geschehnisses in der Überlieferung als bezeichnendes Spiel von Frage und Antwort bzw. als dialogisches Wechselspiel ermöglicht. Aber ungeachtet dieser wichtigen Korrektur bleibt das Problem ähnlich wie bei Dilthey bestehen: Wenn bei ihm letztendlich das Subjekt die Grammatik zum Verstehen der Überlieferung definierte, vollführt dies bei Gadamer die Überlieferung selbst – aber wer bürgt dafür, dass deren Grammatik die rechtmäßige sein wird? Gadamer hat zwar mit seinem Einwand Recht, dass das Schleiermacher-Dilthey-Modell mit seiner «absolutistischen Relativierung» die Kunstwerke der Vergangenheit auf den Ausdruck ihres Zeitgeistes zurückführt und mit dieser Zähmung ihre Wahrheit für zukünftige Epochen aufhebt. Indem er das geschichtsschreibende Subjekt in ein unpersönliches Register der Überlieferung einordnet, verwirft er umgekehrt die Möglichkeit des kritischen Widerstands dieses Subjekts in den Fällen, in denen sich die Überlieferung dadurch als Nachtmahr offenbart, dass es dem eigenen verzerrten Bild ausgesetzt wird. Wird dann nicht eine Grammatik des Gesprächs diskutabel, in welche uns die Überlieferung hineinziehen möchte? «In einer solchen Situation, wo man die Wüste erbt, erlangt das Vermögen, selber anzufangen, eine unerwartete neue Bedeutung. Mit einem Mal hat die Gelassenheit, die sich schon angefangen sein lässt, einen schlechten Stand gegen die Entschlossenheit, mit sich selber einen neuen Anfang zu machen. (…) Was für geglückte Traditionen richtig sein kann – das Sichtragenlassen vom Strom guter Überlieferungen –, ist für missglückte Traditionen selbstmörderisch und falsch» (Sloterdijk). Aber welche dieser Traditionen sind letzten Endes in ihrem Erfolg und in welchem Maß auch immer nicht mit gewissen Ausschließungen in Hinblick auf Rasse, Ethnie, Geschlecht, Klasse, Kultur, Sexualität «infiziert»?

5. Die Diskontinuität im Verhältnis zwischen Gegenwart und Vergangenheit ist daher nicht überzubewerten. Wie bereits Curtius (1948) anmerkte, wurden die großen Geschichtskonzeptionen gerade in Kriegs- und Revolutionszeiten hervorgebracht, als man an die Tradition nicht mehr vorbehaltlos anknüpfen konnte. Nach de Certeau (1975) wird die historiographische Praxis von Anfang an durch die «Arbeit der Differenzierung» oder die Emanzipation

des Ich vom Anderen, der Gegenwart von der Vergangenheit charakterisiert, sodass dieser Andere durch die Darstellung «kolonisiert» wird. Und der H. selbst, der auf der sophistizierten ununterbrochenen Emanzipation der Historiographie von der Literatur beruht, kommt im Zuge der Erfahrung der Französischen Revolution auf, welche die Idee einer auf dem Gesetz der Ratio gründenden Geschichte in eine Fiktion verwandelte. Es ist daher nicht überraschend, dass auch der H. am Vorabend von 1968 problematisiert wurde, als Foucault (1966) den Bruch mit dessen sich durch die kompromittierte moderne Idee vom «Menschen» abzeichnenden Horizont verkündete. Diese Idee – mit all ihren Derivaten wie Geist, Bedeutung, Ideologie, Entwicklung, Ganzes u. Ä. – ist selbst jedoch nur eine historische Fiktion. Wie kann sie dann als nicht hinterfragter Ausgangspunkt für die Beschreibung von Vergangenheit dienen? Wäre die Identität einer solchen Vergangenheit nicht unausweichlich das Produkt solch einer Fiktion? Und gerade diese Konzeption der *produzierenden* Historiographie als diskursive Praxis bildet Foucaults Weg, ihre historistisch-hermeneutische Konzeption als Praxis des Verstehens und Einlebens anzufechten. Aber wenn die Historiographie immer schon ihre Gegenstände (fiktional) produziert – und sie nicht als schon bestehend antrifft –, dann tut sich zwischen ihr und der Vergangenheit eine unüberbrückbare Kluft auf. Übereinstimmung ist grundsätzlich ausgeschlossen; Geschichte muss aber einzig in der Perspektive einer bestimmten «Problematik» als verborgene Bedingung ihrer Möglichkeit betrachtet werden, die sich stillschweigend durch ihren Interessenhorizont hindurch projiziert. Foucault erklärt dies zum Ziel sowohl seiner Archäologie als auch seiner Genealogie. «(H)is entire corpus can be considered as an ongoing challenge to the phenomenological and structuralist emphasis on meaning and interpretation» (Colebrook), obwohl es zur Änderung der methodischen Strategie und zur Akzentverschiebung seines Interesses kam. Alle Entitäten, die der H. abwechselnd als seine methodologischen Stützpfeiler einführt (Geist, Subjekt, Leben, Ideologie, Kunst, Tradition …), sind für Foucault lediglich die Früchte seiner Darstellungs- und Vorstellungspraxis und insofern autorisierte Fiktionen.

6. Foucault kehrt also die Perspektive einfach um. Während sich die historistische Historiographie auf jeden Fall von der eigenen Fiktionalität zu distanzieren trachtet, indem sie sie stets durch einen neuen «wirklichen» Anhaltspunkt legalisiert, fasst Foucault in Anlehnung an Nietzsche Fiktion als einzige zugängliche Wirklichkeit auf. Es geht um den Übergang von der modernen zur postmodernen Weltanschauung: «We are traditionally persuaded to see the world of illusion and appearance (to which we are now, in Nietzsche's view, abandoned) as a departure from the truth, irrationally labouring under the sway of desire and passion. The result is nihilism, the loss of all values and cer-

tainties whatsoever. The cure is to embrace the only world we have, to esteem its expression of our will to power, and to relocate truth and value in that» (Hamilton). Für die Anhänger Nietzsches sind Fiktionen nicht mehr «Hexen», die es im Sinne der sog. Ideologiekritik zu verfolgen gilt. Da sie aus der unbewussten Bedingtheit *aller* Vorstellungs- und Darstellungspraktiken durch ihre Stellung im historisch-sozialen Text der Wirklichkeit resultieren, stellt ihre Reproduktion eigentlich die Vorbedingung der Erhaltung einer so geschaffenen Identität dar. Die Ideologie wird in Nietzsches Re-Interpretation zum Werkzeug der angeborenen menschlichen Schwäche, das die vorenthaltene «Fülle des Daseins» kompensiert (Veyne 1977). Ideologische Differenzen offenbaren sich daher nur auf der Stufe des Konformismus dieser Reproduktion bzw. in der Intensität der Macht, mit der sich die Fiktionen ihren Trägern als stilistische Genugtuung für die Benachteiligung in Hinsicht auf die Gesamtheit der Wirklichkeit aufdrängen. Daher strebt die Genealogie im Sinne von Nietzsche und Foucault anstatt (wie z. B. der Marxismus) nach einer letzten Aufdeckung lediglich nach einer zeitweiligen Besserung der «Blindheit».

7. Und genau daran knüpft in Opposition zum klassischen H. in den USA der Neohistorismus *(New Historicism)* an. Dessen Problemstellung arbeitete Greenblatt (1980) mit dem Begriff der Selbstbildung *(self-fashioning)* als hauptsächliche symbolische Praxis des Subjekts der Renaissance aus. Dabei rechnet er gründlich mit dem marxistischen Verständnis der Renaissance als Übergangsphase von der feudalen zur kapitalistischen Gesellschaftsordnung ab, die hier durch den Aufstieg des bürgerlichen Individuums charakterisiert wird, das sich von der einstigen sozialen Prädestination seines eigenen Schicksals befreit. Diese Konzeption der Renaissance wird in seinem Buch als nachträgliche, moderne Selbstbildung durch die Beschreibung der eigenen Anfänge gezeigt. (Die These wiederholt danach im Jahre 1983 MacGann im Hinblick auf die Konzeption der Romantik als zweiter Schwerpunkt des New Historicism.) Eigentlich ist schon das Individuum selbst, aus dessen angeblichem Aufstieg die marxistischen Literarhistoriker die «bürgerlichen» Formen des Romans, der Lyrik und Autobiographie ableiten, ein nachträgliches Konstrukt der literarischen und nichtliterarischen Praxis der Renaissance bzw. ihrer differenzierten Verfahren der Identitätskonstruktion. Die Texte der Renaissance versuchen zahlreiche Szenarien der inszenierten Verstellung, des Maskierens, Irrtümer vertauschter Geschlechter- und Liebesrollen und bezeugen, dass sich die individuelle Identität nur an ihren provisorischen Schnittpunkten, an den Konfliktstellen ihrer energetischen Feldlinien konstruiert und keinesfalls an ihnen *vorbei, jenseits* von ihnen oder *gegen* sie. «There can be no simple opposition between power and resistance. There are, rather, competing forces operating against each other» (Colebrook). An die Stelle eines homogenen Epochenbildes

tritt ein textualisierter Schauplatz von Feldlinien, die um die Erzeugung dieses Bildes ringen.

8. Der New Historicism lehnt es somit ab, der «Renaissance» aufs Wort zu glauben bzw. ihre Selbstbildung für bare Münze zu nehmen. Letztere ist das Resultat der Homogenisierung des Konfliktfeldes diskursiver Modalitäten, d. h. der Überdeterminierung einer symbolischen Praktik gegenüber anderen. Obgleich er die *praktische* Notwendigkeit einer solchen symbolischen Kolonisierung des Kulturfelds anerkennt, um die kulturelle und politische Ordnung zu bestimmen, gesteht der New Historicism keiner einzigen Praxis das *theoretische* «Recht auf Wirklichkeit» bzw. ihrer objektiven Beschreibung zu. Jede Praxis erzeugt ihre Wirklichkeit und kann in diesem Sinn einzig als literarische betrachtet werden. Der generell literarische (fiktionale, selbstreferenzielle) Charakter bedeutet jedoch keinesfalls, dass in einem konkreten historischen Augenblick *alle* Praktiken als literarische betrachtet werden. Im Gegenteil, jede Epoche zieht ihre Grenze zwischen Literatur und Historiographie, Fiktion und Wahrheit, da die Errichtung der Wahrheit die Voraussetzung für die kulturelle und politische Ordnung bildet. So ist zwar richtig, dass der New Historicism die Grenze zwischen der politischen und ästhetischen Sphäre relativiert, da er einerseits zeigt, dass auch die Diskurse der Wissenschaft, des Rechts und der Politik auf literarisch-rhetorischen Verfahren beruhen, und andererseits, dass die Literatur wichtige politische und ideologische Effekte erzielt. Trotzdem beharrt er stets auf der Existenz dieser Grenze und bemüht sich darum, ihren Verlauf zeitlich und räumlich zu spezifizieren. Dabei scheint er eine neue Taktik der Historiographie zu befolgen, wie sie von de Certeau (1975) vorweggenommen wurde: das Herumschleichen an den Randzonen der Identifikationen mit ihren jeweiligen Darstellungs- und Vorstellungsbereichen, die Bewegung an ihren Gültigkeitsgrenzen, dieses Überprüfen der entmächtigten Zonen ihres Besitzes, der heimliche Blick auf Bereiche disziplinarischer Ausnahmen, von Abweichungen und Überschreitungen. Deshalb untersucht der New Historicism sorgfältig verschiedenartige Textgattungen (Dramen, Reiseberichte, Gerichtsprotokolle, wissenschaftliche und juristische Aufzeichnungen etc.), mit Hilfe deren die Grenzen zwischen ästhetischen, politischen, historischen und religiösen Bereichen innerhalb des Feldes der Renaissancekultur gezogen werden oder etwa die Differenz zwischen Literatur und Geschichte ermittelt wird. Aber anstatt diese Bereiche zu substanzialisieren, wie in der marxistischen, oder sie zu vernichten, wie in der poststrukturalistischen Kritik, werden sie als Konflikträume von Differenzen verstanden, die untereinander «ein subtiles, schwer fassbares Ensemble von Tauschprozessen, ein Netzwerk von Wechselgeschäften, ein Gedränge konkurrierender Repräsentationen, eine Verhandlung zwischen Aktiengesellschaften, ... komplexe (...), unablässige (...) Leih-

und Verleihgeschäfte (...) aus einer kulturell abgegrenzten Zone in eine andere» (Greenblatt 1988) in Bewegung setzen. Grenzen können also a priori weder aufgehoben noch negiert werden, sie sind stets das Resultat einer kontingenten Zirkulation, die sie in einer unentscheidbaren Dynamik von Ermächtigung und Entmächtigung in den von ihnen bestimmten Bereichen hält.

9. Hierbei muss betont werden, dass es sich bei Vermittlung, Übertragung, Verhandlung und Austausch nicht um eine neohistoristische Theorie von der Funktionsweise symbolischer Praktiken oder kultureller Felder *überhaupt* handelt. Im Gegenteil, diese Prozesse betrachtet man als spezifisch für die Renaissance als Geburtsepoche des Kapitalismus. Dazu Greenblatt (1989), der gleichzeitig gegen Jameson und Lyotard polemisiert: «from the sixteenth century (...) to the present, capitalism has produced a powerful and effective oscillation between the establishment of distinct discursive domains and the collapse of those domains into one another. It is this restless oscillation rather than the securing of a particular fixed position that constitutes the distinct power of capitalism. The individual elements – a range of discontinuous discourses on the one hand, the monological unification of all discourses on the other – may be found fully articulated in other economic and social systems; only capitalism has managed to generate a dizzying, seemingly inexhaustible circulation between the two.» Eine derartige (literarisch-)historische oder interpretative Spezifizierung des theoretischen Befunds, als vorsichtige Begrenzung seines gängigen Universalitätsanspruchs, ist kennzeichnend für den grundsätzlich antitheoretischen, antidoktrinären Standpunkt des New Historicism, der sich polemisch gleichermaßen gegen die poststrukturalistische Textualisierung wie den marxistischen «Realismus» richtet. Dem Poststrukturalismus, und insbesondere dessen amerikanischer Variante, wird eine Überbetonung der (allgemeinen) Textualität der Geschichte zulasten einer (begrenzten) Historizität des Textes vorgeworfen. Dieses führte (z. B. bei Miller 1987 als «Wortführer» der sog. Schule von Yale) zur problematischen allgemeingültigen These von der absoluten Interpretationsfreiheit als dem ethischen Auftrag des literarischen Textes. Nach Auffassung des New Historicism vernachlässigt jede allgemeine Lektüretheorie den Widerstand, den ihr die historische Spezifik oder Andersartigkeit des Textes leistet, während dieser Text einfach in ein Medium der eigenen Selbstbildung umgewandelt wird. Das gilt auch für die marxistische Kritik, deren Nähe zum traditionellen Historismus darin besteht, dass sie der Geschichte eine außerhistorische (und damit außertextuelle) «Erklärungsbasis» aufzwang, lediglich, um sie besser zu beherrschen. Der New Historicism privilegiert weder die ‹Historizität› noch die ‹Textualität›, um irgendeine von beiden auszuschließen. Der New Historicism «seems to proceed in a rather ad hoc manner (...) a form of textual inductivism – dealing directly with sources and

particulars rather than pre-given totalities (...)» (Colebrook), indem er sich allen universalistischen Forderungen widersetzt. Die damit vorgebrachte Forderung nach ständiger Anpassung erfordert die Offenheit für divergierende theoretische Anleihen, aber auch die Bereitschaft zum Widerstand, oder aber, dass bei einer «Übernahme» das eine gegen das andere abzuwägen ist: «Crisis not consensus surrounds the New Historicist project» (Veeser 1989). Daher kann sowohl auf Foucault, Bourdieu und de Certeau als auch beispielsweise auf Williams, Althusser oder Geertz, auf poststrukturalistische, kulturell-materialistische und feministische Errungenschaften fast im gleichen Atemzug zurückgegriffen werden wie auf die Ideen der «Warburger» Gombrich oder Panofsky.

10. Allerdings scheint die Behauptung des New Historicism, dass er von nicht zurückzuführenden historischen Details ausgehe, unterstützt durch die entschlossene Ablehnung jeder theoretischen Identifikation dieser Details als nachträgliche Manöver der Selbstbildung der Identifizierenden, ihrerseits selbst in eine Sackgasse zu führen. Werden in die Texte der Kultur der Renaissance und Romantik von den New Historicists, indem sie diese als komplexer im Vergleich mit allen bisherigen Versuchen ihrer Deutung verkünden, als chiffrierte Programme, die nicht nur alle zukünftigen Auslegungen bedacht, sondern bereits bekämpft haben, vielleicht eigene Macht- und Bedeutungstheorien eingeschrieben? Führt dabei ihr Bedürfnis, die unterschiedlichen Reihen parataktisch und montageartig zu verbinden, nicht in nebelige, arbiträre und unverantwortliche assoziative Zusammenhänge – nur um das ganze kulturelle Feld in einem monolithischen Machtdiskurs zu vereinigen? Infolge der *übermäßigen Kontextualisierung durch die Ideologie* werden institutionelle, klassenbedingte und gesellschaftliche Unterschiede vernachlässigt, welche das Feld spalten, indem sie die neohistoristische Zentralisierung der Macht in der Position des «unbewegten Urhebers» seiner symbolischen Zirkulation verleugnen (LaCapra 1989). «It could be argued that the Renaissance is *not* characterized by the sophistry which Greenblatt and others uncover in characters like Iago. (...) New historicism's argument that power and value are nothing other than representation, persuasion and performance can than be seen as acts of historical projection. It is only after post-structuralism or Nietzsche that all values are seen as effects of the force of language, rather than language being used to express ethical norms» (Colebrook). Wie will sich der New Historicism dann von seinen Konkurrenten im Feld der Theorie distanzieren, die er wegen ihrer selbst inszenierten Konstruktion historischer Identitäten anprangert, wenn er in dieser Distanzierung dasselbe Manöver nur noch hypertrophiert? Hat nicht auch die vom New Historicism vorgenommene Abgrenzung der Renaissance (und der Romantik) im Zuge der Emanzipation vom H., also von seiner eigenen «fehlerhaften», modernistischen Vergangenheit begonnen? Wenn

nämlich der New Historicism von Anfang an ein unermüdliches theoretisches Selbstbewusstsein befürwortet, um eine problemlose Aneignung beliebiger historischer Einheiten zu verhindern, in wessen Namen werden dann – wenn nicht im Namen einer bestimmten Idee des Kapitalismus – etwa Jamesons und Lyotards Auslegung des Kapitalismus oder Abrams Deutung der Romantik widerlegt (Greenblatt 1989; MacGann 1983)? «Greenblatt's rejection of monolithic world-pictures (…) is enabled by his appeal to a larger historical category: capitalism is such that no general theory can account for the relation between art and text. We could also see this appeal to capitalism, as the consequence of a thoroughgoing historicism» (Colebrook). Die Radikalität des New Historicism liegt darin, dass er andere Spielarten des H. im Namen der angeblichen Flüchtigkeit des Gegenstandes selbst widerlegt, sodass er im Endergebnis schlechthin nicht Unrecht haben kann. «Past subversions always prefigure his enlightened present» (Hamilton), da der eigenen Fiktion stets Vorrang gegeben wird. Diese zeigt nämlich, dass sie fähig ist, weniger zu klassifizieren, mehr im Gedächtnis zu behalten, weniger zu verwerfen und ewig offen zu bleiben, Gerichtetheit zurückzuweisen, der Versuchung zu widerstehen, ihre strategischen Züge zu revidieren, sich mit Pluralität und Vorläufigkeit zu befassen. Eine Verknüpfung untereinander innerhalb von Disziplinen und Konzeptionen kann nur dann bestehen, wenn sie von einem Standpunkt aus betrachtet wird, der in keine von ihnen eingeschlossen ist, also von einer sicheren institutionellen und reflexiven Entfernung aus (Fish 1989). Der New Historicism, so zeigt es sich schließlich, «colonizes other discourses, proclaiming its sceptical activism (…). It exhibits power without taking responsibility for it, saying it is only telling a story about power, yet impugning that fictional distance its concurrent claim that power is nothing but the stories it tells about itself. (…) Power reappears, but to enable a critical discourse – ‹nothing, if not critical› – founded on scepticism concerning this power's legitimacy» (Hamilton).

11. Der New Historicism beruht so auf der stillschweigenden Identifikation der eigenen Praxis mit der vorgetäuschten Funktionsweise der Macht selbst, d. h. mit einem beharrlichen «ästhetischen» Zug auf die Position der ausschlaggebenden Differenz im Verhältnis zu allen bestimmten Identitäten oder Identifikationsperspektiven (die dadurch zu Symptomen degradiert werden). An dieses Manövrieren dachte auch Foucault, als er von der Notwendigkeit sprach, ständig die Gegenwart durch eine Re-Stilisierung ihres Machtfeldes zu alterieren, und als er mit Deleuze die Differenz als einzig authentischen Träger von Nietzsches ewiger Wiederkehr präsentierte (1977). Ihm zufolge muss sich die Wahrheit unermüdlich von den hegemonischen Formen trennen, denen sie von dem Gegenwartsregime unterworfen wird (1980). Es gilt, in sich «an attitude, an ethos, a philosophical life in which the critique of what we are is at one

and the same time the historical analysis of the limits that are imposed on us and an experiment with the possibilities of going beyond them» (1984c) zu entfachen. Indes fällt es schwer, in dieser Entfremdung nicht die bezeichnende Rückkehr zum dialektisch-emanzipatorischen Modell historistischen Denkens, das am Beispiel Diltheys betrachtet wurde, wiederzuerkennen. Wenn Diltheys Einheit des «Lebens» es ermöglicht hat, in der Andersheit historischer Epochen die verhüllte Eigenheit zu entdecken, so ist es für Foucault die plurale Einheit der Machtfelder, die auf die gleiche relativierend-fiktionalisierende Weise (bei Dilthey leistet dies das Leben) all seine historischen Präsentationen assimiliert. Für Dilthey – dessen Einheit als Erzählung strukturiert ist – besteht das Ziel der historischen Analyse darin, ihrer künstlich begrenzten Natur Entitäten «herbeizuführen», indem er sie in eine übergeordnete Entwicklungseinheit eingliedert. Für Foucault, bei dem die Einheitlichkeit im inneren Widerspruch liegt, bildet dagegen die Zerstörung der Illusion von der Entität jeglicher Eigennatur das Ziel der historischen Analyse, indem er diese in ein diskontinuierliches Machtfeld einfügt. Ist nicht gerade die ununterbrochene *Entmächtigung* nur eine umgestülpte ununterbrochene *Ermächtigung*? Das heißt, «Foucault believes that a catastrophic unconnectedness *is* exactly the authentic state of affairs, past and present. The accidental conjunction of objects paradoxically reflects the infinitely flexible design of the power whose effect they are and which they can therefore never escape. Foucault's is a philosophy directed against redemption» (Hamilton). Die Vergangenheit bleibt für ihn im Bereich der radikalen Andersartigkeit, die sich durch Täuschung jeglicher unserer Identifikationen entzieht.

12. Derrida hat sich von einer solchen «antiutopischen» Wiederaufnahme des H. mehrfach distanziert. Er inszeniert dies etwa (1980b) mit dem «klassischen» Verhältnis zwischen Sokrates und Platon, wobei Platon für die Zukunft aufschreibt und damit unwiderruflich das mündliche Lehren des Sokrates verzerrt. Derrida verdoppelt indes diese Beziehung der Transferenz, indem er sie so darstellt, dass Platon Sokrates die aufzuschreibende Vergangenheit diktiert, mit der Absicht, dass ihm diese Postkarte danach zurückgegeben werde. Mit anderen Worten, die Vergangenheit wird angeführt, damit sie nur das bestätige, was man von ihr hören will, und so in der eigenen «Adresse» bestärkt wird. Das Problem besteht darin, dass das Aufschreiben seinem Medium gemäß die mündliche Botschaft abändert, weswegen die Postkarte des Sokrates die ihr bestimmte Adresse verfehlt, Platon überspringt und sich auf den Weg in eine unbestimmte Zukunft macht. So reißt sich die historische Differenz von jeglicher Assimilation los und wird zur Différance. Letztere vereitelt eine stillschweigende historistische Gleichsetzung der kulturellen und der historischen Differenz, die gewöhnlich zur Diskriminierung wegen Rasse, Geschlecht, Zivi-

lisation oder Religion führt. Die grundsätzliche Diskontinuität zwischen Kolonisierendem und Kolonisiertem verhindert eine Homogenisierung der Geschichte ihres symbolischen Austauschs – gleichgültig aus welcher Perspektive diese Homogenisierung vollzogen wird. In jedem Fall vernachlässigt sie die Gewalt kultureller, ethischer, rassistischer und sexistischer Vereinnahmung. Wenn andererseits Konfrontation, Unterdrückung und Ausschluss als notwendige Bestandteile des historischen Austauschprozesses zwischen Gegenwart und Vergangenheit anerkannt werden, dann werden sie aus den hermeneutischen Termini der *Überlieferung* in die disharmonischen psychoanalytischen Termini der *Übertragung* transferiert (LaCapra 1989, 1994; Schwab 1996). Die Übertragung vereitelt, dass irgendein Glied der Beziehung ein endgültiger Vorstellungs- und Darstellungsrahmen für ein weiteres Glied wird, da sich jeder Rahmen – wegen seiner konstitutiven Ereignishaftigkeit oder Geschichtlichkeit – auch selbst auf der Suche nach dem immer schon zukünftigen Rahmen befindet.

13. Greenblatt (1991) indes verlagerte, hierin gewissermaßen seinen Kritiken zuvorkommend, den Forschungsschwerpunkt des New Historicism auf das *Wunder* als jene undurchsichtige Dimension des Anderen, die sich entscheidend von Vorstellungssystemen sowie Machtstrukturen befreit und diese zum ständigen Umbau ihrer Strategien zwingt. Die unmöglich auf einen Nenner zu bringende Einzigartigkeit des Wunders infiziert seinen Betrachter, indem sie die «Resonanz» in seinen Identifikationshaushalt hineinträgt und auf die Kontingenz seiner Grenzen hinweist. Die Resonanz entsteht dadurch, dass die Zeichen gerade durch ihren wiederholten Gebrauch (d. h. durch die Iterabilität oder Zitathaftigkeit) identifizierbar werden; über die Stabilität hinaus bringt sie mit ihrer Variation des Kontexts auch Differenz. Das Wunder entsteht aus seinem unverrückbaren Unterschied, der in allen symbolischen Verfahren der Repräsentation einbeschlossen ist. «The idea that wonder is that which resists recuperation – however fleetingly – perhaps returns us to all those notions of the unique and ineffable value of aesthetic works which recent forms of criticism have done so much to challenge. The fact that a notion like wonder runs directly against the ‹discursive› arguments of Foucault's work demonstrated the ways in which Greenblatt's work uses, rather than remains faithful to, its theoretical sources» (Colebrook). (T. P.)

→ Andere, Cultural Studies, Empirische Literaturwissenschaft, Geistesgeschichte, Geschichte, Institution, Kontext, Lesen, Literaturgeschichte, Marxistische Kritik, Mentalität, Poetik, Postkoloniale Theorie

Homologie

(engl. homology, franz. homologie, russ. gomologija)

1. Meint die Isomorphie (den Parallelismus) von Strukturen oder Reihen, sei es innerhalb eines literarischen Textes oder zwischen ihm und dem Sprachsystem oder dem menschlichen Unterbewussten. So bestand die Narratologie lange Zeit auf der H. zwischen der Satzstruktur und dem Erzähltext und der *Reader-Response Criticism* auf der H. zwischen der Kompetenz des Sprechers und des Literaturlesers. Den Begriff entwickelte und führte Goldmann (1955/1976) ein, um bei der vergleichenden Erforschung des Jansenismus des 17. Jh.s eine Verbindung zwischen der Klassensituation, Weltanschauung und der Philosophie (Pascal) und Literatur (Racine) zu ziehen. Jameson (1981) hält dieses auf der Basis-Überbau-Erklärung beruhende Konzept der H. für zu mechanisch und zieht ihm die Hegelsche Vermittlung vor. Von dieser dem dialektischen Materialismus eigentümlichen Basis ausgehend, entwickelte der österreichische Marxist Sohn-Rethel eine H. zwischen der «Denkform» und der «Warenform», die tiefe Spuren in der «politischen Ästhetik» von Chr. Enzensberger hinterließ.

2. Bourdieu versucht mit seiner Analyse der vielfältigen Korrespondenzen bzw. Strukturaffinitäten eine Distanz sowohl gegenüber dem strukturalistischen als auch dem dialektischen Typus der H.-Bestimmung zu schaffen. Er bedient sich dabei eines Computerverfahrens zur Verarbeitung großer empirisch erhobener Datenmengen, das er zusammen mit seinem Mitarbeiter Benzecri an der École Normale Supérieure erarbeitete. Ihre Tabellen zeigen die Verteilung des großen (gesellschaftlichen) Raums auf kleine Räume (Felder), die weiterhin in Bündel von Variablen (Merkmalen) zerteilt werden. H.n stellen sich z. B. zwischen den Positionen der Variablen unter kleinen Feldern ein, wobei man etwa zu Ergebnissen kommt, dass Bohnen unter dem Gemüse dasselbe seien wie Bananen unter Früchten. Ein solches Computerprogramm ermöglicht es, die Verbreitung sog. Unterfelder als erkennbarer Merkmalverteilung und ihre Verbindungsweisen um spezifische Achsen der Gesamtraummatrix anzuordnen. Es ermöglicht desgleichen, diesen Unterraum mit Hilfe der Polaritätssituationen und einer distinktiven Verbreitung seiner Merkmale zu kennzeichnen. Ausgewählte Merkmalkombinationen können so durch verschiedene Felder verfolgt werden, in denen sie unterschiedliche spezifische Gewichtungen abhängig von der relativen Konfiguration erlangen. Das alles macht die hergestellten H.-Verhältnisse elastisch und relativ. (D. M.)

→ Feld, Grammatik, Kompetenz, Mentalität, Narratologie

Horizont

(engl., franz. horizon, russ. gorizont)

Phänomenologischer Begriff, der den weltanschaulichen, wert-, bedeutungs- und allgemein erkenntnismäßigen Gesichtskreis des kollektiven oder individuellen Bewusstseins oder der Äußerung bzw. des Textes bezeichnet. Für diese Entitäten erwächst durch den H. die Bestimmung der Weltidentität; da er aber unbewusst und nicht bewusst zu machen ist, bestimmt er auch die Identität dieser Entitäten für ein anderes Bewusstsein oder für andere Texte.

1. Jauß (1970) gebraucht den Begriff des *Erwartungshorizonts*, den er aus der deutschen phänomenologischen und hermeneutischen Tradition (Husserl, Heidegger, Gadamer) übernommen hat. Er wurde aber schon von Gombrich unter dem Einfluss Poppers in der Bedeutung des geistigen Zusammenhangs verwendet, der mit hoher Sensibilität alle Abweichungen von der Norm registriert. Gadamer wendet ihn für die geschichtlich veränderbare Situation des Dolmetschers an, die durch Voreingenommenheiten, Vorurteile und Vormeinungen sein Verstehensvermögen beschränkt. Bei Jauß erhält der Erwartungshorizont die intersubjektive Beglaubigung der Lesergemeinschaft eines bestimmten geschichtlichen Zeitalters und erweist sich als eine Art Hintergrund für das Wiedererkennen der künstlerischen «Überschreitungen». Er meinte, dass ohne eine Rekonstruktion des authentischen Erwartungshorizonts das Kunstwerk der Vergangenheit und vor allem sein ästhetischer Wert nicht verstanden werden können. Eine solche Rekonstruktion gilt es in Anlehnung an die Reaktionen auf das Werk seitens der Leserschaft, der Kritik, Wissenschaft und Philosophie zu gegebener Zeit durchzuführen. Später verzichtete Jauß auf den Erwartungshorizont als das einzige ästhetische Kriterium, hält ihn aber noch immer für ein wichtiges Mittel der literaturgeschichtlichen Kontextualisierung.

2. Bachtin und Mitglieder seines Kreises (Medvedev, Vološinov) gebrauchten Syntagmen wie *soziolinguistischer, axiologischer* und *ideologischer H.*, um geschichtliche Beschränkungen der Gemeinschaften und der Einzelnen im Zugang zu Sprache, Werten und Wirklichkeit zu kennzeichnen.

3. In der phänomenologischen Tradition hat sich der Begriff des *intentionalen H.s* eingebürgert, um das «Im-Hinblick-auf» (bzw. den Sinn) in einer Äußerung, einem Text oder einer Gattung zu kennzeichnen. Es handelt sich um jene Dimension, in welcher der (abwesende) Adressat herbeigerufen und dadurch der (anwesende) Gesprächspartner immer schon transzendiert wird. Bei Bachtin dient der H. zur Bezeichnung des Gattungsgedächtnisses oder der «mitgegebenen Bedeutungsrichtlinien». Bei den deutschen Transzendental- oder Universalpragmatikern (Habermas, Apel, Wellmer), die den Akzent vom

Subjekt auf die Intersubjektivität verlegen, wird der intentionale zum konsensuellen H., der dadurch aktiviert wird, dass die Äußerung den entsprechenden Geltungsanspruch erhebt. Den umfassendsten konsensuellen H. stellt die Lebenswelt als unhinterfragbarer Boden der Verständigung dar.

4. Die linguistische Pragmatik, die im Anschluss an Wittgensteins Theorie der Sprachspiele mit den Begriffen der Kommunikationsaufführung oder des sozio-kommunikativen Stereotyps operiert, spricht in diesem Zusammenhang vom *referenziellen* oder *Gegenstandshorizont*, der durch eingeübte Gebräuchlichkeit solcher kommunikativen Szenarios geöffnet wird. Den Begriff des Gegenstandshorizonts kann man mit einzelnen literarischen Gattungen verbinden (Bachtin sprach von der «Ansicht der Wirklichkeit durch die Augen der Gattung»), aber auch mit bestimmten wissenschaftlichen Diskursen. In ähnlicher Wendung spricht Foucault vom Diskursfeld und denkt dabei, dass bestimmte Diskurse in bestimmten Zeiträumen nur bestimmte Gegenstände decken können (zuzüglich der Herstellung spezifischer Subjektspositionen und Adressaten). (D. M.)

→ Fiktion, Habitus, Intention, Pragmatik, Referenz

Hypogramm

(engl. hypogram, franz. hypogramme, russ. gipogramma)

Entsteht wie Anagramm und Paragramm durch Verstellung von Buchstaben oder Silben in einem Wort oder einer Wortreihe, um ein anderes Wort oder eine andere Wortreihe zu bilden. De Saussure kam gegen Ende seines Lebens auf den Gedanken, die paragrammatische Zerstreuung von Teilchen eines heiligen Worts bilde das lyrische Kompositionsprinzip. Meschonnic (1975) nannte dieses Schlüsselwort «thematisches Wort». Kristeva (1969) bekräftigte vermittels des alinearen Charakters der paragrammatischen Gedichtstruktur die Bachtinsche Koexistenz von Widersprüchen im literarischen Text. Starobinsky (1971) setzte in seiner Lesart de Saussures das Paragramm mit dem H. gleich, von dem de Saussure sagt, es betone einen Namen oder ein Wort, indem es die Silben geschickt wiederholt und ihnen dadurch eine andere, künstliche, der ursprünglichen Wortform gleichsam hinzugefügte Seinsweise verleiht. Riffaterre (1978) versucht hingegen, die Eigenbedeutung des H.s beizubehalten. Er findet seinen Unterschied zum Paragramm darin, dass dieses mit ganzen Wörtern operiert, die in zerstreute Sätze eingefügt werden, und zwar so, dass durch die Einfügungsweise die dem H. eigene Struktur evoziert wird. In dem so definierten H. – mag es sich als Klischee, Zitat oder thematischer Komplex manifestieren – erkennt Riffaterre den Generator des poetischen Textes, seine *Matrix* oder das Schlüsselwort. Aus der Matrix entfaltet sich das *Modell* und aus dem Modell die *Text*variationen. Matrix, Modell und Text seien Varianten ein und derselben Struktur, was bedeutet, dass diese einander herbeirufen. Der Leser läuft den umgekehrten Weg als der Schriftsteller. Mit den Agrammatikalitäten konfrontiert, die das referenzielle Lesen verhindern, begibt er sich auf die Suche nach einem vereinheitlichenden Modell und danach nach der Matrix. Statt der Heterogenität, die das Paragramm dem Text verleiht, schenkt ihm das H. bei Riffaterre Homogenität. Daraus wird auch seine Konzeption der Intertextualität bestimmt. (D. M.)

→ Anagramm, Dissemination, Intertextualität, Katachrese, Pfropfung

Identität

(engl. identity, franz. identité, russ. identičnost' / sovpadenie)

1. Der Begriff I. ist in die gegenwärtige literaturtheoretische Debatte eigentlich erst eingegangen, seit er, wie im Poststrukturalismus und der Dekonstruktion, aus dem komplementären Begriff der Differenz oder aber, wie in der psychoanalytischen Kritik, aus dem Begriff der Identifizierung oder Übertragung abgeleitet wurde. Alle drei genannten Ausrichtungen stellen jene hegelianische Identitätslogik in Frage, auf welcher z. B. der Strukturalismus immer noch beruht. Wie bereits Hegel behauptet auch der letztere, dass eine I. erst infolge des Durchgangs einer gegebenen Größe durch ein System der Differenzen entsteht. Eine solche These erscheint nun insofern fraglich, als in ihr die I., als ein *Bestandteil* der Opposition zwischen der I. und der Differenz, stillschweigend zugleich als *Grundlage* derselben Opposition angenommen wird, da das System der Differenzen, das die Identifizierung durchführt, seinerseits wiederum auf einer I. beruht. Indem er die dargelegte Kritik in seine Systemtheorie übernahm, bezeichnete Luhmann (1984) den Leitfaden der hegelianischen Logik knapp und treffend als die «I. von I. und Differenz». Um eine so angelegte Dialektik zu untergraben, führt er die Opposition, welche Hegel seinerseits eingeführt hat, um die Differenz zu bezeichnen, noch einmal ein, nun aber, um jene I. zu bezeichnen, die sich bei Hegel selbstverständlich ergab – daher bei Luhmann die «Differenz von I. und Differenz». In einer ähnlichen Weise haben Anfang der 1990er Jahre auch die feministischen Theoretikerinnen argumentiert, indem sie darauf verwiesen, dass das Beharren auf der weiblichen I. *(femaleness)* die männliche Logik der binären Bezeichnung eher reproduziert als problematisiert. Das Problem liegt laut Crosby (1982) darin, dass die Differen-

zen als offenbar, konkret, *existent*, historisch anwesend und insofern als eine echte Theoriegrundlage betrachtet werden. Anstatt im ontologischen Rahmen müsste die Differenz allerdings als eine unerkennbare Erkenntnisbedingung gedacht werden, da die Differenz kein zu erkennender Sachverhalt, sondern ein stets laufender Prozess sei.

2. Somit ergibt sich bei jedweder Aufgliederung des Identitätsbegriffs folgende entscheidende Frage: Ist die I. eine Ursache (Voraussetzung) oder eine Folge (Auswirkung) einer bestimmten Reihe von differenziellen Erscheinungen bzw. lässt sich zwischen ihr und jenen Erscheinungen eine logische Beziehung herstellen? Bereits Freud hat durch seine weitreichenden Begriffe wie Übertragung oder Nachträglichkeit auf die hohe Komplexität der Beziehung zwischen den Entwicklungsphasen einer I. verwiesen. In einem Augenblick entdeckte er nämlich, dass dasjenige Ereignis, welches von einer analysierten Person als Ursprung ihres Traumas bezeichnet wird, eigentlich ein bloßes Ergebnis ihrer nachträglichen Stilisierung sei (Carroll 1975). Wenn sich eine Voraussetzung aber erst nachträglich, d. h. durch ihre Auswirkungen, bestimmen lässt, dann büßt sie ihre kausal-gesetzgebende Kraft ein und macht ihre verhältnismäßige Unverbindlichkeit in Bezug auf die Folgen einsichtig. Die dadurch entblößte Kontingenz jeglicher Voraussetzung hat Lacan als ihr «Reelles» *(le réel)* bzw. als ihr «nichts Besonderes» oder als *je ne sais quoi* bezeichnet. Dieses «ich weiß nicht was» ist ihm zufolge ein Überrest des «Wiedererkennens» (eigentlich des Verfehlens: *méconnaissance*) des kleinen Kindes im Spiegel, des Akts, in dem es seinen libidinösen «zerstückelten Körper» *(le corps morcelé)* in ein Ich integriert. Als ein notwendiges Nebenprodukt solcher Integrierung untergräbt das Wirkliche die Notwendigkeit der entstandenen I. Indem er auf einem derart unbestimmbaren Auswurf *(rejet)* des Prozesses der Identitätskonstitution beharrt, setzt sich Lacan der hegelianischen Erklärung des Selbstbewusstwerdens entgegen, einer kognitiven Rückkehr zu eigenen sinnlichen Anfängen, anhand deren eine Vielfalt von zufälligen Umständen in eine logisch notwendige Ursache des erreichten Ergebnisses umgestaltet wird. Žižek (1993) hat diesen identifizierenden *point de capiton* – «den benennenden Sturz des Signifikanten in das Signifikat» – am Beispiel der Errichtung von Nationalidentität auf einer Traditionsgrundlage erklärt: Eine Nation entdecke ihr Selbstidentitätsgefühl, indem sie ihre Anwesenheit in der Überlieferung auffinde. Im Akt der Rückkehr zu ihren eigenen (Außen-)Bedingungen *kehre die (nationale) Sache zu sich selbst zurück.* Die feministische Erklärung hebt dasselbe Moment der «Einebnung» in der hegelianischen Dialektik hervor: Die dialektische Opposition neutralisiere oder hebe die Differenz auf. Indem aber die versteckte Operation auf die eigene Ausblendung verwiesen sei, versichere der Mantel der Neutralisierung letzten Endes nur die phallozentrische Macht (Cornell 1991).

3. Erstaunlicherweise steht Lacans Widerstand gegen eine nahtlose Schließung des Identifikationszirkels jener Kritik des Identitätsbegriffs nahe, welche Derrida in seinen Arbeiten seit dem Ende der 1980er Jahre erarbeitet hat («erstaunlicherweise» in Bezug auf die wiederholte Polemik von Žižek 1989ff.). Derrida (1988, 1990) verweist darauf, dass die I. stets als ein Musterbeispiel des Gemeinschaftsgesetzes dargestellt wird (das hegelianische «individuelle Allgemeine»), da dies die einzige Weise sei, das Vorgehen eines Einzelnen in einen *logischen* Verantwortungsrahmen zu setzen. Demgegenüber besteht er auf einer unüberbrückbaren Kluft zwischen dem Recht *(droit)* und der Gerechtigkeit *(justice)* bzw. auf einer daraus hervorgegangenen Unentscheidbarkeit als Voraussetzung jedweden verantwortlichen Entscheidens. Unsere I. kann niemals zum Ausgangspunkt unseres Vorgehens werden, weil das letztere nicht aus einer zur Verfügung stehenden freien Wahl, sondern aus einem Zustand des Angesprochenseins durch den Anderen hervorgeht: Wir re-agieren, bevor wir imstande sind, frei zu agieren. Wäre es nämlich in einem Akt des Antwortens bloß um eine richtige Verwendung eines allgemeinen Gesetzes gegangen, wären wir alle Richter gewesen, wobei das Schwurgericht überflüssig gewesen wäre. Wir sind aber keine unfehlbaren Richter, weil wir keine eigene Entscheidung in einer vollkommenen Kausalität begründen können. Kein Richter stehe außerhalb des Konflikts, sondern inmitten/des Andersseins/. Nichts entziehe sich der Kontrolle einer gegenseitigen Verantwortung (Cornell 1991). Was für eine Ethik wäre das, wenn die Zugehörigkeit zu dem einen oder dem anderen Geschlecht Gesetz oder Privileg würde? Was, wenn die Universalität der Moralgesetze geschlechtsgemäß gestaltet oder eingegrenzt würde? (Derrida 1985) Gerade um verantwortlich vorgehen zu können, darf das Subjekt nicht zur Geisel seines Kontextes werden. Daher erweist sich die Unmöglichkeit der (vollkommenen) Gerechtigkeit im Rechtsrahmen – bzw. der (vollkommenen) I. im Gemeinschaftsrahmen – als eine Grundvoraussetzung der Demokratie. Die Demokratie halte die Kluft zwischen dem Gesetz und der Gerechtigkeit aufrecht: Sie nehme zur Kenntnis, dass Gerechtigkeit ‹unmöglich› sei, dass sie ein Akt sei, der niemals in den ‹hinreichenden (gesetzlichen) Gründen› begründet werden könne (Salecl 1994). Was die Demokratie überhaupt *möglich* macht, sei, dass ihre Universalität keinen notwendigen Körper und Inhalt hatte; stattdessen kämpften verschiedene Gruppen miteinander, um ihren Partikularitäten die vorläufige Funktion einer universalen Vorstellung zu verleihen. Wegen dieser grundsätzlichen Kluft zwischen Recht und Gerechtigkeit, Universalität und Partikularität unterliegt keine I. einer Fixierung. Sie wird in einer des einheitlichen Bestimmungsgrundes entledigten Gemeinschaft hergestellt, mit einem beweglichen, sich verschiebenden Horizont des Anspruchs auf äquivalente Rechte, der die Demokratie überhaupt erst ermöglicht.

4. Sobald eine Gemeinschaft solch ein Universalgesetz erlässt, unternimmt sie eine Ausschließung. In der feministischen Kritik ist es zu dieser Einsicht Ende der 1970er Jahre gekommen, als eine homogene Vorstellung vom «Weiblichen», die bis dahin den «Frauenbund» begründete, durch die Einführung der Rassen-, Klassen-, Kultur- und Ethniendifferenz problematisiert wurde. Das Konstrukt einer einheitlichen weiblichen I. hat plötzlich seine phallogozentrische, heterosexuelle Herkunft entblößt. Butler (1990) hat folgendes neue Programm vorgeschlagen: Möglicherweise müsse der ‹Bund› gerade seine eigenen Widersprüche eingestehen und auf ein Agieren mit diesen unaufgehobenen Widersprüchen übergehen. Dadurch würde dann die I. in eine provisorische Einheit im Kontext von konkreten Aktionen umgestaltet werden. Damit im Einklang wird die I. in ein Netz von Geschlechts-, Rassen- und Klassenmerkmalen eingebunden, als ein beweglicher und komplexer Effekt von einander entgegengesetzten und eine bestimmte Kultur regulierenden «Diskursregimen» aufgefasst. Falls sie sich auf die vorübergehenden Netz*positionen* zurückführen lässt, dann lautet die poststrukturalistisch inspirierte feministische Frage folgendermaßen: Welche politischen Operationen konstituieren und grenzen dasjenige *Feld* ein, innerhalb dessen solche Positionen entstehen? Welche Ausschließungen sind an der Gestaltung und Naturalisierung dieses Feldes beteiligt? (Butler / Scott 1992) Aber nicht einmal das analytische Ich als jene Position, von welcher aus diese Fragen gestellt werden, bleibt aus dem zu analysierenden Machtfeld ausgeschlossen. Im Gegenteil, es ist ebenso durch die Organisationsprinzipien materieller Praktiken und Institutionsgefüge errichtet, durch jene Macht- und Diskursachsen, die mich als ein erhaltensfähiges ‹Subjekt› produzieren (Butler 1992). Indem jedwede Handlungsfähigkeit *(agency)* sich als ein Effekt, sei es der verneinten Abhängigkeit, der verdrängten Andersheit oder des versteckten Unbehagens, erweist – und zwar umso mehr, je mehr sie ihre Autonomie hervorhebt –, wird die Identitätsbildung letztendlich zu einer ausgesprochen politischen Frage umgestaltet. Dennoch lässt sich die foucaultsche genealogische Analyse nicht restlos auf die Abwertung oder sogar die Verwerfung der I. zurückführen. Ganz im Gegenteil, sie öffnet die I. für neue, unbekannte Verwendungsweisen, sie erzielt ihre «Entlassung (aus dem oppressiven Zustand) zugunsten von vielfältigen zukünftigen Bezeichnungen». Es geht nicht darum, diesen Begriff in «fiktionale Anführungszeichen» zu setzen und dadurch etwa seine politische Kraft oder Glaubwürdigkeit zu bestreiten, sondern zu zeigen, dass die Etablierung seiner Materialität vollkommen politisch ist. Die Anführungszeichen zielen auf eine De-Naturalisierung des Begriffs, auf eine Bezeichnung des Zeichens als des Orts des politischen Disputs.

5. Das poststrukturalistische Identitätskonzept, das auf einen Effekt des per-

manenten Streits zwischen den Diskurssystemen hinauswill, hat in der feministischen Theorie eine heftige Diskussion zwischen der materiellen und symbolischen Begründung der weiblichen Differenz bzw. zwischen den Konzepten des *Geschlechts (sex)* und der *Geschlechtsidentität (gender)* ausgelöst. Wenn die Geschlechtsidentität auf eine Auswirkung des Konflikts zwischen den Diskurspraktiken zurückgeht, dann ist sie ein historisch spezifisches Produkt, das sich jeweils einer dominierenden Intelligibilität verdankt. Daher lehnen sich die *Gender Studies,* welche die amerikanische theoretische Szene in der zweiten Hälfte der 1980er Jahre beherrschten, an den berühmten Gedanken von de Beauvoir (1949) an, der zufolge die Frau nicht so sehr geboren als vielmehr gebildet wird. Demzufolge wird die «Gattung» in Bezug auf jene Bedingungen, Rollen, Rechte, Verfahrensweisen, Positionen und Dispositionen untersucht, die einem gegebenen Subjekt unter gegebenen Umständen «zur Verfügung stehen». Je nachdem, wie diese Aspekte gegebenenfalls aufgenommen und umgesetzt werden, weisen sie einer Frau bestimmte Merkmale zu, wie es übrigens auch die sprachlichen und literarischen Praktiken, der Film, das Fernsehen oder die Mode mit ihren entsprechenden Techniken tun. Wie die *Cultural Studies,* die etwa gleichzeitig institutionalisiert werden, befassen sich auch die *Gender Studies,* auf der Spur von Foucault, weniger mit den I.en (den Subjekten oder Texten) selbst als mit den Prozessen ihrer Herstellung oder Auflösung, Bemächtigung oder Entmächtigung. Und wie die *Cultural Studies* ihre kategorielle Apparatur um die Polarisierungsachse Hoch- vs. Volkskultur gruppieren, so gehen auch die *Gender Studies* mit der Polarisierungsachse männlich/weiblich um. Alle I.en seien durch diese Herrschaftsachse geprägt, und daher ist es kein Wunder, dass ebenso Ansprüche auf die Untersuchung der Konstitution der männlichen I. erhoben werden *(Men's Studies).* Mit der Überführung der feministischen Literaturwissenschaft in die *Gender Studies* war laut Osinski die Ablösung vom politischen Feminismus und theorieskeptischen, auch literaturwissenschaftlich eher pragmatisch orientierten Frauen in den *Women's Studies* endgültig vollzogen; die Gräben zwischen emanzipationspolitischen Veranstaltungen und arrivierten Theoriediskussionen waren sehr tief geworden (Osinski 1998). Das Bestehen auf der Geschlechtsdifferenz, das die feministische Literaturwissenschaft bis dahin geprägt hatte, wurde jetzt dem statischen Biologismus zugeschrieben: Die Geschlechtsidentität ist hingegen eine geschichtlich veränderliche und daher eine relationale Kulturkategorie. Man gewinne plötzlich den Eindruck, als ob die Geschlechtseigenart der Frauen eine unglückliche Tatsache darstelle, welche vonseiten des Feminismus, seit der Entdeckung der Geschlechtsidentität, am besten vergessen werden solle (Chanter 1995). Die Kulturmerkmale der Frau verdecken ihre Geschlechtsmerkmale dermaßen, dass Butler (1990) letztlich auch das Geschlecht *(sex)* zu einem sozio-kulturellen Konstrukt macht.

6. Es ist indessen gerade dieses radikale Verfahren, das eine scharfe Opposition zwischen dem Geschlecht und der Geschlechtsidentität entlang der Grenze von Natur, Biologie und Beständigkeit einerseits, Geschichte, Kultur und Veränderung andererseits in Frage stellt. In einem offenbaren Verbund mit dem herrschenden Binarismus einer heterosexuell geordneten Kultur verdrängt eine derartige Opposition sowohl die kulturelle Produziertheit jeglicher Vorstellung von Geschlecht, Körper und der Natur als auch die unumgänglichen körperlichen Grenzen jeglichen Zugangs zu Identitätsmerkmalen (die unterschiedlich verfügbar sind, wenn es um unterschiedliche Rassen, Klassen und Nationalitäten geht). Obwohl aber das Geschlecht immer schon identifiziert ist *(gendered)* und die I. immer schon geschlechtsgeprägt *(sexed)* ist, verschmelzen die beiden Bereiche niemals ineinander (Chanter 1995). Wie wir jetzt bereits zu der Annahme geneigt seien, dass kein Rassenproblem seine etwaige Verkörperung in einer bestimmten Klassenlage vermisse – und kein Klassenproblem in einer bestimmten Geschlechtsidentitätsposition –, so werde keine Genderfrage ihre bestimmte geschlechtliche Verkörperung vermissen und umgekehrt; und trotzdem möge es nützlich sein, die beiden analytischen Achsen voneinander getrennt zu halten (Sedgwick 1992). Ihre Gleichsetzung würde nämlich wiederum die Einführung eines einheitlichen Maßstabs einbeziehen – und es gibt keinen Maßstab, der keine neue Ungleichheit auslösen würde. Die Behauptungen von der Gleichheit aller Menschen, Rassen oder Geschlechter deuteten eigentlich auf eine Missachtung oder Verneinung der Wirklichkeit hin und unterstützen dabei einen Imperialismus, der noch gefährlicher sei als jene, die die Differenzspuren aufrechterhalten (Irigaray 1987). Daher gilt es, jene Kampfformen aufzufinden, welche einer gegebenen Frau angemessen seien, und zwar da, wo sie sich mit ihrer Nationalität, ihrem Beruf, ihrer sozialen Klasse, ihrer Geschlechtserfahrung befinde, bzw. jene Unterdrückungsform, die sich ihr am unmittelbarsten als unerträglich erweise (Irigaray 1977).

7. Wenn also in einem binär geordneten System der Geschlechtsidentität die weibliche I. in einer unausweichlichen Analogie zur männlichen I. konstruiert wird, als ein bloßer Kontrast oder pures Supplement zu ihm, dann scheint es doch besser, das Hauptinteresse der *Gender Studies* von der Frage, wodurch die Kategorie der Geschlechtsidentität erst einmal entsteht, zu verlagern auf die Frage, was durch ihre Entstehung *verworfen* wird und was sich ihr *entgegensetzt* (Sedgwick 1992). Wie wird die Grenze zwischen dem *gender* und seinem Anderen gezogen? Foucault (1978) hat in seiner Fallanalyse eines Hermaphroditen aus dem 19. Jh. darauf verwiesen, dass der Hermaphroditismus in einem von den damaligen medizinisch-juristischen Praktiken abgegrenzten Raum jeglicher I. entledigt war. Der Zwang der heterosexuellen Ordnung schloss das

Recht auf das zweiseitige Begehren vollkommen aus. Indem sie diesen foucaultschen Leitfaden heranzog, betonte Sedgwick, dass die Institution der zwanghaften Heterosexualität der phallozentrischen Kultur, die von der polarisierenden Ausrichtung der *Gender Studies* unterstützt wird, nun durch die Untersuchung der Grenzfälle von Päderastie und Lesbentum untergraben werden sollte. Obwohl dies bei Foucault (1976) unausgesprochen bleibt, meint sie, dass die Sexualität als sein Zentralbegriff eigentlich eine Metonymie für die Homosexualität sei! Foucaults Interesse gilt nämlich nicht so sehr dem Sex als Akt oder Praxis, sondern als identifiziertem Problem (die sog. *problématique*) bzw. als einer auf der Kreuzung von verschiedenen Diskursordnungen entstandenen Begriffsidentität. Solch eine diskursivierte I. wird aber nicht im Zusammenhang von unproblematischen heterosexuellen Praktiken ausgebildet, die unter dem Schutz des Privatlebens stehen. Öffentliche Aufmerksamkeit wird deswegen vor allem auf homosexuelle Beziehungen gelenkt, die solch einen Schutz nicht genießen können. So wird die Heterosexualität als eine bürgerrechtlich geschützte und daher «selbstverständliche» Alternative dem verbotenen «Sex» gegenüber festgelegt; gerade weil er zum Verbergen verpflichtet ist, erweist sich der verbotene «Sex» von hoher Attraktivität für alle Arten der Entblößung. Wenn nun, Foucault zufolge, die Sexualität die sie Praktizierenden zur Diskursivierung veranlasst, dann hat er mit diesem Begriff offensichtlich vor allem die Homosexualität gemeint. Sie sei also die Trägerin jener «pluralen Beunruhigung», welche Foucault geneigt ist, in die stabile heterosexuelle und damit epistemologische Ordnung des herrschenden Wahrheitsregimes einzuführen. Dennoch wurde die politisch-emanzipatorische Kraft seines Konzepts der «polymorphen Sexualität» (die sich nicht auf eine reproduktive Funktion zurückführen lässt) dann von Bersani (1988) folgendermaßen befragt: Zugunsten der Mannigfaltigkeit zu argumentieren habe den strategischen Vorteil, den Päderasten in eine Art des leidenschaftlichen Verteidigers eines der Grundwerte der herrschenden Liberalkultur zu verwandeln; ihm scheine aber dennoch, dass eine derartige Argumentation die Verbindung zwischen dem homosexuellen Verhalten und der dadurch provozierten Abneigung vernachlässige (Bersani 1988). Butler (1990) meint analog, dass die angeblich «fröhliche Zerstreuung physiologischer Körperprozesse» angesichts der Tatsache, dass es beim Hermaphroditismus um eine Liebe geht, die ihren Namen nicht aussprechen durfte, von Foucault romantisiert wird. Er evoziert einerseits eine vordiskursive, libidinöse Mannigfaltigkeit der Sexualität, andererseits verweist er auf ihre Äquivalenz mit der Macht, deren Arm durch solch ein Lob nur verlängert wird. Sie als ein emanzipatorisches, «vorgesetzliches» Ideal anzunehmen, würde also auf eine unkritische Unterstützung der stillschweigend legitimierten Geschlechtspolitik hinauslaufen. Herculins Sexualität befände sich nicht außerhalb des Gesetzes, sie sei hingegen sein ambivalentes Ergebnis, ein Produkt, dessen psychoanalytischer und institutioneller Bereich vom *Verbot* umgeben sei.

8. Dadurch kommt zugleich alle Fraglichkeit von Foucaults Bemühen zum Vorschein, die I. allgemein zu untergraben, da es insgeheim auf einer «pluralisierenden Ent-Identifizierung» der eigenen Position beruht. Nur von einer Position aus, die sich selbst eine vollkommene *Natürlichkeit* versichert, lassen sich andere Positionen vorbehaltlos als fiktionale Konstrukte entlarven. Die Naturalisierung der eigenen I. erweist sich als Preis für die Entnaturalisierung der fremden I. Wie immer sich die gegenwärtigen Theoretiker um die verschiedenen Formen solch einer Selbst-Entidentifizierung bemühen – durch die Identifizierung mit jenen, denen die Geschichte jedwede I. vorenthalten hat –, letztlich werden sie durch ihr diskursives Bemühen selbst weit weg von den Gegenständen ihrer Identifizierung positioniert. Jacques Derrida möge sich selbst ab und zu in der philosophischen Lage der Frau sehen, dennoch teile er die politische Lage der Frau nicht. Sich in solch einer Lage der Frau zu befinden, hänge nicht nur mit dem Willen zusammen (Johnson 1987). Keine I. ist andererseits so fiktional, dass sie von den harten Realitätsauswirkungen freigestellt wird (Johnson 1994). Weder die Entmaterialisierung der I. durch den kulturellen Begriff der Geschlechtsidentität *(gender)* noch ihre Fiktionalisierung durch den libidinösen *Sexualitätsbegriff* machen uns vom politischen Grundproblem des Postmodernismus frei, nämlich dass die Nichtidentität mit der I. sowohl *innerhalb* des Subjekts als auch *zwischen* den Subjekten zusammentrifft. Suleiman (1996) stellt sich folgende Frage: Wer hat keine Angst vor der Nichtidentität, und wie können jene, die eine solche Angst nicht haben, jene anderen, die solch eine Angst haben, dazu überreden, mit den mörderischen Träumen aufzuhören? (...) Was tun jene, die diese Angst nicht haben, wenn mörderische Träume in die harte Wirklichkeit umgesetzt werden?

9. Wenn die Gründungen des Identitätsbegriffs in den Begriffen der Geschlechtsidentität und der Sexualität an der dargelegten Unmöglichkeit einer klaren Abgrenzung der Nichtidentität gegenüber scheitern, bleibt uns nur noch übrig, die Bemühungen, sie im Geschlecht *(sex)* zu gründen, in Betracht zu ziehen. Mit der Absicht, die Vorherrschaft der *Gender Studies* zu korrigieren, wurden solche Versuche im Laufe der 1990er Jahre in den Vordergrund gerückt, obwohl Irigaray ihre Auffassung von der Geschlechtsdifferenz eigentlich bereits seit 1974 entwickelt. Dabei hat sie sowohl Heideggers ontisch-ontologische Differenz zwischen Seiendem und Sein als auch Derridas logozentrisch-dekonstruktive Differenz zwischen Rede und Schrift umgeschrieben. Wenn Heidegger zufolge die westliche Metaphysik die Seinsfrage vernachlässigt hat und Derrida zufolge die Frage der Schrift, dann verdrängt sie Irigaray

zufolge die Frauenfrage. Das findet statt in der Form einer Umsetzung des Weiblichen in ein «Geschlecht, das keines ist», weil es auf ein Negativ des männlichen Geschlechts reduziert wird. Die Frau ist somit zu einem Ort geworden, von dem bereits Aristoteles behauptete, alles Bestehende müsse ihn haben; er hat aber dabei spontan nur Männer gemeint, indem die Frauen keinen Ort haben, weil sie selbst ein Ort sind, der den Männern Identifizierung von sich selbst und von den Dingen ermöglicht. Wie bei Heidegger das Sein den Seienden, sind sie hier jene Bedingung, die die Männerexistenz ermöglicht (1977). Laut Chanter (1995) besorgen die Frauen das Potenzial, die materielle Grundlage, physische Unterstützung, die dann von den Männern in einem vernünftigen Leben, in einem Geistesabenteuer, in ihrem Abstraktionsvermögen verwirklicht wird. Indem die phallogozentrische Ökonomie durch ihre (anscheinende) Symmetrie in dieser Weise die Frau unsichtbar macht, indem sie ihres Orts, wie übrigens jedwede *culturally dominated person,* entledigt ist, bleibt ihr lediglich übrig, ihre Geschlechtseigenart durch ein hartnäckiges Erringen der Differenz *innerhalb dieser Ökonomie mit einem ständigen Bezug auf sie* aufzusuchen. Irigaray befindet sich hier wiederum auf der Spur von Heidegger und Derrida. Der Erste hat davor gewarnt, die Metaphysik als tot abzuschreiben, indem sie sich in einer Wissenschaftstechnologie vollendet, welche mehr Zeit in Anspruch nehmen werde als die bisherige Geschichte der Metaphysik; der Zweite hat den Begriff der *clôture* eingeführt, mit den Konsequenzen, dass jegliche Überwindung eine Wiederbelebung der Metaphysik einbezieht. Heidegger legte diese Wiedereinführung des Aufgehobenen an den Beispielen von Hegel und Nietzsche dar, Derrida am Beispiel von Heidegger, während Irigaray sowohl Heidegger (1983) als auch Derrida (1985) eine ungewollte Verkörperung von metaphysischen Prinzipien vorwarf. Die einzige Weise also, die weibliche Geschlechtsdifferenz aufrechtzuerhalten, besteht in der Entlarvung ihres Vergessens in der gesamten philosophischen Tradition, und das ist ebendie Aufgabe, der Irigaray ihre ganze Arbeit gewidmet hat. Sie hätte sich aufgrund einer Entassimilierung der Kultur der von den anderen bereits hergestellten Werke wiederherstellen sollen: durch eine Durchsicht desjenigen, was in ihnen vorhanden ist, um dasjenige aufzufinden, was nicht vorhanden sei (1984). Indem sie so von der Geschlechtsidentität auf die Geschlechtsdifferenz umschaltet, beharrt Irigaray auf einem subversiven Überrest des in der binären «Gattungsgrammatik» gegründeten phallozentrischen Repräsentationssystems, so wie Derrida auf einem unausgehändigten Überrest *(poste restante)* des *lettre* in der Schrift, Lacan auf dem Auswurf des Reellen in jeglichem symbolischen Gebilde und Lévinas auf einer unverwischbaren Spur des Sagens *(le dire)* im Gesagten *(le dit)* bestehen. Irigarays aufmerksame Lektüren sind durch einen übersehenen Nachtrag *(supplément)* der Geschlechtsdifferenz gekennzeichnet, dessen Einführung dann die I. des Gesagten durchbricht. Er bürgt für die levinassche Unverwechselbarkeit der Partner im intersubjektiven Verhältnis – für eine grundsätzliche Unmöglichkeit der Bestimmung der Andersheit des Anderen (Vasseleu 1998). Daher betont Irigaray (1987), dass jedes Geschlecht seine eigenen Rechte haben solle. Die Einführung der Differenz in das Prinzip der «gleichen Rechte» hebt jene Diskriminierung hervor, die aus dem Aufzwingen eines Universalgesetzes denjenigen, die ihren Körpergefügen nach solch einem Gesetz nicht entsprechen können, hervorgeht. Da «gleiche Rechte» die Frauen letztendlich ihres Eigentums entledigen, hätten sie durch «äquivalente Rechte» ersetzt werden sollen (Cornell 1991, 1992a, 1992b). Der letztere Begriff zieht in Betracht, dass z. B. die Mutterschaft den Frauen in einer Weise eigen ist, in welcher sie den Männern keineswegs eigen sein kann, und er hält all jene körperlich-materiellen Eigentümlichkeiten im Visier, die den Eingriff der Gerechtigkeit in das Recht, der Partikularität in die Universalität immer aufs Neue beantragen. Anstatt sie also wie in den postmodernistischen Partikularismen zu verneinen, gälte es, durch eine beständige Erweiterung ihres Verwendungsfeldes am Aufrechterhalten der Identitätsuniversalität zu arbeiten. Dieses Feld wird übrigens durch jedwedes Scheitern eines Inhalts erweitert, dessen Partikularität zeitweilig durch eine scheinbare Universalität verdeckt war. Wie die Demokratie verbleibt auch die I. wegen solch einer ununterbrochenen «Horizontverschiebung» im Bereich der radikalen Unmöglichkeit. Derrida zufolge ist sie etwas grundsätzlich Zukünftiges, das immer erst «kommen soll» *(à-venir)*.

10. In eine ähnliche Richtung haben sich die Versuche der Bestimmung der *politischen I.* bewegt. Laut Mouffe (1995) ist die Möglichkeitsbedingung der politischen Gemeinschaft die Unmöglichkeitsbedingung ihrer letztendlichen Verwirklichung. Mit anderen Worten, jede politische I. ist anhand eines Ausschlusses konstituiert, der durch seinen provisorischen «Totalisierungseffekt» den Bedeutungshorizont der I. bestimmt. Sie ist ein Zusammenhang von Subjektpositionen *(subject positions)* im Prozess einer ununterbrochenen gegenseitigen Verschiebung, Untergrabung und Überdeterminierung entlang unterschiedlicher Achsen, wobei jeweils eine Achse die Hegemonie übernimmt, indem sie das «Feindbild» bestimmt. Der Ausschluss dieses Bildes aus dem Rahmen der Differenzen, durch welche ein «Wir» legitimiert wird, zwinge die Grenzen des Pluralismus auf (Mouffe 1995). Solch einer hegemonialen «Identifizierung von oben» wird die emanzipatorische «Identifizierung von unten» entgegengesetzt (West 1995), die nach den in der Zone des «konstitutiv Äußeren» abgelagerten Reserven greift. Indem das konstitutiv Äußere dem Inneren als eine *stets wirkliche Möglichkeit* innewohne, sei jegliche I. rein kontingent, und die hegemonischen Gebilde könnten keine andere Gültigkeits-

quelle beantragen als jene Machtbasis, auf der sie beruhten (Mouffe 1995). Die charakteristische Unentscheidbarkeit oder Unbestimmtheit der modernen pluralistischen Demokratie verdankt sich gerade dieser zweiseitigen Verwurzelung der modernen I. zugleich im Inneren und Äußeren, im System und in der Umwelt; ihr Paradoxon besteht darin, dass der Akt ihrer Verwirklichung gleichzeitig auf ihren Abbau hinauslaufen würde. Solche I.en können dementsprechend keine positive Gemeinschaft gründen, auf keiner tatsächlich gemeinsamen Basis, sondern nur auf einer bestimmten Inkommensurabilität, einem Kontrapunkt oder einer Kluft als ihrem Wertprinzip. Was von dem einen Punkt aus als Zeichenverwendungsregel erscheint, zeigt sich von einem anderen her als ihr Missbrauch. Jeder Begriff, durch den das sozial Imaginäre genannt wird, ist von den Stimmen der Rechtlosen und Namenlosen begleitet und geprägt. In diesem Sinn sei das Ziel der politischen Emanzipation keine von oben fixierte I., sondern die *Subjektivierung* als ihre Entnominierung, als das Einfügen des Namenlosen in einen jeden Namen, als die Positionierung der I. ins Intervall zwischen dem Ich und dem Anderen (Rancière 1995). Der Ort des politischen Subjekts sei das Intervall oder die Kluft: Die *Gemeinschaft* werde im Maß des *Zwischeneinanders* verwirklicht – zwischen den Namen, Identitäten, Kulturen usw. Sicherlich gilt es, die Behauptung von Brown (1995), dass die langjährigen *Rassen*rechtlosen heute entscheidend jene neutralisierende Integration ablehnen, die ihnen von der Liberalitätsdoktrin der «politischen Korrektheit» angeboten wird, in diesem Sinn zu verstehen. Diese Doktrin neigt zur Stilisierung der durch Machtverhältnisse geprägten Differenzen in die bunten «Lebensstile» der Personen «wie alle anderen», womit eine durch die lange Geschichte des Ausschließens artikulierte Andersheit stillschweigend verwischt wird. Die Kapitalisierung einer so entstandenen Andersheit hat hingegen die Tendenz, diese assimilatorisch angelegte einheitlich-kollektive I. womöglich zu untergraben. Durch die mimetische Übernahme jener Spottnamen, anhand welcher das Kulturzentrum seine Randzonen jahrhundertelang identifizierte, werden die Grenzen ihrer Bedeutungsfelder verschoben und sie in Orte semiotischer Spannungen verwandelt.

11. Allerdings ist die emanzipatorische Identifizierung einer permanenten Herausforderung der hegemonischen Identifizierung ausgesetzt, die jeweils einen umgekehrten Weg einschlägt: Das Subjekt verschiebt seine innere Spaltung auf die Differenz zwischen sich selbst und einem feindlich vorgestellten Anderen mit der Absicht, eine innere Homogenisierung zu erreichen. Žižek (1993) hat in seiner einflussreichen Analyse der Ausbildung von Nationalidentität diese Spaltung durch das Verhältnis der Gemeinschaft zur «Nationalsache» als einem Genuss jenseits der bloßen Lust erklärt. Im Unterschied zur Lust lässt sich der Genuss, Lacan zufolge, nicht in Besitz nehmen. Im Gegen-

teil, er entzieht sich unentwegt, indem er uns zwanghaft in seiner Herrschaft hält. Wenn einmal der dadurch gezeitigte Zustand der Entidentifizierung unerträglich wird, übertragen wir unseren Hass von ihm auf den Anderen, indem wir den Letzteren anklagen, uns den Genuss entziehen zu wollen (gerade dasjenige also, was wir eigentlich *nicht besitzen*). Žižek (1993) fragt, ob der kapitalistische Judenhass, weil die Juden ‹identitätslos› seien, nicht vielleicht der Hass dem eigensten Hauptmerkmal gegenüber sei. *Der Hass dem Anderen gegenüber sei der Hass dem Exzess unseres eigenen Genusses gegenüber.* Der Nationalismus versucht, eine Gesellschaft ohne innere Antagonismen einzuführen, indem er den Störungsverursacher in einen Raum außerhalb der eigenen Grenzen kastriert und zum Schutzpatron eines so bedrohten Eigentums einen Führer einsetzt. Hier die anthropologische «Übersetzung» von Shapiro (1997): Eine wegen der unterschiedlichen zentrifugalen und zerstückelnden Kräfte in die Krise geratene Nation – wegen einer anwachsenden Spaltung zwischen den Reichen und Armen, zwischen den Ideen und der gelebten Erfahrung, zwischen den Kräften, die den Schutz ihren Privilegien erzielten, und jenen, die ihre Wünsche erfüllen wollten – sei häufig einem außengerichteten Blick zugeneigt, um die Mythen zu befestigen, die die sozialen Antagonismen durch die Harmoniegeschichten ersetzten. Der Gegenstand von Shapiros Analyse ist eine Maskulinisierung der amerikanischen I., nachdem die Herausforderung des Golfkriegs die schmerzhaften Vietnamwunden wieder geöffnet hat. Seit Napoleons Zeiten hat sich der Männerkörper in den verschärften Krisensituationen die Nationalidentität inkarniert. Die Vorstellung von Männlichkeit wird von der Hingabe an die Nationaleinheit durchdrungen bei gleichzeitiger aufmerksamer Ausgrenzung des «schwächeren Geschlechts» und der «abnormalen» Sexualneigungen, um die Verseuchung der I. durch die fremden Eigenschaften zu vermeiden. Shapiro deutet dieses, allen «sinnlichen Beunruhigungen» gegenüber anästhetisch ausgerichtete «homosoziale Bündnis» einerseits als ein Ergebnis der im sog. Vietnamsyndrom verletzten amerikanischen I., andererseits als eine Antwort auf die Destabilisierung der männlichen Vorherrschaft in den verschiedenen Bereichen des amerikanischen Kulturlebens.

Zu ähnlichen Schlüssen ist eine Analyse der Spaltung der deutschen I. als *Folge* der deutschen Wiedervereinigung gekommen. Laut Huyssen (1995) prallen die sehr realen Kulturunterschiede zwischen der DDR und der BRD jetzt unmittelbar aufeinander, statt vom «Schutzwall» voneinander getrennt gehalten zu werden. Solch eine peinliche Spaltung wird dann durch ein gelegentliches In-Bewegung-Setzen eines Hasses auf die Gastarbeiter überbrückt, indem sie als Fremdkörper der deutschen Gesellschaft angeklagt werden. Statt für das Scheitern der eigenen I. jene «anderen Deutschen» zu beschuldigen, werden die Nicht-Deutschen angeklagt. Es scheint, als ob das Problem der Ambivalenz (Balibar / Wallerstein 1988) oder der «unmöglichen Einheit» nicht einmal durch das Ersetzen der National- durch die *Kulturidentität* aufgehoben wird. Laut Bhabha (1990) ist Nation als eine Form der kulturellen *Aufarbeitung* (in Gramscis Sinn des Worts) eine Instanz des *ambivalenten* Erzählens, das die Kultur auf ihrer produktivsten Position hält, als eine Kraft sowohl der Unterordnung, Zerstückelung, Auflösung und Reproduktion als auch der Produktion, Herstellung, Förderung und Führung. Die Ambivalenz des Erzählens ist darin enthalten, dass es nur durchs Ausschließen einschließen und nur durch die Entidentifizierung der «Nichtzugehörigen» die «Zugehörigen» identifizieren kann. Daher können wir nicht von zwei Arten des Nationalismus reden: einem gesunden und einem letalen. Die Pointe liege darin, dass jeglicher Nationalismus zugleich gesund und letal sei (Nairn 1977). Demzufolge ist jene Gemeinschaft, auf welcher eine Kulturnation beruht, auch notwendigerweise auf Gewalt gegründet (Renan 1947). Solange I. von der Differenz aus gedacht wird, werden sich ihre emanzipatorische und hegemoniale Seite kaum voneinander trennen lassen. (V. B.)

→ Andere, Begehren, Differenz, Gemeinschaft, Herbeirufen

Ideologie

(engl. ideology, franz. idéologie, russ. ideologija)

1. Begriff, den die Literaturtheorie aus den Gesellschaftswissenschaften übernahm, wo er vergleichbar fließende und schwankende Bedeutung hat. Zum ersten Mal wurde er von de Tracy angewendet (1801–05), und zwar in der Bedeutung der rationalen wissenschaftlichen Erforschung von Ideenquellen, um bei diesen Quellen zwischen Wissen und Vorurteilen zu unterscheiden. Doch unvergleichlich einflussreicher war in der Literaturtheorie die spätere Auslegung des Begriffs durch Marx als jenes manipulativen Zusammenhangs von Werten, Vorstellungen und Überzeugungen, der den Menschen den Blick auf die Wirklichkeit, wie sie ist, versperrt (1845 / 46). Desselben Geistes ist auch Eagletons (1991) aktuelle Definition der I. als des Gesamtkomplexes der Signifikationspraxis und der symbolischen Prozesse in einer Gesellschaft: Er bezieht sich auf die Art und Weise, wie Einzelne diese Gesellschaftspraktiken «leben». In den an der I. interessierten Literaturkritiken (Neuer Historismus, marxistische Kritik, feministische Kritik, Kritische Theorie, Dekonstruktion, *Cultural Studies*, Postkoloniale Theorie) wurde gewöhnlich die historische, politische, klassenbezogene, zivilisatorische, geschlechtliche, kulturelle, ethnische oder rassenbezogene Zugehörigkeit des Schriftstellers bzw. des Textes als Quelle

solcher versteckten Manipulation angegeben. Hält man dabei die erwähnte Manipulation für bewusst gesteuert, wird die Verkehrung der Wirklichkeit darauf zurückgeführt, dass sie im Dienst der herrschenden «gesellschaftlichen Macht» steht; hält man die Deformation hingegen für unbewusst, dann wird sie als Resultat des (unvermeidlichen) «falschen Bewusstseins» gesellschaftlicher Entitäten erklärt. Den I.-Begriff kann man aber auch wertneutral auffassen, beispielsweise als normatives System, das gesellschaftliche und politische Auffassungen einer Gruppe, Gesellschaftsklasse oder der Gesellschaft insgesamt steuert, wie es Medvedev tat (1928; Nöth 1985), oder einfach als ein «Kultursystem» (Geertz 1973). Die Gleichsetzung der I. mit der Kultur, wie sie der Neue Historismus und die *Cultural Studies* von Geertz übernahmen, veranlasste Goodheart (1997) zur ironischen Bemerkung, der angemessenere Name für die letztgenannten wäre *ideology studies*.

2. Die moderne Literaturtheorie zeigt sich skeptisch gegenüber dem früher üblichen Erkennen der I. in den direkten verbalen Äußerungen des Erzählers oder des zentralen Protagonisten in einem literarischen Text. Die Eigenschaft der I. liege gerade darin, dass sie sich verberge und entziehe, dass sie dort wirksam werde, wo man es am wenigsten erwartet, sodass sich das Augenmerk der Kritik vor allem auf *strukturelle* Leerstellen, Risse und Fehlschläge der Texte richtet. Im Zusammenhang der so profilierten «Hermeneutik des Verdachts» (Ricœur) erwiesen sich die I.-Theorie Althussers (1966, 1971, 1976) und ihre Ausarbeitungen durch seine Nachfolger Macherey (1966) und Pêcheux (1975) als besonders gut nutzbar. Macherey widersetzt sich der klassischen Widerspiegelungstheorie, die das literarische Werk als Spiegel der materiellen Bedingungen darstellt, die es erzeugten, und hebt hervor, dass es verkehrt wäre, die Widersprüche im Werk als *Widerspiegelung* der historischen Widersprüche zu deuten; vielmehr seien sie eine Folge der Abwesenheit einer solchen Widerspiegelung. Mit anderen Worten, auch die I. sei aus jenem gebildet, was sie unerwähnt lässt; sie existiere, weil es Dinge gibt, über die man nicht reden dürfe. Die Rekonstruktion des *ideologischen Horizonts* setzt so die Entdeckung von textuellen Widersprüchen voraus, und diese Entdeckung wiederum setzt das sog. Symptomlesen voraus.

3. Das zweite wichtige Merkmal der Althusserschen, von den Literaturkritikern übernommenen I.-Deutung ist seine Positionierung der Literatur als einer gleichzeitig der I. zugehörigen und sie überschreitenden Größe. Althusser (1971b) definiert I. als ein Vorstellungssystem, das aus Ideen, Begriffen, Mythen und Bildern besteht, in welchem Menschen ihre imaginären Beziehungen gegenüber den wirklichen Existenzbedingungen ausleben. Dieses System wird durch *ideologische staatliche Einrichtungen* wie Kirchen, Schulen, Familie, politische Parteien, Gewerkschaften, Medien und Kulturinstitutionen

gebildet, durch die die Subjekte in Situationen einbezogen werden, die für die Reproduktion des ideologischen Systems nötig sind. Literatur und Wissenschaft hingegen gehören diesen Einrichtungen nicht an, weil sie die Beziehung zur «wahren Wirklichkeit» aufrechterhalten: die Literatur, indem sie sie mit ihren Widersprüchen *anzeichnet*, und die Wissenschaft, indem sie sie mit ihrer Erkenntnis *durchschaut*. Aufgabe des Kritikers ist es daher, die *ideologische Problematik* zu erkennen, indem er die widersprüchlichen Hinweise des literarischen Textes aufspürt, die diese durch das Aufzwingen ihrer Beschränktheiten hervorbrachte. Somit bietet die Literatur dem aufmerksamen und eingeweihten Leser (dem Wissenschaftler!) die einmalige Gelegenheit, sich von der I. zu distanzieren und ihre Mechanismen bloßzulegen.

4. Auf der Ausarbeitung dieses Ansatzes fußt auch die von Jameson (1981) entwickelte Konzeption der I. vom literarischen Text als eigenartiger Hemmungsstrategie *(strategy of containment)*. Er glaubt, dass der literarische Text seine ästhetische Einheitlichkeit durch die Verdrängung von Widersprüchlichkeiten seines Grund*ideologems* zustande bringt. Das Ideologem wird als geschichtlich bestimmter begrifflicher oder semischer Komplex definiert, der entweder in der Form des «Wertsystems», des «philosophischen Begriffs» oder in jener der Urerzählung, der persönlichen oder kollektiven Erzählphantasie projiziert wird. Literarische Werke entstehen durch die Transformation solcher elementaren distinktiven Einheiten des «rohen Materials», durch welche die Wirklichkeit zur ästhetischen Bearbeitung angeboten wird. Obwohl diese Einheiten im Inneren dialogisch sind, d. h. sogar antagonistische Interpretationsausrichtungen bieten, werden sie in den literarischen Werken durch Einbindung in entsprechende ideologische Systeme homogenisiert, womit sie ihre Version als die natürliche darbieten. Jameson illustriert dies am Beispiel des *Ressentiments* (der Erbitterung oder des Neids) als des Ideologems des viktorianischen Romans, der die gesellschaftskritischen Protagonisten entwertet, indem ihr Widerstand immer wieder ihren persönlichen Charaktermängeln zugeschrieben wird.

5. Jede künstlerische Realisierung eines Ideologems kann jedoch überlagert werden: entweder durch eine andere literarische Gattung oder durch dieselbe, jedoch in einem neuen geschichtlichen Zeitalter. Ein solcher Akt der Überlagerung bringt den «verborgenen Grund» der scheinbar homogenen Literaturstruktur, welche die Überlagerung besetzt, jene «Problematik» zutage, die jenseits des gegebenen Textes *(hors texte)* als sein konstitutiv Unausgesprochenes *(non-dit)* blieb. Die Subversion hat das Ziel, auf der «Oberfläche des (historischen) Textes» seine «verdrängte und vergrabene Wirklichkeit» zu erneuern. Deshalb erkennt Jameson im Althusserschen «abwesenden Grund» das utopische Potenzial des literarischen Textes, das auch diesen Text selbst als einen ei-

genartigen Erlöser früherer ideologischer Einkapselung für die zukunftsträchtige Rettung erschließt. Der literarische Text erwehrt sich gerade durch diese ihm innewohnende utopische Dimension der ideologischen Hemmungsstrategien der Zeit, in der er entsteht. So transzendiert er auf symbolische Art und Weise die geschichtliche Notwendigkeit im Namen zukünftiger Freiheit. Dabei scheint es, dass der Text mit diesen Eigenschaften in Jamesons Hierarchie der gesellschaftlich-symbolischen Akte, die von gesetzlichen und politischen über moralische und religiöse bis hin zu philosophischen und künstlerischen Handlungen reicht, die höchste Position einnimmt. Obwohl alle diese Handlungen auf irgendeine Weise die widersprüchlichen Bedingungen ihres Entstehens reproduzieren, tun sie dies weder in gleich bewusster noch in gleich umfassender und vielfältiger Weise. Was die Aktivierung der Anzahl semantischer Horizonte anbelangt, sucht der Roman in Jamesons von Lukács beeinflusster Vision seinesgleichen. Er bewahrt (1) in seinem Ideologem die Antagonismen des *gesellschaftlichen Kontextes*, (2) verkörpert als symbolischer Akt Konflikte der *politischen Geschichte* und (3) sublimiert als Sediment der Zeichensysteme unterschiedlicher Epochen die Zusammenstöße der gesamten *Menschheitsgeschichte*. Dank dieser einmaligen Einrahmungskraft der eigenen Entstehungsbedingungen verschafft er das ideale Mittel zur Erforschung desjenigen, was Jameson die I. der Form nennt. Andere literarische Gattungen funktionieren nämlich in dem listigen ideologischen Szenario der Geschichte eher als Schauspieler denn als Regisseure, das ihnen erst nachträglich die Rollen offenbart, die es ihnen zugeteilt und gleichsam geprägt hat. Aus der Retrospektive befreit dieses unbarmherzige Szenario mit seinem allmählichen Emporsteigen von der physischen über die biologische und gesellschaftliche auf die kulturelle Ebene die Träger seiner Rollen dennoch von der ideologischen Hemmung und nähert sich asymptotenhaft dem utopischen Punkt, von dem aus jemand schließlich völlig frei über seine Vergangenheit wird verfügen können. Deshalb haben jene (z. B. White 1987) Recht, die behaupten, dass die Ideologisierung für Jameson in letzter Konsequenz lediglich ein vorübergehender Zustand der Innergeschichtlichkeit ist, der unter geeignetem Engagement durch Hineintreten ins Stadium der Nachgeschichtlichkeit *(posthistoire)* überwunden wird. Schließlich scheint seine theoretische Position selbst gleichsam durch ihre totalisierende Ambition allen symbolischen Akten ihre richtige geschichtliche Stelle einzuräumen, von sich selbst zu behaupten, die Geschichte bereits verlassen zu haben oder wenigstens nur noch mit einem Bein in ihr zu stehen.

6. So führt uns die Konzeption Jamesons zum Problem, mit welchem sich jede Art von durch die I. besessener Literaturkritik und -theorie früher oder später konfrontiert sieht: Wie findet man den ideologieneutralen Gesichtspunkt, von dem aus die I.-Behaftetheit des Anderen denunziert werden kann?

Sollte dies unmöglich sein, in welchem Diskurs soll sich dann der I.-Kritiker selber befinden? Diese Frage stellte sich etwa Eagleton, der noch 1976 die methodische wissenschaftliche Entlarvung des ideologischen Unterbaus literarischer Texte befürwortete, um bereits 1981 *(Walter Benjamin or Towards a Revolutionary Criticism)* die Ideologiebehaftetheit eines solchen streng formellen Ansatzes zu erkennen und zu beginnen, seinen Stil durch eine geradezu karnevaleske Verspieltheit und Humor zu lockern. Rückblickend bemerkte er noch selber zur Studie über Benjamin, sie nehme an dem neuen politischen Ethos teil und entferne sich erheblich von dem Text *Kritik und I.*, da er sich mehr mit den Fragen der Erfahrung und des Subjekts, mit dem Unterschied und der Verschiedenartigkeit beschäftigte, die sich der Formalisierung entziehen, mit dem Humor, dem Körper und dem «Karnevalistischen» und der Kulturpolitik als mit der Textwissenschaft (1986). So wird die I. nicht so sehr im Gegenstand selber als vielmehr in der Art seines Denkens erkannt – in der Einstellung zu ihm und im Diskurs, mit welchem er «angesprochen» wird. Unter den Bedingungen einer funktional ausdifferenzierten Gesellschaft ist die Literaturtheorie nämlich ebenso institutionalisiert wie die Literatur selber, sodass ihre Diskurse mit ihren Merkmalen eher auf diese Institutionen als auf die proklamierten Gegenstände der Literatur bzw. auf die Wirklichkeit hinweisen. Da die akademisch-institutionellen Umstände, unter welchen die Theorie entwickelt wird, von Land zu Land zu verschieden sind, ist eine Reihe unterschiedlicher Methoden entstanden, die wenig Berührungspunkte miteinander haben. Sie können sich auch nicht in ihrem Gegenstand vereinen, da die Literatur dermaßen heterogen geworden ist, dass sie unfassbar wurde. Angesichts des Zustands einer «desintegrierten» sog. öffentlichen Meinung – Eagleton bedient sich hier dieser frühen Kategorie Habermas' – schlägt er die Vereinigung von Literaturtheorie und Kritik auf einer höheren Ebene vor, nämlich jener der allgemeinen politischen Rhetorik des Diskurses. Sie würde sich mit verschiedenen Zeichensystemen und Signifikationspraktik in unserer Gesellschaft beschäftigen – angefangen bei *Moby Dick* bis zur Muppet-Show, von Dryden bis Jean-Luc Godard, von Frauendarstellungen in der Werbung bis zu rhetorischen Techniken in Regierungsmitteilungen (1983). Mit einem so erweiterten Umfang könnte sie den mittlerweile verloren gegangenen gesellschaftlich-politischen Einfluss zurückgewinnen und auch das ideologisch-kritische Potenzial bewahren, wenn sie nur ihre Perspektive an die marginalisierten Gruppen anbinden würde (1991).

7. Eagletons Konzeption bleibt, mag sie noch so sehr erneuert sein, mit Blick auf die dem Kritiker zugedachte Stellung der grundsätzlichen marxistischen Idee des revolutionären Subjekts treu, das sich von den institutionellen und diskursmäßigen Beschränkungen emanzipiert, indem es den Anspruch auf die

Universalität seiner Aussagen erhebt. Dieses Subjekt kann nur einen idealen Adressaten haben, das sog. universelle, im Entstehen begriffene Subjekt, dessen Existenz imaginär und weit von den in verstreuten Maschen des «Netzes der Lebenswelt» (Waldenfels) eingeschlossenen wirklichen Lesern entfernt ist. So setze die Frage, die undifferenziert an die Funktion der Kritik im Singular gestellt wird – wie Bennett dazu kritisch bemerkt –, voraus, dass ein solcher Adressat existiert oder existieren könnte. Nur wenn man mit dieser Illusion bricht, könnte man diese Frage in eine Reihe Prädispositionen zersprengen und fragmentieren in Bezug darauf, was man mit jeweils unterschiedlichen und an verschiedenes Publikum, an verschiedene Institutionen und an verschiedene Umstände gerichteten Praktiken der Textkommentare erreichen könnte (1990). Kurzum, das revolutionäre Subjekt als der große Entlarver der I. erweist sich als ihr großer Gefangener.

8. Jameson und Eagleton bezahlen – trotz der Unterschiedlichkeit ihrer Positionen – der reichen Tradition der Bewusstseinsphilosophie ihren gemeinsamen Tribut. Habermas hingegen entwickelte seine Konzeption der I. gerade durch eine kritische Auseinandersetzung mit dieser Tradition. Der einstige Assistent Adornos und jahrelange Anhänger der Ideen der Frankfurter Schule veröffentlichte 1982 eine Abhandlung, in der er die verheerenden Konsequenzen eines Kultbuchs dieser Schule für die deutsche intellektuelle Linke analysierte (Adorno / Horkheimer 1947). *Die Dialektik der Aufklärung*, deren Ansätze durch spätere Bücher Adornos untermauert wurden (1966, 1970), stellte nämlich rationale I.-Kritik (und Mythoskritik) als entscheidende Errungenschaft der Aufklärung in Abrede und damit auch die Möglichkeit jeglicher Emanzipation der Vernunft in Frage. Darin erkennt Habermas die Begrenzung der in der Bewusstseinsphilosophie begründeten theoretischen Logik, die durch den Glauben an das Subjekt als den Träger der geschichtlichen Bewusstwerdung gekennzeichnet ist. Der emanzipatorische Gedanke der Moderne kann daher nur durch eine «neue kritische Theorie» gerettet werden, die den Akzent vom subjektiven Bewusstsein auf das intersubjektive Medium der Kommunikation verschiebt. Der neue Schwerpunkt veranlasst Habermas, die eminent deutsche philosophische Tradition zugunsten der angloamerikanischen analytischen Philosophie und Sprachphilosophie zu verlassen, was besonders in der *Theorie des kommunikativen Handelns* (1981) zum Ausdruck kommt. Darin erscheint die I. als eine Art Krankheit der Kommunikation, die deren immanente dialogische Beziehung zerstört. Träger dieser Deformation sind die großen strategischen Systeme, welche die kommunikative Praxis der Lebenswelt auf die zielgerichtete Arbeit reduzieren. So wird das Reflexionswissen als ein legitimer Teil der menschlichen alltäglichen Selbstbetätigung auf das instrumentelle Wissen reduziert. Dieses überträgt die notwendige bidirek-

tionale Verständigung, die in sich die stete intersubjektive Anerkennung der vorgebrachten Geltungsansprüche enthält, in die ideologisch manipulative Unidirektionalität. Obwohl Habermas wegen der angeblichen Orientierung der Kommunikation auf Verständigung nur das *strategische* Handeln zum Störenfried der Kommunikation erklärte, begriff er, dass er dadurch das *kommunikative* Handeln nicht schon vor der Möglichkeit der ideologischen Verzerrung bewahrte. Sie schleicht sich durch stillschweigend akzeptierte Normen der alltäglichen Sprachpraxis, die obligatorisch national, kulturell und zivilisatorisch geprägt und damit zugleich diskriminierend sind, in es ein. Aus dem kommunikativen Schlamm der Lebenswelt erhebt sich nur der «Diskurs», der mit seiner rationalen Argumentation, den Ansprüchen auf Wahrhaftigkeit, Glaubwürdigkeit und Ernsthaftigkeit folgend, alle partikulären Normen der Verständigung im Namen einer universellen und symmetrischen «idealen Sprechsituation» übersteigt.

9. Das Habermassche, als Folge der Kritik am Paradigma der Bewusstseinsphilosophie entstandene Projekt des kommunikativen Handelns erneuert schließlich dennoch den Grundgestus dieses Paradigmas. Der einzige Unterschied liegt darin, dass nicht mehr das kritische Subjekt als Retter erscheint, sondern der Begründungsdiskurs, dem wie auch dem erstgenannten alle ideologischen Merkmale stillschweigend genommen werden. Sie müssen im Namen der Bewahrung der konsensuellen Vorstellung von der Lebenswelt vernachlässigt werden. Leider heilt die «neue kritische Theorie» auf diese Weise die proklamierte Krankheit der Gesellschaft nicht, sondern erneuert sie bloß. Ricœurs (1986) Ansicht zufolge wäre es daher angemessener, von einer *integrativen* statt von der *deformativen* Funktion der I. in der Gesellschaft auszugehen. Die I. sei ein Bestandteil des primären menschlichen Welt- und Selbstverständnisses, und zwar in der Form der Metaphorisierung und im Allgemeinen des symbolischen Vermittelns. Erst sie ermögliche die kategoriale Weltordnung und damit Herstellung von Identität. Ohne Identität aber hätte der Mensch kein Zugehörigkeitsgefühl zur Welt. Diese Legitimationsfunktion der I. kann aber zur Deformation führen, wenn nämlich die hergestellten Bedeutungen zur «zweiten Natur» eingefroren werden. In diesem Fall hält Ricœur die Entgegensetzung der I. durch Utopie für geeigneter als jene durch Kritik. Die Kritik nehme die Form des wissenschaftlichen Erklärens an, das sich vom Verstehen durch den Versuch entferne, es zu analysieren. Jede solche Analyse sei jedoch schon am symbolischen Vorverständnis des Verstehens beteiligt und könne sich daher seinem ideologischen Einfluss nicht völlig entziehen. Die Utopie hingegen stehe in der Funktion des Anderen bzw. der noch nicht existenten Wirklichkeit, in deren Namen sie die bestehenden ideologischen Schemata übersteige. Eine ideologische Figuration kann Ricœur zufolge

nur durch eine andere widerlegt werden, und zwar durch eine solche, die durch ihren Umfang der ersten den Raum bietet bzw. sie so einbezieht. Um ihre vermeintliche konstitutive Integrationskraft aufrechtzuerhalten, muss also die I. unaufhörlich ihre Utopien bzw. ihren fiktionalen Charakter verstärken. Dieser Imperativ führt indes zur folgenden Frage: Wer kann sich *hier und heute* in einer Welt heimisch fühlen, die durch die I. nur aus der *unerreichbaren* «Ferne zukunftsträchtiger Horizonte» eingerichtet werden kann, im Grunde also als unüberprüfbare Projektion jener, die hier und heute die Sphäre des Imaginären beherrschen? Wenn es Einzelne gibt, die sich in dieser Welt nicht heimisch fühlen können – jene also, die dank unverschuldeter Umstände von der Arbeit der «produktiven Imagination» ausgeschlossen geblieben sind –, dann deformiert sich diese Utopie nolens volens wieder zur I. Wenn man diese Perpetuierung der ideologischen Gewalt selbst in den Versuchen ihrer Bekämpfung beachtet, wird – in den Worten Goodhearts (1997) – die I.-Kritik zur unendlichen Aufgabe. Vielleicht wird die Befreiung von dieser «schlechten Unendlichkeit» in der Betrachtung angedeutet, mit der Kołakowski (1990) seine Position als eine des nicht konsistenten Skeptizismus wiedergibt, an dessen Instanzen er sich ebenso halte wie an die des inkonsistenten Universalismus. Es gehe dabei um jene Art des Skeptizismus und des Universalismus, die das Paradox dadurch vermeiden, dass sie innerhalb der Grenzen bleiben, jenseits deren der Unterschied zwischen ihnen und der Barbarei unklar wird. (D. M.)

→ Habitus, Hegemonie, Herbeirufen, Institution, Mythos

Ikon

(engl. icon, franz. icône, russ. ikon)

1. Wimsatt (1954) wendet den Begriff des I.s auf den poetischen Text an, weil dieser angeblich die stärkste Ähnlichkeit zwischen seiner Form und seinem Inhalt erreicht. Aber außer im Allgemeinen als *Ähnlichkeit* wurde dieser Begriff auf den Text auch im Besonderen als *Bildlichkeit* bzw. Fähigkeit angewandt, mit seinen Beschreibungen (Ekphrasen) im Bewusstsein des Lesers lebendige visuelle Vorstellungen hervorzurufen. Die traditionelle Poetik schwebte unkritisch zwischen diesen beiden Bedeutungen, bis die semiotische Konzeption des I.s aktiviert wurde.

2. Diese wurde von Peirce errichtet, indem er die Zeichen nach dem Kriterium ihrer Verhältnisse zu Gegenständen in Symbole, Indizes und I.e klassifiziert hat. I.e sind Zeichen, von denen einige Merkmale den Gegenständen, die sie darstellen, ähnlich sind bzw. die mit diesen Gegenständen gewisse Merk-

male gemeinsam haben. Peirce behauptet, Merkmale des I.s würden den Merkmalen des Gegenstandes ähneln und analoge Gefühle in der Vorstellung dessen hervorrufen, der diese Ähnlichkeit bemerkt. Je nach dem Charakter dieser Merkmale unterscheidet Peirce drei Arten von I.en. Wenn das Zeichen eine *einfache Qualität* des Gegenstandes isoliert, handelt es sich um ein *Bild* (Fotografie, Onomatopöie); wenn es eine *Gesetzmäßigkeit* oder *Beziehung* betont, nach der dieser Gegenstand existiert, handelt es sich um ein *Diagramm*; wenn die Ähnlichkeit auf anderen Zeichen beruht, liegt eine *Metapher* als Metazeichen vor. Es ist offensichtlich, dass die interpretative Gebundenheit des Benutzers des Zeichens gemäß dieser Reihenfolge wächst. Damit wird gleichzeitig, nach Peirces Konzeption, die «Degeneriertheit» des I.s bzw. der Grad seiner Ähnlichkeit mit dem Gegenstand (*Ikonizität* als Terminus von Morris 1946) vermindert.

3. Ikonizität ist ein konstitutiver Aspekt wie natürlicher so auch konventioneller Zeichen (z. B. Verkehrszeichen) und kann bei beiden spontan oder intendiert vorkommen. So hat die Linguistik die Ikonizität auf allen Sprachebenen (phonologischer, morphologischer, lexischer, syntaktischer), die Schrifttheorie in allen bekannten Schriftarten und die Prosodie in klanglichen, rhythmischen und metrischen Mustern des poetischen Textes entdeckt. Weil fast alles fast allem ähnlich sein kann, wird die Ähnlichkeit zum sozusagen inhaltsleeren Prädikat, was einige Semiotiker dazu bewog, die Diskussion über das I. abzubrechen. Obwohl man sie logisch schwer begründen kann, ist die Ikonizität trotzdem eine wichtige empirische Kategorie, weil Perzipienten im Alltag zwischen relevanter und irrelevanter Ähnlichkeit eine Grenze ziehen. Eco hat deswegen die Untersuchung kulturell «codifizierter Systeme von Erwartungen» vorgeschlagen (1976). Sie würden die untere und die obere Grenze im herrschenden Spektrum der Ikonizität abbilden.

4. Greimas (Greimas / Courtés 1979) versteht in seiner Semiotik die Ikonizität als ein Gefüge von Vorgängen, mit dem der Text die referenzielle Illusion (oder den Effekt) bewerkstelligt. Sie ist für ihn die Schlussphase der Figurierung, mit der die generative Laufbahn des Textes ihr Ende findet. (B. D.)

→ Äquivalenz, Arbitrarität, Index, Metapher, Symbol

Illokution

(engl., franz. illocution, russ. illokucija)

1. Laut Austin (1962) ist die I. neben der Lokution und der Perlokution der konstitutive Aspekt der Aussage oder des Sprechakts. Während die Lokution selbst der sprachliche Akt des Aussagens (von etwas) *(act of saying)* und die Perloku-

tion der zeitlich verschobene Akt der Folge, die durch die Rede verursacht wurde, *(act by saying)* ist, ist die I. der durch die Rede ausgeführte Akt *(act in saying)*, d. h. die Herstellung der gesellschaftlich institutionalisierten Beziehung zum Redeteilnehmer durch die eingespielte Redekonvention. Obwohl alle drei Aspekte notwendige Bestandteile jeder Aussage sind, dominiert in der Regel stets einer über die anderen beiden. Austin stellt illokutionäre Akte in das Zentrum seiner Aufmerksamkeit und unterscheidet fünf Grundarten: (1) Verdiktive oder Verbote, (2) Exerzitive oder Befehle, (3) Kommissive oder Verpflichtungen, (4) Konduktive oder Vorgänge gesellschaftlichen Umgangs und (5) Expositive oder Auslegungen. Er bleibt aber beim Definieren der sog. Bedingungen der Angemessenheit *(appropriateness conditions)* nur für das Aussprechen hochritualisierter illokutiver Akte wie Hochzeit oder Taufe stehen. Dabei lässt er die Frage offen, ob sich dieses Modell auch vergleichbar gut auf gängigere Alltagsformen anwenden lässt.

2. Auf diese Frage versuchte sein legitimer Nachfolger Searle (1969) eine Antwort zu finden. Seine Absicht war es, die Grundthese der Theorie des Sprechakts, nach der es unausgesprochene regulative Voraussetzungen für den Sprechakt gibt, zu verteidigen, ohne deren Wirkung das Verständnis der Aussage völlig arbiträr wäre. Searle benutzt das Versprechen als Modell und macht folgende Angemessenheitsbedingungen für sein erfolgreiches Aussprechen aus: (1) die Regel vom Propositionsgehalt (wodurch der Sprecher seinen künftigen Akt festlegt), (2) die Einleitungsregel (der Sprecher muss daran glauben, dass sich sein Gesprächspartner das Versprechen wünscht, um, nachdem das Versprechen gefallen ist, die Durchführung des künftigen Akts zu sichern), (3) die Aufrichtigkeitsregel (der Sprecher muss beabsichtigen, den versprochenen Akt auch auszuführen), (4) die wesentliche Regel (*essential rule*: das Versprechen wird nur als erster Schritt bei der Ausführung des Aktes verstanden). Anstelle der Unterscheidung zwischen dem lokutiven und illokutiven Aspekt des Sprechakts, die er bezweifelt, schlägt Searle das Einführen der präziseren Begriffe von Proposition und dem Verfahren der Funktionsbezeichnung *(function-indicating device)* vor. Davon ausgehend bietet er weiterhin eine alternative Klassifizierung von illokutiven Akten in (1) assertive, (2) direktive, (3) kommissive, (4) expressive und (5) deklarative an.

3. In einer Reihe von Aufsätzen hat Searle (1979) ein wenig unerwartet das wichtige Problem der *indirekten Sprechakte* angeschnitten, die sein zunächst vorgeschlagenes Modell mit der zugehörigen Klassifizierung zum Teil untergraben. Es geht darum, dass im alltäglichen Sprachgebrauch die eine Art des Sprechakts als Vermittler für eine andere Art dienen kann bzw. dass sie der Gesprächspartner so verstehen kann. Damit wird gleichzeitig die Möglichkeit einer umfassenden Aufzählung von Angemessenheitsbedingungen verneint,

welche die Grundvoraussetzung für die Theorie der illokutiven Akte bildet. Dieses Problem hat Grice (1975) zu lösen versucht, indem er einzelne illokutive Akte – die bis dahin als ausschließlicher Rahmen für die Behandlung dieses Problems galten – in den breiteren Kontext des *Kooperationsprinzips (Cooperation Principle)* mit den ihm zugehörigen Implikationen bei der Konversation einzubeziehen versuchte. Das Prinzip, das den Konversationsaustausch unabhängig davon lenkt, ob die Gesprächsteilnehmer sich dessen bewusst sind oder nicht, formuliert Grice folgendermaßen: Man solle den eigenen Beitrag zur Konversation in der Etappe seines Auftretens dem akzeptierten Zweck oder der Richtung des sprachlichen Austauschs anpassen, an dem man teilnehme. Die Richtung sei nun durch vier Maximen festgelegt: (1) der Quantität (werde nur so informativ wie nötig), (2) der Qualität (sei aufrichtig), (3) des Verhältnisses (sei relevant) und (4) der Art (sei deutlich). Wenn Gesprächsteilnehmer den Verstoß gegen irgendeine der vier Maximen erkennen, würden sie darin entweder die versteckte Absicht des Sprechers entdecken oder seine spezifische Lage, die Maximen zu ihrer unausweichlichen Kollision führe, oder den Wunsch, das Kooperationsprinzip als Ganzes auszuschalten, oder gar das Verspotten einzelner seiner Maximen.

4. Gerade in dieser letzten Art der Schaffung impliziter Bedeutungen hat Pratt (1977) den Grundzug der Literatur erkannt. Aber in literarischer Rede ist das Kooperationsprinzip, anders als in anderen Redearten, durch die Institutionalisierung der kommunikativen Situation geschützt, die im Voraus einen Sinngehalt garantiert. Dabei beruft sich Pratt auf die These von Ohmann, unsere Bereitschaft, implizite Bedeutungen in literarischen Werken zu erkennen, um bei ihnen zu verweilen und um sie als wichtig einzustufen, sei mehr die Folge unseres Wissens, dass sie literarische Werke sind, als des Inhalts ihrer Aussage selbst. Ohmann erklärt also den Wegfall der illokutiven Kraft der Aussagen *innerhalb* des literarischen Werks (bzw., nach Austin, die Entladung ihrer Bedeutung) als Folge der spezifischen illokutiven Kraft der Literatur als Institution. Auch Pratt ist zunächst mit ihm einverstanden, wenn sie meint, dass es für das Verständnis eines literarischen Werks, genau wie für das Verständnis anderer Arten illokutiver Akte, möglich sei, Angemessenheitsbedingungen festzulegen.

5. Aber schon in den 1980er Jahren beginnt sie, sich kritisch gegenüber ihrer ursprünglichen Überzeugung zu äußern. Diesem Umschwung ging eine ähnliche Selbstkritik von Fish voraus, der schon Mitte der 1970er Jahre Unzulänglichkeiten der Anwendung der Theorie des Sprechakts auf die Literatur bemerkte, derselben Anwendung, die er früher propagiert und durchgeführt hatte. Fish meint, die Theorie des Sprechakts vernachlässige wegen ihrer Konzentration auf die illokutive Dimension perlokutive Wirkungen der Aussage,

die gerade in der Literatur erheblich seien. Pratt (1986a) ist nun der Auffassung, Grice' These von der allgemeinen Orientierung des sprachlichen Austauschs auf die Wirkung unterschätze ihre konfliktträchtigen Aspekte, soziale, emotionale und Interessenkonflikte, die ihr immer zugrunde liegen, erheblich. Nicht nur ausnahmsweise seien wir ständig von Sprechakten umgeben, die prinzipiell nicht auf Kooperation, Austausch und Wirkung bauten und in denen regulierende Prinzipien des Umfangs, der Aufrichtigkeit, der Relevanz und des Informationsgehalts systematisch ausblieben oder geschwächt würden. Daher nahm auch ihre Kritik an den Theoretikern des *reader-response criticism* ihren Ursprung, die versuchen, Voraussetzungen des literarischen Dialogs systematisch zu verzeichnen. Laut Pratt würden Völker und Gruppen nicht durch einheitliche und stringente, sondern durch konkurrierende und widersprüchliche Systeme von Überzeugungen konstituiert. Die Erkenntnis sei von Interesse geleitet, und jedes Interesse schließe Konflikte ein: Eine Interpretation aufzuwerten heiße, sie in das Netz von Machtverhältnissen einzufügen (1986b).

6. Indem sie die ein wenig in den Hintergrund geratene Suggestion Searles (1979) über die dem illokutiven Akt immanente Mittelbarkeit oder Zweideutigkeit übernahm, wies Butler (1997) darauf hin, dass die Konvention als Fundament für die Kraft des illokutiven Akts eigentlich Sediment seiner gegliederten Verwendungsgeschichte ist, das so allmählich zur heutigen Ritualisierung führte. Gerade deswegen übersteigt die I. per definitionem das Subjekt und die Bedingungen ihrer Manifestation, sodass ihre Lage einfach nicht «totalisiert» werden kann, wie sich das Austin wünschte. Sie kann keinem Aussagesubjekt einen sicheren sozialen Zufluchtsort bieten, wie sehr es auch immer durch seine Vollmacht das Gegenteil anstrebt. Es versucht damit nur, «die Schwierigkeiten und Ängste zu kompensieren, die das Leben mit einem Problem der zeitgenössischen Kultur hervorgebracht hat, in der weder das Gesetz noch *hate speech* ausschließlich von einem einzelnen Subjekt geäußert werden» (1998). Wenn also das Verletzen durch die Sprache darauf zielt, das Opfer dem Verlust seines Platzes und als Folge seiner Desorientierung in der Sprachgemeinschaft auszusetzen, dann kann es dem Opfer als Trost dienen, dass auch das Subjekt dieser verletzenden Sprache immer schon durch seine Iteration disloziert ist, wie stark es auch versuchen mag, dies durch eine sich selbst bevollmächtigende Maskierung seines Auftretens zu verstecken. (B. D.)

→ Akt, Appell, Handlungsspiel, Konvention, Leser

Imaginäres

(engl. imaginary, franz. imaginaire, russ. voobražaemoe)

1. Einer der Schlüsselbegriffe von Isers *Wirkästhetik*. Übernommen noch 1976 aus Sartres *L'imaginaire. Psychologie phénoménologique de l'imagination* (1940), der phänomenologisch-psychologischen Studie der Imagination, in welcher Sartre in Anknüpfung an Husserl die Formen der Degradierung von *Erkenntnis* durch die Konstituierung der *Vorstellungen* untersucht. Die Vorstellung befreit sich von den Gegebenheiten der Erkenntnis auch um den Preis ihrer erheblichen Veränderungen, um ihr imaginäres Objekt zu formen. Sie geht dabei von dem im Vorstellungsfeld Abwesenden aus und verwandelt in ihrem Verfahren der *Irrealisierung* gerade diese Leere oder Abwesenheit in ein Bild. Dieses Bild ist freilich in erheblich geringerem Maß bestimmt als etwa ein Filmbild, das seine Gegenstände dennoch der Anschauung vorlegt und so in den Fällen, wo es etwa um das Transponieren eines Romans geht, das affektiv-anschauliche Potenzial der imaginären Literaturvorstellung beseitigt. Sartres Theorie des I.n baut deshalb auf dem Literaturwerk, das nicht *angeschaut*, sondern nur *vorgestellt* werden kann, auf. Sie setzt dabei bei jenem an, worüber der Text schweigt und worauf er dennoch durch die gesamte Modellierung seiner Rede hinweist. So setzt der Leser durch die Aktivierung seiner Imagination eigentlich nur jene Irrealisierung fort, die das Literaturwerk schon in seine eigene Struktur als Unsagbares, «nichts Bedeutendes», paradoxerweise durch Wörter produziertes «Schweigen» eingeschrieben hat.

Iser arbeitete die skizzierten Thesen Sartres durch minuziöse phänomenologische Analysen aus und entwickelte eine Konzeption von Leerstellen als aufgegliederte Unterbrechungen in ungestörtem Lesefluss. An jeder solchen Unterbrechung wird der Leser gezwungen, aus der einen in die andere Vorstellung überzuspringen, wodurch die Aktivität seiner Imagination in Gang gesetzt wird. Die Erschwerung des Vorstellens befreie somit den Leser von habituellen Neigungen, damit er sich das vorstellen kann, was ihm aufgrund der Abgeschlossenheit seiner habituellen Ausrichtungen unvorstellbar erschien. So beginnt er allmählich jenen Hohlraum zu bewohnen und somit auch zu animieren, den vorher der Literaturgegenstand nur als seinen eigenen Mangel bestimmte. In einem neueren Entwurf der literarischen Anthropologie schreibt Iser (1989) bereits der alltäglichen anschaulichen Irrealisierung der Welt bzw. der Stilisierung dieser Welt unter dem Einfluss des ästhetischen Vollkommenheitsideals die Arbeit der Imagination zu. Diese «tägliche Irrealisierung» wird mit Hilfe präreflexiver Imaginationsmuster vollzogen, die in der Gemeinschaft im Umlauf sind. Demgegenüber erscheint das Fiktive als intendierte Distanzierung der Kunst gegenüber einer solchen unkritischen alltäglichen Ästhetisierung der Wirklichkeit zugunsten ihres komplexeren, «politethischen» Erkennens.

2. Ein anderes, einflussreiches Konzept des I.n wurde von Lacan (1953/1966) als Trias – das I./Symbolische/Wirkliche – entwickelt, die seine berühmte Topologie der Subjektivität bildet. Von Anfang an hat das I. für Lacan die Konnotation des faszinierenden Scheins (*Écrits*, 1936 / 1966).

In der triadischen Interpretation übt das I. aber als der Identifikationspol harte reale Entfremdungswirkungen aus, die nach Lacan «konstitutiv für die imaginäre Ordnung» und für narzisstische Aggressivität sind, die das duale Austauschverhältnis unter Partnern kennzeichnet (1955–56 / 1981). Im Stadium des I.n, im Alter zwischen sechs und 18 Monaten – obwohl es auch für Regressionen des Erwachsenen offen bleibt –, wird das Subjekt unwillkürlich zum Objekt, indem es sein äußeres Spiegelbild verinnerlicht. In diesem Sinn ist das I. für Lacan ein ambivalentes Register von Anziehung und Täuschung, das in der Vorstellung von eigener Ganzheit und Selbständigkeit enthalten ist; es stellt die visuelle Ordnung oberflächlicher Erscheinungen von hypnotischer Verlockung dar. Gleichzeitig ist das I. in seiner Wirkung unerbittlich entmachtend – Lacan gebraucht den Ausdruck *Stadium*, um gerade das «Stadion» als den mythischen Raum der menschlichen Umstellung und des Gefangenseins zu konnotieren (Weber 1990). Das I. bevollmächtigt das Subjekt durch seine Unterwerfung und macht damit erst die Voraussetzung der Subjektivierung *(assujettissement)* aus. Dies sei aber keineswegs das letzte Wort in diesem Prozess, merkt Lacan polemisch gegen die dominante Strömung jener Zeit an, welche die Analyse auf das Identifikationsverhältnis des Patienten gegenüber dem Analytiker reduzierte (*Écrits*, 1936/1966). Das Doppelverhältnis muss durch den Auftritt des Dritten zerschlagen werden, will sich das Subjekt von Fixierungszügeln und der imaginären Entfremdung befreien. Nach Evans (1996) pflegt Lacan cartesianische Skepsis gegenüber der Imagination als Erkenntnismittel. Er beharrte demnach wie Descartes auf dem Vorrang der reinen, von Vorstellungen freien Vernunfterkenntnis als der einzigen Weise, eine Erkenntnis zu erlangen. Mit dieser Abneigung gegenüber dem Repräsentationsregister befinde er sich übrigens in der dominanten Strömung des zeitgenössischen französischen Denkens (Jay 1993). (D. M.)

→ Begehren, Identität, Körper, Spiegel, Subjekt

Index

(engl., franz. index, russ. indeks)

Gemäß dem Kriterium des Zeichenverhältnisses zum Gegenstand, den sie darstellen bzw. veranschaulichen, unterteilte Peirce die Zeichen in Symbole, Ikone und Indices. In Bezug auf den I. ist das Verhältnis zwischen Zeichen und Gegenstand metonymisch. Sebeok (1976) zufolge ist dieses Verhältnis durch das Prinzip der Kontiguität geregelt. I. kann dabei als Folge einer Ursache (z. B. im Fall des Symptoms einer Krankheit), als Ankündigung einer Möglichkeit (z. B. Wolken als Ankündigung der Möglichkeit von Regen), als Spur eines Täters, Echo eines Ereignisses u. Ä. verstanden werden.

1. Für die Verlagerung des literaturtheoretischen Interesses auf diese Zeichenart ist vor allem die Psychoanalyse verdienstvoll. In der Freudschen Methode der sog. freien Assoziationen wird etwa die Tatsache, dass der Patient in seiner Erzählung ständig eine Episode wiederholt, als I. der Obsession gedeutet, und wiederum jene, dass er bei der Rekonstruktion manche wichtigen Ereignisse auslässt, als I. der Verdrängung. Freud erkannte ausgehend davon auch in den literarischen Werken Psychogramme ihrer Autoren. In der nachfolgenden Entwicklung verwarf die Psychoanalyse diese Interpretationsmethode als vulgär und verlegte den Akzent von den biographischen auf die Sprachstrukturen, wozu wiederum Freuds Analysen des Versprechens, des Sprachspiels und der Witze als Beispiel dienen konnten. So kann man nunmehr in den Stileigenschaften der Autorenhandschrift statt in seiner Intention die Arbeit des Unterbewussten erkennen, mag es als unwillkürlicher Einfluss der literarischen Tradition, des Zeitgeistes, der Ideologie oder von etwas anderem verstanden worden sein. Mit anderen Worten, man geht davon aus, dass sich der Text mit seinen Mechanismen der willentlichen Kontrolle des Autors entzieht, was zu einer Verselbständigung des *textual meaning* gegenüber dem *authorial meaning* führt. Weit davon entfernt, ein bloßes Medium des Bewusstseins zu sein, führt die Sprache ihre eigenen «Patente des Ausspielens» ein, und die Literatur ergänzt diese darüber hinaus durch ihre eigenen. Da es keinen direkten Weg von psychischen zu sprachlichen und literarischen Entitäten gibt, kann man das literarische Werk nicht mehr so sehr als Ausdruck der Intention als vielmehr als einen der Situation verstehen.

2. Die dargelegte Vertauschung des unmittelbaren durch den «Seitenzugang» zum Kunstwerk deutet Benjamin (1977) als Folge des Auraverlusts, der im Zeitalter stattfand, als man anfing, die Kunst technisch zu reproduzieren. Er veranschaulicht diese Wende durch die Fotografien von leeren Straßen, die der Pariser Fotograf Atget etwa um 1900 aufgenommen hatte, also zu Beginn der Psychoanalyse. Die mit der Kamera auf das Foto gebannten Anblicke

werden als potenzielle *Tatorte* erlebt, was ihren Beobachter aus der angenehmen kontemplativen Rolle reißt, die er vor Gemälden genoss. Wie ein großstädtischer Flaneur muss er seine Aufmerksamkeit und sein Erfassungsvermögen anstrengen, da sich alles, was sich in Reichweite seines Blicks findet, in einem bestimmten Augenblick als entscheidend erweisen kann. Die einst friedliche Landschaft verwandelte sich so in einen «Schauplatz von Indizien» und der in Gedanken versunkene Mensch in den verdutzten Deuter derselben. Er ist verdutzt, weil der Anblick seine beständige Bedeutung verloren hat und in seiner freigesetzten Interpretabilität unentscheidbar geworden ist. Als typischer I. zog der Anblick den Gegenstand, auf den er hinweisen sollte, in unerreichbare Abwesenheit.

3. Ginzburg (1979) hält die Wurzel des beschriebenen Indexparadigmas für erheblich älter und spürt sie in altertümlichen Jäger-, Spurenlese- und Heilkünsten auf. Aber erst am Ende des 19. Jh.s, als sich die Spurtechniken auf Archäologie, Hermeneutik, Geologie, Astrologie, Paläontologie, Kriminologie und medizinische wie psychoanalytische Diagnostik ausbreiteten, erhalten sie den Charakter eines einheitlichen Paradigmas. Ohne geistreiche Spurenlese sind Graphologie oder die Technologie der Attribuierung von Kunstwerken undenkbar. Ginzburg behauptet indes, dass auch die Geschichtsschreibung vorwiegend mit Indices zu tun hat bzw. es aufrichtiger wäre, wenn sie die erhaltenen Quellen auf diese Art und Weise interpretiere. Nur so könnte man in ihnen die Stimmen jener kleinen Leute erkennen, denen in gegebenem Augenblick die «Produktionsmittel der Geschichte» unzugänglich waren. So wäre die Aufgabe der historiographischen Rekonstruktion, dem, was die Quellen sagen, nicht zu glauben, sondern sich mit jenem zu beschäftigen, was diese zu verhüllen oder zu vernachlässigen suchen.

4. Barthes (1966a) nannte in seiner strukturalen Analyse der Erzähltexte jene Hilfsmotive Indices, mit denen die funktionale Grundordnung der Erzählung bedient wird. Während die Funktionen auf die Frage antworten: «Was ist weiter passiert?», antworten die Indices auf die Frage: «Worum geht es hier eigentlich?», und helfen dabei dem Leser, die Geschichte in angemessener Weise zu verstehen. Im Unterschied zu *Informanten*, den bloßen Nachrichten, die unmittelbar verständlich sind und im Augenblick ihres Mitteilens aufgehoben werden, vermitteln die Indices Charaktermerkmale, Gedanken und Vorhaben der Helden und verlangen vom Leser die Interpretationsarbeit der Enträtselung. In der späteren, poststrukturalistischen Phase indexikalisierte Barthes die Gesamtstruktur des Erzähltextes, indem er alle seine Sätze zu Indices unterschiedlicher Codes machte. (D. M.)

→ Abduktion, Äußerung, Code, Deixis, Intertextualität

Information

(engl., franz. information, russ. informacija)

Begriff, der im Alltagsgebrauch die Bedeutung *Nachricht* (mit dem Übergewicht der semantischen Dimension) und *Benachrichtigung* (mit dem Übergewicht der pragmatischen Dimension) gleichermaßen beinhaltet. In der Informationstheorie und in der Semiotik liegt die Betonung allerdings auf dem pragmatischen oder kommunikativen Wert bzw. auf ihrer Neuheit für den Empfänger. Diese Neuheit hängt von dem Vorwissen bzw. der Erwartung desjenigen ab, auf den sie gerichtet ist, in Bezug auf die ihre Vorhersehbarkeit erhöht oder verringert wird. So definiert man die I. im Hinblick auf die Parameter des Kommunikationsprozesses wie Code, Entropie, Redundanz u. Ä. Seit Shannon / Weawer (1949) verteidigten viele Informationstheoretiker die These, der zufolge die I. vom Maß der Entropie (bzw. der Ungeordnetheit der Struktur) der Nachricht abhängt, welche die Erscheinung eines jeden Zeichens gleich möglich macht. Wenn nämlich die Mitteilung geordnet ist, ist die Anknüpfung ihrer Zeichen vorhersehbar, und die I. kann nicht besonders neu sein. Aber die I. hängt ebenso von der Position der Zeichen im Kommunikationsprozess ab: Zu Beginn des Kommunikationsprozesses herrsche beim Empfänger eine verhältnismäßig große Ungewissheit im Hinblick auf die mögliche Neuheit des Senders. Die I. sei adäquat hoch. Im weiteren Verlauf der Kommunikation lasse sich die Struktur der Nachricht immer leichter voraussagen, sodass sich die I. verringert. Aus der Sicht der Informationstheorie stellt sich die Kommunikation damit als *Verringerung der I. und Erhöhung der Ordnung* dar (Nöth 1985). Schließlich fällt der Wert der I. auch mit dem Grad der Redundanz bzw. mit ihrer Aufspeicherung (wegen der Beseitigung möglicher Störungen im Kanal), obwohl eine gewisse Redundanz für die erfolgreiche Übertragung der Nachricht unentbehrlich ist. (Lj. Š. / W. W.)

→ Entropie, Kommunikation, Nachricht, Redundanz, Struktur

Inhalt

(engl. content, franz. contenu, russ. soderžanie)

1. Dieser Begriff wird in der ästhetischen Tradition seit Hegel (1835/1970) in der Bedeutung eines schon geformten bzw. eines durch die innere Form festgefügten Stoffs gebraucht. Als solcher erlaubt der I. keine eigenwillige Formung, sondern sucht sich eine Form entsprechend der I.s-Logik. Diese erweist sich als schwer zugänglich, weil sie aus so schwer fassbaren Kontexten rekonstruiert

werden muss wie die historische Situation (bei Hegel), die geistige Situation (bei Dilthey) oder die Intuition (bei Croce), was jede Eindeutigkeit verhindert. So bleibt es dem Künstler überlassen, nicht nur zu erraten, was für einen «Auftrag» der I. vergibt, sondern auch die Form zu finden, die seinem Adressaten die Kommunikation mit der I.s-Logik ermöglichen wird. In der Ästhetik dieses Typs bekommt die Form (der Ausdruck) nämlich eine nur vermittelnde, instrumentale Rolle zugewiesen und ist nicht der Träger der eigenen Botschaft. Besonders deutlich ist das in der Ästhetik von Croce, wo von der Form als bloßer Veräußerung *(estrinsecazione)* der Intuition gesprochen wird.

2. Neuen Anstoß bekam die Diskussion über das Verhältnis zwischen der Form bzw. dem Ausdruck und dem I. durch Hjelmslev (1943/1961), der de Saussures Modell des Sprachzeichens revidiert. Er schlägt vor, den Signifikanten (den er Ausdrucksebene nennt) und das Signifikat (I.s.-Ebene) in Form und Substanz zu gliedern, wobei nur die Ausdrucks- und die I.s-Form das de Saussuresche Sprachzeichen im engeren Sinn bilden würden. Minimaleinheiten der Ausdrucksform wären dann Phoneme (die Hjelmslev noch nach der altgriechischen Wurzel Keneme nennt), und Minimaleinheiten der Inhaltsform wären dann Seme (die er noch Plereme nennt). So beinhaltet z. B. die englische Kopula *am* zwei Keneme (*a* und *m*) und fünf Plereme (*be* + 1. Person + Singular + Präsens + Indikativ). Während die I.s.-Form also ein abstraktes Netz von semantischen Beziehungen ist, ist die I.s.-Substanz ein gedankliches und sachliches Korrelat (d. h. im Sinne von Morris' Designat und Denotat), das aus diesem natürlich-sprachlich organisierten Netz von Bedeutungsmerkmalen folgt. Die I.s.-Substanz beinhaltet also begriffliche, ideologische, emotionale und materielle Aspekte des Signifikaten, für welche die linguistische Analyse des I.s nicht zuständig ist. Die dritte Ebene (oder Schicht) ist die I.s.-Materie, die Hjelmslev nachträglich einführt (1974), für die er ein amorphes materielles Kontinuum der Welt voraussetzt, das wiederum in verschiedenen Sprachen unterschiedliche Substanz bekommt. Mit der Teilung des I.s in Form, Substanz und Materie will Hjelmslev beweisen, dass der I. eine Folge der sprachlichen Form ist und sich deswegen – zumindest mit einem seiner Teile – der gleichen Art von sprachlicher Analyse unterziehen lässt. Deswegen definiert er den «Text in seiner unteilbaren und völligen Ganzheit» als seinen analytischen Ausgangspunkt.

3. Hjelmslevs I.s.-Konzeption hat Greimas (1966) so radikalisiert, dass er sie aus der apriorischen Zeichenstruktur in den Bedeutungseffekt des Diskurses umgewandelt hat. Diskurseffekte lagern sich auch in der I.s-Substanz ab, wodurch auch sie zum legitimen Gegenstand der linguistischen Analyse wird. Greimas stellt die Frage nach den Parametern der Bedeutungsaufgegebenheit des Diskurses, die den Prozess seiner Rezeption als der Bedeutungsbildung lei-

ten, sodass er in dieser Reihenfolge zu seinem semiotischen Viereck gelangt. Er reproduziert die elementare Struktur der logischen Folgerung, den semiotischen Transformationsprozess der Sprachäußerung aus dem Ausdruck in den I., den Greimas, auf Chomskys Spuren, für universell hielt.

4. Aber die Bahnen, die den Ausdruck und den I. des Sprachzeichens miteinander verbinden, lassen sich nicht logisch kanonisieren; wenn das so wäre, dann würde es zwischen den Kommunikationspartnern nicht zum Missverständnis kommen. Zu diesem kommt es deswegen, weil es in einer Sprachgemeinschaft verschiedene kulturelle Codes gibt, die diese Bahnen der Folgerungen festlegen. In Konflikt geratene Bedeutungsfelder reißen sich gar um jeden Text und um jede Zeicheneinheit, sie in eine «unendliche Reihe von Teilsystemen des I.s» (Eco 1977) verwandelnd, die auf unterschiedliche Art und Weise organisiert werden können. Wie sie organisiert werden, hängt vom Interpreten ab, der notwendigerweise einige I.s.-Aspekte aktiviert und andere verdrängt und so das System in einen Prozess umwandelt. «Wenn wir einen intelligiblen typischen I. haben, werden wir seine wesentlichen Merkmale in ein bestimmtes Ausdruckskontinuum mit Hilfe bestimmter Transformationsregeln projizieren. Wenn der typische I. zusammengesetzt ist, werden auch die Transformationsregeln genauso zusammengesetzt, sodass sie manchmal, in die mikroskopische Textur des Signals fest verwurzelt, der Untersuchung entgehen werden. Auf diese Art und Weise wird das Zeichen (oder der Text) *dicht*.» Eco untersucht insbesondere das Problem der komplexen literarischen I.e, wo die Topologie der Transformation in das Transformationskontinuum mit zahlreichen Hindernissen konfrontiert wird. Schriftstellerisches Können besteht aus dem Erkennen und Bloßlegen des «enzyklopädischen Formats» von kleinsten I.s.-Einheiten. «Wenn ich Peirce richtig interpretiere, könnte man die Gesamtheit von Stendhals *Rot und Schwarz* als eine Interpretation der Aussage ‹Napoleon starb 1821› betrachten» (1979). (B. D.)

→ Ausdruck, Bedeutung, Form, Referenz, Signifikat

Institution

(engl., franz. institution, russ. institucija)

Ein soziologischer Begriff, der die Aufmerksamkeit der zeitgenössischen Literaturtheorie seit Ende der 1970er, Anfang der 1980er Jahre im Rahmen verschiedener kritischer Traditionen auf sich zieht: der marxistischen Kritik (Bürger 1979; Eagleton 1983, 1984), der Theorie des Sprechakts (Ohmann 1976; Pratt 1977), der Mentalitätsgeschichte (Bourdieu 1992, 1993; Viala 1985), von

Foucaults Diskursanalyse (Hunter 1988; Bennett 1990), von Postdekonstruktion (Graff 1987; Culler 1988), empirischer Literaturwissenschaft (Schmidt 1989), der Theorie der selbstreferenziellen Systeme (Fohrmann/Voßkamp 1987, 1991, 1994) usw. Dabei wird der Begriff der I. gleichermaßen auf die Literatur wie auf die Literaturwissenschaft angewendet, hauptsächlich in der Kantschen Bedeutung der A-priori-Bedingung ihrer Möglichkeit bzw. ihrer unsichtbaren, aber konstitutiven Voraussetzungen. Sowohl die Literatur als auch die Literaturwissenschaft sind also von ihren I.en *eingefasst*, wobei der Begriff des Einfassens *(cadrage, framing)* in seinen beiden dekonstruktiven Bedeutungen funktioniert: *errichten* und *ausspielen*. Mit anderen Worten, die Begriffe von Literatur und Literaturwissenschaft offenbaren sich einzig als Bedeutungskonstrukte eines veränderlichen Beziehungsgefüges zwischen den Texten, der Praxis ihrer Herstellung, der Distribution und des Verbrauchs (den Bennett 1987 z.B. als «Leseformation» bezeichnete und Frow 1995 als «Werteregime»). Dieses Gefüge ist nicht nur in der historischen Perspektive veränderlich, sondern auch in der Perspektive der Position, von der aus wir es betrachten, da sie auch selber Bestandteil dieses Gefüges ist. Es gibt keine Position, deren *Errichtung* der Bedeutung des Begriffs von Literatur und Literaturtheorie nicht zur gleichen Zeit von anderen Positionen her *ausgespielt* bzw. in seiner Unbestreitbarkeit relativiert wird. Doch die institutionelle Anordnung der Positionen ist gleichzeitig stabil, da wir nicht in jedem beliebigen Moment und nach freiem Ermessen z. B. die untergeordnete Position des Schülers durch die übergeordnete Position des Lehrers ersetzen können. Im Endergebnis enthält der Begriff der I. in sich gleichzeitig etwas Relatives, was die Gegenständlichkeit der Literatur und der Literaturtheorie ausspielt, und etwas Absolutes, was diese Gegenständlichkeit errichtet bzw. konstituiert. Die Schwierigkeiten in seiner Artikulation rühren gerade aus jener ihm eigenen Zweideutigkeit her, welche die Theoretiker dazu anregte, entweder den einen oder den anderen Aspekt, der diesem Begriff immanent ist, zu betonen. Betrachten wir einige Beispiele.

1. In den Argumentationsraum der marxistischen Literaturkritik wurde der Begriff der I. von Bürger (1979) eingeführt. Er stellt kategorisch fest, die wissenschaftliche Auseinandersetzung mit dem Gegenstand der Literatur beginne in jenem Augenblick, in dem es uns gelingt, die Unmittelbarkeit, mit der irgendein Gedicht als Gedicht verstanden wird, als Schein zu durchschauen. Dies will heißen, dass die Literarizität eines Werks nicht das Resultat seiner ihm eigenen besonderen Merkmale ist, sondern des institutionellen Rahmens, in dem es spontan aufgenommen wird und der den Umgang mit dieser Art von Texten organisiert. Dieser Rahmen ist aber, wie Bürger mit seinen Forschungen zum Status der Kunst in der vorbürgerlichen und bürgerlichen Gesell-

schaft zeigt, immer historisch bestimmt. Darunter ist die gesamte wirtschaftliche, kritische und pädagogische Präsentation der Literatur zu verstehen, das heißt, darunter fallen alle legitimierenden, normierenden und standardisierenden Formen ihrer Vermittlung, welche die sog. Kunsterfahrung begründen. Bürger deutet sie als verdeckte Instrumente der herrschenden gesellschaftlichen Ideologie. Kunstwerke sind jedoch immer auch ästhetische Ereignisse, die tausendjährige Kunst-Codes, Normen, Gattungen, Stile, Techniken und Themen in sich aufbewahren und sich in dieser Dimension der konkreten gesellschaftlichen Kontrolle entziehen. Auf dieser Grundlage ermöglichen sie es (prinzipiell allen) ihren Rezipienten, die Beschränkungen ihrer gesellschaftlichen Rollen zu transzendieren und in den universellen Raum der Individualität einzutreten, wo sich (angeblich) alle Menschen in ihrer humanen Substanz vereinen. So offenbart sich Bürgers Konzeption der Literatur als I. schlussendlich doch als Schuldgänger der romantischen Ästhetik, die im literarischen Werk ein Mittel des Bewusstwerdens der menschlichen Unvollkommenheit erkennt; damit würde es die Leser dazu anregen, sich unermüdlich zu vervollkommnen, indem sie ihre eigenen Beschränkungen beseitigen. Bürger trennt, indem er der Literatur (und der Kunst) eine solche Funktion verleiht, ihre überhistorische Essenz von ihrer historischen Institutionalisierung und reduziert damit die Organe der literarischen I. auf bloße Transporteure der Ideologie, auf Vermittler, deren Resultate bei entsprechender Anstrengung umgangen werden können.

2. Dies und ähnliche Standpunkte hat Frow (1986) als «essentialistisches Literaturkonzept» kritisiert, das durch das «an entsprechende historische Verhältnisse gebundene Literaturkonzept» ersetzt werden soll. Die I. ist keine Hülle, die man nach Bedarf vom Kern der Literatur abschälen kann, sie erfasst das reine Wesen der Literatur und profiliert sie auf verschiedene Weise in unterschiedlichen literarischen Formationen. Ähnliches gilt auch für die Organe der literarischen I., z. B. Gattungen, die als Funktionen komplexer Differenzialsysteme sowohl gesellschaftlich als auch historisch variabel sind. Bennett (1990) zog daraus den Schluss, es sei angebracht, die Literatur als einen institutionellen Sitz anzusehen, der eine besondere Reihe von Bedingungen für die Wirkung anderer gesellschaftlicher Verhältnisse schaffe, so wie diese Verhältnisse ihrerseits Bedingungen für ihre Wirkung schaffen. Literatur entstehe weder als mittelbarer Reflex oder Brechung der Gesellschaft noch als besondere semiotische Produktion von Ideologie – als hätten Gesellschaft oder Ideologie eine klar definierte Existenz, die unabhängig von der Wirkung der literarischen Sphäre zu beschreiben wäre –, sie entstehe vielmehr als besondere Sphäre des gesellschaftlichen Handelns, die von der Konstruktion und dem Funktionieren der politischen und ideologischen Machtverhältnisse und ihrer

Verleugnung durchdrungen und in dieser Konstruktion und diesem Funktionieren wesentlich impliziert sei. So lassen sich literarische Werke in den Dienst von Selbstgestaltungstechnologien (von Subjekten) stellen, der Gestaltung von Nationen oder gar Klassen, abhängig vom Ort, der ihnen in einem gegebenen Augenblick in der Konstellation institutioneller, intergenerischer und interdiskursiver Verhältnisse zugewiesen wird. In jedem Fall nehmen sie gleichzeitig an der Gestaltung verschiedener, manchmal sogar widersprüchlicher Geschichtlichkeiten und «Gesellschaftszonen» teil, da sie sich an der Schnittstelle unterschiedlich angeordneter Praktiken des Schreibens, Lesens, Kommentierens und des pädagogischen Gebrauchs der Texte befinden, von der jeder auf seinen eigenen Regeln und Einschränkungen beharre. Gerade aus diesem Grund sei die vorherige marxistische Überzeugung, es genüge, die «Herzen und Geister» vom Druck der I.en zu befreien, naiv, da institutionelle Praktiken und Technologien unseren Geschmack, unsere Wünsche, Bedürfnisse und Überzeugungen mittlerweile durchdrungen hätten und ohne sie sogar die sog. primäre Erfahrung der Literatur unvorstellbar sei. Unter solchen Bedingungen empfiehlt es sich, das erhabene emanzipatorische Projekt der marxistischen Kritik zugunsten des folgenden, nüchterneren und pragmatischeren Standpunkts aufzugeben: Man soll sich nicht fragen, welche Funktion die Kritik hat, als *müsste* sie eine haben und zwar nur *eine*, sondern welche Rollen die verschiedenen Typen der kritischen Praxis im Zustand vielfältiger institutioneller Gebiete und eines vielfältigen Publikums tragen können, vor welchem solche Praktiken wirken müssen. Diese veränderliche Konzeption der *Kritiken* und ihrer *Funktionen* erkenne an, dass literarische und andere kulturelle Texte auf unterschiedliche Weise in die Gesellschaftlichkeit eingetragen und in die gesamte Spanne praktischer Tätigkeiten integriert worden sind anstatt in nur eine: die Schaffung der Subjektivität. Aus der Perspektive einer derart dispersiven Lokalisierung der Kritik in verschiedenen institutionellen Sitzen kritisiert Bennett den großen Irrtum der marxistischen Kritik, der auch bei ihren zeitgenössischen Größen wie Said, Jameson und Eagleton sichtbar sei, die ihre Funktion in der Bewusstseinsbildung des universellen Subjekts für eine korrekte, d. h. gesellschaftlich-institutionelle unbefleckte Weltanschauung ansehe. Die Vorstellung, dass die Kritik bei der Gestaltung des revolutionären Subjekts behilflich sein soll, das die historische Bühne im Augenblick der entscheidenden Krise beherrscht, war für die marxistische Kritiktradition, schon seit sie ihre vollständig ausgearbeitete Form in den Schriften Lukács' erhalten hat, von entscheidender Bedeutung. Sogar bei Eagleton (1984), der ansonsten die Spaltung des einheitlichen kritischen Raums erkennt und analysiert, zu der es durch die Institutionalisierung der literarischen Kritik kommt, wird dieses Beharren auf der totalisierend-homogenisierenden gesellschaftlichen Funktion der Kritik beibehalten, die es durch das Durchbrechen der bestehenden institutionalen Einschränkungen zu realisieren gilt. Bennett meint dagegen, die Funktion der Kritik lasse sich nicht unabhängig von den institutionellen Bedingungen vorschreiben, die regulieren, wer zu wem und unter welchen Umständen kreuz und quer durch vorgegebene Praktiken spricht.

3. Das Problem der Literatur und Kritik als I. artikulierte sich in den Postdekonstruktionsdiskussionen der amerikanischen Kritik auf etwas andere Weise. Die Dekonstruktion hat von Anfang an die selbstreferenzielle Bedeutung einer jeden Textpraxis hervorgehoben und ebenfalls die Tatsache, dass diese mehr auf die eigenen Textmerkmale und auf die Verstrickung in andere Texte als auf die Realität hinweist, kurz auf ihre institutionelle Umgebung. Da sich kein einziger Text von diesen stillschweigenden Annahmen, die ihn institutionalisieren, befreien kann, gilt diese These gleichermaßen für die Schreibpraktiken wie für die Praktiken des Lesens von Literatur. Aus diesem Grund ist das unschuldige Lesen von Literatur für Dekonstruktivisten unmöglich: Ein jedes Lesen enthüllt seine historischen, gesellschaftlichen, psychologischen, ideologischen und andere Voraussetzungen und wird damit zu einem Bestandteil des gelesenen Textes bzw. seines sich im Prozess befindenden Bedeutungsrahmens. Das Lesen lässt sich – wie dies die Theorie der selbstreferenziellen Systeme später auch getan hat – als eigentümliche Gegenstandsextension im Zusammenhang eines selbsterhaltenden Betriebs der wiederholenden Bedeutungszuschreibung beschreiben. Wegen dieses reproduzierenden Institutionalisierungsbetriebs steht kein einziger Lesevorgang des literarischen Textes in einem unmittelbaren Verhältnis zum Text, sondern einzig in einem mittelbaren Verhältnis zu seinen anderen Lesevorgängen – obgleich sie vielleicht infolge der Mechanismen der Naturalisierung nicht als Lesevorgang, sondern als der Text selbst erlebt werden. Derrida (1972a, 1978) hat diesen Prozess der Textentfaltung als Vervielfältigung seines Rahmens bezeichnet *(cadrage)*, wobei er unter dem Rahmen vor allem das institutionelle Netz der klassifizierenden Kategorien verstand, mit dem die Literatur das entsprechende Verständnis sichert. Da die Positionen, von denen aus der Text gelesen werden kann, schon durch seinen Rahmen bestimmt sind, stellt der Kritiker häufig eine Wahrheit über den Text fest, die der Text schon insgeheim «inszeniert» hat. Um solch eine «verlängerte Textausführung» (Felman 1977) zu vermeiden, in welcher der Text mittels der Arbeit seiner Figuration seine Befunde in dem Augenblick untergräbt, in dem sie dargelegt werden, muss der Kritiker sein scheinbar spontanes, tatsächlich aber durch die literarische I. hergestelltes Verständnis des literarischen Textes in ständigen argumentativen Falten, Biegungen und Umkehrungen abbauen. Derrida mahnt ausdrücklich und wiederholt an, dass die Positionierung der eigenen Figur unter «Anführungsstriche» *(mise en*

guillemets) nicht zu einer Position außerhalb des institutionellen Textnetzes führt, da es solch eine Position schlichtweg nicht gibt. Alles ist in die Verwebung von Differenzen integriert, sodass das Höchste, was ein Kritiker tun kann, die Aufrechterhaltung dieses Webeprozesses ist.

4. In der dekonstruktivistischen Argumentation sind zwei wichtige Fortschritte ersichtlich: (1) Der Begriff der I. befreit sich von gesellschafts-ideologischen Merkmalen, die ihm mit kritischer Absicht von der marxistischen Kritik und ihren Ableitungen zugeordnet werden. (2) Er wird als Reproduktionsprozess des Allgemeintextes gedeutet, als seine Selbsterhaltungsweise und daher gerade als «ontologische» Dimension aller Entitäten. (In Derridas Geist der ontosemiologischen Temporalisierung des Seins durch die Differenz: Cornell 1992a.) Diese beiden Errungenschaften der dekonstruktivistischen Gedankenreihen hat Smith (1988) in einer ausgedehnten Auseinandersetzung mit ihnen übernommen. Sie ist jedoch nicht mit der dekonstruktivistischen Hypostasierung der unermüdlichen Differenzproduktion auf Kosten der metaphysischen Identitäten einig, da dadurch unbemerkt eine neue Ontologie geschaffen wird, in der das, was früher «weder Wort noch Begriff» war (die Autorin spielt hier auf Derridas Begriff der *différance* von 1972a an), nun beides wird, sodass das Zerreißen einer grundlegenden Figur des westlichen Gedankens zur Schaffung einer anderen solchen Figur wird. Indem sie Abweichungen beharrlich als Normen und Zufälligkeiten als Notwendigkeiten darstellt, demonstriert die Dekonstruktion metaphysisches Vertrauen in die Richtigkeit der eigenen Überzeugungen und bestätigt damit ungewollt, dass der Logozentrismus – als eigentümliche *pseudodoxia epidemica* – ein Kennzeichen des gesamten Denkens ist. Wenn dem schon so ist, empfiehlt es sich, Hartnäckigkeit als Bestandteil organischer Systeme zu verstehen, und zwar in gleichem Maß wie die Selbstbefragung. *Beständigkeit* und *Flexibilität* tragen gleichermaßen für die Selbsterhaltung des Systems Sorge, obgleich sie nicht unter allen Bedingungen seines Verhältnisses zur Umwelt gleich förderlich sind. Im Gegenteil, das Streben des Systems nach Selbsterhaltung ist in jedem einzelnen Augenblick dazu gezwungen, eine dieser Dimensionen der anderen vorzuziehen – wie das Beispiel der dekonstruktivistischen Einseitigkeit bezeugt. Diese Bevorzugung ist bedingt durch: (1) die physisch festgelegten Neigungen und Abneigungen, die keiner Reflexion unterliegen; (2) den durch Klassenzugehörigkeit und sonst wie verwurzelten Geschmack, der als Beschützer der gesellschaftlichen Privilegien und als Mittel der Reproduktion von Macht erscheint (Bourdieu 1979). Aus diesem Grund ist es unmöglich, entweder der Stabilität oder auch der Flexibilität im Voraus und prinzipiell ein bestimmtes wertendes Vorzeichen zuzuschreiben – die Entscheidung über die Auswahl einer dieser einander entgegengesetzten Alternativen ist durch die konkreten Umstände bedingt, unter

denen diese Entscheidung getroffen wird. Doch sie *muss* getroffen werden. Die Kluft zwischen den Menschen ist nicht das Resultat der Institutionalisierung der Welt, die sie gespalten hat, wie z. B. in Habermas' Dichotomie des Systems und der Lebenswelt (1981). Sie ist dem System immanent und lässt sich nicht im Namen einer angeblich gemeinsamen menschlichen Natur auslöschen.

5. Smith ist in ihrer Auseinandersetzung mit der literarischen Institution den Ansichten Bourdieus (1984a, 1992, 1993) nahe, in dessen Theorie des literarischen Feldes der Begriff der I. eine wichtige Rolle spielt. Auch Bourdieu distanziert sich von den Dekonstruktivisten mit dem indikativen Hinweis, ihr Beharren auf einer «reinen Lektüre», die mit der Form spielt, schließe eine Abscheu vor dem «vulgären» Interesse an der Intention des Autors und dem Inhalt als Merkmale schlechten literarischen Geschmacks ein. Damit reiht sich die Dekonstruktion in die Kontinuität der Kantschen Ästhetik des interesselosen Gefallens mit der für sie charakteristischen Distanziertheit ein, die sich von Anfang an nur elitäre Fraktionen der Gesellschaft leisten konnten. Doch abgesehen von dieser «orthodox-klerikalen» Haltung gehört der literarischen I. gleichberechtigt auch eine «prophetische» Haltung an, welche die Legitimität einer solchen Auffassung von Literatur bestreitet. Das literarische Feld stellt also innerhalb seiner Grenzen in jedem einzelnen Augenblick ein vorübergehendes Resultat des Zusammenstoßes zweier Prinzipien seiner Hierarchisierung dar: eines *autonomen,* das die Unabhängigkeit gegenüber den Nachbarfeldern (Religion, Wirtschaft, Politik) bewahrt, und eines *heteronomen,* das dem Import ihrer Prinzipien zuneigt. Dabei dürfen Autonomie und Heteronomie nicht mit der «klerikalen» und der «prophetischen» Haltung identifiziert werden. I.en (z. B. Schule, Universität, Akademie, Verleger) unterstützen in der Regel die «Kleriker», nicht jedoch die Autonomie. Dies ist verständlich, wenn man bedenkt, dass I.en Räume für potenzielle Dialoge und Konflikte zwischen dem literarischen Raum und politischer, finanzieller und religiöser Macht sind. Sie sind Autoritäten, Gruppen oder Gesetze (geschriebene oder implizite), die vollständig oder primär der gesellschaftlichen Regulierung des literarischen Lebens gewidmet sind: Akademien und Zirkel, Schulen und Mäzenate, Zensur, Legislation von Verlags- und Autorenrechten, Preise, Rituale (Viala 1988). Doch neben diesen externen I.en, die das literarische Feld mit den übrigen gesellschaftlichen Feldern verbinden, bestehen auch interne I.en des literarischen Feldes selbst wie die Poetiken, Modi, Gattungen, Stile, Traditionen, Themen u. Ä.

6. Das gemeinsame Merkmal der beiden dargelegten Argumentationen besteht darin, dass sie den dogmatischen Charakter des dekonstruktivistischen Antidogmatismus anzeigen, um auf diese Weise das relative Recht der I. mittelbar zu verteidigen: Ihre Untergrabung – ganz gleich, wie notwendig sie sein

mag – ist nur eine Seite der gesamtgesellschaftlichen Wahrheit. Lassen wir für einen Augenblick die Paradoxalität der Argumentation beiseite, die der Dekonstruktion die Usurpierung der gesamten Wahrheit (über die Textualität der Welt) vorwirft, um sich danach selbst als diese Wahrheit (über die Gespaltenheit der menschlichen Gemeinschaft) zu präsentieren, damit wir uns zunächst den Schwierigkeiten widmen können, die aus der charakteristischen Doppelcodiertheit der Dekonstruktion entspringen. Culler hat sie in der Diskussion über Interpretation und Überinterpretation apostrophiert (Eco 1992), in der er davor warnte, Eco deute die Dekonstruktion als «extreme Form der leserorientierten Kritik», welcher der «Text all das bedeutet, was man in ihn hineinliest», während Rorty ihr vorwirft, den Leser unter die unbeugsame Überwachung durch die Textstrukturen zu stellen. Bezeichnend ist, dass diese beiden entgegengesetzten Deutungen geradezu verteufelnde «Feindbilder» darstellen: Das erste wurde von einer (gewissen) Hermeneutik über das dekonstruktivische, subversive Dezentrieren generiert, das zweite von einer (gewissen) Dekonstruktion über die hermeneutische metaphysische Zentrierung der Identität. Aber die Hermeneutik bleibt dem metaphysischen Monismus nur aus der Perspektive (einer solchen) Dekonstruktion notwendig ergeben, genau wie die Dekonstruktion nur aus der Perspektive (einer solchen) Hermeneutik ein vorbehaltloser Anhänger des antimetaphysischen Pluralismus ist! Die Verschärfung des Widerspruchs *zwischen* ihnen geht auf Kosten der Einsicht, dass dieser Widerspruch auf vielfältige Weise *innerhalb* von ihnen reproduziert wird – wie das, hinsichtlich der Dekonstruktion, die Meinungsverschiedenheit zwischen Rorty und Eco bezeugt. Dasselbe gilt für die Verschärfung des Widerspruchs zwischen Beharren und Selbstuntergrabung als Prinzipien der gesellschaftlichen I.en, da sie stillschweigend die Möglichkeit der Abgrenzung und Identifizierung des Trägers dieser Prinzipien implizieren. Indem sie sowohl Monismus als auch Pluralismus das Recht auf die Identifizierung der I. nehmen, bewahren sich Smith und Bourdieu mit anderen Worten die Möglichkeit, Monismus und Pluralismus zu identifizieren. Doch welche Erkenntnislage ist es, die uns Einblick in jenen Augenblick ermöglicht, in dem sich das Weiterbeharren einer I. in ihre Selbstuntergrabung verwandelt oder gar in jenen, da ihr einzig die Selbstuntergrabung das Weiterbeharren garantiert? (S. R./Z. Z.)

→ Habitus, Kanon, Mentalität, Rahmen, Wert

Intention
(engl., franz. intention, russ. intencija)

1. Begriff, den Husserl von Brentano übernommen und im phänomenologischen Rahmen ausgearbeitet hat. Die Intentionalität ist für Husserl die grundlegende Bewusstseinsstruktur, was bedeutet, dass das Bewusstsein immer in Beziehung zu einem Gegenstand steht, dass es außer als Bewusstsein *von* etwas gar nicht besteht. Jeder Bewusstseinsakt, ob kognitiv oder empirisch, ist auf einen Gegenstand oder eine Gegenständlichkeit gerichtet, die er konstituiert oder von denen er konstituiert wird – und gerade dieses sein Gerichtetsein auf das «intendierte Korrelat» nennt Husserl I.

2. Heidegger erweitert den Begriff der I. so, dass er nicht nur für das Bewusstsein, sondern für das ganze Dasein des Menschen gilt, d. h. für sein gleichermaßen physisches und vernünftiges In-der-Welt-Sein. Die Intentionalität wird so zur grundlegenden Konstituante des Daseins bzw. der menschlichen Existenz, im Gegensatz zum Dasein anderer Lebewesen, die wegen dieses Mankos der Transzendenzmöglichkeit beraubt sind. (Über die Exklusivität, die aus der heutigen Perspektive Heideggers Begriff des *Menschen* impliziert, vgl. Steele 1997b und über die implizite «Männlichkeit» seines authentischen In-der-Welt-Seins vgl. z. B. Irigaray 1983 und Sloterdijk 1988.) Auch bei Sartre drückt die I. das Spannungsverhältnis zwischen der Realität des Menschen und der Welt aus, ihre Unzertrennlichkeit, aber auch ihre gegenseitige Inkommensurabilität. Bei den analytischen Philosophen wird die I. vom Subjekt völlig abgekoppelt und mit den Arten der konventionell gewordenen Sprechakte verbunden.

3. Die Anwendung des I.s-Begriffs in der Literaturtheorie zeigt eine ähnliche Deutungsvielfalt. Der erste Streitfall über die Bedeutung des Begriffs der I. in der Literaturkritik entbrannte infolge des antiromantischen Impulses bei den modernen Literaturkritikern. In den ersten Jahrzehnten des 20. Jh.s haben sie sich der Hinwendung zum Autor, welche die großen positivistischen Literaturkritiker und Fürsprecher der expressiven Ästhetik auf Croces Spur pflegten, widersetzt. Da wir keinen Zugang zur Erfahrung des Autors haben – so argumentierte z. B. Eliot (1933) –, wie können wir dann einschätzen, in welchem Maß ihm das Gedicht entspreche oder ihm treu bleibe? Außerdem zwänge der Charakter der Sprache, die eine kollektive Schöpfung sei, den Autor dazu, im Schreibprozess seine I. zu ändern und sie den Gesetzen der poetischen Struktur unterzuordnen. Deswegen beschränkten sich die Neuen Kritiker auf die Untersuchung der verbalen Struktur. In einem berühmten Essay von 1946 erklärten Wimsatt und Beardsley jede Beschäftigung mit der I. sogar für einen Trugschluss *(intentional fallacy)*. Die Kenntnis der Dichterintention sei für das kor-

rekte kritische Urteil über ein Gedicht nicht nötig, weil das Gedicht eine sprachliche Struktur sei, die von den Konventionen der Sprachgemeinschaft geleitet werde. Deswegen können über dieses Gedicht solche Beurteilungskriterien wie Aufrichtigkeit, Spontaneität, Authentizität, Originalität u. Ä. nichts Relevantes mitteilen. Die Bedeutung des Gedichts sei autonom und von seinen Ursprungsquellen unabhängig. Ransom (1941) schlug in diesem Sinn vor, den Begriff der I. aus dem Gedicht anstatt aus dem Dichter herzuleiten. Damit hat er das Terrain für die Behandlung dieses Begriffs bei der Genfer Schule vorbereitet.

4. In seiner eigentümlichen Reinterpretation von Wimsatts und Beardsleys Argumentation aus der einflussreichen Abhandlung über den Intentionalitäts-Trugschluss entdeckte Siebers (1988) in dieser Argumentation die überwiegend ethische Neigung, den Autor vor aggressiver inkriminierender Kritik zu schützen. Solche Reduktion der dichterischen Verantwortung für das Gedicht geschieht übrigens analog zur strukturalistischen und poststrukturalistischen Reduktion der menschlichen Verantwortung für die Sprache. In dieser Hinsicht ist Jakobsons Satz symptomatisch, wonach «die Anklage gegen den Dichter für die Ideen und Gefühle in seinen Werken ein genau so absurdes Verhalten ist wie das Verhalten des mittelalterlichen Publikums, das den Schausteller in der Rolle des Judas verprügelte». Die I. ist nicht zufällig ein Schlüsselbegriff des Strafrechts. Während sie den Dichter aus dem Gedicht ausschließen, lassen die Neuen Kritiker dennoch seinen abstrakten Vertreter in ihm gelten, indem sie behaupten: «Die Gedanken und Stellungnahmen im Gedicht könnten wir unmittelbar auch dem Dramen*sprecher* zuschreiben (...)». So bleibt die Sprache doch im Dienste des menschlichen Subjekts, was die Dichtung zugleich unpersönlich und persönlich macht. Deswegen ist es nicht verwunderlich, dass Hirsch sein Buch *Prinzipien der Interpretation* (1967), in dem er für die Rückkehr der dichterischen I. in die Kritikerperspektive eintritt, gerade Ransom und Wimsatt widmete.

5. Aber bereits vor Hirschs angloamerikanischer Kritik ab Mitte der 1950er Jahre hatten im französischen Sprachgebiet die Genfer Kritiker den Begriff der I. bereits in der Literaturwissenschaft belebt. Sie unterscheiden das in seiner fiktionalen Welt inkorporierte «phänomenologische Ego des Textes» vom «empirischen Ego des Autors», der einer Untersuchung nicht unterzogen werden kann. Die fiktionale Welt entsteht durch einen intentionalen Akt der Imagination des Autors; dieser Akt vereinigt verschiedene in den unterschiedlichen Schichten des Werks eingebettete kognitive und emotionale Akte der I., womit er die Gegebenheiten der persönlichen Lebenswelt des Autors in eine neue Qualität transformiert. Wie die Genfer Schule den von seinen empirischen Merkmalen entblößten Autor in das Werk einfließen lässt, so behandelt sie

auch den Leser. Um das Werk angemessen verstehen zu können, muss sich der Leser nach Poulet (1970) vom empirischen Ballast seiner Lebenswelt befreien und sich dem phänomenologischen Ego des Textes zur Verfügung stellen. Die Genfer Kritiker verneinen, der Tradition von Husserls Phänomenologie treu, die Grenze zwischen dem Subjekt und dem Objekt konsequent.

6. Der Begriff I. bekommt eine neue Bedeutung in den Diskussionen der amerikanischen Rezeptionstheorie *(reader-response criticism)*. Er wird aus dem System der Codes und Konventionen der Gemeinschaft abgeleitet, in welcher der Autor schafft. So wird anstatt auf den Akt des individuellen Bewusstseins auf die Bestimmungen der gesellschaftlichen Praxis eingegangen. Die Regeln der literarischen Kommunikation in der Gemeinschaft zwängen die Schriftsteller dazu, sich in den Text als profilierte implizite Autoren zu stellen, die das Publikum auffordern, die Haltung eines profilierten impliziten Lesers einzunehmen, wenn es den Text angemessen verstehen will. In Übereinstimmung damit betrachtet Foley (1986) die künstlerische Prosa als einen «Vertrag, den der intendierende Autor entwirft, der sein Publikum aufruft, gewisse Paradigmen für das Verstehen der Wirklichkeit anzunehmen». Rabinowitz (1987) hat in diesem Geist den Begriff der I. durch den Begriff des Autorenpublikums *(authorial audience)* ersetzt, ein komplexer Annahmezusammenhang, den der Text als Voraussetzung für seine richtige Lesart projiziert. Aber Pratt (1986b) hat mit ihrer Kritik an den Theoretikern des «literarischen Vertrages» gezeigt, dass: (1) die appellative Struktur dem Text nicht immanent sein kann, sondern immer von der Lesesituation abhängig ist; (2) die appellative Struktur nicht homogen sein kann, weil sie unausweichlich aus einander widersprechenden Kraftlinien zusammengesetzt wird, sodass sie sich nur in der Projektion des Lesers vereinen lässt. Wegen dieser ihrer projektiven Besetzung kann keine Rekonstruktion der I. ihre Treue gegenüber dem Autor oder dem Text beweisen. Dadurch werden die Lesarten der literarischen Werke freilich für keinen totalen Relativismus geöffnet, sondern es wird nur festgestellt, dass sie ihre Relevanz *untereinander* messen müssen, weil das Messen nach den Gesetzen, die der I. des Autors oder des Textes entsprechen würden, nicht möglich ist.

7. Von diesen Einsichten ausgehend hat Hutcheon (1994) die Erweiterung des Begriffs der I. (anstatt seines Ausschlusses wie bei gewissen radikalen Varianten des Poststrukturalismus) vorgeschlagen. I. entstehe erst infolge des interpretativen Zuschreibens *(attribution)* von Sinn unter gewissen Bedingungen. So wäre sie der (unvorhersehbare, aber notwendige) *Effekt* des Textes oder der Aussage, das *Resultat* des komplizierten kommunikativen Geschehens zwischen dem Autor (dem Sprecher), dem Text (der Aussage) und dem Leser (dem Hörer) im Rahmen einer gewissen Diskursgemeinschaft. Da diese nie homogen ist, kann es zur «Analyse des Funktionierens zahlreicher verschiede-

nen, manchmal nicht messbarer *Arten* von Intentionalität» in einem bestimmten Text kommen (Johnson 1994). Die Verantwortung für das Feststellen der I. wird in diesem Sinn in die ethisch-politische Domäne verlagert. (B. D.)

→ Akt, Appell, Dialog, Divination, Horizont

Interdiskurs

(engl., franz. interdiscours, russ. interdiskurs)

1. Begriff, den Althussers Anhänger Pêcheux (1975) in die zeitgenössische theoretische Diskussion eingeführt hat. Mit ihm versucht er, die Bildung sog. offensichtlicher Wahrheiten *(les vérités de la Palice)*, Truismen und Selbstverständlichkeiten, mit deren Hilfe diskursive Formationen Individuen entsprechende Subjektrollen verleihen, zu erklären. Laut Pêcheux verfügt jede diskursive Formation über einen im Voraus ausgearbeiteten paraphrastischen Raum, in dem lexikalische Felder des allgemeinen Wissens und elementare syntaktische Modalitäten *(enchâssement)* untergebracht sind. In diesem Raum können demnach Elemente der einen Formation durch Elemente der anderen ersetzt werden (Pêcheux bezeichnet dies als *substituabilité symétrique*), was zu einer Verdichtung ihrer Signifikate zu universellen Bedeutungsmatrizen führt. Auf der Grundlage der Identifikation des Individuums mit den so entstandenen semantischen «Transparenzen» entsteht in den Zwischenräumen diskursiver Formationen das, was Pêcheux *universelles Subjekt* nennt. Aber das Individuum kann sich von solchen «zuhandenen» Identifikationsstützpunkten auch distanzieren, und zwar durch narrativ-argumentatives Manövrieren in der Sprache, einem Herumvagabundieren, indem es *scheinbar* frei die Richtungen der interdiskursiven Vertauschung des Signifikanten *(substituabilité orientée)* wählt, indem eine Art bewusst gemachter Interdiskursivität geschaffen wird. «Scheinbar» steht hier deshalb, weil diese Ketten von Signifikanten, ganz gleich, wie blind das Subjekt für dieses Merkmal auch sein mag, immer schon durch das Repertoire von Identitäten in der komplexen Gesamtheit der Diskursformation vorbestimmt sind. So findet sich das Individuum, das aus der Universalität des Äußerungssubjekts *(sujet de l'énoncé)* heraustreten wollte in die Individualität des Subjekts des Äußerns *(sujet de l'énonciation)*, in der Figur eines «Ankers der Signifikantenreihe» schon untergebracht, was bedeutet, das der I. weiterhin der abwesende Bestimmungsgrund des Diskurses bleibt. Seine Materialität spiegelt sich in seiner konstitutiven Äußerlichkeit wider. Dieses Paradox, dass das Subjekt *auf* dasjenige stößt, was es *hinter* sich zu haben glaubte, bezeichnet Pêcheux, wobei er offensichtlich auf die bekannte Geschichte anspielt, in der man sich am

eigenen Schopf fasst, als *Münchhauser Erscheinung.* Die «Lacansche» Pointe seiner Argumentation besteht darin, dass das «böse» individuelle Subjekt, das im Namen der symbolischen Ordnung wirkt, um die imaginären Identifikationsmatrizen zu dekonstruieren, letztendlich nur ein Spiegelbild des «guten» universellen Subjekts ist, da es genauso den interdiskursiven Mechanismen verfällt. Aus diesem Grund befürwortet er anstelle der *Gegenidentifikation,* die im Namen der symbolischen Ordnung durchgeführt wird, eine *Entidentifizierung,* die im Namen der Ordnung des Realen *(le réel)* eintritt. Das Wirkliche ist gleichzeitig der veränderliche *Effekt* des Verhältnisses zwischen Metaphorisch-Imaginärem und Metonymisch-Symbolischem und auch die unveränderliche *Ursache* dieses Verhältnisses. Althusser (1971) hat den Beginn dieses asymmetrischen Verhältnisses Ursache – Wirkung im Herzen des Registers des Realen als *komplexen Widerspruch* bezeichnet, und Pêcheux glaubte, seinen Lehrer richtig zu verstehen und zu deuten, wenn er in diesem Widerspruch den einzig gültigen analytischen Ausgangspunkt erkannte. Also weder Diskurs noch I., sondern das, was ihr Verhältnis heimlich organisiert und von ihm immer wieder von neuem organisiert wird!

2. Eine andere Konzeption des I.es wurde, inspiriert zweifelsohne von der «französischen Verbindung», von Link ausgearbeitet (1983a, 1983b, 1988, 1990, 1993, Link/Link 1990). Er versucht, für die Literatur einen Ort zwischen Foucaults diskursiven Formationen zu finden, wobei er von der Einsicht ausgeht, dass sie sich ihrer Differenzierung und Spezialisierung widersetzt. Das führt ihn zur Schlussfolgerung, nicht alle Diskurse funktionierten auf ein und dieselbe Weise. Während die einen selbständige Gegenstände wie Lexikon, Grammatik u. Ä. gestalten, arbeiten andere mit Hilfe von Begriffen, Formulierungen und Bildern an ihrer Verknüpfung. Durch solche Interferenzen werden mehrstimmige interdiskursive Dispositive von betont konnotativer Struktur geschaffen, also elementare literarische Muster, die durch ihre Ausarbeitung zu literarischen Werken werden. Link beschreibt sie als lose Strudel von Figuren, Klischees, Stereotypen, Vorstellungen, von pragmatischen Ritualen, kollektiven Symbolen, die durchkreuzt sind durch die Antagonismen der Diskurs- und Klassenpositionen. Und trotzdem ist die Anzahl der Möglichkeiten der Verfügbarkeit über diese Vorräte nicht unbegrenzt, da darin semantische, pragmatische und historische Gesetzmäßigkeiten zusammentreffen, die das System einer gegebenen Kultur erzeugen. Mit einer derart relativ begrenzten «Konvertibilität» regulieren die interdiskursiven Dispositive (alltägliche Konversation, Medien, Literatur) den Verkehr zwischen den Diskursen und setzen den Rahmen für ihre Aufnahme in der Gemeinschaft. (S. R. / Z. Z.)

→ Diskurs, Dispositiv, Herbeirufen, Imaginäres, Subjekt

Interpretation

(engl. interpretation, franz. interprétation, russ. interpretacija)

Eine der ältesten Umgangsmethoden nicht nur mit Texten, sondern auch, wie bei uralten Zaubereien und Prophezeiungen, mit Naturereignissen, Träumen, Krankheitssymptomen u. Ä. Sie wurde von den Deutern der homerischen Epen, den Bibelexegeten und Philosophen in ihrer Arbeit an alten Texten benutzt und in der zeitgenössischen Literaturtheorie vor allem von der Hermeneutik vertreten und entwickelt.

1. Schleiermacher (1832/1959), der im ersten Drittel des 19. Jh.s die Fundamente für die allgemeine Hermeneutik gelegt hat, hat zwischen der grammatikalischen (sprachlichen) und der technischen (psychologischen) I. unterschieden. Die letzte gründet auf der Divination, mit der man über den Stil die Individualität des Autors entdeckt. Ohne eine solche vorhergehende intuitive Einsicht in das Ganze des literarischen Kunstwerks sei es nicht möglich, seine einzelnen Teile richtig zu verstehen. Deswegen wird der Akt des Einlebens in die fremde Erlebniswelt – als das Unterscheidungsmerkmal der Hermeneutik – auch am Anfang des 20. Jh.s zum Ausgangspunkt für Diltheys Geistesgeschichte. Sie entwickelt nun die Idee von den sog. verstehenden Wissenschaften und schenkte damit, vom Positivismus umgeben, der I. einen konkurrenzfähigen wissenschaftlichen Status. Für Dilthey scheint die Hauptaufgabe der Hermeneutik darin zu liegen: «sie soll gegenüber dem beständigen Einbruch romantischer Willkür und skeptischer Subjektivität in das Gebiet der Geschichte die Allgemeingültigkeit der Interpretation theoretisch begründen, auf welcher alle Sicherheit der Geschichte beruht» (Dilthey 1900/1957, S. 331). In seiner allumfassenden Kritik des technischen Wissenschaftsstrebens verwandelt Heidegger (1927, 1959) die I. in die grundlegende Beziehung des Menschen zum eigenen In-der-Welt-Sein, indem er den bisherigen Bedeutungsumfang dieses Begriffs extrem erweitert. Es gibt drei Dimensionen, mit denen das In-der-Welt-Sein im Voraus jeden Akt der eigenen I. beeinflusst: (1) Es ist schon im Besitz der Techniken, mit denen wir es besetzen (die Vorhabe); (2) es sieht den Punkt, von dem aus wir es betrachten, schon voraus (die Vorsicht); (3) es antizipiert Begriffe, unter denen wir es umfassen (der Vorgriff) (1927). Uns kommt allerdings keine von diesen konstitutiven Dimensionen unserer gesamten interpretatorischen Struktur zum Bewusstsein, bis wir in gewissen «undurchdringlichen» Umständen dazu veranlasst werden, und auch dann tun wir das nur aspektual, d. h. in jener Dimension, in der die weitere Anwendung derselben Struktur mit fatalen Folgen konfrontiert wäre. Dieser Bruch und die Entstehung des Bedürfnisses, eine gewisse Art von Voreingenommenheit zu transzendieren, bedeutet nach Hoy (1991) noch nicht, dass wir unsere ganze

Rückendeckung in Frage stellen müssen. Die ganze Rückendeckung *könnte* auch nicht auf einen Schlag problematisiert werden.

2. Gadamer (1960/1965/1972) knüpfte an Heidegger an, allerdings indem er, auf der Spur seiner späten Philosophie, das Gefüge von interpretatorischen Vorurteilen in die *Sprache* einfügte. «Sein, das verstanden werden kann, ist Sprache.» Die Sprache können wir nämlich nur so deuten, dass wir sie dabei gleichzeitig benutzen. Sie ist zugleich das Objekt und das Medium der I., wobei es dabei um ihre nur scheinbar getrennten, aber eigentlich einander voraussetzenden Zustände geht. Wir vergegenständlichen etwas als Vorlage nur, weil wir es von der nicht bewusst gemachten Struktur von Vorurteilen aus ansehen: Die Gegenständlichkeit von anderem ist die Funktion der Selbstvertrautheit! Wie bei Heidegger können wir uns auch bei Gadamer nicht von dieser Selbstvertrautheit gänzlich befreien (von ihr hängt letzten Endes unsere Orientierung in der Welt ab), wir können sie aber unter jenen Aspekten überprüfen, auf die uns jemand anderes durch einen Anstoß oder Schock aufmerksam macht. Das führt zur Bereicherung unseres Horizonts, obwohl nie so weit, dass wir seine Grenzen überschreiten könnten. Der erweiterte und veränderte Horizont lenkt weiterhin unsere Interpretationstätigkeit. Gadamer nutzte diese Tatsache als Bestätigung des machtvollen *Überlieferungsgeschehens*, das uns in seinen immer breiteren Strom zieht.

3. Ricœur (1965, 1969, 1981) hat sich solchem hegelianischen Holismus der «Einheit in der Mannigfaltigkeit» widersetzt und die Sprachlichkeit von Gadamers Überlieferung *textualisiert*, womit er das Distanzieren *(distanciation)* des Deuters von der Überlieferung auslöste. Während Gadamer das Verhältnis zur Überlieferung als mündlichen Wechsel von Fragen und Antworten darstellt, in dem Missverständnisse *ultima linea* immer beseitigt werden können, hüllt sich bei Ricœur der gesichtslose, vergegenständlichte Text in Schweigen mit Blick auf alle eventuellen Versuche, die Korrektheit seiner I. zu überprüfen. Mit dem Verselbständigen der Textbedeutung konfrontiert, wird die I. bei Ricœur anstatt zum Gespräch – zum Lesen. Lesen heiße, der Textrede eine neue Rede anzuschließen (1970). Es gibt keine deutliche Verbindungslinie zwischen diesen zwei Reden. In diesem Sinn und im Unterschied zu Gadamer, der sich gegen die «Naturmachung» der Geisteswissenschaften wehrt, verwirft Ricœur nicht die Analyse als jenes vergegenständlichende Verhältnis zum Text, das z. B. für den Strukturalismus charakteristisch ist. Die Analyse ist die legitime Folge der Textualisierung der Überlieferung, die den Ort sowohl des Absenders wie des Empfängers «verdunkelt» *(la double éclipse)*, sodass sie jetzt unterschiedlich besetzt werden können. Das Problem des korrekten Verstehens könne nicht mehr durch die einfache Rückkehr zur ‹Autorenintention› gelöst werden (1971). Das, was die Strukturalisten nicht einsehen, ist jedoch, dass ihre Ana-

lyse selbst nur I. ist bzw. dass sie über die Texterklärung zum Verstehen der eigenen Situation führt. Ricœur verlegt so Gadamers Betonung von der I. der Überlieferung, die jetzt ihre Bedeutung unwiderruflich verselbständigt hat, auf die I. von sich selbst, die mit dem ihr immanenten Pluralismus konfrontiert wird.

4. Die oben nachgezeichnete Verlegung der I.s-Basis vom individuellen inneren Gefühl über die gemeinsame Erlebnissubstanz und das transzendentale Sein-in-der-Welt auf die dialogische Sprachlichkeit und verselbständigte Textualität der Überlieferung zeigt die «Grundlagenkrise», die diesen Begriff seit der Gründung der Hermeneutik begleitete. Sie charakterisiert auch den allmählichen Wandel dieses Begriffs in der Literaturwissenschaft im 20. Jh., die ihr erstes I.s-Konzept im Rahmen des sog. Zugangs von innen *(intrinsic approach)* in der angloamerikanischen Kritik und in der werkimmanenten Kritik in der deutschen Literaturwissenschaft affirmiert hat. Mit ihnen scheint die Geschichte des Verständnisses der spezifischen literarischen I. in diesem Jahrhundert begonnen zu haben. Diese beiden Zugangsweisen lehnen die Möglichkeit des Paraphrasierens (mimetische I.) des poetischen Textes resolut ab, indem sie seine Bedeutung für einmalig, selbstgenügsam und unübersetzbar erklären. Praktische I.en versuchen das zu zeigen, indem sie die Zweideutigkeit, die Ironie, das Paradoxe und die Komplexität der Dichtersprache sogar in den auf den ersten Blick leicht verständlichen Gedichten entdecken. Kritiker dieser exklusiven Zugangsweise betonten schon in den 1950er Jahren, die literarische Bedeutung sei ihrem Charakter nach nicht organisch geschlossen, sondern *intentional* geöffnet bzw. von Anfang an auf die I. um ihrer eigenen Beglaubigung willen angewiesen. Deswegen sei die I. kein äußerliches, sondern ein inneres Phänomen des literarischen Werks, weil das Werk dieses Phänomen beinhalte, sei es als Intention des Autors, der Komposition oder der Gattung. Die Bedingungen des I.s.-Verfahrens seien also schon durch die Vorlage gegeben, man müsse sie nur noch erkennen und durch aufmerksame Forschung rekonstruieren. Eine so «wohlwollende» Zugangsweise, die dem Text aufs Wort vertraut, stieß danach auf den Widerstand jener Theoretiker, die bemerkten, dass sowohl der Autor als auch die Komposition als auch das Genre eine *unbewusste* Dimension besitzen, die ihre Artikulation bestimmt, sodass sie es sich gar nicht bewusst machen können. In den Horizont der I. traten Momente ein, die immer-schon die Intention, d. h. ihre unausgesprochenen psychologischen, kulturellen oder historischen Bedingungen determinieren. Es zeigte sich aber bald, dass weder die Psyche noch die Kultur noch die Historie eine unwiderlegbare Basis für die I. literarischer Kunstwerke bieten können, weil sie auch selber *Texte* sind, die ihrerseits auf mehrere Weisen verstanden werden können. Die I. wurde so in den 1970er Jahren mit den Konsequenzen

von Derridas Einsicht konfrontiert, wonach man nicht über den Text hinausgehen kann. Die Textualität wurde zum fast fundamentalen Existenzmodus, indem sie alle Entitäten auf ihre differenzierenden «Buchstaben» zurückführte. Daraus folgt, dass jede I., fernab davon, für sich Endgültigkeit zu beanspruchen, selbst Vorlage für eine I. ist, da sie selber nur eine Textart ist.

5. Danach wurde die Grenze zwischen den literarischen Kunstwerken und den wissenschaftlichen I.s-Texten auf neue Art und Weise gezogen. Auf den Spuren von Nietzsche und de Man definiert sie White (1987) als den Unterschied zwischen selbstreferenziellen Texten, welche die Aufmerksamkeit auf ihre Verflochtenheit lenken, und referenziellen Texten, welche die Aufmerksamkeit davon dergestalt ablenken, dass sie sich als transparent gebärden. Da man ohne Einsicht in das Netz ihrer Praxis keine Kultur richtig verstehen kann, erweisen sich literarische Kunsttexte für die I. als vorteilhafter als wissenschaftliche Texte, die ihre Verflochtenheit verdrängen. Bezeichnend ist aber, dass jetzt unter literarischen Kunsttexten nicht mehr hauptsächlich Gedichte verstanden werden, wie das in der Zeit des Zugangs von innen der Fall war, sondern Romane, die als hybride Gattungen gleichzeitig ideologisch, kritisch und symptomatisch in die Texte ihrer zivilisatorischen und kulturellen Zeiträume eingeflochten sind (LaCapra 1987). Dabei sind Romane nicht nur bevorzugter *Gegenstand* der I., sondern auch *Muster*, nach dem ein I.s-Text entworfen werden soll, weil sich auch dieser gegenüber den Kategorien, mit denen er operiert, transgressiv verhalten und sich von ihnen in die Richtung einer unerreichbaren, radikalen Andersartigkeit bewegen muss (Bolla 1986). So ist die frühere Identifikation der I. mit den Merkmalen eines lyrischen Gedichts durch die Identifikation mit den Merkmalen eines Romantextes ersetzt worden, wodurch noch einmal die Präfiguration des Orts, von dem aus die literarische I. spricht, ans Licht gebracht worden ist. Die Literatur hat sich wieder in ihre eigene I. eingemischt, indem sie die Gattungsstruktur von deren Textualisierung infiltriert hat.

6. Das mehrfache und komplizierte gegenseitige Determinieren des I.s-Gegenstandes und -Musters, wie es aus den gezeigten philosophischen und literaturwissenschaftlichen Erörterungen über dieses Problem folgt, bringt zum Bewusstsein, dass *keiner* dieser beiden Pole für eine selbständige und vollständige Entität gehalten werden darf. Ein Aspekt dieses Problems wird bei den zeitgenössischen, sog. postfundationalistischen und postessenzialistischen Epistemen besonders stark ausgearbeitet: die Negation des I.s-*Gegenstandes*, der in die pluralistische Abgründigkeit der Formen einbezogen wird. Aufgrund der Argumentation der sog. postmodernen Wissenschaftsphilosophen (Kuhn, Hesse, Feyerabend) und des sich verbreitenden poststrukturalistischen Antirepräsentationalismus gewann seit Anfang der 1970er Jahre die Überzeugung

von der Unmöglichkeit der Verifikation der Richtigkeit der I.s.-Annahmen an Schwung, weil sie den sie bildenden Mustern verhaftet sind. Davidson (1984) zieht bloß die Bilanz: «Es bestehen also keine Aussichten, jemand könne einen Beobachtungsposten zum Vergleich von Begriffsschemata beziehen, indem er sein eigenes abstreift.» Konstitutive Annahmen der I.s-Muster werden aber weder den a priori gegebenen Erkenntnisvoraussetzungen, wie bei Kant, noch der Sprachstruktur der Vernunft, wie in der zeitgenössischen Philosophie, seit der «linguistischen Wende», sondern im Einklang mit der sog. interpretativen Wende (*the interpretive turn*; Hiley/Bohman/Shusterman 1991) der *I.s.-Gemeinschaft* zugeschrieben, die durch ihre Konventionen, Normen und Standards angeblich feste Grenzen für jede Wirklichkeitsvorstellung zieht. Daraus folgt: «*Jedes* Urteil ist nun als die ‹I.› eines ihm vorausliegenden ‹Vorurteils› begriffen und findet ‹im Prinzip› immer wieder in einem weiteren seine I. Das ‹interpretierende› Sagen, ‹was› etwas ‹in Wahrheit› sei, kann nicht mehr vom ‹Sein› der Sache her einen definitiven Abschluss finden. Urteile verstehen sich jetzt als temporäres individuelles *Abbrechen* von Interpretationsprozessen. Wahrheit ist als Prozess der *Negation* ihrer Feststellung in der Form des apophantischen Urteils begriffen. (…) Der Begriff der I. gewinnt damit eine Bedeutung, die über den Begriff eines bloßen Übergangs zu einem ‹definitiven› Verstehen als dem wahren Seinsverständnis hinausreicht» (Simon 1994). Mit anderen Worten, es gibt nur noch I.en, und aus ihnen kann man nicht mehr in den Raum unbestreitbarer Wirklichkeit hinaustreten.

7. Versuchen wir einige Konsequenzen aus dieser Wende zu ziehen: (a) Die erste Konsequenz betrifft das Verhältnis zwischen den Natur- und Geisteswissenschaften. Geisteswissenschaften erkämpften zu Beginn des 20. Jh.s die Anerkennung ihrer Besonderheit gegenüber dem Imperialismus positivistischer Methoden, indem sie gerade den humanen Charakter ihres Forschungsgegenstandes verteidigten, der ein dialogisches *Verstehen* statt monologischer *Erklärung* verlangt. So erlangte die Anwendung interpretativer Methoden in den Geisteswissenschaften den Status einer fast moralischen, aber zweifellos ideologischen Frage. Wenn man das Erklären als Verfahren im Umgang mit «unmittelbaren empirischen Gegebenheiten», wie in den Naturwissenschaften, noch akzeptieren kann, dann kann nur die I. das «Geheimnis» von dem, was bei der Betrachtung als entfernt, unerreichbar und fremd erscheint, lösen – die Analyse würde hier auf unüberbrückbare Hindernisse stoßen! Auf diesem Zugeständnis der Geistes- an die Naturwissenschaften – angeboten zur Absicherung des eigenen Zuständigkeitsgebiets – wurde auch der Unterschied zwischen dem *Urteil* als der Form des Feststellens bestehender Wahrheit und der *Deutung* als der Art des Feststellens der noch nicht existierenden Wahrheit postuliert. Aber in demselben Augenblick, in dem sich die Deutung als *Voraus-*

setzung für das Urteil erweist – und wir haben gesehen, dass gerade das im Laufe der «interpretativen Wende» geschah –, entfremdet sich das Urteil von seinem Schöpfer und verlangt nach der I. So übernehmen letzten Endes die Geisteswissenschaften auch die Zuständigkeit über die Wahrheit und das Urteil als ihrem Instrument, die früher zum exklusiven Gebiet der Naturwissenschaften gehörten. Diese werden jetzt ihrerseits gezwungen, nach *ihrer* Besonderheit zu suchen und das Postulat von der objektiven Wirklichkeit auf neue Art und Weise zu verteidigen.

(b) Die zweite Konsequenz der «interpretativen Wende» wäre die Änderung des Verhältnisses zwischen der theoretischen und der angewandten Hermeneutik. Welche Disziplin ist in der Lage und, da die Philosophie das Primat unter den Disziplinen verloren hat, verpflichtet, um sich, wie z. B. bei Gadamer und Rorty, der aristotelischen praktischen Vernunft *(phronesis)* zuzuwenden, neue theoretische Standards für die interpretativen Praktiken aufzustellen? Und welche Disziplin kann das überhaupt angemessen leisten, wenn jede Theorie selbst der I. unterworfen wird? Die interpretative Wende stellt sich so als eine eigenartige *Wendung zur Praxis* heraus. Sie erscheint als solche deswegen, weil die I. auf einen Gegenstand schlechthin angewendet werden muss, auch wenn der letztere, autoreflexiv, die I. selbst ist. Weiterhin nimmt sie unausweichlich eine *Perspektive* ein, die ihren Gegenstand formt. Und letztlich ist diese Perspektive nolens volens das Resultat einer bestimmten *Situation*, von der ausgehend wir interpretieren und die auf die Ziele und auf das Interesse unserer I.s-Tätigkeit Einfluss nimmt. Es scheint aber, dass die Wendung zur Praxis den Bedarf an einer Theorie nicht verneint, sondern nur den Bedarf an einem fundationalistischen Theoriekonzept mit den ihm immanenten transzendentalen Ansprüchen.

(c) Die dritte und vielleicht weitreichendste Folge der «interpretativen Wende» ist die Frage nach der Legitimation der I. in einer Situation, da die I.en alle Erfahrung, Erkenntnis und Sprache durchdringen, sodass ein Heraustreten in das Feld harter Tatsachen unmöglich geworden ist. Kann man in einer solchen Situation eine I. gegenüber einer anderen als eine richtige gegenüber einer falschen I. behaupten? Wenn man sich für die Antwort, das sei nicht möglich, entscheidet, dann gelangt man zum *hermeneutischen Universalismus*, der sich der Gefahr des allumfassenden Relativismus aussetzt, wobei er selbst seine Hypothese nicht bestätigen kann. Wenn man aber behauptet, das könne man tun, dann gelangt man zu einer Art von *hermeneutischem Kontextualismus*, der mit sog. stillschweigendem Wissen einer bestimmten Gemeinschaft als nicht hinterfragbarer Stütze für getroffene interpretative Entscheidungen argumentiert (Hiley / Bohman / Shusterman 1991). Dieses Argument war besonders beliebt in einer Phase des amerikanischen *reader-*

response criticism, der die These von einer sog. interpretativen Gemeinschaft benutzte (Fish 1980). Der Konsens in einer solchen Gemeinschaft bestätigt angeblich spontan die Annahmen und Überzeugungen von einigen und bestreitet die Annahmen und Überzeugungen von anderen I.en und führt zwischen ihnen eine allgemein akzeptierte Ordnung ein. Kritiken haben aber gezeigt, dass diese Ordnung gar nicht so unbestritten ist, weil sie rassen-, klassen-, geschlechts- und statusbezogene sowie politische, sprachliche, kulturelle und andere Privilegien beinhaltet und als solche Meinungsverschiedenheiten und Streitfragen unterliegt (Pratt 1986b). So hat sich auch das kontextualistische Lager in *Konsensualisten* (der Linie Wittgenstein – Gadamer folgend) und *Machtkritiker* (der Linie Nietzsche – Foucault folgend) geteilt, welche die Ursache für die Kohäsion in der Macht anstatt in der Übereinkunft erkannt haben.

8. Der Konsensualismus schnitt wegen seines großen Einflusses insbesondere auf den Neuen Historismus, *Cultural Studies, Area Studies, Gay and Lesbian Studies* usw., als er gegen Ende der 1980er Jahre sogar die Doktrin der «politischen Korrektheit» entwarf, die Frage des *Ethnozentrismus* der I. an. Wenn jede I. an eine bestimmte Gemeinschaft gebunden ist, ist sie dann nicht notwendigerweise ethnozentrisch? Rorty z. B. verteidigte den Ethnozentrismus sehr wirkungsreich gegen die Kritik von Geertz und Lyotard (1989, 1991). Die grundlegende Schwierigkeit mit seinen und ähnlichen Auffassungen liegt darin, dass das I.s-Muster homogenisiert, während sein I.s-Gegenstand zur gleichen Zeit bis zur Unkenntlichkeit aufgelöst wird. Infolge einer so durchgeführten Reduktion «wird der ‹Unterschied› als Identitätsmerkmal sakrosankt», indem er Dimensionen einer politisch-imperialistischen Ideologie erreicht, die unbarmherzig Ansprüche jeder I. auf Universalismus demaskiert (Goodheart 1997). Als universell zeigt sich am Ende nur die «Wahrheit» über inkompatible Unterschiede, die die I.s-Muster hypostasiert und ihren Horizont schließt, indem sie sich auf den angeblich Nietzscheschen Perspektivismus beruft. Aber Nietzsche bestritt die *Möglichkeit* von Berührung zwischen den I.s-Perspektiven und der «jenseitigen» Wirklichkeit nicht so resolut, sondern vielmehr die unbefugte *Aneignung* dieser Berührung vonseiten dieser Perspektive. Er behauptet lediglich, dass auch «die Wissenschaft selbst in dem Sinn eine Interpretation ist, als sie eine revidierbare Beschreibung eines Teils der Welt liefert, die nicht realer ist als jeder andere» (Nehamas 1985). Auf derselben Linie der jederzeit offenen Korrekturmöglichkeit unseres Horizonts fährt Heidegger fort, der aus der Tatsache, dass unsere Praxis für den Zugang zu theoretischen Entitäten notwendig ist, niemals den Rückschluss zog, dass diese Entitäten *im Rahmen* dieser Praxis *definiert* werden müssten (Dreyfus 1991). So führt z. B. die Natur als transzendentaler Horizont des naturwissenschaftlichen Fachs den

Naturwissenschaftler gerade durch den Widerstand ihrer «Jenseitigkeit» zur ständigen Bereicherung der Art und Weise, wie er sie darstellt, wobei sie ihn zu immer neuer aspektualer Revision des angewandten I.s-Musters anregt. Rortys «sanftem Ethnozentrismus» gegenüber zeigt – laut Dreyfus – Heideggers «minimaler Realismus», wie man die Behauptung, es gäbe *eine* richtige Wirklichkeitsbeschreibung, verwerfen und dennoch darauf bestehen kann, dass *viele* richtige Beschreibungen möglich sind. Williams (1985) schließt daraus, dass so das Verabsolutieren des Unterschieds zwischen den «selbstgenügsamen» Kulturen disqualifiziert wird. Eine gänzlich individuelle Kultur sei bestenfalls eine seltene Erscheinung. Kulturen, Subkulturen und Kulturteile berührten sich ständig, tauschten sich untereinander aus und veränderten ihre jeweiligen Praktiker und Haltungen. Soziale Praktiken könnten nie mit dem Zeugnis auftreten, sie gehörten einer anderen Ursprungskultur an, was ihnen die Immunität gegenüber fremden Urteilen und Reaktionen garantiere. (B. D.)

→ Kontext, Lesen, Rahmen, Referenz, Verstehen

Intersubjektivität

(engl. intersubjectivity, franz. intersubjectivité, russ. intersub"ektivnost')

1. Einer der Schlüsselbegriffe der phänomenologischen Hermeneutik seit ihrem Eintritt in die Kommunikationsphase. In dieser Phase wird nämlich die Frage gestellt, wie ein Subjekt das andere überhaupt verstehen kann, wenn sein Bewusstsein so ursprünglich und einzigartig ist, wie das (der frühe) Husserl und Dilthey behaupten. Daher integriert schon Heidegger (1927) dieses Subjekt in das «In-der-Welt-Sein», flicht es ins Netz des anonymen Geredes ein. Beim späten Husserl dringt die I. durch ein in der Lebenswelt gewobenes Netz der Intentionalität in den Rahmen der Subjektivität ein. Bei Merleau-Ponty, der in den 1950er Jahren die Quelle der Selbsterkenntnis von der Vernunft in den Körper verlegt, drückt sich die I. als ein «tief in die Phänomene unserer Sinne eingeflochtene Vernunft», als mehrfach symbolisch vermittelte *Urdoxa* unseres Wesens aus. Soziologen wie Schütz und Cicourel erforschen die interaktiv eingespielten Erfahrungs- und Verhaltensstrukturen der Subjekte. Später, z. B. bei Wittgenstein (1958), übernimmt die kommunikative Interaktion durch das Aufstellen gemeinsamer umgangssprachlicher Muster die Rolle des Vermittlers. Dieses Interesse wird bei den amerikanischen Ethnographen der Kommunikation fortgesetzt (Garfinkel 1984). Die I. offenbart sich so als Ausweg aus den argumentativen Engpässen des Subjektivismus mit der offensichtlichen Absicht der Übernahme des wankenden transzendentalen Status des

Subjekts. Aber dabei zeigt sie Schwierigkeiten beim Beweisen der eigenen Einheit, die jenen ähnlich sind, in die sich schon der Subjektbegriff verstrickt hatte.

2. Die I. kann als Verhältnis ihre Elemente, d. h. die Subjekte, nur insofern begründen, als sie diese bei der Begründung gleichberechtigt behandelt. Im entgegengesetzten Fall verliert sie ihren transzendentalen und erlangt dafür den unerwünschten subjektiven, arbiträren Status. Doch die Subjekte, die in das intersubjektive Verhältnis integriert sind, können selbst nicht einschätzen, ob es in seinen Ergebnissen tatsächlich neutral ist, da die von ihm errichtete «Plattform» apriorisch ist und sie sich von ihr nicht distanzieren können. Dies kann also nur ein *drittes* Subjekt (z. B. der Philosoph) als *Beobachter* der Verhältnisse leisten. Es stellt sich jedoch die Frage, ob der Beobachter in gleicher Weise das sehen kann, was das Verhältnis zwischen zwei Subjekten gründet, wie das diejenigen sehen, die an diesem Verhältnis *teilnehmen*.

3. So messen z. B. die Anhänger der sog. universalen Pragmatik (Habermas, Apel, Wellmer) dem intersubjektiven Verhältnis, um vor allem seine Universalität bzw. Gerechtigkeit zu begründen, eine allgemeine *Orientierung am Konsens* bei. Sie räumen allerdings ein, dass es in der kommunikativen Praxis zu Meinungsverschiedenheiten kommen kann und auch kommt, erklären den Konsens aber zum Ideal, nach dem jede Kommunikation zu streben hat. Sollte sie das aus «operativ-strategischen» Gründen nicht wollen, wäre sie trotzdem, wird behauptet, durch «einsichtige Gründe» zu einer Verständigung gezwungen. Trotzdem drängt sich die Frage auf, in welchem Maß die Einsichtigkeit dieser Gründe von gesellschaftlicher, institutioneller und bildungsbezogener Position, von Profil und Status der Kommunikanten abhängt. Solange diese Schlüsselfrage vernachlässigt wird, wird die Orientierung auf Verständigung nur insofern alle Subjekte angehen, als das Beobachter-Subjekt, von seiner Position ausgehend, annimmt, dass sie sich den rationalen (d. h. philosophischen) Gründen als einsichtigen unterwerfen. Auf diese Weise werden die angeblich gemeinsamen «Hintergrundannahmen» der Lebenswelt unbemerkt vom Argumentationsdiskurs kolonisiert. Daraufhin werden aus dieser angeblich selbstverständlichen konsensfähigen Perspektive all jene gegensätzlichen und sogar typischeren Fälle, in denen man nach Streitgründen sucht und danach strebt, die Meinungsverschiedenheit zu festigen, für «nicht zum Leben gehörend» und «unmenschlich» erklärt (Luhmann 1986e).

4. Die Einsicht, dass sich hinter jeder Projektion der I. wiederum ein subjektives *Ich* verbirgt, führte die französischen Poststrukturalisten Ende der 1960er Jahre dazu, auf dieses Konzept zusammen mit dem Begriff der Kommunikation zu verzichten. Das Ich sei kein unschuldiges Subjekt, welches den Texten vorausgeht. Das Ich, das an einen Text herangeht, berge in sich schon eine Vielzahl

anderer Texte, endloser oder, genauer, verlorener Codes (deren Wurzeln verschwunden seien; Barthes 1973b). Damit wurde gerade Lévinas' weitreichende Kritik (1961) der I. anerkannt, in der er behauptete, dass es nicht die Vernunft sei, die das Verhältnis des Ich zum Anderen schafft, sondern der Andere schaffe die Vernunft, indem er das Ich belehrt. Die Übermacht des Anderen über das Ich begründet die konstitutive Ungleichheit ihres ethischen Verhältnisses, welches ihre kognitive Ausgleichung verhindert (Bernasconi 1982). Das Selbe und das Andere könnten wegen der prinzipiellen Äußerlichkeit des Unendlichen, welches jede Individualität mit ihrem ethischen Auftrag umkreist, nicht gemeinsam in die Erkenntnis, die sie einschließen würde, eintreten (Lévinas 1961). Eine Vielzahl *(multiplicité)* könne nur zustande kommen, wenn die Individuen ihr Geheimnis wahrten, wenn das Verhältnis, das sie in eine Vielzahl vereine, von keinem Außenpunkt aus sichtbar sei, sondern von der einen zur anderen schreitet. Wenn es möglich wäre, diese Vielfalt vollkommen von außen zu erfassen, würde in diesem Blick, der sie umfasst, diese Vielfalt selbst beseitigt werden. (S. R. / Z. Z.)

→ Diskurs, Kommunikation, Pragmatik, Präsupposition, Subjekt

Intertextualität

(engl. intertextuality, franz. intertextualité, russ. intertekstual'nost)

1. Bezeichnung, die Kristeva (1966/1969) geschaffen hat, um die aktive Beziehung des Textes, den sie als Netz von Zeichensystemen auffasst, zu Systemen der Signifikationspraxis seiner Kultur zu kennzeichnen. Durch das Einschreiben verschiedener Codes, Diskurse und nichtdiskursiver Praxis in den Raum des Textes wollte sie gerade seine Selbstgenügsamkeit widerlegen, auf der die Strukturalisten insistierten. Es ist bezeichnend, dass sie in ihrer kritischen Orientierung auf den Strukturalismus, der für die revolutionäre Stimmung aller damaligen Mitarbeiter der Zeitschrift *Tel Quel* charakteristisch war, zur Modifikation des Bachtinschen Dialogbegriffs und der verwandten Begriffe Polyphonie, zweistimmiges Wort, fremdes Wort, Redevielfalt u. Ä. greift, die selbst in der Folge von Bachtins langjähriger Polemik mit dem Formalismus entstanden waren. Doch während sich Bachtin auf das *Wort* als Schnittpunkt aufeinander treffender gesellschaftlicher Stimmen konzentriert, nimmt Kristeva den *Text* als Schauplatz von «Permutation und Transformation» anderer Texte zum Ausgangspunkt. Bei seiner Strukturierung liest er sie in seinem Ideologem gleichzeitig auf eine neue Art, setzt andere Akzente, verschmilzt sie und stellt sie um. In Opposition zur homogenen kontextualistischen Vorstellung von

einem ganzheitlichen Text (der Kultur) beschreibt Kristeva (1970) den Text prozessual-konflikthaft als Produktivität, Permutation von Texten, I.: Im Raum eines Textes überkreuzen und neutralisieren sich viele Äußerungen, die aus anderen Texten stammen. Die antimimetische Umorientierung des Textes von der Beziehung zum realen Gegenstand auf die Beziehung zu anderen Texten in der Matrix der Produktionssemiose brachte Barthes (1973b) zu folgender Schlussfolgerung: Der Begriff der I. trage den ganzen Umfang seiner gesellschaftlichen Dimension in die Texttheorie hinein: aber nicht, indem er die Wege der feststellbaren Herkunft des Textes, der von ihm unternommenen Nachahmung beschreite, sondern indem er die Wege der Dissemination verfolge. Čale-Knežević (1993) bemerkt in ihrem Kommentar zu Recht: Es muss betont werden, dass sich weder ‹I.› bei Kristeva noch ‹Dialogizität› bei Bachtin auf die Erscheinung unmittelbarer und absichtlicher Zitate beziehen, auf die Collage- oder die *Patchwork*-Technik – das Kombinieren von Teilen fremder Texte – und auch nicht auf die alludierende Färbung, mit welcher der Text verdeckt oder offen beanspruchen kann, auf dem Hintergrund eines anderen Textes gelesen zu werden.

2. Das unterscheidet die I.s-Theorie auch von der traditionellen Theorie des Einflusses. In der letzteren muss ein Text als stabile und nachprüfbare Quelle wirken, auf die angespielt, aus der zitiert oder auf die verwiesen wird, was bedeutet, dass auch die Entleihung als eine vom Autor intendierte Handlung verstanden wird. In der I.s-Theorie hört die Sprache auf, willfähriges Kommunikationsmittel zu sein, und wird in ihren Zeichenprozessen arbiträr und exzessiv erlebt. Statt in ihr Bedeutung zu schaffen, wird der Mensch selbst zum Effekt oder zur Funktion von Bedeutungsmechanismen und von «Patenten des Ausspielens». Dieses Hineinziehen in das Spannungsfeld betrifft Autor und Kritiker gleichermaßen. Auch der Letztere verfügt nicht mehr – wie noch in der traditionellen Einflusstheorie – über den garantiert kühlen Kopf des Analytikers gegenüber dem literarischen Text als Gegenstand. Im Gegenteil, auch er findet sich plötzlich im Wirbel der «verlängerten Aufführung des Textes», wo ihn im verborgen arrangierten Interpretationsszenario eine Rolle erwartet. Das bedeutet, dass die I.s-Theorie den Unterschied zwischen ursprünglichen und abgeleiteten Texten, zwischen Sprache und Metasprache nicht mehr anerkennt, da dieser Unterschied einschließt, dass einige (literarische) Texte ihrer Natur nach dem «transzendentalen Signifikat» näher stehen. Wenn es das «transzendentale Signifikat» oder einen letztendlichen Referenten nicht mehr gibt, wie es die Theoretiker der I. behaupten, dann sind alle Texte gleichermaßen unabgeschlossen, d. h. von anderen Texten abhängig; alle sind in das riskante Spiel der Supplementierung involviert. In diesem erosiven Textspiel verlieren die logozentrischen Begriffe Autor, Werk, Kommentar und Text einer

nach dem anderen seine Berechtigung. An die Stelle dieser Stützen patriarchalischer Selbstpräsenz treten Indexe, die von Beginn an vom Anderen beladen sind. Dadurch wird das Kulturmodell des organisch geschlossenen Buchs von einem Kulturmodell des offenen, eruptiven Schreibens ersetzt.

3. Die analytische Praxis der Literaturwissenschaft war genötigt, den soeben dargestellten unbegrenzbaren I.s.-Begriff auf die Untersuchung der Beziehung zwischen einer bestimmten Anzahl von Texten zu beschränken. Bereits bei Kristeva zeigte sich, dass die Operationalisierungen der radikalen Idee der I. nicht treu bleiben können. Das Arbeitsfeld ließ sich einzig so eingrenzen, dass die Implikationen in Voraussetzungen, die Voraussetzungen aber in überprüfbare Belege übergeführt werden; so wird die I. heimlich wieder zur Kontextualität, aus deren Kritik sie anfangs begründet worden war (Culler 1981). Ein Beispiel für eine solche Rückführung des I.s.-Begriffs in den Bereich der Theorie historischer Einflüsse bietet Bloom (1973) an, der im diachronen Modell Autor – Werk – Tradition statt im synchronen Modell Text – Diskurs – Kultur operiert.

4. Einen komplexeren Rahmen für die Anwendung des I.s-Begriffs bot die Semiotik, die ihn im Wesentlichen an die semiotischen Prozesse bei der Herstellung und Rezeption von Texten knüpfte. So nennt Eco (1977) die I. Übercodierung eines Textes durch andere Texte, während er den verwandten Begriff der Voraussetzung, der das Lesen aus der Domäne der Texte herausführt, als Extracodierung bezeichnet. Riffaterre (1979a, 1979b, 1981a, 1981b, 1985, 1990) entwickelt eine Analogie zwischen der Beziehung von Text und Intertext und der Beziehung von Zeichen und Interpretant in der Semiotik von Peirce. Intertext ist für ihn nämlich die Totalität von Texten, die dem Text eine endliche Interpretation verschafft, während I. für ihn den Prozess der Suche nach diesem Intertext als interpretative Regel darstellt. Die Unentschlossenheit ist demnach für die I. nur eine Durchgangsphase im Prozess des Antwortens des Lesers auf die rätselhaften Deviationen des Textes. Da diese Deviationen mikrostrukturell sind, führt Riffaterre die gesellschaftlich-ideologischen Implikationen des I.s.-Begriffs im Grunde auf eine stilistische Problematik zurück. Eine ähnliche Begriffsverengung nimmt Genette (1982) vor, der Literatur als Intertextgefüge von Zitaten, Übernahmen und Anspielungen beschreibt, die auf eine andere Ebene gehoben sind. Die so begriffene I. unterscheidet Genette, der für seine ausgeprägten neologistischen Neigungen bekannt ist, sorgfältig von der *Architextualität* als der Beziehung zwischen den Diskursen, Äußerungsmodi und literarischen Genres sowie von der *Paratextualität* als den Beziehungen, die der literarische Text mit Hilfe von Titel, Vorwort, Umschlag und Illustration zum gesellschaftlichen Text herstellt. Der neben I., Architextualität und Paratextualität vierte Typ transtextueller Bezüge baut sich über ein gene-

risches Modell zwischen Hypotext und Hypertext auf und findet seinen Ausdruck in Parodie und Pastiche. Obwohl Genette mit seinem Titelbegriff des Palimpsests den I.s-Begriff bereichert, ihn dann durch seine strenge Taxonomie auch untergliedert, klammert er doch gleichzeitig nicht nur soziale Ladung, sondern auch Heterogenität und Zusammenprall einbezogener Bestandteile aus ihm aus.

5. In der deutschen Literaturwissenschaft, die sich durch eine starke hermeneutische Tradition auszeichnet, wurde I. dann als Dialog der Texte erklärt (1983). Sie wird – sei es nun semiotisch oder kommunikationstheoretisch – im Wesentlichen als Prozess der Konkretisierung eines Textes durch den Leser verstanden, in dem der Text seine bedeutungsmäßige Identität erhält. Im Unterschied zu Kristevas materialistischer Theorie des subjektlosen Textes mit versprengter Identität reiht Stierle (1984) die I. wieder in den überkommenen Rahmen der Intersubjektivitätstheorie ein.

6. Im Licht so zahlreicher «Missbräuche» von Kristevas «ursprünglichem» Intertextualitätsbegriff wurde man sich dessen bewusst, dass das Beharren darauf, Antimimetisches und Mimetisches als unvereinbar zu verstehen, unproduktiv ist. Im Bestreben, das «gleichgültige Gewebe» der I. feministisch zu politisieren, schlug Friedman (1991) die Umfigurierung der Opposition zwischen Subjekt und Text, Spinne und Netz vor. Schließlich ironisierte Kristeva ihr Konzept der *anonymen* I. selber, als sie sich darüber beklagte, seine Anhänger hätten die Bedeutung verfälscht, die sie *intendiert* hatte. Deshalb lassen sich der Einfluss- und der I.s-Diskurs nicht im reinen, voneinander uninfizierten Zustand halten: Ihre Verschmelzung kann außer kontaminatorischen auch produktive Aspekte haben. Diese Idee griff Langland (1995) auf, die ihre Untersuchung der «strategischen» I.s.-Bezüge zwischen Ch. Brontë und Thackeray in die Aspekte einer dialogischen Verkörperung, der diskursiven Unterwerfung, der verkleidenden Aneignung und der parodistischen Imitation des fremden Textes untergliederte. Und so erkennt sie durch ein komplexes transformativ-emanzipatorisches Neulesen letztendlich die «weibliche Unterschrift» *Shirley* als Brontës interpretative Vorlage, auf die sie sich bezieht. (R. H.-K.)

→ Index, Interdiskurs, Intersubjektivität, Präsupposition, Zitat

Ironie

(engl. irony, franz. ironie, russ. ironija)

1. Bei der I. handelt es sich um einen klassischen literaturtheoretischen Begriff, der in die moderne Literaturtheorie durch Vermittlung des amerikanischen New Criticism eingegangen ist. Aufgrund der Fähigkeit der I., semantische Oppositionen oder die den sprachlichen Elementen eigenen Spannungen dramatisch in Konflikt untereinander zu bringen und dabei das Gleichgewicht des Ganzen dennoch zu bewahren, wird sie von Richards, Brooks und Warren in gewisser Weise mit der Dichtung gleichgesetzt. Brooks (1947) hält die I. für das Strukturprinzip des literarischen Werks, für eine Kraft, welche – den Druck des Kontextes anerkennend – die Differenzen und Widersprüche zwischen den Wörtern im Gedicht verstärkt, andererseits jedoch deren Paradoxa, Ambiguitäten und Spannungen zu einem harmonischen Ganzen versöhnt.

2. Die gleiche Relevanz, doch eine gänzlich konträre Rolle wird der I. von den Dekonstruktivisten zugeschrieben, welche die *kosmische* I. der klassischen *rhetorischen* I. vorziehen. Während die rhetorische I., die zur Zeit einer stabilen epistemologischen Weltordnung entstand, in der Rezeption immer mit Hilfe des Ausgleichens der trügerischen Oberfläche (des Worts) mit der authentischen Tiefe (der Bedeutung) aufgehoben werden kann, basiert die kosmische I. auf der frühromantischen Einsicht in die ihrem Wesen nach paradox gewordene Welt, deren widersprüchliche Totalität sich nur durch eine zweideutige Haltung ihr gegenüber erfassen lässt (Wellek). Die I. wird hier nicht, wie eben noch in Booths normativem Konzept (1974), auf die Aktivität des gewöhnlichen *puzzle solving* zurückgeführt. Stattdessen reißt die unauflösliche I. als unendliches selbstreferenzielles Hinüberbeugen der Sprache über sich selbst die Kluft zwischen dem Zeichen und der Bedeutung auf und verhindert damit deren Aussöhnung. Die Bedeutung ist laut de Man (1979) stets die Bewegung von der einen Destabilität zu einer anderen. Aus der frühromantischen Perspektive bietet sich das Individuum als konstitutiv unvollendetes und inkohärentes Projekt dar (Handwerk 1985). Die Vernachlässigung dieser alles durchdringenden Dimension der I. sowie die Privilegierung ihres Stellenwerts unter den anderen rhetorischen Tropen verleitete die Vertreter des New Criticism zur ästhetischen Verabsolutierung der I. Dies ist umso erstaunlicher, als sich ihre eigene Praxis des aufmerksamen, kritischen Lesens literarischer Texte einer solchen ästhetischen Ideologie widersetzte (Empson 1930).

3. De Man hielt jedoch sowohl dieser Praxis des *close reading* als auch der ursprünglichen I.-Vorstellung der deutschen Frühromantiker die Treue und distanzierte sich ausdrücklich von der ästhetischen Ideologie seiner Vorgänger aus dem Lager des New Criticism. In seinem Essay *Die Rhetorik der Tempora-*

lität (1969/1971) deutet er die I. als eine Figur, welche die lineare Zeitlichkeit in der Weise untergräbt, dass sie die *Gleichzeitigkeit* widersprüchlicher, sich gegenseitig ausschließender Bedeutungen fördert, die nur *aufeinander folgend* perzipiert werden können. Wenn wir etwa schreiben «Dieser Text beginnt mit dem Wort dieser», dann ist diese Äußerung deshalb ironisch, weil wir durch sie den Sprechakt zur gleichen Zeit *vollziehen* und *beschreiben*. Doch die Kollision zwischen dem Performativ und dem Konstativ – zwischen denen uns die I. auszuwählen nötigt – kann erst dann registriert werden, wenn unsere Aufmerksamkeit von der ersten, textuellen, Verwendung auf den zweiten, metatextuellen Gebrauch des Lexems «dieser» verlagert wird. Infolge dieses notwendigerweise sukzessiven Rezipierens der Zweideutigkeit erscheint eine Entscheidung für den Modus, dem der Satz angehören soll, unmöglich, da alles davon abhängt, von welchem «dieser» wir ausgehen. Auf diese Weise zwingt uns die I. zu einer Entscheidung, welche sie gleichzeitig unmöglich macht und damit die Unlesbarkeit des Textes hervorruft. Deshalb sieht de Man die Ironie nicht weiter als Trope an, sondern vielmehr als die Auflösung jedweder tropologischen Erkenntnis mit Hilfe der dekonstruktiven Allegorie oder gar als systematische Auflösung des Verstehens (1979). Sie konfrontiert uns mit der Schlegelschen «unmöglichen Notwendigkeit». Der Ironiker empfinde persönliche Verantwortung für die Auflösung der Unvereinbarkeiten, während er gleichzeitig daran zweifele, diese aufzulösen imstande zu sein (Handwerk).

4. Indem er den Begriff der I. durch den der Unentscheidbarkeit und der völligen Zufälligkeit *(complete randomness)* der Textualität ersetzt, kehrt de Man eigentlich zur frühromantischen Idee der totalen Freiheit göttlicher Autorität zurück (Schlegel, Solger). Schon bei den Romantikern untergräbt sie die Vorstellung von der aneinander-knüpfend-rückbezüglichen Geschichte, denn sie schreibt jedem der Glieder ihrer narrativen Kette *«überschäumende Lebensfülle»* zu. Dadurch wird das Geschehen mit Kontingenz gesättigt und die Selbstreflexion vom unüberwindbaren Chaos durchdrungen. Da das Chaos sowohl die Potenzialität als auch Überfluss und Unendlichkeit gewährleistet, darf laut Menninghaus (1987) die Schöpfung aus dem Chaos nicht bloß die Herauslösung *aus* ihm und das Sich-Verschließen ihm *gegenüber* sein, sondern muss umgekehrt alle Schöpfung in das Chaos *re*integriert werden. Auch White offenbarte sich als Anhänger dieser Konzeption, zuerst 1973, als er die I. als den grundlegenden figurativen Modus unserer Zeit proklamierte, noch prägnanter jedoch 1982/1987, als er sich ausdrücklich zu der Überzeugung von der Fruchtbarkeit der natürlichen Sinnlosigkeit der Geschichte bekannte. Sie allein nämlich konfrontiere den Menschen mit der «unmöglichen Notwendigkeit». Was den Gebrauch des späteren postmodernistischen «magischen Hebels» betrifft, kann White sozusagen auf Unterstützung von vielen verschiedenen Seiten

bauen: Die Subjektivität verwirkliche diese unmöglichen Notwendigkeiten *(exigences impossibiles)*, mehr zu beinhalten, als möglich sei (Lévinas 1961). Die unmögliche, aber notwendige Aufgabe der Leserin (ist), sich darauf vorzubereiten, überrascht zu sein (Johnson 1987). Eine ungewöhnliche Aufgabe, (...) unmöglich und notwendig zugleich: ‹Ich möchte leben lernen› (Derrida 1993). Als Ergebnis dieser Wiederholungen zeigt sich indes, dass der paradoxe Antagonismus der Pole deren stillschweigende Anhängerschaft an ein und demselben Ideal enthüllt. Die I. enthalte und errege ein Gefühl vom unauflöslichen Widerstreit des Unbedingten und des Bedingten, der Unmöglichkeit und Notwendigkeit einer vollständigen Kommunikation (Behler 1991). Der metaphysische Monismus und der metaphysische Pluralismus seien lediglich verschiedene Varianten desselben metaphysischen Realismus, der auf einer Identität unterhalb aller Unterschiede beharre (Hoy 1991).

5. Vielleicht widersetzte sich Hutcheon (1994) deshalb gleichermaßen der «begrenzten» und der «unbegrenzten» Konzeption der I. Sowohl die eine als auch die andere Konzeption verwischt die werthaltige, sozial-urteilende Dimension der I., durch die sie sich von den anderen Figuren und Tropen unterscheidet. Die Schärfe der I. rührt daher, dass sie Emotionen, Haltungen und Schlussfolgerungen hervorruft; dass sie die Rollen des Täters, der Zielscheibe (des Opfers) und des Verschwörers verteilt; dass sie sich auf einer Bühne der Kommunikation abspielt, welche die Macht asymmetrisch darstellt. Die I. ist indes eine komplexe diskursive Strategie, die sehr verschiedenen politischen Positionen dienen und eine Vielzahl von Interessen unterstützen kann. Sie ist ein gefährliches, zweischneidiges, «riskantes Geschäft», weil sie sich als ein Teil des Kommunikationsprozesses ereignet; sie ist kein statisches rhetorisches Mittel, das es zu nutzen gilt, sondern sie entsteht in den Relationen zwischen Bedeutungen, aber auch zwischen Menschen und Äußerungen und manchmal auch zwischen Intentionen und Interpretationen. Laut Chambers (1990) gibt es zwischen der beabsichtigten Ironie, die unbemerkt bleibt, und der unbeabsichtigten, die erst zur Ironie wird, wenn man sie bemerkt, genügend Raum sowohl für viele Arten und Stufen des Nicht-Verständnisses, von Fehlschlägen und Irrtümern als auch für das Verständnis und die Konspiration. Die Interaktivität der in Asymmetrie versetzten Positionen wohnt der I. auch in dem Sinn inne, als bei ihrer Gestaltung zahlreiche Aspekte wie Klasse, Rasse, Ethnos, Geschlecht, geschlechtliche Neigungen, aber auch Nationalität, Nachbarschaft, Beruf, Religion und alle übrigen mikropolitischen Komplexitäten unseres Lebens, denen wir nicht einmal Namen zu verleihen imstande sein müssen, mitwirken (Hutcheon). Jedoch neigen die Bedeutungen, die dabei differenziert werden, nicht zu gegenseitiger Ausschließung, sondern, im Gegenteil, zur gegenseitigen Einbeziehung (die deren Ungleichheit oder Inkongruenz aber nicht

tilgt). Die I. ist, mit einem Wort, nur unter den dynamischen Bedingungen einer diskursiven Gemeinschaft möglich, wobei jeder von uns in mehreren solcher Gemeinschaften gleichzeitig zu Hause ist. (A. H.)

→ Allegorie, Ambiguität, Bricolage, Paradoxon, Unentscheidbarkeit

Isochronie

(engl. isochrony, franz. isochronie, russ. izochronika)

Übereinstimmung der Dauer des Erzählens (d. h. der für das Lesen nötigen Zeit) und der Dauer des Erzählten (d. h. der Zeit der Handlung, von der erzählt wird). Wegen unterschiedlichen Lesetempos kann man nur von ungefährer I. reden, z. B. in Dialogen ohne Erzählerkommentare (Bal 1985). (B. D.)

→ Anachronie, Analepse, Fabel, Prolepse, Sujet

Isotopie

(engl. isotopy, franz. isotopie, russ. izotopija)

Nach Greimas (1966) bedeutet I. eine redundante Reihe semantischer Kategorien (Seme), die das vollständige Lesen eines Erzähltextes sowie seine Verwandlung aus einem «Feld» in eine «Struktur» ermöglicht. Greimas definiert I. auch als «Prinzip der Äquivalenz inäquivalenter Einheiten» bzw. als «Vorhandensein zweier oder mehrerer Seme, die zwei nebeneinander gesetzten Segmenten gemeinsam sind».

Rastier (1987) definiert I. beträchtlich breiter als jede Wiederholung einer sprachlichen Einheit, was phonetische, syntaktische, prosodische, rhetorische, stilistische usw. I. einschließt. Obwohl aus Gründen der Unterscheidung dieser beiden Konzeptionen vor der I. im Greimasschen Sinn gewöhnlich die Attribuierung «semantische» hinzugefügt wird, bleibt das Schwanken angesichts des syntagmatischen oder paradigmatischen Verständnisses der I. prinzipiell bestehen. Greimas/Courtés (1979) unterscheiden zwar eine *grammatische* I. auf der Ebene des Ausdrucks von einer *semantischen* I. auf der Ebene des Inhalts, konzentrieren sich aber ausschließlich auf letztere. Innerhalb der semantischen I. unterscheidet Courtés (1981) eine *figurative* I., welche an der Oberfläche des Diskurses angesiedelt und deshalb häufig gattungsspezifisch ist, von der *thematischen* I., welche in der Tiefe des Diskurses angesiedelt und daher vielen Diskursen eigen ist.

Die *Laufbahn (parcours, trajectory)* der I. ist häufig kontrovers. Auf Kollisionen, welche bei der Folgerung entstehen können, weist Greimas (1983) durch die Analyse einer Anekdote hin, in der zwei Teilnehmer einer Cocktailparty die *toilettes* kommentieren, wobei der eine damit die Kleidung der Gäste, der andere die sanitären Anlagen im Haus des Gastgebers meint. Doch die Ambiguität der I. kann auf noch grundsätzlichere Weise eine Spaltung des Diskurses verursachen, z. B. in einen Sender-Code (Konzeption) und einen Empfänger-Code (Rezeption). Im Grunde genommen kann alles, was als Ausgangspunkt einer isotopischen Laufbahn dient, gleichzeitig in andere Laufbahnen integriert sein (Eco 1976). Deshalb schlussfolgert Culler in seiner Kritik (1975): «Es könnte sich sowohl prinzipiell wie auch praktisch als unmöglich erweisen, ein Modell zu entwickeln, das die Bedeutung eines Textes oder einer Reihe von Texten aus der Bedeutung lexikalischer Daten ableiten würde». Die Theatersemiotik hat ihren Bedürfnissen entsprechend die Unterscheidung zwischen einer I. der Handlung und einer I. der Aufführung getroffen (Pavis 1987). (Dg. B.)

→ Dissemination, Redundanz, Sem, Verdichtung

Iterabilität

(engl. iterability, franz. iterabilité, russ. povtorjaemost')

Diesen Begriff führt Derrida in seiner Polemik gegen die Sprechakttheorie (1972a) ein, um den Unterschied zwischen ernst gemeinten und nicht ernst gemeinten Performativen zu untergraben. Nicht ernst gemeinte Performative sind nach Austin bar illokutiver Kraft, weil sie unter besonderen, «parasitären» Umständen genutzt werden: auf der Bühne, im Roman u. Ä. Deswegen schließt er sie aus und nimmt einfache, «normale» Umstände zum Ausgangspunkt seiner Theorie. Unter diesen Umständen ahmen Performative nichts nach, sondern sind direkte Handlungsträger. Derrida zeigt im Gegenteil, dass die Nachahmung die Grundbedingung der Möglichkeit des Performativs bzw. die Voraussetzung seiner Effektivität ist: «Würde eine performative Äußerung gelingen, wenn ihre Formulierungen nicht eine ‹codierte› oder repetierbare Aussage wiederholen würden, oder mit anderen Worten, wenn die Formel *Ich erkläre*, die ich benutze, um eine Sitzung zu eröffnen, um ein Schiff vom Stapel laufen zu lassen oder um jemanden zu verheiraten, nicht als mit gewissem iterabilen Muster *übereinstimmend*, wenn sie also nicht auf irgend eine Art und Weise als ‹Zitat› zu erkennen wäre?» Diese Eigenschaft der Signifikantenkette, nur dann zu wirken, wenn sie wiederholbar – und nicht einmalig – ist, nennt Derrida ihre I. Butler (1993, 1997) hat gezeigt, wie diese Wiederholbarkeit die performative Kraft des Sprechakts aufweicht, indem sie ihn für Wiederbesetzungen seiner Bedeutungen zugänglich macht. (B. D.)

→ Abgründigkeit, Différance, Dissemination, Pfropfung, Rahmen

Kanon

(engl., franz. canon, russ. kanon)

1. Altgriechisches Wort, das gleichzeitig Regel und Verzeichnis bedeutete. Der Begriff, der diese beiden Aspekte verband, wurde zum ersten Mal im 4. Jh. in der Bedeutung des institutionell beglaubigten Corpus biblischer Schriften gebraucht, denen die Kirche Authentizität zuschrieb, und zwar mit Blick auf die (göttliche) Herkunft wie auf den gesetzgeberischen religiösen Wert. Die restlichen der Form und dem Inhalt nach verwandten Schriften strittiger Authentizität werden zu Apokryphen erklärt. Die Scheidelinie zwischen kanonischen und apokryphen Schriften verläuft nicht für alle Kirchen gleich. So verwirft etwa die protestantische Kirche elf Bücher, welche die katholische für kanonische hält, als apokryphe. Dieser Streit enthält jedoch, wie alle ähnlichen, als seine stillschweigende Voraussetzung desjenigen, was keine Kirche oder Institution in Frage stellt: dass es nur *einen* K. gibt!

2. Der Begriffsgebrauch in der weltlichen Sphäre datiert aus dem frühen Mittelalter, als der patristische K. sowohl christliche wie heidnische *auctores* einbezog. Die Erscheinung der Volkssprachen in der Renaissance trägt Streitigkeiten in den bis dahin mehr oder minder stabilen lateinischen Standard hinein, weil es zur Konkurrenz zwischen kulturellen und ästhetischen Standards kommt. Bis in das 19. Jh. wird allerdings der K.-Begriff in der Kunst mehr in der Analogie mit der Kanonisierung der kirchlichen Heiligen, also mit dem Eintritt in die Unsterblichkeit, als in der Analogie mit dem K. der Heiligen Schrift gebraucht. Erst mit der Entstehung der Literaturgeschichte erwächst das Bedürfnis, den Begriff K. mit der Attribuierung des Werks an den einzelnen Autor zu binden. Da mit solcher Attribuierung allmählich sog. große Autoren geschaffen wurden, näherte sich der K.-Begriff seiner heutigen modernen Bedeutung: nämlich als Anzahl literarischer Werke, der (meistens) eine akademische Institution den zentralen Wert für eine bestimmte Kulturgemeinschaft zugeschrieben hat. In dieser Bedeutung, versehen mit ästhetischen wie ideologischen Konnotationen, tritt der K. in die moderne literaturtheoretische Debatte ein.

3. Der Aufbau des K.s stellt gewissermaßen eine Voraussetzung jeder literaturkritischen Schule dar, da diese durch ihn ihre ästhetischen und ideologi-

schen Neigungen legitimiert. Aber der K. wird erst dann zum theoretischen Problem, wenn Schulen aufhören, mit ihm universalistische Forderungen aufzustellen bzw. verlangen, dass der bestehende K. durch einen neuen, nämlich ihren ersetzt wird. Dieses geschah Anfang der 1970er Jahre, als die Konkurrenz alternativer K.s geschaffen wird, die ihre geschichtliche, zivilisatorische, kulturelle, klassen- und geschichtsbezogene Besonderheit nicht mehr verstecken und damit die Ambition aufgeben, einzig zu sein. Die K.-Bildung mit einer solchen Ambition wurde nun vielmehr als gewollte oder ungewollte Verdrängung der differenziellen, mehrschichtigen, hybriden Natur der literarischen Texte, d. h. als ihre gewaltsame Homogenisierung betrachtet. Ihre Herkunft fand man in den Voraussetzungen der akademischen oder pädagogischen Institution. Demgegenüber wurde auf die Variabilität und Anfechtbarkeit nicht nur der ästhetischen Werte, sondern auch des Literaturbegriffs selbst hingewiesen. Er kennzeichnet nicht nur die Qualität einer bestimmten Textgruppe, sondern auch die Vorurteile und Interessen jener, die diese Qualität dieser Gruppe zuweisen.

4. Die erste entscheidende Argumentation in dieser Richtung wurde von Graff (1987) angeboten, der sich der Geschichte der Institutionalisierung des Literaturstudiums in den Vereinigten Staaten vom Rückzug der Rhetorik über den Aufstieg der Philologie und die Etablierung des *New Criticism* bis hin zur Entstehung der «Theorie» gewidmet hat. Er widersetzt sich dabei der üblichen These, die «theoretische Ära» zerstöre mit ihrer babylonischen Kakophonie den humanistischen Konsens über den Zweck der Literaturforschung. Es handele sich dabei um einen verheerenden Mythos, der den prinzipiell dissensuellen Charakter des literarischen Studiums verdränge, weshalb Graff vorschlägt, es durch systematische Belehrung der Studenten über Meinungsverschiedenheiten und Streitigkeiten zwischen Auslegungen zu ersetzen, statt eine Auslegung zum «großen Regenschirm» (Graffs Wendung *the big umbrella*) zu erklären. Aber von welcher neutralen Position aus «über der Spaltung» könnte man diese Streitigkeiten präsentieren, ohne dass sie selbst zum «big umbrella» wird? Denn, das Problem ist, wie Kamuf (1997) bemerkt, dass immer die Möglichkeit bestehen bleibe, die vorgeschlagene Institutionalisierung des Streits zwischen den Auslegungen und Überblicken als *Interpretation* und daher als *Teil* des Streits selbst *darzulegen*, den sie bewachen möchte. Dieser Zustand sei somit dadurch nicht aufgehoben, sondern werde vielmehr durch eine Drehung der Interpretationsschraube verstärkt. Die Institution vermag sich nicht dadurch aus der Spaltung herauszuziehen, dass sie diese zu ihrem Gegenstand macht.

5. Auf dieser These beharrt Guillory (1993), für den die Institution der literarischen Erziehung den Klassenunterschied reproduziert und dabei den Zu-

gang zum «Kulturkapital» (Bourdieu) bewacht. In diesem Sinn vernachlässigt der heftige Streit über kanonische und nicht-kanonische Werke, der das amerikanische akademische Leben der 1980er Jahre polarisierte, die Tatsache, dass beide Werksorten im Grunde dem traditionellen Kulturkapital angehören, das den Schutz und die Unterstützung des von der früheren Herrschaftsklasse zwecks Reproduktion eigener Privilegien hergerichteten Schulsystems genoss. Nunmehr sei dieses traditionelle, sich vorwiegend auf Texte stützende Kapital durch den Aufstieg der neuen professionellen Managerklasse bedrängt, die im Namen der konvertiblen Marktwerte den bisherigen «selbstverständlichen» Kulturwert zersetzt. Die Theorie (die von Guillory bezeichnenderweise mit der Dekonstruktion de Mans gleichgesetzt wird) stellte sich ahnungslos in den Dienst dieser Erosion des autonomen Literaturstudiums. Denn, wenn die Dekonstruktion nicht mehr den Rahmen *(terms)* bestimme, innerhalb dessen bestimmte Texte gleich welcher Herkunft in den Corpus der Literaturtheorie eingeordnet werden sollten, dann geschehe dies vornehmlich deshalb, weil sie dem pädagogischen Imaginarium keine Problemlösung für die Fachautonomie mehr biete. Es sei daher bloßes Symptom dieser allgemeinen Marginalisierung der humanistischen Werte, wenn Literaturwissenschaftler mit solcher Verbissenheit in ihren K. politisch investieren. Die politische Frage liegt für Guillory woanders und betrifft nicht so sehr den Kampf um den K. als jenen um das kulturelle Kapital.

6. Diese Rahmenthese Guillorys über den Konflikt zwischen der geisteswissenschaftlichen und der Managerklasse scheint stillschweigend die Homogenität ihrer Kapitalarten im Prozess der unbarmherzigen Entmachtung der einen durch die andere zu implizieren. Diese Behauptung wird durch die Lösung untermauert, die er für die Sicherung der Autonomie des geisteswissenschaftlichen akademischen Lehrprogramms *(curriculum)* anbietet. Dieses reduziert sich auf die Entbindung des ästhetischen Werts aus dem Negationsverhältnis zum Marktwert, in das er mit weitreichenden Konsequenzen in konstitutiver Weise durch die Kantsche Ästhetik eingeführt wurde (Bourdieu 1979). Guillory gibt sich große Mühe, um die *Spezifizität* der ästhetischen Erfahrung von ihrer *Reinheit*, mit der Kant die Privilegien der bürgerlichen Klasse schützte, zu trennen. Doch was ist denn diese seine «Spezifizität», wenn nicht wieder eine Reinigung der ästhetischen Erfahrung von der Relationalität mit der ökonomischen Dimension, durch die die Technomanager angeblich in sie eindringen? Ist eine solche Ausschließung des Technischen aus dem Ästhetischen statt einer Entfesselung nicht bloß eine erneuerte Form der Eingrenzung der letzteren Qualität? Und bestätigt dies schließlich nicht gerade die verbannte dekonstruktivistische These, dass es keine reinen, unverseuchten Werte gibt? Oder wie Kamuf (1997) zusammenfassend bemerkt, es gebe keinerlei Institutionen

und auch keinerlei Literatur, nichts Kulturelles ohne Wiederholbarkeit. Die Wiederholbarkeit ist dasjenige, was wir unter Institution implizieren und auch der Grund dafür, dass wir überhaupt etwas voraussetzen können. In diesem Sinn ist die Spaltung jedem K. als ein Potenzial zum Schutz vor seinem autoritären Druck und als Vorbedingung der Möglichkeit seiner Revision immanent. Sie gewährt den ihm zugehörigen Werken die Möglichkeit, komplexe, im Inneren gespaltene Beziehungen zu Kontexten ihrer Schaffung und des Gebrauchs, wie LaCapra (1989) sagt, aufrechtzuerhalten und so eventueller ideologischen Instrumentalisierung zu widerstehen (1989). (D. M.)

→ Gemeinschaft, Hegemonie, Ideologie, Institution, Konvention

Karneval

(engl. carnival, franz. carnaval, russ. karnaval)

Den Begriff K. führte Bachtin in seinen Untersuchungen zur Volkskultur des späten Mittelalters und der frühen Renaissance in die zeitgenössische literaturtheoretische Diskussion ein. Sein Buch über Rabelais, in welchem er die schon im vorhergehenden Buch über Dostoevskij dargelegte Idee von den Gattungen des Ernsthaft-Komischen ausarbeitete, wurde aber erst 1965 zugänglich, 30 Jahre nach dem Erscheinen seiner Dissertation.

1. Die Gattungen der Lachkultur (Sokratischer Dialog, Menippee, Diatribe, Soliloqium, verschiedene profane Gattungen) sind nach Bachtin durch drei Merkmale gekennzeichnet: (1) Ihr Ausgangspunkt ist die Gegenwart; (2) sie verwerfen die Tradition um des freien Erdichtens willen; (3) sie sind von einer Vielzahl unterschiedlicher Stimmen und Stile durchdrungen. Ihrer Tendenz zur ständigen historischen Genese, zur Unabgeschlossenheit, zur Freude an Veränderungen bleibt von den «hohen» literarischen Genres einzig der sog. polyphone Roman treu (1929/1963). Er tritt das Erbe des «karnevalistischen Weltempfindens» an, das ursprünglich gegen die ernsthafte, offizielle Hierarchie der kirchlichen und feudalen Kultur des Mittelalters gerichtet ist, später aber auch gegen jede Grenzziehung, z. B. zwischen Kunst und Leben oder zwischen Beteiligtem und Betrachter, ungeachtet dessen, welcher Periode diese Unterscheidung angehört. Im Sinne eines solchen kollektiv unbewussten Karnevalsverständnisses als verborgener historischer Konstante, die periodisch belebt wird, postuliert Bachtin (1975): Großen Umwälzungen, selbst auf wissenschaftlichem Gebiet, geht als ihre Vorbereitung immer eine Karnevalisierung des Bewusstseins voraus.

2. K. beschäftigt sich, im Gegensatz zur analytischen «Fadheit» des Geistes,

mit dem sog. *grotesken Leib* in all seinen verschiedenartigen und maßlosen materiellen Ausprägungen. Das geschieht deshalb, weil er von der übrigen Welt nicht getrennt, in sich nicht abgeschlossen, abgerundet, nicht fertig ist, er wächst über sich selbst hinaus, tritt aus seinen Grenzen heraus und sträubt sich damit gegen jedes Absondern und Verschließen in sich selbst, gegen jede abstrakte Idealität, gegen jedes Streben nach unabhängiger Bedeutung, die von der Erde und vom Leib getrennt ist. Das Kosmische, das Soziale und das Körperliche bilden dabei als unteilbares lebendiges Ganzes eine untrennbare Einheit (1965). Mit einer solchen Projektion wird ein antiformales, fast utopisches Modell zwischenmenschlicher Beziehungen postuliert, das für Bachtin seiner Natur nach oppositionell und subversiv ist. Dieses Welterleben, das von Angst befreit ist und die Welt dem Menschen und den Menschen dem Menschen maximal annähert, steht in Opposition lediglich zur einseitigen und trüben offiziellen Ernsthaftigkeit, die danach strebt, den gegebenen Zustand der Existenz und der gesellschaftlichen Ordnung zu verabsolutieren. Gerade von einer solchen Ernsthaftigkeit hat – so Bachtin – das karnevalistische Weltempfinden befreit.

3. In der dargestellten nichtproblematisierten Gleichsetzung von K. mit Revolution sahen viele Forscher einen heimlichen Rekurs auf die finsteren Umstände des stalinistischen Regimes, unter denen Bachtins Theorie entstanden war. So sieht z. B. Holquist (1982) darin eine heimliche Anklage dessen, was aus der Revolution geworden ist, und einen Appell zu einem andersartigen Revolutionsverständnis. Andere waren kritischer gegenüber Bachtins Vernachlässigung der repressiv-institutionellen Dimension des K.s. Wie die Parodie erfordert der K. eine bestimmte ästhetische Institutionalisierung, die auf der Anerkennung identifizierbarer fester Formen und Konventionen beruht (Hutcheon 1985). Er ist eine offiziell genehmigte Verschnaufpause von der Hegemonie, die ihrer Stabilisierung dient (White/Stallybrass 1986). Die Verspieltheit und Unverbindlichkeit des K.s schließt den Genuss am Vatermord ein, begleitet von der Annahme, andere, die weniger human sind als wir selbst, begingen das Verbrechen (Eco 1984). Feministische Kritikerinnen (z. B. Kristeva 1980) merkten an, der «groteske Leib» sei weit davon entfernt, den Körper stets von den ihm auferlegten Grenzen zu befreien; oft verstärke er die Stereotypen über den weiblichen Körper und seine Abweisung. Baumann 1993 erinnert allerdings daran, dass der K. in unserer Zeit die Stellung der Norm und die Norm die des K.s eingenommen habe. Aus diesen Gründen verlagert sich in den 1980er Jahren die Aufmerksamkeit von diesem Begriff allmählich auf Bachtins Dialogbegriff. (R. H.-K.)

→ Dialog, Heteroglossie, Parodie, Polyphonie, Spiel

Katachrese

(engl. catachresis, franz. catachrèse, russ. katachreza)

In der ursprünglichen griechischen Bedeutung des Worts «Missbrauch» meint die K. eigentlich den Gebrauch von Wörtern der einen Bedeutung zur Bezeichnung einer anderen Bedeutung, für die es noch kein eigenes Wort bzw. keinen eigenen Begriff gibt: z. B. Flugzeug*flügel* oder Tisch*bein*. Viele Beispiele von K. haben sich so weit eingebürgert, dass man sie gar nicht mehr als solche wahrnimmt, so in manchen Sprachen der Ausdruck *Zunge* für Sprache. Deshalb nennt Quintilian die K. einen notwendigen Missbrauch.

1. Die Poststrukturalisten haben die K. zum Fundament der Sprache erklärt, weil sie der Ansicht sind, dass sich das sprachliche Zeichen prinzipiell um das leere oder abwesende Signifikat konstituiert. Mit anderen Worten, der Weg vom Signifikanten zum Signifikat führt immer über den Umweg eines anderen Signifikanten, was bedeutet, dass die Selbstreferenzialität die Vorbedingung der Referenz oder dass die Benennung (eines Signifikanten durch einen anderen) die Vorbedingung der Bedeutung ist. Während die Benennung nämlich aus dem nichtdiskursiven als dem nicht existierenden in das diskursive als das existierende Register (aus einem Namenlosen in einen Namen, aus einem Gesichtslosen in ein Gesicht, aus einem Gestaltlosen in eine Gestalt u. Ä.) übersetzt, operiert die Bedeutung bereits mit zwei existierenden Entitäten und übersetzt aus dem sinnlichen in ein geistiges Register (aus dem Signifikanten als dem «Lautbild» in das Signifikat als den Begriff). Da die Bedeutung als Übersetzung deshalb immer schon von der Benennung als Setzung umrahmt wird, ist jedem sprachlichen Zeichen eine nichtsemantische Lücke in Form einer Spur des Begehrens nach einem anderen, ergänzenden Zeichen als Stützpunkt eingeschrieben. Dies führt zu einer Kette der endlosen Supplementierung (Derrida) und ruft in der semantischen Dimension die «völlige Zufälligkeit» der Sprache hervor (de Man). Alle sprachlichen Konstrukte erweisen sich als katachrestisch – trotz der «Natürlichkeit», mit der sie sich umhüllen. Die sog. «eigentliche» oder wörtliche Bedeutung erweist sich als Mythos, welchen in verschiedenen Epistemen verschiedene Figuren begründen, um eine Gleichheit im Verschiedenen zu etablieren und um die notwendigen Grenzen des Aussprechbaren, Sichtbaren und Denkbaren zu ziehen (Foucault).

2. Der dargestellte Ausgangspunkt hinterlässt auch Spuren im Stil bzw. Diskurs der poststrukturalistischen Denker. Wenn die ganze Sprache auf der gewaltsamen Benennung des Anderen basiert – eines Werts, der keinen Namen haben kann, sodass dieser Wert durch den Missbrauch der Sprache benannt wurde und den Namen Gottes (Lévinas 1949/74) bekam –, dann kann auf diese ursprüngliche Gewalttat einzig mit einer anderen Gewalttat erwidert werden!

«Derrida schafft einen philosophischen Stil, welcher nicht, wie oft gedacht wird, auf der Metapher basiert, sondern auf dem, was er *Katachrese* nennt – gewaltsame Produktion von Bedeutung (...) Missbrauch (...) gewaltsames Schreiben (...) ungeheuerliche Verwandlung» (Handelman 1991). «Foucaults Stil weist nicht nur eine Überfülle der durch diese Trope ermöglichten verschiedenen Figuren auf, wie etwa Paradoxon, Oxymoron, Chiasmus, Hysteron-Proteron, Metalepse, Prolepse, Antonomasie, Paronomasie, Antiphrase, Hyperbel, Litotes, Ironie usw.; sein eigener Diskurs steht für das Beargwöhnen alles dessen, was als ‹normaler› oder ‹eigentlicher› Diskurs gilt. (...) Foucaults ‹Diskurs über Diskurse› strebt nach der Auflösung des Diskurses selbst. Deshalb nenne ich ihn katachrestisch» (White 1987). Da sich für sie das Weibliche gezwungenermaßen nur in Form von katachrestischen Namen offenbart, welche ihm durch die männliche symbolische Ordnung zugestanden werden, erklärt dies «die radikale zitatförmige Vorgehensweise von Irigaray, die katachrestische Vereinnahmung des ‹Eigentlichen› für vollkommen uneigentliche Zwecke. (...) Diese Anfechtung der Richtigkeit und der Eigenheit ist genau die Option, die durch das Weibliche eröffnet wurde, wenn es als eine ausgeschlossene Uneigentlichkeit, als das Unrichtige, das Eigenschaftslose konstituiert worden ist» (Butler 1993).

3. Smirnov (1984) hat ein weites Verständnis der K. als «jede sich auf einem Widerspruch begründende strukturelle Bildung» vorgeschlagen, um anschließend aus einer derart verallgemeinerten Perspektive in ihr «das dominierende Strukturprinzip einer jeden avantgardistischen Kunst» zu erkennen. Die K. wird somit zum «Terminus, (...) um solche (...) Verfahren der Textgenerierung zu beschreiben, die den Widerspruch innerhalb eines Totums aufdecken, indem sie erstens einen seiner Summanden als exklusiven herausstellen, zweitens zeigen, dass das Totum nicht gleich der Summe seiner Teile ist, oder drittens demonstrieren, dass es aus heterogenen Einheiten besteht.» (A. H.)

→ Allegorie, Différance, Hypogramm, Pfropfung, Selbstreferenzialität

Kern

(engl. kernel, franz. noyau, russ. jadro)

1. Das einzige unabhängige Satzelement, von dem alle anderen Elemente (Funktionen) abhängig sind. Bei Martinet (1960) und Tesnière (1965) ist das das Prädikat. Bei Martinet bildet es gemeinsam mit dem Subjekt den Kern, während die übrigen Elemente im Prinzip entbehrliche Satz*expansion* ausmachen. Tesnière vergleicht das Prädikat mit der Handlung eines Theaterstücks, in dem andere Elemente die Funktion der Gestalten erfüllen.

2. Nach Barthes (1966b) und Chatman (1978) sind K.e grundlegende oder Hauptfunktionen des Erzähltextes, die mit ihrer chronologischen Verkettung das Gerüst der Handlung bilden und beim Nacherzählen nicht weggelassen werden können. Im Unterschied zu *Katalysatoren* oder Satelliten, die Diskurseinheiten sind, sind K.e Einheiten der Geschichte.

3. In der Semantik von Greimas (1966) ist der K. der unveränderliche Bestandteil des Lexems, der durch das Anschließen von kontextuellen Semen ein Semem oder mehr Sememe bildet. (B. D.)

→ Aktant, Motiv, Sem, Semantik

Kommentar

(engl. comment, franz. commentaire, russ. kommentarij)

Eine Technik der Hermeneutik vor Schleiermacher (der sog. Stellenhermeneutik), durch welche sie sich auf einzelne «geheime Orte» des Textes konzentriert. Das Verfahren der Bedeutungsauslegung Wort für Wort, Satz für Satz, das nicht die Einheit des Textes berücksichtigte und deshalb zu dem wurde, was die Philologie des 18. und 19. Jh.s *commentarius perpetuus* nannte. Beispiele dieses fortlaufenden K.s sind übrigens auch in der zeitgenössischen Theorie, etwa bei Barthes (1970a), zu finden.

1. Der Begriff wurde von Foucault (1966) in die moderne theoretische Diskussion eingeführt, und das mit Hinweis auf seine geradezu konstitutive Unendlichkeit. Der K. ist ohne Ende, weil er auf der Suche nach dem fundamentalen Urtext ist, der unterhalb der sichtbaren Texte verläuft, aber immer wegläuft und neue K.e erfordert. Daher die Proliferation des K.s im 16. Jh., auf die Montaigne in seiner berühmten Anmerkung über «das unaufhörliche Glossieren von Glossieren», die Foucault zitiert, die Aufmerksamkeit lenkte. In der zweiten Ausgabe von *Die Geburt der Klinik* (1972) führt er den K. auf folgendes Prinzip zurück: «Der Kommentar setzt per definitionem einen Überschuss des Signifikats im Verhältnis zum Signifikanten voraus, einen notwendigerweise nicht formulierten Rest des Denkens, den die Sprache im Dunkeln gelassen hat, einen Rückstand, der dessen Wesen ausmacht und der aus seinem Geheimnis hervorzuholen ist.» In seiner akribischen Verfolgung des Falles durchläuft der K. zwei Etappen: Zuerst bezieht er Signifikanten auf Signifikate, dann verbindet er die Signifikate in der «eigentlichen Bedeutung». Auf diesem sich seit der Mitte des 18. Jh.s ziehenden Faden findet der Aufstieg des K.s als Organisator des wissenschaftlichen Diskurses statt (Foucault 1969a, 1972). Dem Szenario des solchermaßen entstandenen «historischen Projekts», das

sich an der Tiefenstruktur der Welt orientiert, setzt Foucault das Interesse seiner Diskursanalyse an der Oberfläche entgegen. «Wäre nicht eine Diskursanalyse möglich, die in dem, was gesagt worden ist, keinen Rest und keinen Überschuss, sondern nur das Faktum seines historischen Erscheinens voraussetzt?» (1963 b / 1972). Damit schließt sich die Diskursanalyse dem antihermeneutischen, neopositivistischen Trend des «Denkens des Äußeren» *(la pensée du dehors)* an.

2. In einer kritischen Revision der revolutionären Umkehr Foucaults hat Fohrmann (1988b) darauf aufmerksam gemacht, dass der K. aus der Wissenschaft nicht ausgeschlossen werden kann, weil er im Grunde genommen der «Vorgang der Bedeutungszuweisung» ist, der das Leben eines jeden Textes im Wissenschaftssystem kennzeichnet. Seine konkreten Formen – Textanhang, Interpretation, Analyse, Forschungsüberblick – spezifizieren dann auf unterschiedliche Weise diese grundsätzliche Operation, welche die sog. disziplinäre Gemeinschaft in Betrieb hält. Auf diese Art und Weise aufgefasst, dient der K. niemals nur als «Abschluss», sondern immer auch als «Anschluss» für den kommenden K. Vielmehr existiert der literarische Text überhaupt nicht außerhalb des K.s, denn erst er macht ihn kommunikabel durch seine «diskursiven Zuschreibungen» im literaturwissenschaftlichen System. (C. S.)

→ Hermeneutik, Interpretation, Werk

Kommunikation

(engl., franz. communication, russ. kommunikacija)

Einer der zentralen Begriffe nicht nur der modernen Literaturtheorie, sondern auch der Linguistik, Semiotik, Kybernetik, Informationstheorie, Kommunikationswissenschaft, Psychologie, Neurologie, Soziologie usw. In der Literaturtheorie wurde er verschiedentlich seitens des Strukturalismus, der Semiotik, der Diskurstheorie, Sprechakttheorie, Theorie der Sprachäußerung, Systemtheorie, empirischer Literaturwissenschaft, psychoanalytischer Kritik und der Kritischen Theorie gebraucht.

1. Ein Großteil der Theorien setzt beim Modell an, das in der K. die Übermittlung einer Mitteilung oder einer Information vom Sender zum Empfänger in einem beiden zugänglichen Code sieht. In einigen Modellen, so bei Shannon und Weaver (1949), werden die genannten Elemente noch durch weitere wie Ursprung *(source)*, Kanal *(channel)*, Übermittler *(transmitter)*, Ziel oder Bestimmungsort *(destination)* ergänzt. Da dieses Modell aber vorwiegend mit Blick auf die technische K. aufgestellt wurde, modifizierte Jakobson (1960), der

die poetische K. vor Augen hatte, indem er die Kategorien des Senders, der Mitteilung, des Empfängers, des Kontextes, Codes und Mediums (Kontakts) einführte. Jakobsons Schema erlangte danach unter Linguisten und Literaturwissenschaftlern ähnliche Popularität wie das Shannon / Weaver-Modell unter Informationstheoretikern und Semiotikern. Jakobson selber stellte es als eine Erweiterung des «Organon-Entwurfs» in Bühlers *Sprachtheorie* (1934) vor, obwohl die an diesem Entwurf vorgenommenen Eingriffe bloße Ergänzungen bei weitem übersteigen. Angesichts des gewaltigen Einflusses, den Jakobsons Schema auf die moderne Theorie ausübte, gebührt diesen Eingriffen eine eingehende Erörterung.

2. Zunächst verändert Jakobson den Titel der Hauptfunktion bei Bühler von der *darstellenden* in *referenzielle* Funktion, da diese sich nicht mehr auf den *Gegenstand* oder Sachverhalt, sondern auf den *Kontext* bezieht. Der Kontext meint die mittels sprachlicher, d. h. grammatikalischer Regeln vermittelte Wirklichkeit bzw. die Signifikate, die die Signifikanten der entsendeten Mitteilung im Rezipientenbewusstsein aufrufen. Wenn also Jakobson die Gegenstände durch den Kontext und dementsprechend die darstellende zur referenziellen Funktion abändert, dann bedeutet dies, dass für ihn Sprache im Unterschied zu Bühler, für den sie die Wirklichkeit durch *sinnliche* Vorstellung darstellt, nur durch das *grammatisch* ausdifferenzierte Bewusstsein des Empfängers auf Wirklichkeit zugreift. Daraus folgt weiter, dass wir in der K. nicht mit der sog. phänomenalen, sondern mit der immer schon semiotisch codierten Wirklichkeit operieren. Aus diesem grundsätzlichen Vorrang der Sprache vor der Wirklichkeit folgt schließlich, dass die K. für Jakobson als einen Strukturalisten den Bewusstseinsinhalten *vorangeht* und ihre Verfassung bedingt, während dies für den Phänomenologen Bühler noch umgekehrt galt. Deshalb sind es die K.s-Gesetze und nicht die Wirklichkeit, die die Grundlage der Verständigung oder den Konsensus unter Partnern gewährleisten. Für das Verstehen der K. selbst folgt daraus, dass das Kontiguitätsprinzip, das die Verhältnisse unter Spracheinheiten durch die Kombinations- bzw. Verknüpfungsachse regelt, in ihr jenen Grundsatz der Äquivalenz determiniert, der die Verhältnisse auf der Selektionsachse oder ihre Bedeutung regelt. So erweist sich die referenzielle Funktion bei Jakobson als *abgeleitet* (aus den Gesetzen, die durch einen stillschweigenden Vertrag von der vorangehenden Sprachpraxis aufgestellt wurden).

Mit dieser Ableitung oder Übercodierung der grundlegenden Sprachfunktion Bühlers ist auch Jakobsons Analyse der Bühlerschen Appellfunktion in drei gesonderte Funktionen verknüpft: *konative,* die die Mitteilung an den Empfänger, *phatische,* die die Mitteilung an das Kontaktmedium, und *metasprachliche* Funktion, die sie an den Code richtet. Die konative Funktion meint die direkte (vokative oder imperative) Anrede an den Empfänger («Schau mal!» «Hör mal!», «Du da!») und nicht, wie bei Bühler, mittelbares Lenken seines Vorstellungsempfangs für die Mitteilung; die phatische führt das Kontaktmedium für die bevorstehende K. («Grüß Gott!», «Guten Tag!», «Meine Verehrung!», «Hallo!») herbei, während die metasprachliche die Herstellung des Codes *leistet*, in welchem der Empfänger die Mitteilung verstehen soll (mit Hilfe des sog. *Shifters*; vgl. Deixis). Alle drei sind nach Jakobson *Hilfsfunktionen* in Bezug auf die referenzielle, weil die erste dem Kriterium der Wahrheit laut Jakobson nicht unterliegt und die beiden anderen keine selbständigen Informationswerte besitzen, d. h. keinen Inhalt übermitteln. Im Geist der Jakobsonschen Konzeption könnten wir sogar behaupten, dass das In-den-Vordergrund-Rücken dieser extra- oder epilinguistischen Funktionen zur Verkehrung der K. oder Verleugnung ihres Wesens führt. So etwas geschieht z. B. in den Dramen Ionescos, in denen wir dank der Dominanz der phatischen Funktion dem leeren «Klappern» der «Konversationsmaschine» (Berger/Luckmann 1970) bzw. *talking past the point* zuhören.

Dass Jakobson in der Tat die «Bedienungsanlage» der K. von ihren (angeblich) authentischen Funktionen sorgfältig trennt, beweist auch seine Behandlung der metasprachlichen in Bezug auf die *poetische* Funktion. Die erste lenkt die Aufmerksamkeit des Empfängers auf den Code, die zweite auf die «Mitteilung selbst», wodurch die *pragmatischen* Äußerungsaspekte von ihrer *grammatischen* Struktur getrennt werden sollen. Da die pragmatischen Aspekte (Genrezugehörigkeit im weitesten Sinn) für Jakobson nicht schon die Mitteilung selbst darstellen, versteht er sie offenbar nicht als der Sprache immanent. Sie kommen gleichsam von «außen» hinzu, aus dem speziellen Sprachgebrauch, einer Situation oder Intention, so wie der Sinn der Bedeutung oder die Konnotation der Denotation hinzugefügt werden. Deshalb ist es kein Wunder, dass Jakobson die Codeüberprüfung durch die Frage illustriert: «Was wollten Sie eigentlich damit sagen?» Es gibt keinen Grund, die Bedeutung zu überprüfen, weil ihre (grammatischen) Gesetze in das Bewusstsein des Empfängers «encodiert» sind und unbewusst funktionieren.

Für einen ähnlichen «Sinnzuschuss» sorgt die *emotive* Funktion, wie Jakobson die Bühlersche Ausdrucksfunktion umbenennt. Im Unterschied zur metasprachlichen Funktion freilich, die häufig gattungsmäßig codiert ist, ist diese individuell motiviert. Während diese Funktion bei Bühler das *Innere* des Senders ausdrückt, vermittelt sie bei Jakobson die *Einstellung* des Sprechers gegenüber dem Gesprochenen. Wahre Verdichtung der emotiven Funktion in der Sprache stellen Ausrufungen dar, wie das herabwürdigend-entsetzte Schnalzen mit der Zunge «Ts! Ts!»; sie kann aber auch durch Dehnung der Vokale vermittelt werden (z. B. groooß!). Obwohl Jakobson betont, dass die emotive Funktion einen gewissen Informationswert besitzt, ist es dennoch klar, dass sie auch in Bezug auf die appellative Funktion genauso wie die konative die analoge Bühlersche Funktion radikal reduziert. Der Zweck dieser Reduktionen liegt darin, die erwähnten Funktionen für die linguistische Identifizierung und Analyse verfügbar zu machen. Mag dieses auch verständlich sein, so rechtfertigt dieser Zweck dennoch die Anbindung von Funktionen an bestimmte Wort- oder Satzarten sowie sublinguistische Werte nicht, weil das Arbeitsfeld dieser Funktionen – wie Bühler unterstrich – unvergleichlich größer ist. Warum sollte die Einstellung des Senders nicht im Äußerungsinhalt, ihrer grammatischen Struktur oder in der Genrezugehörigkeit zum Ausdruck kommen können – d. h. gerade in jenen Domänen, die nach Jakobson der referenziellen, poetischen und metasprachlichen Funktion gehören? Eine solche Möglichkeit der Überschreitung funktioneller Befugnisse kann Jakobson nicht nur deshalb nicht zulassen, weil sich dann Operationsfelder einzelner Funktionen der linguistischen Analyse entziehen würden, sondern auch deshalb, weil dadurch die stillschweigende Hierarchie, die er unter ihnen aufgestellt hat und um die es ihm vor allem geht, gestört wäre.

Dass es sich um eine Hierarchie handelt, konnten wir schon an der Privilegierung der *semantischen*, referenziellen Funktion vor den *pragmatischen* Funktionen – der konativen, phatischen, metasprachlichen und emotiven Funktionen, die als eine Art «Bedienungsanlage» dargestellt wurden – erkennen. Doch die Hierarchie wird erst dadurch vollendet, dass diese (der Wichtigkeit zufolge) asymmetrische semantisch-pragmatische Dualität durch die dritte, *syntaktische, poetische* Funktion gekrönt wird. Die poetische Funktion hebt im Grunde wie Kants «Zweckmäßigkeit ohne Zweck» die Funktionalität der Mitteilung auf, weil alle anderen Funktionen von ihr abhängig sind, während sie selber von keiner abhängt. Wie in einem Stemma *sind die pragmatischen Funktionen von der semantischen abhängig, und diese semantische Funktion wiederum hängt von der syntaktischen,* d. h. der poetischen *ab*.

Um die letztgenannte Abhängigkeit zu illustrieren, unterscheidet Jakobson in einem bezeichnend asymmetrischen binären Gegensatz materielle von grammatischen Wortbedeutungen und weist darauf hin, dass die einen nur auf Kosten der anderen zum Ausdruck kommen können. So verdrängen in der alltäglichen K. die materiellen die grammatischen Bedeutungen, während es in der poetischen K. umgekehrt ist. In der ersten Verdrängung indes vergisst die Sprache sich selbst, während sie im zweiten Fall zu sich zurückkehrt und ihr eigenes Wesen: die Verhältnisse unter ihren eigenen Einheiten unterschiedlicher grammatischer Ebenen widerspiegelt. Materielle Bedeutungen stellen immer lediglich eine der möglichen Aktualisierungen dieser Verhältnisse dar.

Diese aber ermöglichen durch ihre Abstraktheit auch andere Aktualisierungen, was bedeutet, dass sie, wie die kantische apriorische *Bedingung der Möglichkeit*, durch keine materielle Bedeutung erschöpft werden können.

Jakobsons Definition der poetischen Funktion als «Lenkung der Mitteilung auf sich selbst» löste unterschiedliche Interpretationen aus und verblüffte gerade deshalb so sehr, weil sie der Grammatik einen transzendentalen Status schenkte. Doch was Jakobson einzig sagen will, ist, dass sich die Sprache in der Dichtung in der vollkommenen Selbstreflexion über ihr eigenes «Skelett» und die «Muskulatur» beugt bzw. sie sich mit solcher Spiegelung den Empfängern der Mitteilung anschaulich macht. Damit wird freilich jede materielle Bedeutung der Dichtung aufgehoben und sie in ein reines Bündel der Verhältnisse verwandelt. Hier sollte die Quelle der strukturalistischen These gesehen werden, wonach die Dichtung gar keine K. mehr ist, sofern unter K. (in reduktionistischer Weise) die Übertragung (materieller) Information verstanden wird. In diesem Sinn hat die Dichtung nichts mitzuteilen.

3. Kritiken an Jakobsons Konzeption setzten vor allem bei seiner Reduktion der Alltagssprache auf die Mitteilungsübertragung an. Zahlreiche Situationen der alltäglichen K. sind denkbar, bei denen es nicht darum geht, eine Information zu übermitteln. Am Beispiel der Grüße sieht man, dass sie lediglich die pragmatische Rollenanordnung in der kommunikativen Situation bestätigen oder aufstellen. Doch obwohl sie nichts Materielles mitteilen möchten, sind sie gewiss noch keine Dichtung. So scheint es, dass man die Mitteilung breiter als die bloße Informationsübermittlung fassen soll, nämlich als eine einheitliche kommunizierte (oder projizierte) Situation. Damit enthielte die Mitteilung schon *alle* Aspekte der K. und machte nicht bloß *einen* von ihnen aus (Martínez-Bonati 1981). Dann wäre die Dichtung nicht nur Minus-Mitteilung oder Plus-Mitteilung (abhängig davon, ob sie die Konzentration auf die Mitteilung selbst, auf den Signifikanten oder auch auf das Signifikat meint) (Fish 1973). Wenn der vorgestellte Gegenstand, der Sprecher und der Hörer Bestandteile jeder Mitteilung sind, d. h. Instanzen, die sie aus sich selber durch ihr Aussagen selbst produziert, müsste die Dichtung eine Übertragung des gesamten Sprechakts und aller seinen Funktionen auf die neue, imaginäre Ebene implizieren. Im Unterschied zur Ausdrucks-, Darstellungs- und Appellfunktion gehörte die poetische Funktion so der *ganzen Mitteilung* an. Wollten wir die Dichtung als ein Sprachereignis verstehen, führt Martínez-Bonati aus, dann sei sie nicht in erster Linie *Mitteilung*, sondern ein imaginärer, der Kontemplation angebotener Gegenstand, der erst aus zweiter Hand die nicht-sprachliche, symbolische Dimension – «Mitteilung» – in Bezug auf die Welt entfaltet. Dichtung wäre nach dieser Konzeption also ein zitiertes oder dargestelltes (nicht aber reales) Sprachereignis. Denn, fragt er, würden wir je über einen Menschen

sagen, der gerade einen nicht existierenden Sprechakt anführt, dass er eine sprachliche Mitteilung ausrichtet?

Die gleiche Funktion der Einklammerung des sprachlichen Ereignisses durch Anführungsstriche wie Martínez-Bonati spricht dem poetischen Sprachgebrauch Coseriu (1980) zu, denn die gesamte Metrik und die übrigen Verfahrensweisen der symmetrischen Gestaltung auf dem Gebiet des materiellen Textausdrucks hätten in der Dichtung die gleiche Funktion wie ein Bilderrahmen. Smith (1978) insistiert auch darauf, dass sich die Art der Teilnahme am sprachlichen Ereignis in dem Augenblick ändert, wenn dieses zu einem poetischen Ereignis wird, weil der Text des Gedichts uns wie die Partitur eines Musikstücks oder das Manuskript eines Theaterstücks sage, wie wir den Sprechakt, den er darstellt, herzustellen hätten. Die dargelegten Thesen über die Entpragmatisierung der poetischen K. lassen sich leicht mit dem Ansatz des Gründers der Sprechakttheorie Austin (1962) in Einklang bringen, dem zufolge eine Äußerung auf der Bühne, im Gedicht oder im Soliloquium auf eine dem Normalgebrauch gegenüber *parasitäre* Art und Weise gebraucht wird, die man der Lehre von der *Sprachverkümmerung* zuordnen kann.

Es ist offenbar, dass in dieser Konzeption im Unterschied zu Jakobson die pragmatische Dimension der Sprache im Vordergrund steht. Während Jakobson meinte, dass sich die Bedeutung aus der syntaktischen Organisation der Spracheinheiten ableite, d. h. von innen her, sehen seine hier angeführten Kritiker in ihr ein Ergebnis der Beschäftigung der Sprache in den «praktischen Seinssphären», d. h. ihrer äußeren Befangenheit durch die Situation. Deshalb war die Dichtung für Jakobson die Bewusstwerdung (Zur-Schau-Stellung) des inneren «Skeletts» der Sprache, während sie für seine Kritiker in der Bewusstwerdung (der Zur-Schau-Stellung) ihrer äußeren «Hülle» liegt. Doch in beiden Fällen entsteht die poetische Qualität durch die *Negation* dessen, was man für K. hält. Im ersten Fall ist dies die (materielle) Bedeutung oder die übertragene sprachliche Nachricht, im zweiten die (materielle) Wirkung oder der vollendete Sprachakt. Entsteht so nicht der Eindruck, dass, trotz der Rehierarchisierung der Sprachdimensionen (der syntaktischen, semantischen und pragmatischen) in der Argumentation der Kritiker Jakobsons, die ihm selbst vorgeworfene Reduktion wiederholt wird? Die Rehierarchisierung allein reicht keineswegs, wenn sich der Begriff der K. weiterhin auf eine – und zwar fundamentale, normative oder gar «normale» – Sprachdimension stützt. Jede Norm ist immer schon Ergebnis einer partikulären Projektion, die ihre Begrenztheit nicht einsieht, sondern sie für universell ausgibt.

4. Das zeigte Pratt (1986a) mit ihrer Kritik des sog. Kooperationsprinzips *(Cooperation Principle)*, den Grice (1975) in seinem einflussreichen Entwurf der Konversationsmaximen vorlegte. Er hebt vier Maximen hervor, nach denen

sich jede erfolgreiche Konversation richtet: (1) Quantität (Gehe ökonomisch mit Informationen um!), (2) Qualität (Sei wahrhaftig!), (3) Relation (Sei relevant!), (4) Modus (Sei deutlich!). Verstößt ein Konversationsteilnehmer gegen irgendeine dieser Maximen, kann das nur heißen, dass seine Äußerung gewisse Implikaturen hat. Man kann aber nicht nach Belieben gegen sie verstoßen, weil die Konversation dafür entsprechende Sanktionen (Missverständnis, Gespött anderer Teilnehmer oder gar Ausschluss des verstoßenen Sprechers aus der Gemeinschaft) vorsieht. Nur die literarische K. lässt ein größeres Maß an Freiheiten in Abweichungen zu, die durch ihre Institutionalisierung die Kooperationslosigkeit vor Konsequenzen schützt. Die Gewähr der Sinnhaftigkeit, die sie dem Empfänger schenkt, macht sogar die Gefährdung der K. bis zu ihrer Vereitelung möglich.

Das Problem mit dem Griceschen Modell – und somit auch mit der Analogie, die durch dieses mit der literarischen K. hergestellt wird – liegt darin, dass man wegen der kooperativen Handlung die strategische unterschätzt, die sich nach Wünschen, Interessen, Macht usf. richtet. Den Willen zum Konsensus kann man sich nur dort vorstellen, wo die Teilnehmer an der Konversation und literarischen K. von gleichen Positionen ausgehen, gleiche Rechte und Ziele haben, was selten der Fall ist. Häufiger versetzt uns die K. in die Schnittpunkte widerstreitender oder zumindest widersprüchlicher Absichten, Zielsetzungen, Wünsche und Interessen. Aus dieser Perspektive ähnelt die Rationalisierung der Sprache, die Grice fordert, der Produktion in den Industriegesellschaften, Industrieproduktion, Konsum, Wissenschaft und Massenmedien sind nach Pratt die mächtigsten Faktoren des gesellschaftlichen und materiellen Lebens in der Welt, in der Grice und sein Publikum leben, die auch seine Sprachauffassung bestimmten.

Noch fraglicher ist allerdings, inwiefern Abstimmung von Perspektiven das Ziel der *literarischen* K. sein kann. Greenblatt erinnert in diesem Zusammenhang an Gorgias und seine Auffassung, dass Täuschung der Kern der schöpferischen Phantasie selbst sei. Der Autor und Leser steigen weder mit gleichen Rechten und Interessen noch mit gleichen Absichten in die K. ein. Deshalb sind Mehrdeutigkeit, Doppeldeutigkeit und andere Formen der Übercodierung in ihr üblicher als in der Konversation.

5. All das stellt die Möglichkeit der Konventionsaufstellung als eine Art Vertrag zwischen literarischen Kommunikatoren in Frage. Darauf hat Derrida (1972a) mit seiner Kritik der Sprechakttheorie hingewiesen. Er besteht darauf, dass einem Sprachzeichen Bedeutung zuzuschreiben unentscheidbar bleibt und diese Unentscheidbarkeit Folge der gestörten Mitanwesenheit sowohl des Senders und Empfängers als auch des Signifikanten und Signifikats für einander ist. Zwischen ihnen ist eine, sei es auch minimale, doch niemals unbedeutende

Verschiebung, Verzögerung, Differenz eingezogen, da jenes, was sie konstituiert, immer gleichzeitig dasselbe ist, was sie unterscheidet. Dieses subversive Moment im Sprachgebrauch nennt Derrida Iterabilität und erklärt es als unvermeidlichen Exzess dessen, was jemand sagt in Bezug auf das, was er sagen wollte. Es geht also nicht darum, dass der Sprecher die Äußerung durch seine Intention nicht erfüllt, sondern darum, dass er sie mit dieser Intention nicht vollständig erfüllen kann, weil die Äußerung gleichzeitig durch den Hinweis auf eine schon festgelegte Konvention, einen Typus oder ein Modell identifiziert werden muss. In dieser Dimension, in der die Äußerung sich selbst durch Wiederholung bestimmter «Standardmerkmale» erkennbar macht, verselbständigt sich die Äußerung gegenüber der Situation *Ich-hier-jetzt*, in der sie entsteht. So fragt Derrida, ob denn eine performative Äußerung gelingen könne, ohne dass ihre Formulierungen eine «codierte» oder wiederholbare Aussage wiederholen, ohne dass sie in gewissem Sinn als «Zitat» erkennbar wäre. Demnach forme die Iterabilität jedenfalls die Struktur der *marque* (Derridas absichtlich mehrdeutiger Begriff, der denjenigen des Zeichens ersetzen soll), schneide die Intention ab und entferne sie, hindere sie daran, voll in sich selbst, in der Aktualität ihrer Bestrebung und dessen, was sie impliziert, anwesend zu sein. Wenn aber die Äußerungen von der Wiederholbarkeit abhängen, dann ist ihnen die Nachahmungsdimension immanent, sodass man die Fiktivität aus ihnen nicht ausschließen kann, wie es Austin wollte, indem er die poetische oder szenische Rede zum parasitären Sprachgebrauch machte, der sein Dasein auf Kosten der sog. ernsthaften Rede fristet. Unter dem Gesichtspunkt der Derridaschen Argumentation ist gerade die ernste, nicht-fiktive, nicht übertragene Rede umgekehrt bloß ein Sonderfall des performativen Spiels der kommunikativen Rollen, der als Ergebnis der theoretisch-methodologischen Abstraktion entstanden war. Culler (1982) führt zusammenfassend aus, dass die Nachahmung keine Verfehlung sei, die dem Original zustößt, sondern Bedingung, die es möglich mache. So etwas wie ein ursprünglicher Stil Hemingways bestünde nur, wenn man ihn anführen, nachahmen oder parodieren kann.

Derridas «Entdeckung» des Aufführungscharakters der Äußerung widerlegt nicht nur Austins These über die Ursprünglichkeit der ernsthaften Sprechakte, sondern zugleich auch die wichtigere These über die Feststellbarkeit oder Ausschöpfbarkeit ihres Kontextes. Derrida leugnet zwar nicht, dass die Bedeutung einer Äußerung durch den Kontext bestimmt ist, meint aber, dass dieser Kontext durch die Iterabilität der Äußerung in das Spiel steter *Vervielfältigung* versetzt ist. Deshalb kann keine Theorie die Signifikationseffekte kontrollieren noch sie beherrschen: Jede Kontextbeschreibung wird umgehend und unbeabsichtigterweise zum inhärenten und problematischen Teil des beschriebenen

Kontextes. Als wesentlich für seinen Ansatz unterstreicht Derrida deshalb, dass keine Bedeutung außerhalb von Kontext bestimmt werden könne, kein Kontext jedoch Saturation ermögliche, bei der allerdings nicht an Inhaltsreichtum, semantische Fruchtbarkeit, sondern an die Struktur des Überrests oder der Wiederholung gedacht wird. Diese radikal abwesende Dimension der Äußerung nennt Derrida (1967c) das *Strukturunbewusste* und nähert sich damit der berühmten Formulierung Lacans (1966), der zufolge die Bedeutung zwar der Signifikantenkette *inhärent* ist *(insiste)*, jedoch kein Element in der Kette dauerhaft in jener Bedeutung *Bestand hat (consiste)*, deren es in diesem Moment fähig sei. Da sich jede *marque* von jedem Kontext trennen kann, ist das Verstehen seinem Wesen nach ein unvollendbarer Prozess: Die Äußerung gelangt nie an ihren Bestimmungsort (1980b). Sie kann ihn nicht erreichen, weil das Nichtverstehen Strukturbedingung jedes Verstehens ist.

Derrida fügt sich damit in die Tradition der dissentiven Kommunikationsauffassung ein, die auf der unaufhebbaren Differenz zwischen den Kommunizierenden beharrt. In diesem Sinn schlussfolgert Frank (1990), dass man grundsätzlich aus der Äußerung eines Anderen niemals mit apodiktischer Sicherheit den von ihm intendierten Sinn erraten könne; denn erstens könne man sich nicht in seine Haut versetzen, zweitens hätte man es auch tun können, besäße man keinerlei transkommunikativen Stützpunkt für ein Gesetz, dem zufolge der Ausdruck mit der Bedeutung endgültig «richtig» zu verbinden wäre.

6. Die Frage ist aber, inwiefern die subversive Interpretation der Fehlschläge als Standardfall tatsächlich die Schwierigkeiten der traditionellen konsensuellen K.s-Theorie umgeht, die unbeirrt auf irgendwelchen, sei es auch ideellen, transkommunikativen Stützpfeilern der Verständigung beharrt. Es ist wahrscheinlicher, dass sich infolge des «Umwendens der Handschuhe» im Diskurs der Kritiker die Argumentationsstruktur des Kritisierten unbewusst erneuert, wodurch unter ihnen ein stillschweigender Konsens entsteht.

Das versucht Frank (1990) mit dem differenzierten Kommentar an Derridas Polemik gegen die Sprechakttheorie zu zeigen. Franks Hauptthese ist, dass so, wie konsensuelle Theoretiker die Konvention, den Code oder Kontext als Bedingung der *Möglichkeit* der K. autorisieren, Derrida die differenzielle Sprachtätigkeit als Bedingung ihrer *Unmöglichkeit* im Sinne einer vollen Identität zum Urheber macht. Den Sprachwandel bei Derrida deutet er als «die Arbeit unaufhaltsamer Differenzbildungen und -verschiebungen, die die Menge der Zeichen zugleich als Ordnung» begründe und anfechte, da «keine der unendlich vielen geschichtlich in Erscheinung getretenen Anordnungen von Zeichen» von sich behaupten könne, die «wahre» oder «endgültige» Systematisierung vollbracht zu haben (Frank 1990; ebd., S. 637). Das grenzenlose Spiel der

Unterschiede (Différance) begründet die Positivität jedes Sprachzeichens (und spielt sie aus) gerade deshalb, weil es selbst nicht positiv ist. Indem Derrida das Spiel als den sich selbst organisierenden und in Gang setzenden Motor der Bedeutungstransformation eigener Einheiten auslegt, befördert er es unversehens in ein transzendentales Super-Subjekt des Sprachgebrauchs. «Die Leugnung des Subjekts im Positivismus hat (...) nur dazu geführt, dass das Subjekt unter verkehrten Vorzeichen erhalten geblieben ist. Man könnte sagen, dass es lediglich seinen Platz gewechselt habe und aus dem Herzen des menschlichen Bewusstseins in den Gedanken eines sich selbst organisierenden und applizierenden Systems geflohen sei. Erklärt dies nicht, warum Derridas ‹différance› und die anderen Neologismen, die er prägt, von so vielen Verbotstafeln und Signalanlagen umstellt sind?» (Frank 1990). So schließt die Dekonstruktion ohne Absicht an jenen Konsensus an, den sie glaubte, zwischen dem Nomologismus der humanistischen Wissenschaften und der klassischen Reflexionstheorie entdeckt zu haben – den Konsens über die Selbstanwesenheit des Subjekts als den Ort, an dem die «Wahrheit mit sich selbst in Einklang» kommt. Die Fixierung der Kritik auf ein dyadisch-reflexives, hegel-husserlsches Subjektmodell, das – sich seiner selbst bewusst geworden – zu sich selbst zurückkehrt, machte einen Spalt an der Tür auf, durch den sich dieses Subjekt in die Derridasche Dekonstruktion einschleichen kann.

Frank weist jedoch darauf hin, dass es in der abendländischen Philosophietradition auch ein anderes, romantisches, Subjektmodell gibt, das Derrida nicht kennt oder vernachlässigt. So verwerfen etwa Humboldt, Schleiermacher (1832/1959) und Sartre die Idee, dass das Subjekt nur durch die reflexive Setzung mit sich selbst einig wird, und bestehen auf dem immer schon vorgängigen SelbstBewusstsein als dem «individuellen Gefühl». Frank stimmt bei aller Kritik diesem Postulat eindeutig zu, denn «die Reflexion – oder die *différence*» sei gespalten; zwar habe sie «Zugang zu sich», aber nicht einfach «durchs Spiel der Selbstvermittlung als solcher», sondern über den Umweg der vom Individuum geleisteten freien Interpretation, an der «die Instanzen der Konvention, der Tradition, der Reflexion und der Differenzialität ihre absolute Grenze haben. Nur das individuelle SelbstBewusstsein erklärt, was Derrida beständig (...) in Anspruch nimmt: dass jede Wiederholung eines Zeichens dessen Sinn tangiert, transformiert oder auch einfach konserviert; dass diese Iteration aber in keinem Fall als eine anonyme Vollstreckung der Forderungen eines Code oder als die Permanenz eines ‹type› begriffen werden kann» (Frank 1990). Frank geht also von der These aus, dass schon die geringste Handlung in der alltagssprachlichen K. als Bedeutungsprojektion der «inneren Empfindung» eine sei es auch winzige schöpferische Neuheit enthalte, die sich methodisch weder überprüfen noch objektivieren lässt. Als vorreflexive Interpretationshypothese, als regulative, auf Aussöhnung divergenter Perspektiven im einheitlichen «Welthoriziont» ausgerichtete Idee könne sie nur im Prozess der dialogischen Verständigung bezeugt werden. So kommt der Konsenshorizont der K. in den Einsatz der unaufhörlichen individuellen Erneuerung, deren Mittelpunkt in der Gegenwart (statt in der Vergangenheit wie bei Gadamer [1960, 1972]) liegt. Die Verantwortung der Gegenwart folgt – ähnlich der Ereigniskonzeption Bachtins – daraus, dass sie sich ihre Vergangenheit selbst wählt und sich dabei von Moment zu Moment Rechenschaft über ihre gegebene Konstellation gibt. Also strukturiert sich die Sprache nicht selbst wie bei den Dekonstruktionisten, sondern wird durch singuläre Kommunikationshandlungen strukturiert, wodurch sie aufgrund der durchlaufenden Desintegration und Reintegration ihrer sinnhaften Zusammenhänge beispiellos dynamisiert wird. Frank erklärt also im Unterschied zu Derrida die Unmöglichkeit einer völlig erfolgreichen und vollständigen Verständigung (und damit K. in der Code-Bedeutung) dadurch, dass Bedeutungssysteme jeweils ein *individuelles Fundament* haben, das die konstitutive Lücke in ihrer Identität öffnet. Für diese Konzeption des In-dividuums findet er Untermauerung u. a. in Lacans Theorie des *singulären*, radikal abwesenden *Signifikanten*, der gerade durch seine Abwesenheit allen anderen Signifikanten der «symbolischen Ordnung» die Zeichenhaftigkeit verleiht. Da sich dieser Signifikant nicht vergegenwärtigen lässt, muss er diviniert werden, was in der projizierten Zeichenganzheit einen neuen Hohlraum öffnet usf. Für Frank stellt die K. eine Bewegung von einer Interpretationshypothese zu einer (ihr konstitutiv äußerlichen) anderen dar, wodurch das subversive Iterabilitätskonzept Derridas schließlich im hermeneutischen Zusammenhang untergebracht wird. Dadurch bewahren die Konsenshorizonte die Prägung der individuellen Verantwortung, seien sie auch noch so sehr durch kommunikative Praxis verifiziert.

7. Außer mit Bachtins Konzeption hat die dargelegte Revision des Kommunikationsbegriffs Franks auf den ersten Blick erstaunliche Berührungspunkte mit Luhmanns (1984) Theorie selbstreferenzieller Systeme. Bei Luhmann macht nämlich auch im ausdrücklichen Gegensatz zum Strukturalismus das aktuelle Ereignis den Ausgangspunkt der Strukturierung aus, was dazu führt, dass das System durch stete Öffnung neuer selektiver Zusammenhänge aufrechterhalten wird und das Novum sein Reproduktionsprinzip ist (mindestens wenn es um komplexe Sozialsysteme geht).

Doch die Tatsache, dass Luhmann die Bedeutungsprojektion der Welt in der K. dem *System* statt dem *Individuum* zuschreibt, weist auf einen wichtigen Unterschied hin. Dem System ist prinzipiell die Verbindung mit dem Weltganzen, dem es angehört, vorenthalten, im Unterschied zum Individuum, das diese Verbindung über das «innere Gefühl der Gewissheit» des eigenen Selbstbewusstseins herstellt und aufrechterhält. Dank dieser «Scheidung von der Totalität» können die Systemprojektionen für ihre Interpretationsthesen nicht transzendentalen, sondern nur empirischen Status beanspruchen: Sie sprechen in erster Linie über das System und erst in der zweiten über die Welt. Das hatte Luhmann (1989a) mit seiner paradoxen Formulierung «K. teilt die Welt nicht mit, sondern ein» wohl vor Augen. Sie teilt ein oder auf, weil die differenzierende Ausrichtung der Systemoperation im Unterschied zur einigenden Ausrichtung des Individuums einen Teil notgedrungen dem Dunkeln überlässt (*unmarked state*; G. S. Brown 1971). Dabei *muss* das System auf der spezifischen Leitdifferenz (oder Code) seiner Operationen gegenüber Operationen anderer Systeme bestehen, weil es sonst seine Identität und sein Weiterbestehen gefährdet.

So lässt sich das kommunikative Ereignis nur nach dem Maß eines spezifischen Selektionshorizonts verstehen, womit es sich in jedem dieser Horizonte anders offenbart als in allen übrigen. Darüber hinaus schließt die Differenzierung der Systemhorizonte eine Überordnung irgendeines von ihnen über die anderen aus, womit die grundlegende transzendentalphilosophische Voraussetzung über eine (sei es nur asymptotische) Annäherung divergenter Perspektiven im Rahmen des Ganzen ausgeschaltet wird. Wie Kneer und Nassehi (1991) unterstreichen, müsse die Gesellschaftsordnung nicht mehr auf eine Allgemeinheit zurückgeführt werden, sondern könne als rekursive Rückvernetzung systemisch-relativer Perspektiven von unaufhebbarer Verschiedenheit, die sich gegenseitig beobachten und verstehen, verstanden werden. Thomas (1992) hebt hervor, die Welt unterliege der Aufteilung in systemisch-relative ‹Welten›, denen ihre eigene Begrenzung unsichtbar sei. Denn eine Welt, welche die Differenzen aller Einzelperspektiven aufheben würde, ließe immer die Frage aufkommen, aufgrund welcher Differenz und ausgehend von welchem System dies geschehe.

Die Welt als «operative Fiktion» oder Gebilde der «Regionalontologie» des entsprechenden Systems weist also nicht mehr auf die Einheit, sondern auf die Differenz gegenüber anderen Welten hin. Für die Systemtheorie ist sie als Konsenshorizont nicht die (transzendentale) Voraussetzung wie für Frank, sondern ein (empirisches) «Nebenprodukt». Kneer und Nassehi heben den dauerhaften Zerfall des Ereignisses als entscheidend hervor. Die Auflösung einer K. durch eine andere schaffe so den Durchlauf, der sich nur durch seine eigene Operationsweise aufrechterhält, an welchem systemische Selektionshandlungen teilhaben. Wenn die K. die eigene Wirklichkeit gewährleiste – und auch die einzige Gewähr der Wirklichkeit von Sozialsystemen ist, wie man hinzufügen muss –, dann sei klar, dass die Bedeutung des Kommunizierten ausschließlich aus den immer unterschiedlichen, der K. zugrunde liegenden Beobachtungsschemata hervorgehe. Die Ermöglichungsbedingungen der Wirklichkeit erweisen sich als empirische, da sie immer *in actu* entstehen und mit ihrer Ereignishaftigkeit die kommunikative Anknüpfung in Gang halten. Denn obwohl das System weiß, dass sie *etwas* ausschließen, kann erst das kommende kommunikative Ereignis ihnen mitteilen, *was* da ausgeschlossen war – obgleich wieder zum Preis, etwas ausgeschlossen zu haben (was man wiederum nicht kennt).

So werden die unversöhnlichen Unterschiede zwischen einzelnen K.s-Ereignissen, die Derrida dazu trieben, zwischen ihnen die *Différance* einzuführen, und Frank dazu, im transzendentalen *Individuums*begriff Zuflucht zu suchen, in Luhmanns Theorie der autopoietischen Systeme schlicht zum *Generator* der K. Das sich wiederholende kommunikative Ereignen sichert stets aufs Neue die «operative Fiktion» der Welt als eines funktionalen Äquivalents des vorherigen Konsenshorizonts. Es handelt sich um ein *funktionales Äquivalent*, weil das Ziel der K. hier nicht mehr Konsens (der sowieso nie mehr erreicht werden kann), sondern die Systemreproduktion durch Verkettung immer neuer Ereignisse ist.

Die These, dass die Welt nur aus der kontingenten Zuschreibung der Funktion hervorgehen kann, hat schließlich auch für die Stellung des Beobachters (oder Theoretikers) der K. Konsequenzen. Seine Erkenntnisprojektion ist nämlich auch unvermeidliches Ergebnis seiner Situierung im sog. Wissenschaftssystem, das sich nach eigener Leitdifferenz richtet. Daher müsste er sich folgerichtig als Teil des Erkannten erkennen, weshalb erst die Wissenssoziologie nach Luhmann (1988a) einen so radikalen Konstruktivismus ermöglicht, der auch sich selbst in die Konstruktion einschließt. Schwanitz (1990a) weist darauf hin, dass diese Selbst-Thematisierung des Beobachters nur bei soziologisch begründeter Erkenntnis erreicht werde. Bei einer biologischen Begründung hingegen – wie etwa im radikalen Konstruktivismus der empirischen Literaturwissenschaft – oder bei der psychologischen Erkenntnisbegründung – wie etwa in der Hermeneutik – könne man sich einbilden, die Position des Außenbeobachters zu beziehen. Allerdings gebe es ohnehin nur ein soziales System und jenseits von ihm sonst nichts. Alles, was Anspruch auf eine solche selbständige Existenz erhebt – die Systemtheorie selbst eingeschlossen –, erweist sich in letzter Konsequenz als Ergebnis einer systemischen Operation der Autoontologisierung.

8. Aus der bisherigen Darlegung konnten wir erkennen, dass die Umstürze in der Auffassung der K. in der Art ihrer Argumentationen ungewollt, aber entscheidend jenem schuldig bleiben, was sie revolutionieren. Indem Luhmann die K. zur grundlegenden Operationsweise sozialer Systeme proklamiert, distanziert er sich im Grunde in erster Linie von Parsons' Auslegung dieser Systeme im Rahmen der traditionellen soziologischen Handlungsparadigmata. Es handelt sich darum, dass die Handlung auf *einem* System als Träger beruht,

während für die K. mindestens *zwei* gebraucht werden, was Luhmann anscheinend von der Festlegung an ein metaphysisches Subjekt als dem «unbewegten Bewegenden» befreit. Um diese rätselhafte «doppelte Kontingenz» zu erklären, bedient sich Luhmann (1984) des triadischen, an Bühler (1934) erinnernden Schemas. K. besteht demnach aus (a) *Information*, die eine Auswahl dessen impliziert, *was* kommuniziert wird, (b) *Mitteilung*, die eine Wahl der Art und Weise, *wie* kommuniziert wird, sowie *Formulierungswahl* (mündlich, schriftlich, flüsternd, schreiend etc.) impliziert und (c) *Verstehen*, welches die Selektion der *Differenzierungsweise* zwischen der Information (a) und Mitteilung (b) impliziert. Die Grundthese in dieser Triade heißt: Ohne Verstehen gibt es keine K., weil erst dieses die Fortsetzung der K. ermöglicht und dadurch die Aufrechterhaltung des Systems. Dadurch wird der Akzent von der Handlung (des Senders) auf das Verstehen (des Empfängers) und seine *projektive Differenzhandlung* verschoben. Da es sich um selbstreferenziell geschlossene Systeme handelt, entbehrt das Verstehen prinzipiell der Möglichkeit seiner Einsichtsüberprüfung und baut auf der Hypothese über die Handlungsweise (bzw. der Leitdifferenz) des anderen Systems (seines «Kommunikationspartners») auf. Diese Hypothese wird durch eine Kommunikationsoffenlegung ausgesprochen, die sich zwangsläufig entweder der Information (Inhalt) oder der Mitteilung (Modus) des kommunikativen Ereignisses anschließt und so – in voraussehender Perspektive gesehen – einen neuen Selektionshorizont öffnet (seltener, wie wir noch sehen werden, den bestehenden stabilisiert).

In rückwirkender Perspektive gesehen, weist das Verstehen der K. mit seiner kontingenten Anschlussselektion an dieses oder jenes eine sog. *Bedeutungszuweisung* zu und verwandelt sie damit in *Mitteilungshandlung*, für welche – aus der Perspektive des Verstehenden – eine bestimmte Person, als ihr Träger, Verantwortung trägt. Viele K.s-Theorien nehmen diese (invisibilisierte) Wirkung des Verstehens für bare Münze und übernehmen sie als ihren fraglosen Ansatz, von welchem ausgehend sie dann die K. als Reduktionshandlung des Kommunikationssubjekts erklären, obwohl – geschichtlich gesehen – Verstehensweisen auch mit anders ausgerichteten K.s-Attributionen denkbar sind. Eine solche Kausalreduktion der drei K.s-Dimensionen auf eine einzige betreibt etwa die Empirische Literaturwissenschaft, die deshalb im Rahmen des analytisch-philosophischen Handlungsparadigmas stecken bleibt, obwohl sie sich als Anhängerin der Systemtheorie versteht. Wichtiger als dieses für Luhmann bezeichnenderweise beiläufige theoretische «Gefecht» ist indes folgende Frage: Was entscheidet darüber, ob das Verstehen sich der Information oder der Mitteilung anschließt, ob es den Inhalt oder die Form der Aussage als wichtiger beurteilt? Handelt es sich um eine völlig kontingente, willkürliche Entscheidung? Obwohl Luhmann die Theorien, die sich der erwähnten Reduktion fraglos bedienen, kritisiert, sieht er ebenso ein, dass diese für den Verlauf der K. unerlässlich ist. Ohne Ego und Alter als Identifizierungspunkte des kommunikativen Ereignisses wäre das Anschließen als Prozess der Systemselbsterhaltung nicht möglich. Da das Verstehen eine so entscheidende Rolle spielt, stellt sich die Frage, was letztendlich über die Richtung entscheidet, die dieses nimmt: Ist es dasjenige, *was* verstanden wird, derjenige, *der* versteht, oder sind es die *Umstände*? Kann beispielsweise das verstehende System auf die gleiche Art und Weise die Mitteilung von der Information auseinander halten, wie es das System tat, das seinem Verstehen unterstellt ist?

Luhmann, so scheint es, gibt dem Verstehen völlig freie Hand, was – anders gesagt – bedeutet, dass er dem kommunikativen Ereignis jede befehlsgebende oder richtungsweisende Kraft nimmt. Das scheint übrigens seiner Dissenstheorie der K. als des Austauschs zwischen unversöhnlichen Systemperspektiven zu entsprechen. Das Verhältnis zwischen dem Kommunikationsereignis und seinem Verstehen erweist sich in so verstandenem Austausch als das Verhältnis zwischen Problem und Lösung (und nicht zwischen Ursache und Folge, Reiz und Reaktion wie früher). Das Problem stellt das System vor *unbegrenzte Komplexität*, sodass die Lösung schon dadurch auf deren *Reduktion* hinausläuft. In Luhmanns Konzeption übernimmt diese Reduktion oder Negation die Rolle von Husserls *sinnverleihendem Akt*. Gestützt auf eine bestimmte Perspektive, führt sie die Strukturierung der Komplexität aus, die an sich, bevor sie ein Verstehen erfährt, *differenzlos* ist.

Daraus folgt, dass dem System in Luhmanns Konzeption keine Funktion (und damit auch keine Struktur) im Voraus *gehört*, diese vielmehr dem System als Komplexitätsreduktion durch Beobachtung erst rückwirkend *zugeschrieben* wird. Da Luhmann zufolge eine so prinzipielle Nicht-Funktionalität nur Merkmal der Welt (im Ganzen) bzw. des *Gesamtsystems* – gegenüber der Systemfunktionalität in seinen *Teilsystemen* – sein kann, heißt dies in letzter Konsequenz, dass Systeme an sich (vor jeder Attribuierung) für Luhmann als Welt bestehen, d. h. gleichermaßen für alle Funktionalisierungen offen (indifferent) sind. Daher fragt Englisch (1991), ob *ein System überhaupt für sich allein oder nur für einen Außenbeobachter System sein* könne. Systeme verdanken, so scheint es, diese beispiellos reine Disponibilität dem Überschuss an ausgeschlossenen Möglichkeiten, der sie als *Umwelt* umgibt und im Voraus allen Selektionen und kommunikativen Anschlussmöglichkeiten Sinnhaftigkeit zusichert. Diese bequeme Sinnumhüllung ist also wahre Bedingung der Möglichkeit von Verstehensvoraussetzungen, die eine beinahe göttliche Wahlfreiheit besitzen, da sie für jede ihrer Interpretationsprojektionen den entsprechenden Anschluss finden können.

So ist jenes den Systemen zunächst vorenthaltene Weltganze zum Schluss unversehens in jedem System anwesend – im Modus der Abwesenheit. Thomas (1992) folgert daher, dass die Systeme einander nicht wie *black boxes* begegneten, da sie die gemeinsame Voraussetzung teilten, dass nämlich das andere System eine, in einer größeren, präsenzlos präsenten Welt nicht strukturierter, aber immer sinnhafter Komplexität, sinnhaft strukturierte Welt sei. So entstehe *order* eben nicht aus *pure noise*, sondern nur aus *noise* in Gestalt von Sinn. Zwar seien *black boxes* füreinander undurchsichtig, operierten aber mit Hilfe einer Einheitsfiktion: von einander annehmend, «anschlussfähig» zu sein.

Obzwar er dies hypostasieren kann, findet Luhmann im Rahmen seiner Theorie keine gültige Beweisführung dafür, dass der systemisch-relative Weltbegriff die universelle Anschließbarkeit ermöglicht und so in sich die untereinander unversöhnlichen «Weltzentrierungen» unterbringt. Warum sollte die grenzenlose und formlose Komplexität der Welt (sog. *unmarked space*), undurchdringlich, wie sie in ihrem ursprünglichen «breiigen Zustand» ist, nicht auch sinnwidrig, passiv, resistent, widersprüchlich oder gar sanktionierend sein? So fragt auch Englisch (1991), woher denn das System überhaupt wisse, ob es außerhalb seiner etwas mit seiner Differenzierungssonde treffe. Ohne das Entgegenkommen der Welt könne es im reinen Trial-and-Error-Verfahren zu keinen zuverlässigen Erkenntnissen kommen.

So hat sich Luhmann (1986c) mit seiner Auffassung von der «operativen Fiktion» der Welt als letzter Obhut für das *Ineinanderübergehen* aller Horizonte dem gleichen Vorwurf ausgesetzt, den er selber an Habermas wegen seiner unkritischen, konsensuellen Anwendung des Weltbegriffs richtete und behauptete, es lasse sich aus dem Weltbegriff ohne metaphysische Interpretation keine Präferenz zur Positivität ableiten. In dem Augenblick, in dem die selbstreferenzielle Struktur die Verantwortung für alles übernimmt, was als Wirkliches besteht, befördert sie sich ohne Absicht zur metaphysischen, mit sich selbst identischen Substanz, verkehrt die grundlegende Orientierung der Systemtheorie in Richtung «vielfacher Konstitution» und stellt die Berechtigung ihrer Polemik gegen die «alteuropäische Tradition» in Frage. Luhmanns (1971b) Indifferenzierung der Welt zur grenzenlosen Unbestimmtheit des *unmarked space* hat eine noch weitreichendere Folge: Sie befreit nämlich das System von der Verantwortung für die ausgewählte Perspektive der kommunikativen Reduktion, da jede Wahl ohnehin durch die «überschreitende» Negation der vollzogenen Negation widerrufen werden kann! «Komplexität» werde nur gleichsam «ausgeklammert, von Moment zu Moment in immer anderer Weise reduziert und bleibt dabei bewahrt als allgemein konstituierter Selektionsbereich, als ‹Woraus› immer neuer und immer anderer Wahlen – als Welt» (Luhmann 1971a). Dadurch entsteht der gefährliche Anschein universeller Irreversibilität aller Prozesse, als würde jenes, was das Verstehen durch seinen Entschluss kontingent macht, schon dadurch in Wirklichkeit auch ein solches werden, und als hätten menschliche, einmal getroffene Entscheidungen – wie die göttlichen – für den Menschen keine widerrufbaren wirklichen Konsequenzen.

9. Vielleicht sollte man Luhmanns Vergöttlichung des Verstehens als freier Handlung der Weltherstellung als eine unbewusste Kompensation des heute zugespitzten Gefühls der Kontingenz bzw. der Relativität aller interpretativen Entscheidungen deuten. Luhmann führt ja selbst aus, wie die fortgeschrittene funktionelle Ausdifferenzierung der Gesellschaft durch Entdeckung der neuen Kommunikationsmedien, welche die Zahl der Adressaten vervielfältigen und ihr Profil heterogenisieren, die Möglichkeiten der Missverständnisse in der K. vermehrt bzw. die Möglichkeit des Verstehens als des kommunikativen Anschließens vermindert hat. Um dieser Gefahr des K.s-Zusammenbruchs zuvorzukommen, bilden die Systeme *symbolisch generalisierte K.s-Medien*. Diese Medien versteht Luhmann als Programme, durch welche Teilsysteme die Teilnahme anderer Systeme in ihren Operationen organisieren bzw. die kommunikative Anschlussfähigkeit lenken.

Im Kunstsystem wird so das Verstehen auf die Mitteilung statt auf die Information gelenkt, was heißt, dass die Beobachtung der sog. zweiten Ordnung «bestellt wird», die nach dem «blinden Fleck» des Systems sucht bzw. nach dem Hintergrund spezifischer Selektionen, welche dieses in der K. tätigte. Luhmann (1990a) stellt die These auf, dass die moderne Kunst die Kontingenz eigener Wirklichkeitsdarstellung zur Schau stellt und damit ihrem Liebhaber die Einsicht in ihre Einsichtsunfähigkeit ermöglicht, wodurch sie sich stets von sich selbst entfernt und dabei riskiert, unverständlich zu werden. Diese Entfernung kann entweder die Form, den Stil, das Genre oder die Kategorie des Werks selbst zu einer «negativen Folie» machen (die vom Liebhaber projiziert werden muss, damit er überhaupt die K. der Kunst versteht), wobei diese negativen Größen, die den Prozess der Kunstkonstruktion durchführten, durch ihre Beziehung schließlich ein ganzes Netz aufbauen können. In der Situation, in der «Auflösung zum Selbstzweck» werde bis hin zum Paradoxon, dass die Form sich selbst als ihr eigenes Medium verstehen will, wird das Risiko des Unverstehens schwindelerregend. Gleichzeitig aber wird die Autopoiesis des Bewusstseins beim Liebhaber in unvorstellbarem Maß angeregt.

Es scheint, dass der so entstandene Systemzustand – als ein Riesenfeld ausgeschlossener (aber implizit problematisierter, thematisierter, negierter und negiert-negierter) Möglichkeiten – den *stillschweigenden Ansatz* von Luhmanns Theorie ausmacht. Nicht zufällig ist ihr Slogan: das Normale als das Unwahrscheinliche aufzeigen, sodass der Hintergrund der unverbrauchten Normmöglichkeiten aktiviert wird! Dieser Slogan nimmt jedoch das unaufhörliche Anschließen an die Mitteilung statt an die Information für bare Münze – als wäre die mühsame Rekonstruktion der systemisch spezifischen Selektionsprozesse irgendwie den Systemen natürlicher als bequeme Hinnahme der Sachen, wie sie sind! Diese vorgebliche Natürlichkeit wird aus der (postulierten) Kontingenz der Lage der Systeme bzw. aus dem (postulierten) Ereignisprimat über die Struktur im Prozess ihrer Selbstreproduktion abgeleitet. Das Problem liegt jedoch darin, dass die Stellung von Systemen in der Gesellschaft insgesamt nicht auf gleiche Weise beliebig und auch die Beliebigkeit im Verhalten der meisten von ihnen in vieler Hinsicht begrenzt ist. Luhmann erkennt das Recht auf Selbstreproduktion der Systeme vermittels gewöhnlicher, erprobter Schemata nur ausnahmsweise an und neutralisiert somit zu leicht ihre sanktioniert kondensierte Geschichte. In diesem Zusammenhang, bemerkt Oberdorfer (1992), liegt die problematische Konsequenz des Autopoiesiskonzepts darin, dass das System sich in jedem Augenblick neu erschaffen bzw. seine Geschichte autonom selektieren müsse. Zur Verhärtung von Systemen tragen hingegen auch äußerer Druck und Selbsterhaltungstrieb bei, sodass sie allmählich für andere Systeme undurchdringlich werden, sich ihrem Einfluss entgegensetzen und in sich selbst einschließen. Will man also dem Hyperaktivismus der grandiosen Theorie Luhmanns nicht unkritisch zustimmen, die – in vollkommenem Gegensatz etwa zur Philosophie Lévinas' – alle Momente der Rezeptivität, Abhängigkeit, Passivität und Hingabe aus sich entfernt hat, dann sollte man, so scheint es, ihren Kontingenzbegriff in wesentlich modifizierter Bedeutung übernehmen: Vielleicht wurde etwas nicht notwendigerweise so, wie es geworden ist; aber nachdem es schon dazu wurde, bleibt es nur noch in beschränktem Maß veränderbar, nur noch für eine bestimmte Anzahl von Optionen offen. Erst dadurch würde Luhmanns Theorie der K. den notwendigen «Bodenanschluss» erlangen. (D. M.)

→ Äußerung, Dialog, Intersubjektivität, Situation, Sprache

Kompetenz

(engl. competence, franz. compétence, russ. kompetencija)

Diesen Begriff hat Chomsky, gepaart mit dem Begriff *Performanz*, als grundlegende Opposition seiner Generativen Transformationsgrammatik eingeführt (1957). Der Begriff fand danach auch in Psychologie, Philosophie und Literaturtheorie Verwendung.

1. Bei Chomsky bedeutet K. die stillschweigende und zum großen Teil angeborene Fähigkeit zum Aufbau und Verstehen von Sätzen, zum Erkennen ihrer Beziehungen untereinander, zum Lösen von Zweideutigkeiten und zum

Feststellen von Grammatikfehlern in der Muttersprache des Sprechers. Die Interaktion der K. mit dem Gedächtnis und der Logik erzeugt Performanz als Sprachgebrauch in einer konkreten Situation. Die Transformationsgrammatik konzentriert sich aber gerade auf die Beschäftigung mit der K., wodurch sie eigentlich zu einer Disziplin der kognitiven Psychologie und Biologie wird.

2. Obwohl Chomsky unter K. vor allem die Fähigkeit zum Aufbau korrekter Sätze verstand, wendeten Literaturtheoretiker diesen Begriff, eine unstimmige Analogie benutzend, besonders auf die Fähigkeit zur Rezeption literarischer Texte an. Culler (1975) definiert so literarische K. als ein System von Regeln, Konventionen und Gattungen, das der Leser im Prozess des Verstehens des literarischen Textes benutzt. Literarische K. kann aber nicht wie die Sprachkompetenz biologisch angeboren sein (Chomsky spricht vom erblichen Mechanismus der Sprachaneignung), sondern sie wird mittels Erziehung und Bildung erworben, was große Unterschiede zwischen ihren Trägern verursacht (Smith 1978; Henkel 1990). Vielleicht besteht Eco (1979) gerade deshalb darauf, dass der literarische Text nicht wie der Satz mit ausgereifter K. rechnet, sondern versucht, die K. zumindest teilweise beim Leser zu bilden. (B. D.)

→ Code, Grammatik, Habitus, Konvention, Rezeption

Komposition

(engl., franz. composition, russ. kompozicija/ustanovka)

Der Begriff ist abgeleitet aus der rhetorischen Tradition, in der er sich vor allem auf die Kunstfertigkeit bezog, eine Rede zu verfassen. Daher ist in seiner Bedeutung bis heute die Dimension einer auf ein Ziel gerichteten oder zweckmäßigen Einheit aktiv geblieben. Sie wird allerdings in der gegenwärtigen Literaturtheorie (und Musikologie) aus der *künstlerischen* Intention des Autors und des Werks abgeleitet, nicht mehr aus dem «manipulativen» Bestreben des Redners, sein Publikum von etwas zu überzeugen, was ihm wichtig ist.

1. Diesen Begriff verwenden zunächst die deutschen morphologischen Poetiker vom Anfang des Jahrhunderts, Schissel und Seuffert, und zwar unter unmittelbarer Berufung auf die rhetorische Tradition. Dabei erweitern sie aber seine Bedeutung vom «syntaktischen Organisieren der Satzeinheit» auf die «künstlerische Anordnung des erzählerischen Stoffes», obwohl sie den rein formalen, «künstlichen» Charakter des Begriffs beibehalten. So stellt Schissel (1912) fest: «Der Stoff selbst hat keine Bedeutung für die Komposition. Er dient nur als physische Grundlage, als Träger der angewandten architektonischen Prinzipien wie Gradation, Konzentriertheit, Variation, Symmetrie, Parallelis-

mus, Kontrast.» Er hat allerdings (1910) gezeigt, wie die kompositorische Transformation der Novellen in den Roman dem Letzteren ein einheitliches Thema verleiht, womit er der formalen Dimension der K. die semantische beigefügt hat. Eine noch reichere Semantisierung des Begriffs (er nennt ihn Grundplan) hat Dibelius eingeführt (1910).

2. Aus Deutschland verlagert sich der Begriff zu den russischen Formalisten, wo das Werk – nach einer späteren kritischen Bemerkung von Lotman (1970) – als Konglomerat der Verfahren des Autors betrachtet wurde, das zusammengesetzt wird mit der Absicht, bestimmte Wirkungen (etwa die Verfremdung) beim Leser zu erreichen. Žirmunskij (1921) z. B. spricht diesbezüglich vom «künstlerischen Auftrag», vom «allgemeinen Kompositionsauftrag», von «Zweckmäßigkeit», vom «Prinzip der künstlerischen Ordnung» u. Ä. Aber er belässt diese Begriffe ohne nähere Erklärung. Die vereinigende Rolle verleiht Tomaševskij (1925) dem *Thema*, während Bernštejn (1927) diese Rolle dem Standpunkt zuschreibt («dem allgemeinen Betrachtungspunkt»), der von dem Kunstgegenstand selbst erschaffen wird. Der Begriff K. hält sich jedoch hauptsächlich außerhalb der Hauptströmung der formalistischen Schule, z. B. bei Reformatskij (1922), Rybnikova (1924) und Petrovskij (1928). Bei Petrovskij hat die K. zwei Aspekte, den anatomischen (strukturellen) und den psychologischen (funktionellen), wobei der letztere den Graben zwischen dem poetischen Modell und einer bestimmten Vorlage überbrücken soll. Leider bleibt der Begriff bei Petrovskij nur schwach entwickelt.

3. Die Problematik der K. wird in der strukturell-semiotischen Phase der russischen Literaturwissenschaft wiederholt, wobei Lotman (1964, 1970) und Uspenskij (1970) vor allem Bernštejns Begriff Standpunkt übernehmen. Lotman (1964) definiert die K. des Gedichts als «die höchste Ebene des Aufbaus von Zeichenelementen, die gleichzeitig als die höchste Ebene der Organisation seiner Semantik, seiner Bedeutung, d. h. der Organisation seines Inhalts erscheint.» Danach kommt die erhöhte Strukturiertheit (Übercodiertheit) des literarischen Textes, die identisch mit der verbrauchten Entropie (Unordnung) ist, in der folgenden Definition der K. zum Ausdruck: «die Komposition des künstlerischen Textes wird als eine Abfolge von funktional verschiedenartigen Elementen geschaffen, als eine Reihenfolge der Strukturdominanten verschiedener Ebenen» (1970). Lotman führt hier noch den Begriff des künstlerischen Standpunkts ein – als Subjekt oder Bewusstsein, die «bei der Textrezeption rekonstruiert werden können», sei es in einem fixen oder in einem auseinander strebenden Zustand. In diesem Sinn projiziert die K. aus der Autorenperspektive die «Gestalt des Auditoriums» *(obraz avditorii)*, und aus der Rezipientenperspektive die «Gestalt des Autors» *(obraz avtora)*, dabei immer wieder die normgebend-codierende Rolle übernehmend.

4. Uspenskij (1979) analysiert die K. von Prosatexten wieder in Verbindung mit dem Problem des Standpunkts. Er vertritt die Auffassung, dass eine derart begriffene K. nur sog. darstellenden Künsten (Literatur, Theater, Film, Malerei) eigen ist, die außer einer Ausdrucksschicht auch eine Inhaltsschicht haben. Was die Literatur betrifft, baut sie einen «komplexen Standpunkt» durch die Kombination von vier Aspekten ihrer K auf: des axiologischen, phraseologischen, räumlich-zeitlichen und psychologischen. Daher kommt es, dass sich ein Standpunkt über alle diese Aspekte oder zumindest über mehrere von ihnen gleichzeitig äußert.

5. In der kroatischen Theorie hat Užarević (1991) den Begriff K. vertreten. Er widersetzte sich formalen Zugangsweisen und behandelte die K. als die «Äußerung eines bestimmten inneren Impulses». Das verhindert ihre Identifikation mit den Begriffen des Genres oder der Struktur. Die Struktur hat, im Unterschied zur K., nichts mit der künstlerischen Wirkung des Werks zu tun, sie wird nicht in seiner konkreten, einzelnen Gegenständlichkeit verkörpert. Demgegenüber formt und beendet die K. das Werk räumlich-zeitlich und semantisch. Sie ist «das Werk im Aspekt seiner räumlichen, zeitlichen und semantischen Zergliederung einerseits und Abgeschlossenheit, Gestaltung und Ganzheit andererseits.» (A. B.)

→ Intention, Poetik, Rhetorik, Standpunkt

Konfiguration

(engl., franz. configuration, russ. konfiguracija)

Diesen Begriff führte Ricœur in seiner dreibändigen Studie *Temps et Récit* (1983–85) ein. Hier entwickelte er die Theorie von drei Ebenen der Zeitfiguration: (1) gelebte Zeit als Präfiguration *(préfiguration)*, (2) erzählte Zeit als K. und (3) Zeit des Lesens als Refiguration *(refiguration)*. Die Grundthese lautet, die Zeit sei im Bewusstsein immer schon präfiguriert, sodass sie durch irgendeine Form symbolischer Tätigkeit nur refiguriert, aber keinesfalls logisch (und für Ricœur bedeutet das semiotisch oder analytisch) erklärt werden könne. Der Vermittlungsprozess zwischen der Zeit und dem Erzähltext durchlaufe drei Phasen der Mimesis: Mimesis I. gehöre zum Feld des praktischen Verstehens, Mimesis II. zum Text- und Mimesis III. zum Rezeptionsfeld. In diesem Prozess, der zur Verwandlung der «dissonanten Konsonanz» in die «konsonante Dissonanz» führe, habe die K. die Schlüsselrolle.

Die K. wurzele einerseits in alltäglich-praktischem Vorverständnis der Ereignisse, die dreifach narratisiert werden *(mise-en-intrigue)*: in ihren Sinnstrukturen, in ihren symbolischen Ressourcen und in ihrem zeitlichen Charakter. Aber erst die K. wandele durch ihre Integration diese Präfiguration so in eine Erzählung um, dass sie ihr eine semantische und zeitliche Einheit verleihe bzw. dass sie durch die Schaffung eines Beziehungsgeflechts zwischen den Ereignissen Unstimmigkeit in Einklang verwandele.

Andererseits ist die K. der rezeptiven Refiguration ausgeliefert, durch die sie mittels einer entsprechenden Projektion des Lesers in das Gefüge der entsprechenden gattungshaften bzw. literarischen Tradition eingeordnet werde. In gewissen avantgardistischen Werken, die mit Absicht ohne erkennbare Intrige (Plot) konzipiert sind, übernimmt die Refiguration die Aufgabe der K., weil ohne sie eine Intrige (Plot) überhaupt nicht entstehen kann. Auch wenn dies nicht der Fall ist, ordnet die Refiguration doch regelmäßig all jene Aspekte der Präfiguration, in die schon einmal die K. interveniert hatte (Wahrnehmungsstrukturen, symbolische Quellen, zeitliche Bedeutung), um und führt so eine neue Ordnung ein. (B. D.)

→ Fiktion, Plot, Übertragung

Konkretisation

(engl., franz. concretisation, russ. konkretizacija)

Diesen Begriff führte Ingarden in die zeitgenössische Literaturtheorie (1931) ein. Seine These lautete, das literarische Werk sei grundlegend unvollendet, sodass es nach einem schöpferischem Aufbau des Lesers verlange. Dieser ergänzt im Akt der K. sog. Unbestimmtheitsstellen, die ihm die literarische Struktur anbiete, und übersteige so deren Gegebenheiten. Damit hat Ingarden zum ersten Mal das literarische Werk für abhängig von den Bewusstseinsakten des Lesers erklärt. Vodička (1942) hat den Begriff auf die literarhistorische Ebene übertragen und gezeigt, dass die Rekonstruktion literarischer Werke aus vergangenen Epochen an die Mechanismen ihrer Konkretisierung und nicht an ihre immanente Struktur gebunden ist. «Weil es also keine richtige und einheitliche ästhetische Norm gibt, gibt es auch keine einheitliche Wertung, und ein Werk kann Gegenstand einer mehrfachen Wertung werden, wobei sich seine Form im Bewusstsein des Wahrnehmenden (seine Konkretisation) unaufhörlich wandelt.» (B. D.)

→ Aktualisierung, Norm, Prager Schule, Unbestimmtheitsstelle

Kontext

(engl., franz. context, russ. kontekst)

Begriff, den die Strukturalisten in den 1960er Jahren einführen, um mit ihm die Begriffe Wirklichkeit, Welt, Vorstellung oder Situation zu ersetzen, die bis dahin für die Kennzeichnung des «Untergrunds» des Literaturtextes, der Umgebung, in der er entsteht und in der er verstanden wird, verwendet wurden. Es handelt sich nicht um eine bloße terminologische Innovation, sondern um die Konsequenz der «Wende zur Sprache», welche nach und nach die Geisteswissenschaften im 20. Jh. erfasst. Der Begriff K. geht davon aus, dass das Referenzfeld jeder Äußerung, auch des literarischen Textes, immer schon textualisiert bzw. mittels der Sprachgesetze strukturiert ist. Das bedeutet, dass der literarische Text auf die Wirklichkeit nur über andere literarische und nicht-literarische Texte referieren kann, dass seine Wirklichkeit immer schon durch die Kommunikationspraxis vermittelt ist und dass das der einzige geeignete Hintergrund ist, auf welchem er verstanden werden kann.

1. Derart verstanden, verschiebt der Begriff K. das Problem der Wirklichkeitsdarstellung, das bis dahin in der Prosatheorie herrschte, von der referenziellen auf die kommunikative Achse. Der Text tritt vor allem in eine Beziehung zur Struktur des Leserbewusstseins ein, das zum primären K. seines «Modellierens» wird. Indem er in diesem K. arbeitet, erreicht der Text seine Bedeutung. Diese Arbeit deuten die Strukturalisten auf zwei Grundarten.

Das erste Modell aus Jakobsons Formel über die «Projektion des Prinzips der Ähnlichkeit von der Achse der Selektion auf die Achse der Kombination» hat Lotman ausgearbeitet (1970). Er spricht von der Segmentierung des literarischen Textes im Rezeptionsprozess, was bedeutet, dass der Text im Leserbewusstsein als seinem K. kleinere selbständige Einheiten bildet, die untereinander ein Verhältnis der Übereinstimmung (der Äquivalenz) schaffen statt eines Verhältnisses der Nähe (Kontiguität), wie in den nicht-literarischen Texten. Da die Demonstration im poetischen Text erfolgt, können wir uns als diese Subtexte Artikel, Verse, Zweizeiler, Strophen usw. vorstellen, die so lange in ein Verhältnis des «Nebeneinander- und Entgegenstellens» treten, bis schließlich der gesamte Text in dieses Verhältnis mit dem gesamten K. eintritt. In diesem Moment hat der literarische Text den Prozess der Modellierung seines K.es beendet. Er hat ihn vollständig «abgebildet» und somit problematisiert (bewusst gemacht), statt sich unbesonnen in ihn zu fügen. Eine derartige Autokontextualisierung führen die literarischen Texte zwar nur in den Epochen durch, in welchen die sog. Ästhetik des Gegensatzes herrscht (denn es gibt auch Epochen, in welchen die sog. Ästhetik der Übereinstimmung führend ist), doch da unsere Epoche nun einmal so beschaffen ist, wird sie für Lotman zum Unterscheidungsmerkmal der Literatur. Ein literarischer Text ist seiner Definition nach jener, der seine Struktur in Information verwandelt, wobei die Information die Stufe der erschöpften Entropie (Unordnung) ist. Die Entropie im literarischen Text fehlt deshalb, weil jede seiner Einheiten, schon von sich aus ein Zeichen, ihren gesetzmäßigen Platz noch in einer Reihe von zusätzlichen Zeichenordnungen einnimmt (der Subtexte verschiedener Niveaus: phonologischer, morphologischer, lexikalischer, syntaktischer) bis zur endgültigen Gestaltung des Textes als eines einheitlichen Zeichens.

Das zweite strukturalistische Modell der Beziehung des Textes zum K. hat Barthes in Analogie zum Modell der generativ-transformativen Grammatik ausgearbeitet (1970a). Er geht von Lévi-Strauss' Begriff *bricolage* aus, um – im Unterschied zu den traditionellen Vorstellungen über ihre «schöpferische Freiheit» – die «Abhängigkeitslage» des Produzenten und Rezipienten des Textes zu betonen. Aber bevor sie den Begriff *bricolage* auf die Textproduktion angewandt haben, benutzten ihn die französischen Strukturalisten (Ricardou, Genette; 1965ff.) als eine Determinante der literaturkritischen Tätigkeit. Damit wollten sie – in charakteristischer antihermeneutischer Geste – zum Ausdruck bringen, dass die authentische Aufgabe des Kritikers im Auseinander- und Zusammensetzen der Textteile besteht, ohne dabei einen äußeren Sinn (Bedeutung, Wirklichkeit, Ideologie u. Ä.) hineinzutragen. Danach erweitert Barthes (1970 / 1984) mit seinem Begriff «strukturalistische Tätigkeit» diesen Begriff auch auf die Literaturproduktion, die somit aus allen mimetischen, weltschaffenden Ambitionen herausgelöst und auf die Darstellung ihrer eigenen Mechanismen bzw. Codes reduziert wird. Sie schafft dabei keinen neuen Code, sondern sie kombiniert und «meistert» innerhalb bereits bestehender Repertoires. Falls die Literaturproduktion bei dieser Tätigkeit den K. des Leserbewusstseins aufschreibt, spricht Barthes von aufschreibbaren *(scriptible)* Texten; falls sie sich mit der gegebenen Konfiguration der Codes im K. zufrieden gibt, dann spricht er von lesbaren *(lisible)* Texten. So bringt der Text in den K. keine qualitativen Veränderungen ein, er «verschleudert» vielmehr nur seine instrumentellen Strukturen und verleitet den Leser zu einem Spiel, in welchem sie erneut zusammengesetzt werden. Die Integrität der Kommunikation ist von Anfang bis Ende garantiert, der Chaoszustand, den in ihren K.en der literarische Text hineinträgt, ist nur eine vorübergehende Phase der «Rekuperation».

2. Phänomenologen und Marxisten werfen den Strukturalisten eine zu mechanische Darstellung der Beziehung zwischen Text und K. vor. Zu ihr komme es, weil die Strukturalisten von den Teilen statt von der Gesamtheit ausgingen. Nach einer illustrativen Bemerkung Bachtins ist das Verständnis des literarischen Textes mittels der grammatikalischen Einheiten oder Codes ebenso naiv

wie das Verständnis des künstlerischen Bildes mittels der chemischen Eigenschaften ihrer Farben: «Auf dieser Ebene gibt es tatsächlich keinen Unterschied zwischen der Farbe an der Wand und der Farbe auf der Leinwand» (Medvedev 1928). Aber die Gesamtheit des Bildes hinterlässt in der Farbe – wie die Gesamtheit des Literaturtextes in der Sprache – eine tiefe qualitative Spur, die man mit dieser Art der Analyse nicht begreifen kann.

Da sie in ihrer Auseinandersetzung den Rahmen gegenüber dem Inneren bevorzugen, kehren die phänomenologische und die marxistische Kritik jene Hierarchie von Text und K. um, die die Strukturalisten begründet haben. Der Text ist nur eine Antwort auf die Frage des K.es, die Reaktion auf seine Herausforderung, die Lösung des Problems oder des Streitpunkts, der durch ihn gestellt wurde. Da er ihm a posteriori folgt, kann der Text *per definitionem* den K. nicht ausschöpfen, er kann ihn nur transformieren. Diese modale oder gattungsspezifische Umwandlung wird als Resultat der Überschreitung (Transgression) oder der Übertragung aus einem Horizont (oder aus einer Welt oder aus einem Rahmen) in den anderen erklärt. Das bedeutet, dass – im Gegensatz zu den Strukturalisten – sowohl der Text wie auch der K. als sinn- oder bedeutungsbezogene abgeschlossene Einheiten verstanden werden, die um einen Endzweck oder ein Ziel zentriert sind. Der Übergang von dem einen in das andere verändert ebendiesen Punkt, in Bezug auf den sie verstanden werden und welcher das ganze perzeptive Feld organisiert.

Wenn es sich um den K. der literarischen Texte handelt, bietet in der Regel die Geschichte «den Punkt, in Bezug auf den» er verstanden wurde. Es ist jedoch bekannt, wohin die Versuche geführt haben, den historischen K. als eine Basis zu begreifen, aus der dann der «Überbau» der Kunst und der Literatur abgeleitet wird. Es hat sich gezeigt, dass die Rekonstruktion eines derart homogen verstandenen historischen K.es keinesfalls zu seiner «ursprünglichen Ursache» gelangt, weil sie statt seiner ständig das Gewebe aus untereinander abhängigen Elementen antrifft. Dieses Fluchtmerkmal des historischen K.es hat Althusser (1971) dazu verleitet, ihn nicht zu einer ursprünglichen, sondern zu einer *‹abwesenden Ursache›* aller seiner Erscheinungsformen zu erklären. Ein derartiger K. gewinnt seine Materialität/Anwesenheit erst später und mittelbar, nämlich durch eine Form der Anpassung von ihm immanenten Gegensätzen, der Vereinigung seiner Spaltung, der Versöhnung seiner Antagonismen.

Aus dieser Problemstellung hat Jameson (1981) entsprechende Schlüsse für seine Konzeption des Erzählens als symbolischer Akt gezogen. Da dieser Akt mit seiner Erscheinung einen gewissen Gegensatz löst, wenn auch auf «imaginäre Art», textualisiert und reartikuliert er damit seine Ausgangssituation. Somit produziert er *seinen eigenen* K. Die Geschichte selbst ist sowieso kein Text, sondern sie ist «ihrem Wesen nach weder erzählend noch darstellend»; wir können sie nur infolge der «Bändigungsstrategie» *(strategy of containment)* sehen, welche der erzählerische Text anwendet. Dies führt zur Revision des klassisch-marxistischen Begriffs K. und zu seiner Umbenennung in *Subtext.*

Obwohl der *endgültige* Subtext des literarischen Textes immer ein gesellschaftlicher Antagonismus oder Gegensatz ist, ist sein *unmittelbarer* Subtext irgendeine logische Antinomie, Aporie oder ein Paradoxon, der «doppelte Knoten», der denkend zu lösen ist, sodass er einen erzählerischen Umweg erfordert. Und wie der unmittelbare Subtext das Symptom eines endgültigen Subtextes ist, so ist der Text sein Symptom. In Übereinstimmung damit erklärt Jameson die Aufgabe des Kritikers als die Rekonstruktion der historischen Gegensätze, die unter ihren homogenisierenden und universalisierenden Projektionen in den Texten verborgen sind. Er erkennt als Grundform eines derartigen Gegensatzes «die amphibische Bildung» des *Ideologems,* gleichzeitig die Pseudoidee und die Protoerzählung. Obwohl ein Ideologem für eine Entwicklung in beide Richtungen, die philosophische und die narrative, geeignet ist, kann es weder in der einen noch in der anderen Richtung erschöpft werden. Diese Eigenschaft macht das Ideologem selbst zum Symptom des *Strukturantagonismus* zwischen den Produktionsarten der verschiedenen Zeiten, das alle Gesellschaftsformationen dominiert und das bedingt, dass jeder Literaturtext sich bei kleinster Zerlegung als ein Aufprall zwischen den Dynamiken der verschiedenartigen Zeichensysteme äußert. «So wird die literarische Struktur, ohne sich je vollständig auf jeder ihrer Ebenen verwirklicht zu haben, machtvoll in den unteren Raum versetzt, in *impensé* oder *non-dit,* kurzum, in das politisch Unbewusste dieses Textes, sodass dann sogar selbst die Keime, die in ihm zerstreut sind (…) beharrlich auf die alles durchringende Kraft der Mächte oder der Gegensätze verweisen, über die der Text vergeblich versucht, die vollständige Kontrolle oder Macht herzustellen.»

3. Jamesons Ausarbeitung des Begriffs K. als der abwesenden Ursache spiegelt die weitreichende Wende im Umgang mit ihm, zu der es Anfang der 1980er Jahre kommt. Obwohl der K. des literarischen Textes der Definition nach nur über Texte rekonstruiert werden kann, hat man traditionell daran festgehalten, dass diese Texte (dokumentaristische, journalistische, historiographische, wissenschaftliche u. ä.) in einem unmittelbareren Verhältnis zur historischen Wirklichkeit stehen als die Literatur, dass sie transparenter sind und dadurch auch zuverlässiger bei der Feststellung der «Fakten». Aber wenn die historische Wirklichkeit immer-schon-abwesend ist, und sie ist es, weil sie heterogen und antagonistisch ist, dann fälschen die einzelnen «Fakten» sie mehr als komplexe Erzählungen, und «durchsichtige» Texte falsifizieren sie mehr als jene «verzwickten». In der daraus resultierenden Bevorzugung der Erzählung gegenüber der Beschreibung – wenn die Frage der Einsicht in den

historischen K. gestellt wird – zeigt sich Jameson als ein konsequenter Gefolgsmann von Lukács. Aber für diese Haltung bekommt er auch Unterstützung von einigen zeitgenössischen Bewegungen innerhalb der Geschichtswissenschaft – Mikrogeschichte, Geschichte von unten oder *case history* –, die für das Beleben des Interesses am Ereignis und nicht an der Struktur eintreten. Das Ereignis in seiner Einmaligkeit unterliegt nämlich nicht einer solchen exakten Introspektion wie die Struktur, sodass es nur mittelbar erlesen werden kann, in den Echos und in Spuren, die es hinter sich gelassen hat. Zerstreut in Büchern, Artikeln, Briefen, Berichten und Tagebüchern, weisen solche Spuren nicht nur auf diejenigen, die sie hinterlassen haben, sondern auch auf die Gegebenheiten, in welchen sie entstanden sind, auf das Medium und das Genre, in dem sie verkörpert wurden, auf die Adressaten, die sie ansprechen, usw., und deshalb verlangen sie ein sehr großes Interpretationsgeschick. Dieses muss schon wegen der prinzipiellen methodischen Skepsis dem rohen Stoff der Geschichte gegenüber aktiviert werden, in dem gerade durch die Entblößung der versteckten formalen Gesetzlichkeiten die «verstummten Stimmen der Vergangenheit» belebt werden. Wenn man diesen Aspekt der Quellen unberührt ließe, dann würden sie auch weiterhin als Denkmäler für die Besitzer «des kollektiven Gedächtnisses bestehen», statt die Perspektive für die anonymen «Verbraucher der Geschichte» zu eröffnen.

Hiermit wird das Verhältnis zwischen den Dokumenten und literarischen Texten in bestimmter Hinsicht «verdreht». Statt die sprachlichen Kunstwerke mit den Augen der Dokumente zu lesen, werden den Dokumenten die Eigenschaften der Literatur zugeschrieben: Es wird betont, dass sogar das banalste Dokument mehrfach in das Netz der diskursiven und nicht-diskursiven Praktiken seiner Zeit verwickelt ist. Statt auf die Ereignisse zu *verweisen*, werden also die Texte selber als Ereignisse *betrachtet*, und zwar im Sinne ihrer symptomatischen, ideologischen und kritischen Verstrickung in die Bedeutungspraktiken und gesellschaftlich-kulturellen Prozesse, die sie umgeben (LaCapra 1987).

Falls die Konflikte unter den Techniken der Bedeutungsproduktion bzw. Zeichensysteme, die in einer Kultur existieren, entschieden auf unseren möglichen Einblick in diese Kultur Einfluss nehmen, dann soll man den literarischen Text wegen ihrer Selbstentblößung den Vorzug gegenüber anderen Texten geben. Die Erforschung der literarischen Texte wird zu einer prioritären historiographischen Aufgabe, weil diese Texte «die Aufmerksamkeit auf die eigenen Prozesse der Bedeutungsproduktion ablenken und aus diesen Prozessen den eigenen Gegenstand und den eigenen ‹Inhalt› schaffen» (White 1987).

4. Die dargelegte Denkrichtung ist nicht bar aller Gefahren. Wenn der historische K. immer-schon-abwesend ist und nur aus (mehr oder weniger) lite-

rarischen Texten herausgelesen werden kann, stellt sich die Frage, ob man über ihn irgendetwas Zuverlässiges feststellen kann. Sind nicht alle «faktischen Befunde» letztendlich, gewollt oder ungewollt, ein Opfer der rhetorischen Textmechanismen geworden? Da man allen Texten literarische Eigenschaften zugeschrieben hat, haben auch alle eine gewisse Macht der Autokontextualisierung gewonnen, wobei freilich die nicht-literarischen Texte – im Unterschied zu den literarischen – diese Eigenschaft sorgfältig vor den Blicken verbergen. Daher folgt, dass das, was ihre Leser als eine Referenz bzw. Wirklichkeit verstehen, eigentlich ihr Signifikat ist – bzw. das, was ihre bezeichnenden Strukturen als Wirklichkeit *darstellen*.

So entpuppt sich der K. als ein restloses *Produkt* des Textes, vor allem dort, wo diese beiden sich sozusagen berühren – in den sog. empirisch offensichtlichen Tatsachen, die der Text scheinbar nur vom K. übernimmt. Das Problem besteht darin, dass es «offensichtliche Tatsachen» nicht gibt ohne das entsprechende *emplotment* (womit White 1987 Ricœurs Ausdruck *mise-en-intrigue* übersetzt), d. h. ohne die narrative Konstruktion, mit der im akademischen Historiographiebetrieb des 19. Jh.s der Standard der wissenschaftlichen Objektivität oder der Wirklichkeitstreue entsteht. Unter der Dominanz der *ästhetischen Ideologie* (de Man 1984a), welche die Sinneskriterien privilegiert, führt diese Verwicklung den Unterschied zwischen den Kontextdaten als unmittelbar erfahrungsbezogenen und Textdaten als verbal vermittelten ein und weist somit dem interpretativen Relativismus, der bei der Begegnung der Texte entsteht, klare Grenzen auf. Obwohl sie von der Historiographie mittels ihrer diskursiven Praxis begründet werden, erfassen derart ausgearbeitete Standards der Wahrheit und der Objektivität im 19. Jh. nach und nach auch andere Geisteswissenschaften und führen eine unausgesprochene Hierarchie unter ihnen ein.

Die These Whites besteht also darin, dass die durchsichtigen Stellen der Texte (durch die man sozusagen den K. «sieht») nicht offensichtlich, sondern eingeschmuggelt sind durch eine bestimmte Form der Historiographie; aus der Perspektive eines anderen Diskurses könnten sie auch anders aufgeteilt werden. Damit gibt es im Text der sog. historischen Quellen nichts, was fest ist, alles hängt von der rezeptiv eingebrachten Perspektive ab oder von der Art der Verwicklung, wobei jede unter ihnen auf eigene Art ideologisch voreingenommen ist. Eine wissenschaftlich objektive (d. h. überprüfbare) Rekonstruktion von K. flieht in das Reich der Hirngespinste, um im Hintergrund die Geschichte in ihrer «natürlichen Sinnlosigkeit» zu entdecken (1986).

Die Problematik von Whites radikalem Bestreiten der Kontextkategorie folgt aus seiner Verabsolutierung des Textes, der alle möglichen Interpretationen in sich hineinsaugt und über sie seine Wirkung verlängert. Aber der Text der historischen Quellen ist nie so allmächtig, um eine unendliche Zahl seiner Figurationen antizipieren zu können oder die Übersicht über alle seine Resultate herzustellen. Daran wird er durch das gehindert, was Derrida sein «strukturelles Unbewusstes» genannt hat. Dabei hatte er die «Äußerlichkeit, die in das Innere einbezogen werden muss, um das Innere als solches erst einmal konstruieren zu können», im Sinn (1980a). Luhmann (1986b) hat diese Begrenzung später «Programm der Kommunikationsschließung» genannt, das in einen Text seine kontingente intertextuelle Lage im aktuellen Kultursystem hineinschreibt.

Es handelt sich darum, dass jede Kultur notwendigerweise nur über eine bestimmte Anzahl von Techniken zum Umgang mit bestimmten Textarten verfügt, Techniken, die spontan wie bereits auskristallisierte Modi der «rezeptiven Zensur» wirken, als festgefahrene Mechanismen der Klassifizierung ihrer wichtigen und unwichtigen, durchsichtigen und undurchsichtigen Stellen. Gleichgültig, wie fest der Leser beabsichtigt, die ideologische Manipulation nicht zuzulassen, kann er sich nicht von all jenen Verfahren der rezeptiven Naturalisierung des Textes befreien, die ihm durch seine Erfahrung, alltäglichen Kontakte, Erziehung und Bildung unter dem Druck verschiedener Maßnahmen und Sanktionen eingeprägt wurden. Noch ausgeprägter ist der Druck in der Sphäre des fachlichen oder wissenschaftlichen Umgangs mit den Texten, der gegenüber alternativen, relativierenden Erfahrungen nicht nur durch hartnäckige Widerstände immunisiert wird, sondern auch mittels drastischer Maßnahmen der Exkommunizierung aus der Gemeinschaft. Hier ist also die Auswahl des K.es auf eine vorsichtige, mühsame Einschätzung und Erklärung angewiesen. Das Eindringen der wissenschaftlichen Institution in die Texte der sog. historischen Quellen ist so tief, dass sich der primären rezeptiven Zensur der herkömmlichen Leser im Bewusstsein des Wissenschafters die sekundäre hinzugesellt.

5. All das gibt dem K. eindeutig einige Rechte dem Text gegenüber zurück. Wenn es stimmt, dass der K. dem Text nicht a priori voransteht, weil man ihn erst aus dem Text rekonsturieren kann, so ist es auch wahr, dass der Text nicht a priori vor dem K. steht, weil er ohne ihn nicht zu seiner Bedeutung gelangen kann. Auf dieser Idee der «doppelten Übertragung» beruht die dekonstruktivistische Konzeption (Chase 1987). Mit den Termini der Dekonstruktion gesagt: Der Textrahmen – der mit seinen klassifikatorischen Kategorien die Perspektive für sein Verständnis eröffnet – bleibt unentscheidbar bis zur rezeptiven Aktualisierung. Aktualisierung / Kontextualisierung löst diese Unentscheidbarkeit/Unlesbarkeit auf, konfiguriert das Wertungsfeld des Textes und formt somit etwa aus den historischen Quellen irgendeine *Geschichte*. Aber die Dekonstruktivisten versäumen es nicht zu warnen: Im selben Augenblick, in dem sie das macht, schreibt sich die Aktualisierung in das energetische Textfeld ein als ein konstitutiver Teil seiner «erweiterten Reproduktion» – und somit offenbart sich seine *Geschicht-*

lichkeit. Die Aufdeckung der Geschichtlichkeit jeder Geschichte ist die Folge dessen, was Derrida (1978) «Antrieb der Vervielfältigung des Rahmens» nennt, und darunter versteht er die ununterbrochene, tropische, ironische, parodistische und überhaupt transformatorische Arbeit des Textes am K., der ihn «zähmen» möchte. Derrida hat beharrlich darauf verwiesen, dass der Text, obwohl er den K. dringend nötig als seine Vollmacht braucht, mit keinem K. als mit seiner letzten Wahrheit einverstanden ist, sondern immer nach dem K. greift, der ausgeschlossen geblieben ist. Um solchen Effekten der Textarbeit am K. vorzugreifen, hat er in seinen Lektüren die institutionalisierten K.e in Falten, Biegungen und Figuren *sous rature* zerlegt, womit der K. noch keinesfalls als der Textkonstituent verneint war, sondern stets «in Anführungsstriche» gestellt wurde *(mise-en-guillemets).* Einer solchen dekonstruktiven Technik der Textlektüre ist die Konzeption des Vorgangs der Bedeutungszuweisung verwandt, die von der Theorie der selbstreferenziellen Systeme entwickelt wurde. Sie beruht auf dem Grundsatz, dass die Systeme ihre Bedeutung von Ereignis zu Ereignis erneuern, weil diese Ereignisse in jenem Moment zerlegt werden, in dem sie ihre «Arbeit» verrichtet haben (Dauerzerfall der Ereignisse).

6. Aber im komplexen Verhältnis zwischen Text und K. ist es ebenfalls möglich, die Perspektive vom K. zu übernehmen. Das hat in der polemischen Geste gegen die Dekonstruktion der Neue Historismus getan, indem er auf der historischen Spezifikation des Institutionsrahmens der Literatur bestanden hat. «Die kulturelle Poetik» der Epoche erlaubt immer nur eine bestimmte Anzahl von Interpretationsperspektiven, und wie in ihrem Gefüge Kräfte existieren, die zu ihrer Erweiterung tendieren, so gibt es auch Kräfte, die ihre Stabilisierung anstreben. Jede Epoche ist von dem Antagonismus zwischen der Erhaltung und Untergrabung ihrer dominanten Figuren gekennzeichnet, sodass die dekonstruktive Betonung des transgressiven Charakters aller Texte einseitig, aber indikativ ist. Gerade dadurch, dass sie sich hartnäckig geweigert hat, die Eigenschaft der Texte zur Kenntnis zu nehmen, (unter bestimmten Bedingungen) nach der Selbstbestätigung bzw. nach der Erhaltung der Konstante des eigenen Sinns zu streben und folglich blind auf ihrer Subversivität zu bestehen, hat die Dekonstruktion dieses Bestreben nach Stabilität an ihrem eigenen Beispiel bezeugt. Gleichgültig, wie grundsätzlich gleichberechtigt die beiden Formen der Reproduktion (Stabilisierung und Selbstuntergrabung) sind, der Text kann in einem bestimmten Moment nur eine dieser Arten wählen, und diese Wahl ist – wie es die Dekonstruktion mit ihrer Praxis bestätigt – durch die konkreten Gegebenheiten bedingt, in welchen sie gefällt wird (Smith 1988).

Der Neue Historismus widmet sich der Erforschung der Bedingungen, die zwischen konkurrierenden Energiefeldern bestimmter Kulturen aufgespannt sind. Sein Interesse gilt weniger den Texten selbst als vielmehr den verschiedenartigen und untereinander oft kämpfenden Arten ihrer Produktion, Interpretation und des Gebrauchs. Noch expliziter in diesem Interesse am Umlauf des Textes über die beweglichen kontextuellen Grenzen hinaus zeigt sich der kulturelle Materialismus: «Wir erkennen die angebliche Transzendenz der Literatur nicht an: Wir verstehen sie als eine kulturelle Intervention, die innerhalb einer bestimmten Praxis entstanden ist, um eine bestimmte Weltanschauung dominant zu machen, und die wieder unter anderen historischen Bedingungen, im Dienste verschiedener Weltanschauungen und durch andere Praxisformen entsteht, in die auch jene der modernen Literaturwissenschaft einbezogen ist» (Sinfield 1992). (A. B.)

→ Institution, Rahmen, Situation, Text

Kontiguität

(engl. contiguity, franz. contiguité, russ. kontaktnost'/smežnost')

Gemäß Jakobsons Begriffsdefinition im Rahmen seiner Theorie von den zwei Sprachachsen, die 1956, basierend auf Kruszewskis (1886) und de Saussures (1916) Prinzipien, aufgestellt wurde, ist die K. die Regel von der Errichtung eines Verhältnisses zwischen Einheiten auf der «waagerechten», syntagmatischen Achse der Kombination bzw. der metonymischen Achse der Sprache. Es handelt sich hierbei um die assoziative Verbindung paradigmatisch bereits selektierter Sprachpartikel aufgrund ihrer räumlichen oder zeitlichen Nähe in ein zusammenhängendes Gefüge.

1. In seiner einflussreichen Identifizierung der Kombination (1) mit der K. (im Gegensatz zur Äquivalenz), (2) mit der Metonymie (im Gegensatz zur Metapher) und (3) mit der Kontextuierung (im Gegensatz zur Substitution) verfährt Jakobson in Einklang mit dem strukturalistischen Binarismus, der die Glieder der errichteten Oppositionen homogenisiert (in diesem Fall die Selektionsachse und die Kombinationsachse), indem er den innerhalb von ihnen bestehenden Unterschied so darstellt, als ob er *zwischen* ihnen funktioniert. Wie Ruegg (1979) bemerkte, lässt sich ein Vergleich des metaphorischen und metonymischen Sprachpols nur dann anstellen, wenn sowohl die Metapher als auch die Metonymie künstlich aus ihrem syntaktischen Kontext gelöst (und einzig entlang der «semantischen Achse» betrachtet) werden. Da die Metapher durch die analytische Perspektive selbst privilegiert wird, erweist sich die Opposition zwischen K. und Äquivalenz als unergiebig, wenn nicht sogar als verfehlte Simplifizierung dessen, was Sprache leistet. Schon Jakobsons Schüler, der deutsche Philosoph Holenstein (1972ff.), hat gezeigt, wie reduktiv die Be-

schränkung der Kombination auf Assoziationen nach der K. ist, da Assoziationen nach der Analogie und nach dem Kontrast (die dritte wichtige Gattung, die Jakobson vollständig auslässt, obwohl sie in Husserls Phänomenologie einen herausragenden Platz einnimmt) in dieser komplexen Sprachoperation ebenso erscheinen können wie das Prinzip der metaphorischen Substitution.

2. Davon ausgehend kritisiert Holenstein Lacans (1966) Gleichstellung von Jakobsons Kombinations- und Selektionsachse mit den psychischen Mechanismen der Verschiebung und Verdichtung als eine Reduktion der Freudschen Traumdeutung. Freuds Beispiel für die Verdichtung dreier Personen in einem Traumbild, in dem Person A die Kleider von Person B trägt und die Tätigkeit von Person C übernimmt, zeigt, dass die Verdichtung nicht immer der Ähnlichkeit nach (meistens zweier Wörter), sondern auch dem typisch metonymischen Verhältnis der räumlichen K. von Teil und Ganzem bzw. Tätigkeit und Fachgebiet nach erfolgt. Es wäre weit hergeholt zu behaupten, dass die Verschiebung derartig eng an die K. gebunden ist; ebenso kann die Verschiebung dem Prinzip der Äquivalenz entsprechen, wie in dem Freudschen Beispiel, in dem ein Patient einen Knochenbruch als Substitution für einen stattgehabten Ehebruch träumt. Freud spricht bei der Deutung der Verschiebung ausdrücklich von der *Substitution*, und bei der Deutung der Verdichtung von der *Kombination*. Die Verhältnisse zwischen K., Kombination, Metonymie und Kontextuierung sind demnach wesentlich komplexer, als dies bei der reinen Gleichheit der Fall wäre. Daher schlägt Holenstein vor, das Prinzip der K. gemeinsam mit den Prinzipien der Äquivalenz und des Kontrasts nicht nur in die Selektions- und Kombinationsoperationen, die er für sekundär hält, einzuschließen, sondern auch in die primäre Denotationsoperation, die den Signifikanten durch das Signifikat substituiert. Lediglich für die «superprimäre» Differenzierungsoperation behält er ausschließlich (in Jakobsons Theorie von den zwei Sprachachsen ausgelassen, aber ansonsten bei ihm ausgiebig beleuchtet) das klassische assoziative Kontrastprinzip bei. Auch Silverman (1983) ist der Auffassung, dass das Prinzip der K. gleichermaßen aktiv ist, obgleich auf unterschiedliche Weise, sowohl in den Primärprozessen der Verdichtung und Verschiebung und in den Sekundärprozessen des paradigmatischen und syntagmatischen Verbindens als auch in den metaphorischen und metonymischen Prozessen, welche das Primär- und Sekundärregister verbinden.

3. In der feministischen Kritik (Cixous, Irigaray) gab es Versuche, dem metaphorischen oder visuellen Register der männlichen Kultur – wie es aus der Penisneidtheorie von Freud abgeleitet wird – das metonymische oder taktile Register der weiblichen Kultur entgegenzusetzen. Die unentwegte Selbstberührung beraubt angeblich die weibliche Identität des identifikatorisch-possessiven Antriebs, indem sie in die Identität einen unermüdlichen Strom der Viel-

falt verwandelt. Doch eine solche Homogenisierung der Identität der Geschlechter durch die ahistorische Bestimmung ihrer Unterschiede war wegen der ungenügend bewusst gemachten Erneuerung der verworfenen «männlichen» Identifikationsgeste Gegenstand der Kritik (Felman, Spivak, Stanton). Der Auffassung der Kritikerinnen nach wäre es besser, anstelle des (metaphorischen) Aufzeigens dessen, was weiblich ist, sich der (metonymischen) Strategie ihrer Defiguration zu bedienen, um der patriarchalen Inbesitznahme auszuweichen. Cornell (1991) widersetzte sich dieser Meinung, da sie der Ansicht ist, dass die Metapher (der enteignenden Selbstberührung der Frau) über eine mimetisch-produktive, utopische Dimension verfügt, die den Platz der Frau (im männlichen Register) nicht als schon existent bestimmt, sondern ihn, die Symmetrie der Identität durchbrechend, erst schafft. Hier werden wir mit der Körperlichkeit des weiblichen «Geschlechts» als Verkörperung der Nähe konfrontiert, die weder Aneignung noch Umfassung des Anderen anhand Gleichen bedeutet. Auch gemäß Butler (1993), die diesen Standpunkt mit vertritt, liegt einer jeden metaphorischen Substitution ein metonymischer Exzess zugrunde, welcher die scheinbare Wiederholung der phallogozentrischen Norm untergräbt. Der anscheinend metaphysische Begriff wird auf einer abgründigen, katachrestischen Figur als subversiver Sprachort der kritischen Nachahmung errichtet. Dies ist ein Zug, der das Weibliche der Thematisierung und Figuration entreißt, der aber das Weibliche, es mit dieser Position gleichstellend, thematisiert und figuriert und sich auf diese Weise der phallozentrischen Übung bedient, um diese «nichtidentische» Identität herzustellen.

4. Einen besonderen Begriff der Nähe *(proximité)* hat Lévinas (1947, 1961) in seiner Philosophie im Rahmen der unnachgiebigen Asymmetrisierung der ethischen Beziehung des Ich und des Anderen entwickelt. Er stellt den Anderen als Nächsten *(prochain)* dar, mit dem uns ein von jeglichem gesetzlichem Zwang und der gesellschaftlichen Reziprozität der Diensterweisung befreites Primärverhältnis der Verantwortung verbindet. *L'être pour l'autre* (das Sein für den Anderen) bedeutet für Lévinas «Angesicht-zu-Angesicht-ohne-Vermittler», denn das Antlitz *(visage)* des Anderen spricht uns an durch seine Nähe und Direktheit, durch seine hilflose Nacktheit, die jeglicher Form der semantischen Attribution durch Benennung vorauseilt. Die Nähe ist für Lévinas eng (und paradoxerweise) mit Außerhalbbefindlichkeit, Nichtvorstellbarkeit verbunden. Sie setzt uns der ständigen Infektion aus und entmachtet uns (Libertson 1982). Eine so verstandene Nähe enthält wichtige Reperkussionen für die Beziehung zum Text, die während des Leseakts zustande kommt (Eaglestone 1997; Robbins 1999). (S. R./Z. Z.)

→ Außerhalbbefindlichkeit, Metapher, Unbewusstes, Verschiebung

Konvention

(engl., franz. convention, russ. konvencija / uslovnost')

1. Ein Begriff, der mit dem Konzept des literarischen Werks als (sozialer) Vertrag zwischen Autor und Leser verbunden wird. K.en stellen formale und inhaltliche Bedingungen einer so ausgehandelten Kommunikation dar, die gleichzeitig gewisse Freiheiten erlauben und gewisse Einschränkungen z. B. bezüglich der Gattung, des Stils, der Komposition oder des Themas auferlegen. Smith (1997) bezeichnet sie als «Operation der gesellschaftlichen Interaktion». In der Literatur, in der diese Interaktion geschützt wird (Pratt 1977), verfügen K.en nicht über die gleiche normative Kraft wie in der sprachlichen Kommunikation; sie können bis zu einem gewissen Grad, und zwar sowohl vonseiten des Autors als auch vonseiten des Lesers, vernachlässigt, rehierarchisiert oder gar gestört werden. Der Eingriff variiert natürlich von Epoche zu Epoche. Der Verrat an der K. (oder mehreren, jedoch freilich niemals allen!) wird nicht immer und überall für ein Zeichen der schöpferischen Invention gehalten.

2. Crane (1953) definiert die K. als Merkmal des Inhalts oder der Dichttechnik, für deren Präsenz wir die Ursache in der Notwendigkeit der vorgefundenen Form nicht finden können, sondern in den historischen Umständen der Gedichtkomposition suchen müssen. So stellen für ihn die von der Gattung vorgegebenen Regeln keine K.en dar; dies im Unterschied zu den Strukturalisten, die diesen Begriff mit allen Normen identifizieren.

3. Der Strukturalismus gründet auf der Erkenntnis, dass die Bedeutung menschlicher Handlungen und Produktionen auf irgendein System von Unterscheidungen und K.en zurückgeführt werden kann, sodass sie von diesem System ermöglicht wird (Culler 1975). Strukturalisten unterscheiden zwischen natürlichen und künstlichen K.en. Sowohl die einen als auch die anderen sind vereinbart, doch nur erstere gelten für alle und werden stillschweigend akzeptiert. Entfernt sich ein Zeichen von ihnen, so wird das als motiviertes Streben nach Verfremdung oder Überschreitung gedeutet. Das Abweichen ist für die Strukturalisten ein Unterscheidungsmerkmal der Kunst, während die K. das Merkmal der alltäglichen Sprachpraxis ist.

4. So bleibt sie auch in der Theorie der Sprechakte erhalten, wo sie bei Austin (1962) eine konstitutive Bedingung der sprachlichen Kommunikation erzeugt, die ihr durch ihre Ritualisiertheit illokutionäre Kraft verleiht. Searle (1969) unterscheidet zwischen K.en, die natursprachliche Strukturen abdecken, und Regeln, die universelle Gültigkeit für alle Sprachen haben. Für Lewis (1986), der die postaustinsche analytische Debatte über die Frage synthetisiert, erstreckt sich der Begriff der K. ganz allgemein auf die Regelmäßigkeiten, die infolge kooperativen Handelns entstehen. Von daher rührt ihre akkumulierte

Zeitlichkeit (Lacour 1992). Wer spricht, wenn die K. spricht? In welchem Tempus spricht die K.? In gewissem Sinn stellt sie ein Bündel ererbter Stimmen, ein Echo anderer dar, die als «ich» sprechen (Butler 1997). Diese «innere Auflockerung» des austinschen Konzepts der K. nähert sie dem Postulat Derridas, dass die K. im Grunde überschreitbar und *in sich selbst* sowie in der Fiktionalität, die sie schafft, ungewiss sei (1977/1988), sogar noch bevor es zu einem offenen Verstoß gekommen ist, sodass gerade darin die Ursache gesucht werden muss, warum Foucaults «Diskurspolizei» unentwegt hinter ihren Kulissen lauert. Cavell (1994, 1995) argumentierte wiederholt zugunsten einer solchen Annäherung, indem er, gemeinsam mit Felman (1980), Austin gegen Derridas Kritik verteidigt (1972a, 1977/1988). (S. R./Z. Z.)

→ Abweichung, Code, Institution, Kanon, Norm

Körper

(engl. body, franz. corps, russ. telo)

Der Begriff trat in die gegenwärtige theoretische Debatte vor allem infolge der Bestrebungen ein, die Souveränität des (cartesianischen) Erkenntnissubjekts in Frage zu stellen. Solche Bestrebungen lassen sich in unterschiedlichen theoretischen Traditionen verfolgen, die ihre Vorläufer sei es bei den französischen Materialisten des 18. Jh.s (Condillac, Helvétius, Diderot, d'Holbach), sei es bei Marx, Nietzsche oder Freud finden. Wenn auch in unterschiedlichen Weisen, haben alle genannten Denker die Quelle der Vernunftprozesse in den K.-Empfindungen erkannt. Ist Körperempfindung jedoch nicht immer schon mit einer Idee von sich selbst verbunden? Wie entsteht dann *diese* Idee ihrerseits?

1. In ihrem Versuch, derartig verwickelte Fragen zu beantworten, setzen die Phänomenologen bei dem Verhältnis zwischen dem K. und der Umwelt ein. Indem sie den K. in ein komplexes Interaktionsverhältnis zur Lebenswelt einordnen, relativieren Husserls Schüler (im Übrigen auf der Spur von Husserls eigener Spätphilosophie) das transzendentale, sich selbst vorhandene Bewusstsein aus seinen *Phänomenologischen Untersuchungen.* So führt Merleau-Ponty in seinen frühen Erforschungen der Wahrnehmung den Begriff des Zwischenraums *(entre-deux)* zwischen dem Bewusstsein und der Welt ein, womit er ihre klare gegenseitige Abgrenzung mit der Absicht vermeidet, einem ambivalenten Verhältnis ihres Ineinandergreifens Vorschub zu leisten. Das Bewusstsein ist eine K.-Funktion und kann sich erst verselbständigen, nachdem das Subjekt eine Vorstellung von seinem K.-Ganzen erkämpft hat; eine derartige Vorstellung kann es indessen erst im Rahmen des Verhältnisses zu einem Anderen er-

werben. Während seiner Untersuchung der Ausbildung dieses Verhältnisses in der Kinderpsyche ist Merleau-Ponty (1960) auf eine Phase der «zergliederten Räumlichkeit» gestoßen, als der Raum noch der Vorstellung vom beobachteten Gegenstand «anhaftet», ohne irgendeinen Bezug auf den Raum des Beobachtungssubjekts zu nehmen. Das einheitliche Raumerlebnis wird nämlich erst während des Erwachsenwerdens herausgebildet, obwohl auch bei den Erwachsenen, nach Caillois' Untersuchungen (1984), von denen sich Lacan (1953) inspirieren ließ, gelegentliche psychotische Ausrutscher in eine des festen Ankerpunkts enthobene, zerstreute, gleichzeitig in viele fremde Standpunkte verlagerte Raumvorstellung vorkommen. Von daher hält Merleau-Ponty die Assimiliertheit des K.s in einem Feld fremder Beobachtungen für eine fortwährende Wahrnehmungsbedingung; nicht einmal die Erkenntnis lässt sich von der sog. gelebten K.-Erfahrung trennen. Die Einbezogenheit der Erkenntnis in ein Gefüge trüber Vormeinungen stellt er (1968) durch den charakteristischen Begriff des Fleisches (*chair*) dar. Das Fleisch ist bei Merleau-Ponty ein Spielraum des komplexen chiastischen Verhältnisses zwischen dem Subjekt und dem Objekt, das er durch die Berührung von zwei Händen desselben K.s veranschaulicht. Jede von beiden Händen sei gleichzeitig Subjekt und Objekt dieser Berührung, womit die Grenze, die sie (wie in der klassischen erkenntnistheoretischen Relation) voneinander trennen sollte, zugleich innerhalb deren selbst eingeführt wird. In derselben Weise ist das durch kulturelle Achsen, Tiefen und Dimensionen «kartographierte» Fleisch seinerseits wiederum ein Kartograph des Sichtfelds – «Dinge sind Verlängerung meines Körpers, mein Körper wiederum eine Verlängerung der Welt». Eine so entstandene sinnliche Infrastruktur lässt sich aber nicht (philosophisch) begreifen, sondern nur (künstlerisch) visualisieren, indem z. B. die Malerei als ihre selbstreferenzielle Falte (oder Re-*pli*-zierung) ihre Linien, Konturen, Lichterscheinungen oder Farben thematisiert. Obwohl sie die Sicht überhaupt erst ermöglicht, bleibt diese Falte als ein «fruchtbares Negativ der Raumtiefe» selbst unsichtbar; um sie zu erkennen, faltet sich das Fleisch immer wieder über sich selbst. In solch einer Bewegung der «unendlichen Verdoppelung» (Menninghaus 1987) befangen, erweist sich das Fleisch als ein alles durchdringendes Gewebe, das eine jegliche Absonderung von K.-Identitäten verhindert, um ihren gegenseitigen Austausch zu fördern. Da einzelne K. in ein derartiges Miteinanderseinsmuster immer schon eingewoben sind, können sie von sich selbst lediglich in Bezug auf die Anderen reflektieren. Falls fremde K. jedoch zuallererst meinen eigenen K. bewohnen, wie könnten sie dann ihm ihre *äußere* Seite zukehren, um ihm seine Desintegration anzudrohen?

2. Gerade in der angedeuteten Ausschließung einer radikalen Andersheit des Anderen hat Lévinas (1990) eine Schwachstelle der Konzeption Merleau-

Pontys erkannt. Obwohl sich die anonyme Fleischlichkeit der Welt einer durchaus willkommenen Entzentrierung des Menschenkörpers verdanke, bewahre sie bestimmte organische Merkmale. Vasseleu (1998) unterstützt Lévinas' Meinung, wenn sie bemerkt, dass Merleau-Pontys später Fleischbegriff seine frühe Idee einer synergetischen Wahrnehmungseinheit, die alle K.-Empfindungen integriert, nun auf eine gemeinsame Sinnlichkeit verlagert, die alle K.-Erfahrungen integriert. Falls in der ersten Idee das subversive Potenzial des anderen Empfindungsregisters verdrängt wurde, ist jetzt dem anderen K. die Möglichkeit verweigert worden, meinen eigenen K. in Frage zu stellen. Die Ausbreitung der anonymen sinnlichen Eigenschaften des Fleisches auf objektive Verhältnisse beruhe auf einer stillschweigenden Einigung der Beteiligten über die Sachverhalte. Statt ein überwältigender Mangel zu sein, ist Mangel an der Erkenntnis / von anderen / für Merleau-Ponty ein positives Kennzeichen der Wahrnehmung. Auch Foucault (1966) hat diese stumme Intentionalität als einen neuen Transzendentalismus durchschaut. Daher setzt Lévinas der Berührung von zwei Händen desselben K.s ein Händeschütteln entgegen, in dem der interkorporelle Durchfluss zwischen zwei gedrückten Händen durch ihre gegenseitige Fremdheit verhindert wird. In der frühen Philosophie von Lévinas (1961) ist das Bewusstsein durch eine ebenso unüberbrückbare Andersheit von der Welt abgetrennt. Das Bewusstsein eignet die Andersheit der Welt durch das Gesetz des eigenen Selbst *(même)* an, indem es narzisstisch nur jene ihrer Quellen (das Licht, die Luft, das Wasser, die Nahrung) einnimmt, die ihm einen sinnlichen Genuss verschaffen. Nicht einmal diese Quellen haben indessen nur jene Seite, welche die unmittelbaren K.-Bedürfnisse befriedigt: Die Sonne kann auch einen Brand verursachen, das Wasser die Flut, die Nahrung eine Vergiftung usw. Jede Genussquelle ist zugleich eine Verhängnisquelle: Was dem menschlichen Ich als Medium einer Ausbreitung seines Selbst das Selbstgenügsamkeitsgefühl verleiht, setzt es zugleich als eine radikale Andersheit jenseits seiner Vorstellungsfähigkeit einer grundsätzlichen Ungewissheit aus. Dieses anonyme, aber konstitutive Moment der Welt bezeichnet Lévinas (1947, 1961) als ein unbestimmtes «es gibt» *(il y a)*, welches das Bewusstsein durch die Leiblichkeit seines stummen «Brummens» unterhöhlt. Statt ‹die Nacht für sich› zu haben, wie wenn Bewusstsein ins Unbewusste und den Schlaf eintaucht, werde das Bewusstsein von der Unbestimmtheit der Schlaflosigkeit zu einer manifestationslosen Nachtwache gezwungen (Vasseleu). Das Bewusstsein wehrt sich gegen dieses Zerstreuungsgrauen in der Weltmaterie durch die Eroberung eines K.-Orts, weil der K. die Voraussetzung seines Daseins ist. Nach Vasseleu: Jeder Blitz des Lichts heißt das Überleben gegenüber einer unpersönlichen Nacht, jeder bewusste Augenblick im schwebenden Zögern des Lichts heißt eine Verschiebung dieser Nacht. Die Sicht bemüht sich, dort einen

Abstand herzustellen, wo das «Jene» *(illéité)* der Welt auf einer taktilen oder auditiven Nähe beharrt, die nichts als Spuren hinterlässt. Indem es durch die Berührung seiner hilflosen Nacktheit oder die Anrede seiner betenden Stimme eine Mappe unserer K.-Empfindungen zeichnet, entzieht sich das Gesicht *(visage)* des Anderen jedweder visuellen Darstellbarkeit und damit zugleich einer kognitiven Inbesitznahme. Lévinas besteht auf dieser Diskontinuität zwischen dem Ich (Bewusstsein) und dem Anderen (Welt), um die Möglichkeit einer dialogisch-hermeneutischen Assimilierung dieses asymmetrischen Verhältnisses vorwegzunehmen und das Ich in eine «akkusative» Verantwortungslage zu bringen: «Hier bin ich!» Ich komme deswegen nur im Akkusativ vor, weil ich dem Auftrag des Anderen rettungslos ausgeliefert bin. Indem er mich meines K.s als meiner Identitätsgrenze enteignet, setzt mich ein derartiger Auftrag in eine Geisel, einen Untertan oder Stellvertreter des Anderen um, nimmt mir meinen eigenen Ort und impft mich mit einer unstillbaren Unruhe. Die Spur des Anderen (die Nähe schließt bei Lévinas eigentlich eine unentrinnbare Verseuchung mit ein; Libertson 1982) macht meinen K. duldsam, verletzlich, für das Leid des Nächsten anfällig, ähnlich wie es der Mutterleib für das Kind ist. Kein Wunder, wenn Lévinas (1974) dann den Mutterleib, der mich mit dem Anderen verbindet, bevor ich mit meinem eigenen K. verbunden bin, als ein «Tragen des Anderen» in ein Paradigma ethischer Verantwortung verwandelt.

3. Obgleich sich durch diese Idee der «weiblichen» Verkörperung des Anderen Lévinas offensichtlich, im Einklang mit seinem ganzen philosophischen Unternehmen, einer impliziten «Männlichkeit» des heideggerschen Seins-zum-Tode entgegensetzt, ist seine Mutterschaftsfigur dennoch nicht unproblematisch. Ist dies die einzige Form, in der die weibliche Existenz sich selbst verantwortlich machen kann? Die andere, erotische Form der weiblichen Existenz verdient bei Lévinas (1961) nämlich kein solches Kennzeichen, weswegen die Frauen, die nicht gebären können oder wollen, aus der verantwortlichen Existenz ausgeschieden bleiben. Indem er sie zu einer leiblichen Verkörperung des Begehrens im Genuss verurteilt, hebt Lévinas die erotische Weiblichkeit in einer namenlosen Intimität des männlichen Anderen auf – im Unterschied zum männlichen Begehren, das seine ethische Transzendenz in der Fruchtbarkeit erreicht. Die Männer vollziehen ihr Begehren durch die Selbstüberwindung im Sohn, während sie die Erotik dagegen zu einem nokturalen Aussichtsverlust führt. Angeblich vermisst das erotische Begehren jene unendliche Transzendenz, die der radikalen Andersheit des göttlichen «Jenen» innewohnt. Während das jenseitige Begehren demzufolge für die Linie Gott-Vater-Sohn beibehalten wird, unterbindet nach Vasseleu Lévinas' Erklärung der Weiblichkeit und Mutterschaft die Möglichkeit einer ethischen Verantwortung zwischen Mutter und Tochter als *Geschlechts*wesen – die Weiblichkeit hat keinem

Anderen, keinem Gesicht zu begegnen. Einem weiblichen Gesicht kann man nicht begegnen – Lévinas' Deutung der körperlichen Intimität zielt auf eine Auflösung des Weiblichen, nicht auf einen Kuss zweier Gesichter ab. Das Entgegensetzen von einem auftraggebenden und einem ausweichenden erotischen Gesicht zielt hier auf eine bittere Bemerkung von Irigaray (1984) ab, nach welcher Lévinas die mütterliche Verantwortung in die väterliche und die erotische Leiblichkeit in die Fruchtbarkeit umsetzen muss, um ihnen ethische Authentizität zu sichern. Wenn wir mit Gott, im Unterschied zur Frau, keinerlei sinnliche Beziehung herstellen können und wenn die Frau, außer als Übertragung männlicher Fruchtbarkeit, zu keiner anderen als einer sinnlichen Beziehung fähig ist, dann ist der Hauptbegriff der lévinasschen Ethik durch eine geschlechtliche Ausschließung gekennzeichnet.

4. Irigaray bewertet dagegen gerade die erotische Beziehung um, welche auf einer jedweder Reproduktionspflicht entledigten Berührung beruht. Statt wie bei Lévinas die Auflösung des Lichts in einer nokturalen Leiblichkeit zu sein, beharrt die Liebkosung *(caresse)* auf einer Identifikationsschwelle, wo Dinge ihre Plätze noch nicht genommen haben, dennoch aber möglich bleiben, indem sie auf einer fragilen K.-Grenze vibrieren, die sich gegenüber einem «fotosensitiven» erotischen Licht jenseits üblicher visueller Fixierung öffnet. Berührung wohne einem Kontakt inne, der die Grenzen weder auflöse noch festlege, sondern nach einer immer neuen Behauptung der tastbaren Leiblichkeit strebe (Vasseleu). Die erotische Regenerierung unterscheidet sich von der mütterlichen darin, dass sie den K. in den Erneuerungsort einer fruchtbaren Schwelle verwandelt. Der K.-als-Schwelle ist durch eine Spaltung gekennzeichnet (Irigaray 1984 veranschaulicht ihn durch die später heftig debattierte Figur von zwei Schamlippen). Er ermöglicht ein stetes Berühren/Liebkosen des Ich und des Anderen, niemals aber ihre gegenseitige Aneignung, Leibwerdung des Einen im Anderen. Die Schwelle ist eine unfixierbare Grenze gleichzeitig *innerhalb* vom und *um* den K., der daher stets aufs Neue gestaltet wird. Das Einführen des Unterschieds, der die Geschlechtskörper voneinander trennt, gleichzeitig innerhalb eines jedes von ihnen, weist auf einen Überrest des Begehrens hin, den die gegenseitige Abgrenzung vom Geschlechtskörper in jedem von ihnen hinterlässt. Es geht um einen Überrest, der den ethischen Zwischenraum der Geschlechtsbeziehung strukturiert, indem er eine reduktive Inbesitznahme des einen durch die stillschweigenden Parameter des anderen Geschlechts unmöglich macht. Keines der Geschlechter möge das andere vollkommen in Besitz nehmen. Immer bleibe ein *Überrest* (Irigaray 1984). Nur ein unermüdliches Wiederaufgreifen dieses Überrests hält die Möglichkeit des Genusses offen (Cornell 1991; Butler 1993).

5. Durch ihre Einführung der Geschlechtsdifferenz in Lévinas' ethische Re-

lation knüpft Irigaray eigentlich an Derridas Problematisierung des undarstellbaren Anderen im Denken Lévinas' an. Derrida hält die dramatische körperliche Ausgesetztheit des Selbst *(même)* für eine Folgerung der vollkommenen körperlichen Unzugänglichkeit des Anderen *(autrui)*. Lévinas demontierte Bubers Symmetrie der intersubjektiven Beziehung zwischen dem *Ich* und dem *Du*, indem er den Anderen in einen *Er* verwandelte (Bernasconi 1988; Taureck 1991). Das Verhältnis mit dem Anderen sei niemals nur ein Verhältnis mit dem Anderen: Von Anfang an sei im Anderen ein Dritter mit repräsentiert; in der reinen Erscheinung des Anderen blicke mich ein Dritter an (Lévinas 1986). Blanchot (1969) zufolge gehöre der Andere nicht nur meinem Horizont an; er selbst sei des Horizonts entledigt. Nach Derrida (1967c) ist allerdings eine Begegnung mit dem Anderen ohne seine sinnliche Konstitution schlechterdings unmöglich. Bereits die Tatsache, dass das Unendliche als Lévinas' Hauptbegriff auf einer Negation des ontologisch endlichen K.s beruht, frustriert Lévinas' Versuch, ihn in reinen ethischen Termini darzustellen: *Die Totalität und das Unendliche* gehe in ihrem Respekt der Asymmetrie so weit, dass es uns unmöglich, tatsächlich unmöglich scheint, dass sie von einer Frau verfasst wäre. Ihr philosophisches Subjekt sei ein Mann, so Derrida. Obwohl diese Schlussbemerkung keine weitere Verarbeitung erfährt, scheint es, als ob sie auf die geschlechtsgeladene Asymmetrie zwischen K. und Geist, Inhalt und Form, Passivität und Aktivität in Lévinas' Werk hindeutet. Irigaray (1974) hat diese Asymmetrie in ihrer Hegel-Lektüre folgendermaßen problematisiert:

Hegels Deutung von Sophokles' *Antigone* (aus den *Vorlesungen über Ästhetik*) beruht auf einer Vorstellung von der Frau als Hüterin der «natürlichen ethischen Gemeinschaft» der Familie. Solch eine Rolle gebührt der Frau infolge ihrer passiv-rezeptiven, «in-sich-gezogenen» K.-Anatomie. Ein derartiger K.-Bau macht die Frauen unfähig, das ethische Bewusstsein (von der Notwendigkeit der Unterordnung von Familieninteressen der Staatsgemeinschaft) zu entwickeln, weswegen sie in ihrem Handeln, wie Antigone, eher dem Naturgesetz der Blutsverwandtschaft folgen. Solche blinde Hingabe der Gebärmutter (Antigone und Polynikos, *nota bene*, haben dieselbe Mutter, nicht aber denselben Vater) droht allerdings mit einem Abbau der Staatsgemeinschaft, indem sie den Antagonismus zwischen ihr und der Familie zuspitzt. Hegel erkennt den Zweck der Familie in der Erziehung eines unterordnungsfähigen Individuums, so wie es der Zweck der Frau sei, ein Wesen zu erziehen, das dem Familienorganismus gehorche. Wenn sich aber diese nach außen strebenden Zwecke sich selbst zuwenden, wird die Harmonie der ihnen übergeordneten K. in Gefahr gebracht. In seiner *Rechtsphilosophie* meint Hegel, dass sich ein Staat dagegen am besten durch Kriegsführung wehren könne: Nur eine Gefahr von außen stelle sich dem inneren Zerfall in den Weg (Shapiro 1997). Die Ironie der Frauenlage bestehe hier darin, dass die Frauen das Staatsganze ermöglichten, wobei sie zugleich, im Gegensatz zu ihm, als die ihrem Gleichgewicht drohenden Außenseiter bestimmt würden. Hegel transzendiere einerseits die natürliche Bestimmung der Frauen, reduziere sie aber andererseits wiederum auf ihre Natürlichkeit (Chanter 1995).

An einem ähnlich antinomischen Status eines K.s, der dem Anderen zugleich zugehört und ihn problematisiert, leidet bei Lévinas die Kategorie des Selbst. Das ontologische Selbst gewinnt nur insofern einen ethischen K., als es sich dem enteignenden Appell des Anderen unterzieht; das Ethische ist nämlich stets von der Kraft des in Gang gesetzten Begehrens abhängig, welches das «Unendliche im Endlichen perpetuiert», indem es als ein Hunger firmiert, der sich «durch den Hunger selbst statt durchs Brot nährt» und durch «keinen Genuss gepriesen, abgeschlossen oder gestillt wird» (1961). Es geht um ein Begehren, das unaufhörlich «das Sein zerfrisst, indem es es in Güte verwandelt». Was aber, wenn eine derartige Darstellung des Begehrens bereits durch ontologische Parameter gestaltet wurde, wenn seine unantastbare Güte bereits vom Sein zernagt wurde? Obgleich Lévinas (1974) den Anderen aus dem göttlichen Jenseits seines Frühwerks in eine fortwährende Kehrseite jedweder Sprachäußerung verlagerte – wobei nun jene Markierung des Gesagten *(le dit)* von einem beständigen Schatten des ausgeschlossenen Sagens *(le dire)* begleitet wird –, ist dennoch sein Anderer weiterhin nach einem transzendierenden Muster des männlichen K.s gestaltet und daher bereits von jenem Selbst angesteckt, dem er erst seine Authentizität verschaffen sollte. Die Hauptmerkmale der Erkenntnisstrukturen und Vorstellungssysteme der westlichen Kultur wurden nämlich eben aus der männlichen K.-Aufhebung, einer Abtrennung von der Männlichkeit in der Produktion der Erkenntnis oder Wahrheit abgeleitet (Grosz 1995). Wie kann aber jemand jene Sache, für die er behauptet, dass sie der Geschlechtsdifferenz vorausgeht oder ihr fremd ist, maskulin gestalten (Derrida 1980c)? Indem er den Anderen nach dem Muster eines selbsttranszendierenden männlichen K.s gestaltet, verwandelt ihn Lévinas in eine Variante des Selbst, wobei er die Ontologie unwillentlich in die Grundlage seiner angeblich primordialen Ethik einführt. Eine eigenartige Folgerung daraus bestehe darin, dass Lévinas' Werk eine Tilgung der weiblichen Andersheit befürworte und somit einer Ökonomie des Selben verhaftet bleibe, die es ununterbrochen zu überwinden strebte (Critchley 1991).

6. Damit zeichnet sich zugleich jenes Risiko ab, mit welchem die dargelegte phänomenologische Unterordnung der K.-Konstitution unter ein bestimmtes Transzendentalprinzip einhergeht. Ob es ums «Fleisch» oder um das «Jene» der Welt geht, immer wieder wird die Verschiebung einer reduktiven K.-Gestaltung und -Abgrenzung durch eine ebenso reduktive Gestaltung jenes Univer-

salprinzips bestraft, das diese verschiebende Entgrenzung vollzieht. Die Phänomenologen stellen diese Grenzerweiterung als eine K.-Emanzipation aus dem Zustand des passiven Mediums in den Zustand des reflektierten Instruments des betreffenden Prinzips dar. Scarry (1985) aber kehrt dieses Verhältnis um, da sich in ihrer Untersuchung der K. eher zusammenzieht als entgrenzt. Die Entgrenzung zielte auf einen Ort gemeinsamer Gewissheit ab: Ein physischer K. breitet sich in eine Bewusstseins- oder Sprachstruktur mit dem Ziel aus, eine interkorporelle Bestätigung zu erreichen. Demgegenüber erforscht Scarry das Zusammenziehen der Sprache unter dem Druck des physischen Schmerzes. Für einen leidenden K. ist der Schmerz eine ebenso völlig vertraute Erfahrung, wie er für einen anderen, nicht betroffenen K. eine unvertraute Erfahrung sei. Der Grund für diese Kluft zwischen Erfahrungen liegt darin, dass sich der Schmerz sprachlich kaum vermitteln lässt. Während sie meine Erfahrung den anderen nahe bringt, macht die sprachliche Vermittlung diese Erfahrung mir selbst entfernt und fremd. Der Schmerz ist dagegen vollkommen unmittelbar. Nicht nur, dass er sich gegen die Sprache wehrt, er zerstört sie aktiv, um einen unmittelbaren, vorsprachlichen Zustand zu erreichen, um zu jenen Klängen und Schreien zurückzukehren, die das menschliche Wesen produziere, bevor es zu sprechen gelernt hat (Scarry 1985). Die Schreie können allerdings, im Unterschied zu den legitimen Bestandteilen der Sprache, ihren Inhalt nicht mit den anderen teilen, weswegen sie unteilbar bleiben. Die Kraft der inneren Unwiderlegbarkeit des Schmerzes bleibt somit ohne einen befriedigenden äußeren Beleg, löst Zweifel und Misstrauen aus. Scarry verweist einerseits auf diverse Lösungsstrategien für diese Schwierigkeit, die erfunden worden waren, um auf den verletzten K. eine möglichst breite soziale Aufmerksamkeit zu lenken (nachträgliche Zeugnisse der Betroffenen, Gedichte und Erzählungen, Ärzte- und Zeugenberichte, Polizei- und Gerichtsprotokolle). Andererseits erinnert sie daran, dass die organisierte Gewalt nicht nur durch das Zufügen des Schmerzes, sondern ebenso durch die eigenartigen begleitenden Untersuchungstechniken bestrebt ist, den Opfern die Sprachfähigkeit als Zeugnisinstrument wegzunehmen. Als eine Destruktion der sprachlichen Konstruktion des Schmerzes löst die Gewalt den Akt der Sprachschöpfung auf. Der Schmerz und die Gewalt können allerdings die Welt- und Sinnhaftigkeit der Sprache nur insofern bedrohen, als wir davon ausgehen, dass die Sprache normalerweise im Dienste des K.s steht. Sind Gewalt und Sprache einander tatsächlich entgegengesetzt? Was dann, fragt Butler (1997), wenn die Sprache ihre eigenen Dispositionen zur Gewalt und Welterschütterung beinhaltet, wenn sie die Gewalt nicht nur gelegentlich unterstützt, sondern prinzipiell produziert? Solche Fragen lassen sich kaum beantworten, solange die Sprache von den Phänomenologen als Medium und Instrument des K.s, der K. wiederum als Medium und Instrument einer Selbstbehauptung des Bewusstseins aufgefasst wird. Lässt sich der K. anders als ein passives Medium und Instrument auffassen, das die lebensverleihende Kraft eines abgesonderten, nichtmateriellen Willens erwartet (Butler 1990)?

7. Indem sie eine solche Frage stellt, befindet sich Butler auf der Spur einer neueren, nietzscheanisch-genealogischen Denktradition, die vor allem Foucault und Deleuze in ihren K.-Untersuchungen wieder aufgenommen haben. Wenn in der phänomenologischen Tradition der K. aus einem *inneren* Bewusstseinsraum heraus «animiert» wird, so wird er in dieser Tradition aus dem *äußeren* Raum der Sozialinstitutionen heraus «niedergeschrieben». Während die Psychoanalyse und die Phänomenologie sich laut Grosz auf den K. im Prozess seiner Erfahrung und Bedeutungserfüllung konzentrieren, befasse sich das Einschreibungsmodell mit den Prozessen der Bezeichnung, Abstempelung, Veränderung, Beschriftung des K.s, seiner Konstruktion durch diverse institutionelle, diskursive und nicht-diskursive Machtregime (Grosz 1995). Allerdings ist das Modell des K.s als «Einschreibungsfläche» einer ähnlichen Gefahr ausgesetzt wie das phänomenologische Modell, den K. nämlich in ein passives «mnemotechnisches» Medium der Einschneidung, Einprägung, Ausgrenzung und Zerstückelung umzusetzen. Wer immer hier den Ort des «Signifikanten» einnimmt – die «Schreibmaschine» des Gesetzes oder Gefängnisses, der Irrenanstalt, Fabrik oder Kaserne, der «Staatsapparate», der Kultur oder der geschichtlichen Ereignisse –, häufig wird er, im Gegensatz zur amorphen Materialität des K.s, in einen unbefragten Subjektstatus oder ein männliches Gestaltungsprinzip verdinglicht (Butler 1990). So verbleibt der Eindruck, dass die durch eine «Kartographie» des sozialen Drucks abgegrenzten K.-Identitäten – mit ihren privilegierten Öffnungen und Positionen, Empfindungs- und Kontaktzonen, Möglichkeits- und Verbotfeldern –, dass die so ausdifferenzierten Identitäten vorgegebene und unveränderliche Machtkonfigurationen ausmachen, in die sich einzelne K. gegen einen Kastrationspreis einordnen müssen. Solch eine nahezu katastrophische Richtung schlagen z. B. die Argumentationen von Foucault und Deleuze, Wittig (1973) und Braidotti (1994) ein. Die letztere z. B. knüpft an Foucaults Analyse der K.-Zerstückelung infolge der Einführung der disziplinären Sozialkontrolle im 18. Jh. an. Foucault (1975) legt eine sich unter dem Druck der Ausdifferenzierung der Gesellschaft in unterschiedliche Signifikationssysteme vollziehende Zergliederung des K.s in den Moral-, Militär-, Medizin- und Strafaspekt dar. Empfindungen, Triebe, Bedürfnisse, Wünsche, sogar das Bewusstsein und die Seele werden danach als ausdifferenzierte Signifikationseffekte von den Diskursen der neu entstandenen humanistischen Disziplinen mit der Absicht übernommen, die eingesetzte Zergliederung fortzusetzen und zu vertiefen. Unter dem Druck einer beschleunigten wissen-

schaftlich-technologischen «Kannibalisierung» zieht sich das K.-Ganze, meint Braidotti, heutzutage in die Abwesenheit zurück, wobei es nur seine Organe als bedauerliche Produkte eines Phantasmas von der restlosen Beherrschung der «Lebenssubstanz» hinterlässt. Der skopische Trieb verflacht die Zeit bis zu einem Punkt des Triumphs über die Gebärmutter als «den finstersten Ursprungsraum». Der Absonderungs- und Verpflanzungsbetrieb bringt die Welt in Gefahr, dem weiblichen K. letztendlich den Zeitraum des Heranreifens als sein Hauptmerkmal wegzunehmen. Die Ultraschalltechniken der Molekularbiologie führen nicht nur zu einer ökonomischen Gleichsetzung von allen K.n zu anatomischen Zwecken, sondern zu deren Verdinglichung unter dem Druck des männlichen Klarheitsfetischismus. Braidotti verurteilt das *scanning eye* der «medizinischen Pornographie» als eine erwachsene Variante des infantilen Sadismus, der die dunkelsten Zonen des menschlichen Organismus nur deshalb zutage fördert, um ihre «Wahrheit» herauszukriegen. Ist der K. gegenüber den beschriebenen Kolonisierungsoperationen in der Tat dermaßen hilflos?

8. Butler (1990) bestreitet das und schlägt stattdessen vor, Foucaults Genealogie von ihrem spontan geerbten christlichen Dualismus zwischen Materie und Form, K. und Geist, Tatsache und Wert frei zu machen. Instrumente der «Perforierung» und «Territorialisierung» des K.s müssen dementsprechend aus der Reichweite des «manipulativ-gewaltantuenden Subjekts» herausgenommen und als stets erneute Regulierungs- und Strukturierungsverfahren des sozialen Umfelds erklärt werden. Die Iterabilität des diskursiven Ausgrenzungsakts des K.s macht indessen darauf aufmerksam, dass die Randzonen und Durchlassungsorte nicht ein für alle Mal fixiert sind, sondern mit einer steten Gefahr der Wiederkehr ausgeschiedener «Unsauberkeit», mit einem unaufhörlichen Verkehr über die einmal gezogene Grenze zwischen dem Inneren und Äußeren zu rechnen haben. Mit Bezug auf Kristeva (1980), die wiederum mit bekannten anthropologischen Thesen von Douglas (1966) operiert, betont Butler, dass die K.-Gesundheit nur durch eine immer erneute Ausscheidung eines gegebenen Fremdkörpers aufrechterhalten wird. Die Ausscheidungsfunktion werde fast zu einem Muster für den Vollzug anderer Formen der Identitätsdifferenzierung. Diese These wird (1993) durch eine *performative Zitationspraxis* ergänzt und erarbeitet, durch einen Prozess sukzessiver Differenzwiederaufnahme, in dem eine gleichzeitige Identifizierung und Entidentifizierung, Konstruktion und Dekonstruktion des K.s stattfindet. Die Formativität eines Diskurses bedeute laut Butler nicht, dass dasjenige, was er zulasse, von ihm produziert, verursacht oder vollkommen verfasst werde; sie besage, im Gegenteil, dass es keine Referenz auf einen reinen K. gäbe, die nicht zugleich eine weitere Gestaltung dieses K.s wäre. Da er die Möglichkeit eines außerdiskursiven Gegenstands nicht zulässt, bestreitet der radikale Konstruk-

tivismus auch die Möglichkeit eines reinen Konstativs. Ein Diskurs ist prinzipiell auf sich selbst gerichtet und schöpft seine materielle Macht lediglich aus dem zeitlich akkumulierten Effekt seiner Konventionen, wie immer er in einem gegebenen Äußerungsakt den eigenen Zitatcharakter auch verbergen mag. Es ist aber kaum vorherzusehen, in welcher Art und Weise sich diese Selbstautorisierung abspielt, da ein jeglicher Akt des Wiederaufgreifens der Normen die von ihm aufgegriffene Tradition unterschiedlich aktualisiert und vergisst, ein- und ausschließt. Von daher zeichnet sich der Prozess der Bevollmächtigung der Sprechakte durch eine inhärente Instabilität aus. Jedweder Machtbetrieb ist einer erneuten Ziehung der einmal gezogenen Geschlechts-, Rassen- und Klassengrenzen der K. und einer Untergrabung seiner etablierten Intelligibilitätsregime ausgesetzt. Deshalb können sie manchmal den K.n dieses Machtbetriebs die für sie noch bis vor kurzem «unbewohnbaren Gebiete» zugänglich machen.

Eine Machtinstanz zu destabilisieren heißt nicht, die Materialität des K.s als seiner aufeinander geschichteten Effekte zu bestreiten. Butler setzt ihren Akzent darauf, dass die Materialität ein Diskurseffekt bzw. dass sie durch die Sprachoperationen entstanden und gesichert ist. Eine von solchen Sicherungsoperationen ist die Einführung der Kontrolle über die Grenzen der «korrekten Begriffsverwendung», wobei dann die Katachrese als ein Umbenennungsmanöver bzw. eine «ungeeignete Verwendung des Eigennamens» sanktioniert wird. Falls wir solche Kontrollverfahren des Diskurses übersehen und die materielle Gegebenheit des K.s als eine empirische Tatsache annehmen, maskieren wir das Machtregime, das ihm zugrunde liegt, und bewilligen dadurch die Ausscheidungsmechanismen, anhand deren es sich reproduziert. Falls wir dagegen in der Materialität des K.s ein reines Sediment aufeinander gelagerter Diskurseffekte erkennen, bekommen die K. eine Gelegenheit, ihre gegebene Bedeutung für Bereicherungen bereitzumachen. Wenn wir den K. nämlich statt als einen Gegenstand als einen Namen auffassen, machen wir ihn zum Sitz eines permanenten Agons und widerlegen damit seine eingeborene «Eigenschaft». Der Name ist insofern vom Agon bewohnt, als seine Konstruktion eine Diskontinuität von zeitlich aneinander gereihten Diskursakten aufweist. Butler betont die Wichtigkeit des zeitlichen Prozesses einer derartigen K.-Konstruktion, weil die Zeit für sie nicht nur eine schlichte Aneinanderreihung von Momenten, sondern ebenso ihre unberechenbaren Zwischenräume einschließt. Für die Definition des akkumulierten Effekts, den wir ‹Konstruktion› nennen, habe derjenige phänomenale Bestandteil, der nicht eingeschlossen, sondern durch eine Grenze exteriorisiert sei, dieselbe Bedeutung wie derjenige, der eingeschlossen sei.

9. Daraus ließe sich schließen, dass Butler die Darstellung des Verhältnisses

zwischen Macht und K. im Rahmen eines klassischen Form-Stoff-Verhältnisses zurückweist, um die Macht (als Form) als immer schon materialisiert und den K. (als Stoff) als immer schon formiert zu erläutern bzw. um jene Grenze, die sie *voneinander* trennt, noch einmal *innerhalb* von ihnen selbst einzuführen. Dieselbe «Wiedereinführung der Leitdifferenz» (Luhmann) in die Geschlechtskörper haben wir am Beispiel der von Irigaray durchgeführten feministischen Dekonstruktion der phänomenologischen Konzeptionen von Merleau-Ponty und Lévinas dargelegt. Obwohl die Phänomenologen die Rolle der Form nicht, wie Foucault und Deleuze, der Macht, sondern dem Fleisch und dem Anderen zuschreiben, fassen sie den K. ebenso unproblematisch materiell auf, was für Irigaray heißt: als einen weiblichen K., ebenso wie sie die Form als einen männlichen K. verstehen. Kein Wunder also, wenn Butler in ihrer Kritik des nietzscheanisch-foucaultschen K.-Modells der «Einschreibungsfläche» zunächst nach derselben, d. h. der geschlechtlichen Problematisierung des formativen Verhältnisses greift.

Der Schwerpunkt von Irigarays Beweisführung lag darin, dass der männliche K. als ein *Bestandteil* des Unterschieds zum weiblichen K. zugleich als *Festleger* dieses Unterschieds, als sein körperfreies «Vernunftprinzip» fungiert. Nur deshalb also, weil die Festlegung des Unterschieds von seiner Position aus erfolgt, stellt sich der männliche K. als Identität (d. h. vollständig und neutral) und der weibliche K. als Differenz (d. h. mangelhaft und bezeichnet) heraus. Wenn wir nun in die männliche Form, die den Unterschied festlegt, denselben Unterschied einführen, legen wir jenen materiellen, weiblichen Aspekt der Form, der verdrängt worden war, bloß. Falls also zuvor die (männliche) Form zugleich ein Bestandteil und *Festleger* des Unterschieds war, ist die (weibliche) Materie jetzt zugleich ein Bestandteil und *Untergräber* des Unterschieds. Als ein derridasches Supplement fungiert die Materie demzufolge laut Butler gleichzeitig in zweierlei Funktionen: (1) als ein metaphysischer Begriff, der dem Phallogozentrismus diene; (2) als eine besorgniserregend spekulative und katachrestische, abgründige Figur, die einen möglichen Sprachort der kritischen Nachahmung für sich bezeichne (Butler 1993). Indem sie die Sprache mimisch verwendet, unterwerfe sich die Frau abermals den ‹Ideen›, vor allem den von den Männern erarbeiteten Vorstellungen ihrer selbst, aber dadurch, dass sie mittels einer spielerischen Wiederholung dasjenige, das unsichtbar bleiben sollte, nämlich die Operation des Weiblichen in der Sprache, sichtbar mache (Irigaray 1978). Während sie das taktile Prinzip der metonymischen Kontiguität, das vom herrschenden skopischen Prinzip des metaphorischen Austauschs verdrängt war, wiederbelebt, versichert die Frau durch ihre Nachahmung das Beharren der Materie auf einem außerhalb befindlichen, nicht vorgesehenen Ort. Es handelt sich eigentlich um einen Nicht-Ort (U-topie), da keine Frau über einen identifikationsfähigen *Beobachtungs*ort verfügt. Statt etwas *als* etwas identifizieren zu können, vollzieht sie in ihrer mimikrischen Operation der Einnahme des Orts des Anderen eine Identifizierung *mit* dem Anderen, und zwar durch die *Berührungs*fläche ihres K.s.

10. Mit Recht verwies Cornell (1991, 1992a) auf eine Verwandtschaft zwischen dem eben erläuterten mimetischen Konzept und jenem, das von Adorno und Lacoue-Labarthe erarbeitet wurde, da es im letzteren ebenso um einen Abbau des philosophischen Subjekts geht, das den K. des Anderen mit der einzigen Absicht abgrenzt, ihn analytisch gliedern zu können. Die von beiden Denkern befürwortete «Regression» der Reflexion auf einen vor-subjektiven Zustand schließt eine Zurückziehung des reflexiven Ich vom disseminativen Ort eines *Eindringlings* auf den rezeptiven Ort einer *Aufnehmerin* bzw. *chorae* aus Platons *Timaios* ein. Auf der Spur der oben erwähnten Mimikryuntersuchungen von Caillois argumentiert Lacoue-Labarthe (1987), dass die Nachahmung nicht als Tätigkeit eines vollendeten Subjekts, das einem politisch schon fixierten Muster folgt, aufzufassen sei. Im Gegenteil, sie entsteht in der «Aufnahmezone» eines vorpolitischen K.s (Lacoue-Labarthe / Nancy 1983), der jene Ausscheidungen befragt, anhand deren die Sachverhalte erst überhaupt politisch vorstellbar werden. Taussig (1993) entfaltet ein Konzept der «vor-darstellerischen» Nachahmung, welche die Gewalt über den geschichtlich-ethnischen Anderen verhindern sollte, eine darstellerische Gewalt, die spontan reproduziert werde, wenn immer wir unbedacht innerhalb des bereits Gesagten verbleiben (Shapiro 1997). De Certeau (1980) hat denselben Begriff in der Form der «Operationstaktiken» einer Konsumkultur erforscht, welche, des eigenen Orts und damit auch des K.s entledigt, die vorherrschenden «Kulturstrategien» subvertieren. Eine K.-Aufhebung in Bezug auf den Anderen liegt schließlich auch Nancys Corpusbegriff zugrunde: Ein Corpus *teilt* (in beiden Sinnen des Worts *partager*) unentwegt seine Grenze mit einem anderen *Corpus*, ohne Aussichten, sie irgend einmal sei es aufzuheben oder zu errichten (Nancy 1986, 1993). Daher ist es ek-topisch, ek-positionell, aus-gestellt und in die anderen Corpora auf-geteilt: Dieses ‹anderswo› sei durch den ganzen K. hindurch ausgedehnt, im Corpus aller Teile des ganzen K.s und in allen anderen K.n, von denen jeder zu einem Teil des anderen K.s in einem unendlich ek-topischen Corpus werden kann. Ein K. hat in sich nichts Verborgenes, alles ist bereits «ausgestellt, alles ist eine Hauttextur». Die Geste der Grenze, auf der Grenze sei eine Berührung – vielmehr, die Berührung sei ein Grenzengedanke. Berühren heiße, sich auf einer Grenze zu befinden, es sei ein Auf-der-Grenze-*Sein* – und das sei eigentlich das Sein an sich, ein ab-solutes Sein (Nancy 1993). Um mit Nancy zu sprechen, ist es die einzige Art für das *spekulative* philosophische Subjekt – das ansonsten überall nur sein Spiegelbild wiedererkennt –, eine Er-

innerung an seinen «verlorenen K.» *(le corps perdu)* zu erwecken. Es war bereits der junge Hegel, der den letzteren unfehlbar als einen «unendlichen Abgrund persönlicher Abneigungen» bestimmte. Erst eine solche Konfrontation mit dem Verschwinden des eigenen K.s darf mit einem wahren Aufkommen des Corpus rechnen (Shapiro 1994).

11. Wenn wir aber die «Aufnahmetätigkeit» als einen vor-subjektiven Bestandteil *jedweder* Subjektbildung deuten, den es aus seinem Latenzzustand in der Randzone des K.s mimetisch zu erwecken gilt, dann kommt eine exklusiv *weibliche* Figurierung dieser Tätigkeit in Frage, wie wir sie bei Kristeva (1974) vorfinden. Die umarmende Materie einer Aufnehmenden hätte sich nämlich gerade wegen ihrer Außerhalbbefindlichkeit *nicht* figurieren lassen. Ohne dies zu berücksichtigen, führt sie Kristeva vorbehaltlos in einen weiblichen Bestimmungsrahmen über und wiederholt damit dieselbe Fälschung, welche die feministische Literaturwissenschaft der männlich geprägten phänomenologischen und genealogischen K.-Behandlung vorwarf. Wie immer Kristeva sich bemüht, sie in der Gestalt eines Mutter- oder Hebammenkörpers vorzustellen, kann sie laut Butler (1993) keine Form, *morphe*, annehmen und in diesem Sinn kein K. sein. Obgleich sie eine direkte Analogie zwischen der Aufnehmerin *(chora)* und den semiotischen Rhythmen des Mutterleibs, wie wir sie bei Kristeva vorfinden, vermied, assoziierte Irigaray dennoch ihre «Flüchtigkeit» mit dem Benehmen des weiblichen K.s und öffnete damit einer weiblichen Monopolisierung des «Transzendentalprinzips» als einem Kehrbild der männlichen Monopolisierung die Tür. Indem sie von solch einem typischen «Ausrutscher» Abstand nimmt, hebt Butler (1993) hervor, dass es keinen einheitlichen Außerhalbbefindlichen gebe, da die Formen stets auf unterschiedliche Ausscheidungen Anspruch erheben; sie bestehen und erneuern sich durch die Ausscheidungen, sei es des Tiers, der Frau oder des Knechts, und versorgen ihre Eigenschaft durch einen Besitz, eine National- und Rassengrenze, durch den Maskulinismus sowie eine zwanghafte Heterosexualität.

12. Mit einem dermaßen ambivalenten, als unentscheidbar aufgefassten K.-Rahmen können wir jetzt auch eine Problematisierung des psychoanalytischen K.-Konzepts vornehmen. Freud wies in der *Einführung in den Narzißmus* (1914c) darauf hin, dass sich die libidinöse Energie erst auf das Signal eines Schmerzes oder einer Krankheit von den beliebten Gegenständen auf den eigenen K. verlagert. In *Das Ich und das Es* (1923) promoviert er dann den Schmerz zu einer Voraussetzung der körperlichen Selbsterfahrung, die letztere wiederum zu einer Voraussetzung der Ich-Bildung. Der K. erfährt sich selbst durch eine vom narzisstischen Genuss begleitete energetische Besetzung des schmerzlichen Orts; dabei ist es unklar, ob es hier – wie in der Hypochondrie – um eine psychische Markierung eines physischen K.-Teils geht oder aber – wie

in einer organischen Krankheit – ein physischer K.-Teil die psychische Aufmerksamkeit an sich zieht. Obwohl die genannte Unentscheidbarkeit ungelöst bleibt, gibt es keinen Zweifel darüber, dass der bewusst gemachte K.-Teil von einem einmal ausgelösten narzisstisch-erotischen Phantasma nicht zu trennen ist, da das letztere ihm als einer Erregungszone überhaupt erst Existenz verleiht. Das Musterbeispiel für solch einen K.-Teil ist das erregte männliche Geschlechtsteil, obwohl auch andere K.-Teile dieselbe Funktion übernehmen können. Hauptsache ist, dass das Erregungspotenzial als ein durch die Umbesetzung des Schmerzes durch den Genuss hervorgebrachter Zustand der psychophysischen Ambivalenz zu einer privilegierten Art der «Erwerbung» des eigenen K.s wird. Obwohl Freud, indem er den Phallus für ihren Stellvertreter wählt, diese Ambivalenz zu verhindern sucht, liegt die Möglichkeit der Übertragung des Erregungspotenzials auf andere Körperteile dennoch dem Phallus als seinem eigenartigen «Enteignungsstempel» zugrunde. Ist dieser privilegierte psychische Kartograph des physischen K.s übrigens nicht sowieso immer schon durch eine Anhäufung von physisch-erotischen Anreizen «errichtet» worden?

Nicht einmal das Aufkommen von schmerzlichen Anreizen allerdings, das die libidinöse Energie zu einer Erotisierung des K.s anleitet, lässt sich ausschließlich durch physische Gründe erklären. Freud (1923) deutet den Schmerz als eine Folge der Aktivität der frustrierten Liebesenergie, die unter dem Druck eines Sozialverbots und der dadurch induzierten Schuld vom Wunschgegenstand abgelenkt und auf das Beichten des eigenen K.s gerichtet wird. Von daher nimmt ein K. seine eigene Form erst durch die Einverleibung eines Verlusts oder einer Ausscheidung an, was seine Konturen in dauerhafte Spannungszonen zwischen den physischen und psychischen Triebfedern in einem sozial regulierten Feld und in die Orte eines stets erneuerten Herbeirufens entsprechender kompensatorischer Spracheingriffe verwandelt. In diesem Sinn lässt sich dann nicht nur Kristevas These deuten, dass die dichterische Sprache die verloren gegangenen Rhythmen des Mutterleibs figuriert (1974), sondern ebenso Lacans Behauptung (1978), dass die imaginäre Integration des K.s mittels seiner Verfremdung im Spiegelbild wegen des hinterlassenen Verlusts mit symbolischen Mitteln fortgesetzt werden muss. Das menschliche Objekt bilde sich selbst mittels des ersten Verlusts – wenn etwas Fruchtbares im Menschen stattfinde, dann nur durch die Vermittlung eines Objektverlusts. Lacan übernimmt damit Freuds These, dass die Vorstellung vom eigenen K. gegen den Preis eines Verlusts erworben wird, weswegen er sie für einen fortwährend instabilen Ort von ambivalenten narzisstischen Besetzungen hält. Unaufhörlich sucht diese Vorstellung nach ihrer Behauptung: Das Bild des /menschlichen/ K.s sei das Einheitsprinzip aller von ihm wahrgenommenen Gegenstände. Alle

Gegenstände dieser Welt seien immer rund um den wandernden Schatten seines eigenen Ich gestaltet. Nicht allerdings nur der Blick, die ganze Erkenntnis des Anderen ist «im Zwinger der narzisstischen Beziehung» befangen, wobei sie einer Festlegung von unsicheren K.-Grenzen bzw. Bekräftigung eines Phantasmas von der Kontrolle über das eigene Ich dient. Durch eine jede Selbstbehauptung verhindert dieses Phantasma den K.-Zerfall bzw. eine Regression in den Zustand des «zerstückelten K.s» *(le corps morcelé)*, der im frühen Kindesalter durchs Spiegelbild aufgehoben wurde. Indem sie diesen verborgenen Faden von Lacans Beweisführung verfolgte, hob Butler eine Analogie zwischen der Lage des K.s vor dem imaginären Spiegel und vor dem phallischen Gesetz hervor. Dadurch ist sie zu einem «weicheren» Verständnis des Symbolischen als eines zeitlich akkumulierten und naturalisierten Zusammenhangs von imaginären Auswirkungen gekommen. Falls der Phallus ein aus der narzisstischen Bestrebung, die Zerstückelung des Penis vorwegzunehmen und seine Integrität zu sichern, hervorgegangenes symbolisches Phantasma sei, falls er für den Penis denselben Dienst leistet wie der Spiegel für den zerstückelten K., dann büßt er letzten Endes den von Lacan als unzweifelhaft beanspruchten Status einer universalen Signifikationsvoraussetzung ein: Statt einer beanspruchten Signifikationsquelle wäre der Phallus eine Nachwirkung der durch die Zusammenfassung verkürzten Signifikationskette (Butler 1993). Da Lacan (1958/1966) aber nicht nur jedwede Verbindung des Phallus mit einer imaginären Auswirkung verneint, sondern auch von anderen seiner Benennungen als unangemessenen Katachresen absieht, sichert er dem Phallus durch eine derartige Reihe von Verboten eine letztendliche Kontrolle über die K.-Grenzen und sich selbst eine vergleichbare Kontrolle über die Phallusgrenzen. Indem er die narzisstische Position einnimmt, die sich gegen die Auflösung eines phallisch zentrierten K.s in Teile wehrt, untergräbt er im Ergebnis den angeblich selbstverständlichen vorphallischen Status des «zerstückelten K.s» und entblößt ihn als eine immer-schon-phallische Projektion der Kastrationsangst, die es kompensatorisch zu überwinden gilt. Eine Berufung auf den K. vor dem Symbolischen könne laut Butler (1993) lediglich innerhalb des Symbolischen stattfinden, und es scheint, als ob daraus folgt, dass es keinen K. vor der Signifikation gäbe. Mit anderen Worten, statt der Signifikation vorauszugehen, geht der «zerstückelte K.» aus ihr hervor, weil er ein phantasmaartiges Produkt des durch das symbolische Verbot initiierten Begehrens sei. Andererseits lässt sich in der Identifizierung mit dem Symbolischen als Schutzpatron dieses Verbots, die durch eine gewisse Angst vor der psychotischen K.-Auflösung angeregt wurde, eine gewisse Bitterkeit wegen des erlittenen Verlusts erkennen. Wenn der zerstückelte K. aber bereits den symbolischen und der symbolische bereits den zerstückelten K. beinhaltet, dann liegt den K.-Grenzen notwendigerweise Ambivalenz zugrunde. Die Hegemonie dieser Grenzen zeichnet sich immer nur vor dem Hintergrund einer zeitweilig verneinten Abneigung ab. (V. B.)

→ Außerhalbbefindlichkeit, Identität, Imaginäres, Spiegel, Subjekt

Kritische Theorie

(engl. critical theory, franz. théorie critique, russ. kritičeskaja teorija)

Der zentrale Begriff der sog. Frankfurter Schule, der in den 1930er Jahren vom damaligen Leiter des 1923 gegründeten Instituts für Sozialforschung und Chefredakteur der *Zeitschrift für Sozialforschung* (1932–41) Horkheimer entfaltet wurde. Der Begriff richtet sich gleichermaßen gegen die traditionell empathisch eingestellte Hermeneutik geistesgeschichtlicher Provenienz wie gegen den wissenschaftlichen Objektivismus, der rein rationalen, analytischen Methoden verhaftet bleibt. So hat er auch eine spezifischere Bedeutung als jene, die ihm heute die angloamerikanische Kritik verleiht, wo er (ohne das Bewusstsein über den Widerstand zur Begriffstradition) zu einem beinahe generischen Titel für die zeitgenössische Literaturtheorie geworden ist, sodass er in sich sowohl die neohermeneutischen Methoden (Rezeptionstheorie, Dekonstruktion, Neuer Historismus) als auch die neoanalytischen (Semiotik, Diskurstheorie) einschließt.

1. Horkheimer entwickelt die Konzeption der K. T. zunächst ausgehend vom Kampf gegen den (historizistischen) Relativismus, der die gesamte Erkenntnis in einem gesellschaftlichen oder geschichtlichen Augenblick ansiedelte und dadurch den metaphysischen Universalitätsanspruch der Wahrheit zurückwies. In seiner Polemik folgt er jedoch nicht der Perspektive K. Mannheims (1929), der nur den deklassierten Intellektuellen, der sog. frei schwebenden Intelligenz das Recht auf unvoreingenommene, universelle Urteile einräumte. Stattdessen leitet Horkheimer die Universalität des epistemologischen Wahrheitsanspruchs aus dem emanzipatorischen Streben nach Veränderung der gesellschaftlichen Bedingungen bzw. aus der philosophischen Hinwendung zur Perspektive der «Unterworfenen und Ausgebeuteten» ab. So wird die Ideologiekritik an der Praxis des Klassenkampfs oder wenigstens an der Praxis des jeder Gesellschaft eigentümlichen Antagonismus festgemacht. Daher stammt auch Horkheimers Kritik der Instrumentalität der absoluten Vernunft. Hinter dem Streben dieser Vernunft, ihre Wahrheit mit der allgemeinen Wahrheit gleichzusetzen, wird der eigennützige Schutz der herrschenden Interessen erkannt. Demgegenüber setzt die kritische Vernunft diese «offenbare Wahrheit»

durch konkrete Negation auseinander, die im Namen ihrer unsichtbaren, da unterdrückten Inhalte durchgeführt wird und dadurch das unverbrauchte Zukunftspotenzial in der Gegenwart befreit. Hatte die Hegelsche absolute Vernunft den bestehenden Zustand der Welt im Namen der Philosophie bejaht, so wird er durch die kritische Vernunft im Namen der Kunst verneint, die von nun an deren transzendentalen Emanzipationshorizont sichert.

Die Kunst wird für die K. T. zum Schutzpatron des Geistes des Ganzen. Denn von allen Gebilden des menschlichen Geistes bewahrt nur sie, so glaubt man, den einstigen Symbolcharakter des Mythos in sich, der mit seiner immanenten Mehrdeutigkeit die Instrumentalisierung der Erkenntnis verhindert. Von der Wirklichkeit übernimmt die Kunst den Seinsmodus des *Gegebenen* (Kant), in dem nach Adorno (1973 / 74) immer ein Moment der Vielfalt, Zerstreutheit in Raum und Zeit, ein gewisses Sträuben gegen die Synthese und Synthesen, gegen Vereinheitlichung und vor allem gegen das Moment der Identität stecke. Denn wenn sich die Wahrheit in der Kunst entweder objektiv oder absolut vollständig in Ausdruck verwandelt, dann könnte man umgekehrt sagen, dass in der Philosophie der Ausdruck, zumindest der Intention nach, zur Wahrheit werde – so pointiert Adorno den Gegensatz zwischen Kunst und Philosophie.

Die Ansiedlung des Wahrheitsanspruchs der K. T. in die polyvalente Kunstform brachte eigenartige Legitimationsprobleme hinsichtlich deren transzendental-kritischer Position hervor. So wie die Kunst unaufhörlich ihre Form überprüft, müsste auch die K. T. ihren kritischen Ansatz unermüdlich hinterfragen. Durch diese Selbstreflexion zeigte sich, dass die Kunst nicht homogen, sondern vielmehr zwischen Ansprüchen der elitären Kunstliebhaber einerseits und jener der Massenkonsumenten andererseits gespalten ist. So kam man zur Entdeckung, dass die Kunst nicht bloß Subjekt, d. h. Gesellschaftskritiker, sondern auch Objekt, d. h. Produkt ihrer Antagonisierung und Differenzierung ist. Welcher von diesen Dimensionen als der authentischen sollte die K. T. treu bleiben? Über diese Frage kam es unter den Anhängern und Mitläufern der K. T. zu prinzipiellen theoretischen Meinungsverschiedenheiten.

2. Benjamin zählte nicht zum Kern der Frankfurter Schule, der neben Horkheimer und Adorno bis zum Beginn des Zweiten Weltkriegs Löwenthal und Marcuse angehörten. Obwohl er in den 1920er und 1930er Jahren Mitarbeiter des Instituts war, stand seine Konzeption einer materialistischen Ästhetik unter größerem Einfluss von Brechts politisch gefärbtem Marxismus und Blochs Utopiedenken. Daher gelang es ihm einerseits, die Kunst in den Prozess der materiellen Reproduktion der Gesellschaft, der durch praktische Handlungen ihre Formen vermittelt, erheblich deutlicher einzubinden, ihr andererseits gewisse revolutionär-utopische Potenziale zu verleihen.

Was die erste Dimension anbelangt, so vertritt Benjamin die These, dass die «auratische» einheitliche Kunst aus der Zeit traditioneller, kultisch-organischer menschlicher Gemeinschaften in der modernen Gesellschaft durch die massenhafte Reproduktionskunst ersetzt wurde, die im abwesenden, zerstreuten Gemütszustand konsumiert wird. Die heutige Zerstreutheit vor dem Kunstwerk ist Folge seines Aura-Verlusts bzw. jener Herausgerissenheit aus dem Traditionsschoß, die es zum verwirrenden «Schauplatz von Hinweisen», in ein *bricolage* von Einzelheiten verwandelt, die sich einander entziehen. Benjamins hartnäckig minuziöse, auf scheinbar belanglose Details und Fragmente gerichtete Lesetechnik zieht aus diesem Zustand direkte Schlussfolgerungen. Doch scheint es, wie Schweppenhäuser (1972) hervorhob: Wenn Benjamins materielles Eindringen in das Marginale, Verdrängte und Dunkle den Anschein erweckt, sich zu verlieren, wenn ihn Brüche mehr als irgendwelche täuschenden glatten Verbindungen anziehen, wenn er unnachgiebig die Chronologie wie eine zerstückelte Topographie liest, dann geschieht dies wegen der Zeichen, die von den Kontingenzen her auf erheblich tiefere Notwendigkeiten hinweisen, auf jene, denen gemäß diese Zeichen von einer gewissen Ordnung stilisiert wurden, die sich selbst verblende.

Benjamin glaubt nämlich, dass sich die Aura als ursprüngliche Reinheit des Kunstwerks unter dem Druck seiner mechanischen Reproduktion aus dem Erlebnis des Ganzen in das des Details zurückgezogen hat – womit die zweite messianisch-utopische Dimension seiner Lehre berührt wird. Demnach hätte sich der in Satzlauten verborgene Sinnzusammenhang in einen Vorrat verwandelt, in dem erst in Gestalt eines Schalls im Nu die blitzartige Ähnlichkeit zum Tageslicht durchbreche *(Lehre über das Ähnliche)*. Obwohl die früheren mimetischen Kräfte sich in das rastlose Differenzialgebiet der Sprache verirrten und ihre Magie endgültig verloren scheint, sind einige durchfließende Augenblicke dennoch im Rezeptionsprozess des Kunstwerks bestehen geblieben, in welchen das Verhältnis zwischen Sprache und Welt sinnlich erlebt werden kann. Benjamins Kommentar (1928) übernimmt die Funktion einer derartigen geduldigen mimetischen Annäherung, die die Kunstwerke selbst zum Reden bringen will (1928). Deshalb bleibe alle Liebe zur Schönheit ohne Einsicht in das Detailleben der Struktur, und sei sie nur intuitiv, leere Träumerei.

3. Solche Frömmigkeit gegenüber dem Fragment als der Spur, die die Gewalt der «Barbarei über Kultur» hinterlässt, blieb Adorno fremd. Er erkannte die Benjaminsche Diagnose der Kunst im «Zeitalter ihrer technischen Reproduzierbarkeit» nicht an, weil er in ihr einen kaum verhüllten Tribut an die klassisch-marxistische Widerspiegelungstheorie zu erkennen glaubte. Es sei zwar wahr, dass ein Segment der Kunstproduktion dem Terror der «Kulturindustrie» erlag, das gelte aber nicht im Entferntesten für die kompromisslose hohe

Kunst. Will man auch sie bei der literaturkritischen Lektüre einem mikroskopischen und darüber hinaus noch intuitiven Anschauen unterwerfen, verfehlt man ihren unerschütterlichen *Ganzheits*anspruch. Darin sah Adorno einen Rückfall in den Positivismus, der es versäumt, die unmittelbaren «Tatsachen» durch das System der Verhältnisse im Ganzen des Gesellschaftsprozesses zu vermitteln.

Adorno verwirft gleichermaßen nachdrücklich die in den letzten Arbeiten Benjamins (1935ff.) zunehmende Tendenz, die er in der Zerstörung der Aura, Entsakralisierung und Demokratisierung der Kunst sieht, den Anbruch der egalitären Phase, in der ihre Konsumenten ungestört zu ihren Herstellern werden können. Statt in dieser Waren-Werdung der Kunst eine Gelegenheit für die Befreiung der «vergeltenden Klasse» des Proletariats aus den kultischen, magischen und religiösen Zwängen wie Benjamin zu erkennen, diagnostizierte Adorno gerade umgekehrt in ihr das tägliche, für den Spätkapitalismus charakteristische Erstarken des «universalen Verblendungszusammenhangs». Es sei verfrüht, wenn nicht illusorisch, angesichts des so wachsenden Drucks der instrumentellen Vernunft Hoffnungen in das Proletariat als kollektives revolutionäres und erkennendes Subjekt zu legen. Anstelle solcher Funktionalisierung der Kunst für politische Ziele schlägt Adorno eine respektvollere Behandlung der Kunst als «Überwinterungsstrategie» (Harro Müller) vor, bis die Sonne der vollen Wahrheit aufgehe. Denn in einer Gesellschaft, in der die instrumentelle Vernunft, so Müller (1992), auf alle Dinge das Zeichen der Identität klebe, um ihnen mehr oder minder Gewalt anzutun, vertrete die Kunst das Prinzip des Nicht-Identischen und stehe so als gewisse Negation der Gesellschaft zugleich in der Opposition zu dieser Gesellschaft. Das gilt freilich nicht für alle Kunst, sondern nur für jenen hermetisch-avantgardistischen Spross, der Mitte des 19. Jh.s in Frankreich gezeugt wurde, um von da an im Namen der eigenen Autonomie gegen alle Versuche leichtsinniger kommunikativer Beherrschung Widerstand zu leisten. Im Unterschied zu Kitschprodukten der Kulturindustrie, die mit eifriger Anerkennung und Aufnahme durch Konsummassen rechnen können, biete solche unbeugsame Kunst jenen den letzten Zufluchtsort, die ihre Berührung mit dem «Wahrheitsganzen» nicht verlieren wollen. Daher sieht Adorno (1958) im Künstler, der das Kunstwerk hervorbringt, nicht einen bloßen dieses hervorbringenden Einzelnen, sondern jemanden, der durch seine Arbeit, durch seine passive Aktivität Beauftragter des gesellschaftlichen Gesamtsubjekts wird. Indem er sich der Notwendigkeit des Kunstwerks unterwerfe, beseitige er aus ihm alles, was einer bloßen Zufälligkeit seiner Individuation gehören könnte.

Doch die Behandlung der elitären Kunst als einer radikalen Negation der (vergangenen und gegenwärtigen) Wirklichkeit im Namen des (künftigen)

«Wahrheitsganzen» beruht auf einigen problematischen (Voraus-)Setzungen. Die erste liegt in der apokalyptischen Gegenwartsvision als Schauplatz alles durchdringender verdinglichender Technologien der Kulturindustrie, die keinen Raum für authentische Schöpfung lassen. Obwohl man sie durch Adornos bittere Erfahrung erklären kann, ist diese keineswegs für eine theoretisch begründete Argumentation ausreichend (Lindner 1977). Gerade aus diesem «falschen» Zustand der Welt leitet Adorno die zweite Voraussetzung, die radikale Berufung der Kunst ab, in ihrem Streben nach der Innovation als Wahrheit unversöhnlich zu bleiben. Die Vergegenständlichung nahm nämlich so kataklysmische Ausmaße an, dass «das Neue» in jedem Augenblick jenes ausschließt, was erst neu werden könnte. Sloterdijk (1986) spricht in diesem Zusammenhang vom unerbittlichen «Austausch der Hiebe» mit der Wirklichkeit, da die Kunst sich ihrem Publikum genauso entziehen solle, wie sich die Wirklichkeit – vom Wirbel des Scheins und der Entfremdung erfasst – ihr entzieht. Es komme daher zum halb lustigen, halb perversen Bündnis zwischen Hermetik und Hermeneutik, zwischen der Zerbrechlichkeit der einen und der Zustimmung der anderen. Die einen verweigerten die Aussage, die anderen erklärten, was sie bedeute. Stoterdijk fragt, ob die Künstler nicht aufhören könnten, den Fallsüchtigen zu ähneln, die eine Straße nur mit der Hilfe des hermeneutischen Hundes überqueren können. In der Tat bleibt Adornos modernistische Ästhetik vor der postmodernen Kunst mit ihren vielfachen Codierungen und Überdeterminierungen, der Verschwommenheit zwischen der hohen und niedrigen Kunst und ironischen Zitatspielen machtlos.

4. Adornos Assistent aus den 1950er Jahren und der heute wohl wichtigste und einflussreichste Vertreter der K. T., Habermas, setzte sich Anfang der 1980er Jahre direkt mit den Ansichten seiner Vorgänger und Lehrer auseinander. Er warf ihnen vor, die emanzipatorische kritische Vernunft zu sehr der irrationalen Natur der Kunst unterworfen und dadurch die ursprüngliche Berufung der K. T. verleugnet zu haben. Ihre absolute Negierung der rationalen Erkenntnis offenbare die inneren Beschränkungen der traditionellen deutschen Bewusstseinsphilosophie, die vom Subjekt als dem Träger des Geschichtsprozesses ausgehe. Deshalb schlägt Habermas (1985) eine neue K. T. vor, die in der Kommunikationstheorie und der angloamerikanischen Sprachphilosophie gegründet wird und somit das Subjekt durch die Intersubjektivität ersetzt.

Aber die Intersubjektivität muss eine Grundlage haben, vermittels deren sie realisiert wird; Habermas (1981) findet sie in der phänomenologischen Kategorie der Lebenswelt. Jeder Verständigung untereinander liegt nach Habermas die Voraussetzung zugrunde, letztendlich mit der gleichen Sache zu tun zu haben, und so partizipiert jedermanns kommunikative Äußerung, trotz zeitweiliger Missverständnisse, an der gemeinsamen, intersubjektiv begründeten

Vernünftigkeit. So begründe diese grundlegende «Verständigung», die uns prozesshaft einigt und Grundlage für jede faktisch orientierte Verständigung gibt, eine hermeneutische Utopie des allgemeinen unbegrenzten Gesprächs innerhalb der von uns gemeinsam bewohnten Lebenswelt. Faktisch orientierte Verständigungen spielten sich demnach immer in partikulären Systemen des *Wissenschafts-*, *Rechts-* oder *Kunsthandelns* ab und bezögen sich deshalb auf Tatsachen der *objektiven*, *gesellschaftlichen* oder *subjektiven* Welt. Die Lebenswelt hingegen könne sich in keinen Tatsachen vergegenständlichen, *über* die Verständigung möglich wäre. Sie verharrt als Horizont «hinter dem Rücken» der Sprecher und Hörer in einer «eigentümlichen Halbtranszendenz» als Medium der Verständigung, das man als einen «kulturell überlieferten und sprachlich organisierten Vorrat an Deutungsmustern» nicht einfach *vor sich* stellen könne – oder kurz gesagt: als hintergründiger Annahmezusammenhang, aus dem man unmöglich hinaustreten kann.

Erst eine derart verstandene Lebenswelt ermöglicht den nötigen Schritt über die Perspektive partikulärer Systeme, von denen jedes innerhalb seines eigenen *Geltungsanspruchs* an seine Aussagen eingeschlossen bleibt: die Wissenschaft innerhalb des faktischen *Wahrheitsanspruchs*, das Recht innerhalb des Anspruchs auf normative *Richtigkeit* und Kunst innerhalb des expressiven Anspruchs auf *Wahrhaftigkeit* bzw. *Authentizität*; in späteren Arbeiten verknüpft Habermas die Kunst immer stärker mit *Welteröffnung*. Die Segmente der partikulären Welt offenbaren sich so als Sedimente invarianter Deutungsverfahren bzw. als referenzielle Systeme, die durch entsprechende Interpretationspraxis und durch standardisierte Geltungsansprüche konstituiert werden. Wie kann ein Wissenschaftler als Teilnehmer an seiner «regionalen Rationalität» in dieser Konstellation die Aussagen mit anderen Geltungsansprüchen der Kritik unterziehen? Als Teilnehmer an einzelnen Handlungssystemen kann er sich jedoch dank der Lebenswelt in die «extramundane Stellung» des Beobachters versetzen, da er mit den kritisierten Subjekten schließlich doch die gleiche, allen Systemen transzendentale kommunikative Vernunft, sei es auch nur virtuell, teilt. So lautet dann die These Habermas', dass sich derjenige, der jenes, was Teilnehmer nur voraussetzen, zum Thema mache und das Interpretandum reflektiere, nicht *jenseits* des untersuchten kommunikativen Ganzen setze, sondern dieses vielmehr auf einem Weg vertiefe und radikalisiere, der im Prinzip *allen* Teilnehmern offen stehe.

Also bleiben alle nur in der Lebenswelt dauerhaft Teilnehmer; den partikulären Welten (des Objektiven, Gesellschaftlichen und Subjektiven) gegenüber gilt es die Distanz des Beobachters zu wiederholen. Wer dies nicht tut, bleibt auf der Brache des Sinnvorrats der Lebenswelt und setzt sie erbarmungsloser «Kolonisierung» durch partikuläre Welten aus. In dieser Rettungsaufgabe erkannte Habermas (1991) die echte, in der Zwischenzeit vergessene Berufung der K. T. wieder, der man den alten Glanz zurückgeben sollte. Es handele sich dabei um nicht ausgleichende Erfahrung der Gleichheit und der individuierenden Gemeinsamkeit, der Erfahrung der Nähe jenseits der Entfernung zum Anderen, den wir in seiner Unterschiedlichkeit anerkennen, Erfahrung der Durchdringung von Autonomie und Hingabe, Versöhnung, die Unterschiede nicht ausschließt, in die Zukunft gerichtete Gerechtigkeit, die sich mit dem unverschuldeten Leiden der vergangenen Generationen solidarisch zeigt, Erfahrung der Wechselseitigkeit der freien Anerkennung, eines Verhältnisses, in welchem sich das eine Subjekt dem anderen anschließt, ohne der ehrentwürdigenden Verkehrsgewalt zu unterliegen – der verachtenden Gewalt, die das Glück und die Macht des einen nur zum Preis des Unglücks und der Machtlosigkeit des anderen ermöglicht.

5. So anregend diese Sätze auch klingen mögen, ihr normativer Anspruch ist dennoch nicht gegen die Gefahr gefeit, die Hintergrundannahmen der Lebenswelt durch die Rationalität seinerseits zu «kolonisieren». So fragte Luhmann (1986e) in diesem Zusammenhang, warum wir denn gewisse Arten der Verständigung besonders hervorheben sollten, nur weil ein Subjekt denkt, dass andere Subjekte denken, sie seien vernünftig. Mit «gewissen Verständigungsarten» meint Luhmann natürlich jene, die in der diskursiven Vernunft gründen, deren Errungenschaften Habermas und andere Universalpragmatiker (Apel, Wellmer) ohne zureichende Begründung unter den Schutz der moralischen Würde stellen. In seinem Kommentar zu diesem moralischen Ideal des «freiwilligen Konsenses» auf der rationalen Basis hob Sloterdijk hervor, dass die Aufklärung in sich eine utopische Urszene trage – jenes erkenntnistheoretische Friedensidyll, die schöne und akademische Vision des freien Dialogs unter Einzelnen, die sich ohne Zwang für Erkenntnis interessierten. Unbefangene, vom eigenen Bewusstsein nicht unterdrückte, von den Gesellschaftszwängen nicht geknechtete Individuen träfen sich da zum nach Wahrheit gemäß den Vernunftgesetzen trachtenden Dialog. Die Wahrheit, die die Aufklärer erweitern möchten, entspringt aus diesem Zugang der stärkeren Argumente, der nicht durch Gewalt gewonnen wurde. In der harten Realität dagegen begegne diese idyllische regulative Idee den Vormachtstellungen, Klasseninteressen, Schulpositionen, optativen Projektionen, den Leidenschaften und der Identitätsabwehr. Daher verwandelten diese Gegebenheiten das aufklärerische Gespräch so heftig, dass angemessener vom Bewusstseinskampf als vom Friedensdialog zu sprechen sei. Die Gegner stünden nicht auf dem Boden eines im Voraus geschlossenen Abkommens einander gegenüber, sondern in einer Wettkampfstellung von Unterdrückung und Vernichtung; außerdem seien sie nicht in ihrem Verhältnis zu Gewalten frei, die ihrem Bewusstsein er-

lauben, so und nicht anders zu reden. Es gibt also viele Gründe, die Lebenswelt als Quelle unversöhnlicher Missverständnisse zu verstehen, ihre wichtigen, sich anhäufenden «polemogenen Intentionen» und Wirkungen in Betracht zu ziehen und sie somit aus dem Horizont der Gewissheit in einen der Ungewissheit jeder K. T. zu verkehren. Unterstellt man der Lebenswelt einen a priori konsensuellen Charakter, müsste man sogar die typischeren Fälle, nach Gründen für den Streit zu suchen und nach der Festigung des Missverständnisses zu trachten, als «unlebendig» und «unmenschlich» verstehen (Luhmann 1986e).

So offenbart sich die Ausgangsprämisse der K. T., dass die Welt im Prinzip in Ordnung sei, aber zwischenzeitlich manche Abweichungen und Verkehrung ihrer echten Natur durchläuft, die man durch geduldige rationale Kritik beseitigen sollte, als ihr blinder Fleck. Diese durch nichts bewiesene Voraussetzung bietet dann einen quasi universellen humanistischen Anhaltspunkt für die Kritik der bestehenden Gesellschaft als eines ideologisierten «Reichs der Gewalt, der Manipulation und des Scheins», von der sich der Kritiker *nota bene* dank seiner Tuchfühlung mit dem wahren Zustand der Welt ausnimmt. Da man aber keinen wahren Zustand der Welt unabhängig von der Beobachterperspektive hervorbringen kann, enthüllt der vermeintliche transzendentale Horizont sein empirisches Gesicht, seine Verwurzelung in institutionellen, Klassen-, Rassen-, Geschlechts- und Zivilisationsvoraussetzungen. Dieser Einwand wird von den postmodernistischen Theoretikern an den immanenten Modernismus der K. T. gerichtet. (D. M.)

→ Cultural Studies, Gemeinschaft, Hermeneutik, Horizont, Ideologie, Intersubjektivität, Kommunikation, Marxistische Kritik, Mythos, Präsupposition, Sprache, Subjekt, System

Lesen

(engl. reading, franz. lecture, russ. čtenje)

Zum ersten Mal wird der Begriff zum Gegenstand der Gegenwartstheorie wahrscheinlich erst bei Sartre (1958), wo er als gesteuerte Schöpfung *(création dirigée)* bestimmt wird. Zwar haben ihn die Anhänger des *New Criticism* vorher schon in ihrem Leitbegriff *close reading* verwendet, ohne ihn aber theoretisch zu problematisieren.

1. Sartre geht von Husserls Phänomenologie aus, die das Sein des literarischen Werks nur auf der Bewusstseinsebene zulässt, weswegen es nicht wie andere Gegenstände wahrgenommen, sondern nur imaginiert werden kann. Ein solcher Gegenstand kann nur durch das Verstehen bzw. die Interpretation ins Leben aufgerufen werden, womit dem L. zum ersten Mal eine konstitutive

Rolle in der Weltgestaltung des Werks zufällt. Das literarische Werk hängt also vom Sinnverleihungsakt des L.s ab, jedoch nicht restlos, da es diesem Akt immer schon gewisse Hinweise vorausschickt. Obwohl Husserl zufolge kein Gegenstand ohne solche Hinweise wahrgenommen werden kann, erscheint das Verweisungsnetz im literarischen Werk weitaus komplexer, selbständiger und durchdachter, als es beim Wahrnehmungsgegenstand der Fall ist. Davon ausgehend, fordert Sartre vom L. eine hohe Aufmerksamkeit: Falls es zerstreut, müde, dumm oder leichtsinnig vor sich geht, werde es am größten Teil der Beziehungen vorbeigehen, und der Gegenstand werde es nicht beeindrucken können. Die Bedeutungserfüllung sei der Bedeutungsintention verpflichtet: darauf beruht der *pacte de génerosité* zwischen dem Autor und dem Leser. Von Letzterem wird erwartet, dass er alle ehemaligen Bestimmungsparameter seines Bewusstseins (Leidenschaften, Hemmungen, Neigungen, Wertstellungen und sogar sein Geschlechtstemperament) der «Befreiungsarbeit» des Werks zur Verfügung stellt.

2. Die Verpflichtung des L.s gegenüber dem Intentionshorizont des Werks lässt sich als Leitfaden aller phänomenologisch inspirierten Lesetheorien erkennen. So spricht Poulet (1970) über die Enteignung *(dépossession)* des Ich im Leseprozess, über die notwendige Gedächtnisentleerung, damit das literarische Werk widerstandslos, in harmonischer Übereinstimmung zweier Bewusstseinsformen aufgenommen werden kann. Auch Ingarden (1937/1968) stellt die Trennung von der «Vergangenheit und Zukunft unseres Alltags» und das «Quasi-Vergessen der wirklichen Welt» als notwendige Voraussetzungen des L.s dar, weil wir uns letztlich nur in dieser Art und Weise den *ästhetischen* Werten des Werks gegenüber öffnen können. Sie ermöglichen eine harmonische Aufhebung unserer *affektiven* Erregungen, die im Leseprozess durch die Identifizierung mit den Figuren in Gang gesetzt wurden. Obwohl Iser (1970ff.) die klassische Einheitsauffassung des literarischen Kunstwerks bei Ingarden kritisierte, blieb er dennoch dem phänomenologischen Ansatz treu, dem zufolge der Leser am «Abenteuer des L.s» «wahrhaft teilnehmen» nur kann, wenn er «die heimliche Welt der eigenen Erfahrung» hinter sich lässt. Dabei weist er zwar Poulets substanzialistische und Ingardens ästhetische Identifizierung zurück, indem er stattdessen die Spaltung des Leser-Ichs im Lesevorgang hervorhebt, dennoch stellt sich die «weltliche» Hälfte dieses Ich nahezu als ein Nebenprodukt der Textstrategien heraus und nicht z. B. als ein Geflecht der durch die soziale Erfahrung aufgegebenen Dispositionen, die den Leseakt immer schon mitbestimmen. Der implizite Leser behält bei Iser einen grundsätzlichen Vorrang vor dem wirklichen Leser.

3. Das sieht Jauß (1970ff.) etwas anders, der sich auf die Untersuchung und Einordnung der Identifikationsmechanismen des elementaren Lesegenusses

einlässt: das Staunen, die Aufregung, die Betroffenheit, das Mitleid, die Sympathie usw. Dies führt ihn zur wichtigen Einsicht in die veränderlichen Lesedispositionen und -verhaltensnormen wie auch in ihre unterschiedliche kulturelle Einschätzung, womit zugleich die Tür zur empirischen Erforschung der Leserezeption geöffnet worden ist. Bei Jauß selbst allerdings wird diese Tür durch seinen phänomenologischen Zentralbegriff des *Erwartungshorizonts* sofort wieder geschlossen, weil er die Bewohner jedweder gegebenen geschichtlichen Zeit in den Rahmen der spontan angeeigneten und insofern apriorischen Wahrnehmungsmuster einschließt (ein Schüler von Jauß, Stierle, wird sie später *Schauformen* nennen). Es handelt sich dabei um die fiktionalen Schemata, die, in ihrer Fiktionalität unerkannt, die Perspektivierung dessen ermöglichen, was in der gegebenen Zeit als wahr und faktisch gilt. Nur die Literatur – die solche Muster intentionell *darstellt*, statt sie blind zu *übernehmen* – bleibt imstande, die historisch vorgegebenen Horizonte im Leseprozess zu überschreiten. Eine solche hermeneutische Herausforderung setzt zwar die angesprochenen Leser einer gefährlichen Ungewissheitserfahrung aus, die aber durch die wissenschaftliche Festlegung der Musterzusammenhänge kompensiert werden kann. Daher stellt Jauß das Verhältnis zwischen Literatur und Wissenschaft als ein fortwährendes Spiel von Fragen und Antworten oder von Vordergrund und Horizont dar – ein Spiel, das ihm zufolge dann doch von der Literatur bewegt und geleitet wird, weil sie die Gegenwart im Namen der Zukunft in Frage stellt.

4. Im Gegensatz zu dieser spekulativen Hypothese, deren geistesgeschichtliche Wurzeln in der Neigung zur Homogenisierung des Lesebewusstseins zum Vorschein kommen, firmiert zur selben Zeit (1970ff.) in Deutschland und England die sog. *Mikrohistorie des Lesens.* Sie ist mit Phänomenen wie etwa Privatbibliotheken, Abonnentenlisten der Verlage, Ausleihlisten, Zensurberichten, Analphabeten-, Alters- und Geschlechtsstatistiken des Lesepublikums, Angaben über die Höhe der Papierproduktion, Druckanlagen, dem Ambiente und den Modalitäten des L.s, der Art des Lesestoffs usw. befasst. Damit wird die Aufmerksamkeit auf die soziale, kulturelle, technologische und mentalitätsbedingte Determinierung des L.s gelenkt. Etwa folgende Fragen werden aufgeworfen: (1) Was für ein Status gebührt dem L. in einer Gesellschaft? (2) Wie wird das L. gelernt? (3) In welchem Ambiente, welchen Körperlagen und in welcher Art und Weise erfolgt überhaupt das L. (Werkstatt, Bierstube, Club, neben dem Herd; stehend, sitzend, halb liegend; laut, still)? (4) Wie sieht das Privaterlebnis des L.s aus? (5) Welche Gattungen werden beim L. bevorzugt? (6) Wie wird die Lesemodalität durch die entsprechende Schriftart, die typographische und visuelle Darstellung des Stoffs, beeinflusst? Darnton (1991) zieht den folgenden Schluss: Es sei die Zeit für die Vereinigung der Literatur-

theorie mit der Geschichte des Buchwesens gekommen. Er befürworte eine zweifache Strategie, welche die Textanalyse mit der empirischen Forschung kombinieren würde.

5. Parallel zu den phänomenologischen und empirischen Forschungen entwickelt sich in Frankreich und den Vereinigten Staaten (1970ff.), auf der Spur der These Riffaterres vom idealen Leser als einem Konstrukt der textuellen Codes, eine Semiotik des L.s. Während die Phänomenologen auf der *Anstrengung* des Lesebewusstseins bestehen, erkennt Barthes im Leser vor allem einen Körper, der sich durch den wechselseitigen Austausch der Anreize der Lust am Text *überlässt*. Ihm zufolge erscheint die sinnliche Unterordnung dem Text gegenüber in der Regel dem Drang nach seiner reflexiven Bewältigung als überlegen. Was im Text im Laufe des Leseprozesses allerdings die Qualität des Anreizes erhält, hängt nicht nur mit dem Text zusammen – wie sich bald herausstellte –, sondern ist ebenfalls mit der gegebenen *Lesekompetenz* verbunden. Um der dadurch entstandenen Gefahr der Eigenwilligkeit des Leseakts auszuweichen, greift der sog. *reader-response criticism* (Prince, Culler, Thompkins, Mailloux, Rabinowitz) nach einer Kanonisierung der Lesekompetenz im Geist der generativ-transformationellen Grammatik von Chomsky. Die Kompetenz sei dabei ein System der Regeln, Normen oder Maximen, das einem Kollektiv die Gemeinsamkeit des Erkennens und Verstehens der literarischen Texte gewährleistet. Die dabei hergestellte linguistische Analogie stellt vor allem deswegen sich als mangelhaft heraus, weil keine Gemeinschaft ein gleichermaßen spontanes Verhältnis zur Sprache und zur Literatur pflegt. Im Unterschied zu der Ersteren verfügt nicht unbedingt jedes Mitglied der Gemeinschaft über die zweite Kompetenz, und über die Frage, welches Mitglied sie in der Tat besitzt, lässt sich selten ein Konsens erreichen. In diesem Sinn käme der Wiedererkennensakt der Sprachgrammatik dem definitorischen und der Wiedererkennensakt der literarischen Grammatik dem heuristischen Wissen zu, wobei letzteres weitaus deutlicher auf Interpretation beruht und deswegen keiner Formalisierung unterliegt (Smith 1979; Pratt 1986; Henkel 1990).

6. Angesichts der Notwendigkeit der Interpretation versuchte Fish (1980), ihre unübersichtliche Variabilität durch *die Theorie der interpretativen Gemeinschaften* zu bändigen. Sie erklärt das Lesesubjekt als eine bestimmte Funktion des konsensuell eingespielten und limitierenden «Systems der Bedeutungsartikulierung», das alle interpretativen Attribuierungen des Subjekts legitimiert und für die bei ihm vorkommenden Bedeutungsauswirkungen der literarischen Texte die letzte Verantwortung übernimmt. Die durch die sozialen, geschlechtlichen, institutionellen, kulturellen, religiösen Antagonismen provozierten Interpretationskonflikte und -spaltungen in der Gemeinschaft werden, ähnlich wie bei Fish, auch in den sog. kontraktuellen Auffassungen der

literarischen Kommunikation vernachlässigt oder sogar verdrängt. Ihnen zufolge erscheint die Autorintention als die unumgängliche Voraussetzung des richtigen Verstehens des literarischen Textes, durch einen stummen Vertrag mit dem entsprechenden (geschichtlich einmaligen) «auktorialen Lesepublikum» vermittelt (Rabinowitz 1987). Sie wird als ein hypothetisches Normen-, Konventions- und Maximensystem begriffen, in welches die Autorintention durch ihre Textualisierung unbewusst einbezogen wird. Die in Anspruch genommene «ursprüngliche» Form des Vertrags lässt sich aber kaum entsprechend nachvollziehen, und zwar deswegen nicht, weil die späteren, von ihm sozusagen nicht einkalkulierten Leser in ihren Nachvollziehungsversuchen unvermeidlich durch *ihre* konkreten Umstände bestimmt sind, die ihre Vorstellung von den ehemaligen Vertragspartnern wesentlich mitprägen.

7. Die mehrfache Einbeziehung der Lesesituation macht dementsprechend den Ansatzpunkt der poststrukturalistischen Konzeption aus. Sie «entlastet» sowohl den Text als auch den Leser von der Autorität, die ihm (dem ersten) von den Phänomenologen und (dem zweiten) von den Semiotikern zugeschrieben war. Kein Text kann die Lesereaktionen auf sich selbst überwachen, weil *sie* es eigentlich sind, die ihm zuallererst das «Gesicht» verleihen, indem sie sich gegen den Schwindelzustand der fortwährenden Bedeutungsverschiebung wehren. Falls nun einmal eine solche «Privatbenennung» des Textes das Recht auf öffentliches Leben erringt, wird ihre figurale Basis ausgeblendet und ein tatsächlicher Maßstab für andere Leseakte hergestellt (de Man 1979). Die Lesepraxis einer Gemeinschaft – so die Konsequenz, die aus dem poststrukturalistischen Ansatz von den sog. *Cultural Studies* gezogen wurde – ist also in der Regel durch das Kräfteverhältnis zwischen Autor, Verleger, Lehrer und Kritiker einerseits, dem täglichen Konsumenten, Schüler und Studenten andererseits geprägt. Die privilegierten (meistens akademischen) Leser ziehen die Grenzen der «interpretativen Angemessenheit», deren Überschreitung dann nur ihnen vorbehalten bleibt. Erst eine derartige Legitimierung einer Leseweise erzeugt, von der gleichzeitigen Verdrängung mancher anderen Lesart begleitet, die Illusion einer beständigen Identität der literarischen Texte. In der Tat sind aber diese Texte einer ununterbrochenen, wenn auch verborgenen, stillen Eruierung vonseiten des Lesers ausgesetzt. Dies ist besonders einprägsam in der eigenartigen Auffassung der Lesetätigkeit bei de Certeau (1980) ausgearbeitet worden. Er stellt das L. als eine stillschweigende Entwendung des Textes, als dessen Figurierung, unermüdliche Neuerfindung, stumme Umwandlung und tägliche Anpassung an die bestehenden Lesevorstellungen und -bedürfnisse dar. Es sei ein unvorhersehbares «Bummeln» durch das vorgegebene System des Textes, und in diesem Sinn erweist es sich mehr oder weniger den anderen subversiven Praktiken des alltäglichen Handelns ähnlich. Wie das

Sprechen, das Spazierengehen, *la perruque* usw. lasse es sich nämlich wegen seiner grundsätzlichen Situationsgebundenheit auch nicht kodifizieren. Damit zieht de Certeau zwischen dem literarischen Text und dem L. eine konstitutive Grenze: Während der erste eine in Bezug auf ihr Subjekt klar identifizierbare Darstellung sei, die somit der sog. hohen Kultur angehört, sei das zweite eine anonyme Taktik der Darstellungsverwendung bzw. -aneignung, durch welche breite Schichten der sog. gesellschaftlich Schwachen, denen der Zugang zur Kulturproduktion untersagt ist, dennoch ihre Kreativität äußern. Weil er strategisch gestaltet ist, bedarf der Text eines Raums, eines festen Sitzes für seine Äußerung, während sich das L. als eine taktische Operation im fließenden und unberechenbaren Medium der Zeit bewegt. Es ist allerdings fraglich, ob die Grenze, die de Certeau derart zwischen dem Text und dem L. gezogen hat, nicht allzu schroff ist bzw. ob die einander entgegengesetzten Entitäten nicht allzu homogen dargestellt werden. Statt durch Komplexität, Mannigfaltigkeit und Zweideutigkeit definiert zu werden, sei der Kampf um die soziale Macht letztlich als einfaches Widerstandspathos konzipiert (Frow 1995). Weder muss der literarische Text machtgierig und unterdrückend, noch das L. unbedingt subversiv und progressiv wirken: Letzteres mag bei de Certeau deswegen in einem solchen Licht erscheinen, weil er die Lesekompetenz des anonymen Konsumenten spontan durch seine eigene ersetzt. Dieselbe Tendenz zur Befreiung der Rezeption von jeglicher Kontaminierung durch die Produktion und zur Vergöttlichung des Konsumptionsakts ist übrigens auch bei anderen Vertretern der *Cultural Studies* zu erkennen (Fiske 1995). Um mit Frow (1995) zu sprechen, «liegt das Problem in der Positionierung der Texte und der Leser als gesonderter, atomisierter Entitäten und in der Essentialisierung des ‹populären› Leseregimes, als ob es innere und unveränderliche Merkmale besitzt». Damit «kehren wir zu einer sehr traditionellen Kommunikationstheorie zurück, in der die Personen außerhalb des Bedeutungsprozesses des Textes stehen, anstatt durch einen Prozess der wiederholenden Herstellung ins Bedeutungsspiel einbezogen zu werden». Das Letztere war z. B. bei den Poststrukturalisten immer noch der Fall, indem sie die Identität des Lesers durch das Einbeziehen in das Spannungsfeld der textuellen Triebkräfte untergraben hatten. Jedwede Bedeutungsfixierung des Textes vonseiten des Lesers betrachteten sie letztlich als verlängerte Performanz des Textes, der immer mehr Leser in das enteignende Netz seines Gesetzes fängt (Felman 1977). Selbst die Geschichte wird als ein großer Erzähltext verstanden, in dessen «skripturaler Ökonomie» andersartige Rollen im Nachhinein verteilt werden, als es jene sind, welche die Subjekte unter Umständen als ihre eigenen erkannten (Jameson 1981). Wenn man abschließend ihre bereits erwähnte und gleichermaßen folgerichtige Untergrabung der *Text*identität berücksichtigt, belassen die Poststrukturalisten letzten

Endes die Frage des Vorrangs im Verhältnis zwischen Text und Leser in einem grundsätzlich unentschiedenen Zustand.

8. Obwohl der *New Historicism* (1985ff.) die grundsätzliche Unentscheidbarkeit dieser Frage durchaus anerkennt, greift er hier dennoch ein, um sie in den konkret gegebenen geschichtlichen Fällen durch einen entsprechenden Konsens zu zähmen. Gerade die gegebenen Umstände sind es nämlich, die den Menschen zu entsprechenden Entscheidungen zwingen, mögen diese Entscheidungen wie auch immer sonst bedingt, provisorisch oder ausschließend wirken. Deshalb sieht sich die Interpretation eines Neuen Historisten stets mit der Aufgabe konfrontiert, die konkreten institutionellen Voraussetzungen zu rekonstruieren, welche die jeweils verwendeten Deutungsrahmungen durch ihr Zusammenspiel gestalteten. Dadurch verwandelt der *New Historicism* die poststrukturalistisch-dekonstruktionistische Technik der eingehenden rhetorischen Analyse eigentlich in ein Mittel eigener *Ideologiekritik*, und zwar sowohl der Texte als auch ihres L.s. Er deutet alle Unterscheidungen, die in einem gegebenen Leseprozess zum Vorschein kommen – modale, gattungsgeprägte, axiologische, stilistische –, als Ergebnis eines bestimmten «Zirkulationsfeldes der sozialen Energie» (Greenblatt 1988). In seinem Rahmen stoßen entgegen- oder schlechthin nebeneinander gesetzte Kulturzonen, Vorstellungssysteme, Rationalitätsmuster, Gruppierungsformen usw., vor allem aber Aufschreibe-, Lese-, Verlags-, Verarbeitungs- und Erziehungspraktiken aufeinander und bedingen sich wechselseitig. In einem so komplexen Zusammenhang erscheinen die interpretativen Entscheidungen mehrfach determiniert und daher überaus elastisch. Sie werden z. B. abgeleitet aus der Errichtung der Wände und Zäune; Etablierung der Zollübergänge; dem Setzen eines Zeichens, das einen akzeptablen Verhaltenscode bestimmt; der Entwicklung einer Funktionärsklasse, welche die Bräuche der abgegrenzten Zone spezifiziert; der Einführung der Ritualformel usw. (Greenblatt 1988).

9. Auf einem ähnlichen Einflechten des L.s in das historisch spezifische Netz benachbarter Praktiken beruht ebenfalls die Konzeption der sog. Empirischen Literaturwissenschaft. Sie wurde von Schmidt (1980) in starkem Widerstand gegenüber der geistesgeschichtlich-hermeneutisch geprägten Literaturwissenschaft gegründet, welche die damalige deutsche Szene beherrschte. Die Empirische Literaturwissenschaft überträgt ihre analytische Aufmerksamkeit entschlossen auf den breiten Zusammenhang des sozialen Handelns, dem das literarische Werk und selbst der Begriff des Literarischen ihre Entstehung verdanken, d. h. auf die grundsätzlichen Tätigkeiten der Textproduktion, -vermittlung, -rezeption und -verarbeitung, die zusammen ein Literatursystem ausmachen. Als eine unmittelbare Reaktion auf den literarischen Text gehört das L. dem Segment der Rezeption an, während die Verarbeitung eigentlich

eine Reaktion auf diese Reaktion darstellt und Kritiken, Besprechungen, Interpretationen und Metainterpretationen beinhaltet. Es ist bezeichnend, dass Schmidt die Interpretation aus dem Wissenschaftssystem in das Literatursystem versetzt, um sie dadurch, als ein Opfer der «Verseuchung durch den Text», zum Gegenstand der wissenschaftlichen Beobachtung zu degradieren. Der ursprüngliche Entwurf der Empirischen Literaturwissenschaft zielt auf eine umfassende Beobachtung des komplexen Institutionsnetzes der Voraussetzungen, Verfahren und Rollen im Rahmen des Literatursystems ab, die in einer eingehenden Beschreibung der Feststellung, Ausgrenzung und Einschätzung der distinktiven *literarischen Qualität* enden soll – und es ist offenbar, dass die Lesetechniken darin eine wichtige Rolle spielen. Die Problematik dieses Ansatzes kommt m. E. vor allem darin zum Vorschein, dass er nicht imstande ist, sich selbst aus der «textverseuchten» Verarbeitungszone loszulösen, womit er automatisch denselben Vorwürfen ausgesetzt ist, welche er selbst z. B. der Geistesgeschichte, der psychoanalytischen Kritik, der Semiotik, der Hermeneutik, der Diskursanalyse usw. gegenüber erhob. Falls sie alle also dem Literatur- und nicht dem Wissenschaftssystem angehören, dann gilt dies gleichermaßen für ihn selbst. Dadurch verliert aber auch die kritische Distanz, welche die Empirische Literaturwissenschaft im Hinblick auf die anderen literaturwissenschaftlichen Ausrichtungen und Schulen wegen ihrer angeblichen ideologischen Parteilichkeit hergestellt hatte, wesentlich an Kraft.

10. Im Unterschied zur Empirischen Literaturwissenschaft, die auf ihrer Objektivität und Unparteilichkeit beharrt, bringen die angesehenen Vertreter der sog. Postkolonialen Theorie die wissenschaftliche Beobachtung in eine direkte Verbindung mit imperial-kolonialer Macht und Überwachung. Bereits Fanon (1961) hat mehrmals betont, dass der Kolonisierte eine solche Objektivität stets als gegen sich gerichtet spürt, und zwar deswegen, weil sie auch in seinem Namen beansprucht wird – obwohl sie in der Tat auf seine Kosten errichtet worden ist. Um mit Said (1993) zu sprechen, ist der Gegenstand einer so konsolidierten Betrachtung entweder ein Opfer oder eine sehr eingegrenzte Figur, welcher trotz ihrer mannigfaltigen Auszeichnungen, Verdienste und Errungenschaften fortwährend eine grobe Bestrafung droht, eine ontologisch ausgeschlossene Figur, weil sie zu wenig von den verdienstvollen Merkmalen des vereinnehmenden, überwachenden und zivilisierenden Außenseiters besitzt. Im Gegensatz zu einer wissenschaftlichen Autorität, die stillschweigend aus der Ausbeutung fremden Besitzes und fremder Arbeit errungen worden ist, arbeitet der Intellektuelle der Dritten Welt in einer ununterbrochen politisch, ökonomisch und ethisch belasteten Situation, die seinen Stil unter einen ständigen Druck setzt und ihm keinerlei Unparteilichkeit erlaubt. Diese gespaltene Lage sieht Said als Anlass zu einer besonderen Lesart, die er «das kontra-

punktische Lesen» nennt und die das Spannungsverhältnis zwischen kulturellem Zentrum und Peripherie ins Blickfeld nimmt. Said meint, dass das kulturelle Archiv nicht als univokes Phänomen neu zu lesen sei, sondern *kontrapunktisch,* mit dem Bewusstsein der Gleichzeitigkeit der metropolitanischen Geschichte, die erzählt werde, und jener anderen Geschichten, gegen die (und im Verein mit denen) der Herrschaftsdiskurs agiere. «Kontrapunktisches Lesen» arbeitet gleichzeitig imperialistische Verstrickungen der Texte und ihren Widerstand dagegen heraus; es betont das, was im Text ausgeschlossen ist oder was hinter dem Rücken des Autors an den Text anschließt. (V. B.)

→ Interpretation, Leser, Rezeption, Übertragung, Verstehen

Leser

(engl. reader, franz. lecteur, russ. čitatel')

Der Begriff L. gelangt, aufgrund der Differenzierung des homogenen literarischen Publikums, die zu einer Vervielfachung sozialer, altersgebundener, kultureller und bildungsmäßiger Leserprofile führte, in die moderne Theoriediskussion. Damit wurde die Rezeption des literarischen Textes von der Relevanzstruktur des einzelnen Leserbewusstseins abhängig, was die restlose Konzentration auf den Text in Frage stellte, die der Neuen Kritik, dem Formalismus, der stilistischen Kritik, der sog. werkimmanenten Kritik und dem frühen Strukturalismus eigen war.

1. Einen gewissen Einschnitt markiert Riffaterres Kritik (1966) an Jakobsons strukturalistischer Analyse von Baudelaires *Les Chats*. Darin befreit Riffaterre die poetische Funktion von ihrer bis dahin währenden Fixiertheit auf die Textstruktur und knüpft sie an eine relevante Lesart des poetischen Textes, die er einer besonderen selektiven Instanz des Über-Lesers (*archilecteur,* in der englischen Version von 1970: *super-reader*) zuschreibt. Riffaterre, der sie in einer offensichtlich zirkulären Argumentation als Projektion der gesamten Textstruktur begreift, benennt diese Instanz später in den *idealen L.* um. Dabei erachtet er es für die Aufgabe des realen L.s, also dessen, der den Text angemessen zu verstehen beabsichtigt, durch schrittweise Reduktion der eigenen Annahmen, Vorurteile und Voreinstellungen in die Position zu gelangen, die dieser Text mit seinen ästhetischen Normen für ihn skizziert. Er würde so nur den Weg befolgen, den nach Riffaterres ursprünglicher Interpretation die sog. stilistisch markierten Stellen vorzeichnen, nach seiner späteren Interpretation (1978) die sog. agrammatischen Stellen. Aber weder die eine noch die andere Abweichungsart ist, wie die Kritiker Warning, Culler, de Man gezeigt haben,

allein der Textstruktur zuzuschreiben, sondern sie hängen beide auch von der Bedeutungsprojektion des realen Leserbewusstseins ab. Das ist das, was den idealen L. als proklamierte Textfunktion, die für den verantwortlichen Interpreten vorgemerkt ist, durch einen kontingenten situativen Eintrag auf eine gewisse Weise «beunreinigt». Darüber hinaus bedroht die Unentschlossenheit der Instanz des idealen L.s, die in seiner Oszillation zwischen Text und Situation sichtbar ist, das Ideal einer neutralen theoretischen Beschreibung des «literarischen Kommunikats». Auf einer solchen Beobachterposition, die von der «Zuweisung» des elementaren wie auch des kritisch-korrektiven Lesererlebens distanziert ist, haben besonders (1975ff.) die tschechischen und slowakischen Strukturalisten (Červenka, Levý, Doležel, Popovič) insistiert.

2. Isers Begriff des *impliziten L.s* (1972ff.) basiert bereits auf einer intensiveren Interaktion zwischen Text und realem (historischem) L., der sich im Leseakt «spaltet». Der implizite L. tritt in Isers Konzeption gerade als Kommunikationspartner des impliziten Autors auf, nicht aber des Textes wie in der strukturalistischen Konzeption. Das folgt daraus, dass der Text für die Phänomenologen immer nur die Antwort auf eine Situationsanweisung, eine intentionale Handlung ist, mit der der Autor ein Sinndefizit ausgleicht oder eine Unstimmigkeit in der Ausgangsordnung der Bedeutungsbereiche und der Sinn-Enklaven glättet; keinesfalls ist er eine sich selbst genügende Entität. Während der implizite Autor durch sein Auftreten die Kluft, in der der reale Autor angetroffen wird, *überbrückt*, *öffnet* der implizite L. als ästhetisches Wertgefüge, das vom impliziten Autor projiziert wird, durch die Textstruktur erst die Kluft zum anfänglichen Erwartungshabitus des realen L.s. Damit provoziert er den realen L., die entstandene Frustration durch geduldige Interpretationstätigkeit zu überwinden. In ihrem Verlauf bewegt er sich in der Sphäre eines «Verweisungszusammenhangs», den Iser abwechselnd als «Leerstellen», «artikulierte Lesemomente» oder Stellen der «ausgesparten Anschließbarkeit» beschreibt. Aus einer solchen Deskription ergibt sich jedoch der Schluss, alle diese Unterbrechungen eines kontinuierlichen Vorstellungsverlaufs würden für alle realen L. an denselben Stellen auftreten, unabhängig von ihrem jeweilig eingesetzten Rezeptionshabitus. Hätte jedoch jeder Habitus eines realen L.s von Anfang an Einfluss auf das Wiedererkennen der Anweisungen – und das ist sehr schwer zu widerlegen –, dann könnte der konstruierte L. dem Text nicht mehr nur implizit sein. So wiederholen sich Riffaterres Schwierigkeiten mit der Ableitung des idealen L.s ausschließlich aus dem Antrieb der Autokontextualisierung des Textes in Isers Konzeption des impliziten L.s.

3. Das verringert indes nicht die Notwendigkeit, den impliziten L. vom *realen L.* zu unterscheiden, dessen Untersuchung vorrangig im historischen, soziologischen, psychologischen und kulturologischen Kontext, also in Rand-

zonen der Literaturtheorie erfolgte. Eine der Fragen, die dabei neben der materiellen Dimension des literarischen Textes (Schrifttyp und -medium, Präsentationsform u. Ä.) die größte Aufmerksamkeit beanspruchte, war die Veränderung der Lesarten und damit auch des sozialen und des Bildungsprofils des Publikums, zu der es Ende des 18. Jh.s kommt. Zu jener Zeit gewinnt die fiktionale Literatur in rasch herangewachsenen Verlagen über die religiöse die Überhand. Durch die Ablösung des damaligen rhetorischen durch das emphatische Lesemodell kommt es zur Immobilisierung des L.-Körpers in eine entspannte Haltung bei der Lektüre. Dabei werden die körperlichen und überhaupt die sinnlichen Reaktionen einer disziplinarischen Kontrolle unterstellt, der Geist aber befreit sich, um ungestört in Ideenparadiesen zu wandeln (Schön 1987). Der Rückzug des L.s in die Einsamkeit beraubt ihn einer direkten Interaktionsbeziehung zu seiner Umwelt und schafft Raum für eine individuelle und verzögerte Antwort auf die Lektüre. Schön ist sogar der Auffassung, dass wir der Realisierung eines geschützten Erlebensraums nicht nur die Entstehung der Hermeneutik als nach dem Textsinn fragende Disziplin verdanken, sondern auch der Literatur im modernen Sinn als Gegenstand ästhetischen Genusses. Der heutige Literaturbegriff ist seiner Ansicht nach der Funktion des damaligen Mentalitätswandels gemäß zu begreifen.

4. Den anderen «Partner» des impliziten L.s, von dem er sorgfältig zu unterscheiden, der aber im Unterschied zum realen L. auf seiner innertextlichen Seite angesiedelt ist, stellt der *Erzähladressat (narratee, narrataire)* als Kommunikationspartner des Erzählers dar. In die Theoriediskussion führte ihn Prince (1973b) ein, der sich damit vom universalen Erzählkern mit dem Erzähladressaten der sog. Nullstufe ab- und einer kontingenten, unbeständigen rhetorischen «Hülse» zuwandte, mit deren Hilfe der Erzähler seiner Ansicht nach durch das hypothetische Verfahren den realen L. manipuliert. Obwohl unbestreitbar klarer als im Fall des impliziten L.s, ist die Präsenz der Erzähladressaten doch nicht in allen narrativen Textarten gleichermaßen erkennbar. Am deutlichsten wird sie dort, wo eine der Figuren – wenn auch nur als Zuhörer – Erzähladressat ist, weshalb sich Prince auf solche Fälle konzentriert. Er insistiert geradezu auf der Konkretheit des Erzähladressaten im Gegensatz zur Abstraktheit des impliziten L.s als reiner Ansammlung von Annahmen. Unabhängig davon, ob die Erzähladressaten Namen tragen, stellen sie häufig detailliert porträtierte und charakterisierte Persönlichkeiten dar; sie werden direkt angesprochen, hineingezogen in das *wir* des Erzählers, oder die Annahmen über ihre Neugier, Lebenserfahrung, Geschlecht, Rasse, Kultur, Intelligenz oder Bildung werden indirekt projiziert. Prince identifiziert und untergliedert allerdings die charakteristischen Signalstellen der Erzähleräußerung provisorisch, doch schützt das seine Analyse nicht vor der prinzipiellen Frage, ob es

nicht möglich wäre, die *gesamte* Erzähleräußerung als einen ganzheitlichen Akt und damit als Porträt des Erzähladressaten zu begreifen. Nicht nur, dass die unendliche Vermehrung der Signale – falls eine solche Auffassung möglich wäre – nicht mehr aufzuhalten wäre, denn *jeder* Erzählersatz würde dann das gemeinsame Gefüge von Annahmen mit dem Erzähladressaten teilen –, sondern ebenso könnte jedes einzelne Signal mehr über den Erzähler, den impliziten Autor oder die Autorenfunktion aussagen als über den Erzähladressaten. Ob das tatsächlich realisiert wird, hängt vom realen L. ab. Alles, was der Text tut, lässt sich als Arbeit betrachten, die der L. anders verrichten könnte (Pratt). Entgegen allen Bestrebungen von Theoretikern, das kontingente Gespenst des realen L.s zum Nutzen der Kontrollinstanzen des Textes auszuschließen, wird es ständig zum Problem.

5. Die Intervention dieses «Gespenstes» kann allerdings noch einmal durch die Einführung der Instanz *L.-Funktion* abgewendet werden, die auf ähnliche Weise wie die Autorenfunktion zwischen dem realen und dem impliziten L. vermitteln würde. Wenn der Erzähladressat eine Funktion der Erzähleräußerung ist und der implizite L. eine Funktion jener Textdimensionen, die diese Äußerung thematisieren (sei es, dass sie dem sog. Rahmen als Titel, Gattungszuordnung, Kapitelüberschriften und -synopsen oder Unterbrechungen dazwischen, Textanmerkungen u. Ä., sei es, dass sie, wie im Fall der unzuverlässigen Erzähler, der Autothematisierung des Erzählers selbst durch die Struktur seiner Äußerung zuzuordnen sind), dann wäre die Leserfunktion eine Projektion von *Zwischentextbeziehungen,* die durch den Kontakt mit irgendeinem gegebenen Text entstehen. Wenn man Texte nach Gattung, Genre, Stil, Modus, Diskurs, Status oder Autorenwerk gruppiert, dann thematisieren die Zwischentextbeziehungen den impliziten Autor des gegebenen Textes durch Überdeterminierung. Sicherlich würde der literarische Text für solche synthetischen Entscheidungen der Leserfunktion eine noch geringere Verantwortlichkeit tragen als in den Fällen des Erzähladressaten und des impliziten L.s, denn sie wären ganz wesentlich vom Habitus abhängig, den der reale L. im komplexen Raum des literarischen Systems, an der Schnittstelle von Schreibpraktiken, Verlegervermittlungen, Textlektüre und -kommentaren erlangt hat. Dabei darf man selbstverständlich auch das Erziehungs-, Rechts- oder Wissenschaftssystem nicht vergessen, die auch einzeln bei der Herausbildung des Habitus der Leserfunktion aktiv sein können. (R. H.-K.)

→ Appell, Kompetenz, Lesen, Rezeption, Übertragung

Lexem

(engl. lexeme, franz. lexème, russ. leksema)

Bündel von Semen als Differenzmerkmale der Bedeutung. Manchmal hat das L. nur ein Sem, wie bei *schwarz* oder *hoch*, und manchmal mehrere, wie bei *Junge* (/Mensch/, /männlich/, /jung/ usw.). Greimas (1966) nennt invariante Seme im Gefüge des L.s *Kern*seme und variante oder kontextuelle Seme *Klasseme*, womit er sich bewusst von Hjelmslev unterscheidet, der keine autonomen minimalen Bedeutungseinheiten erkennt, sondern alles aus dem Kontext herleitet.

Im virtuellen Zustand, also vor dem Einfügen in syntagmatische Ketten von konkreten Aussagen – wenn sie sich durch den Anschluss von kontextualen Semen an Kernseme in Sememe verwandeln –, erscheinen die L.e als Gefüge potenzieller diskursiver bzw. isotopischer Laufbahnen. Jede Realisierung, die durch die Wahl des entsprechenden Semems entsteht, lässt andere Möglichkeiten ungenutzt. Diese assoziierten Virtualitäten verleihen der Aussage mit Blick auf ihre Bedeutungswirkung entweder «Dichte» oder «Zerstreuung» des Worts (Greimas / Courtés 1979). (B. D.)

→ Isotopie, Sem, Semantik

Literatur

(engl. literature, franz. littérature, russ. literatura)

Ein Begriff, der in der zeitgenössischen L.-Theorie seine Selbstverständlichkeit eingebüßt und infolgedessen gemeinsam mit anderen «natürlichen Begriffen» seine analytische Unantastbarkeit verloren hat.

1. Das Problem wurde durch die Russischen Formalisten zur Sprache gebracht, die sich kraft des Begriffs der Literarizität bemühten, die L. aus einem (stabilen) Gegenstand in eine (veränderliche) Qualität zu verwandeln und die L.-Wissenschaft in eine Erforschung «dessen, was ein gegebenes Werk zum literarischen Kunstwerk macht» (Jakobson 1921). So lehnt schon Tynjanov im polemischen Entgegenhalten der frühformalistischen Thesen jegliche «harte», «ontologische» Definition der L. ab, wobei er hervorhob, dass sich die «Eigenschaften der Literatur, die als fundamental, ursprünglich erscheinen, unendlich ändern», sodass das Herauslösen «universeller Eigenschaften» einen bestimmten Augenblick in der Entwicklung der L. gesetzwidrig auf die gesamte literarische Reihe extrapoliert. Seinem Urteil nach gilt dasselbe auch für die Versuche der abstrakten Bewertung. Es sei unaufmerksam, im Zusammenhang mit

irgendeinem literarischen Werk allgemein von seinen ästhetischen Qualitäten zu sprechen. Sowohl die literarische Qualität als auch der Wert entstehen erst auf der Schnittstelle zweifacher, d. h. innerliterarischer und außerliterarischer Verhältnisse, die in jedem Moment von dem gegebenen Text und seinen formalen Elementen aufrechterhalten werden (Jakobson/Tynjanov 1928). Was die innerliterarischen Verhältnisse anlangt, kann der Text im literarischen System verschiedene («hohe», «niedrige») Funktionen und Stellungen (zentrale, periphere) einnehmen und dadurch seinen Status verändern. Was die außerliterarischen Verhältnisse angeht, kann der Text Material aus dem Lager des alltäglichen Lebens *(byt)* oder der Lebensideologie *(žiznennaja ideologija)* schöpfen, die das Umfeld des literarischen Systems, seine beständige «dynamische Reserve» (Lotman) schafft, und er kann auch seine abgenutzten Formen an diese Umgebung abgeben. Obgleich in jedem einzelnen historischen Augenblick eine Grenze zwischen System und Umgebung besteht, verschiebt sie sich infolge der beschriebenen «Stoffwechsel» von Augenblick zu Augenblick. Tynjanovs Ansichten nähern sich in vielerlei Hinsicht jenen seines Zeitgenossen Bachtin, der ebenfalls, obgleich von einer methodologisch entgegengesetzten Position aus, behauptet hat, dass Grenzen unterschiedlicher «kultureller Gebiete nicht absolut sind und in verschiedenen Epochen unterschiedlich gezogen wurden».

2. Wenn man demzufolge die L. als Produkt dynamischer Differenzierungsprozesse zwischen den Reihen begreift, dann ist es notwendig, in ihrer Beurteilung einen evolutionären Standpunkt einzunehmen. Was heute unter L. verstanden wird, wurde in der Vergangenheit nicht als solche aufgefasst. Deswegen setzt sich Tynjanov für eine «dynamisch-archäologische» Rekonstruktion des gesamten künstlerisch-historischen Kontextes ein, der die ursprüngliche Bedeutung eines Werks aufdecken und damit der «historischen Aberration» entgehen werde. Der Kritiker hat dabei die Pflicht, sich in die Rolle des «ersten Lesers» zu versetzen. Aber welcher ist der «erste Leser»? Versteht man unter diesem Begriff nicht eine Homogenisierung der literarischen Epoche, die Tynjanovs Vorstellung von dynamischen Reihen unangemessen ist? Tynjanov hat nämlich in seinen eigenen Rekonstruktionen des Systems der russischen L. der ersten Hälfte des 19. Jh.s nicht nur literarische Texte, sondern auch programmatische Deklarationen, polemische Artikel, theoretische Texte, Briefe u. Ä. einer Analyse unterzogen, wobei er auf die Ungleichzeitigkeit dieser Reihen hinwies. Die L. begehe mehrere Wege gleichzeitig – und viele Schnittpunkte bildeten sich zur selben Zeit. Auf welchem dieser Schnittpunkte unterschiedlicher Reihen befindet sich die Position des «ersten Lesers»? Welcher Leser kann in einer solchen Situation den Anspruch auf «Ursprünglichkeit» erheben? Es ist offensichtlich, dass Tynjanovs antilineares Konzept kon-

kurrierender Reihen, ganz gleich, wie sehr er selbst ihre Konsequenz unterdrückt haben mag, die urteilende Kritikerposition nicht unangetastet lässt und damit den Begriff der L. als *Gegenstand* der Wissenschaft implizit in relativistische Gefahr bringt. Die L. erweist sich nicht nur aus der historischen Perspektive als variable *Qualität,* sondern auch im Zusammenhang ein und derselben historischen Epoche, abhängig vom jeweiligen «Schnittpunkt», von dem aus man in ihrem Rahmen liest.

3. Ebenso wenig wie Tynjanov konnten sich auch seine frühesten methodologischen Fortsetzer – die Strukturalisten – mit einer so weitreichenden Konsequenz abfinden. Sie verlagern das Problem zwar ausdrücklich zum Leser, lassen sich aber trotzdem nicht darauf ein, die Qualität der L. endgültig an seine Attribution zu binden. Eine derart empirische Relativierung wird durch den Begriff des «idealen Lesers» vermieden, angeblich ein Konstrukt der Textstruktur selbst als einzig legitimer Position, von der aus man einschätzen kann, ob ein Text der L. angehört oder nicht. Obgleich sie Beurteilungen ermöglichen, wie die bestehende Unterschiedlichkeit der Geschmäcker belegt, weisen andere Positionen nach Meinung der Strukturalisten dabei weniger auf die literarische Qualität als vielmehr auf die Mängel und Deformationen der ihr entsprechenden Leserkompetenz hin. Ihnen zufolge ist mit anderen Worten der einzig vollkommene Leser ein Theoretiker oder (nach Todorov 1968/73) ein Poetiker, denn der allein verfügt über das notwendige Wissen, um die entsprechenden kontextuellen Differenzierungen vorzunehmen, in deren Perspektive sich der Text als literarisch offenbart. Die übrigen Leser würden mit ihren Valorisationen eine dem literarischen System unangebrachte Dimension der Ideologie, Psychologie, Soziologie u. Ä. hineintragen und damit den Bereich der L.-Wissenschaft verlassen. Doch bei aller Autorität, welche die L.-Wissenschaftler (hauptsächlich in ihren eigenen Augen) genießen, richtet sich die Vorstellung von L. – ganz gleich welcher historischen Epoche – kaum nur nach ihrem Geschmack. Kommen denn bei ihrer Gestaltung nicht gleichermaßen Autoren, Verleger, Buchhändler, die Träger des Bildungswesens, Amateurleser, Kritiker, Ästhetiker, ja wenn man will, auch Politiker zu Wort? Sind nicht andererseits die Poetiker selber von vornherein durch ihre niemals vollständig ins Bewusstsein zu hebenden Neigungen des künstlerischen Geschmacks, ihres Geschlechts, ihrer Generation, ihrer Klasse, ihres Zivilisations- und Kulturraums gekennzeichnet? Woher nehmen sie das Recht, von diesem Standpunkt aus anders profilierte Geschmäcker auszuschließen?

4. So ist die strukturalistische Konzeption der L. mit Schwierigkeiten konfrontiert, da sie sich weigert, die Position zu problematisieren, von der aus sie die Attribution der literarischen Qualität vornimmt. Dies zu leisten sollte dann die Rezeptionstheorie mit ihren verschiedenen Zweigen auf verschiedene

Weise versuchen. Der zentrale Begriff der Rezeptionstheorie – das Lesen – ist in einem wichtigen Sinn schon durch den ursprünglichen Begriff der L. impliziert, der im 18. Jh. nach und nach den Begriff «Dichtung» ersetzt hat. Während die Dichtung sich in ihrer Bedeutung mit der (elitären) Fähigkeit der Rede und des Dichtens assoziiert, assoziiert die L. die (stärker massenhafte) Fähigkeit des Lesens und Erforschens; die L. ist vor allem für den Massenkonsum gedacht.

Der Fortschritt von der Dichtung zur L. als einem Sammelnamen für imaginative Werke spiegelt die komplexe kulturelle Veränderung in der Bewertungsweise von Kunstwerken wider, eine Veränderung, die unter anderem durch den Anstieg der Leserschaft auf allen gesellschaftlichen Ebenen, den Aufstieg des L.-Markts und der darauf folgenden Verwandlung des veröffentlichten Werks in eine Ware hervorgerufen wurde (Ross 1993). Im Verlauf des 18. Jh.s – in der Zeit der Vorherrschaft des aufklärerischen Rhetorikmodells – trug der Begriff der L. allerdings eher das Vorzeichen des *Schreibvermögens* als das der *Ästhetizität*, womit die «stratifikative» Trennung des bürgerlich gepflegten universalen vom plebejisch schlichten lokalen Geschmack signalisiert wurde. Deswegen schloss der Begriff gleichermaßen Grammatik, Rhetorik, Geschichte, Geographie, Metaphysik und die Rechtswissenschaften, praktisch das gesamte Wissen ein, welches einem engen Kreis schriftkundiger Menschen als Kulturelite zur Verfügung stand. Auch wenn mit dem Aufkommen der Romantik der Begriff der L. seine so ausgeprägte, exklusive Normativität verliert, haftet ihm bis heute die Konnotation des Kanons als auserwählter Sammlung klassischer Werke der nationalen oder europäischen L. an. Gerade in diesem Sinn des Bestimmtseins für ein gebildetes, feines Publikum wurde er in neuerer Zeit z. B. von Hirsch, Kett und Trefil (1987) gebraucht. Doch die Romantik verleiht dem L.-Begriff trotzdem einen neuen, unvergleichlich breiteren Inhalt, der den schlicht-normativen Rahmen durchbricht, indem er die L. an den individuellen Genuss und die individuelle Einschätzung adressiert. Als ästhetisches Phänomen wendet sich die L. für die Romantiker vor allem an die sinnliche Wahrnehmung, die Menschen verbindet, und nicht an die intellektuelle Perzeption, die sie trennt. Sie fordert jetzt Einfühlung, die nach ihren Attributen erst *sucht*, anstelle rationaler Erwägung, die über sie bereits *verfügt*. Der romantische L.-Begriff ist eng mit ihrer Popularisierung auf der einen, ihrer Intimisierung auf der anderen Seite verknüpft. Die Kommunikation mit der L. ist kein öffentlicher, sondern ein privater Akt. Das Lesen spielt sich seit Ende des 18. Jh.s in der Einsamkeit ab (Schön 1987).

5. Vielleicht haben gerade diese, scheinbar nur äußerlichen Umstände der L.-Rezeption die Art und Weise bestimmt, mit der die zeitgenössische Rezeptionstheorie das Lesen sich selbst und anderen präsentiert. Sie stellt es nämlich

für gewöhnlich als Verhältnis zwischen Text und Leserbewusstsein dar, wobei sie Letzterem entweder einen Horizont oder ein Codegefüge bzw. Konventionen verleiht, welche ihm die entsprechende Gemeinschaft in Form des «strukturell Unbewussten» einprägt. Im Einklang damit wird die Zuordnung der literarischen Qualität zu einem bestimmten Text aus der Aktivität dieser spontanen interpretativen Matrix abgeleitet. Doch scheint es, als sei das Überantworten der Entscheidung darüber, was L. ist, ausschließlich an den Leser oder die Interpretationsgemeinschaft, der er angehört, vielmehr das Resultat eines *Gefühls* der Allmacht, welches beim Publikum als Indikator des tatsächlichen Zustandes das einst unvorstellbare «Flanieren in den imaginativen Paradiesen» hervorgerufen hat. In Wahrheit wird das Verhältnis zum literarischen Text hochgradig durch das herrschende Profil seiner Autorschaft, den entsprechenden Formen seiner Ausschreibung, der Art und Weise seiner editorischen, graphischen und medialen Präsentation und Reklame, Techniken der pädagogischen Vermittlung und Weitergabe durch Bildung, die literaturkritische und hermeneutische Bearbeitung und schlussendlich auch durch die kanonisierten Rezeptionsformen codiert. Von einer Unmittelbarkeit des Verhältnisses zwischen Text und Leserbewusstsein – wie in einer Art Liebesidylle, die keine vermittelnden «Eindringlinge» duldet (Schwanitz 1993) – kann unter diesen Umständen keine Rede sein. Deswegen kann die L. nicht nur das Ergebnis des angemessenen Leseakts der «Konstitution» des Textes sein.

6. Zugunsten der These, dass die Konstitution der literarischen Qualität eines Textes ein wesentlich komplexerer Prozess ist, der eine Vielzahl interagierender Instanzen einschließt, argumentieren im Laufe der 1980er Jahre z. B. die empirische L.-Wissenschaft, die Systemtheorie, der New Criticism, die Cultural Studies sowie die mit dem Institutionsbegriff operierende marxistische Kritik. Ihnen allen ist das Bemühen gemeinsam, unter L. ein mehr oder minder autonomes, in jedem Fall aber ausdifferenziertes System der Praktiken, des Konsums, der kritischen, der pädagogischen und wissenschaftlichen Reproduktion von Texten zu verstehen, das eine bestimmte Anzahl institutioneller Techniken, Rollen und Positionen als Antrieb zur Selbsterhaltung impliziert. Dieses System ist nicht isoliert, sondern sucht durch das lebendige Verhältnis zu anderen Systemen als ihm zugewiesene instabile Umwelt seine differenzielle Qualität zu bewahren und sich den Versuchen der Unterwerfung und Instrumentalisierung zu widersetzen. (S. R. / Z. Z.)

→ Kanon, System, Werk

Literaturgeschichte

(engl. literary history, franz. histoire de la littérature, russ. istorija literatury)

Der Begriff wurde erst gegen Ende des 19. Jh.s unter dem Druck der ästhetizistischen Ideen einer eingehenderen theoretischen Untersuchung unterzogen. Bis dahin gilt es, alle seine Problematisierungen als Bestandteil des Kampfs unterschiedlicher Schulen um einen «Zunftvorrang» zu betrachten. Die Ästhetizisten stellten aber den Wert der ganzen literaturgeschichtlichen Zunft in Frage, indem sie ihre Fähigkeit bestritten, die ästhetische Dimension der literarischen Werke jeweils in Betracht zu ziehen. So wirft z. B. der junge Barthes (1963) dem damals angesehenen Literarhistoriker Lanson vor, dass er mit der in seiner L. vorkommenden langen Reihe von Namen, Titeln, Gruppen, Bewegungen, Einflüssen letztendlich «am Werk vorbeigeht», da es «*etwas anderes* sei als eine Summe seiner Quellen, Einflüsse und Modelle». Derselbe Vorwurf war aber bereits in Croces Ästhetik erhoben worden, indem sie alle literaturgeschichtlichen Einordnungen vom Standpunkt der Einmaligkeit des literarischen Werks aus widerlegte. Erst nachdem die ästhetizistische Kritik in solcher Weise die erkenntnistheoretischen Voraussetzungen der L. bloßlegte, konnten der russische Formalismus, der *New Criticism*, danach die Prager Schule und auch die werkimmanente Kritik in den ersten Jahrzehnten des 20. Jh.s ihre alternativen Konzepte anbieten.

1. Zum Gegenstand ihrer Widerlegung haben sie dann aber stillschweigend das Modell der «immanenten» L. genommen, das im Laufe des 19. Jh.s ausgebildet worden war, in der Zeit nämlich, als die L., den Entwürfen von Herder und Schlegel folgend, einen einmaligen Aufschwung erlebte und eine bis dahin kaum vorstellbare Anziehungskraft für sich in Anspruch nahm. Der Ausgangspunkt dieses Aufschwungs wird üblicherweise mit der *Geschichte der poetischen National-Literatur der Deutschen* (1835–42) von Gervinus gesetzt. Er hat einen expliziten Versuch unternommen, anhand der Idee einer sog. «inneren Auswicklung» das bibliographische Konglomerat der zusammenhanglosen Daten der damaligen aufklärerischen *Litterärgeschichten* aufzuheben. Damit erhob seine L. zugleich den (historistischen) Anspruch, die Entwicklung der Inhaltslogik der Sachverhalte selbst darzustellen: «wie es eigentlich gewesen», also nicht mehr und auch nicht weniger! Das war natürlich ein wesentlich neuer Moment im Vergleich zu den Aufklärern, deren L.n ihre Fiktionalität bzw. Rhetorizität kaum verborgen haben. Im Gegenteil legten sie ihre Perspektive dem Leseurteil gegenüber offen und betrachteten sich selbst (zusammen mit anderen damaligen Wissenschaften übrigens, z. B. der Philosophie, Philologie, Physik, Chemie, Medizin und Mathematik) als eine Art Literatur.

Um 1830 allerdings nimmt die L. einen klaren Abstand von der (jetzt anders aufgefassten) Literatur und stellt sich an die Seite eines neuen, objektivistischen Wissenschaftlichkeitsideals. Es unterstützt den Anschein einer glaubwürdigen Wirklichkeitsdarstellung, der zufolge «innerhalb gewisser Grenzen das Gegebene und das sprachlich Gemeinte verwechselbar sind» (Dilthey 1924). Dieser Anschein wird vor allem durch die Narrativisierung der Wirklichkeit gefördert, indem die Geschichte mit einem *Idealhelden* in Form einer Idee, eines Prinzips oder einer überpersönlichen Entität versorgt wird. Der Standort dieses Helden kann von einer Nation, Religion, einem Zeit-, Rassen- oder Landesgeist oder auch von einer Gattung, einer literarischen Gruppe oder Schule besetzt werden. Wichtig ist nur, dass die dabei gewählte Einheit sich entelechisch einem Punkt nähert, an dem sie ihre Identität erkennt. Dieser Prozess wird dann durch die Figur der Entfaltung oder Auswicklung bezeichnet.

Dies muss weiterhin, wie auch in jedem Erzählplot, durch ein *unveränderliches Signifikat* ergänzt werden, auf das alle veränderlichen Signifikanten beständig Bezug nehmen können (Fohrmann 1993). Nicht einmal die gegenwärtige Literaturgeschichtsschreibung kann ohne solche synthetischen Projektionen auskommen. Die Annahme, der zufolge unterschiedliche Gattungen, Epochen, Schulen, Traditionen, Bewegungen, Kommunikationssysteme, Diskurse und Episteme keine unbegründeten und arbiträren Gruppierungen seien, dass also diese Klassifizierungen vielmehr ihre objektiven und wertvollen Grundlagen in der vergangenen Literatur fänden, mache immer noch die Grundvoraussetzung der Disziplin, ihre bevollmächtigende Prämisse aus (Perkins 1992).

Bei Gervinus wird die beschriebene Heldenrolle von der deutschen Nation übernommen, während das Medium ihrer Entfaltung von der Dichtung besetzt ist. Diese zwei Stützpunkte konnten jedoch kaum ausreichen, um die unübersehbare Stoffmenge zu zähmen. Deswegen verlässt Gervinus häufig den zentralen, national-emanzipativen Verlauf seiner Geschichte, um gelegentlich in der Anthropologie, Psychologie, Soziologie, Ästhetik, Moralphilosophie Halt zu finden. Dadurch wird seine Geschichte aber zur bloßen Aneinanderreihung heterogener Kontexte, deren gegenseitige Unversöhnlichkeit dann letztendlich den einheitlichen Erzählverlauf durchbricht. Dass die Gervinussche Zentralmetapher der alles verbindenden Zeit, die in ihr Gewebe alle Werke und Autoren einfängt, kaum als Einigungskraft ausreicht, wird bereits an der Reaktion seiner Zeitgenossen ersichtlich, die seine L. als «tumultuarisch» bezeichneten (Fohrmann).

2. Vor dem Hintergrund des dargelegten Zusammenprallens von Theorie und Praxis der Literaturgeschichtsschreibung lassen sich auch jene Widerstände verstehen, die im Laufe des 19. Jh.s den Bemühungen gegenüber geleistet werden, das ganze kulturhistorische Geschehen einem Einheits- und Kontinuitätsmuster zu unterwerfen. Sie kommen entweder in Form eines voll-

ständigen Verzichts auf die Einheitsidee zum Vorschein – wie in den Anthologien – oder in Form einer Eingrenzung der Reichweite des «logischen Helden», sei es auf einen Stammessiedlungsraum (wie ein Jahrhundert später bei Nadler) oder auf einen Schriftsteller bzw. eine Zeit. «In allen drei Fällen wird das Signifikat der L. zum uneinholbaren Dunklen, dessen Aufspüren selbst als heldenhafte Tat erscheint und die Pluralität der Referenten in der Emphatisierung *eines* Signifikats zu überbrücken versucht» (Fohrmann 1993). So bleiben nur radikalere Eingriffe übrig, die dann Anfang des 20. Jh.s tatsächlich vorgenommen wurden.

(a) Der erste Eingriff, der dem Ästhetizismus möglicherweise am nächsten steht, wurde vom amerikanischen *New Criticism* (1920ff.) unternommen, indem er, die Autonomie des literarischen Textes verteidigend, mit dem positivistischen Erbe brach. Es war bereits Eliot, der die genetischen und impressionistischen Deutungen der Dichtung abwehrte, weil die ersten zu eng an die Intention des Dichters, die zweiten an die Gefühle des Kritikers angelehnt seien. In seinen Essays befürwortete er dagegen eine eingehendere Berücksichtigung der Eigenart der poetischen Sprache. Danach wies Richards (1929) die Anwendung äußerlicher (moralischer, logischer, chemischer) Standards an eine Gedichtsanalyse zurück, da ein Gedicht zuallererst durch seine innere (grammatische, semantische, syntaktische) Struktur gekennzeichnet ist. Wimsatt und Beardsley (1946) heben eine vollkommene Selbständigkeit des lyrischen Ich in Bezug auf den Dichter hervor, während Brooks (1947) jegliche Gedichtsparaphrase als Häresie ihrem «Muster der ausbalancierten Akzente» gegenüber deutet.

Das eingehende Ablesen der Ironien, Zweideutigkeiten, Paradoxien und Widersprüche des Textes erfordert, mit einem Wort, keine äußerlichen, kontextuellen Daten. Wie jedweder Organismus beinhaltet auch das Gedicht seine Bedeutungsganzheit in sich selbst. Damit wird nicht nur die Teilnahme des literarischen Textes an sozialen, kulturellen und ideologischen Voraussetzungen des Zeitraums seines Entstehens oder Lesens verdrängt, sondern es wird ebenfalls eine jede formelle und inhaltliche Schuld den anderen literarischen und nicht-literarischen Texten gegenüber bestritten. Dieser kräftige ahistorische Impuls scheint nebenbei einen langjährigen Einfluss des *New Criticism* im akademischen System der Vereinigten Staaten zu erklären, indem er die Literaturprofessoren von der mühseligen Pflicht der geschichtlichen Kontextualisierung der Texte entbunden hatte, einer peinlichen Aufgabe übrigens, wenn man die Mannigfaltigkeit der Bildungsstufen und -profile berücksichtigt, welcher die damalige Demokratisierung der Universitäten die Tür öffnete (Childs 1993).

In Deutschland wurden die Literaturwissenschaftler durch die nazistischen Missbräuche der Geistesgeschichte und die nationalistischen Inanspruchnahmen der L. nach dem Zweiten Weltkrieg veranlasst, sich entweder auf das einzelne literarische Werk oder auf eine bestimmte Gattungsüberlieferung (in der sog. werkimmanenten Kritik) zu konzentrieren.

(b) Der zweite und für die L. jedenfalls weitreichendere Eingriff soll den Russischen Formalisten zugeschrieben werden. In ihrer ersten Entwicklungsphase setzten sie den Akzent auf den literarischen Text selbst, während sie in der zweiten und dritten Phase eine eigenartige Auffassung der *literarischen Evolution* erarbeitet hatten. Sie ist in zwei Abhandlungen Tynjanovs (1924a, 1927) wie auch in den Thesen, die er zusammen mit Jakobson veröffentlichte (1928), dargelegt. Tynjanov verließ Anfang der 1920er Jahre (1924b) seine ehemalige statische zugunsten einer dynamischen Auffassung des dichterischen Textes. Dabei wird ein ununterbrochener Kampf zwischen den konstruktiven und untergeordneten Faktoren um die Herrschaft über die literarische Struktur hervorgehoben. Durch ihn wird die Position der sog. Dominante mal dem einen, mal dem anderen Faktor zugesprochen, und was letztendlich in der Tat zur Dominante wird, hängt mit dem Verhältnis zu den anderen Texten im gegebenen Zeitraum zusammen.

Tynjanov sondert folgende vier Phasen des Evolutionsprozesses aus: (1) die Entstehung eines neuen konstruktiven Prinzips im Gegensatz zum alten und automatisierten Prinzip, (2) die Anwendung des neuen Prinzips auf neue Werke, (3) die Gebrauchserweiterung des eingeführten Prinzips, (4) die Automatisierung des Prinzips, welche die Entstehung eines entgegengesetzten neuen Prinzips verursacht. Daraus folgt der ausgesprochen historische Charakter der literarischen Qualität eines Faktums, da sie einerseits von der inneren Rangordnung der Triebkräfte dieses Faktums abhängt, andererseits mit seiner Lage den anderen literarischen und außenliterarischen Fakten gegenüber verbunden ist. Entschlossen widerlegt Tynjanov in diesem Zusammenhang nicht nur die Behauptung von den universalen literarischen Merkmalen, sondern auch von den universalen ästhetischen Merkmalen der Fakten. Sowohl die differenzialen literarischen Qualitäten als auch der ästhetische Wert werden erst einmal auf einer Kreuzung der inner- und außerliterarischen Beziehungen hergestellt, die ein jedes literarisches Kunstwerk bestimmen.

Im Rahmen eines literarischen Systems können einem Text unterschiedliche Funktionen und Positionen zukommen, wodurch dann auch sein Status beeinflusst wird. In zwischensystemischen Beziehungen kann er nach dem «dynamischen Vorrat» entweder des Alltags *(byt)* oder der «Lebensideologie» greifen, um seine Konventionen aufzufrischen, oder er kann seine abgedroschenen Konventionen wieder in diesen Vorrat einspeichern. Immer aber bezieht ein solcher «Stoffaustausch» eine mit den jeweils spezifischen Systemregeln in Einklang gebrachte Umstrukturierung ein. Tynjanov und Jakobson beharren auf ihrer (relativen) Autonomie und erkennen keine andauernde Rangordnung zwischen Systemen an (im Gegensatz z. B. zur marxistischen Kritik, die das ökonomische System bevorzugt). Somit wird das System in Tynjanovs Evolutionstheorie der L. entgültig zur Hauptfigur! Die individuellen Autoreninitiativen werden in seiner Auffassung der immanenten Entwicklungslogik des literarischen Systems untergeordnet. ‹Die Absicht des Autors›, ‹die schöpferische Freiheit› seien optimistische Parolen, die aber der Wirklichkeit kaum entsprächen und ihren Platz der ‹schöpferischen Notwendigkeit› überlassen müssten (Žylko 1990).

Im Rahmen der dargelegten Perspektive wird dann das «dynamisch-archäologische» Nachvollziehen des literarischen Systems einer gegebenen Zeitspanne logischerweise zur Hauptaufgabe promoviert, und es ist kaum verwunderlich, dass Tynjanov (1969) seine Untersuchungen der russischen Dichtung des 19. Jh.s tatsächlich derart gestaltet. Er setzt sich zum Ziel, die «ursprüngliche Bedeutung» der Werke und Wertesysteme, anhand deren sie geschichtlich konstituiert wurden, zu erforschen, womit es «jene geschichtliche Abweichung» zu vermeiden gilt, welche die Historiker kennzeichnet, die unkritisch die ihnen zeitgenössische Literaturauffassung und literarische Werte in vergangene Zeiten hineinprojizieren. Es ist die Pflicht des Literaturhistorikers, die Modernisierung vergangener Daten derart zu vermeiden, indem man sich in die Situation des «ersten Lesers» hineinversetzt und dadurch dem literarischen Faktum seine ehemalige Energie zurückgibt.

3. Es ist allerdings fraglich, inwiefern das Nachvollziehen eines Epochenkontextes tatsächlich zuverlässig sein kann. Indem er auf das Auseinandergehen zwischen der «inneren», in den Werken selbst vertretenen Poetik einerseits, der «ausformulierten», in den programmatischen und polemischen Artikeln, Briefen, theoretischen Texten dargelegten Poetik andererseits aufmerksam macht, zieht Tynjanov den Schluss, dass «Literatur vielerlei Wege in derselben Zeit beschreitet – wobei vielerlei Knoten in derselben Zeit entstehen». Auf welchen von diesen Knoten bzw. Kreuzungen der ungleichzeitigen Reihen soll nun der «erste Leser» positioniert werden? Welcher Perspektive gebührt die Authentizität? Tynjanov selbst meint offensichtlich, dass es jene ist, welche die Konstellation des literarischen Systems im Visier hält, weil sie als einzige über eine zuverlässige Vorstellung z. B. darüber verfügt, welche Verfahren automatisiert und welche es dagegen nicht sind. Inwiefern man stillschweigend davon ausgehen kann, dass über solch eine Vorstellung nur die Schriftsteller verfügen, können wir daraus schließen, dass der Historiker das System in derselben Weise sehen muss, wie es bei dem Schriftsteller der Fall war. Vermutlich könnte man den Ignoranten erlauben, an Literatur Lust zu haben, dabei aber gebührt ihren Leserantworten dieser Theorie zufolge keinerlei

Gewicht (Perkins 1992). Sie sind schlechthin «allzu menschlich», durch die Neigungen, Interessen, Leidenschaften und nicht zuletzt auch durch vorübergehende Stimmungen gekennzeichnet. Eigentlich ähneln die Dilettanten weitgehend den traditionellen Literaturhistorikern, weil Tynjanovs immanenter Theorie zufolge die Aussonderung gewisser Elemente aus der Gesamtstruktur oder dem System und die Vernachlässigung der spezifischen Funktion jener Elemente innerhalb der Struktur die typischen Fehler der traditionellen L. seien. Dem neuen Literaturhistoriker schreibt Tynjanov demgegenüber die Rolle des *idealen Lesers* zu. Er muss frei von Rassen-, Klassen-, Geschlechts-, Kultur-, Religions- und Erziehungsvoraussetzungen bleiben, weil sich die durch sie beeinflusste Individualität der Leserantwort nicht mit dem verallgemeinernden Diskurs der L. in Einklang bringen lässt. Laut Perkins hätte eine L., die in Form einer Geschichte der Leserantworten geschrieben worden wäre, von der Erkenntnis ausgehen müssen, dass der größte Teil ihres Gegenstandsbereichs grundsätzlich unerreichbar bleibe. Falls wir den soziologischen Variablen unsere Aufmerksamkeit schenkten, würden wir allzu viele Erwartungshorizonte treffen. Wollten wir die L. schreiben, müssten wir eine vergangene Zeit relativ einheitlich erfassen. Andererseits, falls wir die Absicht hätten, eine Zeit glaubwürdig darzustellen, dann müssten wir sie vielfältig erfassen.

4. Hieraus geht hervor, dass Tynjanov eigentlich die (empirische) Glaubwürdigkeit opfert, um das System als das «unveränderliche Signifikat» aufrechtzuerhalten. Damit scheint seine Auffassung der L., wie sehr sie sich auch immer in die Opposition zur traditionellen Auffassung begibt, weiterhin die Grundillusion der letzteren von der Übereinstimmung der literarhistorischen Darstellung mit dem «wirklichen Sachverhalt» zu unterstützen. Die Lage des «idealen Lesers» nämlich wird dem Literaturhistoriker vom System selbst zugeschrieben, was jedwede Möglichkeit ausschließt, dass sich das System, umgekehrt, als ein Konstrukt des eigenwilligen oder parteiischen Nachvollziehens des Historikers erweise. Solch eine Möglichkeit würde den Gegenstand der L. an den Rand des Zerfalls drängen, weil der *alternative* Gedanke bestätigt würde, dass die literaturgeschichtliche Darstellung nämlich ihren Gegenstand per definitionem *verpasst*. Dabei ist eigentlich kein Grund ersichtlich, weshalb solch ein Gedanke weniger annehmbar oder nachweisbedürftiger wäre als der erstere, nach welchem die Darstellung ihren Gegenstand notwendigerweise trifft; im Gegenteil, manche Literaturtheoretiker der Gegenwart neigen gerade zur letztgenannten These. Mitte der 1980er Jahre nimmt man die L. allgemeinerweise als ein unmögliches (obwohl gerade deswegen notwendiges!) Projekt an (Japp 1980; Abbas 1984; Schmidt 1985). Die Kriterien, aufgrund deren sie ihren Gegenstandsbereich konstituiert, können keinen Universalitätsanspruch erheben, sondern müssen, wie im Fall von Tynjanovs «idealem Leser», ihre Gültig-

keit auf eine bestimmte disziplinäre Gemeinschaft einschränken. Was allerdings in einer Gemeinschaft plausibel erscheint, muss nicht unbedingt in einer anderen (z. B. unter den Verlegern, Buchhändlern, Lehrern, Kritikern usw.) ebenso erscheinen. Damit wird auch die Überzeugung ernsthaft in Frage gestellt, der zufolge «eine partielle Erkenntnis der Vergangenheit mehr aufdeckt als verfälscht», besonders wenn diese Erkenntnis zudem noch einen bevorzugten neutralen Status beansprucht. Es stelle sich die Frage, ob die formalen Regeln oder Verfahren des schriftlichen Diskurses, welche die L. offenbar befolgen müsse, nicht notwendig zur Folge hätten, dass die Geschichte die Vergangenheit nicht darstellen kann, sondern sie verfälschen müsse (Perkins 1992).

Die Strukturalisten weisen allerdings diese These durch eine stillschweigende Diskriminierung des größten Teils des Lesepublikums energisch ab, indem sie dem Poetologen oder Historiker das Privileg zuweisen, von der literarischen Struktur bzw. dem literarischen System sozusagen ausgewählt zu werden. Diese Auswahl ist es, die gegenüber dem arbiträren Kontextualismus der positivistischen, marxistischen und sozialen L. der strukturalistischen L. die *Immanenz* gewährt. Die Strukturalisten täuschen zwar gegenüber den «Untersuchungen der Autorenpsychologie» Toleranz vor, wie auch gegenüber dem «Schlagen der kausalen Brücke vom Milieu, vom außenliterarischen Autorenleben und seiner Klassenlage zu seinem Werk» (Tynjanov), sie können jedoch – wie schon aus dieser Formulierung hervorgeht – ihre Missachtung ihnen gegenüber kaum verbergen.

5. Die dargelegte Exklusivität der Strukturalisten hinsichtlich des Standorts des literaturgeschichtlichen Diskurses steht in einem paradoxen Verhältnis zu seinem Demokratismus in Bezug auf den literaturgeschichtlichen Gegenstandsbereich. Es war nämlich gerade der Strukturalismus, mit dem Formalismus als seinem legalen Vorgänger und der Semiotik als seiner legalen Nachfolgerin, der durch die Verlagerung der Grenze zwischen dem Text und dem Kontext eine bis dahin kaum denkbare Erweiterung des literaturgeschichtlichen Interessenhorizonts ermöglichte. Indem er keine Wirklichkeit mehr darstellte, wurde der Kontext selbst zu einem Text, der aus denselben, aber anders geordneten Codes bestand. So verlief die Grenze nicht mehr zwischen unterschiedlichen Kategorien oder Sorten, sondern zwischen zwei Komplexitätsstufen derselben Sorte. Dadurch wurde die ganze Kultur (Politik, Recht, Religion, Wissenschaft, Kunst, Medien) in dieser oder jener Weise literarisch bzw. zu einem legitimen Forschungsbereich. Die Literarhistoriker konnten nun problemlos die Frage nach den Verstehensweisen der Literatur oder den Lesetechniken stellen – alles war plötzlich ins breite Feld der Auswirkungen der literarischen Texte mit einbezogen, in eine Art ihrer verlängerten Performanz. White (1973) hat daraus nur eine logische Folgerung gezogen, als er die Ge-

schichte selbst zu einer unbewussten Auswirkung der Literatur machte. Andererseits wurde nun auch die literarische Qualität selbst in Abhängigkeit von den anderen Textsorten betrachtet. «Der Unterschied zwischen dem Text und dem ‹Hintergrund›, der für die ältere Geschichte endemisch war, verschwindet und hinterlässt dadurch ein Zwischenspiel der poetischen und andersartigen Texte. In diesem Spiel ist keine dieser Sorten bevorzugt, weil alle zugänglich und sowohl einer werkimmanenten als auch einer geschichtlichen Erforschung wert sind» (McCanles 1993). Dies aber führt zur unvermeidlichen Auflösung der ‹Hauptfigur› als eines ‹unveränderlichen Signifikaten›. Indem es innerhalb der neu entstandenen Reihenvielfalt des Kulturraums zu einer Funktion des Knotenpunkts wird, an dem sich sowohl der Text als auch der Betrachtungsort befindet, büßt es seine ehemalige Homogenität ein. Aufgrund dessen verliert auch der Text seine beständigen Attribute. Fohrmann (1993) zeigt, wie in Hansers *Sozialgeschichte der deutschen Literatur* (1980ff.) Goethes *Werther* in unterschiedlichste Erörterungszusammenhänge gebracht wird: «der Lektüreart und -tempo, der Biographie der Selbstmörder, zeitgenössischer Anthropologie, empfindsamer Tradition, der Ästhetikgeschichte, der Stellung im literarischen Markt, des Verhältnisses von Literatur und Lebenswelt, des Naturbegriffs, einer Geschichte der Romane – um nur einiges zu nennen. Die Hinsichten bleiben dabei unverbunden, das Verfahren ist offen additiv auch im einzelnen Kapitel.» Das ist die praktische Folgerung eines hohen theoretischen Anspruchs auf die Nachvollziehung des literarischen Systems: Verschiedene Autoren zeichnen für unterschiedliche Kapitel verantwortlich, wodurch der grundsätzliche Anspruch auf objektive Darstellung der Gefahr ausgesetzt wird, eine «subjektive Konstruktion» divergenter Geschichtsvielfalt zu zeitigen. In diesem Zusammenhang mag Perkins' Urteil, weshalb Tynjanovs Auffassung der L. «fast keinen praktischen Einfluss auf die Literaturgeschichtsschreibung» ausgeübt hatte, durchaus akzeptabel erscheinen. Sie mache die Literaturgeschichtsschreibung zu einer sehr schwierigen Aufgabe, weil sie außergewöhnlich viel Lesen und Reflexion fordere. Es fragt sich, ob dies «eine Entropie des Genres» einbezieht, «die in die Beliebigkeit des Schreibens der Literaturgeschichte mündet?» (Fohrmann).

6. So lautet nämlich die Schlussfolgerung, welche die Poststrukturalisten bzw. Dekonstruktivisten gezogen haben. Ihnen zufolge schließt Literatur jede ihrer Besprechungen ins Feld eigener Textarbeit ein (die sog. Faltungen und Aufpfropfungen des Textes), wodurch sie diese Besprechungen zugleich untergräbt und ihre endgültige Sinnkonstituierung verhindert. In diesem Sinn spricht de Man von einer Unentscheidbarheit bzw. Unlesbarheit der Texte. Wie immer ein Rahmen gesetzt wird (als «Schließung, die aus jenem, was sie mit einschließt, sich selbst ausschließt» – Derrida), ist er zur Verschiebung und da-

mit zur Anerkennung seiner eigenen Unmöglichkeit gezwungen. Statt die Grenzziehung zwischen dem Innen und dem Außen, dem Zentrum und der Peripherie zu wiederholen und eine Aufhebung der Problematik der Systemschließung in Anspruch zu nehmen, versuche die Dekonstruktion, diese Problematik selbst zu problematisieren, sie unlösbar zu machen; und sie tue es, indem sie die potenzielle Unendlichkeit der metakommunikativen Schließungen oder aber die innere Zweideutigkeit, Paradoxie, Marginalität eines jeden Zentralisierungs- bzw. Totalisierungsaktes betont (Frow 1986).

Dennoch scheint die Unmöglichkeit, auf der die Dekonstruktivisten beharren, nur eine solche L. zu betreffen, die den Anspruch auf eine objektive Darstellung der Vergangenheit erhebt. Dass sie die Notwendigkeit der Literaturgeschichtsschreibung letztendlich nicht bestreiten, sieht auch Abbas (1984) ein, als er bemerkt, dass de Man der L. «einen paradoxen Status der immer vorhandenen Unmöglichkeit» verleiht. Die Krise der L. deutet also nur auf die sich wiederholende Notwendigkeit ihres Schreibens hin (Japp 1980). Sie habe eine unhintergehbare Rolle in unserer Literaturerfahrung und auch eine breitere soziale und kulturelle Funktion (Perkins). So gäbe es keinen Grund, das Projekt ‹L.› zu verabschieden, es könne lediglich darum gehen, sich *anders* zu seinem konstruktiven Status zu verhalten (Fohrmann).

Mit anderen Worten: Die L.n sind zwar arbiträr, aber nur deshalb, weil sie das Literaturwissenschaftssystem, in dem sie entstehen, mit spezifischen Ansprüchen konfrontiert, ihnen die entsprechenden Funktionen zuweist, um sich dadurch zu reproduzieren. Erstens sind sie Einheiten höchsten Ranges, die die Relationierung kleinerer Einheiten ermöglichen (der Epochen, Gattungen, Werke usw.) und dadurch einen Überblick über sie verschaffen. Zweitens begründen sie den Gegenstandsbereich der Literaturwissenschaft, wie immer ihre Grenzziehung dabei variieren mag. Drittens bilden sie durch ihre immanenten Bewertungsprozeduren akademische Kanons bzw. ästhetische Rangordnungen der Nationalliteraturen, Epochen, Gattungen und Autoren. Und viertens sind es gerade ihre Auswirkungen, an die z. B. die Erfordernisse des Erziehungs- oder Wirtschaftssystems anknüpfen, des Literaturunterrichts und des literarischen Markts also, die durch die eingewurzelten literaturhistorischen Muster ununterbrochen «genährt» werden. Und all dies kommt trotz sämtlicher Unzulänglichkeit und Vorläufigkeit der literaturgeschichtlichen Kategorien vor, ungeachtet dessen also, dass die L. ihre Bewertungen gleichzeitig durchführt und aufhebt, Prozesse konstruiert und die Unhaltbarkeit dieser Konstruktionen zeigt. Gegen alle überkommenen, nur epigonalen substanzialistischen Begründungen des Genres liege hier jene Funktion, die als Leistung einer Leserschaft angeboten werden könnte, welche die Produktivität von Paradoxien für sich zu nutzen wisse. Die prätendierte Einheit der L. sei der funktionale Mythos, der die Chance zur Konstruktion neuer, interessanter Einheiten erst eröffnet (Fohrmann 1993).

7. Eine solcher «interessanten Einheiten» stellt die neue literarhistorische Gattung dar, die aus der Opposition zum literaturhistorischen Modell des 19. Jh.s entstand: die labyrinthische postmodernistische Enzyklopädie. Im Unterschied zur umfassenden Erzählform bringt die enzyklopädische Form die Ereignisse der literarischen Vergangenheit in keinen vordeterminierten Zusammenhang, setzt sie in kein erkennbares Verhältnis zu einem beständigen Signifikat. Da ihre Kapitel von verschiedenen Autoren bzw. von entsprechenden Fachleuten geschrieben werden, kann es in der Weise, wie sie sich z. B. der Biographie, der Bibliographie, der Erzähltheorie, der Sozialgeschichte, der Geistesgeschichte, der Geschichte des Lesens usw. bemächtigen, zu erheblichen Unterschieden kommen, weshalb dann die Interpretationen der Werke derselben Schriftsteller sich stark voneinander abheben können. Wenn dies aber in der umfassenden Erzählform der L. als ein ernster Mangel betrachtet wurde, wird in der postmodernistischen Enzyklopädie diese Divergenz als ein logisches Ergebnis der Pluralität, Heterogenität und Widersprüchlichkeit der Vergangenheit, ja als eine Äußerung «des tiefsten Respekts ihrer Wirklichkeit gegenüber» angenommen (Kellner 1989). Denn die literarische Wirklichkeit – als der «abwesende Grund» oder der unzugängliche Bezugspunkt – wird in allen Formen ihrer Textualisierung eigentlich nur verfälscht (Jameson 1981). Das Gefühl der Wildnis und des Chaos der «gelebten Geschichte» (im Unterschied zu der geschriebenen) haben die Postmodernisten (ohne es oft zu wissen) von den Romantikern geerbt. So beschrieb Schiller die Weltgeschichte als einen «erhabenen Gegenstand», in dem «Wirrwarr und Anarchie» herrschen, als einen «grauenhaften, alles zerstörenden Wandelspektakel», als einen «pathetischen Spektakel der Menschheit, die mit dem Schicksal ringt» *(Vom Erhabenen)*, während Carlyle darauf hinwies, dass die «Ereignisse miteinander nicht schlechthin wie die Ahnen mit ihrem Nachwuchs verbunden sind, sondern ein jedes einzelnes Ereignis anstatt aus einem einzigen, aus allen anderen, ihm vorhergehenden oder zeitgenössischen Ereignissen hervorgeht» *(On History)*. Das ist also jene Wirklichkeit, die die neue literaturhistorische Gattung der postmodernistischen Enzyklopädie herbeirufen möchte. Sie entzieht der L. absichtlich den einzigen Fokus, um dadurch zu zeigen, dass keine zweckmäßige Wirklichkeitskonstruktion an sich wert ist, als jener Orientierungsmaßstab genommen zu werden, dem wir unser Leben unterordnen sollen.

Daher fordert der Herausgeber von *Columbia Literary History of United States* die Leserschaft auf, keine Behauptung von den Autoren seiner Enzyklopädie und auch keine gezogene Periodisierungsgrenze als selbstverständlich zu nehmen, weil die neue L. die Rolle einer «autoritativen Bekundung» abweist und «die Unterschiedlichkeit, Komplexität und den Widerspruch zum Grundsatz ihrer Struktur macht». Deswegen ist in ihr eine jegliche «Kontinuitätsvorstellung», «eine einheitliche, unifizierte Geschichte» oder eine «Erzählungsganzheit» planmäßig vermieden worden. Es liegt an der Leserschaft selbst, an ihrer selektiven Verknüpfung der Essays, die Kontinuitäten herzustellen. Indem die Leserschaft die entsprechenden Essays verknüpft, werde sie immer in den Akt der Konstituierung ihrer Interpretation der L. von den Vereinigten Staaten einbezogen sein. Es ist kaum zufällig, dass man den Rezipienten ein so großes Vertrauen schenkt, da die Leserschaft, die die diskontinuierte und fragmentarische enzyklopädische Form der L. einbezieht, offensichtlich eine gut informierte und theoretisch bewusste Spezialistin ist. Ohne solide Vorkenntnisse nämlich würde sie in der labyrinthischen Struktur zweifellos sofort verloren gehen. Hinsichtlich einer anderen literaturgeschichtlichen Enzyklopädie, *A New History of French Literature*, die 1989 herausgegeben wurde, bemerkt Perkins, dass die L. dieses Typs entweder logisch untergeordnet oder ergänzend im Verhältnis zu Lansons *Histoire de la littérature française* (1895) oder ähnlichen Informationsquellen wirkt.

In diesem Sinn ließe sich eine Analogie zwischen den Strukturumwandlungen der Literaturgeschichtsschreibung und den Strukturumwandlungen des modernen und postmodernen Romans ziehen, indem dem sophistizierten Leser ebenfalls die Hauptrolle beim Aufbau des Plots zukommt. Trotz des Anscheins eines vollständigen Chaos ist der Plot nämlich weder hier noch dort verschwunden. Im Gegenteil, wie in allen Todesverkündungen der großen Einheiten erlebt er auch hier «ein frohes Auferstehen». In einem sehr sophistizierten Sinn stelle das Chaos keine Entropie, sondern einen hochideologisierten Organisationsmodus dar. Das Chaos verlagere den Plot von der Ereignisebene auf die Formebene. Wenn die Kunst keine logische Bedeutung äußern könne, dann sei sie auch chaotisch. Wenn aber die Ableitung eines rationalen Diskurses aus dem Chaos eine Analyse und ein Erforschungsbemühen erfordert, dann erfordere die Erforschung solch einer Kunst eine Revidierung hinsichtlich der Ordnung. Die Ordnung der Plot-Einheiten werde wichtig in Bezug darauf, was sie uns über die Kunst und unser Verhältnis zur Kunst sage (Davis 1987). Mit anderen Worten, die L. ist wie die Literatur selbstreferenziell geworden (obwohl mit einem gewissen Zeitabstand in Bezug auf die Letztere). Sie verbirgt die Kontingenz des eigenen Diskursstandorts nicht mehr.

8. Wie im Fall der Literatur hat das auch hier einen Frappierungseffekt, weil es ein mühseliges Umschreiben erfordert, und zwar eines der zweiten Ordnung. Bereits die klassische L. hat nämlich für ihre Leserschaft die Struktur ihres Verhältnisses zur Literatur umgeschrieben, indem sie dieses Verhältnis zu einer Bewusstmachung zwang. Keine übliche, «normale» Leserin liest Lite-

ratur mit der Absicht, etwas von vergangenen, fremden Kulturen als solchen zu erfahren! Sie will etwas von sich selbst erfahren, und das Werk ist ihr nur insofern interessant, als es ihrer eigenen Welt zugehört. Falls die Leserin diese Zugehörigkeit nicht unmittelbar einsehen kann, weist sie das Werk ab, und darin mag die Erklärung liegen, weshalb die vergangenheitsbezogenen literarischen Werke (mit wenigen Ausnahmen) nur «zwangsläufig» (von den Schülern) oder in Fachkreisen gelesen werden. Sobald wir angefangen haben, die Werke historisch zu betrachten, haben wir den Anspruch aufgegeben, in ihnen eine Wahrheit zu finden, die uns relevant und erkennbar wäre. Die Anerkennung der Andersartigkeit des Anderen, die ihn zum Gegenstand einer objektiven Erkenntnis macht, bezieht ein grundsätzliches Ausklammern seines Wahrheitsanspruchs ein (Gadamer 1960). Indem sie die Leser vor der unmittelbaren emotiven Identifizierung mit dem Inhalt der literarischen Werke in Schutz nimmt, zwingt sie die L. gewissermaßen zum Erwachsenwerden bzw. zur Fähigkeit, die Herausforderung der Alterität aufzunehmen und zu erkennen. Das Erwachsensein ist eine Form der Distanzierung von sich selbst, der Unterordnung eigener Triebe. Es ist aber auch eine Art Verknöcherung. Alles objektiv nehmen, sich über nichts ärgern, nichts lieben, alles verstehen – hieß es bei Nietzsche –, wie höflich und nachgiebig man nur dadurch wird!

Um der dargelegten Versteifung der erzählerisch-umfassenden L. auszuweichen, führt die postmoderne L. nun ihrerseits ein Umschreiben zweiter Ordnung durch. Falls die L., auf einer ersten Stufe, die Literatur in den wissenschaftlichen Parametern umgeschrieben hatte, schreibt sie jetzt, auf einer zweiten Stufe, die Wissenschaft in den literarischen Parametern um, indem sie Aufmerksamkeit auf ihre eigene Formeinschränkung lenkt. So wird die konstitutive Zweideutigkeit des Status der L. zutage gefördert, dessen Lage unentwegt zwischen dem literarischen und dem wissenschaftlichen System schwebt. Im Laufe der 1980er Jahre, während der Begründung der sog. Empirischen Literaturwissenschaft, stellte Schmidt eine These auf, der zufolge die L. einen Bestandteil des Reproduktionsbetriebs der Literatur, eine literaturbezogene Handlungsform innerhalb des Handlungssystems Literatur ausmacht. Indem sie nämlich die Identifizierung der literarisch-ästhetischen Qualität im Text selbst – typisch z. B. für die sog. Prager Schule (Jendricke 1988) – als «konservativ» bezeichnen und abweisen (Fink 1982), flechten die Empiristen den Text ins Netz der Produktions-, Distributions-, Rezeptions- und Verarbeitungsrollen und -muster ein, in dem, ihnen zufolge, dessen Verstehen allererst gestaltet wird. Diesem spezifischen, restriktiv gestalteten System sozial-geschichtlicher Prozesse – das von den Empiristen Literatur genannt wird – gehört also die traditionelle L. an, weil sie in dieser oder jener Weise an die literarischen Texte gebunden ist.

Obwohl sie aber den damaligen Gegenstandsbereich des literaturgeschichtlichen Interesses erheblich erweitert, bleibt dennoch die Empirische Literaturwissenschaft der inneren Struktur des Literatursystems verhaftet, als ob sie von den zwischensystemischen Beziehungen unabhängig sei (Jendricke). Das ist schon von der sog. Münchner Gruppe der Systemtheoretiker in Frage gestellt worden. Ihnen zufolge erweise es sich nunmehr als notwendig, die Geschichte des Sozialsystems Literatur als die Geschichte seiner Kommunikations-, Interaktions- bzw. Interpenetrationsbeziehungen zu anderen Sozialsystemen zu konzipieren und zu zeigen, ob und auf welche Weise sich diese intersystemischen «Vermittlungssysteme» ihrerseits wandeln (Meyer / Ort 1988). Ein Wandel semiotischer Strukturen werde nicht mehr als autonome Selbstbewegung verstanden – wie es ‹geistesgeschichtliche›, aber auch diskursgeschichtliche Ansätze (Foucault) zum Teil zu implizieren scheinen –, sondern soziologisch als ‹interaktiver› und intermediärer Mehrebenen-Prozess. Nicht weit entfernt scheinen die Thesen von Luhmann zu sein, der zumindest in der ersten Phase seiner Theorie der selbstreferenziellen Systeme, könnte man schließen, die L. als eine von den Selbstbeschreibungstechniken des Literatursystems bzw. als eine Form seines Umgehens mit eigener Komplexität betrachtet. Das Literatursystem reduziert mit Hilfe von Linearisierung und Periodisierung eigene Komplexität und erzielt dadurch sowohl seine Funktion für das Gesamtsystem als auch seine Leistung für andere Teilsysteme (Luhmann 1985). Welche Selektionsmechanismen aber bei dieser Reduktion verwendet werden, hängt mit der Umwelt des Systems im gegebenen Augenblick zusammen. Die literaturhistorische Rekonstruktion müsse sich im Idealfall an verschiedenen System-Umwelt-Referenzen orientieren, d. h. Literatur *auch* als Umwelt kontemporärer Subsysteme wie Politik, Recht, Wissenschaft oder Erziehung thematisieren. Die Einsicht der Systemtheorie sei zwingend, dass eigentliche Evolution niemals Sache externer Variationen, sondern Konsequenz der Systemumwelt, also der Transformation des sozialen Systems im Ganzen sei (Plumpe 1985).

9. Die neueste L. versteht ihren Gegenstandsbereich als ein möglichst breites Netz der literarischen Kommunikation, womit sie selbst dann auch einbezogen wird – zumindest in jenen überkommenen Formen, von denen sie durch die erneute Rahmensetzung jetzt Abstand nehmen will. Das literarische Werk ist für sie nämlich nichts wesentlich anderes als sie selbst, d. h. ein Programm oder Selektionshorizont für weitere Kommunikationsanschlüsse, die dann ihrerseits wiederum weitere Selektionshorizonte eröffnen. Das Sozialsystem Kunst ist auf einer ununterbrochenen Kommunikation über Kunst aufgebaut, und sie erhält es am Leben. Die Kunstwerke besorgen diesen Gesprächsstoff, wie es auch die literaturgeschichtlichen Werke tun (Böhringer 1985). Sobald die letzteren das letzte Wort in diesem Gespräch verlieren, verabschieden sie

ihren Wissenschaftsstatus und werden zur Literatur bzw. in einen Bestandteil ihres Systems umgewandelt. Damit ist aber noch keineswegs gesagt, dass die L. dadurch gleich ihrem Versprechen untreu wird. Im Gegenteil ließe sich mit Bennett (1990) schlussfolgern, dass die literaturgeschichtliche Erforschung gerade deswegen offen und fruchtbar bleibt, weil die Kluft zwischen jenem, was für ihren Referenten gehalten wird (d. h. allen mannigfaltigen Konstituierungsformen der Literaturvorstellung), und dem Referenten dieses Referenten (d. h. der ‹Literatur selbst›) eigentlich niemals geschlossen wird. (V. B.)

→ Gattung, Gattungspoetik, Geistesgeschichte, Periodisierung, System

Logozentrismus

(engl. logocentrism, franz. logocentrisme, russ. logocentrism)

Von Derrida (1967 b / 74) zusammen mit dem weniger gebräuchlichen Synonym *Phonozentrismus* geprägter Terminus. Gemeint ist das Glaubwürdigmachen der Zeichen oder ihres Systems von außen, seitens einer Autorität, deren Bedeutung oder Wahrheit sie übertragen. Eine hartnäckige logozentrische Annahme ist, dass die Sprache ihren Referent in der jenseits ihrer Grenzen liegenden Wirklichkeit hat: Diese Annahme hat die ganze Geschichte der abendländischen Philosophie von Plato an geprägt. Aus dieser ersten werden weitere logozentrische Annahmen abgeleitet, z. B. über die Anwesenheit der Dinge vor den Augen (jenseits von Worten), über die Anwesenheit der Stimme im Bewusstsein (jenseits von Buchstaben), über die Anwesenheit des Bewusstseins bei sich selbst (jenseits des Anderen) und dergleichen mehr. Dieser Anwesenheitsmetaphysik stellt Derrida die *écriture* (Schrift) als Hindernis in den Weg. Dadurch wird de Saussures Postulat über das Sprachsystem, in dem «es nur Unterschiede ohne positive Termini» gibt, erweitert und radikalisiert. So entsteht der «allgemeine Text» *(le texte général)* als unbegrenztes Spiel des Ausweichens und des Aufschubs der Bedeutung, die jede Anwesenheit unmöglich machten. Derrida aber ist sich (im Unterschied zu einem Teil seiner dekonstruktionistischen Anhänger) dessen bewusst, dass der Schritt aus dem «metaphysischen Ensemble» nicht mit metaphysischen Mitteln vollbracht werden kann – andere aber stehen nicht zur Verfügung. (Die griechische Sprache, unterstreicht er – wobei er vor allem an die Philosophie denkt –, liegt weiterhin allen europäischen Sprachen zugrunde.) Darüber hinaus erkennt er, dass die «Metaphysik» nur scheinbar ein homogener Block ist, weil man schon an ihrem Anfang eine selbstdestruktive Tendenz beobachten kann (1967 c / 72). Dementsprechend bildeten der L. und die Schrift keinen klassischen binären Gegensatz, wie es Derrida von vielen Kritikern mit dem Hinweis vorgeworfen wurde, er selbst hätte im binären Gegensatz ein metaphysisches Instrument erkannt. (D. M.)

→ Différance, Phallozentrismus, Schrift, Signifikat, Stimme

Macht

(engl. power, franz. pouvoir, russ. moč'/vlast')

1. Begriff, den Foucault unter Bezug auf Nietzsches Denken des *Willens zur Macht* in die moderne theoretische Diskussion einführte. In der «archäologischen» Phase legte Foucault die M. aber noch in Parametern der Ideologie, der Repression und der Gewalt aus. So wird etwa 1961 in *Folie et déraison: Historie de la folie à l'âge classique* die Psychiatrie als Subjekt der so aufgefassten M. und der Wahnsinn als ihr Objekt ausgewiesen; auch in *L'archéologie du savoir* (1971) zähmen die Mechanismen der «Polizei des Diskurses» die Gewaltsamkeit, Unberechenbarkeit und Gefährlichkeit des Diskurses um seiner Identifikation willen. Im Allgemeinen wird man in der reichen französischen Nietzsche-Rezeption in den 1960er Jahren in der Position des Machtobjekts dynamische, flüchtige und fließende Entitäten – Musik, Triebe, Wellen, Figuren und sinnliche Vorstellungen – vorfinden, ähnlich der «dionysischen» Lebensenergie, in die irgendeine zähmende «apollinische» (Sprach-)Form gewaltsam eingeprägt wird. Aus solcher eigentlich vereinfachenden Lektüre von Nietzsches *Geburt der Tragödie aus dem Geiste der Musik* entwickelt sich dann im französischen Klima im Laufe der 1970er auch die Theorie der Sprache als M.

2. Foucault verwirft allerdings schon in den 1970er Jahren diesen Weg, weil er der Ansicht ist, dass er unberechtigterweise die Möglichkeit eines Wissens ohne M. impliziert und dementsprechend die Position des Kritikers der M. als eines Vertreters einer solchen Utopie privilegiert. Außerdem stecke in der Grundlage der Begriffe Ideologie, Repression und Gewalt noch das metaphysische Subjektkonzept als ihre tyrannische Ursache und ihr Ausführer. Deshalb fragt er: Wäre die M. nur repressiv, würde sie nichts als Nein sagen; könnte sie dann irgendjemanden zu Gehorsam veranlassen? Was sie aufrechterhalte und annehmbar mache, liege einfach in der Tatsache, dass sie Einschnitte vornimmt und Dinge produziert, Lust erzeugt, Wissen gestaltet und den Diskurs aufbaut (1980). Deshalb verwirft Foucault (1976) schließlich die «Repressionshypothese» und definiert die M. als *Kräftebeziehung*, als ein produktives Netz, das den ganzen gesellschaftlichen Corpus – Körper, Sexualität, Verwandtschaft, Familie, Wissen, Technologie, Arbeit, Identität usf. – durchzieht. Damit wird

auch die Erörterung der M. von der staatsrechtlichen in die mikropolitische Sphäre verlegt, die den europäischen Gesellschaften auch besser entspricht, da sie seit dem 18. Jh. allmählich von der globalen auf die ökonomischere und wirksamere «kapillare Überwachung» des Einzelnen übergehe (1975/76). Wo die Gewalten einander anspornen, anleiten, abhalten, ausweiten, einschränken, erleichtern, erschweren, rechtfertigen usf., kann die M. offenbar nicht mehr in Besitz genommen werden, sodass auch die klassische humanistische Unterscheidung zwischen Gesetzgeber und Revolutionär relativ wird. Deshalb gebe es auch viele unterschiedliche Arten von Revolution, ungefähr so viele, wie es Arten der möglichen subversiven Recodifizierungen der Machtverhältnisse gebe. Außerdem könne man sich leicht Revolutionen vorstellen, die jene Machtverhältnisse unangetastet lassen, welche die Basis für das Funktionieren des Staates bilden (1980).

3. Diese Umstände verändern die Rolle des Intellektuellen entscheidend, die sich nach dem Zweiten Weltkrieg nolens volens von der Universalität zugunsten der Spezifizität verlagert. Der *Schriftsteller* wird durch den *Sachverständigen* ersetzt, der sich in besonderen Lebens- und Arbeitsbedingungen befindet, die ihm ein geschärftes Bewusstsein von an Schnittpunkten mikrophysikalischer Konfliktgewalten ausgetragenen Alltagskämpfen auferlegt. Deshalb sei er nicht mehr ein Rhapsode der ewigen Werte, sondern Stratege des Lebens und des Todes, der im Wesentlichen vom Regime und der Wahrheitspolitik seiner Gesellschaft abhänge. Daher liege das Problem auch nicht mehr darin, das Bewusstsein der Menschen – oder jenes, was sich in ihren Köpfen befindet – zu formen, sondern darin, das politische, ökonomische und institutionelle Regime der Wahrheitserzeugung zu verändern. Im Gegensatz zu einem Mythos, dessen Geschichte und Funktionen eingehende Erforschung verdienten, sei die Wahrheit kein Preis für freie Geister, kein Kind der behüteten Einsamkeit noch des Privilegs derjenigen, denen es gelang, sich zu befreien. Die Wahrheit sei ein Ding dieser Welt – hergestellt allein durch vielfältige Formen der Beschränkung (1980).

4. Der Machtbegriff hilft Foucault auch dabei, einen Verwandlungstrieb in die bisherige Starrheit seiner Archive, Epistemata und Formationen zu legen. Wie Deleuze (1986) zeigte, stellt das Verhältnis des Aussagbaren (der diskursiven Praktik) und des Sichtbaren (der nichtdiskursiven Praktik), das als Periodisierungskriterium in der Studie über Strafanstalten eine neue Grundlage erhält, ein obsessives Problem aller Bücher Foucaults dar. Die M. verteilt sich in aktive Affekte oder *Funktionen*, wenn die Gewalt als ihr Träger fungiert, und in passive Affekte oder *Stoff*, wenn die Gewalt ihren Gegenstand ausmacht. Dabei ist jede Gewalt in Bezug auf die anderen jederzeit gleichzeitig Funktion und Stoff. Mit jenem Teil, der als Stoff (z. B. als Körper oder als Bevölkerung) gestaltet und

als (z. B. als anatomie-politische oder biologisch-politische) Funktion formalisiert wird, gehört sie zum *Wissen* einer bestimmten Formation, zu ihrer *Stratifizierung* und Segmentierung. Demgegenüber sei, den Auslegungen von Deleuze zufolge, die Macht *diagrammatisch*, sie bewege den nichtstratifizierten Stoff und die Funktionen und bediene sich einer sehr flexiblen Segmentierung. Sie gehe eigentlich nicht durch Formen hindurch, sondern durch *Punkte*, einzelne Punkte, die immer ein Zeichen der Wirkung der Gewalt, der Aktion und der Reaktion einer Gewalt auf die anderen darstellten. Die M. ist also strategisch und *mehrheitlich*, während das Wissen *dual* ist und auf Regeln der Integration und Differenzierung, Homogenisierung und Konvergenz der Gewalt beruht. Die Organe des Wissens sind Institutionen, welche die Gewalten auf den Feldern der Sichtbarkeit und Regimes der Aussagbarkeit anordnen. Aber gerade dadurch, dass sie «weder sieht noch spricht», ermöglicht die M. das Sehen und Reden, stellt «das Wahre als Problem» her. Gerade in diesem Sinn unterscheide sich das Diagramm von Schichten. Nur eine geschichtete Formation verleihe ihm jene Stabilität, die es, weil in sich instabil, bewegt, aufgerührt, aus sich heraus nicht habe. So wird die Formation von der M. hin zur Zufälligkeit des Äußeren *(du dehors)* geöffnet, in der Foucault (1980) die materielle Basis des Erkennbaren erkennt. Man müsse versuchen, die Subjektion *(assujettissement)* in ihrer materiellen Dimension als Bildung des Subjekts zu verstehen. Wegen des flüssigen Charakters der Materie sei das Diagramm, das die Gewaltverhältnisse herausstellt, kein Ort, sondern vielmehr ein «Nicht-Ort», der nur für die Mutationen da sei (Deleuze). Entstehung, Veränderungen und Mutationen beziehen sich auf Bildungsgewalten und nicht auf fertige Bildungen. In diesem prinzipiellen Zusammenhang sei auch Nietzsches Aphorismus über jene eiserne Hand der Notwendigkeit, die das Glas mit Zufallswürfeln schüttelt, zu verstehen, auf den sich Foucault so oft berief. (D. M.)

→ Diskurs, Dispositiv, Genealogie, Hegemonie, Subjekt

Märchen

(engl. fairy tale, franz. conte de fée, russ. (volšebnaja) skazka)

Erzählgattung, anhand deren, je nach Zusammentreffen der Umstände, in lebhafter Auseinandersetzung fast alle wichtigen, konstitutiven Oppositionen der gegenwärtigen Literaturtheorie erprobt wurden: Kunst-/Volksdichtung, mündliche/schriftliche Literatur, einfache/komplexe Formen, abgeschlossene/unabgeschlossene Gestalt, Form/Struktur, Archetyp/Phänotyp, Dramatis Persona/Aktant, Motiv/Gefüge, Geschichte/Theorie, Grammatik/Pragmatik etc.

1. Das Interesse des 19. Jh.s an dem historischen und geographischen Ursprung des M.s bleibt bis in die 30er Jahre des 20. Jh.s lebendig: Untersucht werden Normen, Vorstellungen und Glaubensinhalte menschlicher Gemeinschaften in archaischsten Zeitphasen, die sich durch orale Überlieferung in mehr oder weniger «transparenter» Form in Märchenmotiven erhalten haben. In M.-Situationen und -Konflikten lassen sich auch nach der tiefenpsychologischen oder psychoanalytischen Tradition bis heute Muster psychischer Probleme des Menschen und ihrer Lösung entdecken. Aber einer solchen Zergliederung der autonomen Ganzheit des M.s im Namen psychologischer, ethnologischer oder anthropologischer Entdeckungen des «ewig Menschlichen» tritt schon Ende der 1920er, Anfang der 30er Jahre der morphologische Ansatz entgegen. Er insistiert auf dem Motiv-*Gefüge* als kleinster spezifischer M.-Einheit, weil sich einzelne Motive und Situationen auch in anderen, nämlich auch in nichtliterarischen Gattungen finden lassen. Dadurch ersetzt die Theorie des M.s, wenigstens zeitweilig und alternativ, zugleich seine Geschichte und seine Interpretation.

2. Der Akzent verlagert sich somit auf den Unterschied zwischen dem M. als kollektiver, «natürlicher» Schöpfung einerseits und als individueller, «künstlicher» Schöpfung andererseits. Hier stehen sich zwei konträre Herangehensweisen an den Begriff des Kollektivs gegenüber: (1) eine *analytische*: die Gemeinschaft als Trägerin und Kontrollinstanz tradierter, normativ-wirksamer Muster, welche den Raum für Variationen und Abweichungen während der narrativen Reproduktion einengen (Bogatyrëv / Jakobson; Propp), und (2) eine *interpretatorische*: die Gemeinschaft als Trägerin der «Lebenshaltung» und «Geistesbeschäftigung», die in einem genrespezifischen Inventar von «Sprachgebärden», in «Einheiten, die von der Ganzheit geschwängert sind», hypostasiert werden (Jolles). Bei beiden Ansätzen treten indes der Variabilität / Veränderlichkeit der einfachen Folkloreform, die nur in ihrem Kern mit dem Gesetz der Gemeinschaft in Einklang steht, die Abgeschlossenheit / Totalität / Komplexität der künstlerischen Form entgegen, die in all ihren Details Ausdruck einer einzigen schöpferischen Intention eines Autoren-Individuums ist. Weil ästhetische Fakten abgeschlossen sind, führen künstlerische Formen eine überhistorische Existenz, während sich für die einfachen Formen ein historischer Ausgangspunkt feststellen lässt. Auf diese Weise konstatiert Jolles, noch ganz in der Manier der historischen Kritik des 19. Jh.s befangen, für jede seiner einfachen Formen ein Heimatmilieu, unter dem sie als Organisatorin der herrschenden Weltanschauung der Gemeinschaft funktionierte, um dann jedoch die Bahn ihrer «Entartung» (semantischen Entleerung) einzuschlagen, die nach Versetzung in das Milieu einer ihr fremden «Geistesbeschäftigung» eintritt. Die Fragwürdigkeit einer derartigen Homogenisierung der ursprüng-

lichen Gattungserfahrung – Jolles erkennt sie in der «naiven Moral» der feudalen Volksschichten – bezieht sich vor allem auf die Heterogenität der M.-Modelle, aus denen der Interpret seine virtuelle oder ideale Form entwickelt. Die Modelle, über die wir heute verfügen, stellen das Ergebnis zahlreicher Transformationen dar, welche das M. durchgemacht hat, indem es sich der Weltanschauung und dem Geschmack unterschiedlich profilierter Zuhörer anpasste, die von Repräsentanten niedriger bis hoher Gesellschaftsschichten, von Vertretern des Volks bis zu hochsprachlich Gebildeten, von Rezipienten des Mittelalters über die der Renaissance, des Klassizismus und der Aufklärung bis hin zu solchen der Romantik reichte. Daher ist es äußerst wahrscheinlich, dass die interpretatorische Rekonstruktion eines *Archetyps* die ganze Zeit unter dem Einfluss eines bestimmten *Phänotyps* (in diesem Fall der sog. Grimmschen Gattung) bleibt. Weil dieser Phänotyp gewisse Genre-Merkmale kanonisiert, während er gleichzeitig andere verdrängt, betreibt seine Kanonisierung bewusst oder unbewusst eine kulturzentristische Reduktion.

3. Anscheinend lassen sich ähnliche Einwände auch gegen Propps morphologisches Modell erheben, das er aus dem Corpus des russischen «Zaubermärchens» (*volšebnaja skazka*, im Gegensatz zu der in ihrer Unterschiedlichkeit bedeutsamen Bezeichnung der Franzosen und Engländer, die anstelle des *Zaubers* die *Feen* betonen: *conte de fée, fairy tale*) entwickelt hat, wenngleich Propp eine andere Auffassung von Form besitzt. Zum Unterschied von Jolles denkt er nämlich nicht in der Tradition der geisteswissenschaftlichen Schule, sondern in Kategorien des formalistischen Erbes, was ihn zu einer weitgehenden analytischen Desubstanzialisierung der Motive zu Funktionen führt. Wenn nämlich ein Held vom König einen Adler, vom Großvater ein Pferd oder von der Zarentochter einen Ring erhält, um mit ihrer Hilfe in ein anderes Reich zu gelangen, dann handelt es sich zwar um verschiedene Motive, aber um ein und dieselbe Funktion: die Schenkung. Außer dieser einen entdeckt Propp im M. noch 30 weitere Funktionen – z. B.: zeitweilige Entfernung einer Person, Verbot, Übertretung des Verbots, Verwandlung des Helden, Beseitigung eines Mangels, Bestrafung des Gegners, Hochzeit, Krönung usw. –, die er um die «Handlungskreise» der sieben handelnden Hauptpersonen gruppiert: des *Schadenstifters*, des *Schenkers*, des *Helfers*, der *gesuchten Gestalt (und ihres Vaters)*, des *Senders*, des *Helden* und des *falschen Helden*. Wenn auch einige Funktionen fehlen oder sich wiederholen können, darf sich ihre Reihenfolge nicht ändern, das heißt, jeder Funktionsträger besitzt seinen festen Platz in der M.-Handlung, allerdings mit Ausnahme des Helden, der als Einziger uneingeschränkt beweglich ist. (Deshalb hat ihn Lotman [1970] zum Überschreiter semantischer Felder befördert.) Propp besteht also auf der Unterordnung der handelnden Personen unter ihre Handlungsfunktionen, die Handlung aber distribuiert er

in temporale Sequenzen dergestalt, dass jede handelnde Person in der «Welt» ihres «Handlungskreises» (Hütte, Wald, Weg, Schloss etc.) gefangen bleibt, ohne jede Möglichkeit, Beziehungen zu anderen «Welten» herzustellen. Deshalb läuft die Analyse auf eine reine Feststellung des Personen-*Inventars* anstelle des *Systems* ihrer Beziehungen hinaus.

Indem er dem roten Faden der Kritik von Lévi-Strauss (1960) folgt, die darauf aufmerksam gemacht hatte, dass eine weitere Aufteilung der Proppschen Handlungsträger in Kontrastpaare angemessener gewesen wäre, zeigt Greimas (1966), dass sich innerhalb des *einen* Handlungskreises der «gesuchten Gestalt und ihres Vaters» *zwei* Aktanten verbergen: das Objekt (die Königstochter) und der Sender (der Vater), während andererseits *zwei* Handlungskreise, nämlich der des «Schadenstifters» und des «falschen Helden», auf *einen* Aktanten zurückzuführen sind: den Gegenspieler (Feind). Ziel seiner Revision ist eine Änderung der Bestimmungsebenen des M.s als Gattung. Das M. wird nicht mehr durch eine identische Reihenfolge von Funktionen definiert, sondern durch die logischen Beziehungen zwischen seinen Aktanten. Die erste Definition betrifft – vor allem wegen ihrer Corpusabhängigkeit – zunächst nur eine Untergattung des M.s, aber dann aufgrund ihrer hochgradigen Formalisierung auch einige andere Erzählgattungen. Die zweite Definition ist gleichzeitig abstrakter – sie gilt für sämtliche Erzählgattungen – und konkreter: Sie entspricht aufgrund der Aktualisierungs- und Diskursivierungsebene der nötigen Genrespezifizierung. Darüber hinaus schließt Greimas' Aktantenmodell durch die Einführung von Sender und Empfänger auch die pragmatische Dimension des M.s in seine Definition ein. Deshalb wird in diesem Modell die modalisierende Rolle nicht der M.-Handlung, sondern der Kommunikationshandlung zugeschrieben.

4. Auf diese Weise nimmt das Aktantenmodell die neuesten Tendenzen in der M.-Forschung vorweg: die Beachtung seiner veränderlichen Diskursivität (d. h.: der Konkretisation durch den Erzähler), die von Aufführung zu Aufführung wechseln kann. Die Erzähler – wie Feldforschungen in Regionen, wo die M.-Tradition heute noch lebendig ist (z. B. Ungarn), gezeigt haben – sind bei ihrer alltäglichen Arbeit äußerst empfindlich, was die Umstände des M.-Erzählens betrifft, lassen dabei aber – um nur ja ihre Zuhörer zu fesseln – die Könige mit Königinnen telefonieren, die Helden mit Flugzeugen fliegen und die Zwerge ihre Entscheidung über Schneewittchen in demokratischer Abstimmung treffen. Der Titel eines neueren Sammelbandes (Görög-Karady 1990), der die Variabilität der oralen Literatur hervorhebt – *D'un conte … à l'autre* (Von einem M. zum anderen) –, lenkt die Aufmerksamkeit auf eine bis vor kurzem vergessene Tatsache, dass im Grunde genommen kein einziges M. nur eine einzige, definitive Lesart aufweist und dass – in Übereinstimmung mit Lyo-

tards Analysen (1977) narrativer Pragmatik – in jeder Erzählsituation die Rechte auf den Status des Erzählers, des Helden und des Zuhörers jeweils neu bestimmt werden müssen. (Dg. B.)

→ Aktant, Geschichte, Gestalt literarische, Handlung, Mündlichkeit

Marxistische Kritik

(engl. marxist criticism, franz. critique marxiste, russ. marksitskaja kritika)

1. M. K. ist nicht ausschließlich, ja vielleicht sogar nicht einmal vor allem eine literaturtheoretische Schule, obwohl sie in der Literaturforschung im 20. Jh. tiefe Spuren hinterlassen hat. Ihr Interesse für die Literatur rührt vom globaleren Interesse an der Veränderung des gegebenen Gesellschaftszustandes her. In einem so breit angelegten Rahmen entwickelte sich unter verschiedenen historischen, gesellschaftlichen und kulturellen Bedingungen eine ganze Reihe unterschiedlicher methodologischer, kritischer und praktischer Richtungen, die manchmal nur sehr locker unter dem Titel m. K. miteinander verbunden werden. Das ist teilweise die Folge davon, dass die «Ideenväter» der m. K. – Marx und Engels – keine geschlossene Ästhetik hinterlassen haben, sodass vieles der Interpretation überlassen wurde. Daher rührt vielleicht auch die besonders im 20. Jh. entstandene Vorliebe dieser Schule, mit anderen Forschungsrichtungen wie phänomenologischer Kritik, Hermeneutik, Strukturalismus, Semiotik, feministischer Kritik, psychoanalytischer Kritik, Neuem Historismus, Mentalitätsgeschichte, *Cultural Studies,* postkolonialer und kritischer Theorie u. Ä. Bündnisse einzugehen, indem sie versucht, deren verschiedenartige Verdienste in ihr eigenes funktionales Gefüge zu übertragen. Dieses methodologische Umherirren, das in der zeitgenössischen Literaturtheorie freilich nicht nur die m. K. auszeichnet, weist durch seine sich wiederholenden Legitimationsversuche auf die versteckte autosubversive Dimension des marxistischen Emanzipationsprojekts hin.

2. Aus heutiger Perspektive betrachtet scheint es, dass die Argumentationsprobleme der m. K. ihren Ursprung in der doppelten Wurzel des historischen Materialismus von Marx haben, die selbstverständlich nicht zufällig ist, weil Marx bemüht war, sich sowohl gegen den Vulgär*materialismus* als auch gegen den vulgären *Historismus* abzugrenzen.

(a) Wenn man die Idee des Materialismus auf das Primat der Materie über das Bewusstsein zurückführt, dann meidet Marx in seiner Deutung des Materiebegriffs manchmal den sog. mechanischen (oder undialektischen) Objektivismus in solchem Maß, dass er diesen Begriff letzten Endes mit «etwas noch grundlegenderem, was im Bewusstsein das Gefühl von unbestrittener Gegebenheit entstehen lässt», gleichsetzt. Da jedes «noch» nach einem neuen «noch» verlangt, erweist sich die «Basis» als in ihrer überhistorischen Gestalt nicht greifbar, sodass sie nur innerhistorischen Interpretationen unterliegt. In Anbetracht solchen Gleitens stellte Derrida (1972b) fest: «Ich bin nicht einmal sicher, dass es da einen ‹Begriff› für das absolute Draußen geben könnte.» Von der ersten Feuerbach-These ausgehend, in der Marx für das Verständnis der Materialität im historischen Rahmen menschlicher Sinneserfahrung eintritt, bauen Lyotard (1988) und Butler (1993) in seine Konzeption den Grundsatz der zeitlichen Verwandlung ein, die Aristoteles' Gleichsetzung der Materie mit der Schaffenspotenz von neuem nahe steht. Dann ist aber «das Prinzip der Materialisierung genau das (...), was an einem Körper ‹gewichtig ist› *(matters)*, nämlich seine Intelligibilität selbst» (Butler 1997). So weit kann man die Materialität als etwas angeblich Ursprüngliches nicht vom Grundsatz der Erkennbarkeit trennen, das angeblich nachträglich kommt. Indem sie die Entitäten heimlich zentriert, äußert sich ihre Materialität nicht nur als retrospektiver, sondern auch als verkleideter Diskurseffekt.

(b) Der andere Grund des Gleitens marxistischer Argumentation ist ihr Geschichtsbegriff, der sie zur dialektischen Auflösung aller empirischen Forschungsbefunde bringt, weil diese als Illusionen des kontingenten historischen Bewusstseins begriffen werden, das von seiner verwandelnd-prozessualen «materiellen Basis» entfremdet wird, wie auch immer diese verstanden werden könnte. Nachdem er die Materie aussandte, ihre eigene Verifikation in der Geschichte zu suchen, und die Geschichte wiederum dazu anleitete, sich in der Materie zu verifizieren, scheint Marx seinen Nachfolgern als Erbe ein konstitutiv nicht abgrenzbares und deswegen sehr riskantes Arbeitsfeld hinterlassen zu haben.

3. Die zeitgenössische m. K. bildete sich im Widerstand gegen die klassisch-marxistische Widerspiegelungstheorie heraus, wie sie noch bei herausragenden Literaturhistorikern und -theoretikern im 20. Jh. wie Lukács, Caudwell, früher Williams, ja sogar in Goldmanns Homologien anzutreffen ist. Sie alle übersetzen die bekannte These von Marx, dass «das gesellschaftliche Sein der Menschen ihr Bewusstsein bestimmt», in das essenzialistisch-mechanische Modell von der Basis und dem Überbau, was bedeutet, dass sie in literarischen Kunstwerken die Verkörperung materieller Bedingungen ihrer Entstehung wiedererkennen. Zeitgenössische marxistische Kritiker dagegen schließen die Literatur gleichmäßig in das «gesellschaftliche Sein» und in das «Bewusstsein» ein, was bedeutet, dass sie ihr relative Autonomie (Althussers Terminus) zugestehen. Laut Dopp (1993) ist der Text als *historischer* Prozess Produkt einer spezifischen Gesellschaftsformation und auf gewisse Art und Weise durch

diese Formation gekennzeichnet. Als geschichtlicher *Prozess* sei der Text nicht bloßer Ausdruck irgendeiner äußerlichen ‹wirklichen› ökonomischen Basis, sondern ein Teil der noch stattfindenden Produktion, die – wie auch die historische Umwandlung der Produktionsart – nie ende. In diesem Zwiespalt zwischen *Materie* und *Geschichte* wurden einige Argumentationspositionen zeitgenössischer m. K. gebildet, wobei jede von ihnen dazu gezwungen wurde, ihre Postulate in ständiger Diskussion mit anderen zu schärfen.

4. Allgemein lässt sich sagen, dass man im Corpus zeitgenössischer m. K. zwei Grundtendenzen erkennen kann – die humanistische und die wissenschaftliche. Die erste beharrt auf dem Emanzipationspotenzial von Literatur und Kultur, während die zweite sie als Form der Dominanz und Manipulation betrachtet. Den humanistisch-emanzipatorischen Typus der m. K. hat in seiner zeitgenössischen Gestalt Lukács begründet, und den wissenschaftlich-diagnostischen Typus hat Gramsci ausgearbeitet.

(a) Der Angelpunkt der Argumentation von Lukács ist der romantische Begriff der *Totalität*, der nach dem Zerfall der ursprünglichen mythischen Einheit nach einem Stellvertreter in der entstandenen historischen Welt sucht. Lukács nennt diese verlorene Totalität als den Punkt, aus dem sich die Geschichte entwickelt und nach dem sie strebt und der in diesem Sinn die hintergründig-regulative Funktion von Hegels Geist übernimmt, abwechselnd «echte Poesie des Lebens», «innere Poesie der menschlichen Erfahrung», «poetisches Ideal des harmonischen Menschen» u. Ä. In diesen Syntagmen erscheint der Poesiebegriff zu oft, als dass man seinen bevorzugten Platz in der Hierarchie von Lukács' Kategorien übersehen könnte. Die Poesie als wichtiges prozessuales, sich selbst schaffendes Weltprinzip widersetzt sich, ähnlich wie «die Natur» bei den Romantikern, eigentlich der zirkulären Selbstgenügsamkeit des Hegelschen Geistes. Wegen ihres Unendlichkeitscharakters kann die Poesie aber nie als etwas Überhistorisches, d. h. als Ganzes versinnbildlicht werden, sondern nur innergeschichtlich, durch einen bestimmten Modus ihrer Repräsentation, der damit Anspruch auf den *Standpunkt der Totalität* erhebt.

«Standpunkt der Totalität» bedeutet für Lukács (literarisches) Darstellen der «Poesie» aus der Perspektive von dem, was in ihr *gegenwärtig* abwesend ist, aber durch die Erinnerung an die *Vergangenheit* bewahrt und durch die Hoffnung in die *Zukunft* projiziert worden ist. Die literarische Gattung, die in der modernen Epoche nach Lukács' Auffassung einzig fähig sei, in sich selbst eine solche Verflechtung der drei historischen Dimensionen zu aktivieren, ist der Roman, der deswegen der einzige authentische zeitgenössische Repräsentant der Dichtung (bzw. der Totalität) sei. Lukács spricht dem Roman einen Ausnahmestatus zu, vor allem wegen seiner unermüdlichen Autoreflexion bzw. der ironischen Brechung jedes erkämpften Erkenntnisstandpunkts der literarischen Gestalt oder des Lesers, die diesen Standpunkt sogleich als problematisch darstellt und so die neue Identitätssuche startet. In dieser Dimension unaufhörlicher *Selbstauflösung* verstanden, wird der Roman mit der Poesie gleichgesetzt, mit dem wichtigen Unterschied, dass er selbst (als Hegelsches «unglückliches Bewusstsein») dennoch *in der Geschichte* als dem Intervall zwischen der verlorenen und vorausgesetzten Totalität vorzufinden ist. Deswegen ist seine Autogenese erzwungen und nicht freiwillig wie im Fall der Poesie. Gerade diese Eigenschaft der proteischen Verwandlung des eigenen Standpunkts verschafft dem Roman Vorrang gegenüber der Philosophie oder der Wissenschaft – dem dritten Glied in Lukács' modaler Triade Poesie / Roman / Philosophie –, die in letzter Linie verpflichtet sind, einen Standpunkt einzunehmen und damit die konstitutive Unerkennbarkeit der Poesie zu verraten. Jeder Standpunkt ist nämlich notwendigerweise historisch kontingent, und wenn er sich dieses sein Merkmal nicht bewusst macht, sondern es in der Form eines Urteils absolut setzt, dann verdinglicht er die Weltpoesie, indem er ihre Totalität reduziert.

Das Hierarchisieren der Triade Poesie / Roman / Philosophie bzw. Wissenschaft nach dem Grad der «Totalität» einzelner Modi zwingt Lukács dazu, die Hierarchie auch *innerhalb* der ersten beiden Modi einzuführen. Wenn nämlich die Aufgabe des Romans ist, alle Standpunkte aus der Perspektive ihrer eigenen «negativen Gewissheit» zu totalisieren, dann können nicht alle Romanarten diese Aufgabe gleich gut ausführen. Dass Lukács vor allem den *Erziehungsroman* bevorzugt, der die Lebenserfahrung des Subjekts (des Helden) aus der übergeordneten Erkenntnisperspektive (des Erzählers) darstellt, zeigt seine definitorische Behauptung, dass der Roman «den Weg des menschlichen Erkennens seiner selbst nachzeichnet» (1916 / 1971). Doch das Epitheton der Erziehung verdienen laut Lukács nur Romane, die die Erfahrungs- und die Erkenntnisdimension gleichmäßig aktivieren; denn wenn alles auf die Erfahrung der Teilnahme reduziert wird, dann bekommt man einen trivialen Abenteuerroman, und wenn alles auf die kontemplative Erkenntnis reduziert wird, dann erhält man einen flachen naturalistischen Roman nach dem Modell von Flauberts *Sentimentaler Erziehung*. Lukács deutet diese beiden Unterarten als Entartung der Gattung, weil beiden die Totalität abhanden gekommen ist. Daraus folgt, dass der einzige erfolgreiche Erziehungsroman *Wilhelm Meister* von Goethe wäre, in dem die Erfahrung harmonisch in der Erkenntnis aufgehoben werde, was ein irritierend weitreichender Rückschluss ist, wenn man in Betracht zieht, dass der Erziehungsroman bei Lukács für den Roman als Gattung steht.

Um dieser so drastischen Konsequenz seiner Argumentation zu entgehen, entscheidet sich Lukács für das Modell der misslungenen (anstatt erfolgreich abgeschlossenen) Erziehung, in der jede gewonnene Erkenntnis der literarischen Gestalt letzten Endes den Schein ihrer Authentizität offenbart. Mit anderen

Worten: Die Suche des problematischen Individuums in der gottlosen Welt nach seinem Wesen sei endlos, was die erzieherische Botschaft sei, die der Roman nicht mehr auf der Ebene des Plots, sondern des Erzählens realisiere. Um dabei Erfolg zu haben, dürfe das Erzählen nicht die Aufmerksamkeit des Lesers auf sich selbst lenken, sondern müsse ausschließlich als «Bildschirm» (der Standpunkt der Totalität) der fiktionalen Welt dienen, der den Leser zu eigenständigen Rückschlüssen veranlassen soll. Dadurch verlegt Lukács die Betonung von der didaktischen auf die darstellerische Dimension, was bedeutet, dass statt des Erziehungs- jetzt der *realistische* Roman die paradigmatische Rolle erlangt. Da dieser per definitionem die Sicht des Erzählers neutralisiert, werden alle Romanarten für Lukács suspekt, die das nicht leisten, sondern ihren «Standpunkt der Totalität» reflektieren. Deswegen verwirft er in seiner Endphase (1974) naturalistische und modernistische Prosa resolut als abweichend.

Die dargestellte Ausschließlichkeit von Lukács' Konzeption, die alle Kunstliteratur auf den Roman und den Roman wiederum auf genau bestimmte Unterarten zurückführt, deutet auf den problematischen Charakter *seines* Standpunkts der Totalität hin. Wie der Standpunkt der Totalität des realistischen Romans von der selbstreferenziellen Technik der avantgardistischen Prosa untergraben wurde, so wurde auch Lukács' Konzeption gleichmäßig innerhalb und außerhalb der marxistischen Tradition bestritten. Dabei wurde zunächst die Exklusivität seines literarischen Geschmacks in Frage gestellt, die im scharfen Gegensatz zur marxistischen Fürsprache für die Massen steht. Der Fachhorizont der m. K. sollte auf eine wesentlich größere Zahl von nicht nur literarischen Gattungen, sondern auch von Kulturerscheinungen erweitert werden. Genauso problematisch zeigte sich weiterhin seine Fixierung auf das Bewusstsein des Subjekts als des Trägers des Geschichtsprozesses, welches die unausweichliche Verwicklung dieses Subjekts in das ideologische Netz gesellschaftlicher Reproduktionsmechanismen unterschätzte. Dadurch wurde auch seine Schlüsselkategorie der Totalität ins Wanken gebracht, die man künftig entweder reinterpretieren oder gänzlich verlassen sollte.

(b) Alle diese problematischen Aspekte in Lukács' Konzeption sind in Gramscis Hegemonietheorie, die wir als den Gründer des *wissenschaftlich-diagnostischen* Typus der m. K. im 20. Jh. bezeichnet haben, von Anfang an anders dargestellt worden. Für diesen Typus ist im Gegensatz zur theoretisch-reflektiven Orientierung an der Vergangenheit des dargestellten humanistisch-emanzipatorischen Typus die pragmatisch-intervenierende Orientierung an der Gegenwart charakteristisch. Für Gramsci ist die Literatur nur eines von zahlreichen Mitteln, mit denen herrschende Strukturen die Zustimmung der Untergebenen für ihre Herrschaft gewinnen; andere Mittel sind die Religion, die idealistische Philosophie, der bürgerliche ‹gesunde Menschenverstand›, neue industrielle

Technologien u. Ä. Als Bestandteil des komplizierten Praxisgefüges verliert die Literatur das Recht auf repräsentative Exklusivität. Infolgedessen zeigt sie sich mehr als ein Mittel der Versklavung (bzw. Kommodifizierung) denn als ein Agent der Emanzipation. Um zum letzteren zu werden, muss sie anders gelesen werden, als sie es selbst «bestellt». Das gilt aber auch für andere Erscheinungsformen hegemonistischer Praxis, weil sie alle eigentlich Mischformen (oder Kompromisse) dominanter und oppositioneller Ideen sind. Die letzteren werden normalerweise durch die Assimilierung (der beliebteste marxistische Terminus für diese hegemonistische Technik ist «das Herausnehmen der Zündkerze») gebändigt, sodass ihnen die Interpretation anhand des Lesens ‹gegen den Strich› das verlorene Potenzial zurückgeben muss. Eine solche Kulturdeutung bringt Gramscis Konzeption Bachtins Semiotik näher, für die jedes Zeichen eine «Arena des Klassenkampfes» bzw. Schauplatz sich widerstreitender Stimmen ist, und entfernt sie von Lukács' Marxismus, für den bestimmte literarische Gattungen Repräsentanten fortschrittlicher und andere Repräsentanten rückständiger Gesellschaftsklassen und damit Zeichen von Dekadenz sind. Nach dem Aufdecken des revolutionären Potenzials neuer Kunstformen, und zwar nicht nur in der Kunstliteratur, sondern auch in der Trivialliteratur, im Volkstheater, im Film, in den Medien, in der populären Musik usw., nähert sich der wissenschaftlich-diagnostische Typus der m. K., wie ihn Gramsci (1929–35 / 1975) untermauert, auch Marxisten wie Brecht und Bloch, die sich in den 1930er Jahren Lukács in der berühmten Expressionismus-Realismusdebatte entgegengestellt haben, und auch Benjamin, der ungefähr zur selben Zeit diese Position gegenüber den von Lukács inspirierten Mitstreitern in der Frankfurter Schule verteidigte. Gramsci erweitert nicht nur die Interessenspanne der m. K. mit Blick auf den Kanon der relevanten Modelle beträchtlich, sondern er verficht auch das Ablenken der Aufmerksamkeit von den Texten selbst auf die Mechanismen ihrer Produktion, Distribution und des Konsums. Diese Richtung erfährt in jüngster Zeit starke Unterstützung aus verschiedenen literaturtheoretischen Richtungen. Im Einklang damit werden weder die Ideologie noch die Befreiung von ihr an das Bewusstsein des Subjekts im Produktions- oder Rezeptionsakt gebunden, sondern an verschiedene miteinander verflochtene institutionelle Apparate, Mechanismen und Praktiken, die unbemerkt den Habitus, die Angewohnheiten und die Neigungen dieses Bewusstseins determinieren.

5. Ende der 1960er Jahre widersetzte sich Althusser der starken Strömung des humanistischen Marxismus, die zu dieser Zeit in seinem Land unter anderen Goldmann, Garaudy, Sartre und Lefebvre vertraten. Im Gefüge seiner Konzeption der «Strukturkausalität» – und offensichtlich im Einklang mit Lacans und Foucaults Lehre – affirmiert Althusser eine Reihe neuer analytischer Begriffe wie Formation, Konjunktur, Problematik, Halbautonomie, der reale und Er-

kenntnisgegenstand, Überdeterminierung, Bevollmächtigung / Unterordnung, ideologische Staatsapparate, Herbeirufen, symptomatisches Lesen u. Ä., die tiefe Spuren in der m. K. (Pêcheux, Macherey, Eagleton, Bennett, Sprinker), der Semiotik (Silverman), psychoanalytischer und feministischer Kritik und anderswo hinterlassen haben. Althussers primäre Intention ist es, das Schlüsselproblem der m. K. – das Verhältnis von Basis und Überbau – auf eine neue Grundlage zu stellen. In diesem Rahmen erhält die Literatur ein privilegiertes Verhältnis zur Ideologie zugewiesen, wenn auch nicht in dem Maß wie die Wissenschaft, die Althusser (unter der Bedingung, dass sie auf seine Art und Weise durchgeführt wird) gänzlich von ideologischen Zutaten befreit. Die wahrhaft kunstvolle Literatur ermöglicht nämlich, im Unterschied zu «mittelmäßigen Werken», das Erkennen der Ideologie, die sie geschaffen hat, und zwar in der Form ihrer ‹Sicht›, ihres ‹Wahrnehmens› oder ‹Empfindens›, während die Wissenschaft dies in der Form der ‹Erkenntnis› leistet (1976). Während sie nur wenige Hinweise darauf geben, wie man die echte von der falschen Literatur unterscheiden kann, bemühen sich Althusser und seine Nachfolger, den Unterschied zwischen der echten und der falschen Wissenschaft aufzuzeigen. Wie Macherey (1966) erläutert, haben drei Irrtümer die vorherige Literaturwissenschaft in eine Ideologie verwandelt: der empirische, der normative und der interpretative Irrtum. Der erste geht vom «literarischen Kunstwerk» als empirischer Gegebenheit aus, anstatt in all diesen drei Aspekten (Literatur, Kunst und Werk) ideologische Wirkungen der modernen literarischen Bildung zu beobachten. Der andere Irrtum besteht in der Zurücknahme der divergenten Werkfläche auf irgendeine harmonische Tiefennorm, und der dritte Irrtum darin, anstatt das Problem zu entdecken, aus dem das Werk hervorging, sich dieses Problems durch die Interpretation zu entledigen. Alle drei Irrtümer sind im Rahmen der Hegelschen idealistischen «Ausdrucks»-Ästhetik erklärbar, die jegliche Kunst auf die Reflexion der Wirklichkeit reduziert, indem sie die Eigentümlichkeit ihres Instrumentariums nicht anerkennt. Um sich von diesem Paradigma zu lösen, kehrt Althussers Schule zu Spinoza zurück, der den Zwiespalt zwischen der Empirie und der Erkenntnis betonte, indem er nicht erlaubte, die Letztere als Abweichung von der Ersten als einer Norm abzuleiten, genau wie Althusser nicht erlaubt, die Ideologie als bloß falsches Bewusstsein von der wahrhaftigen Wirklichkeit zu deuten. Statt zur Wirklichkeit wendet Macherey die Analyse der Literatur so zum Unbewussten, das hinter dem Rücken ihrer Produzenten in Symptomform der Zwiespälte, der Klüfte und Leerstellen in die Literatur einzieht. Er benennt dieses Lacansche Unbewusste mit Althussers Begriff der ideologischen Problematik, die in einem bestimmten historischen Moment das, was man denken kann, und das, was man nicht denken kann, gleichermaßen bedingt, indem sie dabei doppelte Blindheit äußert: gegenüber ihren äußeren Bestimmungsgrößen und gegenüber ihren inneren Voraussetzungen. Die Aufgabe dieses sog. symptomatischen Lesens des Textes wäre es danach, sich wie mit den Fragen, die zu stellen sein Autor keine Gelegenheit hatte, so auch mit den Widersprüchen zu beschäftigen, die er nicht erkennen konnte.

6. Die wissenschaftliche Beschreibung der Art und Weise, wie die Ideologie in den Texten wirkt und die Leser gewinnt, beschäftigte insbesondere britische marxistische Kritiker (Bennett, Belsey, Eagleton) im Laufe der 1970er Jahre. Obwohl sie auch in den 1980er Jahren einige Befürworter behält (Sprinker), wird diese wissenschaftliche Orientierung wegen der Einsicht, dass auch die Wissenschaft der Reproduktion von Ideologie nicht entgehen kann, im Großen und Ganzen verlassen. Gewisse Verdienste des strukturellen Marxismus bewahren aber ihre Kraft. Das Subjekt wird vom Platz eines Trägers des historischen Prozesses vertrieben, wodurch dieser Prozess seine Teleologizität verliert, indem er in ein gleichzeitiges Geschehen von Reihen verschiedener Zeiten zerlegt wird; kulturelle Produkte werden als Schauplätze antagonistischer Signifikationspraxis, als diskursive und genrehafte Hybride, als Indexe des Determinierens in verschiedenen Richtungen gesehen. Das alles öffnet die m. K. für die Vereinigung mit feministischen, dekonstruktiven, postkolonialen, neuhistorischen Positionen, mit den Ideen von Philosophen und Soziologen wie Bachtin, Lyotard, Baudrillard, de Certeau, Bourdieu oder Foucault, was gleichzeitig die Furcht vor dem Verlust der Identität und vor der Reaktion in der Form von integrativen Projekten wie z. B. Eagletons «politische Kritik» (1983), Jamesons Metageschichte (1981) oder Habermas' Revitalisierung der Moderne (1985) aufkommen lässt. Aber von dem Augenblick an, als man aufgehört hatte, den «Standpunkt der Totalität» exklusiv an eine Klasse zu binden, um ihn auch für das Geschlecht, die Rasse, die ethnische, zivilisatorische und kulturelle Zugehörigkeit beibehalten zu können, hat die m. K. unwiderruflich dem Eklektizismus mit all seinen guten und schlechten Seiten Tür und Tor geöffnet. (B. D.)

→ Cultural Studies, Empirische Literaturwissenschaft, Feministische Kritik, Hegemonie, Herbeirufen, Historismus, Homologie, Ideologie, Institution, Kontext, Medium, Mentalität, Postkoloniale Theorie, Subjekt, Überdeterminierung, Wert, Widerspiegelung

Medium

(engl. medium, franz. médium, russ. sredstvo kommunikacii)

1. Begriff, der in der modernen Theorie mindestens in den vier folgenden Bedeutungen gebraucht wird: (1) in der *physiologischen*, als Empfindungsmodus der Kommunikation: auditiver, visueller, olfaktorischer, taktiler usf. und ihr

Verhältnis untereinander *(Intermedialität)*; (2) in der *physischen* als Material verschiedener Künste: Sprache, Stein, Farbe, Ton usf.; (3) in der *technologischen* als Vermittlung zwischen Zeichenherstellung und Verbrauch: Mündlichkeit, Schriftlichkeit, Fotografie, Filmleinwand, Fernseh- oder Computerschirm, Radio, Grammophon, Tonbandgerät, CD-Player usf. sowie ihr Wechselverhältnis *(Intermedialität)*; und (4) in der *soziologischen* als institutionell-organisatorischer Rahmen der Kommunikation: Wirtschaft, Politik, Wissenschaft, Erziehung usf. Es sei sogleich angemerkt, dass das M. in allen vier Bedeutungen einige formale und strukturelle Gesetzmäßigkeiten aufweist, die ihm eine (und sei es nur hybride) generische Spezifik verleihen (Posner 1985 schlägt mehr als vier Bedeutungen vor). Deshalb kann man M. trotz aller Bedeutungsunbestimmtheit als mehr oder minder abstrakte gattungsbezogene oder modale Kategorie verstehen. Das hatte wohl McLuhan mit seinem Slogan «Das Medium ist die Botschaft!» vor Augen. Aus der theoretischen Perspektive verleiht ihm die Abstraktheit das stete Variieren zwischen dem perzeptiven, materiellen, technologischen und institutionellen Register. Von der Gebrauchsperspektive her zeigt sich das M. als nicht festlegbar, da es in allen diesen Registern eine Position des blinden Flecks einnimmt. Darauf wies Schmidt hin: Die Medienschemata könne man mit jenem «blinden Fleck» bei der Beobachtung gleichsetzen, der für den Beobachter selbst unsichtbar bleibe, da er im Prozess der Unterscheidung nicht gleichzeitig den Unterschied beobachten kann, den er dazu benutzt. Erst der Beobachter dieses Beobachters könne auch diesen blinden Fleck beobachten – wiederum auf Kosten eines anderen blinden Flecks, nämlich jenes, mit dem er selber beobachte (1994). So ist dasjenige, was dem einen das M. ist, dem anderen die Form (und umgekehrt), und diese Doppeldeutigkeit erweist sich als dem Begriff M. immanent, dessen Ränder sie verschwimmen lässt. Für den Romanleser sind beispielsweise Buchstaben (als Formen) M. der Mitteilung, während dieselben Buchstaben für den Korrektor desselben Romans die Form (im M. der Wörter) bilden. Nach Hess-Lüttich 1994 stelle das M. einen Gegenstand mit vielen Facetten und beinahe unbegrenzter Vielfalt des Anwendungsfeldes dar. Es sei ein innovativer Gegenstand, dessen Entwicklung schwer abzusehen sei und sich einer disziplinär-systematischen Kategorisierung entzieht.

Jede Definition des M.s spielt sich nämlich selbst in einem M. ab und *stellt* es deshalb nicht nur fest, sondern auch in seiner Vielfalt *her*. Erst wenn wir das Ticken der Uhr hören – so das Beispiel Luhmanns –, nehmen wir die Stille wahr, die es als sein M. ermögliche (1986d). Dies bedeutet, dass das M. trotz seiner scheinbaren Stabilität in langen Zeitabschnitten, eigentlich durch die Versetzung vom einen in den anderen Gebrauchskontext der steten Transformation seiner Struktur unterliegt (Semiosis). In dieser immanenten *Multime-*

dialität jedes M.s, welche die Transcodierung als Grundoperation seines Gebrauchs impliziert, darf man einen weiteren Grund für seinen «flüchtigen Charakter» sehen.

2. Die dargelegte Hypersensibilität des Begriffs in Bezug auf den Gebrauchskontext rief tiefe Unterschiede in seiner theoretischen Betrachtung hervor. In der marxistischen Kritik – genauer, ihrem auf Gramsci zurückgehenden Spross, den wir wissenschaftlich-diagnostisch nannten – war die Frage der M.en in erster Linie im technologischen Rahmen gestellt worden. Wie beeinflusst die Einführung neuer Technologien der Kunstproduktion die Struktur der Kunstwerke und ihre Rezeptionsweise? Diese Frage hat Brecht (1931) gestellt und gezeigt, wie die Industrialisierung und Technisierung der Kunstproduktion – in jener Zeit vor allem am Beispiel des Films erkennbar – die organische Geschlossenheit des Literaturwerks zerstörte, und zwar gleichermaßen aus der Perspektive des Autors und des Lesers. Nur wenige Jahre später veröffentlichte Benjamin seine Abhandlung *Das Kunstwerk im Zeitalter seiner technischen Reproduzierbarkeit*, in der dargelegt wird, wie Kunstwerke durch ihre massive Vervielfältigung aus dem Schoß der Tradition herausgerissen und in verwirrende, hochinterpretable Schauplätze von Andeutungen verwandelt werden (1977). Darin erblickt er eine gewisse Demokratisierung der Kunst, da die Aussichten der Hervorbringer und Verbraucher einander gleichgestellt werden, indem das imaginative Arbeitsfeld der Letzteren erweitert wird. Die Vermassung der Kunst lässt sich – meint er ganz im Sinne Gramscis – erfolgreicher für die Ziele des politischen Kampfes funktionalisieren.

Diese These wurde von Horkheimer und Adorno in ihren scharfsinnigen Analysen der unifizierenden Mechanismen der «Kulturindustrie» scharf angefochten, die auch die «Montagestruktur» der avantgardistischen Werke als Folge der Ware-Werdung der emanzipatorischen Dimension der Kunst verwarfen. Ausgehend von dieser finsteren Diagnose des Zustands der modernen Kunst sind zahlreiche Kritiken der verheerenden Wirkung der sog. Massenmedien – Zeitungen, Radio, Fernsehen, Video- und Computerspiele – im Geiste der Kritischen Theorie entstanden. Ihr allgemeines Merkmal liegt in dem Einwand an die Massenmedien, «menschliche» bidirektionale in die «unmenschliche» unidirektionale Kommunikation zu verwandeln, die dank zahlreicher eingeschobener Vermittler den auf seinem Sessel mit der Fernbedienung sitzenden Verbraucher stumpf macht. Die M.en sind dieser Auffassung zufolge ein vollkommenes Mittel zur Massenmanipulation, sie sind Konstrukteure, Distributeure und Instrumente jenes Wirklichkeitsbildes, das den Torhütern der Macht *(gatekeepers)* genehm ist. Sie sind für diese Rolle wegen der einmaligen Assimilations- und Bändigungsfähigkeit vielfältiger subversiver Techniken geeignet. Denn, so Schmidt (1994), die Fernsehtechnik integriere und modifiziere wichtige Eigenschaften oder Wirkungen der Gespräche und Auseinandersetzungen, von Theater, Kino und Rundfunk, der Belehrung und der Lehre usf. Die Assimilation hat die sog. einfache Reproduktion der vorherrschenden Wirklichkeitsvorstellung vermittels des gegebenen Musterrepertoires zum Ziel. Der Formenvorrat sei gerade in den Massenmedien recht konservativ. Die technischen Möglichkeiten zur Arterneuerung werden nicht besonders inventiv genutzt. Dafür gebe es unterschiedliche Gründe: wirtschaftliche (die Breitenrezeption von Innovationen bleibe aus), soziale (neue kommunikative Bedürfnisse und Mediennutzungen könnten nicht nach Belieben erzeugt werden) und psychische (übermäßige Entspannung oder übermäßige Anstrengung des Zuschauers).

Ein etwas flexiblerer Umgang mit Massenmedien als konfliktvollem Feldlinienschauplatz, auf dem die Verbraucher ihre Aussichten nicht entbehren, findet sich beispielsweise in den britischen, gleichfalls marxistisch inspirierten, *Cultural Studies* (Hebdige, Morley, Fiske; 1979ff.). Sie entdecken die Eigenarten der Konsumententaktiken der «Gegenkultur», die zur Deformation und Unterminierung der gesendeten Mitteilungen *(message subversion)* führen. Denn die Bedeutung der Mitteilung beschränke sich nicht auf die Übertragungsphase. Auch könne sich das Publikum seine eigene Bedeutung ersinnen. Außerdem könne die Mitteilung eine der intendierten entgegengesetzte Wirkung erlangen und zum Sender zurückkehren. Man solle die kritischen Fähigkeiten des Empfängers nicht überschätzen, aber auch nicht unterschätzen (Mattelart 1979). Die Tatsache, dass es sich um *Massen*medien handle, verweise schließlich auf die kulturelle, geschlechtliche, rassische, altersmäßige und statusbezogene Vielfalt des Publikums, aus der gewaltige Unterschiede im Rezeptionsprozess entstehen, sowie die Möglichkeit unerwarteter, opaker Perspektiven in Bezug auf die Medienprodukte und damit zugleich verschiedenartige interpretative Überarbeitungen.

3. So gelangen wir zur Interpretation des M.s als Sinnesmodus der Kommunikation, einer in phänomenologischer Kritik, Semiotik, psychoanalytischer Kritik, Rezeptionstheorie, feministischer Kritik etc. intensiv erörterten Frage. Bereits Holenstein (1972) wies auf die Aufgabe hin, Husserls Beschränkung der Wahrnehmung auf das Bewusstsein einerseits durch die Körpertriebe (infolge der Entdeckungen Freuds), andererseits durch die Sprachgesetze (infolge von Lacans Erkenntnissen) spezifischer aufzufassen. Im Laufe der 1970er Jahre erkennen die Phänomenologen in der modalen Konfiguration des Bewusstseins außerdem ethnische, kulturelle und situationelle Faktoren (was die Entstehung der sog. interkulturellen oder multikulturellen Hermeneutik anregte). Die feministische Kritik fügte die geschlechtliche und die afroamerikanische Kritik die Rassendifferenz hinzu (De Lauretis 1984; Gates 1984). Die Dekonstruktion

bewertet das Verhältnis zwischen «objektiven» Sinnesorganen (Sicht, Gehör) und «Kontaktsinnesorganen» (Geschmack, Geruch, Tastsinn). Ulmer erkennt darin einerseits Veränderungen im Sensorium, die durch elektronische Organisation der kommunikativen M.en entstanden sind, andererseits die Bestätigung der Einsteinschen gegenüber der Newtonschen Physik sowie der modernen gegenüber der klassischen Kunst. Bei Derrida unterstreicht er dessen Verwendung der Collagetechniken, die der Durchsetzung klarer und unterscheidbarer Begriffsumrisse diene, begleitet – ähnlich dem Kubismus – von zersetzenden Wirkungen. Da die Collage die *am meisten* charakteristische Komposition in der modernen Kunst sei und Derrida der Erste, der eine vollständige Theorie entwickelte, welche die Collage konzeptualisiert, sei es angemessen zu sagen, dass Derridas Grammatologie im gleichen Verhältnis zur Collage stehe wie Aristoteles' Theorie zur griechischen Tragödie (Ulmer 1985).

4. Die Interaktion des technologischen und physiologischen M.s wird seit Mitte der 1960er Jahre zum Gegenstand der Theorie der Schrift bzw. der Schriftlichkeitstheoretiker (Innis, Havelock, McLuhan, Goody, Ong, Kelber, Elver) und weiter im Laufe der 1980er Jahre der sog. Mikrogeschichte des Lesens, die mit ihren Forschungen an den empirischen Zweig der Rezeptionstheorie anknüpft (Darnton, Chartier, Schön). Die Theorie der *Schrift / Schriftlichkeit (writing / literacy)* richtet ihr Augenmerk auf die Veränderungen, die durch die Entdeckung, Transformation und Institutionalisierung der Schrift im Prozess der Schlussfolgerung und damit der Struktur der Kulturgebilde hervorgerufen wurden. Die mündliche Kultur reproduziert ihren Vorrat durch stete aktive Wiederholung ihrer verbal-musisch-tänzerischen Muster. Der Leser hingegen nehme, wie Havelock (1986) ausführte, an der «Aufführung» des Schriftstellers leise teil, wobei dessen Aufführung auch leise ausgeübt wird. Das mündliche Publikum hörte und memorierte nicht nur passiv, sondern nahm an der angewendeten Sprache aktiv teil. Es klatschte, tanzte, sang und erwiderte somit zusammen die Deklamation des Sängers. Mit dem Aufschwung der altgriechischen Philosophie weicht diese unmittelbare und dynamisch körperliche Rezeption den geduldigen, linear-rekursiven Denkprozessen, zu welchen die griechische Vernunft durch die Etablierung des Alphabets befähigt wurde. Das Repertoire der griechischen Sprache, in der erste abstrakte Begriffe auftauchen und Zustandsverben die Handlungsverben ersetzen, wird umstrukturiert. Die Erzählformen ziehen sich allmählich aus dem massiven Umlauf zurück und werden zu «Enklaven der erdachten Rede innerhalb der weltlichen Sprache der Gemeinde», wodurch sie zugleich in die Hände der Sachverständigen fallen. Das geschieht im 4. Jh. v. Chr., als einsames Lesen (freilich unter gesellschaftlichen Eliten) lautes Vorlesen vor Publikum ersetzt. Das «Einschleichen des architektonischen Auges in den Stil, der einst durch

den akustischen Widerhall geformt wurde», durchdringt den Prosadiskurs mit einem Thema und fixiert sein Verhältnis zum «Erkennenden» (statt des früheren Ausführenden). Im 3. und 4. Jh. nach Chr. verdrängt das Buch die Papyrusrolle, und erst im 7. Jh. entwickelt sich das leise Lesen (in Klöstern), das eine gewaltigere mentale Anpassung erforderte als der Übergang zum Druck.

5. Unter dem Einfluss der sog. Schule von Toronto (Innis, McLuhan, Havelock und ihr deutscher Fortsetzer Kittler) und der französischen poststrukturalistischen Philosophie der Schrift initiierten die deutschen Wissenschaftler Aleida und Jan Assmann Mitte der 1970er Jahre das Projekt «Archäologie literarischer Kommunikation» als «Textgeschichte vor dem literarischen Zeitalter», d. h. zu einer Zeit fundamental andersartiger Technologien des Aufschreibens, der Aufbewahrung und Übermittlung von Texten (1995). Der Text sei ein für ausgedehnte Kommunikationssituationen entwickelter «Zwischenspeicher» (Ehlich), er ist die Sicherungsform der Dauer von Mitteilungen und dadurch gleichzeitig das Instrument des kulturellen Gedächtnisses (Assmann / Assmann 1983). Die Schriftkulturen (hebräische, griechische und chinesische im Unterschied zur statischen ägyptischen) fördern seine Wirksamkeit durch Kanonisierung, womit sich die Textgrenzen schließen und somit eine Lawine an Interpretationen und Kommentaren in Gang setzen (1987). Dadurch verwandelt sich das Gedächtnis in Erinnerung, die durch Auslegung reproduziert wird (Assmann / Gladigow 1994). Die zweite wichtige Form der Steigerung der Schriftlichkeit in der Kultur stellt die Schaffung von sog. poetogenen Situationen – z. B. Weisheit und Geheimnis – als eines Bereichs dar, um den sich unterschiedlichste Textarten gruppieren, um die Quellenbereiche von Literatur zu schaffen.

6. Neben der Schriftart, der Lesetechnik, der graphischen Disposition der Lektüre, des Strukturierens und Übercodierens der Texte ziehen auch das Ambiente und Lesesituationen das Interesse der Forscher auf sich, weil sie das Verhältnis zwischen dem technologischen und physiologischen M., die Formen ihrer Durchdringung organisieren. Hier hat Schön (1987) großes Aufsehen erregt, der die Entstehung der sublimierten ästhetischen Erfahrung als Reaktion auf das Kunstwerk mit der Immobilisierung des Körpers im Leseprozess und mit dem Rückzug des Lesers in die Unsichtbarkeit verbindet (Ende des 18. Jh.s).

Das Ende des 18. Jh.s stellt auch in den von Kittler durchgeführten Untersuchungen zu Aufschreibesystemen ein wichtiges Datum dar. Seine Aufmerksamkeit erregte die tief greifende Änderung der Leseerfahrung, die durch die Einführung neuer Alphabetisierungstechniken angestoßen wurde. Die Ersetzung der Silben durch Phoneme öffnete den literarischen Text der lautlichen und bildlichen Imagination und dadurch einer bis dahin unvorstellbaren Bildung von Innenwelten. Um 1800 sei das Buch dem Film und der Schallplatte gleichgestellt worden – nicht im medial-technischen Sinn, sondern in der seelischen Imagination des Lesers. Die Literatur setzt an, diese Verwandlung der Buchstaben in Stimmen und Bilder zu thematisieren; sie wird zum Gegenstand ästhetischer, psychologischer, ethischer, medizinischer, theologischer und pädagogischer Abhandlungen. Neuere neurologische Forschungen wiesen – als eine Art Untermauerung von Kittlers Erkenntnissen – auf die Interdependenz zwischen der Art des Aufschreibens und der Mnemotechnik hin, da beide die Wahrnehmung von Wörtern als etwas Lebendigem und im Raum Befindlichem nährten, als etwas, was man daher auseinander nehmen und umordnen kann (Bolzoni 1991). Die Spatialisierung ist nämlich gleichfalls eine Technik des Gedächtnisses, das seine imaginären Bilder auf ebenfalls imaginäre Galerien verteilt, um das so gespeicherte Wissen operabel zu halten. Die Anschauungsgesetze machen das physiologische Apriori der Imagination des Lesers aus. Doch auch sie werden natürlich durch neue Medientechnologien umstrukturiert (Rieger 1995).

7. Den abstraktesten Begriff der M.en entwickelt Luhmann in seiner Theorie selbstreferenzieller Systeme. Jedes System stellt ihm zufolge einen bestimmten Rahmen (oder eine Leitdifferenz) auf, mit dessen Hilfe es die Kommunikation anderer Systeme mit sich selbst codiert, indem es deren Komplexität reduziert. Diesen Rahmen nennt er symbolisch generalisierte Kommunikationsmedien oder Mediencode. Das Bedürfnis nach ihm entsteht erst unter Bedingungen der schriftlichen Kommunikation, wenn durch Überwindung großer (räumlicher, zeitlicher, kultureller, zivilisatorischer) Entfernungen die Aussichten schwindelerregend gemindert werden: (1) dass gesendete Mitteilungen die Adressaten erreichen, (2) dass die Mitteilungen verstanden werden und (3) dass sie angenommen werden. Mediencodes sorgen für das Zustandekommen des Letzteren, d. h. dafür, dass die Adressaten die Kommunikation annehmen, und zwar auch, wenn sie Forderungen an ihr Eigentum stellt (wie im Wirtschaftssystem), eine Entscheidung gegen sie beschließt (wie im Rechtssystem) oder etwas Unwahrscheinliches behauptet (wie im Wissenschaftssystem). Ähnliche Schutzfunktion übernimmt nach Plumpe (1993b) der Werkbegriff, vor allem in der Avantgardekunst, die sich mit verschiedenartigen Provokationsformen des Adressaten auf die eigene Institution stürzt. Mit dieser Suggestion knüpft Plumpe an die Thesen über das Verhältnis zwischen dem M. und der Form in der Kunst an, die Luhmann selbst entwickelte, indem er zeigte, dass sich die moderne Kunst ihre Form immer mehr in ein M. verwandelt (1984ff.). Sie setze somit die Unmöglichkeit eigener Beobachtung angeblich wiederholt der Beobachtung des Liebhabers aus und rege dadurch die Autopoiesis seines Bewusstseins an (1990d). (D. M.)

→ Form, Gattung, Kommunikation, Modus, Nachricht

Mentalität

(engl. mentality, franz. mentalité, russ. mental'nost')

1. Bereits Mitte des 19. Jh.s (Emerson) geprägt, wird der Terminus im Laufe des 20. Jh.s in den französischen Geisteswissenschaften in der Folge des Abbaus der positivistischen kausal-mechanischen Gesetze wiederbelebt, mit Hilfe deren die geistigen Phänomene erklärt wurden. Lévy-Bruhl veröffentlicht 1922 eine Abhandlung *Primitive Mentalität*, in der er die zeitgenössische logische von der alten vorlogischen M. unterscheidet, die das widerspruchsvolle «Gesetz der Partizipation» charakterisiert. Lefebvre führt in den 1930er Jahren den Begriff der *kollektiven M.* ein, um das Verhalten der Masse in der Zeit der Französischen Revolution zu erklären, und gibt ihm damit ein bestimmtes biologisch-psychologisches Vorzeichen. Obwohl er der M. Kennzeichen der biologischen Konstante entzieht und sie in eine historische Variable verwandelt, behält Febvre dennoch die dominante psychologisch-unbewusste Geladenheit des Begriffs bei und behandelt M. wie ein träges, in erster Linie vererbtes Gefüge von Gefühlen, Vorstellungen, Vorurteilen, Neigungen und Gewohnheiten, als «mentale Ausrüstung» *(outillage mental)*, die das Verhalten der Menschen steuert, aber sie nicht imstande sind, ihr ein Bewusstsein zu erlangen. Dieses affektiv-perzeptiv wirkende Netz, eine spezifische *Zwischenebene* in der klassischen Beziehung zwischen Subjekt und Gesellschaft, reproduziert sich ihm zufolge durch verschiedene Institutionen, die durch ihre Interaktion allen «individuellen Freiheiten» die gedanklichen Grenzen setzen.

In einer derartig allumfassend aufgestellten Perspektive, welche die Grenze z. B. zwischen Religion, Wissenschaft, Kunst und Moral nicht akzeptiert, verliert die traditionelle historiographische Distinktion zwischen wahrhaften und trügerischen Dokumenten, zwischen großen und kleinen historischen Subjekten oder zwischen gesellschaftlicher und geistiger/kultureller Geschichte ihre einstige Bedeutung. Febvres Gefährte Bloch (1963) schrieb in diesem Zusammenhang: Desinformationen setzten die Masse in Bewegung. Falschmeldungen in ihren verschiedensten Formen – gewöhnlicher Tratsch, Enten, Legenden – erfüllten das Leben der Menschheit. Wie entstehen sie? Aus welchen Elementen ziehen sie ihre Substanz? Wie bewegen und verbreiten sie sich, sodass sie von Mund zu Mund oder Schrift zu Schrift gehen? Keine Frage verdient mehr Ergebenheit bei jenen, die gern über die Geschichte nachdenken. Die Frage nach der Wahrheit wird so durch die Frage nach der *Wahrscheinlichkeit* und das Interesse an kausal-konsekutiver Herkunft durch das Interesse an verschiedenen *Beziehungen* ersetzt, weil die Triebfedern der Geschichte nicht mehr an der Oberfläche liegen, in den *gesellschaftlichen* Ereignissen und ihren Trägern, sondern im Netz der kollektiv-*psychischen* Motivationen und Dispositionen. Die beschriebene frühere Einteilung des Interessengebiets führt Bloch an, um – mit weitreichenden Folgen – alle früheren Konstanten des historischen kategorischen Instrumentariums in den Antrieb wechselseitiger Interaktionen und gegenseitiger Relativierungen zu stellen. Aber trotz derartiger Verflechtungen von Begriffsgefügen entzieht er sich der mächtigen Strömung der Psychologisierung des Begriffs M. nicht. Ginzburg (1965) zeigte, wie nahe sie den damaligen revisionistischen Auffassungen Hendrik de Mans (übrigens de Mans Onkel) war, die unter den Mitarbeitern in den Annalen, den sog. Annalisten, sehr populär waren. So leitet Bloch ohne jede Reserve z. B. den gesellschaftlichen Stand der Klasse aus ihrer M. ab und erkennt keine andere Wahrheit als die psychische an.

2. Der heute sehr einflussreiche, von Bourdieu stammende Begriff M. entsteht in enger Berührung mit der dargestellten französischen M.s-Geschichte (vgl. auch die Geistesgeschichte), aber auch in Opposition zu der Psychologisierung des Begriffs einerseits und seiner Universalisierung andererseits. Letztere ist in der Jung-Tradition, im französischen Intellektuellenklima z. B. im Werk von Bachelard oder Eliade erkennbar. Wie umstritten sie in der Folge des Jahres 1968 wurde, zeigt Foucaults (1976) Ableitung der Entstehung der M. aus der kapillaren Praxis der Aufsicht, d. h. der Identifikation und Einordnung der Bewohner, die er unter dem komplexen Begriff *gouvernmentalité* zusammenführt. Mit einer ähnlichen polemischen Absicht führt Bourdieu den Begriff *Feld* als gesellschaftlichen Raum des Möglichen ein, der die Zeitgenossen auf bestimmte *Positionen* platziert und sie mit bestimmten *Dispositionen* versieht. Letztere stehen zueinander in einer mehr oder weniger bewussten, aber in der Regel konflikthaltigen Beziehung zueinander. Jedes Feld bedeutet eine Verteilung des *Kapitals* (des *ökonomischen*, entwickelt in Geld und Besitz, des *gesellschaftlichen*, sichtbar in Verwandtschaft und Beziehungen, des *kulturellen*, eingeschrieben in Bildungskompetenz, Lebensstil und Manieren, und des *symbolischen*, zu dem all diese Arten werden, nachdem sie einen legitimen Status erringen). Die komplizierte Konstellation der Kapitale klassifiziert die Positionen in solche, die die Struktur des Feldes unterstützen (hegemonische Kräfte), und jene, die nach einer Neuordnung streben (subversive Kräfte).

Bourdieu (1984, 1992) definiert die so entstandene Struktur des literarischen Feldes mit der zugehörigen Hierarchie von Schulen, Richtungen, Institutionen, Genres, Stilen, Werken und Autoritäten als den «kumulativen Effekt der Geschichte des Feldes». In ihm hängt der Beginn der hegemonischen oder der subversiven Bestrebungen von *Habitus* und *Prestige* ab, den im gegebenen Fall die Positionen in der Spannweite ihrer Dispositionen haben. Jeder Habitus zeichnet einen bestimmten *modus operandi* aus, der sich z. B. in der schriftstellerischen oder lesenden Tätigkeit des Einzelnen in den verschiedensten Diskursen und Genres, aber auch in alltäglich-praktischen Sphären, z. B. in der Kleidung oder in gastronomischen Neigungen zeigt. Die Homologien können auch breiter hergestellt werden, sodass man zu habituellen Beispielen gelangt, die für ganze Gruppen oder Epochen spezifisch sind. So lassen sich im literarischen Feld global zwei operative Modi unterscheiden, einer der hohen Literatur *(grande production)*, der den direkten Konsum verachtet, und ein zweiter für die niedere Literatur *(production restreinte)*, der skrupellos nach ihm verlangt. «Der Angehörige unterer Sozialklassen muss es sich angewöhnen, auf den pragmatischen Ernährungswert seines Essens ebenso direkt zuzugreifen wie auf die Aussage eines literarischen Werkes» (Dörner/Vogt 1990). Bei alldem ist jedoch zu bedenken, dass das Verhältnis der Kräfte innerhalb dieses profilierten Feldes nicht nur das Resultat seiner eigenen Geschichte, sondern auch die Folge seiner Position innerhalb der anderen Felder ist. Sie weist ihm in verschiedenen historischen Momenten, als Ort, an dem Streitigkeiten um die symbolische Kraft der Benennung der Welt ausbrechen, verschiedene Stufen der Autonomie zu.

Ohne Einblick in die komplexen Verhältnisse, die im beschriebenen Feld und um es herum herrschen, können wir die Strategien, die sich seine Bewohner in bestimmten *Situationen* aneignen, nicht verstehen – wenn es um das literarische Feld geht, also Schriftsteller, Leser, Kritiker, Herausgeber, Ästhetiker, Literaturwissenschaftler usw., die ein Bündnis schließen und Schulen gründen, sich in Vereinigungen zusammenschließen, bestimmte Stile und Techniken vertreten, ihre Auffassung von Literatur bekunden usw. Die Eigentümlichkeit dieser Beziehungen bewirkt, dass sich äußere Einflüsse (wie z. B. Wirtschaftskrisen, technische Änderungen, politische Revolutionen, aber auch alle anderen) im Feld immer nur durch die spezifischen Gesetze als gebrochen zeigen, die in ihm herrschen, und nie direkt. Umso mehr ist «the field (…) not only the mediation through which the social determinations acting upon literature pass but is also the space where literature takes form according to the logic of the mediations belonging to this space. If needed, literature acts on the other spheres of social practice in accordance with the same mediation» (Viala 1988).

Die Analyse trennt sich somit endgültig von der scheinbaren Unmittelbarkeit ihres Gegenstandes ab, die verschiedene Derivate der Reflexionstheorie, wenngleich unbewusst, belastete. Um zu betonen, dass die Wirkungen den Platz des Gegenstandes übernommen haben, bedient sich Bourdieus Schule Adornos Begriff der Prismenbrechung. Die Konsequenz ist, dass das Feld der Analyse sich immer nur als Gebrochenes darbietet, in seinen Wirkungen, unterhalb deren es wiederum nichts als Wirkung gibt: «Das literarische Feld ist eines von jenen, in denen innere Verhältnisse nur in mittelbarer Form bestehen, sodass sich die Analyse immer mit dem Vermitteln des Mittelbaren befassen muss». Vollkommen in Einklang damit steht Vialas Behauptung, der zufolge «a sociology of literature becomes possible only when it includes the sociology of the theories elaborated on the subject itself» (Viala 1988). Diese Ansicht ähnelt im Übrigen derjenigen sehr, die heute von der Empirischen Literaturwissenschaft, vom New Historicism, von den Cultural Studies oder der Systemtheorie verteidigt werden.

3. Aus dem kurzen Überblick ist bereits ersichtlich, dass Bourdieu den Begriff M. aus dem psychischen Feld des Bewusstseins in den gesellschaftlichen Raum der miteinander streitenden Klassenkräfte übersetzt, wo niemandem die ganze Verantwortung für die Vorstellungen, über die er verfügt, auferlegt werden kann. Und nicht nur, dass nicht Einzelne oder Gruppen in bestimmten Rollen diese Verantwortung für die *Benennung der Phänomene* übernehmen können, welche die verschiedenen Arten des Kapitals verteilen, sondern es können sie weder Modi, Traditionen, Gattungen, Stile, Codes, Themen noch die Poetiken übernehmen, die selbst nur Bestandteile des umfassenden Gefüges des Feldes und daher immer dessen unselbständige Wirkungen sind. «A properly sociological approach requires detecting which aspects of the work's potential meaning have been activated at various moments in its history by its readability and its readers. Intertextuality thus functions as an indicator of positions taken over time and across audiences» (Viala 1988).

Die zeitgenössische M.s-Geschichte bringt schließlich in die Frage durch das «relativierende Bündeln» nicht nur literaturtheoretische Begriffe ein, sondern auch ihre eigenen. «Begriffe wie ‹Klassen›, ‹Felder›, ‹gesellschaftlicher Raum›, aber auch ‹Habitus›, ‹Geschmack› und ‹Lebensstil› müssen, damit sie im wissenschaftlichen Diskurs bearbeitet und im entsprechenden Gegenstandsbereich der wissenschaftlichen Disziplinen weiter angewandt werden können, in erster Linie auf ihren soziologisch konstruierten Kern zurückgeführt und damit befreit von substantialistischen Interpretationen sein, die den alltäglich-praktisch orientierten, kausal-argumentativen Gefügen ähnlich sind und deshalb fälschlich in der Manier der Lebenswelt verstanden werden» (Jarchow / Winter 1993).

Wie viel falsches Verstehen aus dem Habitus dessen herrührt, der versteht, zeigt Bourdieu (und entledigt dabei sein eigenes Verständnis der Habitus-Abhängigkeit), wenn er die Auffassung von literarischen Werken als geistige Erzeugnisse, welche die Interessensphäre der alltäglichen historischen Existenz überschreiten, als eine narzisstische Projektion von Literaturwissenschaftlern und Ästhetikern verwirft. Ihrer Vergötterung des literarischen Textes stellt er seine Mehrkomponentenanalyse gegenüber, die sich nicht scheut, so «blasphemische» Korrespondenzen, Homologien oder «Strukturaffinitäten» zu erzeugen wie jene, die zwischen der Lebensdauer, der äußeren Erscheinung, den Bildungsschritten, der Abstammung, künstlerischen Neigungen, der psychischen Verfassung, der Berufung, den sozialen Beziehungen, den Gewohnheiten im Trinken z. B. der literarischen Figur (Frédérica in *Éducation sentimentale*) und denselben Charakteristiken des Autors (Flaubert) bestehen. Mit ebenso wenig Zurückhaltung werden die Variablen erforscht wie die romanesken, filmischen, kulturhistorischen und journalistischen, aber auch musikalischen und bildnerischen Themen und Stile, gegenüber Themen und Stilen z. B. in der Kleidung, in der Küche oder beim Sport oder wiederum, auf der anderen Seite, die Mitgliedschaft in Schriftstellerverbänden, Akademien oder Jurys, die Rezensententätigkeit bei Zeitungen und Zeitschriften, Auszeichnungen, Ehrungen und Titel, kulturelles Kapital der Vorfahren und Eltern, Wohn- und Ehegemeinschaft, Mutterschaft, Vaterschaft des Autors parallel zu seinen Präferenzen hinsichtlich Poetik, Genre, Stil und Sprache u.a. Ziel einer solchen ständigen «Diskontinuierung der Kontinuität» ist, durch das Überschreiten der Gebietsgrenzen eine Entfamilisierung der eingewurzelten ästhetisch-literaturwissenschaftlichen Perspektive herbeizuführen, welche «die Litanei der Einzigartigkeit singt». Wie schon Flaubert die Kategorien, in denen seine Zeitgenossen dachten, erforschte, um einen bis dahin ungedachten Raum zu öffnen, so muss auch, daran hält Bourdieu fest, der Analytiker heute im Verhältnis zu ihm handeln. Die Originalität seines Unternehmens werde sich nur abzeichnen, wenn wir, statt dass wir es bewusst oder unbewusst der einen oder anderen Prestigeposition innerhalb des heutigen literarischen Feldes (wie es der *nouveau roman* ist) hinzugesellen und einen begeisterten (wenngleich unvollkommenen) Vorläufer schaffen, sein Projekt, so weit wie möglich, in den historisch konstituierten Raum einfügen, innerhalb dessen es entwickelt werde. Mit anderen Worten, indem wir die Sehweisen Flauberts übernehmen, der nicht Flaubert geworden ist, versuchen wir zu entdecken, was er in der Welt machen sollte und wollte, die noch nicht transformiert war durch das, was er in Wahrheit tat, und dadurch zu der Welt wurde, die wir Flaubert zuschreiben, wenn wir ihn als einen ‹Vorläufer› behandeln. Eigentlich hindert uns diese familiäre Welt daran, die außerordentliche Anstrengung zu verstehen, die er unternehmen musste, die besonderen Widerstände, die er, angefangen bei sich selber, überwinden musste, um das durchzuführen und auf sich zu nehmen, was wir jetzt, mit besonderem Dank an ihn, als selbstverständlich betrachten (Bourdieu 1975).

4. Bourdieus Kultursoziologie passte sich dem neuen Paradigma der Sozialgeschichte der Literatur an, die Japp (1980) mit «Beziehungssinn» bezeichnete. Er verzichtet auf das Privilegiertsein des gegenwärtigen Blickwinkels, der charakteristisch war für das traditionelle emanzipatorische Paradigma der Sozialgeschichte, welche die Vergangenheit vor allem als einen Schauplatz der Bestätigungen der eigenen Identität erlebte. Demgegenüber bemühte sich der Analytiker Bourdieu um den Ausbau der historischen Spezifik des sprachlichen und stilistischen Repertoires, der imaginären Beispiele, der gedanklichen Kategorien, dem Geschmack und Standard des Verhaltens eines bestimmten Feldes

zuneigend, all dies, um die Anachronie seines Auftretens zu vermeiden. Darüber hinaus geht er in Richtung eines Verständnisses des literarischen Textes als Schnittpunkts verschiedener diskursiver und nichtdiskursiver Praktiken, als Treffpunkts unversöhnlichen Zeichengebrauchs und als eines Genre- und Weltanschauungshybrids – und das ist die Auffassung, die in der zeitgenössischen Literaturtheorie dominiert. «In dem Maße, wie die ‹attitudes mentales› nicht als kompakte Einheiten, sondern als variable Systeme einzelner Komponenten gedacht werden, können sie zu unterschiedlichen Zeiten mit jeweils unterschiedlichem Akzent aktualisiert oder vergessen werden» (Röcke 1992). All das macht Bourdieus Konzeption für die Anwendung in der Literaturgeschichte attraktiv und erklärt ihre wachsende Popularität. Das bedeutet aber nicht, dass ihre Hauptthese, nach der «der Geschmack ordnet, und zwar ordnet sein Klassifikator» (1979), nicht auf sich selbst angewendet werden kann, um in ihr eine charakteristische Entstehung des französischen intellektuellen und kulturellen Klimas zu erkennen, das nur eine begrenzte Reichweite z. B. in der Analyse des amerikanischen *Pendants* hätte. Man könnte auch behaupten, wie es seine Kritiker bereits mehrmals taten, Bourdieus unbarmherzige Entmystifizierung der elitären intellektuellen und kulturellen Gewohnheiten erfolgte durch ausnahmslos spitzfindige Diskurse und jenen geradezu akrobatischen Satzbau, in dem die Analyse der «feinen Unterschiede» durchgeführt werde und der allein offenbar diese «aushalten» könne, der am Ende lediglich den Trägern dieser kritisierten Gewohnheiten zugänglich sei und keinesfalls denen, in deren Name die Kritik durchgeführt wird. «One can only conclude that it is a purely philosophical, that is a purely *disciplinary*, authority that enables Bourdieu's work to stand outside and above the game of intellectual competition, outside the political imaginary, outside the categories of a dominant and all-embracing culture. (...) It is the regime of truth ordering the discipline of *sociology* that yields the single point of exception to the ‹labour of domination› performed by all (other) intellectual work (...)» (Frow 1995). (C. S.)

→ Feld, Geistesgeschichte, Habitus, Hegemonie, Homologie, Illokution, Institution, Literaturgeschichte, Macht, Wert

Metapher

(engl. metaphor, franz. métaphore, russ. metafora)

Einer der zentralen Begriffe der zeitgenössischen Literaturtheorie, neuerdings auch der Linguistik, Philosophie, Psychologie, Theologie, Soziologie usw. Den enormen Zuwachs und die Verbreitung des Interesses gibt am ehesten der Titel des Sammelbandes *Allanwesenheit der Metapher* (Paprotté / Dirven 1985) wieder. Auch die englische verbesserte und ergänzte Übersetzung des berühmten Buchs Ricœurs über «die lebendige Metapher» (1975b) lautet keineswegs zufällig *Die Herrschaft der Metapher* (1977). Die M. hat sich der wissenschaftlichen Aufmerksamkeit infolge der Hinwendung zur Sprache und zu den interpretativen Mustern des Bewusstseins aufgedrängt, die das gegenwärtige wissenschaftliche Paradigma charakterisiert. «Die Metapher ist ein sprachliches Phänomen von besonderem philosophischen Interesse und besonderer Bedeutung, weil ihr Gebrauch in verschiedenen Bereichen verwirrende Fragen über die Natur und die Grenzen der Sprache und des Wissens anregt» (Beardsley 1967).

1. Auch in der Literaturtheorie übertrifft die Zahl der Abhandlungen über die M. bei weitem die Zahl jener, die anderen Figuren gewidmet sind. Die hängt zunächst mit dem traditionellen, tief verwurzelten Verständnis zusammen, dass M.n ein bevorzugtes interpretatives Verfahren ermöglichen, dem Gesamtwerk und der Weltanschauung eines Autors nahe zu kommen. Mehr noch, die M. befindet sich am Fundament vieler hermetischer, avantgardistischer, poetischer Richtungen, mit welchen sich die zeitgenössische Literaturwissenschaft zu beschäftigen hatte. Doch es sieht so aus, als ob der Hauptgrund für die theoretische Popularität der M. im Bestreben liegt, diesen Begriff mit der Trope schlechthin gleichzusetzen, was zu einem extrem elastischen Gebrauch des Begriffs geführt hat. Wie Genette erklärte (1972), baut jede Trope auf dem Tausch eines Ausdrucks gegen einen anderen auf, wobei der letztere «als» der erstere «gilt», womit er ein Verhältnis der (Quasi-)Gleichwertigkeit aufbaut. Diese Quasi-Identität (gelten als, *valoir pour*) wird dann mittels des «spontanen Gleitens» durch Äquivalenz ausgetauscht (sein wie, *être comme*), weshalb dann auch jede Trope als eine M. angenommen werden kann.

Eine luzide Erklärung für die Bevorzugung der M. hat Jakobson (1956) angeboten: «Die Äquivalenz der Bedeutung verbindet die Symbole der Metasprache mit den Symbolen der Sprache, auf die sie sich beziehen. Die Äquivalenz verbindet den metaphorischen Ausdruck mit dem Ausdruck, den er ersetzt. Die Folge davon ist, dass der Forscher beim Konstruieren der Metasprache für eine Tropeninterpretation über mehr homogene Mittel verfügt, um mit der Metapher zu hantieren, während die Metonymie, die auf einem anderen Prinzip gegründet wurde, sich leicht der Interpretation entzieht.» Diese Bemerkung über die metaphorische Bedeutung der wissenschaftlichen Metasprache überrascht bei Jakobson umso mehr, als die unreflektierte metaphorische Betrachtung ausgerechnet ihm (wie wir bald sehen werden) die Abstraktion der M. und der Metonymie aus ihren syntaktischen Kontexten und damit den Aufbau einer reduktiven, aber überaus einflussreichen binären Opposition ermöglicht. Jakobson erneuert hiermit ungewollt das Schlüsselproblem der klassischen Rhetorik, obwohl er sie wegen unzureichender Wissenschaftlichkeit entschlossen verworfen hat. «Durchs Hintertürchen» schleicht sich nämlich bei ihm ihre tragende Überzeugung wieder ein, dass man die Figuren von einem Standpunkt aus erklären und klassifizieren könne, der von sich aus nicht figurativ ist.

Doch neben allen Vorteilen, die ihr die metaphorisierte analytische Perspektive verliehen hat, scheint die M. doch ein unverhältnismäßig breiteres Wirkungsfeld als andere Figuren zu haben, weil sie sich, außer – wie die anderen auch – an ein Substantiv auch an ein Verbum, ein Adjektiv oder ein Adverb binden und sich außerdem über den ganzen Satz oder einen ganzen Komplex von Sätzen erstrecken kann. Bereits Fontanier (1830 / 1968) hat bemerkt, dass sich die M. von anderen Figuren durch ihre *Operation* der Verknüpfung von zwei Ideen abhebt. Heute wird diese Erkenntnis durch die These vom *prozessuellen* Charakter der M. artikuliert: Während bei anderen Figuren die Zeichen, die in das Tauschverhältnis treten, voneinander getrennt bleiben, kommt es in der M. zu einer Übertragung zwischen ihnen, worin dann auch die gegenseitige Veränderung der Bedeutung begründet ist. Deshalb muss man die M. heute im Rahmen der Diskursdynamik erforschen und nicht auf der Ebene der Worte, wie es die traditionelle Rhetorik getan hat (Weststeijn 1995).

2. Diese Einsicht hatte in der zeitgenössischen Theorie einen mühevollen und langsamen Durchsetzungsweg. Es ist paradox, dass diese Theorie, während sie den epistemologischen Schnitt mit dem traditionellen, «vorwissenschaftlichen» Verständnis der Sprache verkündete, gleichzeitig unkritisch die altrhetorischen Systeme der Tropen und Figuren und die von ihr ausgearbeitete Terminologie übernommen hat. Der eifrige Gebrauch dieser Termini ist «interessant, weil er zeigt, in welchem Ausmaß der Strukturalismus trotz seiner Neigung zum radikal Neuen fest verwurzelt in dem traditionellsten aller metaphysischen Idealismen verblieben ist» (Ruegg 1979). Es war in der zweiten Hälfte der 1960er Jahre, als die französischen Strukturalisten Jakobsons Abhandlungen *Zwei Aspekte der Sprache und zwei Typen der aphatischen Störungen* (1956) und *Linguistik und Poetik* (1960) rezipierten, die in französischer Übersetzung 1963 erschienen sind und in denen die These vom metaphorischen und metonymischen Sprachpol vorgetragen und ausgearbeitet wird. Unter dem metaphorischen Sprachpol versteht Jakobson die Fähigkeit, ein Wort auszuwählen und durch ein anderes nach dem Prinzip ihrer (semantischen) Äquivalenz zu ersetzen; unter dem metonymischen Sprachpol versteht er die Fähigkeit, ein Wort mit dem anderen nach dem Prinzip ihrer (kontextuellen bzw. auf ihre Position bezogenen) Nähe zu kombinieren. Die zwei Typen von Beziehungen zwischen den Spracheinheiten, Äquivalenz und Nähe, schaffen also zwei Aspekte jeder dieser Einheiten, einen semantischen und

einen positionellen, wobei sich die Typen wie auch die Aspekte aus dem ursprünglichen polaren Unterschied zwischen der M. und der Metonymie ergeben, die alle menschlichen sprachlichen und bildlichen Ausdrücke durchdringt, d. h. «jeden symbolischen Prozess, gleich ob er sich im Subjekt oder in der Gesellschaft vollzieht». Jakobson meint, dass jeder Sprachgebrauch die Wahl zwischen diesen zwei Alternativen voraussetzt, wobei «der Einzelne seinen persönlichen Stil entdeckt, seine verbalen Vorlieben und Neigungen». So erkennt er etwa in der Lyrik die Vorliebe für die M. und in der Epik für die Metonymie, im Romantismus, Symbolismus und Surrealismus die Vorliebe für die M. und im Realismus für die Metonymie usw.

Und dennoch widersetzt sich einer solchen *alternativen* Festlegung der Beziehungen zwischen den Gravitationspolen der Sprache seine eigene Analyse eines psychologischen Tests, der bei Kindern durchgeführt wurde und in welchem die kindlichen Lösungen als «positionelle Äquivalenz»/«semantische Nähe» oder als «semantische Äquivalenz»/«positionelle Nähe» klassifiziert wurden, was bedeutet, dass die Typen und Aspekte *kombiniert* werden als die senkrechte und waagerechte Achse eines aus vier Feldern bestehenden Koordinatensystems. Jakobson hat dieser gleichzeitig vielfachen Referenzialität der Spracheinheiten in seinem späteren Essay *Linguistik und Poetik* stärker Rechnung getragen, wo er nachdrücklich sagt, dass jede poetische M. in bestimmtem Maß metonymisch sei, während jede poetische Metonymie einen metaphorischen Beiklang habe.

3. Zu einer echten Anregung für die Übertragung der globalen Opposition in ein subtiles Spiel der Unterschiede ist es allerdings erst bei Lacan gekommen (1957b/1966). Er stellt die Metonymie auf die waagerechte, die M. auf die senkrechte Achse seines Koordinatensystems und ersetzt somit das Verhältnis des gegenseitigen Ausschlusses durch das Verhältnis des Einschließens. Deshalb hört die Polysemie auf, nur für den poetischen Diskurs gültig zu sein, und erfasst alle Diskursarten. Aber Lacans System gibt sich nicht mit der bloßen Identifikationsklassifizierung der Diskurse auf dem Schnittpunkt ihrer Achsen zufrieden, wie es Jakobson tut, sondern er hegt die Ambition einer richtigen Interpretation der Bedeutung jedes einzelnen Diskurses. Letztendlich heißt das, dass die Rhetorik darin den Status des endgültigen erklärenden Modells verliert, das heimlich die metaphorische Perspektive privilegiert und sie stattdessen in die Funktion der sog. symbolischen Ordnung gebracht wird, die auf der flüchtenden metonymischen Grundlage errichtet wurde.

Während nämlich die cartesianische, metaphysische Welt auf dem ganzen Signifikat und dem ganzen Gegenstand aufbaut, wird die symbolische Ordnung auf dem Mangel, der Leere, der Abwesenheit errichtet, wie es Lacan mit der Formel suggeriert «Ich denke dort, wo ich nicht bin, und deshalb bin ich dort, wo ich nicht denke». Auch wenn er sagt, dass nie *je* (ich) spricht, sondern stets *ça* (es), verweist er durch diese Beförderung des Unbewussten (id) ins Subjekt der Äußerung auf die Immer-schon-Determiniertheit dieses Subjekts durch den sog. radikal abwesenden Anderen. Aber die Tatsache, dass bei ihm an die Stelle der Anwesenheit die Abwesenheit tritt, ändert eigentlich nichts an der Zentrierung von Lacans symbolischer Ordnung, die der Zentrierung des cartesianischen Universums analog ist, mit welcher das Subjekt sich nur noch aussöhnen kann. Denn es kann nie die Sperre *(la barre)* überwinden, die den Signifikant vom Signifikat trennt, das Wort von der Bedeutung, die Erscheinung von der Wahrheit, sodass es in seiner Tätigkeit gezwungen ist, auf der Kette des unendlichen Begehrens immerfort seinen Platz zu wechseln. Jede M., die es bei dieser Verschiebung schafft, offenbart sich statt in ihrer Vollständigkeit nur als ein Symptom, und das führt dann den Analytiker zu jenem sorgfältig unterdrückten «anderen Schauplatz» des Unbewussten, wo erst «die echte Rede» der symbolischen Ordnung herrscht. Im Einklang hiermit erklärt Lacan: «Die Metapher erscheint *(se place)* genau an dem Ort, wo der Sinn aus dem Nichtsinn entsteht *(se produit dans)*.» Die Unerbittlichkeit der Trennwand, die den Sinn vom Nichtsinn trennt, verwandelt «das gesellschaftliche Feld in den permanenten Tatbestand, was Lacans Position enger an die Doktrin der ‹permanenten Ideologie› von Althusser bindet als an den Begriff der nicht auszurechnenden Zukunft, wie wir sie im Werk Derridas antreffen (...)» (Butler 1993). De Mans Dekonstruktionsprojekt stellt die metaphysische Epistemologie jedoch auf ähnliche Art auf den Kopf – ganz im Gegensatz zum Projekt Derridas. «Die Dekonstruktion kann ihre Bemerkungen nur deshalb vortragen, weil sie beteiligt ist am Willen zur Erkenntnis. Sie zieht ihr Pathos aus der Kontinuität (...) mit der Tyrannei der Selbsterkenntnis» (Newton 1995).

Während Lacans Deutung der M. stark an Heideggers Deutung der Wahrheit als Versteck- / Entdeckspiel mit dem ihm übergeordneten Sein *(alétheia)* erinnert, ist sein Verständnis der Metonymie offensichtlich aus dem Begriff Begehren nach der Anerkennung durch den Anderen abgeleitet, den Hegel in seiner Dialektik zwischen Herrn und Knecht entwickelt hat *(Phänomenologie des Geistes)*. Auch bei Hegel ist nämlich dieses Begehren konstitutiv doppelsinnig und setzt den gleichzeitigen Wunsch des Subjekts voraus, den Anderen zu *besetzen* und mit ihm zu *tauschen* (d. h. sich mit ihm gleichzustellen). Bei Lacan äußert sich eine solche Doppelsinnigkeit in der Formel «in den Besitz des Anderen geraten», freilich mit dem bedeutsamen Unterschied, dass sich dieses in der Realisierung immer wieder als unmöglich erweist, was dann zu einer metonymischen Erneuerung des Begehrens führt.

4. Lacans Wiederaufzeichnen der Beziehung zwischen M. und Metonymie – in der Ruegg (1979), wahrscheinlich durch die Lektüre von Derrida

(1975/1980) angeregt, die gekonnt getarnte «Rückkehr zur bequemen Sicherheit des klassischen metaphysischen Idealismus» aufdeckte – hatte großen Einfluss auf die französische Diskussion über diese Frage. Cohen (1979) betont z. B. den Vorteil des syntagmatischen Kontextes gegenüber dem paradigmatischen Austausch: Erst nachdem wir eine Unangemessenheit im ersten (d. h. im Kontext) bemerkt haben, flüchten wir uns zum korrektiven Vorgehen des zweiten (d. h. dem Austausch). Die Äquivalenz würde somit nicht vorangehen, sondern aus der (verhinderten) Nähe folgen. Das Problem seiner Erklärung liegt darin, dass auch sie die (klassisch-rhetorische) Möglichkeit der Unterscheidung der (rhetorisch) inkompatiblen von den (grammatisch) korrekten Ausdrücken und somit auch die Unterscheidung zwischen M. und Metonymie nicht in Frage stellt, sich also so verhält, als ob der analytische Ausgangspunkt aus dem Netz ihrer vielschichtigen Interaktionen ausgeschlossen sei. Lacan hat sich von solcher Naivität mit einer charakteristisch paradoxen Formel distanziert: «Es irren diejenigen, die (glauben, dass sie) nicht betrogen wurden» *(les non-dupes errent),* und nebenbei auch durch seine Bestimmung des Analytikers als «ein Subjekt, von dem man annimmt, dass es wisse» *(le sujet supposé savoir).* Sein Analytiker/Theoretiker verweigert sich also scheinbar entschlossen der Rolle von jemandem, der vollständig den trügerischen figurativen Wirkungen der Sprache entkommt, ersetzt sie aber eigentlich nur durch die sokratische Rolle desjenigen, der «weiß, dass er nicht weiß», um sich wenigstens danach von anderen unterscheiden zu können (die glauben, dass er weiß). Die sokratische Ironie erkennt man daran, dass «das Subjekt, von dem man annimmt, dass es weiß», alles, was in seiner rhetorischen Macht steht, getan hat, um andere zu überzeugen, sie mögen ihm dasselbe Wissen zuschreiben, das er so bescheiden von sich weist. Daher ist Lacans vielfach codierter Stil durchdrungen von Formeln, Graphen, Rebussen, Vizen, Paradoxen, Ellipsen, Glossolalien und allerlei Chiffren. Diese Inszenierung des Spiels der unbewussten Signifikation im eigenen Diskurs hat – bezeichnenderweise – große Begeisterung bei den Kommentatoren hervorgerufen. So meint Palmier, dass sie «nie die Frucht des Zufalls, sondern ein Werk der seltenen Komplexität sei» (Gallop 1985), und Clément (1981) stellt fest: «Falls er Lücken in seiner Rede lässt, dann ist das absichtlich; falls er stehenbleibt, ins Stottern verfällt, dann ist das keine Unentschlossenheit (...) sondern die vollständige Beherrschung des Sprachspiels». Aber wie eine solche *maîtrise* aussöhnen mit der gnadenlosen Unterwerfung des Subjekts unter die Gesetze des Signifikanten? Wie kann der Meister das *durchführen,* was den anderen nolens volens *zuteil* wird? Ist das wirklich «die Herrschaft, die Lacan nicht gewollt hat» (Clément)? Lacans Zögern konnte man dagegen als «die Manier eines Zen-Buddhisten» deuten, «der so zur Macht strebt, dass er ihr entsagt» (Burke 1992). «Das Beherrschen der

Rhetorik beruht letztendlich auf der Rhetorik der Herrschaft» (Ruegg), und in der Letzteren ist die Ironie die dominante Trope, weil sie am erfolgreichsten die möglichen Widerstände entwaffnet.

5. Indem sie die dargestellte Unmöglichkeit der Sicherung des theoretischen Ausgangspunkts – der auch selber unweigerlich der Figuration unterliegt – in Betracht ziehen, warnen die Poststrukturalisten vor den Schwierigkeiten bei der Trennung der M. von der Metonymie. Die Antizipation ist bereits bei Eco (1971) enthalten, wo er darauf verweist, dass «man jede Metapher auf eine Kette von metonymischen Bindungen reduzieren kann, die in ihrem Fundament liegt, den Code-Rahmen bildet und auf der, ob teilweise oder (theoretisch) umfassend, die Konstitution jedes semantischen Feldes gegründet wird.» Dass das Aneinanderreihen der Nähe mit der Zeit in Äquivalenz übergeht, zeigt auch Johnson (1984), der sich auf die Aufforderung der Legionäre beruft, die eine Abkehr von der Bezeichnung «Legionärskrankheit» verlangt haben, welche zur M. geworden ist, obwohl sie durch die Assoziation mit den (zufällig) ersten Opfern entstanden ist. Auch das Aneinanderreihen von Äquivalenzen äußert sich nach und nach als Nähe, wie das französische Sprichwort «Gleich und Gleich gesellt sich gern» *(Qui se ressemble s'assemble)* zeigt. Schließlich zwingt sich im Satz «Das Weiße Haus hat alle Beschuldigungen bestritten» die Frage auf, ob das Subjekt nur die Metonymie (der Regierung) oder ob es gleichzeitig die M. für die Unschuld der Hausbewohner ist. Aber trotz aller Unentscheidbarkeit herrscht unter den Polen des Gegensatzes von Jakobson auch die Ungleichheit, weil dieser Gegensatz in der Perzeption mit dem Gegensatz Notwendigkeit / Zufall kombiniert wird. Einer Bemerkung de Mans (1979) zufolge wird die Verbindung von Achilles mit einem Löwen wenigstens teilweise als wahr empfunden im Unterschied zur Verbindung von Ford mit einem Auto. Dementsprechend tritt die Vervielfältigung jener Gegensätze ins Zentrum der analytischen Aufmerksamkeit, die sich untereinander aus verschiedenen Perspektiven verschiedentlich übercodieren.

Dieses Verfahren ist bereits bei Lodge (1977) offensichtlich, dem ersten Buch, das Jakobsons Gegensatz in der Analyse der literarischen Prosa anwendet. Lodge erkennt die Relativität der Begriffe M. und Metonymie an, da wir – wenn Jakobson die Poesie dem metaphorischen und die Prosa dem metonymischen Pol zuschreibt –, um seine These zu relativieren, zunächst das höhere Niveau der Abstraktion einnehmen können, um zu sagen, dass die ganze Literatur metaphorisch und die Nichtliteratur metonymisch ist. Danach könnten wir uns das niedere Niveau der Abstraktion aneignen, auf dem eine Art Prosa sich als metaphorisch erweisen würde und eine andere als metonymisch. Lodge meint, dass sich mit einer derartigen Verschiebung des Gegensatzes von einem Niveau auf das andere die Theorie der sich gegenseitig ausschließenden

Eigenschaften in die leichter einzusetzende Theorie der Überlegenheit einer Eigenschaft über die andere verwandeln lässt.

Er jedoch glaubt immer noch – in Übereinstimmung mit seinem strukturalistischen Ausgangspunkt –, diese Überlegenheit könne als eine *Text*qualität festgestellt und beschrieben werden, während die Poststrukturalisten in ihr nur noch das Resultat der rezeptiven *Attribution* erkennen. So erforscht Johnson (1984) in ihrer Analyse des Romans *Ihre Augen betrachteten den Gott* der afroamerikanischen Autorin Zore Neal Hurston die Metaphorisierung der Metonymie und die Metonymisierung der M. zunächst am Beispiel der weiblichen Hauptfigur im Roman und dann am Beispiel der Autorin selbst, deren Prosa die weißen Kritiker als zu wenig politisch bezeichnet haben und die schwarzen Kritiker als zu wenig kohärent, weil die ersten das Politischsein (der Afroamerikanerin) mit dem Rassen- und nicht mit dem Geschlechterregister assoziieren, während die anderen dagegen die Kohärenz mit der männlichen und nicht mit der Rassenidentität verbinden. Im Koordinatensystem, das aus der rassischen und geschlechtlichen Achse besteht, schließt Jakobson daraus, «ist das was im Fall einer schwarzen Frau geschieht, dass die vier Viertel ständig in zwei pervertieren». Sogar für Feministinnen ist der Begriff «Frau» ein Synonym für «weiße Frau» und der Begriff «Schwarzer» für «schwarzer Mann», was die schwarze Frau unsichtbar und überall präsent macht, «nie gesehen in ihrem eigenen Recht, aber immer von anderen für ihre eigenen Ziele vereinnahmt». Das Koordinatensystem aber, ganz gleich um wie viel es analytisch operabler ist als eine Achse, ist selbst ein ungenügend verfeinertes Instrument, sodass man es mit nationalen, regionalen, religiösen, psychischen, von der Klasse und vom Stand abhängigen und sonstigen Gegensätzen kombinieren muss, falls der Analytiker jenem Verschmelzen und Überdeterminieren der Unterschiede treu bleiben möchte, welche die subtile Erzählstrategie von Hurston charakterisieren. «Es gibt keinen Standpunkt, von welchem die universellen Eigenschaften des Menschen, der Frau oder der schwarzen Frau oder sogar Hurston ausgewählt und mitgeteilt werden können. Die Angleichung und Vereinfachung sind Phantasien der Herrschaft und nicht des Verständnisses.» Es ist offensichtlich, dass sich die Poststrukturalisten stark gegen die metaphorische analytische Perspektive wenden, die das Zeichen früher oder später, aber auf alle Fälle zu schnell, durch den Referenten austauscht.

6. Es stellt sich aber die Frage, ob eine solche metaphorische Bewusstseinsoperation am Ende überhaupt vermieden werden kann. Als ob sich schon Derrida (1972a) dessen bewusst gewesen wäre, der in der *Weißen Mythologie* die M. als einen diskursiven Prozess der Situationsproduktion der nicht-doppelsinnigen Bedeutung erklärte bzw. als ein notwendiges Verfahren, um die unendlichen Verschiebungen der Interpretationen zu stoppen. Aber diese seine

Einsicht erfährt ihre volle Anerkennung erst mit der Affirmation der Semiotik von Peirce im Verlauf der 1980er Jahre. Peirce hat noch am Anfang des 20. Jahrhunderts erklärt, dass das, was wir als wirklich erleben, das Resultat der Aktivität der sog. Naturzeichen sei, die in unserem Bewusstsein festgesetzt sind als Folge der Konventionen des Sprachgebrauchs. Diese haben bestimmte Verlaufskonfigurationen der Schlussfolgerung entwickelt, welche dann, abhängig von ihrer Stabilität, verantwortlich sind für die Verwandlung der Zeichen entweder in Gegenstände, Tatsachen, Zustände oder in Gesetze. Die Pointe ist, dass der Mensch erfahrungsmäßig immer nur bis zu jenen Aspekten der Wirklichkeit vordringt, die im gegebenen Moment im Rahmen der Zeichenstruktur seines Bewusstseins darstellbar sind. Aber über die Darstellbarkeit entscheiden nicht nur der (historische) Augenblick – das würde der M. erneut den entscheidenden Vorteil gegenüber der Metonymie bringen –, sondern auch eine Menge anderer Faktoren, die an den Darstellenden und seine Situation geknüpft sind. So kann man eigentlich am Schluss doch nicht sagen, wer oder was die Verantwortung für die gegebene Sinneskonstruktion der Wirklichkeit trägt, weil die M. wieder in das metonymische Netz eingewebt wird.

Peirce illustriert das auf der Ebene der individuellen Bewusstseinsstruktur mit der These, nach der «die Erkenntnis oder die Vorstellung in keinem einzigen Augenblick des Zustands meines Verstands enthalten sind, doch im Verhältnis verschiedener Augenblicke dieses Zustands sind sie erhalten». Auf der Ebene der Gemeinschaft stellt Lewis (1985) dieses Problem dar als einen Kampf unter den konkurrierenden Wirklichkeitsvorstellungen darüber, welche den Vorrang erlangen wird, was letztendlich heißt, dass keine dieser Vorstellungen in ihrer individuellen Struktur verstanden werden kann, wenn man sie nicht in ein Verhältnis zu anderen Vorstellungen bringt, die sie in einem gegebenen Umstand bestätigt, korrigiert oder widerlegt. Die Frage ist, wie man in diesem Kontext die Lage der Theorie selbst begreifen soll, welche die Erforschung einer bestimmten Vorstellungs- und Sprachkonstitution der Wirklichkeit unternimmt (als einer metaphorischen Operation für die Beendigung der unendlichen Semiose), und zwar deshalb, weil auch sie – ob gewollt oder nicht – als verlängerte Hand der Legitimation einer und der Delegitimation anderer Operationen erscheint. Um diese Frage werden heute Diskussionen zwischen dem Neuen Historismus, den *Cultural Studies*, der Mentalitätsgeschichte, der empirischen Literaturwissenschaft, der Theorie der selbstreferenziellen Systeme und anderer Richtungen der zeitgenössischen Theorie geführt. Das Problem der komplexen Beziehung zwischen M. und Metonymie hat sich verlagert auf die Bestimmung der Beziehungen zwischen der Theorie und ihrem Gegenstand. (A. B.)

→ Äquivalenz, Figur, Kontiguität, Verdichtung, Verschiebung

Metasprache

(engl. metalanguage, franz. métalangage, russ. metajazyk)

1. Der Begriff wurde von den Logikern der Wiener (Carnap) und Lemberg-Warschauer Schule (Tarski) eingeführt und ausgearbeitet, um dem Bedarf nachzukommen, «die Sprache, über die wir sprechen, eindeutig zu unterscheiden von jener, mit der wir sprechen». Mit verschiedenen Betonungen wurde er von Harris und Hjelmslev übernommen. Harris geht von der Tatsache aus, dass in jeder natürlichen Sprache eine Menge metasprachlicher Ausdrücke vorkommen, mit welchen diese Sprache sich selbst beschreibt, und er erkennt darin die Möglichkeit, eine wissenschaftliche M. aufzubauen. Eine solche Position hat wahrscheinlich in der amerikanischen Linguistik zu einer gewissen Gleichgültigkeit gegenüber der strengen Konzeptualisierung der beschreibenden Sprache geführt. Hjelmslev dagegen begreift die M. als eine semiotische Hierarchie der Definitionen, die zu einer immer größeren Systematisierung tendieren. Sein Ideal ist die vollständige Formalisierung der linguistischen M. In diesem Sinn muss man auch den Vorschlag von Greimas verstehen, die drei metasprachlichen Ebenen voneinander zu unterscheiden – die beschreibende, die methodologische und die epistemologische –, wobei die höheren Ebenen die Aufgabe hätten, die Operationen auf den niederen Ebenen zu überwachen (1976b). Dabei hat er freilich die wissenschaftliche M. (oder Grammatik) als ein Objekt der Semiotik im Sinn, während er die metasprachlichen Zonen der natürlichen Sprachen der linguistischen Bearbeitung überlässt.

2. In der Literaturtheorie wird das Problem der M. Mitte der 1960er Jahre durch die französischen Strukturalisten affirmiert, obwohl es bereits von den russischen Formalisten antizipiert wurde und – auf ihren Spuren – auch von Jakobson und den tschechischen Strukturalisten. In Analogie zur Linguistik schlägt Genette (1966) vor, dass literarische Werke als Sprache begriffen werden und literaturanalytische Texte als ihre Grammatik. Diesen Vorschlag hat dann Todorov in einer Reihe von Arbeiten ausgearbeitet, wobei er für eine exakte Trennung der Poetik von der Kritik eintrat. Aber schon Barthes (1967b) bettet seine analytische Betrachtung innerhalb und nicht außerhalb dieses Systems ein, wobei er seine eigene Sprache als der historischen Situation verpflichtet versteht. Deshalb vertritt er die Auffassung, dass seine Schlussfolgerungen keine reellen, sondern nur formale Berührungen mit dem analytischen Gegenstand haben, das heißt, dass sie auch selbst in einen Forschungsgegenstand verwandelt werden können. Damit eröffnet sich der Raum für das poststrukturalistische Bestreiten der Möglichkeit einer M., wie wir es in beispielhafter Form in Lacans gespaltenem Subjekt antreffen, in der Différance von Derrida oder aber in Foucaults Begriff der Falte *(pli)*. Sie übernehmen (bewusst

oder unbewusst) das deutsche frühromantische Motiv der unendlichen Verdopplung der Sprache bzw. sie bevorzugen seine selbstreferenzielle gegenüber seiner referenziellen Dimension. Da die M. auf der Voraussetzung der reinen Referenzialität beruht, ist es verständlich, dass es für sie in der poststrukturalistischen Konzeption keinen Platz gibt.

3. Wie die Linguisten die M. in der natürlichen Sprache finden, so finden sie die Literaturtheoretiker in der Selbstthematisierung des literarischen Textes. Das gilt vor allem für die Diskursanalytiker in der Folge der 1980er Jahre, zu jener Zeit, in der die Idee über eine wissenschaftliche M. verworfen wurde. Man war bemüht, den Begriff zu erhalten, und zwar im engeren Sinn als eine Operation, welcher sich Diskurse bemächtigen, um ihre ideologischen Wurzeln zu tarnen. So schreibt McCabe (1985): «Das, was ich die ungeschriebene Prosa (oder Metasprache) genannt habe, ist eben diese Sprache, die, während sie andere Sprachen in Anführungsstriche setzt und sie als materiellen Ausdruck bestimmter Bedeutungen betrachtet, gleichzeitig dafür sorgt, dass dieselben Bedeutungen einen transparenten Ausdruck innerhalb der Metasprache selbst finden (…) (Die Metasprache) erlebt man nicht als materiell; sie ist dematerialisiert, um die perfekte Darstellung schaffen zu können – um die Identität der Dinge durch das Fenster der Worte scheinen zu lassen.» (A. B.)

→ Denotation, Pfropfung, Referenz, Selbstreferenzialität

Modus

(engl., franz. mode, russ. modus)

1. Bei Frye (1957) bezeichnet M. eine Qualität der fiktionalen Welt, die den Helden (a) zur Umgebung in jener Welt oder (b) zu normalen Menschen außerhalb dieser (Leser bzw. Zuschauer) in Relation setzt. Frye unterscheidet fünf M.i: (1) den mythischen M., in dem der Held beiden kategorisch überlegen ist; (2) die Romanze, in welcher der Held beiden graduell überlegen ist; (3) den hochmimetischen M., in dem er den Menschen, aber nicht seiner Umgebung graduell überlegen ist; (4) den schwachmimetischen M., in dem er mit beiden auf einer Stufe steht, und (5) den ironischen M., in dem er schwächer als die Menschen und als die Umgebung ist.

2. In der angloamerikanischen Narratologie bezeichnet M. den Grad der erzählerischen Vermitteltheit (Diegetizität) eines Erzähltextes: Nach der Distanz, die der Erzähler gegenüber den Figuren aufbaut, unterscheidet man *telling* und *showing*. Genette (1972) ist jedoch der Meinung, dass dieser Begriff zu korrigieren sei, indem zur Distanz der Blickwinkel *(point of view)* hinzugefügt wird.

Er sagt ausdrücklich, dass im Zentrum seiner Kategorie des Erzähl-M. (wobei «Erzähl-M.» in der amerikanischen Ausgabe seines Buchs mit *mood* übersetzt wurde) zwei Fragen stehen: ob im Text *weniger* oder *mehr* erzählt wird und von welchem *Standpunkt* aus dies geschieht. Den so verstandenen Begriff M., in welchem die Beziehung des Erzähltextes *(récit)* und der Geschichte *(histoire)* zusammengefasst ist, stellt Genette dem Begriff Stimme *(voix)* gegenüber, der im Französischen (und Englischen) auch das Genus verbi bezeichnet und – im Einklang mit dieser charakteristischen grammatischen Analogie – das Verhältnis des Erzähltextes zum Erzählakt *(narration)* betrifft. Im Übrigen widmet Genette in seinem Buch den Großteil der Aufmerksamkeit dem M., während er die Stimme hintanstellt.

3. Genette (1979) hebt den Begriff M. *(mode)* auf eine abstrakte, in etwa dem deutschen Begriff *Dichtweise* oder *Schreibweise* entsprechende Ebene. Dieser geht zurück auf Platons Kategorisierung der Art der Inhaltswiedergabe (*ὥς λεκτέον*), die Aristoteles auf die (mittelbare) epische *Erzählung* und die (direkte) dramatische *Darstellung* reduzierte. Genette hält diese M.i als rein formal-pragmatische Kategorien für geeigneter, als «Dachbegriffe» einer genealogischen Nomenklatur zu stehen, als die Grundgattungen, die nicht nur eine thematische, sondern auch eine ästhetische Dimension beinhalten und in diesem Sinn historisch (durch die romantische Poetik) bedingt sind. Im Gegensatz dazu sind die M.i als reine Techniken «natürlich» und insofern universell und überhistorisch. Wenn man mit ihnen die Grenzen eines genealogischen Feldes zöge, könnte man in dieses Kategorien einschreiben, die schon ein wenig der Evolution unterliegen, und zwar in hierarchischer Folge von den resistenteren Typen über die Erzählperspektiven bis hin zu den Gattungen und Untergattungen. Schließlich könnten sich zu diesen modalen Kategorien thematische und «mediale» (Prosa, Vers) Definitionen gesellen und so eine mehrfach verschachtelte Tabelle bilden.

4. Bei Stanzel (1979) ist M. einer von drei Grundbestandteilen der Erzählsituation (neben der grammatischen *Person*, die Identität oder Verschiedenheit der Daseinsbereiche von Erzähler und literarischer Gestalt definiert, und der *Perspektive*, die die Stellung des Erzählers zur Handlung bestimmt). Unter M. sollte eine Summe möglicher Varianten der Erzählweisen zwischen den Polen Erzähler und Reflektor verstanden werden: *Erzählung*, im authentischen Sinn der Vermittlung, bei welcher der Leser einem persönlichen Erzähler gegenüber zu stehen meint, und *Darstellung* durch einen Reflektor bzw. die Widerspiegelung der fiktionalen Wirklichkeit im Bewusstsein der literarischen Gestalt, was beim Leser die Illusion erzeugt, er nehme die fiktionale Welt unmittelbar wahr.
(B. D.)

→ Archetyp, Diegese, Gattung, Standpunkt, Stimme

Mögliche Welt

(engl. possible world, franz. monde possible, russ. vozmožnyj mir)

1. Ein Begriff, den die semantischen Literaturforschungen aus der modalen Logik bzw. aus der Beschäftigung der Sprachphilosophie mit den sog. *counterfactuals* übernommen haben. Aus diesem Grund ist Ronan (1994) der Ansicht, dass er die Grundlage für eine Umleitung der Literaturtheorie auf (philosophische) Fragen der Referenz, Ontologie und Darstellung bietet. Die m. W. definiert den Rahmen, innerhalb dessen literarische Aussagen in den Augen des Lesers Glaubwürdigkeit erlangen, in dem wiederum die literarischen Gestalten ihre Merkmale erhalten, und diese Merkmale werden mit den entsprechenden Gesetzmäßigkeiten des gegenseitigen Ein- und Ausschließens versehen. Da die m. W. infolge der Kooperation des Textes mit seinem «Modell-Leser» entsteht, d. h. als kulturelles Interpretationsprodukt des Lesers, ist es offensichtlich, dass die Theorie der Fiktionalität damit eine streng innerpoetische Problematik übertrifft. Ronan ist der Meinung, dass gerade die (Sprach-)Philosophie, indem sie ihren Wahrheitsbegriff auflockert, die Literaturtheorie auf die pragmatische Fiktionalitätstheorie ausrichtet und damit ihren Horizont erweitert.

2. M. W.en werden nicht in entlegenen, unsichtbaren und transzendentalen Speichern entdeckt, sondern durch menschliche Gehirne und Hände *konstruiert* (Doležel 1989). Doch als m. W. kann nicht jedes kulturelle Konstrukt bezeichnet werden, sondern nur jenes, das einen Vergleich zwischen (zumindest) zwei Welten gestaltet. In dieser Hinsicht sind die Leser im Vorteil im Vergleich zu den literarischen Gestalten, da letztere nur in die eigene Welt Einblick haben, nicht aber in die des Lesers. Gerade deswegen lassen literarische Texte uns Leser erahnen, dass unsere Vorstellung von der realen Welt möglicherweise genauso unvollkommen ist wie die Vorstellung narrativer Helden (Eco 1990). Denn narrative Helden leben in versehrten, unvollkommenen, parasitären kleinen Welten, d. h. in einer «relativ kurzen Abfolge lokaler Ereignisse in einem beliebigen Winkel der realen Welt» (Hintikka 1989). Überdies sind diese Welten aus verschiedenartigen Bestandteilen zusammengesetzt: aus fiktionalen, historischen, intertextuellen, die in eng miteinander verflochtenen Verhältnissen stehen (Ronan 1994). Von daher implizieren sie eine intensive Mitarbeit des Lesers. Ein möglicher, aber unverwirklichter Sachverhalt wird, erst nachdem er als literarischer Sprechakt bestätigt wird, narrativ existent (Doležel 1989).

3. Dabei sind die glaubwürdigen, wahrscheinlichen und nur vorstellbaren Welten (die nicht möglich sein müssen) voneinander zu unterscheiden, da nicht alle die gleiche Flexibilität des Lesers verlangen (Partee 1989). Unter Flexibilität versteht man hier die (fingierte) Haltung des Lesers, (den Stand der) Dinge zu kennen, von denen der narrative Text erzählt, also eine gelassene Ein-

stellung des Vertrauens, des Wohlwollens und der Oberflächlichkeit hinsichtlich des Verständnisses seiner Welt. Er ist eine Voraussetzung für das Überleben der narrativen Fiktion (Eco 1990). (S. R. / Z. Z.)

→ Fiktion, Plot, Referenz, Semantik

Motiv

(engl., franz. motif, russ. motiv)

1. Kleinste thematische Einheit. Wenn sie sich im Text häufiger wiederholt, nennen wir sie Leitmotiv. Man spricht auch von *Rand-* oder von *Haupt*motiven. Die M.e, die nicht die Fähigkeit zur Verbindung miteinander besitzen und deswegen isoliert bleiben, nennt man *blinde* M.e. Die Verbindung des M.s zu Komplexen schafft Topoi, deren Erforschung in der deutschen Literaturwissenschaft Mitte des 20. Jh.s populär war (Curtius, Hocke). Wie aber die folkloristischen Typologien Ende des Jahrhunderts zeigen (so z. B. Aarne-Thompsons bekannter Index der M.e), erweisen sich die M.e als «kleinste Elemente der Geschichte» ihrerseits als eigenartige Komplexe oder Geschichten im Keim.

2. Diese Neigung zur Verselbständigung bewog die russischen Formalisten, das M. in die syntaktische Organisation des Erzähltextes einzubinden. In diesem Sinn spricht Tomaševskij (1925) über *gebundene* M.e, wenn sie in der kausalen Organisation der Geschichte unvermeidlich sind, und über *freie* M.e, wenn man sie ohne logischen Schaden auslassen kann. Je nachdem, ob sie auf Zustände oder Ereignisse referieren, teilt sie Tomaševskij in *statische* und *dynamische*. Indem sie den Begriff völlig von jedweden paradigmatischen Dimensionen lösten, haben ihn die Formalisten in Funktion umbenannt. (Lj. Š. / W. W.)

→ Fabel, Funktion, Motivation

Motivation

(engl., franz. motivation, russ. motivacija / motivirovka)

1. Der Begriff M. wird in der Theorie seit Beginn des 20. Jh.s gebräuchlich, seitdem sich in den Geisteswissenschaften die kausalen Erklärungsgefüge des Positivismus zu lockern beginnen und neue, verstehende Methoden geschaffen werden. Diese ersetzen in ihrer Argumentation Kausalität, die Notwendigkeit impliziert, durch M., die nur Wahrscheinlichkeit impliziert, da sie dem Subjekt in seiner Wahl und seinen Entscheidungen mehr Freiraum lässt. Es ist nicht

mehr die physiologisch-hereditäre Dimension, die im Subjekt dominiert, sondern das Bewusstsein, aus dem die Phänomenologie und die Geistesgeschichte ihre Schlüsselbegriffe ableiten, zu denen außer der M. noch die Begriffe Geist, Empathie, Weltanschauung, Erlebnis, Ausdruck, Intention, Vorstellung, Erfahrung, Verstehen, Interpretation u. Ä. gehören. Die Aufmerksamkeit verlagert sich auf synchrone Beziehungsgeflechte, die sich so in einem spezifischen Ursprung zentrieren und sich damit im Verhältnis zur Vergangenheit und zur Zukunft verselbständigen. Die Art und Weise jedoch, mit denen dieser Ursprung eine bestimmte Epoche kennzeichnet, stellt gerade die M. dar, was bedeutet, dass die Bestandteile des Epochennetzes mit ihm ein genauso aktives Verhältnis herstellen, wie sie selbst dazu bereit sind. Insofern impliziert der Begriff M. eine bislang unvorstellbare Zweiseitigkeit des determinativen Durchflusses von Kraftlinien. Der Monolog überlässt dem Dialog seinen Platz.

2. Die russischen Formalisten bezeichneten die M. als Vorgang der Rechtfertigung der eingeführten Motive vonseiten des Erzählers, doch ebenso als Vorgang der Deformation der empirischen, weltlichen Kausalität im Gefüge des literarischen Textes. Die M. wird also als besondere Art der logischen Verbindung verstanden, die zwischen den Kompositionselementen im Erzähltext mit der Absicht hergestellt wurde, den eingebrachten Stoff zu verfremden. Diese Art der Verbindung enthüllt ihre Konstruiertheit *(sdelannost')* vor dem Hintergrund gesellschaftlich-historischer Glaubwürdigkeitsmodelle bzw. dem Text zeitgenössischer empirisch-kausaler Systeme. Aus ihrer Perspektive erscheint das System von Verfahren, die der künstlerische Text anwendet, um einzelne Motive und Motivkomplexe zu rechtfertigen, als ungerechtfertigt, alogisch, sinnlos, transmental *(zaum'),* «künstlich» oder «formell». Dies nimmt nicht weiter wunder, wenn man daran denkt, dass die M. gerade die Funktion hat *(obnažajuščaja funkcija),* diese Modelle zu entblößen. Aber die M. braucht vor dem Hintergrund der Realität weder konstruiert noch beachtet zu werden. So kann z. B. das Verfahren des Motivationsausfalls (Šklovskij: *vypadenije iz motivirovki*) bei einzelnen Textteilen nur von Lesern bemerkt werden, die der entsprechenden narrativen Normen und Kompositionstechniken kundig sind. Noch komplexer ist es im Fall der «gegenstandslosen», «sujetlosen» Texte, in denen die M. «gegen Null tendiert» (Ėjchenbaum), wobei sie die künstlerische Referenzialität zugunsten des autonomen Wertes *(samocennost')* annulliert. Alle Formen des «Sujetspiels» gründen auf einer solchen Schwächung der motivierten Motivationsverbindungen und auf der Entblößung der «üblichen Sujetsyllogismen», und ihr Ziel sei die Stärkung der «Bedingtheit der Kunst», ihrer «Autofunktionalität» (Hansen-Löve). In diesen Zusammenhang gehört auch die novellistische Tradition des Erzählens *(skaz),* in der sich der Erzähler des Sujets bedient, nur um «einzelne stilistische Ver-

fahren ineinander zu verflechten», ebenso die Parodie, die durch die Entblößung der M. eines anderen Textes bestimmt ist. Im Gegensatz dazu steht der klassische Erzähltext, in dem die M. verborgen wird, um die Illusion der Glaubwürdigkeit der Geschichte zu verstärken. Dies alles im Auge behaltend, unterscheidet Tomaševskij (1925) die kompositionelle M. (Rechtfertigung durch Nützlichkeit), die realistische M. (Rechtfertigung durch Glaubwürdigkeit) und die künstlerische M. (Rechtfertigung durch die Anforderungen der Kunst).

3. In der Semiotik wird der Begriff M. hin und wieder zur Bezeichnung des Verfahrens der Übercodierung der arbiträren Verbindung zwischen Signifikant und Signifikat gebraucht. Dazu kommt es, wenn das literarische Zeichen das sprachliche Zeichen in sich aufnimmt und damit sein denotatives Wesen konnotiert bzw. das primäre modellbildende (semiotische) System in ein sekundäres verwandelt (Barthes 1964; Lotman 1970). Barthes bezeichnete einen solchen Vorgang auch als Naturalisierung. Wenn die Wahl des Signifikanten durch die beabsichtigte Bedeutung motiviert ist, wie in der Metapher, spricht Ullman (1962) von der *semantischen M.* (S. R./Z. Z.)

→ Arbitrarität, Beglaubigung, Komposition, Motiv, Standpunkt

Mündlichkeit

(engl. orality, franz. oralité, russ. ustnost')

Mit dem Begriff M. wird ein wichtiges Medium der Literaturmanifestation bezeichnet. Seine Bedeutung äußert sich bereits darin, dass er selbst den Begriff Literatur, welcher einseitig aus dem anderen, gegensätzlichen Medium – der Schriftlichkeit – abgeleitet wurde, in Frage stellt. So erweist sich der eingebürgerte Begriff «mündliche Literatur» *(oral literature)* offensichtlich als widersprüchlich, wie schwer auch immer es fallen mag, eine deutliche (zeitliche, räumliche oder strukturelle) Grenze zwischen den beiden ihn bildenden Polen zu ziehen. Von der Schwierigkeit einer solchen Abgrenzung zeugt auch die Geschichte dieses Problems in diesem Jahrhundert.

1. Ihre erste Phase ist gekennzeichnet durch die Einsicht in die Eigenart der Komposition der epischen Dichtung, welche aus dem Umstand der mündlichen Kommunikation abgeleitet wird. In den mündlichen Kulturen speichert das Kollektiv seine Tradition im Gedächtnis durch unermüdliche rituelle Wiederholung ihrer zentralen intonatorischen, rhythmischen, lautlichen, phraseologischen, metrischen, versmäßigen, syntaktischen und erzählenden Muster. Da es keine Möglichkeit der Aufzeichnung gibt, ist die Reproduktion von der Forderung nach Wortwörtlichkeit (es wäre unmöglich, alle Wörter in längeren

epischen Dichtungen zu memorieren) befreit und darf sich innerhalb des vorgegebenen Rahmens eine «Improvisation» erlauben. Auf diese Einsicht stützt sich die von Parry und dessen Schüler Lord (sowie dessen Schüler Bynum) explizierte These über die *Formelhaftigkeit*, welche auf der Untersuchung der zu jener Zeit noch lebendigen Tradition der «serbokroatischen Epik» (1930ff.) entwickelt und anschließend an dem Corpus von Homers und Hesiods Epen, Beowulf, Rolandslied, Nibelungenlied, Poema del Cid usw. geprüft wurde. Parry definiert die Formel als «das Wort oder eine Gruppe von Worten, die unter gleichen metrischen Bedingungen regelmäßig dazu verwandt wird, einen bestimmten Grundgedanken auszudrücken». Formeln streben nach Vereinigung zu einem System, während sie sich auf höheren Ebenen als Themen und Erzählmuster offenbaren (Lord 1960). Parry ist der Ansicht, dass der mündliche Sänger, hat er sich die Technik des formelhaften Memorierens einmal angeeignet, die Verse mehr oder minder frei (parataktisch) aneinander reiht, wobei er die vorgegebenen metrischen Muster assoziativ befolgt, sodass sich Aufzeichnungen von ein und demselben Lied von einem Vortragsanlass zum anderen beträchtlich unterscheiden können. Es kommen nicht nur neue Verse, sondern auch neue Begebenheiten, Szenen und Beschreibungen vor, während die alten hingegen zusammengefasst oder erweitert werden. Unter solchen Umständen der permanenten Übertragung werden die klassischen ästhetischen Grundsätze der Unwiederholbarkeit des schöpferischen Akts und der Pflicht zur Treue dem Original gegenüber gegenstandslos.

2. Parrys und Lords Theorie der mündlichen Komposition hat eine lang anhaltende und reiche Diskussion ausgelöst (Foley 1985, 1988). Der Hauptteil der in diesem Zusammenhang vorgebrachten kritischen Bemerkungen gruppiert sich um folgende fünf Gesichtspunkte: (1) Welchen Wert haben Anwendungen von Befunden aus einem epischen Corpus auf ein anderes Corpus, welches unter völlig anderen Umständen entstanden ist? (2) Inwiefern verringert die «Mechanisierung» des dichterischen Verfahrens den ästhetischen Wert des Ergebnisses? (3) Kann die «Formeldichte» als Maßstab zur Unterscheidung mündlicher von schriftlichen Hervorbringungen dienen? (4) Wie sollen Texte behandelt werden, die sowohl Merkmale des mündlichen als auch des schriftlichen Ursprungs aufweisen? Und (5): Inwiefern usurpiert die Aufzeichnung durch die Art ihres Mediums selbst die Merkmale der mündlichen Aufführung? All diese Fragen haben eine Verlagerung des Akzents von der Formelhaftigkeit auf die *Variabilität* der mündlichen Dichtung sowie vom gemeinsamen Kern auf die Unterschiede zwischen ihren Hervorbringungen verursacht. Um diese Unterschiede genauer feststellen zu können, ist es wichtig gewesen, die Aufmerksamkeit von den Fragmenten auf das thematische und kompositorische Ganze der «Varianten» (der Terminus ist umstritten, da er auch weiter-

hin ein Original voraussetzt) zu verlagern. Der Vergleich zwischen den «Varianten» hat gezeigt, dass manche Themen (z. B. Reise, Waffen, Belagerung, Duell, Trennung, Versammlung u. Ä.) in der Komposition des Ganzen unterschiedlichen Raum einnehmen können, während die Übergänge, die diese Themen konfigurieren, dagegen konstant bleiben. Solche «Multiförmigkeit» des Themas bestätigt, dass jeder Vortrag bis zu einem gewissen Grad den Charakter des Autors beibehält. «Von diesem Standpunkt aus betrachtet gibt es so viele Autoren, wie es Vorträge gibt. Doch jeder Text hat nur einen Autor, nämlich den Vortragenden-Verfasser *(performer-composer)*. Dies ist ein anderes Konzept der mehrfachen Autorschaft als dasjenige, das historisch in der homerischen und den anderen Epiktheorien seit Wolff angewandt wurde. Überdies darf dieses Konzept auch nicht mit der Theorie der ‹kollektiven› Autorschaft verwechselt werden, welche die Gelehrten der romantischen Epoche einst hervorgehoben haben» (Lord 1993).

3. Die Verlagerung der Einmaligkeit des Vortrags *(performance)* in den Vordergrund hat auch pragmatische Fragen nach Kommunikationsumständen und nach der Rolle der Zuhörer aufgeworfen. Im Verlauf der 1970er und 1980er Jahre verweisen Folkloreforscher auf die Unechtheit von Aufzeichnungen, welche eine in zwei Richtungen verlaufende, synkretische und polymediale mündliche Kommunikation auf eine in eine Richtung verlaufende und daher anders strukturierte schriftliche Botschaft reduzieren. Schriftliche Kommunikation verhindert den Rollentausch zwischen dem Vortragenden, dem Helden und dem Zuhörer und erlegt dadurch eine andere Rezeptionshaltung auf. «Stumm nimmt der Leser an der ‹Darbietung› des Schreibers teil, die ebenso stumm ist. Dagegen beschränkte sich die Teilnahme des oralen Publikums nicht auf passives Lauschen und Memorieren, sondern schloss aktive Mitwirkung an der Sprache ein. Auf die Darbietung der Sänger reagierte es mit kollektivem Klatschen, Tanzen und Singen» (Havelock 1986). Doch es gibt keine Schrift, welche die M. aus sich gänzlich verbannen könnte. Im Gegenteil, Havelock hat am Beispiel des griechischen Alphabets gezeigt, dass dieses, bevor es die Schätze der M. völlig verdrängt hat, lange Zeit als deren Aufbewahrer und Förderer gedient hatte. Solche Formen der M., die unter Umständen der schriftlichen Kultur bis heute in Erscheinung treten, hat Ong (1982) *sekundäre M. (secondary orality)* genannt. Es ist beispielsweise bezeichnend, dass der mündliche Ursprung des Verses auch heute die Art und Weise seiner Erforschung beeinflusst. So konzentriert sich die Prosodie auf Betonungen, Länge und Art der Laute, welche nur in Form von Artikuliertem gehört werden und nicht gleichfalls in Form von geschriebenem Vers gesehen werden können. Die Verse sind bis zum Mittelalter derart natürlich fürs Zuhören bestimmt gewesen, dass deren Aufzeichner sich um ihre graphische Präsentation nicht gekümmert und

sie folglich durch Prosa wiedergegeben haben. Doch die Verbreitung der Schrift hat strukturelle Veränderungen in den sprachlichen Hervorbringungen hervorgerufen, die sich nicht weiter an (potenzielle) Vortragende wenden, sondern an Erkennende, deren Verstand die Befähigung zu langfristigen Denkprozessen besitzt. Die launenhafte Mehrdeutigkeit des Diskurses wird anstößig und unterliegt der Zügelung mit Hilfe eines einheitlichen Themas.

4. Trotzdem dauert die M. einerseits in Betonungen, Interpunktion, Wortreihenfolge und graphischer Präsentation des Lesestoffs, andererseits in bestimmten Phasen des Prozesses der Textrezeption fort. Mit dem ersten Aspekt befasst sich die *Paralinguistik,* welche nichtphonologische vokalische Begleitphänomene der Rede untersucht, während sich mit dem zweiten Aspekt die sog. Psychologie des Lesens beschäftigt. Sie zeigt, dass das Textverstehen sich sowohl auf direktem, visuellem als auch auf indirektem, auditivem Wege über die sog. innere Rede vollzieht. Damit ein Text erkennbar ist und seine Botschaft übermitteln kann, müssen wir ihn Ong (1986) zufolge – direkt oder indirekt, laut oder in der Imagination – in einen Laut zurückverwandeln. Jede verbale Ausdrucksweise, sei es schriftliche, gedruckte oder computerisierte, ist unvermeidlich und für immer mit dem Laut verbunden. Doch die Art dieser Verbindung wechselt sehr wohl, und heutige Forscher beharren auf großen Unterschieden zwischen der Papyrus-, Buch- und CD-Kultur sowie zwischen der Handschrift, dem Druck und dem (Bild-)Schirm als Technologien, welche das Bewusstsein des Rezipienten und damit auch die Theorie konstituieren. Hermeneutische Erkenntnisse, welche auf gedruckten Texten erkämpft worden sind, lassen sich nicht angemessen auf jene aufgezeichneten anwenden. Kelber (1988) zufolge sind all unsere Herangehensweisen an das Erzählen und die Literatur eng mit der Sprache und ihrer technologischen Entwicklung verbunden. Seitdem im Verlauf der 1960er Jahre der Anteil der Medien an der Produktion und Kommunikation von Texten in den Mittelpunkt des Interesses gerückt ist, hat sich ein erhöhter Bedarf an der «Geschichte des Bildes vor dem Zeitalter der Kunst» (Belting 1991) sowie an der «Geschichte des Textes vor dem Zeitalter der Literatur» abgezeichnet. Belehrt durch die Einsichten der sog. Toronto-Schule (McLuhan, Havelock, Innis und deren deutscher Vertreter Kittler) sowie der französischen poststrukturalistischen Schrifttheorie stellen die deutschen Archäologen der literarischen Kommunikation, Aleida und Jan Assmann, Folgendes fest: «Der neuzeitliche Sonderstatus der Literatur ist eine Errungenschaft der jüngsten abendländischen Entwicklung und kann nicht unbesehen auf ältere und außereuropäische Literaturen übertragen geschweige denn universalisiert werden» (1995). (A. H.)

→ Handlungsspiel, Medium, Pragmatik, Rede, Situation

Mythos

(engl. myth, franz. mythe, russ. mif)

In der modernen Literaturwissenschaft bestehen unterschiedliche Zugänge zum M.

1. Der traditionellste – wir finden ihn in Frankreich seit Mitte der 1960er Jahre bis heute (Albouy, Trousson, Brunel) – fasst den M. als eine Art Thema oder Motiv, als *situation-clé de la condition humaine* (Schlüsselsituation des Menschen; Eliade), die von einem literarischen Werk ins andere transferiert wird und in ihnen durch historisch-vergleichende Untersuchungen identifiziert werden kann. Auf diesen Prinzipien beruht z. B. das von Brunel herausgegebene *Dictionnaire des mythes littéraires* (1988).

2. Der der Jungschen Psychoanalyse folgende *archetypal criticism* versteht den M. als elementaren Plot oder als Sujet; dergestalt dauert der M. in der Literaturgeschichte als ein bestimmtes fabulatives Muster, als ein bestimmter Typ und als eine bestimmte Konstellation der literarische Gestalten sowie des zugehörigen Ambiente fort. Ähnlich wie bei Riten und Träumen geht es auch hier um imaginäre Gattungsstrukturen, die das Verstehen zwischen den Menschen und deren Verhältnis zu sich selbst in solch einer Tiefenebene organisieren, deren sich diese nie ganz bewusst werden. Gerade jedoch aufgrund der Abstraktheit des Musters lässt sich dieses geschichtlich in sehr verschiedenen Formen konkretisieren, was eine enorme Erweiterung des Gegenstandsbereichs der bisherigen Prosatheorie möglich macht. Mit seiner geschickten Auslegung des Verhältnisses zwischen dem Urtypus und seinen Konkretisationen übernimmt der *archetypal criticism* (Archetypentheorie) im Grunde genommen das reiche Erbe der morphologischen Poetik. Da er in der Bearbeitung jenes Erbes in den 1930er bis in die 1950er Jahre in verschiedenen Zweigdisziplinen des akademischen Lebens vorherrscht, hinterlässt er selbst in jenen Segmenten der Prosatheorie tiefe Spuren, zu denen er keinen unmittelbaren Bezug hat. Die amerikanischen Theoretiker Scholes und Kellog definieren z. B. in ihrer komplexen Studie *The Nature of Narrative* (1966) den M. als tradierten Plot, der sich auch fortsetzen lässt. In dieser Definition ist das Ergebnis der Universalisierung des Mythosbegriffs von Frye zu erkennen, der sich bereits definitiv von dessen (prä)historischer Situierung gelöst hatte. In seinem Vergleich der Rolle des M. in der Literatur mit der der Geometrie in der Malerei billigt Frye dem M. eigentlich – ebenso wie später Jakobson der Grammatik – den Status einer allgemeinen «wundervollen Notwendigkeit» zu. Sie kann, wie z. B. im niedrigen mimetischen (realistischen) Modus, zeitweilig unterdrückt sein, aber nur für das ungeübte Auge, das nicht imstande ist, unter der Oberfläche literarisch-nachahmender «Deformationen» den M. wiederzuerkennen.

Das Geschick des Leserauges lässt sich hingegen am intuitiven Zusammenfügen von Ende und Anfang in einem vollendeten mythischen Zirkel messen, wodurch die lineare Spannung des Plots aufgehoben und dieser von einem einzigen Thema durchdrungen wird. Um eine noch höhere Stufe der Lektürekunst – die Frye nur für sich selbst beizubehalten scheint – handelt es sich, wenn dieses synthetische Zusammenfügen nicht am einzelnen literarischen Text, sondern an der Geschichte einer Gattung oder gar der ganzen Literatur geleistet wird. In diesem Fall stellt sie sich als Zyklus dar, als unausweichliche Rückkehr zur «bestimmenden Einfalt» der eigenen Anfänge bzw. zum «stillen Mittelpunkt eigener Wortordnung». Der M. zeigt sich so bei Frye in letzter Konsequenz auch als relevanteste *wissenschaftliche Form* zur Deutung von Literatur, im Grunde genommen als eine Erscheinung, die stark dem Hegelschen Geist ähnelt, der seiner Definition nach einzig in der Lage ist, sich selber wiederzuerkennen.

3. Nach einer so beispiellosen Verabsolutierung des Begriffs gemäß der angepassten Hegelschen Formel «Alles Wirkliche ist mythisch» lässt sich das Neue, das der Strukturalismus in seine Deutung einbringt, nicht angemessen beschreiben, wenn man es bei der Aussage belässt, dass die Strukturalisten die Ersten waren, die den M. als *Denkform* bezeichnet haben. Dies tat im Übrigen noch vor Frye Cassirer in seinem dreibändigen Hauptwerk *Philosophie der symbolischen Formen* (1923–29), dessen 2. Band als *Mythisches Denken* (1925) betitelt ist. Cassirer besteht in der Analyse des mythischen Denkens als eines spezifischen Prozesses (und einer spezifischen Weise) der Objektivierung der Welt auf der Kategorie der besonderen Beziehungen (und nicht auf irgendeiner spezifischen Substanz) im mythischen Bewusstsein. Dennoch ist sein Modell, das zu stark in Opposition zum wissenschaftlichen Denken steht, noch «gestaltistisch» statisch und homogen, ohne jene Flexibilität bei Permutation und Kombination, die ein Vorzug des strukturalistischen Mythosbegriffs ist.

Eine solche ungehinderte und weitreichende Verlagerung des Mythosbegriffs aus der *psychologischen* in die *logische* Sphäre ist vor allem das Verdienst von Cassirers New Yorker Kollegen aus der Redaktion der linguistischen Zeitschrift *Word*, des französischen Anthropologen Lévi-Strauss. In *La pensée sauvage* (1962; dt. Das wilde Denken, 1968) positioniert er die «Elemente der mythischen Reflexion auf halbem Wege zwischen (sinnlichen) Wahrnehmungen und (wissenschaftlichen) Begriffen.» Damit billigt er ihren Mechanismen einen bisher bestrittenen operativen Wert sowie eine Erkenntniskraft zu, aber gleichzeitig stellt er ihnen einen polyvalenten, polyfunktionalen sinnlichen Stoff zur Verfügung. In einer derartigen Konstellation kommt dem M. die Rolle eines Operators der Reorganisation zweier Felder bzw. eines Mediators zu, der die Transformation eines Gefüges binärer Oppositionen wahrnimmt, und dies mit Hilfe eines zweiten derartigen Gefüges, das aus einer andersartigen symbolischen Ordnung hervorgeht.

Die binäre Opposition als zentraler Mechanismus des wilden Denkens ist für Lévi-Strauss vor allem ein Instrument des Übergangs von Natur in Kultur, ein Instrument zur Konzeptualisierung von Sinneswahrnehmung, jedoch gleichzeitig, als eine Art hierarchischer semiotischer Aneinanderknüpfung, ein Mittler jener zugespitzten Widersprüche im Leben der Gemeinschaft, die anhand der verknüpften Permutationen in Gebiete mit niedrigeren, erträglicheren Temperaturen verlagert werden. Mit diesen komplexen Transfunktionalisierungen der mythischen Nachricht befasst sich Lévi-Strauss ausführlich in seinem vierbändigen Werk *Mythologiques* (1964–71; dt. *Mythologica*, 1971–75), in dem zahlreiche M.en der amerikanischen Indianer analysiert werden. So kann z. B. ein und dieselbe Botschaft über die Kürze menschlichen Lebens von M. zu M. transformiert werden durch das Versetzen in ein anderes Sinnesregister: das visuelle, auditive, taktile, das olfaktorische, das des Geschmacks. Der eine M. erweist so sich als Metapher eines anderen.

Wenn der M. so erklärt wird, hat es den Anschein, als ob das Hauptmerkmal der *Unfassbarkeit* ihn an den Begriff der Ideologie annähert, und zwar in dem Sinn, wie ihn Barthes bereits in seinen *Mythologies* (1957, dt. Mythen des Alltags, 1964) inauguriert hat. Barthes' Analysen ermitteln entgegen aller Reserviertheit von Lévi-Strauss hinsichtlich einer derartigen geschichtlich-zivilisatorischen Übertragung ein mythisches Denken im Alltag des westlichen Menschen in Form der Naturalisierung bestimmter Beziehungen zwischen den Zeichen. Der M. ist für Barthes ein ideologischer Mechanismus der Automatisierung des Verstehens, ein unsichtbarer Produzent von Selbstverständnis der uns umgebenden Diskurse (Fotografie, Reklame, Film, Sport, Ernährung). Die Aufgabe des semiotischen Lesers besteht in der Zerstörung einer solchen Illusion, d. h. in der semantischen Pluralisierung der Zeichen; aber dies kann einzig so erfolgen, dass existierende «natürliche» M.en in «tertiäre Bedeutungssysteme» künstlicher M.en involviert werden (vgl. die mythische Sprache in Flauberts *Bouvard et Pécuchet*, 1881). Selbst die Art des mythischen Denkens vertretend, d. h. fertige Zeichen in Signifikanten neuer Zeichengefügen umwandelnd, bleibt der Analytiker der Technik der *Bricolage* treu, die von den Strukturalisten (Todorov, Genette, Ricardou), indem sie Lévi-Strauss' Diktum weiterentwickelten, gegen die «projektiven» hermeneutischen Methoden des modernen europäischen Denkens affirmiert wurde.

4. Der M. ist außerdem ein wichtiger operativer Begriff der marxistischen Kritik. Hier ist er am häufigsten an traditionell eingespielte Mechanismen des Bewusstseins gebunden, mit denen sich niedrigere gesellschaftliche Schichten ihrer Aufklärung widersetzen, indem sie sich (scheinbar) des gesunden Men-

schenverstandes, jedoch (eigentlich) ideologischer Kategorien befleißigen. Die marxistische Kritik übernimmt in dieser Konstellation die aufklärerische Verpflichtung der Entmythologisierung bzw. Demystifikation, die im Übrigen keinesfalls ihre Erfindung ist. Den Begriff der *Entmythologisierung* nutzte z. B. bereits der deutsche Theologe Bultmann für sein hermeneutisch-kritisches Verfahren der Umwandlung biblischer M.en in Textvorlagen. Da diese hermeneutische Entmythologisierung jedoch aus marxistischer Sicht nur einen neuen M. darstellt, lag eines Tages der vernichtende Gedanke nahe, dass die Aufklärung der einen M.en *in der Regel* auf anderen basiert. Zu dieser Einsicht gelangte nicht nur Barthes, sondern auch C. G. Jung, der auf dem symbolischen Charakter bestand. Dennoch enthielt sie für die marxistischen Kritiker stets etwas Blasphemisches, da sie den aufklärerisch-emanzipatorischen Charakter ihres Denkens in Frage stellt.

Dieses Thema wird letztlich in dem einflussreichen Buch *Dialektik der Aufklärung* (1947) behandelt, das die deutschen Philosophen Horkheimer und Adorno auf der Grundlage ihrer amerikanischen Emigrationserfahrung verfassten. Hier wird Aufklärung – der Definition nach mythenzerstörend – als neuer, rationaler M. entlarvt, der die sog. Kulturindustrie mit ihrer standardisierten, unbarmherzig in eine Ware verwandelten Kunstproduktion begleitet. Habermas, einst Assistent von Adorno, nach eigener Aussage selbst lange Zeit fasziniert von diesem kühnen Buch, bezieht sich 40 Jahre später (1985, *Der philosophische Diskurs der Moderne*) kritisch auf die apokalyptische Vision seiner Lehrer, hält dieselbe für ein Opfer des Emanzipationsmythos der Bewusstseins- und Geschichtsphilosophie. Der modernistische Emanzipationsgedanke muss seiner Meinung nach gerettet werden durch die Dislozierung aus dem Subjekt in den dialogischen Raum der Intersubjektivität, dargelegt bereits in der *Theorie des kommunikativen Handelns* (1981). Diesen Entwurf, der sich um die irrationalen Widerstände bei Verständigung nicht schert, verspottet Sloterdijk nietzscheanisch zu Beginn seiner *Kritik der zynischen Vernunft* (1983) als unvernünftigen akademischen M.

5. Mit ähnlichen Aporien im Umgang mit dem Begriff M. hat sich auch die moderne psychoanalytische Kritik zu befassen. Dabei lehnt sie sich nicht so sehr an Jungs Konzeption vom kollektiven Unbewussten an, aus der weitaus stärker der *archetypal criticism* sowie der Strukturalismus schöpften, sondern über den Umweg von Lacans Eingriff vielmehr an die Freudsche Auslegung des Ödipus-Komplexes. Der M. des Ödipus dient Freud nicht nur zur Illustration, sondern auch zur Verifikation jener Beziehungen im Dreieck Mutter – Kind – Vater, die er, ohne dies beweisen zu können, hypothetisch als universelle annahm. «Uns allen vielleicht war es beschieden, die erste sexuelle Regung auf die Mutter, den ersten Haß und gewalttätigen Wunsch auf den Vater zu richten.»

(Die Traumdeutung). Hierin sieht Freud den Grund für die große Popularität des Ödipus-M., seiner beispiellosen und unzählige Male bestätigten Fähigkeit, uns in Erregung zu versetzen. Der Zuschauer des Dramas von Sophokles hat angeblich Freude daran, dass Ödipus den Wunsch erfüllt – die Ermordung des Vaters und den Beischlaf mit der Mutter –, den er selbst unterdrücken musste. Sein Genuss erwächst aus der Freisetzung einer angestauten Energie. Das Wiedererkennen seines Wunsches bleibt ohne Folgen, denn diese hat (in der Handlung des Dramas) Ödipus auf sich genommen.

Das Wiedererkennen ist in Freuds ökonomischer Theorie ein Akt der Erkenntnis, der den Zustand psychischer Frustration ausgleicht, welcher durch Zensur, Verdrängung oder Verweigerung des Wunsches entstanden ist. Er ist ein Akt der Bewusstwerdung und damit der Befriedigung der eigenen Triebe, zu dem der Psychoanalytiker seinen Patienten hinführen muss. Freuds Theorie der Wunscherfüllung erweist sich so als emanzipatorisch-therapeutisches Projekt, das die Befreiung aus der Umklammerung der M.en des Unbewussten verspricht, sodass dadurch das gestörte psychische Gleichgewicht wiederhergestellt werden kann. Doch wie kann ein mythischer Zustand mit einer Theorie aufgelöst werden, die selbst auf einem M. beruht? Findet der Analytiker im Patienten nicht das vor, was er schon vorher wusste, und tut er ihm so nicht Gewalt an, anstatt ihn zu heilen? Diese Frage veranlasst Freud, in seinem Essay *Jenseits des Lustprinzips* (1920) das Modell der Wunscherfüllung durch das Modell des Wiederholungszwangs zu ersetzen, in dem die Position des Analytikers anders und vorsichtiger artikuliert wird. Er steht jetzt nicht mehr außerhalb des M., sondern wird dessen Bestandteil. Wie Lacan später darlegt, ist er gezwungen, das zu wiederholen, was das zentrale Problem des Ödipus (und des Patienten) ist: das Nichtwiedererkennen *(méconnaissance)*. Das «gekonnte» Wiedererkennen und Benennen des Gegenstands des Wunsches des Patienten würde sich nämlich nur dem freien Fluss des Begehrens in den Weg setzen, da er nach Lacan genau dem zustrebt, was ausbleibt, was sich nicht benennen lässt, sodass jedes Benennen Verrat bedeutet. Erst dadurch, dass der Analytiker die Identifikation des Gegenstands als triumphales Wiedererkennen nicht zulässt, erkennt er wirksam den «authentischen» Trieb des Begehrens nach ständiger Wiederholung in der metonymischen Kette von Signifikant zu Signifikant. Die Ordnung des Symbolischen ist dann am Ende die einzige Form des Beharrens des Subjekts, da sie aber das Begehren in ein anderes Register überträgt, geht es nicht mehr um das Wiedererkennen von etwas, «was immer schon gegeben war, bereit zur Nutzung», sondern darum, den Patienten dazu zu bringen, *sich unermüdlich stets aufs Neue zu produzieren.*

Daher verlagert Lacan in seiner Lektüre des Ödipuskomplexes den Akzent von *König Ödipus* auf *Ödipus auf Kolonos*, für den er annimmt, dass diese beiden in demselben Verhältnis zueinander stehen wie *Jenseits des Lustprinzips* (1920) zur *Traumdeutung* (1900). Erst in der zweiten Tragödie übernimmt nämlich Ödipus die Verantwortung für die Rede des Anderen in sich, genauso wie Freud das erst in *Jenseits des Lustprinzips* tut. In ihrem Kommentar zur beschriebenen Dislozierung des psychoanalytischen M. bzw. der *Mustererzählung der Psychoanalyse*, in dem ausführlich Ödipus', Freuds und Lacans Nicht- / Wiedererkennen gegeneinander gesetzt sind, schlussfolgert Felman (1987): «(...) Freud creates a new myth – that of the death instinct – so as to demystify the literal belief in, and the simplified interpretation of, his first myth of the Oedipus. In urging us to go *beyond* the myth, Freud also tells us that beyond the myth there is, forever, another myth.» So kann die Psychoanalyse den M. nicht gegen die Wissenschaft setzen wie die Fiktion gegen die Wahrheit, sondern ihn als notwendigen Mittler zwischen Theorie und Praxis betrachten. «Only when the myth is not acknowlegded, and is believed to be science, does the myth prevail at the expense of science. (...) There is no *beyond* the myth – science is always, in one way or another, a new generative myth.» (A. R.)

→ Archetyp, Ideologie, Plot, Unbewusstes, Wiedererkennen

Nachricht

(engl., franz. message, russ. soobščenie)

Eines der Elemente in der Kommunikationskette. Im Modell von Shannon/Weaver (1949) ist ihr der Platz zwischen der Informationsquelle und dem Produzenten bzw. zwischen dem Rezipienten und dem Kommunikationsziel zugewiesen. Das bedeutet, dass das in der Text-, Bilder- oder einer anderen Reihe von Zeichen beinhaltete Signal semiotisch bearbeitet werden muss, damit es in eine N. umgewandelt werden kann. Die N. muss mit den Regeln des Codes übereinstimmen, wie Jakobson feststellte (1960), indem er in seinem Modell de Saussures Paar Sprache/Rede durch das Paar Code/N. ersetzte. Erst die Vorgänge des Eincodierens und des Entcodierens wandeln das Signal in die N. oder in den Text um. In künstlerischer Kommunikation sind sie aber nicht wie in der Alltagskommunikation an die Erhaltung der Systemstabilität gebunden, sodass sie bei der «Regelaufstellung» wesentlich freier sind. Dies ist der Vorteil der N. (bzw. des Textes) gegenüber dem (fixen) Code, wie er z. B. in den Darlegungen von Lotman figuriert, weil die N. den Leser dazu anregt, einen eigenen Code zu entwickeln, um den Text angemessen verstehen zu können. (B. D.)

→ Code, Information, Kommunikation, Signal, Text

Narratologie

(engl. narratology, franz. narratologie, russ. narratologija / teorija povestvovanija)

1. Diesen Begriff führte Todorov (1969) ein und bestimmte ihn als «Wissenschaft vom Erzähltext» *(la science du récit)*. Damit kanonisiert er nicht nur analytische Errungenschaften seiner unmittelbaren Vorgänger – Lévi-Strauss, Barthes, Greimas –, sondern auch der russischen Formalisten, vor allem von Propp (1928). Erst vor kurzer Zeit wies Doležel darauf hin (1990), dass neben den russischen Formalisten, deren Beitrag zur Gründung der N. allgemein anerkannt ist, zu ihren Vorläufern auch die deutschen Poetiker vom Anfang des Jahrhunderts gezählt werden sollten: Dibelius (1910), Schissel (1910) und Seuffert (1909). Sie haben auf die organisatorischen makrostrukturellen Grundsätze der erzählerischen Texte, vor allem auf die Komposition verwiesen. Der Umfang dieses klassisch-rhetorischen Begriffs erweitert sich auf Kosten seines Korrelats *dispositio* (gegenüber der logischen), da er nun als «künstlerische Gliederung des Stoffs» verstanden wird (gegenüber der logischen). Als kompositorisch werden die Verfahren identifiziert, die entweder beim Aufbau der Handlung erprobt werden können oder in der Organisation der Beziehungen zwischen den Personen, z. B. Symmetrie, Gradation, Parallelismus, Kontrast, Variation, Einrahmung. Den deutschen Poetikern gelingt es, noch einen wichtigen Schritt weiter mit Blick auf die rein formalistische Orientierung der rhetorischen Analyse zu gehen: Sie verbinden in ihren Analysen die Kompositionsverfahren mit der semantischen Dimension. Damit wird die Poetik einerseits einem konkreten Literaturwerk gegenüber geöffnet, andererseits der historischen Variabilität des Modells. In ihr hört die Form auf, das semantisch und ästhetisch leere, abstrakte Schema zu sein.

Doležel zeigt, dass die deutsche narrative Morphologie in Russland in den 1920er Jahren wohl bekannt war und dass sie «direkt verbunden war mit der formalistischen Lehre über die Struktur vom Sujet». Er hält es für bedeutsam, dass die russischen Formalisten sich selber Morphologen genannt haben; ihren heutigen Namen hätten ihnen dagegen ihre damaligen Kritiker «verpasst». Die morphologische Kennzeichnung ihrer Poetik erkennt man an der Verbindung der Form mit der ästhetischen Wirkung (spürbare Form, *oščutimaja f.*). Für die frühe Phase des Formalismus und für die deutsche morphologische Poetik vom Anfang des Jahrhunderts ist jedoch die Hervorhebung der Formaktivität im passiven, formlosen Stoff charakteristisch. Das spiegelt sich in Schissels Empfehlung für die Poetik, sie möge sich auf die «Erforschung der rhetorischen künstlerischen Verfahren und ihres Gebrauchs» konzentrieren, und in der These der russischen Formalisten, dass «das Verfahren der einzige Held der Literaturwissenschaft» sei. Dass der literarische Text sein Differenzierungsmerkmal nur mit Hilfe des Verfahrens erlangt, zeigt sich an der formalistischen Dichotomie zwischen Fabel und Sujet. Da ausschließlich das Sujet für die ästhetische Wirkung der Verfremdung verantwortlich ist, wird die größte Aufmerksamkeit seinen Techniken der Wiederholung, Parallelismus, Einrahmung, Einfügung, Gegenüberstellung (wie bei Šklovskij 1925) oder der Verteilung der Funktionen (wie bei Propp 1928) gewidmet. Bei den Formalisten verdrängt das Interesse am Sujet auch den Begriff der Komposition, der immer noch zu sehr an den konkreten literarischen Text gebunden ist; die Formalisten dagegen sind bestrebt, die erzählerische Matrix, die einer großen Zahl von Texten gemeinsam ist, auszusondern. Eine solche Neigung zur Abstraktion ist auch für die Ersetzung des Begriffs Motiv durch den Begriff Funktion verantwortlich sowie des Begriffs der literarischen Gestalt durch den Begriff Rolle (wie bei Propp).

2. Neben den deutschen morphologischen Poetikern und den russischen Formalisten hat indes die N. wichtige Vorgänger auch in der reichen angloamerikanischen, deutschen und französischen Theorie der Prosa gehabt. Die erstgenannte beschäftigte sich in einer Reihe von Lubbock (1921) und Forster (1927) über die Chicagoer Kritiker bis zu Booth (1961) vor allem mit den Wirkungen der erzählerischen Perspektive; die zweitgenannte brachte wertvolle Untersuchungen der erzählerischen Techniken hervor (Lämmert 1955; Stanzel 1955) oder auch die semantische Untersuchung der Fiktionalität (Hamburger 1957); die dritterwähnte hat das Verhältnis des Erzählers gegenüber der literarischen Gestalt untersucht (Pouillon 1946; Blin 1954). Aber einen entschiedenen Schritt heraus aus der romanzentrischen Theorie der Prosa gegenüber der universalistischen Abstraktion der N. unternimmt erst die *Anatomie der Kritik* (1957) von Frye, der in die heutige generische Spanne der Prosa nicht nur die Romanze, sondern auch die erudierten intellektuellen Formen sowie die Formen der Beichte und der Enzyklopädie einschloss.

3. Die N. verschiebt die Betonung von der Prosa auf das Erzählen, wodurch sie das *Medium* der Äußerung gegen eine Tiefen*struktur* austauscht. Dies ermöglicht es ihr, den Untersuchungsgegenstand auf die mündlichen erzählerischen Formen in der Folklore und im Alltag auszudehnen, auch auf nichtliterarische (wissenschaftliche oder philosophische) Texte. In allen wird die einheitliche erzählerische Matrix als das Organisationsprinzip des zunächst sprachlichen und dann auch des gesamten Verhältnisses des Menschen gegenüber der Welt erkannt. Die Narratologen proklamieren so die universelle Chrono-Logik der Ereignisse, die normativ in jedem menschlichen Bewusstsein verankert sei, unabhängig von ihrer zeitlich-räumlichen, historischen, zivilisatorischen und kulturellen Zuordnung, eine Logik, der die gattungshaften, diskursiven und stilistischen Besonderheiten erst anschließend beigefügt werden können. Um diese Hypothese zu beweisen, benennen sie die formalistische Di-

chotomie Fabel / Sujet in den Gegensatz Geschichte / Diskurs um, wobei die Geschichte die Rolle des Unterscheidungsgrundmerkmals des Erzähltextes übernimmt. Deshalb sind die ersten Untersuchungen der Entdeckung ihrer Struktur gewidmet worden. Diese wird in Beziehung zur Satzstruktur gebracht, wobei der Held die Rolle des Subjekts übernimmt, seine Handlung die Rolle des Prädikats und seine Eigenschaften die Rolle der adverbialen Bestimmungen (Todorov 1966). Bremond (1964, 1973) erforscht das semantische System der erzählerischen Handlung hinsichtlich der Rollen, die sie den Personen verleiht, und der Beziehungen, die sie zwischen ihnen initiiert. Barthes (1966b) interessiert sich für die Distribution und Verknüpfung der Funktionen in höhere Einheiten und Greimes (1970, 1976a, 1983) für die Permutationen des Aktantenschemas von der Tiefen- auf die Oberflächenschicht. Prince (1973a) erforscht die Grundstruktur der Geschichte, die – so meint er – aus einem einzigen Ereignis besteht, das von zwei Zuständen eingerahmt ist, wobei der erste Zustand nur durch die zeitliche Bindung zum Ereignis führt, während das Ereignis mittels der zeitlichen und kausalen Bindung in den zweiten (und abschließenden) Zustand hinüberführt. Sein dreiteiliges Schema ist jenem Schema ähnlich, das von Danto (1966) vorgeschlagen wurde und das ebenso die Störung des Anfangszustands des Gleichgewichts bedeutet wie auch die Herstellung des Schlusszustands, das dem anfänglichen gegenüber konträr ist. Die Reduktion der Chronologie auf die Logik bzw. die Verräumlichung der Zeit, die in der Theorie der Prosa noch für die grundlegende Dimension des Erzählens gehalten wurde, ist ein allgemeines Merkmal aller dieser narratologischen Untersuchungen. Die Folge des chronologischen Hintereinanders wird für die N. in der außerzeitlichen Basisstruktur abgeschafft. «Vom Standpunkt des Erzähltextes aus betrachtet, gibt es das, was wir ‹die Zeit› nennen, gar nicht oder nur noch als Funktion, als Element eines semiotischen Systems. Die Zeit gehört im wahrsten Sinne des Wortes nicht dem Diskurs, sondern der Referenz an, der Erzähltext und die Sprache kennen nur die semiologische Zeit» (Barthes 1966b).

4. Die zweite Richtung der narratologischen Untersuchungen betraf die Art, wie der Diskurs in die Geschichte eingreift. Hier hat Genette (1972) die Richtung angegeben, indem er sich detailliert mit den drei Aspekten dieses Verhältnisses beschäftigte: (1) mit der Reihenfolge der Darstellung, (2) mit der Dauer der Darstellung (die beiden Fragen haben bereits sowohl die Formalisten als auch Lämmert extensiv diskutiert, sodass Genette hier vorwiegend terminologische Veränderungen einführt) und (3) die Häufigkeit (das Verhältnis zwischen der *Zahl* der Auftritte einzelner Motive in der Geschichte und im Diskurs). Viel mehr Einfluss hat Genettes Studie mit ihrer Behandlung des Modus ausgeübt, womit die Frage des Standpunkts des Erzählers erfasst wurde und die

Frage der Distanz den Personen gegenüber (Fokalisierung). Die Absonderung von verschiedenen Ebenen des diegetischen Universums *(diégese)* in Abhängigkeit von verschiedenen Stufen ihrer Glaubwürdigkeit war ebenfalls von Bedeutung. Obwohl er auch die Frage des Erzählens *(narration)* streifte, vernachlässigte Genette sie in seiner Studie vollständig, die auf das Verhältnis zwischen Text und Geschichte konzentriert ist. Das war nicht zufällig, sondern stand ganz in Übereinstimmung mit der narratologischen Überzeugung, die Erzählkommunikation trete aus der Struktur des Erzähltextes hervor und nicht umgekehrt. Obwohl sie der Erforschung der Beziehung zwischen dem Erzähler und seinem Adressaten viel mehr Raum gewidmet hat, hat Rimmon-Kenan (1983) diese Überzeugung vom Primat des Textes beibehalten: «Die Geschichte und das Erzählen können wir als zwei Textmetonymien sehen, die erste durch seinen erzählerischen Inhalt herbeigerufen und die zweite durch seine Produktion.» Für die N. gehen das Erzählen – und somit auch das Lesen – prinzipiell aus dem Text hervor.

5. Dieser Grundsatz bleibt auch dann wirkungsvoll, wenn die N. ihre Aufmerksamkeit der integrativen Textdimension widmet bzw. dem Signalnetz, das den Leser bei dem Verfahren der Zusammenfassung des Textes in eine Geschichte führen soll. Den Anfang einer solchen Bewegung kündigt Barthes (1970) an, der die konnotative Textdimension in die erste Reihe stellt, d. h. die Art und Weise, mit der er in der Codekonfiguration des Leserbewusstseins «herumbastelt». Seitdem diskutieren die Narratologen darüber, wie der Text seine Subjekte konstruiert: den Erzähler und den impliziten Autor auf der einen, den Adressaten der Erzählung und den impliziten (ideellen, vorbildlichen) Leser auf der anderen Seite. «Auch die Erzähler sind Persönlichkeiten, die der Text erschaffen hat», stellt Lanser (1981) fest und denkt dabei – sich auf Uspenskij (1970) stützend – an die räumliche, zeitliche, psychologische und ideologische Dimension ihrer Manifestation. Aber die Rekonstruktion dieser verborgenen Dimensionen wird mit Schwierigkeiten konfrontiert, weil sie vom Leser Wissen und analytische Fähigkeit verlangt, über die er zumeist nicht verfügt. Es zeigt sich, dass das Erkennen (der Lage) des idealen Lesers vielfach von dem realen Leser abhängt, der die komplexe Hierarchie der Beziehungen innerhalb eines Textes rekonstruiert. Bei der Bewältigung der großen Unterschiede, die offenbar unter realen Lesern existieren, hilft auch der Begriff der literarischen Kompetenz nicht, der von den Strukturalisten (z. B. Culler 1975, 1980) in Analogie zum Begriff der sprachlichen Kompetenz bemüht wird. Die literarische Kompetenz wird nicht spontan angeeignet wie die sprachliche, sondern sie wird gelernt, sodass bei ihrer Distribution unter den unterschiedlich ausgebildeten Lesern Ungleichheiten entstehen (Poovey 1988). Daraus folgt, dass eine gesellschaftlich unschuldige Codematrix als eine «kanonische»

Interpretationsstrategie der Gemeinschaft nicht festzulegen ist. Jede derart ausgesonderte Strategie ist immer schon ein Resultat der strategischen Interpretation von demjenigen, der sie ausgesondert hat und der sie, bewusst oder nicht, an ein bestimmtes gesellschaftliches Leserprofil knüpft (Pratt 1986b).

6. Gegen Ende der 1970er Jahre stellen die Dekonstruktionisten die Grundaxiome der N. vom Primat der Geschichte über den Diskurs und des Textes über die Kommunikation in Frage. Verdienstvoll sind darin vor allem Chase (1978) und Culler (1981), die zeigen, dass die Geschichte immer nur das spätere Konstrukt der Textlektüre ist. Eine derartige Auflösung ihrer Grunddichotomien hat die N. in «die tragische kritische Praxis verwandelt – zur selben Zeit unausweichlich und verurteilt zum Pendeln, ohne Möglichkeit der Totalitarisierung, zwischen ihren untereinander abhängigen Bestandteilen» (Godzich 1984). Ganz gleich, welchen Bestandteil sie als ihren Gegenstand wählt (Geschichte oder Diskurs), von nun ab bringt die N. jene andere dazu, sich in «das beunruhigende statt erklärende Element» zu verwandeln (ebd.). Aber führt das nicht zurück zu der bloßen Verkehrung des strukturalistischen Schemas, ohne sich dabei vom gleichen, von Anfang an reduzierenden epistemologischen Rahmen zu entfernen? Während uns der Textdiskurs früher unvermeidbar zur Geschichte geführt hat, enthält er uns nun ebenso unausweichlich den Zugang zu ihr vor. «Da sie ein Ersatz ist, ‹unterbindet› und verlängert die dekonstruktivistische Kritik zugleich die strukturalistischen Vorurteile (...)» (Newton 1995). In diesem Rahmen muss man die Richtungswende der N. von der Repräsentation zur Kommunikationshandlung der Erzählung und zu ihrer sozial-ideologischen Umgebung verstehen, etwa in der Folge der Theorie des Sprechakts (Pratt 1977; Lanser 1981), in der marxistischen Kritik (Jameson 1981; Foley 1986), in der psychoanalytischen Kritik (Brooks 1984), in der Semiotik (Maclean 1988; Sheriff 1989), unter den Nachfolgern der Chicagokritik (Rabinowitz 1987; Phelan 1989), in der feministischen Kritik (Silverman 1988) und in der narrativen Pragmatik (Chambers 1984). So entwickelt z. B. Chambers die Konzeption der «situationalen Autoreflexivität» des künstlerischen Erzähltextes, einer Dimension, mit deren Hilfe er wünschenswerte diskursiv-kulturelle Bedingungen seiner Lesbarkeit herstellt und den Leser dazu verführt, ihn auf angebrachte Weise zu verstehen. Auch Brooks zeigt die narrativpragmatische Beziehung als eine «Vertrags» verpflichtung des Lesers durch das Begehren des Erzählers. Phelan schreibt wörtlich, dass «das Autorenpublikum jenes ideale Publikum ist, das vom Autor bei der Textkonstruktion implizit geschaffen wird, jenes Publikum, das alle Signale auf geeignete Art zusammenfügen wird.» Die Problematik solcher Erklärungen liegt darin, dass sie stillschweigend von einer integralen erzählerischen Instanz ausgehen, die alle Positionen im erzählerischen Feld der Macht aufteilt, indem sie diese im Wir-

kungskreis ihrer «Fernbedienung» hält, um ihren Vorstellungshorizont zu begrenzen. Bachtin (1918, 1920–24/1979) war diesbezüglich – gelinde gesagt – vorsichtiger, als er auf der konstitutiven Außerhalbbefindlichkeit der literarischen Gestalt und des Lesers in Bezug auf irgendeinen möglichen Plan des Autors bestanden hat. «Die organisatorische Kraft in allen ästhetischen Formen ist die axiologische Kategorie *des Anderen.*» Ich «muss die Zuflucht im *Anderen* finden und – vom *Anderen* ausgehend – die zerstreuten Teile meiner eigenen Gegebenheit versammeln.» Ohne die immer-schon-außerhalb-befindlichen literarischen Gestalten und Leser kann der Autor also gar keine Beziehung zu sich selbst herstellen. Daher ist er von Anfang an, bar jeder Kontrolle über sich, grundsätzlich in die Lage des Antwortens, des versuchenden und seiner selbst nicht gewissen Entgegenkommens den Anderen gegenübergestellt.

7. Auch Phelan (1996) hat seine rhetorische Konzeption des Erzählens in diese Richtung korrigiert, als er die Grenzen zwischen den Zuständigkeitszonen des Autors, des Textes und des Lesers geöffnet und ihrer Beziehung das Merkmal der «unendlichen Rekursivität» zugefügt hat, wobei jeder dieser Aspekte gleichzeitig die anderen beiden beeinflusst oder selber unter ihren Einfluss gelangt. Es handelt sich um «komplexe, mehrschichtige Prozesse des Schreibens und des Lesens, die an unsere Erkenntnis, an unsere Gefühle, Wünsche, Hoffnungen, Werte und Überzeugungen appellieren», und zwar derart, dass sie ethische und ideologische Urteile verlangen, ohne klare Hinweise oder Zufluchtsorte zu bieten. Das entspricht der Linie einer Haltung, die Phelan und Rabinowitz (1995) – in einem gewissen Gegensatz zu ihren früheren Überzeugungen – betonen und die gemäß dem «Versuch, Regeln für das richtige Funktionieren des Erzähltextes aufzustellen, nicht standhalten kann angesichts der vielfältigen und nicht zu vereinbarenden Verstehensgrundsätze, welche die Theoretiker ausgearbeitet haben». Im selben Maß, in dem eine Theorie in den Dialog mit anderen Grundsätzen verwickelt ist, ist sie notwendigerweise gleichzeitig eine Interpretation, die aber in dem gegenseitigen Bemessen die Gelegenheit erhält, ihre Grundmuster wenigstens in gewissen Aspekten anzupassen. «Unausweichlich gibt es nicht nur eine Menge Quellen in der Arbeit eines jeden Kritikers, sondern auch eine Fülle von Dimensionen in der Beziehung jedes Kritikers einem anderen Kritiker gegenüber.» Deshalb erzeugen «die besten unter den heutigen Praktikern ihre Argumente nicht in der Opposition, sondern in ihren eklektizistischen Mischungen arbeiten sie mehr oder weniger intensiv mit alternativen Methodologien zusammen.»

8. Gegenüber einer derartigen dialogischen Verstrickung der N. in die mehrstimmige interpretative Praxis – *theorypractice,* wie sie von Phelan und Rabinowitz genannt wird – erneuert ohne Zögern Fludernik (1996) den universalistischen Anspruch der N. Sie verlegt zwar die Geschichte außerhalb ihres

Gegenstandszentrums, aber nur deshalb, um in diese Mitte «die menschliche Erlebnishaftigkeit» *(human experientiality)* zu legen als eine quasimimetische Evokation der wahren Lebenserfahrung bzw. als eine holistische Wahrnehmungsform, mit der der Mensch auf die unerwarteten Situationen reagiert, um sie kognitiv zu bewältigen. Diese Naturalisation-Ikonisations-Schemata sind angeblich in der alltäglichen menschlichen Erfahrung verankert und entstehen aus der physisch-emotionalen Situierung des Menschen in der Welt. Der Erzähltext unterwirft sie der narrativen Vermittlung *(narrativization)* entweder über (1) die Gestalt, die sie durch ihre Erlebnisse sichtbar macht, (2) den Erzähler, der es mittels der verschiedenen Darstellungsmodi oder der Reflexion der eigenen Tätigkeit erreicht, bzw. über (3) den Beobachter als die «leere Mitte», die bar aller figurativen Bestimmungen ist. Dank einer solchen Vermittlung, welche die menschliche Erlebnishaftigkeit auf der anderen Ebene interpretativ in Genres und Modi einbaut, gewinnt in der dritten Ebene die Qualität der Erzählbarkeit *(narrativity)*, die es dem Leser ermöglicht, aus ihr spezifisch narratologische Kategorien zu ermitteln. Fludernik zeigt diese ricœursche Eroberung der immer stärker fiktionalen (und damit auch immer synthetischeren) Ebenen als eine progressive Verfeinerung der Erfahrungswerkzeuge durch ihre permanente Rekontextualisierung, welche einen entsprechenden «Ankerplatz des Sinns» sucht. Erst ihr verdankt die anthropomorphierende und personifizierende Zuschreibung der Erfahrung einer menschlichen Instanz die Tatsache, dass sie dem Text die Erzählbarkeit garantiert. Den historiographischen Texten, denen eine solche Motivationsmitte fehlt, eignet trotz ihrer kausal-sequenzialen und zielgerichteten Verkettung keine Erzählbarkeit. Die avantgardistischen Literaturtexte verfügen dagegen über eine Erzählbarkeit, auch wenn in ihnen die Handlung gänzlich fehlt, weil sie den Leser bewegen, interpretative Rahmen auszuprobieren, um aus diesen Texten eine «verschwiegene Erzählbarkeit» herauszulesen, indem sie sie aus der «anti-erzählerischen Oberfläche» herausfiltern. Die fehlende kausale Verknüpfung der *erzählten* Ereignisse wird bei Fludernik durch eine umbeschreibend-bewusst-machende Verknüpfung der *Kommunikations*ereignisse kompensiert. So wird die dialektische Einrahmung eines Bewusstseins durch das andere zum Entstehungsort der erzählerischen Textqualität. Fludernik unterscheidet dabei die embryonale und ausgearbeitete Erzählbarkeit mit zwei Arten der bestellten Leserreaktion: Entwicklung und Zusammenfassen, aber immer mit demselben Ziel: Rekonstruktion generativen menschlichen Bewusstseins. Die Refokussierung der N. ermöglicht es Fludernik, in sie «vorliterarische» (sowohl im künstlerischen wie auch im historischen Sinn) Formen auf pragmalinguistischer Spur einzuführen, die (der bei ihr nicht erwähnte) Bres (1994) mit seiner Kritik der «elitären» Konzeption Ricœurs schon angedeutet hat. Bres knüpft allerdings die Erzählbarkeit an den *Akt* des

Erzählens (statt – wie Ricœur – an die Konfiguration), aber dieser Akt ist, wie bei Fludernik das *Bewusstsein*, immer-schon erzählerisch eingebunden in die Umbeschreibung der vergangenen Akte. «Es scheint uns, dass diese ununterbrochene Veränderung der Vergangenheitsperspektive, die von der Gegenwart ausgeht, den Stützpunkt der Erzählbarkeit bildet» (Bres 1994). Die Erzählbarkeit wird dadurch mit der wissenschaftlich-aufklärerischen Technik der «dichten Beschreibung» von Geertz (1973) verbunden.

9. Gibsons Entwurf der postmodernen Erzähltheorie (1996) lehnt sich vor allem an die Philosophie von Serres, Lyotard und Deleuze an und äußert sich kritisch über ein derartiges hermeneutisches Homogenisieren des interpretativen und erzählerischen Raums. Die N. zähmt den Textraum geometrisch durch die unausgesprochene Identifikation des Textes mit dem perzeptiv zentrierten Raum des Beobachtens. «Innerhalb einer solchen Struktur werden die Segmentierung, die Philosophie der Quellen und die Phänomenologie des festgesetzten Gegenstandes voneinander abhängig.» Dagegen soll man die Geschichte als einen Gang durch eine Menge unvereinbarer Räume konzeptualisieren. «Sie ist das Aneinanderreihen von räumlichen Zufällen, der Spaltung, der Katastrophen, der Schlaufen, der Kreuzungen verschiedener Räume, die keinen gemeinsamen Maßstab besitzen und keine gemeinsame Grenze.» Von diesem Standpunkt aus widerlegt Gibson die zentrale These von Fludernik über die allgemeinmenschlichen Erfahrungsschemata als eine fragwürdige metaphysische Hypostase, die nur die Positionen der klassischen N. bestärkt. Alle solchen Zentralisierungen sind für ihn letztendlich die Formen der späteren attributiven Zähmung «jenes Murmelns zerstreuter Stimmen», das dem vielfältigen und verschiedenartigen Raum eigen ist – «eine Reihe von Möglichkeiten, die auf verschiedene Weisen aktiviert werden können, wobei eine jede solche Aktivierung ein Ereignis ist.» (A. B.)

→ Aktant, Akteur, Anachronie, Analepse, Deixis, Diskurs, Erzählen, Erzähler, Ethik, Fabel, Fokalisierung, Geschichte, Gestalt literarische, Grammatik, Komposition, Märchen, Modus, Mythos, Plot, Poetik, Prolepse, Rede, Skaz/Erzählte Rede, Standpunkt, Stimme, Sujet, Text

New Criticism

Obwohl sie unter dem Namen N. C. erst 1941 durch Ransom kanonisiert worden ist, zeichnete sich die neukritische Sensibilität bereits um 1920 in den Essays von Eliot ab. Eliot widersetzte sich in ihnen gleichermaßen der romantisch-positivistischen Kopplung der Dichtung an die Persönlichkeit des Autors wie ihrer impressionistischen Kopplung an die Persönlichkeit des Kritikers. Die

Konzentration auf das Gedicht allein widerlegt gleichzeitig sowohl den Trugschluss der Intention *(intentional fallacy)* als auch den der Affektion *(affective fallacy)* und verlangt vom Kritiker Achtung gegenüber der künstlerischen Eigenständigkeit und der Spezifik des Werks. An diese Grundideen knüpften in der Folgezeit in England Richards, Leavis und Empson sowie in den USA Brooks, Wimsatt Jr., Tate, Blackmur, Warren und Ransom an. In den 1930er und 40er Jahren wurde der N. C. nach und nach zum Bestandteil des angloamerikanischen Bildungssystems und erlangte bereits in den 1950er Jahren einen derartigen Einfluss, dass beispielsweise Rabinowitz noch 1987 seine Spuren in den Werken zeitgenössischer Kritiker zu finden glaubte. Rabinowitz' Behauptung zufolge stellt der N. C. in nahezu unveränderter Form immer noch die Basis der High-School-Bildung in den Vereinigten Staaten dar. Er schließe auch jene Ausbildung ein, durch welche die Mehrzahl der amerikanischen «Postneukritiker» geformt wurde und von der weiterhin die Studenten geformt werden, deren Lehrer sie heute sind.

1. Das Beharren auf der Autonomie des literarischen Werks (welches für den N. C. synonym ist mit dem lyrischen Gedicht) veranlasste die Vertreter des N. C. – wie auch die russischen Formalisten – dazu, das Instrumentarium für seine angemessene Analyse zu finden. Die Übersetzung in ein psychologisches, moralisches oder ethisches Register ist nicht weiter befriedigend, da das Gedicht Schauplatz einer spezifischen ästhetischen Erkenntnis ist, die allen Formen der Paraphrasierung widersteht. Die Paraphrase wird als häretisch proklamiert, weil sie den spannungsvollen Prozess der Ausgleichung von Konfliktstandpunkten, Empfindungen und Ideen auf einen außerhalb dieses Prozesses befindlichen Zustand zurückführt. Dadurch wird das vom Leser erfahrene Erlebnis des Gedichts als einer ganzheitlichen Bedeutung und als eines «Musters von aufgelösten Akzenten» *(a pattern of resolved stresses)* zunichte gemacht, in dem die paradox widersprüchlichen Bestrebungen, Spannungen und Ambiguitäten organisch versöhnt sind. «Jedes Wort ist ein Teil des Kontextes von zusammenhängenden Bedeutungen, welche zu einem Gedicht verschmolzen sind, und die komplexe Ganzheit des Gedichts durchdringt wiederum die einzelnen Wörter und Phrasen» (Childs 1993). Die hermeneutische Spannung zwischen den Teilen und dem Ganzen ist also das, was die Reduktion des Gedichts auf eine statische Bedeutung oder Intention verbietet.

2. Der N. C. verlangt eine bis dahin undenkbare Aufmerksamkeit gegenüber dem Detail: «Jede respektable Dichtkunst erfordert aufmerksames Lesen» (Richards 1929). Wenn nicht jede Einzelheit in all ihren Bedeutungsverzweigungen und semantischen Nuancen geprüft wird, werden den Händen des Analytikers ebenjene Ironie, Ambiguität, Paradoxa und Komplexität entgleiten, auf denen die Spezifik der Lyrik beruht. Die Ironie sei «die Tendenz eines guten Gedichts,

eine bedeutende Anzahl und subtile Vielfalt von Faktoren einzubeziehen, die sich all dem widersetzen, worüber im Gedicht anscheinend die Rede ist» (Warren 1942). Im Zuge der Beschreibung des «Dramas verfeindeter Bedeutungen» in einem Gedicht definiert Brooks (1947) die Ironie als «den allgemeinsten verfügbaren Begriff für jene Art der Qualifikation, welche die verschiedenen Elemente des Kontextes von diesem erhalten». In diesem poetischen «Rühmen der Uneinstimmigkeit» erkennt Ransom den Spiegel der Demokratie wieder, während Tate in der paradoxen Harmonisierung der Mannigfaltigkeiten und der Oppositionen den Spiegel der Wirklichkeit sieht, weshalb für ihn die Dichtung wirklicher ist als die Wissenschaft. Welche enorme Bedeutung die Vertreter des N. C. der Wort-für-Wort-Analyse beigemessen haben, zeigt auch der Titel ihrer wichtigsten Zeitschrift in England: *Scrutiny* (gegründet 1932, Hauptredakteur: Leavis). Empson, der vielleicht die größte Meisterschaft auf dem Gebiet einer solchen Analyse entwickelt hat, definiert Ambiguität als «jede verbale Nuance, gleich wie geringfügig, die Raum für alternative Reaktionen auf demselben Sprachsegment bietet» (1930). In der Retrospektive auf die 1950er Jahre, als er, inspiriert von der europäischen Philosophie Heideggers, Sartres und Blanchots, in die USA kam, erkennt de Man den gesunden Einfluss dieses neukritischen sorgfältigen Lesens als aktive Antithese zu jedweder doktrinären Theorie. Er schreibt über «die Verwirrung, welche die einzelnen Ton-, Phrasen- und Figurwendungen bei denjenigen Lesern zwangsläufig auslösen mussten, die sorgfältig genug waren, um sie zu merken, und ehrlich genug waren, ihr Unverständnis nicht hinter einer Schutzwand aus anerkannten Ideen zu verbergen, welche im Literaturunterricht häufig als humanistisches Wissen untergeschoben wird» (1986). Auf jeden Fall lernte die Dekonstruktion vom N. C. die Fähigkeit, das ungeduldige geradlinige Verstehen auf Schritt und Tritt mit dem widerborstigen Buchstaben des Textes zu konfrontieren.

3. Wenngleich sowohl die amerikanische Dekonstruktion als auch der N. C. postulieren, dass es «kein Außerhalb des Textes» gibt, besteht zwischen diesen beiden Behauptungen ein großer Unterschied hinsichtlich der Interpretation des Begriffs Text, der für den N. C. als Bewahrer von Bedeutung gilt, für die Dekonstruktion jedoch als deren unermüdliche Verzögerung. Überdies beschränkt sich der Text für den N. C. mehr oder weniger auf das, was auf einer (Schrift-)Seite sichtbar ist, während dies für die Dekonstruktivisten der «allgemeine Text» ist. Gleichwohl haben beide den Antipsychologismus und den Antikontextualismus gemeinsam, die den N. C. beispielsweise von der archetypischen, marxistischen und psychoanalytischen Kritik scharf getrennt und ihn dem russischen Formalismus, der deutschen werkimmanenten Interpretation und der französischen *nouvelle critique* angenähert haben (obwohl der N. C. den beiden letzteren vorausgegangen war). Was jedoch den Antihistorismus

anbelangt (hinsichtlich dessen die Ähnlichkeit mit der Dekonstruktion bereits umstrittener ist), so scheint dieser «den N. C. vielen Universitätsprofessoren für englische Literatur im Laufe der 1940er, 1950er und 1960er Jahre nahe gelegt zu haben, weil infolge der wachsende Zahl von Universitäten, welche innerhalb ihrer Mauern eine studentische Population beherbergten, deren Bildungsstand heterogener als jemals zuvor in der Geschichte der Universität war, die Professoren erstmals die Möglichkeit hatten, der potentiell recht intensiven Ergänzungslehre in Geschichte und Philosophie auszuweichen, die (vor dem Auftreten des N. C.) als Vorbereitung für das Literaturlesen als notwendig erachtet wurde. Sie besaßen nunmehr die Garantie des N. C. dafür, dass Kenntnis der dichterischen Sprache und ein guter Wortschatz die einzig notwendigen Requisiten für das Literaturstudium sind» (Childs).

4. In den 1960er Jahren wurden grundsätzliche kritische Einwände gegen den N. C. erhoben. Der erste Einwand bestand darin, dass der N. C. das Drama, vor allem aber die Prosa vernachlässigte, für die sein analytisches Instrumentarium keinerlei Bedeutung zu haben schien. Der zweite Einwand entstammt dem hermeneutischen Lager (de Man 1971) und wird auf die Technologisierung des Gegenstands der Literaturwissenschaft zurückgeführt. Der Vorwurf lautet, dass dieser Gegenstand – um der gerechtfertigten Verbannung der für ihn unwichtigen dichterischen Intention willen – auch der relevanten Intentionalität beraubt wird, die allen Phänomenen des menschlichen Bewusstseins eigen ist. Der dritte Einwand ist politischer Natur: Die Verherrlichung der Einheit und der Harmonie im Gedicht offenbare sich als Bestandteil der ideologischen Sehnsucht nach dem endgültigen gesellschaftlichen Konsens und nach der Metaphysik der Gleichheit (Guillory 1983). In der Tat lassen sich im Werk von Leavis Fragmente finden, die Loblieder auf die «organische Gemeinschaft» singen, was in vielerlei Hinsicht an die nostalgisch-traditionalistische Orientierung einer Sammlung politischer Essays erinnert, die von der Gruppierung des N. C. 1930 veröffentlicht wurde und die Culler (1982) für einen Markstein in der Entwicklung ihrer Lehre hält. Die Marxisten erkennen in dieser Vorliebe für das Organische gegenüber dem Mechanistischen «das Rezept für politische Inertion» (Eagleton), während die feministische Kritik hierin das männliche Streben nach Herrschaft anprangert. Doch die minuziöse Suche nach Objektivität ist Graff (1979) zufolge «ein weiteres Symptom für die Kapitulation der Universität vor dem kapitalistisch-militärisch-industriell-technologischen Komplex».

5. Brooks hat in einem bedeutenden Essay von 1983 darauf hingewiesen, dass die Hegemonie des N. C. an den englischen und amerikanischen Universitäten in den 1950er und 60er Jahren das vielfältige und oft unkoordinierte Inventar an kritischen Verfahren überdeckt hat, welches von seinen Begründern angewandt wurde. So neigte z. B. Richards zum Psychologismus, Empson bediente sich völ-

lig ungezwungen biographischer Informationen, und Brooks griff wiederholt auf die Paraphrase zurück, dies ungeachtet aller grundsätzlichen Gegenproklamationen. Konsens herrschte also eher unter den Nachfolgern als unter den Begründern des N. C. Dass dies lange übersehen wurde, ist den reflexiven Ergebnissen der Kanonisierung dieser «Schule» zu verdanken. (A. H.)

→ Ambiguität, Intention, Ironie, Literaturgeschichte, Paradoxon

Norm

(engl. norm, franz. norme, russ. norma)

Durch langjährigen Gebrauch in einer Gemeinschaft, der zum (unausgesprochenen oder spontanen) Konsens geführt hat, festgelegte Regel oder Modell. Coseriu (1973) benutzt diesen Begriff, um den begrenzten Bereich von Möglichkeiten des Sprachsystems zu bezeichnen, der im Gebrauch einer bestimmten Gemeinschaft realisiert wird.

In der Prager Schule der strukturalistischen Poetik, die diesen Begriff in den 1930er Jahren in die Literaturtheorie eingeführt und heimisch gemacht hat, wird die Meinung vertreten, die übertriebene Stabilität der N. führe zur Automatisierung, während gut bedachte Verstöße gegen sie (Verfremdung) zum Motor literarischer Evolution würden. Prager Strukturalisten verbinden den Begriff der N. mit dem ästhetischen Wert des Werks, das ihm von der «Lesegemeinschaft» durch die Rezeption zugestanden wird. Obwohl Unterschiede zwischen individuellen Leseerfahrungen unstrittig seien, lasse die N. dennoch als eine Art überindividueller Bedingung ihrer Ermöglichung ein allgemein richtiges Urteil über den Wert und die Bedeutung des Werks zu (Mukařovský 1948). Deswegen müsse sie von der Literaturgeschichte für jede einzelne Epoche aufmerksam rekonstruiert werden. Vodička (1941) schlug vor, dies durch empirische Untersuchungen unterschiedlicher Konkretisationen literarischer Werke zu tun, die in Tagebüchern, Memoiren, Briefen, Rezensionen, Essays, insbesondere in der Literaturkritik und Poetik der betreffenden Epoche beschrieben worden sind. Dabei schrieb er den Abweichungen bei der Rezeption eine fast gleich starke ästhetische Wirkung zu wie den literarischen Werken selbst: «Eine neue Konkretisation bedeutet immer in einem bestimmten Sinn das Wiederaufleben eines Werks, das Werk wird in die Literatur von neuem in lebendiger Gestalt aufgenommen. Im Gegensatz dazu zeugt die Tatsache, dass eine alte Konkretisation wiederholt wird (z. B. in der Schule), ohne dass eine neue Konkretisation entstanden wäre, davon, dass das Werk aufhört, lebendiger Teil der Literatur zu sein.» Später (1975) werden für Vodička die N.en nur zum Bestandteil des allgemeinen normativen Gemeinschaftsgewebes in einer bestimmten Epoche.

Macherey (1966) kritisiert solche Meinungen als *normative Täuschung*, die Widersprüche im literarischen Werk auf ihre «richtige Bedeutung» einebnet oder aber als (gründlichere) *empirische Täuschung*, welche die potenziell verschiedenartige und konfliktträchtige Aufnahme des Werks nur auf seine schriftlichen Zeugnisse reduziert. (B. D.)

→ Abweichung, Automatisierung, Code, Kanon, Konvention

Opposition

(engl., franz. opposition, russ. oppozicija)

Laut de Saussure ist die O. die grundlegende Beziehung zwischen zwei Elementen eines beliebigen semiotischen Systems. Dazu kommen in der Organisation des Systems noch syntagmatische und paradigmatische Beziehungen. Im strukturalistischen Modell gilt die O. zwischen zwei Elementen als Grundlage einer elementaren erkenntnistheoretischen Strukturierungsoperation, die alle Wahrnehmungsdaten ordnet.

1. Diese Idee übernimmt Greimas (1966) und arbeitet sie aus, wobei er sie auf die Organisation der Beziehungen im semiotischen Viereck anwendet. Dabei unterscheidet er (in stillschweigender Anlehnung an Lacan 1964/1973b) drei mögliche Beziehungen: dass sich die Bestandteile der O. untereinander (1) durch Gegensätzlichkeit ausschließen, (2) durch Einbeziehung einschließen und (3) durch Ausschließen im Widerspruch einschließen können. Mit dieser komplexen Semiotisierung wird die O. endgültig von der linguistisch-grammatikalischen Systemebene in die semantisch-ideologische Diskursebene versetzt. Nach Greimas und Courtés (1979) reicht sie jenseits «sowohl dieser als auch jener Seite des Zeichens», weil die semantischen Einheiten (die Seme), mit denen sie die Organisation der Beziehungen beginnt, *noch* keine Zeichen sind, während die Einheiten, mit denen sie diese Organisierung beendet (der Text), keine Zeichen *mehr* sind.

Die Gestaltung von Greimas' Viereck wurde außer von Lacan auch von Lévi-Strauss' Analyse des Ödipusmythos (1958) beeinflusst. Darin bildet dieser vier Reihen von Mythemen (kleinste Einheiten eines Mythos, die sich aus der Subjekt-Prädikat-Beziehung ergeben), wobei je zwei zu den beiden anderen in semantischer O. stehen (der zweite Bestandteil steht im Gegensatz zum ersten). Zwischen diesen beiden Oppositionspaaren wird dann eine homologische Beziehung errichtet, und zwar so, dass eine neue, aus dem Einschließen der Bestandteile (s. o.) entstandene O. die vorherige, nicht lösbare O. aufhebt. Eine solche Überdeterminierung unterschiedlich strukturierter O.en ist auch für Greimas' Modell charakteristisch.

2. Ende der 1960er Jahre unterzieht Derrida den strukturalistischen Kernbegriff O. einer grundsätzlichen Kritik. Er weist darauf hin, dass die O., entgegen anders lautenden Behauptungen, auf der Nicht-Gleichberechtigung oder Asymmetrie ihrer Bestandteile beruhe. Das gilt gleichermaßen für die O. zwischen Signifikant und Signifikat, Materiellem und Geistigem, Sprechen und Schreiben, Körper und Seele, Natur und Kultur, Wortwörtlichem und Metaphorischem, Weiblichem und Männlichem, kurz gesagt für alle O.en, auf denen die metaphysische Tradition des westlichen logozentrischen Denkens gründet. Darin neige sich die Symmetrie unbemerkt der Seite des Signifikats zu und verleihe der Semiotik so den Status einer Hilfswissenschaft im Dienste einer von vornherein gegebenen metaphysischen Erkenntnis; sobald sich allerdings die Semiotik auf ihren eigentlichen Standort stellt, erhalte der Signifikant den Status eines generierenden Elements (1967b). Diesen Status erlange der Signifikant deshalb, weil das Grundprinzip der Semiotik in «der Produktion von *différance* in einem System bestehe, in der Produktion eines Systems von Unterschieden», die in jedes Zeichen die Spur eines anderen Zeichens, als dessen Signifikant, einschreibt und so sein Gleichgewicht zerstört. Dieses Gleichgewicht zu zerstören heißt, die Gegenwärtigkeit des Zeichens (bei sich selbst) durch Différance wie Unterschied / Aufschub / Verzögerung aufzuspalten. Daher gilt es, das Gegenwärtige nicht als Urelement zu denken, sondern als (vorübergehendes) Ergebnis eines zeitbedingten Spiels der Unterschiede *(penser le présent à partir du temps comme différance)*, welches keine dauerhafte Fixierung auch nur einer einzigen O. zulasse. Weder bei den Elementen noch beim System – nirgendwo sei etwas einfach anwesend oder abwesend. Überall gebe es nur Unterschiede und Spuren von Spuren (1972b).

3. Feministische, afroamerikanische und postkoloniale Kritik zeigen in den 1980er Jahren gemeinsam mit dem Neuen Historismus, dass die Ursache des Ungleichgewichts der Pole der O. darin liegt, dass man sie zwangsläufig aus der Perspektive einer zweiten O. betrachtet, welche die erste durch ihre Markiertheit «umbesetzt», z. B. die O. zwischen Signifikant und Signifikat aus der Perspektive der O. zwischen dem Sinnlichen und dem Geistigen. Ins Zentrum der Aufmerksamkeit tritt damit eine Vervielfältigung der O.en, die sich einander im diskursiv-figurativen Raum einer Kultur übercodieren oder überdeterminieren, wobei sie die Einteilung ihrer Machtdispositive gestalten. Vielleicht sei Geschlecht immer schon *gender* gewesen, sodass sich herausstelle, dass die Unterscheidung zwischen Geschlecht und *gender* gar keine Unterscheidung ist (Butler 1990). Das unendliche Verschieben von Zeichen kann allerdings vor-

übergehend unterbrochen werden, um die Determinanten eines spezifischen Knotenpunkts im Netz der zivilisatorischen, religiösen, kulturellen O.en sowie der Klassen-, Rassen-, Geschlechts-, Epochen- und anderen O.en festzulegen, weil diese nur für den räumlich und zeitlich fern gerückten und angeblich uninteressierten Beobachter völlig relativ erscheinen. (W. F.)

→ Différance, Differenz, Metapher, Mythos, Viereck

Paradoxon

(engl. paradox, franz. paradoxe, russ. paradokson)

1. Diesen Begriff haben die New Critics, genauer gesagt Brooks (1947), in die Literaturtheorie eingeführt, um das dichterische «beständige Nebeneinanderstellen von Wörtern zu neuen und plötzlichen Kombinationen» zu erklären. Brooks stellt allgemein fest, «dass Paradoxie die Sprache der Poesie ist», obwohl er diese Behauptung vor allem mit Beispielen aus dem Werk sog. metaphysischer Dichter illustriert. Brooks nimmt als Beispiel für die Neigung der Dichtung im Allgemeinen zum P. Wordsworths Proklamation aus dem Vorwort zur zweiten Auflage seiner *Lyrischen Balladen*, wo er schreibt, er wolle «Geschehnisse und Situationen aus dem täglichen Leben wählen, sie aber so (zu) behandeln, dass gewöhnliche Dinge dem Geist unter ungewöhnlichem Aspekt dargeboten werden» – was russische Formalisten gewiss dem Verfremdungsverfahren zuschreiben würden. Das P. dient aber der Dichtung – wie übrigens auch in der Tradition der Rhetorik – nur als Mittel zur Verstärkung eines Ganzen, das den Widerstand der (augenscheinlichen) Widersprüchlichkeit überwinden muss, um sich als Ganzes wiederherzustellen. Laut Fontanier (1830/1977) verbindet das P. Wörter, die den Eindruck erwecken, sie widersprechen sich gegenseitig tatsächlich, und die dank der ihnen zugrunde liegenden Vermittlungsidee auf wundersame Weise aus der Widersprüchlichkeit in einen höheren Einklang übergehen.

2. Wenngleich das P. am Anfang der zeitgenössischen Literaturtheorie dem Lyrikbereich zugeschrieben wurde, wird es heutzutage zum Bestandteil der theoretischen Argumentation. Vor allem betrifft das die Dekonstruktion und die Theorie selbstreferenzieller Systeme. Sie bestätigen die Behauptung von Colie (1966), es liege im Charakter des P.s, jedwede Verpflichtung zu bestreiten: Indem es die Gefangenschaft in den disziplinären Formen und Schulregeln durchbricht, bestreite es Begrenzungen und bekämpfe seine ‹Verortung› in irgendeinen spezifischen philosophischen Standort. Es sei gleichzeitig ‹selbstzerstörerisch›, ‹selbstgenügsam› und ‹selbstbehauptend›. Im Gegensatz zur harmonischen, er-

kenntnismäßigen oder ästhetischen Aufhebung der Widersprüche wird so die Möglichkeit, auf die Fontanier aufmerksam macht, anerkannt, nämlich dass der Rezipient das P. buchstäblich anstatt figurativ verstehen kann. Dann aber wird es unsinnig, chaotisch, klafft auseinander und verhindert die Überbrückung der Asymmetrie der Bedeutung. Dieses P. des P.s erinnert daran, dass wir unsere Unterschiede nicht immer überwinden können, und da das P. immer den Unterschied voraussetzt, immer die Gefahr besteht, dass der Unterschied nicht verschwinden und dass der erforderliche ‹Exzess› oder Spalt weiterbestehen wird (Keenan 1997). An diesen Aspekt des P.s knüpfte Hofstadter (1979) mit seiner transdisziplinären Untersuchung von «fremden Schlingen» *(strange loops)* und Antinomien an. (B. D.)

→ Abgründigkeit, Ambiguität, Ironie, Pfropfung, Selbstreferenzialität

Paralepse/Paralipse

(franz. paralepse/paralipse, russ. paraleps/paralips)

Nach Genette (1972) zwei Alterationen eines eingeführten Fokalisierungstyps. In der Paralepse, die gewöhnlich als Typ der äußeren Fokalisierung in Erscheinung tritt (wo der Erzähler weniger mitteilt, als die Figur weiß), gibt der Erzähler mehr Informationen als zulässig. Er sagt z. B. über eine Figur, «sie stellt sich dumm». In der Paralipse, die gewöhnlich als Typ der inneren Fokalisierung erscheint (wo sich der Erzähler mit seiner Äußerung am Wissen der Figur orientiert), gibt der Erzähler weniger Informationen als zulässig. Er übergeht z. B. in den Gedanken einer Figur eine Information, die sie kennen müsste. (R. H.-K.)

→ Alteration, Fokalisierung

Parodie

(engl. parody, franz. parodie, russ. parodija)

1. Der Begriff taucht in der literaturtheoretischen Diskussion um die Postmoderne zusammen mit den Begriffen Allusion, Zitat, Dialog, Hybrid, Intertextualität, Karneval, Pastiche, Polyphonie, Heteroglossie, Stilisierung, Mehrakzentualität u. Ä. auf. In dieser Begriffsfamilie, die auf Bachtins antizipatorischen Arbeiten gegründet wurde, wird sein traditionelles Bedeutungsfeld erweitert. Während er in der klassischen Tradition das bewusste Ironisieren eines fremden Kunstwerks im eigenen Werk bedeutete, ist bei Bachtin bereits

jede Wiederholung P., ob ironisch oder nicht (wenn Bachtin über die Stilisierung spricht). Im Stilisationstypus P. unterwirft der Autor die zweite Stimme seinem Ziel, während im ironischen Typus die zweite Stimme antagonistisch mit der Stimme des Autors zusammenstößt und diesen dabei zwingt, den Zielen zu dienen, die im Gegensatz zu den ursprünglich beabsichtigten stehen. «Die Rede wird zum Kampfplatz verfeindeter Absichten.» Eine solche P. ist transgressiv und der herrschenden Ideologie gegenüber subversiv. In ihrer Bachtin-Interpretation unterscheidet Kristeva (1969) die komische als pseudotransgressive und die karnevalistische als wahrhaft transgressive P.

2. Indem er den Begriff P. auch für nicht-ironische Wiederholungen geöffnet hat, hat sich Bachtin der riskanten These genähert, alle Literaturwerke seien parodistisch, denn auf diese oder jene Weise wiederholen sie alle ihre Vorgänger. Um den Begriff vor derartigen Konsequenzen zu schützen, haben die modernen Theoretiker hervorgehoben, dass im Gesamtwerk die intertextuellen Allusionen in der P. intendiert werden und darüber hinaus für den Leser offensichtlich sein müssen (z. B. Genette 1982). Auch Hutcheon (1985) betont, dass die Distanz zwischen der Kopie und der Quelle, gleich, wie geringfügig sie sei, mittels klarer ironischer Unterschiede auf der Folie der sichtbaren Ähnlichkeiten signalisiert werden muss. Aber auch für sie ist, wie auch für Bachtin, die Ideologie das zentrale Problem der P.

3. Rose (1993) meint, dass die Definition der P., die Hutcheon liefert, noch modernistisch ist, weil sie die komische Dimension zugunsten der metafiktionalen vernachlässigt (und darin wird sie auch von McHale [1987] unterstützt). Für die postmodernistische Behandlung der P. (z. B. Eco 1984, 1986; Lodge 1990; Bradbury 1987; Jencks 1977ff.) ist ihrer Meinung nach charakteristisch, dass hier die komischen und humoristischen Aspekte als den metafiktionalen gänzlich ebenbürtig zurückkehren. So wird der P. jene Komplexität und Kreativität zugestanden, die es ihr heute ermöglicht, auf verschiedene Arten unterschiedlichen Zielen zu dienen, die sowohl metafiktional wie auch komisch sind.

4. Die P. hat die gegenwärtige Theorie vorwiegend über den Stil ihrer Größen betreten, welche in dieser Hinsicht scheinbar jenem Aphorismus Nietzsches aus *Jenseits von Gut und Böse* folgten, der besagt, die Originalität sei nur noch in der parodistischen Form möglich (Megill 1985). Derrida hat einige repräsentative Beispiele der parodistischen Verdopplung angeführt, etwa im einführenden Essay (1972a) oder wenig später (1974), und dabei gezeigt, bis zu welchem Ausmaß die P. – weit davon entfernt, anarchisch oder nihilistisch zu sein – den anderen Text zum Bestandteil ihrer Struktur macht. «Parodie ist nie von ihrem Ziel entfernt und frei, vielmehr ist sie mit ihm zusammengewachsen. Sie ist eine Art Metasprache, selbstreflexiv und selbstkritisch, sie ist kein bloßes ‹Nachäffen›, sondern eine ‹Umfunktionierung› des Zieltextes» (Handel-

man 1991). Eine solche Pfropfung in die Fremdstimme hat Derrida ermöglicht, der eigenen Rede jenen festen Standort zu entziehen, den noch die «apokalyptischen» Krisendenker und Ideologiekritiker innehatten, und sie weiter an einen flüchtigen und oft frustrierenden Nichtort zu zerstreuen (Megill). «Wenn man zeigen könnte, dass *der Andere bereits in Demselben* ist, von Anfang an gespalten, dann wäre das ein Anderssein, das nicht mehr dem Aufsaugen erliegen würde. Deshalb muss Derrida äußerst ‹treu› und nah am Text bleiben, den er analysiert (...).» Auf diese Weise lassen der Quellentext und sein parodistischer, dekonstruktiver Doppelgänger «keine Verschmelzung zu, weil der zweite nicht konträr zum ersten, sondern sein geringfügig entrückter Antipode ist» (Descombes 1979). (A. B.)

→ Ironie, Polyphonie, Wiederholung, Zitat

Periodisierung

(engl. periodization, franz. périodisation, russ. periodizacija)

1. Eine der Schlüsseltechniken, mit Hilfe deren die Literaturgeschichte ihren Gegenstand handhabt und in ihn globale Einheiten einführt. Diese Einheiten, in der Regel die größten, mit denen die Literaturgeschichte operiert (und dies sind noch z. B. Motiv, Autor, Werk, Gesamtwerk, Genre, Gattung, Modus, Generation, Schule, Tendenzen, Richtungen, Diskurs, Reihe, System usw.), erhielten verschiedene Bezeichnungen: Epochen, Zeitabschnitte, Perioden, Formationen usw. Aber welcher Name ihnen auch immer zugeschrieben wurde und welches Kennzeichen ihn auch immer markiert hat, heute hält man unter den Theoretikern der Literaturgeschichte (im Unterschied zu den Praktikern) nicht mehr daran fest, dass diese literaturgeschichtlichen Einheiten die Entität, auf die sie sich beziehen, *wahrhaftig* erklären. «Auch die Frage, ob diese oder jene Bezeichnung ‹angemessen› sei, d. h. die angenommenen wesentlichen Züge der Literatur des betreffenden Zeitabschnitts benennt, wird kaum mehr diskutiert» (Rosenberg 1992, S. 270). Welche theoretische Begründung auch immer unter den gegebenen Umständen einer periodisierenden Einheit verliehen war, in der Regel gelang es ihr am Ende nicht, die ganze Verschiedenheit der Merkmale zu verschleiern, die die Angehörigen ihres Feldes tragen.

Schon Dilthey (1924) bedauerte, dass die Zeiträume fixierte Repräsentationen von etwas im Werden sind, indem sie Gedanken Stabilität für etwas geben, das in sich selbst Prozess oder Bewegung in eine Richtung ist. Etwas später (1935, S. 2) greift Schultz die morphologische Substanzialisierung des Epochenbegriffs an und ruft ihn als «arbeitshypothetische und vorläufige Hilfskonstruktion» aus. Zur selben Zeit (1933) polemisiert von Wiese gegen die «metaphysisch-ontologische Ausweitung» der rein «historischen Kategorien» Gotik oder Barock und befürwortet ihren Charakter als «regulative Ideen», mit deren summarischen Neigungen sehr vorsichtig umzugehen ist. Auch Wellek und Warren (1949) merkten an, dass der Literaturhistoriker bereits durch die Benennung des Zeitabschnitts notwendig innerhalb einer längeren Dauer eine kürzere ausgliedern muss und dabei unabsichtlich suggeriert, dass in dessen Rahmen der Prozess der Veränderung eigentlich abgestellt ist.

Heute gibt es eine große Zahl verschiedener P.s-Versuche, dennoch ist die Skepsis gegenüber den essenzialistischen P.s-Konzepten noch größer geworden: «As a basis of a typology one may take modes of representation (diegesis), temporal reference, objects of imitation, goals of interaction, patterns of receptious situations, linguistic functions, etc. The text types derived and the assignments of texts to types not only look different with each new typological basis but have always been superseded by the rise of new media and new genre concepts» (Hauptmeier 1987, S. 215).

2. Der dargestellte Zustand des theoretischen Bewusstseins hat den P.s.-Theoretikern in den 1980er Jahren eine *pragmatische* Auffassung der P.s-Kategorien nahe gelegt. Es wurde deutlich, dass sie der Komplexität der historischen Wirklichkeit nicht genügen können; aber ebenso deutlich wurde auch, dass es Literaturgeschichte ohne sie als ihr Arbeitsinstrumentarium nicht geben kann. «In der Praxis erweist sich die Periodisierung als ein unverzichtbares Ordnungsprinzip der Fakten» (Rosenberg 1992, S. 270). Im Licht dieser Einsicht in die «operative Notwendigkeit der Fiktion», die man als Fiktion wiederum nicht verdecken soll, hat Forget (1986, S. 44) vorgeschlagen, dass die «Einteilung des Forschungsgegenstandes», für die wir uns zu Beginn «als Arbeitshypothese» entscheiden, «im Laufe oder am Ende der Untersuchung de facto als untauglich erscheinen kann und aufgegeben bzw. umstrukturiert wird». Schmidt (1985) deutet aber vorsichtig an, dass die P. sicher eine *andere* soziale Funktion im Gefüge der Literaturgeschichte hat und keinen wahrhaftigen Bericht darüber gibt, «wie es wirklich gewesen ist». Zehn Jahre später präzisiert er seine Frage: «Wer setzt fest und entscheidet mit Hilfe von Klassifizierungskonzepten und Bezeichnungen in welcher Situation welche Art und Weise des Problems?» (1994)

Fohrmann (1988a) hat auf diese Frage sogar eine fertige Antwort. Ihm zufolge sind Klassifizierungskonzepte Attributionen der Literaturwissenschaft, durch die sie ihr System in Betrieb hält. Die Rede ist von provisorischen Einheiten, die in einem beweglichen Systemfeld liegen, wo sie fortlaufend ihre Funktion ändern, abhängig von der Perspektive, welche die Attribution durchführt. «Classifications allow for limited sequentializations, the advantage of which seems to lie in their ability to establish units through a reduction of characteristics. The classification can occlude segments in the processes of discourse; and this occlusion frames for the first time a manipublable corpus whose complexity allows for a temporal setting-into-relation» (Fohrmann 1988a, S. 282). So gehen Klassifizierungskategorien eigentlich aus der Reaktion des literaturwissenschaftlichen Systems auf den Bedarf an Temporalisierung hervor.

Perkins (1992) hat darüber hinaus die Gliederung der Determinanten der literaturhistorischen Klassifizierung vorgeschlagen und sechs Faktoren aufgezählt: (1) die Tradition, (2) ideologische Interessen, (3) ästhetische Ansprüche der Literaturgeschichtsschreibung, (4) Aussagen des Autors und der Zeitgenossen über seine Neigungen und Ablehnungen, (5) Ähnlichkeiten, die der Literaturhistoriker zwischen Autoren und/oder Texten beobachtet, und (6) die Bedürfnisse professioneller Karrieren und die Politik der Macht in Institutionen. Dabei betont er, dass die Taxonomien erstaunlich konservativ sind, das heißt, dass von seinen aufgezählten Determinanten die Tradition eigentlich die wichtigste ist. Die Literaturgeschichte ist ein geschlossenes diskursives System, dessen Kategorien der zu klassifizierenden Literatur vorausgehen und sie gliedern, sodass ihre Tauglichkeit eigentlich nicht bestritten werden kann. «Thus literary histories are made out of literary histories. Not only their classifications but also their plots are derived from previous histories of the same field. A literary history can be an accurate mimesis of the past only if all of the literary histories it echoes also are» (Perkins 1992, S. 73). Diesen Gedanken unterstützt auch Fohrmann, indem er das Verhältnis zwischen den Literatursystemen und der Literaturgeschichte – im Geist der Konzeption von Luhmann – als ein Verhältnis zwischen zwei selbstreferenziellen Gefügen betrachtet, die alle *außerhalb* gewonnenen Informationen ausschließlich nach den Strukturgesetzen entwickeln, die *innerhalb* von ihnen herrschen. «Hence in the system of ‹Literary Science› an individual commentary will first situate itself in relation to other commentaries, and only then, through them, to the literary text» (1988a, S. 278).

Auf die Starrheit der P.s-Schemata gegenüber äußeren Einflüssen macht auch Rosenberg (1987, S. 229) aufmerksam, indem er behauptet, dass sich in ihnen «die rezeptiven Erfahrungen mehrerer Generationen überlagern oder verschmelzen». Das künstlerische Werk aus ihnen «herauszubrechen, um sie ‹rein› anzuschauen (wie ein Kind die ‹Sixtinische Madonna›), bedürfte der Anstrengung des totalen Vergessens der bisherigen Erfahrungen, die im Umgang mit ihnen gemacht wurden, der Erkenntnisarbeit, die an ihnen von früheren Rezipienten geleistet worden ist». Der «rezeptionsgeschichtliche Zusammenhang» der Epochenvorstellungen unterliegt zwar der «Erweiterung oder Einengung, Präzisierung oder Differenzierung» durch unterschiedliche Interpretationen und Wertungen sowie auch durch «Verwerfungen, Traditionsbrüche und radikale Umwertungen», aber das verringert nicht seine Wirkungskraft. «Gesellschaftliche Umwälzungen können tief in ihn eingreifen, aber sie bringen ihn nicht zum Verschwinden, solange nicht die Tradition literarischer Bildung und literaturgeschichtlichen Wissens überhaupt unterbrochen wird» (Rosenberg 1987, S. 230), was uns natürlich schwer denkbar scheint.

3. Zusammenfassend kann man sagen, dass die Merkmale der P.s-Kategorien heute von institutionellen, pädagogischen und strukturellen Gesetzmäßigkeiten der Literaturgeschichte oder der Literaturwissenschaft und nicht mehr aus der Literatur als ihrem Gegenstand abgeleitet werden. Die entstandene Begrifflichkeit versteht man «als einen intersubjektiven Prozess der Herstellung von Konsens» (Rosenberg 1992, S. 270). Dabei ist es wichtig zu beobachten, dass die Disparität oder die Absenz eines Korrespondierens mit dem Gegenstand trotzdem nicht als ausreichender Grund für ein Verwerfen der P. als falsch oder unsinnig betrachtet wird, denn sie findet ihre neue *raison d'être* in der Reproduktion des Antriebs der Literaturgeschichte und in ihrer Legitimation. «(...) Consciousness of precursors weighs heavily on comprehensive literary histories. In part the backward glance challenges the instructing parent, but more, I think, the comparison affords the impossible project a means of defining itself, of hinting at what it is by specifying what it is not» (Johnstone 1992, S. 34).

Das heißt, dass das Verhältnis sowohl zu den P.s- als auch zu allen totalisierenden Kategorien im Laufe der 1980er Jahre eine gewisse Korrektur erfahren hat. Man gelangte zu der Einsicht, dass ihre radikale Bekämpfung im Namen zahlreicher Alteritäten, die durch ihr notwendiges Selektionsverfahren ausgeschlossen werden – als jener «antihumanistische» Umsturz, der in den 1960er Jahren mit Lévi-Strauss, Braudel, Foucault begann und sich im Poststrukturalismus, der Dekonstruktion, der feministischen und postkolonialen Kritik usw. fortsetzt –, eine spezifische, obwohl unbeabsichtigte Totalisierung ist. Unter den übrigen Anmerkungen, die auf die Rechnung der homogenisierenden Kategorien verweisen, erkennt diese negative Totalisierung in der P. den Modus der Beglaubigung der akademischen Arbeitsteilung nach Abteilungen *(compartmentalizing)*, eine unmerkliche fachliche «Ghettoisierung», die durch ein striktes Abdecken des Feldes *(field coverage)* das Eindringen in fremde Kompetenz und dadurch jede starke Veränderung des Denkmodus verhindert (Graff 1987). Deshalb strebt der «Antihumanismus», der sich massiv auf die Theorie gründet, welche in dieser Zeit die traditionellen Grenzen des Gegenstandes verschiebt, ihre vollständige Negierung an.

Aber eine solche Verwerfung jeglicher Aufteilung erweist sich bei sorgfältiger (nachträglicher) Betrachtung als versteckter Vorschlag einer neuen P. «To see theory as a sort of discursive public sphere set against the privatized, periodized department and urging it toward large collective change is to suggest a sense in which, considered institutionally, both theory and the new social movements are for rather than against periods, those large, collective, totalizing breaks that revolutions define» (Robbins 1992, S. 40). Das heißt, derjenige, der einen Umsturz aus wie auch immer legitimen Gründen anstrebt, verwandelt die Gegenwart nolens volens in eine (neue) Epoche! Wenn sich aber jedes Anfechten der P. als ihre erneute Schaffung erweist, drängt sich die Schlussfolgerung auf, dass «periods are fictions or constructs that both enable and restrain scholarly research» (ebd.).

In ebendiesem Geist beruft sich Müller (1985, 1986) auf die bekanntlich ernüchternde These von Gaillard (1984), nach der jede Zerstörung der Einheiten immer deren Wiedererrichtung mit einbezieht. Das eine geht nicht ohne das andere! «Gerade die freilich *unreinen* Totalisierungsbewegungen sind als *konstruktive* Verfahren unerlässlich, um überhaupt Brüche, Sprünge, Vervielfältigungen, Dispersionen feststellen zu können» (Müller 1986, S. 27). Das bedeutet aber noch keineswegs die Rückkehr zu der vorkritischen geistesgeschichtlichen Überzeugung, dass Epochen aus dem natürlichen Gesetz historischer Entwicklung hervorgehen. «Man könnte demnach Geschichtsverlaufsdarstellungen und Epocheneinteilungen als eine Art Volksglauben der Intellektuellen abtun, der sich bei näherem Zusehen in Nebel auflöst» (Luhmann 1985, S. 26). «Epochen sind nicht evolutionsnotwendig. Sie sind, anders als Strukturen selbst, keine Bedingung der Möglichkeit von Strukturveränderungen» (Luhmann 1985, S. 16) – sie stellen sich *nachträglich* als Schwellen in einer vorbestimmten zeitlichen Reihenfolge auf, um in ihr Unterschiede zu schaffen, ohne die Kunstgeschichte nicht möglich ist (ebd.). P.s-Begriffe sind die besten, wenn man sie heuristisch gebraucht als strategische Konstrukte oder Mittel, mit deren Hilfe ein klug gegliedertes Geschichtskontinuum zum Zweck konzentrierter Analyse und des Verstehens erarbeitet wird (Calinescu 1987). Wie an und welchen Stellen die Epochenschwellen errichtet werden, hängt von den Parametern der Beobachtungsperspektiven ab, die sich ändern, aber selbst konstitutiv für die *geschichtliche* Betrachtung der Vergangenheit sind. «We require the concept of a unified period in order to deny it, and thus make apparent the particularity, local difference, heterogeneity, fluctuation, discontinuity, and strife that are now our preferred categories for understanding any moment of the past» (Perkins 1992, S. 65).

4. Die P.s-Kategorien lassen sich trotz aller funktionellen Ähnlichkeit nicht ganz mit anderen Kategorien der literaturgeschichtlichen Klassifizierungsinstrumentarien gleichsetzen. Sie umfassen zunächst die umfassenderen Segmente des Gegenstands wie Werk, Autor, Gesamtwerk, Motiv, Form oder Genre. Sie sind mehr als diese Kategorien gezwungen, Selektion und Wertung imperativisch zu befördern, was die proklamierte Ausführlichkeit und Neutra-

lität ihrer begrifflichen Projektionen untergräbt. Mit anderen Worten, der Historiker wird bei ihrem Gebrauch in den Zwiespalt zwischen der Forderung nach Glaubwürdigkeit und Einschränkungen getrieben, die ihm durch Darstellungsform bzw. rezeptive Kapazitäten und die ästhetische Art und Weise seines Adressaten aufgedrängt werden. Welcher Anteil am Ganzen wird z. B. diesem oder jenem Zeitraum abgetreten und diesem oder jenem Autor wiederum in ihm? «‹Accuracy at all cost› insists the spirit of scholarship. But many a cultural imaginer has learned that reflecting historical weight in due proportion can create a lopsided design that reawakens the demand for explanation» (Johnstone 1992, S. 30). Daher sind die P.s-Kategorien veranlasst, gewisse Kompromisse, Zugeständnisse und Zwischenabstufungen einzuräumen, welche z. B. in der Unterscheidung zwischen den Techniken oder Stilen nicht so häufig angewendet werden. Wenn wir im Klassifizierungsrepertoire der Literaturgeschichte eine Differenz vorsehen, analog zu jener, welche Todorov (1971a) zwischen *historischen* und *theoretischen* Genres eingeführt hat, und wenn wir demnach sagen, dass sich einige Klassifizierungsbegriffe (z. B. Werk, Autor, Gesamtwerk) vor allem (obwohl nicht ausschließlich) in Übereinstimmung mit den Bedürfnissen des *Literatur*systems bildeten und manche dagegen vor allem (wiederum nicht ausschließlich) gemäß der Notwendigkeit des Systems der Literatur*wissenschaft* (z. B. Gattung, Schreibweise oder Zeitraum), dann ist es im Prinzip möglich zu sagen, dass über die ersten Begriffe ein größerer Konsens besteht als über die zweiten. Das ist so, weil die Klassifizierungsbegriffe «niederen Ranges» im Bewusstsein des Produzenten und Rezipienten literarischer Texte sozusagen täglich aktiv sind und durch ein Netz unsichtbarer Attributionen ihre Kommunikation erzeugen. Wie *theoretisch* labil oder unfassbar sie auch immer sein mögen, genügen sie doch für die orientierende, *praktische* Identifizierung der Nachricht.

Jeder Konsens schließt auch Dissens mit ein, welcher in Wittgensteins Konzept der Familienähnlichkeiten *(family resemblances)* zwischen den Gliedern des Begriffs *Kernzone (hard core)* wechselseitiges Überlappen von Merkmalen und zwischen denen der *Randzone (margin)* ihre gegenseitigen Unterschiede bedeutet. Den Unterschied zwischen den P.s- und den anderen Klassifizierungsbegriffen der Literaturgeschichte würde man nach dem Umfang der einen und anderen Zone ableiten. Die Genres hätten z. B. mehr prototypische Glieder als die Zeiträume, wenn wir das prototypische Glied als «dasjenige, das am wenigsten Familienähnlichkeit mit den Gliedern anderer Kategorien hat» (Rosch/Mervis 1975), definieren. «This approach invites us to think of genres as clubs imposing a certain number of conditions for membership, but tolerating as quasi-members those individuals who can fulfill only some of the requirements, and who do not seem to fit into any other club» (Ryan 1981, S. 118).

Ein Großteil der heutigen Literaturhistoriker, unterwiesen in der Kunst der «gleichzeitigen Ungleichzeitigkeit», weiß, dass es unter den Werken, die historisch z. B. der Romantik oder dem Realismus angehören, eine Fülle solcher gibt, die durch bestimmte Merkmale ebenfalls «in einen anderen Club passen» würden. Zu so einer Trennung innerhalb der Familie kommt es in erster Linie dadurch, dass die P. wegen ihrer chronologischen Form daran schuld ist, die genrehafte und stilistische Gegenwart unterschiedlicher Aspekte eines literarischen Textes, Autors oder Werks in eine zeitliche Aufeinanderfolge zu gießen, und durch diese Homogenisierung ihre Hybridität verhüllen muss. Darüber hinaus decken die P.s.-Kategorien nie die komplette literarische Produktion des gegebenen Zeitabschnitts ab, sondern nur irgendeinen repräsentativen Ausschnitt. «In einem bestimmten Zeitraum waren Literaturmuster, die wir als romantisch interpretieren, zweifellos auch in der Masse der Literaturproduktion dominant. Diese Zeit begann aber sicher nicht 1794 und auch nicht 1805 oder 1806 (...), sondern später, und sie reichte auf jeden Fall weit in die Periode des Realismus hinein. Der Zeitpunkt, zu dem sich in der Masse der Literaturproduktion die Dominanz von den Literaturmustern der Spätaufklärung auf die der Romantik verschob, muß also irgendwann zwischen den Zäsuren liegen, die das traditionelle Periodisierungsschema setzt» (Rosenberg 1992, S. 272). Schließlich scheint es, dass sich eine ähnliche Dissemination der Familie, hervorgerufen durch die Aussiedlung ihrer Mitglieder aus der Kernzone des Konsenses in die Randzone des Dissenses, wo sie andere Familienbegriffe ergreifen können, unausweichlich ist, auch dann, wenn sich die P.s-Kategorie statt an die Gruppe der literarischen Autoren oder Werke an die Stratifizierung des Genresystems als Abschnitt anlehnt. Bei der Betrachtung dessen stellte Fohrmann (1988a) fest, dass das Genre, dessen begriffliche Grenzen offensichtlich weniger aufgelöst sind als z. B. jene des Zeitgeistes, «gehörig spottet über die epochalen Richtlinien».

5. Die Schwierigkeiten der literaturhistorischen P. – auch wenn ihre Instrumente als pragmatische Konstrukte verstanden werden – rühren von daher, dass sie sich für *ein* Kriterium als Dominante entscheiden muss, wobei sie immer wieder auf den Widerstand der Kriterien stößt, welche entweder die Klassifizierungskategorie anderer Systeme (z. B. der Literatur) oder andere literaturgeschichtliche Kategorien hervorheben. Aber dies ist nicht der einzige Grund für die verbreitete Labilität der P.s.-Begriffe. Ihr Konsenskern kann auch nachträglich, aus diachronischer Perspektive, Gefahr laufen, wenn der *geistige, gesellschaftliche* oder *ideologische* Kontext aufgedeckt wird, der einen bestimmten Literaturhistoriker veranlasste, die P.s-Schwellen auf eine bestimmte Art und Weise aufzustellen.

Jede P. bedeutet einen Legitimationsversuch des Standpunkts, von dem aus sie durchgeführt wurde. Sie «haben aller Klassifikation zumindest programmatisch ein historisches Apriori vorgelagert, das die Geltung des Gegenwärtigen zu begründen, aber auch stets zu relativieren vermag» (Fohrmann 1989, S. 18). «Nietzsches Position» beschreibend, behauptet auch Jameson (1989), dass «period concepts finally correspond to no realities whatsoever» und daher, auf welches typologische oder klassifizierende System sie auch aufbauen, «the collective reality of the multitudinous lives encompassed by such terms is nonthinkable». Nietzsches *Perspektivismus* des Periodisierungsbegriffs rührt daher, dass «jede einzelne Epochenabgrenzung stets insgeheim bestimmte Erzählungen oder ‹Geschichte› – d. h. narrative Darstellungen – der historischen Abfolge impliziert oder projiziert, in deren Licht diese einzelnen Epochen ihren Platz einnehmen und folglich ihre Bedeutsamkeit erlangen» (Jameson 1981, S. 23). Von welcher Hintergrundgeschichte hier die Rede sein kann, signalisiert Spivak (1989), wenn sie sagt, «regular periodization should (…) be seen in its role within the historical normalization required by the world system or political economy». Aber P. kann auch die einfachere Funktion der Legitimation der Arbeitsteilung innerhalb der akademischen Institution haben, was z. B. Poovey (1988) im Sinn hat, wenn sie von «the involuntary periodicity of the reproductive system» spricht. «Carving out autonomous feudal fiefdoms that can be moved only one by one, the privatized department effectively resists any large collective change of the sort proposed by cultural studies, feminism, and theory» (Robbins 1992, S. 40).

6. Die beschriebene legitimierende Zentrierung der P. im *Endpunkt* ihrer chronologischen Leiter – im gesellschaftlichen und ideologischen Kontext, aus dem sie sich generiert – findet ihre Rechtfertigung in der Logik der Geschichtsphilosophie, welcher sie ihre Entstehung schuldet. Die Literaturgeschichten der Aufklärung *(Litterärgeschichten)* beruhen fraglos auf einem apriorischen Periodisierungsschema: «Eine umfassende Ordnung zu errichten, wurde als *Verstandesleistung, nicht als ein Effekt der Geschichte selbst* betrachtet» (Fohrmann 1989, S. 9). Erst die Geschichtsphilosophie führt das Prinzip ein, nach welchem sich die geschichtliche Folge *im* geschichtlichen Prozess selbst aufbaut, d. h. in jeder ihrer Etappen von neuem. Erst Herder versteht (um 1770) Geschichte als die ständige menschliche Emanzipation von vererbten Angewohnheiten und Vorurteilen: Jede folgende Phase ist bewusster als die vorhergehende. Nach ihm gilt der Begriff Geschichte, in der «*Ordnung (…) dann nicht mehr Ausgangs-, sondern Endpunkt des Prozesses*» ist (Fohrmann 1989, S. 24). In Übereinstimmung damit versucht auch der Literaturhistoriker des 19. Jahrhunderts immer von neuem den individuellen Kern zu finden, der sich in der Geschichte entwickelt und bis zu ihrem Ende nicht vollständig aufgedeckt wird, wobei dieses Ende als Moment der Tilgung zu verstehen ist. Sich aus der

Geschichtsphilosophie Hegels herleitend, nimmt auch die Literaturgeschichte an der Festigung der *Schlüssellegende der westlichen Zivilisation* (Waswo 1993) teil, nach welcher der Geist aus seinem nicht-geschichtlichen, barbarischen, despotischen, mythischen und östlichen Sein unerbittlich in sein historisches, zivilisiertes, demokratisches, reflektiertes und westliches Sein fortschreitet. Es ist nicht verwunderlich, dass in dieser Legende seit der Polemik von Lévi-Strauss (1962) mit Sartre die spezifische ideologische Projektion viel deutlicher erkannt wird. Sie begleitet die P. von Anfang an.

7. Die zentrale Blickrichtung der P. aus der Entstehungszeit der Literaturgeschichte (in Deutschland vor der Mitte des 19. Jahrhunderts) beruht auf der *geistigen Einheit* der Literatur mit dem politischen, religiösen und philosophischen Denken, einer Einheit, welche nur die Aufgabe der Legitimierung der *nationalen Identität* hat. Die Annahme eines ‹nationalen› inneren Zusammenhangs sei stetige Bedingung und Hoffnung des literaturgeschichtlichen Projekts (Fohrmann 1989). Dies bleibt auch eine Konstante der amerikanischen Literaturgeschichte, die sich ein ganzes Jahrhundert später mit der Kanonisierung der Epoche der sog. amerikanischen Renaissance (Mathiessen 1941) konstituierte. Bestandteil dieser Kanonisierung ist die Erfahrung der Vereinigten Staaten als führender Macht der sog. freien Welt, die ihre Ideale von «initiative, individualism, self-reliance, and demands for freedom» zurückprojiziert, als Basis des «Amerikanismus», der sich in der Zeit zwischen den beiden Weltkriegen herauskristallisierte. So schreibt Mathiessen, dass der gemeinsame Nenner seiner fünf Autoren (Whitman, Emerson, Hawthorne, Thoreau, Melville) «their devotion to the possibilities of democracy» ist und Spiller (1948) behauptet, dass die amerikanische Literatur dieser Epoche «profoundly influenced by ideals and by practices developed in democratic living» war. Er stellt eindringlich fest, «never has nature been so rapidly and so extensively altered by the efforts of man in so brief a time» (Bercovitch 1986, S. 632f.).

Auch im Deutschland des 19. Jh.s war die Anlehnung an die Daten der politischen Geschichte verbreitet, aber diese wurden in der P. – ebenso wie in der nachfolgenden amerikanischen Tradition – frei mit ästhetischen Fakten kombiniert, weil dieser Modus wissenschaftlicher Konsequenz noch nicht als Problem empfunden wurde. Bis Scherer (1883) wird Periodisierung, trotz Gervinus' Empfehlung von einer «Idee, die alle historischen Gegebenheiten durchdringt und sie zu ihrem Ausdruck macht» (1835–42), auch weiter als pragmatische Frage einer übersichtlichen Ordnung von Geschichtsmaterial erlebt. Davon zeugt auch die Weiträumigkeit der aufgestellten Epochenschwellen, innerhalb deren dann verschiedene ergänzende Gliederungen eingeführt werden. Erst der Positivist Scherer stellt als Schüler von Rankes Historismus die Forderung auf, dass sein Schema *natürlich hervorgeht* aus dem Stoff selbst –

wie absurd auch immer es heute scheint, wenn wir uns an seine symmetrischen sechshundertjährigen «Wellen» erinnern. Er behauptet, dass die «Blütezeiten» der deutschen Literatur auf die Zeitpunkte um 600, 1200 und 1800 fallen, erklärbar offensichtlich mehr durch seine Neigung zu ornamentalem Geschmack als durch irgendeinen authentischen Rhythmus des literarischen Lebens.

Im Jahre 1909 führte Kummer das operativere Kriterium der *Generation* ein, worunter er «alle etwa gleichzeitig lebenden Menschen, die aus gleichen wirtschaftlichen, politischen und gesellschaftlichen Zuständen hervorgegangen sind», verstand und die daher «mit verwandter Weltanschauung, Bildung, Moral und Kunstempfinden ausgestattet» sein sollten. Gegen Ende der 1920er Jahre wird die Generation in verschiedenen wissenschaftlichen Disziplinen zur führenden Form der Feingliederung des geisteswissenschaftlichen Begriffs der Epoche, welcher seine «biologische Dynamisierung» in Früh-, Hoch- und Spätphasen hervorruft. Scherers biorhythmisch-historische Kurve verdichtet so ihre Windungen.

Auch nach dem Abgang des Begriffs Generation von der Periodisierungsszene der Geisteswissenschaften beharrt die Organik der geisteswissenschaftlichen Methode auf der Analogie zwischen den Epochen und den lebenden Organismen, das heißt, dem Begriff Epoche wird auch weiterhin ein enges Haften am historischen Leben der Menschheit zugeschrieben. Allmählich bildet sich mit der Verbreitung dieses Begriffs im Laufe der 1930er Jahre die Idee des sog. Zeitgeistes heraus, der angeblich «das gesamte Denken, Fühlen, Handeln der Menschen durchdrang und der sich in allen Künsten in einem entsprechenden Zeitstil manifestierte» (Rosenberg 1987, S. 223). Trotz der Widerstände, die ab den 1930er Jahren wegen seiner Abstraktheit und seines übermäßig metaphysischen Charakters angemeldet werden, führt der synthetische Begriff des Zeitgeistes die Literaturgeschichte zur Überschreitung nationaler Grenzen, wodurch sich ihr Gegenstand nicht nur erweitert, sondern auch strukturell verändert. Die Erweiterung des Gegenstandes wirkt popularisierend, während seine Autonomisierung die literaturhistorische Autorität festigt.

8. Aber zur wahren Revolution des Gegenstandsbereichs der Literaturgeschichte – und damit zum Wanken der traditionellen Periodisierungsschwellen – kommt es erst in den 1960er Jahren, als die gezielte Karriere des Begriffs Erzähltext *(récit, narrative)* beginnt. In jüngster Retrospektive schreibt Prince (1988) darüber, wie in der damaligen Zeit dieser Begriff «andere Termini zu ersetzen begann» (Argumentation, Theorie, Ideologie, Fiktion, Roman, Mitteilung u. Ä.), sich als ihr universaler Ersatz aufdrängte und sich nach und nach auf Anthropologie, Philosophie und Naturwissenschaften ausbreitete. Während er so auf allen Seiten andere Autoritäten untergrub, hat der Begriff des Erzähltextes die eigene Autorität belastet, bis er selbst in der postmodernen

Reaktion z. B. von Barthes, Lyotard oder White seine Problematisierung erfuhr. Dem schlechten Leumund eines heimlichen Beglaubigers westlicher oder europäischer Hegemonie wurde so plötzlich ein Begriff ausgesetzt, der 20 Jahre zuvor von dem (nicht zufällig französischen) Kontext der Entkolonisation und europäischen Öffnung gegenüber der sog. Dritten Welt hervorgebracht wurde. Mit ihm wurde damals die Tiefenlogik der Geschichtsphilosophie Hegels in Frage gestellt, die in ihrer gliedernden Projektion «selbstverständlich» die zeitgenössische (historische) und die hiesige (geographisch-ideologische) Beobachtung privilegierte. Man muss sich daran erinnern, dass Lévi-Strauss (1962) in der Polemik mit Sartre eigentlich das Recht des Mythos als «wilden (subalternen) triebhaften Denkens» gegenüber der Geschichtsphilosophie als «gezähmten (zivilisierten) Denkens» verteidigte. Von hier ausgehend, bietet Robbins die Hypothese, «that the political power of authorizing and sustaining structuralism's formalist detour came from precisely this effort to define and extend a common ground between Europe and its ‹others›, between, for instance, literary criticism's ‹high› culture and anthropology's ‹ordinary› culture. And the term that did much of this work was *narrative*» (1992, S. 46f.). Seine Abstraktheit machte ihn demokratisch sensibel und befähigte ihn, neben den hohen literarischen und philosophischen Errungenschaften der Ersten Welt auch die subalternen Mythen der Dritten Welt einzubeziehen, die bis damals jeglichen Rechts auf Stimme beraubt waren.

Nachdem jedoch die literaturwissenschaftlichen Abteilungen die Herausforderung von Anthropologie, Linguistik, Historiographie und Ethnologie endgültig angenommen und ihren Gegenstand bis zu ungeahnten Grenzen demokratisiert hatten, schufen sie die eigentliche Voraussetzung für eine eigene Hegemonie über diese Disziplinen. «It seems clear that the rise of narrative to authority within literary criticism coincides with, and helps account for, a phase of imperialism in which our discipline has asserted authority over other disciplines» (Robbins 1992, S. 42). Deshalb zeigt sich gegen Ende der 1970er Jahre Skepsis, man vernimmt immer mehr Stimmen, dass man in dem angeblich *universalen* Erzähltext nur die *spezifische Form* seiner Modalisierung beachten soll, und zwar jene Form, die sich in ihren Charakteristika innerhalb der institutionell-ideologischen Voraussetzungen einer disziplinären, literaturtheoretischen Rezeption hervorbringt.

9. Mit der Rezeptionstheorie und der marxistisch intonierten Literatursoziologie gerieten außer den isolierten Strukturen der Texte schließlich auch ihre *Verteilung* und ihre *Aufnahme* ins Blickfeld der P.s.-Interessen. Die Empirische Literaturwissenschaft und die Sozialgeschichte der Literatur in Deutschland, der New Historicism in den Vereinigten Staaten und die Mentalitätsgeschichte in Frankreich stellten die Literaturgeschichte in den 1980er

Jahren vor eine neue große Aufgabe: Die Literatur muss als gesamtes *soziokulturelles System* gesehen werden, wie eine eigenständige gesellschaftliche Institution! In der Folge einer solchen Erweiterung des Objektbereichs und der mit ihm verbundenen «Dissoziierung des organizistischen Begriffes des literarischen ‹Werkes› und des emphatischen Begriffes des Subjekts» (Scherpe 1983) verliert die bis dahin hauptsächlich lineare P., die sich auf innovative ästhetische Ereignisse wie Transformationen literarischer Strukturen gründet, ihre Berechtigung. Werk und Subjekt machen den Platz frei für breitere Beziehungsgefüge, die sich nicht mehr klassisch teleologisch, sondern nur avantgardistisch montiert darstellen lassen, durch die vergleichende Verfolgung von «Mikrohistorien» in einer begrenzten Zeitspanne (Japp 1980; Link 1983; Gumbrecht 1984). «Concepts of ‹intertextuality›, of interaction between ‹elementary› and institutionalized forms of literary discourse, (...) and of interaction between the areas of literary production, distribution, reception and cultural assimilation point with differing sets of theoretical relations to the *correlations with the ‹internal history› of literature*» (Schönert 1985, S. 308f.). Aber das Problem der montierten literaturhistorischen Segmentierung ist noch komplexer, weil es das Durchdringen von Verhältnissen und Niveaus innerhalb des Systems mit jenen außerhalb des Systems bzw. das Darbieten einer komplexen wechselseitigen Abhängigkeit von «innerer Geschichte» und «äußeren Bedingungen» einschließt. In Betracht zu ziehen sind mindestens drei grundlegende theoretische Merkmale: (1) «the theoretical levels of microsociological constellations (e. g., the contexts of interactions between actors and groups of actors)»; (2) «intermediary components (perspectives on norms, roles, groupings and institutions)» und (3) «macrosociological perspectives» (Ort 1985; Meyer/Ort 1988; Schönert 1985, S. 306).

In einem derart übergreifenden Gefüge werden neue mögliche Zäsuren erwartet, z. B. Erfindung und Verbreitung des Buchdrucks, Entwicklung des Literaturmarkts, Veränderung der Lesetechnik, Änderung der Autorentypen, Umgestaltung der rechtlichen Regulierung der Literaturproduktion, Modalitäten der literarischen Bildung, Veränderungen im Genrerepertoire der Literatur, hervorgerufen durch neue Kommunikationsformen, Verschiebung der Grenzen zwischen der sog. hohen und der sog. niederen Literatur u. a. Die Theorie der allumfassenden, funktional-kommunikativen Literaturgeschichte stellt eigentlich die Forderung nach ständiger wechselseitiger Vermittlung von Ereignissen und Prozessen auf verschiedenen Niveaus und innerhalb verschiedener zeitlicher Verknüpfungen (einschließlich auch jener formal-struktureller) angelegentlich der Montage von Periodisierungsschwellen. Der Herausgeber von *A New History of French Literature* (1989, S. XX), Hollier, erklärt in der Einleitung: «Rather than following the usual periodization schemes by centuries, as often as possible we have favored much briefer time spans and focused on nodal points, coincidences, returns, resurgences». Dies ist also nicht nur das Resultat der im Laufe der 1980er Jahre in der deutschen Literaturwissenschaft geführten Diskussionen. Der Herausgeber der neuen *Cambridge History of American Literature*, Sacvan Bercovitch, beschreibt ihre Ausgangsbasis in der Zeit des Dissenses als «flexible, open-ended, and self-reflexive» und stellt in den Mittelpunkt der Forschung das Problem der Ideologie. Unter Ideologie versteht er «the ground and texture of consensus» (um die literarischen Werte), als «the system of interlinked ideas, symbols, and beliefs by which a culture – any culture – seeks to justify and perpetuate itself; the web of rhetoric, ritual, and assumption through which society coerces, persuades, and coheres» (Bercovitch 1986, S. 634f.). Auf diese Weise verbindet die Ideologie in sich ästhetische Systeme der Bedeutung mit historischen Modalitäten der (ihrer) Erkenntnis. Von diesem Panoramablick aus problematisiert Bercovitch die ästhetische Ideologie der traditionellen Literaturgeschichte, die an die klassischen Autoren der sog. Amerikanischen Renaissance gebunden ist, die sich, angeblich, mit ihrem kreativen, demokratischen Engagement den wachsenden Kräften der Ausbeutung überall um sie herum entgegenstellten. Ihm zufolge war diese Epoche, ganz im Gegenteil, «the aesthetic flowering of an ideology adopted from the start precisely for its ability to transmute radicalism of all kinds, from religious protest to revolutionary war, into varieties of ideological consensus». Alle ihre klassischen Autoren «testify that the historical achievements and the violence are together integral to the cultural dynamics which produced the American Renaissance» (ebd. S. 646f.).

Indem man den Akzent von der Literatur auf die Ideologie verlagert, die als ein komplexer Begriff jene Erstere immer schon umfasst, wird die Literaturgeschichte eigentlich nur als ein Entgegensetzen der umgekehrten hierarchischen Werte ihrer Vorgänger konzipiert. Zeigt sie aber ihre Fiktionalität bzw. Ideologisierung, fällt sie selbst einer neuen Fiktion anheim – wie die ersten Reaktionen auf «die ideologische Darstellung der amerikanischen Ideologie» zeigen (Carafiol, Crews). Daher kommt unerwartet zum Vorschein «the developmental logic of a given literary-historical tradition as a process in which the various designs ‹fail forward› in a succession of rebellions against the unsatisfactory terms of previous nonaccomplishments» (Johnstone 1992, S. 34). Im Allgemeinen kann man sagen, dass die neue Literaturgeschichte, mit der Konzentration ihrer stofflichen Segmentierung auf die allumfassende Poetik der Kultur statt auf die Literatur, danach strebt, ihre Darstellungsverfahren völlig von jener Argumentationsverpflichtung zu befreien, deren Struktur schon ihre synthetischen Vorgänger unterlagen. Es ist nicht mehr die Rede davon, dass die Literatur in ihrer Spezifik verstanden wird, sondern dass die Begrenztheit solch einer Auffassung in allen ihren Ausprägungen erklärt wird!

10. Es scheint, dass sich durch das beschriebene Gären in der literaturgeschichtlichen Praxis eine Bewegung ankündigt, jener analog, die es in der literarischen Praxis unseres Jahrhunderts bereits gab. Als einer der Ersten kam ihr Genette (1966) auf die Spur, als er die Tendenz der modernen Erzählliteratur erkannte, durch ihre diskursive «Montage» dem Leser den Einblick in die Erzählung zu verweigern, als ob sie nach der Beschränkung auf das «unklare Rauschen ihres eigenen Diskurses» streben würde. Vielleicht sei das Erzählen für uns heute schon eine *Sache der Vergangenheit*, die wir schnell betrachten müssen, während sie sich zurückziehe, bevor sie völlig aus unserem Blickfeld verschwindet. Nicht nur, dass sich eine ähnliche Beschäftigung mit den eigenen Modalitäten, ein ähnliches Sich-über-sich-selbst-Beugen heute in der Literaturgeschichte zu erkennen gibt, sondern auch ihre traditionelle synthetische Form – nach den intensiven theoretischen Thematisierungen, die einer narratologischen Thematisierung des Erzähltextes analog sind – verschwindet vom Horizont. Rosenberg (1992, S. 279) spricht vom «Auslaufen der meisten größeren Literaturgeschichtsprojekte», und Johnstone (1992) schreibt dem Durchdringen durch den Text gewaltiger nationaler Literaturgeschichten etwa die gleiche Anziehungskraft zu wie dem Lesen von Telefonbüchern.

Diese beiden Auflösungen sind miteinander verbunden. Wenn in der Literatur die Modalisierung «endlich das Erzählen besiegte» (Jameson 1987), dann ist eine solche Literatur nicht mehr sich selbst genug und verlangt nach einem komplexen intertextuellen Gefüge (im Bewusstsein des Lesers), damit sie überhaupt verstanden und vor allem erklärbar wird. «At this point and beyond, the content of the treated literary material ceases to function as evidence in a historical presentation. The connected dots dematerialize into representations as unstable as the literary works whose fictivities, metaphoricities, and intense stylizations they now maintain as other to and interrogative of the comprehension» (Johnstone 1992, S. 35). Kurz gesagt, das Projekt einer Sozialgeschichte der Literatur erwächst aus dem aufgedeckten Versäumnis eines synthetischen literaturgeschichtlichen Bemühens. Dabei verlangt es für seine Argumentation eine ähnliche Montagefreiheit mehrfacher Überbestimmungen, wie sie die diskursive Modalisierung in der postmodernen Literatur suchte. Aber wie auch dort, «there must be a positive construction of literary history before there can be the deconstruction that characterizes the next stage in historical sophistication» (Perkins 1992, S. 58). Bereits Popper (1974) äußerte die Überzeugung, dass kritisches Denken ohne dogmatische Vorgänger unvorstellbar ist: Die kritische Phase besteht aus dem Verwerfen dogmatischer Theorien unter dem Druck gescheiterter Erwartungen oder Widerlegungen und aus dem Erproben anderer Dogmen.

Die dargelegte Analogie zwischen dem Verschwinden von Erzählung und synthetischer Literaturgeschichte ließe sich auch auf Reaktionen der «Konsumenten» erweitern, obwohl sie natürlich nicht identisch sind. Bezeichnend ist, dass der grundsätzliche theoretische Anspruch in der literaturgeschichtlichen Praxis eine ebenso blasse Spur hinterlassen hat wie der künstlerische Anspruch der postmodernen Prosa in der populären Literaturproduktion: Die literaturgeschichtliche Praxis wie auch jene letztere bevorzugten Lesergewohnheiten, indem sie ihre Legitimität vor allem in der Sphäre des breiten Konsums suchten. Durch diese Erfahrung belehrt, warnt Schönert: «It will not suffice to merely pay the usual lip service to the relevance of appropriate interdisciplinary research projects, (...) without any significant changes being made in the standard literary-historical procedures employed in gathering data, analysing texts and describing historical processes» (1985, S. 310). Nur etwas später konstatiert Ort, dass das Projekt einer interdisziplinär verfassten Sozialgeschichte der Literatur «vorerst mehr Probleme zu generieren als zu lösen scheint» und «dass deren Abstraktionsniveau darüber hinaus ihre heuristische Fruchtbarkeit und methodische Praktikabilität zunächst zu beeinträchtigen scheint» (Ort 1991, S. 368). Weder die Soziologie noch die Literaturwissenschaft sind bislang der Komplexität des Problems gewachsen, daher muss man den forschungspraktischen Nutzen und das Ausräumen der Missverständnisse den «zukünftigen Anstrengungen» überlassen. Tatsache ist, dass sich die bestehenden Sozialgeschichten der Literatur nicht auf die mehrfach geforderte Revision der eingewurzelten Periodisierungsschemata einlassen, dass es ihnen nicht gelingt, die partiellen politischen, staatlichen und ideologischen Geschichten adäquat mit der Geschichte der Werke, Genres und Institutionen des literarischen Lebens zu verbinden. Ganz im Gegenteil, «sie verschaffen sich immer von neuem den Beweis der praktischen Durchsetzungskraft des traditionellen Schemas, das man selbst da im Sinn hat, wo man es ablehnt und durch die sozialgeschichtliche Aneinanderreihung von Epochen ersetzt» (Rosenberg 1987). Es ist wahr, die neuen amerikanischen Literaturgeschichten (z. B. die *Columbia* unter der Leitung von Elliot 1987 oder *A New History of French Literature* unter der Leitung von Hollier et al. in Harvard) sind deutlich innovativer («this book is composed of corridors to be entered through many portals intended to give the reader the paradoxical experience of seeing both the harmony and discontinuity of materials»; Elliot 1987, S. XIII). Aber für das Letztere sagt Perkins, dass «das Publikum, das er stillschweigend im Sinn hat, begrenzt ist und sich vor allem aus Spezialisten für französische Literatur und Theoretikern der Literaturgeschichte zusammensetzt».

Charakteristisch ist: Der Unterschied zwischen der Mehrheit der weniger gebildeten Leser und der in die literaturgeschichtliche Standardpraxis Eingeweihten bringt die deutsche Theorie der «montageartigen» P. nicht dazu, auf ihre Ansprüche zu verzichten. Offensichtlich sei, dass nur wenige Disziplinen so wenig Beziehung zueinander haben, wie es das Schreiben der Literaturgeschichte und die Theorie der Literaturgeschichte haben (Japp 1980). So hält Ort fest, das Problem «sollte jedoch *nicht* einem vermeintlichen ‹Zuviel› an Theoriebildung angelastet werden, sondern beruht vielmehr umgekehrt auf Defiziten des desolaten theoretischen Diskussionsstandes innerhalb der Literaturwissenschaft» (1991, S. 368). Schönert aber meint, «that the *theoretical foundations* for a social history of literature have not been sufficiently laid» (1985, S. 305). «But when literary history is to be written under the sign of a paradigm shift, or as a ‹revolutionary› project, then it must be made clear which fundamental suppositions are to be applied in describing renewal and revolution» (ebd., S. 315). Obwohl die Theorie nun trotz des Fehlens einer praktischen Deckung auf der «interdisziplinären und theoretisch reflektierten Verkomplizierung der sozialen Historiographie der Literatur» beharrt, sieht sie sich in diesem Unternehmen legitimiert, indem sie sich ethisch in den Dienst der verschweigenden Dimensionen des Gegenstandes stellt. Was die traditionelle, synthetische Literaturgeschichte verschweigt, ist, dass die Literatur, die sie als ihre *Quelle* vorstellt, eigentlich ihre *Wirkung* ist. Das heißt, dass sie sich der traditionellen Technik der Erzählliteratur bedient, die ihren Diskurs für die Geschichte ausgibt. Wer ihr daher aufs Wort glaubt, wer es nicht schafft, zur Voraussetzung ihrer Diskursivität vorzudringen – der unterliegt hoffnungslos der Fiktion dessen, was Literatur wirklich ist.

Die Sozialgeschichte der Literatur stellt sich in die Funktion der Emanzipation jener, die auf diese Weise betrogen wurden. Sie macht das (nach eigener Proklamation), indem sie ihrem Gegenstand die Autonomie zurückgibt und ihn von all jenen ideologischen Inbesitznahmen befreit, die mit ihren konventionellen kompositionellen Mustern ein breites Publikum und damit die öffentliche Meinung gewinnen. Montage anstelle von Plot – dies hat auch hier die Funktion des Erstaunens bzw. eines Überschreitens des Erwartungshorizonts! «Thus the vocational program authorized by ‹clerkly skepticism› involves disciplining the lower or other, who comes easily (too easily) to the inferior, unself-conscious pleasures of plot and must be taught to accept ‹harder satisfactions›» (Robbins 1992, S. 48).

Wie aber die Antwort der literaturgeschichtlichen Praxis zeigt, bleiben die Gruppen jener, die einer Aufklärung bedürftig sind, bezüglich des emanzipatorischen Unternehmens, das in ihrem Namen vorgenommen wurde, hart. Aus ihrer Perspektive nimmt es sich erheblich mehr Freiheit, als sich jene erlauben können, die einerseits durch die Legitimationsansprüche der nationalen Gemeinschaft, andererseits durch die kommerziellen Ansprüche von Herausgebern, an dritter Stelle durch den konventionellen Geschmack des Publikums unter Druck gesetzt werden. Die literaturgeschichtliche Praxis lässt sich so erst an letzter Stelle von den wissenschaftlichen Interessen steuern. «Vielmehr versucht der entsprechende Markt auf eine Synthesebildung zu drängen, die es verspricht, ein neues Label (‹Sozialgeschichte der Literatur›) einer möglichst großen Zahl von Käufern nahezubringen. Dies verlangt eine Zurichtung der Texte für prospektive Zielgruppen (Fachvertreter, Studenten, Schulen, ‹gebildetes Publikum›) und erfordert Verkaufsstrategien, die jene Vorzüge herausstellen, die den Kauf einer Literaturgeschichte ganz unabdingbar erscheinen lassen» (Fohrmann 1993, S. 175). Damit wird bekannt gemacht, dass die Sozialgeschichte der Literatur mit ihren hohen theoretischen Forderungen unabsichtlich (wenngleich auf einem qualitativ anderen Niveau) die (erfolglose) aufklärerische Geste ihrer Vorgänger wiederholt, dieselbe Geste der Überführung aus einem atavistischen in einen zivilisierten, aus einem blinden in einen aufgeklärten, von einem unbewussten in einen selbstbewussten Zustand, die sie sonst so scharf als die *Schlüssellegende der westlichen Zivilisation* angreift. Da diese Geste der grundlegenden periodisierenden Abgrenzung zweier Epochen auch die synthetische Literaturgeschichte hervorgebracht hat, gewinnt man den Eindruck, dass sie auch in der ansonsten notwendigen Problematisierung unumgänglich bleibt. (C. S.)

→ Formation, Gattung, Geistesgeschichte, Historie, Literaturgeschichte

Pfropfung

(engl. graft, franz. greffe, russ. priboj)

Begriff, den Derrida einführt, um die Art der Teilhabe des Rahmens im Inneren des Textes – die Umwandlung in «einen Teil, der umfassender als das Ganze ist» – zu beschreiben, wobei die Rolle des Rahmens beispielsweise das Genre oder die Unterschrift übernehmen können. Die P. veranschaulicht, dass der Rahmen «teilhat, ohne ein Teil zu sein», was bedeutet, dass seine Zugehörigkeit immer zweifach ist. Als *Parergon* des Bildes, vom Standpunkt des Bildes aus, ist er ein Teil der Wand, während er sich vom Standpunkt der Wand aus dem Bild anschließt. Um seine Zugehörigkeit definitiv zu bestimmen, wäre ein neuer Rahmen nötig, aber dieser wiederholt nur das Problem der Unentscheidbarkeit. (Lj. Š. / W. W.)

→ Abgründigkeit, Dissemination, Rahmen, Supplement

Phallozentrismus

(engl. phallocentrism, franz. phallocentrisme, russ. fallocentrizm)

In seiner Vorlesung *Die Bedeutung des Phallus* (1958/1966) trennte Lacan diesen symbolischen Begriff von seiner direkten Verknüpfung mit dem Begriff des Penis, wie das z. B. noch im Werk von Ernest Jones der Fall war. Bei Lacan wird der Phallus zum Brennpunkt (anstatt zum Gegenstand) des Begehrens, zur «urverdrängten ‹Signifikantenbatterie›», welche die Ordnung des Symbolischen regelt. Obwohl feministische Kritikerinnen Lacans Lehre ablehnen, da sie selbst phallokratisch sei (Cornell 1991, 1992, 1993, 1998; Butler 1993), hat diese Lehre durch die Übertragung dieses Begriffs in den semiotischen Bezugsrahmen dennoch ihre Konzeption des P. als des geschlechtlich dominierten Systems von Machtverhältnissen ermöglicht. Irigaray (1974) deutete so den Phallus als das Prinzip der Strukturierung westlicher Metageschichten der Philosophie, Wissenschaft, Geschichtswissenschaft und Religion, ähnlich wie Derrida im Phallus das transzendentale Signifikat zu erkennen pflegte. Das Befürworten von Autorität, Tradition und Ordnung hat für Irigaray also eine starke phallozentrische Ladung. In diesem Sinn betont Grosz (1995), der P. sei nicht auf die männliche Dar- und Vorstellung von Frauen begrenzt, sondern er müsse auch die Elision jedweder *Männlichkeit* oder Maskulinität in den erkenntnisbildenden Perspektiven und Aussagepositionen einschließen, eine grundlegende Isomorphie der Theorie mit männlichen (sozio-historischen) Körpern. (B. D.)

→ Körper, Logozentrismus, Signifikant, Signifikat

Phänomenologische Kritik

(engl. phenomenological criticism, franz. critique phénoménologique, russ. fenomenologičeskaja kritika)

1. Die Phänomenologie ist eine philosophische Methode, die von Husserl eingeführt wurde (1900/01). Ihre Grundtendenz liegt darin, zu den *reinen Phänomenen* vorzudringen, die durch sinnverleihende Akte unseres Bewusstseins konstituiert werden, weil sie als einzige eine unbestrittene Gewissheit besitzen. Alles, was zu dieser transzendentalen «eidetischen Wesenheit» nicht gehört – lebensanschauliche Vorüberzeugungen, ideologische Vorurteile, Erfahrungsgewohnheiten, materielle Bedingungen unseres Setzungsakts –, sollte in dem Vorgang der sog. phänomenologischen Reduktion «in Klammern gesetzt werden». Auf solcher kompromisslosen «Wesensschau» baut die Phänomenologie, als

sog. exakte Wissenschaft, ihre Kritik der anderen Wissenschaften auf, indem sie von ihrem «transzendental-logischen» Betrachtungspunkt aus die immer-schon-empirischen, d. h. die kontingenten Bedingungen von deren Gegenstandserfassung enthüllt. Doch obwohl er darum bemüht war, den Gegensatz zwischen Subjekt und Objekt, d. h. zwischen Rationalismus und Empirismus, durch ihre Flexion und Korrelation aufzuheben, hat Husserl in seiner Phänomenologie Freiraum für die Hervorhebung entweder des einen oder des anderen Pols im Urteilsprozess offen gelassen. Er selbst hat, zumindest am Anfang, den intentionellen Bau des Gegenstandes als Ausgangspunkt des thetischen Akts betont, während Heidegger (1927ff.), sein Schüler, dem In-der-Welt-Sein Vorrang gegeben und auf diese Weise dem Essenzialismus seines Lehrers die Existenzphilosophie entgegengehalten hat. Die beiden genannten Richtungen – die objekt- und die subjektzentrierte – wurden weiteren Veränderungen unterzogen, die sich in Richtung auf das Einbeziehen des Objekts und des Subjekts in größere Zusammenhänge verliefen, die aber ihrerseits ihre Selbständigkeit in Frage gestellt haben. Einerseits haben die hinzugesellten Bedeutungsrichtlinien des Objekts die Frage der eigenen Genese aufgeworfen, andererseits deutete die Bewusstseinsstruktur des Subjekts den intersubjektiven Prozess ihrer Gestaltung innerhalb der Umstände der «Lebenswelt» an. Dies ermöglichte die Kreuzung der ph. K. sowohl mit dem Formalismus und dem Strukturalismus als auch mit pragmatischen und sozialkritischen Richtungen.

2. Die Phänomenologie hat gleichermaßen in der eidetischen, gestaltbezogenen und transzendental-pragmatischen Richtung großen Einfluss auf die Literaturwissenschaft des 20. Jh.s ausgeübt. Die phänomenologische Beobachtungsart beeinflusste die Perzeption der Ganzheit von literarischen Werken und damit auch die Verselbständigung seiner Behandlung im Vergleich zu den anderen Arten der «Geistesgegenstände». Gleichermaßen hat sie das Werk auf den Schnittpunkt der dialogischen Beziehung zwischen dem Autor und dem Leser gestellt, mit allen Implikationen, die daraus folgen. Dank der ph. K. (und der Geistesgeschichte) ist die Literatur von den kausal-mechanischen Zusammenhängen des 19. Jh.s zu den funktionalen Sinneszusammenhängen des 20. Jh.s umgesiedelt.

(a) Die Ganzheit und Selbständigkeit des literarischen Werks ist zuallererst durch ihre Gestalt hervorgetreten, ganz gleich, ob im Sinne der sog. inneren Form (Špet), der literarischen Grund-Gattungen (Geiger, Staiger), der einzelnen Gattungen, wie in der morphologischen Poetik seit den 1930er Jahren (Jolles, G. Müller, Lüthi), des Plots, wie in der Chicagoer Kritik, der Kontinuität von bestimmten literarischen Topoi (Curtius) oder der imaginären Archetypen, wie in der französischen phänomenologischen Kritik (Bachelard, Blanchot, Richard, Poulet). In jeder dieser verschiedenen Auslegungen blieb die Gestalt der Stützpunkt einer bestimmten Welt, die seitens des Kritikers zunächst durch die «Wesensschau» diviniert und danach in ihren Merkmalbündeln rekonstruiert werden musste.

(b) Die Anwesenheit des *Autors* im Kunstwerk ließ sich aus den Spuren der Tiefenstrukturen seines Bewusstseins oder aus seiner bewussten Schöpferintention herauslesen. Die erste Richtung hat z. B. Spitzers stilistische Kritik (1928ff.) oder die «Psychokritik» Mauronts (1950ff.) vertreten, die andere in den 1950er und 1960er Jahren die sog. Genfer Schule (Poulet, Starobinski, Rousset, Richard) und der amerikanische Kritiker Hirsch Jr. (1967). In beiden Fällen aber bleibt das Werk Ausgangspunkt für die Analyse von Merkmalen des Autors, sei es in den Aspekten seiner Sprachstruktur oder in den zeitlich-räumlichen und allgemein erfahrbaren Kennzeichen seiner Welt.

(c) Schließlich ist die ph. K. diejenige, die in der Literaturwissenschaft die *Rezeption* als Art der Bedeutungskonstitution des literarischen Werks problematisiert. Das größte Verdienst hierfür gebührt Ingarden (1931ff.), der die Etappen der eidetischen Abstraktion eines literarischen Werks während seines Erfassungsprozesses in vier Bedeutungsschichten aufgeteilt hat. Ähnlich wie die Theoretiker der Genfer Schule beharrt Ingarden auf der Unterwerfung des Lesers unter die intentionale Welt des Werks, doch im Gegensatz zu ihnen gestattet er dem Leser mit dessen sinnverleihender Tätigkeit, die offen gelassenen Unbestimmtheitsstellen auszufüllen. In diesem Sinn erteilt Sartres Konzeption (1948) dem Werk die Rolle eines Leiters des Lesens, während es von Iser «Partitur» oder «Verwendungszusammenhang» genannt wird (1971). In all diesen Theorien ist es wichtig, dass das literarische Werk nicht in der Weise eines physischen *Gegenstandes* existiert, sondern in der des *Bewusstseinsakts*, weswegen es nicht *wahr*genommen, sondern nur *auf*genommen werden kann. Im Unterschied zur Wahrnehmung, die ein Akt der Erkenntnis darstellt, ist die Aufnahme ein Akt des Verstehens, d. h. Sinnverleihens. Das literarische Werk kann also ins Leben gerufen werden bzw. Bedeutungsgewissheit erwerben nur mit Hilfe des sinnverleihenden Akts des Lesers. Dieser Akt an sich ist von der Einbildungskraft abhängig, sodass er der sinnhaften Gewissheit entledigt ist, die den ersten, der Erkenntnissorte gehörenden Akten immanent ist. Die Einbildungskraft arbeitet mit Vorstellungen, die sich nicht restlos in das begriffliche Register der Sprache übersetzen lassen, um auf diese Weise gefestigt zu werden. Deswegen erweist sich eine ständige Überprüfung ihrer Urteile auf den gegebenen Werkrichtlinien als notwendig. Durch die gegenseitige Abhängigkeit von Werk und Lesen wird die Rezeption zum Prozess des stetigen, vielmehr unabschließbaren, dialogischen Austauschs von Fragen und Antworten.

3. Damit wird in der phänomenologischen Strömung der Literaturwissenschaft des 20. Jh.s das Kapitel der Hermeneutik eröffnet. Im Einklang mit der

Tradition der Fundamentontologie Heideggers verlegt sie den Schwerpunkt der Bedeutungsbildung der literarischen Welt auf den Leser, wodurch, wie schon bei Gadamer (1960), die verschiedenen Parameter seiner Situation in den Vordergrund treten. Abhängig von der Art der Parameter, kommt es zur Verknüpfung der ph. K. mit der Psychoanalyse (Ricœur 1965ff.), mit der Sprechakttheorie (Iser 1970ff.), mit der Prager Schule, mit der Semiotik in dem sog. *reader-response criticism* oder mit der Ethnographie der Kommunikation auf den Spuren von Schütz und Goffman (Young 1987).

4. Aufgrund ihrer Langlebigkeit war die ph. K. im 20. Jh. dazu veranlasst, den zahlreichen methodologischen Herausforderungen, von denen die bedeutendste gewiss die strukturalistische gewesen ist, Rede und Antwort zu stehen. Der Strukturalismus stellt den «egozentrischen» Ausgangspunkt von Husserls Phänomenologie in Frage, die den sinnverleihenden Akt in der Einzäumung des Leserbewusstseins abschließt. Stattdessen führt er polymorphe und konvertible Codes des Verstehens ein, die für alle Subjekte und unter allen Umständen gelten, die jedoch in der Lage sind, von Situation zu Situation die Beziehungen zwischen ihren Zeichen, Regeln und Konventionen zu restrukturieren. Daher sind für den Strukturalismus nicht so sehr die Merkmale mit ihrer Einzigartigkeit richtungsweisend wie die Gesetze ihrer gegenseitigen Voraussetzungen, die ihre Konfiguration variieren können. Auf diese Weise wird das Subjekt im Strukturalismus zu einem mehr oder minder kontingenten Schnittpunkt von Beziehungen, wodurch es seines Individualismus entledigt wird. Da aber der Individualismus in der Phänomenologie durch das Bewusstsein garantiert wurde, macht der Strukturalismus eigentlich das *Primat des Bewusstseins* gegenüber der Sprache streitig, die für die Phänomenologie von grundlegender Bedeutung ist. In diesem Licht sollten viele Reaktionen betrachtet werden, besonders im französischen Gebiet, wo der Strukturalismus die festesten Wurzeln geschlagen hat. Seit 1950 werden Positionen der verschiedenen Abzweigungen der Phänomenologie von Merleau-Ponty, Sartre, Granger, Dufrenne und Ricœur verteidigt, wobei alle auf der projektiven Idee vom Menschen beharren. Sie lässt nicht zu, dass der Mensch und seine Errungenschaften durch Verräumlichung auf ein pures Bündel von Beziehungen zwischen den schon-immer-bestehenden Merkmalen zurückgeführt werden, weil diese Idee einen qualitativen Hohlraum von etwas Noch-nicht-Existentem in sie einsetzt, als Energie, die auf die zukünftige Vergütung ausgerichtet ist. (D. P.)

→ Appell, Deixis, Einklammerung, Erlebnis, Etymon, Gattung, Hermeneutik, Horizont, Imaginäres, Intention, Komposition, Konfiguration, Konkretisation, Rezeption, Schicht, Situation, Stil, Stimme, Subjekt, Unbestimmtheitsstelle, Verstehen, Werkimmanente Kritik/Interpretation

Plot

(engl. plot, franz. intrigue, russ. fabula)

Der Begriff wurde vor allem in der angloamerikanischen Prosatheorie entwickelt, um den vollständigen Ereigniszusammenhang im Erzähltext zu bezeichnen; die russischen Formalisten haben stattdessen den Begriff Sujet benutzt, die Strukturalisten den Begriff Geschichte und deutsche Theoretiker den Begriff Handlung. Aristoteles jedoch sprach vom *mythos*. Bei allen diesen Begriffen handelt es sich um eine zielgerichtete Organisation der Elemente, die durch eine innere Entwicklung gekennzeichnet ist.

1. So bekommt diese Entwicklung etwa in der Dramentheorie des deutschen Schriftstellers Freytag, die am Ende des 19. Jh.s entstanden ist, die Form einer Pyramide, zu deren Spitze die Einleitung und die Komplikation und zu deren Fundament die Wende und die Katastrophe führen. In der bekannten Unterscheidung Forsters (1927) zwischen Geschichte und P. wird die Entwicklungslinie des Letzteren durch eine kausale Verkettung charakterisiert. Frye (1957) definiert P. als «ein Thema in Bewegung» bzw. als in der zeitlichen Aufeinanderfolge zerlegt. Auch die Kritiker der Chicago-Schule betonen das Zielgerichtete des P.s, obwohl sie ihn in ihren Typologien nicht um das Thema, sondern um die Handlung, literarische Gestalt oder das Denken zentrieren (Crane 1952; Friedman 1955).

2. In allen diesen Erklärungen wird allerdings im Einvernehmen mit Aristoteles auf Vollständigkeit, innerer Verbundenheit und Einheit des P.s bestanden, also jene Merkmale, welche dem Leser das Zusammenfassen ermöglichen. Dieses ist jedoch aus der Perspektive der gegenwärtigen Literatur umstritten. «Stellen Sie sich vor, Sie müssten *Unterwegs zu Swann* zusammenfassen», lautet der Einwand von Davis (1987). Auch feministische Kritikerinnen weisen darauf hin, dass die P.s der sog. weiblichen Prosa lockerer und umwegiger sind, jedoch nicht mittels der männlichen Narratologie als misslungen disqualifiziert werden dürften (Miller 1985; de Lauretis 1986; Winnett 1990). Fragmentiertheit und Unübersichtlichkeit der P.s werden in der modernen Literatur allgemein höher geschätzt als Übersichtlichkeit und Ausgewogenheit. Wenn man diese Tatsache berücksichtigt, erscheint die aristotelische Einstellung als universalistisch und normativ, was bedeutet, dass sie ungerechtfertigt die eigene historische Erfahrung (des Dramas) als allgemeingültig für die gesamte Literatur geltend machen will. Die gegenwärtige Theorie ist auf die Unterschiede orientiert und verlangt dagegen nach einer historischen, kulturellen, sozialen und die Gattung, das Geschlecht und das Medium berücksichtigenden Spezifizierung des P.s.

3. So zeigt z. B. Davis (1987), dass der P. als Unterscheidungsmerkmal der

Literatur erst in jenem Moment entstanden ist, als er zum (geschützten) Eigentum des Autors wurde, d. h. im 18. Jh. Bis dahin ist der P. in die Struktur des Gemeinschaftslebens eingebunden und wird durch das Erzählen nur erneuert und gefestigt. Mit dem Aufstieg des Romans werden die Autoren mit der Notwendigkeit konfrontiert, die Relevanz ihrer P.s zu beweisen bzw. ihre Leser für ihre P.s zu gewinnen. Deshalb wird in den P.s das Prinzip des Neuen eingebaut, das die Leser zur Entdeckung des Geheimnisses treibt. Eine solche Art des P.s, welche in jeder ihrer Etappen die Bedeutung der vorangegangenen Etappe revidiert, nennt Davis teleogenetisch. Ihnen ist ein unermüdlicher Drang nach Unerwartetem und Anderem eigen, sodass das Lesen häufig mit der Widerlegung eines offensichtlichen P.s *(overt)* durch einen verborgenen *(covert)* endet (Watts 1984). Dieser Drang führt schließlich dazu, dass jeder neue P. anders sein muss als der vorherige. Als Folge dessen «leben wir heute eingetaucht in den Erzähltext; wir erzählen und prüfen die Bedeutung dessen, was wir in der Vergangenheit getan haben, wir antizipieren das Resultat unseres Tuns in der Zukunft, stellen uns in den Schnittpunkt einiger noch nicht beendeter Erzählungen» (Brooks 1984). Die Erkenntnis der Welt seit dem 18. Jh. bis heute wird temporalisiert bzw. wird historisch im modernen Sinn des Worts. Die Historie selbst jedoch verfügt ebenso über zwei P.s, einen sichtbaren für die verblendeten Teilnehmer und einen unsichtbaren für scharfsinnige Beobachter. Die Beobachter schließen den P. auf der Ebene des Lebens aus, um ihn auf der Erkenntnisebene erreichen zu können. Der P. wird in den Raum der interpretativen Suche versetzt, die dem Chaoszustand des Lebens und der Kunst einen Sinn verleihen muss. Auf der Ebene des Textes ist der P. «das, weswegen wir den *Weißen Hai* und nicht Henry James lesen» (Brooks). Und doch schuften «in den Weinbergen nahe der postindustriellen Stadt vielleicht sowohl das unterdrückte Publikum, das laut nach immer neueren und besseren Variationen des Standardplots verlangt, wie auch der Intellektuelle, der sich bemüht, die verborgenen Bedeutungen zu begreifen. (…) Gleich, ob sie sich auf der Ebene der Handlung innerhalb des Plots oder auf der Ebene der symbolischen und semantischen Einheiten abspielt, setzt die teleogenetische Revision immer die gleichen Prozesse und den gleichen Glauben voraus» (Davis).

4. Das Versetzen von P.s in die Tätigkeit der Rezeption charakterisiert auch die psychoanalytische Kritik. In der Situation des psychoanalytischen Dialogs ist der Analytiker sowieso die Instanz, welche die Aufgabe übernimmt, der zusammenhanglosen Patientenaussage einen Sinngehalt zu verleihen. Doch bereits Freud hat die Befürchtung einer Fälschung geäußert, welche dabei entsteht und welche einerseits das Resultat der Übertragung einer gewissen (unterdrückten) Vorstellung des Analytikers auf den Patienten ist; andererseits überträgt auch der Patient während der Gestaltung der Geschichte seine (un-

terdrückte) Vorstellung auf den Analytiker. In diesem Licht zeigt sich der P. als ein Aufzwingen der erwünschten Ordnung einer Folge von Ereignissen mit der Absicht, diese zu bezwingen. «Indem sie das Leben synthetisiert, es in eine Einheit verweist, offenbart diese Struktur im Kleinen die List des historischen Verstandes», d. h. den Triumph des Endes über den Anfang. «Wir leben das Leben im voraus als eine vollständige Kontingenz, aber wir erzählen die Geschichten rückläufig und verwandeln dabei die Erinnerung in eine kausale Notwendigkeit» (Marshall 1982). Wie unerbittlich diese Erkenntnis von Nietzsche ist (die von Sartre in *Ekel* wiederbelebt wurde), zeigt das Zugeständnis von Freud, dass der Rekonstruktionsvorgang der «Fallgeschichte», statt die Neurose des Patienten zu heilen, sie nur auf einer anderen Ebene erneuert. So können wir eigentlich den P. nie endgültig verlassen – wir sind immer schon in den Trieb, ihn zu wiederholen, einbezogen. «Und da der Natur des Begehrens selbst die unendliche Wiederholung innewohnt, da es niemals vollständig erfüllt oder verstanden ist, werden die Menschen immer ‹wegen des Plots› lesen» (Lanser 1993). (A. B.)

→ Erzählen, Geschichte, Handlung, Sujet, Wiederholung

Poetik

(engl. poetics, franz. poétique, russ. poėtika)

1. Der Begriff P. hat in der strukturalistischen Phase der modernen Literaturtheorie ein besonderes *Prestige* erlangt. Die Strukturalisten bemühen sich nämlich, ihren Zugang zum literarischen Text von allen ideologisch belasteten «projektiven» Methoden scharf zu trennen, Methoden also, die mit oder ohne Absicht etwas in ein Werk hineinprojizieren, das diesem äußerlich und fremd ist. Todorov (1968 / 1973) charakterisiert dies vor allem als Unterschied zwischen der *Interpretation*, die sich auf den konkreten literarischen Text konzentriert, und der *Beschreibung*, die im Text stets die Offenbarung einer Tiefenstruktur erkennt. Obwohl die Interpretation das Ideal der Immanenz anstrebt («bewirken, dass der Text selbst spricht»), drückt der Kritiker laut Todorov schon allein dadurch, dass er zum Schreiben übergeht, etwas aus, was der Text selbst nicht ausdrückt. Er überschreitet dadurch die Immanenz und schreibt in die Deutung die Arbitrarität seiner Position, seines Geschmacks und seiner Sensibilität ein. So lässt z. B. Bachtins und Sartres Privilegierung des einen Romantyps gegenüber dem anderen das kritische Lesen als implizite Wertzuweisung erkennen. Gerade dies ist etwas, das die P. um jeden Preis zu vermeiden sucht.

Doch sie meidet ebenso sorgfältig das andere Extrem, das Todorov «Wissenschaft» nennt und das im literarischen Werk die Offenbarung allgemeiner – psychologischer, soziologischer, historischer und philosophischer – Gesetze erkennt. Im Unterschied zu solchen Herangehensweisen, welche die Literatur aus ihrem Hauptgebiet herausführen, ist die P. bestrebt, die *spezifisch literarischen* Tiefenstrukturen – d. h. jene, die den betreffenden Diskurs als literarisch ausweisen – zu erfassen.

Daher nimmt nach Todorovs Konzeption die P. eigentlich die Vermittlerposition zwischen dem Immanenzanspruch der Literaturkritik und dem Transzendenzanspruch der Literaturwissenschaft ein. Doch sollte die «Vermittlung» hier nicht als «Versöhnung» verstanden werden; denn wenn die P. die Notwendigkeit einer engen Zusammenarbeit mit der Kritik bereitwillig zugibt, so nimmt sie der Wissenschaft gegenüber einen unzweideutig exkludierenden Standpunkt ein. Wenn kein Zweifel mehr daran besteht, dass die Methode den Gegenstand schafft, konstatiert Todorov, dann darf der Gegenstand der *Literatur*wissenschaft einzig von der P. und keinesfalls von der Literaturpsychologie, -philosophie oder -soziologie geschaffen werden. Falls ihre Analysen taugen, müssten sie Bestandteil ihrer jeweiligen Bezugswissenschaften bilden, keinesfalls aber der Literaturwissenschaft. Die P. eignet sich im Endeffekt also das Recht zur Kanonisierung der Literaturwissenschaft gegenüber allen alternativen Herangehensweisen an.

2. Dabei gehen die Strukturalisten von zwei miteinander eng verbundenen Annahmen aus, welche diesen ambitiösen Anspruch ihrer Auffassung nach legitimieren sollen. Die erste betrifft den *Gegenstand* und besagt, dass die P. sich mit der schöpferischen bzw. *künstlerischen* Dimension der Literatur in einem Sinn befasst, der dem ursprünglichen griechischen Begriff *poiesis* verwandt ist. Dies ist auch der Punkt, der sie von den anderen (quasi-)wissenschaftlichen Elaborationen des Gegenstandes unterscheidet. Die zweite Annahme betrifft den *Modus* und besagt, dass die P. eine *kognitive* Tätigkeit ist, die nach der wissenschaftlichen Systematisierung ihres Kategorienapparats strebt. Darin unterscheidet sie sich von der axiologischen Tätigkeit der Kritik. Die Strukturalisten sind der Ansicht, dass erst durch diese beiden vereinten Annahmen jene Neutralität bzw. Objektivität der P. gewährleistet wird, ohne die sie keinen wissenschaftlichen Status für sich beanspruchen könne.

Die Verselbständigung der P. ist in der unmittelbaren Funktion der Verselbständigung der Literatur begründet. Nach Ansicht Todorovs hängt die Autonomie der P. (die er mit der Literaturwissenschaft gleichsetzt) von ihrer Fähigkeit ab zu beweisen, dass die Literatur bereits in ihren kleinsten Partikeln absolut anders als alles andere ist.

Da es sich hierbei um eine neue Einsicht handelt, konnte es zur Artikulation der erwähnten Annahmen als Bedingung der Ermöglichung der P. eigentlich erst im Strukturalismus kommen – am Ende «des lang andauernden Prozesses der Verbreitung der wissenschaftlichen Grundlagen» der P. auf «die gesamte Literatur» (Doležel 1990). Aus historischer Perspektive erscheint die P. für Strukturalisten als eine «entwickelte Ansammlung von Annahmen, Begriffen und Methoden, innerhalb welcher nach und nach eine konsequente Herangehensweise an die Literatur erarbeitet wurde». Doležel zögert nicht, diese Folgerichtigkeit erst mit der strukturalen P. in Verbindung zu bringen, deren «theoretisches System den Höhepunkt und die Synthese der relevantesten und lange überprüften Vorstellungen über Literatur darstellt. Die strukturale Poetik ist die Erbin einer gewaltigen historischen Erfahrung». Aus dieser kognitiv privilegierten Perspektive – und im Geiste der klassischen Geschichtsphilosophie Hegels – beginnt sie den Prozess der Selbstkanonisierung als Identifikation der eigenen Tradition. Da die (strukturale) P. eine erst vor kurzem gegründete, neue Disziplin ist (Todorov spricht im Zusammenhang mit ihr von der «Unbeholfenheit der ersten Schritte»), erscheint es verständlich, dass die «reiche Tradition», durch die sie legitimiert wird, unerforscht geblieben ist. Demgegenüber verfügt das 20. Jh. über eine große Anzahl zuverlässig dokumentierter Geschichten der Literaturkritik, weil diese Herangehensweise bis zum Erscheinen des Strukturalismus in der Literaturforschung dominierend war. «Die Geschichte literaturwissenschaftlicher Forschungen ist durch ein massives Ungleichgewicht zugunsten der Interpretation gekennzeichnet; daher ist es notwendig, dieses Ungleichgewicht, und nicht das Prinzip der Interpretation, zu bekämpfen» (Todorov). Auf die gleiche Weise wie Todorov dies durch Verlagerung des Akzents auf die P. tut, versucht auch Doležel, durch seine Rekonstruktion ihrer (Vor-)Geschichte die beobachtete Einseitigkeit zu korrigieren und die Gleichberechtigung zweier Herangehensweisen zu erzielen. Doch es handelt sich hierbei um eine scheinbare Gleichberechtigung, wenn man in Betracht zieht, dass einzig die P. den wissenschaftlichen Status erhält, während die Kritik im Verwaltungsbereich des Wertesystems der jeweiligen Epoche und Kultur bleibt. Im Grunde genommen zeichnen sowohl Todorov (1977, 1978) als auch Genette (1979) und Doležel (1990) durch ihre historischen Darstellungen den Emanzipationsweg der P. aus den Fittichen der Kritik nach.

3. Doležel beschreibt diesen Prozess der Verselbständigung als Übergang von der *normativen* bzw. restriktiven in die beschreibende bzw. *deskriptive* P. Die normative P. geht von einer idealen Struktur aus, im Verhältnis zu der die übrigen Strukturen als weniger wertvolle Vorbereitungsphasen erscheinen. In der *Poetik* des Aristoteles ist dies beispielsweise die Struktur der Tragödie mit der Vorherrschaft des Mythos / der Geschichte gegenüber den übrigen Teilen. Durch eine solche Präferenz des eigenen *kritischen* Geschmacks beschränkt Aristoteles die Tauglichkeit seiner *theoretischen* Befunde sogar auf einen klei-

neren Teil des altgriechischen Corpus, weil bereits in ihm eine Vielzahl anders strukturierter Tragödien existiert. Im Gegensatz dazu geht die deskriptive P. von der kommutablen literarischen Struktur aus, bei der jeder Teil die Position der Dominante einnehmen kann. Dies macht sie unparteiischer gegenüber der Vielfalt an Erscheinungsformen in der Literatur. Deren Historie weist nämlich nicht mehr die teleologische Ausrichtung auf eine «natürliche Vollendung» auf, sondern einfach die Ablösung einer Form durch eine andere: «Anstatt einen idealen Typus zu konstruieren, setzt (die deskriptive Poetik) den Rahmen für eine allgemeine Typologie fest.» Eine solche Typologie kommt der Wandelbarkeit der poetischen Praxis entgegen, indem sie «die Domäne der mannigfaltigen und sich beständig vergrößernden Erfahrung der Dichtung in ihrer Gesamtheit» zu erfassen sucht. Deshalb können die Muster, die sie erarbeitet, «nicht mehr als Maßstab für kritische Urteile dienen» (Doležel).

4. Auf dem Weg des Fortschreitens der P. von einer «versklavten» Normativität zu einer «unabhängigen» Deskriptivität identifiziert Doležel drei poetische Modelle: ein *mereologisches*, ein *morphologisches* und ein *strukturales*. Dabei ist bezeichnend, dass die Teleologie, die Doležel aus der literarischen Evolution sorgfältig ausschließt, ihre Berechtigung in seiner Geschichte der P. behält, und zwar deshalb, weil für ihn die erwähnten Modelle der Literaturforschung eigentlich Etappen der Vervollkommnung der Denktechniken markieren.

(a) Das *mereologische Modell* von Aristoteles ist der ferne Vorfahre des strukturalen Modells aufgrund der *organizistischen* Weise, wie es die Verbindung zwischen dem Ganzen und dem Teil herstellt. Die Teile erhalten nämlich emergente Eigenschaften, die es ihnen ermöglichen, in wechselseitigem Verhältnis die neue Qualität des Ganzen zu schaffen – genauso wie die Organe ihre Funktionen bei der Konstitution des Organismus vereinigen. So verstanden, lassen sich die Teile nicht mehr folgenlos aus dem Ganzen heraustrennen. Aber auch das Ganze hängt von einer bestimmten Menge notwendiger Teile ab, die nicht arbiträr «gekürzt» werden kann, ohne dass das Ganze dabei unberührt bleibt.

Ungeachtet seiner Reichweite bei der Konzeptualisierung des Verhältnisses zwischen dem Ganzen und den Teilen und ungeachtet seiner Bedeutung für die Entwicklung der westlichen P. ist das ausgeführte Modell dennoch nicht frei von Mängeln. Der erste offenbart sich in der universalistischen Fixierung des Ganzen auf bestimmte wesentliche Merkmale, während die veränderlichen Merkmale der Teilbereiche vernachlässigt werden. Daraus resultiert der zweite schwerwiegende Mangel: die Isolierung der P. von der Analyse konkreter literarischer Werke, die lediglich zur Illustration ihrer Postulate erwähnt werden. Anstatt also die P. zum besseren Verständnis literarischer Werke heranzuziehen, dienen literarische Werke zum besseren Verständnis ihrer Postulate! Um die Universalität dieser Postulate zu bekräftigen, wird die Individualität literarischer Werke vernachlässigt.

(b) Diese Unangepasstheit des Instrumentariums der *universalistischen und exemplifikatorischen P.* an die Analyse und Interpretation einzelner Werke wird in Humboldts *morphologischem* Modell (1799) korrigiert. Für ihn ist das poetische Werk gleichzeitig eine individuelle und eine fest geformte Schöpfung. Um der ersten, ästhetischen Dimension gerecht zu werden, muss die P. eine *partikularistische* sein und sich mit der Abgeschlossenheit und der Einzigartigkeit eines Werks befassen. Um der zweiten, technischen Dimension gerecht zu werden, muss die P. auch weiterhin universalistisch sein und sich mit Gattungsstrukturen und Normen befassen. Humboldt versucht, diese beiden Dimensionen in seinem poetischen Modell zu vereinen. Deshalb geht die morphologische P. von einzelnen Texten aus und deckt in ihnen allgemeine Gesetzmäßigkeiten auf, und zwar durch den Vergleich mit anderen Einzeltexten, die einem Gesamtwerk, einem Stil, einer Gattung u. Ä. angehören. Die Tatsache nämlich, dass ein Text manche seiner Organisationsprinzipien mit anderen Texten teilt, hebt seine Einzigartigkeit nicht auf, denn diese wird nicht auf der Ebene der Strukturbestandteile erreicht, sondern auf der Ebene der Struktur als eines Beziehungsnetzes. Humboldt vervollständigt die *Hierarchie* – das ausschließliche Prinzip dieser Beziehungen im vorhergehenden, mereologischen Modell – durch die Prinzipien der *Kongruenz* und der *Gegensätzlichkeit* und ermöglicht durch eine derartige Dynamisierung der Struktur größere analytische Anwendbarkeit seines Modells auf die Mannigfaltigkeit des literarischen Corpus.

Gleichwohl vermag auch der morphologische Ansatz kein Modell zu schaffen, das durch seine Komplexität der historischen Variabilität literarischer Werke gerecht würde. Schwierigkeiten bei der Herstellung der Relation zwischen dem Allgemeinen und dem Besonderen lassen sich in Humboldts Behandlung des universalistischen Gattungsaspekts der P. dort erkennen, wo er der Forderung unterliegt, die etwa zur gleichen Zeit Goethe durch seine Morphologie der biologischen Ur-Typen aufstellte. Während Goethe von einer historischen Metamorphose des ursprünglichen Typus spricht, bei der die Manifestationen des Typus untereinander lediglich positionale und funktionale Homologien ihrer Teile herstellen, beharrt Humboldt weiterhin auf dem aristotelischen normativen Gattungsmodell, dem sich die einzelnen Manifestationen unterzuordnen haben. Es sollte ein ganzes Jahrhundert bis zur adäquaten Anwendung von Goethes Grundgedanken in der Literaturwissenschaft vergehen.

Die erste Invariante, welche die Möglichkeit einer praktisch unendlichen

Variation enthält, erkennt Doležel im Begriff *Erzählrolle* des vergessenen deutschen Anglisten Dibelius (1910). Da Dibelius die Rolle als «bestimmte Funktion einer literarischen Gestalt für das Ganze» definiert, können eine solche Rolle literarische Gestalten mit sehr unterschiedlichen, ja sogar konträren Eigenschaften verwirklichen. Während Dibelius jedoch Goethes Grundgedanken über die funktionale Homologie von Varianten in nur einem Block des Strukturschemas durchführt, erhebt Propp (1928) sie auf die makrostrukturelle Ebene der Geschichte. Die große Mannigfaltigkeit der Märchenmotive wird bei ihm auf eine bestimmte Anzahl und Anordnung von Funktionen reduziert. Leider werden dabei die semantischen Merkmale der Motive vernachlässigt, was die Morphologie von Propp in eine syntaktische Theorie verwandelt, in der «die offene Menge von Einzelheiten (‹Motiven›)» in eine «geschlossene, notwendige und ausreichende Menge von Allgemeinem (‹Funktionen›)» integriert wird. Die Vernachlässigung der den Kunstwerken eigenen Individualität weist somit die Morphologie Propps als eine weitere universalistische P. aus, obwohl ihre Invariante – im Unterschied zu den ideologischen Interpretationssystemen der Psychologie, Soziologie, Philosophie u. Ä. – demselben phänomenologischen Gebiet angehört wie auch die Varianten, d. h. dem Gebiet der Literatur. «In Propps Interpretation wird die *einzelne Geschichte* durch die Termini der *universalen Geschichte* transkribiert. Propps Invarianten sind keine abstrakten Formeln einer universalistischen Ideologie», welche sich Termini aus nichtliterarischen Gebieten zu Eigen machen. Dies beseitigt jedoch nicht die Notwendigkeit, das morphologische Modell zu semantisieren, damit dessen Invariante vollständig für die Variabilität geöffnet und somit von universalistischer Voreingenommenheit befreit werden kann.

(c) Das *struktural-semiotische*, polyfunktionale Modell der P. der Prager Schule korrigiert diesen Mangel und übertrifft nach Doležels Urteil auf diese Weise das immer noch «physiologische» morphologische Modell in hohem Maß. Die Hauptmängel dieses Modells rühren eigentlich daher, dass es postuliert, bestimmte Gesetzmäßigkeiten seien bestimmten Werken bzw. ihrer «Natur» *immanent*. Im Gegensatz dazu meint das struktural-semiotische Modell, dass sich Gesetzmäßigkeiten in den Werken erst im Prozess ihres *Begreifens* einschreiben lassen. Das Begreifen versteht sich jedoch als Operation der Differenzierung, was bedeutet, dass das literarische Werk zu einer existenziell abhängigen, relationalen Entität wird. Es sagt von sich aus noch gar nichts aus. Schon Todorov hat darauf hingewiesen, dass es kein literarisches Verfahren gibt, dessen Anwendung obligatorisch ein ästhetisches Erlebnis hervorruft. Poetische Eigenschaften resultieren also in erster Linie aus der Negation, dem Bestreiten und der Abweichung von der Norm, die das Werk synchron oder diachron umgibt. In diesem Sinn spricht Todorov davon, dass die Aufgabe der P. darin besteht zu zeigen, worin sich die Partikel der literarischen Struktur von allem anderen unterscheiden.

Im funktionalen Modell von Mukařovský, das in den 1930er Jahren erarbeitet wurde, ist der grundlegende Vorgang der Negation primär *nach innen* gerichtet, und zwar dadurch, dass die dominante ästhetische Funktion den Effekt der übrigen Funktionen der sprachlichen Mitteilung annulliert: «Sie rückt die Struktur des sprachlichen Zeichens in den Mittelpunkt der Aufmerksamkeit, während die ersten drei Funktionen den außersprachlichen Faktoren und dem Ziel zugewandt sind, welches das sprachliche Zeichen übersteigt» (1938). Die Negation richtet sich jedoch auch *nach außen* und hebt die Gültigkeit aller externen Erklärungskontexte auf, denen gegenüber der literarische Text seine Besonderheit behauptet: «Ohne die semiotische Orientierung wird der Kunsttheoretiker stets dazu neigen, das Kunstwerk entweder als eine rein formale Konstruktion oder als das unmittelbare Abbild psychischer oder gar physiologischer Prädispositionen des Autors oder der unterschiedlichen Wirklichkeit, die das Werk zum Ausdruck bringt, zu betrachten oder gar als Widerspiegelung ideologischer, wirtschaftlicher, gesellschaftlicher oder kultureller Gegebenheiten einer bestimmten Umgebung» (1936).

5. Es bleibt jedoch fraglich, ob eine solche Art von Spezifizierung der literarischen Qualität, auf der die struktural-semiotische P. ihr Modell basiert, tatsächlich *Gegenstand* oder vielleicht eher *Ergebnis* der Erkenntnis ist. Strukturalisten beharren darauf, dass es sich hierbei um einen autonomen Gegenstand handelt, denn nur wenn dies zutrifft, kann die P. für ihre Erkenntnis Neutralität und dadurch auch einen wissenschaftlichen Status beanspruchen. Würde es sich lediglich um das Ergebnis handeln, ginge der Gegenstand erneut in die Domäne jener kritischen Projektion ein, von der sich die P. in der Zwischenzeit angeblich emanzipiert hat. Da sich die Strukturalisten jedoch weigerten, die Struktur des Textes als die einzige Quelle literarischer Erkenntnis anzuerkennen – Todorov hebt das Lesen explizit als den Prozess der Wertzuweisung hervor –, sind sie dazu gezwungen, die Autonomie des Gegenstandes in der Weise zu verteidigen, dass sie die Literarizität als das Kriterium für dessen Erkenntnis universalisieren: Dieses funktioniere angeblich unbewusst im Bewusstsein aller Leser.

Dennoch zweifelt bereits Todorov daran, ob es sich hier tatsächlich um *alle* Leser handelt. Die P. betrachtet eine literarische Struktur notwendigerweise durch das Prisma eines ästhetischen Urteils – wodurch dieses jedoch bestimmt wird, liegt nicht mehr in ihrer Zuständigkeit. Der «Geschmack» und die «Sensibilität» jeder Epoche sind sowohl kollektiv – durch die Tradition – als auch individuell – durch «angeborene Veranlagung jedes Einzelnen» – bedingt, worin die «Gründe, aus denen in dieser oder jener Periode manche Texte als ‹Literatur› betrachtet wurden», zu suchen sind. Schon hier wird also proklamiert, dass die Konstitution der Literatur als Gegenstand – und damit auch die P. – eine geschichtlich veränderliche *Variable* und nicht eine geschichtliche *Invariante* ist. Es überrascht nicht, dass die Empirische Literaturwissenschaft innerhalb kurzer Zeit (1980ff.) zu dieser Einsicht gelangte, indem sie die P. zum Bestandteil der gesamten Literatur-*Erfahrung* der jeweiligen Epochen erklärte. Selbstverständlich hat eine derartige Anpassung an die historisch profilierten Mechanismen des literarisch-institutionellen Systems den wissenschaftlichen Anspruch der strukturalen P. untergraben. Und er hat sich aus dieser Perspektive letzten Endes als unberechtigt universalistisch erwiesen.

6. Streng genommen werden damit auf die P. selbst die Befunde eines ihrer wichtigen Zweige angewendet, welcher insbesondere in der russischen Literaturwissenschaft seit Bachtin unter dem Namen *historische P.* bekannt geworden ist. Schon Medvedev (1928) hat die Formalisten wegen des biologistisch-psychologistischen Charakters ihrer Theorie der Perzeption (des literarischen Textes) kritisiert. Seiner Ansicht nach gestalten die Formalisten auf der Basis eines Prozesses, der innerhalb der Grenzen eines (einzelnen) Lebens abgeschlossen werden kann, das Schema zum Verstehen eines Prozesses, der während ganzer Reihen von Generationen andauert. Automatisierung und Verfremdung sind eine Sache der individuellen Bildung und Einschätzung, und sie unterscheiden sich von Mensch zu Mensch und von Epoche zu Epoche. Indem die Formalisten das Schema Automatisierung / Spürbarkeit *(oščutimost')* dem gesamten historischen Prozess der Ablösung literarischer Formen zugrunde gelegt haben, «biologisieren und psychologisieren» sie die Historie und vernachlässigen «die qualitative Eigenart» ihrer divergenten «ideologischen Horizonte». Das Urteil von Medvedev lautet, dass sich alles, was sich in der Geschichte der Literatur ereignet, den Formalisten zufolge in einer ewigen Gegenwart ereignet.

Bachtins historische P. entsteht als Gegenentwurf zu einer derartigen Quantifizierung und Nivellierung. Die Schriftsteller arbeiten nicht immer mit demselben Material – selbst wenn man dieses Material auf formalistische Weise, d. h. als Sprache, auffasst. Die Sprache ist für Bachtin kein neutrales System von Beziehungen, sondern Schauplatz eines lebhaften Widerstreits zwischen den ideologischen Kraftlinien einer Epoche; sprachliche Zeichen sind die Arena des Klassenkampfs. An diesem Kampf nehmen sprachliche und literarische Gattungen, Soziolekte, Idiolekte und Stile sowie unterschiedliche rhetorische Strategien teil. Sie gestalten in jeder Periode eine spezifische Beziehungskonstellation, die ihren Mittelpunkt und ihre Peripherie besitzt. Dies ist der ideologische Raum, in den sich der literarische Text durch seine Entstehung einfügt. Er ist gezwungen, sich in dem Raum zu orientieren, sein Thema, seine Gattung, seinen Stil und sein «Wort» auszuwählen und über diese Elemente auch seinen Dialogpartner. Die historische P. arbeitet an der Rekonstruktion eines derart *ausgewählten Kontextes*, ohne den es unmöglich ist, ein Werk angemessen zu verstehen. Für sie ist daher der Kontext nicht homogen *gegeben* (als Hintergrund im Sinne der Formalisten), sondern dialogisch *aufgegeben*, was bedeuten soll, dass jeder Schriftsteller ihm auf seine Weise, d. h. durch polemische Aktivierung dieser oder jener in ihm latent enthaltenen Tradition, erwidert.

Doch in der gleichen Situation wie der Schriftsteller befindet sich auch der historisch orientierte Poetiker, denn auch er muss den Kontext, in dem er ein bestimmtes Werk lesen wird, dialogisch auswählen, wobei er ihn nicht mehr objektiv beschreiben kann, wie es die Vertreter der deskriptiven P. zu tun vorgaben. Zu welchen Problemen dies führt, zeigen Bachtins Dostoevskij- und Rabelais-Studien durch ihre unstimmige Rekonstruktion des polyphon-karnevalistischen Roman-Hintergrunds. Wie bereits DeJean (1984) betont hat, stellt Bachtin Dostoevskij vor allem vor dem Hintergrund der literarischen Tradition, Rabelais dagegen vor allem vor dem Hintergrund der Volkskultur seiner Zeit dar, obwohl es sich den Kritikern zufolge gerade umgekehrt verhält und Dostoevskij vom Lauschen auf die Alltagsrede und Rabelais von Literatur besessen war. Doch die Pointe der Argumentation Bachtins lautet, dass beide Dichter sich auf dem Höhepunkt der jahrhundertelangen karnevalistischen Tradition befinden, welche sie in ihrem Werk zugleich synthetisieren und aufheben. Rabelais markiert den Moment, in dem der Karneval aufhört, Bestandteil der Volkskultur zu sein, und zu einem literarischen Phänomen wird, was Bachtin als eine eigenartige Degradierung beschreibt, die im Spätwerk von Sorel, Scarron, Diderot, Voltaire und anderen beobachtet werden kann. Mit dem Verfall der Volkskultur Mitte des 17. Jh.s hören nämlich Parodien laut Bachtin auf, «universell und positiv» zu sein, und werden stattdessen «eng und rein literarisch».

Doch in dem Buch über Dostoevskij verliert der Ausdruck «karnevalisierte Literatur» mit einem Mal sein negatives und erhält ein positives Vorzeichen. Sie wird zur Zufluchts- und Fortpflanzungsstätte des polyphonen künstlerischen Denkens, welches den Bestrebungen nach Uniformierung und Monologisierung der Sprache und der Literatur Widerstand leistete. Während dies bei den Schriftstellern im 17. Jh. noch unbewusst geschah – auch Rabelais wird hier als unbewusster Vorläufer der polyphonen Struktur quasi beiläufig neben Shakespeare, Cervantes und Grimmelshausen eingereiht! –, ist bei Dostoevskij die Anwendung der menippischen Tradition artikuliert und bewusst und «entwickelt einen echten ideologischen Relativismus, basierend auf der Koexistenz ‹einer Vielzahl gleichberechtigter Bewusstseinsträger›». Rabelais' Beitrag wird deshalb geschmälert, weil die Trennlinie zwischen der «großen» und der «kleinen» Literatur nunmehr in umgekehrter Richtung verläuft, als es in dem Buch über Rabelais der Fall war. Während Bachtin dort gegen zeitgenössische westeuropäische Kritiker polemisiert, die Rabelais «naturgemäß» in das Register der französischen Literatur einordnen, also die Bedeutung seiner weltlichen Referenzen und sein Streben nach Überschreitung der engen Grenzen der Literatur durch Darstellung der aufwallenden Wirklichkeit seiner Zeit nicht bemerken, lobt er hier Dostoevskij gerade deshalb, weil er die literarische Rede von darstellenden Ambitionen befreit und sie somit vollständig für dialogische Spannungen geöffnet hat. Bekanntlich hat Bachtin auch der Poesie, wegen der darstellenden Ausrichtung ihrer Rede, Monologizität zugeschrieben.

7. Historisch-poetische Rekonstruktionen sind also verpflichtet, implizite axiologische Trennlinien zu ziehen, die sich aber als willkürlich und umso strittiger erweisen. Weder ist der Karneval zu Rabelais' Zeiten in dem Maße subversiv gewesen (White/Stallibrass 1986), noch ist anscheinend das Menippische dermaßen in die Tradition des Romans integriert (Meletinskij 1986), wie Bachtin dies darzustellen sich bemüht! Dieser Mangel soll jedoch nicht so sehr Bachtins Willkür zugeschrieben werden, sondern eher der Verpflichtung der historischen P., jeweils Anfang und Ende der spezifischen Tradition zu markieren, von der sie spricht; jeder derart abgesonderte Anfangs- und Endpunkt offenbart sich letzten Endes als axiologische Projektion der (historischen, gesellschaftlichen, zivilisatorischen usw.) Position des Poetikers. Daher verdient es auch diese Position selbst, zum Gegenstand der theoretischen Rekonstruktion gemacht zu werden, was in den neueren Theorieschulen geschieht. Die moderne Literaturtheorie befreit sich eben dadurch von den normativen Rahmen, die ihr die P. setzt, dass sie deren Prämissen in Frage stellt und sie zum Bestandteil der Reproduktion des literarischen Systems macht. Aus einer solchen Kritik an einer scharfen Trennlinie zwischen dem literarischen und wissenschaftlichen Gebiet ist beispielsweise der New Historicism entstanden, der sich in seiner *kulturellen P.* mit der Verschiebung von «Zollstationen» befasst, welche zwischen den verschiedenen Kulturzonen errichtet wurden, sowie mit dem intensiven Verkehr, der über sie abgewickelt wird. Dabei wird in eine solche Überprüfung nach Möglichkeit auch die Institutionalisiertheit der Position, aus welcher der Poetiker spricht, mitsamt ihren unvermeidlichen klassifikatorischen Reperkussionen einbezogen. Auch die empirische Literaturwissenschaft macht die P. zum Bestandteil der Verarbeitung als einer der vier konstitutiven Tätigkeiten des literarischen Systems. (A. H.)

→ Gattung, Genealogie, Grammatik, Literaturgeschichte, System

Polyphonie

(engl. polyphony, franz. polyphonie, russ. polifonija)

1. Einer aus der Gruppe miteinander verbundener Begriffe Bachtins, zu der außerdem Dialog, das Andere, Äußerung, Karneval, Zweistimmigkeit, Redevielfalt, Akzentvielfalt u. Ä. gehören. Er entstand in den 1920er Jahren in Verbindung mit Bachtins Überlegungen über die Frage der Autorschaft und der Verantwortung. Die P. ist das Merkmal einer solchen Romanstruktur, in der die aufeinander treffenden Stimmen bzw. Weltsichten der Figuren – analog zur kontrapunktischen Musikkomposition – eine der Stimme bzw. Weltsicht des Autors gleichberechtigte Rolle einnehmen. Die formative Kraft der P. liegt in der Überzeugung, dass Wahrheit erst im Gespräch entsteht. Daher kreiert der Autor nicht stimmenlose Sklaven, sondern freie Menschen, die sich gegen ihn aufzulehnen vermögen (1963). Der Leser erlebt sie nicht als Instrumente der Weltsicht des Autors oder des Schaffensplans, nach dem sie einen nicht reduzierbaren Überschuss *(izbytok)* offenbaren, sondern er tritt in einen direkten Dialog mit ihrem Denken. So entsteht ein unvollendbares Gespräch, das kein abschließendes Wort aufweist.

2. Der frühe Bachtin (1929) erkennt die Verkörperung der P. in den Romanen Dostoevskijs, die demnach eine Synthese der jahrhundertealten menippischen Tradition bilden. «Die Vielzahl selbständiger und unvermischter Stimmen und Bewusstseine, echte Polyphonie vollwertiger Stimmen ist die Haupteigenart der Romane Dostoevskijs.» In ihnen lösen sich die Figuren in allumfassende Bewusstseine auf, die in sich nicht nur die Ansichten des Autors bzw. des Erzählers reflektieren, sondern auch alle Ereignisse in der Welt des Romans. Dostoevskij übertrug, so Bachtin, Autor und Erzähler mit der vollen Gesamtheit ihrer Sichtweisen, der Beschreibung von Merkmalen und Überzeugungen des Helden, *in den Horizont des Helden selbst* und verwandelte so die mannigfaltige Wirklichkeit in das Material seines Selbstbewusstseins. Auch Stanzel (1979) hält Dostoevskij für den Vorläufer des «Reflektor»-Stils, der Anfang des 20. Jh.s durch die Werke von Kafka, Joyce, V. Woolf, Sartre, Camus u. a. verkörpert wurde. Das stimmt mit Bachtins Ansicht überein, dass nach Dostoevskij die P. kraftvoll in die Weltliteratur vordringt (1959–61/1979). Stanzel hebt die Rücknahme des Wertungszentrums hervor, das für die auktorial erzählte Prosa charakteristisch war, was nun beim Leser Verwirrung, Daseinsangst und Existenznot hervorruft.

3. Offensichtlich ist die Affinität dieser Haltung zu Bachtins Meinung, das Chaos widersprüchlicher Ideen im Roman bringe das gesellschaftliche Chaos des russischen Frühkapitalismus zum Ausdruck, gerade jene, die Dostoevskij dazu veranlasste, seine Romane durch die «Dezentrierung» des Autors zu

strukturieren. Als Folge des aktiven Eingewobenseins der Autorenstimme verwandelt sich die Romanwelt in ein seltsames Konglomerat unterschiedlicher Materialien und miteinander unvereinbarer Formungsprinzipien, welche anstelle genetischer, kausaler und linearer Erklärungen das labyrinthhafte «Gleichzeitigkeitsprinzip» präsentieren. Im polyphonen Roman verliert die Intrige ihre bestimmende Aufgabe und verwandelt sich in etwa analog zu den Didaskalien im Drama in eine Art Dialoginszenierung. Das, was die Struktur zu sein scheint, ist einfach der ungeplante Ausgang der Dialoge des Werks (Morson / Emerson 1997). Neuhäuser (1990) machte auf die Ähnlichkeit eines solchen räumlichen Weltmodells, wie es Bachtin bei Dostoevskij erkennt, mit dem labyrinthischen Modell der modernistischen Welt aufmerksam, das Schmeling (1987) durch seine Analyse der Prosa aus der 1. Hälfte des 20. Jh.s konstatierte. Auch Bachtin wies übrigens an verschiedenen Stellen darauf hin, dass sich das polyphone Erzählen bei Belyj, Sologub, Remizov und Ivanov fortsetzt, wo die Auflösung des Autorenkontextes zu einer spezifischen Auflösung der objektiven Wirklichkeit führt (1920–24; 1920ff. / 1979). Das bedeutet jedoch nicht, dass das polyphone Werk keine Einheit aufweist, sondern nur, dass seine Einheit durch ein Ereignis (oder eine Co-Existenz, *sobytie*) markiert und in dem Maß permanent dezentriert, sozusagen im Entstehen begriffen ist. Das ist eine Einheit potenzieller Einheiten, die Einheit des Gesprächs im Verlauf, die aus der Leserperzeption des ganzheitlichen Prozesses und nicht aus der Gestalt des Produkts selbst abgeleitet ist.

4. Viele Theoretiker waren der Auffassung, die Morson und Emerson (1997) energisch zurückweisen, dass der reife Bachtin (1935–36 / 1975) das Polyphoniekonzept erheblich erweitert, sodass es den Roman als Ganzes umfasst. Diese Ansicht vertritt in jedem Fall Lodge (1990), der polyphone Merkmale gleichermaßen bei Modernisten (Joyce, Lawrence) und bei realistischen Schriftstellern (Eliot) fand. Dafür erhält er übrigens im Voraus die Unterstützung Lunačarskijs (1929 / 1957), der in seiner Rezension des Bachtinschen Buchs die These aufstellte, Shakespeare und Balzac seien polyphonere Autoren als der «tendenziöse» Dostoevskij. Für eine restriktivere Verwendung des Begriffs setzt sich Kristeva Ende der 1960er Jahre ein, als sie P. mit den Werken von Joyce, Artaud und Bataille in Verbindung brachte, die nach ihrem Dafürhalten die *écriture féminine* inaugurierten. Auch Neuhäuser ist der Ansicht, Bachtins Äußerungen seien eigentlich auf die Analyse modernistischer Prosa ausgerichtet, denn bei Dostoevskij könne man von einer Absenz des Autorenstandpunkts – wie die Kritiker bemerkt hatten – noch nicht sprechen. Die gleiche Linie verfolgt auch Banfield (1991), die das Auftreten der P. mit der Entstehung der *écriture* bei den ersten Vertretern der Moderne in Verbindung bringt. Allerdings führen sie nur das realistische Romanschreiben, das aus der Kom-

petenz des epischen Erzählens herausgerissen ist, zu seiner logischen Konsequenz, d. h. zum Rückzug des Erzählers, was von einer Explosion subjektiv zentrierter Welten begleitet wird, die keine erkennbare Hierarchie aufweisen. In einer so entstandenen unpersönlichen Romannarration der 3. Person (also in Benvenistes Modus der *histoire*, in der das *passé simple* keine Deixis zulässt) gruppieren sich die Ereignisse und Tatsachen der physischen Welt um das leere Zentrum der «nicht eingenommenen Perspektive» (Banfield 1987). Aber all das ereignet sich nur, weil das (Roman-)Schreiben das (epische) Erzählen ersetzt. Das Schreiben affirmiert einen völlig neuen, «nicht sprechenden» Typ von Autorensubjektivität, der die Identifikation des Autors mit der Rede, was Ducrot stillschweigend vertritt, in Frage stellt – Bachtin bleibt in dieser Hinsicht wie gewöhnlich unvollständig ausgeführt. Nach Ansicht Banfields ist in Ducrots P.-Konzept entgegen allen seinen gegenteiligen Erklärungen die Rückkehr der traditionellen egozentrischen Sprachauffassung zu beobachten. Ein spezifisch vereinheitlichtes Subjekt, der Autor nämlich, wird in eine bestimmte Anzahl voneinander losgelöster Subjekte unterteilt, jedes vereinheitlicht und ganzheitlich, aber jedes dennoch dem Autor auf irgendeine nicht definierte semantische Weise hierarchisch untergeordnet. Ihre Konzeption der P. als Phänomen «unaussprechlicher Sätze», auf denen der «Erzählstil» aufbaut, untersucht im Gegenteil dazu die Möglichkeit, die Subjektivität außerhalb des Bezugsrahmens zwischen Sprecher und Hörer darzustellen. (R. H.-K.)

→ Äußerung, Dialog, Ereignis, Stimme

Postkoloniale Theorie

(engl. post-colonial theory, franz. théorie postcoloniale, russ. postkolonial'naja teorija)

1. Bezeichnung für einen verschiedenartigen theoretischen Corpus, der sich mit Geschichte und Kultur der ehemaligen Kolonialländer beschäftigt oder aus deren Perspektive die Kultur der Kolonisatoren untersucht. Aber schon Thompson (1926/1974) hat darauf hingewiesen, dass die Vorstellungen, die der Westen und der Osten voneinander hegen, nicht gleichberechtigt sind, da hinter der einen die Macht, hinter der anderen dagegen nur Erbitterung und Hass stehen. Im Mittelpunkt des Interesses steht also das Verhältnis zwischen *Kolonialität* und *Postkolonialität* in deren miteinander verflochtenen historischen, politischen, wirtschaftlichen, ideologischen, ästhetischen und ethischen Aspekten. Erst diese Spannweite von Variablen ermöglichte solche charakteristischen Einblicke wie: dass die politische Lage der Postkolonialität noch nicht die ideologische, wirtschaftliche oder kulturell emanzipierte Lage einschließt,

dass der Kolonisator kein homogener ausbeutender Körper ist und dass die Früchte der Befreiung nicht immer auch gleichberechtigt verteilt sind. Rassische, geschlechtliche, klassenspezifische, geographische, nationale und kulturelle Determinanten fließen so in ein komplexes, konfliktreiches und oft widersprüchliches gegenseitiges Verhältnis ein, womit sie das Schreiben einer linearen kolonial-postkolonialen Geschichte verhindern. Auch wenn die Verschiedenartigkeit der kolonialen Erfahrungen eine einheitliche Methodologie verhindert, so ist ihnen zumindest die Ablehnung gegenüber jener Vorstellung gemein, welche die Kolonisatoren von den unterworfenen Kulturen geschaffen haben. «‹Europe› remains the sovereign, theoretical subject of all histories, including the ones we call ‹Indian›, ‹Chinese›, ‹Kenyan› and so on (...) What allowed the modern European sages to develop such clairvoyance with regard to societies of which they were empirically ignorant?» (Chakrabarty 1992). Man ruft zu einem Perspektivenwechsel mit dem Ziel einer «Provinzialisierung Europas» auf: «Wir müssen den Westen anthropologisieren: deutlich machen, wie exotisch seine Konstituierung der Wirklichkeit gewesen ist» (Rabinow 1993). Solche Gedanken entstehen natürlich in einer Zeit der «cultural diaspora-ization» von Identität (Hall 1996), als die hybriden Literaturen der durchkreuzten Kulturen das Modell nationaler Literaturen erschüttern, das von der Forderung nach Universalität der eigenen Standards begleitet ist. Der theoretische Eklektizismus, der *bricolage* von Errungenschaften des Poststrukturalismus, der psychoanalytischen und marxistischen Kritik, des New Historicism, der Dekonstruktion, der Cultural Studies, der feministischen Kritik, von *African-American criticism, ethnocriticism, area studies,* der Diskursanalyse, Bachtins Dialogizität usw. geht aus dem Beharren hervor, die unangemessen globalen und homogenen Konstrukte des Anderen zu untergraben. «Anti-colonial postitions are embedded in specific histories, and cannot be collapsed into some pure oppositional essence. (...) But if it is uprooted from specific locations, ‹postcoloniality› cannot be meaningfully investigated, and instead, the term begins to obscure the very relations of domination that it seeks to uncover» (Loomba 1998). Nicht nur die p. Th. hat jedoch die Verbindung mit anderen theoretischen Richtungen gefördert. In neuerer Zeit haben sich, im Gegenteil, in der p.n Th. z. B. strukturalistische Kritiker wie Todorov (im Übrigen aus Bulgarien stammend), Dekonstruktionisten wie Derrida (im Übrigen aus Algerien stammend) und Johnson, eine psychoanalytische und feministische Kritiker wie Kristeva (auch aus Bulgarien) und marxistische Kritiker wie Eagleton und Jameson versucht.

2. Das Pionierwerk der p.n Th. ist sicher *Orientalism* des amerikanischen Kritikers palästinensischer Herkunft Said (1978), wenn auch die Parameter und der Brennpunkt der Diskussion – das kolonisierte Subjekt – von dem aus Mar-

tinique stammenden, mit französischer Erziehung und algerischer Staatsbürgerschaft versehenen Fanon etabliert wurden (Memmi 1973). Er hat (1961) den Begriff *négritude* energisch abgelehnt, den Césaire und Senghor mit der Absicht gebildet hatten, die Spezifik der schwarzafrikanischen Identität zu verteidigen, und zwar als eine idealistische Fiktion, welche die zahlreichen Unterschiede zwischen den afrikanischen Kulturen vernachlässigt, womit sie sich unbewusst dem bezähmenden Zugang des Kolonisators unterwirft. Einer solchen pannationalen Perspektive hat er die Idee der *Nation* gegenübergestellt, die Césaire wiederum für ein bourgeoises Phänomen hielt, da sie die kulturelle Gemeinsamkeit der schwarzen *Rasse* spaltet, die im Widerstand gegen den europäischen Kolonialismus ausgebaut wurde. Heute aber scheint es, dass weder die globale Idee der Rasse noch jene partikuläre der Nation ihre Ursprünglichkeit beweisen können: Beide sind mit kolonialer Erfahrung durchdrungen und insofern gleichermaßen diskutabel. Statt Pole verschärfter binärer Kontraste zu sein, entfachen sie im Laufe ihrer Geschichte verwickelte Verhältnisse von Unterstützung, Bekämpfung und Ansteckung (Fryer 1984; Gilroy 1993; Cooper 1994). In Beantwortung von Césaires *Discours sur le colonialisme* (1950) betont Fanon (1952) so die durch die koloniale Lage hervorgerufene pathologische Zwiespältigkeit der schwarzen Identität. Während der Schwarze dem Weißen als Nicht-Ich dient, als Hintergrund, vor dem er sein Ich beständig stärkt, ist das weiße Ich der unerreichbare Gegenstand schwarzen Begehrens, in dessen Namen er seine angeborenen Attribute ausrichtet. Da eine «weiße Maske» zu sein das hoffnungslose Projekt des Weißmachens seiner «schwarzen Haut» bedeutet, ist offensichtlich, dass dieses Verlangen die Schizophrenie der kolonisierten Identität auslösen kann. Demgegenüber kann der Rassenunterschied, entgegen der Überzeugung Sartres, nicht dialektisch überwunden werden; aber die Verantwortung dafür bezieht sich, entgegen der repräsentativen Überzeugung, nicht auf die Unterentwicklung der schwarzen Individualität und ihre angeborene Abhängigkeit, sondern auf den Kolonialismus, der durch die Einrichtung gesellschaftlicher Verhältnisse die Möglichkeit der Affirmation des schwarzen Ich verhindert hat. Europa sei, so Fanon, die buchstäbliche Errungenschaft der Dritten Welt, erbaut auf dem Schweiß und den Leichen der Schwarzen, Araber, Inder und der gelben Rassen. Wie sehr auch Fanon auf diese Weise, wie Bhabha (1994) glaubte, die permanente Verzögerung des kolonisierten Subjekts poststrukturalistisch antizipierte, könnte es dennoch unvorsichtig sein, seine Widerschreibung des Ödipus-Szenarios zu universalisieren, indem für sie eine identische Paradigmatik gefordert wird, welche die europäische Psychoanalyse für das «Original» beanspruchte. Wie das Original ausschließlich für die kolonisatorischen Subjekte gilt, so gilt auch Fanons Widerschreibung nur für elitäre und gesellschaftlich bewegliche kolonisierte Subjekte, keineswegs für jene, die wegen ihrer kulturellen, klassenspezifischen oder geschlechtlichen Zugehörigkeit zur Unbeweglichkeit verurteilt sind. So wird Fanons Verlagerung des kolonialen Nexus von marxistischen politisch-ökonomischen auf psychoanalytische subjekt-bildende Parameter, als ein Manöver, das die p. Th. umfangreich und fruchtbar für die letztgenannte Problematik geöffnet hat, der Gefahr ausgesetzt, die Kolonialität des psychoanalytischen Instrumentariums zu vernachlässigen. Falls der Psychoanalyse hingegen kein imperialer Status einer «königlichen Wahrheit» zugestanden werden soll, fordert dann ihre selektive Anwendung eine vorsichtige Spezifikation in Hinblick auf Klasse, Kultur und Geschlecht (Rose 1993).

3. In Fanons Werk besteht indes außer der psychoanalytischen Dimension, die auf den komplexen Mechanismen der Übertragung zwischen Kolonisator und Kolonisiertem beharrt, eine ebenso starke marxistische Dimension, die auf der Notwendigkeit einer revolutionären Befreiung beharrt (1961). «Rather than construing the colonialist relationship in terms of negotiations with the structures of imperialism, privileged coercion over hegemony to project it as a struggle between implacably opposed forces (...)» (Parry 1994). So knüpft Fanons Auffassung eigentlich nur an Césaires revolutionäre These von der «barbarischen» europäischen Enthumanisierung und Ausbeutung der kolonisierten Kulturen an. Saids *Orientalism* folgte insbesondere diesem Argumentationsfaden und befasste sich mit der europäischen Vorstellung und den Trugbildern des Nahen Ostens sowie mit den Folgen, die sie der späteren akademischen Erforschung des Nahen Ostens überlassen haben. Er analysiert aufmerksam die wissenschaftliche Literatur, politische Traktate, Zeitungsberichte, Reiseberichte, religiöse Texte und literarische Werke – in einer breiten Spannweite des Interesses, die der p.n Th. lange eigen bleibt –, um den rassistischen, sexistischen, hegemonialen und imperialistischen Hintergrund des Konsensus zu zeigen, der im Westen über den Osten geschaffen wurde. Die gramsci-foucaultsche Lehre, die Said aus seiner Lektüre zieht, ist, dass Verstehen, Wissen, Bewertung und Erforschung, trotz des Ideals der Objektivität, das sie betonen, Eroberungstechniken bzw. institutionell verlängerte Arme der Macht sind. Der Europäer konnte nur Mensch werden, indem er auf der anderen Seite Sklaven und Ungeheuer schuf. Deshalb ist der europäische Begriff einer (allgemein-)menschlichen Natur ebenso wenig von Gewalt zu trennen wie der europäische Humanismus vom Kolonialismus. Die wissenschaftliche Wahrheit und der künstlerische Wert sind eminent ideologische Konstrukte.

4. Solch radikale Thesen provozieren in den 1980er Jahren, in der Atmosphäre der dekonstruktivistischen Theorie, eine differenzierte kritische Reaktion, die auf die allzu verschärfte und statische, «blockartige» Natur des Kontrastes zwischen Westen und Osten hinweist (Porter 1983). Indem er auf der

Spur Foucaults dem Orientalismus eine allumfassende Macht zuschreibt, «Said appears to have placed himself in the position of denying the possibility of any alternative description of ‹the Orient›, any alternative forms of knowledge and by extension, any agency on the part of the colonised» (Vaughan 1994). Deswegen nimmt Bhabha (1983) Fanons psychoanalytischen Faden wieder auf, indem er hervorhebt, dass Said den Anteil des Kolonisierten an der Schaffung der Vorstellungen des Orients bzw. die unbewussten subversiven Implikationen, die durch ihre Mimikry-Adoption entsteht, vernachlässigt. Ihm zufolge ist das koloniale Stereotyp komplex, doppeldeutig, widerspruchsvoll und wie jeder Fetisch gleichzeitig auf Herrschaft und Angst begründet, auf Genuss und Abwehr. Die Widerstände befinden sich *in* ihm und werden desto stärker, je mehr sich das Stereotyp ausweitet, wobei die Gleichartigkeit in Andersartigkeit hinübergleitet und der Beobachter zum Beobachteten wird, das Modell wird destabilisiert, hybridisiert und artet in eine Groteske seines Originals aus. In Übereinstimmung damit ist die koloniale Alterität immer bereits *innerhalb* durch die beunruhigende Distanz gespalten, die *außerhalb* den Kolonisator vom Kolonisierten trennt. Das unlösbare Verhältnis der Abgrenzung residiert im Herzen der kolonialen Identität. «So Said's story about how a body of texts constructed the East is necessarily incomplete without some sense of the specific peoples and cultures it re-wrote, and situations into which it intervened» (Loomba 1998). In einer ähnlich verfeinerten Argumentation bekräftigt Spivak (1988), dass sich Saids Antihumanismus unabsichtlich den humanistischen Blick aneignet, wenn er meint, dass man in den Osten auch in einem authentischen, vorkolonisierten Zustand dringen könnte. Eine Theorie, die sich so mit der Umkehrung des europäischen Ethnozentrismus zufrieden gibt, bestätigt nur, dass die Dritte Welt dasselbe Stereotyp von Europa erschafft, welches Europa von ihm aufbaut. Die krampfhafte Verteidigung des zivilisatorisch spezifischen Ich gegen alle kolonialen Vorstellungen gießt Wasser auf die Mühlen der Festigung des europäischen Ich, das ohnehin das Andere anführt, sich zu «identifizieren» und seinen Platz in der vorhersehbaren «großen Geschichte» einzunehmen. Deshalb meint Spivak (1988), dass der Andere anstelle einer erkennbaren Identität die Vielfalt, den Widerspruch und die Diskontinuität seiner Determinanten verteidigen sollte, die niemals allein ethnische, sondern immer auch klassenspezifische, zivilisatorische und geschlechtliche sind.

5. Besonders die geschlechtlichen Determinanten wurden in ihrer Besonderheit von den Klassikern der p.n Th. vernachlässigt, die sich dadurch beinahe spontan in den Kern der kolonialen Imagination eingliederten. Sie beugte sich seit jeher der Vorstellung einer angeborenen Subalterität in den «weiblichen» Parametern einer «verlockenden Gefahr», die man «zur Vernunft bringen, unterwerfen und bezwingen» muss. «In the language of colonialism, non-Euro-

peans occupy the same symbolic space as women. Both are seen as part of nature, not culture, and with the same ambivalence: either they are ripe for government, passive, child-like, unsophisticated, needing leadership and guidance (...) or on the other hand, they are outside society, dangerous, treacherous, emotional, inconstant» (Carr 1985). «In short, lower races represented the ‹female› type of the human species, and females the ‹lower race› of gender» (Stepan 1990). Nicht nur, dass Freud die weibliche Geschlechtlichkeit den «dunklen Kontinent» nannte, auch Fanon stellte in diesem Geist das kolonisierte Subjekt als, ähnlich wie die Frauen, sich ständig selbst dem kolonialen Blick ausgesetzt sehend dar: «I cannot go to a film without seeing myself (...) The people in the theater are watching me, waiting for me» (Fanon 1967). Weil er dadurch im Rassenunterschied den geschlechtlichen Unterschied unbewusst reproduziert, bleibt ihm für den letzteren kein Raum *innerhalb* ebender Rassenidentität. Diese bleibt fraglos männlich, wie gerade für einen bedeutenden Teil der feministischen Kritik die weibliche Identität selbstverständlich weiß war (Jones 1981; Carby 1982; Spivak 1985; Mohanty 1988). In keiner der solcherart paradigmatisch gezeichneten Identitäten fand sich Platz für die farbige Frau, die sich infolgedessen als zweifach kolonisiert erwies (Harding 1986). Ist es daher ein Wunder, dass gerade sie «provide the cheapest labour for sweatshops, the sex-trade, large multinationals as well as smaller industries, they are the guinea pigs for exploitative and dangerous experiments in health and fertility» (Loomba 1998)? Vielleicht war auch das die Veranlassung für Spivak (1988), sie als Paradigma der Subalternität zu nehmen, der niemand das Recht auf Rede in seinem Namen überlässt. In ihrer bekannten Abhandlung *Can the subaltern speak?* evoziert sie nämlich die Diskussionen über das Ritual der Verbrennung indischer Witwen auf den Scheiterhaufen ihrer verstorbenen Männer und erinnert daran, dass die einzige Stimme, die in diesen Diskussionen nicht gehört werden konnte, gerade die Stimme der abwesenden Opfer war. Mit anderen Worten, wenn der Subalterne auch die Position der Rede erkämpfen könnte, hätte doch die Subalterne keinerlei Aussichten darauf. Deren Subjekt wurde beinahe gleichermaßen vom Kolonisator und von den Kolonisierten zum Schweigen gebracht. Wer hat nun das Recht, öffentlich im Namen ihrer stimmlosen Leiden einzutreten?

6. Man gewinnt jedoch den Eindruck, dass in einer solchen Argumentation ein zu sehr verschärfter Gegensatz zwischen dem Herrscherdiskurs der Macht und dem Opferdiskurs des Widerstandes besteht. Wird nicht gerade durch die Verabsolutierung des Opfertums einer Position ihr Recht auf Vertretung des Subalternen promoviert? Und wird dadurch nicht eine verborgene Zentralisierung des kolonisierten Körpers vollzogen? Die Witwen, von denen die Rede ist, gehörten in der Regel den höheren gesellschaftlichen Schichten an, waren ge-

bildet und nutzten die Möglichkeit einer öffentlichen Äußerung, aber nicht immer für eine Verurteilung des Verbrennungsrituals. Sie sind sogar dafür bekannt, vielmehr das Maß der Beschränkung der weiblichen Freiheit zu unterstützen. Kann man in ihnen mit Rücksicht auf all das die Verkörperung des oppositionellen Wesens des Subalternen sehen? Die Linie, welche Kolonisatoren und Kolonisierte, Mächtige und Ohnmächtige trennt, ist mehr oder weniger offensichtlich weder uneben noch ununterbrochen. «But whoever our subalterns are, they are positioned simultaneously within several different discourses of power and of resistance. (...) Thus individual and collective subjects can be thought of in multiple ways at any given time, and we must keep open the very meanings of subalternity and domination. (...) Situating the subaltern within a multiplicity of hierarchies is not enough: we must also think about the crucial relations *between* these hierarchies, between different forces and discourses» (Loomba 1998). Sonst würde das Ausweichen der Situation des kolonisierten Subjekts durch die Verabsolutierung des Schweigens drohen, die den Verlust irgendeines Ausgangspunkts für die Gegengeschichte herbeiführt. «Some conception of experience and agency are absolutely required by the dispossessed's call for a politics of contest, for it is not clear how a dispersed effect of power relations can at the same time be an agent whose experience and reflection form the basis of a striving for change. (...) Our present challenge lies precisely in understanding how the underclasses we wish to study are at once constructed in conflictual ways as subjects yet also find the means through struggle to realize themselves in coherent and subjectively centred ways as agents» (O'Hanlon / Washbrook 1992). Eine solche Erklärung geht völlig aus dem Bestreben der p.n Th. hervor, die zerstreuten Stimmen in einem gewissen Kräfteverhältnis zu verbinden, einem Bestreben, durch das sich die Theorie davor verwahrt, sich in akademische «otherness machines» (Appiah 1996) zu verwandeln und die eigene kontingente Handlungsfähigkeit anzuerkennen. Die Aufrichtung der unterdrückten subalternen Stimmen ist immer mit dem Wunsch nach Änderung der aktuellen Machtverhältnisse durch die Projektion der eigenen Authentizität verbunden! Dem ist auch so, wenn bei der subalternen Stimme eine unüberbrückbare geschlechtliche oder klassenspezifische Spaltung eingebaut ist, wie im Fall von Bhabha und Spivak; denn gerade ein solcher Einbau erhebt durch seine Universalisierung die Forderung nach unbestrittener theoretischer Authentizität: Wenn die subalterne Stimme gespalten ist, dann ist es die Stimme der Theoretiker nicht! Die Disloziertheit von Identität trennt somit nur scheinbar den Kolonisierten vom Kolonisatoren, weil es ihre höchste Intention ist, einen Kolonisatoren vom anderen abzutrennen, d. h. den Theoretiker als «geistigen Nomaden» von den übrigen Wissenschaftlern als «unbeweglichen Sesshaften». Wenn sich die konstant verzögerte Identität des kolonisierten Subjekts im äußersten Schluss jedoch als Projektion des Konflikts innerhalb akademischer Institutionen zeigt, dann weist das auf die Notwendigkeit einer Korrektur hin. Das heißt, dass die zeitgenössische Neigung der entwickeltsten akademischen Zentren zu ständiger Änderung der theoretischen Identitäten ohne gleichzeitigen Schutz der professionellen und sozialen Identität undenkbar ist, sodass der Nomadenzug nur ein Aspekt der theoretischen Identität ist, ermächtigt durch gleichzeitige starke Positionierung anderer Aspekte. Auf ähnliche Art und Weise ist die Enteignung bestimmter Aspekte der kolonisierten Identität immer verbunden mit der Ermächtigung anderer. Eine homogene Heterogenität ist schwer denkbar. Sobald sie sich zusätzlich spezifizieren, hören Nomadentum und Sesshaftigkeit auf, unversöhnliche Kategorien zu sein. «We need to discriminate between the diverse modalities of hybridity, for example forced assimilation, internalized self-rejection, political co-optation, social conformism, cultural mimicry, and creative transcendence» (Shohat 1993). Jede dieser Arten von Hybridität ist durch eine besondere Idee der Authentizität gespalten.

7. Ashcroft, Griffiths und Tiffin (1989) gliedern die Ideen von Spivak und Bhabha in die Tradition der Erforschung der Commonwealth-Literatur ein, die in England seit den 1960er Jahren besteht, aber alle diese Bücher sind in der überwiegend traditionellen, zeitgenössische theoretische Ideen abweisenden Manier gehalten. Im Mittelpunkt ihres Interesses steht die von der subalternen Mischform geschriebene Literatur in einer englischen Sprache, die die Autoren *english* nennen, im Unterschied zum klassischen imperialen *English*. Die Transformation der englischen Sprache, z. B. durch wörtliche Übersetzung von syntaktischen und diskursiven Verbindungen aus den «exotischen» Sprachen, war auch in den Werken einiger herausragender afrikanischer Schriftsteller (Achebe, Okara oder Tutuola) Teil einer überlegten Strategie ihrer Pluralisierung und Entkolonisierung, einer «Subversion durch Mimikry».

So haben die Vermischungen, Anpassungen und Durchdringungen an der Schwelle der 1990er Jahre den Akzent der p.n Th. vom antagonistischen Verhältnis zwischen Kolonisator und Kolonisiertem auf die These der Transkulturation als «the mirror dance of colonial meaning-making» in «Kontaktzonen» verlegt: «Humboldt transculturated to Europe knowledge produced by Americans in a process of defining themselves as separate from Europe. Following independence, Euroamerican elites would reimport that knowledge as European knowledge whose authority would legitimate Euroamerican rule» (Pratt 1992).

Aber dadurch werden wieder, um der Erfindung eines neuen gemeinsamen Nenners willen, als Schriftsteller sowohl jene, die in subalternen Sprachen schreiben (und sich dabei von der Elite in den eigenen Ländern distanzieren wie

Ngugi wa Thiong'o), als auch jene, die sich eher mit der eigenen als mit der Unterhöhlung der kolonialen Kultur befassen, vernachlässigt. «Why, we may ask, should an African writer, or any writer, become so obsessed in taking from his mother-tongue to enrich other tongues? Why should he see it as his particular mission?» (Ngugi 1985) Im Gegenteil, man muss die afrikanische Literatur in den Mittelpunkt stellen, damit andere Kulturen im Verhältnis zu ihr beurteilt werden können (Ngugi 1972).

Die p. Th. müsste sich demgegenüber auch mit Texten in den übrigen außerenglischen Sprachbereichen befassen, statt, wie in einem neuen Sammelband, «to assist in the revision of teaching practice within literary studies in English» (Ashcroft et al. 1995). Die heutige Institutionalisierung der p.n Th. im Rahmen der *English Studies* ging nämlich aus der Isolation der Erforschung des hegemonialen «kolonialen Textes» vom repressiven institutionellen Kontext hervor. «The meaning of ‹discourse› shrinks to ‹text›, and from there to ‹literary text› and from there to texts written in English because that is the corpus most familiar to the critics» (Loomba 1998). So kam es zu dem Paradox, dass die p. Th. einerseits die kolonial-postkolonialen Kennzeichen literarischer Texte aufdeckte (Said 1993), andererseits den Kolonialismus selbst in einen literarischen Text verwandelte und seine bittere repressive Basis wegwischte. «Es besteht ein großer Unterschied zwischen optimistischer Mobilität, intellektueller Lebhaftigkeit und der von verschiedenen Theoretikern beschriebenen ‹Logik des Wagens› (...) und massenhaften Dislokationen, Verwüstungen, Elend und Schrecken (...)» (Said 1993). «Discussions of text and image mask this reality of empire: the numbers who died in colonial wars and in labour gangs, or as a result of disease, starvation, and transportation» (Boehmer 1995). Das vermischende und das antagonisierende Aufstellen der Beziehung zwischen Kolonisator und Kolonisiertem können zwar nicht miteinander in Einklang gebracht werden, aber sie müssen gegeneinander die Beziehung einer fruchtbaren Spannung aufrechterhalten. «Fanon may not have satisfactorily resolved the tension between psychoanalysis and Marxism, but he remains a vital figure for us precisely because of his attempts to combine a sociopolitical critique and activism with an analysis of colonial and anti-colonial subjectivities. This doubleness is the most useful legacy of Fanon for postcolonial studies» (Loomba 1998).

8. Eine besondere Art hat die p. Th. in Deutschland in den 1980er Jahren unter dem Namen *Interkulturelle Hermeneutik (Germanistik)* entwickelt. Sie hat ihr Interesse auf die kulturelle Spezifik des Lesens, Verstehens und Interpretierens literarischer, vor allem deutscher Texte gerichtet. Wird nämlich die deutsche Literatur als fremde gelesen, dann geht es nicht nur um die (eventuelle) historische Distanz wie in der Hermeneutik Gadamers, sondern

auch um sprachliche, kulturelle und zivilisatorische Distanz, die den Leser von dem Zeichenuniversum der Literatur trennt. Von irgendeinem Verschmelzen des Horizonts kann weiter keine Rede sein, auch nicht von dem sog. Bezähmen der Alterität. Deshalb muss man der Rolle des Lesers mehr Aufmerksamkeit widmen und eine Vielzahl möglicher Bedeutungsattribute respektieren bzw. «die gedanklichen Bilder des europäischen Kolonialismus» (Wierlacher 1987) verlassen. Wie sehr die Apologie der verschiedenen Interpretationen auch gelobt wird, wenn sie mit den traditionellen kanonischen Forderungen verglichen wird, weckt sie doch einen doppelten Zweifel: (1) ob die kulturelle Fremde des Lesers des Textes schon für sich selbst eine hinreichende Legitimation seiner Interpretation ist, (2) ob nicht der inhaltliche Unterschied der Interpretationsresultate die formale Übereinstimmung der Interpretationszugänge verdeckt (Schmidt 1995). Wird daher nicht auch hier letztendlich die Neigung der traditionellen Hermeneutik erneuert, Konflikt auszuschließen, Andersartigkeit zu verneinen und die jedem Dialog immanente Verdrängung zu verschweigen? Der Verzicht der germanistischen Fixierung könnte der interkulturellen Hermeneutik zwar helfen, «die Methoden der kulturellen Interpretation im überdisziplinären Zusammenhang zu reflektieren, die Grenzen zwischen den philologischen Disziplinen komparatistisch aufzubrechen, den traditionellen Kanon in Frage zu stellen und Universalisierungen abzubauen» (Bachmann-Medick 1996). Dennoch bleibt die Frage, ob nicht vielleicht das Übertragen der Hermeneutik von der geschichtlichen auf die kulturelle Distanz die Auflösung der ästhetischen Andersartigkeit des Textes bedeutet, die in seinen spezifisch literarischen Techniken verkörpert ist. Die Ästhetik aus der Kulturtheorie zu entfernen würde indessen bedeuten, gerade die materiellen Bedingungen der kulturellen Praktiken zu vernachlässigen, wie sie Literatur oder Kunst repräsentieren, wie auch ihre spezifischen Rezeptionsbedingungen (Schwab 1996). (C. S.)

→ Andere, Cultural Studies, Differenz, Ethik, Feministische Kritik, Hegemonie, Historismus, Identität, Körper, Opposition, Poststrukturalismus, Subjekt, Übertragung, Wert

Poststrukturalismus

(engl. poststructuralism, franz. poststructuralisme, russ. poststrukturalizm)

1. Der Begriff kommt in den 1970er Jahren als lockeres und zuweilen abwertendes Schlagwort für untereinander divergierende Ideen vor allem französischer Denker in Gebrauch, die sich selbst gewöhnlich nicht als Poststrukturalisten bezeichneten (Derrida, Lacan, Althusser, Foucault, Deleuze, Serres,

Lyotard, Baudrillard, der späte Barthes, Kristeva u. a.). Im weitesten Sinn verbindet sie die Kritik am «Paradigma der Repräsentation», und zwar in seinen beiden grundlegenden Ausrichtungen: der Hermeneutik und dem Strukturalismus. Beide bestehen auf der Festschreibung einer Bedeutung – die Hermeneutik in inhaltlicher, der Strukturalismus in formaler Hinsicht. Schon Derrida (1967c) hat Parameter einer Kritik der Postulate des Strukturalismus aufgestellt, was zu der Bezeichnung P. führte. Ihm zufolge waren die Befürworter der Struktur nur durch Neutralisierung ihrer *Strukturalität* in der Lage, die Grenze zwischen Signifikant und Signifikat, *langue* und *parole*, Literatur und Theorie, Objekt- und Metasprache, Text und Kontext, Zeichen und Objekt usw. zu ziehen. Aber da sie dem abwesenden Zentrum selbst, das eine Struktur bildet, den strukturellen Charakter absprechen, können sie nicht erklären, warum dieses Zentrum in der Geschichte der Metaphysik seine Namen gewechselt hat (z. B. *Gott, Wort, Stimme* usw.) und sich dabei als zentrale Anwesenheit offenbarte, die nie sie selbst war, sondern sich immer schon sich selbst entzog und zu ihrem eigenen Surrogat wurde. Indem Derrida so auch das Zentrum der Struktur in das Spiel der Differenzen einbezog, hat er Saussures Idee von der Sprache als Gewebe von Differenzen der Signifikanten zu einem «allgemeinen Text» *(texte général)* einer sog. Ur-Schrift erweitert, die alles in ihren Bereich einbezieht (Derrida 1967b). «Die Abwesenheit eines transzendentalen Signifikats erweitert das Feld und das Spiel der Signifikation ins Unendliche» (Derrida 1967c). Die Folgen dieses scheinbar kleinen Eingriffs sind für die Geisteswissenschaften jedoch immens: Durch seine Integration in die permanente Verzweigung der Ur-Schrift ist der sichere Erkenntnispunkt aufgehoben, den die Strukturalisten für das wissenschaftliche Subjekt vorgesehen hatten. Auch er befand sich plötzlich auf dem Schauplatz der dezentrierten Textualität und zerstörte die Autarkie des Subjekts durch die immer schon abwesenden Signifikanten. Daher werden die poststrukturalistischen Interpretationen in der Regel durch das Supplement erweitert: Lacan (1955) interpretiert Poes *The purloined letter*, Derrida (1980) interpretiert dessen Interpretation, und Johnson (1987) interpretiert diese Interpretation der Interpretation; Wilson (1934/38) interpretiert Henry James' *The turn of the screw*, Felman (1977) beschäftigt sich mit seiner Interpretation und Culler (1982) und Wright (1984) mit ihrer; Derrida (1967b) interpretiert Rousseau, de Man (1971) seine Interpretation und Norris (1988) seinerseits diese Interpretation der Interpretation usw. Jeder Text wird derart von neuen «Wortstellen» umrahmt, um mit der Struktur des Supplementierens des sog. allgemeinen Textes Schritt halten zu können, der alle geschaffenen Identitäten in seine eigenen Resultate verwandelt.

2. Die zweite wichtige Zielscheibe der poststrukturalistischen Kritik neben dem Strukturalismus war die Hermeneutik, und zwar aufgrund ihrer ständi-

gen Privilegierung der geistigen gegenüber der materiellen Seite und des Inneren gegenüber dem Äußeren der Texte. Die Hermeneutik behandelt Texte als Quellen der Erfahrung, des Wissens oder der Wahrheit über das Leben, die Wirklichkeit oder den Menschen und betreibt so eine hartnäckige «Sinnzentrierungspolitik mit ihren jeweiligen Heteronomiebeseitigungsverfahren» (Müller 1994, S. 23) bzw. zwingt die Texte zur Konfrontation mit ihrer eigenen Identität. Die Texte verlieren so ihre einzigartige Ereignishaftigkeit und verwandeln sich in Dokumente eines übergeordneten Sinnganzen (des Geistes oder Stils einer Epoche, einer Literatur, einer Gattung, eines Autors oder Werks). Schon Heidegger – den der P. (neben Nietzsche, Freud und Marx) nicht zufällig zu seinem Vorgänger ernannt hat – bemerkte im Zusammenhang mit diesem «männlichen Prinzip» (1929, S. 193f.): «Um freilich dem, was die Worte sagen, dasjenige abzuringen, was sie sagen *wollen*, muss jede Interpretation notwendig *Gewalt* brauchen. (...) Die *Kraft* einer vorausleuchtenden Idee muss die Auslegung treiben und leiten.» Um dies zu vermeiden, richtet Foucault seine *Archäologie des Wissens* (1969a) gegen die Hermeneutik, indem er nicht mehr nach dem identifikatorischen «Sinnüberschuss» sucht, den die Texte in sich bergen, sondern nach den Gefügen, aus denen immer schon alle ihre Identitäten hergeleitet sind, nach den Bedingungen, unter denen vermeintlich «selbst-verständliche» Kategorien wie Werk, Autor, Bedeutung u. Ä. möglich sind. Angesichts der Rahmen, die diese Kategorien erst ermöglichen, verlieren letztere, da sie letztlich ein Konstrukt sind, ihre Vorrangigkeit bezüglich der Repräsentation. Aber Foucault stellt sich dem Problem der Apriorität der Rahmen, die selbst ihrer Referenzialität entledigt werden müssten, wollten sie die Referenzialität aller Entitäten glaubwürdig untergraben. In seiner «archäologischen» Phase nennt er sie Diskurse, worunter er stillschweigend herrschende Repräsentationssysteme versteht, die durch ihre einschränkenden Vorschriften die Bildung z. B. der Erfahrung, der Wirklichkeit, der Wahrheit und der Subjekte regeln. Jedoch variiert der Begriff des Diskurses hier charakteristisch in seinem Abstraktionsgrad, da er in einer Dimension an die historisch bedingten (trans)formatorischen Gesetze der Äußerung gebunden ist, die sog. Archive, in denen die Äußerungen verschiedenen Mechanismen der Zähmung und Klassifizierung unterliegen. Dies erscheint nicht als befriedigende Lösung, da diese Archive als Resultat derselben homogenisierenden Identifikation verstanden werden können, die Foucault so geschickt den Hermeneutikern vorwirft. Daher hebt er den Begriff des Diskurses in eine höhere Dimension der Abstraktion bzw. Heterogenität, indem er ihn als launenhaftes «Rauschen» oder anarchische Flut, die zur Abwehrreaktion der «interpretativen Bändigung» führt, darstellt. Sind aber nicht auch «Rauschen» und «Flut» schon interpretierende Etiketten? Wenn sie es aber sind, inwiefern sind sie dann besser als Autor, Werk oder Kommentar? Führt Foucault, indem er für seine Kategorie des «wilden Diskurses» völlige Selbstreferenzialität fordert, die durch jegliche referenzielle Übertragung zwangsläufig reduziert wird, diese Kategorie nicht in eine gefährliche Nähe zu Gadamers (1972) Definition der klassischen Kunst, nach der sich das Klassische einzig dadurch bewahrt, dass es sich selbst meint und sich selbst erklärt, weswegen wir uns als dessen Ausleger in diese seine Selbstauslegung lediglich reduktiv einschreiben können.

3. So beharrt der P. in seiner Kritik sowohl des Strukturalismus als auch der Hermeneutik auf der Auflösung ererbter operativer Kategorien in einem übergeordneten und veränderlichen Differenzenregister. Dieses versetzt die Texte an die unvorhersehbaren Knotenpunkte seines interdiskursiven Netzes, in den Schnittpunkt seiner Feldlinien, und gibt ihnen so die bisher vernachlässigte Vielfältigkeit, Ereignishaftigkeit und Zufälligkeit zurück. Diese Erweiterung des Beobachtungsrahmens hat die analytische Aufmerksamkeit von den einzelnen Texten auf deren komplizierte Beziehungen untereinander gelenkt, indem sie nicht nur verschiedene diskursive, sondern auch nichtdiskursive Modalitäten (körperlich-perzeptive, darstellende, fotografische, filmische, Video) einschließen. Dies hat interdiskursive und intermediale Forschungen angeregt und das Feld für neue theoretische Schulen wie den *New Historicism, Cultural Studies* oder die postkoloniale und feministische Kritik eröffnet, die ohne den P. schwer vorstellbar wären. Auch die marxistische und die psychoanalytische Kritik haben vom P. wichtige innovative Impulse erhalten.

Aber gerade weil sich der P. so entschieden gegen die Metaphysik der Präsenz, der Identität und des Zentrums wendet und sich für Abwesenheit, Andersartigkeit und Peripherie ausspricht, weil er die Ausrichtung auf den Kern, die Tiefe und das Innere bestreitet und die Aufmerksamkeit auf die Materialität, die Oberfläche und das Äußere richtet, weil er die Ganzheit des Zeichens negiert und in ihr Spuren einer dem Zeichen vorgeordneten Fremdheit entdeckt, setzt er sich der Gefahr aus, die Schwachstellen der Hermeneutik unter umgekehrtem Vorzeichen zu reproduzieren. Derselbe Überschuss, der in der Hermeneutik die Reduzierung der Teile verhinderte und sie in ihrer zentralen semantischen Ganzheit sicherte, garantiert im P. ebenso die Priorität des bedeutungslosen Rahmens gegenüber allen seinen semantischen Repräsentationen. Durch dieses *Mehr* ist er nicht mehr auf Rede und Sprache zurückzuführen (Foucault 1969a). Während auf der einen Seite eine Reduktion auf jedwede Identitäten verhindert wird, werden die Texte auf der anderen Seite ebenso «radikal auf ihre ‹Materialität› reduziert, also von Selbst- und Fremdzuschreibungen und damit der Interpretation getrennt» (Bogdal 1996, S. 150). In letzter Konsequenz eignet sich anstelle der Texte wie in der Hermeneutik selbst die Materialität der Diskurse Kennzeichen semantischer Unerschöpflichkeit an. Im

P. ist das Poetische laut de Man und Claudia Brodsky Lacour (1993) kein äußerer Gegenstand, sondern die bestimmende Perspektive der theoretischen Reflexion. Dies aber führt zu dem Schluss, dass «die grundlegenden Probleme der Hermeneutik und des Textverstehens ebenfalls noch die antihermeneutischen Ansätze bestimmen» (Bogdal, S. 138). Die «Beziehungen zwischen rhetorischen und hermeneutischen Lektüren (sind) *komplementär*, d. h., sie setzen einander wechselseitig voraus (...). Der Text hat einen substantiellen Grund, der Text ist Abgrund, das sind strukturell identische Aussagen, bei denen lediglich die Perspektive umgestellt worden ist» (Müller 1994, S. 121–3). Ist nicht, wenn Foucault als «Archäologe» (d. h. als Diskurs- und Wissensformen-Theoretiker; Anm. d. Übers.) im Namen der unergründlichen Einzigartigkeit der Dinge spricht, dieser Nicht-Begriff (wie auch bei Lyotard) noch immer derselben Logik der Identität verhaftet, die jede beliebige Idee von Ganzheit unterstützt (Weber 1985)? Und was erklärt dann den Vorrang des Nicht-Begriffs vor den Begriffen? Das emanzipatorische Projekt der schonungslosen Kritik aller Identitäten versetzt uns in die Lage, «aus der Kontingenz, die uns zu dem machte, was wir sind, die Möglichkeit, nicht mehr zu sein, zu tun oder zu denken, was wir sind, tun oder denken» zu isolieren (Foucault 1984, S. 45). Aber warum sollte (Selbst-)Untergrabung besser sein als (Selbst-)Reproduktion? «Warum ist Kampf der Unterwerfung vorzuziehen? Warum sollte man der Beherrschung widerstehen? Nur durch die Einführung irgendwelcher normativen Begriffe könnte Foucault anfangen, solche Fragen zu beantworten» (Fraser 1989, S. 29). Solange er anstelle eines spezifischen normativen Begriffs mit einem Nicht-Begriff arbeitet, besteht die Gefahr, dass er zur Demaskierung aller Werte ebenjene Kraft anwendet, der er sich gerade zu widersetzen sucht. Die Verabsolutierung der Differenz gegenüber allen identifizierenden Momenten droht, in einen neuen Essenzialismus zu entarten. «Eine der unglücklichen Auswirkungen der poststrukturalistisch-essentialistischen Verbindung *(nexus)* ist, daß er Differenzen in einen Bunker verwandelt. Die Unterdrückten schützen sich mit neuen Selbst-Verständnissen gegen die dominante Kultur» (Steele 1997b, S. 94).

4. Das Ideal der 1968er von der «totalen Revolution» bildet so einen der wichtigen Leitfäden des P., wenngleich sich bei Foucault sein mäandrierendes Denken nicht wie z. B. Deleuzes und Guattaris Konzeption der «begehrenden Maschinen» darin erschöpft. Diesem Ideal der «totalen Revolution» liegt der bürgerlich-liberale Gedanke der individuellen Autonomie zugrunde, die durch die sukzessive Aufkündigung aller traditionellen (emotionalen und ethischen) Verbindlichkeiten aufgebaut wird, bis das Individuum die völlige Selbstgenügsamkeit erreicht. Lévinas beschrieb diesen Prozess in seiner Philosophie als Verdrängung der *persönlichen moralischen* Verantwortung gegenüber dem

Anderen durch die *kollektive gesetzliche* Verpflichtung gegenüber einem Dritten; letztere Verpflichtung beruht im Unterschied zu ersterer auf der Reziprozität des Rechts (Bauman 1993). In diesem Sinn hat auch Benjamin darauf hingewiesen, dass die Symmetrie des Rechts die Persönlichkeit der Individuen zerstört und sie auf den abstraktesten gemeinsamen Nenner bringt: «Daher ist das Individuum nicht an den Bedürfnissen des Anderen ‹interessiert› und erkennt sie nicht wirklich an, weil sie den eigenen Bedürfnissen widersprechen könnten. Paradoxerweise steht also diese Abstraktion von den persönlichen Bedürfnissen und dem subjektiven Standpunkt des Anderen der Erkenntnis der Differenz entgegen. Nur der Andere (mein komplementäres Gegenüber), der *nicht* die gleichen Rechte hat wie ich und mit dem ich *nicht* konkurriere, kann die Respektierung seiner Bedürfnisse verlangen – in dieser Kategorie finden wir die hilflose Ehefrau, das Kind, den Unterprivilegierten. So widerspricht die formale Akzeptanz der Differenz ihrer intersubjektiven Würdigung, die die Anerkennung der besonderen, individuellen Bedürfnisse des Anderen einschließt» (1989, S. 195). Es scheint, dass im Namen eines so verallgemeinerten, entwurzelten, selbstgenügsamen Ich das poststrukturalistische Subjekt die radikale Forderung stellt, die Identität zu unterminieren, auf der der Andere (und nach Lévinas eigentlich der Nächste, *prochain*) gleichzeitig seine eigene Existenz gründen kann. Dies hatte Steele im Sinn, als er sich vor nicht allzu langer Zeit für eine intersubjektive Korrektur des isolierten poststrukturalistischen Subjekts aussprach, das der existierenden Welt den Krieg erklärt habe. Dadurch würde sich die Beziehung zwischen P. und Hermeneutik aus einer unfruchtbaren Gegenüberstellung von Spiegelbildern in eine kreative Spannung verwandeln. «Verwurzelung führt nicht notwendig zu den politischen Pathologien des Ethnozentrismus oder Nationalismus, (...) sondern unsere Einordnung in kulturelle Traditionen ist die Position, von der aus wir uns selbst in einer demokratischen Gemeinschaft vorstellen» (Steele 1997b, S. 4). Heute verteidigt niemand mehr ernsthaft die Theorie des entwurzelten Subjekts, sondern lediglich die Notwendigkeit, seine vielfältigen Verwurzelungen sorgsam kritisch zu differenzieren. Insofern steht jede Kritik des Anderen in letzter Konsequenz im Zusammenhang mit dem Versuch, das eigene Selbstverständnis zu erneuern. Die Offenlegung eines fremden Selbstverständnisses dient der Erweiterung, Verfeinerung und Ausarbeitung unserer Selbst-Interpretation; wenn wir den Anderen, während wir ihn deuten, aus der vorherigen *Du*-Position in die *Er*-Position gegenüber unserem *Ich* bringen, so geschieht dies nur darum, weil wir uns gleichzeitig ein neues *Du* und eben dadurch ein neues Ich wählen. Damit wird die kontingente Handlungsfähigkeit *(agency)* des Subjekts der Theorie wieder ins Spiel eingeführt: «Ich werde mich darauf konzentrieren, die aus der dritten Person wiedergegebene indirekte *(second-order)* Erklärung von Sprache und Subjektivität durch eine direkte *(first-order)* Erklärung zu ersetzen, so daß wir nicht nur ein konstruiertes, sondern ein konstruierendes Subjekt erhalten, dessen Ontologie nicht einfach durch die Epistemologie, sondern durch Ethik und Politik formiert ist» (Steele 1997a, S. 188). Die Befreiung lässt sich nicht abseits der Politik (des Geschlechts, der Rasse, der Klasse, der Ethnie) realisieren, sondern nur selektiv innerhalb ihrer Parameter. Die Traditionen sind nicht auf dem Präsentierteller vor dem dematerialisierten Subjekt der Kritischen Theorie ausgebreitet. Kritische Perspektiven werden durch persönlichen Kampf ausgefochten. Der persönliche Kampf schließt ein, dass die sexuell, ethnisch und kulturell profilierte Persönlichkeit des Theoretikers den einen traditionellen Diskursen unterliegt und über andere verfügt, und das auf eine Art, die sich zwangsläufig spezifisch von den übrigen Personen unterscheidet. Abstrakt gesagt berücksichtigt «die Dezentrierung des Subjekts (...) eine soziale Interpretation von Sprache und Repräsentationen, aber sie kann es auch unmöglich machen, sich ein Subjekt vorzustellen, das in der Lage ist, auf den Status quo einzuwirken und ihn in Frage zu stellen» (Loomba 1998, S. 42). Andererseits kann die Entpersönlichung des Subjekts auch seine eurozentristische Voreingenommenheit verschleiern, wie im Falle von Foucault selbst, dessen Analysen der kapillaren sozialen Kontrolle und der Struktur der Strafanstalten sich nicht auf die historisch parallele Gesellschaftsorganisation der Kolonien übertragen lässt (vgl. Vaughan 1991; Sharpe 1993). Indem Foucault die Ideologie als analytische Kategorie völlig ausschließt, vernachlässigt er zwangsläufig die Spezifik konkreter Regime und Formationen und die Kräfteverhältnisse zwischen ihnen. «Ich glaube, durch die Abschaffung des Begriffs hat Foucault sich der Notwendigkeit entledigt, ihn auf radikalere Art neu zu theoretisieren, d. h. durch sein Bestehen auf der Macht reserviert er für sich ‹das Politische›, aber er versagt sich *eine Politik*, da er keine Idee von den ‹Kräfteverhältnissen› hat» (Hall 1996, S. 136).

5. Eigentlich richtet sich die Schärfe der Kritik damit gegen die Verblendung des Subjekts der genealogischen Analyse, das nicht einsieht, dass es sich mit seiner «Neutralität» auf dieselben traditionellen Werte beruft, die es angreift. Diese Erzählungen schließen abfällige Schilderungen der Traditionen ein, die sie ermöglichen. Die Erzählung der (genealogischen) Geschichte zielt nicht nur auf die negative Freiheit, sondern vermittelt eine Geschichte über die positive, im eigenen Text verkörperte Freiheit (Steele 1997a, S. 116). Diese These gründet auf MacIntyres Hinweis auf «das Ausmaß, zu welchem der genealogische Standpunkt mit seinen Konzepten und seinen Argumentationsweisen, seinen Thesen und seinem Stil von einer Reihe von Kontrasten zwischen ihm und dem, was es überwinden will, abhängt» (1990, S. 215), also auf einer typisch kolonialen Argumentation. Dennoch ist es leichtfertig, den P. als Ganzes dieser Art

Blindheit zu beschuldigen, ohne die Unterschiede nicht nur zwischen einzelnen seiner «Vertreter(innen)», sondern auch bereits innerhalb der untergliederten und bisweilen widersprüchlichen Werke jedes / jeder Einzelnen von ihnen zu berücksichtigen. Besonders tückisch ist hier der Fall Foucaults, bei dem sich die Mehrzahl der literaturwissenschaftlichen Adaptionen auf die ersten beiden Phasen seines Werks beschränkt (Winko 1996b) und deren späteren Umschreibungen nicht genügend Beachtung schenkt. Schon Blanchot reagierte mit seiner charakteristischen Aufmerksamkeit auf das eingebürgerte Urteil, dass Foucault für seine Kritik jene äußerliche Position einnehme, die er allen anderen verbiete, dass er einzig seinen eigenen Standpunkt im Rahmen der Machtmechanismen unangreifbar mache, während er andersartige fest in die Knoten seines Netzes einflechte. Blanchot (1986, S. 29) ist der Ansicht, dass Foucaults «Subjekt nicht verschwindet; es ist seine allzu sehr determinierte Einheit, die in Frage gestellt ist, denn was unser Interesse und unsere Forschung anregt, ist seine Auflösung, die es nicht vernichtet, sondern uns nur eine Vielzahl von Positionen und eine Diskontinuität von Funktionen anbietet.» Bedeutet aber die Öffnung des Subjekts zu einer Vielzahl von Positionen im heterogenen Raum der Diskurse nicht vielleicht sogar eine Verstärkung statt einer Annullierung der Forderung nach einer spezifischen Verantwortung, und das besonders, wenn das Erkenntnissubjekt in Frage steht? Macht und Erkenntnis, gemäß Foucault, befestigen sich erst im Diskurs. Und gerade deshalb müssen wir den Diskurs als Reihe diskontinuierlicher Segmente begreifen, deren taktische Funktion weder einförmig noch stabil ist. Wir müssen das komplexe und instabile Spiel zulassen, in dem der Diskurs vielleicht gleichzeitig Werkzeug und Auswirkung der Macht ist, aber auch Hindernis, Stein des Anstoßes, Fluchtpunkt (Foucault 1976, S. 100–1). Wegen der Eigenart, der Art und Weise, wie der Diskurs Macht und Erkenntnis verknüpft, ist die Verbindung zwischen ihnen unsicher, unvorhersehbar, flexibel. Der Diskurs überträgt Macht und übt Macht aus; er verstärkt sie, aber untergräbt sie auch, interpretiert sie, macht sie spröde oder brüchig und ermöglicht, sie außer Kraft zu setzen. Daher lässt sich nie im Vorhinein sagen, ob Macht und Wissen einander ermöglichen oder verhindern werden. Wenn das Wissen auf den Systemen der Übertragung, der Verwahrung und der Verteilung beruht, welche gleichermaßen Formen der Macht sind, dann ist Macht ebenso undenkbar ohne die Aneignung, Differenzierung und Reproduktion von Wissen. Aus allen diesen Gründen ist, wie der sie verbindende / trennende Strich andeutet *(pouvoir-savoir)*, die Wissensposition gegenüber der Macht (und eben dadurch gegenüber der Möglichkeit politischer Einflussnahme) grundsätzlich aporetisch, paradox. «Sie ist eindeutig unentscheidbar und fängt den Leser der Frage mit einem unbequemen Dilemma *(double bind)*: Der Bindestrich von *pouvoir-savoir* muß – und kann nicht – anders gelesen werden denn als materieller

Signifikant einer undeutbaren Kluft» (Keenan 1997, S. 154). Gerade diese «unmögliche Notwendigkeit», zwischen Wissen und Macht zu vermitteln, macht ihre Beziehung politisch; wie ein entzweiendes Band und eine verbindende Schlucht muss sich diese Beziehung unter vollem Risiko, irrezugehen, ständig von Neuem begründen. Die (theoretische) Politik beginnt ja mit dem Verlust der eindeutigen gesellschaftlichen Klammer! «Durch den Entzug der ethisch-politischen Position, des Bodens oder der letzten Instanz, auf die wir uns berufen könnten, befinden wir uns in der mißlichen Lage einer Einzigartigkeit, die der Einverleibung in jegliches Programm oder Gesetz widersteht, und das ohne die Orientierung einer Moral» (ebd., S. 174). Aber dafür können wir wenigstens durch unsere Geschichten versuchen, die Zukunft aus dem Herzen der Gegenwart zu befreien, um ihren Raum um eine mögliche Wahrheit zu erweitern. In einem Satz, den er fast am Rande fallen gelassen hat und den man leicht z. B. bei Luhmann antreffen könnte, merkt Foucault (1994) an, wie fruchtbar es in gewisser Weise sei, durch die eigene Darstellung das, was ist, dazu zu bringen, sich als etwas zu offenbaren, was nicht sein kann oder nicht so sein kann, wie es ist. (D. B.)

→ Andere, Äußerung, Begehren, Dekonstruktion, Dialog, Feministische Kritik, Genealogie, Ideologie, Logozentrismus, Macht, Marxistische Kritik, Phallozentrismus, Postkoloniale Theorie, Psychoanalytische Kritik, Selbstreferenzialität, Spiegel, Sprache, Subjekt, Text, Unbewusstes

Prager Schule

(engl. Prague School, franz. École de Prague, russ. Pražskaja škola)

Die auch unter der Bezeichnung *Prager Linguistischer Kreis* (in Analogie zum Moskauer Linguistischen Kreis, dem die Prager nicht nur eine Reihe von Ideen, sondern auch einige Mitglieder verdankt) bekannte P. S. wurde 1926 gegründet und 1948 unter dem Druck sozialistisch-realistischer Ideen ausgelöscht. Sie erfuhr im Jahre 1966 eine vorübergehende Rehabilitierung, als eine Auswahl von Werken ihres führenden Repräsentanten Mukařovský *(Studien aus der Ästhetik)* sowie ein Sammelband von Arbeiten über ihn aus der Feder jüngerer Kollegen (Vodička, Chvatík, Červenka, Doležel, Jankovič, Levý u. a.) mit dem Titel *Struktur und Sinn des literarischen Werks* erschienen. Zeitweilige Mitglieder der P. S. (Jakobson, Wellek, Bogatyrëv) haben den Einfluss ihrer Ideen seit der zweiten Hälfte der 1940er Jahren an verschiedenen Orten der Welt verbreitet. Dank der beharrlichen Bestrebungen der zweiten Generation der Schule (der noch Zumr, Veltruský, Grygar, Sus u. a. zuzurechnen sind) hat sie im Jahre 1990 ihre Aktivitäten in Prag erneuert. Aufgrund der Tatsache, dass man heute die Begründung der strukturalistisch-semiotischen Poetik *mutatis mutandis* für das wichtigste Resultat der Schule halten kann, erscheint die Bezeichnung P. S. heute als angemessener und ist heute weiter verbreitet als der Begriff des Prager Linguistischen Kreises (PLK), mit dem sich nur die Teilnehmer dieses intellektuellen und institutionellen Projekts selbst bezeichnet haben.

1. Den *Prager Linguistischen Kreis* gründeten Mathesius, Havránek, Trnka, Rypka und Jakobson, der noch 1920 aus der UdSSR in die Tschechoslowakei emigrierte und dabei eine Menge frischer wissenschaftlicher Ideen mit sich brachte. Neben Jakobson haben sich unter den prominenten ausländischen Mitgliedern auch solche Namen wie Trubetzkoy, Karcevskij, Bogatyrëv und Tschiżewsky befunden. In den 1930er Jahren kamen jüngere Mitglieder wie Wellek (später ein bekannter amerikanischer Literaturtheoretiker), Veltruský, Průšek, Vachek u. a. hinzu. In Prag hielten u. a. Husserl, Carnap, Tomaševskij, Benveniste und Bühler Vorträge, die zum Schaffen dieser eigentümlichen Mischung aus phänomenologischen, formalistischen, neopositivistischen, gestaltpsychologischen, psychoanalytischen und semiotischen Ideen beitrugen, aus denen die P. S. hervorging. Diese wusste die Vorteile der mitteleuropäischen «Lage am Schnittpunkt verschiedener Kulturen» (Jakobson) zu nutzen. «Der Prager Strukturalismus war offensichtlich eine der Blüten der mitteleuropäischen Kultur zwischen den beiden Kriegen» (Doležel 1990).

Unter der gedanklichen Führung von Mathesius gab der Prager Linguistische Kreis von 1929 bis 1939 einmal pro Jahr die internationale Publikation *Travaux du Cercle Linguistique de Prague* heraus, in der die Mitarbeiter und Mitstreiter des Kreises auf Deutsch, Englisch und Französisch publizierten. Bereits im ersten Jahr (1929) wurden (in Zusammenarbeit mit den Mitgliedern der Genfer Schule) die *Thesen des Prager Linguistischen Kreises* über die strukturalistischen Prinzipien der Sprachforschung, der Erforschung der literarischen und poetischen Sprache, veröffentlicht, die Jakobson veranlassten, im selben Jahr den Terminus Strukturalismus zu schmieden. In der zweiten Phase seiner Entwicklung von 1935 gibt der Kreis auch die Zeitschrift *Slovo a slovesnost* (Wort und Wortkunst) in tschechischer Sprache heraus, in der er eine ständige Polemik führt: einerseits mit den konservativen Sprachwissenschaftlern, andererseits mit den Marxisten wegen der Verteidigung ihres zentralen Begriffs der Struktur. Treffen fanden (obschon geheim) auch in der dritten, auf Fragen von Produktion und Rezeption ausgerichteten Phase statt, d. h. während des Kriegs, nach dem einige Mitglieder des Kreises wichtige Positionen im tschechischen akademischen Betrieb übernahmen. Allgemein war die kurze Phase der Nachkriegsdemokratie (bis 1949) die produktivste Periode der

Schule, in der z. B. die dreibändigen *Kapitel aus der tschechischen Poetik* von Mukařovský und die *Anfänge der tschechischen künstlerischen Prosa* von Vodička erschienen. Mukařovský hält gerade 1946 einen Vortrag in Paris, obwohl dieser ohne Einfluss auf die Pariser intellektuelle Szene blieb, wo ein Jahrzehnt später der französische Strukturalismus geboren werden sollte. Dennoch konnte dessen Initiator Lévi-Strauss etwas über die Ideen der tschechischen Strukturalisten von Jakobson erfahren, den er in den 1940er Jahren im New Yorker Linguistischen Kreis traf.

2. Nach Striedter (1976) ist die P. S. mit ihrer Konzentration auf die Begriffe Struktur, Funktion und Zeichen der dritten, funktionalistischen Entwicklungsphase der slavischen Poetik zuzuordnen. Für sie ist besonders die polyfunktionale Auslegung von Zeichen charakteristisch, die die Prager aus dem Evolutionsmodell von Tynjanov und dem Organonmodell von Bühler übernahmen. Aber den drei Funktionen des letztgenannten Modells gesellt Mukařovský innovativ eine vierte, die ästhetische Funktion, hinzu, die das künstlerische Zeichensystem von den praktischen Zeichensystemen absondert. Ihr Ziel ist es, im Rezipienten des künstlerischen Werks die «Vielseitigkeit und Verschiedenheit der Wirklichkeit» (Mukařovský) bzw. die Gesamtheit eines funktionalen Zeichengefüges zu beleuchten. «Während andere funktionale Dialekte die Adäquatheit von Zeichen für das, wofür sie stehen, betonen und versuchen, den Unterschied zu verwischen, unterstreicht die poetische Sprache die wechselseitige Inadäquatheit zwischen ihnen, ihre tief verwurzelte Nicht-Identität. Auf diese Art verbreitet die poetische Funktion sprachliches Selbstbewusstsein, indem sie es uns ermöglicht, unsere semiotische Auffassung der Realität zu erneuern und die Sprache als das vielseitigste Instrument der menschlichen Kognition und Kommunikation zu entdecken» (Steiner 1993).

Außer der ästhetischen (poetischen) Funktion wurde in den Werken von Havránek (1929ff.) das Bühlersche Schema durch soziale Funktionen erweitert, um die Entstehung der Funktionalsprachen zu erklären. An diese beiden nicht immer kompatiblen Entwicklungslinien haben in den 1960er Jahren einerseits Jakobson und Lotman mit ihren Konzeptionen, andererseits die Soziosemiotik (z. B. in den Werken von Halliday) angeknüpft. Die Entwicklung der sozio-funktionalen Linguistik innerhalb der P. S. hat auch Mukařovský veranlasst, nach einer anderen Grundlage für die ästhetische Funktion zu suchen. So lehnt er sich in den späten 1930er Jahren an die phänomenologische Ästhetik an, wobei er die künstlerische Dimension des Zeichens der Attribuierung durch dessen Verwender (und nicht wie zuvor dem Zeichen selbst) zuschreibt. «Es gibt keinen Gegenstand, der nicht zu ihrem Träger werden könnte oder, umgekehrt gesagt, es gibt keinen Gegenstand, der zwangsläufig ihr Träger sein müsste (…). So erscheint und verschwindet die ästhetische Funktion, und sie ist nicht ausschließlich an einen bestimmten Gegenstand gebunden» (1937/38).

3. Dennoch war dies nur eine vorübergehende Phase, in der die Konzeption in eine relativistische Gefahr geriet. Mukařovský kehrte bereits wenig später (1941, 1948) zu der Überzeugung zurück, dass Leser bestimmter (poetischer) Epochen immer etwas Gemeinsames in ihrem Bewusstseinszustand haben, «dank dessen überhaupt ein Urteil über Wert und Sinn eines Werks möglich ist». In den posthum herausgegebenen *Studien aus der Ästhetik* (1982) wird der Überzeugung Ausdruck verliehen, es gebe «Bedingungen, die für alle Rezipienten gleichermaßen gegeben sind, und die sich objektiv in der Struktur des Werks nachweisen lassen». Diese Bedingungen werden durch die «semantische Geste» des Autors auferlegt, die wie eine allgemeine Regelmäßigkeit der gesamtheitlichen Organisation und jedem Detail des Werks ihren Stempel aufdrückt. Sie ist zwar durch die zeitgenössischen literarischen Normen begrenzt, bleibt aber dennoch die letzte verantwortliche Instanz der künstlerischen Struktur.

4. Im Gegensatz zu Mukařovský als einem Vertreter der strukturalistischen Poetik und Ästhetik war Vodička der führende Literaturhistoriker der P. S. Er arbeitete in den 1940er Jahren die Prinzipien einer immanenten Literaturgeschichte aus, welche die «selbstgenügsamen» literarischen Strukturen bzw. Reihen in das Zentrum ihres Interesses stellt. Dabei befriedigt sie einerseits die geschichtlichen, andererseits die ästhetischen Bedürfnisse. Auf diese Weise stellt sie die Parameter für die Rezeption in einer Lesergemeinschaft auf. Vodička (1941) hat diese (insbesondere literaturkritische) Rezeption durch eine sorgfältige empirische Untersuchung bestätigt und geschlussfolgert, dass die einzelnen Konkretisierungen nicht nur bestimmte historische Phasen des Verständnisses eines bestimmten Werks charakterisieren, sondern auch selbst eigene ästhetische Akte sind: «Eine neue Konkretisierung bedeutet immer eine Erneuerung des Werks.» Doch obwohl damit der Horizont des literaturgeschichtlichen Interesses auch auf die Rezeption des Werks ausgeweitet wird, stellt Vodička den zentralen Ort des literarischen Werks als des Generators der literarischen Qualität nicht in Frage. Es entsteht der Eindruck, dass seine *Struktur der Entwicklung* (1966) gerade deshalb so sorgfältig von der Konstanzer Rezeptionsästhetik aufgenommen wurde. Auch letztere hat nämlich danach gestrebt, die Individualität der Lesereaktion zu vernachlässigen, um dem homogenisierenden Bedürfnis einer auf die sog. ästhetische Erfahrung konzentrierten Literaturgeschichte Genüge zu tun. Wenn man nämlich den Erwartungshorizont ausschließlich von der Literatur ausgehend rekonstruiert, «schafft man eine große Kluft zwischen den Antworten auf die Literatur, die ein solcher Horizont erfordern würde, und denen, die tatsächlich zustande gekommen sind» (Perkins 1992).

Deshalb sollte die Einführung sozialer, ideologischer, geschlechtlicher, rassischer, kultureller u. a. Aspekte der Lesereaktion erst im Laufe der 1980er Jahre erfolgen. Erst dann wird allmählich die Überzeugung überwiegen, welche sich – entgegen den Annahmen der P. S. – in einem Satz wie dem folgenden zusammenfassen lässt: «Insofern Kunstwerke keine Funktionen als generisch unikal anzusehende Funktionen haben bzw. ausüben und insofern es keine Möglichkeit gibt, ‹Nutzen›, der durch künstlerisch angemessene Erfahrung erzeugt wird, von demjenigen Nutzen, der durch unzählige andere Arten von Erfahrungen und Verhalten bedingt wird, zu unterscheiden, müssen jegliche Unterscheidungen zwischen dem ‹ästhetischen› und ‹nicht-ästhetischen› (oder ‹außer-ästhetischen›) Wert als grundsätzlich problematisch angesehen werden» (Smith 1988). (P. G.)

→ Aktualisierung, Funktion, Konkretisation, Norm, Poetik, Reihe, Rezeption, Struktur, Strukturalismus, System, Zeichen

Pragmatik

(engl. pragmatics, franz. pragmatique, russ. pragmatika)

Der Begriff erscheint auf der modernen literaturtheoretischen Szene infolge der Kritik an den strukturalistischen Grundsätzen der 1970er Jahre in der Rezeptionstheorie, Hermeneutik, Sprechakttheorie, linguistischen P., Textlinguistik, deutschen Universalpragmatik, Ethnographie der Kommunikation, Konversationsanalyse u. Ä. Während derzeit der Strukturalismus die Semantik aus der Syntax (gleichgesetzt mit Grammatik) herleiten wollte, herrscht jetzt die Absicht vor, beide Bereiche aus der P. abzuleiten. Der Akzent wird somit auf die kommunikativen Regeln, Normen, Präsuppositionen und Implikationen, auf die Intention und den Horizont des Verstehens, den Dialog, die Deixis und Intersubjektivität, die Aussage und Mitteilung, auf verschiedenartige Bestimmungsaspekte der Schreibe- und Lesesituation, auf Rollenverteilung, Rechte und Pflichten in soziokommunikativen Stereotypen, auf die Regeln der Sprachspiele, auf die Interaktionsszenarien und «Handlungsspiele» u. Ä. verschoben. Die Sprache wird wieder zur Form des Handelns bzw. Wirkens, was bedeutet, dass die Humboldtschen Ideen wieder aufgenommen werden. Die Pragmatiker interessiert eigentlich alles, was die strukturalistische Hegemonie der Sprache unterhöhlt, wodurch sie die Sprache in ein Mittel der Verständigung oder der rhetorischen Manipulation, in einen Kampfplatz von miteinander in Konflikt stehenden ideologischen Kräften oder Bedeutungsverweisungen, in einen Marktplatz von Werten oder symbolischen Gütern, in ein

Schauspiel des Bewusstseins oder des Unbewussten u. Ä. umwandelt. Wichtig ist, dass die Sprachbildungen weiterhin nicht eigenständig bzw. unabhängig von den (räumlich-zeitlichen, sozialen, psychologischen, ideologischen) Umständen, in denen sie gebildet oder verstanden werden, oder unabhängig von den Subjekten, die sie bilden, ihre Bedeutung realisieren können. Im Gegenteil, sie erhalten eine *Vermittler*rolle.

1. Schon Morris (1934/46) machte P. zum legitimen Teil der Semiotik, wobei er der Idee seines Vorgängers Peirce folgte. Während sich die Syntax mit Beziehungen zwischen den Zeichen beschäftigt und die Semantik mit der Beziehung von Zeichen und Designat, ist die P. jener Teil der Semiotik, der sich mit dem Ursprung, mit der Anwendung und den Leistungen von Zeichen im Rahmen des Verhaltens beschäftigt, in dem sie auftreten *(within the behaviour in which they occur)*. De Saussure und Chomsky haben diese alltägliche Dimension der Sprache jedoch aus der linguistischen Forschung wegen ihrer Kontingenz und Unmöglichkeit einer exakten Analyse ausgeschlossen. De Saussure allerdings erkennt das Vorhandensein von Rede wie auch Chomsky das Vorhandensein der Performanz an, aber sie beschäftigen sich nur insofern mit ihnen, als sie sich aus der *langue* bzw. der *Kompetenz* ableiten lassen.

Schon Benveniste (1966) kehrte diese Reihenfolge der Wichtigkeit zum Vorteil der *parole* bzw. des Äußerungsakts um, wobei er ein damit verbundenes Interesse an der Sprechakttheorie und Psychoanalyse äußert. Zur gleichen Zeit schreibt A. Leontjev (1966), dass heute eine allgemeine Tendenz zum Durchbruch jenseits der Sprache, zum Aufdecken besonderer Merkmale menschlichen Handelns und in diesem Rahmen auch der Sprechtätigkeit besteht, kurz gesagt zur Erforschung nicht nur der Sprache, sondern eher des *Menschen, der spricht*. Die Psycholinguistik, obwohl noch in einem gewissen Zögern hinsichtlich des Einflusses der generativen Transformationsgrammatik begriffen, verlegt die Aufmerksamkeit nach und nach auf die sprachliche Oberfläche der Aussage (Auswahl und Reihenfolge der Wörter, Gattungssignale, Intonation, Modulation, Anordnung der Pausen u. Ä.) als Kanalisator ihrer Rezeption. Die Soziolinguistik lenkt die Aufmerksamkeit auf die Hierarchie der Stellungen und des Status der Teilnehmer in einer kommunikativen Situation, die Ethnographie der Kommunikation hebt die Wichtigkeit der «stummen Sprache» von Haltung und Distanz zum Gesprächspartner, der Geste und Grimasse usw. hervor. Foucault zieht in seiner Diskursanalyse die Oberfläche und das Äußere der Tiefe und dem Inneren vor.

All das trug zum Abbau des strukturalistischen linguistischen Idealismus bei, der die sprachliche Kommunikation auf eine symmetrische, gesetzmäßig vertragliche – und im Prinzip recht abstrakte – Basis des Verkehrs zwischen gleichberechtigten und freien menschlichen Individuen stellte. In diesem Rahmen wird angenommen, dass es von der Verantwortung, der Fähigkeit und natürlich von der kommunikativen Absicht des Individuums abhängt, wie es über die Sprache verfügen wird, d. h. wie es die einzelnen Spracheinheiten auswählt und kombiniert. Diese Konzeption, gegen die sich die P. polemisch wendet, identifizierte Pratt (1986a) später als Nostalgie für ein prämediales, privatisiertes Ideal der Kommunikation als persönlichen Austausch zwischen isolierten eigenständigen Individuen, in dem die grundlegende Form der Rede in gegebenen gemeinschaftlichen Codes verankert ist, während die Werte durch die Integrität derselben individuellen Subjekte geschützt sind. Nach Ansicht der P. dagegen dienen die Sprecher nur einem unübersichtlichen Sprachmechanismus wie seine unterschiedlich ungleichmäßig und unterschiedlich wichtigen Teile, denen der Einblick ins Ganze fehlt. Der Sprecher wird in den Dienst der Gesellschaft, in der er geboren ist, aufgenommen: Von ihm wird gefordert, dass er seine Sprachleistung verteile, und die Art und Weise dieser Verteilung wird ihm obligatorisch beigebracht. Ein großer Teil des Sprachverhaltens besteht eigentlich im Gebrauch *schon bestehender Produkte*, im Verbrauch dieser Produkte durch deren unbewusste Reproduktion. Wer nicht lernt zu sprechen, wie andere sprechen, oder anfängt mit einer Sprache zu sprechen, die sich von vorgegebenen Modellen abwendet, wird unverständlich (Rossi-Landi 1972). Die P. versucht somit, das zu ergründen, was das sprachliche Subjekt bei seiner oder ihrer (produktiven oder rezeptiven) Aktivität bindet, und zudem auch die Methoden, mit denen er oder sie sich von jener Gebundenheit befreit (indem sie transzendiert wird). Diese beiden Pole des Interessenspektrums der P. (der linguistische und der literaturwissenschaftliche) könnten auch als Anteil der Rhetorik in der Poetik einerseits sowie als Anteil der Poetik in der Sprachrhetorik andererseits beschrieben werden: Literaturpragmatik geht davon aus, dass keine Darstellung der Kommunikation vollständig sein kann, wenn in sie die Literatur und ihre Kontextualität nicht eingeschlossen sind, und dass keine Darstellung der Literatur vollständig sein kann, wenn in ihr der Gebrauch der allgemein verfügbaren Ressourcen der Kommunikation nicht mit enthalten ist. Damit wird eigentlich die alte Verknüpfung von Rhetorik und Poetik wiederhergestellt (Sell 1991).

2. Die Anhänger der pragmatischen Konzeption unter den Literaturwissenschaftlern gehen tatsächlich davon aus, dass das Verstehen eines Textes situationsbedingt ist, wie auch das Verstehen einer alltäglichen Äußerung. Und doch besitzt ihnen zufolge die Situation, auf die der literarische Text referiert, «depragmatisierte» Merkmale, wodurch das Verstehen dieses Textes einem höheren Risiko ausgesetzt wird. Laut Iser (1976) befreit sich der literarische Text eigentlich von einer durch die Lebenswelt aufgegebenen Situation (was er die *Situationslosigkeit* nennt), um sie dann seinerseits frei als einen imaginativen

Kontext zu bilden, in dem er verstanden werden will *(Situationsbildung)*. Das bedeutet, dass der literarische Text jene Sinnsysteme, die ihn in seiner Kommunikationssituation umgeben, nicht passiv reproduziert, sondern sich aktiv in sie einmischt, um ihre «Defizite» auszugleichen. In einem gewissen Sinn ist dieses Transzendieren schon ein Merkmal der alltäglichen Sprechtätigkeit. Zur kommunikativen Kompetenz gehört auch eine Art der Metakompetenz, nämlich die Fähigkeit, die schon internalisierte Grammatik neu zu organisieren, die bestehenden Regeln des Hervorbringens und Wahrnehmens von Sätzen zu verändern, die neuen Elemente in das lexikalische Corpus aufzunehmen usw. (Wunderlich 1971). Aber erst im literarischen Text erlebt die Thematisierung der funktionalen Anlage der Kommunikation ihren Höhepunkt, erst in der Dichtung kann sich die funktionale Vollkommenheit der Sprache richtig entwickeln (Coseriu 1971). Erst sie gibt nämlich mit ihrer radikalen Verneinung der Funktionalität von Sprache die Fülle der sprachlichen Möglichkeiten wieder. Es scheint, dass ausgerechnet die pragmatische ‹Leere› von fiktionalen Handlungen, ihr Herausnehmen aus den Sequenzen pragmatischer Handlungen, im Allgemeinen eine Abstand nehmende Vergegenständlichung menschlichen Handelns ermöglicht (Warning 1975).

Auch Smith (1978) vertritt die Auffassung, dass ein literarischer Text selbst kein Sprechakt mehr ist, sondern eine formale Spezifizierung seiner Hervorbringung. Er ist eine «Partitur», die sich, unabhängig vom geschichtlichen Kontext seiner Entstehung, vollständig auf die sprachliche Struktur gründet.

3. Aber nicht alle Arten der P. bemühten sich, den literarischen Text vor den zerstörerischen Winden der geschichtlichen Kontingenz zu schützen, indem sie ihn aus den mundan-kommunikativen Zusammenhängen herausgerissen haben. Die Arten der P., die auf solch einer Autokontextualität bestehen, hingen mit der deutschen Ästhetikrezeption zusammen oder mit dem amerikanischen *reader-response criticism* und mit ihrer Tendenz, die Hermeneutik (Interpretation) aus der Poetik (Text) herzuleiten. Damit wurde der Leser in einem gewissen Maß zu einer kooperativen Beziehung zum Text gezwungen: Von ihm wurde erwartet, dass er sich von allen seinen empirischen Vor-Gegebenheiten befreit, damit er sich in einen idealen Leser verwandele bzw. die Rolle einnehme, die ihm der Text mit seinem Verweisungszusammenhang vorgibt. Das schließt zuallererst eine sorgsame Rekonstruktion des beabsichtigten Kontextes als Rahmen ein, in dem der literarische Text verstanden werden soll. Im Unterschied zur alltäglichen (Sprach-)Äußerung, in der eine solche Rekonstruktion automatisch geschieht, da sie in den Bereich des sog. gemeinsamen Wissens *(shared knowledge)* gehört, ist sie beim literarischen Text notwendig anspruchsvoll, da sie in den Bereich des Allgemeinwissens *(common knowledge)* gehört, der die Reflexion und Bildung einschließt, und dies kann

nicht von jedem erwartet werden (van Dijk 1977). Daher stellt sich die Frage, wie viele Leser bereit sind, sie zu unternehmen. Aber sogar unter diesen wenigen, die dazu bereit wären, wäre es schwer gewesen, eine Übereinstimmung im Ergebnis der Rekonstruktion zu erwarten: Sie hängt nämlich von einer vorausgehenden spontanen Identifikation des gegebenen Textes vor dem Hintergrund anderer Texte ab, die er unvermeidlich hervorruft (mit seinem eigenen Genre, Stil und mit seiner eigenen sprachlichen Zugehörigkeit). Das bedeutet nur, dass die Art, wie wir den Kontext eines Textes festsetzen werden, durch eine unvermeidlich *vorausgehende* Kontextualisierung dieses Textes hervorgeht! Und diese Kontextualisierung wiederum folgt aus der psychischen, Interessen-, institutionellen, Status-, erzieherischen usw. Struktur des Lesers. Aus diesem Grund stellt sich der Kontext als unerschöpflich bzw. unersättlich heraus – er eröffnet hinter sich immer neue Kontexte. Laut Culler (1982) ist die Nachahmung kein Unfall, der dem Original geschieht, sondern Bedingung, die es ermöglicht. Da dem so ist, ist der literarische Text dem Missverständnis ausgesetzt, wie auch jede andere Äußerung. Gesetze, Normen und Konventionen seines Verstehens können nicht im Sinne der antiken Rhetorik systematisiert, formalisiert und aufgezeichnet werden, da der literarischen Kommunikation (in beiden Richtungen) eine manipulative Tendenz in Richtung Vortäuschung eigentlich genauso eigen ist wie eine kooperative Tendenz mit Blick auf den Konsens – dabei können diese zwei gegensätzlichen Tendenzen, nota bene, nicht in allen Fällen klar voneinander abgegrenzt werden.

Ausgehend von einem solchen heterogenen Raum der Kommunikation – in dem Rechte und Pflichten des Teilnehmers niemals gleichmäßig verteilt sind – entwickelte Lyotard Ende der 1970er Jahre seine Konzeption der Erzählpragmatik. In ihr wird die Anpassung nicht nur von dem Empfänger gefordert, sondern auch schon in der Erzählung vorausgesetzt, die ihre eigene Konfiguration angesichts der materiellen Umstände transformiert, in die sie sich durch ihr Zustandekommen eingliedert. Unter diesen Umständen werden hier in letzter Konsequenz z. B. die dominanten Rezeptionstechniken (Lesen, Sehen, Hören; kollektiv, einzeln; laut, leise; aktiv, passiv u. Ä.), Modalitäts- und Genrehierarchien, Status der Literatur, Profile der Autorenschaft, Distributionsarten u. Ä. verstanden. Ein Erzähltext trägt in seiner Endform Zeichen all dieser pragmatischen Richtlinien – was ausgerechnet im Gegensatz dazu steht, dass er ja «depragmatisiert» sei. Natürlich schreibt Lyotard dabei dem Text nicht ausschließlich eine passive Position zu. Im Gegenteil, der Text hat eingewirkt auf die Veränderung oder Festigung der komplizierten Machtbeziehungen, in die er sich einmischt, wobei er eine eigene Aufteilung der Rollen des Senders, der Hauptfigur und des Empfängers vorschlägt. Aber das Wissen, das diese Erzählungen weitervermitteln, ist nicht nur an die Aussagenfunktionen gebunden, sondern bestimmt gleichzeitig auch das, was der Mensch sagen muss, um gehört zu werden, und das, was er hören muss, damit er selbst sich äußern kann, und es bezeichnet auch das, was man heraufführen muss (auf die Bühne der diegetischen Wirklichkeit), um Gegenstand einer Erzählung sein zu können (1979).

In einer so angelegten narrativen P. lässt sich der Einfluss der Forschung im Bereich der Jugenderzählungen erkennen, die Labov (1972) in von Afroamerikanern bewohnten Vororten großer amerikanischer Städte durchgeführt hat. Er legt dar, dass die Wahl des Themas und die Struktur einer alltäglichen Erzählung wesentlich bestimmt wird durch das Publikum, dem sie erzählt wird. Um eine gleichgültige Reaktion zu vermeiden, die eine Verwerfung und Herabsetzung des Erzählers nach sich zieht, muss eine solche Erzählung die Qualität der Erzählbarkeit *(tellability)* besitzen; sie darf (was den Inhalt angeht) nicht gewöhnlich oder bekannt sein. Goffman (1974) schreibt dazu, dass eine wirkungsvolle Durchführung zuerst Hören und nicht Erzählen erfordert. Jedes Erringen des Rechts auf die Aufführung einer Erzählung ist somit mit spezifischen Risiken und der Möglichkeit einer Sanktionierung verbunden. Die Zuhörer, die ihre Zeit opfern und bereit sind zu schweigen, verlangen dafür eine Entschädigung in der Authentizität des Erlebnisses. Daraus folgt, dass das Erzählen kein selbstverständlicher und freier Akt der kreativen Vorstellungskraft ist: Es muss immer den entsprechenden Anforderungen genügen. Unter diesen Umständen kann, wie Smith (1978) es ausdrückt, nicht die Rede sein von irgendeinem Ausflug vom Markt auf den Spielplatz der Sprache. Auch ein Austausch symbolischer Güter schließt eine harte Handelsökonomie ein.

Die Wahrheit ist, dass sowohl Lyotard als auch Labov sich mit den mündlichen Gemeinschaften beschäftigen, in denen die Autorschaft noch keinen besonderen Schutz genießt. Hier kann man in der Tat sagen, dass jeder Autor vorher Hörer gewesen ist, weswegen man ihn als jemanden erlebt, der vom «sozialen Körper» erzählt wird, sodass sein Wille niemals frei ist und die Freiheit niemals zuerst komme, wie Lyotard es ausdrückt. In den ausdifferenzierten Schriftgesellschaften hören die Rollen des Autors und Lesers auf, austauschbar zu sein, da sich die Autorschaft mit einem institutionellen Schutz umgibt, der ihm früher undenkbare Privilegien ermöglicht. Der Autor ist weiterhin nicht verpflichtet, mit dem Leser zusammenzuarbeiten, und kann, Pratt (1977) zufolge, sogar ohne Gefahr unmittelbarer Konsequenzen eine vollständige Unterbrechung der Kommunikation riskieren (z. B. in der Avantgardeliteratur). Aber daraus zu folgern, dass er jetzt eine vollkommene Freiheit genießt, wäre ein Fehler; die früheren Begrenzungen ändern nur ihre (Aus-)Richtung. Jetzt stellt die literarische Institution sie auf oder das System mit seinem Regime der Schreibe-, Lese-, Verlags- oder Distributionspraktiken, des Kommentierens und des erzieherischen Gebrauchs der literarischen Texte. Entscheidend ist, dass diese gegliederten Techniken der Literatur als autonomer Gesellschaftlichkeitsbereich Benehmen, Überzeugungen, Geschmack, Wünsche, Gewohnheiten und Bedürfnisse der Subjekte in solchem Maß beeinflussen, dass ihr «Herz und Bewusstsein» sich in keiner Weise von ihnen befreien können. Damit unterliegt der pragmatische Konnex kaum einer theoretischen Beschreibung, er ist vielmehr jener, der sie schon immer bildet. (A. E.)

→ Akt, Appell, Äußerung, Deixis, Diskurs, Ereignis, Erzählen, Gemeinschaft, Handlung, Handlungsspiel, Illokution, Kommunikation, Kontext, Leser, Referenz, Rezeption, Semantik, Situation, Skaz/Erzählte Rede, Stimme, Subjekt, Wiedererkennen

Praktik

(engl. practice, franz. pratique, russ. praktika)

Dieser Begriff gerät in die theoretische Auseinandersetzung durch die Erscheinungen der französischen Zeitschrift *Tel Quel*, die Ende der 1960er und Anfang der 1970er Jahre den Übergang zu den poststrukturalistischen Ideen ankündigt. Barthes und Kristeva führen diesen Begriff im Syntagma Signifikationspraktik *(pratique signifiante)* ein, gleichzeitig mit den Begriffen Signifikationsfähigkeit, Semiose, Schrift, Intertextualität u. ä., welche die bis dahin festen Grenzen des Textes sprengen, indem sie nun auch die Position des Kritikers einbringen. Kristeva (1974) definiert ihn als «Umwandlung der natürlichen und gesellschaftlichen Widerstände, Einschränkungen und Stagnationen», womit sie die dynamische Intervention des Textes in seiner semiotischen Umgebung ankündigt, die er als P. gleichzeitig strukturiert und destrukturiert. Die so gesehene Signifikationspraktik stellt sogar die eigenen Subjekte in «den (Gerichts-)Prozess» *(le sujet en procès)*, was bedeutet, dass sie jede Selbstidentifikation der Widerlegung, der Krise oder der Veränderung unterzieht.

Foucault hat den Begriff der P. im Syntagma der *diskursiven P.* übernommen (1969). Auf diese Weise wollte er den Diskurs mit einem Regelzusammenhang versehen – mit einem Gegenstand, Subjekt, einer Ausdrucksweise, mit den Begriffen, theoretischen Entscheidungen, mit einem Sitz der Institution, dem Status und dem Verwendungsrecht –, der seine «materielle Existenz» charakterisiert. Jede Aussage muss ihre «Substanz, ihre Unterstützung, ihren Ort und ihr Datum» haben. Ihre Identität wird in der komplexen Reihe materieller Institutionen verändert. Dabei meint der Begriff der P., als einzigartige Wende in der Foucault'schen Konzeption, dass der Diskurs selbst die Regeln aufstellt, das heißt, dass sie sich aus dem Diskurs selbst ergeben. Zuvor hatte Foucault die nichtdiskursiven Zusammenhänge, die «zwischen Institutionen, Techniken, gesellschaftlichen Formen etc.» bestehen, als primäre bevorzugt. Nun aber ist er der Auffassung, dass die diskursiven P.en in ihren inneren Mechanismen die gesellschaftlichen Prozesse steuern. Nach MacDonell (1986) bedeutet es «einen Rückschritt gegenüber der früheren Studie zur Geschichte des Wahnsinns, der Sanatorien und des psychiatrischen Diskurses, doch mehr noch gegenüber dem wichtigsten Schritt vorwärts in der *Archäologie*: der Präsentation des Arguments, dass die Diskurse materiell und institutionell bestehen.» Doch schon Foucault (1971) fügt den inneren Kontrollmechanismen auch die äußeren hinzu und zeigt damit, dass um die Kontrolle über die «wundersame Materialität» des Diskurses ein ständiger Kampf ausgetragen wird. (D. P.)

→ Diskurs, Formation, Institution, Macht, Signifikation

Präsupposition

(engl. presupposition, franz. présupposition, russ. presuppozicija)

Komplexer logischer, semantischer und analytisch-philosophischer Begriff, der gleichzeitig (1) den Akt der Annahme, (2) die Beziehung zwischen den Propositionsinhalten im Satz und (3) einen von den präsupponierten Inhalten darstellt. In die literarisch-theoretischen Auseinandersetzungen gelangt er im Laufe der 1970er Jahre gleichzeitig mit dem Aufstieg der linguistischen Pragmatik und der Erzählpragmatik, der Philosophie der alltäglichen Rede, der Sprachsoziologie und Sprachpsychologie, der Konversationsanalyse, der Ethnologie der Kommunikation, der Diskursanalyse, der Sprechakttheorie, der Aussagentheorie, der Rezeptionstheorie u. Ä. Im eigenartigen Gegensatz zum herrschenden strukturalistischen Paradigma erwacht in diesen Jahren das Interesse an verschiedenen nichtsprachlichen Faktoren, welche die sprachliche Kommunikation organisieren oder sogar voraussetzen: die Situation, das Allgemeinwissen, die Konventionen, die Normen, die Regeln, die Maximen, die Prinzipien, die Umstände der Zweckmäßigkeit, die Szenarien, die Handlungen und die Rollen, die Intersubjektivität, die Aufführung, die Deixis, die Implikationen, die Intentionen, die Horizonte, die Welten und die Kontexte der Verständigung u. Ä.

1. Im pragmatischen Rahmen versteht man unter P. gewöhnlich einen gesellschaftlich verwurzelten und interaktiv gefestigten Rahmen, der den kommunikativen Austausch ermöglicht, ohne dabei selbst sein Gegenstand und Thema zu werden. Wenn dieses jedoch geschieht, dann wird die Kommunikation auf ein höheres oder zumindest auf ein abgeleitetes Niveau gehoben. In der Argumentation der Pragmatiker sind in der Beantwortung der Frage

Schwierigkeiten entstanden, *wann* diese Erhebung geschieht bzw. *wie* man sie erkennt. Das Problem liegt darin, dass sich die Perspektive des Sprechers und die des Zuhörers angesichts dessen nicht immer decken; so kann es vorkommen, dass der Zuhörer dem Handeln des Sprechers Motive zuschreibt, die er nicht beabsichtigt hat, oder umgekehrt, dass die beabsichtigten übersehen werden (Hutcheon 1994).

Dies brachte die Pragmatiker dazu, das ganze Feld der P. in zwei grundlegende Kategorien zu teilen, von denen eine dem kollektiven und die andere dem personellen Zuständigkeitsbereich zugeordnet wurde. So spricht z. B. Austin (1962) von illokutiver und perlokutiver Dimension des Sprechakts, wobei die erste in der alltäglichen Interaktion dank ihrer intersubjektiven Anwendbarkeit dominiere. Die perlokutive Dimension dagegen deute ihren Verrat und ihre Instrumentalisation für eigene Ziele, sodass Austin ihre Dominanz im Sprechakt als aufgezwungenen Sprachgebrauch bezeichnet. Die Sprachhandlung kann fehlgehen, wenn ihre Ausrichtung Gefahr läuft, unerkannt zu bleiben, weil sie vermittelt wird. Die intersubjektive Beglaubigung garantiert nämlich die Wirksamkeit des Sprechakts und damit eine erfolgreiche Reproduktion gesellschaftlicher Kommunikation.

Aber die Gründe für die Gefährdung der grundsätzlichen Kommunikationswerte, d. h. für die Auswechslung der intersubjektiven mit der subjektiven P. der Aussage, können unterschiedlich gedeutet werden. So erklärt die *universelle Pragmatik* Habermas' (1981) diesen Niveauwechsel mit den strategischen oder manipulativen Absichten des einzelnen Sprechers oder mit dem individuellen Sprachgebrauch im Gegensatz zu der allgemeinen, angeblich konsensorientierten Kommunikation. An der Stelle, wo normale Sprecher eine Aussage machen, versprechen, warnen oder zugeben, jagen strategische Sprecher ihren Zuhörern z. B. Angst ein, beunruhigen oder verunsichern sie. Auf diese Weise bringen sie sie dazu, denjenigen Präsuppositionszusammenhang des Sprachaustauschs zu vergegenwärtigen, der sonst als sog. Geltungsanspruch der Aussage selbstverständlich bleibt. Der Geltungsanspruch wird stillschweigend akzeptiert, weil die Kommunikatoren davon ausgehen, dass die Äußerung des Anderen auf eine Verständigung abzielt (innerhalb eines intersubjektiv platzierten referenziellen Horizonts), und erst wenn ihre konsensuelle Orientierung auf die Gewissheit ihrer gemeinsamen Welt als «ein Gefühl der Gruppensolidarität» keine Früchte trägt, sind sie gezwungen, die Gründe dafür zu suchen.

Aber selbst dann, wenn es zu dieser Entscheidung kommt, ist es nicht möglich, alle situativen P.en der Kommunikation gleichermaßen zu problematisieren. Während die Kommunikatoren sich von einigen institutionellen Normen, Tatsachen, Ereignissen und persönlichen Erfahrungen noch distanzieren können, lassen sich Kultur und Sprache nur sehr schwer aus der Position der situativen Komponenten in die eines Verständigungsgegenstandes übertragen. Trotz aller zwischen ihnen existierenden Unterschiede können P.en, die in der objektiven, gesellschaftlichen oder subjektiven Welt angesiedelt sind, früher oder später einer Thematisierung oder Problematisierung unterzogen werden: Allein die Lebenswelt bleibt außerhalb ihrer Reichweite. Sie ist ein Medium der Verständigung, das die Kommunikatoren nicht vor sich stellen können, weil sie hinter ihren Rücken in einer «eigentümlichen Halbtranszendenz» existiert. Sie bildet einen unproblematischen, hintergründigen Zusammenhang der P.en, Überzeugungen und Interpretationsmodelle, aus denen keiner austreten kann. Jede Thematisierung bleibt ihr etwas schuldig. Das bedeutet, dass sie verpflichtet ist, die Hindernisse des allgemeinen Geltungsanspruchs durch rationale Kritik zu beseitigen. Nach Habermas wird eine Thematisierung nur zu therapeutischen Zwecken unternommen, um z. B. den Abbau der Gewissheit des kulturellen Hintergrundes, die Isolation der Segmente der Lebenswelt sowie den Verlust oder die Verzerrung des Sinns und Ähnliches zu verhindern – was bedeutet, dass die rekonstruktive Erkundung des Hintergrundes der Sprecherintentionen mit dem Ziel der Erweiterung des Kommunikationshorizonts zum Zweck des Ausgleichs der zerrütteten Kriterien unternommen werden dürfte. Der Interpret kann die Bedeutung der undurchsichtigen Äußerung nur dann verstehen, wenn er erklären kann, wie es zu dieser Undurchsichtigkeit kommt, d. h. warum die vom Autor angegebenen Gründe in dem jeweiligen Kontext für uns nicht mehr akzeptabel waren. So wird jedes analytische Betreten der Sphäre der Beweggründe der sprachlichen Aussagen zuletzt doch eine Annäherung an die «hermeneutische Utopie des allgemeinen und grenzenlosen Gesprächs in der Lebenswelt, die wir gemeinsam bewohnen».

Es ist offensichtlich, dass Habermas in diesem Licht auch die eigene universelle oder transzendentale Pragmatik erkennt. Die Person, die etwas zum Thema mache, was die Teilnehmer nur annehmen, indem sie eine reflexive Haltung gegenüber dem Interpretandum einnehmen, stelle sich nicht *außerhalb* des erforschten Kommunikationsganzen, sondern vertiefe und radikalisiere dieses Ganze auf einem Weg, der prinzipiell allen Teilnehmern offen sei.

2. Die Frage ist natürlich, wie sehr die rationale Kritik verschiedener Formen kommunikativer Verzerrung der «universellen Vernunft» der Lebenswelt wirklich jedem zugänglich ist und ob nicht schon die Erkenntnis selbst dieser Formen durch kulturelle, fachliche, ideologische P.en des Erkennenden bedingt ist. Damit kommt das Problem der kontingenten Position, von der aus die Feststellung der P. von fremden Äußerungen vorgenommen wird, in ganzer Schärfe ans Tageslicht. Wird sie selbst nicht auch durch P. gehemmt? Und wenn sie es wird, wie kann sie den anderen als Erkennungs- und Moralkorrektiv auf dem Weg zum allgemeinen Konsens dienen?

Obwohl auch Wittgensteins späte Philosophie therapeutisch ausgerichtet ist (Befreiung der Sprachspiele vom «metaphysischen Ballast»!), ist sie vorsichtiger angesichts der Möglichkeit der Rekonstruktion von P.s-Gefügen bestimmter Sprachspiele. Sie sind nicht selbständig, sondern stehen zu den anderen P.s-Gefügen im Verhältnis der «Familienähnlichkeiten» (1958). Aus diesem Grund wäre ihre Aussonderung ähnlich dem Versuch, «zerrissene Spinnengewebe mit den Fingern zu reparieren». Widersprüche, Zweifel und Schwankungen sind Bestandteil der Regelanwendung eines jeden Sprachspiels, deshalb sind ihre P.en von Beginn an unterschiedlich und von der Interpretation abhängig. Laut Frank (1988) ist die Anordnung der Sprachspiele keine Fiktion, sondern ihr ontologischer Status ist rein hypothetischer Natur und bleibt immer offen für Innovationen und für neue Sinngebung.

Aus dieser Auffassung Wittgensteins (1958) entwickelte sich später z. B. die *Ethnomethodologie der Kommunikation*, welche die Interpretation (im Gegensatz zur transzendentalen Pragmatik) nicht als Ausnahme betrachtet, sondern als dauerhafte Aktivität der Teilnehmer einer Interaktion; durch sie wird in jeder ihrer Etappen die Grundlage der Verständigung neu gesichert. Nach Ethnomethodologen bedeutet das, dass schon im Standardfall des Redeaustauschs nicht nur über den Inhalt, sondern auch immer gleichzeitig über die P.en kommuniziert wird, die durch den Austausch der hypothetischen Projektionen in Übereinstimmung gebracht werden. Da er jedoch auf Hypothesen basiert, hat kein Geltungsanspruch einen universellen Wert wie bei Habermas, sondern nur einen vorübergehenden, der geschichtlich und situativ eingeschränkt ist. Er ist immer nur ein Kondensat der kontingent-angewandten, interpretativen Praktiken und Muster (Garfinkel 1984).

Das gilt gleichermaßen für die Standards der wissenschaftlichen Rationalität, die als pragmatische Konstrukte gängiger Praktiken der wissenschaftlichen Gemeinschaft verstanden werden, anstatt dass sie als allgemeingültiges Maß der Verständigung hypostasiert werden. Kurz gesagt, jede Rekonstruktion der P. ist auch selbst an ein eigenes situatives P.s-Gefüge gebunden, sodass sie die Objektivität und Ausführlichkeit nicht für sich beanspruchen kann. Diese Schlussfolgerung, die nicht nur Habermas', sondern auch Wittgensteins Bevorzugung der Philosophie gegenüber den anderen Sprachspielen untergräbt, macht darauf aufmerksam, dass auch die kommunikativen Verzerrungen der Philosophie in Betracht gezogen werden sollen. Keine einzige Sprachpraktik kann sich vom selbstverständlichen Horizont ihrer Abwicklung losmachen, denn er steht immer jenseits von ihrer P. (Taylor 1992).

In diesem Sinn hat Ducrot (1980) eine Unterscheidung zwischen *présupposé* (dem Vorausgesetzten) und *sous-entendu* (dem Selbstverständlichen) der Aussage vorgeschlagen, ähnlich wie Black (1962) schon zwischen P.en und Implikation unterschieden hat. Erst das Feld des Letzteren bringt die interpretativen Prozesse im Bewusstsein des Sprechers und des Zuhörers zu ihrem «natürlichen» Ende. Aber es ist dermaßen diffus, dass es nicht einmal einer Abgrenzung, geschweige denn einer Ausschöpfung unterzogen werden kann. Dies gilt sogar für die Aussagen, die zur Verwirklichung ihrer Bedeutung das größte Maß an Selbstverständlichkeit *(doxa)* einrechnen wie Sprüche oder Sprichwörter. Nicht einmal das Gesetz ihres Gebrauchs ist in ihnen beinhaltet, sodass man es nur noch zu entdecken bräuchte. Es ist prinzipiell unmöglich, irgendetwas der Theorie der sentenziellen Propositionen Ähnliches zu verfassen, ohne dass eine neue sentenzielle Proposition reproduziert wird. Indem ich von der Sentenzhaftigkeit schreibe, stelle ich ein Gesetz von der Gesetzesstellung auf (Bennington 1985).

3. Eco (1990) hat darauf aufmerksam gemacht, dass der alltäglich-sprachliche Begriff der Voraussetzung in der Sprachphilosophie durch den «technischen» Terminus «P.» gerade deswegen ersetzt wurde, um aus ihm die kontextabhängigen und die dem allgemeinweltlichen Wissen zuzuordnenden Schlussfolgerungen zu beseitigen und nur die logisch notwendigen beibehalten zu können. Aber solch sterile P.en kommen sonst nur in besonderen Sätzen der «Laborsprache» vor, in denen absurde, geistig instabile und kulturell mangelhaft informierte Menschen behaupten, dass der jetzige König Frankreichs eine Glatze hat oder dass Ingrids Mann noch Jungfrau ist. Diese Hypothese ist nicht in der Lage, die anderen Phänomene zu erklären, die in einer normalen Interaktion zwischen den Gesprächspartnern entstehen, die eine natürliche Sprache benutzen. Um diese Phänomene erklären zu können, ist es nötig, die Ebene der formalen Strukturen zu verlassen und das Problem der P. im Rahmen der Diskurstheorie zu betrachten, in welcher die Möglichkeit gegeben ist, es vom Standpunkt der strategischen Wirkung aus zu betrachten. Der Diskurs beinhaltet seiner Natur nach eine breite Relevanz von Informationen, wobei einige im Hintergrund bleiben, während andere in den Vordergrund treten. Welche Informationen als relevant gewertet werden sollen, ist nicht so sehr die Frage der Kompetenz der Kommunikatoren, sondern vielmehr die ihrer Zugehörigkeit zu bestimmten diskursiven Gruppen, deren Überschneidung die entsprechende «kognitive Umwelt» schafft (Sperber / Wilson 1986). P.en sind eine Art von Moderatoren dieser Hierarchie, die, wie die anderen Moderatoren auch, immer die Übereinstimmung in der Verständigung zwischen Sprecher und Zuhörer verlangt. Aber da kein Moderator entweder der Aussage oder auch dem Text schon immanent ist, gibt es keinen Algorithmus, der seinen Erfolg oder wenigstens seine Aktivität garantiert. Im geschlängelten Prozess der Übereinstimmung des Materials werden gleichzeitig die hintergründigen und die vordergründigen Informationen gebaut. Wenn ich «gebaut» sage, dann

denke ich an Ecos These, nach der die P.en gleichzeitig einschließen und aufstellen. Wenn wir die Verbindung zwischen Kontext und Wort als Einbahndetermination betrachten, reduzieren wir die Sachlage, weil sich die Determination oft in entgegengesetzter Richtung abspielt. Zwischen dem Wort und dem Kontext besteht gegenseitige Abhängigkeit, weil jedes Wort mit seiner enzyklopädischen Erscheinung einen komplexen referenziellen Rahmen aktiviert und weil wir das Semem als virtuellen Text verstehen können. Dabei ist der «aufstellende» Aspekt der Aussage einem größeren Widerstand ausgeliefert als der «einschließende». (D. P.)

→ Äußerung, Deixis, Diskurs, Gemeinschaft, Situation

Prolepse

(engl., franz., russ. prolepsis)

Anachronizität, mit deren Hilfe ein oder mehrere Ereignisse evoziert werden, die sich erst nach dem gegenwärtigen Ereignis (mit dem die P. beginnt) abspielen wird. Sie hat ihren *Umfang*, der sich auf den damit abgedeckten Zeitabschnitt bezieht, sowie ihre *Reichweite*, was die Zeitspanne zwischen Ausgangs- und Endereignis der Evokation meint. (R. H.-K.)

→ Anachronie, Analepse, Isochronie, Sujet

Psychoanalytische Kritik

(engl. psychoanalytic criticism, franz. critique psychoanalytique, russ. psichoanalitičeskaja kritika)

1. Die Psychoanalyse ist seit ihrer Entstehung gegen Ende des 19. Jh.s durch einen kontroversen Charakter gekennzeichnet. Einerseits strebt sie nach Revolutionierung der wissenschaftlichen Wahrheit, andererseits fordert sie eine solche Wahrheit. In seinen Betrachtungen *Zur Geschichte der psychoanalytischen Bewegung* (1914a) erklärt Freud die starken Widerstände gegen die Psychoanalyse damit, dass diese mit ihren Postulaten die menschliche Eigenliebe in ähnlichem Maße verletzt wie zuvor Kopernikus oder Darwin. Dieses «genealogische Manöver» ist insofern indikativ, als es der Psychoanalyse revolutionäre Potenz zuschreibt, indem es ihr zugleich geschichtliche Legitimation verschafft. Wenn kaum zu bestreiten ist, dass Freuds Theorie des Unbewussten auf den Spuren von Kopernikus und Darwin die Idee vom Menschen als Beherr-

scher des Universums gefährdet, kann man sich auch kaum des Eindrucks erwehren, dass diese bestrebt ist, die Position des Herrschers im universellen Wissen über den Menschen einzunehmen. Das widersprüchliche Verhältnis zwischen den beiden parallelen Thesen hat auch die Position der p.n K. als literaturtheoretischen Zweig der Psychoanalyse beeinflusst. Als sie sich dazu veranlasst sah, ihre «Wahrheit» gegen Angriffe von «außen» zu verteidigen – sei es gegen andere Theorien, gegen die Politik oder gegen die Literatur selbst –, drohte die eigene kritische Kraft erneut zu erlahmen. Letztere zu erhalten, hing in erheblichem Maß von der Bereitschaft der p.n K. ab, die Existenz eines fremden Körpers in sich selbst anzuerkennen, der weder in eine Institution inkorporiert werden sollte, um deren Zielen zu dienen, noch in der Strategie der Selbstverteidigung aus ihr ausgeklammert wäre (Carroll 1984).

2. Die skizzierte innere Zerrissenheit der Psychoanalyse kann am Beispiel der Lehre Freuds erörtert werden. Alle drei Modelle der Psyche, die diese in ihrer Entwicklung nutzt, bergen ein subversives Potenzial in sich. Das *dynamische* Modell ist gekennzeichnet durch den Konflikt zwischen der triebhaften, befreienden Energie des Unbewussten und den zensorischen, unterdrückenden Mechanismen des Bewussten, durch einen Dauerstreit, der zu Kompromissformationen von Vorstellungen, Handlungen und Worten führt. Im *ökonomischen* Modell dominieren die Begriffe Verschiebung, Verdichtung, Übertragung, Verfahren, mit deren Hilfe die libidinöse Energie von den «höheren Zonen» zum Zweck der Erhaltung des psychischen Gleichgewichts Besitz ergreift. Das *topographische* Modell erstreckt sich auf zwei Klassifizierungsvarianten seiner Systeme: (a) Unbewusstes / Vorbewusstes / Bewusstes, (b) Id / Ego / Superego. Jedes dieser wechselseitig voneinander abhängenden Systeme besitzt seine eigenen Gesetze, weshalb es zum konfliktreichen Austausch von Feldlinien unter ihnen kommt. Alle drei Modelle leugnen die Transparenz des Subjekts sich selbst gegenüber, und zwar dadurch, dass sie es von innen in drei unversöhnliche, sich wechselseitig «entstellende» Sphären aufspalten. Das Bewusstsein verliert die Macht über sich selbst, die es im cartesianischen Paradigma besaß. Das Denken, seine krönende Tätigkeit, erweist sich nur als ein Umweg in Richtung Wunscherfüllung, als eine Form verzögerten Ausagierens eines Traumas, als «sublimierte Art und Weise der Autorisierung» des Ich. Wenn gar das Denken selbst aus dem gespaltenen Ich erwächst, wie kann es dann eine solche Spaltung des Ego souverän zu seinem Gegenstand erheben? In der *Neuen Folge der Vorlesungen zur Einführung in die Psychoanalyse* (1933) weist Freud darauf hin, dass sich die Analyse «Ahnungen und Hilfskonstruktionen» zunutze macht, um zu einschlägigen Einsichten zu gelangen, für die es aufgrund der Verschiedenheit der einzelnen Fälle keine Möglichkeit zur experimentellen Überprüfung gibt. «Die Deutungen der Psychoanalyse sind

im Sinne des wissenschaftlichen Experiments unkontrollierbar, weil die Wiederholungen, wodurch das Unbewusste artikuliert wird, sich von keiner übergeordneten Instanz *überblicken* lassen» (Weber 1990).

Der Analytiker ist Bestandteil der Kette des Wiederholungszwangs, den er zu heilen versucht, weil auch er wie der Patient trotz *gesunder Augen* mit jener *Blindheit* geschlagen ist, die Mütter gegenüber ihren Töchtern, Ehemänner gegenüber ihren Ehefrauen und Herrscher gegenüber ihren Lieblingen an den Tag legen (vgl. *Studien über Hysterie*, 1895). Seine Befangenheit ist genau wie die des Patienten Resultat der abwehrenden Verleugnung einer traumatischen Erfahrung und deren Ersetzen durch ein angenehmes Phantasma. Daher der Eindruck, dass auch Freud sich lange Zeit mit dem mächtigen Wunsch nach Ganzheit des Ich konfrontiert sah, bevor er imstande war, sie zu beherrschen. «Es ist, als ob das Faktum, dass die synthetische Funktion des Ichs ‹gestört› werden kann, selbst ein ‹Trauma› darstellt, wie die Möglichkeit eines tödlich verwundenden Schlags» (Chase 1993). Die therapeutische Macht des Analytikers – und damit auch den Stellenwert des eigenen Diskurses – untergräbt Freud entschiedener (Certeau 1980) eigentlich erst nach Verlagerung seines Interesses von der individuellen auf die kollektive Pathologie, repräsentativ dafür ist *Das Unbehagen in der Kultur* (1930). Wenn alle gesellschaftlichen Normen ins Wanken geraten, verschwindet der sichere Hintergrund, vor dem sich bis dahin die persönliche Krankheit des Patienten wiedererkennen ließ. Der Analytiker kann nicht mehr so tun, als sei er von den Kräften der gestörten Gesellschaft unberührt geblieben, die er auf seiner Couch platzierte, und dieselbe «Infektion» gilt auch für alle übrigen Institutionen, Instanzen und Autoritäten. Niemand verfügt mehr über den Königsweg zur Wahrheit.

3. Eine solche Einsicht sollte Freuds Lehre nachhaltig beeinflussen. Wenn alle den traumatischen Hohlraum durch ein eigenes Phantasma wettmachen, dann unterliegt das Trauma nicht mehr der Rekonstruktion, die selbst nicht mehr irgendeine phantasmatische Konstruktion wäre, eine Form von unbewusstem Agieren, von Re-Inszenierung, von retrospektiver Sinngebung. Wenn man nicht zur Urszene gelangen kann, wie kann man dann überhaupt die Zuverlässigkeit ihrer Reproduktion feststellen? Sie ist nur ein Glied in der Kette der sukzessiven Bedeutungserweiterungen des Grundereignisses, der jedweder irgendwie erkennbaren Identität entledigt ist. Freud erkennt das vorerst nur in Bezug auf den Analysierten an: «(so dürfen wir sagen), der Analysierte *erinnere* überhaupt nichts von dem Vergessenen und Verdrängten, sondern er agiere es. Er reproduziere es nicht als Erinnerung, sondern als Tat» (1914a). In den *Konstruktionen in der Analyse* (1937) sieht Freud allerdings ein, dass selbst der Analytiker die Vergangenheit des Analysierten nicht definitiv zu erkennen vermag; er verzichtet daher auf eine Interpretation zuguns-

ten der Konstruktion als kontingenter, performativ-tentativer *Ereignisproduktion*: nicht die Verwandlung durchgeführter Handlungen in kognitiven Inhalt als Vorstellungen, sondern das ‹Durchspielen› neuer Schlüsse für Szenarien aus der Vergangenheit (Chase 1993). Dabei notiert er: «Die Wahnvorstellungen der Kranken erscheinen mir als Äquivalente der Konstruktionen, die wir in den analytischen Behandlungen aufbauen, Versuche zur Erklärung und Wiederherstellung (...) Wie unsere Konstruktion nur dadurch wirkt, dass sie ein Stück verloren gegangener Lebensgeschichte wiederbringt, so dankt auch der Wahn seine überzeugende Kraft dem Anteil historischer Wahrheit, den er an die Stelle der abgewiesenen Realität einsetzt.» Die blasphemische Analogie wird also durch einen dialektischen Chiasmus vertieft, der Wahnvorstellungen den kognitiven Inhalt von Konstruktionen zuschreibt und Konstruktionen die Überzeugungskraft von Wahnvorstellungen. Damit wird die Erkenntnis prinzipiell mit der Kraft der verdrängten traumatischen Ereignisse verbunden. Als nicht bewusst zu machende «Erinnerungsspuren» verleihen sie ihr durch ihr Blockieren in Form der «Wiederkehr des Verdrängten» signifikante Materialität und damit performative Macht. In der symbolischen Struktur der Erkenntnis, realisiert im Text der analytischen Fallrekonstruktion, bleibt ein halluzinatorischer Rest kastrierter Erfahrung. Das könnte eine der Konsequenzen von Lacans Behauptung sein, nach der das, was sich nicht im Symbolischen realisieren lässt, im Realen erscheint (1966). Das Reale *(le réel)* ist im psychoanalytischen Diskurs an der Vorherrschaft der Beziehungen zwischen Worten gegenüber jener zwischen Worten und Dingen zu erkennen, was Freud als ein entscheidendes Merkmal primärer Prozesse des Unbewussten erkannte (vgl. *Das Unbewusste*, 1915). Der psychoanalytische Diskurs erhält die Begleitung des Unbewussten in Gestalt seiner eigenen (unfassbaren) Form.

4. Freud pflegte von Anfang an ein pedantisches Verhältnis zur Form seiner Schriften. Als revolutionäre Praxis verfügte die Psychoanalyse in ihren Anfängen über keine Texte, Stile, Diskurse oder eine Rhetorik, an die man legitim anknüpfen konnte. Zur Sicht auf sich selbst besaß sie einzig Analogien zu anderen Formen der Praxis (Phillips 1993). Unter diesen Formen katachrestischer Selbstbenennung hat die Literatur bei Freud zweifellos eine privilegierte Stellung. Neben häufigen Referenzen an Mythen, Dramen, Romane und die Poesie verstand er es hervorzuheben, dass die von ihm präsentierten Wahrheiten solche sind, die den Dichtern längst bekannt waren. Die Dichter ermöglichen es, Haltungen zu Problemen einzunehmen, auf die kein einziges philosophisches, wissenschaftliches oder politisches System eine Antwort zu geben fähig ist, wie tentativ, ungesichert und veränderungsbedürftig diese auch sein mochten. In diesem Sinn ist die Literatur mit den von ihr aufgedeckten Wahrheiten Bestimmung, Ziel und Zweck der Psychoanalyse. Die Dichter drücken Wahrheiten

aus, auf deren Entdeckung der Psychoanalytiker nur hoffen kann (Carroll 1984). Einerseits führte eine solche Freudsche Autorisierung der psychoanalytischen Wahrheit durch die Institution Literatur in den Kontext jener Taktiken der Selbstlegitimation, von denen am Anfang die Rede war. Nach Felman (1982) ist die Literatur die Sprache, deren sich die Psychoanalyse bedient, um sich selbst zu *benennen*. Andererseits muss man sich fragen, wie es möglich ist, wissenschaftliche Wahrheit auf etwas derartig Hypothetischem und Labyrinthischem wie der Literatur begründen zu wollen. Verweigert sie nicht dem, der sich mit ihren Veduten auf die Suche nach der Wahrheit eingelassen hat, die sichere Rückkehr zum Ausgangspunkt, führt sie nicht dazu, dass sich der selbstbewusste Analytiker wie ein verwirrter Analysierter fühlt? Der literarische Text steht nämlich vor seinem Interpreten nicht nur als Patient, den es zu deuten gilt, sondern diese Rollen sind jederzeit umkehrbar. Der Patient beobachtet den Analytiker auf dieselbe Weise, wie wir den Text als hypothetisch wissendes Subjekt beobachten, als Ort, an dem Bedeutung und *Wissen* über die Bedeutung residieren. Im Hinblick auf den Text nimmt der Literaturtheoretiker gleichzeitig den Platz eines Psychoanalytikers (im Hinblick auf die Interpretation) *und* den Platz eines Patienten (im Hinblick auf die Übertragung) ein (Felman 1985). So entstand Freuds Ringen um die Form der eigenen «Fallgeschichten» aus dem Widerstand des «psychischen Materials», zu dem er ein dialogisches Verhältnis herstellte und das ihn mit seinen Labyrinthen in die Lage eines «Patienten» brachte. In einem der Briefe an Wilhelm Fließ drückt er die Überzeugung aus, dass die disharmonische Form der Sätze aus der *Traumdeutung*, die aus der zeitlichen Distanz heraus sein ästhetisches Empfinden beeinträchtige, aus der «ungenügenden Beherrschung des Materials» herrühre. Das erinnert an eine Behauptung am Schluss der Studie *Zur Dynamik der Übertragung* (1912), nach der das Kampffeld, auf dem es den Sieg zu erringen gilt, die Schlacht zwischen Arzt und Patient, zwischen Verstand und Trieb ist.

5. Derartige Feststellungen fallen in eine Zeit, als Freud noch glaubte, der Analytiker müsse die Form seiner Äußerung genauso wie den «Fall» beherrschen, unabhängig von der Dauer der Lösungssuche. In jener Zeit entstehen auch seine Essays über herausragende Künstler, denen er ohne große Umschweife die Rolle von «Patienten» zuweist. Sie werden eine der Gestalten in der Geschichte des Analytikers, welche die Genese der Pathologie rekonstruiert, wobei sie sich in der Regel auf traumatische familiäre Relationen konzentriert. Dabei bringt der Analytiker sich in die Position des allwissenden Erzählers, der mit einer begrenzten Anzahl von «literarischen Gestalten» eine optimal akzeptable und psychologisch motivierte Lösung für deren Verwicklungen finden muss. Freud konnte sich von der Kraft des Begehrens nach erzählerischer Totalität *als solcher* leiten lassen (die auf dem einzigen von ihm

anerkannten Modell beruhte, dem des realistischen Romans des 19. Jh.s, dessen bevorzugtes Thema die Reife war; Suleiman 1987). Es hat den Anschein, dass sich Freud anlässlich der Therapie seiner Patientinnen, z. B. Irma *(Traumdeutung)* oder Dora *(Bruchstück einer Hysterie-Analyse,* 1905) von derselben Besessenheit von der kohärenten Form leiten ließ; er war nämlich bestrebt, beiden mit Macht, gegen deren Widerstand, seine Lösungen aufzuzwingen. Freuds hartnäckiges Bedürfnis nach männlicher Beherrschung des Materials, sein Bestreben, Operationen bei Hysterikerinnen, die den Text ihrer Krankheit produzieren, von den Operationen des Analytikers abzugrenzen, der danach trachtet, diesen Text zu interpretieren und zu entschlüsseln (vgl. Hertz 1983), rief scharfe Kritik von feministischer Flanke hervor (und auch Männer reagierten in diesem Sinn, so u. a. Thomas in seinem Roman *The White Hotel* von 1981; dt. Das weiße Hotel, 1983). Kofman (1980) verübelt Freud die Zurückweisung von Patientinnen, die seinen Lösungen Widerstand leisteten. Sie ist der Ansicht, dass die Verweigerung Irmas und all dieser Frauen, Mund und Genitalien zu öffnen, deshalb geschah, weil Freud ihre Münder zugestopft hatte mit einer gelehrten und schädlichen männlichen Lösung. Was konnten sie also schon anderes sagen oder entdecken als die Tatsache, von dem angesteckt zu sein, der sie mit der Ausrede, sie zu heilen, zur Mitarbeit zwang, denn er brauchte ihr Einverständnis, um selbst an den Wert seiner ‹Lösungen› glauben zu können. Ähnlich, aber noch prinzipieller ist die Kritik von Irigaray (1974), die Freud vorwirft, die Frau als bloßes negatives Spiegelbild des Mannes zu behandeln, indem er sie der metaphysischen Logik der (stillschweigend mangelhaften) Identität unterwirft und ihr damit das Recht auf Differenz nimmt. Es ergibt sich aber die Frage, ob dieses «Sprechen im Namen der Frau» nicht dieselbe beklemmende Geste der Stellvertretung wiederholt, mit der der Mann die Frau zu einem schweigenden und untergeordneten Objekt machte, um sie danach gelassen vertreten zu können. «To ‹speak in the name of›, to ‹speak for›, could thus mean, once again, to appropriate and to silence» (Felman 1993).

6. Daher erweist sich vielleicht ein Zugang als effektiver, bei dem Freud nicht auf der psychoanalytischen Couch platziert und mit seinem «wirklichen Platz in der phallogozentrischen Geschichte» konfrontiert wird, sondern der sich im Verhältnis zu Freuds Konstruktionen der Position der geschichtlichen, geschlechtlichen, kulturellen, rassischen und persönlichen Differenz bedient, um diese von dort aus umzuschreiben. Hierher gehören die zivilisatorisch-rassische oder historisch-politische Relativierung des «universellen» (aber eigentlich imperialen und kolonialen) Ödipus-Szenarios (Fanon 1952; Deleuze/Guattari 1972), die geschlechtliche, klassenmäßige und kulturelle Spezifizierung der psychoanalytischen Einsichten (Rose 1986, 1993) sowie ihre historisch-technologische Situierung (Foucault 1966, 1975, 1984; Derrida 1967c;

Jameson 1981). Im Essay *Freud et la scène de l'écriture* (1967c) erforscht Derrida beispielsweise die Analogie in der Art und Weise des Funktionierens der Psyche und des «Wunderblocks» (mit einer Wachstafel unter dem Papier, auf dem geschrieben wird, das sich von der Tafel ablösen lässt). Wie die Tafel die auf dem Papier nicht mehr sichtbaren Gravuren bewahrt, wie das Bewusstsein sorgfältig die Spuren der Wahrnehmung registriert, so bewahrt auch jedes Schreiben Gedächtnisspuren vorangegangener Exzerpte, Archive, die seine neuen Zeichen anfressen, durchkreuzen und «abpausen» und dadurch das Aufdrängen ihrer Bedeutung verhindern. Derrida liest demnach Freud, indem er historische Zeichen jenes anderen Schauplatzes in dessen Texten aktiviert. Daran anknüpfend haben dekonstruktivistische und poststrukturalistische Lektüren auf dem Widerstand bestanden, den die Form der Texte von Freud deren Inhalt leistet, die Literarität deren Wissenschaftlichkeit (Lacan 1966; Derrida 1967c; Certeau 1975 / 80; Hertz 1983; Felman 1985, 1987, 1993; Suleiman 1987). Dabei wurden die beiden Register in das Konfliktverhältnis von Bewusstsein und «strukturell Unbewusstem» geführt, und so wurde unter Letzterem der Widerstand der Textstruktur gegenüber den Thesen verstanden, als «inadvertent textual transgression of its male assumptions and prescriptions» (Felman 1993). Aus einem derartigen Widerstand des Performativen gegenüber dem Konstativen ist die autobiographische, therapeutisch-situative, affektive, interpretative oder wissenschaftliche enge Verflechtung Freuds mit seinen Fällen zu erkennen, das verborgene *mea res agitur* seiner Erzählkonstruktionen. Der sich im Prozess der Meisterung des Materials einstellende Misserfolg rührt demzufolge daher, dass seine Patientinnen von einem analytischen *Gegenstand*, wie Freud es wollte, unbemerkt zum *Adressaten* seiner Erzählerberichte wurden. Freuds vielseitiges enges Verbundensein mit Dora – auf den Ebenen des Diskurses, des Begehrens und der Sexualität – kann man nach Suleiman (1987) auch als eine Allegorie auf den Misserfolg der Psychoanalyse lesen, der paradoxerweise ihr größter Erfolg ist. Worin besteht dieser Erfolg einer missglückten psychoanalytischen Erklärung? «What emerges in the Irma dream as absolutely crucial is the recognition that fecundity – psychoanalytical fecundity – *is not conceptual*: the patient has to ‹*accept* the solution›, that is, not just to integrate, but to participate in, the conception of the insight. (...) And I am procreative only insofar as I am not the master of that which I conceive, to the extent that I do not control what I give birth to» (Felman 1993). In diesem Sinn bleibt die Psychoanalyse produktiv nur so lange, wie sie den Berührungspunkt mit der Zone des eigenen Unerkannten beibehält, den Punkt, den Freud als «Nabel» im Körper des Traums bezeichnet hat.

7. Ein solches Vorgehen entging nicht immer der Gefahr der «Literarisierung» der Psychoanalyse, wie dies etwa aus den Arbeiten von Felman hervor-

geht. Als Vertreterin der sog. Yale School und als Lacans Pariser Schülerin ist sie geneigt, den autoreflexiven, selbstreferenziellen und selbstzerlegenden Begriff des literarischen Textes zu verabsolutieren, indem sie ihm alle Formen des referenziell-darstellenden Diskurses als «naive» und «stets-schon-einkalkulierte» unterordnet. Wenn Freuds Schriften derart als fiktionale gelesen werden, dann sind sie allen Versuchen ihrer theoretischen Dechiffrierung überlegen und beziehen diese in den Prozess der eigenen permanenten Inszenierung ein. Nach Carroll ist die Entscheidung darüber, dass dieser ‹Überschuss› jedes Mal ein literarischer Überschuss ist, dass er immer den Interessen der Literatur dient, dass seine Kraft und seine kritische Macht eine literarische ist, nichts anderes als die Entscheidung darüber, dass die Wahrheit die Fiktion beherrscht. Damit wird nämlich eine theoretische oder «thetische» Wahrheit nur durch eine andere literarische oder «athetische» ersetzt. Dieser Textprozess, den zu beherrschen nicht eine einzige Instanz als solche imstande ist (und schon gar keine theoretische Instanz im wissenschaftlichen oder philosophischen Modus), sollte laut Derrida (1980) nicht vorschnell als «fiktionaler» oder gar als «literarischer» bezeichnet werden. Er habe niemals den Abgrund einsetzen wollen und schon gar nicht die Abgründigkeit. Er habe kein besonderes Vertrauen diesbezüglich, zweifle an der Überzeugung, dass sie inspirierend wirke, und halte sie für zu darstellerisch, als dass sie weit genug gehen könne, als dass sie genau jener Sache *ausweichen* könnte, in die sie uns hinabzustürzen bestrebt ist. Derridas Zurückhaltung bezüglich der Literarisierung von Freud resultiert aus seiner Polemik mit Lacans Lektüre von Poes *The Purloined Letter* (1845), die sich wie Lacans «Rückkehr zu Freud» überhaupt aus dem Wiederholungszwang herleiten lässt (Derrida 1975 / 80b). Lacans (1955 a / 1966) Interpretation der Erzählung fußt auf der Wiederholung der Urszene der Dreierbeziehung zwischen König, Königin und Minister und einer sekundären Szene der Dreierbeziehung zwischen Minister, Polizeipräfekt und Dupin. Im ersten Auftritt entwendet der Minister einen für die Königin belastenden Brief vor den Augen der damit ertappten Königin, während der König ahnungslos ist, im zweiten Auftritt tut der raffinierte Detektiv Dupin dasselbe vor den Augen des Ministers, während der Präfekt, dem der König die Lösung des Falls angetragen hat, nichts bemerkt. Dieses repetitive Verhältnis zwischen den drei beschriebenen Ansichten wird als ein (eigentlich eminent politisches) Verhältnis zwischen drei Straußen charakterisiert, von denen einer den Kopf in den Sand gesteckt hat (König, Präfekt), der zweite sich einbildet, dass er deshalb unsichtbar ist mit dem von ihm gehüteten Geheimnis (Königin, Minister) und dem dritten gestattet (Minister, Dupin), ihm «den Schwanz zu rupfen». Eine solch paradoxe Organisation der Beziehungen bestimmt für Lacan weder den Charakter der Beteiligten noch den Inhalt des Briefs (der ohnehin unbekannt bleibt), sondern er bestimmt den Brief als Letter *(lettre)*, also als Signifikanten, der kontinuierlich das Begehren (nach dem Signifikat) generiert. Die Subjekte «gelangen abwechselnd in den Besitz der Briefe» – mit dieser doppeldeutigen Formulierung spielt Lacan auf den doppelten Status von Brief/Letter wie gleichzeitig Phallus und Kastration an; als «Symbol eines Mangels» bei Inbesitznahme entzieht er sich erneut seinem Besitzer. *The Purloined Letter* wird für Lacan zu einer Art Allegorie des Signifikanten als absolut selbstreferenzieller Struktur, die alle Versuche ihrer referenziellen Unterwerfung inszeniert.

8. Da sich nach dieser Logik nicht einmal die Letter des Erzähltextes in Besitz nehmen lässt, wie dies Felman (1977) am Beispiel der entgegengesetzten Interpretationen von *The Turn of the Screw* (1898) von Henry James nachweist, in denen unbewusst die inneren Konflikte zwischen den Gestalten abermals auftauchen, kann die Lacansche Lektüre selbst als kastrierende verstanden werden. Dies hat Derrida in seiner kritischen Umbeschreibung genutzt. Laut Derrida ist Lacan der Ansicht, deshalb in das Geheimnis von Text/Brief eingedrungen zu sein, weil er seine Bedeutung als «kastrierenden Signifikanten» allegorisiert hat, wobei er vergisst, dass diese Allegorie selbst auf dem Weg einer eigenartigen Kastration entwickelt wurde. Lacan lässt nämlich in seinem «Zauberdreieck» die vierte Ecke weg, den Erzähler als Dupins Doppelgänger (baut doch die Analyse eines Detektivs auf der Schaffung von Fiktionen auf). Die Beseitigung des Erzählers als Produzenten der Texteffekte ist typisch für die reduktive Art des Umgangs der Psychoanalyse mit Literatur, die von ihr zur Illustration der eigenen apriorischen Wahrheiten genommen wird. Dies ist bezeichnend auch für die Art und Weise des Ausschlusses der «Erzählerposition» aus Lacans eigener Lehre, indem er sie aus der vermeintlichen radikalen Abwesenheit des Dings *(la chose)* selbst ableitet. Ist nicht eine derartige Natur des Dings der *Effekt* und nicht die *Ursache* des psychoanalytischen Einblicks in dasselbe? Lacan verschweigt diese schöpferische oder fiktionale Dimension seiner Wahrheit (über die ständige Verweigerung des definitiven Signifikanten), denn nur die Universalität dieser Wahrheit ermöglicht ihm die Disqualifikation aller Psychoanalytiker, die den Signifikanten (im Unterschied zu ihm) letztlich doch *bezeichnet* haben. Daher ist Lacans Streichung des Erzählers für Derrida eng verbunden mit der institutionellen Beförderung seiner Wahrheit des «verweigerten Signifikanten» zum einzigen gesetzlichen Vertreter «Freudscher Wahrheit». Wie die Idealisierung der Literatur mit ihrer politisch-ideologischen «Entseuchung» die *Yale School* festigte, so kann die Idealisierung des Signifikanten im Extremfall der Lacanschen Psychoanalyse die Vormachtstellung gegenüber ihren Gegnern sichern. Die Wahrheit kann also nicht erkannt, aber durch das andauernde Vertreten dieser Nichterkennbarkeit kann wenigstens institutionelle Macht ergriffen werden. Letzterem dient auch Lacans geheimnisvoller Stil, der mit seinen Gedan-

kenblitzen, Mehrdeutigkeiten, Gnomen, Paradoxien, Graphen und Chiffren sozusagen unmittelbar vor den Schülern den unfassbaren Taumel des Unbewussten inszeniert. Lacan selbst hat das Wohlüberlegte einer derartigen Strategie der diskursiven Verknüpfung des eigenen Textes nicht verheimlicht, er wollte dem Leser keinen einzigen Ausgang überlassen, der nicht auch ein Eingang wäre, wobei er einen schwierigen bevorzugt habe (1966). Gibt es eine bessere Möglichkeit, die Position des Subjekts zu erhalten, für das Wissen angenommen wird, wenngleich (bzw. gerade deshalb, weil) man das nicht feststellen kann? Man kann es nicht, weil sich Lacans Stil stillschweigend der Operationen des Unbewussten bedient, um sich wirkungsvoll von jeglicher kontingenten, historisch und institutionell lozierten Individualität des Autors abzugrenzen.

9. Das Ausklammern des interpretativen Austauschs mit dem Text aus der Beziehung zu einer bestimmten Identität – als könne das Gesetz des Signifikanten überall gleich wirken, unter Missachtung historischer, rassischer, geschlechtlicher und kultureller Unterschiede – brachte Lacan und seine Anhänger zur Aufhebung der Grenze zwischen Psychoanalyse und literarischer Analyse, wodurch die eine wie die andere den wertvollen «fremden Körper» in sich verlor. «Lacan has finally bequeathed to his American followers an oddly New Critical sort of reading. In an effort to counter reductive analogizing either to a signified reality (...) or to the psychology of a unified author or reader (...) Lacanian criticism is in danger oft short circuiting the particularity of this exchange. Where the New Critics fetishized the verbal icon, Lacanians have created a rhetorical icon, purposely isolated from the New Critics studied textual patterns, Lacanians study impersonal rhetorical, ‹style› detached from any authorial personality» (Skura 1992). Also erst mit der Literarisierung Freuds durch Lacan – mit der Verkündigung des unerbittlichen Übergewichts der Textualität im Vergleich zu jeder wissenschaftlichen Erkenntnis – wurde die Psychoanalyse definitiv zu einer literaturtheoretischen Schule! Aber Lacan setzt die Psyche gerade deshalb mit der unermüdlichen Triebkraft der Signifikation gleich, um dem theoretisch-institutionellen Feld einen doppelten Schlag zu versetzen: einerseits der Ego-Psychologie, die das menschliche Ich vor Fiktionalisierung schützt, andererseits der Literaturtheorie, die die Fiktion vor Psychologisierung schützt. Durch dieselbe erhielt sein skandalöses paralleles Abschreiben zweier institutionalisierter Formen von «Subjekten, die nicht wissen», den Status eines «Subjekts, für das angenommen wird, dass es weiß». Aber hat nicht jener Skandal, wie Warhols «fünfzehn Minuten des Ruhms», der in der Verbraucherkultur zu immer radikaleren Exzessen führt, die Institutionalisierung von Anfang an einkalkuliert? Lacan als der aus der Französischen psychoanalytischen Vereinigung Ausgeschlossene und als radikaler Achtundsechziger wurde schnell von der amerikanischen Kultur in die Arme

geschlossen, die bereit war, erprobten «Meistern des Schocks» Tür und Tor zu öffnen. «He rids us of one complacent assumption – that we can trust consciousness, that we can know who we are. But he replaces it with another – that we can always have access to subjectivity through analyzed language, that the unconscious is always available, at least to us, to the critics who know about language. He shores up our confidence that, having been trained as readers, we are prepared to analyze all of culture» (Skura), freilich nur, wenn man bereit ist, ihm zu folgen. Das radikale Lösen von dem einen Vorurteil war in der Lacanschen Schule eigentlich von Anfang an mit dem Aufbau eines anderen, nicht minder problematischen verbunden. Welchen Nutzen bringt denn der Ersatz der Konzentration auf das Biologische in Freuds Theorie (auf den Penis) durch die Konzentration auf das Soziale in Lacans Theorie (auf den Phallus), wenn die eine Doktrin die andere unerbittlich ausschließt? Lacan ist nicht deshalb der Opponent des positivistischen Freud, weil er ihn ergänzt, sondern weil er ihn hinwegfegt (vgl. Skura). Wie Freuds Lehre auf die Materialität des Körpers fixiert ist, so ist Lacans Lehre zerrissen in den transferischen Relationen des nicht zu einem Ende zu bringenden analytischen Dialogs. Die Vergangenheit, die noch bei Freud entscheidend über unser Leben bestimmte, ist bei ihm nichts weiter als der Effekt einer nachträglichen Bedeutungszuweisung. Das Reale – von dem es in Lacans Konzeption nichts Materielles gibt – wird in das symbolische Register lediglich als Phantasma, Halluzination, als süßer, aber gefährlicher Betrug aufgenommen. Eine derartige bedingungslose Unterordnung der Wahrheit unter die Fiktion ist die logische Folge einer ebenso bedingungslosen Unterordnung der Fiktion unter die Wahrheit, durch die das institutionell-doktrinäre Treatment der Kunst charakterisiert wird. In diesem Sinn fragt Derrida (1980b), ob man in dem Moment, da die Wahrheit der Fiktion Unterschlupf gewährt, die Fiktion als wahr oder die Wahrheit als fiktiv annehmen muss und ob dies eine Alternative ist, eine wahre oder eine fiktive.

10. Die Anmerkungen zum doktrinären Aspekt der Lehre von Lacan schmälern nicht deren außerordentlich stimulierende Wirkung, die über mehr oder minder korrekturbedürftige Dialoge viele Spuren in der marxistischen und feministischen Kritik, Semiotik, im Strukturalismus und Poststrukturalismus, in der Narratologie, im Neuen Historismus und in der postkolonialen Theorie hinterlassen hat. Hier tritt die paradoxe Bedeutung der Psychoanalyse, die in sich Doktrin und Subversion vereint, erneut auf den Plan. Lacans häretische, kontroverse und umfassende Lehre revolutioniert nämlich fast alle psychoanalytischen Begriffe: Geschlecht, Unbewusstes, Symptom, Imaginäres, Symbol(isches), Körper, Verschiebung, Verdichtung, Übertragung, Narzissmus, Wiedererkennen, Verdrängen, Wiederholung, Begehren, Phallus, Kastration usw. Auch grundlegende philosophische Begriffe werden nicht ausgespart: Re-

flexion (Spiegel), Objekt, Identität, der/das Andere, Vorstellung oder Realität; schließlich werden entscheidende semiotische Begriffe wie Signifikant, Signifikat, Signifiance, Arbitrarität, Symbol u. a. revidiert (vgl. Evans 1996). Dies wirkte sich zwangsläufig auch auf die Erörterung literaturtheoretischer Probleme wie Figur, Anagramm, Katachrese, Metapher, Text/Kontext, Dialog, Autor, Lesen, Äußerung usw. aus.

Die Ausweitung des Einflusses von Lacan in sehr unterschiedliche Richtungen resultiert aus dem besonderen Charakter seiner Lehre, die sich vielleicht angemessen mit dem von ihm geprägten Terminus «verstümmelter Körper» *(le corps morcelé)* beschreiben lässt. Trotz der verrufenen Apodiktik ist sein Denken (ähnlich wie das Freuds) in jedem seiner Segmente auch produktiv, voller Versuchungen, vorwärts tastend. Als Mahnung an all jene Interpreten, die geneigt waren, ihn beim Wort zu nehmen, hob Lacan gern den Positionswert seiner Äußerungen hervor. Aussagend «alles außer dem, was sie aussprechen» *(tout autre chose* que ce qu'elle dit*)*, sind sie scheinbare Segmente der «Traumarbeit», in deren Zentrum – gemäß Freuds berühmtem «Nabel» – man zurückkehren muss, ungeachtet der Illusion einer gedanklichen Einheit, die sie unterstellen. «Für unsere Deutung bleibt es Vorschrift, den scheinbaren Zusammenhang im Traum, als seiner Herkunft nach verdächtig, in allen Fällen unbeachtet zu lassen und vom Klaren wie vom Verworrenen den gleichen Weg des Rückgangs zum Traummaterial einzuschlagen» (1900/1994). Diese Freudsche «unterirdische» Traumarbeit, die uns etwas vorgaukelt, die wir aber gerade deshalb nicht aus den Augen verlieren dürfen, übersetzt Lacan als «Übermacht des Signifikanten» *(suprématie du signifiant)* bzw. an das französische Partizip angenähert des «Signifizierenden», denn dieser Ausdruck hebt den Prozesscharakter von Lacans Denken stärker hervor. Ebendas Prozesshafte der «psychoanalytischen Erfahrung» bedingt positionsmäßig den besonderen Wert seiner Äußerungen und macht deren Isolierung wie Generalisierung unmöglich. «Die Erfahrung der Psychoanalyse (franz. *expérience* konnotiert das Experiment, V. B.) bestünde demnach in einer Wanderung, ja in einer Gratwanderung, dem Unerkannten und vielleicht auch dem Unerkennbaren entlang, auf einer Reise, die ebensoviel List und Geschick erfordert wie Kompetenz» (Weber 1990). Lacans Denken bietet also keinen sicheren Zufluchtsort, denn es verweigert prinzipiell die Erfüllung der Versprechungen, doch dafür bietet es stetig (An-)Stöße. Wie auch im Fall des «verstümmelten Körpers» kastriert ihn jede Vereinigung, indem sie sofort nach einem Supplement sucht.

11. Auch die Identifizierung von Lacans Gesamtwerk als «verstümmelter Körper» könnte solch ein (An-)Stoß sein, denn der Begriff erhält in dessen Konzeption einen zweideutigen Status. Einerseits bezeichnet er die libidinöse Phase, die in der Entwicklung des Menschen dem sog. Spiegelstadium voraus-

geht und die aufhört, wenn das Kind seinen Körper durch das Wiedererkennen der eigenen Gestalt im Spiegel zentriert. Jedes derartige Wiedererkennen ist von der Kastration des prinzipiell nicht erkennbaren *(je ne sais quoi)* «Auswurfs» *(rejet)* des eigenen Körpers begleitet, der in seiner Form von da an einen ständigen Hohlraum öffnet. Er wird stets aufs Neue mit Phantasmen als Ergänzungen gefüllt, die dem verletzten Subjekt Genuss statt Schmerz bringen. Das Spiegelbild des Kindes ist nur das erste in der Reihe derartiger narzisstischer Phantasmen – es folgen verschiedene Formen symbolischer Selbstbenennung, mit denen das Subjekt der Angst vor erneuter Kastration begegnet und dabei die eigene Identität festigt. Ganz gleich, wie oft sich das wiederholt, kann die Festigung nicht gelingen, denn sie baut auf der Verwerfung der Andersheit des Namens auf, der die Identität garantieren soll. Um genießen zu können, lehnt das Subjekt jegliches Wissen über den Anderen ab, an dessen Stelle es sich identifiziert. Trotz der Kommunikation mit dem «Teilobjekt» *(objet petit a)* wird es narzisstisch als Ganzes aufgefasst, wobei die traumatische Trennung vom Realen verschwiegen wird. Doch der verschwiegene Verlust bleibt «im Hals des Signifikanten stecken», der dem Subjekt zur narzisstischen Identifizierung diente und eine neue Verschiebung in der Kette der Substitute erforderlich macht. Nur durch die unablässige Verschiebung kann die Kontrolle über die Grenzen des eigenen Körpers (oder des Ego), dem die Regression in den Zustand der Zerstückelung droht, erhalten werden, falls ihm die prothetische Stütze der Fixation entzogen wird. «Es ist das Bild seines Körpers, welches das Prinzip jeder Einheit ist, die er an den Objekten wahrnimmt (…) (Aufgrund dieser doppelten Beziehung, die er zu sich selbst hat), werden sich sämtliche Objekte seiner Welt immer um den irrenden Schatten seines eigenen Ich strukturieren» (Lacan 1978). Der Schatten, um den das Ego ständig kreist, ist der verstümmelte Körper, die Erinnerung an das Trauma der Zerstückelung, das okkupiert wird vom imaginären Genießen des Vereinigens. Daraus resultiert das Gleichzeitige von Anziehung und Gefahr. Der verstümmelte Körper wohnt immer «jenseits», auf der Seite, die man nicht erreichen kann. Seine Zerstückelung ist erkennbar lediglich aus dem verfremdeten Zustand der Formgebung (dem Anderen), gleichzeitig als Drohung (gegenüber der Gestalt oder dem Ego) und als Versprechen (der Entfremdung oder Entseuchung). Das ist es, was seine postulierte Originalität in Frage stellt: Wie kann er eine Grund*voraussetzung* sein, wenn er immer schon ein nachträglicher Folge*effekt* der Integration ist? Wenn der verstümmelte Körper nicht die Grundvoraussetzung des integralen Ich, sondern seine Folge ist, wie kann ihn dann die Konstitution des Ich durch Identifizierung mit dem Anderen *entmachten* bzw. ihn von sich selbst absondern? Lacan *projiziert* also in den Zustand des verstümmelten Körpers das Merkmal der Selbstidentität bzw. des Besitzes seiner selbst hinein, weil ihm das auf der anderen Seite die selbstreferenzielle Verabsolutierung des Signifikanten gestattet. So wären die zwei «Aggregatzustände» des Körpers, beide radikal voneinander getrennt, gegenseitig unzugänglich, nicht übertragbar. Wenn aber der verstümmelte Körper als anziehend-gefährlicher Effekt der Integration verstanden wird, dann erscheinen auch seine Identifikationssignifikanten im ambivalenten Licht krankhaft-genussvoller Ergänzungen. Sie sind keine souveränen symbolischen Beherrscher, sondern unterliegen selbst der Entmachtung in Gestalt sukzessiver imaginärer Besitzergreifungen (Butler 1993). Nicht ein einziges von Lacans Registern ist letztlich imstande, seine eigene Identität zu beweisen, in jedem einzelnen verweilt der fremde Körper jenes Anderen. Deshalb lässt sich Lacans hartnäckiges Bemühen, das *Außen* des Anderen – erkennbar in dem Bestreben seines Gesamtwerk-als-verstümmeltem-Corpus, die unantastbare Position des Signifikanten einzunehmen – einzig als Art und Weise der Unterdrückung der *inneren* Andersheit seiner Lehre verstehen, als Beseitigung der Kastrationsangst durch die eigene Realisierung der Kastration (aller künftigen Interpretationen).

12. Eine ähnliche Ambivalenz trifft auch für Lacans rätselhaften Begriff des «Realen» zu, aus dem der ethische Impuls seiner Lehre generiert wird; seit dem Erscheinen mehrerer Streitschriften ist er zum Gegenstand erhöhter Aufmerksamkeit geworden (Žižek 1989ff.; Harasym 1998). Da das Reale sich nicht als Sphäre des ursprünglichen und nicht wettzumachenden Verlusts besetzen lässt, ist es für Lacan die Ursache für die kontinuierliche Erneuerung des menschlichen Begehrens, das seine metonymischen Spuren wittert. Das Begehren kreist um das Reale wie um die leere Stelle des kastrierten Dings und füllt es mit Phantasmen, damit das Unheimliche des Schmerzes, hervorgerufen durch des Vaters Auflösung der idyllischen Beziehung zur Mutter, unterdrückt wird. In der sog. ethischen Phase seiner Lehre beharrte Lacan auf der «unmöglichen Notwendigkeit» der Konfrontation mit der Sphäre des Unheimlichen, die im Namen der phantasmatischen Stabilisierung des Ego nicht in Vergessenheit geraten dürfe. Das Paradoxe seiner Forderung besteht darin, dass sie dennoch in Vergessenheit geraten muss, damit der Mensch, durch die Unterscheidung von den anderen, seine Identität erringen kann. Die Formung des Signifikanten ist identisch mit der Einführung einer Lücke oder eines Hohlraums in das Reale (vgl. Lacan 1986). Die Kastration des Dings ist in diesem Sinn eine unausweichliche Vorbedingung für die gesprochene Sprache. Diese Sprache jedoch, die ihre Entstehung dem Abschneiden des traumatischen Dings verdankt, muss nach Lacans ethischem Auftrag zum Zwecke des Erinnerns an dasselbe verwendet werden. Erinnern heißt dem Vergessen entreißen, das in dem Phantasma enthalten ist, das überall auf der symbolischen Umgehungsstraße lauert. Daher darf eine Reise auf der Supplementkette nicht ein-

willigen in eine Rast wie in ein Obdach für Illusion, sondern muss im Interesse des ursprünglichen, irreduziblen Unterschieds weitergehen. Das Begehren der Analyse ist laut Lacan kein reines Begehren. Es ist das Begehren, jenen absoluten Unterschied in den Griff zu bekommen, der entsteht, wenn das Subjekt bezüglich des ursprünglichen Signifikanten erstmalig in die Lage versetzt wird, sich zu unterwerfen / zu subjektivieren *(de s'assujettir)*. Nur dort kann sich die Bedeutung jener Liebe zeigen, die grenzenlos ist, denn sie befindet sich außerhalb der Grenzen des Gesetzes, dort, wo einzig und allein sie existieren kann (Lacan 1973). Žižek (1989) hat die Treue gegenüber diesem absoluten Unterschied nur bekräftigt, als er der Ideologie den Krieg erklärte, die man angeblich ihrer Natur nach auslöschen müsse. Nach seiner Definition ist Ideologie «a totality set on effacing the traces of its impossibility» – und genau das ist es, was die Kritik kontinuierlich verdeutlichen muss. Sie muss die Politik als ihr Instrument darauf hinweisen, dass es keine Endlösung gibt, weil jede Lösung eine vorübergehende und provisorische ist, eine Art Aufschub der Unmöglichkeit. Doch die unerbittliche Konfrontation mit dem absoluten Unterschied «has a kind of tired resignation, or perhaps a resigned heroism. The reality of impossibility will interrupt whatever else we do, in any event, so we might as well get used to contingency, give in, and ‹accept› the impossibility of reconciling differences (...) in a word, the only thing to do is reconcile ourselves to the irreconcilable» (Keenan 1997). Wenn aber die Ethik den endgültigen Rahmen für die Unmöglichkeit politischen Handelns darstellt, folgt sie dann nicht einer neuen, keineswegs harmloseren, ideologischen Doktrin? (A. R.)

→ Andere, Archetyp, Äußerung, Autor, Begehren, Dialog, Effekt, Ethik, Feministische Kritik, Genuss, Herbeirufen, Identität, Ideologie, Imaginäres, Index, Kontiguität, Körper, Metapher, Mythos, Phallozentrismus, Postkoloniale Theorie, Rhizom, Spiegel, Subjekt, Symbol, Übertragung, Unbewusstes, Verdichtung, Verschiebung, Wiedererkennen, Wiederholung

Rahmen

(engl. frame, franz. cadre, russ. ramka)

1. Begriff, den Derrida (1978) aufgrund des Interesses für Rand- und Grenzbereiche des Textes wie Leerzeilen, Überschriften, Gattungsangaben, Epigraphen, Unterschriften und Anmerkungen einführt. Derrida fragt schon seit Mitte der 1960er Jahre beharrlich nach der Beziehung zwischen Zentrum und Rand, Innerem und Äußerem, Gegenstand und Merkmal usw. als Beziehung zwischen Primärem und Sekundärem, in der das Sekundäre nicht *nach* dem Primären

kommt, sondern dem Primären überhaupt erst die Qualität der Erstrangigkeit ermöglicht. In seiner Analyse des kantschen Begriffs *Parergon* als etwas per definitionem gerade außerhalb des *Ergons* des Kunstwerks Gelegenes zeigt Derrida (1978), dass dies ein Äußeres ist, das in das Innere berufen wurde, um es als Inneres zu konstituieren. Der R. existiert nur, weil ein Mangel – eine gewisse Unbestimmtheit – innerhalb dessen existiert, was er umrahmt. Der R. funktioniert also ähnlich einem Supplement: Er konstituiert nur auf eine Weise, bei der er selbst konstituiert werden muss! Derrida beschreibt dies mit einer typisch paradoxen Formulierung: «Es gibt Umrahmung, aber der Rahmen existiert nicht» («Il y a du cadre, mais le cadre n'existe pas»). Diese Aussage hat er in einem späteren Streit mit Searle (1977 / 1988) durch eine ähnliche über den Kontext bekräftigt: Kontextuierung ist notwendig, aber der endgültige Kontext existiert nicht. Der R. unterliegt aufgrund seines flüchtigen Charakters, der keine Thematisierung zulässt, einer ständigen Verschiebung bzw. «unendlichen Vervielfältigung». Obwohl das *Parergon* immer eine Gestalt auf einer bestimmten Grundlage darstellt, wurde es traditionell nicht als hervorgehobene Form definiert, sondern als Form, die gerade in dem Moment untergeht, verschwindet, wenn sie ihre meiste Energie verbraucht. Nach Culler (1982) liegt das Paradox der Parergonalität darin, dass das Mittel des Einrahmens, das etwas beweist oder einer Klasse zuweist, selbst nicht zu dieser Klasse gehört. Diese Erklärung integriert die Problematik des R.s zu Recht in den romantisch-poststrukturalistischen Komplex der Selbstreferenzialität.

2. Etwas anders stellt die Ethnomethodologie das Problem des R.s in der Folge von Goffmans Analysen gesellschaftlicher Rituale dar (1974), in denen dieser einige der phänomenologischen Grundsätze von Alfred Schütz neu ausarbeitet (vgl. Garfinkel 1984). Der R. ist hier so etwas wie ein Prinzip der Wahrnehmung bzw. Auffassung eines Phänomens, das durch gesellschaftliche Stereotype bzw. gängige Interaktionsszenarien aufgestellt wird. Der Bezug zur Kommunikation rückt dies in die Nähe des wittgensteinschen Begriffs des Sprachspiels bzw. der Lebensform. Es handelt sich um die bewegliche Grenze, die den Betrachter vom Teilnehmer trennt – daher Goffmans Bühnenmetaphorik –, wenn auch manchmal auf einer sehr feinen Übergangsskala, die durch eine Abstufung *(layering)* und Stilisierung *(keying)* des R.s entsteht. Wichtig ist, dass die Grenze, die der R. zieht, zwei nicht messbare Bereiche trennt, z. B. die imaginäre Welt der Geschichte *(taleworld)* vom gesellschaftlichen Milieu ihrer erzählerischen Vermittlung *(storyrealm)*. In diesem Sinn hebt Young (1987) die Ambivalenz des R.s hervor, d. h. die Tatsache, dass der R. etwas immer gleichzeitig ausschließt und einschließt (je nach der Perspektive, aus der man dies betrachtet).

3. Darauf, dass die Ausschließung ein notwendiger Bestandteil des R.s ist,

weist auch Foley in ihrer Polemik mit den Dekonstruktionisten (1986) unter Verweis auf Wittgensteins berühmte Enten- / Hasenzeichnung hin. Sie widersetzt sich der Auffassung der «unendlichen Vervielfältigung» des R.s und behauptet, die Ausschließung sei eine notwendige Voraussetzung für die Identität der Sachen und der Erscheinungen: Fiktion sei, was sie ist, durch das, was sie nicht ist. Wie konventionell diese Differenz auch sein mag, sie gilt dennoch für bestimmte Menschen unter bestimmten Umständen; Foley befürwortet hier diese unerbittliche empirische Perspektive, die den Raum des beschränkten menschlichen Lebens zeichnet. Auch Eagleton (1986) zufolge kommt keine einzige konkrete Verwendung des R.s ohne Entscheidung aus; diese wird allerdings relativiert durch die Umstände, unter denen sie gefällt wird, und durch die Person, im Hinblick auf die dies geschieht – freilich nur für den entfernten Betrachter, nicht für den die Entscheidung Treffenden selbst. Für die feministische Kritik ist eine solche Entscheidung jedoch nicht nur die notwendige Voraussetzung für die Identität eines Gegenstands, sondern auch für die Identität einer Theorie. Auch diese basiert nämlich auf der Ausschließung: Die Oppositionen zwischen Text und Kontext, Fiktion und Wahrheit, Kunst und Leben, meint Scott, strukturieren die Selbstpräsentation von Literatur und Geschichte. Diese beiden Disziplinen bestimmen ihr Verfahren durch das Kontrastieren mit dem Forschungsgegenstand und den interpretativen Methoden der jeweils anderen Disziplin. Dabei müssen sie sich jedoch der jeweils anderen Disziplin als Hintergrund bedienen, um ihre Ambiguität aufzulösen (Scott 1988). So ist nicht mehr die ständige Zerstörung der Gegenstandsidentität durch Entzug des R.s Gegenstand des theoretischen Interesses – wie dies in der Dekonstruktion war –, sondern in den Mittelpunkt rückt die komplexe Zusammensetzung des R.s durch die kontingenten Vernetzungen und Verkettungen von Konstitution – wie im Neuen Historismus, in der Mentalitätsgeschichte oder der Theorie der selbstreferenten Systeme. In Letzterer wird der R. (oder die *Leitdifferenz*) als grundlegende Kommunikationsform eines Systems mit anderen, als Art und Weise der Beobachtungsidentifikation und damit der Selbstreproduktion des Systems herausgestellt. (D. B.)

→ Abgründigkeit, Institution, Kontext, Pfropfung

Rede

(engl. speech, franz. parole, russ. reč')

Der Begriff R. tritt in der modernen Theorie in einigen disparaten, untereinander sehr vage verbundenen Bedeutungen in Erscheinung.

1. In der traditionellen Prosa- bzw. Lyriktheorie kommen Syntagmen wie «Erzählerrede», «Charakterisierung durch die R.», «Eindringen der Alltagsrede in den lyrischen Ausdruck», «Sprechintonation des Verses», «Kadenz der R.» u. Ä. häufig vor. Darin erhält der Begriff die Konnotationen des Individuellen, Unverbindlichen, Freien, Gewöhnlichen, Vulgären, die in der Regel den «authentisch literarischen» Qualitäten des Standards, des Formalen, Erlesenen, Erhabenen gegenübergestellt werden und so eine kreative Abweichung vom traditionellen gegenüber dem modernen literarischen Ausdruck kennzeichnen. Dieser letzte bedient sich, wie häufig angenommen, mehr als der erste Ausdruck der R. als sozial, kulturell, ideologisch und sonst wie markierter Sprachverwendung, er trägt so den Unrat der alltäglichen Kontingenz in die Literatur hinein und überbrückt damit die Kluft zwischen «steriler» Literatur und «Lebens»wirklichkeit.

2. Die russischen Formalisten stellten der vorgetragenen mimetischen Konzeption der R. die spiegelverkehrte Idee von der dichterischen Verwendung der R. entgegen. Ihnen zufolge (Tynjanov) dient das Einbeziehen der «Redereihe» in die «Versreihe» lediglich zur Hervorhebung der selbständigen literarischen Form der letzteren, die nun, mit neuem Inhalt erfüllt, sich klarer abzeichnet und zu erkennen ist. So stellt die Annäherung der Poesie an die R. für sie keine Annullierung, sondern gerade die Reanimation der Literarizität durch das Verfahren der Verfremdung dar. Ohne eine solche Reanimation droht der literarischen Sprache eine Verknöcherung (Automatisierung) der Techniken und Mittel. Sowohl die mimetische als auch die antimimetische Konzeption gehen stillschweigend von einer apriorischen Gegensätzlichkeit von Literatur und R. aus, doch ist sie weit davon entfernt, selbstverständlich zu sein.

3. Scheinbar beruht auf dieser stillschweigenden Annahme, die der R. eine gewisse, zu «zähmende» Unfassbarkeit zuschreibt, auch de Saussures berühmte Opposition von Sprache und R. Sprache *(langue)* und R. *(parole)* sind für ihn konstitutive Aspekte der sprachlichen Tätigkeit *(langage)*, und zwar Sprache als Objekt der Linguistik, R. aber als deren Subjekt. Die Sprache ist nämlich ein abstraktes System von Differenzbeziehungen, welche die Benutzergemeinschaft als unbewussten mentalen Speicher ihrer Zeichen ausbildet, während die R. das individuelle, konkrete und wirksame Zutagetreten dieses Systems darstellt. Daher unterliegt einzig die Sprache der linguistischen Untersuchung. Der berühmte Schlusssatz des *Kurses* (*Cours*, 1916), der später allerdings den Redakteuren statt dem Autor zugeschrieben wurde, besagt, dass der einzige und wahre Gegenstand der Linguistik die Sprache ist, die an sich und für sich betrachtet wird. Dennoch unterscheidet de Saussure bei der Sprache als Gegenstand der Linguistik zwei Bildungsaspekte, Synchronie und Diachronie, womit er stillschweigend anerkennt, dass das aktuelle System von Dif-

ferenzbeziehungen das kanonisierte Ergebnis einer vergangenen R.-Praktik darstellt. Die Geschichte ist also nicht aus ihr ausgeschlossen, sondern lediglich in die Funktion des heutigen Zustands eingesetzt. Das ist das, was an de Saussures Intentionen vorbei – er will nämlich dem synchronen Zustand normative Kraft verleihen – Unschlüssigkeit in die hierarchische Beziehung zwischen Sprache und R. hineinträgt. Denn in einzelnen Fällen von R.-Äußerungen kann das, was das Zeichen im Sprecherbewusstsein historisch mit sich trägt, über paradigmatische (assoziative) Ketten beim Bedeutungsaufbau dieses Zeichens aktiver sein als das syntagmatische System von Differenzbeziehungen, in die es gebracht wird. Ob das geschieht, hängt von der Anregung einer analogen Projektion in einer bestimmten R.-Kompetenz *(faculté de langage)* ab, aber bereits aus einer solchen Möglichkeit geht die relative Selbständigkeit der R. in Bezug auf die Sprache hervor. So bleibt die R. in der Sprache nicht nur in Form der Diachronie aktiv, die in ihre Synchronie eingeschrieben ist, sondern auch in Form paradigmatischer Beziehungen, die in ihren syntagmatischen Beziehungen fortleben. Daher ist sie nicht nur, wie dies gewöhnlich geschieht, als die äußere Grenze der Sprache zu bestimmen, sondern sie muss auch als ihr innerer, als ihr Bestandteil angesehen werden.

4. Die R. ist einer der Aspekte des gesamten Verhaltens einer Figur, das der Erzähler der Narratologie zufolge auf unterschiedliche Arten darbieten kann: direkt (mimetisch) und mittelbar (diegetisch), um damit auf die Leserperzeption und die Wertung der Figuren Einfluss zu nehmen. Die direkte Darstellung verfolgt er mit der *direkten R.*, durch die sich die Figur, insbesondere, wenn ihr Auftreten durch eine entsprechende Einführung vorbereitet ist, selbst charakterisiert (wobei nicht vergessen werden darf, dass auch diese R. der Autor verfasst hat, was bedeutet, dass auch sie schon nach Pascal 1977 «zweistimmig» oder nach Luhmann eine «Zwei-Seiten-Form» ist). Aber die Figur kann durch ihre «verdinglichte» direkte R., d. h. in dem Fall, wenn sie als verborgenes Sprachrohr des Erzählers fungiert, durch ihren eigenen Inhalt die Ansichten des Erzählers charakterisieren. Die direkte R. einer Figur kann darüber hinaus in sich den Bezug des Zitierens, Parodierens, Ironisierens, Antizipierens, der Abgrenzung gegenüber der R. einer anderen Figur aktivieren und damit die «innere Architektur» des diegetischen Universums profilieren (Medvedev 1928). Diese metalinguistische, dialogische Qualität der R. im Roman untersuchte Bachtin in der polyphonen Struktur der Romane von Rabelais (1965) und Dostoevskij (1929).

5. Analytisch interessanter und von ihrem Erscheinungsbild vielfältiger sind die Formen der *indirekten R.* Darin kann der Erzähler mit Hilfe der *Stilisierung* die Ansichten der Figuren unterstützen, mit Hilfe von *Parodie, Ironie, innerer Polemik* oder des *Seitenblicks* seine Nichtübereinstimmung und seinen

Widerspruch zum Ausdruck bringen. Bachtins Analyse bewegt sich in einem Spektrum, dessen äußerer Pol die völlige Verselbständigung der Figurenrede in Bezug auf die Erzählerrede und die Einführung ihrer wertemäßigen Gleichberechtigung ist, wie sie Bachtin in der polyphonen Struktur von Dostoevskijs Romanen auszumachen glaubte. (Gegen diese, als utopisch betrachtete Auffassung argumentierte später Wellek entschieden, obwohl die Utopie bereits akribisch von der feministischen Kritik übernommen worden war, die sie mit dem weiblichen Schreiben verband.) In diesem Spektrum nimmt die *erlebte R.* (engl. *free indirect speech / style / discourse*, franz. *style indirect libre*, russ. *nesobstvenno-prjamaja reč'*) mit ihrer Eintrübung der Grenze zwischen zwei R.n eine besondere Stellung ein. Auch wenn nämlich eine Stimme unmissverständlich dem Erzähler gehört, ist das Bewusstsein, aus dem jener seine Wahrnehmungen, Eindrücke, Emotionen und Urteile bezieht – diese aber wirken sich direkt auf die Strukturierung der R. aus –, der Figur zuzuordnen. So verflechten sich in einer R. unentwirrbar zwei Zugehörigkeitssphären und damit zwei verschieden geformte Welten von Werten, die jeweils gegeneinander opponieren. Darin können sogar im gedrängten Raum des Satzes zwei grammatisch unvereinbare Zeitperspektiven aufeinander stoßen, z. B. in der paradoxen Äußerung «Er kam morgen», welcher nur der Romankontext Akzeptanz verleihen kann. Denn nur darin ist die rasche Verschmelzung der retrospektiven Erzählperspektive mit der prospektiven Betrachtung der Instanz des Erzählgeschehens und umgekehrt möglich.

6. Diese Möglichkeit eröffnete aber eigentlich erst der moderne Roman mit seiner komplexen Struktur. Die früheste durchdachte Verwendung der erlebten R. finden wir zu Beginn des 19. Jh.s bei Jane Austen, dann in großem Umfang bei den viktorianischen Romanschriftstellern, in der französischen Literatur bei Flaubert und in der deutschen erstmals erst bei Thomas Mann (Schwanitz 1990). (Zahlreiche Beispiele aus der Renaissance, auf die Fludernik 1993 hinweist, wie auch jene aus den Romanen von Aphra Behn in Fludernik 1996 haben die *R.*-Struktur des dramatischen Monologs oder des Soliloquiums und vermitteln keine intimen *Bewusstseins*ereignisse.) Das Auftreten dieser verfeinerten Technik zeugt von dem Bestreben der Autoren, ihre Erzähler aus der Stellung erkennbarer Vermittler zwischen Figuren und Lesern herauszuholen und sie in ihrer Tätigkeit so wenig wahrnehmbar zu machen wie möglich. Gerade dieses Verblassen der Erzählsituation in der Erzählung – des gegenwärtigen Standpunkts in der Übertragung der Vergangenheit – veranlasste z. B. Hamburger (1957) und Weinrich (1964), die Vergangenheitsformen des Verbs zur «Schutzmarke» der narrativen Fiktion, gewissermaßen zu ihrem natürlichen Modus zu erheben. Diese These hat allerdings nur für ein historisch, aber auch anders beschränktes Corpus von Texten Gültigkeit, in denen der Er-

zählakt in den Hintergrund verdrängt ist. Es ist bezeichnend, dass sich schon in den Werken von Virginia Woolf oder Joyce die erlebte R. vom Mittel, die Erzählung glaubwürdig zu machen, zum Mittel der Trivialisierung, Ironisierung und Parodisierung wandelt. Die «Ansteckung» (Spitzer 1923) oder die «Färbung» (Hough 1970) der Erzählerrede durch die R. oder den Gedanken einer Figur hat nicht mehr so sehr die Funktion, ihr Bewusstsein zu evozieren, als vielmehr jene, die Informationen zu untergraben, die der Erzähler dem Leser normalerweise bietet, nun aber mit der Absicht, dass ihm letztendlich irgendein zuverlässiger Orientierungspunkt in dem diegetischen Universum entschlüpft. Danach verschwindet die erlebte R. aus dem Roman (Brooke-Rose 1990).

7. Es ist interessant, dass ungefähr zur selben Zeit, als dieses Phänomen aus der Erzählpraxis verschwindet, es das theoretische Interesse zu wecken beginnt. Damit haben sich Anglisten, Romanisten, Germanisten und Russisten der ersten Jahrzehnte des 20. Jh.s intensiv befasst, Philologen also, die die Trennung in Sprach- und Literaturwissenschaft noch nicht anerkennen. Seitdem die Diskussion mit Hamburger (1957) wieder entbrannte, bemühten sich die Wissenschaftler um eine synthetische Herangehensweise an dieses Problem, um in einem breiteren Beziehungsgefüge zwischen Erzähler und Figur die Übermacht über die «fade» linguistische Konzentration auf den isolierten Satz zu zeigen. Besondere Aufregung rief allerdings Banfield (1982) hervor, als sie die eingewurzelte literaturwissenschaftliche These von der «Zweistimmigkeit» der erlebten R. angriff (Pascal 1977). Sie behauptete, dass die vorgeführte R. und der Gedanke *(represented speech / thought)*, wie sie dieses Phänomen nennt, nur ein Bestandteil der sog. Erzählsätze sind, die keinerlei Präsenz des Erzählers aufweisen. In ihnen will niemand niemandem etwas mitteilen (sog. *non-reportive style*), es gibt keine Beziehung zwischen Ich und Du, es gibt keine dementsprechende Deixis, es gibt weder Gegenwart noch Futur, und das Kommunikationsmodell konstatierbarer Instanzen ist einfach nicht anwendbar. Diese Sätze lassen sich in der Kommunikation nicht aussprechen, denn ihr einziges Ziel besteht in der Darbietung: einer Handlung, einer Bewegung, eines Ausdrucks, Gegenstandes oder einer Landschaft wie in narrativen Standardsätzen; oder aber die Darstellung der Subjektivität wie in ihrem Segment, das Banfield *represented speech / thought* nennt. In jedem Fall kann ein Satz nur ein Ich zum Ausdruck bringen, keinesfalls aber zwei. Wo die Literaturwissenschaftler insistieren, dass sich in einem Satz der Standpunkt des Erzählers und der einer Figur abwechseln (wie in dem erwähnten «Er kam morgen»), behauptet Banfield, dass dies einen reinen Übergang vom nichtreflexiven in ein reflexives Bewusstsein vermittle oder dann vom Gedanken in die R. bzw. umgekehrt, denn es gebe keinerlei grammatischen Nachweis, dass es sich um den

Erzähler handle. Der Erzähler als Stimme existiert ihrer Meinung nach nur in den Texten, die in der 1. Person erzählt sind. Ihre radikale Argumentation zeigt deutlich die Resultate dessen, wie sich die Erzähler der Moderne und der postmodernen Erzählfiktion hartnäckig bemühen, aus der Äußerung die erkennbare verantwortliche Instanz zu eliminieren.

8. Aber in ihr ist auch etwas Wichtigeres enthalten, was vermutlich das gewisse Skandalöse ihrer These bereits während ihrer Herausbildung anfachte (Cohn 1978; Culler 1978; McHale 1978, 1983; Stanzel 1984; Violi 1986). Das, wovon Stanzel (1984) sagt, es könne in der Zukunft unüberschaubare Folgen für die Erzähltheorie haben, ist ihr Anknüpfen an poststrukturalistische Anstöße zur Destabilisierung des Begriffs Erzähler. Sie führt nämlich das künstlerische Erzählen ins Register des *Schreibens* ein, womit sie es prinzipiell und definitiv von der subjektiven Färbung trennt, die selbst die objektivste Äußerung in dem Mund eines Sprechers aus Fleisch und Blut haben kann (1982). Indem sie gerade den Erzähltext von der Stimme (und damit von der Persönlichkeit) löst, dezentriert sie ihn. Denn der Begriff des Standpunkts oder der Subjektivität ist der Definition nach nicht an den Sprecher gebunden (Stanzel 1984), er kann ebenso ein Idealkonstrukt des Lesers sein, der sich auf diese Weise seinen Orientierungspunkt sichert. Fludernik (1993) war bestrebt, mit einer hermeneutisch inspirierten «pragmalinguistischen Wendung» die Radikalität der These von der *prinzipiellen Indirektheit* des narrativen Textes abzumildern, indem sie ihre Gültigkeit auf jene Art moderner Prosa einschränkte, die Stanzel (1979/1982) dem «Reflektormodus» zurechnete. Doch auch wenn hier zuweilen der Erzähler wirklich nicht erkennbar ist, so lässt sich dies für die übrigen Arten von Erzählprosa nicht behaupten. Sie versucht das am Beispiel der Prosa des «entleerten deiktischen Zentrums» (Banfield 1987) zu beweisen, die sich von der des Reflektors dadurch unterscheidet, dass die Fokussierungsperspektive (wie in Virgina Woolfs *The Waves*) nicht mit einer bestimmten Figur des Betrachters oder «focalizers» «auf der Bühne» in Verbindung gebracht werden kann. Banfield schreibt das der Tauglichkeit der geschriebenen Sprache für einen «kameraartigen» Blickwinkel zu, dem das Attribut des menschlichen Bewusstseins fehlt; aber Fludernik (1996) verweist darauf, dass diese «Kamera» ihre Stellung ändert, was bedeutet, dass sie sich in den Händen einer Instanz befindet, die sie motiviert lenkt, um die Identifikation des Lesers hervorzurufen. Im Gegensatz zur angeblichen Non-Personalität des leeren Zentrums bei Banfield vertritt Fludernik ein Modell des Leseprozesses, in dem die Leserin eine Innenposition in Bezug auf die dargestellten Ereignisse einnimmt, als wäre sie eine Zeugin und nicht nur das reine Kameraobjektiv. Eine solche Haltung ist allgemein repräsentativ für die Banfield-Kritiker, die ihre Kritik nur mit einem theoretischen Rückgriff auf Annahmen über gewisse Einheiten und

Präsenzen im narrativen Text untermauern konnten, die Banfield ablehnt (Gibson 1996). (R. H.-K.)

→ Deixis, Mündlichkeit, Skaz/Erzählte Rede, Sprache, Stimme

Redundanz

(engl. redundance, franz. redondance, russ. izbytočnost')

Der Begriff hat bereits in der antiken Rhetorik den Überfluss von Stilfiguren bezeichnet und somit den Verstoß gegen die Kürze bzw. die Ökonomie des Ausdrucks. In der Informationstheorie bezeichnet er eine (überflüssige) Wiederholung von Information, welche beim Empfang einer Mitteilung der Beseitigung von (eventuellen) Störungen dient. R. steht als Gegensatz zum Informationsgehalt der Mitteilung, weil sie den Grad ihrer Voraussagbarkeit (Wahrscheinlichkeit) erhöht. Sie ist jedoch ebenso notwendig für die Kommunikation, um diese vor Unterbrechung zu bewahren, sodass sie in den natürlichen Sprachen auf der Ebene der phonemischen und lexemischen Systeme – einigen Untersuchungen zufolge – um 50 Prozent des Gesagten ausmacht (Moles 1958). Auf niedrigeren sprachlichen Niveaus ist die R. also «encodiert», während sie z. B. auf der syntaktischen oder diskursiven Ebene zu einem Teil des stilistischen oder rhetorischen Verfahrens wird. Deshalb ist man gewöhnlich der Auffassung, dass es dort, wo die Kombinationsfreiheit des Sprechenden größer ist, möglich sei, R. zu vermeiden. Doch bereits Greimas (1970) hat mit seinem Begriff der Isotopie gezeigt, dass die R. notwendig aufgrund der semantischen Textkohärenz ist. Suleiman (1983) hat diesem Begriff die generische R. in alltäglichen, wissenschaftlichen und literarischen Gattungen hinzugefügt. Sie hat sich danach einer detaillierten Erforschung der formalen R. auf der Ebene der Geschichte und des Diskurses in der realistischen Prosa gewidmet. Eine besonders aufdringliche R. hat sie im «Schlüsselroman» und überhaupt in trivialen Prosagattungen festgestellt. «Aufdringlich redundant ist jener Text, der *übermäßig* treu Überraschungen ausschließt, indem er ‹die Regeln› der Lesbarkeit, des Genres, der semantischen oder formalen oder der diskursiven Kohärenz ‹befolgt›». (A. B.)

→ Abduktion, Entropie, Information, Isotopie, Wiederholung

Referenz

(engl. reference, franz. référence, russ. referencija)

Das Verhältnis zwischen Zeichen und Gegenstand (Objekt, Denotat, Referent) im Unterschied zur Bedeutung, die den Signifikanten mit dem Signifikat (Designat) verbindet. In der Semiotik wird es manchmal Bezeichnung (Signifikation) benannt, während in der Sprachphilosophie der Terminus R. üblicher ist.

1. Die Art der Problemstellung der R. erfuhr in der modernen Semiotik, vor allem der Peirceschen Richtung, eine entscheidende Wende. Sie destruiert die metaphysische Illusion, dass die Zeichen eine referenzielle Bestätigung in der Wirklichkeit bekommen müssten, gleich ob diese Wirklichkeit durch die A-priori-Bedingungen der Erkenntnis – wie in der Erkenntnistheorie Kants – oder durch die Sprachstruktur des Bewusstseins – wie im strukturalistischen Paradigma – fixiert wird. Die Semiotik von Peirce stellt die Beglaubigung von Zeichen in den Rahmen des gesellschaftlichen Gebrauchs und schließt sich so der Lösung an, die schon in der späteren Philosophie Wittgensteins angedeutet und durch intensive Diskussionen im Laufe der 1970er Jahre seitens der sog. postessenzialistischen und postfundationalistischen Erkenntnistheorie (Kuhn, M. Hesse, Feyerabend, Rorty) legitimiert worden ist. Da aber dieser Ansatz zu viele Gefahren eines um sich greifenden Relativismus enthält, wurde er, um die Disseminationsgrenzen der Bedeutung zu umreißen, – vorauseilend – durch den Begriff der Sprach-, Interpretations- oder Wissenschaftsgemeinschaft bestimmt.

2. Bezeichnend in diesem Sinn und auch sehr einflussreich war die Referenztheorie, die in den 1980er Jahren Kripke in der Tradition der analytischen Philosophie – sie ist geprägt durch Russell, Frege, Carnap, Wittgenstein, Quine und Goodman – entwickelt hat. Im Gegensatz zu Russells und Freges Theorie endgültiger Identifikationsbeschreibungen stellt Kripke den Prozess der R. als Folge der ursprünglichen Namensgebung (oder Taufe, *baptizing*) eines Gegenstandes durch einen starren Designator *(rigid designator)* dar. Der Name wird durch den «richtigen Gebrauch» von Glied zu Glied weitergegeben und so im Bewusstsein der jeweiligen Sprachgemeinschaft gefestigt. Die aposteriorische Kausalnotwendigkeit, die den starren Signifikanten mit dem Gegenstand verbindet, sichert der Gemeinschaft epistemologische Gewissheit. Kripke (1980) hält sich der (fruchtlosen) analytischen Tradition gemäß mit seiner Theorie der R. bei Begriffen wie «Wasser», «Gold», «Pferd», «Tiger», «Hitze» u. ä. auf. Wie Rorty kritisch anmerkte, beschäftigen sich analytische Philosophen in der Regel mit der Beziehung der Zeichen zu *raum-zeitlichen Gegenständen,* da sie sich die Existenz nur in diesen Parametern denken können. Deshalb hat die Theorie der unmittelbaren R. keine Lösung für mehrschichtige geschichtlich-

kulturelle Gegenstände, die komplexe vererbte Referenzialität enthalten und sich jedweder konventionellen Bezeichnung widersetzen (1982).

Diese spezifisch literarische Situation, in welcher der Gegenstand eine Herausforderung darstellt, auf die das Zeichen eine Antwort finden muss, nannte Eco *ratio difficilis*; demnach habe der Zeichenproduzent eine ziemlich klare Vorstellung davon, *was* er sagen wolle, weiß aber nicht, *wie* dies zu sagen sei; doch könne er nicht wissen, *wie* er es tun solle, solange er nicht erkenne, *was genau* er sagen wird. Die Dichte (oder Hermetik) moderner literarischer Texte wäre der semantischen R.-Theorie zufolge durch Hürden ausgelöst, die der menschlichen Erkenntnis Gegenstände in den Weg stellen (und auf gar keinen Fall durch die verschriebene Antimimetik). Die Semiotik hebt also im Unterschied zur Analytischen Philosophie hervor, dass keine Gemeinschaft alle ihre Referenten konsensuell bestätigt; gerade jene Referenten, auf denen das Wertsystem der Gemeinschaft beruht, sind mit einander widerstreitenden Interpretationen beladen. Deshalb seien nach Th. E. Lewis Wahrheit und Falschheit (des Zeichens) keine Nebenprodukte eines direkten Anliegens des Zeichens am Gegenstand, sondern Funktionen von Überlappung und Absonderung vielfältiger Kulturcodes (1979). Der gesamte Bedeutungsraum der Kultur gelangt in den Schnittpunkt der Verhältnisse zwischen eigenen Bedeutungsfeldern (jedes ein semantisches Universum), die sich nicht nur um einzelne Bedeutungseinheiten schlagen, sondern sich auch stets voneinander scheiden und miteinander zusammentun – und das alles im Raum einzelner Texte! In diesem Sinn beschreibt Eco den literarischen Text als eine unendliche Reihe inhaltlicher Teilsysteme (oder -felder) und den Code als «komplexes Netz aus Untercodes». Vor diesem Hintergrund lässt sich die Anmerkung von Smith (1997) leichter verstehen, der zufolge phatische Ausdrücke wie «es wäre besser ...» oder «aber jetzt ...», die im Bewusstsein der Angehörigen einer Sprachgemeinschaft keine Denotate oder Referenten haben, die Überprüfung jener Bedeutungskonzeption fordern, die auf konkreten, sichtbaren und berührbaren Gegenständen aufbaute.

3. Damit wird die dekonstruktivistisch inspirierte «minimalistische Semantik» angekündigt, die – ebenfalls durch Polemik mit dem semantischen Konventionalismus – bei der unbegrenzten Potenzialität der Bedeutungseinheit ansetzt und behauptet, von dieser könne auf unzählig vielfältige Arten und Weisen Gebrauch gemacht werden. Es sieht fast so aus, als vereinten sich in dieser Hypothese die sonst so unterschiedlichen Positionen moderner Denker wie Davidson, Rorty, Derrida, Lacan und sogar Bachtin (bei dem in allen Segmenten der Sprache das «ursprüngliche allbedeutende Wort» gleichsam mitzuschwingen scheint). Derrida (1972b) beharrt in zahlreichen Arbeiten auf der These, dass das differenzierende Weben der Schrift inmitten der Rede selbst

explodiere, um alle akzeptierten Ordnungskonventionen zu desorganisieren und das ganze Feld zu besetzen. Seine Konzeption der Dissemination leugnet die Möglichkeit der Bedeutungsverankerung sprachlicher und wahrnehmungsmäßiger Entitäten dermaßen hartnäckig, dass man manchmal den Eindruck einer Widerspiegelung der unmittelbaren R.-Konzeption Kripkes hat. Denn wie diese im R.-Prozess die Rolle des Zeichens verabsolutiert, so verabsolutiert die erstgenannte die Rolle des Interpreten – als könnte er immer nach Belieben mit den Zeichen umgehen! Diese Möglichkeit ist indes nur epistemologischer und niemals realer Natur, sodass dieses Beharren auf der unbegrenzten Bedeutung darauf hinweist, dass die minimalistische Semantik innerhalb des epistemologischen Rahmens beschränkt bleibt. Sie erörtert nicht die Lage des konkreten, sondern eines idealen Interpreten, das heißt, sie verfährt mit den Referenten auf die gleiche Weise wie die konventionalistische Semantik. Der wirkliche Interpret ist niemals imstande, alle Bedeutungsmöglichkeiten der Einheit, mit der er umgeht, auszunutzen, da einige im gegebenen Moment gesellschaftlich-institutionell gesichert und dadurch unscheinbar gemacht werden.

Peirce erklärte diese Sicherung als Prozess der *Naturalisierung* der Sinnlichkeitsstruktur des Bewusstseins, in dessen Verlauf mehr oder minder (un)dauerhafte Beziehungskonfigurationen zwischen Zeichen als eine Art Infrastruktur der individuellen Perzeption gebildet werden (Barnouw 1986). Dank dieser Infrastruktur bilden sich spontane Abduktionsurteile, mit deren Hilfe die Sprachzeichen in Referenten (Vorstellungen) überführt werden. Dabei ist wichtig zu erwähnen, dass die Vorstellungen nicht als unmittelbare Reaktion auf Zeichen entstehen (wie beispielsweise bei Frege, wo die Vorstellungen raum-zeitlichen Charakters sind), sondern im Prozess des interpretativen Anschließens oder der perzeptiven Semiose. Indem er sich auf die Peircesche Behauptung stützt, dass kein «augenblicklicher Zustand meiner Vernunft eine Erkenntnis oder Vorstellung enthalte, sondern diese im Verhältnis verschiedener Augenblicke enthalten sind», nennt Eco solche Abduktionsurteile der Wahrnehmung als Schlussfolgerungsstrecken *(passeggiate inferenziali)*. Die Referenten ebenso wie ihre Auswirkungen – weit davon entfernt, eine Wahrheitsvalenz (im Sinne Freges) zu besitzen – signalisieren lediglich das Anhalten des Semioseprozesses, der aus einer anderen Perspektive wieder in Gang gesetzt werden kann. Aus dieser Erkenntnis zog Simon (1994) die Konsequenz, dass eine Auslegungsaussage darüber, was etwas «in Wahrheit» sei, nicht definitiv im «Sein» der Sache abgeschlossen werden könne. Die Urteile werden nunmehr als zwischenzeitliche individuelle *Unterbrechungen* von Auslegungsprozessen verstanden. Die Wahrheit werde als Prozess der *Negation* des eigenen Behauptens in der Form des apophantischen Urteils verstanden. Die

Wahrheit lässt sich nicht mehr beim Urteil verankern, weil es nicht weniger auf (die Partikularität des) Urteilenden als auf den Gegenstand hinweist. Mit Ecos Worten: Wo auch immer es Bezeichnen gebe, gebe es auch die Möglichkeit seines Gebrauchs zum Zweck der Lüge. Sollte dies richtig sein (was methodologisch zwingend sei), dann habe die Semiotik eine neue Schwelle gefunden – die zwischen der *Bedingung des Bezeichnens* und der *Bedingung der Wahrheit* (1977). Die Wahrheit hört auf, an der R. (dem Urteil) zu haften, und schaltet auf ihre Widerlegung (Interpretation) um. Nach Simon bekommt so der Interpretationsbegriff eine Bedeutung, die über den Begriff des bloßen Übergangs zum definitiven Verstehen als der echten Einsicht in das Sein hinausgeht. Um die Wahrheit eines Referenten abzumessen, müsste man ihn in Beziehung zu anderen Urteilen über ihn bringen – und das ist ja auch nichts anderes als Interpretation.

4. Indem die Semiotik den Referenzprozess durch die Interpretation hindurchlaufen lässt, behauptet sie also, dass er *aus zweiter Hand* ist (Eco 1979). Die Referenten werden in der Regel von einem geschichtlichen Wertsystem indexiert. Wie Stetter (1979b) hervorhob, sei ein sinnvoller Gebrauch immer einer, der sich in bestimmter Zeit unter bestimmten Umständen abspielt. Der Vorrang der Selbstreferenz vor der R., des Index vor dem Symbol, untergrub auch den jahrhundertelangen Vorrang der Metapher vor der Metonymie. So äußerte sich schon Eco (1979) in dieser Frage eindeutig, denn jede Metapher könne auf die Kette metonymischer Beziehungen, die den Kern des Codes ausmache und in denen die Konstitution jedes semantischen Feldes gründe, zurückgeführt werden. Metaphern erweisen sich so als Verfahren der Kürzung oder des Anhaltens isotopischer Interpretantenketten mit dem Zweck, Situationen der Bedeutungsgewissheit, des sog. Standes der Dinge, zu schaffen. Sie stehen in derselben Funktion wie philosophische Begriffe. In diesem Sinn fragt Derrida (1972a), ob nicht alle Metaphern – streng genommen – Begriffe seien und es überhaupt Sinn mache, die Metapher dem Begriff entgegenzusetzen. Könne es nicht eher so sein, dass sich die wissenschaftliche Metaphernkritik durch Unwirksamkeit jenes Tropenbegriffs legitimiert, der konstruktionsmäßig gegenüber dem feineren und in einem gegebenen Feld und in einer bestimmten Phase des wissenschaftlichen Prozesses mächtigeren operativen Tropenbegriff schwächer sei? Was also die Metapher vom Begriff und dann auch vom Referenten unterscheidet, ist nur der Grad der Macht bei der Reduktion der metonymischen Bedeutungsumstellung und beim Vorschreiben der Schlussfolgerungsstrecken, die zum «wirklichen Gegenstand» führen. So jedenfalls wird Derridas Argument von Lewis (1985) gedeutet, der auf der Nietzsche-Foucaultschen Konsequenz insistiert, die Wissenschaft sei in der diskursiven Gemeinschaft einer der Referentenproduzenten, einer der Gebieter über

passende Schlussfolgerungsstrecken. Da sie also auch selbst in den Streit der Diskurspraxis über das Recht auf Wahrheitsdistribution verwickelt ist, wird ihr das privilegierte traditionelle Schiedsrecht in diesem Streit vorenthalten. Doch stellt sich nicht derjenige, welcher der Wissenschaft dieses Recht vorenthält, damit auf eine noch höhere Position in der Hierarchie der Macht? Nietzsches Argumentation im zeitlichen Zusammenhang des Denkens des *Willens zur Macht*, die alle potenziellen Widersacher in Auswirkungen eines einheitlichen Machtfeldes verwandelt, hegt heimlich den Anspruch auf panoptische Kontrolle über dieses Feld. Außerdem wird dadurch, dass die referenziellen Prozesse ausschließlich in den Dienst der Hegemonie und die der Dissemination wiederum ohne Vorbehalte in den Dienst der Emanzipation gestellt werden, das Problem viel zu sehr vereinfacht, ohne der Mehrspurigkeit von Auswirkungen jeder institutionellen Praxis ausreichend Rechnung zu tragen. (D. M.)

→ Abduktion, Bedeutung, Gemeinschaft, Interpretation, Signifikation

Reihe

(engl. series, franz. série, russ. rjad)

1. Den Begriff führen die russischen Formalisten in der mittleren Entwicklungsphase ihrer Schule ein, als sie das teleologische Denken durch das funktionelle ersetzten. Als Folge dieser Verschiebung weicht der Begriff der Geschichte mit implizierter Kontinuität vor dem Begriff der Evolution mit implizierter Diskontinuität zurück. Um die Beziehungen zwischen den zeitlich getrennten literarischen Erscheinungen zu erklären, führen die Formalisten Begriffe wie Aussonderung, Kontrast, differenzielles Gefühl oder Widerlegung ein. Doch sind Gegenstand ihres Bestreitens nicht nur die Homogenität und Begrenztheit der vorangegangenen Literaturgeschichte, sondern auch die vorangegangenen Konzeptionen des literarischen Werks. Das nun als Text verstandene literarische Werk gliedert sich in verschiedene Gruppen von Strukturfaktoren, zwischen denen dynamische Beziehungen des gegenseitigen Unterwerfens und Widerstands gegründet werden. Der literarische Text ist nach Tynjanov eine hierarchische Struktur von R.n und Funktionen, dessen Dominante auch selbst in ihr übergeordnete Strukturen der Gattung, der literarischen, nichtliterarischen, kulturellen R. eingegliedert wird. Dabei wird sie verschiedenartigen Umstrukturierungen unterzogen.

2. Die R. manifestiert sich auf diese Weise als Bund sonst verschiedener Elemente, die vorübergehend durch eine bestimmte Funktion in einer übergeordneten Struktur gebunden werden. Als Instanz, die zwischen den Elementen und

der Struktur vermittelt, besitzt die R. die Eigenschaften der Relativität und der Kontingenz. Sobald die Konjunktur der Struktur geändert wird, bekommt auch die R. eine neue Funktion, wobei die Elemente, die sie bilden, entweder ihr Profil ändern oder durch andere ersetzt werden. Da aber die Konjunktur der Struktur, der die R. angehört, von der Position abhängig ist, von der aus die Identifikation der R. vorgenommen wird, stellt sich heraus, dass die Identifikation immer gleichzeitig eine Interpretation oder eine Attribution der R. zu einem bestimmten Ganzen bedeutet, woraus sie ihre distinktive Qualität erhält.

3. Dies ist es, was der Schule des *la nouvelle histoire* Schwierigkeiten bereitet (Braudel, 1946ff.), die auf den drei R.n diskontinuierlicher Zeitrhythmen insistiert: der geographischen (lange Dauer), der gesellschaftlichen und der individuellen R. (der brausenden Ereignisgeschichte). Die neue Historie übte Kritik an seiner traditionellen Partnerin wegen ihres Ethnozentrismus und Logozentrismus, d. h. wegen der geheimen Legitimierung des eigenen Standpunkts, mit gleichzeitigem Ausschluss all dessen, was die Homogenität dieser Projektion stört. Die gleiche Anklage erhebt Foucault (1961), der sich das Ziel gesetzt hat zu zeigen, wie die Psychiatrie den Diskurs des Wahnsinns schon im Ansatz verdrängt, sodass er außer Reichweite ihres gefälschten rationalen Diskurses bleibt. Ebenso entblößt Lévi-Strauss (1962) Sartres Geschichtsphilosophie als voreingenommene Philosophie des Bewusstseins, die unbewusst in der aktuellen Erfahrung verwurzelt ist. Das Problem der traditionellen Historiographie läge also darin, dass sie als Ausgangspunkt das Bewusstsein hat, das individuell und daher immer voreingenommen ist.

Um dies zu vermeiden, schlagen die Strukturalisten die Sprache als Ausgangspunkt vor, deren sozial-institutionale Beziehungen die Entstehung des individuellen Bewusstseins erst ermöglichen. Die Sprache ist ein System, dessen Elemente sich gleichzeitig in verschiedenen R.n als kontingente Beziehungskonjunktion einfügen lassen. Dasselbe möchten die neuen Historiker mit dem Ereignis tun, es nämlich als Produkt des polyvalenten Beziehungsbündels zu zeigen. Aber um die Bedingungen, die es ermöglichen oder vielmehr es zum Ereignis machen, rekonstruieren zu können, müsste es möglich sein, aus ihrem Netz herauszutreten. Nur derjenige, der selbst nicht ihr Produkt ist, kann damit rechnen, dass er sie reflexiv beherrschen wird. Von solch einem angeblich neutralen Beobachtungsposten aus schreibt Foucault seine Geschichte der Episteme als ein Netz der Signifikationsbeziehungen zwischen den Wörtern und den Gegenständen und seine Geschichte der Archive als «Dachreihen» der R. Schon bei Foucault (1969a) wird das Problem der Rekonstruktion des Systems der Ermöglichungsbedingungen so formuliert: (als) die Festlegung der Beziehungsform, die sich legitim zwischen verschiedenen R.n beschreiben lässt; welches vertikale System sind sie in der Lage zu bilden; welche Wirkung könnten die Verschiebungen, die verschiedenen Zeitlichkeiten und die verschiedenen Verarbeitungen haben; in welchen verschiedenen ‹Ganzen› können bestimmte Elemente gleichzeitig figurieren; kurz gesagt, nicht nur, welche R.n sich bilden ließen, sondern auch, welche ‹R.n der R.n› – oder anders ausgedrückt, welche «Tabloide». Aber ist nicht derjenige, der «R.n der R.n» beschreibt, selbst auch schon Bestandteil einer R., ist er selbst nicht auch bedingt in der Beschreibung fremder Bedingtheit? Wie kann man eine «konvertible Regelstruktur» erstellen, ohne dabei in eine andere Regelstruktur zu geraten? Welche sind die Regeln für die Beschreibung der Regeln? Das ist es, was das strukturalistische Sprachkonzepte problematisiert und damit auch die Begriffe der R. und des Systems. Obwohl die Strukturalisten das Beobachtungsfeld dynamisch entspannen, bleibt es trotzdem unausgesprochen zentriert, wie in der geschichtlichen Dialektik, von der sie sich kritisch distanziert hatten. Zwischen ihnen besteht somit eine geheime Verwandtschaft und ein unausgesprochenes Einverständnis (LaCapra 1989). (D. P.)

→ Archiv, Ebene, Funktion, System

Rezeption

(engl. reception, franz. réception, russ. recepcija)

Begriff, den die Konstanzer Schule der Rezeptionsästhetik Ende der 1960er Jahre in die Literaturtheorie einführt. Diesen Zeitraum kennzeichnen in Deutschland die Forderungen der Studenten nach einer grundlegenden Reform des Erziehungs- und Bildungswesens, in deren Folge es auch zur Gründung der Universität Konstanz (1967) kommt. Es ist daher nicht ungewöhnlich, dass der dorthin berufene Romanistikprofessor Jauß seine Antrittsvorlesung analog zur berühmten Vorlesung Schillers am Vorabend der Französischen Revolution (1789) «Was heißt und zu welchem Ende studiert man Literaturgeschichte?» (veröffentlicht als: «Literaturgeschichte als Provokation der Literaturwissenschaft») betitelt. Jauß setzt sich mit dem Ziel, die abgerissenen Verbindungen der Gegenwart zur Vergangenheit zu erneuern, für eine neue Methodologie der Literaturgeschichte ein, die den in dieser Zeit zugespitzten Gegensatz zwischen formalistischer und marxistischer Kritik überwinden soll.

1. Mit dieser Absicht führt Jauß den Begriff der R. als Ort der Verifizierung ästhetischer Qualitäten des literarischen Werks ein, anstatt wie bis dahin diese Qualitäten den Werken selbst oder ihren Autoren zuzuschreiben. Er hofft, damit auch die marxistische Forderung nach geschichtlicher Vermittlung des Literaturbegriffs zu befriedigen und gleichzeitig die formalistischen Errungen-

schaften bei der Analyse der Differenzmerkmale ästhetischer Perzeption beibehalten zu können. Sein Zentralbegriff *Erwartungshorizont*, als System von Annahmen, Vorüberlegungen, Vor-Urteilen und Vor-Überzeugungen, die der Leser an den literarischen Text heranträgt, enthält sowohl eine historische als auch eine distinktiv-ästhetische Dimension. Er stellt einerseits das Ergebnis der Wirkungsgeschichte des Textes auf aufeinander folgende Lesergenerationen dar, während er andererseits die Legitimationsinstanz abgibt, über die der Text in einem gegebenen Moment seine Qualität, seinen Status und sein Ansehen erhält. Jedes Werk – sofern es denn diesen Namen verdient – strebt nach Überschreitung des Erwartungshorizonts, mit dem es konfrontiert ist; es realisiert das mit dem eigenen Horizont, sei es dem expliziten (dem des Autors) oder dem impliziten (des Genres, des Stils, der Sprache). Jedenfalls kann kein Leserkollektiv seine Bedeutung ausschöpfen, sondern sich bestenfalls mit seinem Verständnis in seine Wirkungsgeschichte einschreiben. Das ist im Übrigen die Art und Weise, wie klassische literarische Werke entstehen, die mit der Zeit aufhören, die Lesererwartungen zu stören bzw. ihre R. zu erschweren.

2. Der zweite herausragende Konstanzer Rezeptionstheoretiker, Wolfgang Iser, konzentrierte seine Aufmerksamkeit auf den Konstituierungsprozess der Textbedeutung im Verlauf der Lektüre. Indem er das Konzept der Unbestimmtheitsstelle des polnischen Phänomenologen Ingarden weiterentwickelte und revidierte, erklärte er den literarischen Text zur Partitur oder zum Verweisungszusammenhang für einen empirischen Leser, damit er zum sog. impliziten (idealen) Leser wird. Der Leser durchdringt den Text in einem ständigen Austausch von Protentionen und Retentionen (Termini, die Iser aus der Husserlschen phänomenologischen Analyse des inneren Zeitbewusstseins entlehnt): Abwechselnd antizipiert er Ereignisse und überprüft diese Antizipationen; durch eine solche Dichte imaginärer Ereignisse nähert er sich einer realen Ereigniserfahrung. Doch im Unterschied zu dieser Erfahrung zerfällt der Leser im Rezeptionsvorgang des literarischen Textes in einen einbezogenen und einen beobachtenden Aspekt des eigenen Wesens, was ihm ermöglicht, einen wesentlich höheren Grad an Selbstverstehen zu erlangen als durch andere Aktivitäten. Ein Rezeptionsästhetiker der zweiten Konstanzer Generation, Stierle (1975b), erklärte die so hervorgerufene Erzeugung «quasipragmatischer» Vorstellungen zum Differenzmerkmal der R. fiktionaler Texte, und das deshalb, weil sie dem Leser zu verstehen geben, dass er es nicht mit Wirklichkeitsreferenten zu tun hat und er die Mühe aufbringen muss, diese Referenten in die *literarische* Tradition einzuordnen. Stierle postuliert über Isers Betrachterebene eine weitere reflexive Ebene.

3. Die ersten Kritiken an der Konstanzer Schule kamen aus der DDR, wo die marxistischen Kritiker Naumann (1973, 1976) und Weimann (1973, 1977, 1982)

vor allem gegen die idealisierte individuelle Vorstellung eines Lesers Einspruch erhoben, der aus der sozialen, ideologischen und politischen Wirklichkeit ausgeblendet ist. Tatsächlich bleibt bei Jauß und Iser die Beziehung zwischen literarischer und realer Erfahrung bei der Konstituierung der Leserreaktion ungeklärt. Beide Modelle, die Jauß verwendet, um den literarhistorischen Wandel zu erklären, nämlich das formalistische von Norm und Abweichung und das hermeneutische von Frage und Antwort, tendieren zu der Vorstellung von Literaturgeschichte als einer immanenten Entwicklung, in der ein Werk die Erwiderung auf ein anderes darstellt. Auch bei Iser wird der empirische Leser, eingewoben in ein Netz von alltäglichen Beschränkungen, im Geist der phänomenologischen Tradition fast völlig vernachlässigt. Der Dialog scheint sich nur zwischen den Schriftstellern selbst, nicht aber zwischen Schriftstellern und Lesern zu vollziehen.

Man darf jedoch nicht vergessen, dass Jauß die Rekonstruktion von Erwartungshorizonten früherer Zeiträume auf der Basis von Dokumenten über empirische Leserreaktionen vorschlägt. Diese Suggestion trieb in den 1970er Jahren eine Untersuchung der R. voran, die an Institutionen des literarischen Lebens orientiert war (Groeben 1977). Sehr schnell zeigte sich, dass das Sammeln von Zeugnissen allein noch nicht zur Rekonstruktion des gesamten Horizonts in einer bestimmten Epoche führt. Dafür ist eine wie auch immer geartete Ausgangshypothese notwendig, mit deren Hilfe sich der Forscher dem historischen Material nähert, und das bedeutet nur, dass sich scheinbar *re*konstruierte Erwartungshorizonte als Konstrukte ebendieser Interpreten erweisen. Dass dem tatsächlich so ist, beweist Jauß' Hypostase der Erwartungshorizontüberschreitung als treibender Kraft der literarischen Evolution. Dieses Prinzip gilt offensichtlich nicht z. B. für Corneilles *Le Cid*, der sich in das Erwartungssystem des klassizistischen Publikums vollkommen einreiht, welchen wir aber dennoch nicht zu einem Werk der Trivialliteratur erklären können. Auch mit dem Begriff ästhetische Erfahrung, den er in seinen späteren Arbeiten einführt, misst Jauß unzulässigerweise die literarische Produktion der vorbürgerlichen Epochen, für die dieser keine Gültigkeit hatte (Bürger 1979).

4. Parallel zur deutschen Rezeptionsästhetik, aber unter ganz anderen Prämissen und methodisch nicht in dem gleichen Maß homogen, bildete sich in den USA die Theorie der Leserreaktion *(reader-response criticism)* heraus. In einer polemischen Antwort auf die Tradition des New Criticism insistieren ihre Vertreter (Culler, Fish, Mailloux, Bleich, Holland u. a.) auf der subjektiven Konstituierung der literarischen Bedeutung, die sich entweder unter der Obhut des Textes oder aber des Leserkollektivs entwickelt. Auf der instruierenden Rolle des Textes im Prozess des Lesens beharren auch semiotisch orientierte Kritiker wie Riffaterre, Eco oder Prince; die Rolle der Codes im literarischen

Bezeichnungssystem rückt Culler (1975, 1980) in den Vordergrund, die Relevanz der Intention betonen Hirsch (1967, 1976) und Rabinowitz (1987), während Bleich und Fish (1967, 1972) die Freiheit des Lesers unterstreichen. Durch Holland (1968, 1975) wird die Theorie der Leserreaktion mit der psychoanalytischen Kritik verbunden.

Die Bestrebungen gehen aber ganz allgemein in Richtung auf eine Kanonisierung des Leserverhaltens in der Begegnung mit dem Werk. So entwickelt Culler in der Zeit zwischen 1975 und 1980 analog zu Chomskys Konzeption der Sprachfähigkeit die Idee der literarischen Kompetenz. Aber aus welcher Position ist zu bestimmen, welche Codes für eine angemessene Interpretation des literarischen Werks notwendig sind? Offensichtlich wird die literarische Kompetenz nicht genauso spontan erworben wie die sprachliche, weshalb sie (1) nicht jeder erwerben kann und (2) keine stillschweigende Übereinkunft darüber besteht, wer sie besitzt (Smith 1978). Cullers Modell erklärt in letzter Konsequenz nur die akademische Lesart von Literatur für korrekt (Pratt 1986b).

Fish (1980) entwickelte seine Konzeption der «Interpretationsgemeinschaft» im Widerspruch zur phänomenologischen Rezeptionstheorie. Die Phänomenologen – von Ingarden über Hirsch bis Iser und Ricœur – beharren nämlich auf der intentionalen (appellativen) Textstruktur als Richtungsweiser für das empirische Lesen. Diese Idee der Autokontextualisierung des literarischen Textes entstand erneut in einer Analogie, diesmal zum Modell der «Angemessenheit» der R. alltäglicher Sprechakte. Aber der literarische Text kann wiederum nicht so eindeutig bei der Bestimmung dieser Bedingungen sein wie der Sprechakt. Unterschiedliche Leser erkennen deren Signale an verschiedenen Stellen (Fish 1981). Lässt sich aber die Leserwillkür durch die Struktur des Textes nicht abwehren, muss dies auf der Ebene der Gemeinschaft erfolgen, der er angehört. Wenn wir das Lesersubjekt nicht nur als unabhängige Entität auffassen, sondern als gesellschaftliche Konstruktion, deren Vorgehensweisen durch das intelligible System beschränkt werden, welches jene formt, dann sind die Bedeutungen, die es auf die Texte überträgt, nicht seine eigenen, sondern sie haben ihren Ursprung in der Interpretationsgemeinschaft (oder -gemeinschaften), deren Subjekt die Funktion ist (Fish 1980). Fishs Gemeinschaft basiert jedoch auf dem Konsens und kennt keine Unstimmigkeiten oder Zusammenstöße zwischen den Überzeugungssystemen einzelner seiner Gruppierungen. Diese Vorstellung griff Pratt (1986b) an: Volk und Gruppen werden nicht durch gemeinsame und vereinte, sondern durch konkurrierende und in sich selbst widersprüchliche Überzeugungssysteme konstituiert. Erkenntnis beruht auf Interesse und Interesse schließt den Zusammenstoß ein; eine Interpretation zu bevorzugen, so Pratt, bedeutet, sie in das Netz der Machtbeziehungen aufzunehmen. Die Einbeziehung von nicht weiter rückführbaren Unterschieden (sozialen, kulturellen, historischen, solchen des Geschlechts, der Rasse usw.) in den Akt der R. stellte ihre Autonomie genau wie die Textautonomie in Frage, und so öffnete sie diese ab den späten 1980er Jahren für die Einordnung in breitere Zusammenhänge des Diskurses, der Textualität, des Feldes, der Struktur, des Systems u. Ä. (R. H.-K.)

→ Abduktion, Appell, Dialog, Divination, Gemeinschaft, Hermeneutik, Horizont, Intention, Interpretation, Konkretisation, Lesen, Leser, Prager Schule, Psychoanalytische Kritik, Übertragung, Unbestimmtheitsstelle, Zeichen

Rhetorik

(engl. rhetoric, franz. rhétorique, russ. retorika)

Der Begriff betritt in der zweiten Hälfte der 1960er Jahre den Interessenkreis der modernen Literaturtheorie. In Frankreich wenden sich ihm die Strukturalisten zu. Genette (1830) gibt Fontaniers *Les Figures du discours* erneut heraus (1968). Barthes veröffentlicht 1970 eine Übersicht der klassischen Rh. Beide bedienen sich in ihren Textanalysen reichlich der Rhetorikbegriffe. Dem sei noch die neorhetorische Gruppe μ mit ihrer *Allgemeinen Rhetorik* (1970) hinzugefügt. In den Vereinigten Staaten veröffentlicht Steinmann den Sammelband *Neue Rhetorik* (1967). 1968 werden die Zeitschriften *Philosophy and Rhetoric* und *Journal of American Rhetorical Society* ins Leben gerufen. Im selben Jahr wird der programmatische Essay «Towards a Pluralistic Rhetorical Criticism» von Klyn veröffentlicht, gefolgt von Essays von Rosenfield und Brockried. 1969 ediert Corbett *Rhetorical Analyses of Literary Works.* In Deutschland wurde bereits 1960 das monumentale *Handbuch der literarischen Rhetorik. Eine Grundlegung der Literaturwissenschaft* von Lausberg veröffentlicht, gefolgt von Kopperschmidts *Allgemeiner Rhetorik. Einführung in die Theorie der persuasiven Kommunikation* (1971) sowie Abhandlungen von Plett, Jens und Ueding. Mit dem Rückgriff auf das Erbe der alten Rh. versuchen die Neurhetoriker im Grunde auf die modernen methodologischen Herausforderungen zu antworten, gleich ob sie aus dem strukturalistischen, linguistisch-pragmatischen, kommunikationstheoretischen, diskursiv-analytischen, dekonstruktivistischen oder marxistischen Bereich stammen. Das heißt, dass die Methodologie der modernen rhetorischen Kritik durch ihren übermäßig proteushaften Charakter die Entstehung einer einheitlichen Schule verhinderte, wie es etwa trotz aller Unterschiede dem New Criticism, dem Strukturalismus, der Semiotik, der Dekonstruktion und dergleichen dennoch gelang. Generell lässt sich immerhin sagen, dass die moderne Rh. ihre Zuständigkeit auf Texte ausweitete, die außerhalb des Bereichs der *ars oratoria* entstanden, die also nicht für das Überzeugen des Publikums bestimmt waren. Dadurch überwog die theoretische Dimension über die praktische (ähnlich wie es bei der Hermeneutik und der Psychoanalyse geschah).

1. Die erste Allianz, der die Rh. nach ihrem Auftritt auf die moderne literaturtheoretische Bühne beitritt, ist unbestreitbar jene mit dem Strukturalismus. Die Strukturalisten heben einerseits ihren radikalen Bruch *(rupture épistémologique)* mit der vorwissenschaftlichen Vergangenheit des Sprachdenkens hervor, während sie andererseits unkritisch in der klassischen Rh. Zuflucht suchen, die selbst naturgemäß gerade dieser Denktradition angehört. Dieses Paradox, erkennbar besonders an der Absolutierung der Begriffe Metapher und Metonymie, zeichnete Ruegg (1979) nach: Der Gebrauch der Metapher und der Metonymie enthülle demnach den Umfang, in welchem die Strukturalisten trotz ihres Strebens nach radikaler Neuheit im traditionellsten metaphysischen Idealismus befangen blieben; denn gerade der Gebrauch dieser Begriffe – die immer von den klassischen Sprachtheorien, d. h. jenen von Strukturalisten kategorisch abgelehnten Theorien abhingen – ermöglichte es den Strukturalisten, die abendländische Tradition der Metaphysik abzuwerten und sie gleichzeitig erneut zu bekräftigen.

Die strukturalistische Verwissenschaftlichung der Rh. (ihre Unterwerfung unter die Poetik) zeigt sich – wie Genette ausführte (*Figures* 2, 1969) – als Folge mehrfacher Änderung ihres Status in Bezug auf frühere Zeitalter: (1) Die Rh. stellt nicht mehr den theoretischen Rahmen für die literarische Bildung bereit, da diese Rolle seit Ende des 19. Jh.s vielmehr der Literaturgeschichte überlassen wird; den Schülern wird also nicht mehr in erster Linie die Technik, sondern die Entwicklung der Literatur vermittelt. (2) In der Folge kommt es zur Trennung des deskriptiven vom normativen Wissen. Der Schüler braucht sich nicht mehr im Nachahmen auszukennen, sondern er soll literarische Vorbilder kommentieren können. Die Verwandlung der Literatur aus dem Vorbild in den Gegenstand machte aus der Rh. ein metaliterarisches (literaturwissenschaftliches) Genre. (3) Dies zog die dritte Veränderung nach sich, die das Interesse der Rh. neu fokussierte. Während die antike Rh. auf die *inventio* gerichtet war, d. h. darauf, angemessene Gedanken, Beispiele und Argumente herauszufinden, und die klassische Rh. auf die *elocutio*, d. h. auf angemessene stilistische und sprachliche Formulierung, wendet sich die moderne Rh. vollkommen der *dispositio* zu, d. h. der kompositorischen Anordnung des Stoffs. Das Ausdenken wird vernachlässigt, weil es der Literatur und nicht dem Denken über sie eigentümlich ist; der Stil ist durch das literaturwissenschaftliche Genre beschränkt; der Plan aber wird wichtig, weil man ihn der Bewegung des Stoffs selbst anpassen soll.

Gerade diese (literaturgeschichtliche) Anbindung der rhetorischen Deskription an die Entwicklung des literarischen Stoffs macht bewusst, dass der Prozess der Emanzipation der kritisch-rationalen Funktion der Rh. von ihrer poetisch-imaginativen Funktion trotz steter Statusfortschritte noch nicht abgeschlossen ist. Die Strukturalisten halten es für ihre Pflicht, ihn zu Ende zu bringen, und zwar dadurch, dass sie die Sprache der Analytik von jeder Verpflichtung gegenüber der literarischen Sprache entbinden. Nur so könnten die rhetorischen Mechanismen der Sprache der neutralen wissenschaftlichen Beschreibung unterzogen werden (d. h. einer solchen, die selbst von ihnen nicht erfasst wird). Dadurch erst verlagert sich die Rh. aus der Zuständigkeit der Literaturgeschichte endgültig in die der Poetik. Doch diese Poetik beruht als neue wissenschaftliche Beschützerin der Rh. eigentlich auf der tragfähigen altrhetorischen Überzeugung von der Möglichkeit nicht-figurativer Beschreibungen der Figuren.

2. Die Verselbständigung der rhetorischen Analyse gegenüber der Literatur verläuft in der strukturalistischen Konzeption parallel zur Verselbständigung des Literaturtextes vom außerliterarischen Kontext. Deshalb ist die strukturalistische Rh. vollkommen auf den Textmechanismus konzentriert und schließt dabei die pragmatischen Umstände, mit denen sich die traditionelle Rh. so sehr beschäftigte, aus ihrem Interessenbereich aus. Belässt man die rhetorischen Verfahren und Figuren innerhalb der Grenzen des Textes, bleibt die klassifizierend-analytische Position geschützt, die sich jenseits seiner Grenzen befindet. Es ist gerade dieser Ort der Verbindung zwischen der strukturalistischen Textkonzeption und der Rh., den jene amerikanische Dekonstruktion in den 1970er Jahre in Frage stellt, die wiederum die Rh. im unentscheidbaren Interaktionsraum zwischen Text und Leser bzw. Kritiker ansiedelt.

Die dekonstruktivistische Auffassung schließt hier direkt an die Bemühung Nietzsches an, mit Hilfe der Rh. die traditionelle Philosophie zu untergraben. Daher widmet de Man (1979) Nietzsche drei Kapitel und weist darauf hin, dass dieser die Trope anders als die klassische Rh., die sie als Abweichung betrachtet, in den Grund der Sprache legt. Dadurch wird ein neuer Ansatz für das Denken der Beziehung zwischen Philosophie und Kunst gewonnen. Wenn die Sprache ihrem Wesen nach figurativ (rhetorisch) ist, dann steht ihr die Literatur näher als Religion, Philosophie oder Wissenschaft. Daher meint de Man, der Schlüssel der Metaphysikkritik Nietzsches liege im rhetorischen Tropenmodell oder in der Literatur als der am ausdrücklichsten in der Rh. begründeten Sprache. Nietzsche hat seinen philosophischen Diskurs gerade deshalb literarisiert, weil er glaubte, dass die Literatur sich mit dem rhetorischen Abgrund der Sprache verbündet und sich anders als die Philosophie nicht darum bemüht, ihn durch den logischen Schein der Referenz zu verhüllen.

De Man schlussfolgert daraus, die Rh. beseitige in radikaler Weise die Logik und eröffne schwindelerregende Möglichkeiten referenter Abweichungen. Er zögert nicht einmal, die rhetorische, figurative Potenzialität der Sprache mit der Literatur selbst gleichzusetzen. Doch auch dann, wenn sie ihre Täuschung preisgibt, hört die Literatur nicht auf zu täuschen. Die unendliche Reflexion sei selbst ein rhetorischer Modus, da sie sich als unfähig erweise, derselben rhetorischen Täuschung auszuweichen, die sie verurteilte. Will sie also den Misserfolg ihrer Reflexion nicht verewigen und dadurch dauerhaft dem Irrtum verfallen, muss die Literatur auf der *unaufhörlichen* Zerlegung ihrer eigenen Figuren bzw. auf ihrer «unendlichen Textualität» bestehen. Mag sie dabei auch ständig zu spät kommen, so ist es mit ihren Aussichten auf Authentizität doch besser bestellt als mit jenen der Philosophie oder der Wissenschaft. Carroll (1987) kommentiert, die Literatur bestehe in ihrer Nähe zur Rh. nur deshalb, um uns den Sinn, die Form und die Funktion der Sprache zugänglich zu machen. Rh. sei die einzige Gegebenheit, die sich selbst gebe, denn das andere, was sie gibt, die Literatur, sei nichts anderes als Rh. Gearhart (1983) ergänzt diese Kritik um den Hinweis, de Mans Werk gebe uns trotz seines Widerstandes gegenüber den Versuchen, die Literatur zu verschließen und als identifizierbaren Gegenstand zu behandeln, unaufhörlich die Gewissheit, dass Literatur, Literatursprache und der Text die ganze Zeit hindurch präsent seien, indem sie sich in dem Prozess, der bloß ihren Vorrang und ihre Bevorzugung bestätigt, dekonstituierten. Wer nämlich die Literatur und die Rh. als absolute Alternative zu Philosophie und Wissenschaft billigt, vergisst, dass Literatur und Rh. Begriffe sind, die gerade von der Philosophie geschaffen worden sind, um das Andere *von ihr* zu kennzeichnen. Daher kann nach Lacoue-Labarthe (1979) die Literatur gar nicht über sich selbst reden, ohne sich mehr oder minder verschämt die Sprache der Philosophie zu borgen. Also gibt es keinen unschuldigen, selbstverständlichen Begriff der Literatur und der Rh., da jeder durch geschichtliche Kontingenz verseucht und daher beschränkt, problematisch ist. Deshalb ist die Privilegierung der Literatur (Rh.) als Gegensatz der Theorie (Grammatik) in ihrer Auswirkung nicht weniger dogmatisch als die Reduzierung der Literatur auf «externe» (philosophische, gesellschaftliche, politische) Faktoren.

3. Aber es bleibt noch die Frage, ob man de Mans sophistizierte Verabsolutierung der Rh. restlos als repräsentativ für die Dekonstruktion hinnehmen kann. Obwohl Gasché (1979) eine Verbindung zwischen de Man und Derrida zieht, ist der Letztere weit vorsichtiger bei der Verabsolutierung der Literatur. So lehnt er es expressis verbis ab, das radikale Anderssein mit der Literatur zu verbinden; indem er für dieses Anderssein abwechselnd Termini wie Spiel, Schrift, Supplement, Urfährte oder Différance verwendet, erinnert er daran, dass sie lediglich eine geschichtlich beschränkte Gültigkeit haben und das An-

derssein nicht dauerhaft festgelegt werden kann. Die Beschränkung wird dadurch ausgelöst, dass sich jeder angewandte Begriff unvermeidlich in die Kette metaphysischer Oppositionen verwickelt, die ihre Glieder dem Supplementieren («Aufhebung», *relèvement*) aussetzt. Deshalb entzieht sich nach Derrida kein Diskurs endgültig dem metaphysischen Ensemble.

Der Unterschied zwischen Derridas und de Mans Umgang mit dem radikalen Anderssein wird noch klarer, wenn man zu ihrer Lesart von Rousseaus *Versuch über den Ursprung der Sprachen* greift. De Man (1971) bestritt Derridas Auslegung des dritten Kapitels der Abhandlung Rousseaus (wie in *De la grammatologie*, 1967, dargelegt). Derrida erklärt hier nämlich, Rousseaus These über die Metapher als Sprachquelle bleibe weiterhin repräsentationalistisch; denn obzwar sich die Metapher nicht auf einen Gegenstand beziehe, beziehe sie sich dennoch auf den emotionalen Zustand des Sprechers, den sie benenne. Deshalb sei die figurative aus der ursprünglichen Bedeutung abgeleitet. De Man hingegen liest Rousseau so, als postulierte dieser in letzter Konsequenz die *Nicht*referenzialität der Metapher, weil sie emotionalen Leidenschaftszuständen (Liebe, Hass, Mitleid) entspringe, die durch keine realen Bedürfnisse oder Bedrängnisse (wie Hunger und Angst) hervorgerufen würden. Daher verweist nach de Man die Metapher (und damit auch die Sprache) auf die *Abwesenheit* der Bedeutung. Als solche entziehe sie sich vollkommen der Metaphysik (Logozentrismus), wo das Zeichen notgedrungen durch anwesende Bedeutung, Intention oder den Gegenstand gedeckt werde.

Ein Jammer ist nur, dass de Man, um seine Überzeugung zu beweisen, nicht nur Rousseau, der als Quelle der Metapher ausdrücklich die Angst nennt, sondern auch Derrida verbessern muss, der sich weigert, darin einen Fehler Rousseaus zu sehen. Wie dem auch sei, es ist offenbar, dass Derrida die Metapher nicht als Gegensatz zum philosophischen Logozentrismus ansieht; er erklärt sie vielmehr in *La mythologie blanche* (1972a) zu seinem am meisten hervorstechenden Werkzeug. Zu glauben, dass die Rh. der Philosophie vorausgeht, heißt ihm zufolge vergessen, dass ihre Schlüsselbegriffe (Literatur, Sprache, Signifikant) immer schon Philosopheme sind. Deshalb ist die Herkunft der Sprache Derrida zufolge – und seiner Meinung nach auch für Rousseau – immer zweifach. Indem sich das Wort gleichzeitig aus Bedürfnis und Leidenschaft anbietet, ist es immer Name und Metapher zugleich. Derridas Gesetz des Supplementierens setzt nach Gearhart gerade voraus, dass die Sprachtheorie über die Herkunft in der Leidenschaft und jene über die Herkunft im Bedürfnis auf unaufhebbare Zwiefalt der Herkunft hinweist, die als solche jeden Gegensatz vorbestimme, der zwischen Abwesenheit und Anwesenheit, Leidenschaft und Bedürfnis festgestellt werden könnte.

4. Wenn Derrida es also ablehnt, eine klare Unterscheidung zwischen Phi-

losophie (Wissenschaft) und Rh. (Literatur) zu ziehen, so deshalb, weil er begreift, dass sich diese Unterscheidung unbemerkt *im* Akt ihres Vollzugs erneuert. Der Akt wird zum Supplement des «all-gemeinen Textes», den er durch seine Verwandlung in Geschichte beschränken wollte. Jede Aufzeichnung der Geschichte will für sich eine Position geltend machen, die dieser Geschichte äußerlich ist. Da aber Derrida glaubt, dass eine solche Position unmöglich ist, spricht er bewusst nicht von der Metaphysikgeschichte, sondern vom «metaphysischen Ensemble». Dieses lässt sich durch keinen Begriff benennen, der nicht selbst umgehend zum Teil des benannten Differenznetzes geworden wäre. So verlegt sich das metaphysische Problem der Beziehung zwischen Philosophie und der Rh. auf das neue und um nichts weniger metaphysische Terrain der Geschichtskonzeption. Da aber das Verhältnis zwischen Geschichte und Historiker demjenigen zwischen Text und Leser/Kritiker analog ist, könnte man genauso gut sagen, dass die Erörterung über Rh. in den 1980er Jahren allmählich auf das theoretisch schon dicht besiedelte Gebiet der rezeptiven Übertragungsmechanismen übersiedelt.

Die zeitgenössischen Geschichtstheoretiker bemerkten bereits eine fundamentale Veränderung des einst autoritativen Standpunkts der Historiker gegenüber den Dokumenten der Vergangenheit. Ihre neue Bereitschaft zum Dialog wurde durch die Erkenntnis ausgelöst, dass sie es mit *Texten* zu tun haben, die eben nicht nur einen informativen, sondern auch einen spezifischen rhetorischen Wert haben, der den Zugang zum ersten erheblich erschwert. Die Quellen, die man früher in ihrer «Transparenz» für bare Münze nahm – Archivschriftstücke, Gerichtsprotokolle, Verträge, Testamente usf. –, nahm man auf einmal im literarischen Licht ihrer gattungsmäßigen, kompositorischen und stilistischen Eigenschaften wahr. Ihre Ereignishaftigkeit wechselt von der Inhaltsebene auf jene der Form, wo eine ganz andere Sorte von Informationen vermittelt wird: über die Hierarchie des Gattungssystems, die Konfiguration der Signifikationspraktik, dominante Kulturprozesse, Symbolwerte und dergleichen. Unter solchen Sachverhalten bekommen die literarischen Texte, welche die traditionelle Historiographie als Geschichtsdokumente unterschätzte, wegen ihres Verhältnisses zum Kontext und weil sie die Prozesse der Zeichenproduktion enthüllen, den Vorrangstatus als Informationsquelle. Doch die Begünstigung von «unbeschränkt rhetorischen» Texten als Geschichtsstoff setzt auch die einst blasphemische Bevorzugung der hermeneutischen gegenüber der statistisch-analytischen Methodologie bzw. der Mentalitätsgeschichte oder der Geistesgeschichte gegenüber der Sozialgeschichte voraus. Wenn aber fernerhin die Interpretation in den Vordergrund gerückt wird und das Dogma des empirischen Augenscheins im Verfahren mit historischen Quellen zerschlagen werden soll, stellt sich die Frage, ob dadurch die geschichtliche Wahrheit nicht einem allumfassenden Relativismus der Deutung ausgesetzt wird. Bis zu welchem Grad ist die Rh. der Geschichtsdokumente für ihre Erforscher verpflichtend?

Auf diese Frage versuchte LaCapra (1985) zu antworten. In seiner Argumentation versucht er zwei Extreme zu vermeiden. Das erste besteht aus der These Whites (1978, 1986, 1987), man könne die historischen Dokumente auf unzählige Arten und Weisen lesen, weil keine von ihnen ihre Richtigkeit gegenüber der innewohnenden unbändigen Rhetorizität beweisen könne. Obwohl LaCapra damit einverstanden ist, dass Dokumente allein die Richtigkeit der eigenen Lesart keineswegs bestätigen können, weist er dennoch darauf hin, dass die wissenschaftliche Gemeinschaft, die als Erkenntnishorizont des Historikers figuriert, diese Legitimationsrolle übernimmt. Die Gemeinschaft hat einige Techniken des Gebrauchs historischer Dokumente eingeübt, die ihre Texte in die Evidenz oder – wenn man will – in die Wahrheit überführen. Diese Rezeptionszensur ist so sehr durch lang andauernde Institutionalisierung automatisiert, dass es unmöglich ist, aus ihrem Rahmen auszusteigen. Die Verflechtung des Historikers in das Netz aus Vorurteilen und vorgefassten Überzeugungen, Aufgaben, Verpflichtungen und Verantwortungen erlaubt es ihm nicht, mit dem Stoff nach Belieben zu verfahren. Das macht den Begriff der geschichtlichen Wahrheit zu einem geschichtlich kontingenten statt einem absoluten Begriff. Die Wahrheit eines Dokuments geht weniger aus seinem Verhältnis zum vergangenen Ereignis oder dem Sachverhalt hervor als aus der gegebenen Beziehung des Historikers zu ihm.

Diese Erkenntnis veranlasst LaCapra, das andere Extrem zu vermeiden. Dieses besteht wiederum aus Whites These, das empirische Verhältnis zum historischen Stoff, das sich nach dem Prinzip der Evidenz richte, sei eine Folge des rhetorischen historiographischen in der zweiten Hälfte des 19. Jh.s entstandenen Diskurses (1987). Mit anderen Worten, das, was man heute in der Geschichte für Tatsache halte, sei lediglich das Ergebnis besonderer Techniken des Erzählens *(emplotment)*, die für die historiographische Darstellung der Vergangenheit charakteristisch sind. Hier bedient sich White einer Diskursauffassung, die für den frühen Barthes und den späten Foucault charakteristisch ist. Ihr zufolge kann der Diskurs seinen Adressaten beeinflussen, indem er ihn dazu verleitet, das Signifikat als Referenten aufzufassen. Die Aufgabe des Kritikers (der Ideologie) läge darin, diese Täuschung zu durchschauen und die «Mauer der Evidenz» einzureißen, unter der sich das ungezähmte Chaos der Wirklichkeit befinde. Eine ähnliche kritische Ausrichtung auf die Frage, «wie nämlich die Bedeutungssysteme einzelner Diskurse ideologische Auswirkungen erzielen», vertritt etwa Eagleton (1983) als eigenartige Erneuerung der Rh. Auch Heßelmann (1992) ist der Auffassung, dass die Rh. heute als Grundlage des ideologiekritischen Diskurses dienen kann; mit dem Instrumentarium der Rh. als einer beispielhaften Sozialwissenschaft könne man manipulative Rede und verborgene Herrschaftsstrukturen in sozialen Gebilden und kommunikativen Akten enthüllen.

LaCapra aber glaubt, dass im Hintergrund dieses – auch seitens unterschiedlicher theoretischer Schulen – oft vertretenen Standpunkts ein erheblich eingeschränktes und traditionelles Konzept der Rh. als einer «Sammlung von Strategien und Taktiken, mittels derer das Überreden des Anderen in der Richtung eng egoistischer Zeile gesichert wird», steckt. Befürworter dieses Konzepts vergessen, dass weder der Historiker noch sein Kritiker in der Strukturierung ihrer Aussagen frei sind, weil sie unbewusst bestimmte gesellschaftliche, politische, ideologische und philosophische Annahmen bedienen, die ihnen durch Alltagserfahrung, Erziehung, Bildung, fachliche Institution einverleibt werden. Außer dieser primären perzeptiven Zensur stellen die Texte selbst im Laufe ihrer Gestaltung gewisse gattungsmäßige, stilistische und sprachliche Gesetzmäßigkeiten auf und konfrontieren ihre Verfasser mit einem mehr oder minder profilierten Erwartungshorizont sowie dem Widerstand gegenüber dem «Diskursmarkt» usf. In einer derartig komplexen Situation kann kein Autor die Auswirkungen, die sein Text hervorrufen wird, unter Kontrolle halten und für sie voll verantwortlich gemacht werden. Sie gehören zu dem, was LaCapras Kommentator de Bolla «ausgeschlossenes Ermöglichungsgebiet» *(excluded enabling domain)* nennt – «ausgeschlossen» deshalb, weil dem Text an sich die Rezeptionswirkungen unerreichbar bleiben, und «ermöglichend» deshalb, weil erst durch sie seine rhetorische Identität ermöglicht wird. LaCapra zufolge ist nämlich die Rh. jedes Diskurses zutiefst abhängig von der Interpretation als jener «Äußerlichkeit», die in die Innerlichkeit eingezogen werden müsse, um sie als «Innerlichkeit» (Derrida), d. h. als bestimmte typologische, modale, gattungsmäßige und stilistische Eigenschaften des Diskurses zu konstituieren. Jede Interpretation ist eine verlängerte Aufführung des Textes, die den Rahmen seines Verständnisses transformiert, indem sie neue rhetorische Gestalten im Text einzeichnet. Deshalb kann man also über die Rh. nur in diesen übertragenden, überschreitenden Termini sprechen: Sie impliziert die beständige «Arbeit des Textes» und «Vervielfältigung des Rahmens» (Derrida).

5. Die Verantwortung für die rhetorische Gestalt des historischen Textes kann man daher weder dem Verbraucher zuschieben – wie es Pluralisten unter dem Slogan *anything goes* gern wollen – noch dem Hervorbringer – wie es die Ideologiekritiker unter der Devise «die Geschichte wird von den Siegern bzw. den Machthabern geschrieben» wollen. Sie lastet auf den kontingenten Interpretationsschemata, die im gegebenen Moment in der Begegnung der Quellen

aktiviert werden, um in diesen Quellen «die Spreu vom Weizen zu trennen». Wenn sich die Geschichtsschreibung schweigend diesen Erklärungsmustern fügt, dann, so meint LaCapra, vernachlässige sie ihren rhetorischen Charakter bzw. die Tatsache, dass sie mehr ein Ergebnis ihrer hybriden Herkunft, der interdiskursiven institutionellen Lage und des gesellschaftlichen, wirtschaftlichen und kulturellen Kontextes ihrer Wirkung, als Ergebnis irgendeiner authentischen Beziehung zum Stoff ist. Wenn aber die Historiographie unaufhörlich ihre Abhängigkeit von der geschichtlich kontingenten Wahrheitsvorstellung aufdeckt, tut sie auch ihre Abneigung kund, sich ihr zu unterwerfen, bzw. ihr Bestreben, sie zu überwinden. Für LaCapra ist daher nur jene Rh. ethisch akzeptabel, die sich emanzipatorisch in den Dienst ihrer eigenen Überwindung stellt: Die historiographische Institution müsse sich für jene dialogische Konfrontation einsetzen, in der ihre einschränkenden Normen überprüft werden. Die humanistische Disziplin bleibe in jenem Maß lebendig, in welchem sie das Einschließen von Gesichtspunkten ermöglicht, die fundamentale Fragen über ihren eigenen Gesichtspunkt stellen. Es stellt sich aber die Frage, ob nicht gerade eine solche aufklärerische Rh. eine der hartnäckigsten Formen der Immunisierung gegenüber Alternativerfahrungen darstellt und gerade ihr stereotyper Argumentationsstil der schlagende Beweis dafür ist, dass – wie Harth (1982) formuliert – das Bedürfnis nach Erhaltung der Sinnbeständigkeit die Bereitschaft übersteigt, Widersprüche auszuhalten. (D. M.)

→ Allegorie, Apostrophe, Figur, Katachrese, Metapher

Rhizom

(engl., franz. rhizom, russ. rizom)

Unterirdischer Stiel oder Knollenwurzel, deren verwickelte Struktur von Verzweigungen und Verwachsungen Deleuze und Guattari (1997б) zum Bild für den Bau sprachlich-rezeptiv-mimisch-gestisch-kognitiver Komplexe nehmen. Damit führen sie lediglich die 1972 begonnene polemische Argumentation fort, mit der sie den klassischen psychoanalytischen Begriff von durch die Verdrängung benachteiligtem Begehren in den schizoanalytischen Begriff der produktiven «begehrenden Maschinen» umgewertet haben. In ihrer nietzscheanischen Reinterpretation erlangt das Unbewusste die Gestalt der Fabrikationsmaschine – anstelle der Theaterbühne, wie Freud und Lacan sie dargestellt haben. In diesem Zusammenhang erscheint die ödipale Phase als gewalttätiger Kodifizierer der primären Pluralität des Körpers, indem er ihn in Übereinstimmung mit der Logik der Sozialökonomie in Zonen territorialisiert. Doch dem

Kapitalismus eignet die Tendenz zum permanenten Abbau etablierter Grenzen, eine Neigung, die er gleichwohl kontrollieren muss, will er die Explosion «des Marktes des Begehrens» überleben.

Der Begriff R. ist eingeführt worden, um einen Schnittpunkt für die Territorialisierung und Deterritorialiserung, Kodifizierung und Dekodifizierung von in einen Konflikt geratenen Tendenzen vorzustellen, die das Verhältnis zwischen Gesellschaft und Individuum markieren. Zudem hat Deleuze, übrigens 1969, das Modell von Subjekt und Bedeutung auf dem Zusammenstoß zweier Ebenen begründet, der des Signifikanten und der des Signifikats. Dieser Zusammenstoß wird einstweilen unterbrochen durch ein Stabilisationsparadox, das dem Lacanschen «Steppstich» *(point de capiton)* ähnelt. Auch ist das R. das «provisorische Zentrum der Stabilisierung» des Verhältnisses zwischen Zerlegung und Zusammenlegung, ein maschinelles Gefüge, versehen in gleicher Weise mit begrenzten Territorien und mit «Linien der Unabsehbarkeit», die semiotische Ketten der Transformation anregen. Ein jedes R. enthält Linien der Segmentierung, denen gemäß es stratifiziert, in Territorien eingeteilt, organisiert, bezeichnet und zugeschrieben ist; aber es enthält auch Linien territorialen Verzichts, denen entlang es unaufhörlich ausweicht. Im R. entsteht eine Unterbrechung, immer wenn Linien der Segmentierung in die Unabsehbarkeit explodieren – aber es wird auch die Unabsehbarkeit zu einem Teil des R.s gemacht. Dies bedeutet, dass auch sie zur Restratifikation und eben dadurch zur Rekuperation eines Ganzen führen kann. Und dennoch muss die rhizomatische Analyse die Unterhöhlung der Hegemonie des Signifikanten anstreben, indem sie «die Unabsehbarkeitslinie ausdehnen, verlängern, fortsetzen, sie variieren, bis sie zu einer äußerst abstrakten, äußerst gewundenen Linie mit n Dimensionen wird (...)». Das Ziel besteht darin, das Unbewusste im Zustand des «azentrischen Maschinennetzes» zu erneuern. Diese Argumentation findet ihren Fortgang in der Nomadologie (1980), die für eine Dehierarchisierung der logozentrischen Struktur der Welt plädiert.

Eco (1984) hat den Begriff R. aufgegriffen, um seinen Terminus der unendlichen Enzyklopädie als des labyrinthischen Inhalts des sprachlichen Ausdrucks zu illustrieren. Er unterscheidet folgende Aspekte der Analogie zwischen R. und Enzyklopädie: (a) Jeder Punkt ist mit einem jeden anderen verbunden, (b) kann an jedem Punkt abbrechen und an jedem anderen anknüpfen, (c) ist antigenealogisch, (d) hat keine Grenze zwischen Außen und Innen, (e) ist in ständiger Umbildung, (f) verzweigt sich nach allen Seiten, (g) kann von niemandem global beschrieben werden, (h) ein jedes ist im Innern gelegen und sieht (i) nur die nächsten Gabelungen, d. h. trappelt blind mit Hilfe von Hypothesen. (R. G.)

→ Begehren, Logozentrismus, Macht, Unbewusstes, Verschiebung

Rolle

(engl. role, franz. rôle, russ. rol')

1. In Greimas' Semantik geht dieser Begriff aus dem Drama *(spectacle)* der Strukturierung des (erzählerischen) Diskurses hervor. Die Struktur drängt sich dem Diskurs so auf, dass die Einführung entsprechender Regelmäßigkeiten beim Rezeptionsprozess seine Temporalität bändigt. Diese Regelmäßigkeiten (oder Permanenzen) sind gerade durch die Verteilung und Konfiguration der Beziehungen zwischen den Aktantenrollen gegeben. Der einzige Unterschied zwischen der Aktantenrolle und dem Akteur liegt laut Greimas (1967/1970) darin, dass dieser der R. das diskrete Sem der Individuation verleiht: Die R. sei eine belebte figurative Entität, aber anonym und *sozial;* der Akteur sei dagegen ein integriertes Individuum, das eine oder mehr R.n übernehme. Die R.n vermitteln also beim Bestimmen des Modus des Diskurses oder im Prozess seiner Umwandlung aus einem bestimmten Erzähltext in eine Gattung. R.n können aber auch thematisch sein, wenn sie zum Erkennen des Themas beitragen.

2. Eine andere Bedeutung bekam dieser Begriff bei den pragmatischen Richtungen zeitgenössischer Theorie, die Thesen von Austins Sprechakttheorie und Wittgensteins Theorie der Sprachspiele weiterentwickelten, indem sie diese auf dem Gebiet der literarischen Kommunikation anwendeten. Hier erscheint als Rollenverteiler statt dem textgeleiteten Bewusstsein des Rezipienten das gesellschaftlich eingespielte Szenario des entsprechenden kommunikativen oder des verselbständigten literarischen Systems. So zeichnet sich z. B. in der Konzeption der empirischen Literaturwissenschaft jede der vier konstitutiven Aktivitäten dieses Systems – Produktion, Vermittlung, Rezeption und Verarbeitung – durch ein eigenes Repertoire von R.n aus. In Bourdieus Theorie des literarischen Feldes treten die R.n (des Autors, Herausgebers, Kritikers, Lesers, Kommentators, Wissenschaftlers) als Träger einzelner Kräfte auf, die um die Macht der symbolischen Namensgebung streiten. (B. D.)

→ Akt, Aktant, Akteur, Feld, Handlungsspiel

Schicht

(engl. stratum, franz. strate, russ. plan)

1. Begriff, den Ingarden (1931, 1937/1968) in die phänomenologische Kritik eingeführt und sich damit von dem Interesse seines Lehrers Husserl (1918ff.) für die Prozesse des reinen Bewusstseins entfernt hat, um den Aufbau ver-

schiedener Arten von Gegenständlichkeiten zu untersuchen. Das literarische Werk ist demgemäß ein ontisch heteronomer Gegenstand, der weder gänzlich real noch gänzlich ideal ist und der gleichermaßen in den physischen Zeichen und in den ideellen Begriffen begründet – und deswegen mehrschichtig – ist. Ingarden unterscheidet vier S.en, von denen jede eine entsprechende Funktion in der Bildung der Ganzheit des Werks ausübt, was eigentlich bedeutet, dass die eine S. die andere bestimmt. Die erste S. ist die der *Laute,* die selbst Träger bestimmter literarischer Werte ist, aber mit ihrem zeichenhaften Material die Basis für eine zweite, die *Bedeutungsschicht* bildet. Sie projiziert intentionale Sachverhalte, welche die Bildung der «dargestellten Gegenständlichkeiten» (Menschen, Geschehnisse, Gegenstände) ermöglichen. Die dritte S. ist die der schematisierten *Ansichten* der dargestellten Gegenständlichkeiten, über welche die imaginären Gegenstände ein bestimmtes Maß an Sichtbarkeit erlangen. Die vierte S. ist die der *dargestellten Gegenständlichkeiten,* die erst in ihr metaphysische Qualitäten erlangen und somit die Idee des Werks offenbaren.

2. Die dargelegten S.en umreißen (ontisch, aber nicht zeitlich) die Reihenfolge der phänomenologischen Reduktion, die der Lesende auf seinem Weg zur Erkenntnis der Werkessenz vornimmt. Die ersten drei S.en sind somit nur Überträger zur Endschicht, auf die sich, nach Ingardens Auffassung, die ganze Aufmerksamkeit des Lesers richtet. Die dargestellten Gegenstände, nach denen er strebt, unterscheiden sich nämlich von den wirklich erlebten Gegenständen dadurch, dass (1) sie allgemeiner sind als diese und sie (2) nicht bis zum Ende bestimmt sind und ihnen verschiedene Interpretationen zuteil werden können. Zu diesen Interpretationen kommt es während der «Konkretisierung der Unbestimmtheitsstelle» im Leseprozess. Aber außer dass er ihr die Freiheit der Lückenfüllung lässt, schreibt Ingarden der Konkretisierung die gleiche S.en-Struktur zu wie dem Werk selbst.

3. Dieser Meinung hat sich Martínez-Bonati (1981) widersetzt. Er ist der Ansicht, dass sich die S.en-Struktur in dem Erlebnis des Lesers reorganisieren lässt, mehr noch, dass einige S.en weggelassen oder verdrängt werden können. Der ästhetisch-phänomenologische Gegenstand (erfahren in einem aufrichtigen Genießen der Literatur) ist auf diese Weise die endgültige Umstrukturierung des Werkwesens, und zwar dadurch, dass eine Neustrukturierung vorgenommen wird, während die ontische Struktur, die Ingarden untersucht hat, als Basis für eine neue Struktur dient. Ästhetische Perzeption beruht notwendigerweise darauf, die ontische Basis der Erfahrung zu umgehen, zu verstecken oder auszuspielen, in der Illusion des unmittelbar erlebten Lebens. Deswegen geht Martínez-Bonati im eigenen Entwurf der S.en-Struktur des Erzählwerks vom ästhetischen (und nicht vom ontischen) Gegenstand aus, wie er sich in der Literarform der Leserrezeption darbietet.

Ihm zufolge ist die grundlegende S., welcher der Leser vorbehaltlos die Gültigkeit zuschreibt, der mimetische Diskurs des Erzählens (sei es der erzählende oder beschreibende). Seine apophantische Wahrheit ist dermaßen absolut, dass der Leser diesen Diskurs überhaupt nicht als Sprache erlebt, sondern unmittelbar als bildliche Erscheinung der Welt. Nichtmimetische Sätze, in denen man die Subjektivität des Erzählers erkennt, gehören der anderen, sprachlichen S. an. Die dritte, noch ausgesprochene sprachliche S. (wegen des Vorbehalts des Lesers gegenüber dem Inhalt) besteht aus Sätzen, die von den literarischen Gestalten in Dialogen oder Monologen ausgesprochen werden.

Mit dieser dritten S. hat sich Martínez-Bonati (1976) genauer beschäftigt, wobei er Hartmanns vierschichtigen Entwurf der Wahrnehmung benutzt hat. Während wir die Rede des Menschen im Alltagsleben als seine *geistige* Manifestation erleben, nachdem wir seine *materielle, organische* und *seelische* S. perzeptiv erfasst haben, ist die Rede einer literarischen Gestalt in der Erzählprosa die einzige materielle Information, die wir über sie erhalten und über die wir ihren seelischen und organischen Aufbau erkennen können.

4. Neuere phänomenologische Kritik verbindet die Schichtung *(lamination, layering)* mit perzeptivem Einrahmen, wobei der Rahmen als Ablagerung der kommunikativ eingespielten Interaktionsrituale verstanden wird. Die Entschichtung des Rahmens verschiebt die Grenze zwischen den Beteiligten und den Beobachtern dieser Rituale während ihrer Abwicklung, wodurch auch die Qualität ihrer Erfahrung geändert wird (Goffman 1974).

5. Der Strukturalismus hat infolge der Verschiebung des Ausgangspunkts vom Bewusstsein auf die Sprache den Begriff der S. durch den Begriff Ebene ersetzt. Er meidet ideologisch strittige organische Konnotationen, ist jedoch selbst nicht ganz frei von eigenen Problemen. (D. P.)

→ Ebene, Einklammerung, Konkretisation, Lesen, Rahmen

Schrift

(engl. writing, franz. écriture, russ. pis'mo)

1. Der Begriff wurde in den modernen literaturtheoretischen Gebrauch von Barthes genommen (1953). Er setzt ihn in Gegensatz zum Begriff der Literatur *(belles-lettres)* und transformiert dabei sein alltägliches Bedeutungsfeld in der französischen Sprache in eine Richtung, die nachher von Butor, Blanchot und Foucault ausgearbeitet wurde, bis Derrida (1967c) ihm wieder eine neue Bedeutungsrichtung gab. Der Gegensatz zwischen S. und Literatur funktioniert besser in der französischen als in anderen Sprachen, weil die französische literari-

sche Prosa lange Zeit durch den Gebrauch (1) der dritten Person und (2) des Präteritums (sog. *passé simple*) gekennzeichnet wurde. Sie gehören dem «Sicherheitssystem der schönen Literatur» an, durch das die «Gesellschaft die Herrschaft über ihre Vergangenheit» herstellt. Die Wegnahme dieser schützenden Unterscheidungsmerkmale, wozu es nach Barthes zum ersten Mal in *L'Étranger* von Camus (1942) kam, wirkte wie ein schockierender Sprung aus der Literatur hinaus in eine «neutrale basale Sprache, die gleichermaßen von der gesprochenen wie von der echten Literatursprache» entfernt war. Und genau für diese Modalität des Schreibens im «nullten Zustand» verwendet Barthes den Begriff «S.». Ein so ausgeprägtes Minus-Verfahren wäre in anderen Sprachen unmöglich; möglich ist freilich eine gewisse Neutralisierung sprachlicher Attribute und das Ausradieren der Handlungsspuren der Person aus dem Text, die ihn verfasst hat. In diesem Sinn hält Banfield (1985) die S. für ein «Kennzeichen der Verbalisierung des nicht-persönlichen Wissens». Indem der Schriftsteller den Raum der S. öffnet, weicht er zwei Automatismen aus: denen der Sprache und des Stils. Denn die Sprache und der Stil seien, in den Worten Barthes', «blinde Gewalten», die S. aber ein Akt der «geschichtlichen Solidarität». Sie impliziert eine moralisch engagierte Formauswahl und bewusstes Denken der Literatur. In der Auswahl und der übernommenen Verantwortlichkeit für einen bestimmten Modus der S. erkennt Barthes ein «Zeichen der Freiheit», das allerdings, unter dem beständigen Druck der Dogmatisierung, erneuert werden muss. Als Freiheit sei die S. nur ein Augenblick, aber dieser Augenblick sei einer der prägnantesten in der Geschichte, weil die Auswahl und die Grenzen dieser Auswahl immer und vor allem anderen die Geschichte ausmachten.

2. Ganz andere Konnotationen bekommt der Begriff in Derridas Arbeiten Ende der 1960er Jahre. Derrida wendet sich gegen die metaphysische Vorrangstellung der Rede vor der S. und proklamiert die S. zum Urzustand der Sprache, der durch den gewöhnlichen (derivierten) Begriff der S. bloß unterdrückt wird. Es geht also nicht darum, den Logozentrismus durch den Graphozentrismus auszutauschen, sondern darum, die Begründungsmöglichkeit des einen durch den anderen selbst zu thematisieren, die hierarchische Ordnung ihrer gegenseitigen Abhängigkeit zu untergraben (Gasché 1986). In diesem Sinn bedeutet die S. für Derrida ursprünglich das unaufhörliche Hervorrufen des Unterschieds / Aufschubs / Verschiebens zwischen der Rede und der S., das unüberbrückbare Supplementieren des einen durch das andere. Alle Sprachzeichen stehen daher «unter Streichung» *(sous rature)*, die an ihnen jene Spuren von dem «anderen Schauplatz» durchgeführt haben, von denen sie selbst nur unbewusste Transkriptionen sind. Wie jedes Zeichen ist auch jedes Zeichensystem von strukturell Unbewusstem durchdrungen, das mit seiner untergrabenden Arbeit allen Verdrängungen standhält. Literaturtheoretiker wie Barthes

(1977) und Felman (1977) «übersetzten» diese Einsicht dadurch, dass sie den Text als eine Falle darstellten, die auf den Leser mit ihren Übertragungsmechanismen lauert, indem sie ihm interpretative Lagen einräumt, die sie danach durch das «Weben von Differenzen» dekonstruieren wird. Angeblich souveräne Lesarten erweisen sich in diesem Licht als bloße Fiktionen von Textbeherrschung, da die S. den Endsieg davonträgt! Aber auch die Vorherrschaft der S. bzw. des allgemeinen Textes *(le texte général)*, der jeden Versuch seiner Lesung unbarmherzig in die eigene «Anschlagstelle» verwandelt, war in den 1980er Jahren als Orthodoxie entlarvt, die die figurativen Wirkungen des Verbrauchs unterschätzt. Schließlich, warum sollte der Literaturtext als Verkörperung der Urschrift betrachtet werden müssen?

3. In den 1970er Jahren übernahm die feministische Kritik den Begriff der S. in der Zusammensetzung der *weiblichen S.*, die sie als «Einschreiben des weiblichen Körpers und des Andersseins der Frau in die Sprache und den Text» (Showalter) definiert. Doch noch Virginia Woolf (1929) kam zum Schluss, dass diese S. in der Sphäre eines künftigen Ideals bleibt, da die Frauen erst den gültigen (männlichen) Satztypus mühsam verwandeln und umgestalten müssen, um ihn der Form des eigenen Denkens und dem Gefühl des eigenen Körpers in natürlicher Weise anpassen zu können. Nach der Phase der anfänglichen Begeisterung sahen nunmehr auch die feministischen Kritikerinnen ein, dass der Weg vom Körper zur Syntax zahlreichen Herausforderungen und Irrwegen ausgesetzt ist, sodass der Begriff der weiblichen S. aufgegeben wurde. Schließlich könnte die Lösung schwerlich darin liegen, das männliche Monopol auf die S., wäre dieses letzten Endes überhaupt möglich, einfach durch ein weibliches zu ersetzen. (D. M.)

→ Autor, Grammatologie, Logozentrismus, Phallozentrismus, Polyphonie

Selbstreferenzialität

(engl. autoreference, franz. autoréférence, russ. avtoreferencija)

Die Dimension, durch welche die Aussage oder der Text auf die Situation, den Kontext oder das Subjekt des eigenen Sagens, auf die eigene Komposition, Struktur, den eigenen Code, die eigene propositionelle oder gattungsmäßige Zugehörigkeit hinweist; im Allgemeinen die Dimension, durch welche eine Äußerung ihre eigenen Merkmale thematisiert.

1. S. wird im Rahmen der sog. logischen Paradoxa zum Gegenstand des modernen theoretischen Interesses, von denen das wohl bekannteste ist: «Epimenides, der Kreter, sagt, dass alle Kreter lügen.» Russell (1905) versuchte, das

Paradoxon durch Hierarchisierung von logischen Ebenen zu lösen, sodass die höheren, sog. Metaebenen der Bestimmung der unteren Ebenen nicht unterliegen würden, sondern nur umgekehrt (wenn alle Kreter lügen, lügt auch Epimenides). Das heißt, die Lösung des Kreter-Paradoxes wäre, dass der Satz nicht wahr ist, weil die untere Ebene dies nicht mehr widerlegen könne (etwa: wenn Epimenides lügt, dann sagen die Kreter die Wahrheit, und der Satz müsste dann eben wahr sein usf.). Die Lösung setzt indes voraus, dass man die oberste Ebene feststellen könnte, die alle Ebenen unter sich bestimmen würde; dies aber wird merkwürdigerweise zur stillschweigenden Voraussetzung nicht nur der frühen, sondern auch der späten Sprachkonzeption Wittgensteins. Diese Voraussetzung wurde später von dem Mathematiker Kurt Gödel widerlegt.

2. Die Strukturalisten beharren dennoch (mit Russell) auf der Möglichkeit einer Trennung der Basis- von Metaebenen. Das ist u. a. bei dem Funktionsschema der sprachlichen Mitteilung Jakobsons (1960) erkennbar, in dem die metasprachliche Funktion, mit der sich die Mitteilung auf den eigenen Code bezieht, und die poetische Funktion, mit der sie sich auf sich selbst bezieht, gesondert behandelt werden. Die Interpreten störten sich am meisten an der Formulierung «Gerichtetsein / Bezogenheit auf die Mitteilung selbst», mit der Jakobson im Grunde den autoreferenziellen Status bei der poetischen Funktion vermeiden wollte, den er ausschließlich der metasprachlichen Funktion zuschrieb. Während die letztere mit Hilfe sog. Umschalter *(shifters)* operiert, die der *meta*textuellen Ebene des Textes angehören, arbeitet die erstgenannte durch Umgestaltung der Verhältnisse der metonymischen Nähe in Verhältnisse der metaphorischen Ähnlichkeit zwischen grammatischen Einheiten des *Textes* selbst. Die Grammatik genoss in Jakobsons Augen in Bezug auf die Sprache denselben Status «wunderbarer Notwendigkeit», «Skelett und Muskulatur der Sprache» wie die Geometrie in Bezug auf die Malerei. Für ihn war sie eigentlich der Sprache gleich, sodass «die Bezogenheit auf die Mitteilung als solche» als Lenkung der Aufmerksamkeit des Lesers auf die *grammatische Struktur der Mitteilung* verstanden werden soll. Die metasprachliche Funktion hingegen lenkt die Aufmerksamkeit auf pragmatische Aspekte, die der Sprache nicht immanent, sondern gleichsam von außen, aus einer Wertesphäre angeschlossen sind, die sich von der Sprache kategorial unterscheidet. In diesem Sinn kann die S. für die Strukturalisten keine fundamentale, sondern lediglich eine Hilfsdimension des Satzes oder Textes sein. Darin zeigen sie sich als Nachfolger einer reichen metaphysischen Tradition, die bereits von Aristoteles eingeleitet wurde, der schon durch die Benennung – des asemischen oder synkategorematischen Worts – die Selbständigkeit der selbstreferenziellen Segmente der Sprache in Frage stellte, indem er ihnen einen «dienenden» Status zuwies. Wie weitrei-

chend diese Herabwürdigung war, bezeugt noch der geradezu schmähliche Terminus Husserls von der *okkasionellen Struktur der Sprachäußerung*.

3. Die Poststrukturalisten lehnen die Möglichkeit ab, die fundamentalen Ebenen von Metaebenen, die Sprache von der Metasprache zu trennen, und erheben (mit Gödel) den selbstreferenziellen Paradoxknoten zum zentralen operativen Grundsatz der Sprache. Ihre Argumentation geht davon aus, dass es keinen endgültigen, selbständigen Kontext gibt, der nicht mehr auf sich selbst hinweise und damit gleichzeitig eine Deutung benötige. Alle Entitäten sind differenziell und können nicht für sich selbst verstanden werden, sondern nur in Bezug auf etwas anderes, was radikal abwesend ist, sich entzieht. In diesem Sinn spricht Derrida von Différance als Unterschied, Verzögerung und Aufschub zugleich: Die Reise der Entität zur Identität verlangt nach der selbstreferenziellen Umleitung, deren Bestimmungsort ungewiss ist. So warf auch Bachtin (Medvedev 1928) den Formalisten vor, ihre Konzeption von der Dichtung sei durch die Furcht vor dem Sinn vorbestimmt, mit seinem «nicht hier» und «nicht jetzt», weil der Sinn die Gegenständlichkeit des Werks und die Vollständigkeit seiner Anwesenheit hier und jetzt vernichten könne. Für die Poststrukturalisten ist die S. wie für die frühen Romantiker ein unendlicher Prozess, der eine dauerhafte Abgrenzung des Textes vom Metatext verhindert.

4. Damit wird gleichzeitig in Frage gestellt, wie konsistent das ist, was Bühler (1934) Ausdrucksfunktion und Jakobson emotionale Funktion des Satzes nennt. Ohne Rücksicht darauf, ob die Aufgabe dieser Funktion im Ausdrücken der «Innerlichkeit» des Senders (wie bei Bühler) oder «seiner Einstellung» zu dem, wovon er spricht (wie bei Jakobson), besteht, lässt sich keine befriedigende Art und Weise der präzisen Eingrenzung von Symptomaspekten des Satzes oder des Textes finden, in denen die Funktion zum Ausdruck kommt. Ob es sich um Inhalt, Wortwahl, phonetische, grammatische, rhythmische, intonationsbezogene oder prosodische Struktur, um intentionale Gattungszugehörigkeit, um Transtextualität oder intertextuale Anweisungen des Textes handelt – all dies hängt von dem Bezug ab, in den der Text im Voraus versetzt wird, da alle diese Aspekte mit gleichem Recht etwa der darstellenden oder appellativen Funktion zugeschrieben werden könnten. Im offenen Spiel der Übercodierung verflechten sich die Bereiche funktionaler Befugnisse unentwirrbar ineinander.

5. Luhmann unterscheidet in seiner Systemtheorie (1984) drei Arten von S. In der *basalen* S., der die Differenz Element / Relation zugrunde liegt, werden Elemente (in sozialen Systemen sind dies Ereignisse) selbstreferenziell konstituiert. Wenn die Unterscheidung Vorher / Nachher zugrunde liegt, wird von der *Reflexivität* prozessualer Selbstreferenz gesprochen, bei der also ein Prozess seinen (eigenen) Verlauf sukzessiv beobachtet; wenn der selbstreferenziellen Operation die Differenz System / Umwelt zugrunde liegt, wird von einer

Reflexion gesprochen, die sich «als Operation» vollzieht, «mit der das System sich selbst im Unterschied von seiner Umwelt beschreibt» (S. 601). Alle drei Formen der S. verstärken die Selektivität des Systems durch Temporalisierung. (D. M.)

→ Abgründigkeit, Autopoiesis, Paradoxon, Rahmen, Wiederholung

Sem

(engl. seme, franz. sème, russ. sema)

Nach Greimas (1966) ist dies die minimale Signifikationseinheit (analog dem distinktiven Merkmal in der Prager Schule) der Inhaltsebene, welcher auf der Ausdrucksebene das Phem entspricht. Durch die Kombination von S.en entstehen *Sememe (sémème)*, ebenso wie aus der Kombination von Phemen Phoneme gebildet werden. An dieser Stelle erfolgt der Übergang von der universalen Metasprache zur natürlichen Sprache als kommunikativem Mittel. Sememe bestehen aus mindestens zwei Arten von S.en, den semischen Kernen, die Heger «Noeme» nennt, und aus kontextspezifischen Klassemen *(classèmes)*. Insofern bezeichnen sie eigentlich den (diskursbezogenen) Bedeutungseffekt der Realisation auf diese Weise konstituierter Lexeme. Wenn ein semischer Kern fehlt und das Lexem lediglich durch eine Kombination von Klassemen gebildet wird (wie im Fall der Pronomina oder Relationsadverbien), nennt Greimas dessen Leistung «metasemem».

S.e können nur wahrgenommen werden im Rahmen von Beziehungen der Opposition, der Implikation und des Widerspruchs in der elementaren Signifikationsstruktur, d. h. im sog. semiotischen Viereck. Sie sind relationale Einheiten, die vermittels der sog. semantischen Achsen bestimmt werden. So gehören beispielsweise die S.e «männlich» und «weiblich» der semantischen Achse «Geschlecht» an, welche ihre semische Kategorie (*catégorie sémique*) bildet. Eine solche Kategorie bildet mit den ihr zugehörigen S.en ein hierarchisch gegliedertes *semisches System*. Die Einreihung unter eine gemeinsame kategorielle Größe ist jedoch nicht die einzige Art und Weise, wie S.e an ein Lexem gebunden sein können (z. B. teilen sich die S.e «kompakt» und «gedrungen» am Lexem «Klotz» die Merkmale der Räumlichkeit und der Dimensionalität, nicht aber diejenigen der Vertikalität und des Umfangs).

Die hauptsächliche Schwierigkeit der Greimas'schen strukturalen Semantik liegt in der Abgrenzung invarianter Kerne von variablen Klassemen; ohne diese Unterscheidung hätte seine Konzeption jedoch keinen Bestand. Inwieweit sie allerdings fragwürdig ist, zeigt die Polemik, die sich um ein ähnliches, durch die amerikanischen Sprachwissenschaftler Fodor und Katz (1963) eingeführtes Begriffspaar «distinguishers» und «markers» entzündet hat. Sie führte schließlich im Laufe der 1970er Jahre zur Ablösung der strukturalen durch die instruktionelle Semantik (Fillmore, Bierwisch, S. J. Schmidt), die sämtliche S.e nur als offene Instruktionen für kontextbezogene Einsätze betrachtet. Unter dem Einfluss von Peirce und Bachtin verlässt die semantische Rezeption der sprachlichen Äußerungen den Bereich des Universell-Logischen und geht über auf das Gebiet kulturspezifisch encodierter und sozial bedingter Emotionen, Vorstellungen, Handlungen und Gesten. Die Zivilisation organisiere ihre Inhalte in Form von Feldern, Achsen, Sub- und Teilsystemen, die oftmals nicht völlig miteinander im Einklang stehen. Daher kommen sie innerhalb von einer bestimmten kontextuellen Perspektive zum Ausdruck (Eco 1984). Das bedeutet, dass Sememe an sich, losgelöst von ihrer immanenten Bedeutung, nicht lexikonartig zu kodifizieren sind. Gemäß Eco seien sie ihrem Charakter nach komprimierte Texte, so wie Texte erweiterte Sememe seien. Das Lexikon zerfalle in eine potenziell unendliche und ungeordnete Galaxie einzelner Elemente des Weltwissens. So werde das Lexikon zur Enzyklopädie, denn im eigentlichen Sinn war es schon eine *verkleidete Enzyklopädie*. Eco erklärt das Lexikon nämlich als domestizierte und eingefrorene Enzyklopädie innerhalb eines Konsensbereichs. Im Gegensatz zur herkömmlichen Vorstellung ist das Lexikon für Eco ein im Bereich des Pragmatischen begründeter Eingriff ins Feld des semantischen Konzepts der Enzyklopädie. (Th. M.)

→ Isotopie, Kern, Lexem, Semantik, Viereck

Semanalyse

(engl. semanalysis, franz. sémanalyse, russ. semanaliz)

Art der materialistischen Textanalyse, die Kristeva (1969) in der Polemik mit der damals offiziellen Konzeption der strukturellen Semiotik vorschlägt. Den Ausgangspunkt der S. legen die Grenztexte, avantgardistische literarische Texte, die nicht der traditionellen Analyseart unterliegen, da sie einen hohen Grad an eigener Signifikationsfähigkeit (signifiance) aufweisen bzw. ihre eigene Produktionsbühne bloßstellen. Kristeva versteht die Signifikationsfähigkeit als jene Differenzierungs-, Stratifikations- und Konfrontationsarbeit, die die Sprache durchführt, ehe das sprechende Subjekt sie in die grammatisch strukturierte Kommunikationskette einordnet. Die S. versucht sich dieser produktiven, transformatorischen Dimension des Textes anzupassen, wodurch er seine Grenzen überschreitet und in den intertextuellen Raum (der Kultur) eingeht. Das schließt weiterhin das Auflösen des Phänotextes im Genotext (vgl. Text) und des sprechenden Subjektes in das «Subjekt im Prozess» (was im Französischen auch gerichtliche Konnotationen besitzt) ein. Kristeva (1970, 1974, 1977) fährt im kritischen Dialog mit Hegel, Marx, Freud, de Saussure, Lacan, Althusser und anderen fort, ihre Konzeption der S. vor allem mit Hilfe des Gegensatzes symbolisch / semiotisch zu entwickeln. (Lj. Š. / W. W.)

→ Begehren, Intertextualität, Signifikation, Übertragung, Unbewusstes

Semantik

(engl. semantics, franz. sémantique, russ. semantika)

Traditionell wird die S. neben Phonetik, Morphologie und Syntax als Teil der Grammatik behandelt. Da allerdings Bedeutungen in der Grammatik vornehmlich aus Wörtern erschlossen werden, ist in diesem Zusammenhang der Terminus «Lexikologie» gebräuchlicher. Diese lexikalische S. erhielt ihre entscheidenden Anregungen erst während des ersten Drittels des 20. Jh.s (in der deutschen Morphologischen Schule mit der Theorie der Bedeutungsfelder und mit der Sapir-Whorf-Hypothese über die Struktur der Bedeutungen in natürlichen Sprachen). Bis zu dieser Zeit (nämlich bis zum Ende des 19. Jh.s, als die S. allmählich die Phonetik und Morphologie zu ersetzen begann) waren semantische Fragestellungen überwiegend in diachroner Perspektive behandelt worden.

In neuerer Zeit wird die S. gemeinsam mit Syntax und Pragmatik in den Zusammenhang der Semiotik gestellt. Die bedeutet, dass sie auf eine der drei Dimensionen des Zeichens Bezug nimmt. Da erst die Bedeutung es ermöglicht, dass ein Gegenstand zum Zeichen wird bzw. eine Darstellungsfunktion übernehmen kann, hat Bierwisch (1986) die S. sogar zur «Schlüsseldisziplin der Semiotik» erklärt. Die formale Struktur nämlich, mit der sich die Syntax befasst, wie auch die Gebrauchsbedingungen, die den Gegenstand der Pragmatik bilden, können auch außerhalb der Domäne des Zeichens auftreten (z. B. in Handlungen), während die Bedeutung dagegen mit dem Zeichen untrennbar verbunden ist. Obschon Bedeutung selbstverständlich auch in Indices und Ikons enthalten ist, konzentriert sich die S. zu ihrem größten Teil auf die Bedeutungen der Symbole, da Bedeutung in diesem Bereich an Konventionen gebunden ist und relativ leicht analysiert werden kann.

1. Die Analyse von Bedeutungen aus der Relation von Signifikant und Signifikat, wie sie noch Morris (1938) in seinem triadischen Modell der semiotischen Wissenschaften vorgeschlagen hat, eröffnete für die semantische Forschung neue Perspektiven. Es stellte sich die Frage, in welcher Weise die formale Struktur eines Signifikanten (eines Ausdrucks) auf die Art einwirkt, wie

der Interpret aus dem Signifikanten das Signifikat (den Inhalt) ermittelt. Wenn der Signifikant durch differenzielle Relationen zwischen seinen Teilen strukturiert ist, muss als erste Schlussfolgerung gelten, dass ebensolche Relationen auch zwischen den Merkmalen des Signifikats bestehen können. So wurden Lexeme und Morpheme erstmals in kleinere, untergeordnete Einheiten semantischer Merkmale oder Seme zerlegt, in den strukturell-semantischen Arbeiten Weinreichs, Pottiers, Katz' und Fodors, Greimas', Apresjans, Mel'čuks usw., die sämtlich im Laufe der 1960er Jahre erschienen sind. Entscheidend für sie war Hjelmslevs (1943/1961) Gedanke, dass auch der Inhalt seine Form besitzt, die einer Komponentengliederung in «Figuren» zugänglich ist.

Auf dieser Grundlage kam im Verlauf der 1960er Jahre allmählich die Vorstellung auf, dass ungefähr 20 binäre semische Kategorien, als taxonomische Grundlage eines kombinatorischen Systems verstanden, imstande seien, mehrere Millionen Semkombinationen hervorzubringen – auf den ersten Blick eine hinreichend große Zahl, um das semantische Universum einer natürlichen Sprache abzudecken (vgl. Greimas/Courtés 1979). Doch bereits in den 1970er Jahren zeigte sich, dass eine derart konzipierte erschöpfende Analyse der Inhaltsebene natürlicher Sprachen mit zahlreichen Schwierigkeiten zu tun bekommt, die vor allem mit den Regeln für die allgemeine Relationalität der Bedeutungsuniversalien zusammenhängen. So wurde diese Idee schließlich fallen gelassen. Greimas bezeichnet sie in seinem Wörterbuch als die große Illusion der 1960er Jahre, die durch das Postulat dreier Hauptkonditionen zu überwinden sei: (1) Die statisch-strukturelle S. ist zu ersetzen durch eine dynamisch-generative S., wobei die Bedeutung auf den «aufeinander folgenden Anhaltspunkten» *(paliers successifs)* der transformationellen Laufbahn verfolgt wird; (2) die taxonomische S. ist zu ersetzen durch eine syntagmatische S., was bedeutet, dass unsere Aufmerksamkeit von lexikalischen auf diskursive Elemente übergehen muss bzw. dass das Übergewicht kontextueller Seme (der Klasseme) bei der Bildung von Sememen anerkannt wird; (3) die S. der natürlichen Sprachen ist zu ersetzen durch eine allgemeine S., die ihren Ausgangspunkt bei der «Gemeinsamkeit der Bedeutungen» nimmt.

2. Diese drei Argumente, die im eigentlichen Sinn den Übergang von der strukturalistischen zur semiotischen S. markieren, illustriert Greimas durch seinen Entwurf der generativen Laufbahn des Erzähltextes. Diese Auswahl ist keineswegs zufällig. Zunächst ermöglicht es der erzählende Text durch seine syntagmatische Kohärenz, in kleineren sprachlichen Entitäten bestehende Einschränkungen der Bedeutungsbildung zu überwinden. Seine Kritik der Morphologie Propps zeigt dennoch, dass Greimas ebenfalls den bislang dominierenden syntagmatischen Zugang zum Erzählen in den Parametern des Semantischen umschreiben will. Da ein Erzähltext am Schnittpunkt zweier Be-

wegungsrichtungen steht – von der Bedeutung zur Verknüpfung und von der Verknüpfung zur Bedeutung –, wird verständlich, dass Greimas *alle* Etappen seiner Konstitution in einen syntaktischen und einen semantischen Aspekt zerlegt. Hierbei unterscheidet er in etwa drei Phasen von Wechselbeziehungen dieser Aspekte. Die ersten beiden Phasen entfallen auf semio-narrative Strukturen, die eine Tiefen- und eine Oberflächenstruktur aufweisen: Für die Tiefenstruktur ist die *fundamentale* Syntax und S. verantwortlich, für die Oberflächenstruktur die *narrative* Syntax und S. Für die diskursiven Strukturen wiederum ist die *diskursive* Syntax und S. einschlägig.

In einer eingehenden kritischen Analyse der von Greimas skizzierten Aufstellung von Beziehung zwischen Narrativität und Bedeutung bemerkt Bres (1994) eine bezeichnende Ambivalenz bei der Behandlung der Tiefenstruktur. Auf der einen Seite gilt es, die Tiefenstruktur vor der Narrativisierung z. B. durch Begriffe wie «taxonomisches Modell», «taxonomischer Kern» oder «präexistentes relationales Schema» zu schützen. Das ist verständlich, wenn man annimmt, dass eine «Infizierung» der Tiefenstruktur durch Narrativität jene achronische, immanente und universale semiotische Basis gefährden würde, auf der die Semiotik der Pariser Schule gründet.

Auf der anderen Seite fällt jedoch die Zögerlichkeit Greimas' in terminologischer Hinsicht in Fällen auf wie «narrative Strukturen (oder besser semionarrative)», «semiotische Strukturen, die wir in Ermangelung eines besseren Terminus als narrative bezeichnen» u. a. In einer späteren Phase der Entwicklung seiner Konzeption will er nämlich kaum auf die Vorzüge, die ihm die Narrativisierung der Tiefenstruktur bringt, verzichten, sodass er einen Unterschied zwischen Oberflächen- und Tiefenstruktur schließlich nur noch in der *Art* der Narrativität erkennt. Während die Narrativität in der Tiefenstruktur durch die Anwendung syntaktischer Operationen der Negation und Affirmation auf semantische Relationen im semiotischen Viereck erreicht wird, ist sie in der Oberflächenstruktur durch Sequenzen von Transformationen aus einem Zustand in einen anderen zu erzielen. In seinem *Wörterbuch* wird sentenziell festgestellt, eine verallgemeinerte Narrativität, die befreit ist von bindender Bedeutung, durch die sie an figurative Formen der Erzähltexte geknüpft wird, bilde das Organisationsprinzip eines jeden Diskurses. Hierdurch wird jene Vereinigung des Diskursfelds ermöglicht, welche die Unterschiede zwischen narrativen und nicht-narrativen Texten, konkreten und abstrakten Diskursen übersteigt. Überdies wird eine Homologie zwischen den Operationen der Tiefen-, der Oberflächen- und der Diskursstruktur hergestellt, sodass diese nun sämtlich als Konversionen erklärt werden können. Auf diese Weise wird schließlich die generative Laufbahn auf einen Zusammenhang logischer Verfahren zurückgeführt, die von zeitlichen Implikationen losgelöst sind, d. h.

auch von jeglicher qualitativer Entwicklung. Der zeitliche Faktor tritt erst in der letzten Phase der generativen Laufbahn hinzu, nämlich in Form eines «semantischen Effekts der *Temporalität*», der somit die narrative Struktur in eine *Geschichte* transformiert (vgl. Greimas / Courtés 1979).

Das Verlagern der Zeitlichkeit in den Abschlusseffekt des Transformationsprozesses, statt sie als die elementare Voraussetzung dieses Prozesses zu betrachten, hat zum Ziel, den Text in Hinsicht auf seine Rezeption semantisch zu verselbständigen. Wie alle nachfolgenden Phasen der generativen Laufbahn strukturell in der Anfangsphase enthalten sind, so ist auch die Phase der Rezeption strukturell im Text enthalten. Sie kann lediglich die transformationelle Operation konvertieren, so wie die Oberflächenstruktur (in der die Transformation von dem einen Zustand in einen anderen stattfindet) die Tiefenstruktur konvertiert hat (in der die Transformation von dem einen Begriff des semiotischen Vierecks in einen anderen vollzogen wird). Die Pointe in Greimas' Konzept besteht darin, dass Relationen in der Domäne der Äußerung (des Textes) Beziehungen herstellen in der Domäne des Äußerns (der Kommunikation).

3. Jedes Bedeutungsschaffen impliziert eine Tätigkeit des Interpreten des Zeichens bzw. Signifikanten. Deshalb steht am Ausgangspunkt der S. die (vielfältigen Bedingungen unterworfene) Entscheidung darüber, ob das Verhältnis zwischen Signifikant (Ausdruck) und Signifikat (Inhalt) die Tätigkeit des Interpreten determiniert oder ob umgekehrt die Tätigkeit des Interpreten das genannte Verhältnis herstellt. Im ersten Fall erhält die S. das Primat über die Pragmatik, im zweiten die Pragmatik dasjenige über die S. Letzteres geschieht in Wittgensteins Konzeption der «Sprachspiele», die, ebenso wie die Sprechakttheorie, von der Hypothese ausgeht, dass sich Bedeutung erst durch den Sprachgebrauch bildet. Die Grundannahmen dieser Hypothese finden sich im Übrigen bereits bei de Saussure, wo die Verbindung zwischen Signifikant und Signifikat als arbiträr bzw. konventionell dargestellt wird. Aber diese Konventionalität verwandelt sich im Sprecherbewusstsein in Natürlichkeit – Ausdruck und Inhalt des sprachlichen Zeichens sind für die Sprachträger so fest zusammengefügt, dass nur jemand, der historisch oder geographisch der Sprachgemeinschaft nicht angehört, darauf kommen würde, man könne den gleichen Inhalt auch mit anderen Ausdrucksmitteln codieren.

Es scheint, dass auch Wittgenstein (1958) diese externe Beobachtungsposition einnimmt, wenn er von Sprachspielen als den soziokulturellen Urmustern der kommunikativen Interaktion in einer Sprachgemeinschaft spricht. Historisch sind sie durch langwierigen Gebrauch eingewurzelt, sodass sie sich nicht mehr in ihrer bedeutungsformenden Rolle beobachten lassen. Sie wurden zu Bestandteilen der «Tiefengrammatik» *(deep grammar)* als des quasi-transzendenten Rahmens für das Sprechhandeln. Die Tiefengrammatik operiert im Unterschied zur Oberflächen-(Standard-)Grammatik mit «Erfahrungssätzen», d. h. mit historisch geformten Mustern der Empirie, die ihrerseits nicht durch Regeln ausgedrückt werden können. Da diese «Erfahrungssätze» eine Dimension der Unvorhersehbarkeit oder Innovation in sich enthalten, spricht Wittgenstein von «verschwommenen Rändern» der Sprachspiele, woraus sich ergibt, dass die endgültige Regel über die Anwendung ihrer Regeln immer erst in der konkreten praktischen Situation gebildet wird. Eben aus diesem Grund lassen sich die Regeln der Tiefengrammatik (der Sprachspiele) nur im Praktisch-Kontingenten aufzeigen oder manifestieren, nicht aber theoretisch formulieren. Sie manifestieren sich nun darin, dass sie den Prozess des Bedeutungsschaffens sowohl in der Produktion als auch in der Rezeption des sprachlichen Zeichens einschränken. Das heißt, dass ein grammatischer Satz seine Bedeutung aus dem Erfahrungssatz entwickelt und sie in ihm auch vollendet. Im gleichen Maß, wie der Erfahrungssatz als für die Bedeutung maßgebliche Instanz der praktischen Situation nachgebildet wird, stellen die apriorischen Kategorien der Bedeutungsbildung sprachlicher Zeichen für Wittgenstein eine historische Kategorie dar. Denn man könne Prozesse erst dann «historisch» nennen, wenn ihre Entwicklung nicht wie bei natürlichen Prozessen durch allgemeine Regeln prognostizierbar ist, so Stetter (1979a). Mit anderen Worten sind die tiefengrammatischen Muster der Sprachkompetenz grundlegend durch die historische Situation der Kommunikationsteilnehmer bedingt. *Diese* sei der endgültige bestimmende Faktor für die Anwendung sprachlicher Zeichen, keineswegs komme den Zeichen selbst diese Rolle zu.

Wir bemerken zunächst einen Unterschied zwischen de Saussures und Wittgensteins Verständnis der Konventionalität in der Verbindung von Signifikant und Signifikat. De Saussure entwirft einen homogenen Raum der Sprechergemeinschaft, in welchem das sprachliche Bewusstsein in so hohem Maß automatisiert ist, dass die Sprachträger auf die Primärzeichen in identischer Weise reagieren. Im Universalkonsens werden die Signifikanten dieser Zeichen an ihre Signifikate «angeklebt». Wittgenstein jedoch gliedert diesen Raum zunächst in eine Menge unterschiedlicher Sprachspiele bzw. sozio-kommunikativer Stereotypen, in deren Rahmen die sprachlichen Zeichen dann komplexe *wechselseitige* Kombinationen eingehen, um erst in dieser Gemeinschaftlichkeit ihre Inhaltsfelder auszugestalten. Aber auch die Sprachspiele sind keine vollständigen Bedeutungsentitäten, denn sie selbst bilden mit anderen Sprachspielen komplizierte Beziehungen nach dem Prinzip der Familienähnlichkeit *(family resemblance)* aus. Das heißt, dass nur ein Teil ihrer semantischen Merkmale (die sog. Kernzone, *hard core*) den Konsens ihrer Teilnehmer genießt, während bei den anderen Teilen, die sich mit anderen Sprachspielen überlagern (der Rand oder *margin*), eine gewisse Unvereinbarkeit besteht. Jedes Segment eines Sprachspiels, jedes sprachliche Zeichen besteht aus einem konsentiven Kern und einem dissentiven Rand; die jeweiligen Segmente sind zu unterschiedlichen Graden durch ihre Position im Gefüge bestimmt. Prototypisch ist solch ein Segment, das möglichst wenig Beziehungen der Familienähnlichkeit mit den Segmenten anderer Sprachspiele eingeht, partizipativ ist solch ein Segment, das leicht auch als Element einer anderen Gruppe vorstellbar ist. Ein vollständiger Konsens jedoch ist aufgrund des verfließenden Charakters des Sprachspiels keinem einzigen seiner Zeichen gegeben! Das Gleiche gilt natürlich für die Sprachspiele selbst, die sich durch Einrenken an «Lebensformen» binden, welche in noch loserer Form als die Sprachspiele sowohl sprachliche als auch nichtsprachliche Bestandteile in sich vereinen. All diesem ist die empirische Tiefengrammatik zugrunde gelegt, deren Gesamtheit unerfassbar bleibt, weil jegliche Manifestation, die eintaucht in eine bestimmte Lebensform und in ein bestimmtes Sprachspiel, trügerisch oder gar entstellend ist. Diese semantische Verzerrung, die durch die Distanz der Oberflächen- von der Tiefengrammatik verursacht wird, erläutert Wittgenstein als Übergang vom ursprünglichen zum metaphysischen Sprachgebrauch, wobei er die Aufgabe der authentischen Philosophie in der historischen Heimführung der Sprachspiele sieht. Durch eine Rückkehr in den Ausgangszustand könnten die Sprachspiele vom «metaphysischen Ballast» befreit werden.

Allerdings bleibt unklar, wie diese Aufgabe erfüllt werden soll, wenn die Instruktionen, welche die Sprachspiele bieten – und die in ein undurchschaubares Netz von Wechselbeziehungen verwoben sind –, naturgemäß unvollständig und offen erscheinen. Es ist insofern nicht verwunderlich, dass Wittgenstein (1969) selbst beklagt: «Es ist so schwer, den *Anfang* zu finden. Oder besser: Es ist schwer, am Anfang anzufangen. Und nicht versuchen, weiter zurückzugehen.» Den ursprünglichen Sprachgebrauch gebe es nicht, weil das, worauf die Wahrheit fuße, weder wahr noch falsch sei. Das, was die Gewissheit der Wahrheit schenke, sei seinerseits ungewiss.

4. Die von Wittgenstein dargelegte *Instruktionssemantik* öffnete dem Nachdenken über Bedeutung ein neues Feld, über das man bislang schweigend hinweggegangen war, galt es doch als nicht hinterfragbar: die präinterpretative bzw. perzeptive Bedeutungsbildung. Während die Konvention bei de Saussure die Domäne automatischer Bedeutungsrezeption ist, die einen konsentiven Kern des Kollektivs bildet, wird sie bei Wittgenstein zum eng verästelten Netz von Erwägungen, die es unausgesetzt auch mit dissentiven Tendenzen zu tun bekommen. Auf diese Weise führt Wittgenstein unabsichtlich die sog. unendliche Semiose in den legitimatorischen Raum der Sprachgemeinschaft ein – mithin an der Stelle, wo sich ihre tragenden Bedeutungen verifizieren. In de Saussures Terminologie heißt das, dass die Arbitrarität des sprachlichen Zei-

chens niemals endgültig durch Regeln abgedeckt werden kann, und das nicht nur in diachronischer, sondern auch in synchronischer Perspektive. Indem er seine Instruktions*semantik* auf eine derart offene Grundlage stellt, sagt Wittgenstein schon *ante rem* auch jener späteren analytisch-philosophischen Richtung Searles und Grice' ab, die in der (diesbezüglich unklaren) Nachfolge Austins mit einer *konventionalistischen S.* versuchen, das Bedeutungsschaffen in Regeln und Maximen zu kodifizieren (vgl. Illokution).

Die Abneigung gegen den Konventionalismus nähert Wittgensteins Instruktionssemantik, zumindest in einem Aspekt, der *minimalistischen S.* an, die im Verlauf der 1970er Jahre das «enzyklopädische Format» semantischer Einheiten bekräftigte. Aus der Perspektive des Interpreten eines sprachlichen Zeichens betrachtet, impliziert dies die völlige Freiheit des Urteilens. Wenn kein bestimmter Kontext verbindlich ist, gilt für das Bedeutungsschaffen das Prinzip *anything goes*. Pradhan (1986) stellt fest, wenn ein Satz auf alles anwendbar ist, wenn die Bedeutung der Anwendbarkeit des Satzes keinerlei Begrenzungen auferlegt und der Satz im Kontext all dieser vielfachen Anwendungen die gleiche Bedeutung hat; wenn ein Zeichen immer aus seinem Kontext heraustreten und in einen anderen Kontext eintreten kann, ohne dass seine Identität ein Funktionieren in diesen neuen Kontexten verhindern würde, dann sei es besser, das, was diesen Satz oder dieses Zeichen in semantischer Hinsicht konstituiert, auf ein Minimum zu reduzieren.

Ebendiese Position nimmt Derrida ein mit seinem Beharren auf der Dissemination sprachlicher Zeichen, die sich keinem einheitlichen Kontext als dem ursprünglichen unterordnen lassen und ihre Bedeutung stattdessen in verschiedene Richtungen zerstreuen. Dass das Feld der potenziellen Wirkungsweise von Bedeutungsinstruktionen sprachlicher Zeichen unbegrenzt ist, bestätigt ausdrücklich auch Bachtin (Vološinov 1928), wenn er feststellt, Bedeutung könne grundsätzlich nichts bedeuten, sie besitze allein eine Potenz, die Möglichkeit, im Rahmen eines konkreten Themas zu bedeuten. Tatsächlich verfüge allein das Thema über eine bestimmte Bedeutung. Dass das Bedeutungsschaffen einem endlosen Prozess der Verschiebung unterworfen ist, behauptet auch Lacan (1966), für den allerdings die Bedeutung in einer Signifikantenkette *verharrt*, wobei kein einziges Glied dieser Kette eine Bedeutung, die es zum gegebenen Augenblick trägt, *dauerhaft behalten* könne. Die Verknüpfung der Kette wird durch das Bestreben reproduziert, den Bedeutungskontext zu sättigen. Von Anfang an können jedoch keinerlei Aussichten auf eine Befriedigung des Kontextes bestehen, denn die Bedeutungskette beruht auf dem radikal abwesenden «singulären Signifikanten».

Ein besonders beharrlicher Vertreter der minimalistischen S. (welcher sich allerdings selbst dieses Terminus nicht ausdrücklich bediente) ist im intellektuellen Milieu Frankreichs der 1970er Jahre Foucault, und dies sowohl in expliziter Hinsicht in seinem Diskursbegriff als auch in impliziter Hinsicht in seinem eigenen Diskurs bzw. Schreibstil. White (1987) belegt, dass die Autorität des Diskurses von Foucault zuerst auf seinem Stil beruhe, dass dieser Stil in seiner Elaboration die Trope der Katachresis privilegiere und dass die genannte Trope als Modell für das Weltbild diene, aus dem heraus Foucault seine Kritik des Humanismus, des Wissens, des Geistes lanciert. Foucault strebt nämlich nach dem «vollkommen freien» Diskurs, der sich auflöse in seiner eigenen Autorität und sich öffne über der «Stille», in der nur die «Dinge» in ihrer unreduzierbaren Differenz bestehen, wobei sie jedem Bestreben widerstehen, Ähnlichkeit zu entdecken, die alle diese Dinge in einer jeglichen Ordnung vereinen würde. Hierin folgt er dem *avant la lettre* surrealistischen Schriftsteller Roussel, den er im Jahr 1963 bezeichnenderweise zum Gegenstand seiner einzigen stilistischen Analyse gewählt hat. Foucault teilt über Roussel mit, dass er ins Zentrum seines Diskurses den «tropologischen Raum» stelle, der direkt im Innern der Wörter seine verführerische, entgleitende und lockende Leere entfalte. Eine solche Befreiung des Diskurses durch die völlige Leere des Seins, die durch gedankliche Tätigkeit auszufüllen ist, geht einher mit einer prinzipiell katachrestischen Sprache, die sich der natürlichen Verbindung von Ausdruck und Inhalt widersetzt. Diese ursprüngliche semantische Abgründigkeit ist von unterschiedlichen Mythen über die «richtige Bedeutung» gebändigt, die sich in unterschiedlichen Epistemen an unterschiedliche dominante Tropen anlehnen und auf diese Weise abgrenzen, was sich sehen, sagen und wissen lässt. Aber unter der Tyrannei historischer Analogien, die beständig irgendwelche Identitäten oder Ähnlichkeiten der Phänomene anordnen, besteht eine Menge von Dingen oder Gegenständen, die in ihrer «inneren Art», ihrer Position und in ihren äußeren Merkmalen einzig sind. Deshalb soll die Sprache im beständigen (theoretischen und praktischen) Kontakt mit diesem Abgrund der Andersartigkeit gehalten werden, den sie sonst zu vergessen geneigt ist.

5. Die minimalistische S. ist eng verbunden mit dem Konzept des kommunikativen Dissenses. Wenn Zeichen keinerlei konstanten Bedeutungskern haben, weil kein ihnen ureigener Kontext ermittelt werden kann, ermangelt es den Kommunikationsteilnehmern an einer Verständigungsgrundlage, sind dem Missverständnis Tür und Tor weit geöffnet. Aus dieser im Wesentlichen poststrukturalistischen Konzeption des Kommunikationsprozesses zieht Taylor (1992) den Schluss, kommunikative Verständigung sei (abgesehen von seltenen, hochgradig institutionalisierten Ausnahmen) das Ergebnis eines zeitweilig abgewehrten Missverständnisses, keineswegs jedoch das Ergebnis eines vollständigen Übereinstimmens über die intendierte Bedeutung. Eine solche pragmatisch abgewehrte grundsätzliche Missverständlichkeit hat auch Eco

(1979) im Sinn, wenn er auf den Spuren Peirce' von der Festlegung des «dynamischen Objekts» durch das «unmittelbare Objekt» bzw. von der semantischen Verankerung der unendlichen semiotischen Verkettung spricht. Die Fixierung des unmittelbaren Objekts erfolgt durch eine Bedeutung (in Peirce' Terminologie *foundation*), durch die der Interpretant aus dem dynamischen Objekt bestimmte Merkmale aussondert. Diese Aussonderung oder Fokussierung kann sich sowohl auf der Ebene der Wahrnehmung abspielen als auch auf der des Fühlens, des Erlebens, des Denkens oder des Handelns. Jede dieser Interpretantsorten unterliegt einer Kanonisierung mit dem Ergebnis eines bestimmten endgültigen Interpretanten oder einer spezifischen Reaktionsweise für bestimmte Arten sprachlicher Zeichen. Klar sei, so Eco, dass Zeichen uns die Gegenstände nicht unmittelbar erfahren lassen können; sie seien allenfalls in der Lage, uns vorzuschreiben, was wir tun müssen, um diese Erfahrbarkeit zu verwirklichen. Zeichen verfügen nur insofern über eine unmittelbare Verbindung mit den dynamischen Objekten, als diese Objekte die Formierung der Zeichen festlegen; andererseits «kennen» Zeichen nur unmittelbare Objekte bzw. Bedeutungen. Es besteht ein Unterschied zwischen *dem Gegenstand, dem ein Zeichen angehört,* und *dem Zeichengegenstand*. Ersteres sei das dynamische Objekt, ein Zustand der außersprachlichen Wirklichkeit, Letzteres sei ein semiotisches Konstrukt. Die grundsätzliche Zugehörigkeit des Zeichens zum dynamischen Objekt (in der Form eines unbewussten «Kontinuums») gewährt dem Zeichen unendliche Interpretationsmöglichkeiten. Nur aus diesem Grund kann eine Bedeutung mit einer anderen im Widerstreit liegen und einem Ausdruck, in Übereinstimmung mit einer neuen Perspektive, einen neuen Inhalt beimessen. So ficht z. B. die *wissenschaftliche* Gewissheit, die auf Überprüfung und Interpretation des Zeichens beruht, die *semiotische* Gewissheit an, die den gesellschaftlichen Brauch bzw. die Interpretation des Zeichens durch die Gesellschaft zur Grundlage hat. Durch dieses Wechselspiel der Zeichen werde die Welt in Frage gestellt, so Eco (1984). Die Gestalt, die wir einem dynamischen Objekt zuschreiben, sei in Anlehnung an die Ausgestaltung der unmittelbaren Gegenstände und deren beständige Neudefinition ständig wandelbar.

Ecos enzyklopädisches Konzept des der unbegrenzten Semiose ausgesetzten Zeichens, somit in semantischer Hinsicht des labyrinthartigen Zeichens, erinnert in vielem an Luhmanns (1984) Konzept des selbstreferenziellen Systems. Weil ein System vor allem auf sich selbst referiert, ist es völlig unzugänglich für ein anderes. Die Beobachtungsperspektiven der Systeme sind miteinander unvereinbar, was bedeutet, dass jede zu einem eigenen verurteilt ist. Die Beobachtungsperspektive ist es, die einem System eine Reduktion der unendlichen Komplexität in der Kommunikation mit anderen Systemen ermöglicht. Die genannte grenzenlose Komplexität ist für Luhmann in-differente Ungestaltheit bzw. die reine Disponibilität, welche das System seiner Umwelt als einem Feld jener Möglichkeiten schuldet, die sein Beobachtungscode ausschaltet. Diese Komplexität legitimiert jedwede Beobachtungshypothese über ihn, indem sie ihm Sinnhaftigkeit gewährleistet. So sind dem Verstehensakt praktisch entschlossene Hände gegeben. Gewiss sind diese *Black Boxes*, so Thomas (1992), untereinander undurchdringlich, sie operieren aber mit Hilfe einer Fiktion von Einheitlichkeit: Die eine setzt von der anderen voraus, dass sie «ausschlussfähig» ist. Die Undifferenziertheit des Systems in seiner Funktion als Bedeutungseinheit auf der einen Seite, die Vergötterung des Verstehens als des sinnstiftenden Aktes auf der anderen Seite haben zumindest zwei weitreichende Folgen, welche auf das Bedürfnis nach einer theoretischen und praktischen Korrektur der minimalistischen S. hinweisen. Die erste Konsequenz ist ersichtlich in der Vernachlässigung der «Verhärtung» der Systeme (Zeichen), die durch die langwierigen Frustrationen einer gegebenen Position im gesellschaftlichen Gesamtsystem entsteht, die zweite Konsequenz entspringt aus der Vernachlässigung der Verantwortung des Systems für den selektierten Anschluss – als ob er ja immer widerrufen werden könne und deshalb keinerlei praktische Konsequenzen habe. (Th. M.)

→ Bedeutung, Dissemination, Referenz, Sem, Signifikation

Semiose

(engl. semiosis, franz. sémiosis, russ. semiozis)

1. Bestandteile einer S. sind (1) ein Zeichen (bzw. Zeichenträger), (2) ein Referent oder Gegenstand (ein Designat) und (3) ein *Interpretant*, der diese miteinander verbindet. Peirce (1931ff.), der Autor der gegenwärtigen Bedeutung des Begriffs, geht davon aus, dass es zu einer Verbindung des Zeichens mit einem Gegenstand kommt, wenn das Zeichen (mittels eines Codes oder eines kommunikativen Kontextes) eine zeichenhafte Wirkung im Bewusstsein des Interpreten hervorruft, da es in ihm einen anderen Zeichen-Interpretanten generiert. Dieser Interpretant macht aus dem dynamischen Gegenstand (einem Kontinuum) des ersten Zeichens einen unmittelbaren Gegenstand (einen Referenten) und stoppt (vorübergehend) den in Gang gesetzten Prozess der S. Eco (1990) illustriert dies wie folgt: «Um das Phänomen der Semiose geht es, wenn ein bestimmter Gegenstand in einem bestimmten kulturellen Kontext durch das Wort *Rose* repräsentiert wird, wobei das Wort *Rose* als *rote Blume*, als Bild einer Rose, oder als eine ganze Erzählung über die Züchtung von Rosen interpretiert werden kann.»

2. Während sich Peirce hauptsächlich mit der logischen (intellektuellen) Natur des Interpretanten beschäftigt hat, hat sein Nachfolger Morris (1938ff.) im Geist des Behaviorismus die Dimension des sozialen Verhaltens hinzugefügt. Sowohl für Peirce als auch für Morris (und auch für viele Theoretiker nach ihnen) ist aber die S. der zentrale Gegenstand der Semiotik, der die tief verwurzelte Aufteilung in eine S. der Bezeichnung und eine S. der Kommunikation dadurch in Frage stellt, dass er in beiden Dimensionen gleichermaßen enthalten ist. Ayim (1986): «Es ist nicht möglich, eine strenge und schnelle Abgrenzung zwischen der Zeichenhandlung und der Auslegung des Zeichens zu treffen – es handelt sich nicht um zwei getrennte Typen von Aktivität, sondern einfach um verschiedene Perspektiven auf ein und dieselbe Aktivität» (der S.). Eine S. bedingt nämlich die Dreigliedrigkeit eines semiotischen Systems, in dem man sich die Verbindung zwischen dem Zeichen und dem Gegenstand nur als ein Durchschreiten eines (potenziell unendlichen) Feldes möglicher Auswahlen vorstellen kann. Damit einhergehend kann keine der drei semiotischen Disziplinen – Syntaktik, Semantik, Pragmatik – ihren eigentlichen Gegenstand abgrenzen, ohne dass sie dabei verfälscht würde, da jede dieser Disziplinen sich nur mit einem Aspekt des gemeinsamen Gegenstands, der S., beschäftigt (Parret 1983).

3. Heutzutage legt die Mehrheit der Theoretiker die S. im Rahmen des kommunikativen Verhaltens aus. So hat Sebeok (1985) sie als «Fähigkeit, Nachrichten abzusondern, zu erwidern und abzugrenzen und als Fähigkeit zur Ableitung ihres Sinns» definiert. Besondere Aufmerksamkeit geschenkt wird der Entwicklung dieser Kompetenz von empirischen bis hin zu gedanklichen Daten, weil auch diese Entwicklung selbst eine Art der S. darstellt.

4. In den zeitgenössischen Untersuchungen hat der Begriff der *unbegrenzten S.* einen besonders wichtigen Stellenwert eingenommen, vor allem wegen seiner fruchtbaren Berührungen mit dem Derridaschen Begriff der *différance* und dem Luhmannschen Begriff des Sinns als unüberbrückbaren Unterschieds zwischen der Wirklichkeit (Anwesenheit) und der Möglichkeit (Abwesenheit) von Bedeutung bzw. zwischen der (jeweils mitlaufenden) Fremdreferenz und der Selbstreferenz des Zeichens. Alle drei Begriffe umfassen eine unermüdliche Erneuerung der Kontingenz, Komplexität, Andersartigkeit und Dissemination – und dadurch auch des Dissenses – im Zeichengebrauch, wozu es aufgrund der Eingebundenheit des Zeichens in ein unübersichtliches Netz differenzieller Beziehungen kommt. Es ist möglich, diese Begriffe als Folge der Eliminierung des Subjektbegriffs in seiner Rolle als Basis der Kommunikation und seiner Einbindung in ein fortlaufendes Spiel der Unterschiede zu betrachten. (P. G.)

→ Abduktion, Interpretation, Isotopie, Referenz, Verschiebung

Semiotik

(engl. semiotics, franz. sémiotique, russ. semiotika)

Die Geschichte der S. des 20. Jh.s beginnt mit de Saussure (1916). Hier wird die Linguistik als Bestandteil einer (noch nicht realisierten) *Semiologie* proklamiert, einer Disziplin, die sich mit dem Studium von Zeichensystemen *(systèmes des signes)* beschäftigen soll. Saussures Begriff wird im französischen Strukturalismus der 1960er Jahre wiederbelebt, wo ihn Barthes, Martinet, Lacan, Dumézil, Benveniste, Todorov u. a. unter dem Einfluss von Hjelmslev und Jakobson übernehmen. Aber bereits in den 1970er Jahren bemerkt man die Begrenzung des Systembegriffs, der den Prozess der Zeichenverknüpfung ausschließt, sodass der Begriff der Semiologie allmählich zugunsten des Begriffs der S. zurückgedrängt wird. Diese Verdrängung wird durch die Einsicht bekräftigt, dass die Semiologie die natürliche Sprache als Vermittler bei der Rezeption nicht-sprachlicher Zeichenkomplexe (z. B. Vorstellungen, Gedanken, Bilder, Laute, Gesten u. a.) privilegierte und dabei deren Autonomie nicht ausreichend in Betracht zog. Diese Privilegierung fand im Geist von de Saussures Idee statt, dass die Linguistik zur führenden Wissenschaft *(patron général)* der Semiologie werden sollte, weil, ihm zufolge, nichts so sehr wie die Sprache geeignet ist, die Natur des semiologischen Problems verständlich zu machen.

Infolge der Offenlegung der natürlichen Zeichen verstärkt im Gegensatz zu der Saussureschen *linguistischen* Semiologie die aus den Werken von Peirce, Morris und Frege abgeleitete *logische* S. allmählich ihren Einfluss. Sie steht auf bedeutend breiteren Grundlagen, sodass sie sich mit dem Erkenntnisgegenstand fast jeder Wissenschaft (von den Natur- über die Geistes- bis hin zu den Sozialwissenschaften) beschäftigen kann. «Es gibt wenige Wissenschaften, die das Problem des Zeichens, der Signifikation und/oder der Kommunikation übergehen können» (Pelc 1986). Nach Peirce selbst umfasst sie z. B. die Mathematik, Ethik, Metaphysik, Gravitation, Thermodynamik, Optik, Chemie, Vergleichende Anatomie, Astronomie, Psychologie, Phonetik, Ökonomie, Wissenschaftsgeschichte, Metrologie. «Es ist mir noch nie möglich gewesen, etwas zu untersuchen, ohne es als einen Gegenstand semiotischer Studien zu betrachten.» Obwohl verschiedene Aspekte semiotischen Interesses bereits in der altgriechischen, altrömischen, altchinesischen, altindischen und mittelalterlichen europäischen Philosophie vertreten waren, so hat dennoch die Peircesche Philosophie der S. den Status einer Kron- oder Rahmendisziplin zugeschrieben – bis dahin war sie Bestandteil der Philosophie. So wird die S. z. B. bei John Locke in seinem *Essay on Human Understanding* (1690), in dem der Terminus erstmals erwähnt wird, mit der Logik gleichgesetzt. De Saussure ordnet sie noch der allgemeinen Psychologie unter. Erst nach der Rezeption der

Lehre von Peirce (die übrigens an der Grenze des 19. zum 20. Jh. entwickelt wurde) wurde eine Definition von S. möglich, wie sie auch in der ersten Nummer der *Zeitschrift für Semiotik* (1979) gegeben wird: «Die Semiotik untersucht als Wissenschaft von den Zeichenprozessen alle Arten von Kommunikation und Informationsaustausch zwischen Menschen, zwischen nichtmenschlichen Organismen und innerhalb von Organismen. Sie umfasst also zumindest teilweise die Gegenstandsbereiche der meisten Geistes- und Sozialwissenschaften sowie der Biologie und Medizin.» Viele Forscher sehen allerdings ihren wissenschaftlichen Status ein wenig reserviert an, sodass sie lieber von einem Projekt oder einer Lehre denn von einer Wissenschaft sprechen.

1. Die S. weist zwei grundlegende Interessensausrichtungen auf, die eine im Hinblick auf die Generierung von Bedeutung in einem Zeichen, die andere im Hinblick auf Beziehungen zwischen Zeichen. Die erste Richtung hat das Saussure'sche und Hjelmslev'sche dyadische (bilaterale) Zeichenmodell hervorgebracht, die andere das Peirce'sche und Morris'sche triadische (trilaterale).

(a) De Saussure führt die Begriffe des Signifikanten (des Lautbildes) und des Signifikats (einer Idee oder eines Begriffs) als durch Konventionalität oder Arbitrarität verbundene Bestandteile eines sprachlichen Zeichens ein. Da jedoch Sprecher einer natürlichen Sprache diese Willkürlichkeit nicht bemerken, erfahren sie diese beiden Bestandteile, die sich in ihrem Bewusstsein miteinander assoziieren, als unzertrennlich wie «zwei Seiten eines Blatts Papier».

Was aber dem Zeichen seine endgültige Identität im Gedächtnis der Angehörigen einer sprachlichen Gemeinschaft verschafft, ist nicht die Beziehung zwischen seinen Bestandteilen, sondern der Unterschied, der das Zeichen von den anderen Zeichen im gegebenen Zeichensystem trennt und ihm einen bestimmten *Wert* verleiht. Auf diese Weise verliert das Zeichen seine physikalisch-materielle Existenz (die es z. B. in der Konzeption von Morris hat) und wird zu einer ausschließlich mentalen Größe. Der Signifikant ist bei de Saussure ein «psychischer Eindruck» eines Lauts oder seine «sensorische Vergegenwärtigung», aber auf keinen Fall der Laut selbst in seiner materiellen Erscheinung. Ebenso wenig sind Signifikate für ihn «Vorstellungen, die schon vor dem Wort existieren», sondern Vorstellungen, die durch das differenzierende Netz der Sprache bestimmt werden. De Saussure ist derart uninteressiert an der indifferenten materiellen Erscheinung der Welt, dass er aus seiner Linguistik das Ding *(la chose)* als prä-semiotische Substanz ausschließt. Wirklichkeit wird für ihn erst durch die kollektiv gestaltete Struktur des Bewusstseins von Individuen geschaffen.

(b) Hjelmslev (1943/61) hat die Ausrichtung der Saussureschen Linguistik auf Form und System bis an ihre Grenze geführt. Seine Zeichenkonzeption hat er auf ein derartiges Abstraktionsniveau gehoben, dass sie begann, für jedes der

Sprache analoge Zeichensystem Gültigkeit zu beanspruchen, nicht nur für die natürliche Sprache. Solche Zeichensysteme nennt Hjelmslev S.en (worin ihm Greimas mit seinem Begriff der *sémiotique-objet* folgt). Das führt ihn dazu, die Semiologie de Saussures in Metasemiotik umzubenennen. Somit wäre die Linguistik eine Metasemiotik, deren Objekt-S. die natürliche Sprache ist.

Hjelmslev nennt sprachliche Zeichen *Glosseme* (weshalb seine Lehre die Bezeichnung *Glossematik* trägt) und unterteilt sie in eine Ausdrucks- und Inhaltsseite. Jede dieser Seiten besteht aus einer Form, einer Substanz und Materie. Ausdrucks- und Inhalts*form* schaffen ein abstraktes System von Beziehungen zwischen ihren Minimaleinheiten (Figuren), die gemeinsam das Zeichen im engeren Sinn als den wahren Gegenstand der Glossematik bilden. Durch die *Substanz* von Ausdruck und Inhalt erhält ein Zeichen seine natürlich-sprachlichen Merkmale. Während Ausdrucks- und Inhaltsform durch eine Zeichen*funktion* miteinander verbunden sind, ist die Form als Kern des Zeichens mit der Substanz als seiner Umgebung durch eine Relation der *Repräsentation* verbunden. Ein Zeichen repräsentiert nach Hjelmslev nicht, was außerhalb von ihm (in der sog. gegenständlichen Welt) existiert, sondern es repräsentiert nur seine Substanz (und das auf *beiden* Seiten, der Ausdrucks- und Inhaltsseite). Außerhalb des Zeichens existiert nur dem Bewusstsein unzugängliche, ungestaltete, amorphe *Materie* oder Stoff (ebenfalls auf beiden Seiten).

Damit ist aber erst die Struktur des denotativen Zeichens beschrieben, das sich semantisch in ein konnotatives Zeichen oder in ein Metazeichen ausweiten kann. Ein konnotatives Zeichen entsteht dadurch, dass es ein denotatives Zeichen als seine Ausdrucksseite nimmt und ihm eine neue Inhaltsseite zuordnet. Und ein Metazeichen entsteht dadurch, dass es ein denotatives Zeichen zu seinem Inhalt nimmt und ihm eine neue Ausdrucksseite zuordnet. Doch innerhalb dieser groben Untergliederung sind noch weitere Differenzierungen der Ausdrucks- und Inhaltsebenen möglich.

2. Wie im Fall von Hjelmslev hat auch bei Peirce die Abstraktheit, Schwierigkeit und Differenziertheit seines Denkens die Rezeption seiner Ideen verzögert und reduziert. Bei Peirce, dessen gesammelte Werke fast zwei Jahrzehnte nach seinem Tod (1931) allmählich herausgegeben wurden, musste man (mit der Ausnahme von Morris) noch drei Jahrzehnte auf erste relevante Reaktionen warten, die dann allerdings in der Tat reichhaltig waren.

(a) Peirce führt in seine Zeichentheorie folgendermaßen ein: «Ein Zeichen oder Representamen ist etwas, das für jemanden in gewisser Hinsicht oder Fähigkeit für etwas steht. Es wendet sich an jemanden, d. h. es erzeugt im Geist dieser Person ein äquivalentes Zeichen oder vielleicht ein mehr entwickeltes Zeichen. Das Zeichen, welches es erzeugt, nenne ich den *Interpretanten* des ersten Zeichens. Das Zeichen steht für etwas, sein *Objekt*. Es steht für dieses

Objekt nicht in jeder Hinsicht, sondern im Hinblick auf eine Art Idee, die ich manchmal als *Grund* des Representamen bezeichne.» Ein Zeichen hat somit drei funktionale Korrelate: Representamen, Objekt und Interpretant, zwischen denen komplexe Beziehungen entstehen. Zum Beispiel generiert das Representamen einen Interpretanten (d. h. eine zeichenhafte Wirkung auf den Interpreten), und damit beginnt der Prozess der Semiose. Wegen dieses Interpretanten nun, der ein Representamen immer auf eine bestimmte Art «profiliert», kann nicht einmal das Representamen selbst ein Objekt vollständig, sondern nur partiell vermitteln. Das heißt, dass er aus einem nicht-darstellbaren *dynamischen* Objekt ein vorstellbares *unmittelbares* Objekt aussondert. Diese Ableitung erfolgt entweder mittels einer Empfindung (unmittelbarer Interpretant), einer Handlung (dynamischer Interpretant) oder aber gedanklicher Gewohnheit (finaler Interpretant). Ein jeder so entstandener Interpretant *kann*, aber *muss nicht* eine weitere Verknüpfung von Interpretanten, d. h. eine Semiose *(semiosis)* verursachen.

(b) Morris hat in den 1930er und 1940er Jahren einige der dargelegten Errungenschaften der allgemeinen S. von Peirce mit dem symbolischen Interaktionismus seines Lehrers Herbert Mead verbunden und somit eine behavioristische Zeichentheorie geschaffen. Diese stellt die Grundlage für viele Einzelwissenschaften dar, für die sie ein Mittel ihrer Vereinigung bildet. Auch bei Morris ist die Zeichenstruktur triadisch. Sie besteht aus einem Zeichenträger *(sign vehicle)*, einem Interpretanten und einem Denotat bzw. einem Designat. Die Beziehungen zwischen den Zeichenträgern studiert die *Syntaktik*, die Beziehungen zwischen dem Zeichenträger und dem Designat die *Semantik* und die Beziehung zwischen Zeichenträger und dem Interpreten bzw. Interpretanten die *Pragmatik*. Somit beschäftigt sich jede dieser drei semiotischen Disziplinen mit einer der Dimensionen der Semiose. Die behavioristische Ausrichtung drückt sich in der Morris'schen Behandlung des Zeichens als eines Mittels aus, mit dem man bestimmte Ziele erreicht. Ein Zeichen ist für ihn ein instrumenteller Gegenstand, der «das Verhalten im Hinblick auf etwas lenkt, das augenblicklich kein Reiz ist» (1946). Es ruft im Interpreten eine Disposition zur Reaktion *(disposition to respond)* hervor, die sich, gemäß ihren Auswirkungen, in eine bestimmte Verhaltensklasse oder -familie *(behavior family)* einordnen kann und als solche empirischer Untersuchung unterliegt. So wird die Ersetzung der logischen Zeichentheorie bei Peirce durch sozialpsychologische Parameter bei Morris offensichtlich. Sie dienen ihm als Grundlage für eine Typologie der Zeichen, die sich auch selbst, nach den Reaktionen, die sie im Interpreten hervorrufen, in «Familien» untergliedern.

3. Beide semiotische Hauptrichtungen, die «systematische» und die «transaktionelle», sind auf ein lebhaftes Echo in der Literaturtheorie gestoßen und

hier angewendet worden. Die Saussure'sche Semiologie hat den französischen Strukturalismus der 1960er Jahre dominiert. Das Modell von Hjelmslev hat tiefe Spuren in den Arbeiten des frühen Barthes (vgl. Konnotation, Mythos) und Greimas (vgl. Viereck, Grammatik) sowie allgemein in der Narratologie hinterlassen. Auch die S. der Tartuer und Prager Schule ist insbesondere auf Systeme und Bezeichnungsverfahren ausgerichtet. Die Peircesche Tradition haben im Gegensatz dazu Riffaterre (1978; vgl. Hypogramm) und Eco (1976, 1979, 1984, 1987, 1990) verfolgt (vgl. Rhizom, Sem, Semantik).

4. Wie die übrigen gegenwärtigen literaturtheoretischen Schulen pflegt auch die S. lebhafte dialogische Beziehungen mit anderen theoretischen Richtungen. Am nächsten ist ihr auf jeden Fall der Strukturalismus, mit dem sie viele Berührungspunkte hat. Ein erster Berührungspunkt ist die polemische Beziehung zu Empirismus, Historismus und Positivismus, ebenso aber auch zur phänomenologischen Kritik wegen deren Bevorzugung der Elemente vor den Relationen. Ein zweiter Punkt ist das Operieren mit Begriffen wie Opposition, Kontrast, Funktion, Transformation, System, Text, Zeichen und Ebene. Ein dritter Punkt liegt in der Übereinstimmung bei der Privilegierung der Analyse über die Interpretation. Das hat viele Theoretiker zu einer Gleichsetzung von Strukturalismus und S. geführt. So schreibt z. B. Culler (1975), «dass wir bei der Untersuchung von Zeichen das System der Beziehungen untersuchen müssen, welche die Produktion von Bedeutungen ermöglichen; so wie wir, umgekehrt, in der Lage sind zu bestimmen, welche Beziehungen die Elemente herstellen, nur wenn wir sie als Zeichen betrachten.»

Der Poststrukturalismus hat seinen Ausgang mit einer Kritik der tragenden strukturalistischen und semiotischen Begriffe genommen. So weist Derrida darauf hin, dass die Opposition Signifikant / Signifikat die klassische metaphysische Opposition Sinnlich / Vernünftig bzw. Äußeres / Inneres widerspiegelt, in der das zweite Glied einen «selbstverständlichen» Vorrang genießt. Nach Derrida (1972b) «hat sich die Symmetrie unbemerkt zur Seite des Signifikats geneigt und dadurch der Semiotik den Status einer Hilfstechnik im Dienst einer vorher gegebenen metaphysischen Erkenntnis verliehen; wenn sich aber die Semiotik an ihren eigentlichen Ort begibt, dann erhält der Signifikant den Status des generierenden Elements». Das Übergewicht des Signifikanten verschiebt die analytische Aufmerksamkeit vom Zeichen auf die Schrift, auf die Bedeutungskette (Lacan) oder Praxis (Kristeva) als offene Felder der Bedeutungsproduktion. Ein Signifikat kann niemals den Signifikanten einholen, weil es von ihm durch konstitutive Schranken oder eine klaffende Lücke (*béance*; Lacan) getrennt ist. Damit einhergehend verstehen die Poststrukturalisten die Bedeutungsgenerierung als einen unendlichen Prozess des Supplementierens. Doch die S. hat die Möglichkeit, auf diese kritische Herausforderung zu antworten, wenn sie ihre

Reflexion gegenüber «dem Signifikanten, der sich selbst im Text produziert», öffnet, wie das z. B. Kristeva (1969) in ihrer Semanalyse getan hat. Auf der Grundlage der Einsicht, dass Bedeutungsprozesse nicht vorhersagbar sind, gibt die S. seit den 1970er Jahren die für die «strukturalistische» Phase charakteristische Idee der Formalisierung semiotischer Systeme auf. Wenn «die plurale Reihe von Zeichenpraktiken weder Anfang noch Ende hat», dann «macht der Widerspruch die Hauptmatrix jeder Bedeutung aus» (Kristeva). Das semiotische Interesse wendet sich hin zur Semiose (Silverman 1983).

Diese Wende zeigt sich am besten in den Werken von Eco (1968, 1976, 1979, 1984, 1990, 1992). Im kritischen Dialog mit verschiedenen Schulen (der Hermeneutik, Rezeptionstheorie, Dekonstruktion, Diskursanalyse) entwickelt Eco die Konzeption einer Kulturenzyklopädie, die nach der Art eines Rhizoms aufgebaut ist. Seine S. hat den Raum für die Anknüpfung z. B. an die marxistische (Lewis 1985) oder feministische (Lauretis 1984, 1986) Kritik geöffnet. «Man könnte sich angesichts der unbestreitbaren Tatsache, dass die Literatursemiotik seit den 60er Jahren stets auf von außen kommende Forderungen reagieren musste – in den 70er Jahren auf soziologische und sozialhistorische, in den 80er Jahren auf psychoanalytische –, die Frage stellen, worin (...) ihr spezifisch *semiotischer* Beitrag liege. Folgende Antwort zeichnet sich ab: Er liegt in der interdisziplinären, übergreifend-kulturtheoretischen Perspektive (...). Produktion und Rezeption von Zeichen erscheinen in semiotischer Sicht lediglich als Teilsektoren umfassenderer Produktions- und Rezeptionskreisläufe von ineinandergreifenden Zeichensystemen einer Kultur» (Link/Paar 1991). Mit dieser zeitgenössischen Einsicht korrespondiert die S. heutzutage mit theoretischen Ausrichtungen wie der psychoanalytischen Kritik, der empirischen Literaturwissenschaft, der Systemtheorie, der Mentalitätsgeschichte oder dem New Historicism. (P. G.)

→ Abduktion, Arbitrarität, Ausdruck, Bedeutung, Begehren, Code, Denotation, Differenz, Ebene, Entropie, Funktion, Ikon, Index, Information, Inhalt, Isotopie, Kommunikation, Medium, Nachricht, Opposition, Prager Schule, Pragmatik, Redundanz, Referenz, Sem, Semanalyse, Semantik, Semiose, Signal, Signifikant, Signifikat, Signifikation, Spiegel, Symbol, System, Tartuer Schule, Text, Verschiebung, Viereck, Zeichen

Sequenz

(engl. sequence, franz. séquence, russ. sekvencija)

Für Barthes (1966) ist die S. eine Reihe miteinander verbundener Kernfunktionen des Erzähltextes, die unter einem Namen zusammengeführt werden können. So beinhaltet z. B. «das Konsumieren» Bestellung, Empfang, Bedienung, Verbrauch, Bezahlung. Weil die S. in jeder ihrer Funktionen eine Alternative enthält, nennt Barthes sie «gefährdete logische Einheit»: Immer kann man sich auch eine andere Reihenfolge der Ereignisse vorstellen. Weil die Benennungen einander im Laufe des ganzen Leseprozesses abwechseln, kann jede S. zur Funktion einer ihr übergeordneten S. werden.

Bremond (1973) stellt die elementare S. als Triade von anfänglichem virtuellem Zustand, der Aktualisierung als Übergang und dem Endresultat dar. Prince (1987) definiert die S. als eine Reihe von Situationen und Ereignissen, von denen die letzte eine teilweise Wiederholung oder Umformung der ersten sei. So wird die S. zum kleinsten Abbild der Erzählung erklärt. (B. D.)

→ Ereignis, Geschichte, Kern, Motiv

Signal

(engl., franz., russ. signal)

S. ist ein intendierter Index. Er ist eindeutiger als der Index, weil er einerseits nicht unwillentlich gesendet wird, andererseits weil auch die Verbindung zwischen seinem Ausdruck und seinem Inhalt im hohen Maß zur Konvention geworden ist. So ist z. B. Augenzwinkern ein S., wenn es vorsätzlich ist, und ein Index, wenn es von einem Span oder durch Neurose verursacht wird. Das S. ruft üblicherweise eine spontane und unmittelbare Antwort hervor. Da es aber an bestimmte Konventionen oder Codes gebunden ist, kann es außerhalb der Gemeinschaft, in der es benutzt wird, unverständlich wirken. Deswegen wird z. B. die Eindeutigkeit, ja sogar die Wahrnehmbarkeit der *Gattungssignale* in Zweifel gezogen.

Bühler (1934/1965) benutzt den Begriff des S.s in breiterer Bedeutung, wenn er unter S. jedes Zeichen versteht, bei dem die Orientierung auf die Reaktion des Hörers dominiert. (B. D.)

→ Appell, Illokution, Index, Symbol, Zeichen

Signifikant

(engl. signifier, franz. signifiant, russ. oboznačajuščee)

1. In der Zeichentheorie de Saussures ist der S. als «lautliches Bild» *(image acoustique)* eine mentale Größe, keine physikalische (wie z. B. bei Morris). De Saussure definiert dieses lautliche Bild als psychischen Eindruck eines Lauts, die Repräsentation, die das Zeugnis unserer Sinnesorgane von diesem Laut bietet. Aber die Psychologie des Rezipienten, auf die sich die Konstitution des sprachlichen Zeichens vermittels der assoziativen Verknüpfung seiner Bestandteile in dieser Formulierung offensichtlich stützt, ist keine individuelle, sondern eine kollektive. Das Inventar des Sprechers an Bildern und Vorstellungen ist sozial bedingt, sodass Zeichen hierdurch in einem kollektiven Gebrauch gefestigt werden. S.en sind nach de Saussure für jeden unmittelbar erkennbare Formen.

2. Dass S.en außer der Form auch *Substanz* und *Materie* enthalten, postuliert Hjelmslev (1943 / 1961) in seiner glossematischen Konzeption, wobei er in etwa den psychologischen Ansatz de Saussures mit dem physikalischen Morris' vereinbart. Indem er den S.en in «Ausdrucksebene» *(expression plane)* und das Signifikat in «Inhaltsebene» *(content plane)* umbenennt, teilt Hjelmslev beide Ebenen des Zeichens in Form und Substanz ein und erhält ein Vier-Ebenen-Modell (bzw. ein «vierschichtiges» Modell, denn Hjelmslev benutzt alternativ auch den Begriff *stratum*) (vgl. Viereck). Im Unterschied zu de Saussures Begriff der gestaltlosen Substanz versteht Hjelmslev hierunter jedoch bereits Strukturen in den natürlichen Sprachen, sodass er für den gestaltlosen, unkenntlichen Stoff, aus dem Ausdruck und Inhalt erst entstehen, einen dritten Begriff einführen muss. In der dänischen Ausgabe der *Prolegomena* (1943) war dies noch der «Sinn» *(meaning)*, in der autorisierten englischen Übersetzung (1961) tritt das bedeutungsgleiche Wort *purport* ein, und erst in der Ausgabe von 1974 entscheidet sich Hjelmslev für den Terminus «Materie». Die Materie ist aufgrund ihrer aristotelischen reinen Potenzialität (d. h. der Weigerung, irgendeine ihrer Möglichkeiten zu realisieren) der Erkenntnis unzugänglich, bevor sie durch Substanz geformt wird. Durch diesen Terminus lässt sich gemäß Hjelmslev u. a. ausdrücken, dass ein und dieselbe Materie, z. B. die lautliche, graphische usw., zur Manifestation unterschiedlicher semiotischer Formen dienen kann. Hjelmslevs endgültiges Modell umfasst insofern sechs Ebenen, von denen nur Ausdrucksform und Inhaltsform das sprachliche Zeichen im engeren (Saussureschen) Sinn und somit den Gegenstand der systemischen Glossematik ausmachen. Hinsichtlich des S.en ist festzustellen, dass seine *Materie* die Gesamtheit seiner artikulatorischen Möglichkeiten in allen Sprachen ausmacht, seine *Substanz* die für die jeweilige natürliche Sprache spezifische pho-

nologische Struktur, und seine *Form* das abstrakte System der Beziehungen, das dieser Substanz zugrunde liegt. Wie de Saussure beharrt auch Hjelmslev darauf, dass S. und Signifikat untrennbar (solidarisch) miteinander verbunden sind. Das Verhältnis zwischen beiden nennt er die Zeichenfunktion.

3. Aber gerade diese These, welche die Abgeschlossenheit des Inventars sprachlicher Zeichen impliziert, wurde seit Ende der 1950er Jahre allmählich in Frage gestellt. Jakobson (1957 / 1971) zeigt auf, dass es S.en gibt, zu denen ein Rezipient kein entsprechendes Signifikat spontan assoziieren kann, da dieses Signifikat in erheblicher Weise vom Kontext abhängig ist, in dem der S. verwendet wird. Hier geht es um deiktische Elemente wie *ich, du* oder *sie*, die kontextuelles Vorwissen erfordern, um eine Bedeutungsidentifikation zu erhalten. Eine ähnliche Kontextabhängigkeit weisen sowohl S.en oberhalb der Satzebene auf, die «Mytheme», welche ungefähr zur gleichen Zeit von Lévi-Strauss (1958) untersucht wurden, als auch die S.en der untersten grammatischen Ebene, die Phoneme. All diese, und offensichtlich auch die übrigen S.en der dazwischen liegenden Ebenen, «driften», weil eigentlich keine Zeichen existieren, die diachron und synchron beständig wären. Ihr denotativer Gehalt ist, wie sich zeigt, bereits intern konnotativ durchdrungen und insofern situativ variabel.

4. Aus diesem Grund verlegt Lacan die konstitutive Schranke, die in de Saussures Zeichenkonzeption das Zeichen vom Gegenstand trennt, zwischen S. und Signifikat, wodurch die Möglichkeit ihrer Vereinigung aufgehoben wird. Da sich das Signifikat ständig dem S.en entzieht, wird der S. hin- und hergetrieben. Jeder echte S. als solcher ist ein S., der nichts bezeichnet. Je mehr er nichts bezeichne, desto unanfechtbarer sei er, so Lacan (1955–1956 / 1981). Lacan (1955 a / 1966) illustriert dies u. a. anhand der Erzählung E. A. Poes *The purloined Letter*, wo er zeigt, dass der Inhalt des Briefs davon abhängt, ob ihn die Königin, der Minister, Dupin oder der Polizeipräfekt besitzt. Im ständigen Umlauf zwischen diesen Personen wird seine Bedeutung aufgeschoben oder vorenthalten. Gemäß Lacan ist Sprache ein S.en- und nicht ein Zeichensystem, was bedeutet, dass nur positionelle, keine endgültigen Werte bestehen. Lacans Lehre bewirkte eine Neufassung der Beziehungen zwischen Text und Kontext, nämlich in Analogie zur Relation zwischen dem Bewussten und dem nicht zu greifenden Unbewussten. Indem der Kontext als «singulärer Signifikant», auf den alle anderen S.en – ihn zugleich entstellend – verweisen (Lacan 1964 / 1973b), immer nur latent und interpretationsbedürftig ist, kann die Textbedeutung unmöglich ohne ideologischen «Steppstich» *(point de capiton)* zusammengesetzt werden. (Th. M.)

→ Arbitrarität, Denotation, Metapher, Signifikat, Viereck

Signifikat

(engl. signified, franz. signifié, russ. oboznačaemoe)

1. Nach de Saussure (1916) besteht jedes Zeichen aus einem Signifikanten als «Lautbild» oder «-eindruck» (*image* oder *impression acoustique*) und einem S. als Begriff oder Vorstellung *(concept, idée)*; diese beiden bilden zwei Seiten eines Blatts Papier. Untrennbar miteinander verbunden sind sie aufgrund der psychologischen Assoziationen, die im Redefluss zwischen Emittent und Perzipient umlaufen. Aber trotz dieser Verquickung als Folge lang dauernder kommunikativer Praxis ist der Bezug zwischen ihnen doch konventionell und arbiträr, was durch die Tatsache bestätigt wird, dass unterschiedliche Sprachen unterschiedliche Lautbilder für den gleichen Begriff aufweisen. Der Begriff entsteht ausschließlich durch (auditive oder visuelle) Perzeption des Signifikanten, denn dieser allein ist physikalisch existent und sinnlich wahrnehmbar; das S. verfügt nicht über eine solche physikalische Existenz und ist amorph, bis es durch eine Vernetzung der oppositiven Merkmale von Signifikanten herbeigerufen wird. De Saussure schreibt, dass keine fertigen Vorstellungen bestehen und dass nichts festgelegt ist vor dem Erscheinen der Sprache. Aber die Sprache wiederum wird nur aus Oppositionen, nicht durch positive Bestimmungen gebildet. So erscheint das S. immer als Resultat der Beziehungen eines Signifikanten mit einem anderen. De Saussure lässt die von einem sprachlichen Zeichen bezeichnete Sache *(chose)*, den Referenten, völlig außer Betracht.

2. Um welche argumentative Schwierigkeit es hier geht, geben die radikalen Konsequenzen zu erkennen, die Derrida (1967b) aus seiner These vom Primat des Signifikanten über das S. zieht. Derrida beklagt den Logozentrismus bzw. die Metaphysik des *Anwesenden* in der westlichen Denkweise, die sich darin äußert, dass das freie Spiel der Signifikanten durch *transzendentale Signifikate* gezügelt wird, sei es in Gestalt des Subjekts, des Objekts, der Materie, Gottes, des Ursprungs, der Wahrheit, des Phallus. Die Dekonstruktion wendet sich gegen solche letzten Zufluchtsorte z. B. des Textes in der Bedeutung oder der Erzählung im Telos und befürwortet deren Auflösung im Spiel der Signifikanten. Die Sprache ist für Derrida keine bloße Umleitung auf dem Weg zwischen zwei Anwesenheitsformen, einer verlorenen und einer wieder genommenen; sondern sie ist ein Medium der *Différance*, das die Geschichte völlig durchstrukturiert. Deshalb besteht das S. in seiner Konzeption losgelöst von irgendeinem festen Ruhepunkt.

3. Morris (1938) führt in seinem triadischen Zeichenmodell einen Unterschied zwischen Denotat und Designat ein, wobei er Letzteres später (1934/1946) «Signifikat» *(significatum)* nennt. Während das Denotat den kon-

kreten Gegenstand bezeichnet, auf den sich ein Zeichen bezieht, stellt das S. (Designat) eine *Klasse* von Gegenständen dar, wie sie der Interpret des Zeichens durch seine Attribution rekonstruiert. Das S. enthält die Bedingungen, die erfüllt sein müssen, damit etwas Denotat heißen kann. Jedes Zeichen muss also ein S. haben, nicht aber auch ein Denotat. Die Begriffe «Designation» und «Denotation» im Verständnis von Morris decken sich in etwa mit den Begriffen «Bedeutung» und «Referenz» in der Sprachphilosophie.

4. Eine etwas andere Einteilung des S.s führt Hjelmslev in seiner Glossematik ein. Zunächst bezeichnet er als S. die Inhaltsebene *(content plane)* des Zeichens. Diese teilt er ein in (1) die *Materie* des Inhalts als die «amorphe abstrakte Masse», aus der sich (2) die *Substanz* des Inhalts in der natürlichsprachlichen Strukturierung herausbildet. Die Substanz umfasst gleichermaßen gedankliche und gegenständliche Korrelate (die also dem S. und Denotat nach Morris entsprechen). Die *Form* des Inhalts hingegen als dritter Aspekt dieser Ebene ist ein abstraktes Netz semantischer Beziehungen, das der so verstandenen Substanz zugrunde liegt.

5. Jede der hier erläuterten Konzeptionen des S.s ist in die Literaturtheorie eingegangen. De Saussures Ausklammerung des Gegenstands zugunsten des S.s fand eine besonders positive Aufnahme in antimimetisch orientierten Richtungen des Strukturalismus und der Semiotik, die in der Literatur eher eine Signifikationspraktik denn eine mimetische Praktik sehen wollen. So hat z. B. Genette (1972) dem S. die Geschichte *(histoire)*, dem Signifikanten den Diskurs zugrunde gelegt, während der Konstituierungsakt des Erzählzeichens mit dem Begriff des «Erzählens» *(narration)* belegt wird. (Th. M.)

→ Denotation, Inhalt, Signifikant, Viereck, Zeichen

Signifikation

(engl. signification, franz. signifiance, russ. signifikacija)

1. Der Begriff S. umfasst in der Semiotik bei strikter Anwendung die Beziehung zwischen Zeichen und Gegenstand (Referent), er ist also identisch mit dem, was in der Sprachphilosophie als «Referenz» bezeichnet wird. Er begegnet jedoch auch in freierer Verwendung. Sein Verhältnis gegenüber dem Begriff der Kommunikation definieren Prieto (1975) und Eco (1976) auf diametral gegensätzliche Weise. Für Prieto ist «S.» jeder Prozess der Informationsübertragung, während als «Kommunikation» nur ein solcher Prozess gilt, der von einer Intention des Emittenten getragen ist. Da es bei der S. keine Intention gibt, sind die Zeichen, deren sie sich bedient, vornehmlich Indices, Signale und

Symptome, die erst vom Empfänger Betrachtung und Diagnose erfahren (im Unterschied zum kommunikativen Signal, das verstanden werden soll). Für Eco hingegen ist «Kommunikation» der weitere Begriff, der jeden Informationsfluss umfasst, während S. bei ihm nur als die sprachlich codierten Botschaften der menschlichen Kommunikation zu verstehen ist.

2. Zu Beginn der 1970er Jahre führten Barthes und Kristeva einen Begriff der «Signifianz» im Gegensatz zur «Signifikation» ein. Von «Signifikation» sprechen sie in Bezug auf Texte eines geschlossenen Typus, bei denen die Verbindung zwischen Zeichen und Gegenstand dank der Dominanz symbolischer (bewusster) Modalität über semiotische (unbewusste) Modalität rekonstruiert werden kann. Von «Signifianz» sprechen sie in Bezug auf Texte eines offenen Typus, wo das freie Spiel der Signifikanten in einen intertextuellen Raum führt, was davon zeugt, dass der Urheber des Textes semiotischen Pulsionen überantwortet ist. Solche Texte bereiten Genuss *(plaisir)*, weil sie eine ebensolche Überantwortung auch aufseiten des Rezipienten ermöglichen, von dem eine «korrekte Interpretation» nicht mehr erwartet wird. Kristeva (1974) stellt eine solche (freie) Signifianz in den Texten Mallarmés und Joyce', Barthes (1971, 1973) bei de Sade, Fourrier und Flaubert fest. In Barthes (1973) wird die Signifianz definiert als «Richtung/Sinn in dem, was sinnlich hervorgerufen wird». Dies stellt auf die Körperseite der Rezeption ab bzw. auf eine Abwandlung der gewohnten Konfiguration des Wahrnehmungsprozesses beim Leser. (Th. M.)

→ Bedeutung, Genuss, Semanalyse, Signifikant, Text

Situation

(engl., franz. situation, russ. situacija)

Ein Begriff, der in die moderne Literaturtheorie hauptsächlich in der Tradition der Geistesgeschichte (Sitz im Leben), der phänomenologischen Kritik, Hermeneutik, Pragmatik, Aussagentheorie, Diskursanalyse und Rezeptionstheorie Eingang findet, um eine der Instanzen zu bezeichnen, welche die Produktion und das Verstehen der Aussage, des Diskurses oder Textes determinieren. Sein Bedeutungsgebrauch variiert vom weitesten Fach, wenn er eine Epoche oder einen Zeitraum bezeichnet, bis zu engsten Fächern, wenn er eine spezifische Lage in der Kommunikationsstruktur oder im Literatursystem einer Gemeinschaft bezeichnet. Damit ist auch seine Ableitung aus den Geistes-, Geschichts- oder Weltbegriffen einerseits, den Akt-, Handlungs-, Aufführungs- und Präsuppositionsbegriffen andererseits verbunden.

1. Eine Schlüsselrolle erhielt der Begriff S. zunächst in der existenzialistischen Konzeption Sartres (1947), wo er eine Verbindung zwischen der existenziellen Bedingtheit und dem individuellen Projekt (wie Sartre Heideggers Begriff *Entwurf* übersetzt) impliziert, durch das der Mensch die gegebenen Umstände transzendiert. In der ersten Phase hat diese Bedingtheit noch die fundamental-ontologische Konnotation der Heideggerschen Geworfenheit, bekommt aber später konkretere soziale Merkmale dessen, was Sartre die «Welt der zwischenmenschlichen Beziehungen» *(intermonde)* nennt, was bedeutungsmäßig mit dem Bewandtniszusammenhang Heideggers verwandt ist. In *L'être et le néant. Essai d'ontologie phénoménologique* (1943) bemerkt er, man befinde sich in einer Welt, die bereits von Bedeutungen durchdrungen sei und die Bedeutungen widerspiegele, welche man ihr nicht verliehen habe, und in *L'idiot de la famille* (1971 / 72) konstatiert er, der lebende Mensch erlebe den Sinn des Lebens durch die Gesellschaft, in der er lebe, und durch die Eltern, die ihn erziehen. Dem liegt die Idee zugrunde, dass die Ausgangssituation des Menschen durch Zufall gekennzeichnet ist (in dem Sinn, dass er sie nicht selbst gewählt, sondern mit der Geburt vorgefunden hat). Wenn aber der Mensch imstande ist, seine «epochale Geworfenheit» (als «Defizit, in dem er leben muss») zu akzeptieren, dann wird er den Zufall «negieren» können, um sich selbst als Einzelnen in der kollektiv gegebenen Allgemeinheit hervorzubringen. Für Sartre ist also der Begriff der S. mit jenem der Verantwortung eng verbunden, was er auch 30 Jahre lang an einer Reihe seiner Bücher, die im Titel den Begriff *Situation* tragen, sichtbar machte. In ihnen hat er moderne Schriftsteller, Künstler und Zustände einer kritischen, manchmal geradezu moralistischen Analyse unterworfen.

2. In der hermeneutischen Tradition wird gewöhnlich von der dialogischen S. gesprochen, die im Grunde zwei S.en in sich enthält. Die erste ist die S. des Autors, deren Merkmale sich gegen dessen Intention in einem geschichtlichen Horizont in den Text einschreiben, den er nicht kontrollieren kann. Der Horizont bringt eine Kluft zwischen der ausgedrückten und der intendierten Bedeutung oder zwischen der Bedeutung und dem Sinn des Textes hervor, nämlich genau jene Kluft, die den Text für den Leser verfremdet und damit eine hermeneutische Herausforderung produziert. Diese Kluft muss freilich nicht durch die geschichtliche Ferne der S. des Autors von jener des Lesers hervorgerufen werden. Sie kann auch durch die Verdrängung gezeitigt werden, welche die soziale Machtverteilung in der gegebenen S. beim Autor auslöste, sodass er sich nunmehr figurativ statt direkt, fiktiv statt realistisch, privat statt öffentlich ausdrückt. Dem Leser steht dann die Aufgabe bevor, durch geduldigen dialogischen Austausch von Fragen und Antworten den Textsinn aus dem Zustand der Vorenthaltung zu befreien und somit eine *symmetrische* dialogi-

sche S. herzustellen. Auf der Linie dieser Argumentation bewegt sich auch die sog. psychoanalytische Hermeneutik (Ricœur 1965; Habermas 1968), aber auch die semiotische Texttheorie (Kristeva 1969, 1974; Riffaterre 1978).

Gadamer hingegen hebt die S. des Interpreten im Dialog hervor (1960, 1965, 1975). Sie ist durch ihre Befangenheit in der sprachlichen Tradition der Gemeinschaft von unaufhebbaren Vorurteilen, Vormeinungen und Vorbehalten gekennzeichnet, die ihren Verstehenshorizont strukturieren. Nur von einem solchen Situationshorizont her kann der Interpret sich auf den Texthorizont beziehen und in ihm nach der Lösung seines eigenen Problems oder seiner Frage suchen. Eine Lösung des Problems des Autors steht außer Frage. Zur Verschmelzung der Horizonte kommt es in jenem Moment, wenn der Interpret diese Lösung erkennt und so den Texthorizont bereichert, indem er eine neue Etappe seiner Wirkungsgeschichte schreibt.

3. Habermas (1973) reagierte kritisch auf Gadamers Thesen, weil er meinte, dass sie die dialogische S. des emanzipatorischen Potenzials berauben und ihre Teilnehmer in Gewehrsmänner der überlieferten Ideologie und damit in stillschweigende Reproduzenten der bestehenden Machtverteilung verwandeln. Nach Habermas' Überzeugung ist der Interpret verpflichtet, die Voraussetzungen seiner S. kritisch zu reflektieren, statt ihnen zum Opfer zu fallen. In der späteren Ausarbeitung dieser Thesen führt er aus, dass die S. des Verstehens nur dort bewusst wird, wo die Sprecher die Kommunikation für strategische Ziele instrumentalisieren; für die intersubjektiv-konsensuelle Standardorientierung (die vorherrschende Richtung der intersubjektiv-konsensuellen Theorie) wird der Wahrheitsanspruch der Aussage stillschweigend als selbstverständlich angenommen. Wenn aber das «Gefühl der Gruppensolidarität» fehlschlägt, bleiben nicht alle Aspekte der S. der Problematisierung gleich zugänglich. Habermas (1981) unterscheidet die objektive, soziale und subjektive Schicht der Normen und Konventionen, in deren Rücken die unerreichbare Lebenswelt in einer «eigentümlichen Halbtranszendenz» verweilt – als Gewähr der «hermeneutischen Utopie des allgemeinen und unbegrenzten Gesprächs» bzw. der «idealen Sprechsituation». Sie ist Stützpunkt der Kritik bei allen kommunikativen Verzerrungen sowie die Legitimationsinstanz des rationalen philosophischen Diskurses und seiner «universellen Vernunft». Demnach setze sich derjenige, der jenes zum Thema macht, was Teilnehmer nur voraussetzen, und der das Interpretandum reflektiert, nicht *außerhalb* des untersuchten kommunikativen Ganzen, sondern vertiefe und radikalisiere dieses vielmehr auf einem Weg, der im Prinzip *allen* Teilnehmern offen stehe.

4. Im Gegensatz zur strukturalistischen Bevorteilung der Sprache beharrt die linguistische und die literarische Pragmatik der 1970er Jahre auf der situativen Bedingtheit der Äußerungen und der Texte als dem «Vorhof ihres Codes» (Hör-

mann 1976). Sie ist es, die die Mangelhaftigkeit der streng sprachlichen Parameter verursacht und nach ihrer Überwindung vermittels nonverbaler Spuren verlangt, welche die Stellung, Mimik, Gesten, Intonation, Modulation, Rhythmus u. Ä. in der Äußerung hinterlassen. In der alltäglichen Sprechsituation geschieht diese Überwindung spontan, da sie in den Fundus des sog. gemeinsamen Wissens gehört, während das «Signalnetz» oder die «Partitur» in den literarischen Texten anspruchsvoller sind, weil sie Bildung im Bereich des sog. «allgemeinen Wissens» voraussetzen (van Dijk 1977). Wegen solcher «Entpragmatisierung» (Iser 1976) ist es vielleicht besser, im Fall von literarischen Texten vom Kontext statt von der S. zu sprechen. Der literarische Text begnügt sich nämlich nicht mit den gegebenen Sinnsystemen der S., in der er entsteht, sondern interveniert in sie, um ihre «Defizite» auszugleichen. (D. M.)

→ Äußerung, Deixis, Horizont, Kontext, Präsupposition

Skaz/Erzählte Rede

(engl. telling, russ. skaz)

Der Begriff ist gleichzeitig über die russische und die amerikanische Prosatheorie, wenn auch in verschiedenen Bedeutungen, in die moderne Literaturtheorie eingeführt worden.

1. Die russischen Formalisten verstehen darunter das Einführen eines mündlichen Erzählers als einer fiktionalen Gestalt in die geschriebene Erzählung mit der Absicht, dass durch seinen «skaz» in der Erzählung die Illusion lebendiger, mündlicher, individueller S. / E. R. erzeugt werde, die angeblich charakteristisch ist für alltägliche Lebensumstände. Obwohl sie erst in unserem Jh. theoretisch verifiziert worden ist, besteht eine derartige Erzähltechnik in der russischen Literatur mindestens seit der Mitte des 17. Jh.s und in anderen Literaturen schon früher (z. B. in Chaucers *Canterbury Tales*). Doch trifft es zu, dass sie, eingeführt durch Gogol und Leskov, in der russischen Literatur der 1920er Jahre besonders populär gewesen ist (Zamjatin, Babel, Vs. Ivanov, Leonov, Zoščenko).

Durch das Eröffnen dieser Problematik von S./E. R. hat Ėjchenbaum (1919, 1924) in seinen Arbeiten gleichsam versucht, Größen der Rede wie Intonation, Artikulation, Kraft, Betonung usw., welche die Formalisten schon in der Analyse des poetischen Textes herausgelöst haben, auch auf die Analyse des Prosaschaffens zu übertragen, um sie dadurch als analytisches Instrument zu verallgemeinern. Doch erweist sich hier die deutsche «Ohrenphilologie», auf die er sich dabei beruft, als kaum angemessen. Die Novelle ist dennoch besonders zum Lesen bestimmt und nicht zur szenischen Aufführung, und die Wendung der Aufmerksamkeit hin zum «Moment des Aussprechens, sozusagen der künstlerisch-vokalen Aufführung, deformiert, originell und individuell, die objektive Struktur des literarischen Werks» (Vinogradov 1926). Die Konzentration auf S./E. R. verlagert im Grunde genommen ja das Interesse per definitionem von der Struktur auf den Stil bzw. vom Handlungsablauf auf die Rede und äußert darin ihre Einseitigkeit (Ėjchenbaum 1924). Deshalb hat Vinogradov (1926) sich dafür eingesetzt, den Begriff S./E. R. von übermäßig einseitiger Gleichstellung mit der mündlichen Rede zu befreien. Zweckmäßiger ist es, die Aufmerksamkeit auf die Abgrenzung von Formen und Funktionen zu richten, die im künstlerischen Gebrauch der «mündlichen Rede» hervortraten. Jedoch gerade dann erweist es sich als notwendig, S./E. R. als künstlerisches Äquivalent einer der Formen der mündlichen monologischen Rede zu fassen. S./E. R. ist für Vinogradov eigentlich eine «künstlerische Konstruktion zum Quadrat», denn es ist schon der Monolog künstlerisches Schaffen im Verhältnis zum «natürlichen» Dialog, und besonders der «erzählerische Monolog» des Mitteilungstyps (povestvujuščij monolog soobščajuščego tipa), in dem S./E. R. sein Modell hat. Doch auch hierbei wird, ungeachtet aller Ausgefeiltheit des Herangehens, nicht hinreichend berücksichtigt, dass die Stellung des Monologs in der Sprache und in der Literatur nicht dieselbe ist, sodass Titunik (1977) vorgeschlagen hat, S./E. R. statt als Annäherung an die mündliche Rede als Annäherung an die fremde (mitgeteilte) Rede in Bachtinschen Termini zu fassen. Im Einklang damit wird S./E. R. heutzutage verstanden in Termini des Einfügens von Erzählen in Erzählen, d. h. des einen, mitgeteilten funktionalen Gefüges in ein anderes, mitteilendes, allerdings mit den entsprechenden Unterschieden in der Stufe der Glaubwürdigkeit der einen und der anderen Ebene bzw. in den Trägern der kommunikativen Rollen.

2. In der amerikanischen Prosatheorie der 1920er Jahre wurde, inspiriert von den Kommentaren Henry James' über die eigene Romanpraxis, der Begriff S./E. R. (telling) im Gegensatz zum Begriff «Darstellen» (showing) gebraucht. Dadurch wurde der Kontrast zwischen Diegesis und Mimesis revalorisiert, der dem dritten Buch von Platons *Staat* entstammt; allerdings verknüpft Platon die Mimesis mit dem Epos, in dem ein Erzähler offen spricht, und die Diegesis mit dem Drama, in dem die Personen im Namen des Erzählers sprechen. Lubbock (1921) findet im Gegensatz die beiden Techniken im Roman, wobei er zudem in James' Geist die darstellenden Romane präferiert, in denen der Leser den Erzähler vergisst, da er sich als unmittelbarer Zeuge des Geschehens fühlt. Genette (1972) hat übrigens, indem er auf der ursprünglichen platonischen Bedeutung der Begriffe beharrte, die Möglichkeit des Darstellens (der Mimesis) im Erzähltext bestritten, und zwar deswegen, weil er per definitionem berich-

tend (diegetisch) sei. Im Einklang damit nennt er die sog. dargestellte Welt des Romans folgerichtig sein diegetisches Universum (diégèse). (R. G.)

→ Einbettung, Erzählen, Mündlichkeit, Rede

Spiegel

(engl. mirror, franz. miroir, russ. zerkalo)

1. Begriff, der in einer engen (aber nicht immer ausreichend geklärten) Verbindung mit Begriffen der Mimesis, Nachahmung, Wiederholung, Widerspiegelung, Spekulation, Reflexion, Theorie (die lateinische Übersetzung der griechischen *theoria* lautet *speculatio*), Anschauung, Vorstellung u. Ä. steht, sodass es nicht wundert, dass er in der modernen Theorie lebhafte Aufmerksamkeit auf sich zog. Er wird bereits von Abrams (1953) verwendet, der zwei europäische Konzeptionen der Nachahmung unterscheidet, die objektive und die expressive, mit der Betonung auf der letzteren, die sich aus dem «Licht der inneren Inspiration» entwickelt hat. Doch obwohl der Sp. natürlich jene erste symbolisieren sollte und obwohl er von den Realisten gern dazu benutzt wurde, um ihr künstlerisches Verhältnis gegenüber der Wirklichkeit zu veranschaulichen, haben die neueren aufmerksameren Auslegungen der angeblich programmatischen Abschnitte aus Stendhals *Lucien Leuwen* und *Rot und Schwarz* ganz klar ironische und verfremdende Konnotationen entdeckt (LaCapra 1987; Tallis 1988).

2. Daher könnte eine getreuere Spiegelung von den Fotografien, die Barthes «Mitteilungen ohne Code» nennt, als von den literarischen Texten angeboten werden. Auf ähnlichem Weg bewegt sich Eco (1984), wenn er die echten Spiegelbilder absolute Ikonen nennt, die alle Merkmale ihrer Denotate besitzen. Sie sind nämlich nicht (wie unsere Vorstellungen) von Konventionen, sondern nur vom konkreten Objekt-Referenten abhängig. Mit ihm sind sie fast wie mit der Nabelschnur wie der starre Signifikant (*rigid designator*; Kripke 1980) des Eigennamens mit der bezeichneten Person verbunden. Aber in der Sprache ist solche Starrheit unmöglich; sie kennt nur weiche Signifikanten *(slack designators)*, die allen untereinander abhängigen Zeichen eigentümlich sind (deren Referent der Definition gemäß abwesend ist). Weil sie über keine auch nur minimale Allgemeinheit als Vorbedingung der Auslegung verfügen, stellen die Sp. keine Zeichen, sondern *Prothesen* dar – Vorrichtungen, die die Tätigkeitsspannweite unserer Augen erweitern und denen wir («unter normalen Umständen») so viel Glauben schenken wie dem Auge selbst.

3. Ecos Beschreibung des Sp.s als Prothese deckt sich erstaunlicherweise mit Lacans «orthopädischer Rolle» des Sp.s im Aufbauprozess des kindlichen Ich.

Dieser zum ersten Mal auf einem psychoanalytischen Kongress 1949 vorgetragenen, doch wohl schon Mitte der 1930er Jahre entwickelten Theorie zufolge erlangt das Kind zwischen dem sechsten und achtzehnten Monat seines Lebens, im Alter der sog. verlängerten Fötalität (Abhängigkeit), durch die Identifikation mit dem eigenen Spiegelbild das Gefühl der Ganzheit seines Körpers (und dadurch die Identität seines Ich). Das so geformte Ego (und nicht das Freudsche Ich-Ideal oder Superego, wie Merleau-Ponty erklärte, der auf die Vorstellung des Ego in der frühesten kindlichen Phase nicht verzichten wollte) deutet Lacan als starres, orthopädisches Konstrukt und daher als illusionäres Gebilde, Brennpunkt der Entfremdung (ähnlich wie bei Sartre; vgl. Wilden 1968, Bersani 1977, Jameson 1977). Da sich das Ego im Bild des Anderen *(méconnaissance)* erkennt / verkennt, ist von da an in die Mitte seiner Konstitution ein (beständiger) Mangel gelegt, der nicht mehr aufgehoben werden kann. Lacan (1949 / 1966) stellt damit die einflussreiche Ego-Psychologie in Frage, die den Aufbau des starken, integralen Ego zum Ziel der psychoanalytischen Therapie setzte. Ihm zufolge sei das Ego das Zentrum aller *Widerstände* gegen die Behandlung der Symptome.

4. Gegen Lacans Beschreibung des Spiegelstadiums erhob jedoch Irigaray (1974), die sich eingehend mit dem patriarchalen Diskurs der abendländischen Philosophie von Plato bis Freud auseinander setzte, Widerspruch. Sie wirft Lacan vor (obwohl bezeichnenderweise nur in den Fußnoten des Buchs), den Spiegelaufbau des Subjekts nur dem männlichen Geschlecht zuzuschreiben, und behauptete dabei, dass durch ihn keine weibliche Identität erlangt werden könne *(«La femme n'existe pas»)*. So erscheint die Frau in der männlichen Person verzerrt, inszeniert wie eine Maske in der phallischen Ordnung des Vaters. Irigaray (1977; in dieser Essaysammlung wird die Polemik mit Lacan schon explizit) erkennt in Lacans Beharren auf der visuellen Konstitution des Subjekts «den blinden Fleck des alten Traumes von der Geschlechtersymmetrie»: Wie Freuds ist auch seine Theorie «voyeuristisch». Damit reiht sie sich vollständig ein in die idealistische Tradition der Gleichsetzung von Wahrheit und *eidos*, der vollen Anwesenheit, der gegenüber die Frau nur als Defizit, Abwesenheit, «Hohlraum», als schlechtere Version des männlichen Subjekts fungieren kann. Statt den flachen, glatten Sp. als der Rolle, die der Frau im Prozess der männlichen Identifikation zugeteilt wird, ist der Konstitution der weiblichen Identität der gekrümmte Sp. angemessener, wie der, den Frauenärzte zur Untersuchung des weiblichen Geschlechtsorgans benutzen. Dieses Instrument untergräbt die Integrität der spekulativen Mimesis und entdeckt, dass sich die Frau immer schon im Zustand der Anamorphose befindet, bei der die Gestalt undeutlich wird. So nähert sich Irigaray (1977) der Einsicht (ähnlich jener Lacans von 1964/1973b, die sie leider nicht erörtert), dass, wenn der Sp. sich

«über sich selbst beugt», die visuelle Erfahrung statt widerspiegelnd chiasmisch wird. Aber die weibliche Sexualität lasse sich eigentlich gar nicht in Termini der skopischen Ökonomie ausdrücken; ihr Organ verkörpere für das andere Geschlecht «Entsetzen vor etwas, was dem Sehen nicht unterliegt». Vielleicht könnte man Lacans imaginäre Phase des Identitätsaufbaus besser mit Kristeva «nicht im widerspiegelnden Sinn verstehen», da sie sich durch Stimme, Geschmack, Haut usf. durch alle Sinne vollzieht. Ragland-Sullivan (1987) verteidigte Lacan auch in diesem Sinn und meinte, das Spiegelstadium sei eine Metapher für den mimetischen Prozess, der sich in den gesellschaftlichen Verhältnissen abspielt – mit oder ohne Sp. Freilich wäre es dann schwierig, Lacans gewaltiges Interesse für die Erforschung des menschlichen Verhaltens vor dem Sp. zu erklären (Jay 1993).

5. Die dargelegte Verteidigung der Femininität vor dem männlichen visuellen Besitzergreifen erinnert in vieler Hinsicht an Derridas Verteidigung der Différance vor der Tyrannei der Selbigkeit. Der Unterschied bestünde vielleicht darin, dass Derrida es stets ablehnte, das Differenzspiel irgendeinem dominanten Gegensatz oder der Dichotomie zu unterstellen, und daher auch eine Dekonstruktion des Gegensatzes weiblich / männlich anstrebte. Deshalb spielt sich seine Kritik der Spekularität in einem anderen Register ab, das wie so manches bei Derrida in einem Aphorismus aus Nietzsches *Morgendämmerung* antizipiert ist; es verhält sich damit mit dem Sp. wie in Nietzsches Gleichnis der Erkenntnisgeschichte: Dieser biete uns zunächst, statt dem Ich, nach dem wir suchen, bloß die Dinge; sobald wir diese anfassen wollen, halten wir in den Händen jedoch nichts anderes als den Sp. Tauscht man hier das Wort Sp. z. B. gegen Zeichen aus, erhält man Derridas Kritik der metaphysischen Reflexion. Wie der Sp. seine lebendige Struktur hat, so verfügen auch die Wörter über ihre Infrastruktur, die es ihnen ermöglicht, wie Zeichen zu funktionieren; doch sobald wir auf sie aufmerksam werden, hört sie auf zu wirken. So ist die spekulative Einheit immer schon durch das Anderssein ermöglicht / untergraben, das sich entzieht (Gasché 1986). Deshalb kann die Widerspiegelung niemals eine reibungslose Operation sein – was gerade Lacan impliziert, wenn er Poes Erzählung *Der entwendete Brief* als Wahrheitsspiegel der Psychoanalyse interpretiert. Derrida (1975/80) griff solche Instrumentalisierung der Literatur scharf an. Johnson (1980) zeigte aber, wie der Sp. die Derridasche Kritik «zurückschlägt», indem er sie in das subtile Spiel des eigenen Widerscheins verwickelte.

6. Noch Bachtin (1919/1979) entdeckte den Vorteil des Sp.s vor dem Anderen, dem man im wirklichen Leben begegnet, weil die Infrastruktur des Sp.s unbestimmt genug ist, um für projektive Befestigung der eigenen Identität ohne Gewaltgefühl benutzt zu werden. Doch unter bestimmten Bedingungen kann jeder Andere in einen solchen prothetischen Sp. verwandelt werden, auch

um den Preis der Gewalt über sein Anderssein. Das hatte Hegel in seiner *Philosophie des Rechts* wohl im Sinn, als er auf das Bedürfnis der Gemeinschaft hinwies, in den krisenhaften Augenblicken der Desintegration ihres Körpers einen Feind als Mittel der Identitätserneuerung zu finden. In diesem Sinn erinnerte auch Shapiro (1997), dass Kriege nicht nur aus strategisch-ökonomischen, sondern immer auch aus ontologischen Gründen geführt werden. Denn eine starke Forderung nach dem kohärenten Modell nationaler Autonomie und nach der Unterscheidung könne sowohl im Inneren wie auswärtig Feinde hervorrufen. Sie werden zu national begehrten Gegenständen; sie seien ebenso wie die Bedrohung zur Selbstidentifikation erforderlich, da sie eine viel zu unannehmbare Unordnung widerspiegeln, um als Teil der eigenen Ordnung erkannt zu werden. Das Leugnen der Unordnung innerhalb der Ordnung eines Kollektivkörpers als Ganzem müsse zur Intoleranz gegenüber der äußeren Ordnung führen, die es versäumt, durch Nachahmung die heimische Ordnung zu verifizieren. So werde die nicht-nachahmende Ordnung als Drohung und die Drohung als Gefahr für das Überleben der Ordnung statt als Beleidigung der interpretativen Kohärenz der Ordnung gedeutet. (D. M.)

→ Ikon, Widerspiegelung, Wiederholung

Spiel

(engl. play, franz. jeu, russ. igra)

Dieser Begriff hat heutzutage breite Anwendung gefunden, nicht nur in der Kunst-, Kultur- und Sporttheorie, sondern auch in der Wissenschafts-, Philosophie-, Religions- und Wirtschaftstheorie, ja sogar auch in der Theorie des Managements *(business management)*. In der zeitgenössischen Literaturtheorie findet man ihn am besten ausgearbeitet bei Bachtin, Gadamer, Derrida und, in neuester Zeit, bei Iser. Sie übernehmen und revidieren richtungsweisende Ideen der modernen Denker wie Kant, Schiller und Nietzsche. Der andere produktive Weg führte über Wittgensteins Konzeption der Sprachspiele (1958).

1. Die europäische Tradition der Beschäftigung mit dem S. hat freilich schon Platon mit seiner Unterscheidung zwischen dem unstrukturierten, freien S. *(paideia)*, das er wegen seiner Frivolität ablehnt, und dem einer Ordnung, Regeln und Zielen unterworfenen S. *(ludus)*, das seiner Meinung nach nützliche Muster für Kinder und Erwachsene verschafft, geprägt. Obwohl sie die Zuständigkeit des S.s auf die Kunst erweitern, um diese von unangemessenen rationalistischen Forderungen ihrer Zeit zu befreien, hatten Kant und Schiller dabei eigentlich nur Platos *ludus* im Auge. Erst Nietzsche wagte es, diese Hierarchie

zugunsten der unverbindlichen *paideia* umzukehren, die er als dionysische Energie in das Fundament des Lebens verlegte. Auf der Linie solcher Überlegungen sind im 20. Jh. z. B. Heidegger, Bachtin, Derrida, Barthes und Foucault zu finden, während *ludus* z. B. die Grundlage für die Theorien von Wittgenstein, de Saussure (der die Sprache mit dem Schachspiel verglich), Gadamer, Huizinga oder Caillois bietet. Neuere Diskussionsbeiträge boten Spariosu (1989), der *paideia* in die vorsokratische und *ludus* in die nachsokratische Antike situiert, sowie Wilson (1990), der beide Spieltypen im Hinblick auf verschiedene Arten von Erzähltexten erforscht. Obwohl er die Bedeutung von Gadamer und Derrida betont, spricht der Letztere in seinen Betrachtungen die größte Bedeutung Bachtin zu.

2. Bei Bachtin rührt der S.-Begriff aus seiner Beschäftigung mit der Karnevalskultur der späten Antike, des Mittelalters und der Renaissance mit ihren ernst-lachenden Markt- und Straßengattungen her. In Nietzsches Tradition betrachtet Bachtin das S. als eine transgressive politische Macht, die eingewurzelte Formen des gesellschaftlichen Umgangs und Verhaltens untergräbt, indem sie sie dem Lachen, dem Spott und den Extremen preisgibt sowie indem sie normalerweise ihnen diametral entgegengesetzte und sie herabsetzende Alternativen bietet. Insofern sie diese karnevalistischen Techniken der Korrektur vom gesellschaftlichen Unrecht benutzt, kann die Literatur auch eine aufrührerisch-therapeutische Rolle übernehmen, was Bachtin am Beispiel des Romans in den Gattungssystemen von Geschichtsepochen im Umbruch zeigt. Seine Kritiker (z. B. White/Stallibrass 1986; LaCapra 1987) machten aber darauf aufmerksam, dass Bachtin den befreienden Charakter des Karnevals zu stark betont und seinen gesellschaftlich regulierten Charakter vernachlässigt. Der Karneval sei nämlich nicht nur *paideia,* sondern auch *ludus*. Vielleicht hat aber gerade diese Einseitigkeit Bachtins Konzeption attraktiv gemacht und ihr eine breite Rezeption in der postmodernen Kunst und in der poststrukturalistischen Theorie ermöglicht.

3. Derridas Behandlung des S.s ist auf den ersten Blick Heideggers Revision von Nietzsche näher als Bachtins Politisierung des S.-Begriffs. Er überträgt nur Heideggers Begriff *Weltspiel,* den dieser aus Nietzsches Konzeption des Willens zur Macht ableitete, in welcher der Mensch gleichzeitig als Spieler und als Spielzeug erscheint, vom menschlichen anonymen In-der-Welt-Sein in die abstraktere Ebene des unendlichen Supplementierens von Signifikanten. Signifikanten sind durch den mit ihnen untrennbar verbundenen Differenzwert markiert, weil sie von anderen Signifikanten abhängig sind. Diesen Zustand allumfassender Textualität *(le texte général)* – in dem ein Signifikant durch den Eintrag seiner radikalen Abwesenheit in einen anderen Signifikanten dessen Signifikatsfülle beschädigt – nennt Derrida manchmal das S. der Signifikation.

Indem es durch die Aktivität des Supplementierens die Dissemination der Bedeutung in die Kette der Signifikanten verursacht, untergräbt dieses S. die «metaphysische Anwesenheit» des Zeichens und kehrt seine gewohnte Hierarchie um, die durch das Primat des «transzendentalen Signifikats» charakterisiert ist. Die «allumfassende Textualität» bedeutet aber keineswegs, wie das Derrida oft unterstellt wurde, dass Zeichen als Teile ihres S.s auf eine unbegrenzte Anzahl von Weisen verstanden werden können! Das könnte nur dann der Fall sein, wenn sich ihr Deuter selbst außerhalb des Textes befände – und gerade das negiert Derrida resolut durch seinen Ausspruch, es gäbe keine Außertextualität. Der Deuter ist also immer in das kontextuell spezifische Verhältnis zum Zeichen einbezogen und von seiner momentanen nicht-ausgewählten Position abhängig, die seine Aktivität durch gewisse «S.-Regeln» hemmt und verpflichtet. In diesem Sinn versteht Derrida das S. nicht nur als ungehemmt frei, sondern es ist für ihn ein performativ-konstatives, amphibisches Konstrukt von gleichzeitigem *play* und *game* (Keenan 1997; Wolfreys 1998). Wenn die Aktivität des Zeichenrahmens *(cadrage)* jemanden hartnäckig in das *game* einbezieht, dann äußert sich unsere «durchstreichende» Aktivität an diesem Rahmen als *play*. In diesem unentscheidbaren und stets mit Krisen behafteten Verhältnis wird das partikular-provisorisch und ethisch-politisch eingreifende Lesen als dasjenige geformt, was heute in dem statthat, was Gesellschaft, Politik, Diplomatie, Ökonomie, geschichtliche Wirklichkeit usw. genannt wird (Derrida 1989).

4. Indem er den Begriff des S.s auf die Kunst anwendet, will Gadamer (1960) in Schillers Tradition dessen absichtslosen Charakter betonen. Im Unterschied zu S.en, die ganz Selbstzweck sind, öffnet sich die Kunst allerdings dem Publikum, wobei sie mit ihm eine nur sie kennzeichnende S.-Art beginnt. Sie ist weder auf eine schon bestehende Reihe von Regeln streng begrenzt, weil die Interpretation in das S. immer neue Regeln einführen kann, noch ist sie für den Deuter ganz frei, weil das S. des Kunstwerks mit dem Publikum von durch die Tradition überlieferten Normen und von den konkreten Anweisungen des Künstlers geleitet wird. Nach Gadamers Analogie treten der Künstler und der Interpret in das Feld künstlerischer Möglichkeiten ungefähr so ein, wie der Mensch durch seine Geburt in die Sprache gelangt. Das Repertoire sowohl der Kunst als auch der Sprache kann durch die menschliche innovative Tätigkeit offensichtlich nur bereichert werden. Durch die Erweiterung des Spannungsfeldes der S.e-Problematik zeigt die Analogie zwischen der Kunst und der Sprache das Streben von Gadamers Philosophie, diesen dialogisch angelegten Begriff auf das menschlich authentische Bewohnen der Überlieferung auszudehnen. Um sich beim S. von Fragen und Antworten in die Stimme einer anderen Geschichte einschalten zu können, muss der heutige Spieler laut Hamil-

ton (1996) an der Überlieferung teilnehmen, diesem Nährboden für gemeinsame Standards, freilich einem solchen, mit dessen Hilfe sich unsere Entfernung von der Vergangenheit abmessen lässt. Die Dialektik der Identität und des Unterschieds sei unvollendbar. Bei Gadamer entwickelt sich das S. zum transzendentalen Horizont des authentischen Daseins.

5. Auch Isers Konzeption des S.s zwischen dem Autor, dem Text und dem Leser (1989) ist auf der Interferenz regulativer und aleatorischer Regeln gegründet. Indem er in seiner Konzeption des literarischen Textes als S.-Feld, auf dem sich Autor und Leser bewegen, die Pole *ludus* und *paideia* versöhnt, spricht Iser von der unversöhnlichen Dualität des S.s, die sich wegen ihres anthropologischen Primats der Konzeptualisierung widersetzt. Der Text strebt nämlich danach, einerseits die Bewegung seines S.s zu unterbrechen, indem er den Leser zum Fällen seiner Interpretationsentscheidung verleitet. Andererseits widersetzt das S. sich zugleich dem Abschluss der laufenden Versetzung und Interaktion seiner Positionen, indem es seine eigene dezentrierende Differenzbewegung aufrechtzuerhalten versucht. Wechselseitiges Zuschreiben dieser einander ausschließenden Merkmale – des Strebens nach dem Entfernen und des Strebens nach dem Aufrechterhalten der Unterschiede – verleiht der Bedeutung des literarischen Textes den einzigartigen Charakter des «Zuschusses». Das Textspiel kann laut Iser jeder Leser einzeln spielen, der dabei, auf seine eigene Art und Weise spielend, seinen eigenen ‹Zuschuss› produziere, indem er ihn für die Textbedeutung hält. Die Bedeutung sei ‹ein Zuschuss›, weil sie den Vorgang des Verwandlungsprozesses aufhält. Sie sei dem Text als Zuschuss zugewiesen, ohne dass der Text sie jemals als authentisch bestätigt hätte.

6. Lyotard hat in seiner Theorie der inkompatiblen «Diskursarten» oder «Satz-Regime» Wittgensteins Konzeption der *Sprachspiele* (1958), die großen Einfluss auf die zeitgenössische Theorie ausübte, reformuliert (Lyotard 1979, 1983; Lyotard / Théebaud 1979). Als spezifische Konstellation von pragmatischen Beziehungen zwischen dem Sender, dem Adressaten, der Bedeutung und der Referenz im Satz oder in der Aussage stellt sich Lyotard ein solches Regime vor, womit dieses Regime eigentlich zur grundlegenden Einheit der politischen Analyse der postmodernen Gesellschaftsordnung wird. Lyotard zufolge liegt die grundlegende Charakteristik dieser Ordnung darin, dass sie auf viele S.e aufgespalten wird, die einander durch das Aufzwingen jeweiliger eigener Regeln Unrecht antun. «Das Unrecht resultiert daraus, daß die Regeln der Diskursart, nach denen man urteilt, von denen der beurteilten Diskursart(en) abweichen» (1983, S. 9). So drängt sich z. B. – in bezeichnender Anknüpfung von Lyotard an Lévinas – das Sprachspiel der Beschreibung, das den erkenntnismäßigen Wahrheitsanspruch erhebt, dem Sprachspiel der Normierung auf, das die ethische Forderung nach Gutem stellt. Da man diese Gewaltanwendung nicht

umgehen kann, weil es keine universellen Regeln gibt, auf die sich alle S.e beziehen könnten, um ihre Streitigkeiten zu schlichten, strebt Lyotard offenbar danach, die kantsche Einheit als den endgültigen Horizont des Politischen durch den Widerstreit *(le différend)* zu ersetzen. Es ist allerdings bezeichnend, dass ein so unversöhnlich beschaffenes Medium des Politischen kein eigenes Satz-Regime zugewiesen bekommt, um damit den Status eines selbstverständlichen und hintergründigen Regulierers von Verhältnissen zu erlangen. Die völlige Ungebundenheit des politischen S.s ist freilich nur um den Preis totaler Eingebundenheit anderer S.e zu haben: Sie werden mit *games* völlig identifiziert, damit das politische S. ungehindert *play* bleiben kann. Tut aber Lyotards Philosophie nicht auch selber Gewalt an, wenn sie für sich aus dem so *beschriebenen* politischen S. unkritisch für sich selbst die *ethische* Berufung in die Rolle des Hüters seiner heiligen *Vorschrift* ableitet? (B. D.)

→ Außerhalbbefindlichkeit, Dissemination, Karneval, Sprache, Supplement

Sprache

(engl. language, franz. langue, russ. jazyk)

Die moderne Literaturwissenschaft machte im Verlauf der ersten Hälfte des 20. Jh.s die gleiche «Wende zur Sprache» durch wie die übrigen Geisteswissenschaften. Wenn die geschichtliche Wirklichkeit der Literaturforschung des 19. Jh.s die Schlüsselkategorie für das Verstehen ihres Gegenstandes war, dann hat diese Rolle in unserem Jahrhundert, seit dem Beginn des *New Criticism* und des russischen Formalismus der 1920er Jahre, die S. nach und nach übernommen. Sie errang diesen Status aufgrund der Verlagerung des Interesses vom Prosa- auf den Poesietext. Im Gedicht nämlich übernimmt die S., nach einem Verständnis, das noch Hegel (1835/1970) begründete und das in unserem Jahrhundert in diesem Sinn z. B. Sartre (1948) verteidigte, die Funktion des Literaturstoffs von der Wirklichkeit. Und auch im *New Criticism* und im Formalismus wurde gerade der poetische Text zum Vertreter der Literatur und im Weiteren zum Modell, nach dem das analytische Fachinstrumentarium erbaut und geschärft wurde.

1. Obwohl aber die S. zum Hintergrund wurde, vor dem die Spezifität des literarischen Textes (seine Literarizität) erkannt wurde, war dieser Hintergrund nicht beständig, sondern veränderte sich in dem Maß, wie sich das Verstehen von S. veränderte. Das früheste Verständnis von S., welches das Literaturverständnis in unserem Jahrhundert entscheidend bestimmte, war das von de Saussure in seinem *Cours de linguistique générale* (1916) dargelegte. De Saus-

sure führt hier den Unterschied zwischen *langue* als Objekt und *parole* als Subjekt der Linguistik ein. In diesem Rahmen versteht er die *langue* als ein abstraktes System von verschiedenen Differenzbeziehungen, das von einer Gemeinschaft von Nutznießern als ein unbewusstes mentales Lager ihrer Zeichen geformt wird, während für ihn *parole* eine individuelle, konkrete und wirksame Erscheinung dieses Systems ist. Deshalb unterliegt allein die *langue* der linguistischen Forschung, die *parole* dagegen ist unvorhersehbar und ständiger Veränderung unterworfen. Der berühmte Schlusssatz des *Cours* – der jedoch später anstelle des Autors den Redakteuren Bally und Secheaye zugeschrieben wurde – besagt, dass der einzige und richtige Gegenstand der Linguistik die *langue* an und für sich sei (1916).

Von dieser These ausgehend begannen die Literaturtheoretiker, Ende der 1960er Jahre nach der «Sprache» literarischer Texte bzw. nach ihrer «Grammatik» oder Tiefenstruktur zu suchen. Es ist also offensichtlich, dass S. in diesem Saussureschen Sinn keinerlei Verbindung hat mit der sprachlichen Textur oder dem Medium, in denen die Literatur entsteht, sondern eine A-priori-Struktur aller literarischen Texte oder mindestens eines ihrer dominanten Modi einschließt. Es gehe um die Struktur mit einer begrenzten und bestimmbaren Anzahl an Elementen, die unterdessen durch ihre Permutation eine unbegrenzte Anzahl von konkreten literarischen Erscheinungen ermöglichen sollten – auf dieselbe Art, wie das die S. der *parole* ermöglicht.

Aber bei der Identifikation dieser Struktur ergeben sich dieselben Probleme wie bei der Identifikation der S., da die Struktur eigentlich genau wie die S. ein gesellschaftlich geregeltes Produkt vergangener Praxis ist. Da sich der gesellschaftliche Kanon von Zeit zu Zeit verändert und da er zudem völlig unbewusst wirkt, ist es möglich, dass der Theoretiker (unbewusst bedingt durch seinen Kanon) den Texten eine ganz andere Struktur unterstellt als die, aufgrund deren sie entstanden sind. Dann wäre sein Verfahren kein erklärend-deskriptives, welches sich laut den französischen Strukturalisten als einziges für die Poetik eignet, sondern eigentlich «projektiv», wovon sich die Strukturalisten sorgsam zu distanzieren suchen (Todorov 1968/73). Außerdem geht es um die Frage, ob diese scheinbar universale Struktur in gleichem Maß aktiv im Bewusstsein aller Rezipienten wirkt, da einige von ihnen z. B. eher von einem diachronen Gedächtnis des Textes angezogen werden können als von seiner distinktiven synchronen Einordnung (vgl. Diachronie).

2. Die dargelegten Schwierigkeiten bei der Identifikation bzw. bei der Rekonstruktion der Tiefenstruktur als *langue* für die *parole* individueller literarischer Werke führten die Literaturtheoretiker dazu, sich ein anderes linguistisches Paradigma anzueignen. Es ging um das Modell der transformationellen-generativen Grammatik, in der die S. anstelle des sozialen ein logisches

Vorzeichen erhält, womit sie in den Bereich der individuellen Kompetenz eintritt. Mit anderen Worten, die S. als elementare Struktur wird dem Schlussfolgern oder *Beurteilen* anstatt den *Texten* selber zugeschrieben, was bedeutet, dass sie, z. B. bei Greimas, zum Mechanismus der produktiven bzw. rezeptiven Bedeutungsbildung wird. Im amerikanischen *reader-response criticism* wird der Begriff der Leserkompetenz als System von konstituierenden Regeln oder des gemeinsamen Zusammenhangs der literarischen Normen eingeführt, das für die Hervorbringung und Auslegung literarischer Texte in einer bestimmten Gemeinschaft verantwortlich ist.

Die richtige Fügung der Sätze entspricht, wie sich bald zeigt, jedoch gerade haargenau nicht der guten Fügung literarischer Werke, da es im letzten Fall weit schwieriger ist, einen Konsens zu erreichen. Ein wichtiger Unterschied in der Beziehung zur Grammatik der S. besteht darin, dass die Literaturgrammatik ein *Können* fordert, das Chomsky explizit aus dem Rahmen seiner Analyse ausschloss und das der Leser von Literatur endlich doch bewerten muss, um sein Urteil fällen zu können. Kurz gesagt, die linguistische und literarische S. schließen verschiedene Arten von Wissen ein (Smith 1978). Deswegen empfinden wir ein Verzeichnis von für die Literatur angeblich relevanten «Interprationsstrategien» immer als strategische, d. h. von irgendeinem Interesse durchdrungene Interpretation (Pratt 1986; Henkel 1990) anstatt als objektives «Aufzählen» – wie es im Fall der Beschreibung sprachlicher Kompetenz sein sollte.

3. Die grammatischen Erklärungen von S. überließen in den 1970er Jahren das Feld den pragmatischen Deutungen, die eine größere Aufgeschlossenheit für die transzendierende Dimension von S., für ihre Fähigkeit aufweisen, Grenzen zu «überfliegen», woraus auch die literarische Darstellung geboren wird. In diesem Rahmen wird die humboldtsche Konzeption der S. als *Handlung,* aufgefrischt mit Begriffen von interaktiven Ritualen, intersubjektiven Konventionen, Sprachspielen, sozio-kommunikativen Stereotypen, kommunikativen Situationen, Aufführungen und Szenarien, reaktualisiert von solchen Begriffszusammenhängen, die der S. eine vermittelnde, reproduktive oder instrumentelle Rolle zuteilen. Doch sogar wenn die Regeln der sprachlichen (und *per analogiam* der literarischen) Kommunikation so wieder aus einer individuell-logischen in eine sozial-pragmatische, durch eine lang andauernde kommunikative Praxis der Gemeinschaft gegliederte Sphäre, übergeleitet werden, bleibt die Frage der Position ungelöst, von der aus diese Sphäre betrachtet und in ihren Voraussetzungen sowie in ihrer Funktion beschrieben werden kann. Ist diese Position nicht immer schon Bestandteil ihres Gegenstandes, ist sie nicht selbst in den Regeln beschlossen, welche sie objektiv beschreiben will? Wittgenstein (1958) leugnete dies einerseits, wobei er damit seiner Philosophie der gewöhnlichen S. *(ordinary language)* eine beschreibend-rekonstruktive

Aufgabe der Einwurzelung von sprachlichen Spielen in den entsprechenden Lebensformen zuschreibt, um diese Spiele von dem unnötigen metaphysischen Ballast, der durch ihre Entfremdung von der ursprünglichen Gebrauchsumgebung entstand, zu befreien. Andererseits erkannte er genauso in dem Philosophen einen Fremden im Hause der gewöhnlichen S., der gegen ihre Mauern im wiederholten Streben anrennt, die Grenzen abzuschaffen, welche die Bewohner fesseln.

Dieselbe Aporie kehrt auf einer anderen Ebene in der universal-pragmatischen Konzeption wieder, die Habermas (1981ff., zusammen mit Apel und Wellmer) systematisch entwickelt hat. Er interpretiert die wittgensteinschen Lebensformen als die Hintergrundannahmen, die der Kommunikationstätigkeit eine notwendige Sicherheit und Kompetenz verschaffen, aber nur so lange, wie sie nicht expliziert und damit der Kritik ausgesetzt werden. Demzufolge ist es unmöglich, sie zu thematisieren, ohne dass sie ihre konstitutiven Qualitäten verlieren. Aber gerade dieser projektive Hintergrund kann, so unfassbar er ist, die Sprecher vor den Verdrehungen schützen, mit denen sie die institutionalisierte und rationalisierte Praxis der alltäglichen, «strategischen» Kommunikation konfrontiert! Wie kann das, was seiner Natur nach selbst dem Verdrehen ausgesetzt ist, als ein verlässliches Korrektiv gegenüber anderen Verdrehungen dienen?

4. Das ständige Meiden des Begriffs S., unabhängig davon, in welcher Perspektive er ausgelegt wird, führte die Theoretiker des Poststrukturalismus (1970ff.) dazu, wobei sie sich reichlich auf den häretischen Nietzsche stützten, ihm eine figurative Bedeutung zuzuschreiben, die von jeder Literalisierung («Signifikanteneinschnitt») nur «unterdrückt» wird, wobei sie sich reichlich auf den irrgläubigen Nietzsche stützten. Die S. existiert einzig im Zustand radikaler Andersartigkeit, auf dem sog. anderen Schauplatz des Unbewussten, der mit seinen Techniken der Übertragung, der Verschiebung und der Verdichtung alle Versuche einer Identifikation untergräbt. Dieser pulsierende translinguale Zustand des Dröhnens (*le bruissement*, Barthes), des Rumorens (*le murmure*, Foucault), des Wogens oder Wellengangs (*le moutonnement*, Foucault) oder der Semiose (Kristeva) verhindert eine «thetische Verselbständigung» oder Bedeutungskonstituierung von sprachlichen Entitäten, wobei ein verzögernd-entwurzelnder Prozess eines ständigen «Übergehens von Zeichen» eröffnet wird (Kristeva 1969). Daher verabscheuen es die Theoretiker des Poststrukturalismus, in diesem transgressiven Strom irgendeine «transzendental zuverlässige» Subjektposition für das eigene Sprechen zu skizzieren. Die S. muss «sich selbst» sprechen, aber das gelingt ihr – z. B. laut Foucault – einzig in Werken jener Schriftsteller, welche die Abgründe zwischen den Epistemen bewohnen und sich als solche nicht historisch einordnen lassen: Cervantes, de Sade, Hölderlin,

Nietzsche, Artaud, Klossowski, Bataille, Blanchot. Aber indem sie eine begrenzte Art der avantgardistischen, unermüdlich selbstreferenziellen Literatur in eine legitime Instanz der S. als Ganzes umgestaltet, zeigt die poststrukturalistische Theorie auch Begrenzungen ihres eigenen Sprachbegriffs. (A. E.)

→ Grammatik, Pragmatik, Rede, Rhizom, System

Standpunkt

(engl. point of view, franz. point de vue, russ. točka zrenija)

Ein Begriff, mit dem man in der Prosatheorie seit Ende des 19. Jh.s (Ludwig 1891) das Verhältnis des Erzählers zu den Instanzen der dargestellten Welt (des diegetischen Universums) bezeichnet; alternativ wurden in dieser Bedeutung auch die Begriffe Beobachtungspunkt, Blickwinkel, Perspektive, Situation, Position, Gesichtspunkt verwendet. Im erweiterten Sinn deckt der Begriff das Verhältnis der Instanzen des Aussageakts gegenüber den Instanzen der Aussage ab. Das narratologische Paradigma hat diese Begriffe wegen ihrer mangelhaften Bestimmtheit, ihres synkretistischen Charakters und der zu deutlich ausgeprägten visuellen Konnotationen durch den Begriff der Fokalisierung ersetzt (Genette 1972).

1. Anfangs war die Betrachtung des S.s in übergeordnete Gegensätze zwischen Modi eingeschlossen und darüber mit der Wertung der Literaturwerke verbunden. Einer dieser dominanten Gegensätze war sagen/darstellen *(telling/showing)*, der in der deutschen Prosatheorie im Jahre 1891 (Ludwig) und in der amerikanischen Prosatheorie 1921 (Lubbock) deutlich anders bewertet wurde. Für Ludwig ist das Sagen Erzählen im wahren Sinn, während Lubbock, geprägt von der Tradition des Romans von Henry James, «szenisches Darstellen» bevorzugt. Allerdings sind diese beiden Kategorien bezüglich des S.s bei den erwähnten Theoretikern und ihren zahlreichen Nachfolgern – etwa von Friedemann, Kayser, Stanzel in der deutschen Tradition, von Friedmann, Booth, Romberg (obgleich er ein Schwede ist) in der angelsächsischen Tradition, von Blin, Puillon, Todorov in der französischen Tradition, von Uspenskij in der russischen Tradition – vermischt mit den Werten, die auch Bestandteile anderer Gegensatzpaare beinhalten, z. B.: erste/dritte Person, Teilnehmer/Zeuge des Geschehens, Allwissen/Unwissen, (räumliche, zeitliche, intellektuelle, moralische, affektive) Entfernung/Nähe gegenüber der literarischen Gestalt, Autoreflexion/Unreflektiertheit, Autor/Erzähler usw.

2. Genette (1972) hat dieses Durcheinander verschiedener Maßstäbe durch das Einführen des Begriffs des diegetischen Universums *(diégèse)* der ersten,

zweiten, dritten usw. Stufe wie auch des Begriffs der diegetischen Ebenen zu lösen versucht. Dabei unterscheidet er *intradiegetische* Erzähler, die dem primären diegetischen Universum angehören, *metadiegetische* Erzähler als Bestandteile der Erzählungen, die in das primäre diegetische Universum eingegliedert sind, und *extradiegetische* Erzähler, die keinem Universum angehören. Was ihre Rolle betrifft, die sie im entsprechenden Universum spielen können, teilen sich die Erzähler in *homodiegetische,* wenn sie diesem Universum als literarische Gestalten angehören, und *heterodiegetische,* wenn sie ihm als solche nicht angehören. Die Zugehörigkeit zu den verschiedenen Universen oder Ebenen beeinflusst freilich den Glaubwürdigkeitsgrad der Instanz in den Augen des Rezipienten und dadurch auch die Ausbildung ihrer Hierarchie.

3. Den zweiten Vorschlag für die Kategorisierung verschiedener Aspekte von S. hat Lanser (1981) gemacht. Sie reserviert hier den klassischen Begriff S. – indem sie ihn in *stance* umbenannt hat – für nur eine Dimension der gesamten Legitimation des Erzählers im Text und fügt ihr außerdem die Beziehung des Erzählers gegenüber verschiedenen Aspekten des Lesers *(Kontakt),* wie auch die Beziehung des Erzählers sich selbst gegenüber *(Status)* als zwei weitere gleichberechtigte Dimensionen hinzu. Damit wird der analytische Einblick berücksichtigt, dem gemäß diese beiden Dimensionen in der Gegenwartsprosa in den Vordergrund geraten sind, wobei sie die darstellende Dimension zum Status einer bloßen «Ausrede» verdrängen, weshalb sich die Einbeziehung des S.s als ungeeignet erweist. Viel wichtiger sind die Techniken der Beglaubigung des erzählerischen Akts, welche bisweilen die Aufmerksamkeit gänzlich von der erzählten Welt ablenken. Um die Frage zu beantworten, was es dem Erzähler erlaubt, in seinem Verhältnis zum Leser die Kommunikationsprinzipien ungestört zu verletzen, die außerhalb der Literatur gelten, muss die analytische Aufmerksamkeit auf die Beschütztheit seiner Situation und auf seinen Status gelenkt werden (Pratt 1977). Das ist der Umstand, der die S.-Problematik (einstweilen) brachliegen lässt. (A. B.)

→ Diegese, Erzähler, Fokalisierung, Modus, Stimme

Stil

(engl., franz. style, russ. stil')

S. ist die Spur, welche in einer Äußerung, einem Diskurs oder einem Text entweder das geographische, nationale, zivilisatorische oder kulturelle Klima, die literaturgeschichtliche Epoche, der soziale Stand, die Klasse oder die Gruppierung, der herrschende Geschmack, das Fachgebiet, die literarische Richtung oder Schule, die literarische Grundgattung, der Modus oder die Untergattung, die Gesetze des Literaturmarkts, die Herkunft des Autors, die Welt, die Intention oder das Unbewusste, das Ganze eines literarischen Werkes u. Ä. hinterlassen können. Eine solche Bedeutungsspannweite verursacht die große Labilität dieses Begriffs, die ihn mit der Zeit in «eine ärgerliche Kategorie» (Gauger 1992) verwandelte, indem sie die Theoretiker dazu gezwungen hat, ihn auf der abstraktesten Ebene, z. B. als die «Art des Sprachgebrauchs» (Anderegg 1977), zu definieren. Bis in die zweite Hälfte des 18. Jh.s jedoch war der literarische S. durch die Gewohnheiten des Publikums normiert und wurde nach Gebrauchskontexten, Grundgattungen und Untergattungen klassifiziert. Erst durch Winckelmanns Arbeiten zur Geschichte der Kunst löst sich die Stilistik von der Rhetorik, verselbständigt sich als Disziplin und erweitert ihr Zuständigkeitsgebiet auf die verschiedenen Künste. Winckelmann verankert den Begriff S. in der zeitlichen Dimension, was ihm ermöglicht, den S. zur Kennzeichnung geschichtlicher Unterschiede zu verwenden. Während der Romantik gewinnt der S. bereits individuelle Eigenschaften im Sinne eines schöpferischen Gegenpols zum Kanon, der Norm und der Konvention. Die erste ganzheitliche Theorie eines derart verstandenen Stilbegriffs hat im ersten Drittel des 19. Jh.s Schleiermacher entwickelt, der durch seine Thesen in vielerlei Hinsicht die späteren Diskussionen antizipiert hat.

1. Schleiermacher versteht unter dem S. die Überarbeitung der Sprache im Einklang mit der spezifischen Verstehensweise eines Gegenstands, die für einen Sprecher charakteristisch ist. Durch die je eigentümliche Kombinationsweise prägt laut Schleiermacher der Sprecher der Sprache seine Individualität ein, die sich eigentlich nicht durch die Sprache wiedergeben lässt, denn die Sprache vermittelt immer nur das Allgemeine. Daher sind die universellen Regelmäßigkeiten der Sprache Objekte einer grammatischen Interpretation, doch grammatisch kann man überhaupt keinen S. in einem Begriff zusammenfassen, sondern lediglich durch Divination bestimmen. Selbst wenn wir letztlich den S. eines Einzelnen bestimmen und seine Regeln benennen, können wir daraus immer noch kein Gesetz seiner künftigen sprachlichen Wirkung ableiten. Jede Regel trägt den Index der Vergangenheit und der Obsoletheit in sich, während der S. per definitionem etwas Zukünftiges, Neues und Unvergleichliches enthält. Er lässt sich weder deduzieren noch decodieren, außer wenn eine Kultur eine bestimmte stilistische Abweichung allmählich in Umgangssprache verwandelt. In solchen Fällen haben wir es – nach der späteren Distinktion von Spitzer (1928) – mit der Stilsprache und nicht mit dem Sprachstil zu tun. In der Stilsprache ist der S. bereits zur Gemeinsamkeit einer größeren Zahl von Sprechern geworden. Im Sprachstil ist er hingegen unteilbar, unwiederholbar und der Mitteilbarkeit entzogen.

Konfrontiert mit einer solchen Einzigartigkeit, sind wir gezwungen, im Akt der Divination eine Hypothese aufzustellen, deren Richtigkeit wir eigentlich nicht überprüfen können. Das ist eine Mutmaßung, welche in der Zuständigkeit des Vorgangs liegt, den Schleiermacher technische oder psychologische Interpretation genannt hat. Die Arbeit eines solchen Interpreten würde nach Frank darin bestehen, in jedem strukturellen Moment des Textes einen individuellen Zusatz zu entdecken und umgekehrt, im individuellen S. des Autors die Spuren der aufgehobenen symbolischen Ordnung zu beweisen (Frank 1990). In der Arbeitsteilung wende sich die *regressive Analyse* dem universellen Moment des Textes zu, während die *progressive Synthese* errate, ob und in welchem Maß der Text aus seiner aufgegebenen Struktur herausgetreten sei.

2. Es handelt sich um ein hermeneutisches Verfahren, welches – in einer erstaunlichen Korrespondenz mit Schleiermachers Annahmen – Sartre (1971/72) angewendet hat. Er wollte damit dem Appell von Flauberts Werk an den zukünftigen Interpreten entgegenkommen, mit der gleichen Kühnheit die Freiheit und Verantwortung in Bezug auf die Überschreitung der bestehenden Sinnstrukturen auf sich zu nehmen, wie Flaubert es in seiner Zeit getan hat – und mit dem gleichen Risiko hinsichtlich des Ausgangs. Gerade durch die Übernahme eines solchen Flaubertschen Vorstoßes bestätigt sich der Mensch in seiner Authentizität als «das Wesen der Ferne» (Sartre übersetzt diesen Ausdruck Heideggers als *l'être de lointains*), d. h. als ein Individuum, das sein Wesen erst über das Projekt, das weit in die Zukunft hineinreicht, herstellt. «Der Aufschub *(postponement)* des Zwecks ist für die Intention konstitutiv», und gerade er wird bei Flaubert durch «das nicht-bezeichnende Element» *(élément non signifiant)* des S.s erreicht. «Der Stil will etwas sagen, aber dies ist nichts, was sich sagen ließe *(rien de dicible)*, nichts an Bedeutung *(rien de signifiant)*». Und «nur durch stilistische Nuancen lassen sich bestimmte Dinge vom Typ ‹Unaussprechliches› sagen». Auf diese Weise geriet in den Mittelpunkt von Sartres Aufmerksamkeit jenes Nichts, welches die Bedeutung in einen Sinn verwandelt. «Wie sollte man ein Bewusstsein von dem Unsagbaren Flauberts gewinnen, wenn man das Schweigen seiner Texte nicht beachtete und als solches zum Reden brächte?» (Frank 1990).

3. Von einigen seltenen Ausnahmen abgesehen (z. B. Starobinski 1968 oder Granger 1968) stießen Schleiermachers und Sartres Auffassung vom S. in der modernen Theorie (bis hin zu Frank 1977ff.) auf keine große Resonanz. In Deutschland dominierte seit Beginn des 20. Jh.s die geistesgeschichtliche Konzeption, der zufolge der S. die Oberfläche der sprachlichen Darstellung, nicht die Idee, nicht der Stoff, sondern lediglich die Form, die Wahl der Worte, der Bau der Sätze nur die Einkleidung des Inhalts (Wackernagel 1906) sei. S. stellt also nur den nebensächlichen Ausdruck von etwas Wesentlicherem dar, was

sich z. B. bei Wölfflin (1915) als Epoche, bei Strich (1923) als Gemeinschaft und bei Rothacker (1934) als Kultur offenbart. Der Vater der sog. Stilkritik, Spitzer, hat im S. eines Autors indes die *seelische* Aufregung, die von dem normalen Habitus unseres seelischen Lebens abweicht und die dadurch auch die Abweichung vom normalen Sprachgebrauch hervorruft, erkannt (1931). Unter Vermeidung des nebulösen Rekurses auf die Psyche des Autors haben die Vertreter der werkimmanenten Kritik, Staiger und Kayser, die Auffassung verteidigt, dass die Literatur eine gänzlich selbständige Schöpfung sei, die sich ohne Rest von ihrem Schöpfer losgelöst hat (Kayser 1948). S. ist für Kayser die Einheit und die Individualität der Gestaltung – eine Definition, welche die Konjunktur dieses Begriffs in der Germanistik der 1940er und 1950er Jahre (und danach auch in der sog. Zagreber Stilschule) unterstützt hat.

4. In den 1960er Jahren verwerfen die Strukturalisten derartige hermeneutische Methoden zugunsten einer wissenschaftlicheren, quantitativen Beschreibung des S.s, die auf der Linguistik basiert. Todorov (Ducrot / Todorov 1972) proklamiert, S. sei Sache der Sprache und nicht Sache der Psyche der Sprachbenutzer. Die Kategorie der inneren Einheit betrachtet er als allzu abstrakt und allgemein, als dass sie bei der Erforschung des Diskurses verwendet werden könnte. Weit davon entfernt also, aus dem Erlebnis oder aus dem geistigen Etymon seines Autors hervorzugehen, ist der S. für Todorov das Ergebnis der Auswahl einer bestimmten Anzahl von verfügbaren Möglichkeiten, die in der Sprache enthalten sind, welche im gegebenen Text zum Ausdruck gelangen. S. ist das anonyme Sprachregister, das in den Gesetzmäßigkeiten des Textes encodiert ist. Doch ungeachtet der Tatsache, ob sie zu der Kategorie der Auswahl (durch den Autor) oder der Kategorie der linguistischen Präferenz irgendeines anonymen Registers ihre Zuflucht nimmt, vermag auch die quantitative Stilistik letzten Endes der «qualitativen» Art des Denkens nicht auszuweichen (Pieper 1979).

5. Die pragmatische Konzeption der zweiten Hälfte der 1970er Jahre affirmiert das funktionale Verständnis des S.s als Art der Durchführung von konkreten Handlungen mit Hilfe von Texten / Äußerungen in bestimmten Situationen (Sandig 1986). Die innere Struktur von Texten erklärt sich aus kommunikativen Mustern, denen sie mit bestimmten pragmatischen Zielen zugeordnet werden (Sandig 1978). Auf diese Weise hört der S. auf, für Gesetzmäßigkeiten des Werkes / Textes spezifisch zu sein, um zum Ergebnis einer komplexen manipulativen Interaktion zu werden.

6. Im Gegensatz hierzu steht der Ausgangspunkt von Riffaterre (1971). Seine Absicht besteht darin, die stilistische Qualität der Literarizität in den aktuellen Prozess des *Lesens* einzuordnen und es ist daher nicht verwunderlich, dass seine Ideen die Aufmerksamkeit der Konstanzer Rezeptionsästhetiker ge-

weckt haben. Wenn er auf diese Weise von Stilverfahren oder stilistisch markierten Stellen literarischer Texte spricht, dann hat er zwar die Abweichungen von der (syntaktischen, semantischen, rhetorischen) Norm im Sinn, aber nicht von jener Norm, welche dem Prozess des Lesens vorausgeht (wie bei den Formalisten oder bei Jakobson), sondern von einer Norm, die der Text selbst im gleichen Zug schafft und zerstört. Der Text hat die Fähigkeit, die Erwartung des Lesers sowohl vorzubereiten als auch umzuorientieren. In der Vorbereitung des sprachlichen Musters schafft er «den Durchschnittsleser» *(average reader)* und in der Umorientierung durch «das unvorhersehbare Element» den Super-Leser *(super-reader)*. Das, was den konkreten Leser (angeblich) dazu bringt, aus der einen Rolle in die andere zu wechseln, sind grammatische Unstimmigkeiten, entstanden durch die Distribution der Hypogramm-Matrix in zerstreute Segmente des Gedichts, um das heuristische, referenziell orientierte Lesen zu verhindern. Wenn der Leser bemerkt, dass ein solches Lesen, welches auf die mimetische Bedeutung der Äußerungen konzentriert ist, nicht passt, sieht er sich zur hermeneutischen Suche nach dem Tiefen-«Modell» (und dann auch nach der «Matrix») veranlasst, in deren Rahmen der Text einen ganzheitlichen Sinn zu gewinnen vermag (Riffaterre 1978). Diese Suche kann ihn – wenn es sich um moderne literarische Texte handelt – von den mikrostrukturellen stilistischen Abweichungen bis hin zum «Intertext» führen, der dem Text die gestörte Homogenität zurückgeben und so den Leser aus dem vorübergehenden Zustand der Intertextualität als einer interpretativen Unentscheidbarkeit erlösen wird (Riffaterre 1979, 1981, 1985, 1990).

7. Riffaterres (immer noch) strukturalistische Ermächtigung des (Inter-) Textes zu einer homogenen semantischen Größe wurde Ende der 1970er Jahre vonseiten der *reader-response*-Kritiker bestritten, die nicht bereit waren, die Rolle der immer schon vorgeformten Leserkompetenz auszuschließen (Warning 1975; Culler 1975, 1980). In diesem Zusammenhang schlägt Fish (1970) eine alternative *affektive Stilistik* vor, in der nicht mehr die räumlichen Relationen und die wahrgenommenen Regelmäßigkeiten auf der Seite des Textes im Mittelpunkt stehen, sondern der zeitliche Kontext des Leserbewusstseins und seines Leseerlebnisses. Im Gegensatz zu Riffaterres generativ-grammatischer Orientierung auf die Tiefenstruktur des Textes als des Garanten seiner Integrität verfolgt Fish eine Oberflächenspur der Textsegmente im Hinblick auf interpretatorische Entscheidungen, Standpunkte und Beurteilungen, die diese Aufeinanderfolge beim Leser hervorruft. Doch schon im Laufe der 1970er Jahre verlagert sich seine Aufmerksamkeit von der Frage, wie der Text das Erlebnis des Lesers affiziert, auf die Frage, wie die interpretatorischen Gewohnheiten des Lesers die Bedeutung des Textes formen. Dadurch ist auch in der amerikanischen Theorie der Übergang zur Beobachtung des S.s aus pragmati-

scher Perspektive, wie sie zu der Zeit die immer einflussreichere Sprechakttheorie befürwortete, vorbereitet worden. Sie identifiziert den S. innerhalb der Regeln einer intentionalen Sprachwirkung, die durch die kommunikative Praxis des Kollektivs codiert ist. Im Unterschied zu der deutschen pragmatischen Konzeption von Sandig stehen die Intentionen dort also von Anfang an unter der Kontrolle generischer Konventionen, was bedeutet, dass S. eine Funktion der pragmatischen Variablen ist. Dadurch wird zwar das unbegrenzte Feld der individuellen Freiheit, die de Saussure dem «acte de la parole» zuschrieb, mit Recht eingeengt, denn jede Gemeinschaft kodifiziert die Arten ihres Sprachgebrauchs; aber zugleich wird auch die Möglichkeit einer individuellen (oder wenigstens unvorhersehbaren) stilistischen Wahl vollständig negiert. Diese Möglichkeiten der Wahl nutzend, wählt (nach Ohmann 1972) derjenige, der schreibt, seine eigene Regel, sein Publikum und die Art der Beziehung zur gesellschaftlichen Wirklichkeit aus.

8. Der Konventionalismus erwies sich jedoch nicht als eine adäquate Antwort auf die Herausforderung der dekonstruktivistischen minimalistischen Semantik – ungeachtet einiger verspäteter Nachwirkungen (Pagnini 1988). Der Begriff S. musste gegenüber Begriffen wie freies Spiel, Unentscheidbarkeit, Ereignis oder Pfropfung, welche die «Kühle des (deskriptiven) analytischen Blickwinkels» in Unruhe versetzt hatten, komplexer bestimmt werden. Angesichts eines solchen Zustands der Vervielfachung, Verschiebung und Überdeterminierung der mannigfachen Determinanten des S.s waren die Stilistiker gezwungen, diesen Begriff aus dem Gehege der Literatur auf den Wind und Wetter ausgesetzten, konfliktreichen interdiskursiven Kampfplatz zu bringen, wo sich soziale Spannungen, ideologische Prozesse und Machtverhältnisse vermischen (was in England bereits mit der funktionalen Linguistik Hallidays begann). Die Stilistik wird nach und nach «kontextuell» und «diskursiv», indem sie sich den umfassenderen Kontexteigenschaften der Texte widmet, welche deren Beschreibung und Interpretation beeinflussen (Carter/Simpson 1989). In Frage gestellt wurde schließlich auch die integrierende Rolle selbst, welche der Begriff S. lange und erfolgreich aus der literaturgeschichtlichen Perspektive gespielt hat, indem er nicht nur einzelne Texte, sondern auch Gesamtwerke, Richtungen, Schulen und ganze Formationen begründete. Durch die Einführung der Begriffe Geschlecht, Klasse und Rasse wurde der S. im Verlauf der 1980er Jahre zu einer differenziellen Kategorie.

9. In diesem Rahmen erscheint auch das Phänomen der feministischen Stilistik verständlich. Deren Grundsätze hat Mills (1995) synthesenartig zusammengefasst. Das Ziel der von der Autorin geleisteten Analyse sehr unterschiedlicher Arten verbaler und visueller Texte besteht darin, dem Leser die Ideologie der geschlechtlichen Differenz, welche der Sprache bis zur Unkennt-

lichkeit impliziert ist, zum Bewusstsein zu bringen. Da diese Ideologie Techniken benutzt, welche die Diskursgrenzen überschreiten, lehnt es die feministische Stilistik ab, sich allein auf Literatur zu beschränken, und folgt in dieser Hinsicht der ausgeprägten Tradition der britischen «kritischen Linguistik» (Fowler, Hodge, Kress, Fairclough, Trew). Sie stellt überdies die Frage, wie sich die geschlechtsspezifische Konstitution der Sprache auch auf das nichtsprachliche Verhalten auswirkt, um dadurch die etablierten Machtverhältnisse aufrechtzuerhalten. Weibliches und männliches Schreiben müssen sich aus der Produzentenperspektive nicht zwangsläufig unterscheiden, aber dafür unterscheiden sie sich mit Bestimmtheit aus der Perspektive des Rezipienten, weil sie unterschiedlichen gesellschaftlichen Status genießen.

10. Es stellt sich jedoch allgemein die Frage, ob das Phänomen S. laut Luhmann (1986b) den Zwang zur Einheit als die besondere Behandlung durch (seine) Geschichte verträgt, selbst wenn diese Einheit aus der geschlechtlichen Perspektive hergestellt würde. Daher versucht Luhmann, durch seine Problemstellung die Alternative zwischen der Freiheit und dem Zwang, welche die bisherige Geschichte des S.s kennzeichnet, zu überholen. S. ist für seine Theorie der selbstreferenziellen Systeme das Programm, mit dessen Hilfe die Kunst ihr wechselhaftes Verhältnis zu ihrer Umgebung organisiert. Er bildet die Ebene des Kontakts zwischen dem System Kunst und der sozialen Umwelt, welche durch die Herstellung einer Differenz zu dieser Umwelt die Selbstbestimmung und damit die Autonomie des Systems sichert. Seit Ende des 18. Jh.s erscheint der S. als Regulator der Rezeption des Kunstwerks, welcher mit dem Ziel, sich dem Drang nach Entdifferenzierung des Werks zu widersetzen, die Anforderungen an jene, die an ihm teilhaben wollen, erhöht. Um die Spezifik eines Werks verstehen zu können, müssen Interpreten ihn von nun an zuerst in ein Verhältnis zu anderen Werken setzen, was bedeutet, dass sie zur sog. Beobachtung zweiter Ordnung gezwungen sind. Der S. entspricht und widerspricht der Autonomie des Einzelkunstwerks. Er respektiere sie und erzeuge trotzdem einen Mehrwert. Er belasse dem Kunstwerk seine Einmaligkeit und ziehe gleichwohl Verbindungslinien zu anderen Kunstwerken.

Der S. schult also das Kunstpublikum um den Preis, dass viele seiner Mitglieder ausgeschlossen bleiben und dass die zur «Beobachtung der zweiten Ordnung» befähigten Professionellen von den in der Beobachtung der ersten Ordnung befangenen Amateuren separiert werden. Die Ausschließung als Ergebnis einer Erhöhung der Anschlussanforderungen erzielend, zeitigt S. die Reduktion des Kunstkommunikationssystems auf einen engen Kreis von Liebhabern und eine stärkere Differenzierung der Kunstarten in dem Sinn, dass ein Verständnis für moderne Lyrik noch kein Verständnis für moderne Malerei oder ein Verständnis für modernes Theater vermittelt.

Andererseits jedoch macht die wachsende Geschwindigkeit einer Normalisierung der Abweichung das Programm des S.s in der Mode zunichte. Infolgedessen behält er nur noch die Funktion, das Gefühl der Kontingenz der getroffenen Auswahl zu verstärken: *anything goes*. Da sie dem S. die Rolle eines Garanten für künstlerische Autonomie zugewiesen hat, führt eine derartige Entwicklung laut Luhmann zur Unsicherheit in Bezug auf die gesellschaftliche Funktion des Systems Kunst, sodass es durchaus verständlich ist, dass ihre Autonomie geradezu mit Funktionslosigkeit gleichgesetzt wird. Daher die Diagnose, so könne man das Todesurteil unterschreiben.

In ihrem kritischen Kommentar verbinden Dainat und Kruckis (1996) die Prognose von Luhmann mit dessen begrifflichen Entscheidungen (z. B. für einen bestimmten, avantgardistisch exklusiven Begriff des Kunstwerks, der dem von Adorno überraschend nahe steht), oder vielmehr mit den Problemen, die seine Theorie mit der Kunst hat. Ihrer Ansicht nach hat in der modernen Kunst die ästhetische Kommunikation (die Kritik und die wissenschaftlichen Kommentare) die Rolle des S.s übernommen – sie schafft nunmehr Strukturen, von denen sich die Werke ablösen, die Originalität anstreben. (Dg. B.)

→ Abweichung, Divination, Etymon, Gesamtwerk, Werk

Stimme

(engl. voice, franz. voix, russ. golos)

1. In seiner Kritik der klassischen Typologien des narrativen Standpunkts unterscheidet Genette (1972) die S. vom Modus, indem er die S. mit der *Rede* des Erzählers verbindet und den Modus mit seiner *Betrachtung*. Die S. wird so zur Kommunikationsinstanz, der Modus zur Fokalisationsinstanz, wobei das Interesse Genettes, und im Einklang damit sein Diskursbegriff, vor allem auf die Fokalisation bzw. auf das Verhältnis des Erzählers zu den literarischen Gestalten gerichtet ist. Obwohl Genette die S. sorgfältig vom Standpunkt getrennt hat, arbeitete er ihre Aspekte nicht weiter aus: das Verhältnis des Erzählers zum Adressaten der Erzählung und die Autocharakterisierung des Erzählers durch den Aussageprozess. Die Verdienste um die Ausarbeitung dieser Dimensionen fallen Lanser (1981) zu, die dabei die Errungenschaften der französischen Narratologie korrigiert und bereichert hat durch den angloamerikanischen *point-of-view-criticism*, die Theorie des Sprechakts und die feministische Kritik. Von der These ausgehend, dass auch «der Erzähler eine, durch den Text geschaffene Individualität ist», setzt sich Lanser dafür ein, über die «verbalen Indikatoren» (Ideologie, Status, Alter, Geschlecht) die unbewusst co-

dierte Autorenweltsicht zu rekonstruieren. Sie erkennt in dieser Reduzierung des Textes auf einen Akt der menschlichen Persönlichkeit die lang gesuchte Verbindung zwischen Poetik und Rhetorik.

2. In dieselbe Richtung und ungefähr zur selben Zeit, als sich das Interesse für die S. des Erzählers entwickelt, macht sich in der angloamerikanischen Kritik das Interesse für die Figuration der *lyrischen S.* bemerkbar. Richtungsweisend war in diesem Sinn zuerst die Konzeption von der lyrischen Aussage als Imitation der «individuellen Redeaussage» (Smith 1978); demnach modelliert die Lyrik fiktional jene Verhältnisse, die in einer wahren Aussage hergestellt werden. Demnach wäre es die Aufgabe des Interpreten, die «Art der Situation zu verstehen, die einen Menschen dazu bringen könnte, so zu empfinden und zu sprechen», wie er das in einem lyrischen Gedicht tut. «Die Phänomenologisierung der lyrischen Stimme» durch den Aspekt des Tons, des Standpunkts und der Umstände drängt sich so als einzig richtiger Weg auf, um zur richtigen Bedeutung des Gedichts zu gelangen. Denn einzig eine solche Konkretisierung, welche die stufenweise Entfernung der figuralen und signifikatorischen Dimension der Lyrik impliziert, führt den Leser zur vollen Präsenz des Signifikaten als dem Ideal jeglicher Hermeneutik.

3. Die poststrukturalistischen Kritiker (De Man 1985; Culler 1984, 1985) wandten sich dagegen, dass der «menschlichen Persönlichkeit» eine narrative und lyrische S. angedichtet wird. Die Theorie bereite Schwierigkeiten im Umgang sowohl mit Lyrikern, deren S., wie in den Songs, nicht individualisiert sei, als auch mit Poemen in der Bardentradition, deren Apostrophen nicht zum erkennbaren Standpunkt, zum vertrauten Klang der überhörten Rede gehören. Als Stimmfiguren, die einer identifizierbaren semantischen Referenz entbehren, widersetzen sich Apostrophen der Reduzierung des Gedichts auf eine persönliche Aussage. Dies tun auch zahlreiche lyrische Gedichte, die in der Tradition der Kindersprache, des Ratens und des Kritzelns entstanden sind (Culler 1985). Genauso befasst sich ein großer Teil der Prosaliteratur nicht mit dem Evozieren der Individualität des Erzählers, sodass das Beharren auf der Strategie der Anthropomorphisierung «nicht als analytische Sichtweise der Fiktion, sondern als Teil des Fiktionalisierungsprozesses» angesehen werden kann. Mit anderen Worten, die theoretische Einbindung von Details des erzählerischen Verhaltens und die Sinngebung seiner Züge im Hintergrund der Aussage operieren selbst im Raum der Fiktion (Culler 1984).

4. In diesen Kritiken wird der Widerhall von Derridas Dekonstruktion vernehmbar, die gerade in Husserls phänomenologischem Begriff der S. eine der Stützen der europäischen «Metaphysik der Präsenz» gefunden hat (Derrida 1967a). Husserl zieht die S. (lebendige Rede, *parole*) der Schrift *(lettre)* vor, weil sie (die Rede) angeblich in derselben Raumzeit rezipiert wird, in der sie sich of-

fenbart, sodass ihre semantische Intention unmittelbar realisiert würde. Derrida setzt dem seine Konzeption der Ursprünglichkeit der (Ur-)Schrift entgegen, die Aufschub, Verzögerung und Differenz konstitutiv in die S. integriert und sie damit prinzipiell unentscheidbar macht. Dem schlossen sich in jüngster Zeit feministische Kritikerinnen an, die sich der strukturalistischen Entkörperung und Zentrierung der S. widersetzen (Silverman 1988; LeDœuff 1989b; Lanser 1992). Ein paradigmatisches Beispiel dafür bietet Genette (1972), der die subversiv deiktische Ladung von Benvenistes (breiterem) Diskursbegriff neutralisiert, indem er ihn narratologisch in jenen Aspekt des Erzähltextes überträgt, der den Leser mit sicherer Hand zur begehrten Aufnahme des Textes leitet. Für die Narratologie sei die Erzählstimme immer und von Anfang an eine transzendente und ideale Einheit. Die Narratologie stelle die S. im Grunde stets als Metapher für die Intention, Bedeutung und Totalität dar. Die S. ist der Geist des Erzähltexts (Gibson). Damit wird jene mündliche Dimension von Benvenistes (1966) Interpretation des Diskurses unwiderruflich gelöscht, die bewirkt, dass er nur im Augenblick des Aussagens existiert und dann sofort verschwindet und den Adressaten mit dem Risiko eines Missverständnisses konfrontiert. Gerade auf dieser Unmöglichkeit der endgültigen Identifikation der Bedeutungsquelle der S. insistieren die feministischen Theoretikerinnen, die darin einen Raum für die weibliche, mimetische Entmachtung der männlichen Autorität erkennen. Die Anrede der so verstandenen S. des literarischen Textes untergräbt nämlich die Sanitarisierung der Position des Theoretikers, die somit in die Abgründigkeit der ethisch-politischen Verantwortung gezogen wird. (S. R. / Z. Z.)

→ Äußerung, Dialog, Polyphonie, Rede, Standpunkt

Struktur

(engl., franz. structure, russ. struktura)

Einer der Schlüsselbegriffe der modernen Literaturtheorie, dessen Aufkommen durch eine Reihe verwandter Begriffe wie Zusammenhang, Aufbau, Gestalt, Gefüge, Gliederung, Muster *(pattern)*, Form, das Ganze, Archetyp und dergleichen vorbereitet wurde. Alle diese Begriffe sind Ergebnis der Verlagerung der Aufmerksamkeit auf die innere Spezifik des literarischen Werks und des allmählichen Ausschließens äußerer Faktoren. Während der Begriff in der vorstrukturalistischen Phase (Geistesgeschichte, morphologische Poetik, *New Criticism*, Formalismus, Chicago Critics, Archetypenkritik, stilistische Kritik, werkimmanente Kritik u. Ä.) noch um ein Signifikat, den Inhalt, die Welt, den Stil, das Genre oder Verfahren zentriert ist und in diesem Sinn noch dem Begriff des Werkganzen oder Opus nahe steht, wird er von den Strukturalisten vor allem durch die *Beziehung* unter Text- oder Systemelementen definiert und dadurch in Beziehung zu Begriffen wie Unterschied, Gegensatz, Ebene, Funktion usw. gebracht.

1. Brooks (1947) betrachtet die S. noch in den Termini Paradoxon, Spannung, Betonung und Widerspruch. Für ihn schließt sie nicht ein, dass sich verschiedene Elemente in homogene Gruppen einordnen, indem sich Übereinstimmungen zusammenfügen; sie vereine vielmehr nicht-übereinstimmende Elemente, unter denen es zu Spannungen und Paradoxa komme. Sie lösten sich allmählich auf, passten sich aneinander an und glichen sich aus, bis sie schließlich eine poetische S. als «Muster aufgelöster Akzente» gebildet hätten. J. Ransom (1941) führt den Unterschied zwischen S. und *Textur* ein und ist überzeugt, die letzte Bedeutung eines Gedichts hänge in erheblichem Maß von der letztgenannten ab, weil sie dem Gedicht sinnliche Unmittelbarkeit und lebhafte Konkretion verschaffe. Diese Idee übernahm der Ästhetiker Beardsley und weitete sie auf Bildhauerei, Musik und Prosa aus.

2. Eine wirkliche Wende im Gebrauch des Begriffs S. brachten indes erst die Strukturalisten der Prager, Pariser und Tartuer Schule zwischen den 1930ern und 1960ern zustande. Sie stützten sich dabei auf das linguistische und formalistische Erbe. Spezifisch am strukturalistischen Begriff der S. ist, dass hier die Beziehung den Vorrang vor den Elementen hat, d. h. für den Aufbau ihrer Bedeutung verantwortlich ist. Die Elementarstruktur ist jene Beziehung zwischen zwei Elementen, die einen Unterschied oder eine Opposition zwischen ihnen einführt, während das Strukturieren eine Wahrnehmungs- bzw. analytische Operation bildet, die eine solche Beziehungsart (oppositioneller, unterscheidender Art) im wahrgenommenen Gegenstand ordnet. Sie bringt, gemessen am Erfolg die Information und gemessen am Misserfolg, Entropie hervor. Die Information ist Ergebnis der endgültigen Positionierung der Elemente, weil ihnen, der Definition de Saussures zufolge, erst durch sie der *Wert* zugeteilt wird, der Art und Weise vergleichbar, wie Schachfiguren erst durch die Stellungen ihren Wert erlangen und nicht durch sich selbst (1916/1968). In der Sprache gibt es ihm zufolge nur Unterschiede ohne positive Elemente *(termes positifs)*. Wie sehr sich die so relationistisch definierte S. dem Systembegriff nähert, zeigt die andere These de Saussures, nach der es keine Zeichen gebe, sondern nur Unterschiede zwischen Zeichen (Engler 1968). Noch deutlicher in diesem Sinn ist Hjelmslev (1959/1973), der S. als *das autonome Ganze innerer Abhängigkeiten* definiert. Gegenüber der einfachen Beziehung zwischen den Elementen wird die S. ihm zufolge als Bezeichnung für das aus gleichartigen Elementen zusammengesetzte Ganze gebraucht, wobei jedes jeweils vom anderen abhänge und nur im Verhältnis zu ihm das sein könne, was es ist.

S. ist aber für de Saussure und Hjelmslev wie auch nachher für Lévi-Strauss (1958), Barthes (1964a), Eco (1968), Greimas und Courtés (1979) als Denkinstrument oder Modell oder Simulacrum noch klar von der empirischen Wirklichkeit abgegrenzt. Sie vertreten damit die Richtung des *methodologischen* (im Unterschied zum *ontologischen*) Strukturalismus. Dieser setzt dabei an, dass die S. ein gerichtetes, *interessiertes* Simulacrum des Gegenstandes sei, weil der nachgeahmte Gegenstand es ermögliche, dass etwas auftaucht, was unsichtbar oder unerkennbar am natürlichen Gegenstand bleibt (Barthes 1964a). Demgegenüber bringen die ontologischen Strukturalisten den Begriff der S. in Beziehung zu etwas, was unabhängig von der Tätigkeit des Analysten besteht. So Hockett (1948/57), dem zufolge die Sprache das ist, was sie ist; sie besitze die S., die sie hat, ob der Linguist sie erforscht und analysiert oder nicht. Es ist bezeichnend, dass Hockett dies als amerikanischer Linguist sagt, weil nämlich für den ontologischen Strukturalismus der amerikanischen Schule der statische Begriff der S. und die deskriptive Beziehung zu ihm charakteristisch waren.

Der pragmatischen Rezeption der S. als eines operativen analytischen Mittels, das noch auf de Saussures Ausschluss des Referenten aus der linguistischen Diskussion zurückgeht, entsprang ein erheblich dynamischerer, von Transformationen und Überdeterminierungen geprägter Begriff der S. Während der erste Begriff der S. den Naturwissenschaften näher steht, zeigte sich der zweite als der den Geisteswissenschaften angemessenere. Lévi-Strauss (1958) setzt S. in diesem Sinn im Grunde mit dem System gleich. Denn erstens zeige die S. den Charakter des Systems: Sie bestehe aus Elementen, die so angeordnet sind, dass die Veränderung des einen die Veränderung aller anderen nach sich zieht. Zweitens gehöre jedes Modell einer Gruppe von Transformationen an, von denen jede dem Modell ein und derselben Familie entspricht, sodass das Ganze dieser Transformationen eine Gruppe von Modellen ausmacht. Drittens ermöglichten die erwähnten Merkmale vorauszusagen, wie ein Modell auf die Veränderung eines seiner Elemente reagiert. Und schließlich müsse das Modell so aufgebaut werden, dass es alle festgestellten Tatsachen in Betracht zieht. Die dynamische Bestimmung von S. Lévi-Strauss' als ein System von Transformationen übernahm Piaget (1968) und fügte ihr das Merkmal der Selbstregulation hinzu, die der S. «Erhaltung und eine gewisse Geschlossenheit» sichert.

3. Als erste eminente strukturalistische Analyse eines literarischen Textes gilt gemeinhin die gemeinsame Lesung von Baudelaires Gedicht *Katzen* durch Jakobson und Lévi-Strauss (1962). Beide heben die generative Spannung zwischen Beziehungsreihen hervor, und zwar sowohl die symmetrischen zwischen zwei Sestinen als auch die asymmetrischen, die zwischen den Sestinen und dem Distichon entstehen, das sie trennt. Das Gedicht erweist sich als Prozess

der dynamischen Überdeterminierung der Oppositionen zwischen der Tatsache und dem Mythos, der Begrenzung und Erstreckung, der Äußerlichkeit und Innerlichkeit, die von einer formalen Ebene zur anderen bis zur endgültigen Bedeutungslösung hinaufsteigen. Riffaterre (1966) unterzog indes diese Analyse der Kritik mit der These, dass die Gedichtstruktur von der Lesart abhänge, bei der nie alle Parallelismen aktualisiert werden, sondern nur jene, die stilistisch geprägt sind.

Durch die Hervorhebung des *potenziellen* Charakters der Textstrukturen werde die Aufmerksamkeit auf ihre Abhängigkeit von der Funktion gelenkt und so der Übergang für die semiotische Einfügung des Textes in den Kommunikationsprozess vorbereitet. Diese Einfügung bringe aber den prinzipiellen Vorrang der S. über die Funktion, der den beständigen Ansatz der strukturalistischen Methodologie ausmache, nicht ins Wanken. Er werde aufgrund der These über die modellprägende Kraft der literarischen im Unterschied zur sprachlichen S. beibehalten. Die Verbindung zwischen dem Signifikanten und dem sprachlichen Signifikat hänge von der Konvention ab, für die Verbindung des literarischen Signifikanten mit dem Signifikat hingegen sorge die literarische Struktur selbst. Im literarischen Zeichen sei die Verbindung zwischen der Ausdrucks- und der Inhaltsschicht motiviert. Die Literatur verneint, lehnt ab, vergisst, tilgt Genette (1976) zufolge die Kluft, welche die Sprache schafft.

4. Derrida (1967b) lehnte diese Konzeption als Nostalgie nach dem ursprünglichen Zustand der mythischen Fülle und metaphysischen Präsenz ab. Er setzt ihr die Hinzufügung des Signifikanten entgegen, die er aus der Radikalisierung der These de Saussures über das Primat des Unterschieds über die positiven Elemente ableitete. Doch scheint es, dass die unendliche Verschiebung der Unterschiede, die Derridas Schlüsselbegriff der Schrift kennzeichnet, in gewissen Derivationen seiner Lehre selbst noch am Begriff der S. haften bleibt, den er dekonstruieren will. (D. M.)

→ Form, Funktion, Grammatik, System

Strukturalismus

(engl. structuralism, franz. structuralisme, russ. strukturalizm)

Der S. hat sich in der modernen Literaturtheorie, basierend auf den Erkenntnissen des Moskauer Linguistenkreises und des russischen Formalismus im slawischen Bereich (vgl. die Prager und die Tartuer Schule) und unter dem Einfluss Jakobsons in den 1960er Jahren auch in Frankreich und den USA entwickelt. Er ist eng mit der Kybernetik, der Informationstheorie, der generativen Transformationsgrammatik, der Kommunikationstheorie und schließlich mit der Semiotik (bzw. Semiologie) und dem Poststrukturalismus verbunden, die den S. als Schule fortsetzten, obwohl sie gegenüber manchen seiner Ergebnisse kritisch eingestellt waren. Signifikanten Einfluss hat er ferner auf die psychoanalytische (Lacan, J.-A. Miller, Metz, Kristeva, Žižek) und marxistische Kritik (Althusser, Macherey, Goldmann) sowie auf manche Zweige der Rezeptionstheorie (den sog. *reader-response criticism*) ausgeübt. Auch die phänomenologische Kritik ist in ihren verschiedenen Zweigen (z. B. der Hermeneutik) in einen intensiven Dialog mit dem S. getreten (Merleau-Ponty, Sartre, Granger, Benveniste, Dufrenne, Ricœur und in Deutschland z. B. Holenstein und Frank). Er hat in Dänemark die Kopenhagener glossematische Schule hervorgebracht und in den USA den Yale-Deskriptivismus. Seine Vertreter in Frankreich waren der Anthropologe Lévi-Strauss, der Ideenhistoriker Foucault (obwohl er selbst die Bezeichnung «Strukturalist» ablehnte), der Psychologe Piaget, der Psychoanalytiker Lacan und unter den Literaturtheoretikern Barthes, Todorov, Genette, Greimas, Riffaterre, Ruwet u. a. Für gewöhnlich werden die 68er-Studentenbewegungen als «Totenglocke» des S. angesehen. Ende der 1960er Jahre und in den 1970er Jahren lebt der S. in Polen und der Slowakei auf, wo er eigenständige Schulen gebildet hat.

1. Auf der Spur der linguistischen Grundsätze de Saussures lenkt der S. die Aufmerksamkeit auf die gegenseitige strukturelle Abhängigkeit der Elemente in synchronen Querschnitten und wendet sie ab von der diachronen Untersuchung getrennter Elemente. Das, was an der Oberfläche als ganzheitlich und vollendet gilt, wird dazu nur dank des im Verstand eines jeden von uns wirksamen Tiefenstrukturnetzes aus logischen Oppositions-, Einbeziehungs- und Widerspruchsbeziehungen. Dieses Netz erzeugt durch seine Codierungsoperationen den Eindruck, als hätten die Erscheinungen, die wir wahrnehmen, ihr «Wesen» oder ihr «physisches Erscheinungsbild», obwohl sie eigentlich nur Zeichen sind. Deshalb verwirft der S. die Interpretation zugunsten der Analyse bzw. Ermittlung von Möglichkeitsbedingungen der Bedeutung. Lediglich eine analytische Ausrichtung auf die Differenzqualität erreicht den wissenschaftlichen Status der Poetik, während die Interpretation als «projektive Tätigkeit» mehr oder weniger im Sinne einer unverbindlichen Kritik behandelt wird. Die Poetik jedoch ist bestrebt, formale Systeme aufzudecken, die für die Bildung der spezifisch literarischen Bedeutung verantwortlich sind, und zwar analog zu der Art und Weise, wie die Linguistik dies für die Sprache auf ihren verschiedenen Ebenen geleistet hat (Todorov 1968 / 1973). In diesem Sinn ist zuerst von der Tiefengrammatik der literarischen (vor allem der erzählenden) Texte und erst danach von der Leserkompetenz die Rede. Sie beide naturalisieren oder

motivieren die Relation zwischen dem Ausdruck und dem Inhalt eines literarischen Zeichens und ermöglichen dadurch das Wiedererkennen und die Sinnkonstitution seiner Nachricht. Dennoch gehört die Kompetenz dem Bewusstsein und nicht dem Text an, wie es bei der Grammatik der Fall ist, was die Kompetenz flexibler und universeller macht. Wenn von einer derart aufgefassten Kompetenz die Rede ist – als einer konvertiblen Reihe von Codes, welche die Gemeinschaft ihren Mitgliedern aufprägt –, dann können die literarischen Texte ihr zuarbeiten, indem sie sich als *lesbar* erweisen, oder sie können sich ihr widersetzen und somit die eigene Neuschreibung zum Zweck des Verstehens verlangen (Barthes 1970). Die Strukturalisten bevorzugen offensichtlich letztere Art der sog. produktiven Texte, die durch das permanente «Mehr an Signifikant» die Leser zu einer aktiven Haltung ihnen gegenüber veranlassen. Während jedoch bei den Formalisten die Verfremdung in Bezug auf die alltägliche Erfahrung von Dingen und Erscheinungen Geltung erlangt, distanziert sie in der strukturalistischen Konzeption den Leser von anderen Diskursen und Texten. Diese transgressive Arbeit des Textes im intertextuellen Feld haben Barthes und Kristeva – das poststrukturalistische Interessengebiet gegen Ende der 1960er Jahre formulierend – Signifikationsfähigkeit *(signifiance)* genannt.

2. Die zweite Richtung des strukturalistischen Interesses ist mit der Erneuerung der Rhetorik verbunden. 1963 wurde eine französische Übersetzung der Abhandlungen Jakobsons veröffentlicht, in denen er seine These von dem metaphorischen und metonymischen Pol der Sprache formuliert hat. Sie ist die Fortsetzung der Saussureschen These, der zufolge sich jede sprachliche Einheit gegen eine Einheit der anderen Ordnung (d. h. die Idee oder den Begriff) austauschen oder mit einer Einheit derselben Ordnung (d. h. dem Phonem, Morphem, Lexem u. Ä.) vergleichen lässt. Jakobson (1956/71) leitet daraus den semantischen und positionellen Aspekt der sprachlichen Einheiten ab, ersteren auf der Achse der Selektion, der die Einheiten nach dem Prinzip der Äquivalenz zugeordnet sind, und den zweiten auf der Achse der Kombination, auf der sie der Kontiguität nach verbunden werden. Er stellt die Beziehung zwischen diesen Solutionen als ausschließlich, d. h. in der Weise dar, dass der Sprecher bei der Gestaltung seiner Äußerung letzten Endes eine von den beiden Achsen in den Vordergrund rücken muss. Diese Auffassung hat in vieler Hinsicht die französische Diskussion um die Frage der Rede-Figuren bestimmt und sie im Rahmen der älteren rhetorischen Deviationstheorie beibehalten. Die Rhetorik wird in den Zuständigkeitsbereich der Poetik verlegt, und die rhetorischen Verfahren und Figuren werden im Rahmen des Textes positioniert, um die Neutralität der analytischen Einstellung zu wahren, die das Recht der Bestimmung und Beschreibung «dichterischer Abweichungen» aufrechterhält. Dieses Recht wäre natürlich nicht möglich, wenn der Zugang zur Norm, sei es auch nur in

virtueller Form, abgeschafft wäre. Genette (1966) konstatiert: Die Figur existiere nur, wenn sich ihr ein buchstäblicher Ausdruck entgegensetzen lasse. Eine Rede, die nicht unter anderen möglichen Reden ausgewählt sei, teile nichts mit, sie sei keine Rede. Und der ganze Geist der Rhetorik sei in dem Bewusstsein über diese Leere zwischen der wirklichen und der virtuellen Sprache enthalten, die es mit Gedanken auszufüllen gelte, um den Raum der Figur einzugrenzen. Und Riffaterre (1971) folgert die Norm aus der Projektion des Leserbewusstseins, welche der literarische Text durch Stilverfahren und markierte Stellen umleitet. Schließlich deutet auch die Gruppe Mu (1977) die Figuren eigentlich als Instruktionen zum symbolischen Lesen.

3. Der polnische S. hat sich aus der stilistischen Tradition der polnischen Literaturwissenschaft entwickelt, welche durch Namen wie Wóycicki und Budzyk gekennzeichnet ist. Ihn charakterisiert eine große Spannweite an Interessen, die in erster Linie ein Verdienst der Budzyk-Schüler-Sławiński und Głowiński, der Mitarbeiter des Warschauer Instituts für Literaturforschung, darstellt. Obwohl es innerhalb des Warschauer Kreises auch Theoretiker gibt, die sich auf die Struktur des Textes konzentriert haben (Mayenowa, Wierzbicka, Faryno), überwiegen doch Untersuchungen des sozio-anthropologischen und pragmatischen Aspekts der literarischen Kommunikation (Żołkiewski, Bartoszyński, Okopien-Sławińska, Bałcerzan). So lehnt Sławiński (1967) die Betrachtung des literarischen Textes aus einer ausschließlich synchronen Perspektive ab und setzt sich – im Geiste der Ideen Bachtins – für eine historische Poetik ein. Die Tradition ist in jedem Werk über die implizite Struktur der literarischen Normen, welche ihnen in Form des «Genotyps» implantiert sind, anwesend. Głowiński befasste sich überwiegend mit den Textstrategien der Erzeugung des sog. virtuellen Lesers und mit der Kluft, die diesen von dem konkreten Leser trennt. Die Gliederung der polnischen strukturalistischen Strömungen beeinflussten sowohl die ausgeprägten Traditionen der phänomenologischen (in Lwow) und der formalistischen Forschung (in Wilna) als sicherlich auch der implizite Dialog mit der «offiziellen» marxistischen Kritik (Markiewicz in Krakau, Janjion in Warschau).

4. Im Jahre 1967 gründeten Miko und Popovič das Kabinett für literarische Kommunikation und experimentelle Methodologie an der Pädagogischen Fakultät der kleinen slowakischen Stadt Ňitra. Ihre Ansichten formierten sich im Kontakt mit den polnischen und tschechischen strukturalistischen Ideen (insbesondere denen von Lévy). Den theoretischen Ausgangspunkt dieser Schule bildet die Behauptung, dass in der literarischen Kommunikation der Sender gegenüber dem Empfänger im Vorteil ist, was manchmal auch in «unverständlichen» literarischen Werken resultieren kann, wenn die Autoren ihrer Zeit voraus sind. In solchen Fällen überwiegt die «kontextuelle» Dimension der li-

terarischen Kommunikation ihren «operativen» Aspekt. In der kontextuellen Dimension gewinnt der Text seine «Ikonizität», die sich entweder dem «empirischen» oder dem «begrifflichen» Pol zuneigen kann, je nachdem, ob sie durch literarische oder wissenschaftliche Mittel «programmiert» wurde. Falls die Ausdrucksmittel eines Textes spezifisch sind, wird dieser in seiner operativen Dimension «Subjektivität» offenbaren; sind die Ausdrucksmittel dagegen standardisiert, wird die «Soziabilität» im Vordergrund stehen (Miko 1978).

Popovič befasste sich im Rahmen der sog. Übersetzungstheorie meist mit der Beziehung zwischen dem «Prototext» und dem «Metatext». Er interessierte sich für die Modi, wie sich der eine gegenüber dem anderen verhält, sowie dafür, wie sich der Metatext in das «System der literarischen Erziehung» einfügt. (Dg. B.)

→ Arbitrarität, Bedeutung, Bricolage, Denotation, Differenz, Ebene, Einschaltung, Figur, Funktion, Geschichte, Grammatik, Homologie, Isotopie, Kommunikation, Kompetenz, Kontext, Literaturgeschichte, Metapher, Mythos, Narratologie, Opposition, Poetik, Poststrukturalismus, Prager Schule, Reihe, Rhetorik, Sem, Semantik, Semiotik, Signifikation, Struktur, System, Tartuer Schule, Text, Zeichen

Subjekt

(engl. subject, franz. sujet, russ. sub"ekt)

Einer der zentralen Begriffe der modernen Literaturtheorie in ihren verschiedenen Schulen wie der phänomenologischen Kritik, der Hermeneutik, der psychoanalytischen Kritik, dem Poststrukturalismus, der feministischen und postkolonialen Kritik, der Empirischen Literaturwissenschaft, dem Neuen Historismus, der Kritischen Theorie und der marxistischen Kritik.

1. Die Abtrennung des S.s vom Objekt scheint dem Theoriebegriff, den wir seit den alten Griechen *(θεωρία)* kennen, zugrunde zu liegen. Dieser Begriff ist ursprünglich mit der Bühne verbunden, als dem Ort des aufmerksamen Betrachtens zum Zweck der Erkenntnis *(ειδεναι)* im Sinn des Sehenszustandes. So impliziert die Theorie die visuelle Aufsicht über ein bestimmtes Feld, das der Dynamik der Entstehung entrissen und in statisches Sein verwandelt wird: das Objekt. Nur dasjenige, was dem Sehen unterstellt wird, wird als anwesend betrachtet, und so ist die Unterstellung *(sujétion, subjection)* Vorbedingung der Theorie. Das S. kann aber der Wahrnehmungshandlung seines Bewusstseins nur dann ein Objekt unterstellen, wenn es sich von ihm nicht abhängig fühlt, wenn es dieses von außen betrachten kann und sich nicht in den Zeitstrom seines Entstehens hineinziehen lässt. «Raum oder die Äußerlichkeit sind für die

Objektivität notwendig», da das S. ohne sie das Erscheinen des Seins nicht vergegenwärtigen kann (Lévinas 1974). In diesem Sinn sind nach Jay (1993) die Trennung des S.s vom Objekt und der Glaube an das neutrale Betrachten seitens des Letzteren durch die Zentriertheit des griechischen Denkens auf das Auge angestoßen worden. Nach Jonas (1982) ist dadurch der Begriff der Objektivität gewonnen, des Dings, wie es an sich sei, im Unterschied zum Ding, das mich affiziert, wobei aus diesem Unterschied die gesamte Idee der *theoria* und der theoretischen Wahrheit entsteht. Einige feministische Kritikerinnen erkannten übrigens in der fetischistischen Gleichsetzung des Sichtbaren mit dem Wahren das Dominationsmerkmal des männlichen S.s in der abendländischen Kultur, das die eigene Körperlichkeit bestritt und sie in Mortifikationstechniken wie Fernglas, Teleskop, Mikroskop, Röntgen, Kamera, Scanner, Ultraschall u. Ä. übersetzte (Haraway 1990; Braidotti 1994).

2. Das vorsokratische griechische Denken scheint gleichzeitig den entgegengesetzten Aspekt des *theoria*-Begriffs zu betonen, nämlich das Eingeschlossensein des Zuschauers in das Angeschaute. Die Mythen über die Medusa, den Narziss und Orpheus bestätigen, dass das Schauen für die alten Griechen keine gefahrlose Aktivität war. Daran dachte wohl Gadamer, als er behauptete, dass die Theorie für die Griechen «die wirkliche Teilnahme, kein Tun, sondern ein Erleiden *(pathos)*, nämlich das hingerissene Eingenommensein vom Anblick» ist (1960/90). Der Begriff der *speculatio* impliziert als lateinische Übersetzung des griechischen Begriffs *theoria* in der Tat die endgültige Aufhebung des Unterschieds zwischen dem S. und Objekt in ihrer völligen, sich widerspiegelnden Übereinstimmung, in der die «Spiegelbilder ihrer selbst» ausgetauscht werden (im Romantismus wird daraus die «Selbstreflexion»). Nach Gasché (1986) deckt sich das spekulative Denken mit gegenseitigem Widerspiegeln und Vereinigen der widerstreitenden Pole. Die Spekulation sei die Bewegung, welche die vollkommenste Einheit, den letzten Grund aller möglichen Verschiedenheit, Gegensätzlichkeit und Widersprüchlichkeit bilde. So birgt der altgriechische Begriff der *theoria* zugleich die Dimension der betrachtenden Trennung des S.s vom Objekt und die Dimension der selbstreflexiven Widerspiegelung des einen im anderen in sich.

3. Auch der cartesianische Subjektbegriff teilt sich – als Bezugspunkt der meisten modernen Kritiken – zwischen Betrachtung und Spekulation, Anschauung oder Schau *(gaze, scopie)* und Anblick *(glance, regard)*. Man hat die philosophische Position Descartes' oft in Bezug zum malerischen Perspektivismus der *camerae obscurae* (Goux 1985; Crary 1990) gebracht, der das Anschauensregime der Neuzeit (Heideggers «Zeitalter des Weltbildes», in welchem das «Zuhandene» zum «Vorhandenen» wird) begründet. Damit wurde er zum Begründer der Legitimation der modernen Wissenschaft durch empiri-

sche Offensichtlichkeit (Evidenz). Zum anderen könnte man Descartes auch als Begründer der reflexiven Subjektbegründung in der sich widerspiegelnden (spekulativen) Selbstidentifikation ansehen. Nach Gasché wird mit dem cartesianischen Denken die Selbstgewissheit des Denksubjekts – die apodiktisch im *cogito me cogitare* festgelegte Gewissheit – der unerschütterliche Grund der Philosophie selbst. Descartes diente so als Gewährsmann sowohl des spekulativen Schaubegriffs der rationalistischen Philosophie wie des empirischen Schaubegriffs der sensualistischen Philosophie. Nach Jay aber rechtfertigte der Cartesianismus in seinen beiden Formen – der spekulativen und der betrachtenden – das betrachtende und nicht das verkörperte Auge, das weit aufgemachte Auge mit fester Anschauung und nicht den schwimmenden Anblick. Gerade dieses Haften am entkörperten, dem geistigen oder «engelhaften» Auge verschaffte ihm Einfluss in der modernen Aufklärungswissenschaft, die sich von dem Lauschen nach den Stimmen der Vergangenheit verabschiedete und das rationale Vertrauen in die eigenen Augen begründete.

4. Husserls Begriff des Transzendentalsubjekts verdankt dieser cartesianischen Tradition viel. Zum transzendentalen S. gelangt man durch das «Schälen» der empirischen Schichten des psychologischen S.s, d. h. durch das Verfahren der sog. phänomenologischen Reduktion oder Einklammerung *(epoché)*. Durch Einklammerung sollte die absolute – will sagen nicht nur vorwissenschaftliche, sondern auch vorsprachliche – Gewissheit des Gegenstandes und der Gegenständlichkeit erreicht werden, die uns in unserer Alltagserfahrung auf beliebige oder relative Art und Weise gegeben sind. Die Gewissheit der Gegenstände wird dadurch erreicht, dass die Gegenstände aus der sozialen Welt in die Lebenswelt umgesiedelt werden, in der sie eine allgemeine Struktur erlangen. «Diese *allgemeine Struktur*, an die alles relativ Seiende gebunden ist, ist nicht selbst relativ. Wir können sie in ihrer Allgemeinheit beachten und mit entsprechender Vorsicht ein für allemal und für jedermann gleich zugänglich feststellen» (1936/54, S. 142). Diese sorgsame und allgemein gültige Wahrnehmung nannte Husserl «Wesensschau» und leitete sie aus der analogen Sinnübertragung (Sinnverschiebung) vom «reinen Ego» auf Gegenstände und Gegenständlichkeiten her, die seine Aufmerksamkeit in der Umgebung auf sich ziehen. Ihre Struktur vermag die Allgemeingültigkeit deshalb zu erlangen, weil die Formen der vor-prädikativen Zeit- und Raumerfahrung im Bewusstsein unterschiedlicher empirischer S.e identisch sind. Die Welt ist daher für Husserl ein bloßes Korrelat des Akts der Sinngebung, doch sind diese Akte nicht beliebig, sondern durch den transzendentalen Horizont eingeschränkt, innerhalb dessen sie sich vollziehen. Wegen dieser Beschränkung bzw. der Aspekthaftigkeit der Anschauung kann das S. niemals mit dem Gegenstand seiner apperzeptiven Sinnbildung verschmelzen. Jede Sinnbildung setzt die

Aussonderung von Nahem und Bekanntem aus jenem Rest voraus, der für das transzendentale S. ins Unbekannte versinkt und infolgedessen schlicht nicht als Seiendes angenommen wird. Indem er den intentionalen Horizont in den Vordergrund rückt, weicht Husserl der Falle des Subjektivismus wie des Objektivismus aus und vermeidet so, sei es dem S. oder dem Objekt in ihrem Verhältnis zueinander den Vorrang zu geben.

5. Obwohl sie sich die intentionalistische These angeeignet haben, verwarfen Husserls Schüler ihre transzendentalistische Begründung. Mit Heidegger wird die Intentionalität aus der Sphäre der Subjektivität in das *In-der-Welt-Sein* verlegt, wodurch die Option der phänomenologischen Reduktion aufgehoben ist, da das S. in ein Dasein eingetaucht ist, das es stets überschreitet. Die Intentionalität gehört somit nicht mehr dem erkenntnistheoretischen Bereich des S.s an, sondern wird zum ontologischen Stützpunkt der Transzendenz des Daseins. Die Existenz ist daher in ihrem Verhältnis zum Sein nicht gleichgültig und offenbart sich als *Sein zum Tode*. Das S. ist immer (schon) in die Welt «geworfen», und die vorgefundene Vorstruktur des Seienden bestimmt im Voraus sein Verhältnis zum Objekt. Das S. beharrt auf der Reflexion seiner ontologischen Fundamente als der Grundsituation des eigenen Vorverständnisses, die es durch das «Horchen» vernimmt. Heideggers Verlegen der Husserlschen Phänomenologie aus visuellen in auditive Termini zeugt von der einflussreichen hermeneutischen Wende. Bachelard (1957) war dann derjenige, der die modernen Metaphysiker ermahnte, «die Sicht» spreche zu viele Sachen zugleich an. Das Sein sehe sich selbst nicht. Vielleicht höre es sich. Die hermeneutische Tradition war – im Gegensatz zur cartesianisch-aufklärerischen – immer mit der auditiven Erfahrung verbunden und daher auch in ihrer Umgangsart mit Erscheinungen, Texten und der eigenen Sprache temporalisiert. Es ist kein Zufall, dass die moderne Hermeneutik ihren Aufstieg im ersten Drittel des 19. Jh.s erlebt, als Wissenschaft und bildende Künste das stabile mechanische Auge der Anschauung zugunsten des beweglichen körperlichen Anblickauges verlassen. Der Fluss der Empfindungen in der erlebten Zeit habe, meint Jay, begonnen, die erfrorenen «Aufnahmen» des transzendentalen, zeitlos betrachtenden S.s zu verdrängen.

6. Im selben Geist verwarf Merleau-Ponty Husserls cartesianischen Gedanken vom «reinen Bewusstsein», indem er ihn im Körper ansiedelt. Dadurch bekommt die Reflexion des S.s vorreflexive Wurzeln, über die sich die Wahrnehmung stets erfolglos in der Absicht beugt, um sie als ihre Überreflexion *(sur-réflexion)* zu durchschauen. Damit eröffnet Merleau-Ponty den störenden Überschuss oder die Kluft im spekular-reflexiven Modell des S.s in der europäischen idealistischen Tradition. Das Verhältnis der Welt zum S. geht ihm zufolge dem Verhältnis des S.s zu ihr und zu sich selbst immer voraus. Im Spek-

takel der Welt sind wir immer schon Angeschaute: Im Titel des Werks, das er nicht zu vollenden vermochte, nannte Merleau-Ponty (1961) diese Zerstreuung des zentrierten S.s «Prosa der Welt». Das dem Sehen zugehörige Denken funktioniere nach dem Programm und Gesetz, das es sich selbst nicht aufgegeben habe. Es beherrsche seine Prämissen nicht; es sei weder ständig anwesend noch ein aktueller Gedanke; in seinem Zentrum steckte das Geheimnis der Passivität. Da die Welt aus dem gleichen Stoff sei wie der Körper, nannte Merleau-Ponty (1964) sie ein «Gewebe», dessen äußere Hülle ich nicht sehe, sondern es von innen her lebe; man ist in sie eingetaucht. Die Welt sei schließlich um uns herum und nicht unter uns. Die Situiertheit im Zentrum eines mehrschichtigen Prozesses, in der sog. Falte des Seins, widerlegt das reflexive Modell des S.s, weil dieses die Beziehungen des S.s zu anderen S.en in der gemeinsamen Welt außerhalb der Klammer lasse. Das bedeutet, dass wir zu uns selbst nur über den unübersichtbaren Umweg durch die anderen zurückkehren können, die durch Geschichte alle unsere jetzigen Gedanken, Vorstellungen, Empfindungen und Wörter geformt haben. Ohne eine solche symbolische Vermittlung unserer Erfahrung durch die Erfahrung anderer wäre außerdem auch unsere Verständigung mit anderen unmöglich.

7. Die immer schon im Voraus gegebene Äußerlichkeit des Bewusstseinskörpers bildet auch in Lévinas' Kritik an dem Husserlschen Subjektkonzept den Kern. Den Körper dem Reiz, Altern, der Faltenbildung, Verletzung, der Narbe und dem Schmerz auszusetzen, fügt permanent in seine Identität ein Anderssein ein. Das körperliche Anderssein bringe, so Handelman (1991), den kalten imperial-spekulativen panoptischen Blick des Philosophenauges aus dem Gleichgewicht und unterwerfe ihn/sie etwas ganz anderem. Das Sein-für-sich verwandelt sich so in das Sein-für-andere, in eine Vertretung und Geiselhaft, welche die Souveränität des Ich zum Einsturz bringen. Die Traumatisiertheit der Haut durch die Nähe *(proximité)* zum Anderen bildet eine Art Unmittelbarkeit, die keiner bewussten Vermittlung unterliege. Solche unbarmherzige Entmachtung durch Besetzung öffnet das S. für den Anderen auf eine Art und Weise, die Lévinas *désintéressement* nannte, das heißt so, dass es aus der Versunkenheit im Sein (der untereinander streitenden Egoismen: *intéressement*) abgesondert wird. Das S. erlangt für Lévinas (1985) seine Unverwechselbarkeit nur dadurch, dass es die Verantwortungslast für den Anderen übernimmt. Ich bin ich demnach nur gemäß meiner Verantwortung. Das Ich könne alle vertreten, aber niemand könne das Ich vertreten. Das sei seine eigene unveräußerliche Identität als S. Die Anwesenheit des Anderen – die privilegierte Heteronomie – beleidige die Freiheit nicht, sondern setze sie erst. Die Scham um seiner selbst willen, die Anwesenheit des Anderen und das Verlangen nach ihm stellten keine Negation des Wissens dar: Das Wissen sei deren

Artikulation. Das Wesen des Wissens liege nicht in der Sicherung des menschlichen Grundes und seiner Macht, sondern darin, dass er in Frage gestellt und zur Gerechtigkeit aufgerufen werden könne (Lévinas 1961).

8. Das «Angestecktsein» des S.s durch den Anderen bekommt im Strukturalismus und Poststrukturalismus eine neue Quelle: die Sprache. Die Sprache erbt die «anonyme Sichtbarkeit» Merleau-Pontys (1964), die das S. nicht sieht, weil sie es zum Sehen anleite. Freilich stellen die Strukturalisten die Sprache als geeignet zur Widerspiegelung ihrer selbst dar, wodurch sie das Merkmal des klassischen reflexiven S.s beibehält. Aber im Poststrukturalismus wird die Sprache zum unermüdlichen Weben der Unterschiede, wodurch das idealistische Modell des S.s, das im Zeichenkonzept verkörpert ist, weiter untergraben wird. Um sein vollkommenes und endgültiges Spiegelbild im Signifikat zu finden, ist jeder Signifikant auf die unendliche Umleitung über andere Signifikanten angewiesen, die ihm seine Unterscheidungsidentität verleihen sollen. Diese Suche hat aber keine Aussichten auf Erfolg, weil die Bedeutung niemals zu ihrem endgültigen Bestimmungsort gelangt: Das Signifikat «rutscht» unter den Signifikanten. Es scheint aber, dass die *Différance* Derridas durch den «umgestülpten Handschuh»-Effekt unbemerkt zum neuen transzendentalen S. des Sprachgebrauchs wird. Frank (1990) ist der Auffassung, dass die Verneinung des S.s im Positiven lediglich zur Beibehaltung des S.s unter umgekehrten Vorzeichen führe. Es habe nur die Stellen getauscht und sei aus dem Herzen des menschlichen Bewusstseins in die Idee des sich selbst organisierenden und anwendenden Systems geflüchtet. Handelman meint, das Spiel beteilige sich weiterhin an der egoistischen Seinsstruktur und sei kein *désintéressement*, keine Sprengung des Wesens.

9. Im gleichen Sinn wurde Lacans berühmte Dezentrierung des S.s geschickt vermummte «Rückkehr» in die bequeme Sicherheit des klassischen metaphysischen Idealismus genannt (Ruegg 1979). Lacans symbolische Weltordnung wird genauso um die Leere wie die cartesianische um die Fülle gebaut. Lacan kritisierte Sartre (1949) und Merleau-Ponty (1964) wegen der verstohlenen Beibehaltung der cartesianischen Konzeption des «selbstgenügsamen Bewusstseins». Das S. ist immer schon vom Unbewussten als seinem radikal abwesenden Anderen determiniert, der sich hinter der unüberschreitbaren Mauer aufhält, um von dort alle Manifestationen des S.s zu organisieren. Es ist schon von Beginn an (als es sich im Spiegel wiedererkannte) auf einem Missverständnis oder einer falschen Erkenntnis *(méconnaissance)* aufgebaut. Deshalb geht, ähnlich wie bei Heidegger, jede Entdeckung der Wahrheit mit der erneuten Verdeckung einher: Das Wirkliche bleibt hinter dem Spiegel. Niemand entgehe dem Irrtum *(Les non-dupes errent)*, und so sei es der einzige Vorteil des Analytikers, wie behauptet wird, dass er sich dessen bewusster sei als die anderen.

Dieses Bewusstsein drückt sich in Lacans stilistischem «Überspielen» der sprachlichen «Ausspielspatente» des S.s aus, um ihnen mit eigenen Neologismen, Verschmelzungen, Sprachspielen, Kalauern, Formeln, Tabellen, Rebussen und Chiffren vorzubeugen. De Certeau (1986) erkannte die Ethik der Theorie Lacans in der Entscheidung für die Unbeendbarkeit der Rede im Gegensatz zur Fülle der «entfremdenden Imagination». In der Tat, sein «katachrestischer Stil» scheint den mysteriösen «anderen Schauplatz» zu verkörpern, der durch seine eigentümlichen Gesetze das Benehmen des S.s regiert. So verleitet er andere heimlich, zu glauben, dass sein S. (das Geheimnis der Welt) kennt, obwohl das Einzige, was es – angeblich im Unterschied zu anderen – weiß, darin liegt, dass es dieses Geheimnis nicht kennt, weil keiner es erfahren kann. Alles, was das S. kann, ist, sich im «Besitz der Wahrheit» aufrechtzuerhalten, d. h. im Delirium der linguistischen Praxis *(la langue)*, die einen (strukturalistischen) neutralen wissenschaftlichen Gesichtspunkt unmöglich macht.

10. Durch Lacans metonymische Konzeption des «wahren S.s» war auch das seinerzeit sehr einflussreiche S.-Modell Althussers inspiriert. Danach entsteht das S. durch *Subjektivation* oder Unterwerfung *(assujettissement)* unter die ideologischen staatlichen Apparate (Kirchen, Schulen, Familien, Parteien, Medien u. a.), die den Einzelnen auffordern, sich in ihren Agenten (Priestern, Lehrern, Vätern, Politikern, Sängern) wiederzuerkennen, um sie so zu bestätigen und in Gang zu erhalten. Dieser Wiedererkennungsakt im angebotenen Spiegel reproduziert im Grunde Lacans Konstitution des S.s in der imaginären Phase, die sich mittels der Projektion des Selbst auf den Anderen *(objet a)* abspielt. Althussers Schüler Pêcheux (1975) arbeitete diese Idee in seiner Konzeption des Interdiskurses aus. Er spricht darin über vorkonstruierte Paraphrasenräume innerhalb der Zwischenräume der diskursiven Formationen, die mit ihren selbstverständlichen «Bedeutungsmatrizen» für die Konversion der einen diskursiven Bedeutungen in die anderen die Sprecher auffordern, sich in ihnen als *universelles S.* wiederzuerkennen. Versucht das S. indes, diesen «trivialen» Raum der symmetrischen Austauschbarkeit der diskursiven Bedeutungen zu verlassen, um mit zielgerichteten erzählerisch-argumentativen Einkettungen der Signifikanten in den Raum des spezifischen Diskurses einzusteigen, dann versetzt es sich aus dem imaginären in das symbolische Feld und nimmt dabei die Position des *individuellen S.s* ein. Doch auch dieses S. entgeht nicht den bestimmenden Wirkungen des Interdiskurses, die es hinter sich zu lassen glaubte, während sie auf ihn in der Form des verfügbaren Vorrats von Diskursidentitäten am Ende seines Weges warten. So zeigt sich das «böse», durch Zerlegung gebräuchlicher Identifikationsschemata entstandene individuelle S. als bloßes Spiegelbild des «guten» universellen. Da sowohl die Identifikation als auch die Gegenidentifikation mit der Unterwerfung unter die im-

mer schon äußerlichen Auswirkungen des Interdiskurses enden, setzt sich Pêcheux für eine permanente *Entidentifikation* ein, die im Namen des Reellen wirkt (statt im Namen des Imaginären als erste oder im Namen des Symbolischen als zweite). Das Reelle (das Althusser auch «den reellen Gegenstand» nannte) bleibt nämlich immer *außerhalb* von demjenigen, was der Erkenntnis unterliegt (dem «Erkenntnisgegenstand»), weil jede Erkenntnis durch die «ideologische Problematik» gehemmt wird, die das S. in das imaginäre System der Vorstellungen und Begriffe einsperrt. Damit ordnet sich Althussers Schule entschieden in die poststrukturalistische Denktradition des «Denkens des Äußeren» ein, das unterschiedliche Namen bekommt: abwesende Ursache, Ungesagtes, Ungedachtes u. Ä., das aber durch seine Wirkung das S. in den Untertan, den Schauplatz, den Ort verwandelt, an dem die Macht des Gesetzes ausgeübt wird. Das Gesetz subjektiviert die Untertanen, indem es sie in seine «skripturale Ökonomie» einfügt – und zwar nach dem Motto de Certeaus (1980): Gebt mir eure Körper, und ich gebe euch die Bedeutung, mache euch zum Namen und Wort in meinem Diskurs.

11. An diesem Punkt erhebt sich der Widerspruch Franks (1983). Er ist der Ansicht, dass es sich bei den Poststrukturalisten um das spiegelverkehrte, reflexive S.-Modell handelt: Statt der Fülle und der Anwesenheit des S.s bei sich selbst treten Leere und Abwesenheit ein. Statt zum Herrn wird S. nun zum Sklaven. Die Alternative findet Frank in der europäischen Denktradition des romantischen Subjektmodells, das er für weniger mechanisch hält. Diesem Modell zufolge geht das Selbstbewusstsein dem Bewusstsein und das «innere Gefühl» der Reflexion voraus. Wenn dieses Gefühl einem Andersartigen begegne, stelle es eine vorreflexive interpretative Hypothese als den individuellen (unteilbaren, einheitlichen) Verständigungsgrund bzw. als Konsenshorizont auf, der für sich nach einer kommunikativen Beglaubigung suche. Es ähnelt Lacans «einheitlichem Signifikanten», der es gerade durch seine konstitutive Abwesenheit vermittels der Bedeutung der «Signifikantenbatterie» Anwesenheit verleiht. Da es aber als «Bedingung der Möglichkeit von Bedeutung, die selbst von Bedeutung frei ist» unbegreifbar bleibt, müssen es die andern S.e beim Offenbaren des ersten S.s durch die Projektion der neuen individuellen Hypothese divinieren bzw. dechiffrieren. So wird der intersubjektive Raum aus dem jeweils neuen Zentrum der individuellen Verantwortung immer neu organisiert, das man weder antizipieren noch überprüfen und schon gar nicht objektivieren kann. Mit einem Wort: Frank gab seinem individualisierten S. die Verantwortung für die Konstituierung des gesellschaftlichen Ganzen zurück. Dadurch widersetzte sich der deutsche Philosoph der poststrukturalistischen Diagnose vom Tod des S.s, der ihm zufolge zwar eine gesellschaftliche Tatsache ist, aber deshalb nicht schon als bare Münze genommen werden muss: «Das

Faktische ist nicht das Wahre». Indem er auf der kontrafaktischen Beibehaltung des S.s beharrt, setzt sich Frank ohne Rücksicht mit allen Formen seiner Unterwerfung durch Konventionen, Normen und Codes auseinander: der idealistischen Tradition, die es durch das Spiegelmodell des Bewusstseins unterwerfen will, dem Strukturalismus, der es auf das Sprachzeichen reduziert, der Hermeneutik, die es in die anonyme Überlieferungsmatrix versenkt, dem Neopragmatismus, der es der interpretativen Gemeinde unterwirft und der Transzendentalpragmatik, die es aus der kommunikativen Intersubjektivität ableitet. Die individuelle Macht der Sinngebung geht über alle diese von außen auferlegten Regeln hinaus, weil das «Unsagbare der Grund alles Sagbaren» und das «Poetische Grund der Möglichkeit von Sprache» ist.

12. Doch, welches Individuum wäre imstande, durch seine Sinngebung die gesamte Tradition zu verwandeln? Man bekommt den Eindruck, dass Frank jedem Sprechakt der alltäglichen Sprachpraxis dieses Potenzial zuschreibt, wobei es sich offenbar um eine ungebührliche Verallgemeinerung der eigenen Diskursposition handelt. An einer Stelle wird sie von Frank als dem Denken anderer im Rahmen der überindividuellen und darüber hinaus überkultureller und übernationaler Kommunikation ausgesetzte Position beschrieben. Sie sei geeignet, in sich die Argumente ihrer Gegner einzuschließen und in sich aufzunehmen, wo diese unwiderstehlich seien, um sie auf der Grundlage des adäquat revidierten Selbstverständnisses besser begründen zu können, als die Gegner es vermochten. Doch fragt man sich, ob daraus nicht folgt, dass Frank – wie Hauge meint – gerade das verallgemeinerte, was Schleiermacher von Jesus behauptete, und es auf alle menschlichen verbalen und interpretativen Akte anwendete. Wenn das moderne S. den allmächtigen Gott kopierte, dann ist Franks (1990) Individuum die säkularisierte *imitatio Christi*. Statt das S. in einer so elitären Individualitätsart zu verankern, als wäre sie Allgemeingut, das nach freiem Willen der verantwortungsvollen Einzelnen in Gang gesetzt wird, wäre es vielleicht ratsamer, die Wurzel des Konzepts vom *Individuum* zu untersuchen und nachzuweisen, weshalb es keinen selbstverständlichen Ansatz bei der Bildung der Subjektivität geben kann.

13. Das leistete – unter anderen – Luhmann mit seiner radikalen These, dass der Individuumsbegriff Ende des 18. Jh.s als Folge des Ausschließens des psychischen Bewusstseinssystems aus dem sozialen Kommunikationssystem gebildet wurde. Zu diesem Ausschluss kam es infolge der funktionalen Verselbständigung einzelner Sozialsysteme (Religion, Recht, Wirtschaft usf.), welche die bisherige stratifizierend-hierarchische Gesellschaftsordnung ersetzte. Während das Individuum in ihr noch seine natürliche (durch Geburt vererbte) Stellung innehatte, ist es unter den neuen Umständen gezwungen, eine «balancierende Identität» zu bilden, die auf wechselseitigem Einschluss und dem

Ausschluss aus den einzelnen Sozialsystemen bzw. auf der von ihnen angebotenen Rollenübernahme und -aufgabe aufbaut. Die neue Art der Identität gründet in der Differenzialerfahrung: Ich bin das, was ich nicht bin. Die Qualität der Individualität ist dabei umso größer, je disponibler der Einzelne ist, je weniger er von einem bestimmten Sozialsystem abhängt und fähig ist, nach Bedarf in allen zu funktionieren.

Die Freiheit, die man mit der erwähnten «Scheidung von der sozialen Totalität» erlangt, hat aber ihren Preis in der Angst und Ungewissheit in Bezug auf die vollzogenen Auswahlmöglichkeiten. Sie verfügen nicht mehr über garantierte gesellschaftliche Beglaubigung, sondern sind der ungewissen Erwägung der Kommunikationspartner in den entsprechenden sozialen Systemen ausgesetzt. Die Gefahr des Missverständnisses ist umso größer, als das psychische Wahrnehmungssystem nicht reibungslos auf das soziale Kommunikationssystem übertragen werden kann. Sie sind sich gegenseitig undurchdringbar und müssen in eigene systemische Termini und Regeln übersetzt werden, um ihren Reiz in Information zu verwandeln. Wenn es sich etwa um die Übersetzung der Wahrnehmung in die Kommunikation handelt, impliziert dies die Temporalisierung der simultan wahrgenommenen Gegensätze in sukzessive Unterschiede, und das bedeutet die Verfälschung des psychischen durch das soziale Medium. Da diese Verfälschung unvermeidlich ist, ist die Kommunikation über die Wahrnehmung zur Erfolglosigkeit und damit zur Wiederholung verurteilt.

14. Aber Luhmann (1986f) «beklagt» diese Verfehlung nicht als individuellen Misserfolg, sich mit dem Ganzen der Gesellschaft zu vereinen und sich somit als S. zu behaupten. Er hält die Fragmentierung der gesellschaftlichen Totalität nicht für einen vorübergehenden Zustand, den man mit dem Beharren auf der eigenen tief verwurzelten In-dividualität (d. h. Unteilbarkeit) überwinden könnte, die zur selben Zeit noch im «inneren Gefühl» der Gewissheit über das menschliche Bewusstsein aufbewahrt ist. Im Gegenteil, die Individualität ist mit all ihren Begleiterscheinungen *Folge* der Auflösung des gesellschaftlichen Ganzen, weshalb es nutzlos ist, sie als *Therapie* vorzuschlagen. Luhmann verwirft alle ähnlichen Versuche als das Bezahlen der Schuld des alteuropäischen metaphysischen Ganzheit/Teil-Paradigmas. Darin erscheinen die Teile als Verschuldete des Ganzen, das ihnen als transzendentaler Horizont Heimat bietet (wie etwa der Organismus die Organe unterbringt). In Luhmanns (1989a) Konzeption verliert das Ganze die Bedeutung der Unteilbarkeit, indem es sich gerade als *Produkt der Teilung* zeigt. In der paradoxalen Formulierung: Die Kommunikation *teile* die Welt nicht *mit*, sondern *ein*. Eine jede Kommunikation ist nämlich eine system-relative Operation der Ausdifferenzierung, die notgedrungen einen Teil der Welt im Dunkeln lässt. Insofern ist

jede Welt, zu der man gelangen kann, Gebilde einer «Regional/Lokalontologie» eines Systems, das an ihr seine Beobachtungs- oder Beschreibungsoperation der Signifikation mittels Unterscheidung vollzieht. Die Welt ist nicht die (transzendentale) Voraussetzung, sondern (empirisches) Nebenprodukt der Kommunikation. Dementsprechend wird sie von dem einen zum anderen Kommunikationsereignis transformiert. Jeder Akt der Bedeutungszuweisung zieht ihr erneut die Grenzen, und es gibt keinen Punkt, von dem aus man beurteilen könnte, ob es dabei richtig handelt oder nicht. Eine solche Beurteilung würde voraussetzen, jemand wisse, was die Interessen des Ganzen seien, wobei diese Erkenntnis den Systemen im konstitutiven Sinn vorenthalten wäre. Deren Ziel sei nicht der Konsensus, sondern die Aufrechterhaltung des eigenen Reproduktionsbetriebs. Deshalb sei die Kommunikation kein *Mittel,* sondern *Ziel,* und das S. sei nur eine von «operativen Fiktionen», die sie als Stützpunkte des Anschließens produziere. Das S. sei die Wirkung und nicht der Ausgangspunkt der Kommunikation. Das S. sei Ergebnis der Komplexitätsreduktion, die das System in der Kommunikationsoperation der (Selbst-)Beobachtung vollziehe. So sei es das *funktionale Äquivalent* des früheren Ganzen als des Konsenshorizonts, weil es die Kommunikation als sinnvolle Tätigkeit darstelle. Erst dadurch, dass die Kommunikation einem S. zugeschrieben werde, sei es möglich, die *Mitteilung* als formende Absicht von der *Information* als Inhalt in ihr zu unterscheiden. Wird aber das S. so als «operative Fiktion», «funktionales Äquivalent» oder «Anschlussstützpunkt» verstanden, geht die metaphysische Stabilität des «unbewegten Bewegenden» verloren und unterwirft sich der permanenten ereignishaften Zerlegung. Es wird zum Selektionshorizont, der stets aus der Perspektive der im gegebenen Moment ausgeschlossenen Möglichkeiten widerlegt werden kann.

15. Die Dynamisierung des S.s durch die Transformation der Felder von Kommunikationsmöglichkeiten, die es in jedem gegebenen Moment ausschließt, brachte die Theoretiker dazu, den flexiblen Begriff der *Subjektposition* einzuführen. So liegt nach Butler (1993) die moderne politische Forderung an das Denken darin, die Verbindungen vorzuzeichnen, welche die Verschiedenartigkeiten der dynamischen und relationalen Positionshaftigkeit innerhalb des politischen Feldes verbinden, ohne sie zu einigen. Das S. wird als konfliktträchtiger Kreuzungspunkt geschlechtlicher, rassischer, ethnischer, religiöser, klassenabhängiger, sexueller und kultureller Identifikationen gedacht, die sich provisorisch und funktional durch Verdrängung und Verwerfung gewisser Lösungen zusammenschließen. Die Eignung der Sprache, solche Positionen zu verankern, d. h. ihre symbolischen Wirkungen zu inszenieren, hänge von der Beharrlichkeit und Festigkeit des Symbolbereiches selbst, des Bereichs des Bezeichenbaren und Erkennbaren ab. Doch dieser kann selbst trotz des sanktio-

nierten Drucks im Grunde niemals seine institutionellen «Kataloge» und «Taxonomien» der S.-Positionen zur Gänze vor der Verspieltheit und Durchlässigkeit der Szenarios der subversiven Gesellschaftspraxis schützen. (D. M.)

→ Andere, Herbeirufen, Intersubjektivität, Kommunikation, Unbewusstes

Sujet

(engl., franz. sujet, russ. sjužet)

Den russischen Formalisten zufolge ist das S. die künstlerische Anordnung der Ereignisse im Erzähltext; sie entsteht durch Umstellungen ihrer chronologischen Reihenfolge in der Fabel. Das S. kann nicht nur die Reihenfolge der Ereignisse und ihre Dauer verändern, sondern auch erzählerische Beschreibungen, Kommentare und Bemerkungen einfügen (sog. statische Motive nach Tomaševskij 1925). Die Motivationen dafür können unterschiedlich sein, sie können u. a. auch (laut Šklovskij) in der Schaffung einer «nackten Form» liegen wie im Roman *Tristram Shandy* von Laurence Sterne. Den Kontrast zwischen Fabel und S. haben französische Strukturalisten durch den Gegensatz von Geschichte und Diskurs ersetzt. (B. D.)

→ Ereignis, Fabel, Geschichte, Motiv

Supplement

(engl. supplement, franz. supplément, russ. supplement)

Diesen Begriff führt Derrida (1967b) ein, um die paradoxe Bewegung, welche jede Signifikation dezentriert, zu bezeichnen. Das Paradoxon wohnt dem Supplementbegriff selbst inne, da er gleichzeitig das Ergänzen von etwas Unvollständigem und die Ersetzung von etwas Vollständigem bedeutet. Derrida (1967c) zeigt, wie der Signifikant das Signifikat-Defizit nur dadurch supplementiert, dass er eine Ausschreitung gegenüber anderen Signifikanten begeht, d. h. die Zeichenstruktur übertrifft, um sich selbst zu bevollmächtigen. Dieses konstitutive Übermaß resultiert in einem flottierenden Zeichen, das selbst ein S. braucht. Das Gleiche gilt für die Struktur des Sprechakts (1972a, 1988). Die Analyse von Rousseaus und Lévi-Strauss' anthropologischen Schriften enthüllt in ihnen eine gewisse Nostalgie nach der ursprünglichen Anwesenheit der Welt, welche das S. durch sein gleichzeitiges Ergänzen und Hervorbringen des Defizits erzeugt (1967b). Aber diese Nostalgie charakterisiert die ganze, in der Zeichenkonzeption verkörperte metaphysische Tradition. Das Zeichen ist in dieser Tradition immer sekundär und substituierbar, es ist ein Indikator der Abwesenheit, des Verlusts, der Leere und des Todes, ein notwendiges Übel auf dem Weg des Wiedererreichens der verlorenen Fülle. Für Derrida sind hingegen gerade Ursprünglichkeit und Anwesenheit sekundär. Sie sind als optative Projektionen aus der supplementierenden Bewegung der Archi-Skriptur abgeleitet.

In der Polemik mit Lacan (1975 / 1980) wird das S. in ein *poste restante* verwandelt, in ein für immer unüberreichtes Überbleibsel der Schrift / des Briefs / des Buchstabens *(la lettre en souffrance)*. In den späteren Werken Derridas wird es zum nicht-entfernbaren Überschuss *(reste)* des Konstativs im Performativ und des Performativs im Konstativ. Irigaray (1987) hat dieses derridasche Leitmotiv ihrer früheren Werke nur weiterentwickelt, wenn sie argumentierte, dass der religiöse und psychoanalytische Diskurs darauf basieren, jenen Überschuss aus ihrem Darstellungsregister zu verdrängen. Die verdrängte Frau wird zum stillschweigenden Zentrum, das das Zustandekommen des Textes ermöglicht. Das ähnliche Verdeckungsmanöver der «Reduktion der Komplexität» (Luhmann) ist auch ein Teil der Grundlage des operativen Modus der (staatlichen) Macht, wie es Butler am Beispiel der Hassrede expliziert: Solche Reduktion der Machtinstanz auf die Handlungen des Subjekts kompensiert gewiss die durch das Leben in der zeitgenössischen kulturellen Zwiespältigkeit entstandenen Schwierigkeiten und Angstgefühle. Nicht ausschließlich einheitliche Subjekte sind jene, die das Gesetz und den Hass zur Sprache bringen. Die Enthüllung der Struktur des S.s ist in vielen Aspekten Luhmanns Wiedereinführung der Leitdifferenz analog. (Lj. Š. / W. W.)

→ Abgründigkeit, Différance, Iterabilität, Schrift

Symbol

(engl., franz. symbol, russ. simvol)

Wird oft als Synonym des Begriffs Zeichen verwendet, d. h. in der Bedeutung, dass etwas Präsentes spontan etwas Abwesendes hervorruft (z. B. «Flagge, Nationalsymbol» oder «Zepter, S. der königlichen Würde»). Aber das S. kann auch, im Gegensatz zum Zeichen, zwei präsente Dinge vereinen, wie dies z. B. der Fall ist bei zwei Hälften einer zerbrochenen Münze. In der Dialektik zwischen Signifikant und Signifikat, die das Zeichen kennzeichnet, erscheint diese Wiedervereinigung immer unvollständig, verschoben. Im S. dagegen treffen wir eine Idee der Verschiebung, die irgendwie doch ihr Ende findet: die Wiedervereinigung mit dem Anfang (Eco 1981). Eco jedoch nimmt sofort wieder

Abstand von dem oben gemachten Unterschied zwischen Zeichen und S., da er die Meinung vertritt, dass dieser, wie auch alle anderen möglichen Unterschiede, Ansichtssache sei. So erweist sich eigentlich, Eco zufolge, als einziges, allgemeines Merkmal des S.s der Verzicht seiner Forscher, es zu definieren. Laut Eco entsteht angesichts der verschiedenen Verwendungsmöglichkeiten des S.s in unterschiedlichen Kontexten der Eindruck, dass dieser Terminus keine Festlegung eines konstanten, sei es auch allgemeinen Kernmerkmals zulässt (1981). Ecos Meinung wird von Nöth (1985) unterstützt, der sagt, dass, im Vergleich mit anderen Zeichenarten, Definitionen des Begriffs S. die größtmögliche Verschiedenartigkeit und Uneinheitlichkeit zeigen.

Es existieren im Grunde zwei gegensätzliche Definitionen des Begriffs S.: (1) als äußerst arbiträres oder konventionelles Zeichen und (2) als ikonisch (d. h. durch Äquivalenz) motiviertes Zeichen. Die erste Definition wird z. B., mutatis mutandis, von Peirce, Morris, Cassirer, Bloomfield, Lotman und Lacan vertreten, die zweite aber z. B. von de Saussure, Hjelmslev, Barthes und Todorov.

1. In der ersten Tradition wird der Begriff des *Symbolischen* mit einem System von Beziehungen gleichgesetzt, das Benennen von Erfahrung und Welt ermöglicht. In diesem Sinn spricht z. B. Lévi-Strauss (1958, 1962, 1964–71) von Symbolsystemen der Verwandtschaftsbeziehungen, des kulinarischen Könnens, der Eheregeln u. Ä., während Lacan (1966) über das Symbolische als eine kodifizierte und vergesetztlichte Signifikationskette spricht, die der Konstituierung eines Subjekts vorausgeht. Auch bei Cassirer (1923ff.) ist die symbolische Tätigkeit Bedingung für die Wahrnehmbarkeit / Erkennbarkeit der Welt. Laut Cassirer ist das S. kein rein zufälliges Einkleiden eines Gedankens, sondern sein unentbehrliches und grundlegendes Organ. Auch in der Philosophie von Ricœur (1983–85) ist das Symbolische die apriorische Struktur des Vorverständnisses der Welt, für seine kategorisierende Ordnung und Identitätsbildung verantwortlich. Bei Kristeva (1974) tritt das Symbolische als Signifikantenkanonisator des semiotischen Pulsierens der Primärprozesse des Unbewussten auf. Das Symbolische bezeichnet den Moment des Hineinwachsens in ein sprachliches Umfeld mit seiner gesamten vertikalen Stratifizierung (Referent, Signifikat, Signifikant) und mit allen daraus folgenden Modalitäten der logisch-semantischen Artikulation. Auch Bourdieu (1977ff.) stattet den Begriff der symbolischen Form und des Kapitals mit sozialen Vektoren aus, wobei er auf die schwierigen und komplizierten Itinerarien ihrer Entstehung und Erhaltung hinweist.

2. In der romantischen Tradition dagegen wird das S. als ein konnotatives Zeichen mit dem semantischen Überschuss des Signifikats gegenüber dem Signifikanten interpretiert (Todorov 1977). Der Signifikant ist allerdings bestrebt, einige Merkmale des Signifikats zu reproduzieren (diese Situation wird

von Eco als *ratio difficilis* bezeichnet), was ihm jedoch niemals vollkommen gelingt. Hierin besteht kein Problem, wenn es sich um ein stabiles S. handelt (wie dies z. B. bei der Waage für das Recht, bei Hammer und Sichel für den Kommunismus oder Legenden auf Landkarten der Fall ist). Probleme mit der Interpretation des S.s treten ein, wenn der Interpret das Gefühl hat, dass der Signifikant hinter dem Signifikat «nachhinkt» oder ihn «verkürzt»; diese Asymmetrie regt die Interpretation an, zusätzliche oder indirekte Bedeutungen zu erzeugen. Ein S. sei dort vorhanden, wo die Sprache Zeichen unterschiedlichen Grades hervorbringt, in denen der Bedeutung nicht damit Genüge getan wird, dass sie etwas bezeichnet, sondern dass sie eine andere Bedeutung andeutet, die allein in ihrem Sinn und mit dessen Hilfe erreicht werden kann (Ricœur 1965). Auch Todorov (1978) bezeichnet als symbolisch all das, was zur Interpretation anregt, da dies aber nicht zuletzt Merkmal jeder Semiose ist, hält Eco (1984a) diese Definition für zu allgemein. Das S. stellt für ihn weniger eine bestimmte Art von Zeichen als eine bestimmte Art und Weise seines Gebrauchs (seiner Interpretation) dar: Jedes Zeichen (jeder Text) kann eine symbolische Lesart haben! Wir finden ein Element, das die Funktion des Zeichens übernehmen könnte oder jene schon übernommen hat und entscheiden uns, es als Projektion eines nicht ausreichend präzisen Inhalts zu betrachten. So wird der Inhalt zu einem Nebel möglicher Interpretanten, in dem auch widersprüchliche Entitäten koexistieren können. Die symbolische Interpretation ist unterdessen keine reine, da hinter jeder Strategie der symbolischen Modalität, sei es eine religiöse oder eine ästhetische, die Theologie steht, die diese Strategie legitimiert, selbst wenn es eine atheistische Theologie der unbegrenzten Semiose oder der dekonstruktiven Hermeneutik ist. Eine triftige Weise, an eine Instanz der symbolischen Modalität heranzugehen, wäre es also, sich zu fragen: Welche Theologie legitimiert sie (Eco 1984a)? (A. E.)

→ Allegorie, Äquivalenz, Ikon, Metapher, Zeichen

Synchronie

(engl. synchrony, franz. synchronie, russ. sinchronija)

1. Begriff, der, zusammen mit dem der Diachronie, von de Saussure (1916) eingeführt worden ist. Er trat damit der neugrammatischen Erforschung der Geschichte von Spracherscheinungen entgegen, indem er hervorhob, dass deren systemhafte Erforschung nur in den synchronen (zeitgleichen) Betrachtungen, als Aufnahmen des sprachlichen Zustands, möglich ist. Diese Idee übernahm dann später die strukturelle Linguistik der Prager und Kopenhagener Schule,

wobei sie sich (vor allem in der Phonologie) der Ausarbeitung distinktiver Merkmale von Einheiten des sprachlichen Systems widmete.

2. Coseriu (1958) wies jedoch kurz danach auf das hin, was, obwohl bis dahin verschwiegen, für de Saussures Idee immanent gewesen ist: dass das System nur ein zeitweilig aufgehaltener Zustand eines ständigen Veränderungsprozesses in der Sprache ist, womit die schroffe Opposition zwischen S. und Diachronie gemildert wurde. Wenn nun die Diachronie jeder S. innewohnt, kann man weiterhin auch ihre unterschiedlichen Rhythmen nicht umgehen, die an verschiedenen Knotenpunkten des synchronischen Querschnitts zum Ausdruck kommen. Damit wird de Saussures Vorstellung von dem gleichmäßig strukturierten Bewusstsein aller Sprachsubjekte in einem gegebenen geschichtlichen Moment abgebaut. Da sich jedwedes Bewusstsein auf einem anderen und andersartigen Knotenpunkt der Zeitrhythmen der Gegenwart befindet, kann kein Bewusstsein für das Ganze als repräsentativ gelten.

3. Über diese prinzipielle Nicht-Präsenz der Gegenwart sich selbst gegenüber schreibt (in einer impliziten Polemik mit de Saussure) schon Bachtin (Vološinov 1928): Das subjektive Bewusstsein eines Sprechers habe mit der Sprache als einem System von normativ identischen Formen nichts zu tun. Das sprachliche System sei ein Produkt jener Reflexion über die Sprache, die überhaupt nicht das Bewusstsein desjenigen hervorbringt, der diese Sprache spreche. Dem individuellen Bewusstsein ist es demnach prinzipiell unmöglich, sich die Gesamtheit der S. als «Gesamtheit möglicher Gebrauchskontexte der gegebenen sprachlichen Form» vor Augen zu führen. MacCannell (1985) bemerkt in diesem Kontext, dass Bachtin einen radikalen Sprung vom synchronischen als einheitlichem System mache, das für die individuelle Wahrnehmung erreichbar sei, hin zu einer synchronischen im Sinne einer unsichtbaren und gesellschaftlichen Ökonomie von Wertehierarchien und Unterschieden, die einzig mittels *verschwiegener, ungesagter* Voraussetzungen, mittels gemeinsamer Bewertungen gebildet wurden, welche die Teilnehmer in einem Dialog, in einem gesellschaftlichen Austausch miteinander teilen. Die S. stellt einen Schauplatz einander widerstreitender, verschiedenartiger Werte dar, weil wir (laut Bachtin) diese Werte vor und anstelle der Bedeutung erkennen. Die S. wird so zu einer Art der Werteprojektion von Bedeutungstotalität der Sprache, die jedem individuellen Teilnehmer eines Redeereignisses eigen ist.

4. Diese Projektionen tragen laut Foucault (1977) jedoch notwendigerweise die Zukunft in die Gegenwart hinein, wobei sie das, was ist, in etwas umgestalten, das weiterhin nicht so sein muss. Mit ihnen wird die Zäsur der radikalen Alterität in minimaler Dichte des Gegenwärtigen eingeführt. Anstatt dass sie es dem menschlichen Subjekt ermögliche, sich in seinem eigenen Anderen zu erkennen, reiße ihn die Zäsur aus seiner eigenen Lebenssphäre, aus dem Mit-

telpunkt seines eigenen inneren Lebens heraus und führe ihn in eine andere Welt, dränge ihn in die exzentrische Welt der Toten, wie es Warminski (1987) dargestellt hat. Falls diese Zäsur laut Foucault (1977) «weniger Schnitt als vielmehr unendliches Zittern» sei, dann erneuere sich das, was sich wiederhole – zerspalten durch diesen Pfeil der Zukunft, der ihn vorwärts trägt, seine eigene Divergenz beständig verursachend –, als einheitlicher Unterschied; aber Analoges, Ähnliches und Identisches kehren nie wieder. Es geht Keenan (1997) zufolge nicht um die Zukunft der Gegenwart, nicht um die gute Zukunft, auf die wir aus der Sicht der Gegenwart hoffen würden, sondern um das Versprechen und die Affirmation der Zukunft, der *Zukünfte* als das Andere, das niemals irgendetwas anderem ganz ähnlich sei, was weiterhin nicht das sein könne, was es ist. (A. E.)

→ Diachronie, Gedächtnis, Sprache, System

System

(engl. system, franz. système, russ. sistema)

Das S. ist eine Ansammlung von Möglichkeitsbedingungen für die Erscheinung einer konkreten Bedeutung (des Textes, des Diskurses, des Zeichens, der Gattung und der Äußerung). Es ist eine geordnete Gesamtheit gleichartiger Elemente, die durch wechselseitige Beziehungen miteinander verbunden sind, was es in eine enge Verbindung mit den Begriffen Struktur und Code bringt. Die Systemtheorie entwickelte sich von der statischen bis hin zur dynamischen Konzeption ihres Achsenbegriffs durch folgende vier Etappen: (1) das S. als gesamtheitliche Ordnung von Teilen ohne Bezug zur Umwelt; (2) das Gleichgewichtssystem, welches die durch die Umwelt verursachten Störungen beseitigt; (3) das offene S., welches die Stoffe mit der Umwelt austauscht; (4) das kybernetische S., welches die Komplexität der Umwelt durch die Stabilisierung der Differenz im Verhältnis zu ihr reduziert (Luhmann 1971a).

1. Sowohl de Saussures als auch Hjelmslevs S.-Begriffe können als statisch bezeichnet werden. In beiden Fällen handelt es sich um paradigmatische Wertreihen, die sich gegenseitig ausschließen (entweder – oder) und sich so der Anwendung als alternativ aufdrängen. Mit der Auswahl der Alternativen und ihrer syntagmatischen Verkettung entsteht nach de Saussure Rede und laut Hjelmslev Text (Prozess). Auch Barthes (1964b) bleibt dieser Konzeption treu, indem er das S. als Paradigma der Realisierung als Syntagma entgegensetzt. Die Kombinationsregeln sind also noch nicht Bestandteil seines Nahrungs- oder Bekleidungs- oder Einrichtungs- oder Architektursystems, wie sie das

später sein werden, wenn sich das Zeichensystem dem Codebegriff angenähert hat (beispielsweise bei Todorov 1972). Doch Regeln sind bereits mit dem Begriff der Kompetenz (Chomsky 1957) oder des Habitus (Bourdieu 1967) in die Organisation des S.s eingetreten.

2. Erst im Strukturalismus, der sich bemühte, auch das Funktionieren der Literatur anhand der Konventionen analog zur grammatikalischen Bedingtheit der Sprache zu hemmen, gewann der S.-Begriff ebenfalls in der Literaturtheorie an Popularität. Die Aufmerksamkeit wird dann allmählich – vom späten Formalismus und der Prager Schule über die Rezeptionstheorie bis hin zur Sozialgeschichte der Literatur, der Empirischen Literaturwissenschaft, dem New Historicism, der Systemtheorie und Mentalitätsgeschichte – vom einzelnen Text auf die literarische Institution verlagert, die ihn bestimmt. Es stellt sich die Frage, wie, um welchen Preis, mit Hilfe welcher Mittel und Aktivitäten und Instanzen es innerhalb des gesamten sozio-kulturellen S.s möglich ist, das Differenzierungsmerkmal eines Textes zu bestimmen. Weder die Gattung noch das Autorensubjekt z. B. werden infolgedessen letztendlich abgesondert betrachtet, sondern als Bestandteil eines S.s, das ihnen Status, Stellung, Wirkungskreis und semantisches Feld zuteilt.

3. In der Pragmatik wird der Begriff des Referenzsystems in der Bedeutung eines Verständigungshorizonts verwendet, der durch einen bestimmten Typ des sprachlichen Handelns aus dem Ganzen der Lebenswelt herausgelöst wird. So unterscheidet z. B. Habermas (1981) das wissenschaftliche, rechtliche und künstlerische Handlungssystem, die jeweils in den objektiven, sozialen und subjektiven Daten vergegenständlicht werden. Drei Arten von Daten sind eine Folge von drei Arten von Geltungsansprüchen, welche das sprachliche Handeln in jedem dieser partikulären S.e erhebt: des Anspruchs auf (1) Wahrheit, (2) Richtigkeit und (3) Wahrhaftigkeit bzw. Welthaftigkeit ihrer Äußerungen. Es handelt sich also um die «regionale Rationalität» ihrer Welten, die jeweils durch das entsprechende strategische Handeln hervorgerufen wird. Doch jedes strategische Handeln kolonisiert die Lebenswelt, indem es sie durch die Normierung der interpretativen Muster und der Praktiken in «Fakten» vergegenständlicht. Sie ermöglicht zwar die Verständigung, ruft aber infolge der irreführenden, inkonsistenten oder manipulativen Anwendung der Normen auch Missverständnisse hervor. Um diese Missverständnisse in der alltäglichen Kommunikation zu vermeiden, ist der Austritt aus den partikulären Kommunikationssystemen in die Lebenswelt vonnöten, die sie alle übersteigt und sie mit ihrer Vernunft anordnet. Sie ist der Bürge für ein andersartiges kommunikatives Handeln, das auf gegenseitige Verständigung gerichtet ist. Ihr einziger legitimer «Vertreter» ist (laut Habermas) der Diskurs der rationalen philosophischen Argumentation. Er verfügt über die Fähigkeit, zu reflektieren und da-

mit das bewusst zu machen, was die Teilnehmer der alltäglichen Kommunikation nur vermuten. Es ist jedoch nicht geklärt, weswegen gerade dieser Diskurs zugunsten eines «freiwilligen Konsenses der idealen Redesituation» wirken sollte, sodass seine Einsichten daher universeller, ja sogar moralischer als alle «faktisch intendierten Verständigungen» sein sollten. Im Gegenteil, der Lebenswelt einen A-priori-Konsenscharakter zu unterstellen, kann selbst als eine Form der Kolonisierung betrachtet werden.

4. Während alle dargelegten S.-Begriffe durch einen Vorrang des S.s gegenüber seinen Teilen gekennzeichnet sind (was dann bei Habermas mit einem Vorrang der Lebenswelt gegenüber den S.en sozusagen korrigiert wird), ist der Begriff in der S.-Theorie Luhmanns zu einem (temporalen) Medium verwandelt, das unentwegt von seinen eigenen Bestandteilen geformt wird. Seine Struktur ist damit ereignishaft geworden – das unvorhersehbare Ereignis ist der ständig erneuerte Ausgangspunkt seiner Strukturierung. Der skizzierte Begriff wurde in einem Buch ausgearbeitet (Luhmann 1984), das große Aufmerksamkeit in den Geistes- und Sozialwissenschaften in Deutschland hervorrief. Obwohl er fast ein Vierteljahrhundert an einer eigenen Vision der S.-Theorie arbeitete, vollzog Luhmann erst in diesem Buch eine konsequente selbstreferenzielle Wende seiner früheren S.-Konzeption. Er beginnt mit der Umkehrung des hierarchischen Verhältnisses von Struktur und Funktion. In der S.-Theorie von Luhmanns Vorgänger Talcott Parsons (wie im Übrigen auch in den dargelegten strukturalistischen Konzeptionen) erfolgt die Funktion aus der Aufgabe, die das S. den eigenen Strukturelementen mit dem Ziel der Selbsterhaltung erteilt. Doch mit einer solchen Lösung lässt sich der Prozess des sozialen Wandels bzw. der Veränderung von Gesellschaft / Sprache, zu der es offensichtlich manchmal kommt, nicht erklären. Um diesen Nachteil zu beseitigen, welcher der Theorie auch ein Vorzeichen des Konservatismus verlieh, zieht Luhmann in seinem S.-Begriff die Funktion der Struktur vor. Damit befreien sich die sozialen S.e von der bisherigen Verpflichtung zu einem einheitlichen normativen Muster, das in ihren strukturellen Verhältnissen bewahrt wird. Anstatt durch einen dauerhaften «sozialen Vertrag» entstehen diese S.e durch eine gelegentliche Sinnverknüpfung bestimmter Handlungszusammenhänge, die sich dann in jeder Etappe ihres Weiterbestehens von allem, was ihnen nicht angehört, wie gegenüber der eigenen *Umwelt* abgrenzen. Da es sich dabei um provisorische Grenzen handelt, verschwindet auch der kausale Bezug zwischen dem Charakter des S.s und dem Charakter der Handlungen, die ihn aufrechterhalten: Alle Handlungen können unter den gegebenen Umständen diese Funktion übernehmen! Dies bedeutet, dass Handlungen nicht mehr (notwendige) Folgen des S.s als Ursache sind, sondern (alternative) Lösungen der Probleme, die in bestimmten Augenblicken seines Verhältnisses zur Umwelt entstehen.

Mit dieser selbstreferenziellen Wende wird die Aufmerksamkeit von der Aufrechterhaltung des dauerhaften Charakters des S.s auf das wechselnde Verhältnis zwischen S. und Welt gerichtet, wobei das S. (durch seinen Beobachtungscode oder seine Leitdifferenz) die grenzenlose Komplexität der Welt funktional reduziert. Es löst nämlich eine bestimmte Anzahl von Möglichkeiten aus der Welt heraus, die als Gesamtheit aller Ereignisse und Zustände begriffen wird, und stößt die übrigen Möglichkeiten in seine Umwelt ab. Soziale S.e schaffen ‹Inseln geringerer Komplexität› in einer übermäßig komplexen Welt. Die Grenze zwischen System und Umwelt, zwischen Innen und Außen, kennzeichnet also gleichzeitig die Abnahme der Komplexität – *die Umwelt ist immer komplexer als das S.* (Kneer / Nassehi 1993).

Das bedeutet aber nicht, dass alle S.e gleichermaßen komplex sind. Je komplexer sie sind, desto größer sind ihre Aussichten, mit ihrer veränderlichen Umwelt Schritt zu halten und angemessen auf ihre Herausforderungen zu antworten. Ebenso ist auch ein Ausschnitt aus der Welt, der von den S.en durch ihre Beobachtung fokussiert wird, umso reichhaltiger strukturiert, je komplexer sie selbst sind, und umso relevanter ist die Reduktion, die sie durchführen. Demzufolge ist die Welt nicht an sich komplex, sondern kann dies einzig aus der Perspektive eines gewissen S.s werden, das danach strebt, sie in den Parametern der eigenen Komplexität umzugestalten.

5. Auch Luhmanns S.-Theorie ist ein solches Beobachtungssystem – und sie gibt das offen zu! Sie gehört nämlich zur Soziologie. Diese wiederum gehört zur modernen Wissenschaft, was bedeutet, dass die Theorie der selbstreferenziellen S.e als Teil des sozialen Wissenschaftssystems funktioniert, in dessen Rahmen sie die Reduktion der Komplexität der Welt vornimmt. Natürlich nicht irgendeine, sondern eine (ausdrücklich) aufklärerische Reduktion, da ihr an einer Erweiterung menschlicher Fähigkeit gelegen ist, die Komplexität der Welt zu verstehen und zu reduzieren (1975). So erklärt sich, dass Luhmann nicht zufällig die extreme Komplexität der Welt zum Ausgangspunkt und Rahmen seiner S.-Theorie gewählt und die Aussage nicht grundlos zu seinem Motto gemacht hat: das Normale als kontingent und unwahrscheinlich darzustellen! Damit wollte er nämlich sein eigenes Beobachtungssystem qualifizieren bzw. die Konkurrenzfähigkeit seiner Theorie hervorheben, aus der zeitgenössischen Perspektive des Kommunikationszustandes des «allgemeinen Missverständnisses» die Vergangenheit des Wissenschaftssystems frei *zu wählen*, wenn nicht sogar *zu erschaffen*. Deshalb verheimlicht Luhmann nicht, dass seine Theorie ihren Gegenstand so konzipiert, dass sie selbst sich in ihm abzeichnet. Vielmehr erachtet er dies für eine Theorie, die einen universalistischen Anspruch stellt, für notwendig. Theorien, die den Anspruch erheben, alles zu erklären, müssen dabei auch sich selbst erklären.

6. In diesem Punkt trennt sich seine Theorie vom sog. radikalen Konstruktivismus der Empirischen Literaturwissenschaft, die ebenfalls ausgiebig mit dem S.-Begriff operiert. In der Empirischen Literaturwissenschaft impliziert S. den intersubjektiv-übereinstimmend eingespielten Rahmen menschlichen Handelns, der die Homogenität der Erfahrung all ihrer Angehörigen sichert. Eine solche Erfahrung wird in einem dichten Institutionennetz von Vorstellungen, Voraussetzungen, Handlungen, Verfahren und Rollen errichtet und beglaubigt, weswegen ihre gesellschafts-historische Bedingtheit nicht zu spüren ist. Genauer gesagt wird sie von den Gefangenen des S.s nicht gespürt, doch dafür wird sie vom radikalen Konstruktivisten wahrgenommen, der dieses S. zum Gegenstand der eigenen Beobachtung und Beschreibung gemacht hat! Der Konstruktivist behauptet nämlich implizit, dass alles, was der Mensch für existent hält, Resultat (historisch bedingter) kognitiver Prozesse seiner Vernunft ist, und das Einzige, was nicht das Ergebnis spezifischer (sondern universeller) kognitiver Prozesse ist, sei nur seine (des Konstruktivisten) Beschreibung dieser Prozesse. Die Empirische Literaturwissenschaft behält sich das Recht vor, fremde «S.-Blindheit» anzuzeigen, wobei sie von der unbegründeten Annahme ausgeht, dass sie allein davon verschont ist. Mit nicht geringerem Recht ließe sich jedoch feststellen, dass die These von der immer – schon – gegebenen Konstruiertheit der Realität ein bloßes Konstrukt des radikalen Konstruktivismus der Empirischen Literaturwissenschaft ist, die damit die Bedingtheit des eigenen Ausgangspunkts zu verdrängen sucht.

Daher könnte man sagen, dass die Empirische Literaturwissenschaft jenen Begriff des *dynamischen S.s*, den die Prager Schule in den 1930er Jahren von Tynjanov übernommen hat, lediglich bis zur letzten Konsequenz führt. Schon er hatte das Subjekt und dessen intentionale Tätigkeit, die im *statischen S.* des de Saussureschen und Hjelmslevschen Typs einen repräsentativen Status genießen, ernsthaft in Frage gestellt. So kombiniert z. B. der Sprecher de Saussures die selektierten Spracheinheiten vollkommen frei; das Sprachsystem verhindert einzig und allein seine Auswahl der Signifikanten, nicht jedoch die Art und Weise ihrer Verbindung. Gerade infolge dieser Freiheit gewinnt die Rede in de Saussures Konzeption Merkmale unvorhersehbarer (nicht zum Gegenstand wissenschaftlicher Analyse taugender) Individualität. Tynjanov (1924ff.) erkennt diese Freiheit nicht mehr an und führt zwischen der Absicht des Subjekts und seinen Realisierungen Diskontinuität ein. Welchen Zweck ein literarisches Werk haben wird, darüber entscheidet nicht der Autor, sondern das literarische S. der Epoche, in der es erscheint. Das S. ist es, das die Funktionen des Werks und ihre Hierarchie distribuiert. Im selben Augenblick, in dem sich das S. ändert, wird sich auch diese Anordnung der Prioritäten ändern, da das Werk eine neue Stellung und damit einen neuen apperzeptiven Hintergrund erhält. Trotz der weitreichenden Befreiung des literarischen Werks von der dauerhaften Bindung an den Inhalt (die Realität) und der dauerhaften Bindung an den Ausdruck (des Autors), indem es in ein historisch variables «Bündel von Verhältnissen» verwandelt wird, beharrt das dynamische S. Tynjanovs und Mukařovskýs in letzter Instanz auf der Möglichkeit, seine Funktion festzustellen! Da diese Funktion eine historische Variable ist, erreichen wir sie angeblich, wenn wir die Lage des Werks an der Schnittstelle der literarischen und außerliterarischen Reihen der entsprechenden Epoche rekonstruieren. Auf diese Weise versetzen wir uns, so behaupten beide, in die Situation des «ursprünglichen Lesers» und vermeiden damit jene Verzerrungen, die charakteristisch seien für die traditionelle, isolierte Betrachtung des literarischen Werks. Aber welcher ursprüngliche Leser verfügt denn über den Einblick in die Struktur des literarischen S.s seiner Epoche, um Abweichungen von ihr erkennen zu können? Es erweist sich, dass es einen solchen Leser empirisch nicht hat geben können, sodass der neue Literaturhistoriker ihn als Ideal erfinden muss. Doch wodurch ist dieses Konstrukt, das von einer bemerkenswerten historischen Distanz aus geschaffen wurde, glaubwürdiger als das Konstrukt des Inhalts oder des Ausdrucks, auf das der traditionelle Literaturhistoriker zurückgreift? Der «ideale Leser» ist ein Produkt der kontingenten Bedürfnisse der literaturwissenschaftlichen Gemeinschaft und als solcher den übrigen Arten von Literaturkonsumenten unbekannt, wenn er ihnen nicht sogar überflüssig ist. Tynjanovs Forderung nach seiner exakten Rekonstruktion hatte selbst in dieser elitären Gemeinschaft «wenig Einfluss auf die praktische Historiographie», da sie ein außerordentliches Quantum an Lektüre und Reflexion fordert und das Schreiben der Literaturgeschichte sehr erschwert (Perkins 1992).

Schmidt bemühte sich daher in der Empirischen Literaturwissenschaft, die beschriebenen Schwierigkeiten mit der Legitimierung des analytischen Standpunkts in der Konzeption des dynamischen S.s im reifen Formalismus und im Prager Strukturalismus zu überwinden, indem er nicht nur Autoren und Werke, sondern auch deren Kommentatoren (z. B. Literaturhistoriker, aber auch Kritiker und Theoretiker) in das Funktionsnetz des S.s einbezog und sie dem S. «dienstbar» gemacht hat. So ist die Arbeit der Rekonstruktion des S.s wegen seines enorm erweiterten Umfangs noch wesentlich schwieriger geworden, doch hat sich am «Geschütztsein» desjenigen, der sie bewältigen muss, nichts Wesentliches geändert. Er blieb auch weiterhin von jenem kognitiven Konstruieren verschont, zu dem er alle Systemfaktoren als unbewusste Träger der von ihm vorgesehenen Rollen «verurteilt» hat.

7. Die Etappen der Evolution des S.-Begriffs lassen sich etwa folgendermaßen schematisieren: Tynjanov und Mukařovský zeigen, dass das *literarische Werk* seine Funktion, was den Autor anlangt, nicht selbst bewachen kann, da

diese Funktion aus der Stellung folgt, die es unter den anderen Werken einnimmt; Schmidt zeigt, dass die *interpretativen Verarbeitungen* der Literatur ihre Funktion im Verhältnis zum Gegenstand nicht selbst kontrollieren können, da sie nur eine von den konstitutiven Aktivitäten des gesamten Literatursystems bilden; und Luhmann zeigt, dass auch *S.-Beschreibungen* ihre Funktion für das S. nicht allein beherrschen können, da sie nur die unbewussten Haltestellen seiner permanenten Restrukturierung sind. Was der Kommunikationskette Ganzes – Teil (oder Struktur – Funktion) unentwegt Diskontinuität einträgt, ist die Umwandlung des Ziels (eines Ganzen) in ein Mittel (des neuen Ganzen). Gerade auf diesem rekursiv-schlingenhaften Prozess der Wiedereinführung *(re-entry)* von Bestandteilen in das Ganze, das sie geschaffen hat, gründet Luhmanns Konzeption der *autopoietischen S.e*.

Luhmann ist der Auffassung, dass die sozialen Teilsysteme (wirtschaftliches, rechtliches, moralisches, religiöses, politisches, künstlerisches, wissenschaftliches, pädagogisches) das Problem, welches das *Gesamtsystem* (das er auch als Welt bezeichnet) ihnen gestellt hat, auf alternative Weise gelöst haben. Ein jedes von ihnen hat eine Beobachtungsreduktion (Unterscheidung anhand einer Bezeichnung) der unbegrenzten Komplexität der Gesamtstruktur durchgeführt und behält nun in deren Grenzen eine entsprechende Funktion. Doch keine dieser Funktionen steht unter der Aufsicht des Ganzen, da es selbst keine Funktion bzw. gerade eine solche Menge von Funktionen hat, wie sie die Reduktion vonseiten der Teilsysteme ihr zuschreibt. Nota bene, wie die Funktion nicht dem Gesamtsystem oder der Welt *angehört*, so *gehört* sie auch nicht den sozialen S.en an – sie muss ihnen aus der Perspektive anderer S.e oder aus der Perspektive der eigenen Autopoiesis immer wieder zugeschrieben werden. In diesem Sinn sagen Funktionen mehr über diejenigen aus, die sie zugeschrieben haben, als über jene, auf die sie zugeschrieben wurden. Aus diesem Grund spricht Luhmann von selbstreferenziellen und autopoietischen S.en. Der letztgenannte Begriff hebt den sich momentan ereignenden Vorgang der Bedeutungszuweisungen hervor, die sich in unermüdlichem Wechsel gegenseitig abbauen (Dauerzerfall der Ereignisse). Damit wird auch zwischen die Mikroetappen der Bedeutungskonstitution des S.s Diskontinuität eingefügt. Erst die folgende Etappe der Beobachtung der sog. zweiten Ordnung verweist auf den «blinden Fleck» der vorangegangenen Etappe der Beobachtung der sog. ersten Ordnung, doch nur unter der Voraussetzung, dass sie selber durch die eigene Zuweisung einen neuen «blinden Fleck» zeigt. Die Fremdreferenz ist in Luhmanns Konzeption durch die mitlaufende Selbstreferenz mitbestimmt.

8. Solch eine basale Selbstreferenzialität verursacht operationale Geschlossenheit der S.e, ihre grundlegende Selbstbezogenheit. Dafür tragen die fundamentalen Codes oder die Leitdifferenzen Sorge – im politischen S.:

Macht / Ohnmacht; im wissenschaftlichen: Wahrheit / Unwahrheit (Luhmann 1990c); im wirtschaftlichen Zahlungsfähigkeit / Zahlungsunfähigkeit (1988b); im rechtlichen: rechtlich / widerrechtlich (1993a) u. Ä. Was das *Kunstsystem* anlangt, hatte Luhmann in der Diskussion, deren Titel Skepsis andeutet, zunächst die Opposition zwischen dem Schönen und dem Hässlichen (1976 / 81) vorgeschlagen, zweifelte danach jedoch an ihrer Gültigkeit (1986b). Die Kunst, meint er, ist ein instabiles S., da sie zur Verblendung von Code und Programm neigt. *Programme* sorgen nämlich in allen S.en für die Erhaltung stabiler Codewerte unter instabilen äußerlichen Bedingungen – das bewirken z. B. Theorien im wissenschaftlichen S. oder Preise im wirtschaftlichen S. Im Kunstsystem, das intensiv mit Hilfe unterschiedlichster Programme auf die Vorstellungen reagiert, die andere S.e von ihm haben, fällt es jedoch schwer, die Grenze zwischen Selbstbeschreibung und Fremdbeschreibung zu ziehen. So ist z. B. die Opposition schön / hässlich offensichtlich ästhetischer Provenienz, sodass sich die Frage stellt, ob die Ästhetik zur Selbstbeschreibung der Kunst gehört oder ob sie eine Beschreibung der Kunst ist, die vom wissenschaftlichen S. erzeugt wurde.

Luhmann verteidigte die erste Option, während Plumpe und Werber (1993) für die zweite eintraten. Sie sind der Auffassung, dass auch Luhmanns später Vorschlag (1990a) für den Kunstsystem-Code – allgemein / besonders – der Ästhetik und somit der wissenschaftlichen Kunstbeschreibung angehört. Ihrem Urteil zufolge, das auch Schmidts alternativen Vorschlag literarisch / unliterarisch wegen seines tautologischen Charakters ablehnt, beobachtet die Kunst sich selbst mit Hilfe des Codes interessant / langweilig. Das soziale Faktum «Literatur» lasse sich als Kommunikationskonvention beschreiben, welche die Kontinuierung von Beiträgen, ihre wechselseitige Verknüpfung, ermögliche, allerdings nur, insofern sie dem symbolisch generalisierten Medium «Werk» zurechenbar sind, das entweder «interessant» oder «uninteressant» ist. Das Werk sei eine Reihe von mehr oder weniger interessanten Selektionen, die ein präsupponiertes Medium zur Form restringieren (Plumpe 1995). Aber eine solche spezifische Kommunikationskonvention besteht erst seit zwei Jahrhunderten, da das literarische Werk bis dahin in einem moralischen, politischen, philosophischen und religiösen Rahmen betrachtet wurde. Erst wenn es in der Gesellschaft möglich werde, literarisch zu bewundern, was wir moralisch entwerten, könnten wir von einer modernen literarischen Kommunikation sprechen. Plumpe illustriert diesen Moment der Herauslösung des literarischen S.s mit der von Novalis stammenden Frage: Wie vermeide ich in der Darstellung des Vollkommenen die Langeweile?

Luhmann (1995) kehrt jedoch zur These zurück, die Ästhetik sei die Reflexionstheorie des künstlerischen S.s und stellt explizit fest, es gebe noch immer keine überzeugende Alternative für den Code schön / hässlich. Dabei hebt er allerdings hervor, dass ein (solcher) Code nicht als Wesensaussage zu verstehen sei, da er aus mobilen Strukturen bestehe, die sich notwendigerweise von Situation zu Situation änderte. Von Stufe zu Stufe müssten im schöpferischen Prozess der Bildung des Kunstwerks nacheinander Entscheidungen über Angemessenheit / Unangemessenheit, Gelungenheit / Ungelungenheit, Harmonie / Disharmonie eines jeden neuen Schritts getroffen werden, sodass der Code schließlich nur ihr Kondensat oder ihre Zusammenfassung ist. In diesem Sinn, resümiert Esposito (1996), müsste der Code aus zwei Ebenen bestehen: Auf der ersten Ebene würde er die Anschlüsse des Kunstsystems Kommunikation im Prozess selektieren und auf der zweiten Ebene das Werk als Ganzes werten. Und ihrem Urteil nach wäre die Leitdifferenz schön / hässlich für die Abdeckung dieser beiden Ebenen am angemessensten.

Doch die Zweiebenen-Konzeption des Systemcodes der Kunst birgt ein prinzipielles Problem in sich, mit dem Luhmanns Theorie konfrontiert wird. In ihrer Antwort auf die Frage, wie die Einheit des künstlerischen S.s gesichert wird, schwankt sie von Anfang an zwischen (1) dem Code, der von den künstlerischen Werken selbst diktiert wird, und (2) Bedeutungsattributionen, die der Kommunikation über sie bzw. der Autopoiesis des Kunstsystems entstammen. Empfiehlt es sich, (2) aus (1) oder umgekehrt (1) aus (2) abzuleiten? Luhmann (1986b) entschloss sich für das Werk als «Kompaktprogramm» der Kommunikation über es selbst, während Plumpe (1993) für die entgegengesetzte Lösung plädierte: Die Einheit eines Werks wird erst durch die Kommunikation über es gesichert. Dainat und Kruckis (1996) sind überzeugt, dass sich diese scheinbar widersprüchlichen Lösungen des «Fundierungsverhältnisses» gegenseitig nicht ausschließen, sondern ergänzen, da die ästhetische Kommunikation allmählich die ehemals stabilisierende Rolle von Werk und Stil übernommen habe. Sie sorge jetzt für jene Strukturbildung, von der sich die Originalwerke abheben und die sie verändern, sofern ihnen Strukturwert beigemessen wird.

9. Die Unentschiedenheiten im Hinblick auf den spezifischen Code der literarischen Kommunikation hängen, außer mit seinem Zweiebenen-Charakter, unmittelbar auch noch mit den Zweifeln zusammen, die der *Funktion* des künstlerischen S.s für das gesamte Gesellschaftssystem gelten. Luhmann (1990a) stellte zunächst die These auf, die Funktion des Kunstsystems in der «Verdoppelung der Welt» bestehe durch die Unterscheidung real / fiktional. Später (1995), präzisierte er, schafft die Kunst mit der Öffnung des Einblicks in eine zweite, noch nicht bestehende Realität (d. h. mit der Einführung einer Ordnung in das chaotische Gebiet des Möglichen) ein aktives Verhältnis zur vorfindbaren Realität. Die Welt versieht sich so mit der Möglichkeit, sich

selbst zu beobachten. Aber die soziale Funktion der Kunst übersteige die bloße Rekonstruktion der Beobachtungsmöglichkeiten, die sich im Kunstwerk abzeichnen. Sie besteht darin, die Möglichkeit zu beweisen, auch im Bereich des «nur Möglichen» eine Ordnung zu erzeugen. Esposito (1996) erklärt das Paradox der kontingenten Notwendigkeit des Kunstwerks, das «auch anders hätte sein können, als es ist», doch wenn es schon einmal so ist, «kann es nicht mehr verändert werden», auf folgende Weise: Die Willkür betrifft nur den Anfang: Es sei nicht notwendig, gerade so anzufangen – wenn wir es aber schon getan hätten, bindet der Verlauf des Werks sich selbst in einer Art «necessità cercata» zusammen. Da die Kunst auf diese Weise die «Unausweichlichkeit der Ordnung» darlegt, folgert Luhmann (1995), besteht ihre Funktion darin, die Welt in der Welt erscheinen zu lassen. Dies steht im Einklang mit seiner früheren Deutung der Funktion der Kunst als «Bloßlegung der Kontingenz der Welt». Die festsitzende Alltagsversion der Realität erweise sich als dekonstruierbar; sie werde zu einer polykontextuellen Realität, die sich auch anders lesen lasse. Das Kunstssystem lasse sich somit von anderen sozialen S.en dadurch unterscheiden, dass es sich planmäßig der Beobachtung aussetze und damit im Genießer das «Sehen der Unmöglichkeit des Sehens» bzw. die Beobachtung zweiter Ordnung anregt (1990a). Esposito bleibt auch dieser These treu, wenn sie postuliert, das Verhältnis der Beobachtung erster und zweiter Ordnung sei in der Kunst umgekehrt. Denn die Beobachtung der fremden Beobachtung (der des Künstlers) stelle eine Vorbedingung für das Verständnis des Kunstwerks dar. Nur durch die Beobachtung, dass ein Objekt als Kunstwerk hergestellt worden ist, können wir es als Objekt im Kunstsystem beobachten. Die Beobachtung der Beobachtung der Anderen sei keine Nebenbedingung wie in anderen S.en, sondern gerade Sinn und Definition von Kunstwerken. Gerade weil wir sie vom Standpunkt ihrer Produziertheit aus beobachten, sprechen wir von Kunst*werken* anstatt von Kunst*gegenständen*. Werke gehören der alternativen Welt der Fiktion an, was bedeutet, dass die Kommunikation in ihnen vermittelt bzw. ikonisiert ist. Sie stellen nicht, wie lexikalische Zeichen, etwas anderes, sondern einzig sich selbst dar, freilich so, dass sie dabei eine besondere Art von deren Beobachtung gebieten, die sich in den Parametern (der fiktionalen Welt) Kunstsystem abspielt. Wir müssen unsere unmittelbare und unnegierbare Wahrnehmungsweise mit der Wahrnehmung anderer in Einklang bringen. Vom Bezug auf den Kontext geht man zu einem drastischen Bezug auf den reinen Co-Text über (Esposito). Erst eine solche Art der eigenartigen Kunstwahrnehmung ermöglicht es uns, das Kunstwerk in das zu zergliedern, zu dem es seit der Verselbständigung des Kunstsystems geworden ist – in ein «prozessualisiertes» Gewebe von Formdifferenzen bzw. -kombinationen.

10. Einen alternativen, doch in mancher Hinsicht korrespondierenden Vorschlag zur Funktion des Kunstsystems unterbreitete Baecker (1996). Dabei mahnte er, man dürfe die Funktion nicht als Punkt der (determinierenden) Befriedigung des Kunstsystems erfahren, sondern als Punkt seiner Problematisierung, als Variable jener veränderlichen gesamtgesellschaftlichen Werte, an deren (Mit-)Bestimmung sie auch selbst teilnimmt. Die Funktion werde nicht von einer einzigen Operation des Kunstsystems erfüllt, sondern von der Beobachtung dieser Operation im Netz der anderen Beobachtungen. Aus diesem Grund würde es sich, seinem Urteil nach, empfehlen, die Antwort auf die Frage nach der Funktion des Kunstsystems in der Thematisierung einer jener Unterschiede zu suchen, die soziale S.e ausmachen, nämlich des Unterschieds, der sie von psychischen S.en (dem Bewusstsein) trennt. Da soziale S.e durch Kommunikation reproduziert werden und psychische S.e durch Perzeption (Luhmann 1992), bestünde die Funktion der Kunst in der Entwicklung und Erprobung solcher Kommunikationsformen, in denen der Ausschluss perzeptiver Bewusstseinsoperationen aus den Kommunikationsoperationen der Gesellschaft problematisiert wird. Wegen der operativen Geschlossenheit sozialer S.e ist die Kommunikation nämlich nicht in der Lage, Bewusstseinsinhalte direkt zu übertragen. Sie kann lediglich *darüber* (über diese Inhalte) kommunizieren – und gerade aus dieser strukturellen Ohnmacht heraus schöpft die künstlerische Kommunikation ihre Funktion. Sie schockiere, verführe und fasziniere Bewusstseinssysteme in der Umwelt der Gesellschaft mit Hilfe von Kommunikationen, die sich an die Perzeption dieser S.e wendeten. Es handelt sich um eine Adressierung, die danach strebt, alle Kommunikation zu überschreiten und sich in dieser Überschreitung gleichwohl zugleich auf Kommunikation zu beziehen. Doch diese letzte Referenz muss unsichtbar bleiben, da die Kunst zu verbergen sucht, dass die Perzeption, die sie eingeführt hat, niemals lediglich bloße Wahrnehmung sein kann, sondern nur *kommunizierte* bzw. sozial rekonstruierte Wahrnehmung ist. Deswegen versuche das Kunstsystem stets, jenen Punkt der eigenen Gefährdung zu erreichen, in dem sie sich selbst als Kommunikation aufs Spiel setzt, das heißt, sie entmutige alle Arten von Anschlusskommunikation und verhalte sich stattdessen so, als sei es nur innerhalb der adressierten Bewusstseinssysteme möglich, sie selbst als Kommunikation fortzusetzen, und zwar in Form der Wahrnehmung. In diesem Sinn spricht Baecker vom *Stillstellen* der Kommunikation im Kunstwerk – obgleich er sofort hervorhebt, dies sei in der heutigen Kunst bereits problematisch geworden. Sie scheint dieses Stillstellen selbst stillzustellen bzw. den Rezipienten vor der Gefahr einer Verwechslung der Kommunikation mit der Wahrnehmung warnen zu wollen. Das heutige «Kunstwerk tendiert zum Gesamtkunstwerk, das alle Differenzen zur und in der Gesellschaft, die es konstituieren, in das Kunst-

werk selbst wieder einzuführen beansprucht und schließlich die Gesellschaft selbst auf ein Kunstwerk zu reduzieren versucht» (Baecker). (S. R./Z. Z.)

→ Autopoiesis, Code, Differenz, Form, Funktion, Handlung, Hermeneutik, Kommentar, Kommunikation, Literaturgeschichte, Medium, Paradoxon, Periodisierung, Selbstreferenzialität, Stil, Werk, Zeichen

Tartuer Schule

(engl. Tartu School, franz. École de Tartu, russ. Tartuskaja škola)

Die T. S. ist auch als Moskau-Tartuer Schule bekannt, insofern der eine Teil ihrer Mitglieder (Ivanov, Toporov, Gasparov, Meletinskij, Uspenskij, Ščeglov, Žolkovskij) an der Akademie der Wissenschaften oder der Universität in Moskau, der andere Teil an der Universität in der estnischen Stadt Tartu (Lotman, Pjatigorskij, Segal, Minc, Levin, Gasparov, Černov, Lotman) gearbeitet hat. Die Schule wurde während der relativ liberalen Atmosphäre der Chruščev-Ära 1964 von Ivanov, Toporov und Lotman in Tartu gegründet, in erster Linie auf dem Erbe des russischen Formalismus und der Prager Schule, aber auch durch das Anknüpfen an die bis dahin verdrängte philologische Tradition klassischer, orientalistischer und vergleichender Studien von Sprache, Prosa und Vers (Frejdenberg, Bachtin, Florenskij, Propp, Bogatyrëv). Aufgebaut auf den modernen Grundsätzen der Linguistik, Mathematik, Informations- und Kommunikationstheorie, Semiotik und Kybernetik, kultiviert die T. S. eine enorme Spannbreite an Interessen: von der Linguistik, Etymologie, Mythologie und Folkloristik über die Verstheorie und Narratologie bis hin zur Rezeptionstheorie, bildenden Kunst, Film und Musik. Bis Anfang der 1970er Jahre organisiert sie regelmäßig internationale Sommerschulen und publiziert neben anderen wichtigen Serien die renommierten *Studien über Zeichensysteme*. Die kulturelle Bedeutung der Schule besteht in ihrer überlegten und aktiven Auffrischung der Erinnerung an russische Schriftsteller(innen) und Wissenschaftler(innen), die seitens der offiziellen Politik zum Vergessen verurteilt waren: Špet, Bachtin, Vygotskij, Mandel'štam, Gumilëv, Achmatova, Blok, Belyj usw. Während die Vertreter der Moskau-Tartuer Schule in den 1970er Jahren wegen ihres «ideologischen Konservatismus» der Kritik ausgesetzt waren, erleben sie in den 1980er Jahren (zur Gorbačev-Zeit) ihre Anerkennung seitens der offiziellen Politik. Trotzdem führen Einladungen und Rufe an westliche Universitäten, Emigration und Tod einiger Mitglieder sowie Spannungen zwischen Estland und Russland Ende der 1980er Jahre zum schrittweisen Zerfall der Schule.

1. Die Mitglieder der T. S. konzentrieren sich in der ersten Phase auf die traditionelle strukturalistische Analyse der hierarchischen Niveaus des literarischen Textes. Für diese Phase repräsentativ sind Lotmans Bücher *Vorlesungen zu einer strukturalen Poetik* (1964), *Die Struktur des künstlerischen Textes* (1970) und *Analyse des poetischen Textes* (1972). In ihnen entwickelt Lotman die Idee der Literatur als eines sekundären modellierenden Systems, das auf der Sprache als einem primären modellierenden System aufbaut. Später haben Lotman und Uspenskij (ähnlich wie der frühe Barthes) auch andere Arten verbaler und nicht-verbaler, künstlerischer und nicht-künstlerischer sekundärer modellierender Systeme analysiert: Mythos, Religion, Folklore, Film, bildende Kunst. Was den literarischen Text als modellierendes System angeht, so fokussiert Lotman es in zweifacher Hinsicht: einerseits als Bündel intratextueller Äquivalenzbeziehungen innerhalb seiner und zwischen seinen Ebenen, andererseits als Bündel komplexer extratextueller Beziehungen, die den Text mit einem Zyklus, einer Sammlung, einem Gesamtwerk, einem Corpus der entsprechenden Dichterschule und schließlich «dem kulturellen Text» in Beziehung setzen. Die Verbindung dieser beiden Bündel von Beziehungen führt jedes Element des literarischen Textes an den Schnittpunkt einer größeren Anzahl von Systemen, wodurch es (1) seine Informativität erhöht und ihn (2) zu einer veränderbaren, relativen Größe macht. Die Analyse kann in zweierlei Richtungen verlaufen: in Richtung der *Sub*texte des Textes (als Teilen, die in ihrer Struktur das Ganze widerspiegeln) und in Richtung ihrer *Kon*texte. Bei der Entwicklung der ersten Interessensausrichtung haben die Angehörigen der Schule sog. poetische Lexika erarbeitet, die sich auf die Beschreibung des Bedeutungsfeldes einzelner Motive und Bilder in entsprechenden poetischen Sammlungen und Gesamtwerken (Blok, Achmatova, Mandel'štam) oder auf einfachere semiotische Systeme wie Verkehrszeichen oder Sprichwörter (Permjakov) konzentrieren. Dabei gilt die Annahme, dass hiervon ausgehend die Beschreibung darauf aufbauender komplexer Systeme fortschreitet, wenn sich die wissenschaftliche Metasprache ausdifferenziert und sich eine bestimmte Menge an Regeln herauskristallisiert. Sowohl kleine als auch große Systeme entstehen nämlich vermeintlich durch die expressive Derivation eines bestimmten invarianten Themas, mit dem Unterschied, dass in größeren Systemen das Derivationsverfahren mehrere Ebenen umfasst. Auf dieser Überzeugung gründet sich die sog. Poetik der Expressivität von Žolkovskij und Ščeglov, die unter der Obhut der Schule als «generative Poetik» initiiert und dann vor allem von Žolkovskij nach seiner Emigration in die USA ausgearbeitet und bekräftigt wurde. Žolkovskij (1984) stellt die These auf, dass ein literarischer Text «die expressive Verkörperung (...) eines nicht-expressiven Themas» ist, das gleichmäßig alle Teile des Textes durchdringt, sei es als refe-

renzielle Anweisung in Bezug auf die Welt oder als stilistische Anweisung in Bezug auf die Ausdrucksmittel. Aufgabe der Theorie sei es, mit einer strikten Metasprache die Hierarchie der expressiven Transformationen zu beschreiben, welche das Thema mit Hilfe von Verfahren wie Wiederholung, Konkretisierung, Gradation, Kontrast, Variation, Kombination, Teilung, Reduktion u. Ä. mit dem Text verbinden.

In der anderen analytischen Ausrichtung wurden intertextuelle Bezüge von Textelementen untersucht (Toporov, Timenčik, Levinton und in den USA Taranovsky), wobei man zu dem Schluss gekommen ist, dass die evozierten Kontexte der einzelnen Elemente vielschichtig sein und miteinander in Konflikt stehen können.

2. Dies hat in der zweiten Phase Zweifel am exakten linguistischen Modell hervorgerufen, wenn es sich um komplexe semiotische Systeme wie die Kultur handelt. Letztere wird als «funktionale Korrelation verschiedener Zeichensysteme» verstanden (Ivanov / Toporov / Pjatigorskij / Lotman 1973). Die Sprache wird nicht länger als Ausgangspunkt aller Zeichensysteme angesehen. Daher werden die künstlerischen Praktiken in ihrer wechselseitigen Abhängigkeit und in ihrer Abhängigkeit von nicht-künstlerischen Praktiken betrachtet. Die Klassifikation von Kulturen in solche, die auf Anfang oder Ende, auf Mythos oder Wissenschaft, auf Text oder Code, auf Zeichen oder Nicht-Zeichen usw. ausgerichtet sind, zeigen die historische und soziale Relativität des Begriffs.

3. Die beschriebene Globalisierung des Interessenbereichs der Schule war auf mikro-analytischem Niveau begleitet von versifikatorischen Studien insbesondere von Gasparov, aber auch von Rudnev, Baevskij und Lotman (dem Sohn Lotmans). Sie knüpft an statistische Modelle an, die von Tomaševskij, Taranovsky und dem Mathematiker Kolmogorov entwickelt wurden und die seither durch die generative Theorie weiterentwickelt wurden. Gasparov (1984, 1989) weitet sein Interesse auf die Beziehung zwischen den Versformen und der Bedeutung, die Verbindung von Metrum und Thema u. a. aus. (P. G.)

→ Formalismus, Gedächtnis, Prager Schule, Semiotik, Strukturalismus, Zeichen

Text

(engl. text, franz. texte, russ. tekst)

1. Die phänomenologische Kritik behandelt den Begriff T. im Rahmen der *Verfremdung (distanciation)* von den «ursprünglichen» Umständen der mündlichen Kommunikation, in der die Partner füreinander noch «unmittelbar» präsent *(zugehörig)* sind. In diesem Sinn spricht Ricœur von der «doppelten

Verdunkelung» *(double éclipse)* auf seinen Endpunkten und meint damit die Entfernung des Autors und des Lesers. Indem die Äußerung oder der Diskurs zum T. wird, wird die Sprachlichkeit der Kommunikation durch die Schriftlichkeit der Übertragung ersetzt, was bedeutet, dass der T. nicht mehr dem Autor gehört, sondern sich seine Bedeutung verselbständigt und stabilisiert. Infolgedessen unterwirft das äußernde Subjekt (als T.-Funktion) das Subjekt der Äußerung (als Kommunikationsfunktion). «Das Problem des richtigen Verstehens lässt sich nicht mehr durch die einfache Rückkehr zur ‹Intention des Autors› lösen» (Ricœur 1971). Der T. schafft nun selbst die Bedingungen seines Verständnisses als ein eigener Intentionshorizont *(vouloir-dire)*. «Der Text wird zum Text, wenn er sich nicht auf das Notieren der vergangenen Rede beschränkt», sondern sich in die Rede (Äußerung, Diskurs) als ihre Interpretation festschreibt, dass heißt, er überschreitet sie symbolisch aus der Situation, in der sie entsteht. Dieselbe Übertragung erwartet der T. von seinem Leser, der seine Bedeutung nur dergestalt erschließen kann, dass er sich dabei selbst erklärt. «Lesen heißt dem Text-Diskurs einen neuen Diskurs beifügen» (Ricœur 1970). Wie Ricœur polemisiert auch Frank (1990) gegen die strukturalistische Verankerung des T.es in der Bedeutung und spricht sich für seine transgressive Sinndimension aus. Der Sinn entzieht sich jedoch den «methodischen und deduktiven Verfahren des Szientismus», die den T. in eine Faktizität verwandeln wollen und sich somit selbst von der Verantwortung befreien. Für den Sinn sei nicht der T. verantwortlich, sondern *wir* seien es.

2. Während der phänomenologische Begriff T. darüber hinaus die geistige Meisterleistung meint, die durch die Individualität seiner Autoren gekennzeichnet ist, «begradigt» der Strukturalismus den Begriff, indem er die Grenzen beseitigt, welche die künstlerischen von nichtkünstlerischen, mündliche von schriftlichen, gegenwärtige von alten, elitäre von trivialen, westliche von östlichen und sogar sprachliche von nichtsprachlichen T.en (die T.e des Reliefs, der Comics, der Filme, der Vorstellungen, der Musikstücke usw.) trennt. Der T. wird so zur geschlossenen Zeicheneinheit, die durch die systematische Vereinigung der Signifikationselemente der niedrigeren Ordnung entstanden ist, die sprachlich sein können, aber nicht sein müssen. So weit gefasst können alle T.e in der Zeichenperspektive der Ausdrucks- und der Inhaltsebene betrachtet werden, was bedeutet, dass sie einer Doppelgliederung unterliegen: der Beziehungen innerhalb der Ebenen und der Beziehungen unter ihnen. Zumindest postulieren es Barthes (1966b) und Greimas (1966) so, die dieses Modell aus der Diskussion von Benvenistes *Niveaus der linguistischen Analyse* (1966) übernehmen. Barthes spricht von den distributiven Verhältnissen der Koordination gleichartiger Teilchen (phonologische, morphologische, syntaktische) und von den integrativen Verhältnissen der Subordination der verschiedenartigen Teil-

chen (die höheren Niveaus vereinigen bedeutungsmäßig die niedrigen), worin man leicht Jakobsons Theorie von den zwei sprachlichen Achsen erkennen kann bzw. das Postulat von de Saussure, dass die Bedeutung der sprachlichen Einheiten immer nur das Resultat ihres Positionswerts sei. Auf der Linie dieser Denktradition erklärt Barthes die Funktion zur Grundeinheit des (erzählerischen) T.es, die er als die Fähigkeit eines Elements definiert, mit anderen Elementen und mit der Gesamtheit des T.es in Beziehung zu treten. Doch die Ganzheit des T.es ergibt sich erst aus der sukzessiven Verbindung der Einheiten, die es dem Leser ermöglichen zu erkennen, worum es sich hier eigentlich handelt. So «führt» der T. seinen Leser bis zum Ort (Standpunkt), von welchem er ihn richtig «benennen» können wird.

Indem sie auf dieser Immanenz bestehen, stellen die Strukturalisten den Begriff T. dem traditionellen Begriff des Werks entgegen, der seine Einheit äußeren Quellen oder Autoritäten schuldet (Autor, Welt, Gattung, Situation u. Ä.; Barthes 1971 / 1984). Im Gegensatz zum Werk stützt sich der T. in seiner Kohärenz ausschließlich auf die konvertible Ansammlung von Regeln, die er mit anderen T.en teilt. In ihrer ersten Phase glaubten die Strukturalisten, dass es sich um syntaktische Regeln handelt, da sie dem T. wie einem «großen Satz» begegneten. So würden alle T.e wie auch alle Sätze in ihrer tieferen, generativen Struktur zusammengeschlossen. In der zweiten Phase wurde das Spezifische aller literarischen T.e bei der Schaffung von einheitlichen Bedeutungen mittels rekurrenter Reihen erkennbar, welche die quer laufenden Isotopien eröffnen. In der dritten Phase gelangte der T. in eine Beziehung mit den Zeichensystemen bzw. Praktiken des gesamten Bereichs der Kultur, in der er entsteht. Diese Beziehung wird instand gesetzt über das, was Kristeva in ihrer «semanalytischen» Phase (1969ff.) *Genotext* nannte und was die Bedeutungseinigkeit des T.es nicht mehr garantiert, sondern gerade zerstreut. Der Genotext ist die unbewusste (instinktive) Zone des *Phänotextes* als der oberflächlichen Struktur der tieferen Strukturierung, und wie jedes Unbewusste verschiebt, verschmilzt und verformt er die Elemente des Phänotextes, um seine Spuren zu hinterlassen. Jeder T. ist Schauplatz der Vereinigung semiotischer Pulsionen mit symbolischen (gesellschaftlichen, kulturellen, sprachlichen) Begrenzungen. Er verwandelt sich in das Schauspiel, das die Leser in den pluralen Raum der Signifizierbarkeit *(signifiance)* hineinruft, wo er dem (maternalen) Verlangen seines Körpers nach Zerlegung des rational zentrierten Subjekts nachgeben wird, nach dem Eintauchen in das «Gemurmel der zerstreuten Stimmen» (Kristeva 1974; Barthes 1981).

3. Hiermit gelangte der strukturalistische Begriff T. an die Schwelle des Begriffs der *Textualität,* den der Poststrukturalismus in Opposition zu ihm einführt. Er leugnet die Abgeschlossenheit eines jeden T.es und schreibt ihm dabei

die Spuren anderer T.e im offenen Prozess der Ergänzung zu. Diese Spuren schaffen das «strukturell Unbewusste» oder den «Untertext» des T.es, der unaufhörlich seine Identität untergräbt. Das ist besonders sichtbar in den T.en der wissenschaftlichen Disziplinen, die ihre Textualität zu verdrängen suchen und damit ihre Machart verwischen (Weber 1986). Derart verstandene Textualität steht in enger Beziehung zum Begriff der Unlesbarkeit, der Unentscheidbarkeit und der Macht.

4. Rorty (1982) hat den Textualismus der Poststrukturalisten und Dekonstruktionisten als bloße Verdrehung des Idealismus kritisiert: «Im vergangenen Jahrhundert haben einige Philosophen behauptet, dass es nichts anderes gebe als Ideen. In unserem Jahrhundert schreiben einige Autoren, als ob es nichts anderes gäbe außer T.en.» Sie verneinen hartnäckig die Möglichkeit der Berührung mit der «sauberen, unmittelbaren Wirklichkeit» und stellen dabei die Existenz des Gegenstandes der Naturwissenschaften in Frage. In ähnlichem Ton hält auch Bennett (1990) «das poststrukturalistische Konzipieren der Vergangenheit als einen unendlichen T., den man nur unendlich retextualisieren kann», für «eine Übertragung der literarischen Verfahren auf die Vergangenheit.» «Es geht nicht darum, die Vergangenheit zu schließen, sondern darum, einfach zuzugeben, dass ihre Offenheit nicht unendlich sein kann, falls die Wahrheiten, die sie produziert, wirksam werden sollen.» (A. B.)

→ Intertextualität, Kontext, Lesen, Metatext, Werk

Trivialliteratur

(engl. trivial literature, franz. sous-littérature / littérature de second ordre, russ. trivial'naja literatura)

1. Der Begriff T. findet im Laufe der 1960er Jahre Eingang in literaturtheoretische Abhandlungen, und zwar infolge der außergewöhnlichen Interessenserweiterung, die der Strukturalismus durch die Demokratisierung des Begriffs Literatur herbeigeführt hat. Der strukturalistische Begriff des Erzähltextes deckt gleichermaßen mündliche, alltägliche, nichtkünstlerische, wissenschaftliche und sogar nonverbale Schöpfungen ab und geht damit weit über die Grenzen des kanonisierten literarischen Corpus hinaus. Die Abstraktheit des Begriffs T. ermöglicht es, die Grenzen des Romans und des Mythos, der Ersten und der Dritten Welt, der «hohen» und der «niederen» Kultur, der Literaturwissenschaft und der Anthropologie / Soziologie zu überschreiten und dadurch – im Geist der Dekolonialisierung, die den Strukturalismus hervorgebracht hatte – die gemeinsame Basis zwischen Europa und seinem «Anderen» zu er-

weitern (Robbins 1992). Diese Basis wird als Grammatik oder Tiefenstruktur des Erzähltextes definiert und von jeglicher axiologischen Aufladung befreit. Die Werte gesellen sich ihr angeblich erst im Prozess der Aktualisierung bzw. Konkretisation zu, welcher in der T. geringere und in der Kunstliteratur größere Abweichungen hervorruft. Die T. haftet somit offen (ähnlich wie die mündliche Literatur) an Schemata und Stereotypen, während die Kunstliteratur diese zu verletzen oder wenigstens zu verbergen sucht. Da die Erzählschemata gewisse «grundlegende menschliche Bedürfnisse» befriedigen, wird der Begriff *Schema-Literatur* (Zimmermann) für neutraler angesehen als der abwertende Begriff T. Die Literatursoziologen bemerken schon seit Mitte der 1960er Jahre die Gefahr der Anwendung von Wertungsbegriffen bei der Klassifikation; diese enden in nichts anderem als der Einordnung der Klassifikanten (Foltin 1965). Neutralität lässt sich jedoch unmöglich wahren, solange Kanonizität und Nichtkanonizität aus den Texteigenschaften abgeleitet werden, und gerade das ist es, was die Strukturalisten mit ihren Dichotomien Einfachheit / Komplexität, Lesbarkeit / Schreibbarkeit, funktionale / expositorische Texte u. Ä. tun.

2. Aus diesem Grund wird dieser Ansatz in den 1970er Jahren aufgegeben. «Es gibt T. nicht als eigenständige Textsorte, also als eigene literarische Ausprägung einer bestimmten (etwa emotiven, appellativen, kognitiven, ästhetischen) Sprachfunktion, und T. errichtet erst recht nicht eine eigene ‹triviale› Sprachfunktion, sondern sie enthält in jeweils wechselndem Verhältnis viele dieser Sprachfunktionen» (Waldmann 1972). Faulstich (1977) ist noch resoluter, wenn er behauptet, Literaturwissenschaft in Form von Textverarbeitung sei unwissenschaftlich, und Literaturwissenschaft könne zum Gegenstand der Untersuchung nur als rezipierte Literatur werden. Damit wird der Akzent endgültig von der Struktur auf die Wirkungsweise bzw. auf den kommunikativen Kontext verlagert, in dem diese realisiert wird. In Übereinstimmung damit stellt sich die Frage nach den Techniken, Formen und Bedingungen der Wertung, welche die T. unbemerkt als Gegenstand der Beschäftigung hervorbringen. Es wird auf die spezifischen Umstände des Konsums von T. hingewiesen, unter denen sie die anonymen Massen von Lesern aus psychischen und sozialen Frustrationen befreit – was sie selbstverständlich in positiverem Licht erscheinen lässt als etwa die von der Frankfurter Schule erhobenen Vorwürfe der Massenmanipulation und Massenverblendung. Allgemein wird die ästhetische Perspektive, wie sie für die Philosophie und die etablierte Literaturwissenschaft charakteristisch ist, wegen ihrer Neigung zur Diskriminierung verdächtig. Schenda (1977) konstatiert: «Erst in den letzten Jahren hat sich die Erkenntnis durchgesetzt, dass es, um dem Umfang und der gesellschaftlichen Bedeutung der literarischen Massenproduktion gerecht zu werden, der Zusammenarbeit

von verschiedensten Disziplinen oder der Kombination von mehreren Forschungsmethoden – Bibliotheksforschung, Buchmarktforschung, traditionelle Literaturgeschichte, Literaturkritik, Pädagogik, Psychologie, Publizistik, Soziologie, Volkskunde, Wirtschaftsgeschichte – kurz: einer weitgefassten Kommunikationsforschung und Sozialgeschichtsforschung bedarf.» Anstatt der einfachen Verschiebung des Interesses von der Kitsch-Literatur zum Kitsch-Menschen (wie Broch ihn nannte) begann man, der T. das Recht auf eine besondere Art des Verstehens zuzuerkennen.

3. In dieser Absicht wurde die neue Bezeichnung *Unterhaltungsliteratur* eingeführt, wobei mit «Unterhaltung» ein komplexer soziologischer, psychologischer und kultureller Begriff gemeint ist. Unterhaltung setzt eine besondere Rezeptionshaltung gegenüber der Literatur voraus, wie sie gegen Ende des 18. Jh.s entsteht. Diese Rezeptionshaltung wird durch eine Ausrichtung auf die Neuigkeit charakterisiert, die einen permanenten, täglichen Konsum des (normalerweise romanhaften) Lesestoffs erfordert. (Nicht zufällig wird dieser Roman *nouvelle* bzw. *novel* genannt!) In Einklang damit wächst die Romanproduktion schnell an (in Deutschland wurden z. B. Mitte des 18. Jh.s 25 Romane jährlich veröffentlicht, gegen Ende des Jahrhunderts bis zu 150). Die Forscher sprechen vom Wahnsinn des wilden, narkotisierten Lesens hauptsächlich unter dem weiblichen Publikum. Der Zweck der Lektüre ist nicht mehr Erziehung, sondern Einleben in das Verhalten und das Erleben der literarischen Gestalten bzw. der Genuss, der aus dem Beobachtungsvorteil des Lesers über die literarischen Gestalten resultiert. Dieser Vorteil ermöglicht ihm Erfahrungsgewinn, ohne sich direkt der Verantwortung, den Verpflichtungen und den Konsequenzen aussetzen zu müssen, die dieser sonst in der wirklichen Welt beinhaltet. Der Leser bleibt vielmehr, seit er in Zurückgezogenheit lesen kann, auch von der öffentlichen Äußerungspflicht bezüglich der Belehrung oder des Sinns der Geschichte verschont, wie das unter den Umständen des kollektiven Lesens obligatorisch war. Er kann also die Verbindung zwischen der Handlung des Romans und dem Plan des Autors vollständig vernachlässigen, welche das Einleben verhindern könnte, indem sie auf das Gebaren der literarischen Gestalten den Schatten eines übergeordneten Interesses wirft. In den leicht tadelnden Schilderungen der Denker vom Anfang des 19. Jh.s genießt der Leser-Konsument zwanglos und ohne Urteil (Goethe), bzw. er erkennt den endgültigen Zweck (der Romanhandlung) allein in den Ereignissen und Figuren (Schelling). Daher wundert es nicht, dass dem Begriff des Erziehungsromans von Anfang an zwei konträre Bedeutungen immanent waren: Erziehung des Helden und Erziehung des Lesers bzw. Bildung des Charakters im Roman durch das allmähliche Reifen und Bildung des Romancharakters durch das allmähliche Ergründen seines Sinns. Die Unterschiede in der Attribution hingen von den

Unterschieden in der Bildung ab: Das Publikum war nicht länger sozial homogen. Während jedoch die aufklärerischen Kritiker dafür keinerlei Verständnis hatten und die Autoren der «Konsumromane» «elende Skribenten und Romanfabrikanten» nannten, erlangt die *Unterhaltungsliteratur* im Bewusstsein der Leser an der Schwelle des Jahrhunderts *schon* das Bürgerrecht und wird als etwas von der *Dichtung* Verschiedenes erlebt. Die allmähliche Verselbständigung der Unterhaltung gegenüber der Belehrung führt zur folgenden Definition der Aufgabe des Romans (1800): «Das Herz des Lesers zu veredeln, ohne irgendein Moralprinzip in Lehrform aufzustellen.» Aus ihrer Reise durch Deutschland zog Madame de Staël (1814) die Lehre, dass «das Wichtigste in der Literatur das Interesse» sei, dessen «erklärter Feind oft der Geschmack ist». Doch nicht alle waren bereit, der Spaltung der Wertmaßstäbe um der «modischen», «eintägigen» Literatur willen zuzustimmen, welche «die Zeit totschlägt» und «die Langeweile vertreibt», indem sie den spezifischen Zustand der Zerstreutheit, wie ihn das moderne Leben erzeugt, unterläuft.

4. In der modernen Theorie hat sich somit die Frage nach der Legitimität der T. in die Frage nach der Legitimität des dekonzentrierten Lesens verwandelt, welches in der Epoche «der technischen Reproduzierbarkeit des Kunstwerks» (Benjamin), die den Literaturmarkt mit verschiedenartigsten Lesestoffen überschwemmt, zweifelsohne dominant ist. Bezeichnenderweise verurteilen auch die phänomenologischen und strukturalistischen Rezeptionstheorien diese Leseweise noch implizit, indem sie vom Leser eine hohe Bildung und eine permanente Anspannung der intellektuellen Aufmerksamkeit verlangen. Aber in der sog. postmodernen Theorie werden die Intoleranz und Ausschließlichkeit eines solchen Imperativs offensichtlich, dem gegenüber die große Mehrheit des Lesepublikums, im «Netz der Lebenswelt» (Waldenfels) gefangen, keinerlei Aussicht auf Befriedigung hat. Das postmoderne «weiche Subjekt» ist näher an einer Konsumhaltung der Entspanntheit, die neben anderen Formen der Unterhaltung gerade durch die T. entwickelt wurde. «Die Unterhaltung hingegen entlässt den Leser / Betrachter aus dem Zwang, eine Ganzheit wahrzunehmen. Wieviel oder wieweit wahrgenommen wird, bleibt dem Betrachter überlassen. Er kann bei der Unterhaltung den Rezeptionsvorgang an jedem Detail, auf jeder Stufe abbrechen, ohne dass die Unvollkommenheit des Rezeptionsvorgangs deutlich wird. Unterhaltung nimmt die Diskreditierung des dekonzentrierten Lesers (...) zurück» (Hügel 1992). Dasselbe ließe sich auch von der Strukturierung der sog. seriösen postmodernen Literatur sagen, die gegenüber den Mustern der T. viel offener ist und damit auch gegenüber dem Leser, welcher sich glühend danach sehnt, der Faszination zu erliegen.

5. Wenn die Theorie bis vor kurzem (die Dekonstruktion eingeschlossen) die T. vom Standpunkt der hohen Literatur aus betrachtete, so darf man wohl be-

haupten, dass heute das Gegenteil eingetreten ist. Bezeichnend in diesem Sinn wirkt Bourdieus an die Adresse der Dekonstruktivisten gerichtete Kritik (1979), ihre unendliche Durchsuchung der Labyrinthe der Form beinhalte Abscheu vor dem «vulgären» Interesse für die Intention des Autors und für den Inhalt, die als Kennzeichen ungebildeten literarischen Geschmacks behandelt werden. Auch Herrnstein-Smith erkennt hinter der Abweisung des reduktiv-nutznießerischen Verhältnisses (sowohl des Autors als auch des Lesers) gegenüber der Literatur die spezifische Ideologie des Humanismus, welche die vermeintlich universellen symbolischen gegenüber den vermeintlich partikularen ökonomischen Werten präferiert. Doch die humanistische Logik der Freiheit von wirtschaftlicher Not, welche die Sublimierung, den Aufschub und die Überschreitung befürwortet, verkörpert selbst eine eigenartige Ökonomie des «symbolischen Kapitals», das sich in Selbstverständlichkeit verwandelt, um als natürliche Maßeinheit für kulturelle Werte (im gleichen Sinn wie das Geld ökonomische Werte misst) dienen zu können. Wie jedoch nicht alle Menschen den gleichen Zugang zum Geld haben, so haben sie ihn auch nicht zu einer Kunst, die von ihnen den unermüdlichen Aufschub des Genusses bzw. die Emanzipation von Dringlichkeit und Zwang verlangt. Die Massen der Konsumenten müssen, wie Bourdieu sagt, der konsumierbaren Botschaft des literarischen Werks genauso schnell habhaft werden wie des nahrhaften Werts ihrer Nahrung auch. Diese Einstellung ist aber gleichermaßen ein legitimer und notwendiger Bestandteil des literarischen Systems (der Institution, des Feldes) wie auch jene «verschwenderische» Haltung, denn sie arbeitet gleichermaßen an der Reproduktion ihrer inneren und äußeren «Instrumente».

6. Den besonderen Wert der T. hat Radway (1984) in ihrer (Psycho-)Analyse des Prozesses des weiblichen Lesens einer Prosaromanze demonstriert. Sie widerlegt die eingebürgerte These, der zufolge diese Gattung einfach dem weiblichen Bedürfnis nach einer imaginären Flucht aus der bedrückenden Wirklichkeit entgegenkommt, und zeigt dessen Lektüre als eine hybride Erfahrung, die den väterlichen Schutz, die mütterliche Sorge und die leidenschaftliche Liebe miteinander verbindet. Anstatt also die ideologischen Strukturen der dominanten Kultur passiv zu reproduzieren, wählten die Leserinnen von Romanzen aktiv zwischen ihnen aus und bestätigten sich durch ihre Verbindung auf eine utopische Art und Weise, welche die Begrenzungen des alltäglichen Lebens überschreite. Die Verlagerung des Akzents auf den Akt des Textkonsums deckt somit auf, dass unterhalb der Oberfläche von Texten Formen von transgressiven Genüssen und die mit ihnen verbundenen Widerstände am Werk sind. Die «Bevölkerung» wird allgemein – so die Behauptung von Fiske (1995) – besser daran erkannt, was sie *tut*, als daran, was sie *ist*, und die Volkskultur wird analog besser daran erkannt, was sie *tut*, als daran, was sie *ist*. Die

Volkskultur besteht mehr aus Prozessen denn aus Produkten. Ihres Zugangs zum Ort der Kulturproduktion beraubt, verwirklicht sie ihre Originalität im Raum des kreativen Gebrauchs oder der Anwendung dessen, was ihr zur Verfügung gestellt worden ist (Certeau 1980). (A. H.)

→ Institution, Kanon, Literatur, Mentalität, System

Überdeterminierung

(engl. overdetermination, franz. surdétermination, russ. giperdeterminacija)

1. Ein Begriff, den Freud eingeführt (1895) und ausgearbeitet (1900) hat, um jene Bildungen des Unbewussten zu kennzeichnen, die über eine Vielzahl an (häufig hierarchisch) miteinander verbundenen Bestimmungsgrößen und damit auch Bedeutungen verfügen. Lacan (1960 a / 1966) erweiterte die Spannweite des Begriffs und öffnete ihn allein durch seine Definition des Unbewussten als Rede des Anderen für die semiotische Inbesitznahme. Doch in intensiven theoretischen Umlauf gerät der Begriff erst, nachdem ihn Althusser (1968 / 1972) brauchbar gemacht hat, indem er ihn in den Konfliktraum gesellschaftlicher Kräfte einführte. Den Widerspruch zwischen Arbeit und Kapital stellt er als untrennbar von der Gesamtstruktur des Gesellschaftskörpers dar, der diesen Widerspruch bestimmt, wobei der Gesellschaftskörper selbst von unterschiedlichen *Ebenen* und *Instanzen* der gesellschaftlichen Formation, die er durchdringe, bestimmt wird. Daher lässt sich dieser Widerspruch als «prinzipiell überdeterminiert» bezeichnen. Althussers (1971) Absicht, das traditionelle marxistische Begriffspaar von Basis und Überbau vom einseitigen und oft vulgären Determinismus zu befreien, ist offensichtlich. Die Basis zieht sich bei ihm in die Abwesenheit zurück. Ihre gesamte Existenz sei in Wirkungen enthalten, sodass sie als spezifische Bindung ihrer Elemente außerhalb ihrer Wirkungen ein Nichts sei.

2. Nach Žižek (1993) antizipierte Hegel Althussers Begriff der Ü. durch den Bestimmungsgrund aus seiner *Wissenschaft der Logik*. Was sei der «Bestimmungsgrund» anderes als der Name für «die komplexe Struktur», in der die Determinierungsinstanz selbst (über)determiniert sei durch ein Beziehungsgeflecht, innerhalb dessen sie ihre determinierende Rolle spielt? Žižek behauptet gar, dass Hegel weiter ging als Althusser (und zwar in Richtung Lacan), als er das Nebenprodukt *(rejet)* dieses korrelativ-unversöhnlichen Verhältnisses zwischen Bedingung und Ursache voraussah, das in der Dialektik ihrer ständig wiederholten «verfehlten Begegnung» zum inneren Riss des Subjektes führt *(sujet barré)*.

3. In Greimas' Semiotik stellt die Ü. einen fundamentalen Mechanismus der generativen Laufbahn des Textes dar. Auf dem Weg von den Tiefen- zur Oberflächenstrukturen führt er in der Position der Strukturdominante zum Wechsel unterschiedlicher Beziehungsarten. Von daher stammt auch die Versetzung des Aktanten von der einen auf die andere Position oder seine gleichzeitige Verteilung auf mehrere. (S. R. / Z. Z.)

→ Effekt, Formation, Opposition, Subjekt, Unbewusstes

Übertragung

(engl. transference, franz. transfert, russ. perenos)

Begriff, den Freud benutzte, um die Beziehung des Patienten zum Analytiker in der Situation des psychoanalytischen Dialogs zu kennzeichnen. Der Patient überträgt Empfindungen, Wünsche oder Erwartungen, die mit einer Person oder einem Gegenstand aus der Kindheit verknüpft sind, auf den Therapeuten. Tut der Therapeut dasselbe gegenüber dem Patienten, spricht Freud von *Gegenübertragung*. Unbewusste Mechanismen der Ü. und Gegenübertragung sind bis zu einem bestimmten Grad Bestandteil aller menschlichen Beziehungen, obwohl sie in klinischen Situationen zu echten Knoten gegenseitiger Erwartungen führen können, nach dem Typus: Johannes befürchtet, dass Petra denken könnte, dass er sich fürchtet (Laing). In der Entwicklung der Freudschen Konzeption wurde Ü. zunächst aus der Affektenverschiebung von einer Vorstellung zur anderen und später vom Zwang auf Wiederholung des verdrängten Traumas abgeleitet (was Freud mit dem Begriff «Übertragungsneurose» bezeichnet).

1. Die Literaturtheorie hat den Begriff der Ü. zunächst auf die sog. Leseszene angewendet, die voller Wechsel von Ü. und Rollen ist. Holland (1975) entwickelte in diesem Sinn die transaktive Lesetheorie, der zufolge der Text und der Leser unaufhörlich die Rollen von Ursachen und Folgen wechseln, bis man schließlich zum Handel *(bargain)* kommt. Der Leser versucht, durch ein vierphasiges Verfahren, das aus Erwartung, Auswahl aus angenommenem Stoff, Wunschprojektionen und deren Ü. in Themen besteht, seine Identität zu verfestigen. Aber in dem so aufgestellten Verhältnis erlangt der Text die Rolle des Analytikers (d. h. des Übertragungsgegenstandes), ohne Einflussmöglichkeiten auf seinen Patienten (den Leser) zu haben, was Hollands These über die «Schleife der Rückverbindung» *(feedback loop)* widerspricht. Wäre das Lesen in der Tat so vom einzelnen Leser abhängig, leuchtete nicht ein, warum Holland das Bedürfnis hat, etwa mit seinem Lesen von Poes *The Purloined Letter*

mit anderen Lesearten zu wetteifern, wie er es offensichtlich tut. Hierzu bemerkte Wright (1984), die Schwäche aller Theorien der Leserreaktionen bestünde darin, dass sie versäumten, sich zu fragen, warum das Lesen überhaupt auf andere übertragen werden solle.

2. Eine andere einflussreiche Anwendung des psychoanalytischen Begriffs Ü. brachte Bloom (1975) in Umlauf, diesmal in Bezug auf intertextuelle Beziehungen. Darin vollzieht sich die Ü. vom Autor auf Anhänger oder Kritiker und wird aus einem anderen psychoanalytischen Begriff abgeleitet: der Wiederkehr des Verdrängten. Der Autor kehrt von den Toten zurück (wohin er von Barthes 1968a vertrieben wurde), um von seinem Sitz im Gedicht aus die Forderung nach Anerkennung in Form einer stillschweigend übertragenen Begabung an den auserwählten Gefolgsmann – Dichter oder Kritiker – zu richten. Doch diese Ü. des Vertrauens führt schließlich zur Gegenübertragung, und zwar in Form der Trope der Umkehrung, die der Gefolgsmann (Ephebe) in der Intention des Vorgängers vollzieht. Er aktiviert dabei den Zweiphasenmechanismus der Abwehr (der nach Bloom jeder Trope zugrunde liegt): die Introjektion der Bilder des Vorgängers und die Projektion von eigenen Bildern. In diesem Prozess der Rückkehr des Toten in die lebendige Bedeutung verwandelt sich das ursprüngliche Heimliche in das Unheimliche, wobei Bloom darin – mit Freud polemisierend – den antithetischen Akt des poetischen Willens erkennt. Die Tropen sind ihm zufolge notwendige Fehler in der Sprache, die sich eigentlich gegen Todesgefahr der wörtlichen Bedeutung verwahren. Anders gewendet, die Verdrängung bringt rhetorische Strategien zum Zweck der Angstüberwindung hervor, weshalb sie eine notwendige Bedingung von Dichtung ist. Bloom schränkt allerdings die komplexe gesellschaftlich-kulturelle intertextuelle Beziehung unangemessen auf eine fast familiäre Beziehung unter Individuen ein. Vielleicht ist gerade diesem erheblichen Zoll an die kritische Orthodoxie die leichte Verständlichkeit seiner Argumentation und der große Anklang seiner Theorie zu verdanken.

3. Ein erheblich komplexeres Netz an transferenten Ü.s-Beziehungen zwischen Autor, literarischen Gestalten und Kritikern baute Felman (1977) mit ihrer raffinierten Lesart des mehrjährigen Auslegungsstreits um James' Erzählung *The Turn of the Screw* aus. Die Erzählung geriet vom ersten Augenblick ihres Erscheinens an (1898) in Verruf, weil sie ihre Leser in besonderer Art und Weise «moralisch beschuldigt». Darin wird von einer Erzieherin erzählt, die in einem einsamen, von Geistern früherer Diener heimgesuchten Landhaus das Sorgerecht für zwei Waisen übernimmt. Durch den unerwarteten Ablauf des Geschehens bedrängt, klagt die Erzieherin ihre kleinen Schützlinge an, heimlich mit den Geistern zu verkehren, und versucht eifrig, von ihnen ein entsprechendes Geständnis zu erzwingen. Die verbohrte Ermittlung endet mit dem

Tod eines der beiden Schützlinge, der im Augenblick des Geständnisses, erdrückt durch die triumphale Umarmung der Erzieherin, aus dem Leben scheidet. In den 1930er Jahren entzündete sich der Streit über die wahre Bedeutung der Erzählung: Ist sie eine psychologische Studie der sexuell bedrängten Neurotikerin (Wilson) oder eine traditionelle Erzählung «über Geister»? So kamen *über* die Erzählung die gleichen Bedenken hinsichtlich der Natur der Geister auf, die *in* der Erzählung auftauchen: Indem sie versuchen, diese Zweifel im Text zu leugnen, erneuern sie sie außerhalb von ihm.

Darin sieht Felman eine Folge der Bedeutungsverschiebung durch heimliche Vertrauensübertragung. Diese setzt schon in der Erzählung an, als die Erzieherin Douglas jenes Manuskript übergibt, das dieser (nach langer Zeit) dem Haupterzähler anvertraut und dieser wiederum – in verarbeiteter Form (nach langer Zeit) – den Lesern. In zahlreichen Wendungen der Ü. wird schließlich jene Instanz verdrängt, die für die Bedeutung verantwortlich ist, weil jede von ihnen (genau wie der abwesende Herr, von dem die Erzieherin annimmt zu wissen, was sich im verzauberten Haus abspielt, ohne ihn jedoch danach fragen zu können) sich jeweils als Subjekt offenbart, «von dem angenommen wird, er wisse» (Lacan), womit weitere Ü.en angestoßen werden. Doch im gleichen Prozess, in dem die Interpreten auf der fortgesetzten Suche nach der Bedeutungsverankerung ihr Vertrauen von literarischen Gestalten auf die Erzähler übertragen, wird der Text selbst in der «verlängerten Aufführung» durch seine Auslegungen übertragen.

In einem Augenblick aber müssen diese wechselseitigen und ununterbrochenen Ü.en doch aufhören, muss das Sichtbare dem übergeordnet werden, was sich nicht sehen lässt, die Erkenntnis jenem, was sich ihr entzieht, sodass der Leser ähnlich der Erzieherin, die schließlich das Steuer des «betrunkenen Schiffes» ihres Haushalts ergreift, den Bedeutungsschlüssel der Erzählung begreift. Es geht um einen tödlichen Griff, da das Kind in der Umarmung der Erzieherin stirbt, so wie die Verspieltheit der Textbedeutung in jener des Interpreten schwindet; es gibt aber keinen anderen Schutz vor dem spiralenförmigen Wiederholungszwang, der unabwendbar in den Wahnsinn führt, falls er nicht unterbrochen wird. Die Schraube der Bedeutung zu befestigen heißt, das für die Gesundheit äußerst notwendige Gleichgewicht zu behalten, obwohl dieses Gleichgewicht das Einverständnis mit der vom Text zugewiesenen Rolle impliziert – wie man an Beispielen der widerstreitenden Interpretationen der Erzählung *The Turn of the Screw* sehen kann. Felman meint nicht, dass diese «Naivität» vermeidlich ist, weil auch jene, die dem Text *par tout* keinen Glauben schenken wollen (sog. kritische Hermeneutiker psychoanalytischer oder marxistischer Provenienz), schließlich einer Rolle zum Opfer fallen. Die Kritikerin führt in diesem Zusammenhang James' Äußerung an, er hätte mit seiner

Erzählung gerade den misstrauischen Lesern, die gern nach der «verborgenen Wahrheit» suchen, eine Falle gestellt, die sich dann am Ende dem Irrsinn einer solchen Suche gegenübersehen, um sich mit der Wortwörtlichkeit des Textes zufrieden zu geben.

Die Schlussfolgerung daraus ist, dass der literarische Text keine Position außerhalb von sich frei lässt, von der aus man ihn kognitiv besetzen könnte. Wie Wright bemerkte, ist die Leseszene eine Erzählung über die Gefangenschaft der Psyche geworden. Jeder Leser unterliegt der Wirkung des Althusserschen Herbeirufens, indem er sich im Augenblick des Bedeutungserkennens in die Position des «Buchstabens» setzt, über welchen die Geschichte fortgesetzt wird. Die Art und Weise, wie der Text seine Leser aufruft, um sich durch Ü. auf sie zu behaupten, wurde am treffendsten von de Certeau (1980) mit den Worten formuliert: Gebt mir ihren Körper, und ich gebe euch die Bedeutung, ich mache euch zum Namen und Wort in meinem Diskurs; Bevollmächtigung durch Unterwerfung: *assujettissement*.

4. Mag nun Felmans Argumentation um ein Vielfaches komplexer sein als jene ihrer Vorgänger, sie endet dennoch in der Vergöttlichung des Textes. Er behält sich das gleiche Recht auf das überlegene Schweigen vor, das Lacan dem Analytiker gegenüber den Bestrebungen des Patienten erteilte, die Rolle des Wissenden auf ihn zu übertragen. Gerade dadurch, dass er sich dem Angebot der Widerspiegelung des Analysanden entzieht, behält der Analytiker seine unreduzierbare Rolle des Herrn. So weigert sich auch der Text, die Bedeutungswahl des Lesers zu bestätigen, um seine hermeneutische Aktivität der Transgression anzuregen. Denn nur die Transgression der Leser ermöglicht ihm nämlich die «erweiterte Reproduktion». Doch der erteilte Status des Textes als eines radikal Anderen, der zugleich alles bestimmt und sich dauerhaft der Bestimmung entzieht, ist selbst bereits durch eine bestimmte Lesart des Textes bedingt. Im Grunde ist keine Textvorstellung jenseits einer bestimmten Form seiner Lektüre (des Verstehens, Kommentierens, Interpretierens) denkbar, das heißt, der Text kann nur so zum Subjekt (Herrn) der Ü. werden, wenn er zuvor im Rahmen eines auf bestimmte Weise strukturierten literarischen Systems zu ihrem Objekt (Diener) gemacht wurde. Daraus folgt, dass in neuerer Zeit der Schein einer unerschütterlichen Selbstgleichheit des literarischen Textes erzeugt wurde, und zwar durch akademisch-institutionell unterstützte Technologie seiner Auslegung. Das akademische Lesen in einem Systemfeld konkurrenter Praxis delegitimiert und verdrängt alltäglich-verbrauchermäßige oder anders fachlich profilierte Rezeptionserfahrungen, um seiner Vorstellung Selbstverständlichkeit zu verschaffen. Bourdieu erkannte daher in dem Beharren auf der unendlichen Lektüre des literarischen Textes den Ekel gegenüber dem vulgären auf den Inhalt oder die Mitteilung gerichteten Ge-

schmack, jene gleiche Abneigung, welche die gesamte europäische Ästhetik des «interesselosen Wohlgefallens» kennzeichnet, das keinen Mangel und keine Alltagseile kennt. Sie projiziert außerdem jene Merkmale einer bestimmten (avantgardistischen, montagehaften) literarischen Textart, die sich in der Tat einer beinahe willkürlichen Fortsetzung aus dem Feld anderer Texte öffnet, auf die ganze Literatur (und sogar darüber hinaus!), obwohl es in der Literatur geradezu eine Fülle (und in anderen praktischen Bereichen noch mehr) Texte gibt, die nach einer stabilen, kanalisierten, «verbrauchermäßigen» Rezeption streben.

5. Außer mit dem Lesen wurde der Begriff der Ü. in der modernen Literaturtheorie auch mit dem Anredeverfahren in Verbindung gebracht, auf das dem Strukturgesetz gemäß jede Aussage angewiesen ist. Dieses Merkmal der Aussage, sich gleichzeitig an den Gesprächspartner oder den Mitredner (an den «kleinen» Anderen) zu wenden und sich an dem Adressaten (an dem «großen» Anderen oder «Dritten» im Dialog) zu orientieren, wurde im Rahmen unterschiedlicher theoretischer Konzeptionen mit verschiedenen Termini belegt: Geltungsanspruch, Illokution, Iterabilität, Horizont, «im Hinblick auf», Sinn, Intention, Gattungsgedächtnis, angeschlossene Bedeutungsrichtlinien, Signalstruktur usf. Allen jenen erheblichen Unterschieden, die diesen Termini folgen, zum Trotz wird mit ihnen dennoch die Bemühung deutlich, dem konkreten Empfänger der Aussage einen Idealrahmen (einen gattungshaften, referenziellen oder ideenmäßigen Horizont) bereitzustellen, innerhalb dessen das Verständnis (sein eigenes oder das von jemand anderem) der Aussage erwartet wird. Das «Ideale» meint hier einen Rahmen, der von den kontigenten Parametern der Gesprächssituation befreit ist. Obwohl die Aussage mit ihrer Projektion nach völliger Befreiung strebt (Habermas nennt das «ideale Sprechsituation» und Bachtin «Kommunikation jenseits aller realen und konkreten Sozialformen»), zeitigt sie meistens neue Bezwingung – durch gattungsbezogene oder modale Konventionen, diskursive, stilistische, textuelle, intertextuelle Gesetzmäßigkeiten, das «literarische Feld» usw. Trotz der Figuration, Fiktionalisierung, Fabulierung oder Symbolisierung der Struktur, die eine Ü. auslösen kann, kann sie so niemals den Rahmen der Aussage aufheben, sondern nur den einen durch den anderen ersetzen.

6. Diese Erkenntnis steht allerdings in direktem Widerspruch zur phänomenologisch angeregten Theorie der Ü. als der *Überschreitung* oder der *Transgression,* den man für das Merkmal «echter Kunst» hält. Die Überschreitung meint einen Einstieg in einen qualitativ anderen Zustand der Geschichtslosigkeit, Unbegrenztheit, Abwesenheit, Transzendenz, Unsagbarkeit, Metaphysik, Unteilbarkeit (In-dividualität) u. Ä., weil nur in einem solchen Zustand «absolut richtiges Verstehen» unter den Menschen, die «von jeder sozialen und le-

bens-pragmatischen Konkretisation frei sind», möglich ist (Bachtin 1963). Außer bei Bachtin wird der Begriff der Überschreitung im so verstandenen Sinn der Ü. des Lesers von der pragmatischen in die jenseitige Sphäre als der distinguierenden Auswirkung des literarischen Werks noch von Sartre in seiner Kunstphilosophie sowie von der Konstanzer Schule der ästhetischen Rezeption entwickelt.

Das Phänomen der Überschreitung *(crossing)* wird anders von Luhmann (*Soziale Systeme*, 1984) im Anschluss an Brown (1971) definiert. Nach Luhmanns Theorie richten sich alle Systeme im Laufe des Selbsterhaltungsprozesses an eine Leitdifferenz, die in der Operation der Beobachtung eine markierte und eine unmarkierte Seite hat. Das System kann niemals die Differenz beobachten, die es im Ganzen ausmacht, sondern nur die eine Hälfte, d. h. dadurch, dass es aus der markierten in die unmarkierte Seite hinüberschreitet und damit den einen «blinden Fleck» durch einen anderen auswechselt. Diese Überschreitung verwandelt als Selbstbezeichnung des Systems oder Einführung der externen Differenz in sein Inneres gewissermaßen die Beobachtung erster Ordnung in die Beobachtung zweiter Ordnung. Nun kann das System den blinden Fleck seiner vorherigen Phase sehen, nicht aber den derjenigen Phase, die ihm dieses Sehen ermöglicht. Als Beobachter zweiter Ordnung weiß es, *dass* es etwas nicht sieht (im Unterschied zum Beobachter erster Ordnung, der auch für seinen eigenen blinden Fleck blind ist); aber es weiß nicht, *was* es ist. In diesem Sinn gibt es keine Überschreitung, die ein vollkommenes (richtiges) Sehen zulassen würde und daher auch keine Perspektive, die zur Normsetzung berechtigt wäre.

(D. M.)

→ Andere, Fiktion, Herbeirufen, Lesen, Wiedererkennen

Unbestimmtheitsstelle

(russ. mesto neopredelennosti)

Begriff, den Ingarden (1931) einführt. Im Gegensatz zu den Gegenständen, die in der wirklichen Welt immer bestimmt sind, offenbaren die im literarischen Werk dargestellten Gegenstände und Gegenständlichkeiten innerhalb ihrer Merkmale gewisse U.n. Daher *überschreitet* der Leser während des Lesens und ästhetischen Verstehens des Werks dasjenige, was im Text einfach anwesend ist (bzw. durch das Werk projiziert ist), und *ergänzt* die dargestellten Gegenständlichkeiten auf verschiedene Arten und Weisen. So werden mindestens einige U.n ausgeräumt, sie werden oft sogar mit solchen Bestimmtheiten ausgefüllt, die weder durch den Text bestimmt sind, noch mit den gegenständlichen Momenten, die der Text positiv bestimmt, in Einklang gebracht worden sind. So scheint das Werk im bestimmten Maß von den Bewusstseinsakten (Konkretisierung) seines Lesers abhängig zu sein. Die Rolle des Letzteren potenzierend, ersetzte Iser (1972) den Begriff U. durch den Begriff der Leerstellen. Fish (1971) wiederum stürzte sich auf das Konzept Isers, weil dieses Konzept den Schein der Leserfreiheit erzeugt. (Lj. Š. / W. W.)

→ Dialog, Konkretisation, Phänomenologische Kritik, Rezeption, Text

Unbewusstes

(engl. unconscious, franz. inconscient, russ. bessoznatel'noe)

Eine der Schlüsselentdeckungen der Psychoanalyse Freuds. Es bildet den Bestandteil seiner zweifachen Topik: (1) das U. / Vorbewusste / Bewusste (1905–20), (2) Es / Ich / Überich (1920–39).

1. In der ersten Topik wird das Teilsystem des U.n fast den verdrängten Inhalten gleichgesetzt, denen das Teilsystem Vorbewusstes / Bewusstes den Zugang entzog. Diese Inhalte (Phantasmen, Imaginäres, Szenarios) nennt Freud *Triebrepräsentanzen* und schreibt ihnen einen visuell-vorstellenden Charakter zu. In dem so bewohnten Untersystem des U.n sind die primären Mechanismen der Verdichtung und Verschiebung, das Streben nach der unmittelbaren, identifizierenden Befriedigung der Triebenergie wirksam, und zwar durch ihre Übertragung in das Untersystem des Vorbewussten / Bewussten, ferner Gleichgültigkeit gegenüber dem sanktionierenden Druck der Wirklichkeit, Freisein von Negation und Zweifel, Verwechslung des «Originals» (Gegenstand) mit dem «Ersatz» (Erinnerung).

Aber die verdrängten Inhalte (am häufigsten infantiler und sexueller Art) können, trotz ihrer Gewaltigkeit, nur vermittels Zensurmechanismen des sog. Vorbewussten in das Bewusstsein zurückkehren (als sog. *Wiederkehr des Verdrängten*), die sie zu Kompromissen und Verformungen drängen. Das Vorbewusste ist nämlich ein Vorrat der Kulturnormen und Verbote, das sehr wohl bei der Selektion und Gruppierung der unbewussten Spuren den Wirklichkeitsgesetzen Rechnung trägt. Deshalb drängt es die unannehmbaren (sinnlichen und affektiven) Wünsche mit unbewussten Inhalten zur Verkleidung in annehmbare (Denk-)Formen. Die Formen erlangen Akzeptanz, indem sie sich durch das Relationsnetz der Sprache durchziehen, das ermöglicht, dass Anreize aufgehalten, verteilt und an ein Gesamtsystem gebunden werden, wodurch sie von der affektiv-emotionalen Kraft befreit werden. Die restlichen hybriden Symptome der beiden einander entgegengesetzten Tendenzen – des Strebens nach visuellen und akustischen Vorstellungen *(Sachvorstellungen)*, die zur sinnlichen Ähnlichkeit mit dem Gegenstand neigen, sowie des Strebens nach Wortvorstellungen, die zur gedanklichen Ähnlichkeit mit dem Gegenstand neigen – erkennt Freud vor allem in Träumen, dem Versprechen, Versehen, Vergessen, Wortspiel, den Witzen und dergleichen. Im Unterschied zu diesen pathologisch-ludistischen Enklaven zeugt die normale menschliche Tätigkeit der Wunscherfüllung vom Sieg der Erkenntnis über die Empfindungen, der Reife über die Infantilität, dem durchdachten Energieeinsatz über das kopflose Jagen nach Lust. Auf dieser rationalen Vision des Menschen beruht Freuds erstes therapeutisches Modell. Die Heilung impliziert darin Bewusstwerdung, und das meint, dass der Analytiker den Analysanden in sein «höheres» Aufklärungsregister überführen muss.

2. Wie mit anderen negativen Termini Freuds in dieser Phase geschehen, war es auch dem U.n beschieden, im Verlauf der Entfaltung seiner Lehre vom pathologischen Rand in die normative Mitte überzusiedeln. Wie Culler (1982) ausführte, bedinge das Verstehen eines abweichenden Randglieds das Verständnis des vermeintlich primären Glieds. Diese Dekonstruktionsumschläge, die jenem die wichtigste Position einräumten, was zuvor als marginal galt, seien für den revolutionären Einfluss der Freudschen Theorie verantwortlich. Culler denkt hier an den Moment, als Freud die Theorie der Wiederkehr des Verdrängten (als Inhalt) durch die Theorie der Wiederkehr des Verdrängens (als Mechanismus) ersetzte. Im Rahmen der letzteren wird die ganze Sprache – und nicht nur einige ihrer «Reservate» – zum Schauplatz des Kompromisses zwischen den einander widerstreitenden psychischen Systemen. Silverman (1983) erklärt dies damit, dass die Sprache stets als ein mit dem privilegierten Status eines Elements über die anderen ausgestattetes Ausdrucksmittel diene bzw. als ein einem Gegenstand, einer Erinnerung oder einem Wort zuzuschreibendes Mittel von transzendentalem, außersystemischem Wert. Diese Momente der Fixierung innerhalb des Sprachdiskurses, in dem es anscheinend endlich einige positive Elemente gebe, seien durch Einbrüche der Leidenschaft in die Relationslogik der Sekundärprozesse erzeugt. Obwohl diese Lesart der Lehre Freuds retrospektiv ist, d. h. durch die Erfahrung der Dekonstruktion beeinflusst, hat sie dennoch eine Stütze in der zweiten Topik (Es / Ich / Überich), der sich Freud in den 1920er Jahren zuwendete. Darin gehört das U. nicht ausschließlich dem Es (Id), sondern ebenfalls den Instanzen des Ich (Ego) und Überich (Superego). In den ersten Plan gelangen Verhältnisse des Ödipus-Dreiecks zwischen dem Kind, der Mutter und dem Vater, das durch komplexe Mechanismen der Übertragung und Gegenübertragung geprägt ist. Wie die *intra*psychischen in gewissem Sinn eine Projektion der *inter*psychischen Verhältnisse sind, so gilt dies auch umgekehrt – und das verkompliziert die Bezie-

hung zwischen dem Analysanden und dem Analytiker entschieden. Obwohl Freud diese Konsequenz nicht geradewegs zog, deutete er sie doch mit der Möglichkeit an, die ambivalent identifizierend-verdrängende Beziehung zum Überich vom Vater auf den Staat, die Kirche, das Erziehungssystem oder eine andere in ihrem Vertreter verkörperte Institution zu übertragen. Da der Analytiker auch ein solcher Vertreter ist, könnte seine aufklärerisch gerichtete Therapie statt in der Heilung in der Übertragungsverifikation des Patienten, d. h. in der Rückkehr der Verdrängung enden.

3. Die beiden skizzierten Modelle Freuds – *Wunscherfüllung* und *Wiederholungszwang* – stellen den Anwendungsrahmen des Begriffs des U.n in der Literaturtheorie. Analytiker, die das erste Modell anwenden, stellen ihre Fähigkeit, das U. der Autoren, Helden, Genres oder der Texte zu dechiffrieren und damit gleichsam ihr Problem zu lösen, nicht in Frage. Dies stellt die am wenigsten interessante klassische psychoanalytische Kritik dar, die vorwiegend an Freuds Essays über Künstler anknüpfend in Literaturwerken die verdrängten Inhalte ihrer Autoren entdeckt. Oft angeführtes Beispiel einer solchen Psychobiographie ist Bonapartes *Edgar Poe: Étude psychoanalytique* (1933). Unbewusste Beweggründe in Handlungen der Helden wurden diesem Leitfaden folgend z. B. von Wilson (1934/1938) und Crews (1966) erforscht. Auf dem U.n als der modal-gattungsmäßigen Grundlage der Literaturwerke beharrt – der Jungs Konzeption des kollektiven U.n folgend – die Archetypenkritik seit den 1930er Jahren. Die Archetypenkritiker verlegen den Akzent der Diskussion von den verdrängten Inhalten auf universelle *Muster* und bereiten somit die Konzeption des U.n als Sprach*struktur* vor, die in den 1950er Jahren von Lacan eingeführt wurde. Nach Wilden (1972) war Lacan in dieser Revolution der Lehre Freuds auch durch Lévi-Strauss' Konzept des U.n angeregt gewesen, in welchem es nicht ein Ort der «Triebe, Phantasien, Energie oder Einheiten», sondern einer der *symbolischen Funktion* ist, der Regeln, die über mögliche Mitteilungen im System, über eine Art Syntax oder Code regieren. Die strukturelle Poetik hebt somit das Problem des U.n auf eine noch abstraktere Ebene als die Archetypenkritik und befreit es völlig von der Inhalts- und damit auch von der Geschichtsdimension. Das U. erscheint so als grammatische (syntaktische) Textbasis, die schon im Voraus die referenzielle (semantische) Dimension der Texte strukturiert und damit als stillschweigende Grundlage der Verständigung zwischen voneinander noch so entferntem Autor und Leser dient. Doch die Strukturalisten scheinen sich selbst nicht zu den Lesern zu zählen, denn sonst müsste diese Basis auch *für sie* unbewusst bleiben und würde nicht so zur Verfügung stehen, wie sie es schon allein mit ihrer Beschreibung implizieren.

Um dieser so scharfen Kluft zwischen dem Selbst als bewusstem Poetiker / Analytiker und dem Selbst als unbewusstem Leser / Kritiker zu entgehen, definieren die marxistischen Kritiker und Semiotiker die unbewusste Zone der Texte verschiedentlich als ihre *abwesende* Struktur. Sie kommt nur durch ihre Wirkungen zum Ausdruck und muss aus ihnen rekonstruiert (herausgelesen) werden. Dadurch wird sie vom Text abhängig, anstatt dass der Text von ihr abhängt, wie im klassischen Strukturalismus. Dieser Abhängigkeit wegen bekommt das U. anstelle der abstrakt-universellen erneut konkret-singuläre Merkmale. Dadurch kehrt das literarische U. aus der Jungschen kollektiven in die Freudsche individuelle Sphäre zurück. Diese Rückkehr des U.n in die marxistische Kritik erfolgte unter dem Einfluss der Lehre von Althusser und führt dazu, dass das U. als eine *ideologische Problematik*, d. h. als der Raum jenes Sichtbaren, Denkbaren und Ausdrückbaren im gegebenen literarischen Text, den die geschichtliche Situation während seines Entstehens unbeobachteterweise gezeichnet hat, definiert wird. Dementsprechend erkennt Eagleton (1976) die Aufgabe des Analytikers als sorgfältige Rekonstruktion des so aufgefassten U.n. Eine andere Interpretation wird von Riffaterre (1978) angeboten. Für ihn stellt das U. die verdrängte Matrix des lyrischen Textes dar, um die herum sich – wie um den Hohlraum im Gugelhupf – in der textuellen Manifestation Symptome, d. h. Agrammatizität, anhäufen. Um sie zu dechiffrieren, muss der Hermeneutiker zunächst ihr Modell und danach ihre Matrix (meistens eine Klischeeäußerung) rekonstruieren, die sie durch die Verdrängung hervorbrachte.

4. Im Laufe der 1970er Jahre stürzt der Glaube an die Möglichkeit, das U. im Literaturtext analytisch zu beherrschen, in sich zusammen. Das U. verwandelt sich aus einer statischen in eine dynamische Entität, die nicht mehr auf die Befreiung aus dem Zustand der Verdrängung warten mag, sondern ihrem Trieb zur Wiederholung folgend sich verzieht, entzieht und überträgt. So wiederholt sich der Verdrängungsmechanismus, der im Akt des Schreibens aktiviert wurde, im Akt des Textlesens, wodurch das Lesen endgültig seiner Übermacht über den Text beraubt und in seine Funktion gestellt wird. Felman zeigte (1977) dementsprechend, dass jede hermeneutische Entmystifizierung der verborgenen Textbedeutung, welcher theoretischen Provenienz auch immer, in der Mystifizierung beruht, dass man im (literarischen) Text die «Krankheit» nachweisen soll, um die eigene (wissenschaftliche) Gesundheit zu bestätigen. Indem er aber die vermeintliche Bedeutung des Textes erfasst, übernimmt der Interpret, ohne es zu wollen, die Rolle des «Subjekts, von dem angenommen wird, Wissen zu besitzen», die ihm der Text im Betrieb der Vervielfältigung seines Rahmens verliehen hat. Dieser Betrieb funktioniert durch Wiederholung des Herbeirufens (eines Althusserschen Mechanismus) und erstreckt sich somit über jene Lesesituationen, die sich durch seine Identifizierung / Wiedererken-

nung «verfestigt» haben. In einer gewissermaßen verlängerten «Textaufführung» wird der Text vermittels des immer breiter werdenden Netzes von Vermittlern narrativiert / historisiert, denen er die Ermächtigung nur um den Preis der Unterwerfung unter seinen Code erteilt. Im gleichen theoretischen Rahmen schreibt Jameson (1981) der Geschichte die Rolle des U.n als dem umfassendsten Text zu, dessen «skripturelle Ökonomie» hinter dem Rücken des Menschen – im Schatten der unfassbaren Andersartigkeit – alle Vorstellungen generiert, die er sich von ihr macht. Mit anderen Worten: In jenem Augenblick, in welchem der Mensch ein Gesetz der Geschichte postuliert, offenbart sich dieser als durch die geschichtliche Lage bedingt, in der es aufgestellt wurde. Die These über die Geschichte als unbewussten, abwesenden Grund aller ihrer Identifizierungen, als die unsichtbare Verwicklung, die sich von Zwangsmechanismen zu Wiederholungen nährt, untermauerte White (1987).

5. Doch scheint es, dass Lacans Umkehrung der Beziehung zwischen Bewusstem und U.m, so weit es um den Dialog zwischen dem Text und dem Leser geht, zu ihrer vollständigeren Erklärung nichts beiträgt. Die Grenze zwischen Bewusstem und U.m verläuft nämlich nicht nur *zwischen* dem Text und dem Leser, sondern auch *durch* sie hindurch. Das bedeutet, dass die Beziehung zwischen Bewusstem und U.m in jeder gegebenen Situation durch eine Reihe anderer Verhältnisse überdeterminiert ist, die jede einseitige Gliederung der Rollen relativieren, weil sie jene in den Schnittpunkt der Perspektiven hineinlegen. Diese komplexere Position wurde unter anderem vom Neuen Historismus, der neueren feministischen Kritik, der Systemtheorie und der Mentalitätsgeschichte vertreten. (D. M.)

→ Begehren, Pfropfung, Verschiebung, Wiedererkennen, Wiederholung

Verdichtung

(engl., franz. condensation, russ. sguščenie)

Nach Freud (1900) neben der Verschiebung einer der beiden grundlegenden Mechanismen des Unbewussten, der mehrere latente in eine manifeste Bedeutung überträgt, widersprüchliche Assoziationen in eine einheitliche Vorstellung vereint oder Fragmente unterschiedlicher Wörter in ein «mosaikartiges» Wort verbindet. Die V. und Verschiebung nannte Freud zwei Meister, deren Tätigkeit wir im Grunde als Einordnung von Träumen bezeichnen können. Die V. ist Bestandteil der Primärprozesse des Unbewussten, die sich in Träumen, Witzen, Lapsus, Wortspielen u. Ä. offenbaren.

Lacan (1955–56/1981, 1957b/1966) verband Freuds Traumanalyse mit Jakobsons Theorie von den zwei Sprachachsen und rückte die V. damit in die Nähe der Äquivalenz, der Selektion und der Metapher, die Verschiebung aber in Richtung der Kontiguität, der Kombination und der Metonymie. Dies vereinfacht das Problem, denn Freud nennt eines seiner Beispiele für die V., in dem ein gewisser Herr einer Dame die Frage stellt, ob er sie nach Hause «begleididigen» darf, (explizit) «Kombination» (1916/67). Sein zweites Beispiel jedoch für die V. dreier Personen im Traumbild gründet auf der räumlichen Nähe dieser Personen. Was also Freud angeht, bedienen sich V. und Verschiebung der Assoziationen sowohl durch Äquivalenz als auch durch Kontiguität. Dabei ist es ihr Ziel, abstrakte Gedanken im Traum bildhaft oder hörbar vorstellbar zu machen. Die Rücksicht auf Darstellbarkeit führt sie dazu, syntaktische und logische Verhältnisse zu vernachlässigen. Bilder ertragen Widersprüche gerade so wie ursprüngliche Ur-Wörter (z. B. bedeutet lat. *sacer* gleichzeitig heilig und boshaft) und verwandeln zeitliche in räumliche Verhältnisse u. Ä.

Kristeva (1969, 1974) entdeckte die Wirkung der beiden Mechanismen durch die Analyse avantgardistischer Dichtungstexte, in denen das «Semiotische» in das «Symbolische» eindringt, um seine Verhältnisse umzuordnen.

(S. R. / Z. Z.)

→ Äquivalenz, Isotopie, Kontiguität, Unbewusstes, Verschiebung

Verfahren

(engl. procedure, franz. procédé, russ. priëm)

Den Begriff führen die russischen Formalisten Anfang des zweiten Jahrzehnts des 20. Jh.s ein und verstehen darunter die Technik der Umwandlung von Wirklichkeitsmaterial in ein künstlerisches Faktum. Im Zentrum ihres Interesses steht zunächst die Verfremdung durch «Entblößung des Verfahrens», womit die Aufmerksamkeit des Erlebenden auf das «Gemachtsein» *(sdelannost')* bzw. das Geformtsein *(oformlennost')* des künstlerischen Erzeugnisses gelenkt wird. Beispiele sind Parodie, Stilisierung, die Illusion der mündlichen Rede *(skaz)*, die transmentale Dichtung *(zaum')* u. Ä.

Anfang der 1920er Jahre kritisiert Tynjanov die statisch und mechanisch isolierte Behandlung des V.s und zeigt dabei, dass seine Wirkung von der Funktion abhängt, die es in dem komplexen kompositionellen Ganzen des Werks erfüllt. Außerdem werden die V. in der literarischen Evolution automatisiert und deautomatisiert, was bedeutet, dass sie immer nur im Rahmen gewisser Erwartungen zu erkennen und somit relativ sind.

Diese Einsicht nutzte Lotman (1964) zur Einführung seines Begriffs *Minus-*

verfahren. Damit meint er das Ausbleiben eines Reims oder zumindest eines klaren Gedichtschlusses, dann aber auch den Ersatz eines Verses z. B. durch Gedankenstriche, aber das ist nur für jene Leser verständlich, die die andersartige Tradition kennen. (R. H.-K.)

Verfremdung

(engl. defamiliarization, franz. distanciation, russ. ostranenie)

Diesen Begriff führt und arbeitet Šklovskij (1914, 1917) aus. Darunter versteht er das künstlerische Verfahren der Unterbrechung des Perzeptionsautomatismus und später (1925) auch von eingebürgerten literarischen Kanones im literarischen Entwicklungsprozess. Indem Šklovskij die These vertritt, die Kunst führe die Menschen zum *Sehen* der Dinge anstatt – wie im Alltagsleben – zu ihrem *Wiedererkennen*, widersetzt er sich der damals einflussreichen Literaturkonzeption von Potebnja, der zufolge die Literatur «Denken in Bildern» sein soll, die angeblich viel klarer und reicher seien als das, was mit ihrer Hilfe dargestellt ist. Die Formalisten bestehen dagegen darauf, dass die Kunst ihre eigene Form erschwert, sie «rau» und fühlbar macht, um ihre Konsumenten zu verwirren, indem sie sie aus dem behaglichen Konsumverhältnis herausreißt. Sie kann das auf der Ausdrucks-, Inhalts- oder Formebene leisten, aber stets mit derselben Absicht, die Konsumenten zu schockieren. Der Begriff der V. passt zur formalistischen Erklärung der Diskontinuität und der Abweichung als des Prinzips literaturgeschichtlichen Wandels. Im selben avantgardistischen Kontext hat auch Brecht die V. als Grundbegriff seiner antiaristotelischen Theaterkonzeption benutzt. (B. D.)

→ Abweichung, Automatisierung, Diskontinuität, Literaturgeschichte, Wiedererkennen

Verschiebung

(engl. displacement, franz. déplacement, russ. sdvig)

1. Das Verfahren (1) bei dem Abtrennen des Akzents, der Bedeutung oder der Intensität von einer Vorstellung und (2) seiner Übertragung auf eine andere, mit der ersten assoziativ verbundenen, für gewöhnlich schwächere Vorstellung. Freud hielt sie (neben der Verdichtung) für einen der beiden grundlegenden Mechanismen des sog. Primärprozesses des Unbewussten. Er beschreibt sie auch als «Umwertung der psychischen Werte» oder als «eines der mächtigsten

Werkzeuge der Traumzensur». Dazu kommt es z. B., wenn ein manifestes visuelles Element des Traums mit deformierender Wirkung an die Stelle des latenten Elements tritt (der sog. Traumgedanke); oder wenn ein Witz den angerankten Kontext der Wortverständigung verändert und somit auch die Bedeutung des Worts. Oft haben solche Ersatze die Veranschaulichung eines abstrakten psychischen Elements zum Ziel. (Aus diesem Grund betont Freud die Bedeutung der sog. Rücksicht auf Darstellbarkeit für die Traumarbeit.) V. und Verdichtung schließen einander nicht notwendig aus, sondern treten oft zusammen auf (wie in Freuds Beispiel Urmensch – Uhrmensch, in dem der gerade verstorbene Vater der Patientin in den Traum kommt als ein Mann, der die Stunden abzählt). Freud trennt in keinem der Mechanismen die Assoziationen nach der visuellen Ähnlichkeit von den Assoziationen nach der räumlichen Nähe, und zwar deswegen nicht, weil sie in beiden vorkommen können.

2. Erst nach Jakobson (1956), dessen Konzeption in der Psychoanalyse von Lacan übernommen wurde, wird die V. mit dem metonymischen Pol der Sprache in Zusammenhang gebracht und mit der Nähe oder der Kontiguität *(contiguity)* gleichgestellt. Lacan beschreibt die V. als eine kombinatorische (syntagmatische) Funktion der Sprache mit der Formel «Wort für Wort» *(mot à mot)*. Ein offensichtliches Charakteristikum dieser Funktion ist, dass sie ihre Wirkung weit jenseits der Träume, Symptome und Fehler auf jede menschliche Artikulation erstreckt. Deswegen ist ihr Gesetz auch in den künstlerischen Zeichen aufzufinden. Dieses Auffinden, nämlich das Symptomlesen, das die V. in den Vordergrund ihrer Aufmerksamkeit stellt, hat sich Althusser in den 1970er Jahren zur Aufgabe gemacht.

3. Der Begriff V. hat eine neue Bedeutungsdimension bekommen, als er in den Werken von Deleuze und Guattari (1972, 1976, 1980) mit den Konzepten des *Nomadismus* und der Entterritorialisierung verbunden wurde. Deleuze und Guattari streben die völlige Auflösung der eingewöhnten Zentren der Identität in viele distinktive Achsen an, die in ständigem Spiel der gegenseitigen Überdeterminierung die gesellschaftlichen Grenzen fiktionalisieren, verschieben und auflösen. Die Identität erscheint in diesem Licht als retrospektive und optative Homogenisierung eines sonst völlig kontingenten Prozesses der sukzessiven Verhandlung zwischen den Schichten, Ablagerungen, Rederegistern sowie Aussagerahmen. Die Aufgabe des Intellektuellen ist es, ihre betrügerische Natürlichkeit bloßzustellen und damit eine Krise der Werte, die «von oben» ideologisch aufgezwungen werden, zu initiieren. Auf diese Weise ist Nomadismus für sie keine Obdachlosigkeit, sondern ein überlegtes Einnisten in verschiedene sprachliche Räume sowie die Pflege beweglicher intellektueller Landschaften und eine kreative imaginäre Kartographie. Braidotti (1994) hielt aus diesem Grund *Nomade* für die geeignetere Metapher für die erwünschte

Stellung der Frau der 1990er Jahre als die des *Flüchtlings*, die zur realisierten Metapher geworden ist, «zu ernst, um zum neuen Ideal metaphorisiert zu werden». Der Nomade steht nicht für Obdachlosigkeit oder Zwangsabschiebung; er stellt mehr eine Figur dar für eine Art Subjekt, das sich von jeglicher Vorstellung von Beständigkeit, Sehnsucht oder Nostalgie nach ihr befreit hat. Die Idee des Nomadismus als eine Art Widerstand gegen die gesellschaftliche und kulturelle Assimilation bringt sie mit Foucaults genealogischem Begriff des Gegengedächtnisses (1977) in Zusammenhang: Der Feminismus und der Poststrukturalismus teilen die Meinung über die Notwendigkeit des Verrats an der Zivilisation und des gesunden Missachtens der akademischen und intellektuellen Konventionen.

4. Andererseits bemerkt Braidotti, dass sich «die nomadische Gewalt und die staatliche Gewalt gegenseitig widerspiegeln, geteilt durch die antithetische Feindschaft. Sie bewohnen die männliche Welt, der ausgestreckten, peinlichen Form der Selbstverfremdung, und sie sind in letzter Konsequenz nur zu Exzessen großer Gewalt fähig.» Auf diese Weise wird mit beträchtlich mehr Vorsicht die tatsächliche nomadische Gewalt gegenüber der ansässigen Bürgerschaft sowie eine gewisse Rücksichtslosigkeit der Wurzellosen beobachtet, die nicht nur die modernen gesellschaftlichen und politischen Bewegungen, sondern auch die kulturellen und künstlerischen charakterisieren. Schließlich kann man Nomadismus nicht als eine Sache der Wahl betrachten in der Welt der Massendeportationen, der «humanen Zwangsumsiedlungen», der Vertreibungen und Plünderungen. Said (1993) macht auf den großen Unterschied zwischen «der optimistischen Beweglichkeit und der intellektuellen Lebhaftigkeit» und solchen barbarischen Verwüstungen, solchem Elend und Entsetzen aufmerksam. Die Figur des Nomaden ist aus diesem Grund mindestens zweifach codiert. «Der Tourist ist extraterritorial wie ein Landstreicher, aber im Gegensatz zum Landstreicher erlebt er seine Extraterritorialität als ein Privilegium und als Unabhängigkeit, als das Recht, frei zu sein und zu wählen» (Baumann 1993). Der Tourist hat das Privileg, die wirtschaftlichen Vorteile des Ansässigen zu genießen ohne die Moralverpflichtungen einer Gruppenzugehörigkeit: physisch nah, geistig distanziert. Ebenso wird der intellektuell-akademische Nomadismus als «sehr begünstigte Stellung dargestellt, der durch großzügige staatliche Stipendien ermöglicht wird» (Braidotti 1994). (D. P.)

→ Kontiguität, Pfropfung, Supplement, Übertragung, Unbewusstes

Verstehen

(engl. understanding, franz. compréhension, russ. ponimanie)

1. Einer der hermeneutischen Schlüsselbegriffe, mit dem Dilthey Anfang des 20. Jh.s versuchte, die Eigenart der Geistes- gegenüber den Naturwissenschaften zu behaupten. Könne man die Natur in ihrer Wiederholbarkeit *erklären*, so müsse man – erklärt er im Unterschied zu den Positivisten – die Geschichte in ihrer Einmaligkeit *verstehen*; denn alle Geisteswissenschaften behandeln den historischen Stoff als Ausdruck des menschlichen Lebens. Unterschiedliche Lebensausdrücke bieten sich nur in miteinander verbundenen Zusammenhängen einer individuell-erlebten Substanz dar, die sich allein durch Einfühlung authentisch nachbilden lässt. Die Empathie – so Dilthey diesmal gegenüber Vertretern der Lebensphilosophie – setzt geduldige philologische Aufarbeitung verschiedenartiger Schriftdokumente voraus, denen der einmalige Zeitgeist innewohnt. Ohne Auslegung einzelner «Lebensausdrücke» innerhalb der ihnen angemessenen Zusammenhänge lassen sie sich nicht verstehen. Deshalb geht das V. nach Dilthey der Auslegung nicht *voraus*, sondern *folgt* ihr. Das gilt auch für das Selbstverstehen, das man ohne Veräußerung der eigenen Seele in Zeichen und ohne Reaktionen, die sie beim Anderen hervorrufen, nicht erreichen könne. Das V. des Selbst ist auf den Umweg des V.s des Anderen angewiesen – und umgekehrt! Da aber der Andere hier im Grunde die Gesamtmanifestation der menschlichen Geschichte impliziert, ergibt sich, dass Dilthey das V. aus dem psychologischen in ein historisch-methodologisches Problem verwandelt.

2. Bei Heidegger (1927) wird das V. aus der Erkenntnis in eine Struktur des menschlichen *Daseins* umgewandelt. Das Dasein setzt immer schon den Menschen voraus, und so bleibe uns lediglich, diese eigene «abgründige» Gegründetheit in ihm selbst zu entdecken. Bezogen auf die Geisteswissenschaften heißt das: die Enthüllung ihrer Voraussetzungen und nicht (wie bei Dilthey) eine Begründung ihrer Methodologie. Für Heidegger stellt die Hermeneutik nicht eine Reflexion über Geisteswissenschaften, sondern die Auslegung des ontologischen Fundaments dar, in dem sie gegründet sind. Deshalb löst sich der Begriff des V.s vollkommen vom Verhältnis zwischen dem *Ich* und dem *Du* ab, und so verwundert es nicht, dass er im Kapitel über das Mitsein und das Miteinandersein (§ 26) nicht vorkommt. Heidegger wendet sich nun der Geworfenheit der menschlichen Existenz zu; sein Gebiet ist das vorgefundene In-der-Welt-Sein. Bei Heidegger nimmt die Welt die Rolle von Diltheys Anderen ein, womit das V. endgültig aus dem Erkenntnisgebiet herausgelöst wird. Die *Welthaftigkeit* der Welt gehe dem Erkenntnisbezug des Subjekts zum Objekt voraus und ordne seinen existenziellen *Entwurf* immer im Voraus. Mit den Worten von Furrow (1995) bewohnen wir eine gemeinsame Welt der untereinan-

ander verbundenen Rollen, die uns nur in jenem Maß zugänglich sind, in welchem wir diese Interrelationen verstehen und die mit ihnen verbundenen Normen beherrschen. Das soziale Verhältnis erwächst diesem Vorverständnis, welches das Selbst gegenüber den anderen Menschen entwickelt. Dies trennt Heidegger scharf von etwa Sartres Existenzialismus: Das V. ist nämlich keine Sache der Verantwortung des Subjekts und freier Wahl, sondern es leitet sich aus der Grundsituation des Vorverständnisses ab, die jedem V. vorausliegt. Im Vorverständnis offenbart sich die Welt in ihrer Zuhandenheit als Vorhabe, Vorsicht und Vorgriff. Da man diesen hermeneutischen Zirkel der Verstrickung in das anonyme «*Man*» des alltäglichen Seins nicht verlassen kann, bleibt die Frage, wie man in ihn einsteigen kann, um unserem Dasein Eigentlichkeit zu verschaffen. Das eigentliche Leben ist nach Heidegger mit der Entschlossenheit verbunden, der eigenen Endlichkeit und dem Nichts zu begegnen. Der Tod stellt, mag er noch so viel Angst auslösen, den einzigen Augenblick in unserem Dasein dar, den wir mit den Anderen nicht teilen! Deshalb ist das Sein zum Tode entschlossenes Ringen mit der Sorge und der Angst, um die einzige wirklich in-dividuelle Dimension unseres Lebens zu verwirklichen: Es ist der existenzielle Entwurf auf Nichts. Schröder (1996) merkt dazu an, nicht das Nichts ‹unterdrücke› das Dasein, sondern die Welt (als das Ursprüngliche) selbst ebenso wie die Möglichkeit der Vorhandenheit überhaupt. Das Nichts verspricht hingegen radikale Freiheit. Heideggers Entschlossenheit nähert sich mit diesem «männlichen» Zug Freuds Angstbereitschaft an. Der Weg zur Selbstverwirklichung ist mit der Befreiung von der Verpflichtung zur gesellschaftlichen Beziehung identisch.

Mit seiner beharrlichen Hinwendung zum «Abgrund» des eigentlichen Daseins verlegte Heideggers Philosophie den Diltheyschen methodologischen Gegensatz zwischen dem Erklären (Naturwissenschaften) und dem V. (Geisteswissenschaften) auf den «fundamentaleren» Gegensatz zwischen dem epistemologischen (wissenschaftlichen) und ontologischen (philosophischen) V. Dieser Verschärfung des ontisch-ontologischen Verhältnisses in einen wertebehafteten Gegensatz zwischen dem kollektiv-anonymen und individuell-authentischen Dasein entsprang jenes elitäre Odium und der Ton einer apokalyptischen Zivilisationskritik der Heideggerschen Philosophie, die sie Ende der 1980er Jahre – wegen der pragmatisch-politischen «Rückkehr zu den Wurzeln» – auf die Anklagebank brachten. Die ausgeprägte Animosität gegenüber dem kontingenten sozialen Alltag veranlasste Heidegger der Ansicht LaCapras zufolge, jedwede Fähigkeit des gesunden Menschenverstandes abzulehnen, der in dem von ihm kritisierten Alltag so aktiv sei, seinerseits die ontologische Untersuchung zu hinterfragen und sie etwa auf die Erde zurückzubringen, sie zu zwingen, mit allgemein als wichtig angesehenen Problemen in Berührung zu bleiben.

3. Gadamer (1960), obwohl selbst Philosoph, zeigt mehr Verständnis für die Geisteswissenschaften. Ihre moderne objektivistische Bestrebung leitet er aus der Verfremdung der Überlieferung, der Zerlegung der ursprünglichen Zugehörigkeit der eigenen Tradition ab. Die Methodologie der Geisteswissenschaften setzt die so entstandene Distanz zum Gegenstand voraus, obwohl andererseits die Vergangenheit in ihrem vergegenständlichten Anderssein vollkommen unzugänglich wäre, wäre das urteilende Bewusstsein nicht auch selbst ihr Effekt und gehörte es nicht in dieser (niemals endgültig zum Bewusstsein zu bringenden) Dimension ihr doch noch an. Das heißt, dass die Situation des V.s nach Gadamer, obwohl immer historisch konkret, nicht historizistisch unwiederholbar und in sich geschlossen, sondern durch Reflexion über eigene Voraussetzungen für Bereicherung und Ausweitung verfügbar ist. Mit anderen Worten, die Annäherung an das, was entfernt ist (an den Gegenstand), ist mit der Entfernung von jenem verbunden, was nah ist (Vorurteile des Bewusstseins), bis es in der so in Gang gesetzten Dialektik des V.s schließlich zur Horizontverschmelzung kommt. Das V. impliziert nach Gadamer nicht jenes humboldt-diltheysche Sich-Hineinversetzen, sondern gerade umgekehrt ein Wiedererkennen und Glaubwürdig-Machen des spezifisch eigenen Ansatzes im spezifisch Fremden. Dadurch weitet sich nicht nur der Horizont des Interpreten, sondern auch jener des Textes aus, dem die neue Auslegung es ermöglicht, seine Wirkungsgeschichte fortzusetzen. Die Überlieferung spielt sich als permanenter Dialog ab, dessen historische Repliken sich von den kontingenten verstehenden Subjekten mittels der geschichtlich sedimentierten Sprachauswirkungen, der sog. Sprachlichkeit lostrennen. Das nennt Gadamer das Überlieferungsgeschehen, mit dem er zugleich die ästhetischen Produkte von der kantschen Subjektfixierung befreit.

4. Das Schwinden des Aussagenden aus den Aussageinhalten spielt auch in der Konzeption Ricœurs eine Schlüsselrolle. Um diese Emanzipation *(distanciation)* der Aussage von Interlokutoren und Umständen hervorzuheben, tauscht Ricœur (1971) die Sprachlichkeit Gadamers gegen die Schriftlichkeit der Überlieferung aus. Nunmehr gehört der Text weder dem Autor noch dem Leser, während sich seine Bedeutung verselbständigt hat, sodass man das Problem des richtigen V.s nicht mehr mittels einfacher Rückkehr zur ‹Intention des Autors› lösen könne. Vielmehr werden unterschiedliche Interpretationen zugelassen, von denen diejenige des Autors keinen Vorrang genießt. Im Gegenteil, indem der Text aus der aufzeigenden in die darstellende Referenzweise verlegt wurde, die nicht mehr von den Umständen des unmittelbaren dialogischen Austauschs abhängt, bot sich die Möglichkeit, den Text aus seiner referenziellen Gefangenschaft vollkommen zu entlassen und in ihm eine selbständige Entität zu sehen. Wie Prangel (1995) bemerkte, ist der Text bei dieser Stufe der Argumentation Ricœurs vom Autor, Adressat, Bewusstsein, der

Welt, also vom Diskurs und der Kommunikation und daher auch von der Bedeutung befreit. Dementsprechend hält Ricœur das strukturalistische analytische Verfahren für völlig legitim – es folgte schlicht und einfach aus dem textualisierten Zustand der Überlieferung. Ricœur gibt den Strukturalisten allein zu verstehen, ihre exklusive Erklärung sei auch eine Art des V.s, und zwar eine, die ihre Voraussetzungen verdecke, indem sie sie aus der vermeintlichen Gesetzlichkeit des Textes ableitet. Die schriftliche Überlieferung könne jedoch ihrer Natur gemäß keine Auskunft darüber geben, welche Art der Bedeutungsattribution sie für sich als angemessen erachtet (Prangel 1995). Deshalb sei es notwendig, die Erklärung, auf die man beim heutigen Stand der Wissenschaft nicht verzichten könne, in der zweiten Hälfte des «hermeneutischen Zirkels» durch das V. zu ergänzen.

Also tauscht Ricœur das gegenseitige *Ausschließen* von Erklären und V. bei Dilthey durch ihre *Kongruenz* aus. Er wagt diesen Schritt zu tun, da er der Veränderung des Verhältnisses zwischen dem V. und der Interpretation folgt, die sich schon durch die Entwicklung der Lehre Diltheys angedeutet hatte. Beim frühen Dilthey ist nämlich die Interpretation lediglich ein Mittel des V.s, das es ihm ermöglicht, den Weg von den schriftlichen Zeugnissen zum Geistesleben des Anderen (bzw. seiner «Erlebnissubstanz») freizuschlagen. Dieses Verfahren läuft jedoch Gefahr, sich zu sehr auf die unüberprüfbare psychische Intuition (bzw. die Projektion des Anderen in der Analogie mit dem Gefühl seiner selbst) zu stützen, wenn es sich in seinem Vollzug nicht durch geduldige philologische Exegese absichert. Es sei daran erinnert, dass Dilthey im Unterschied zu den Romantikern den Positivismus hinter sich (und um sich) hat, weshalb es nicht verwundert, dass er behauptet, die Funktion der Hermeneutik liege im Unterschied zum ständigen Einmischen der romantischen Laune und des skeptischen Subjektivismus in das Gebiet der Geschichte darin, die universelle Gültigkeit der Interpretation theoretisch aufzubauen, in der die ganze Gewissheit in der Geschichte beruhe (1900 / 24). Die Forderung nach der Verwissenschaftlichung der Hermeneutik ermuntert zur Entpsychologisierung der Interpretation und zu ihrer Entbindung aus dem Schoß des direkten dialogischen V.s. Die Interpretation konzentriert sich auf die Bedeutungen, die Diltheys Zeitgenosse Husserl (1901) gründlich von weltlichen und psychologischen Konnotationen gereinigt hat. Ricœur (1970) bemerkt, dass die Veräußerung des Lebens eine indirektere, mittelbare Charakterisierung der Interpretation des Selbst und der Anderen impliziere. Diese Formulierung deutet an, dass Ricœur dennoch nicht dazu neigt, Interpretation mit Exegese gleichzusetzen, weil dadurch die Fähigkeit des Textes geleugnet würde, seinen Rahmen zu überschreiten. Das aber wäre nicht legitim, denn schon der Drang zur Exegese selbst beweise diese Fähigkeit. Wenn das Lesen möglich sei, dann gewiss deshalb, weil der Text in sich nicht geschlossen, sondern anderen Dingen gegenüber offen ist. Zu lesen bedeute, dem Diskurs des Textes einen neuen Diskurs anzuschließen. In diesem Sinn sei eine jede Textinterpretation Selbstinterpretation, Vertiefung oder Umwandlung des Selbstverstehens zugleich. Die Konstitution des Selbst verlaufe parallel mit der Konstitution der Bedeutung (des Textes). Daher sei die Reflexion ohne Vermittlung durch Zeichen und Werke nichts, und die Erklärung sei auch nichts, wenn sie sich nicht als Zwischenstadium in den Prozess des Selbstverstehens einfügt.

5. Die transgressive oder gar exzessive Natur des Textes, der zu immer neuen Auslegungen lockt, verbindet Frank (1990) mit dem Begriff des individuellen Stils Schleiermachers, der sich (im Unterschied zum epochalen, gattungsmäßigen, funktionellen, fachlichen Stil) jeder Regel widersetzt. Ein solcher Stil lässt sich nicht erklären bzw. auf einen Begriff zurückführen, weil dem Begreifen nur das Wiederholbare und Allgemeine unterliegt; ihm kann man deshalb nur durch Ahnen oder «Verstehens-Hypothese» (Sartre, *une hypothèse compréhensive*) entsprechen. «Dieser irreduzibel hypothetische Charakter des Verstehens ist es, der die Textauslegung von methodischen und deduktiven Verfahren des Szientismus unterscheidet» (S. 181). Ein solches Textverstehen sei «nie zu erschöpfen»; denn welche Hypothese auch immer wir aufstellen, es bleiben jenseits von ihr noch immer zahlreiche Möglichkeiten offen: «(...) keiner der vielen Wege, die ich durch das Beziehungsgeflecht des Textes nehme, um den Reichtum seiner Oppositionen / Bedeutungen und seinen Gesamtsinn festzustellen, führt zuverlässig zum Ausgangspunkt zurück» (S. 184). Er kann dort nicht hinführen, weil der Ausgangspunkt nur aufgegeben, nicht aber gegeben ist. «Durch seinen Stil stellt das Werk Fragen an das Leben und an die Zeit, d. h. es stellt sie in Frage. Eben dadurch appelliert es an die Zukunft und bittet den Interpreten gleichsam, diese Fragen wiederaufzugreifen, sie sich in anderer Form zu eigen zu machen (...) Nicht die Schrift, *wir* sind für den Sinn verantwortlich» (S. 194). Das V. wird somit bei Frank zur ethischen Frage.

6. Mit seiner Kritik dieser Auffassung von der «freien Bedeutungsanrede» vonseiten der textualisierten Überlieferung verteidigte Prangel (1995) die Konzeption der sog. *Leidener Gruppe* der Systemtheoretiker (Berg 1993a, 1994; Prangel 1993; Berg / Prangel 1997). Sie beharrt auf der unumgänglichen sorgsamen Rekonstruktion des ursprünglichen Kontextes, in dem die entsprechenden Texte entstanden sind, die sich stets in virulente soziale, politische und künstlerisch-ästhetische Positionen ihrer Zeit einfügen. Denn sie reagierten ihrer kommunikativen Intention entsprechend auf sie, bezögen Positionen, formulierten Antworten, problematisierten, thematisierten, nuancierten, kritisierten, korrigierten usf. und profilierten sich gerade dadurch zu dem, was sie sind. Hierdurch erlangten sie vermittels der Differenzqualität gegenüber dem aktuellen Kontext ihre Bedeutungsidentität, ihre Unterscheidbarkeit von anderen,

ihre Andersartigkeit und Einmaligkeit. Über die Hinweise auf alternative Möglichkeiten bleibe die Bedeutung unvermeidlich mit dem vom Negationsprozess über seine negative Folie Ausgeschlossenen verbunden. Aus lebens-praktischen Gründen sei es notwendig, die Erkenntnis auf den Boden der internen, Erkenntnis hervorbringenden Objektivität zu stellen, und wenn sie schon den Boden der Objektivität nicht in absolutem Sinn betreten könne, so doch wenigstens den Boden der internen Objektivität, welche die Erkenntnis hervorbringt. (D. M.)

→ Andere, Hermeneutik, Horizont, Intention, Interpretation

Viereck

(engl. square, franz. carré, russ. četyrechugol'nik)

1. Die erste Version des V.s findet man bei Bühler (1934), der mit ihm den allmählichen Übergang vom «empraktischen» auf das «synsemantische» Zeigefeld illustriert. Dabei unterscheidet er vier Typen der sprachlichen Manifestation: Sprechhandlung, Sprechakt, Sprachgebilde und das Sprachwerk. Bühler siedelt diese Manifestationen am Schnittpunkt zweier Kriterien an: der Verbundenheit mit dem Subjekt des Äußerns (senkrecht) und dem Grad der Formalisierung (waagerecht).

	subjektverbunden	subjektunabhängig
niedrig formalisiert	Sprechhandlung	Sprachwerk
hoch formalisiert	Sprechakt	Sprachgebilde

So wird die *Sprachhandlung* eng mit dem Verhalten des Subjekt des Äußerns (Stellung, Gestik, Mimik, Intonation usw.) sowie mit den praktischen Problemen der Situation des Äußerns verbunden. Aus diesem Grund lässt sie sich nicht formalisieren. Der *Sprechakt* lässt sich leichter einordnen, weil er das Subjekt des Äußerns zur Übernahme einer intersubjektiv festgelegten Rolle sowie die Äußerung zur Einfügung in ein *Genus* oder *Modus significandi* zwingt. Noch höher ist der Formalisationsgrad des *Sprachgebildes*, das die grammatischen Regeln und das semantische Universum der natürlichen Sprache voraussetzt und in diesem Sinn übersubjektiv ist. Vom Subjekt des Äußerns ebenso unabhängig ist das *Sprachwerk*, das sich, da es zur Norm des Sprachgebildes quer steht und seine eigene (mythische, wissenschaftliche, philosophische, mathematische oder literarische) Welt bildet, noch viel schwerer formalisieren lässt. Hier sei hinzugefügt, dass sich bei Bühlers V. außer den aufgestellten senkrecht-waagerechten Beziehungen auch fruchtbare diagonale Beziehungen herstellen lassen: Das Sprachgebilde verhält sich zum Sprechakt wie *langue* zu *parole* (de Saussure) und der Sprechakt zum Sprachwerk wie *energeia* zu *ergon* (Humboldt). Dies bewegte Baer (1984) dazu, dieses V. «das synthetische Wunder der Linguistik» zu nennen.

2. Das V. erscheint in anderem Kontext bei Hjelmslev (1943, aber erst ab 1961 rezipiert), der mit seiner Einführung versucht, die Linguistik (a) ihrer bisherigen außersprachlichen Voraussetzungen zu entledigen und (b) sie von der phänomenologischen auf die strukturalistische Analyse des Inhalts umzuorientieren. Daher schlägt er eine Tabelle mit zwei senkrechten Eingängen vor: dem Ausdrucksplan und dem Inhaltsplan, sowie zwei waagerechten Eingängen: der *Form* und der *Substanz*. In dem entstandenen V. der Kombinationen dieser vier Aspekte fielen nur die Ausdrucksform (paradigmatische und syntaktische Regeln der Organisation von phonologischen, morphologischen usw. Einheiten) und die Inhaltsform (distinktive semantische Einheiten) unter die Obhut der Linguistik. Die *Ausdruckssubstanz* (die phonische, artikulative, modulare usw. Sprachmasse) und die *Inhaltssubstanz* (begriffliche, ideologische, emotionale usw. Aspekte des Signifikats) als phänomenale Aspekte der Sprache, die der «außersprachlichen Wirklichkeit» angehören, blieben außerhalb des linguistischen Interesses. Hjelmslev versucht also, die innere (A-priori-)Struktur der Sprachganzheit von ihrer äußeren (psychischen oder physischen) Substanz klar abzugrenzen. Damit will er auf die Möglichkeit der algebraisch-logischen anstelle der bisherigen semantischen Zergliederung des Inhaltsplans aufmerksam machen. Mit einer solchen Erweiterung des Anwendungsgebiets der bisherigen Analysemethode des Ausdrucksplans will er den Formalismus der Prager Schule in den Strukturalismus umformen. Die Grunddifferenz liegt im Ausgangspunkt, den Hjelmslev als «*Text* in seiner unteilbaren und völligen Ganzheit» definiert, was auch die Bedeutungsdimension einschließt.

Chatman (1978) übernahm in seinem Versuch, die französische Narratologie zu synthetisieren, das Hjelmslevsche V. als Entwurf einer Genese des Erzähltextes. Sie hätte sich im folgenden Rahmen zu bewegen: (1) von der Inhaltssubstanz (Menschen, Gegenstände, Erscheinungen, die durch die Codes der Gesellschaft des Autors vermittelt werden) über (2) die Inhaltsform (Bestandteile der Geschichte: Ereignisse, Existente *[existents]* und Beziehungen zwischen den beiden) und (3) die Ausdrucksform (die Mechanismen der Erzähltransmissionen) bis zur Ausdruckssubstanz (Medien der Erzählungsvermittlung: literarische, filmische, szenische). Aus diesem Entwurf geht hervor, dass die «Substanzaspekte» im Prozess der Bedeutungsbildung des Textes noch immer für nebensächlich gehalten werden.

Eine andere Aneignung des Hjelmslevschen V.s hat Jameson (1981) innerhalb seiner Auslegung zweier aufeinander prallender Gattungskonzeptionen vorgeschlagen: der semantischen und der syntaktischen. Seine These ist, dass die *semantische* Konzeption ihrer Erklärungsverfahren notwendigerweise in der *Substanz des Gattungsausdrucks* beendet (d. h. in einem unmerklich ideologisierten Erzählmuster und -diskurs) wie in einer unausgesprochenen «Strategie der Bändigung» *(strategy of containment)* von Gattungsmöglichkeiten. Der *syntaktischen* Vorgehensweise hingegen stellt sich die *Substanz des Gattungsinhalts* in den Weg (d. h. bestimmte gesellschaftlich-historische Merkmale des rohen perzeptiven, affektiven, erfahrungsmäßigen Stoffs) als eine ebensolche unbewusste Bändigungsstrategie. Da aber bei Jameson die Ausdruckssubstanz auf den petrifizierten kulturellen «Überbau» ebenso wie die Inhaltssubstanz auf eine sedimentierte, ökonomische «Basis» reduziert wird und da die Beziehung zwischen der Basis und dem Überbau in der marxistischen Tradition immer historisch determiniert ist, geht daraus hervor, dass keine der Gattungsanalysen, ganz gleich welchen Ausgangspunkt sie besitzt, am Ende der historisch-kontigenten Dimension der Gattung entgehen kann. Wegen dieser unbewusst gesteuerten Perspektive ist sie zum Partikularismus verurteilt. Es ist bezeichnend, dass der letztere abermals über die Substanz ins Spiel gelangt (sei es über die Ausdruckssubstanz, wie in der semantischen, oder über die Inhaltssubstanz, wie in der syntaktischen Vorgehensweise).

3. Daher resultiert Greimas' Intervention (1966) in Hjelmslevs Konzeption des V.s, der gegenüber er seine Bewunderung nicht verheimlicht hat, mit einer neuen Umformung, jetzt aber des Strukturalismus in die Semiotik. Das Signifikat als *apriorische Struktur* wird durch das Signifikat als *Bedeutungseffekt* der diskursiven Manifestation des Textes ersetzt. Greimas bringt mit dieser ingeniösen Wendung auch den Aspekt der Substanz in die Linguistik ein, weil sie ihm zufolge eigentlich auf die, durch die Bedeutungsganzheit des Diskurses verursachten Wirkungen, hinausläuft. Daher ist es unmöglich, die Substanz als «außersprachliche Wirklichkeit» zu betrachten. Auch Greimas geht also von der Ganzheit der Sprachentität aus, versteht sie aber im Gegensatz zu Hjelmslev als *kommunikative* Einheit, die der Aufnahme *aufgegeben* wird. Ihn interessiert die Struktur der Bedeutungsproduktion dieser Aufgegebenheit in der Perzeption des Empfängers. Ebendieses führte ihn zur Entdeckung des *semiotischen V.s.*

Auch hierbei handelt es sich um eine Bereicherung der Logik des grundlegenden, analytischen Instruments der strukturalen Linguistik, der binären Opposition, die bis dahin ausschließlich auf der Beziehung der *Gegensätzlichkeit* (entweder ... oder) gebaut wurde, mit zwei neuen Beziehungen: des *Einbeziehens* (sowohl ... als auch) und des *Widersprechens* (weder ... noch). Wieder hat Hjelmslev dabei vermittelt, der schon den Übergang aus der Sprache als *Sys-*

tem in die Sprache als *Prozess* kraft der Ersetzung der Gegensätzlichkeitsbeziehung durch die Beziehung des Einbeziehens erklärt hat. Greimas flicht also eine dritte Relation des Widersprechens ein, um auf diese Weise die logische Struktur der Wirklichkeit zu dynamisieren. Als Folge dieses Eingriffs entsteht der vierte, negativ komplexe, «explosive» Teil seines V.s (S_2) – welcher der Negation der Negation in Hegels Logik analog ist, den Jameson aus guten Gründen als privilegiert bezeichnet hat.

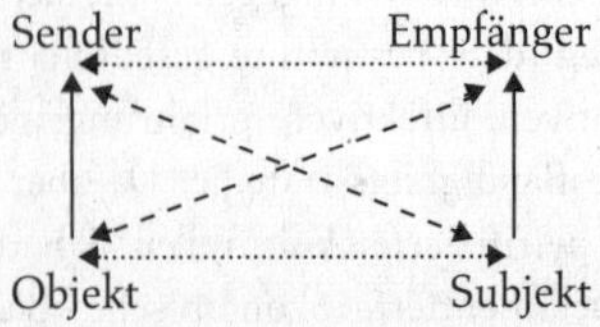

Zur Illustration: Wenn wir auf Position S_1 das Sem *schwarz* stellen, dann führt uns die semantische Schlussfolgerung zunächst entlang der diagonalen Achse zu $-S_1$, wo wir die kongruente Kategorie des Gefärbtseins antreffen. Sie trägt in sich außer *schwarz* auch S_2, *weiß*, als Stellung, die wieder (nach dem Gesetz der Gegensätzlichkeit) Kennzeichen der Helligkeit besitzt, das in S_1, dem Schwarzen, nicht vorkommt. Wenn wir diese Achse hinuntergehen, enden wir gemäß der Deixis des Widerspruchs in $-S_2$, im *Farblosen*, und das ist schon die Stellung, welche die Farbe als Merkmal sowohl des *Schwarzen* als auch des *Weißen* ausschließt. Während das Gefärbtsein und die Helligkeit Kategorien darstellen, die der weiteren semantischen Besetzung bedürfen, entbehrt die Farblosigkeit jeglicher positiven Referenz, vielmehr einer logischen Alternative, und eben aus diesem Grund ist sie, dank ihrer «radikalen Negativität», fähig, eine Transformation oder Subversion aller Beziehungen in Gang zu setzen.

Nehmen wir die Illustration, die auf das Problem der Genese des Erzähltextes zurückführt, das im Auslegen von Hjelmslevs V. apostrophiert wurde, und besetzen wir das V. mit vier «richtigen Aktanten»: Absender, Empfänger, Objekt, Subjekt:

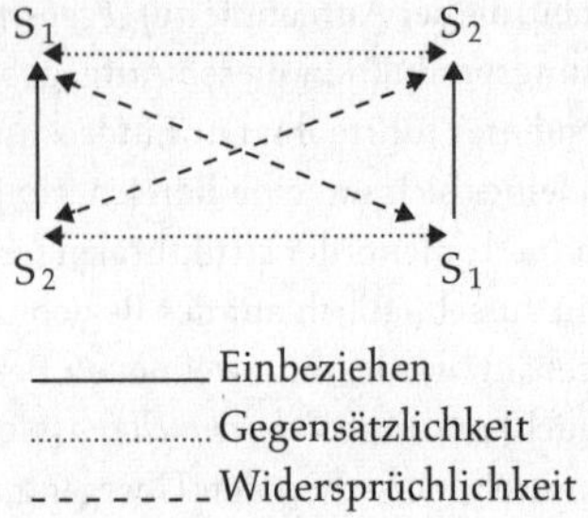

Die Relation des Begehrens zwischen dem Subjekt und dem Objekt gehört zum diegetischen Universum des Erzähltextes, das durch die Projektion des Äußerungsakts allmählich der kommunikativ-situativen Relation zwischen dem Absender und dem Empfänger überdeterminiert wird, indem es letztere Instanzen ausklammert. Aber auf diese Weise wird die Mitteilung selbst objektiviert, wobei das Objekt – negativ-komplexes oder explosives Viereckbestandteil – in unserer Aufmerksamkeit von der Achse des *Begehrens* auf die Achse der *Erkenntnis*relation zwischen dem Absender und dem Empfänger überwechselt, um als ihr Vermittler zu fungieren (vgl. das Schema des Aktantenmodells). Das auf diese Weise verschobene Objekt löscht den konkreten Kommunikationskontext und macht den Absender und den Empfänger zu Bestandteilen seiner Struktur, was mit anderen Worten bedeutet, dass der Absender (Erzähler) nun zum (Äußerungs-)*Subjekt*, seine Aussage zum unmittelbaren Objekt (S_2) und der Adressat dieser Äußerung (*narratee, narrataire*; vgl. Leser) zum mitgedachten *Objekt* (S_1) seines Begehrens wird. (D. P.)

→ Einklammerung, Einschaltung, Narratologie, Semantik, Verschiebung

Werk

(engl. work, franz. œuvre, russ. sočinenie)

1. Begriff, der wie der des Autors gegen Ende des 18. Jh.s mit Literatur in Verbindung gebracht wird, als sich die Eigentumsnormen des Literaturmarkts einbürgern. Der Aufklärungsbegriff der Literatur und das damalige Literaturstudium schließen Grammatik, Rhetorik, Recht, Geschichte, Metaphysik usw. ein, was zu dem Schluss führt, dass in ihm die Dimension der *Universalität* vorherrscht (gegenüber der Lokalität der mündlichen Kultur), nicht aber die *Ästhetik* (gegenüber der Instrumentalität der Wissenschaft) wie seit der Romantik bis heute. Universalität ist ihrer Definition nach einer kleinen Schicht von Einzelpersonen vorbehalten, die Zugang zur Schriftkultur haben, sodass die Befassung mit Literatur im 17. und 18. Jh. vor allem die Loslösung des Gepflegten von einem allzu simplen Geschmack signalisiert.

Erst das Erreichen eines breiten Leserpublikums mit sehr ungleichen zivilisatorischen und kulturellen Gewohnheiten an der Schwelle zum 19. Jh. führt zur Emanzipation der Literatursprache vom «natürlichen» Traditions- und Stilkontext, und das erfordert eine andere Kanonisierung der Qualität des «Literarischen». Diese wird zuerst mit den Romantikern verbreitet, wobei sie die alte indische und persische Literatur umfasst, die europäische mittelalterliche Literatur und die mündliche Literatur vieler Völker, zugleich aber isoliert sie sich in einem Reservat des praktischen Lebens, in dem die Gefühle und Träume des Individuums kultiviert werden müssen. Der romantische Begriff des Literarischen ist das gleichzeitige Resultat beider genannter Tendenzen (Gossman 1990).

2. Mit seiner Verbreitung wird das literarische W. zum Repräsentanten der Totalität der Menschlichkeit / Menschheit, die alle sprachlichen, geschichtlichen und kulturellen Grenzen überwindet. Daher rührt seine Mehrdeutigkeit, sein Unergründliches, seine Unerschöpflichkeit. Das literarische W. schützt das Recht des Prinzips der Ursprünglichkeit (der kindlichen, weiblichen, natürlichen, sinnlichen) vor allgemeiner Instrumentalisierung, Rationalisierung und Differenzierung der Gesellschaft. Es wird zum Mittel erneuter Vereinigung von Verstand und Gefühl, von Prosa und Dichtung, Schriftlichkeit und Mündlichkeit, von Reichen und Armen, zu einer Art mythischen Wächters über verloren gegangene und/oder verratene gemeinsame Werte. Das verselbständigte literarische W. kann aber kein Mythos mehr sein, denn es entsteht, wird verteilt und kommentiert nach den Prinzipien der säkularisierten, antagonistischen Gesellschaft. Wer ein solches W. im Unterschied zu den allgemein zugänglichen Mythen verstehen will, muss einen langwierigen Prozess der Bildungsinitiation und Spezialisierung durchlaufen. Die Beziehungen zwischen Autor und Leser, zwischen Professor und Kritiker auf der einen, dem breiten Leserpublikum auf der anderen Seite werden stark asymmetrisch. Um sich unter derartigen modernen Umständen als neue Mythologie beweisen zu können, ist das literarische W. auf zahlreiche institutionelle Mechanismen angewiesen. Seit dem 19. Jh. hat es bis heute den paradoxen Status des hoch – und gerade deshalb unmerklich – institutionalisierten Kritikers gesellschaftlicher Institutionen inne. Anders gesagt, es benötigt zuerst die Deckung einer gesellschaftlichen Autorität, um aus einem solchen stillschweigenden Status selbst die Einheit und Gesamtheit der Gesellschaft jenseits all ihrer konkreten Einrichtungen autorisieren zu können.

3. Bei den Romantikern ist diese stillschweigende Autorität – aus deren Flügel sich die totalisierend-homogenisierende Rolle des literarischen W.s legitimiert – die rohe Energie der *Natur.* Im 19. Jh. tritt an ihren beglaubigten Platz die *Geschichte*, die Schritt für Schritt zusätzliche national-kulturelle Merkmale erwirbt. Der spätpositivistischen Legitimierung des *Autors* setzen Nietzsche und Dilthey in derselben Eigenschaft das *Leben* als vitalistische Energie und als psychische Erfahrung entgegen. So erhält der Signifikant des literarischen W.s durch die Geschichte fortwährend neue kompetente Signifikate.

Das Einzige, was dabei unveränderlich bleibt, ist die organische Verbindung zwischen dem W. und seinen autorisierten Anhaltspunkten. Sie macht aus dem literarischen W. ein Symbol, das zwar der rationalen Erkenntnis unzugänglich, aber grenzenlos offen für interpretative Ansätze ist. Die Qualität der Unendlichkeit interpretativer Reflexion rührt aus der Beförderung des Signifikats (als dem Beglaubiger) des literarischen W.s in ein primordiales, mythisches oder poetisches übergeschichtliches Urelement, gegenüber welchem jeder innergeschichtliche Einblick nur «zu spät kommen» kann (Frank). Diese konstitutive Verzögerung schädigt alle analytischen Befunde über das «Wesen» des literarischen W.s und erfordert deren ständige Abänderung und Ergänzung.

4. So wird der errungene prinzipielle Vorzug des literarischen W.s vor dem Leser im 19. Jh. zu einer besonderen Art korrektiver individueller Erziehung instrumentalisiert. Da das literarische W. ohnehin undurchdringlich bzw. unerschöpflich ist, wird jede Antwort darauf auf den Ausdruck der persönlichen Eigenheit des Schülers reduziert, der nicht falsch, wohl aber unzureichend ist, sodass der Lehrer ergänzend, aufgliedernd, bereichernd wirken muss. Gleichzeitig wird daran festgehalten, dass das literarische W. wegen seiner Lebendigkeit und Unmittelbarkeit, seiner Nähe zur menschlichen Erfahrung offen für jedermann ist. Ein so verstandenes literarisches W. modifiziert Erziehung zu einem endlosen Prozess der moralischen und epistemologischen Gestaltung des Einzelnen mit Hilfe der dialogischen Schaffung und (nie vollständigen) Beseitigung seiner Irrtümer. Dieser über lange Zeit eingespielte «pädagogische Imperativ» ist danach spontan in die moderne Literaturtheorie eingedrungen, als Streben nach unermüdlicher Selbstreflexion bzw. nach unerbittlichem, stetigem Negieren der eigenen positiven Einsichten. Nach Hunter (1988) hat das «Wiedererkennen» in der modernen Theorie die Funktion eines institutionalisierten Verhältnisses der Aufsicht und Korrektur, es führt zwei unterschiedlich konstituierte gesellschaftliche Agenten zusammen, d. h. den Professor, der bevollmächtigt ist, das literarische W. zu interpretieren, und den Studenten, der nicht dazu bevollmächtigt ist.

5. Die Avantgarde zieht das Signifikat des literarischen W.s in eine andauernde Ungewissheit hinein, indem sie den Leser mit der Bürde der interpretativen Möglichkeiten konfrontiert. Der Sinn, so unerschöpflich er auch sein mag, ist nicht mehr werkimmanent; er bleibt nunmehr aus, wobei er eine Leere hinterlässt. Das symbolische Werkkonzept macht auf diese Weise Platz für das allegorische, welches das W. auf Gedeih und Verderb den Interpretationen ausliefert. Diese lösen einander im gegenseitigen Infragestellen ab, und nicht eine einzige ist imstande, ihre eigene Korrektheit dauerhaft zu beweisen; denn der einstige ästhetische Konsens, der das W. auf der Bedeutungsebene durch die Schließung seiner Grenzen stabilisieren könnte, existiert nicht mehr. Der allegorische Begriff W. stellt vielmehr ein ständiges «Gleiten der Signifikate unter den Signifikanten» fest. Worauf das W. auch immer zurückgeführt wird – auf die Intention, die Komposition, die Herkunft, die Gattung, das Opus, auf Zyklus oder Stil –, jedes dieser Organisationsprinzipien erweist sich wiederum als differenziell. Daher verliert das W. die Selbstgenügsamkeit des Zeichens.

Wenn es kein Ganzes darstellt, kann es auch nicht die totalisierende Funktion innehaben, die von jeher Bestandteil seiner Definition war (Müller 1988).

6. Offenbar ist es das, was Barthes und Foucault Ende der 1960er Jahre dazu bewegt, den Werkbegriff im Interesse der Begriffe Text bzw. Diskurs offen zu problematisieren. Es handelt sich um eine Intervention, die vergleichbar ist mit Derridas Polemik gegen das «Buch» im Namen der Schrift *(écriture)*. Auch Barthes möchte nämlich das literarische Kunstwerk befreien von der interpretativen Einschließung in das «transzendentale Signifikat» – im Namen einer «unkontrollierten Bedeutungsexplosion», die für die Pluralität des *Textes* charakteristisch ist. Bezeichnend ist, dass dieser Text die Merkmale des W.s abstreift, indem er seinen Zitaten, Referenzen, Echos die feststellbare Herkunft ausradiert und als Anlage zur Streichung der Anführungszeichen in die Anonymität eintaucht. Das W. ist laut Barthes noch in den Entstehungsprozess einbezogen. Der Autor wird als Vater und Eigentümer des W.s betrachtet. Was den Text betrifft, wird er ohne Einschreibung des Vaters gelesen (1971/1984). In einer derartigen Beschreibung ist das W. Gegenstand des erkenntnismäßig-verbraucherseitigen Verhältnisses der Literatur*kritik*; diesem will Barthes das genießerisch-produzentenseitige Verhältnis des *Lesens* entgegenhalten, das den Text aus sich heraus generiert. Nach Barthes existiert ein Ort, an dem die Vielfalt ihren Fokus hat, und das ist der Ort des Lesers und nicht, wie bisher angenommen wurde, der des Autors. Die Entthronung des W.-Begriffs ist die Folge der Ablösung der landläufigen genealogischen Betrachtung von Literatur durch eine neue, epistemologische Perspektive.

Foucault (1971) votiert für eine ähnliche Substitution des Betrachterstandpunkts. Im Unterschied zu Barthes vermeidet er die Verabsolutierung der dezentrierten Textualität mit dem Begriff des Diskurses, der an sich eine gewisse Einschränkung mit einbezieht. Das W. ist das Resultat der Zuschreibung des Diskurses an einen Autor, und dieses Zuschreiben ist einer der inneren Mechanismen des Ausschließens (von Zufälligkeiten), deren sich jeder Diskurs im Interesse der eigenen Identifizierung notwendig bedient. Foucault schlägt lediglich vor, die *Möglichkeitsbedingungen* derartiger «zügelnder» Attributionen bzw. Umstände zu untersuchen, die ihre Entstehung provozieren. Eine letzte derartige Bedingung erkennt er wie Barthes im unerträglich «magmatischen» Zustand der Sprache, den er als «unaufhörliches Weben von Wörtern und Merkmalen» oder als «endloses Wehen» beschreibt. (Bei Barthes lautet diese Beschreibung «Unendlichkeit der Signifikanten» oder «System ohne Geschlossenheit und ohne Zentrum».) Im Unterschied zu den Institutionen, welche die Anfänge feiern, indem sie sie mit stiller Aufmerksamkeit umgeben, wollen Foucault und Barthes also ihre Perspektive anlehnen an das unaufhaltsame Dahinfließen, an den Übergang, an das Verschwinden.

7. Es scheint jedoch, dass dadurch das W. abermals in den Schoß irgendeines «Beschützers» zurückkehrt, der es sowieso von Anfang an begleitet hat. Gibt es einen wesentlichen Unterschied zwischen der Rückführung des W.s auf den Text oder Diskurs und seiner Rückführung auf den Autor? Kann man in diesem Sinn von der Entthronung aller «metaphysischen Herren» der Literatur und vom endgültigen Sieg des Lesens über die «Mittler der diskursiven Macht» sprechen, oder haben die Herren und die Mittler nur einen neuen Namen erhalten? In Verbindung mit einer solchen Entideologisierung der eigenen Perspektive ist übrigens an eine spätere These von Foucault (1976) zu erinnern, nach der die Macht am erfolgreichsten die Bedingungen der eigenen Reproduktion gerade über solche Bereiche sichert, die sich scheinbar ihrem Einfluss entzogen haben. Daher haben einige deutsche Kritiker (Müller / Wegmann 1985) den Versuch unternommen, den Werkbegriff zu rehabilitieren. Erstens ist seine Identität nicht so zentriert, da diese nicht unabhängig von anderen W.en hergestellt werden kann, weder von solchen im Innern noch von solchen außerhalb des gegebenen W.s. Zweitens ist die Identität des Diskurses bzw. Textes nicht gänzlich aufgehoben, denn trotz allem wird diese ständig von Schulen, Universitäten, der Kritik, Ästhetik, Literaturgeschichte usw. hergestellt. Daher ist es unangemessen, das Verhältnis zwischen «Beschützer» und W. in den mechanischen Parametern von Ursache – Wirkung darzustellen. Das W. bewahrt eine relative Selbständigkeit, die seine Existenz als Mittel der literarhistorischen Analyse rechtfertigt.

Zu dieser Schlussfolgerung gelangte seinerzeit auch Brecht (1931) am Schluss seiner umfangreichen Analyse der Säkularisierung des Kunstwerks unter dem Druck von Industrialisierung und Technifizierung der Kunstproduktion. Obwohl der kollektive Prozess der Filmproduktion die Instanzen des Autors und des W.s bedeutungslos macht, ist der Film dennoch nichts ohne die Insignien des Besitzes! Unter dem Einfluss der «Filmisierung» wird allerdings die «organische Geschlossenheit» des literarischen W.s demontiert. Nach Brecht liest ein Zuschauer von Filmen Erzählungen anders, aber Filme schaut auch der Verfasser von Erzählungen an; der Prozess der Technisierung der literarischen Produktion lässt sich demnach nicht mehr aufhalten.

Auf der Grundlage dieser Einblicke und im konzeptuellen Rahmen von Luhmanns Systemtheorie schlug Plumpe (1993b) vor, das W. als symbolisch generalisiertes Kommunikationsmedium der Kunst zu verstehen. Anders gesagt: Erst dann, wenn etwas als W. erkannt ist, wird sein künstlerischer Charakter akzeptiert, ungeachtet seines eventuellen nichtkünstlerischen Erscheinungsbildes. Das ist besonders wichtig im Hinblick auf Erscheinungen wie die postmoderne Konkrete Poesie, die Konzeptkunst oder die atonale Musik, die ohne den schützenden Status des künstlerischen W.s sicherlich verworfen würden. Nach Plumpe wird das W. als «W.» erst dann erkannt, wenn der Unterschied gesehen wird, der in ihm die Form vom Medium trennt. Das «W.» ist eine Einheit von Selektion und Horizont, und wer den Horizont nicht erkennt, der die Form begrenzt, sieht auch das W. nicht. Das W. versteht sich daher als sorgfältig durchdachte Ansammlung von Selektionen, welche die literarische Form im Medium als dem Speicher der Möglichkeiten durchführt. (A. R.)

→ Autor, Gesamtwerk, Literatur, Text

Werkimmanente Kritik / Interpretation

In den 1920er und 1930er Jahren, in der Zeit der Vorherrschaft der geistesgeschichtlichen Schule in der deutschen Literaturwissenschaft, entsteht eine Reihe von Studien, die einigen Lyrikarten gewidmet sind (Viëtor, Müller, Kayser, Beißner), welche die Bedeutung der Tradition in der Gestaltung der literarischen Welt betonen. Unmittelbar vor dem Zweiten Weltkrieg veröffentlicht Staiger die Abhandlung *Die Zeit als Einbildungskraft des Dichters* (1939), in der er das Fundament für eine neue literaturwissenschaftliche Interpretationsmethode gründet. Einerseits grenzt er sich gegen positivistische, kausal-erklärende Methoden ab, andererseits verwirft er jedoch ebenso entschieden die geistesgeschichtliche Orientierung auf die Tradition, welche die schöpferische Dimension des literarischen Werks vernachlässigt. Deshalb habe er sich entschieden, das einzelne Kunstwerk mit maximaler Aufmerksamkeit zu beschreiben. Diese wissenschaftliche Beschreibung nenne er Auslegung, er lege also die Dichtung aus. Das Bestehen auf Treue dem einzelnen Text gegenüber setzt jedoch das Bestehen nur einer einzigen korrekten Interpretation voraus. Damit nimmt die w. K. doktrinäre Züge an, die durch die angebliche «Sprache des Werkes selbst» verdeckt werden. Dass die Werksprache eigentlich die Sprache einer erkennbaren *Vorstellung* über dieses Werk ist, zeigt das organizistische Bestehen Staigers auf der Harmonie aller Teile eines Kunstwerks, die eine kohärente Einheit bilden, welche durch eine intuitive Einsicht erfasst sei (1955). So kehrt der ideologische Kontext, der explizit aus dem methodologischen Repertoire der w. K. vertrieben wurde, implizit doch zurück. (A. B.)

→ Chicago Critics, Gattung, Geistesgeschichte, New Criticism, Phänomenologische Kritik, Poetik, Werk

Wert

(engl. value, franz. valeur, russ. cennost')

Der W. ist ein Merkmal, das einem Text, Gegenstand oder einer Person durch einen Wertungsakt zugewiesen wird. Als Wertungsakt darf allerdings nicht jeder Zuweisungsakt, sondern lediglich jener, der eine Selektion einbezieht, betrachtet werden. Jegliches Werturteil beruht auf einem Kontrast. Das zugewiesene Merkmal trennt eine bestimmte von allen anderen Entitäten in Bezug auf den mit dem Zweck ihres Vergleichens eingesetzten Maßstab ab. Ohne einen reflektierten Maßstab findet keine Wertungsselektion statt. In solchen Fällen gehören Merkmale dermaßen der Wahrnehmung der Texte, Gegenstände und Personen an, dass sie keinerlei Entscheidung beanspruchen. Erst nachdem aus irgendeinem Grund zwischen den Maßstäben ein Konflikt entsteht, übersiedeln Merkmale aus dem Raum einer «blinden» Wahrnehmung in denjenigen eines reflektierten Entscheidens und fördern damit ihren Wertcharakter zutage. Der W. ist somit eine grundsätzlich von den Determinanten des jeweiligen Zuweisungsakts (von einem Maßstab, Standpunkt, Zusammenhang, Rahmen oder einer Situation) abhängige Größe.

1. Gerade diese Eigenschaft hat ihn letztlich sein Ausscheiden aus der gegenwärtigen literaturwissenschaftlichen Gemeinschaft gekostet. Smith (1988) schreibt diesen Vertreibungsakt Frye (1957) zu, da er das Wertgefühl für «individuell, unvorhersehbar, veränderlich, unmitteilbar, unaufweisbar» hielt. Während jene/r, der/die beschreibt oder auslegt, von objektiver Realität spricht, spricht jene/r, der/die wertet, nur von sich selber. Indem dies eine wissenschaftliche Systematisierung seines / ihres Urteils unmöglich macht, empfiehlt Frye, Wertung aus der Literaturwissenschaft herauszulassen. 15 Jahre danach konnte dann z. B. Ellis (1974) die deskriptive Aufgliederung zum «einzig möglichen Zugang zur Wertfrage» proklamieren: «Ein Kritiker erforscht den Wert empirisch, er bestimmt ihn nicht (...)» Indem sie in dieser Zeitspanne die Unmittelbarkeit eines Urteils einbüßte, erforderte die Wertung nun ein Begründungsverfahren und musste durch eine entsprechende Beweisführung bekräftigt werden. «Wenn wir von einem Werk behaupten, dass es in einer bestimmten Hinsicht gut ist und für dieses unser Urteil entsprechende Gründe unterbreiten, beschreiben wir das Werk, und diese Beschreibung kann treu oder falsch sein» (Reichert 1977). Auch die Literaturhistoriker formulieren ihre Darstellungen ‹sachlicher›: «Ihre Wertungen sind in der Regel implizit und erst durch eine genauere Analyse von Formulierungen zu erschließen» (Winko 1996b). Um begründet zu werden, müssen sie jetzt nach intersubjektiver Beglaubigung suchen, indem sie all die evtl. vorstellbaren Widerstände berücksichtigen. «Rechtfertigen lässt sich ein Wert nicht in einem absoluten Sinn, sondern immer nur im Zusammenhang

eines Wertsystems, in dem der Wert gilt» (ebd). Damit ist eigentlich gesagt, dass die Beschreibungen von literarischen Werken, weit davon entfernt, W.e auszuschließen, sie als einen stillschweigenden Verständigungshorizont mit einem bestimmten Publikum einbeziehen.

2. Falls wir sie aber auf den Strukturalismus als Musterbeispiel einer lang andauernden «Vertreibung des Werts aus der literarischen Akademie» (Smith 1988) zu verwenden versuchen, mag diese Behauptung ohne weiteres erstaunen. Dennoch war der W. von den Strukturalisten nicht ausgetrieben, sondern, auf der Spur von Fryes Diktum, mit der Absicht, die Eigenwilligkeit seiner Zuschreibung vorwegzunehmen, lediglich einer wissenschaftlichen Systematisierung unterzogen worden. So wird der Wertbegriff von de Saussure mit dem Ziel eingesetzt, die relative Lage einer Spracheinheit in einem gegebenen System oder einer gegebenen Reihe zu bezeichnen. Indem sie als Bestandteil einer spontan angeeigneten Infrastruktur der Sprachverständigung fungiert, bestimmt der W. in einem durchschnittlichen Sprecherbewusstsein die Bedeutung einer gegebenen Einheit bzw. die Art und Weise, wie sie für eine Vorstellung oder einen Begriff ausgetauscht wird. Solch eine These, der zufolge der W. der Bedeutungseffekt eines eingewurzelten und insofern allbestimmenden Beziehungszusammenhangs sei, hat die strukturalistische Literaturtheorie danach zum Aufbau einer neuen, exakteren Semantik und Poetik eingesetzt. Bezüglich der ersteren hat Greimas (1966) mit seinem semiotischen Viereck den hohen Anspruch erhoben, durch eine Permutation von vier W.en entlang der drei unterschiedlichen Beziehungsachsen das ganze Bedeutungsuniversum abzudecken. Da dieses Viereck *per definitionem* erst durch eine konkrete Textanalyse erraten wird, erscheinen seine *logischen* Positionen immer schon *semantisch* besetzt, immer schon durch ein soziales Wertsystem gekennzeichnet (Greimas / Rastier 1970). Indem er W.e als Bedeutungseffekte eines Systems darstellt, das diese W.e ihren Benutzern als Wahrheiten aufzwingt, bleibt Greimas de Saussures Wertkonzept treu. Die Pointe seines Vierecks liegt darin, dass es «semantische und ideologische Werte verbindet und verzankt» (Schleifer 1987), und daher ist es kein Wunder, dass es von Jameson (1981) zur Unterstützung seines Theorems vom «politischen Unbewussten» eingesetzt wurde. Dennoch bleibt die Schwierigkeit des Versuchs einer relationalen Objektivierung des W.s darin, dass das Wertsystem keiner allgemein befriedigenden Eingrenzung unterliegt. Von welchem Punkt aus soll solch ein Einschluss-anhand-des-Auschlusses durchgeführt werden? Diese Frage wird gar nicht erst gestellt, womöglich um den Akt der Schlusswertung verborgen zu halten. Im Streben, seinen wissenschaftlichen Diskurs zu objektivieren, hat Greimas alle Spuren des Diskursorts aus ihm sorgfältig entfernt. «Im semiotischen Viereck, das die Wertumwandlungen und -austausche abzeichnet, ist somit kein Ort für

den Wert als solchen zugelassen» (Connor 1992). Eine radikale Darlegung der Wertkontingenz aller Bedeutungsgebilde mündet somit in die Weigerung, die Kontingenz des eigenen Werturteils einzugestehen. «Wenn aber die unerlässliche Selbstauslegung schließlich Unsichtbarkeit und Unverletzbarkeit zeitigt, dann gilt: *qui s'excuse, s'accuse*» (ebd.). In einem angefangenen Wertungsspiel bleibt niemand von Verantwortung verschont.

3. Die Verdrängung expliziter, normativer Wertung aus der Literaturwissenschaft hat also die Aufmerksamkeit auf die Mechanismen impliziter, analytischer Wertung gelenkt, durch welche die Literaturwissenschaft den Verständigungshorizont ihres Diskurses aufstellt. Und zwar zweifach: erstens, indem sie die Literatur aus all dem, was sie nicht ist, aussondert, um dadurch den literaturwissenschaftlichen Gegenstand abzugrenzen; und zweitens, indem sie innerhalb eines so abgegrenzten Gegenstands wertvolle von minderwertigen Werken unterscheidet. Auf der ersten Gruppe der Aktivitäten hat in der ersten Phase ihrer Errichtung vor allem die strukturalistische Poetik bestanden. Todorov (1968/1973) leitet ihre zukünftige Beständigkeit z. B. unmittelbar aus ihrer Fähigkeit ab, einen «unkonditionellen» Beweis für das distinktive Merkmal bereits der kleinsten literarischen Einheiten bereitzustellen. Um von diesem Unterscheidungswert der Literatur Zeugnis abzulegen, dürfen literarische Werke weder (wie von der Kritik) *interpretiert* noch (wie von der Wissenschaft) *erklärt* werden, weil beide Methoden in sie bestimmte äußerliche, ideologische W.e hineinprojizieren. In der Interpretation geht es um die Wertungsmaßstäbe des Kritikergeschmacks, in der Erklärung dagegen um die Maßstäbe der entsprechenden Wissenschaft: der Psychologie, Soziologie, Geschichtswissenschaft oder Philosophie. Daher kann der «Literarizität», dem Kunstcharakter der Literatur, nur eine poetologische *Beschreibung* treu bleiben. Das Problem liegt allerdings darin, dass Literarizität erst durch die Abweichung von einer bestimmten Norm erschlossen werden kann, weswegen das beschriebene Werk erst einmal in Beziehung zu solch einer Norm gebracht werden muss. Die *Be*schreibung stellt sich insofern als eine *Zu*schreibung heraus. Selbst Todorov kann nicht umhin, letztendlich die Schlussfolgerung zu ziehen, dass es «kein literarisches Verfahren an sich gibt, dessen Einsetzen das ästhetische Erlebnis zeitigt». Die Literarizität ist eine *relative* Eigenschaft. Der unumgängliche Zuschreibungsakt der poetologischen Beschreibung dürfte also für sich Objektivität nur unter der Voraussetzung beanspruchen, dass er nicht eigenwillig ist, sondern aus einer allgemeinen Lesekompetenz hervorgeht. Indem er aber die geschichtliche und individuelle Variabilität des «ästhetischen Geschmacksurteils» offen zugesteht, wird die Allgemeingültigkeit des letzteren von Todorov selbst widerlegt. Wenn die Poetik aber ihr eigenes Urteil der Leserschaft als das (einzig) richtige aufzwingt, dann zeichnet sich damit die Parteilichkeit ihrer

Gegenstandsabgrenzung ab. Nimmt sie durch die «objektive» Gestaltung des Literaturkanons nicht etwa ihre Schiedsrichterprivilegien in Schutz?

4. Diese Frage wurde in den Vereinigten Staaten gegen Ende der 1980er Jahre in der lebendigen Kanondebatte, unter dem Druck der politisch geladenen Ausrichtungen der feministischen, postkolonialen, ethnischen Kritik oder *Cultural Studies* diskutiert. Sie betrachten die Kanonisierung des ästhetischen W.s, mit einem Wort, als eine verborgene Inbesitznahme des «symbolischen Kapitals» (Bourdieu) bzw. als geheime Eroberung einer privilegierten Lage in der Machtstruktur und -verteilung. Wie immer selbstverständlich sich ein Kanon ausgibt, bei näherer Betrachtung stellt sich heraus, dass er die Interessen einer Klasse, Rasse, Bildungsgruppe zum Schaden einer anderen in Schutz nimmt. «Indem sie den ästhetischen auf den politischen Wert zurückführen, erneuern solche Kritiken die Autorität der Frage ‹*für wen* ist dieser Text, dieses Kunstwerk oder diese Praktik etwas wert?› gegenüber der modernistischen Frage ‹*worin besteht* ihr Wert?› (...)» (Connor 1992). Wenn die modernistische Axiologie durch die Verdrängung des W.s «in das kritische Unbewusste, wo er, der analytischen Aufmerksamkeit entzogen, mit seiner Kraftdemonstration fortsetzt» (ebd.) gekennzeichnet ist, dann bringt die antifundationalistische Wende erneut kontingente politische Aspekte jedweden Wertungsakts ins Spiel. In diesem Licht erscheint jener ästhetische W. als institutionalisiert, dem es dessen Position in der sozialen Machtverteilung ermöglicht hat, seine Kontingenz als Notwendigkeit darzustellen. Dieses beispielhafte ideologische «Umkleidungsmanöver» lässt sich immerhin nicht erst in der Ausformung des Literaturkanons, sondern bereits in der Gestaltung des literarischen Werks selbst erkennen. Angeblich neigt es in bestimmten Epochen dazu, seine Wertungstätigkeit aus der öffentlichen Zone der Aufführung in die implizite Zone der Struktur zurückzuziehen, um dadurch seine «Politizität» als Literarizität darzustellen. Besorgt eine derartige künstlerisch-narrative Umkleidung kontingenter in die natürlichen W.e übrigens nicht eine weitaus wirksamere Reproduktion als ihre offene Befürwortung?

5. In dieser Richtung haben vor allem die marxistischen Kritiker argumentiert, indem sie zu Gramscis Hegemoniekonzept gegriffen haben. Sie «entziehen die Wertfrage dem brutalen Intuitionismus des literaturwissenschaftlichen liberal-humanistischen Konsenses» (Connor) und stellen den literarisch-ästhetischen W. inmitten von sozialen Verhältnissen der Produktion und Konsumption dar. So spricht Eagleton (1976) vom ästhetischen W. als einem «Textsignifikationsspiel zum Zweck der Darstellung von Tiefen und Verwicklungen» jener komplexen ideologischen Konjunktur, in der das Werk entsteht. Als eine Röntgenaufnahme des dominierenden Ideologiekonflikts lässt sich der ästhetische W. vom Kultur- und Gesellschaftshistoriker vor allem zu diagnostischen Zwe-

cken verwenden – und wir können daran die bekannte Neigung marxistischer Kritik ablesen, die Eigenart des ästhetischen in einem übergeordneten ideologischen W. der entsprechenden Epoche aufzulösen. Parallel zu diesem Standardargument behandelt Eagleton den ästhetischen W. jedoch zugleich als eine «innere Abstandnahme» gegenüber der vorherrschenden Form seiner Produktion. Durch diese exzessive, emanzipatorische Geste übertrifft der literarische Text den von den Austauschstrukturen seiner Epoche aufgestellten Rahmen und macht auf sein Zukunftspotenzial aufmerksam. «Die Texte führen ihr Spiel in einer gewissen Kurvatur des ideologischen Raums durch, wobei diese Kurvatur durch die Auferlegung des einen dem anderen Wert, der einen der anderen Signifikation, der einen der anderen Form hervorgebracht wird» (ebd.). So steht die *Politisierung des ästhetischen W.s* in Eagletons Beweisführung parallel zur *Ästhetisierung des politischen W.s* daneben. Der Auflösung des ästhetischen im ideologischen W. wird nämlich ihre endlose Ausbreitung in Richtung Zukunft entgegengesetzt, einmal wenn Menschen «von der Lebensnot erlöst, von der Arbeit befreit, in einem Spiel des gegenseitigen Bezeichnens leben und in einen unaufhörlichen ‹Exzess› der Freiheit entgleiten werden» (ebd.). Eagleton hat diese utopische Vorankündigung später in einer nahezu lyotardschen Politik des *Erhabenen* entwickelt, das die verblenderische Fülle des Gegenwärtigen unentwegt untergräbt. «Erst nach einer Befreiung der Körpertriebe vom Despotismus des abstrakten Bedürfnisses und nach einer Erholung des Objekts aus dem Zustand der funktionalen Abstraktion für einen Zustand des sinnlich-konkreten Gebrauchswerts wird es möglich sein, ästhetisch zu leben» (1990). Dennoch, wie kann das Erhabene, das die Verneinung der bestehenden Welt verkörpert, zugleich für einen Bürgen ihrer Fülle stehen? Falls es sich sinnlicher Darstellbarkeit entzieht, wie kann es dann das Gefühl der sinnlichen Unmittelbarkeit des menschlichen Körpers ins Leben rufen? Die erhabene Figur des ästhetischen W.s erscheint hier demzufolge als die Ankündigung einer Welt des bewahrten W.s, wobei sie durch ihre radikale Abstraktheit gleichzeitig die Unmöglichkeit der Bewahrung solch einer Welt vorführt.

6. Das dargelegte Paradoxon des ästhetischen W.s – der sich weder dem politischen W. unterordnen noch ihn assimilieren kann – scheint im widersprüchlichen Status des Gebrauchswerts in der marxistischen Konzeption zu liegen. Um beim literarischen Text zu bleiben (obwohl dasselbe für den literarischen Kanon gilt), stellt er sich entweder in einer «schönen» oder einer «erhabenen» Form vor, sei es also als ein *Gebrauchswert*, wenn er durch die referenzielle Ausrichtung seinen Wertcharakter verbirgt, der dann «symptomhaft» aus seiner Form abgelesen werden soll, oder aber als ein *Tauschwert*, wenn er selbstreferenziell seinen W.- bzw. Formcharakter hervorhebt, um von ihm dadurch Abstand zu nehmen. Die «schöne» Form ist nun insofern proble-

matisch, als ein Gebrauchswert, der Marx zufolge menschliche Bedürfnisse unmittelbar und vollständig befriedigt, *per definitionem* nichts verheimlichen darf, weswegen wir es beim literarischen Text mit einem *vorgetäuschten* Gebrauchswert zu tun haben. Mit anderen Worten, der literarische Text ist nur deshalb in der Lage, «Wirklichkeit» darzustellen, weil er zuvor einen aufwendigen Selektionsvorgang im Rahmen des literarischen Systems durchlaufen und dadurch seinen Tauschwert bewiesen hat. Daraus lässt sich schließen, dass erst der Tauschwert einen Zugang zum Gebrauchswert eröffnet, da der letztere an sich unerreichbar sei. «Was für ein Wert könnte das auch sein, wenn die Möglichkeit einer auf der Kommensurabilität der Werte gegründeten relativen Bewertung als wesentlicher und unersetzbarer Bestandteil jedweden Werts erscheint?» (Connor) Von diesem Punkt trennt uns nur noch ein Schritt vom Schluss, der dann in der Tat von Baudrillard (1972, 1973, 1976) gezogen wurde, dass der Gebrauchswert nämlich eine metaphysische Umkleidungsform des Tauschwerts und insofern mehr eine Verkörperung, einen «Satellit» und ein «Alibi» des letzteren als seinen etwaigen Gegensatz darstellt. Falls der Tauschwert allerdings von Anfang an in den Gebrauchswert eingebaut ist, müsste daraus noch nicht, wie bei Baudrillard, die Unmöglichkeit einer Transzendierung des ersteren abgeleitet werden, sondern ließe sich ebenso (wie bei Eagleton 1990) auf die Notwendigkeit einer unermüdlichen Umwertung als des «erhabenen» Widerstands gegen die Vorherrschaft des Tauschwerts schließen. Adorno (1970) z. B. hat bekanntlich auf dem Konzept der Kunst als eines letzten Zufluchtspunkts solch eines Widerstands in der Welt der «instrumentellen Vernunft» bestanden. In seiner Auffassung war die Aufgabe des Aufrechterhaltens der Erinnerung auf den Gebrauchswert indessen gerade der modernen Kunst anvertraut – einer Kunst also, die sich durch ihre hohen Ansprüche jedwedem unmittelbaren Verbrauch drastisch entzog und den Kreis ihrer Genießer auf ein möglichst geringes Maß reduzierte.

Die unentrinnbare Wiederkehr dieses Moments – dass nämlich als Träger des Wertganzen (d. h. als Gebrauchswert) ein W. erscheint, der von demselben Ganzen bereits gründlich zu seinem Teil (d. h. zum Tauschwert.) präpariert wurde – hat in der marxistischen Kritik schließlich zum Verwerfen des Ganzheitsideals geführt. Alle W.e wurden als kontingente Indizien der Klassen-, Rassen-, Kultur-, Geschlechtsposition ihrer Träger bzw. Befürworter «durchschaut». Es wird behauptet, dass sie aus den Wertungsakten hervorgeht, einem notwendigen Bestandteil aller Aktivitäten, die das sog. literarische System ausmachen: der *Produktion, Verteilung* (Verlage, Bibliotheken, Buchhandlungen), *Rezeption* und (der literaturkritischen, hermeneutischen, erzieherischen und wissenschaftlichen) *Verarbeitung* literarischer Werke. In ein so komplexes Attributionsnetz platziert, wird der ästhetische W. aus einer fortwährenden Identität in einen provisorischen Akkumulations- und Differenzierungseffekt der Werturteile umgewandelt.

7. Auch Bennett (1990) ist in seinem einflussreichen Revisionsversuch der klassisch-marxistischen Behandlung des ästhetischen W.s von einer derartigen Verwerfung des «Ganzheitsversprechens» ausgegangen. Allzu lange wurde das letztere als ein einziger Bürge für die verlorene Menschheitsfülle angenommen, der, unter einem entsprechenden philosophischen oder theoretischen Schutz, ihre Wiederbelebung zu versichern angeblich imstande wäre. Bennett erkennt die Wurzeln dieses Irrtums in der berühmten Kantschen Analyse des Geschmacksurteils, in der dieses Urteil in einem aller psychischen und sozialen Momente enthobenen Universalsubjekt begründet wird. Daher ist der ästhetische Diskurs für Bennett das Musterbeispiel eines ideologischen Manövers, anhand dessen das jeweilige Subjekt seine partikulären W.e einem Universalsubjekt zuschreibt. «Nachdem dieser Bestimmungsgrund universalisiert wird (...) übernimmt der ästhetische Diskurs seine Achse (...). Einmal durch den einheitlichen Blick des Universalsubjekts fixiert, wird der Wert festgelegt und in die Eigenschaften des Objekts umgewandelt» (Bennett). Da der ästhetische W. schon ein täuschender Zuschreibungseffekt sei, wäre es aber besser, ihn statt im Kunstobjekt selbst im Wertzusammenhang der betreffenden Gemeinschaft zu suchen und dadurch sozial-historisch zu relativieren. Mag ein Subjekt die W.e auch zeitweilig von verschiedenen Gemeinschaften integrieren, so reicht das noch keineswegs aus, «eine Basis für die Verallgemeinerungs- und Universalisierungspolitik zu bilden. Es ist auch keine Zeit für eine derartige Kulturpolitik» (ebd.). Daher lehnt Bennett jenes Literaturstudium ab, das die Literatur auf die Bildung eines Universalsubjekts reduziert. Es ist allerdings fraglich, was für eine Veränderung der Abbau eines einheitlichen, in eine Vielfalt von ebenso exklusiven, jeglicher inneren Antagonismen entledigten «Gemeinschaftssubjekten» erbringen würde. Was bekommen wir dadurch, dass wir die soziale Auflösungstendenz derart aufhalten, indem wir eine Gemeinschaft in immer kleinere Gruppen mit der Absicht zerstückeln, eine differenzielle, ideale und homogene Identität als die allerletzte Solidaritätsbasis zu bestätigen (Guillory 1993)? Es scheint, als ob «ein Schritt jenseits der marxistischen Analyse in die Ära des ‹Postmarxismus› systematisch in Richtung einer Rettung dieser Analyse vor allen etwaigen Ansteckungseinflüssen führen würde» (Kamuf 1997).

8. Bennetts Zurückführung des universalen ästhetischen auf partikuläre ideologische W.e jener Subjekte, die den ästhetischen W. festlegen, lässt sich aus seiner einseitigen Lektüre der Kantschen Analyse des Geschmacksurteils ableiten. Sie veranlasst ihn dazu, die Ganzheit auf der ersten, künstlerischen Ebene nur mit der Absicht zu verneinen, sie auf der zweiten, politisch-ideologischen Ebene wiederherzustellen. Kant (1790/1968) selbst weist ausdrücklich

darauf hin, dass derjenige, der das Schöne wahrnimmt, dem Eindruck unterliegt, als ob das Schöne eine Eigenschaft des Gegenstands und als ob sein Urteil logisch sei, obwohl es bloß um eine Vorstellung und insofern um ein ästhetisches Urteil geht. Diese seine Vorstellung beruht ihrerseits auf keinerlei Regel oder Vorschrift angesichts des Schönen, sondern auf der Annahme, dass unser Urteil mit einer allgemeinen Zustimmung rechnen darf. Kant betont, dass diese Annahme über keinen Grund in der Wirklichkeit verfügt, sondern sich auf ein Als-ob bezieht, als ob sie also unserer Erkenntnis von einer umgreifenden fremden Vernunft auferlegt wurde. «Mit einem Wort, wir behandeln jene Einzelheiten, welche *wir* nicht verstehen, als ob sie von einem *fremden* Verstehen hervorgebracht wurden, einem Verstehen, das unserem zugleich ähnelt und nicht ähnelt (indem es etwas hervorgebracht hat, was wir nicht verstehen)» bzw. etwas, worüber wir erst zu reflektieren haben (Weber 1987). In einer Übersetzung der Kantschen in die systemtheoretische Terminologie beansprucht das Kunstwerk die sog. Beobachtung zweiter Ordnung: «Die Beobachtung der Beobachtung anderer ist keine Nebenbedingung, sondern gerade Sinn und Definition der Kunstwerke» (Esposito 1996). Jemand «kann an Kunst nur teilnehmen, wenn er sich als Beobachter auf die für sein Beobachten geschaffenen Formen einlässt, also am Werk die Beobachtungsdirektiven nachvollzieht» (Luhmann 1995). Was einen Gegenstand zur Kunst macht, sind keineswegs seine eigenen Eigenschaften, sondern die Annahme von seiner Produziertheit bzw. davon, dass es unserem Beobachten als ein vollendetes *Werk* vorliegt. Bennett vernachlässigt diese dem Geschmacksurteil eigene «Falte» zwischen eigener Beobachtung (zweiter Ordnung) und fremder Beobachtung (erster Ordnung) und begeht dabei denselben Fehler, den Kants Warnung zufolge jedes Subjekt des Geschmacksurteils begeht: Er nimmt ästhetische Wertung für seine eigene, obwohl sie durch einen Anderen vermittelt wurde. Von daher setzt er die Wahrnehmungsnennung mit dem Gegenstand gleich bzw. geht wie ein Beobachter erster Ordnung vor, der die Sachen für solche nimmt, wie er sie beobachtet. Dennoch ist seine Nennung katachrestisch, weil er nämlich ein Beobachter zweiter Ordnung ist, dem der Gegenstand selbst unzugänglich bleibt. Die von seinem Urteil festgestellte Einheit ist insofern nur ein Ergebnis des «Durchgangs durch das Spiel der Differenzen»; was diese Einheit ausmacht, «begegnet nur und verliert sich in den Unterscheidungen», für welche keine vorgeschriebenen Wege vorhanden sind (ebd.).

9. Der dargelegte fiktionale Charakter des ästhetischen Urteils bewahrt ihn vor der Zurückführung auf die «Formationsregel» bestimmter «Geselligkeitsformen». Bennett braucht solche reduktiven Wertparameter, um durch die «Produktion von geschichtlichen Wahrheiten als positiven Erkenntnissen, (...) welche unseren Gegenwartsaktivitäten klare Hinweise anbieten», die post-

strukturalistische «Literarisierung der Geschichte» widerlegen zu können. «Die Gegenstände, mit denen sich der Literaturwissenschaftler als Historiker befassen sollte, sind ‹bestimmte Wahrheiten›, die nur in einer *bestimmten* Zeit und für eine *bestimmte*, nämlich vergangene Zeit bestehen» (Kamuf). In derselben Weise allerdings, wie Bennett durch seine kritische Kant-Lektüre dargelegt hat, dass der literarische W. durch den Setzungsakt notwendigerweise historisch positioniert wird, lässt sich anhand einer aufmerksameren Kant-Lektüre zeigen, dass der Wertsetzungsakt selbst literarisch ist, weswegen er sich irgendeiner definitiven sozialen Positionierung entzieht. Es ist also nicht nur so, dass der Tauschwert den Gebrauchswert untergräbt, um seine Universalität zu widerlegen, sondern es ist gleichzeitig so, dass der Gebrauchswert den Tauschwert untergräbt, um seine Partikularität zu widerlegen. Mit anderen Worten: Obwohl der Akt der Zuschreibung des ästhetischen W.s stets im Namen der Anderen vollzogen wird, wird die Zustimmung von diesen Anderen lediglich in einer *projizierten* Sphäre erworben, nicht in einer Sphäre von bereits *festgelegten* Klassen-, Rassen-, Geschlechts- oder Kulturparametern, von denen er gegebenenfalls umgeben ist. Die Voraussetzungen des ästhetischen Urteils lassen sich insofern durch keine Kontextbeschreibung erschöpfen, weil dieses Urteil seinen Kontext überhaupt erst *produziert*. Indem sie eine solche Kluft in alle Formen seiner geschichtlich-sozialen Zugehörigkeit einführte, hat Kamuf diesen produktiven Moment des ästhetischen Urteils seine Historizität *(historicality)* genannt. «Jenseits seiner geschichtlichen Zugehörigkeit und seines geschichtlichen Interesses schließt das literarische Werk einen Moment der Zukunft, auf den es sich wegen seiner Glaubwürdigkeit und Bedeutung bezieht, ein; dadurch versetzt es jedwede bestehende, festgelegte Bedeutung in einen Kontext möglicher Transformation. Obwohl das akademische Literaturstudium diesen Moment stark vernachlässigte, hat seine Wirkung die Literaturinstitution dennoch dekonstruiert» (ebd.).

10. Es scheint, als ob diese äußerst wichtige Einsicht nicht nur den marxistischen, sondern den ökonomischen Begriff des ästhetischen W.s im Ganzen, also auch denjenigen, den Bourdieu (1981, 1992, 1993) im Laufe der 1980er Jahre erarbeitet hatte, in Frage stellt. Vom marxistischen Panökonomismus nimmt Bourdieu durch die Behauptung Abstand, dass seine Analyse des Kulturkapitals eine «spezifische Logik» verfolgt, die die Übersetzung des letzteren in den ökonomischen Rahmen unmöglich macht. Durch seine relative Autonomie kehre das Kulturfeld die ökonomische Marktlogik nämlich in das antiökonomische «Interesse am Desinteresse», an einem kontemplativen statt einem unmittelbaren Genuss um (1993). Dieser «verschobene Verbrauch», der die praktischen Bedürfnisse einklammert, spiegelt seinerseits eine ebenso des «Verpachtungszwangs» enthobene *Produktion* der Kunstwerke wider. Daraus folgt, dass beide,

der Verbrauch wie die Produktion von Kunstwerken, erst durch die Entstehung eines «Markts der symbolischen Güter» ermöglicht wurden, der die Kunst von der kirchlichen und staatlichen Patronisierung befreite. Trotz Bourdieus Diskontinuierung ihres Verhältnisses schließt allerdings eine *relative* Autonomie des symbolischen Markts weiterhin seine konstitutive *Abhängigkeit* vom ökonomischen Markt ein. Obwohl die Besitzer des Kulturkapitals (die Intelligenz) genauso wie die Besitzer des ökonomischen Kapitals (die Bourgeoisie) der Herrscherklasse angehören, sind sie in ihrem Rahmen eine im Antagonismus gegenüber der «herrschenden Fraktion» stehende «untergeordnete Fraktion». Falls die Bourgeoisie von der Kunst «einen hohen Grad des Verzichts auf die soziale Welt und der Befürwortung der hedonistischen Ästhetik» beansprucht, dann neigt die Intelligenz eher zu einer «asketischen Ästhetik und unterstützt alle künstlerischen Revolutionen, die im Namen von Sauberkeit und Säuberung auf Kosten von Verschwendung und des bürgerlichen ornamentalen Geschmacks geführt werden» (1981). Die Diskontinuität ergibt sich indessen vor allem aus der Bemühung der Künstler, ihre Produkte der Warenmarktlogik zu entziehen, um dadurch ihren ehemaligen Herren durch einen neuen zu ersetzen. Als den literarischen Werken höhere Auflagen mit einem Ausgleich des Unterschieds zwischen dem Preis der kulturellen und ökonomischen Güter drohten, entzogen sich die Schriftsteller durch die aufwendige Strukturierung ihrer Werke dem Massenkonsum. «Während der Konsum im Bereich der breiten Kulturproduktion von der Bildungsebene der Konsumenten mehr oder weniger unabhängig ist, (...) verdanken hohe Kunstwerke ihre spezifisch kulturelle Seltenheit der Seltenheit der Instrumente, anhand derer sie entziffert werden können. Diese Seltenheit ergibt sich aus einer ungleichmäßigen Disponibilität der Bedingungen für die Aneignung von bestimmten ästhetischen Dispositionen und Codes, welche unumgänglich sind, wenn es um das Verstehen von Werken im Feld der begrenzten Produktion geht» (1993). Jene Klasse immerhin, die über einen Zugang zur ästhetischen Disposition und zu den entsprechenden Codes verfügt, nimmt dies als ihre «natürliche» Freiheit von ökonomischer Not an. Daher deutet Bourdieu (1981) Kants Konzept des Geschmacksurteils als eine Universalisierung dieses Freiheitsgefühls der Herrschenden über das Kulturkapital. Das ästhetische Geschmacksurteil drückt den Klassenhabitus bzw. dessen naturalisierte Neigung zur Trennung des Lebens von der Kunst aus. Während das Kunstgefühl der ungebildeten Angehörigen der Arbeiterklasse, die das Leben von der Kunst nicht trennen, deswegen der *Ästhetizität* entkleidet ist, ist es bei den ausgebildeten Angehörigen der Herrscherklasse des *Genusses* entledigt. Keine Klasse weist ein ganzheitliches Kunsterlebnis auf. Die eine schließt aus ihm die Form, die andere den Inhalt aus, wodurch im Kulturfeld eine entsprechende Spannung ausgelöst wird. Unter solchen Umständen hat es keinen Sinn, von der Universalität der ästhetischen Erfahrung zu reden. Diese Behauptung der Kantschen Ästhetik hinterlässt denselben ideologischen Eindruck, wie wenn z. B. die zeitgenössische Linguistik die Grammatik zur Universalerfahrung der Sprache promoviert. Die Verallgemeinerung dieser beiden Kategorien vertuscht ihre durch die Klassenherkunft geprägte Exklusivität. In diesem Sinn betont dann Bourdieu (1981), dass die ästhetische Erfahrung «einen Abstand von der Welt voraussetzt, (...) der auf der Grundlage der bürgerlichen Welterfahrung beruht».

11. Bei all ihrer Feingliederung und Differenziertheit hat Bourdieus Konzeption dennoch Schwierigkeiten, ihren Reduktionismus zu verheimlichen. Um mit dem Verhältnis zwischen dem kulturellen und dem ökonomischen Kapital anzufangen, reicht der Besitz eines jeden von beiden für die Einordnung in die Klasse der Herrschenden zu. Daher wird die *Asymmetrie* zwischen Intelligenz und Bourgeoisie letztendlich durch ihre *Äquivalenz* aufgehoben: Beide sind für Bourdieu (1981) reine «Varianten eines und desselben grundsätzlichen Verhältnisses zur Not und zu jenen, die ihr unterworfen bleiben». Durch eine derartige Homogenisierung der Klasse der Herrschenden werden ihre inneren Strukturunterschiede bzw. wird die Fähigkeit des Kulturkapitals, der Bestimmungskraft der Wirtschaft zu entrinnen, vernachlässigt. Bourdieu opfert sie zugunsten der Einheit von Klassengeschmack und -habitus. Er ist aber deswegen «nicht imstande, die Fähigkeit von ‹legitimen› Kunstwerken zu erklären, eine über ihre anderen Funktionen hinausgehende kritische Funktion zu erfüllen» (Frow 1995), die nämlich über jene Funktionen hinausgeht, welche die Klassenprivilegien festlegen. Bourdieu bleibt daher dabei, dass keine Überschreitung eines durch die schroffe Klassenpolarisierung entworfenen Möglichkeitsraums der symbolischen Ökonomie möglich sei. «Der Akzent von Bourdieus Werk liegt weit von jeglichem Gedanken entfernt, dass es subversive oder transgressive Praktiken oder Ereignisse gibt. Alle vorstellbaren Außenereignisse, alle Untergrabungen der Wertökonomie sind von vornherein in ein Verhältnis oder eine Opposition zum Wertfeld einbezogen. (...) Bourdieu lässt die Möglichkeit eines unnützen oder wert-losen Ereignisses nicht zu» (Colebrook 1997). Aus der gespaltenen Klassenstruktur des Kulturfelds geht dann auch eine unangemessene Homogenisierung des populären Geschmacks hervor. Angeblich ordne er die Form des Kunstwerks seinem Alltagszweck unter, neige er zur emotiven Identifizierung mit dem Werk, zu seiner mimetischen Entzifferung und ethisch geladenen Lektüre. So ist die Arbeiterklasse durch «eine konservative realistische Ästhetik gekennzeichnet. Sie ließe sich auch in negativen Termini bestimmen: als die Ablehnung, das intertextuelle Moment formeller Strukturen in Betracht zu ziehen (...) und als ein mangelhaftes kritisches Bewusstsein angesichts der Codes, die die Realitätseffekte

vollziehen» (Frow 1995). Wie die «kalkulierte Kälte» ihres Verhältnisses zur Kunst nämlich die Lebensbedingungen der Klasse der Herrschenden widerspiegelt, so rührt die «Teilnehmerwärme» des populären Geschmacks von den Lebensbedingungen der Arbeiterklasse her. Bourdieu hat aus dem letzteren den Einfluss der Massenkultur ausgeschlossen, um seine angebliche «Natürlichkeit» aufzubewahren, die er aus einem homogenen, aller Konflikte, Ambivalenz und Zweifel entsorgten «Ethos» ableitet. Neuere Untersuchungen stellen es jedoch in einem weit komplexeren Licht dar (Jones 1983; Denning 1990; Ross 1991), um dadurch dem hybriden, gemischten Charakter *jeglicher* ästhetischen Erfahrung Vorschub zu leisten (Guillory).

Angesichts der dargelegten Schwierigkeiten in der Behandlung des ästhetischen W.s beginnt Bourdieus Reduktionismus ungewollt auf den Ort des eigenen Diskurses hinzuweisen. Falls schließlich alle «verurteilt» sind, eine symbolisch-ökonomische Position im Kulturfeld einzunehmen, was ist mit Bourdieus eigener Position zu tun? Hat sie nicht für sich selbst dieselbe Freiheit des Handelns vorbehalten, welche sie allen anderen Positionen vorenthalten hat? Indem Bourdieu auf der Notwendigkeit einer *wissenschaftlichen* Erklärung der ästhetischen Erfahrung besteht, «kann man daraus nur schließen, dass ausschließlich eine philosophische bzw. *disziplinäre* Autorität seinem Werk gestattet, außerhalb und oberhalb des Spiels des intellektuellen Wettbewerbs, außerhalb des politischen Imaginären, außerhalb der Kategorien der dominierenden und allumfassenden Kultur zu stehen» (Frow). In einer letzten Analyse stellt sich Bourdieu somit eine souveräne Vollmacht aus für die Klassifizierung und Zuweisung von Wertpositionen, die nach seinen eigenen Analysen (1981) nur den mittelalterlichen Königen eignete. Wird dadurch nicht gerade das *ökonomische Interesse* seines Blickwinkels verwischt, das Interesse daran nämlich, «durch eine Akzentuierung von *Wert* und *Interesse* dasjenige vorwegzunehmen, was es im Rahmen seines Schemas überhaupt erst anzutreffen gilt» (Colebrook)?

12. Die bisherigen Ausführungen führen uns zum Schluss, dass alle Versuche einer Werttheorie, wie breit auch immer der von ihr aufgesetzte Relativierungsrahmen ist, letzten Endes dennoch selbst einer unbefragten Wertperspektive anheim fallen. Ließe sich dieses Paradoxon nicht am besten dadurch lösen, dass man die Parteilichkeit der Axiologie lieber entblößt, statt sie zu verheimlichen? Dies war der Grundgedanke, auf dem Smith (1988) ihre einflussreiche postaxiologische Wende aufgebaut hat. Obwohl sie ihre Konzeption jener von Bourdieu annähert, würde es zur «ernstlichen Fälschung» führen, wenn wir beide für relativistisch hielten, «weil Bourdieu sich niemals gegen eine objektive Darstellung sozialer Verhältnisse wehrt» (Guillory), während Smith dies wegen der grundsätzlichen Unzugänglichkeit von neutralen Stand-

punkten für unmöglich hält. Nicht nur ästhetische nämlich, auch die sog. wissenschaftlichen Urteile betrachtet sie als kontingente Auswirkungen von unterschiedlichen Größen eines umfangreichen ökonomischen Systems. Wenn manche dieser Auswirkungen ihre Kontingenz in eine Identität umkleiden, geschieht das mit dem Ziel, ihre Institutionsträger zu reproduzieren. «Die Kunst» ist eine von solchen Identitäten, die die akademische Institution festlegt. Wenn also aus ihrer Perspektive Massenkulturprodukte missachtet werden, sind dies für Smith bloß «reaktionäre Antworten» der Elite auf die «anwachsende gegenwärtige Entstratifizierung von kulturellen Arenen und Praktiken». Als ähnlich oppressiv wird Humes Bevorzugung von Milton über Ogilvy betrachtet. Jenen W.en dagegen, die wir nicht als natürlich, sondern kontingent erleben, wird von Smith Legitimität zugewiesen, z. B. wenn der nigerianische Schriftsteller Chinweitza Dante und Shakespeare entwertet (Kermode 1996). Falls wir daraus schließen können, dass für Smith alle W.e dennoch nicht *gleich* kontingent seien, dann widerspricht das noch nicht ihrer These, sondern bestätigt vielmehr ihre Kritik des «egalitären Irrtums». Denn aus der Behauptung, dass es keinen unbestrittenen W. gibt, folgt noch keineswegs, dass alle W.e gleich geworden sind, sondern erst einmal, dass die Hierarchie, die die Werturteile in einem gegebenen System strukturiert, kontingent sei. Da wir alle bestimmte Wertsysteme bewohnen, haben wir alle unsere eigenen Neigungen, sodass Smiths Sympathien für kulturell Rechtlose aus der Atmosphäre der *Cultural Studies*, die ihre Theorie umgibt, abgelesen werden können. Eine wichtigere Frage wäre jedoch, ob ihre Zentralthese von der Kontingenz aller W.e nicht aus denselben Umständen abgeleitet wurde, weil solch eine kontingente Provenienz ihre argumentative Kraft selbstverständlich lindern würde. Smith beharrt nämlich *nota bene* darauf, dass unsere Wertmuster durch eine «Überlappung von Kontingenzen» innerhalb einer «begrenzten Population» und der «begrenzten Bedingungsreihen» ausgestaltet werden, weswegen sie sich nicht nur unserem Entscheiden, sondern ebenso unserer bewussten Kontrolle entziehen. Der pragmatische Appell an Zustimmung ist hier durch einen unbewussten, apriorischen Konsens ersetzt. Smith leitet ihn aus der «gesamten Ökonomie» eines Subjekts, «einer durch Subjektbedürfnisse, -interessen und -reserven produzierten personalen Ökonomie» her. So betrachtet, erhalten die Gegenstände für ein Subjekt nur insofern W., als sie sich fähig erweisen, bestimmte Funktionen in seiner Ökonomie zu übernehmen, und zwar vollkommen spontan, weil nicht das Subjekt über seine Ökonomie, sondern die Ökonomie über die Subjekte entscheidet. Wenn das Subjekt damit geradezu aussichtslos gegenüber der Struktur seiner eingebauten Ökonomie geblieben ist, wie lässt sich dann der hohe Grad der Reflexion erklären, den Smith während ihrer Filtrierung von Argumenten ihrer theoretischen Kontrahenten vorführt? Die polemische Kraft ihrer Analyse hinterlässt den Eindruck, als ob die abgewogenen theoretischen Urteile sich selbst ausschlössen aus der These von der aufgegebenen Kontingenz aller Werturteile. Wäre eine Gemeinschaft tatsächlich nur aufgrund einer unbestrittenen «Personalökonomie» möglich, was wäre dann der Zweck «einer unaufhörlichen Entwicklung und Feingliederung von besser gegliederten, verantwortlicheren und subtil ausdifferenzierten nicht-objektivistischen Erklärungen der, unter anderem, ‹Wahrheit›, ‹Glaube›, ‹Selektion›, ‹Rechtfertigung› und ‹Gemeinschaft›» gewesen (ebd.)? Er befindet sich im offenkundigen Dienst des «Ideals eines erweiterten, reichlicher entfalteten Gemeinschaftsgefühls. Dieser Wert erweist sich als absolut und nicht relativ» (Connor). So werden alle W.e einem *Ideal der unbegrenzten Auswahl der W.e* untergeordnet, in deren Namen dann alle Wertabsolute widerlegt werden. Ein derartiger W. der «freien Verwendbarkeit zu unterschiedlichsten Zwecken» ist Smiths Analyse zufolge nur den Kunstwerken eigen. Sie sind durch eine Anpassungsfähigkeit an verschiedene Umstände gekennzeichnet, eine Fähigkeit, der sie ihrerseits, indem sie sich keiner Instrumentalisierung unterziehen lassen, auch im menschlichen «biophysiologischen Aufbau» Vorschub leisten. Da die Anpassungsfähigkeit dieses Aufbaus für die Aufrechterhaltung des Menschengeschlechts bürgt, ist die ästhetische Funktion für Smith nicht lediglich eine der möglichen Alternativen menschlicher «Personalökonomie», sondern die *Grundbedingung ihrer Aufrechterhaltung*. Sie stellt alle Verwendungen der «Personalökonomie» in den Dienst ihrer eigenen Reproduktion, um damit ihre Kontingenz zu widerlegen. Durch ihre stillschweigende Verabsolutisierung entblößt der «postaxiologische» Wertrelativismus also jene Relativität des eigenen Ausgangspunkts, die er zu verheimlichen suchte. Gerade dadurch aber macht er auf den paradoxen «Imperativ des Werts» (Connor), auf die unerbittliche Wiederkehr des Gebrauchs- im Tauschwert und des Tauschwerts im Gebrauchswert aufmerksam. Die eine Art des W.s stellt die *Un*möglichkeitsbedingung der anderen Art dar (Keenan). (V. B.)

→ Cultural Studies, Ethik, Ideologie, Poetik

Widerspiegelung

(engl. reflection, franz. réflexion, russ. otraženie)

Dieser Begriff wird gewöhnlich mit der normativen Poetik der vulgären marxistischen Kritik bzw. mit der sog. Widerspiegelungstheorie in Verbindung gebracht, die ihre Blütezeit in den Jahren unmittelbar nach dem Zweiten Weltkrieg erlebte. Sie schreibt vor, dass die Literatur die Wirklichkeit wiedergeben muss, wobei darunter in der Regel die sog. materielle Basis verstanden wird: der Klassenkampf, das Leben der Arbeiter und der Bauern, wirtschaftliche Verhältnisse u. Ä., was bedeutet, dass die Widerspiegelung vor allem den Inhalt des literarischen Werks betrifft. Es sind aber auch philosophisch feiner begründete Varianten der Widerspiegelungstheorie (wie in einigen Werken von Lukács) möglich, in denen die ‹richtige Widerspiegelung› die für das gewöhnliche Auge unmerkliche geschichtliche Entwicklung der Wirklichkeit einschließt. Goldmanns Begriff der Homologie verbindet z. B. die Gesellschaftsstruktur mit der literarischen Form (1955/1976). Die gesellschaftliche Grundlage der Literatur lässt sich auch an dem politischen Engagement der Autoren erkennen.

Die marxistische Kritik selbst hat – wie auch andere literaturtheoretische Richtungen – dieses doktrinäre und enge Verständnis vom Verhältnis zwischen der Literatur und der Wirklichkeit verworfen und den Begriff W. durch den Begriff des Brechens ersetzt, der die Aufmerksamkeit auf zahlreiche Vermittlungsmechanismen lenken sollte. Diesen Begriff haben z. B. Bachtin, Adorno und in neuester Zeit Bourdieu und seine Schüler benutzt.

Einen wichtigen Fortschritt im Konzept der W. (bzw. des Reflexes) bewirkt die Dekonstruktion, indem sie den Spiegel in die Sphäre eines konstitutiven Außenseins versetzt, das eine bequeme metaphysische Rückkehr des Bildes zum ‹Original› verhindert. Bei jeder, auch der banalsten W. setzt sich die kreativ-subversive Nachahmung durch (Gasché 1986). (B. D.)

→ Homologie, Iterabilität, Nachahmung, Spiegel

Wiedererkennen

(engl. recognition, franz. reconnaissance, russ. uznavanie)

1. Nach klassischer Definition aus Aristoteles' *Poetik* (11) ist der Begriff des W.s *(anagnorisis)* neben dem Umschwung *(peripeteia)* und dem Pathos *(pathos)* Bestandteil des zusammengesetzten Plots, derjenige Teil, in dem «der Übergang vom Unwissen zum Wissen» stattfindet. Obwohl auch schon ein einfacher Plot einen «Glücksumschwung» *(metabasis)* voraussetzt, stellen erst zusammengesetzte Plots dank ihrer drei oben erwähnten Vorgänge diesen Umschwung als «wahrscheinlich und notwendig» dar. Daraus folgt, dass Aristoteles das W., den Umschwung und das Pathos für konstitutive Mechanismen der eigenartigen Erzähllogik und nicht bloß für Szenen aus dem Leben der literarischen Gestalten hält. Sie ändern nämlich nicht nur das Wissen von der literarischen Gestalt, indem sie durch den Umschwung ihre Erwartungen übertreffen, sondern sie müssen durch angemessene Konstruktion der Fabel

dasselbe in Bezug auf das Publikum leisten. Die Charakteristik zusammengesetzter Plots liegt darin, dass sie sich der Publikumserwartung widersetzen und dennoch beim Publikum den Eindruck eigener Logik hinterlassen. Beim Aufbau eines solchen logischen Paradoxes oder Paralogismus, der durch die Schockwirkung *(ekplêxis)* bestätigt wird, spielt das W. die Hauptrolle. Aber gerade deswegen widersetzt es sich jeder logischen Erklärung. Paralogismus und W. scheinen laut Cave (1988) eng miteinander befreundet, aber ihr gemeinsamer Status weckt Unbehagen. Der Logiker verachte Euriclias falsche Schlussfolgerung (beim W. des Odysseus an seiner Narbe), der Poetiker aber halte eine solche Schlussfolgerung für den grundlegenden Aspekt des erzählerischen Könnens, sogar für eine Art «Fiktionsunterzeichnung».

2. Schwierigkeiten der Definition des W.s ergeben sich also aus seinem doppelten Status: gleichzeitig *Bestandteil* einer konstruierten Fabel und eines *Rahmens* zu sein, mit dessen Hilfe es verstanden wird. Das Problem liegt darin, dass es wie im ersten auch im letzteren Sinn die Möglichkeit der Manipulation einschließt: Der schlaue Odysseus ist nicht nur eine literarische Gestalt, sondern auch die Verkörperung der gesamten Erzählstrategie, die mittels zahlreicher Verschiebungen, Verkleidungen, durch Verschweigen und Täuschungen mit dem Adressaten spielt. Deswegen können wir laut Cave nie wissen, ob wir die Anagnorisis ernst nehmen sollen. Aristoteles hat sie jedenfalls ernst genommen, weil er auf ihr seine ganze universalistische Konzeption der Poetik aufgebaut hat. Für ihn ist das W. versteckter oder «wunderlicher» *(thaumaston)* – im Gegensatz zu öffentlichen und offensichtlichen Logikgesetzen –, es ist die Art, wie «echte Leser» in «die Seele» der Erzählkunst vordringen. Wie stark das W. in der Vorstellung der antiken Griechen mit dem Lesen verbunden war, zeigt die Etymologie: *anagnôstês* bedeutet im Altgriechischen «der Leser». Das Lesen selbst ist wiederum Bestandteil des natürlichen Strebens des Menschen nach der Erkenntnis, von der Aristoteles am Anfang seiner *Metaphysik* redet und die als Grundlage für sein Mimesiskonzept dient. Alle Menschen fänden angeblich Genuss beim Feststellen von Ähnlichkeiten zwischen verschiedenen Dingen und Erscheinungen, obwohl sie nicht alle dafür gleich begabt seien. So wird das W., das mit Verwunderung beginnt und mit Einsicht endet, in Aristoteles' Konzept in die epistemologische oder kognitive Struktur des Menschen als natürliches Wesen eingebaut.

3. Es scheint, dass für Aristoteles dennoch nicht alle Menschen gleich «natürlich» sind, weil viele z. B. nicht fähig sind, in augenscheinlich verschiedenartigen und bedeutungslosen Details die universale poetische Wahrheit zu erkennen – wie er das in Verallgemeinerungen und Klassifizierungen in seiner *Poetik* selbst tut, indem er literarische Eigentümlichkeiten in ranghöhere Reihen von abstrakten poetischen Universalien zerlegt. Damit wird die konstitu-

tive Grenze zwischen dem einfachen Leser und dem Kritiker bzw. Theoretiker gezogen, die im Laufe der Geschichte der westlichen Poetik die Rolle des Stempels für Wissenschaftlichkeit erlangen wird. Nicht alle Sorten des W.s sind gleichen Wertes! Gerade die entstandene Kluft zwischen der Poetik und dem Stoff, an dem sie verifiziert wird (und auf die viele von Aristoteles' Kommentatoren hinweisen), ermahnt dazu, dass das W. kein unschuldiger und naiver logischer Vorgang des Übersetzens aus dem Unwissen in das Wissen ist, weil es eine gewisse Dosis an dichterisch-philosophischer Kompetenz (oder «natürlicher Gabe») voraussetzt. Das W. ist, ganz im Gegenteil, ein Machtakt, der verführerisch oder mit Gewalt (je nach dem Status des Lesers) die Ordnung seines eigenen Begehrens der Unordnung aufdrängt (Prendergast 1986). Nach Miller (1988) urteilt am wenigsten die reale hermeneutische Praxis des Romanlesers, der von der Technologie des Romans, die seine Nerven reizt, dazu verleitet werde, ständig zu unbewiesenen Schlussfolgerungen zu kommen, oft sogar buchstäblich auf sie zu «springen». Weit davon entfernt, zur reflexiven Kälte zu ermutigen, strebe der Roman danach, «positive persönliche Überraschungs- und Aufregungsschocks» zu vermitteln, die den Körper des Lesers dermaßen reizen, dass er zum Urteilen unfähig werde.

Indem sie das Begehren in eine *heuristische* statt in eine logische Kategorie verwandelt, beweist die auf dem W. aufgebaute Poetik, dass das Begehren Bestandteil der Erkenntnis ist. Die Heuristik gibt jeder mittels W.s gewonnenen Erkenntnis Elemente des Übersehens, der Unkenntnis, des Exzesses und des Abgleitens zurück. Wie es kein Entdecken ohne Verdecken gibt, so gibt es auch kein W. ohne Risiko der Täuschung, des Irrtums und des Skandals. Das heißt, dass es zu einfach wäre, das W. wie Aristoteles als Fortschreiten von der erzählerischen in die logische, von der literarischen in die poetologische Ordnung aufzufassen. Am Ende dieses Wegs, wo der «Aha-Effekt» erfolgen müsste, wendet das W. seinen Blick immer zum Praktischen, Spezifischen und Lokalen zurück, weil jede Ähnlichkeit einen Weg zur Verschiedenheit öffnet. Im W. sind poetologische und literarische Praxis in einen einzigartigen, unauflösbaren Diskurs verflochten. Deswegen wäre es laut Cave für die Anagnorisis am besten, wenn man in ihr den Sinn des gesetzlichen und konventionellen Zwangs, der im Plot von W.s.-Akten endemisch sei, bewahrt; wenn man das Problem der nicht ableitbaren Einzigartigkeit, den Modus der Erkenntnis, der mittels der Synekdoche, des Zufalls und sogar des Nichtwahrnehmens operiert, erhält; sowie wenn man die Freiheit des Abbaus von Zwangsstrukturen fördert, damit die Möglichkeiten des Chaos und des Bruchs, die der Plot des W.s regelmäßig hervorruft, genützt werden können. (B. D.)

→ Genealogie, Handlungsspiel, Plot, Poetik, Wiederholung

Wiederholung

(engl. repetition, franz. répétition, russ. povtorenie)

W. stellt eines der zentralen literarischen Verfahren, und zwar gleichermaßen in allen Gattungen und auf allen Strukturebenen, dar. Zieht etwa die Lyrik die W. von Stimmen, Silben, Akzenten und rhythmischen Mustern vor, können in der Epik Motive und im Drama Situationen wiederholt werden. Während sie in der mündlichen Literatur noch ein mnemotechnisches Mittel war, etwa in der Formelhaftigkeit der epischen Dichtung, ist die W. in der schriftlichen Literatur der gängigen Meinung zufolge eine intentionale und reichhaltige Technik der Werkkomposition geworden.

1. Es ist bezeichnend, dass Genette (1972) in seiner Abhandlung über die Beziehung zwischen Erzählung und Diskurs jene Erzähltexte für qualitätsvoller hält, die sich ausdrücklich oder stillschweigend auf W. stützen. Er nennt jene Erzähltexte *repetitive*, in denen sich ein Ereignis, das sich in der Geschichte nur einmal abspielte, mehrmals wiederholt, und *iterative* wiederum jene Erzähltexte, die dasjenige nur einmal mitteilen, was sich in der Geschichte mehrere Mal ereignete. Beide Variationsarten ermöglichen den Aufbau komplexer Bedeutungsmuster.

Bal (1985) verlegt das Problem der W. in die Rezeptionssphäre und macht den Leser bzw. den Kritiker *(onlooker/investigator)* für die Wahrnehmung von Übereinstimmungen zwischen den Ereignissen bzw. für die Vernachlässigung der Unterschiede unter ihnen verantwortlich, die für jede W. unentbehrlich sind. Das Paradoxon liegt eigentlich darin, dass die W. desto wertvoller ist, je unterschiedlicher die Ereignisse sind, an denen sie festgemacht wurde. Je banaler das Ereignis, fasst Bal zusammen, desto weniger interessant die W. Das sei eine Art Leitfaden.

Dass die W. die Unterschiede nicht verdrängen muss, sondern sogar bei der Wahrnehmung der Unterschiede helfen kann, darauf wies Miller (1982) hin, wobei er sich auf Thesen von Deleuze stützte. Deleuze (1968) stellte zwei Konzeptionen der W. einander gegenüber: die Platons, wonach nur Unterschiede die Wahrnehmung der Ähnlichkeit ermöglichten, und die Nietzsches, wonach die Ähnlichkeiten das Erkennen von Unterschieden ermöglichen. Der letzteren scheint auch Lotman (1964) mit seinem Begriff des *Nebeneinander-* und *Gegenüberstellens* zuzuneigen, der impliziert, dass zwei Wörter nur deshalb in die Position des Reimens gebracht werden, um die Bedeutungsunterschiede unter ihnen hervorzuheben. So erzeuge das Kontrastpaar eine höhere Einheit, die niemals mehr in die Bedeutungen der in sie eingegangenen Wörter zerlegt werden kann.

2. Gegen Ende der 1970er Jahre übernehmen die der psychoanalytischen

Kritik nahe stehenden Poststrukturalisten den Freudschen Begriff des *W.s-Zwangs,* um darauf aufmerksam zu machen, dass die W. ein unbewusster Mechanismus ist, der jeder schöpferischen Intention vorausgeht und deshalb nicht als ein zweckgerichtetes ästhetisches Verfahren verstanden werden kann. Freud (1920) revidierte seine frühere Konzeption über den Trieb der Wunscherfüllung, und zwar deshalb, weil er mehrfach den paradoxalen Trieb zur W. von unangenehmen Erfahrungen beobachtete. Die dämonische Intensität, mit der der Organismus danach trachtet, den Zustand der Beklommenheit und des Unheimlichen wiederzuerrichten, veranlasste Freud (1919) schließlich, diesen «Todestrieb» über den konkurrenten «Lebenstrieb» zu stellen. Zu den Belegen, mit denen er seine These unterstützt, gehört E. T. A. Hoffmanns Erzählung *Der Sandmann,* der er schon früher eine umfassende Auslegung widmete. Aber er hält sich hier leider wie auch in den meisten seiner Essays über Literaturwerke nur bei der Inhaltsebene auf und vernachlässigt die W. auf der Ebene des Erzählens, des Plots und der Figuration. So wird unabsichtlich die Wiederkehr der verdrängten Inhalte, die Freud in der Struktur der Erzählung aufdeckt, auf die Struktur seiner Argumentation übertragen, wodurch auch Freud zum Opfer des W.s-Zwangs wurde – wie die Kritik wiederholt feststellte (Cixous 1976; Kittler 1977; Hertz 1979). Dass die psychoanalytische Einsicht in den W.s-Zwang im Umgang mit Hoffmanns Text effektvoller sein kann als der Autor dieser Einsicht, zeigte Hertz in seinem Aufsatz. Er verweist durch eingehende und raffinierte Argumentation auf die unentscheidbare W. des Anfangs auf der Erzählebene, auf den steten Aufschub bzw. die Vermeidung des Todes auf der Plotebene und schließlich auf die W. der Figuration unheimlicher Bilder, in der hartnäckigen Bestrebung, ihr Verschwinden zu verhindern.

Die zweite wichtige Anwendung des Freudschen Begriffs auf das Verstehen des Plots findet sich bei Brooks (1984). Er vergleicht Freuds Entwurf des menschlichen Lebenswegs aus dem erwähnten Essay – den er Freuds Schlüsselplot *(Masterplot)* nennt – mit der Dynamik des Anfangs, der Mitte und des Schlusses in traditionellen Erzähltexten. Es zeigt sich, dass der Organismus in beiden Plots durch einen Reiz aus dem Ruhezustand gestoßen wurde und danach nach geeigneten Mitteln zur Energieausleerung sucht, um das gestörte Gleichgewicht wiederherzustellen. Die Befriedigung stellt sich also erst am Schluss ein, wonach die ganze Struktur von Anfang an zielgerichtet ist; alle ihre Phasen erweisen sich im Rückblick aus dem erreichten Ruhestand als Simulacrum des Todes als sinnvoll.

3. Brooks Konzeption der W. als Gestalterin des traditionellen Plots widersprach Winnett (1990). Bei Brooks sei die W. nach dem Modell der männlichen körperlichen Befriedigung: Seligkeit – Erregung – Seligkeit gedacht. Der weibliche Körper funktioniere indes anders, weil er kein Ende kennt, das nicht zu-

gleich Anfang wäre. Für ihn ist W. nicht ein Mittel zur Erreichung des Ziels, sondern als Reproduktion des Lebens Zweck an sich. So verstandene W. strukturiert den Plot in der weiblichen Prosa. Ihre Bedeutung wird nicht von dem Protagonisten mit seiner Handlung, sondern von der Gemeinde mit ihrer Nacherzählung, der Überlieferung, bestimmt. Durch Überlieferung wird die W. in die konstitutive Kommunikationsdimension versetzt, wo sie sich nicht für den Dienst zu irgendeinem übergeordneten Ziel vereinnahmen lässt.

4. Damit nähert sie sich dem Wiederholungskonzept Lacans als unerbittliches Begehrensgesetz, das dem Ego eigentümliche Beherrschungsphantasma untergräbt. Das Begehren erneuert beständig die Versuche der Umstrukturierung des «realen» Zustands, welcher der Ausbildung des Ego vorausging, bleibt aber in der Selbstreproduktionskette gefangen, weil dieser Zustand nicht erlösbar ist. So ist das Begehren nach Lacan nicht die Ursache, sondern die Folge. W. Foucault (1976) sah darin eine bloße Spiegelverkehrung der gewöhnlichen emanzipatorischen Wiederholungsvorstellung: Ihr zufolge brachte sie ein für alle Mal die Befreiung, während uns nach Lacans Vorstellung die W. ein für alle Mal in Gefangenschaft wirft. Deshalb deutete Foucault die performativen und repetitiven Auswirkungen des Lacanschen Gesetzes – nach Butler (1993, dt. 1995) – dahin gehend, dass sie uniforme und homogene Subjekte, normalisierte Subjekte der Verdrängung produzieren. Dieser katastrophische Aspekt der Lehre Lacans ist noch auffallender im hartnäckigen Beharren Žižeks (1992) auf dem ausagierenden Aspekt der W. Nach Žižek könne man die Übertragungswiederholung nicht auf Erinnerung zurückführen; die Übertragung sei kein «Schattentheater», in dem wir uns im «Kopf» mit vergangenen Traumata beschäftigten, sie sei vielmehr W. im wahren Sinn des Worts; denn darin werde das Trauma wörtlich wiederholt, «aktualisiert». Daher urteilt LaCapra (1994), Žižek bringe Lacan zum Glühen, indem er seine dominanten Tendenzen hervorhebt und ihn «phantasmatisch» mit Hegel gleichsetzt, dem angeblich negativen Dialektiker, der die spekulative Synthese oder das Ganze aufhebt und Entfremdung und das ewige Begehren als den Horizont des Denkens und Handelns bestätigt. Nach LaCapras Überzeugung laufe man immer dann Gefahr, eine Theorie im Theoretismus verhärten zu lassen, wenn die Probleme blind ausagiert werden, ohne dass man der Art ihrer Einrahmung ausreichend kritische Aufmerksamkeit schenkt, wenn man also in der Position des Ausagierenden *konkret-durcharbeitende* Handlungsfähigkeit in der Absicht tilgt, den/die Ausagierende/n dem Gesetz der *universellen* Handlungsfähigkeit zu unterwerfen. (D. M.)

→ Begehren, Genuss, Iterabilität, Übertragung, Verschiebung

Zeichen

(engl. sign, franz. signe, russ. znak)

Die Mehrheit der Theoretiker definiert ein Z. als «Repräsentation von etwas durch etwas anderes» (aliquid stat pro aliquo), wobei das Repräsentierte Signifikat (‹Bezeichnetes›) und das Repräsentierende Signifikant (‹Bezeichnendes›) genannt wird, während die Repräsentation selbst verschiedene Auslegungen erhält: Darstellung, Vorstellung, Referenz, Bedeutung, Bezeichnung usw. Was das Signifikat angeht, so wird es ebenfalls unterschiedlich ausgelegt, sei es als Vorstellung, Begriff, physischer Gegenstand, Sachverhalt oder als anderes Z. Auch für den Signifikanten finden sich verschiedene Bezeichnungen, von abstrakten wie das Z. (Frege, Carnap), Repräsentamen (Peirce), Symbol (Ogden/Richards), Namen (Locke) oder Terminus (Ockham) bis zu konkreten wie Ausdruck (Hjelmslev), Zeichenmittel (Morris), *verbum vocis* (Augustin) oder *dictio* (in der mittelalterlichen rhetorischen Tradition).

1. Die gegenwärtige Beschäftigung mit dem Zeichen hat sich in zwei Grundrichtungen entwickelt: de Saussure, Hjelmslev und der Strukturalismus haben in ihrer Beschäftigung mit der semantischen Intension bzw. der Bedeutungsgenerierung auf einem dyadischen Modell beharrt, Peirce, Morris und ihre Nachfolger in ihrem Interesse an der semantischen Extension bzw. an den Wahrheitsbedingungen hingegen auf einer triadischen Konstitution des Z.s. Die erstgenannten Theoretiker beschäftigen sich in diesem Sinn insbesondere mit der Bedeutung, die anderen hingegen mit der Referenz. Der Auffassungsunterschied in der Erklärung des allgemeinen Z.-Begriffs lässt sich wahrscheinlich durch die unterschiedlichen Z.-Arten erklären, welche die beiden Richtungen zu ihrem Ausgangspunkt nehmen. Die Strukturalisten gehen von einer festen, durch Konvention eingeführten Äquivalenz- oder Identitätsverbindung zwischen Signifikant und Signifikat aus, die für Ikons oder Symbole charakteristisch ist, während die Pragmatisten von einer inferenziellen Verbindung der Nähe oder Kontiguität zwischen Signifikant und Signifikat ausgehen, welche für Indices bzw. Symptome charakteristisch ist. Erstere wollen einen zu breiten Z.-Begriff einengen, um ihn einer Komponentenanalyse unterwerfen zu können, Letztere streben hingegen danach, einen zu engen Z.-Begriff zu erweitern, um ihn in Kommunikationsgefüge einbinden zu können. Wenn aber die Semiotik mit ihrem Grundbegriff derart unterschiedliche Erscheinungen wie die Verkehrszeichen, Schifffahrtssignale, Taubstummensprache, Tiersprachen, natürliche Z., Körpersprache (Gesten, Grimassen, Krankheitssymptome u. Ä.), Wörter, Sätze, Äußerungen usw. erfassen will, muss sie die beiden entgegengesetzten Arten von Z. (Symbol vs. Index) in eine einheitliche Kategorie einbinden. Das bereitet ihr allerdings ernsthafte Probleme.

2. Es scheint, dass diese Probleme durch die Unvermeidlichkeit des Entstehens des Z.-Begriffs durch die Verallgemeinerung (nur) einer seiner Arten hervorgerufen sind. Wie allgemein bekannt, hat in der gegenwärtigen Semiotik das sprachliche Z. als ein solches «Muster» gedient, obwohl in der reichhaltigen, das Z. betreffenden Denktradition sprachliche Phänomene bis ins 20. Jh. aus der Betrachtung echter Z. ausgeklammert waren. Wörter wurden nämlich seit antiken Zeiten für unzuverlässige Z. gehalten, die zu falschen oder zumindest nicht überprüfbaren Schlussfolgerungen führen – also ganz im Gegensatz zu Z. mit einer vertraglich festgelegten und konventionalisierten Folgerung. Eco (1994) hat das überzeugend mit seiner synoptischen «Archäologie» des Z.-Begriffs gezeigt, die vom Corpus der hippokratischen Lehre über Parmenides, Aristoteles, die Stoiker und Quintilian bis zum hl. Augustinus und Thomas von Aquin führt. Das hat ihn zu einer Revision des Hjelmslev'schen Begriffs der *Z.-Funktion* als einer Solidaritätsbeziehung zwischen zwei Funktiven – Ausdruck und Inhalt – veranlasst. Hjelmslev zufolge setzen Ausdruck und Inhalt einander notwendigerweise voraus und können nur gemeinsam vorkommen. Sich auf die Peirce'sche Konzeption stützend, leitet Eco diese Notwendigkeit dennoch aus einer Reihe von Schlussfolgerungen ab, wobei er darauf aufbaut, dass jeder sprachliche Terminus eine «leere Form von Proposition» ist und dass eine Proposition ihrerseits eine «rudimentäre Argumentation» voraussetzt. So ist die Herstellung der Äquivalenzbeziehung zwischen Signifikant und Signifikat nur durch eine Folgerung oder Interpretation möglich, die eine Wahl und die Anwendung entsprechender Operatoren und Rahmen einschließt. Insofern ist «der abstrakte Begriff der Z.-Funktion auf einem (mitunter streng codierten, mitunter durch kontextuelle Erläuterungen offenen) Mechanismus des Schlussfolgerns gegründet, der auf unterschiedlichen Ebenen von Komplexität (Wörter, Sätze, Texte) zu finden ist und entlang verschiedener (auditorischer, visueller, plastischer) Kontinuitäten untersucht werden kann. In diesem Sinn setzt der Z.-Begriff den Begriff der Semiose voraus» (Eco 1994). Mit anderen Worten, ein Z. kann als solches nur durch Inbeziehungsetzung mit einem anderen Z. durch seinen *Interpretanten* (Peirce) im Rahmen einer Z.-Kette oder eines Z.-Systems bzw. Codes erkannt werden.

3. Die Einbindung des Z.s in semiotische Prozesse hat insbesondere zum Verständnis komplexer Z.-Arten wie literarische Texte beigetragen, deren Bedeutung sich im Laufe der Geschichte ändert. Die Semiose ermöglicht nämlich nicht nur eine Veränderung des Z.-Rezipienten, sondern auch eine Veränderung seines Emittenten, und zwar durch den Prozess der Reattribuierung, zu dem es dadurch kommt, dass der Leser seine Position der Bedeutungszuweisung ändert. Indem sich der Rezipient beispielsweise aus der Position des Adressaten des Erzählens auf die Position des impliziten Lesers zurückzieht,

überträgt er die Verantwortung für die erzählerische Aussage vom Erzähler auf den impliziten Autor usw. Im Prozess des Transfers vom einen Niveau zum anderen kann es zur Motivierung, Re-Motivierung oder De-Motivierung der Z.-Beziehung kommen; das literarische Z. kann seine Gattungszugehörigkeit verändern und sich z. B. von einem Symbol (das auf das Signifikat verweist) in einen Index (der auf die Entstehungssituation verweist) verwandeln. All das hängt vom Z.-System oder von der Konfiguration der Codes des Leserbewusstseins ab, mit dem das literarische Z. in eine Beziehung tritt.

4. Luhmann (1995) hält den Begriff des Z.s wegen seiner Ableitung aus einer ontologischen Konzeption der Welt für problematisch: Das Z. erhält seine Bedeutung und seine Funktion nur dadurch, dass es auf «etwas anderes» verweist. «Ein Verweis auf ‹Nichts›», wie in der Ontologie, würde dem Z. seine Bedeutung nehmen. Im Gegensatz dazu verweist der Begriff der (autopoietischen) Form selbstreferenziell nur auf sich selbst. «Die *forma formans* ist *forma formata*.» Doch eine derart radikale Entmaterialisierung des theoretischen Ansatzes ist ihrerseits nicht frei von Problemen. (P. G.)

→ Arbitrarität, Semiose, Semiotik, Signifikant, Signifikat

Zitat

(engl., franz. citation, russ. citata)

Im traditionellen Begriffssinn eine wörtliche Anführung von unbestimmter Länge, die aus einem Werk in das andere mit klaren Bezeichnungen des «Gastseins» (früher Anführungszeichen, heutzutage öfter auch besondere Typographie oder optische Trennung vom übrigen Text durch Einzüge) übertragen wird.

1. Das Z. dringt in die zeitgenössische theoretische Diskussion zeitgleich mit der westeuropäischen Rezeption von Bachtin Anfang der 1970er Jahre ein. Den Wissenschaftler mit seinem ausgeprägtem Interesse für «fremdes Wort», das «Wort mit Schlupfloch», «das dialogische Wort», für Zweistimmigkeit, Heteroglossie, erlebte Rede, Parodie, Phänomene beim Karneval usw. stellt Kristeva zu dieser Zeit als einen Förderer der Idee der Intertextualität vor. Es geht um die Idee, die das Tor auch für den Begriff des Zitats bei der Analyse literarischer Texte aufmacht, indem sie jedoch seine traditionelle Bedeutung lockert. So besteht Barthes (1970a) auf der immer-schon-zitierenden Bedeutung der Codes, womit er die Unbestimmtheit ihrer Herkunft betonen will. Das Z. wird infolge der Intervention des Anderen im Poststrukturalismus im Allgemeinen zum Schutzzeichen der unaufhörlichen Bedeutungsversetzung, einer fast ur-

sprünglichen Transgression, die für damalige zentrale operative Kategorien wie Text, Schrift oder Rhizom charakteristisch ist. Im Einklang mit seinem so maßlos überschießenden Potenzial verliert der Begriff Z. auch die Möglichkeit klarer Abgrenzung seines «Besitzes», es wird sekundär und anspielend, mittelbar, Umwege einschlagend und mehrdeutig.

2. Parallel mit der ein wenig unerwarteten Anwendung auf künstlerisch-literarische Texte entwickelt sich auch das Interesse am Funktionieren des Z.s in seinem ursprünglichen, im wissenschaftlichen Text. Während das Z. in literarischer Kunst vor allem die Funktion des (De-)Kontextuierens erfüllt, beglaubigt, autorisiert und verschafft es im wissenschaftlichen Text dem Wirt-Text die Glaubwürdigkeit der sog. wissenschaftlichen Gemeinschaft, indem es seinem Autor gleichzeitig die Möglichkeit der Äußerung seiner kritischen, analytischen oder interpretativen Überlegenheit bietet. Im historiographischen Text besitzt das Zitieren der sog. Quellen die Kraft der Veranschaulichung, wie sie z. B. im Roman Dialogszenen haben, aber auch Beweiskraft, sodass es sich zusammen mit Zeichnungen, Fotografien, Namen, Beschreibungen u. Ä. in die Bedienungsanlage des «Effektes des Realen» eingliedert (Barthes 1968b).

3. Den Begriff der Zitathaftigkeit hat in die kroatische Theorie Oraić-Tolić (1990) eingeführt, indem sie seine Exaktheit (gegenüber dem dehnbaren der Intertextualitätsbegriff) betont, da Quelle und zitierter Text hierbei ganz übereinstimmen. Sie sieht das Z. allerdings nicht nur als einen gesonderten Vorgang an, sondern auch als ein ontologisches und semantisches Prinzip, das die Gedankengänge und Ausdrucksweisen von ganzen Texten, Werken, Stilen, Kulturen und Epochen formt, sodass sie es aus semantischer, syntaktischer, pragmatischer und kulturologischer Perspektive analysiert. Ganz anders versteht die amerikanische Theoretikerin Butler (1990, 1993, 1997) den Begriff *citationality*, die, auf Derridas Spuren, die Zitierbarkeit in die Grundlage jeder Sprachaufführung und damit auch jeder Identitätsbildung verlegt. Das Z. sei nie blindes Wiederholen der Quelle, sondern potenzieller Ort ihrer Nachahmung, Versetzung und Ausspielung, der jederzeit nach dem Supplement weiterer Bedeutungszuweisungen verlange. In diesem Sinn seien die Identitäten nie fixiert, sondern stünden in der temporal-transitiven Kette performativen Herbeirufens immer zur Überprüfung bereit. «Lässt sich die Iterabilität oder Zitathaftigkeit nicht geradezu als das *metaleptische Verfahren* beschreiben, mittels dessen das Subjekt, das die performative Äußerung ‹zitiert›, als nachträglicher und fiktiver Ursprung dieser Äußerung hergestellt wird?» (Butler 1997, S. 75). (B. D.)

→ Andere, Intertextualität, Rede, Schrift, Supplement

Anhang

Verzeichnis der Übersetzerinnen und Übersetzer

Aida Hartmann *(A. H.)*
Alida Bremer *(A. B.)*
Andrea Eggers *(A. E.)*
Angela Richter *(A. R.)*
Boris Dudaš *(B. D.)*
Carmen Sippl *(C. S.)*
Dagmar Burkhart *(Dg. B.)*
Daniel Bunčić *(D. B.)*
Dragica Pecić *(D. P.)*
Dunja Melčić *(D. M.)*
Ljiljana Šarić/Wiebke Wittschen *(Lj. Š./W. W.)*
Peter Grzybek *(P. G.)*
Rainer Grübel *(R. G.)*
Renate Hansen-Kokoruš *(R. H.-K.)*
Saša Rogić/Zoran Zlatanović *(S. R./Z. Z.)*
Tatjana Petzer *(T. P.)*
Thomas Menzel *(Th. M.)*
Vladimir Biti *(V. B.)*
Wladimir Fischer *(W. F.)*

Bibliographie

Gesamtdarstellungen

Arnold, Heinz Ludwig/Detering, Heinrich, Hg., 1996. *Grundzüge der Literaturwissenschaft.* München.

Atkins, Douglas G./Morrow, Laura, Hg., 1989. *Contemporary Literary Theory.* Amherst.

Baasner, Reiner (und Zens, Maria), 1996. *Methoden und Modelle der Literaturwissenschaft: Eine Einführung.* Berlin.

Bogdal, Klaus-Michael, Hg., 1991. *Neue Literaturtheorien: Eine Einführung.* Opladen.

Brackert, Helmut/Stückrath, Jörn, Hg., 1992. *Literaturwissenschaft: Ein Grundkurs.* Reinbek bei Hamburg.

Childers, Joseph/Hentzi, Gary, Hg., 1995. *Columbia Dictionary of Modern Literary & Cultural Criticism.* New York.

Coyle, Martin/Garside, Peter/Kelsall, Malcolm/Peck, John, Hg., 1991. *Encyclopedia of Literature and Criticism.* New York/London.

Culler, Jonathan 1997. *Literary Theory: A Very Short Introduction.* Oxford/New York.

Evans, Dylan 1996. *An Introductory Dictionary of Lacanian Psychoanalysis.* New York/London (dt. *Einführendes Wörterbuch zur Lacanschen Psychoanalyse.* Wien 2000).

Flaker, Aleksandar/Ugrešič, Dubravka, Hg., 1984ff. *Pojmovnik ruske avangarde.* Zagreb (dt. *Glossarium der russischen Avantgarde.* Graz/Wien 1989).

Fohrmann, Jürgen / Müller, Harro, Hg., 1995. *Literaturwissenschaft.* München.

Fowler, Roger, Hg., 1973. *A Dictionary of Modern Critical Terms.* London et al.

Geier, Manfred 1983. *Methoden der Sprach- und Literaturwissenschaft.* München.

Green, Keith/LeBihan, Jill 1996. *Critical Theory and Practice: A Coursebook.* London / New York.

Greimas, Algirdas Julien/Courtés, Joseph 1979. *Dictionnaire raisonné de la théorie du langage 1.* Paris.

Greimas, Algirdas Julien/Courtés, Joseph 1986. *Dictionnaire raisonné de la théorie du langage 2.* Paris.

Harris, Wendel V. 1992. *Dictionary of Concepts in Literary Criticism and Theory.* New York et al.

Hawthorn, Jeremy 1992. *A Glossary of Contemporary Literary Theory.* London et al. (2. Aufl. 1994) (dt. *Grundbegriffe moderner Literaturtheorie: ein Handbuch.* Tübingen/Basel 1994).

Humm, Maggie 1995. *The Dictionary of Feminist Theory.* New York/London.

Iljin, I. P./Curganova, E. A., Hg., 1996. *Sovremennoe zarubežnoe literaturovedenije: koncepcii, školy, terminy.* Moskva.

Kowaleski-Wallace, Elizabeth, Hg., 1997. *Encyclopedia of Feminist Literary Theory.* New York / London.

Koževnikov, V. M./Nikolaev, P. A., Hg., 1987. *Literaturnyj ėnciklopedičeskij slovar'.* Moskva.

Lentricchia, Frank / McLaughlin, Thomas, Hg., 1995. *Critical Terms for Literary Study.* Chicago.

Makaryk, Irena, Hg., 1993. *Encyclopedia of Contemporary Literary Theory: Approaches, Scholars, Terms.* Toronto et al.

Malachov, V. S. / Filatov, V. P., Hg., 1991. *Sovremennaja zapadnaja filosofija: slovar'.* Moskva.

Nöth, Winfried 1985. *Handbuch der Semiotik.* Stuttgart.

Orr, Leonard 1991. *A Dictionary of Critical Theory.* New York et al.

Payne, Michael, Hg., 1996. *A Dictionary of Cultural and Critical Theory.* Oxford.

Pechlivanos, Miltos/Rieger, Stefan/Struck, Wolfgang/Weitz, Michael, Hg., 1995. *Einführung in die Literaturwissenschaft.* Stuttgart/Weimar.

Preminger, Alex/Brogan, T.V.F., Hg., 1993. *The New Princeton Encyclopedia of Poetry and Poetics.* Princeton.
Prince, Gerald 1987. *A Dictionary of Narratology.* Lincoln.
Sebeok, Thomas A., Hg., 1994. *Encyclopedic Dictionary of Semiotics.* Berlin / New York.
Todorov, Tzvetan/Ducrot, Oswald 1972. *Dictionnaire encyclopédique des sciences du langage.* Paris (dt. *Enzyklopädisches Wörterbuch der Sprachwissenschaften.* Frankfurt/M. 1975).

Einzeldarstellungen

Abbas, Ackbar 1984. «Metaphor and History», in: Tak-Wai, W./Abbas, M. A., Hg., *Rewriting Literary History.* Hong Kong.
Adorno, Theodor W. 1958ff. *Noten zur Literatur I–IV.* Frankfurt/M.
Adorno, Theodor W. 1966. *Negative Dialektik.* Frankfurt/M.
Adorno, Theodor W. 1970. *Ästhetische Theorie.* Frankfurt/M.
Adorno, Theodor W. 1973/74. *Philosophische Terminologie: Zur Einleitung.* Bd. 1, 2. Frankfurt / M.
Adorno, Theodor W./Horkheimer, Max 1947. *Dialektik der Aufklärung: Philosophische Fragmente.* Amsterdam.
Ahrens, Rüdiger/Antor, Heinz, Hg., 1992. *Text – Culture – Reception: Cross-Cultural Aspects of English Studies.* Heidelberg.
Alasuutari, Perti 1995. *Researching Culture: Qualitative Method and Cultural Studies.* London.
Alcoff, Linda 1991/92. «The Problem of Speaking for Others», *Cultural Critique 20.*
Althusser, Louis 1966. *Pour Marx.* Paris (dt. *Für Marx.* Frankfurt / M. 1974).
Althusser, Louis 1971. *Lire le Capital I, II.* Paris (dt. *Das Kapital lesen.* 2 Bde. Reinbek bei Hamburg 1972).
Althusser, Louis 1972. *Lénine et la philosophie, suivi de Marx a Lénine devant Hegel.* Paris (Contradiction et surdétermination, 1968) (dt. *Lenin und die Philosophie.* Reinbek bei Hamburg 1974).
Althusser, Louis 1976. *Positions.* Paris (Idéologie et appareils idéologiques d'État) (dt. *Ideologie und ideologische Staatsapparate: Aufsätze zur marxist. Theorie; Positionen.* 3 Bde. Hamburg/Berlin 1977).
Anderegg, Johannes 1977. *Literaturwissenschaftliche Stiltheorie.* Göttingen.
Anderson, Benedict 1983. *Imagined Communities: Reflections on the Origin and Spread of Nationalism.* London (dt. *Die Erfindung der Nation: zur Karriere eines folgenreichen Konzepts.* Berlin 1998).
Andringa, Els 1994. «Literatur als Begriff: Zur Vermittlung von Rezeptionsvoraussetzungen im Unterricht», in: Barsch, A./Rusch, G./Viehoff, R., Hg., *Empirische Literaturwissenschaft in der Diskussion.* Frankfurt/M.
Appiah, Anthony 1996. «Is the Post in Postmodernism the Post in Postcolonialism?», in: Mogia, P., Hg., *Contemporary Postcolonial Theory: A Reader.* London.
Arac, Jonathan 1987. *Critical Genealogies: Historical Situations for Postmodern Literary Studies.* New York.
Armstrong, Nancy 1987. *Desire and Domestic Fiction: A Political History of the Novel.* New York/Oxford.
Arnold, David 1994. «Public Health and Public Power: Medicine and Hegemony in Colonial India», in: Engels, D./Marks, S., Hg., *Contesting Colonial Hegemony.* London/New York.
Arnold, Matthew 1869/1960. *Culture and Anarchy.* Cambridge.
Ashcroft, Bill/Griffiths, Gareth/Tiffin, Helen 1989. *The Empire Writes Back: Theory and Practice in Post Colonial Literatures.* London.

Ashcroft, Bill/Griffiths, Gareth/Tiffin, Helen, Hg., 1995. *The Post-colonial Studies Reader.* London / New York.
Assmann, Aleida 1996. «Einleitung: Metamorphosen der Hermeneutik», in: Assmann, A., Hg., *Texte und Lektüren: Perspektiven in der Literaturwissenschaft.* Frankfurt/M.
Assmann, Aleida/Assmann, Jan, Hg., 1987. *Kanon und Zensur.* München.
Assmann, Aleida/Assmann, Jan 1990. «Das Gestern im Heute. Medien und soziales Gedächtnis». Studienbrief 16 zum Funkkolleg «Medien und Kommunikation». Tübingen.
Assman, Aleida/Assmann, Jan 1995. «Archäologie literarischer Kommunikation», in: Pechlivanos, M. et al., Hg., *Einführung in die Literaturwissenschaft.* Stuttgart/Weimar.
Assmann, Aleida/Assmann, Jan/Hardmeier, Christoph, Hg., 1983. *Schrift und Gedächtnis.* München.
Assmann, Aleida/Hardt, Dietrich, Hg., 1991. *Mnemosyne: Formen und Funktionen kultureller Erinnerung.* Frankfurt/M.
Assmann, Jan 1992. *Das kulturelle Gedächtnis: Schrift, Erinnerung und politische Identität in frühen Hochkulturen.* München.
Assmann, Jan/Gladigow, Burkhard, Hg., 1994. *Text und Kommentar.* München.
Atkins, Douglas G. 1989. «Introduction: Literary Theory, Critical Practice, and the Classroom», in: Atkins, G. D./Morrow, L., Hg., *Contemporary Literary Theory.* Amherst.
Attridge, Dereck 1987. «Language as history / history as language: Saussure and the romance of etymology», in: Attridge, D./Bennington, G./Young, R., Hg., *Post-structuralism and the Question of History.* London.
Austin, John L. 1962. *How to Do Things with Words.* London (dt. *Zur Theorie der Sprechakte.* Stuttgart 1994).
Averincev, Sergej S. 1987. «Filologija», in: Koževnikov, V. M./Nikolaev, P. A., Hg., *Literaturnyj ėnciklopedičeskij slovar'.* Moskva.
Ayim, M. 1986. «Semiosis», in: Sebeok, Th. A., Hg., *Encyclopedic Dictionary of Semiotics.* Berlin/New York.
Baasner, Rainer 1996. *Methoden und Modelle der Literaturwissenschaft.* Berlin 1996.
Bachelard, Gaston 1957. *La Poétique de l'espace.* Paris (dt. *Poetik des Raumes.* Frankfurt/M./Berlin/Wien 1975).
Bachmann-Medick, Doris, Hg., 1996. *Kultur als Text: Die anthropologische Wende in der Literaturwissenschaft.* Frankfurt/M.
Baecker, Dirk 1991. «Überlegungen zur Form des Gedächtnisses», in: Schmidt, S. J., Hg., *Gedächtnis: Probleme und Perspektiven der interdisziplinären Gedächtnisforschungen.* Frankfurt/M.
Baecker, Dirk, Hg., 1993a. *Kalkül der Form.* Frankfurt/M.
Baecker, Dirk, Hg., 1993b. *Probleme der Form.* Frankfurt/M.
Baecker, Dirk 1996. «Die Adresse der Kunst», in: Fohrmann, J./Müller, H., Hg., *Systemtheorie der Literatur.* München.
Baer, Eugen 1984. «Das Symptom bei Bühler und Freud», in: Eschbach, A., Hg., *Bühler-Studien.* Bd. 2. Frankfurt/M.
Bachtin, Michail 1926. «Slovo v žizni i slovo v poėzii», in: *Zvezda 6.*
Bachtin, Michail M. 1929a. *Problemy tvorčestva Dostoevskogo.* Leningrad.
Bachtin, Michail M. (Vološinov, Valentin) 1929b. *Marksizm i filosofija jazyka.* Leningrad.
Bachtin, Michail M. 1963. *Problemy poėtiki Dostoevskogo* (überarbeitet und erweitert). Moskva (dt. *Probleme der Poetik Dostoevskijs.* München 1971).
Bachtin, Michail M. 1965. *Tvorčestvo Fransua Rable i narodnaja kul'tura srednevekov'ja i Renessansa.* Moskva (dt. *Rabelais und seine Welt.* Frankfurt/M. 1987).
Bachtin, Michail M. 1975. *Voprosy literatury i ėstetiki.* Moskva (dt. *Die Ästhetik des Wortes.* Frankfurt/M. 1979).

Bachtin, Michail M. 1979. *Ėstetika slovesnogo tvorčestva.* Moskva (Iskusstvo i otvetstvennost', 1919; Avtor i geroj v ėstetičeskoj dejatel'nosti, 1920–24; Problema rečevych žanrov; 1952–53; Problema teksta v lingvistike, filologii i drugich gumanitarnych naukach, 1959–61; K metodologii gumanitarnych nauk, 1974; Otvet na vopros redakcii «Novogo mira», 1970).
Bachtin, Michail M. 1986 (1920?). «K filosofii postupka», *Filosofija i sociologija nauki i techniki.* Moskva.
Bal, Mieke 1977. *Narratologie. Essai sur la signification narrative dans quatre romans modernes.* Paris.
Bal, Mieke 1985. *Narratology: Introduction to the Theory of Narrative.* Toronto/Buffalo/London.
Bal, Mieke 1986. *Femmes imaginaires: L'ancient testament au risque d'une narratologie critique.* Paris.
Balibar, Étienne/Wallerstein, Immanuel 1988. *Race, Nation, Classe: Les identités ambiguës.* Paris (dt. *Rasse – Klasse – Nation: ambivalente Identitäten.* Hamburg/Berlin 1992).
Banfield, Ann 1982. *Unspeakable Sentences: Narration and Representation in the Language of Fiction.* Boston/London.
Banfield, Ann 1985. «*Écriture*, Narration and the Grammar of French», in: Hawthorne, J., Hg., *Narrative: From Malory to Motion Pictures.* London.
Banfield, Ann 1987. «Describing the Unobserved: Events Grouped around an Empty Center», in: Fabb, N./Attridge, D./Durant, M./MacCabe, C., Hg., *The Linguistics of Writing.* Manchester.
Banfield, Ann 1991. «L'Écriture et le non-dit», *Diacritics 4.*
Barnouw, Jeffrey 1986. «Peirce and Derrida: ‹Natural Signs› Empiricism Versus ‹Originary Trace› Deconstruction», *Poetics Today 1.*
Barrett, Michèle 1989. «Some different meanings of the concept of ‹difference›: feminist theory and the concept of ideology», in: Meese, E./Parker, A., Hg., *The Difference Within: Feminism and Critical Theory.* Amsterdam.
Barsch, Achim 1993. «Handlungsebenen, Differenzierung und Einheit des Literatursystems», in: Schmidt, S. J., Hg., *Literaturwissenschaft und Systemtheorie: Positionen, Kontroversen, Perspektiven.* Opladen.
Barth, John 1980. «The Literature of Replenishment. Postmodernist Fiction», *The Atlantic 1.*
Barthes, Roland 1953. *Le Degré zéro de l'écriture.* Paris (dt. *Am Nullpunkt der Literatur.* Hamburg 1959).
Barthes, Roland 1954. *Michelet par lui-même.* Paris (dt. *Michelet.* Frankfurt/M. 1984).
Barthes, Roland 1957. *Mythologies.* Paris (dt. *Mythen des Alltags.* Frankfurt/M. 1964).
Barthes, Roland 1963. *Sur Racine.* Paris.
Barthes, Roland 1964a. *Essais critiques.* Paris (dt. *Kritische Essays.* Frankfurt/M. 1990).
Barthes, Roland 1964b. *Le Degré zéro de l'écriture, suivi de Eléments de sémiologie.* Paris.
Barthes, Roland 1966a. *Critique et vérité.* Paris (dt. *Kritik und Wahrheit.* Frankfurt/M. 1967).
Barthes, Roland 1966b. «Introduction à l'analyse structurale des récits», *Communications 8.*
Barthes, Roland 1967a. «Le Discours de l'histoire», *Social Science Information 4* (enthalten in Barthes 1984).
Barthes, Roland 1967b. *Système de la mode.* Paris (dt. *Die Sprache der Mode.* Frankfurt/M. 1993).
Barthes, Roland 1968a. «La mort de l'auteur», *Mantéia* 5 (engl. Fassung bereits 1967 in *Aspen 5/6)* (enthalten in Barthes 1984).
Barthes, Roland 1968b. «L'Effet de réel», *Communications 11* (enthalten in Barthes 1984).
Barthes, Roland 1968c. «L'Ecriture de l'évenement», *Communications 12* (enthalten in Barthes 1984).
Barthes, Roland 1970a. *S/Z.* Paris (dt. *S/Z.* Frankfurt/M. 1994).

Barthes, Roland 1970b. *L'Empire des signes*. Paris (dt. *Das Reich der Zeichen*. Frankfurt/M. 1995).
Barthes, Roland 1971. *Sade Fourier Loyola*. Paris (dt. *Sade, Fourier, Loyola*. Frankfurt/M. 1986).
Barthes, Roland 1973a. *Le Plaisir du texte*. Paris (dt. *Die Lust am Text*. Frankfurt/M. 1996).
Barthes, Roland 1973b. «Texte», *Encyclopaedia universalis 15*.
Barthes, Roland 1975. *Roland Barthes par Roland Barthes*. Paris (dt. *Über mich selbst*. München 1978).
Barthes, Roland 1977. *Fragments d'un discours amoureux*. Paris (dt. *Fragmente einer Sprache der Liebe*. Frankfurt/M. 1996).
Barthes, Roland 1980. *La Chambre claire: Notes sur la photographie*. Paris (dt. *Die helle Kammer*. Frankfurt / M. 1994).
Barthes, Roland 1984. *Le Bruissement de la langue. Essays critiques IV*. Paris (De l'œuvre au texte 1971).
Bastide, Françoise 1986. «Focalisation», in: Greimas, A. J./Courtés, J., Hg., *Sémiotique. Dictionnaire raisonné de la théorie du langage 1*. Paris.
Baudrillard, Jean 1972. *Pour une critique de l'économie politique du signe*. Paris.
Baudrillard, Jean 1973. *Le Miroir de la production*. Paris.
Baudrillard, Jean 1976. *L'échange symbolique et la mort*. Paris (L'Ordre des simulacres) (dt. *Der symbolische Tausch und der Tod*. München 1982).
Baudrillard, Jean 1981. *Simulacres et simulation*. Paris.
Baudrillard, Jean 1983. *Les stratégies fatales*. Paris (dt. *Die fatalen Strategien*. München 1991).
Baudry, Jean-Louis 1975. «Le dispositif: Approches métapsychologiques de l'impression de réalité», *Communications 23*.
Baumann, Zygmunt 1992. *Intimations of Postmodernity*. London / New York (dt. *Ansichten der Postmoderne*. Hamburg/Berlin 1995).
Baumann, Zygmunt 1993. *Postmodern Ethics*. Oxford/Cambridge, Mass. (dt. *Postmoderne Ethik*. Hamburg 1995).
Baumgarten, Alexander Gottlieb 1735/1983. *Philosophische Betrachtungen über einige Bedingungen des Gedichts*. Hamburg.
Beardsley, Monroe C. 1958. *Aesthetics*. New York.
Beardsley, Monroe C. 1967. «Metaphor», in: *The Encyclopedia of Philosophy*. Bd. 5. New York/London.
Beauvoir, Simone de 1949. *Le Deuxième Sexe*. Paris (dt. *Das andere Geschlecht*. Reinbek bei Hamburg 2000).
Béguin, Albert 1937. *L'Âme romantique et le rêve*. Marseille (dt. *Traumwelt und Romantik: Versuch über die romantische Seele in Deutschland. in der Dichtung Frankreichs*. Bern/München 1972).
Behler, Ernst 1991. *Irony and the Discourse of Modernity*. Seattle (dt. *Ironie und literarische Moderne*. Paderborn 1997).
Bell, Daniel 1976. *The Cultural Contradictions of Capitalism*. New York (dt. *Die kulturellen Widersprüche des Kapitalismus*. Frankfurt/M. 1991).
Belting 1991. *Bild und Kult*. München.
Bender, John/Wellbery, David 1996. «Die Entschränkung der Rhetorik», in: Assmann, A., Hg., *Texte und Lektüren: Perspektiven in der Literaturwissenschaft*. Frankfurt/M.
Benhabib, Seyla 1987. «The Generalized and the Concrete Other: The Kohlberg-Gilligan Controversy and Feminist Theory», in: Benhabib, S. / Cornell, D., Hg., *Feminism as Critique: Essays on the Politics of Gender in Late-Capitalist Society*. Cambridge, Mass.
Benhabib, Seyla 1989. «Liberal Dialogue Versus a Critical Theory of Discoursive Legitimation», in: Rosenblum, N. L., Hg., *Liberalism and the Moral Life*. Cambridge, Mass./London.

Benhabib, Seyla 1992. *Situating the Self: Gender, Community and Postmodernism in Contemporary Ethics.* Cambridge, Mass (dt. *Selbst im Kontext: kommunikative Ethik im Spannungsfeld von Feminismus, Kommunitarismus und Postmoderne.* Frankfurt/M. 1995).

Benjamin, Jessica 1989. *The Bonds of Love: Psychoanalysis, Feminism, and the Problem of Domination.* New York (dt. *Die Fesseln der Liebe. Psychoanalyse, Feminismus und das Problem der Macht.* Frankfurt/M. 1990).

Benjamin, Walter 1920. *Der Begriff der Kunstkritik in der deutschen Romantik.* Berlin.

Benjamin, Walter 1928. *Ursprung des deutschen Trauerspiels.* Berlin.

Benjamin, Walter 1936. *Der Autor als Produzent.*

Benjamin, Walter 1977. *Illuminationen.* Frankfurt/M. (Das Kunstwerk im Zeitalter seiner technischen Reproduzierbarkeit, 1935).

Benjamin, Walter 1978. *Versuche über Brecht.* Frankfurt/M.

Bennett, Tony 1979. *Marxism and Formalism.* London.

Bennett, Tony 1987. «Texts in History: Determinations of Readings and Their Texts», in: Attridge, D. et al., Hg., *Post-structuralism and the question of history.* London.

Bennett, Tony 1990. *Outside Literature.* London.

Bennington, Geoffrey 1985. *Sententiousness and the Novel: Laying Down the Law in Eighteenth-Century French Fiction.* Cambridge.

Bennington, Geoffrey 1993. «Derridabase», in: Bennington, G./Derrida, J., *Jacques Derrida.* Chicago.

Bennington, Geoffrey 1994. *Legislations: The Politics of Deconstruction.* London.

Benveniste, Émile 1966. *Problèmes de linguistique générale.* Paris (dt. *Probleme der allgemeinen Sprachwissenschaft.* Frankfurt/M. 1977).

Benveniste, Émile 1974. *Problèmes de linguistique générale II.* Paris.

Bercovitch, Sacvan 1986. «The Problem of Ideology in American Literary History», *Critical Inquiry 12.*

Berg, Henk de 1993a. «Systems Theory and Literary Studies: A Short Overview and a Conference Report», *SPIEL (Siegener Periodicum für Internationale Empirische Literaturwissenschaft) 12.*

Berg, Henk de 1993b. «Die Ereignishaftigkeit des Textes», in: Berg, H. de/Prangel, M., Hg., *Kommunikation und Differenz: Systemtheoretische Ansätze in der Literatur- und Kunstwissenschaft.* Opladen.

Berg, Henk de 1994. *Kontext und Kontingenz: Kommunikationstheoretische Überlegungen zur Literaturhistoriographie. Mit einer Fallstudie zur Goethe-Rezeption des Jungen Deutschland.* Opladen.

Berg, Henk de/Prangel, Matthias 1997. «Noch einmal: Systemtheoretisches Textverstehen. Eine Antwort auf Lutz Kramaschkis Kritik am ‹Leidener Modell›», in: Berg, H. de/Prangel, M., Hg., *Systemtheorie und Hermeneutik.* Tübingen / Basel.

Berger, Peter/Luckmann, Thomas 1970. *Die gesellschaftliche Konstruktion der Wirklichkeit: Eine Theorie der Wissenssoziologie.* Frankfurt/M.

Bernasconi, Robert 1982. «Levinas Face to Face – with Hegel», *Journal of the British Society for Phenomenology 13:3.*

Bernasconi, Robert 1988. «‹Failure of Communication› as a Surplus: Dialogue and Lack of Dialogue Between Buber and Levinas», in: Bernasconi, R./Wood, D., Hg., *The Provocation of Levinas: Re-Thinking the Other.* London/New York.

Bernasconi, Robert 1989. «Re-reading *Totality and Infinity*», in: Dallery, A. B./Scott, C. E., Hg., *The Question of the Other.* Albany.

Bernstein, Basil 1968. *Class, Codes and Control. Bd. 1: Theoretical Studies towards a Sociology of Language.* London (dt. *Studien zur sprachlichen Sozialisation.* Frankfurt/M. 1981).

Bernstein, Michael André 1989. «The Poetics of Resentment», in: Morson, G. S. / Emerson, C., Hg., *Rethinking Bakhtin. Extensions and Challenges.* Evanston, Ill.
Bernštejn, S. 1927. «Ėstetičeskie predposylki teorii deklamacii», in: *Poėtika. Sbornik statej.* Leningrad.
Bersani, Leo 1977. *Baudelaire and Freud.* Berkeley.
Bersani, Leo 1986. *The Freudian Body: Psychoanalysis and Art.* New York.
Bersani, Leo 1988. «Is the Rectum a Grave?», in: Crimp, Douglas, Hg., *Cultural Analysis, Cultural Activism.* Cambridge, Mass.
Bhabha, Homi K. 1983. «The other question – the stereotype and colonial discourse», *Screen 6.*
Bhabha, Homi K. 1984. «Of mimicry and man: the ambivalence of colonial discourse», *October 28.*
Bhabha, Homi K. 1990a. «The other question: difference, discrimination and the discourse of colonialism», in: Ferguson, R. / Gever, M. / Minh-ha, T. T. / West, C., Hg., *Out There: Marginalization and Contemporary Culture.* New York / Cambridge, Mass.
Bhabha, Homi K., Hg., 1990b. *Nation and Narration.* London.
Bhabha, Homi K. 1990c. «Introduction: narrating the nation», in: Bhabha, Homi K., Hg., *Nation and Narration.* New York / London.
Bhabha, Homi K. 1994. *The Location of Culture: Collected Essays.* London / New York.
Bhabha, Homi K. 1995. «Freedom's Basis in the Indeterminate», in: Rajchman, John, Hg., *The Identity in Question.* New York / London.
Bialostosky, Don 1989. «Dialogic Criticism», in: Atkins, Douglas, G./ Morrow, L., Hg., *Contemporary Literary Theory.* Amherst.
Bierwisch, Manfred 1986. «Semantics», in: Sebeok, Th. A., Hg., *Encyclopedic Dictionary of Semiotics.* Berlin / New York.
Black, Max 1962. *Models and Metaphors.* Ithaca.
Blanchot, Maurice 1969. *L'entretien infini.* Paris (dt. *Das Unzerstörbare: ein unendliches Gespräch über Sprache, Literatur und Existenz.* München / Wien 1991).
Blanchot, Maurice 1980. *L'écriture du désastre.* Paris.
Blanchot, Maurice 1986. *Michel Foucault tel que je l'imagine.* Montpellier (dt. *Michel Foucault.* Tübingen 1987).
Blanckenburg, Christian Friedrich von 1774 / 1965. *Versuch über den Roman.* Stuttgart.
Blin, Georges 1954. *Stendhal et les problèmes du roman.* Paris.
Bloch, Marc 1963. *Mélanges historiques.* Bd. 1. Paris.
Bloom, Harald 1973. *The Anxiety of Influence: A Theory of Poetry.* New York (dt. *Einflußangst: eine Theorie der Dichtung.* Basel / Frankfurt / M. 1995).
Boehmer, Elleke 1995. *Colonial and Postcolonial Literature.* Oxford / New York.
Bogdal, Klaus-Michael 1996. «Problematisierungen der Hermeneutik im Zeichen des Poststrukturalismus», in: Arnold, H. L. / Detering, H., Hg., *Grundzüge der Literaturwissenschaft.* München.
Böhringer, Hans 1985. *Begriffsfelder.* Frankfurt / M.
Bolla, Peter de 1986. «Disfiguring History», *Diacritics 4.*
Bolzoni, Lina 1991. «The Play of Images: The Art of Memory from Its Origins to the Seventeenth Century», in: Corsi, Pietro, Hg., *The Enchanted Loom. Chapters in the History of Neuroscience.* New York / Oxford.
Bonaparte, Marie 1933. *Edgar Poe: Étude psychanalytique.* Paris (dt. *Edgar Poe: eine psychoanalytische Studie.* Frankfurt / M. 1981).
Booth, Wayne 1961. *The Rhetoric of Fiction.* Chicago (dt. *Die Rhetorik der Erzählkunst.* Heidelberg 1974).
Booth, Wayne 1974. *The Rhetoric of Irony.* Chicago.
Booth, Wayne 1988. *The Company We Keep: An Ethics of Fiction.* Berkeley.

Bourdieu, Pierre 1968. «Éléments d'une théorie sociologique de la perception artistique», *Revue internationale des Sciences Sociales 4* (enthalten in Bourdieu 1993).
Bourdieu, Pierre 1970. *Zur Soziologie der symbolischen Formen*. Frankfurt / M.
Bourdieu, Pierre 1971a. «Champ de pouvoir, champ intellectuel et habitus de classe», *Scolies 1* (enthalten in Bourdieu 1993).
Bourdieu, Pierre 1971b. «Disposition esthétique et compétence artistique», *Les Temps modernes 295*.
Bourdieu, Pierre 1971c. «Le marché des biens symboliques», *L'année sociologique 22* (enthalten in Bourdieu 1993).
Bourdieu, Pierre 1972. *Esquisse d'une théorie de la pratique, précédée de trois études d'ethnologie kabyle*. Geneva (dt. *Entwurf einer Theorie der Praxis auf der ethnologischen Grundlage der kabylischen Gesellschaft*. Frankfurt / M. 1979).
Bourdieu, Pierre 1975. «Flaubert ou l'invention de la vie d'artiste», *Actes de la recherche en sciences sociales 2*.
Bourdieu, Pierre 1977. «La production de la croyance. Contribution à une économie des biens symboliques», *Actes de la recherche en sciences sociales 13* (enthalten in Bourdieu 1993).
Bourdieu, Pierre 1979. *La Distinction: Critique sociale du jugement de goût*. Paris (dt. *Die feinen Unterschiede. Kritik der gesellschaftlichen Urteilskraft*. Frankfurt / M. 1982).
Bourdieu, Pierre 1982a. *Ce que parler veut dire: L'Économie des échanges linguistiques*. Paris (dt. *Was heißt sprechen? Die Ökonomie des sprachlichen Tausches*. Wien 1990).
Bourdieu, Pierre 1982b. *Leçon sur la leçon*. Paris.
Bourdieu, Pierre 1983. «The Field of Cultural Production, or: The Economic World Reversed», *Poetics 12* (enthalten in Bourdieu 1993).
Bourdieu, Pierre 1984a. «Le champ littéraire. Préalables critiques et principes de méthode», *Lendemains 36*.
Bourdieu, Pierre 1984b. *Homo Academicus*. Paris (dt. *Homo academicus*. Frankfurt / M. 1992).
Bourdieu, Pierre 1987. «What Makes a Social Class? On the Theoretical and Practical Existence of Groups», *Berkeley Journal of Sociology XXXII*.
Bourdieu, Pierre 1990. *In Other Words: Essays Towards a Reflexive Sociology*. Stanford (The Uses of the «People»).
Bourdieu, Pierre 1992. *Les règles de l'art: Genèse et structure du champ littéraire*. Paris.
Bourdieu, Pierre 1993. *The Field of Cultural Production: Essays on Art and Literature* (Hg. R. Johnson). Cambridge, Mass.
Bradbury, Malcolm 1973. «Character», in: Fowler, R., Hg., *A Dictionary of Modern Critical Terms*. London / Henley / Boston.
Bradbury, Malcolm 1987. *No, Not Bloomsbury*. London.
Braidotti, Rosi 1991. *Patterns of Dissonance: A Study of Women in Contemporary Philosophy*. Cambridge, Mass.
Braidotti, Rosi 1994. *Nomadic Subjects: Embodiment and Sexual Difference in Contemporary Theory*. New York.
Braudel, Ferdinand 1946. *Écrits sur l'histoire*. Paris.
Bremond, Claude 1964. «Le Message narratif», *Communications* 4 (dt. *Die Erzählnachricht*. In: Ihwe, Jens, Hg., Literaturwissenschaft und Linguistik. Ergebnisse und Perspektiven. 3. Bde. Frankfurt/M. 1971–72, S. 177–217).
Bremond, Claude 1973. *Logique du récit*. Paris.
Brenner, Peter J. 1993. «Die ‹Lebenswelt› der Literaturwissenschaft als Forschungsgegenstand», in: Brenner, P. J., Hg., *Geist, Geld und Wissenschaft*. Frankfurt / M.
Bres, Jacques 1994. *La Narrativité*. Louvain-la-Neuve.
Brooke-Rose, Christine 1990. «Ill Locutions», in: Nash, Christopher, Hg., *Narrative in Culture: The Uses of Storytelling in the Sciences, Philosophy, and Literature*. London / New York.

Brooks, Cleanth 1947. *The Well Wrought Urn. Studies in the Structure of Poetry.* New York.
Brooks, Cleanth 1984. «In Search of the New Criticism», *American Scholar 53.*
Brooks, Cleanth / Warren, Robert Penn 1938. *Understanding Poetry.* New York.
Brooks, Cleanth / Warren, Robert Penn 1943. *Understanding Fiction.* New York.
Brooks, Peter 1984. *Reading for the Plot: Design and Intention in Narrative.* New York.
Brown, George Spencer 1971. *The Laws of Form.* London.
Brown, Russel 1993. «Theme», in: Makaryk, I., Hg., *Encyclopedia of Contemporary Literary Theory: Approaches, Scholars, Terms.* Toronto et al.
Brown, Wendy 1995. «Wounded Attachments: Late Modern Oppositional Political Formation», in: Rajchman, John, Hg., *The Identity in Question.* New York / London.
Brunel, Pierre, Hg., 1988. *Dictionnaire des mythes littéraires.* Paris.
Brunkhorst, Hauke 1990. *Theodor W. Adorno: Dialektik der Moderne.* München.
Bruss, Elizabeth 1982. *Beautiful Theories: The Spectacle of Discourse in Contemporary Criticism.* Baltimore / London.
Buddick, Sanford 1989. «Tradition in the Space of Negativity», in: Buddick, S. / Iser, W., Hg., *Languages of the Unsayable.* New York.
Bühler, Karl 1934. *Sprachtheorie: Die Darstellungsfunktion der Sprache.* Jena.
Bürger, Peter 1979. *Vermittlung – Rezeption – Funktion: Ästhetische Theorie und Methodologie der Literaturwissenschaft.* Frankfurt / M.
Burke, Séan 1992. *The Death and Return of the Author: Criticism and Subjectivity in Barthes, Foucault and Derrida.* Edinburgh.
Burt, E. S. 1984. «Developments in Character: Reading and Interpretation in ‹The Children's Punishment› and ‹The Broken Comb›», *Yale French Studies 69.*
Butler, Judith P. 1990. *Gender Trouble: Feminism and the Subversion of Identity.* New York / London (dt. *Das Unbehagen der Geschlechter.* Frankfurt / M. 1991).
Butler, Judith P. 1992. «Contingent Foundations: Feminism and the ‹Question of Postmodernism›», in: Butler / Scott, *Feminists Theorize the Political* («Kontingente Grundlagen: Feminismus und die Frage der ‹Postmoderne›», in: Benhabib, S. / Butler, J. / Cornell, D. / Fraser, N., *Der Streit um Differenz: Feminismus und Postmoderne in der Gegenwart.* Frankfurt / M. 1993).
Butler, Judith P. 1993. *Bodies that Matter. On the Discursive Limits of «Sex».* New York / London (dt. *Körper von Gewicht. Die diskursiven Grenzen des Geschlechts.* Berlin 1994).
Butler, Judith P. 1995. «Desire», in: Lentricchia, Frank / McLaughlin, Thomas, Hg., *Critical Terms for Literary Study.* Chicago.
Butler, Judith P. 1997. *Excitable Speech: A Politics of the Performative.* New York / London (dt. *Hass spricht. Zur Politik des Performativen.* Berlin 1998).
Butler, Judith P. / Scott, Joan W., Hg., 1992a. *Feminists Theorize the Political.* New York / London.
Butler, Judith P. / Scott, Joan W. 1992b. «Introduction», in: Butler, Judith / Scott, Joan W., Hg., *Feminists Theorize the Political.* New York / London.
Caillois, Roger 1984. «Mimicry and Legendary Psychastenia», *October 31.*
Cain, William E. 1984. *The Crisis in Criticism: Theory, Literature, and Reform in English Studies.* Baltimore.
Cain, William E. 1985. «Reply to Lentricchia's ‹On Behalf of Theory›», in: Graff, G. / Gibbons, R., Hg., *Criticism in the University.* Evanston, Ill.
Čale-Knežević, Morana 1993. *Demiurg nad tuđim djelom: Intertekstualnost u romanima Umberta Eca.* Zagreb.
Calinescu, Matei 1987. «Introductory Remarks: Postmodernism, the Mimetic and Theatrical Fallacies», in: Calinescu, M. / Fokkema, D., Hg., *Exploring Postmodernism.* Amsterdam / Philadelphia.

Callinicos, Alex 1989. *Against Postmodernism.* London.
Carby, Hazel 1982. «White Woman Listen! Black Feminism and the Boundaries of Sisterhood», in: *The Empire Strikes Back: Race and Racism in 70s Britain.* London.
Carr, Helen 1985. «Woman / Indian, the ‹American› and his Others», in: Barker, F. / Hulme, P. / Iversen, M. / Loxley, D., Hg., *Europe and its Others.* Vol. 2. Colchester.
Carroll, David 1975. «Freud and the Myth of the Origin», *New Literary History 3.*
Carroll, David 1976. «On Tropology: The Forms of History», *Diacritics 6:3.*
Carroll, David 1982. *The Subject in Question: The Language of Theory and the Strategy of Fiction.* Chicago.
Carroll, David 1984. «Institutional Authority vs. Critical Power, or the Uneasy Relations of Psychoanalysis and Literature», in: Smith, J. H. / Kerrigan, W., Hg., *Taking Chances: Derrida, Psychoanalysis, and Literature.* Baltimore / London.
Carroll, David 1987a. *Paraesthetics: Foucault, Lyotard, Derrida.* New York.
Carroll, David 1987b. «Narrative, Heterogenity, and the Question of Political: Bakhtin and Lyotard», in: Krieger, M., Hg., *The Aims of Representation: Subject / Text / History.* New York.
Carter, R. / Simpson, P. 1989. *Language, Discourse and Literature: An Introduction to Discourse Stylistics.* London.
Cassirer, Ernst 1923–29. *Philosophie der symbolischen Formen I–III.* Darmstadt 1964.
Cave, Terence 1988. *Recognitions: A Study in Poetics.* Oxford.
Cavell, Stanley 1994. «Counter-Philosophy and the Pawn of Voice», in: *A Pitch of Philosophy: Autobiographical Exercises.* Cambridge, Mass.
Cavell, Stanley 1995. «What Did Derrida Want of Austin?», in: *Philosophical Passages: The Bucknell Lectures in Literary Theory.* Cambridge.
Certeau, Michel de 1980. *L'Invention du quotidien: Arts de faire.* Paris (dt. *Kunst des Handelns.* Berlin 1988).
Certeau, Michel de 1975 / 1980. *L'écriture de l'histoire.* Paris (dt. *Das Schreiben der Geschichte.* Frankfurt / M. / New York 1991).
Certeau, Michel de 1986. *Heterologies: Discourse on the Other.* Minneapolis.
Chakrabarty, Dipesh 1992. «Postcoloniality and the Artifice of History: Who Speaks for ‹Indian› Pasts?», *Representations 37* (Winter).
Chambers, Ross 1984. *Story and Situation: Narrative Seduction and the Power of Fiction.* Minneapolis.
Chambers, Ross 1990. «Irony and the canon», *Profession 90* (MLA).
Chanter, Tina 1995. *Ethics of Eros: Irigaray's Rewriting of the Philosophers.* New York / London.
Chase, Cynthia 1978. «The Decomposition of the Elephants: Double Reading of ‹Daniel Deronda›», *PMLA 3.*
Chase, Cynthia 1987. «‹Transference› as trope and persuasion», in: Rimmon-Kenan, Sh., Hg., *Discourse in Psychoanalysis and Literature.* New York.
Chase, Cynthia 1993. «Die Übertragung übersetzen: Psychoanalyse und die Konstruktion von Geschichte», in: Haverkamp, A. / Lachmann, R., Hg., *Memoria: Vergessen und Erinnern.* München.
Chatman, Seymour 1978. *Story and Discourse: Narrative Structure in Fiction and Film.* Albany. New York.
Childs, Donald J. 1993. «New Criticism», in: Makaryk, Irena R., Hg., *Encyclopedia of Contemporary Literary Theory: Approaches, Scholars, Terms.* Toronto.
Chiss, Jean-Luc 1987. «Malaise dans la classification», *Langue Française 74.*
Chodorow, Nancy J. 1978. *The Reproduction of Mothering: Psychoanalysis and the Sociology of Gender.* Berkeley (dt. *Das Erbe der Mütter.* München 1985).
Chomsky, Noam 1957. *Syntactic Structures.* The Hague (dt. *Strukturen der Syntax.* The Hague / Paris 1973).

Christiansen, Broder 1909. *Die Philosophie der Kunst.* Hanau.
Cixous, Hélène 1975. «Le rire de la méduse», *L'Arc 61.*
Cixous, Hélène 1976. «Fiction and Its Phantoms: A Reading of Freud's *Das Unheimliche*», *New Literary History 7.*
Cixous, Hélène / Clément, Catherine 1975. *La jeune née.* Paris.
Clark, Katerina / Holquist, Michael 1984. *Mikhail Bakhtin.* Cambridge, Mass.
Clément, Catherine 1981. *Vies et légendes de Jacques Lacan.* Paris.
Clifford, James 1986. *Writing Culture: The Poetics and Politics of Ethnography.* Berkeley.
Cohen, Jean 1970. «Théorie de la figure», *Communications 16.*
Cohen, Ralph 1976. «On a Shift in the Concept of Interpretation», in: Young, T. D., Hg., *The New Criticism and After.* Charlottesville.
Cohen, Ralph 1986. «History and Genre», *New Literary History 2.*
Cohen, Ralph 1987. «Do Postmodern Genres Exist?», *Genre 20.*
Cohn, Dorrit 1978. *Transparent Minds: Narrative Modes for Presenting Consciousness in Fiction.* Princeton.
Cohn, Dorrit 1993. «‹I doze and I wake›: A Deviance of Simultaneous Narration», in: Foltinek, H. / Riehle, W. / Zacharasiewicz, W., Hg., *Tales and their ‹telling difference›: Zur Theorie und Geschichte der Narrativik.* Heidelberg.
Colebrook, Claire 1997. *New Literary Histories: New Historicism and Contemporary Criticism.* Manchester.
Colie, Rosalie L. 1966. *Paradoxia Epidemica: The Renaissance Tradition of Paradox.* Princeton.
Colie, Rosalie L. 1973. *The Resources of Kind: Genre Theory in the Renaissance* (Hg. B. K. Lewalski). Berkeley.
Combe, Daniel 1990. «Quand écrire, c'est faire: Vers une définition pragmatique de la notion de genre», *Le Français moderne 58.*
Connolly, William 1995. *The Ethos of Pluralization.* Minneapolis.
Connor, Steve 1990. *Postmodernist Culture: An Introduction to Theories of the Contemporary.* Oxford.
Connor, Steve 1992. *Theory and Cultural Value.* London.
Cooper, Frederick 1994. «Conflict and Connection: Rethinking Colonial African History», *American Historical Review 99 / 5.*
Corbett, Edward P. J. 1969. *Rhetorical Analyses of Literary Works.* New York.
Cornell, Drucilla 1991. *Beyond Accommodation: Ethical Feminism, Deconstruction, and the Law.* New York / London.
Cornell, Drucilla 1992a. *The Philosophy of the Limit.* New York / London.
Cornell, Drucilla 1992b. «Gender, Sex, and Equivalent Rights», in: Butler, Judith / Scott, Joan W., Hg., *Feminists Theorize the Political.* New York / London.
Cornell, Drucilla 1998. «Rethinking the Beyond of the Real», in: Harasym, Sarah, Hg., *Levinas and Lacan: The Missed Encounter.* Albany.
Coseriu, Eugenio 1958. *Sincronia, Diacronia e Historia: El Problema del Cambio Linguistico.* Montevideo.
Coseriu, Eugenio 1971. «Thesen zum Thema ‹Sprache und Dichtung›», in: Stempel, W.-D., Hg., *Beiträge zur Textlinguistik.* München.
Coseriu, Eugenio 1973. *Probleme der strukturellen Semantik.* Tübingen.
Coseriu, Eugenio 1981. *Textlinguistik: Eine Einführung.* Tübingen.
Courtés, Joseph 1981. «Contre-note», *Documents du groupe du recherche en sémio-linguistique 29.* Paris.
Crane, Ronald S., Hg., 1952. *Critics and Criticism: Ancient and Modern.* Chicago.
Crane, Ronald S. 1953. *The Languages of Criticism and the Structure of Poetry.* Toronto.
Crary, Jonathan 1990. *Techniques of the Observer: On Vision and Modernity in the Nineteenth*

Century. Cambridge/Mass (dt. *Techniken des Betrachters: Sehen und Moderne im 19. Jahrhundert.* Dresden/Basel 1996).
Crews, Frederick 1966. *The Sins of the Fathers: Hawthorne's Psychological Themes.* New York.
Critchley, Simon 1991. «‹Bois› – Derrida's Final Word on Levinas», in: Bernasconi, R./Critchley, S., Hg., *Re-reading Levinas.* Bloomington/Indianapolis.
Critchley, Simon 1992. *The Ethics of Deconstruction: Derrida and Levinas.* London.
Crosby, Christina 1992. «Dealing with Differences», in: Butler, J./Scott, J. W., Hg., *Feminists Theorize the Political.* New York/London.
Culler, Jonathan 1975. *Structuralist Poetics: Structuralism, Linguistics, and the Study of Literature.* Ithaca, NY.
Culler, Jonathan 1978. «On trope and persuasion», *New Literary History 3.*
Culler, Jonathan 1980. «Prolegomena to a Theory of Reading», in: Suleiman, S. R./Crossman, I., Hg., *The Reader in the Text.* Princeton.
Culler, Jonathan 1981. *The Pursuit of Signs: Semiotics, Literature, Deconstruction.* Ithaca/NY.
Culler, Jonathan 1982. *On Deconstruction: Theory and Criticism after Structuralism.* Ithaca, NY (dt. *Dekonstruktion. Derrida und die poststrukturalistische Literaturtheorie.* Reinbek bei Hamburg 1988).
Culler, Jonathan 1984. «Problems in the Theory of Fiction», *Diacritics 14* (enthalten auch in Culler 1988).
Culler, Jonathan 1985. «Changes in the Study of Lyric», in: Hošek, C./Parker, P., Hg., *Lyric Poetry: Beyond New Criticism.* Ithaca, NY.
Culler, Jonathan 1987. «Towards a Linguistics of Writing», in: Attridge, D./Fabb, N./MacCabe, C., Hg., *The Linguistics of Writing: Arguments Between Language and Literature.* Manchester (enthalten auch in Culler 1988).
Culler, Jonathan 1988. *Framing the Sign: Criticism and Its Institutions.* Norman/London (Literary Criticism and the American University, The Humanities Tomorrow, Empson's Complex Words).
Culler, Jonathan 1997. *Literary Theory: A Very Short Introduction.* Oxford/NewYork.
Curtius, Ernst Robert 1948. *Europäische Literatur und lateinisches Mittelalter.* Bern.
Daemmrich, Horst S. und Ingrid 1987. *Themen und Motive in der Literatur: Ein Handbuch.* Tübingen. 2. Aufl. 1995.
Dainat, Holger 1993. «Vom Nutzen und Nachteil, eine Geisteswissenschaft zu sein: Zur Karriere der Unterscheidung von Natur- und Geisteswissenschaften», in: Brenner, Peter J., Hg., *Geist, Geld und Wissenschaft: Arbeits- und Darstellungsformen von Literaturwissenschaft.* Frankfurt/M.
Dainat, Holger/Kruckis, Hans-Martin 1996. «Kunst, Werk, Stil, Evolution: Zu Luhmanns Stil-Begriff», in: Fohrmann, J./Müller, H., Hg., *Systemtheorie der Literatur.* München.
Dällenbach, Lucien 1977. *Le récit spéculaire: Essai sur la mise-en-abyme.* Paris.
Daly, Mary 1979. *Gyn/ecology: The Metaethics of Radical Feminism.* London (dt. *Gyn-ökologie: eine Meta-Ethik des radikalen Feminismus.* München 1981).
Danto, Arthur C. 1966. *Analytical Philosophy of History.* London (dt. *Analytische Philosophie der Geschichte.* Frankfurt/M. 1980).
Darnton, Robert 1991. «History of Reading», in: Burke, P., Hg., *New Perspectives on Historical Writing.* Cambridge.
Davidson, Donald 1984. *Inquiries into Truth and Meaning.* Oxford (dt. *Wahrheit und Interpretation.* Frankfurt/M. 1994).
Davis, Lennard J. 1983. *Factual Fictions. The Origins of the English Novels.* New York.
Davis, Lennard J. 1987. *Resisting Novels. Ideology and Fiction.* New York.
DeJean, Joan 1984. «Bakhtin and/in History», in: Stolz, B./Titunik, I./Doležel, L., Hg., *Language and Literary Theory.* Ann Arbor.

De Lauretis, Theresa 1984. *Alice Doesn't: Feminism, Semiotics, Cinema.* Bloomington.

De Lauretis, Theresa 1986. *Technologies of Gender. Essays on Theory, Film, and Fiction.* Bloomington.

Deleuze, Gilles 1968. *Différence et répétition.* Paris (dt. *Differenz und Wiederholung.* München 1997).

Deleuze, Gilles 1969. *Logique du sens.* Paris (dt. *Logik des Sinns.* Frankfurt/M. 1994).

Deleuze, Gilles 1986. *Foucault.* Paris (dt. *Foucault.* Frankfurt/M. 1995).

Deleuze, Gilles/Guattari, Félix 1972. *Capitalisme et schizophrénie 1: L'Anti-Oedipe.* Paris.

Deleuze, Gilles/Guattari, Félix 1975. *Kafka: pour une littérature mineure.* Paris (dt. *Kafka, für eine kleine Literatur.* Frankfurt/M. 1996).

Deleuze, Gilles/Guattari, Félix 1976. *Rhizome.* Paris (dt. *Rhizom.* Berlin 1977).

Deleuze, Gilles/Guattari, Félix 1980. *Capitalisme et schizophrénie 2: Mille Plateaux.* Paris.

De Man, Paul 1971. *Blindness and Insight: Essays in the Rhetoric of Contemporary Criticism.* New York (The Rhetoric of Temporality) (erweiterte Aufl. 1983).

De Man, Paul 1979. *Allegories of Reading: Figural Language in Rousseau, Nietzsche, Rilke, and Proust.* New Haven/London (Semiology and Rhetoric) (dt. *Allegorien des Lesens.* Frankfurt/M. 1988).

De Man, Paul 1981. «Hypogram and Inscription: Michael Riffaterre's Poetics of Reading», *Diacritics 4:11* (enthalten in de Man 1986).

De Man, Paul 1982. «Sign and Symbol in Hegel's *Aesthetics*», *Critical Inquiry 4.*

De Man, Paul 1984a. «Phenomenality and Materiality in Kant», in: Shapiro, G./Sica, A., Hg., *Hermeneutics: Questions and Prospects.* Amherst.

De Man, Paul 1984b. *The Rhetoric of Romanticism.* New York.

De Man, Paul 1984c. *Autobiography as De-Facement* (dt. *Autobiographie als Maskenspiel.* 1993).

De Man, Paul 1985. «Lyrical Voice in Contemporary Theory», in: Hošek, C./Parker, P., Hg., *Lyric Poetry: Beyond New Criticism.* Ithaca.

De Man, Paul 1986. *The Resistance to Theory.* Minneapolis (dt. «Der Widerstand gegen die Theorie», in: Bohn, Volker, Hg., *Romantik. Literatur und Philosophie.* Frankfurt/M. 1987, S. 80–106).

De Man, Paul/Lacour, C. B. 1993. «Twentieth-Century Poetics», in: Preminger, A./Brogan, V. F., Hg., *The New Princeton Encyclopedia of Poetry and Poetics.* Princeton.

Demandt, Alexander 1986. *Ungeschehene Geschichte: Ein Traktat über die Frage: Was wäre geschehen, wenn …?* Göttingen (2., erweiterte Aufl.).

Denning, Michael 1990. «Mass Culture and Working Class, 1914 to 1970», *International Labor and Working Class History 37.*

Derrida, Jacques 1967a. *La voix et le phénomène.* Paris (dt. *Die Stimme und das Phänomen: ein Essay über das Problem des Zeichens in der Philosophie Husserls.* Frankfurt/M. 1988).

Derrida, Jacques 1967b. *De la grammatologie.* Paris (dt. *Grammatologie.* Frankfurt/M. 1974).

Derrida, Jacques 1967c. *L'écriture et la différence.* Paris (dt. *Die Schrift und die Differenz.* Frankfurt/M. 1972).

Derrida, Jacques 1972a. *Marges de la philosophie.* Paris (La Différance, La mythologie blanche, Signature événement contexte) (dt. *Randgänge der Philosophie.* Wien/Graz 1988).

Derrida, Jacques 1972b. *Positions.* Paris (dt. *Positionen: Gespräche mit Henri Ronse, Julia Kristeva, Jean-Louis Houdebine, Guy Scarpetta.* Graz/Wien 1986).

Derrida, Jacques 1972c. *La dissémination.* Paris (dt. *Dissemination.* Wien 1995).

Derrida, Jacques 1973. *Éperons. Les styles de Nietzsche* (Nietzsche aujourd'hui? Bd. 1). Paris (überarbeitet in Milan 1974).

Derrida, Jacques 1974. *Glas 1. Que reste-t-il du savoir absolu?* Paris.

Derrida, Jacques 1978. *La vérité en peinture.* Paris (dt. *Die Wahrheit in der Malerei.* Wien 1992).

Derrida, Jacques 1980a. «La loi du genre», *Glyph 7*.
Derrida, Jacques 1980b. *La carte postale: De Socrate à Freud et au-delà*. Paris (Le facteur de la vérité; Spéculer – sur «Freud») (dt. *Postkarte von Sokrates bis an Freud und jenseits*. 2 Bde. Berlin 1982 / 84).
Derrida, Jacques 1980c. «En ce moment même dans cet ouvrage me voici», in: Laruelle, F., Hg., *Textes pour Emmanuel Lévinas*. Paris (nachgedruckt in *Psyché: inventions de l'autre*, Paris 1987).
Derrida, Jacques 1980d. *Der Wahrheitslieferant*.
Derrida, Jacques 1983. «The Principle of Reason: The University in the Eyes of its Pupils», *Diacritics 13*.
Derrida, Jacques 1984. «Deconstruction and the Other», in: Kearney, Richard, *Dialogues with Contemporary Continental Thinkers: The Phenomenological Heritage*. Manchester.
Derrida, Jacques 1985. «Letter to a Japanese Friend», in: Wood, D. / Bernasconi, R., Hg., *Derrida and Différance*. Coventry.
Derrida, Jacques 1986a. *The Ear of the Other: Ortobiography, Transference, Translation: Texts and Discussions with Jacques Derrida*. New York.
Derrida, Jacques 1986b. *Mémoires for Paul de Man*. Hg. Ronell, A. / Cadava, E. New York.
Derrida, Jacques 1987. «Living On Borderlines», in: Bloom, Harold / De Man, Paul / Derrida, Jacques / Hartmann, Geoffrey / Miller, John Hillis, *Deconstruction and Criticism*. New York.
Derrida, Jacques 1988a. *Limited Inc*. Evanston (frz. Aufl. unter demselben Titel, Paris 1990).
Derrida, Jacques 1988b. «Like the Sound of the Sea Deep within a Shell: Paul de Man's War», *Critical Inquiry 14*.
Derrida, Jacques 1989. «Some statements and truisms about neologisms, newisms, postisms, parasitisms, and other small seismisms», in: Carroll, David, Hg., *The States of ‹Theory›: History, Art, and Critical Discourse*. New York.
Derrida, Jacques 1990. «Force of Law», *Cardozo Law Review 5 / 6 : 11* (zweisprachig; engl. Übersetzung nachgedruckt in Cornell, Drucilla, Hg., *Deconstruction and the Possibility of Justice*, New York 1992. Frz. Aufl. *Force de loi: Le fondament mystique de l'authorité*. Paris 1994).
Derrida, Jacques 1991. *L'autre cap*. Paris (dt. *Das andere Kap. Die vertagte Demokratie. Zwei Essays zu Europa*. Frankfurt / M. 1993).
Derrida, Jacques 1993. *Spectres de Marx: L'État de la dette, le travail du deuil et la nouvelle Internationale*. Paris (dt. *Marx' Gespenster: der verschuldete Staat, die Trauerarbeit und die neue Internationale*. Frankfurt / M. 1995).
Derrida, Jacques 1995. *Points … Interviews 1974 – 1994*. Stanford.
Derrida, Jacques 1997. *Adieu*. Paris (dt. *Adieu: Nachruf auf Emmanuel Lévinas*. München / Wien 1999).
Descombes, Vincent 1979. *Le même et l'autre*. Paris (dt. *Das Selbe und das Andere: 45 Jahre Philosophie in Frankreich; 1933 – 1978*. Frankfurt / M. 1987).
Detienne, Marcel / Vernant, Jean-Pierre 1974. *Les Ruses d'intelligence: La mètis des Grecs*. Paris.
Dibelius, Wilhelm 1910. *Englische Romankunst. Die Technik des englischen Romans im achtzehnten und zu Anfang des neunzehnten Jahrhunderts 1, 2*. Berlin / Leipzig.
Dienst, Richard 1994. *Still Life in Real Time*. Durham.
Dijk, Teun A. van 1972. *Some Aspects of Text Grammars*. The Hague.
Dijk, Teun A. van 1977. *Text and Context: Explorations in the Semantics and Pragmatics of Discourse*. London.
Dijk, Teun A. van, Hg., 1985. *Discourse and Literature: New Approaches to the analysis of literary genres*. Amsterdam.
Dilthey, Wilhelm 1900 / 1924. «Die Entstehung der Hermeneutik», *Gesammelte Schriften 5*. Göttingen.

Dilthey, Wilhelm 1905/1929. *Das Erlebnis und die Dichtung*. Leipzig/Berlin.
Dilthey, Wilhelm 1924. *Der Aufbau der geschichtlichen Welt in den Geisteswissenschaften. Gesammelte Schriften 7*. Göttingen.
Doležel, Lubomír 1980. «Truth and Authenticity in Narrative», *Poetics Today 4*.
Doležel, Lubomír 1985. «Du thème en littérature», *Poétique 64*.
Doležel, Lubomír 1989. «Possible Worlds and Literary Fiction», in: Allen, S., Hg., *Possible Worlds in Humanities, Arts and Sciences*. Berlin.
Doležel, Lubomír 1990. *Occidental Poetics: Tradition and Progress*. Lincoln.
Dollimore, John 1991. *Sexual Dissidence*. Oxford.
Dopp, Jamie 1993. «Materialist Criticism», in: Makarýk, I., Hg., *Encyclopedia of Contemporary Literary Theory*. Toronto/Buffalo/London.
Dörner, Andreas/Vogt, Ludgera 1990. «Kultursoziologie (Bourdieu – Mentalitätengeschichte – Zivilisationstheorie)», in: Bogdal, K.-M., Hg., *Neue Literaturtheorien: Eine Einführung*. Opladen.
Douglas, Mary 1966. *Purity and Danger: An Analysis of Concepts of Pollution and Taboo*. London (dt. *Reinheit und Gefährdung: eine Studie zu Vorstellungen von Verunreinigung und Tabu*. Frankfurt/M. 1988).
Dowling, William C. 1984. *Jameson, Althusser, Marx: An Introduction to The Political Unconscious*. Ithaca, NY.
Dray, William 1987. «Einige Überlegungen zu Problemen der Narrativität», in: Rossi, P., Hg., *Theorie der modernen Geschichtsschreibung*. Frankfurt/M.
Dreyfus, Hubert 1984. «Interpretation in Late Heidegger and Recent Foucault», in: Shapiro, G./Sica, A., Hg., *Hermeneutics: Questions and Prospects*. Amherst.
Dreyfus, Hubert 1991. «Heidegger's Hermeneutic Realism», in: Hiley, D. R./Bohman, J. F./Shusterman, R., Hg., *The Interpretive Turn: Philosophy, Science, Culture*. Ithaca, NY.
Duby, Georges/Lardreau, Guy 1980. *Dialogues*. Paris (dt. *Geschichte und Geschichtswissenschaft: Dialoge*. Frankfurt/M. 1982).
Ducrot, Oswald 1972. *Dire et ne pas dire: Principes de sémantique linguistique*. Paris.
Ducrot, Oswald 1980. *Les Mots du discours*. Paris.
Ducrot, Oswald 1984. *Le Dire et le dit*. Paris.
Ducrot, Oswald 1989. *Logique, structure, énonciation: Lectures sur le langage*. Paris.
Ducrot, Oswald/Todorov, Tzvetan 1972. *Dictionnaire encyclopédique des sciences du langage*. Paris (dt. *Enzyklopädisches Wörterbuch der Sprachwissenschaften*. Frankfurt/M. 1975).
Eaglestone, Robert 1997. *Ethical Criticism: Reading after Levinas*. Edinburgh.
Eagleton, Terry 1976. *Criticism and Ideology: A Study in Marxist Literary Theory*. London.
Eagleton, Terry 1981. *Walter Benjamin or Towards a Revolutionary Criticism*. London.
Eagleton, Terry 1983. *Literary Theory: An Introduction*. Oxford (dt. *Einführung in die Literaturtheorie*. Stuttgart/Weimar 1997).
Eagleton, Terry 1984. *The Function of Criticism: From the Spectator to Post-Structuralism*. London.
Eagleton, Terry 1986. *Against the Grain: Selected Essays 1975–1985*. London.
Eagleton, Terry 1990. *The Ideology of the Aesthetic*. Oxford (dt. *Ästhetik: die Geschichte ihrer Ideologie*. Stuttgart/Weimar 1994).
Eagleton, Terry 1991. *The Ideology*. London (dt. *Ideologie: eine Einführung*. Stuttgart/Weimar 2000).
Easthope, Anthony 1991. *Literary into Cultural Studies*. London/New York.
Eco, Umberto 1962. *Opera aperta: Forma e indeterminazione nelle poetiche contemporanee*. Milano (überarbeitet 1967) (dt. *Das offene Kunstwerk*. Frankfurt/M. 1973).
Eco, Umberto 1968. *La struttura assente*. Milano (dt. *Einführung in die Semiotik*. München 1994).

Eco, Umberto 1971. *Le forme del contenuto.* Milano (Semantica della metafora; frz. Fassung in *Tel Quel* 55 / 1973).

Eco, Umberto 1973. *Il segno.* Milano (dt. *Zeichen: Einführung in einen Begriff und seine Geschichte.* Frankfurt / M. 1995).

Eco, Umberto 1976. *A Theory of Semiotics.* Bloomington (dt. *Semiotik – Entwurf einer Theorie der Zeichen.* München 1987).

Eco, Umberto 1979. *The Role of the Reader.* Bloomington (*Lector in fabula.* Milano 1979) (Peirce and the Semiotic Foundations of Openness) (dt. *Lector in fabula. Die Mitarbeit der Interpretation in erzählenden Texten.* München / Wien 1990).

Eco, Umberto 1981. «Simbolo», in: *Enciclopedia.* Bd. 12. Torino.

Eco, Umberto 1983. «Postille a ‹Il nome della rosa›», in: *Il nome della rosa.* Milano 1986.

Eco, Umberto 1984a. *Semiotics and the Philosophy of Language.* Bloomington (dt. *Semiotik und Philosophie der Sprache.* München 1985).

Eco, Umberto 1984b. «The Frames of Comic ‹Freedom›», in: Sebeok, Th., Hg., *Carnival.* Berlin.

Eco, Umberto 1986. *Travels in Hyperreality: Essays.* London.

Eco Umberto 1987. *Der Streit der Interpretation.* Konstanz.

Eco, Umberto 1990. *I limiti dell'interpretazione,* Milano (unterscheidet sich etwas von *The Limits of Interpretation.* Bloomington) (dt. *Die Grenzen der Interpretation.* München 1992).

Eco, Umberto 1992. *Interpretation and Overinterpretation* (with interventions of R. Rorty, J. Culler, Ch. Brooke-Rose and S. Collini). Cambridge (dt. *Zwischen Autor und Text: Interpretation und Überinterpretation.* München 1996).

Eco, Umberto 1994. «Sign», in: Sebeok, T. A., Hg., *Encyclopedic Dictionary of Semiotics.* Berlin / New York.

Ehlich, Konrad 1982. «Deiktische und phorische Prozeduren beim literarischen Erzählen», in: Lämmert, E., Hg., *Erzählforschung: Ein Symposium.* Stuttgart.

Ėjchenbaum, Boris 1919. «Kak sdelana ‹Šinjeu› Gogolja», in: *Poėtika. Sborniki po teorii poėtičeskogo jazyka.* Petrograd.

Ėjchenbaum, Boris 1924. «Illjuzija skaza», in: *Skvoz' literaturu.* Leningrad.

Elam, Diane 1994. *Feminism and Deconstruction: Mise en abyme.* London / New York.

Eliot, Thomas Stearns 1933. *The Use of Poetry and the Use of Criticism.* London.

Ellis, John 1974. *The Theory of Literary Criticism.* Berkeley.

Ellrich, Lutz 1997. «Hat das Verstehen einen Haken? Zur Frage der ‹Beobachtbarkeit› von Sinnkonstitution und Sinnentzug», in: Berg, H. de / Prangel, M., Hg., *Systemtheorie und Hermeneutik.* Tübingen / Basel.

Else, Gerald Frank 1957. *Aristotle's Poetics: The Argument.* Cambridge.

Emerson, Caryl 1993. «Bakhtin», in: Makarýk, I., Hg., *Encyclopedia of Contemporary Literary Theory: Approaches, Scholars, Terms.* Toronto et al.

Empson, William 1930. *Seven Types of Ambiguity.* London.

Empson, William 1935. *Some Versions of Pastoral.* London.

Empson, William 1951. *The Structure of Complex Words.* London.

Engler, Rudolf 1968. *Lexique de la terminologie Saussurienne.* Utrecht.

Englisch, Felicitas 1991. «Strukturprobleme der Systemtheorie – Philosophische Reflexionen zu Niklas Luhmann», in: Müller-Doohm, S., Hg., *Jenseits der Utopie.* Frankfurt / M.

Enzensberger, Christian 1981. *Literatur und Interesse: Eine politische Ästhetik mit zwei Beispielen aus der englischen Literatur.* Frankfurt / M (2., erweiterte Aufl.).

Erlich, Viktor 1955. *Russian Formalism: History, Doctrine.* The Hague.

Ermatinger, Emil 1921. *Deutsche Lyrik in ihrer geschichtlichen Entwicklung von Herder bis zur Gegenwart.* Leipzig / Berlin.

Esposito, Elena 1996. «Code und Form», in: Fohrmann, J. / Müller, H., Hg., *Systemtheorie der Literatur.* München.

Evans, Dylan 1996. *An Introductory Dictionary of Lacanian Psychoanalysis.* London / New York (dt. *Einführendes Wörterbuch zur Lacanschen Psychoanalyse.* Wien 2000).

Fanon, Frantz 1952. *Peau noir, masques blancs.* Paris (dt. *Schwarze Haut, weiße Masken.* Frankfurt / M. 1985).

Fanon, Frantz 1961. *Les damnés de la terre.* Paris (dt. *Die Verdammten dieser Erde.* Frankfurt / M. 1994).

Farge, Arlette / Perrot, Michelle / Corbin, Alain 1984. *Une histoire des femmes est-elle possible?* Paris.

Faulstich, Werner 1977. *Domänen der Rezeptionsanalyse. Probleme, Lösungsstrategien, Ergebnisse.* Kronberg.

Felman, Shoshana 1977. «Turning the Screw of Interpretation», *Yale French Studies 55 / 6.*

Felman, Shoshana 1980. *Le Scandale du corps parlant. Don Juan avec Austin ou la séduction en deux langues.* Paris.

Felman, Shoshana, Hg., 1982. *Literature and Psychoanalysis: The Question of Reading Otherwise.* Baltimore.

Felman, Shoshana 1985. *Writing and Madness: Literature / Philosophy / Psychoanalysis.* Ithaca / N. Y.

Felman, Shoshana 1987. *Jacques Lacan and the Adventure of Insight: Psychoanalysis in Contemporary Culture.* Cambridge, Mass. / London.

Felman, Shoshana 1993. *What Does a Woman Want? Reading and Sexual Difference.* Baltimore.

Ferrara, Fernando 1974. «Theory and model for the structural analysis of fiction», *New Literary History 5.*

Fiedler, Leslie 1950. «Towards an Amateur Criticism», *Kenyon Review 12.*

Fink, Peter 1982. *Konstruktiver Funktionalismus. Die wissenschaftstheoretische Basis einer empirischen Theorie der Literatur.* Braunschweig / Wiesbaden.

Fish, Stanley 1967. *Surprised by Sin: The Reader in Paradise Lost.* New York.

Fish, Stanley 1972. *Self-Consuming Artifacts: The Experience of 17th Century Literature.* Berkeley.

Fish, Stanley 1973. «How Ordinary Is Ordinary Language?», *New Literary History 5.*

Fish, Stanley 1980. *Is There a Text in This Class? The Authority of Interpretive Communities.* Cambridge, Mass.

Fish, Stanley 1981. «Why No One's Afraid of Wolfgang Iser», *Diacritics 1* (enthalten in Fish 1989a).

Fish, Stanley 1985. «Anti-Professionalism», *New Literary History 1* (enthalten in Fish 1989a).

Fish, Stanley 1989a. *Doing What Comes Naturally: Change, Rhetoric, and the Practice of Theory in Literary and Legal Studies.* Durham.

Fish, Stanley 1989b. «Commentary: The Young and the Restless», in: Veeser, A. H., Hg., *The New Historicism.* New York / London.

Fishelov, David 1991. «Genre Theory and Family Resemblances – revisited», *Poetics 20.*

Fiske, John 1993. *Power Plays, Power Works.* London.

Fiske, John 1995. «Popular Culture», in: Lentricchia, F. / McLaughlin, Th., Hg., *Critical Terms for Literary Study.* Chicago (2., erweiterte Aufl.).

Fludernik, Monika 1993. *The Fictions of Language and the Languages of Fiction: The Linguistic Representation of Speech and Communication.* London / New York.

Fludernik, Monika 1996. *Towards a ‹Natural› Narratology.* London / New York.

Foerster, Heinz von 1985. *Sicht und Einsicht: Versuche zu einer operativen Erkenntnistheorie.* Braunschweig / Wiesbaden.

Fogel, Aaron 1989. «Coerced Speech and the Oedipus Dialogue Complex», in: Morson, G. S. / Emerson, C., Hg., *Rethinking Bakhtin. Extensions and Challenges.* Evanston.

Fohrmann, Jürgen 1988a. «Remarks toward a Theory of Literary Genres», *Poetics 17.*

Fohrmann, Jürgen 1988b. «Der Kommentar als diskursive Einheit der Wissenschaft», in: Fohrmann, J. / Müller, H., Hg., *Diskurstheorien und Literaturwissenschaft.* Frankfurt / M.

Fohrmann, Jürgen 1989. *Das Projekt der deutschen Literaturgeschichte. Entstehung und Scheitern einer nationalen Poesiegeschichtsschreibung zwischen Humanismus und deutschem Kaiserreich.* Stuttgart.

Fohrmann, Jürgen 1993. «Über das Schreiben von Literaturgeschichte», in: P. J. Brenner, Hg., *Geist, Geld und Wissenschaft.* Frankfurt / M.

Fohrmann, Jürgen 1995. «Selbstreflexion der Literaturwissenschaft», in: Fohrmann, J. / Müller, H., Hg., *Literaturwissenschaft.* München.

Fohrmann, Jürgen / Voßkamp, Wilhelm, Hg., 1987. *Von der gelehrten zur disziplinären Gemeinschaft.* Stuttgart.

Fohrmann, Jürgen / Voßkamp, Wilhelm, Hg., 1991. *Wissenschaft und Nation: Studien zur Entstehungsgeschichte der deutschen Literaturwissenschaft.* München.

Fohrmann, Jürgen / Voßkamp, Wilhelm, Hg., 1994. *Wissenschaftsgeschichte der Germanistik im 19. Jahrhundert.* Stuttgart.

Foley, Barbara 1986. *Telling the Truth: The Theory and Practice of Documentary Fiction.* Ithaca / London.

Foley, John Miles 1985. *Oral-Formulaic Theory and Research.* Cambridge, Mass.

Foley, John Miles 1988. *The Theory of Oral Composition: History and Methodology.* Cambridge, Mass.

Foltin, Hans Friedrich 1965. «Die minderwertige Prosa: Einteilung und Bezeichnungen», *Deutsche Vierteljahrschrift für Literaturwissenschaft und Geistesgeschichte 39.*

Fontanier, Pierre 1830 / 1968. *Les Figures du discours.* Paris.

Fontanille, Jacques 1986. «Focalisation», in: Greimas / Courtés 1986.

Forget, Philippe 1985. «Literatur – Literaturgeschichte – Literaturgeschichtsschreibung: Ein rückblickender Thesenentwurf», in: Schöne, A., Hg., *Kontroversen, alte und neue. Akten des VII. Internationalen Germanisten-Kongresses.* Göttingen.

Forster, Edward Morgan 1927 / 1974. *Aspects of the Novel and Related Writings* (Hg. O. Stallybrass). London.

Foucault, Michel 1961. *Folie et déraison: Histoire de la folie à l'âge classique.* Paris (in 2., erweiterter Aufl. 1972. Enthält die Polemik mit Derrida «Mon corps, ce papier, ce feu») (dt. *Wahnsinn und Gesellschaft.* Frankfurt / M. 1995).

Foucault, Michel 1963a. *Raymond Roussel.* Paris (dt. *Raymond Roussel.* Frankfurt / M. 1989).

Foucault, Michel 1963b / 1972. *Naissance de la clinique: Une archéologie du regard médical.* Paris (dt. *Die Geburt der Klinik: eine Archäologie des ärztlichen Blicks.* München 1973).

Foucault, Michel 1966. *Les mots et les choses: Une archéologie des sciences humaines.* Paris (dt. *Die Ordnung der Dinge. Eine Archäologie der Humanwissenschaften.* Frankfurt / M. 1971).

Foucault, Michel 1969a. *L'archéologie du savoir.* Paris (dt. *Archäologie des Wissens.* Frankfurt / M. 1969).

Foucault, Michel 1969b. «Qu'est-ce qu'un auteur?», *Bulletin de la Société française de Philosophie 63* (dt. «Was ist ein Autor?», in: Foucault, *Schriften zur Literatur.* Frankfurt / M. 1988, S. 7–31).

Foucault, Michel 1971. *L'ordre du discours: Leçon inaugurale au Collège de France.* Paris (dt. *Die Ordnung der Dinge.* Inauguralvorlesung am Collège de France, 2. Dezember 1970. München 1974).

Foucault, Michel et al. 1973. *Moi, Pierre Rivière, ayant égorgé ma mère, ma sœur et mon frère … Un cas de parricide au XIXe siècle.* Paris.

Foucault, Michel 1975. *Surveiller et punir: Naissance de la prison.* Paris (dt. *Überwachen und Strafen.* Frankfurt / M. 1995).

Foucault, Michel 1976. *Histoire de la sexualité, I: La volonté de savoir.* Paris (dt. *Der Wille zum Wissen. Sexualität und Wahrheit.* Frankfurt / M. 1983).
Foucault, Michel 1977. *Language, Counter-Memory, Practice: Selected Essays and Interviews* (Hg. D. F. Bouchard) (Intellectuals and Power: A Conversation between Michel Foucault and Gilles Deleuze; Theatrum Philosophicum). Ithaca, N. Y.
Foucault, Michel 1978. *Herculine Barbin.* Paris.
Foucault, Michel 1980. *Power / Knowledge: Selected Interviews and Other Writings 1972–1977* (Hg. C. Gordon). Brighton / New York.
Foucault, Michel 1984a. *Histoire de la sexualité, II: L'usage des plaisirs.* Paris.
Foucault, Michel 1984b. *Histoire de la sexualité, III: Le souci de soi.* Paris.
Foucault, Michel 1984c. «What is Enlightenment?», in: Rabinow, P., Hg., *The Foucault Reader.* New York.
Foucault, Michel 1986. *Histoire de la sexualité, IV: Les aveux de la chair.* Paris.
Foucault, Michel 1994. *Dits et écrits, 1–4.* Paris.
Fowler, Alastair 1982. *Kinds of Literature: An Introduction to the Theory of Genres and Modes.* Cambridge, Mass.
Frank, Manfred 1977. *Das individuelle Allgemeine. Textstrukturierung und -interpretation nach Schleiermacher.* Frankfurt / M.
Frank, Manfred 1980. «Entropie der Sprache: Überlegungen zur Debatte Searle–Derrida», in: *Das Sagbare und das Unsagbare: Studien zur neuesten französischen Hermeneutik und Texttheorie.* Frankfurt / M.
Frank, Manfred 1982. «Textauslegung», in: Harth, D. / Gebhardt, P., Hg., *Erkenntnis der Literatur.* Stuttgart.
Frank, Manfred 1983. *Was ist Neostrukturalismus?* Frankfurt / M.
Frank, Manfred 1986. *Die Unhintergehbarkeit von Individualität. Reflexionen über Subjekt, Person und Individuum aus Anlaß ihrer postmodernen Toterklärung.* Frankfurt / M.
Frank, Manfred 1988. *Die Grenzen der Verständigung: Ein Geistergespräch zwischen Lyotard und Habermas.* Frankfurt / M.
Frank, Manfred 1990. *Das Sagbare und das Unsagbare: Studien zur deutsch-französischen Hermeneutik und Texttheorie* (2., erweiterte Aufl.). Frankfurt / M.
Fraser, Nancy 1986. «Toward a Discourse Ethic of Solidarity», *Praxis International 5.*
Fraser, Nancy 1987. «What's Critical About Critical Theory? The Case of Habermas and Gender», in: Benhabib, S. / Cornell, D., Hg., *Feminism as Critique.* Cambridge, Mass.
Fraser, Nancy 1989. *Unruly Practices: Power, Discourse and Gender in Contemporary Social Theory.* Cambridge, Mass (dt. *Widerspenstige Praktiken: Macht, Diskurs, Geschlecht.* Frankfurt / M. 1996).
Fraser, Nancy 1991. «Solidarity or Singularity? Richard Rorty between Romanticism and Technocracy», in: Arac, J. / Johnson, B., Hg., *Consequences of Theory.* Baltimore.
Fraser, Nancy 1993. «Pragmatismus, Feminismus und die linguistische Wende», in: Benhabib, S. / Butler, J. / Cornell, D. / Fraser, N., *Der Streit um die Differenz: Feminismus und Postmoderne in der Gegenwart.* Frankfurt / M.
Freadman, Richard / Miller, Seumas 1992. *Rethinking Theory.* Cambridge.
Freud, Sigmund 1895 / 1940. «Studien über Hysterie», *Gesammelte Werke I.* London.
Freud, Sigmund 1900 / 1941. *Traumdeutung (GW 2 / 3).* London.
Freud, Sigmund 1905. *Bruchstück einer Hysterie-Analyse.*
Freud Sigmund 1912. *Zur Dynamik der Übertragung.*
Freud, Sigmund 1914a. *Zur Geschichte der psychoanalytischen Bewegung.*
Freud, Sigmund 1914b. *Erinnern, Wiederholen und Durcharbeiten.*
Freud, Sigmund 1914c. *Einführung in den Narzißmus.*
Freud, Sigmund 1915. *Das Unbewußte.*

Freud, Sigmund 1916/17. «Vorlesungen zur Einführung in die Psychoanalyse», *GW 11*. London
Freud, Sigmund 1919. «Das Unheimliche», *GW 13*. London.
Freud, Sigmund 1920. «Jenseits des Lustprinzips», *GW 13*. London.
Friedman, Norman 1955. «Forms of Plot», *Journal of General Education 8*.
Friedman, Susan Stanford 1991. «Weavings: Intertextuality and the (Re)birth of Author», in: Clayton, J./Rothstein, E., Hg., *Influence and Intertextuality in Literary History*. Madison.
Frow, John 1986. *Marxism and Literary History*. Oxford.
Frow, John 1995. *Cultural Studies & Cultural Value*. Oxford.
Frye, Northrop 1957. *Anatomy of Criticism: Four Essays*. New Jersey (dt. *Analyse der Literaturkritik: 4 Essays*. Stuttgart 1964).
Frye, Northrop 1963a. «Literary Criticism», in: Thorpe, J., Hg., *The Aims and Methods of Scholarship in Modern Languages and Literature*. New York.
Frye, Northrop 1963b. *Fables of Identity: Studies in Poetic Mythology*. New York.
Fryer, Peter 1984. *Fables of Identity: Studies in Poetic Mythology*. New York.
Furrow, Dwight 1995. *Against Theory: Continental and Analytic Challenges in Moral Philosophy*. New York/London.
Gadamer, Hans-Georg 1960. *Wahrheit und Methode*. Tübingen (2. Aufl. 1965/1972).
Gaillard, Françoise 1984. «Totalisieren oder nicht totalisieren?», in: L. Dällenbach/C. L. Hart Nibbrig, Hg., *Fragment und Totalität*. Frankfurt/M.
Gallop, Jane 1985. *Reading Lacan*. Ithaca, NY.
Garfinkel, Harold 1967. *Studies in Ethnomethodology*. Cambridge, Mass.
Gasché, Rodolphe 1979. «Deconstruction as Criticism», *Glyph 6*.
Gasché, Rodolphe 1986. *The Tain of the Mirror: Derrida and the Philosophy of Reflection*. Cambridge, Mass.
Gasparov, Boris M. 1984. *Očerk istorii russkogo sticha: metrika, ritmika, rifma, strofika*. Moskva.
Gasparov, Boris M. 1989. *Očerk istorii evropejskogo sticha*. Moskva.
Gates, Henry-Louis, Hg., 1984. *Criticism in the Jungle: Black Literature and Literary Theory*. New York.
Gates, Henry-Louis 1987. *The Signifying Monkey: A Theory of Afro-American Literary Criticism*. New York.
Gauger, Hans-Martin 1992. «Zur Frage des Stils», in: Gauger, H.-M./Erzgräber, W., Hg., *Stilfragen*. Tübingen.
Gearhart, Suzanne 1983. «Philosophy *before* Literature: Deconstruction, Historicity, and the Work of Paul de Man», *Diacritics 4*.
Gearhart, Suzanne 1984. *The Open Boundary of History and Fiction. A Critical Approach to the French Enlightenment*. New Jersey.
Geertz, Clifford 1973. *The Interpretation of Cultures*. New York.
Geertz, Clifford 1995. *After the Fact: Two Countries, Four Decades, One Anthropologist*. Cambridge, Mass. (dt. *Spurenlesen: der Ethnologe und das Entgleiten der Fakten*. München 1997).
Gelley, Alexander 1987. *Narrative Crossings: Theory and Pragmatics of Prose Fiction*. Baltimore/London (Premisses for a Theory of Description).
Genette, Gérard 1966. *Figures 1*. Paris (Frontières du récit).
Genette, Gérard 1969. *Figures 2*. Paris (Rhétorique et enseignement).
Genette, Gérard 1972. *Figures 3*. Paris (La rhétorique restreinte, Discours du récit).
Genette, Gérard 1976. *Mimologiques. Voyage en Cratylie*. Paris (dt. *Mimologiken: Reise nach Kratylien*. Frankfurt/M. 2001).
Genette, Gérard 1977. «Genres, types, modes», *Poétique 47*.

Genette, Gérard 1979. *Introduction à l'árchitexte*. Paris (dt. *Einführung in den Architext*. Stuttgart 1990).
Genette, Gérard 1982. *Palimpsestes: La littérature au second degré*. Paris (dt. *Palimpseste. Die Literatur auf zweiter Stufe*. Frankfurt / M. 1993).
Genette, Gérard 1983. *Nouveau discours du récit*. Paris.
Genette, Gérard 1987. *Seuils*. Paris (dt. *Paratexte: das Buch vom Beiwerk des Buches*. Frankfurt / M. 2001).
Genette, Gérard 1991. *Fiction et diction*. Paris (dt. *Fiktion und Diktion*. München 1992).
Genette, Gérard 1994. *L'œuvre de l'art: Immanence et transcendance*. Paris.
Genette, Gérard / Todorov, Tzvetan, Hg., 1986. *Théorie des genres*. Paris.
Gervinus, Georg Gottfried 1835–42. *Geschichte der poetischen National-Literatur der Deutschen*. Leipzig.
Gibson, Andrew 1996. *Towards a postmodern theory of narrative*. Edinburgh.
Gilbert, Sandra M. / Gubar, Susan 1979. *The Madwoman in the Attic: The Woman Writer and the Nineteenth-century Literary Imagination*. New Haven.
Gilroy, Paul 1993. *The Black Atlantic: Modernity and Double Consciousness*. Cambridge, Mass.
Ginzburg, Carlo 1965. «A proposito della raccolta dei saggi storici di Marc Bloch», *Studi medievali 3*.
Ginzburg, Carlo 1976. *Il formaggio e i vermi*. Torino (dt. *Der Käse und die Würmer: die Welt eines Müllers um 1600*. Berlin 1993).
Ginzburg, Carlo 1979. «Spie. Radici di un paradigma indiziario», in: Gargani, A., Hg., *Crisi della ragione*. Torino.
Girard, René 1961. *Mensonge romantique et vérité romanesque*. Paris (dt. *Figuren des Begehrens: das Selbst und der Andere in der fiktionalen Realität*. Wien / München 1999).
Glanville, Ranulph 1988. *Objekte*. Frankfurt / M.
Goffman, Erving 1974. *Frame Analysis: An Essay on the Organization of Experience*. Cambridge (dt. *Rahmen-Analyse: ein Versuch über die Organisation von Alltagserfahrungen*. Frankfurt / M. 1993).
Goffman, Erving 1981. *Forms of Talk*. Oxford.
Goldmann, Lucien 1955. *Le Dieu caché. Étude sur la vision tragique dans les Pensées de Pascal et dans le théâtre de Racine*. Paris (dt. *Der verborgene Gott: Studie über die tragische Weltanschauung in den Pensées Pascals und im Theater Racines*. Frankfurt / M. 1985).
Gombrich, Ernst H. 1960. *Art and Illusion: A Study in the Psychology of Pictorial Representation*. Oxford (dt. *Kunst und Illusion: zur Psychologie der bildlichen Darstellung*. Stuttgart / Zürich 1986).
Goodheart, Eugene 1997. *The Reign of Ideology*. New York.
Görög-Karady, Veronika (Hg.) 1990. *D'un conte à l'autre. La variabilité dans la littérature orale*. Paris.
Gossman, Lionel 1990. *Between History and Literature*. Cambridge / London.
Goux, Jean-Joseph 1985. «Descartes et la perspective», *L'Esprit Créateur 1*.
Graff, Gerald 1979. *Literature against itself*. Chicago.
Graff, Gerald 1987. *Professing Literature: An Institutional History*. Chicago.
Graff, Gerald / Robbins, Bruce 1992. «Cultural Criticism», in: Greenblatt, S. / Gunn, Giles, Hg., *Redrawing the Boundaries: The Transformation of English and American Literary Studies*. New York.
Gramsci, Antonio 1929–35 / 1975. *Quaderni del carcere*. 4 Bde. Hg. V. Gerratana. Torino.
Granger, Gaston 1968. *Essai d'une philosophie du style*. Paris.
Grant, Patrick 1992. *Literature and Personal Values*. Basingstoke.
Greenblatt, Stephen 1980. *Renaissance Self-Fashioning: From More to Shakespeare*. Chicago.

Greenblatt, Stephen 1988. *Shakespearean Negotiations. The Circulation of Social Energy in Renaissance England.* Los Angeles (dt. *Verhandlungen mit Shakespeare. Innenansichten der englischen Renaissance.* Berlin 1990).

Greenblatt, Stephen 1989. «Towards a Poetics of Culture», in: Aram Veeser, H., Hg., *The New Historicism.* New York.

Greenblatt, Stephen 1990. *Learning to Curse: Essays in Early Modern Culture.* London (dt. *Schmutzige Riten. Betrachtungen zwischen den Weltbildern.* Berlin 1991).

Greenblatt, Stephen 1991. *Marvelous Possessions: The Wonder of the New World.* Oxford (dt. *Wunderbare Besitztümer. Die Erfindung des Fremden. Reisende und Entdecker.* Darmstadt 1994).

Greenblatt, Stephen / Gunn, Giles, Hg., 1992. *Redrawing the Boundaries: The Transformation of English and American Literary Studies.* New York.

Greimas, Algirdas Julien 1966. *Sémantique structurale.* Paris (dt. *Strukturale Semantik: Methodologische Untersuchungen.* Braunschweig 1971).

Greimas, Algirdas Julien 1970. *Du sens: Essais sémiotiques.* Paris (Eléments d'une grammaire narrative; La structure des actants du récit, 1967).

Greimas, Algirdas Julien 1971. «Narrative Grammar: Units and Levels», *Modern Language Notes 86.*

Greimas, Algirdas Julien 1972. «Introduction», in: Greimas, A. J., Hg., *Essais de Sémiotique Poétique.* Paris.

Greimas, Algirdas Julien 1976a. *Maupassant. La Sémiotique du texte: Exercices pratiques.* Paris.

Greimas, Algirdas Julien 1976b. *Sémiotique et sciences sociales.* Paris.

Greimas, Algirdas Julien 1983. *Du sens 2.* Paris (Un problème de sémiotique narrative: les objets de valeur; Les actants, les acteurs, et les figures; La Soupe au pistou ou la construction d'un objet de valeur; De la colère: Étude de sémantique lexicale).

Greimas, A. J. / Courtés, J. 1979. *Sémiotique. Dictionnaire raisonné de la théorie du langage 1.* Paris.

Greimas, A. J. / Courtés, J. 1986. *Sémiotique. Dictionnaire raisonné de la théorie du langage 2.* Paris.

Grice, Paul H. 1975. «Logic and Conversation», in: Cole, P. / Morgan, J. L., Hg., *Syntax and Semantics 3: Speech Acts.* New York.

Griffin, David Ray / Beardsley, William A. / Holland, Joe 1989. *Varieties of Postmodern Theology.* New York.

Grimminger, Hans 1980. *Sozialgeschichte der deutschen Literatur.* München.

Gripp, Helga 1986. *Theodor Adorno. Erkenntnisdimensionen negativer Dialektik.* Paderborn.

Groeben, Norbert 1977. *Rezeptionsforschung als empirische Literaturwissenschaft. Paradigmen durch Methodendiskussion an Untersuchungsbeispielen.* Kronberg / Ts.

Grossberg, Lawrence 1988. «Wandering Audiences, Nomadic Critics», *Cultural Studies 2.*

Grosz, Elizabeth 1995. *Space, Time, and Perversion: Essays on the Politics of Bodies.* New York / London.

Groupe Mu 1970. *Rhétorique générale.* Paris.

Groupe Mu 1977. *Rhétorique de la poésie.* Paris.

Guha, Ranajit 1982. «On Some Aspects of the Historiography of Colonial India», in: Guha, R., Hg., *Subaltern Studies.* Bd. 1. New Delhi.

Guillen, Claudio 1971. *Literature as System: Essays toward the Theory of Literary History.* Princeton.

Guillory, John 1983. «The Ideology of Canon Formation: T. S. Eliot and Cleanth Brooks», *Critical Inquiry 10.*

Guillory, John 1993. *Cultural Capital: The Problem of Literary Canon Formation.* Chicago / London.

Gumbrecht, Hans-Ulrich 1975. «Konsequenzen der Rezeptionsästhetik oder Literaturwissenschaft als Kommunikationssoziologie», *Poetica 7*.
Gumbrecht, Hans-Ulrich 1977. «Historische Textpragmatik als Grundlagenwissenschaft der Geschichtsschreibung», *Lendemains 6*.
Gumbrecht, Hans-Ulrich 1984. «Literaturgeschichte – Fragment einer geschwundenen Totalität?», in: L. Dällenbach / C. L. Hart Nibbrig, Hg., *Fragment und Totalität*. Frankfurt / M.
Gumbrecht, Hans-Ulrich 1997. «Form ohne Materie versus Form als Ereignis», in: Berg, H. de / Prangel, M., Hg., *Systemtheorie und Hermeneutik*. Tübingen / Basel.
Günther, Hans 1983. «Literarische Evolution und Literaturgeschichte: Zum Beitrag des russischen Formalismus», in: Cerquiglini, B. / Gumbrecht, H.-U., Hg., *Der Diskurs der Literatur- und Sprachhistorie: Wissenschaftsgeschichte als Innovationsvorgabe*. Frankfurt / M.
Gurevič, Aron 1972. *Kategorii srednevekovoj kul'tury*. Moskva.
Gurevič, Aron 1981. *Problemy srednevekovoj narodnoj kul'tury*. Moskva.
Habermas, Jürgen 1968. *Erkenntnis und Interesse*. Frankfurt / M.
Habermas, Jürgen 1973. «Zu Gadamers ‹Wahrheit und Methode›», in: Apel, Karl-Otto, Hg., *Hermeneutik und Ideologiekritik*. Frankfurt / M.
Habermas, Jürgen 1980. «Modernity – an Incomplete Project», *New German Critique 22*.
Habermas, Jürgen 1981. *Theorie des kommunikativen Handelns I, II*. Frankfurt / M.
Habermas, Jürgen 1982a. «The Entwinement of Myth and Enlightenment: Rereading Dialectics of Enlightenment», *New German Critique 23* (enthalten in Habermas 1985).
Habermas, Jürgen 1982b. «Reply to My Critics», in: D. Held / J. Thompson, Hg., *Critical Debates*. Cambridge, Mass.
Habermas, Jürgen 1985. *Der philosophische Diskurs der Moderne: Zwölf Vorlesungen*. Frankfurt / M.
Habermas, Jürgen 1991. *Texte und Kontexte*. Frankfurt / M.
Hahn, Barbara 1990. «Feministische Literaturwissenschaft: Vom Mittelweg der Frauen in der Theorie», in: Bogdal, K.-M., Hg., *Neue Literaturtheorien. Eine Einführung*. Opladen.
Halbwachs, Maurice 1942. *La mémoire collective*. Paris (dt. *Das kollektive Gedächtnis*. Frankfurt / M. 1991).
Hall, Stuart et al. 1978. *Policing the Crisis, Mugging the State, Law and Order*. London.
Hall, Stuart 1980. «Cultural Studies: Two Paradigms», in: Bennett, T. / Martin, G. / Mercer, C., Hg., *Culture, Ideology and Social Process: A Reader*. London.
Hall, Stuart 1996. «When was the ‹Postcolonial Thinking› at the Limit?», in: Chambers, I. / Curti, L., Hg., *The Post-colonial Question*. London / New York.
Hamacher, Werner 1987. «Interventions», *Qui parle 1:2*.
Hamburger, Käte 1957. *Die Logik der Dichtung*. Stuttgart.
Hamilton, Paul 1996. *Historicism*. London / New York.
Hamon, Philippe 1972 / 1977. «Pour une statut sémiologique du personnage», in: Barthes, Roland et al., *Poétique du récit*. Paris.
Handelman, Susan A. 1991. *Fragments of Redemption: Jewish Thought in Literary Theory in Benjamin, Sholem, and Levinas*. Bloomington / Indianapolis.
Handwerk, Gary J. 1985. *Irony and Ethics in Narrative*. New Haven / London.
Hansen-Löve, Aage 1978. *Der russische Formalismus*. Wien.
Harasym, Sarah 1998. *Levinas and Lacan: The Missed Encounter*. Albany.
Haraway, Donna 1990. *Simians, Cyborgs, and Women*. London.
Harding, Sandra 1986. *The Science Question in Feminism*. Ithaca, NY (dt. *Feministische Wissenschaftstheorie: zum Verhältnis von Wissenschaft und sozialem Geschlecht*. Hamburg / Berlin 1990).
Harlan, David 1989. «Intellectual History and the Return of Literature», *American Historical Review 3*.

Harpham, Geoffrey Galt 1987. «Language, History and Ethics», *Raritan 7.*
Harpham, Geoffrey Galt 1995. «Ethics», in: Lentricchia, F. / McLaughlin, Th., Hg., *Critical Terms for Literary Study.* Chicago.
Harré, Ron 1972. *The Philosophies of Science: An Introductory Survey.* London / Oxford / New York.
Harth, Dietrich 1982. «Fiktion, Erfahrung, Gewißheit: Second Thoughts», in: Koselleck, R. / Lutz, H. / Rüsen, J., Hg., *Formen der Geschichtsschreibung.* München.
Hassan, Ihab 1971. *The Dismemberment of Orpheus: Toward a Postmodern Literature.* New York.
Hassan, Ihab 1987. *The Postmodern Turn. Essays in Postmodern Theory and Culture.* Ohio.
Hauge, Hans 1990. «The Will to Consensus: Manfred Frank on Derrida», *Modern Language Notes 3.*
Hauptmeier, Helmut 1987. «Typology or classification? Some presuppositions of genre theories», *SPIEL (Siegener Periodicum für Internationale Empirische Literaturwissenschaft) 6,* Bd. 2.
Hauptmeister, Heinrich 1987. «Sketches of the theories of genre», *Poetics 16.*
Havelock, Eric 1986. *The Muse Learns to Write. Reflections on Orality and Literacy from Antiquity to Present.* New Haven / London.
Haverkamp, Anselm 1991a. «Text als Mnemotechnik – Panorama einer Diskussion», in: Haverkamp, A. / Lachmann, R., Hg., *Gedächtniskunst: Raum-Bild-Schrift – Studien zur Mnemotechnik.* Frankfurt / M.
Haverkamp, Anselm 1991b. «Auswendigkeit: das Gedächtnis der Rhetorik», in: Haverkamp, A. / Lachmann, R., Hg., *Gedächtniskunst: Raum-Bild-Schrift – Studien zur Mnemotechnik.* Frankfurt / M.
Haverkamp, Anselm 1993a. «Hermeneutischer Prospekt», in: Haverkamp, A. / Lachmann, R., Hg., *Memoria: Vergessen und Erinnern.* München.
Haverkamp, Anselm 1993b. «Die Gerechtigkeit der Texte – *Memoria:* eine ‹anthropologische Konstante› im Erkenntnisinteresse der Literaturwissenschaften?», in: Haverkamp, A. / Lachmann, R., Hg., *Memoria: Vergessen und Erinnern.* München.
Heath, Stephen 1990. «The Ethics of Sexual Difference», *Discourse 12:2.*
Heath, Stephen / MacCabe, Colin / Prendergast, Christopher, Hg., 1971. *Signs of the Times: Introductory Readings in Textual Semiotics.* Cambridge.
Hegel, Georg Wilhelm Friedrich 1835 / 1970. *Vorlesungen über die Ästhetik 1–3.* Bd. 13–15 Theorie-Werkausgabe. Frankfurt / M.
Heidegger, Martin 1927. *Sein und Zeit.* Tübingen.
Heidegger, Martin 1929. *Kant und das Problem der Metaphysik.* Bonn.
Heidegger, Martin 1935. «Der Ursprung des Kunstwerkes», in: *Holzwege.* Frankfurt / M. 1950.
Heidegger, Martin 1953. *Einführung in die Metaphysik.* Tübingen.
Heidegger, Martin 1959. *Unterwegs zur Sprache.* Tübingen.
Hejl, Peter M. 1991. «Wie Gesellschaften Erfahrungen machen oder: Was Gesellschaftstheorie zum Verständnis des Gedächtnisproblems beitragen kann», in: Schmidt, S. J., Hg., *Gedächtnis: Probleme und Perspektiven der interdisziplinären Gedächtnisforschung.* Frankfurt / M.
Hempfer, Klaus W. 1973. *Gattungstheorie.* München.
Hempfer, Klaus W. 1994. «Genre», in: Sebeok, Th. A., Hg., *Encyclopedic Dictionary of Semiotics.* Berlin / New York.
Henkel, Jacqueline 1990. «Linguistic Models and Recent Criticism: Transformational-Generative Grammar as Literary Metaphor», *Publications of Modern Language Association 3.*
Hentzi, Gary / McClintock, Anne 1986. «An Interview with Edward W. Said», *Critical Texts 2.*
Heritage, John 1984. *Garfinkel und Ethnometodology.* Cambridge.
Hernadi, Paul 1972. *Beyond Genre: New Directions in Literary Classification.* Ithaca, NY.

Hertz, Neil 1979. «Freud and the Sandman», in: Harari, J. V., Hg., *Textual Strategies: Perspectives in Post-Structuralist Criticism*. London.
Hertz, Neil 1983. «Dora's secrets, Freud's techniques», *Diacritics 13:1*.
Hess-Lüttich, Ernest W. B. 1994. «Multimedial Communication», in: Sebeok, Th. A., Hg., *Encyclopedic Dictionary of Semiotics*. Berlin / New York.
Hesse, Mary 1966. *Models and Analogies in Science*. Notre Dame.
Hesse, Mary 1985. «Texts Without Types and Lumps Without Laws», *New Literary History 1*.
Heßelmann, Peter 1992. «Rhetorische Grundbegriffe», in: Brackert, H. / Stückrath, J., Hg., *Literaturwissenschaft: Ein Grundkurs*. Reinbek bei Hamburg.
Hiley, David R. / Bohman, James F. / Shusterman, Richard, Hg., 1991. *The Interpretive Turn: Philosophy, Science, Culture*. Ithaca, NY.
Hintikka, Jaako 1989. «Exploring Possible Worlds», in: Allen, S., Hg., *Possible Worlds in Humanities, Arts and Sciences*. Berlin.
Hirsch, Eric Donald Jr. 1967. *Validity in Interpretation*. New Haven.
Hirsch, Eric Donald Jr. 1976. *The Aims of Interpretation*. Chicago.
Hirsch, Eric Donald Jr. / Kett, Joseph / Trefil, James 1987. *Cultural Literacy: What Every American Needs to Know*. Boston.
Hjelmslev, Louis 1943 / 1961. *Prolegomena to a Theory of Language*. Madison (dt. *Prolegomena zu einer Sprachtheorie*. München 1974).
Hjelmslev, Louis 1959 / 1973. «Für eine strukturale Semantik», in: Naumann, H., Hg., *Der moderne Strukturbegriff*. Darmstadt.
Hjelmslev, Louis 1974. *Aufsätze zur allgemeinen Sprachwissenschaft*. Stuttgart.
Hockett, Charles W. 1948 / 1957. «A Note on ‹Structure›», in: Joos, M., Hg., *Readings in Linguistics 1*. Chicago.
Hofstadter, Douglas 1979. *Gödel Escher Bach: An Eternal Golden Braid*. New York (dt. *Gödel, Escher, Bach: ein endloses geflochtenes Band*. Stuttgart 1995).
Holderness, Graham 1992. *Shakespeare Recycled: The Making of Historical Drama*. Hemel Hempstead.
Holenstein, Elmar 1972. *Phänomenologie der Assoziation. Zu Struktur und Funktion eines Grundprinzips der passiven Genesis bei E. Husserl*. Den Haag.
Holenstein, Elmar 1975. *Roman Jakobsons phänomenologischer Strukturalismus*. Frankfurt / M.
Holenstein, Elmar 1976. *Linguistik, Semiotik, Hermeneutik: Plädoyers für eine strukturale Phänomenologie*. Frankfurt / M.
Holenstein, Elmar 1985. *Menschliches Selbstverständnis: Ichbewußtsein – Intersubjektive Verantwortung – Interkulturelle Verständigung*. Frankfurt / M.
Holland, Norman 1968. *The Dynamics of Literary Response*. New York.
Holland, Norman 1975. *Five Readers Reading*. New Haven.
Holquist, Michael 1982. «Bakhtin and Rabelais: Theory as Praxis», *Boundary 1–2*.
Holquist, Michael 1986. «The Surd Heard: Bakhtin and Derrida», in: Morson, G. S., Hg., *Literature and History: Theoretical Problems and Russian Case Studies*. Stanford.
Holquist, Michael 1986. «Answering as Authoring: Mikhail Bakhtin's Trans-Linguistics», in: Morson, G. S., Hg., *Bakhtin*. Chicago.
Holquist, Michael 1997. «Bakhtin and Beautiful Science: The Paradox of Cultural Relativity Revisited», in: Macovski, Michael, Hg., *Dialogue and Critical Discourse: Language, Culture, Critical Theory*. Oxford / New York.
Holquist, Norman 1981. *The Dialogic Imagination*. Austin / London.
Holub, Robert C. 1992. *Crossing Borders: Reception Theory, Poststructuralism, Deconstruction*. Madison.
Hooks, Bell 1990. «Postmodern Blackness», *Postmodern Culture 1*.

Hörisch, Jochen / Pott, Hans-Georg 1983. «Literaturwissenschaft als Rationalitätskritik», in: Link, J. *Elementare Literatur und generative Diskursanalyse*. München.
Hörmann, Hans 1976. *Meinen und Verstehen: Grundzüge einer psychologischen Semantik*. Frankfurt / M.
Hough, Graham 1970. «Narrative and Dialogue in Jane Austin», *Critical Quarterly 12*.
Hoy, David Couzens 1991. «Is Interpretation Ethnocentric?», in: Hiley, D. R. / Bohman, J. F. / Shusterman, R., Hg., *The Interpretive Turn: Philosophy, Science, Culture*. Ithaca, NY.
Hügel, Hans Otto 1992. «Unterhaltungsliteratur», in: Brackert, H. / Stückrath, J., Hg., *Literaturwissenschaft: Ein Grundkurs*. Reinbek bei Hamburg.
Hungerland, Isabel C. 1958. *Poetic Discourse*. London.
Hunt, Lynn 1991. «History as Gesture, or: The Scandal of History», in: Arac, J. / Johnson, B., Hg., *Consequences of Theory*. Baltimore / London.
Hunter, Ian 1988. *Culture and Government. The Emergence of Literary Education*. London.
Husserl, Edmund 1901. *Logische Untersuchungen 1*. Halle.
Husserl, Edmund 1936 / 1954. *Die Krisis der europäischen Wissenschaften und die transzendentale Phänomenologie*. Den Haag.
Hutcheon, Linda 1985. *A Theory of Parody*. New York.
Hutcheon, Linda 1988. *A Poetics of Postmodernism: History, Theory, Fiction*. London / New York.
Hutcheon, Linda 1989. *The Politics of Postmodernism*. London / New York.
Hutcheon, Linda 1993. «Postmodernism», in: Makarýk, I., Hg., *Encyclopedia of Contemporary Literary Theory: Approaches, Scholars, Terms*. Toronto et al.
Hutcheon, Linda 1994. *Irony's Edge: The Theory and Politics of Irony*. London / New York.
Huyssen, Andreas 1986. *After the Great Divide. Modernism, Mass Culture and Postmodernism*. Indiana.
Huyssen, Andreas 1995. «The Inevitability of Nation: Germany After Unification», in: Rajchman, John, Hg., *The Identity in Question*. New York / London.
Hymes, Dell 1974. *Foundations in Sociolinguistics*. Philadelphia (dt. *Soziolinguistik: zur Ethnographie der Kommunikation*. Frankfurt / M. 1979).
Ingarden, Roman 1931. *Das literarische Kunstwerk. Eine Untersuchung aus dem Grenzgebiet der Ontologie, Logik und Literaturwissenschaft*. Halle.
Ingarden, Roman 1968. *Vom Erkennen des literarischen Kunstwerks*. Tübingen.
Irigaray, Luce 1974. *Speculum de l'autre femme*. Paris (dt. *Speculum, Spiegel des anderen Geschlechts*. Frankfurt / M. 1996).
Irigaray, Luce 1977. *Ce sexe qui n'en est pas un*. Paris (dt. *Das Geschlecht, das nicht eins ist*. Berlin 1977).
Irigaray, Luce 1983. *L'oubli de l'air: chez Martin Heidegger*. Paris.
Irigaray, Luce 1984. *Éthique de la différence sexuelle*. Paris (dt. *Ethik der sexuellen Differenz*. Frankfurt / M. 1995).
Irigaray, Luce 1985. *Parler n'est jamais neutre*. Paris.
Irigaray, Luce 1987. *Sexes et parentés*. Paris (dt. *Genealogie der Geschlechter*. Freiburg 1989).
Iser, Wolfgang 1970. *Die Appellstruktur der Texte: Unbestimmtheit als Wirkungsbedingung literarischer Prosa*. Konstanz.
Iser, Wolfgang 1972. *Der implizite Leser. Kommunikationsformen des Romans von Bunyan bis Beckett*. München.
Iser, Wolfgang 1976. *Der Akt des Lesens: Theorie ästhetischer Wirkung*. München.
Iser, Wolfgang 1989. *Das Fiktive und das Imaginäre. Grundzüge einer Literaturanthropologie*. Frankfurt / M.
Jacob, François 1969. *Logique du vivant*. Paris (dt. *Die Logik des Lebenden: von der Urzeugung zum genetischen Code*. Frankfurt / M. 1972).

Jahn, Manfred 1983. «Narration as non-comunication: on Banfield's unspeakable sentences», *Kölner Anglistische Papiere 23*.
Jakobson, Roman 1921. *Novejšaja russkaja poėzija. 1. Viktor Chlebnikov (SW V)*. Prag.
Jakobson, Roman 1929 / 1971. «Remarques sur l'évolution phonologique du russe comparée a celle des autres langues slaves» (*SW I*). The Hague.
Jakobson, Roman 1932 / 1971. «Musikwissenschaft und Linguistik» *(SW II)*. The Hague.
Jakobson, Roman 1933. «Was ist Poesie?», in: Stempel, W.-D. 1972.
Jakobson, Roman 1935 / 1981. «The Dominant», in: Matejka, L. / Pomorska, K., Hg., *Readings in Russian Poetics (SW III)*. Cambridge, Mass.
Jakobson, Roman 1949. «The phonemic and grammatical aspects of language in their interrelations», in: *Actes du Sixième Congrès International des Linguistes*. Paris.
Jakobson, Roman 1956 / 1971. «Two Aspects of Language and Two Types of Aphasic Disturbances», in: Jakobson, R. / Halle, M., *Fundamentals of Language (SW II)*. The Hague.
Jakobson, Roman 1957 / 1971. «Shifters, Verbal Categories, and Russian Verb» *(SW II)*. The Hague.
Jakobson, Roman 1960 / 1981. «Closing Statement: Linguistics and Poetics», in: Sebeok, Th., Hg., *Style in Language (SW III)*. Cambridge.
Jakobson, Roman 1961 / 1981. «Poėzija grammatiki i grammatika poėzii», in: *(SW III)*. The Hague.
Jakobson, Roman 1973. *Questions de poétique*. Paris.
Jakobson, Roman. *Linguistics and Poetics* (dt. *Aufsätze zur Linguistik und Poetik*. Hg. Wolfgang Raible. Frankfurt / M. 1979).
Jakobson, Roman / Lévi-Strauss, Claude 1962. «Charles Baudelaire's ‹Les Chats›», *L'Homme 2*.
Jakobson, Roman / Tynjanov, Jurij 1928 / 1981. «Problemy izučenija literatury i jazyka», *Novi Lef 12 (SW III)*.
James, Henry 1884 / 1984. «The Art of Fiction», in: *Literary Criticism*. Hg. L. Edel. New York.
James, Henry 1898. *The Turn of the Screw* (dt. *Schraubendrehungen*, 1970, oder *Die Tortur*, 1972).
Jameson, Fredric 1972. *The Prison-House of Language: A Critical Account of Structuralism and Russian Formalism*. New York.
Jameson, Fredric 1974. «Review of V. N. Vološinov *Marxism and Philosophy of Language*», *Style 8*.
Jameson, Fredric 1977. «Imaginary and Symbolic in Lacan: Marxism, Psychoanalytic Criticism, and the Problem of the Subject», *Yale French Studies 55 / 6*.
Jameson, Fredric 1981. *The Political Unconscious. Narrative as a Socially Symbolic Act*. Ithaca (dt. *Das politische Unbewußte. Literatur als Symbol sozialen Handelns*. Reinbek bei Hamburg 1988).
Jameson, Fredric 1983. «Postmodernism and Consumer Society», in: Foster, H., Hg., *Postmodern Culture*. London (enthalten auch in Jameson 1991).
Jameson, Fredric 1984. «Postmodernism, or the Cultural Logic of Late Capitalism», *New Left Review 146* (enthalten auch in Jameson 1991).
Jameson, Fredric 1987. «Foreword», in: A. J. Greimas, *On Meaning*. Minneapolis.
Jameson, Fredric 1989. «Nostalgia for the Present», *South Atlantic Quarterly* 88 (enthalten in Jameson 1991).
Jameson, Fredric 1991. *Postmodernism, or, The Cultural Logic of Late Capitalism*. Durham, NC.
Japp, Uwe 1980. *Beziehungssinn: Ein Konzept der Literaturgeschichte*. Frankfurt / M.
Japp, Uwe 1983. *Theorie der Ironie*. Frankfurt / M.
Japp, Uwe 1988. «Der Ort des Autors in der Ordnung des Diskurses», in: Fohrmann, J. / Müller, H., Hg., *Diskurstheorien und Literaturwissenschaft*. Frankfurt / M.

Jarchow, Klaus / Winter, Hans Gerd 1993. «Pierre Bourdieus Kultursoziologie als Herausforderung der Literaturwissenschaft», in: Gebauer, G. / Wulf, Ch., Hg., *Praxis und Ästhetik: Neue Perspektiven im Denken Pierre Bourdieus*. Frankfurt / M.

Jauß, Hans Robert 1970. *Literaturgeschichte als Provokation der Literaturwissenschaft*. Frankfurt / M.

Jauß, Hans Robert 1972. *Kleine Apologie der ästhetischen Erfahrung*. Konstanz.

Jauß, Hans Robert 1975. «Zur Fortsetzung des Dialogs zwischen ‹bürgerlicher› und ‹materialistischer› Rezeptionsästhetik», in: Warning, R., Hg., *Rezeptionsästhetik*. München.

Jauß, Hans Robert 1977. *Ästhetische Erfahrung und literarische Hermeneutik*. München.

Jay, Martin 1993. *Downcast Eyes: The Denigration of Vision in Twentieth-Century French Thought*. Berkeley / Los Angeles / London.

Jencks, Charles 1975. «The Rise of Post Modern Architecture», *The Architectural Association Quarterly 4*.

Jencks, Charles 1977. *The Language of Post-Modern Architecture*. London (dt. *Die Sprache der postmodernen Architektur*. Stuttgart 1988).

Jencks, Charles 1980. *Late-Modern Architecture and Other Essays*. London / New York (dt. *Spätmoderne Architektur: Beitrag über die Transformation des internationalen Stils*. Stuttgart 1981).

Jencks, Charles 1986. *What is Post-Modernism?* London / New York (dt. *Was ist Postmoderne?* Zürich / München 1990).

Jencks, Charles 1990. «Post-Modernism Between Kitch and Culture», *Architectural Design 9–10*.

Jendricke, Bernhard 1988. «Sozialgeschichte der Literatur: Neuere Konzepte der Literaturgeschichte und Literaturtheorie. Zur Standortbestimmung des Untersuchungsmodells der Münchner Forschergruppe», in: Heydebrand, R. v. / Pfau, D. / Schönert, J., Hg., *Zur theoretischen Grundlegung einer Sozialgeschichte der Literatur: Ein struktural-funktionaler Entwurf*. Tübingen.

Johnson, Barbara 1980. *The Critical Difference: Essays in the Contemporary Rhetoric of Reading*. Baltimore.

Johnson, Barbara 1984. «Metaphor, Metonimy and Voice in *Their Eyes Were Watching God*», in: Gates, H.-L., Hg., *Black Literature and Literary Theory*. New York.

Johnson, Barbara 1985a. «*Les Fleurs du mal armé*: Some Reflexions on Intertextuality», in: Hošek, Ch. / Parker, P., Hg., *Lyric Poetry: Beyond New Criticism*. Ithaca, NY.

Johnson, Barbara 1985b. «Rigorous Unreliability», *Yale French Studies 69*.

Johnson, Barbara 1986. «Apostrophe, Animation, and Abortion», *Diacritics 1:16* (enthalten in Johnson 1987).

Johnson, Barbara 1987. *A World of Difference*. Baltimore.

Johnson, Barbara 1994. *The Wake of Deconstruction*. Baltimore / London.

Johnstone, Robert 1992. «The Impossible Genre: Reading Comprehensive Literary History», *Publications of Modern Language Association 1*.

Jolles, André 1930. *Einfache Formen*. Halle.

Jonas, Hans 1982. *The Phenomenon of Life: Toward a Philosophical Biology*. Chicago (dt. *Das Prinzip Leben: Ansätze zu einer philosophischen Biologie*. Frankfurt / M. 1997).

Jones, Ann 1981. «Writing the Body: Towards an Understanding of *l'écriture feminine*», *Feminist Studies 7 / 2*.

Jones, Gareth Stedman 1983. *Languages of Class: Studies in English Working Class History, 1832–1982*. Cambridge (dt. *Klassen, Politik und Sprache: für eine theorieorientierte Sozialgeschichte*. Münster 1988).

Kahn, Viktoria 1990. «Habermas, Machiavelli, and the Humanist Critique of Ideology», *Publications of Modern Language Association 3*.

Kamuf, Peggy 1997. *The Division of Literature: Or the University in Deconstruction.* Chicago.
Kant, Immanuel 1790/1968. *Kritik der Urteilskraft.* Werke. Bd. V. Berlin.
Kayser, Wolfgang 1948. *Das sprachliche Kunstwerk: Eine Einführung in die Literaturwissenschaft.* Bern.
Keenan, Thomas 1997. *Fables of Responsibility: Abberations and Predicaments in Ethics and Politics.* Stanford.
Kelber, Werner H. 1988. «Narrative as Interpretation and Interpretation of Narrative: Hermeneutical Reflections on the Gospels», *Semeia 34.*
Kellner, Hans 1989. *Language and Historical Representation: Getting the Story Crooked.* Madison.
Kenner, Hugh 1978. *Joyce's Voices.* Berkeley.
Kent, Thomas 1991. «Hermeneutics and Genre: Bakhtin and the Problem of Communicative Interaction», in: Hiley, D. R./Bohman, J. F./Shusterman, R., Hg., *The Interpretive Turn: Philosophy, Science, Culture.* Ithaca, NY.
Kerbrat-Orecchioni, Catherine 1980. *L'Énonciation: de la subjectivité dans le langage.* Paris.
Kermode, Frank 1996. «Value, Literary», in: *A Dictionary of Cultural and Critical Theory.* Hg. M. Payne. Oxford.
Kittler, Friedrich A. 1977. «Das Phantom unseres Ichs und die Literaturpsychologie», in: Kittler, F./Turk, H., Hg., *Urszenen.* Frankfurt/M.
Kittler, Friedrich A. 1986. *Grammophon. Film. Typewriter.* Berlin.
Kittler, Friedrich A. 1987. *Aufschreibesysteme 1880/1900.* München.
Klotz, Heinrich 1984. *Geschichte der postmodernen Architektur.* Berlin.
Klyn, Mark 1968. «Towards a Pluralistic Rhetorical Criticism», in: Nilsen, Th. R., Hg., *Essays on Rhetorical Criticism.* New York.
Kneer, Georg 1997. «Beobachten, Verstehen und Verständigung. Zur Reformulierung hermeneutischer Grundkonzepte in der Diskursanalyse und der Systemtheorie», in: Sutter, T., Hg., *Beobachtung verstehen, Verstehen beobachten: Perspektiven einer konstruktivistischen Hermeneutik.* Opladen.
Kneer, Georg/Nassehi, Armin 1991. «Verstehen des Verstehens: Eine systemtheoretische Revision der Hermeneutik», *Zeitschrift für Soziologie 5.*
Kneer, Georg/Nassehi, Armin 1993. *Niklas Luhmanns Theorie sozialer Systeme: Eine Einführung.* München.
Koch, Walter A. 1966. *Recurrence and a Three-Modal Approach to Poetry.* Den Haag.
Koch, Walter A. 1968. «Linguistische Analyse und Strukturen der Poetizität», *Orbis 17.*
Koch, Walter A. 1978. «Poetizität zwischen Metaphysik und Metasprache», *Poetica 10.*
Koch, Walter A. 1981. *Poetizität. Skizzen zur Semiotik der Dichtung.* Hildesheim.
Kocka, Jürgen 1989. *Geschichte und Aufklärung.* Göttingen.
Kofman, Sarah 1980. *L'Énigme de la femme.* Paris.
Kojève, Alexandre 1947. *Introduction à la lecture de Hegel.* Paris (dt. *Hegel, eine Vergegenwärtigung seines Denkens: Kommentar zur Phänomenologie des Geistes.* Frankfurt/M. 1988).
Kołakowski, Leszek 1990. *Modernity on Endless Trial.* Chicago (dt. *Die Moderne auf der Anklagebank.* Zürich 1991).
Kolodny, Anette 1975. «Some Notes on Defining a ‹Feminist Literary Criticism›», *Critical Inquiry 2.*
Kolodny, Anette 1980. «A Map for Rereading. Or: Gender and the Interpretation of Literary Texts», *New Literary History 11.*
Kopperschmidt, Josef 1971. *Allgemeine Rhetorik: Einführung in die Theorie der persuasiven Kommunikation.* Stuttgart et al.
Koselleck, Reinhart 1979. *Vergangene Zukunft: Zur Semantik geschichtlicher Zeiten.* Frankfurt/M.

Kramaschki, Lutz 1991. «Anmerkungen zu Ästhetik- und Polyvalenzkonvention der Empirischen Theorie der Literatur. Ein Beitrag zur Konventionalismus-Debatte in der Literaturwissenschaft», *SPIEL (Siegener Periodicum für Internationale Empiristische Literaturwissenschaft)* 2.

Kravar, Zoran 1980. *Funkcija i struktura opisa u hrvatskom baroknom pjesništvu*. Zagreb.

Kravar, Zoran 1983. «Lirska pjesma», in: Škreb, Z. / Stamać, A., Hg., *Uvod u književnost: Teorija, metodologija*. Zagreb.

Kripke, Saul 1980. *Naming and Necessity*. Oxford (dt. *Name und Notwendigkeit*. Frankfurt / M. 1993).

Kristeva, Julia 1968. «Problèmes de la structuration du texte», in: *Théorie d'ensemble*. Paris (dt. Probleme der Textstrukturation, in: Heinz Blumensath, Hg., 1972, *Strukturalismus in der Literaturwissenschaft*. Köln, S. 243–262).

Kristeva, Julia 1969. *Séméiotiké: Recherches pour une sémanalyse*. Paris (Le mot, le dialogue et le roman).

Kristeva, Julia 1970. *Le texte du roman: Approche sémiologique d'une structure discursive transformationelle*. Paris.

Kristeva, Julia 1972. «Le sujet en procès», *Tel Quel* 52.

Kristeva, Julia 1974a. *Des Chinoises*. Paris (dt. *Die Chinesin: die Rolle der Frau in China*. Frankfurt / M. / Berlin / Wien 1982).

Kristeva, Julia 1974b. *La révolution du langage poétique. L'Avant-garde à la fin du XIXe siècle*. Paris (dt. *Die Revolution der poetischen Sprache*. Frankfurt / M. 1995).

Kristeva, Julia 1977. *Polylogue*. Paris (D'une identité à l'autre).

Kristeva, Julia 1980. *Pouvoirs de l'horreur: Essai sur l'abjection*. Paris.

Kristeva, Julia 1981. *Le langage, cet inconnu*. Paris.

Kristeva, Julia 1983. *Histoires d'amour*. Paris (dt. *Geschichten von der Liebe*. Frankfurt / M. 1994).

Kristeva, Julia 1985. *Au commencement était l'amour: Psychanalyse et foi*. Paris.

Kristeva, Julia 1987. *Soleil noir: Dépression et mélancholie*. Paris.

Kristeva, Julia 1988. *Étrangers à nous-mêmes*. Paris (dt. *Fremde sind wir uns selbst*. Frankfurt / M. 1995).

Krupat, Arnold 1992. *Ethnocriticism: Ethnography, History, Literature*. Berkeley / Los Angeles / Oxford.

Krusche, Dietrich / Wierlacher, Alois, Hg., 1990. *Hermeneutik der Fremde*. München.

Kruszewski, Nikolai 1886. «Prinzipien der Sprachentwicklung, 3. Artikel», *Internationale Zeitschrift für allgemeine Sprachwissenschaft* 3.

Kummer, Friedrich 1909. *Deutsche Literaturgeschichte des 19. Jahrhunderts, dargestellt nach Generationen*. Dresden.

Kundera, Milan 1985. *L'art du roman*. Paris (dt. *Die Kunst des Romans: Essay*. Frankfurt / M. 1996).

Labov, William 1972. *Language in the Inner City: Studies in the Black English Vernacular*. Philadelphia.

Lacan, Jacques 1961. «Maurice Merleau-Ponty», *Les Temps Modernes* 184 / 85.

Lacan, Jacques 1966. *Écrits*. Paris (Au-delà du ‹principe de réalité›, 1936; Le temps logique, 1945; Propos sur la causalité psychique, 1946; L'agressivité en psychanalyse, 1948; Le stade du miroir comme formateur de la fonction du Je, 1949; Introduction théorique aux fonctions de la psychanalyse en criminologie, 1950; Intervention sur le transfert, 1951; Fonction et champs de la parole et du langage en psychanalyse, 1953; Introduction aux commentaire de Jean Hyppolite sur la ‹Verneinung› de Freud, 1954a; Réponse aux commentaire de Jean Hyppolite sur la ‹Verneinung› de Freud, 1954b; Le séminaire sur la lettre volée, 1955a; Variantes de la cure-type, 1955b; La chose freudienne, 1955c; Situation de la psychanalyse et formation du psychanalyste en 1956, 1956; La psychanalyse et son enseignement, 1957a; L'instance de la lettre dans l'inconscient ou la raison depuis Freud, 1957b; D'une question préliminaire à tout traitement possible de la psychose, 1957–58; La direction de la cure et les principes de son pouvoir, 1958a; Jeunesse de Gide ou la lettre et le désir, 1958b; La signification du phallus, 1958c; Propos directifs pour un congrès sur la sexualité féminine, 1958d; À la mémoire d'Ernest Jones: sur sa théorie du symbolisme, 1959; Subversion du sujet et dialectique du désir dans l'inconscient freudien, 1960a; Kant avec Sade, 1962; Position de l'inconscient, 1964a; Du ‹Trieb› de Freud et du désir du psychanalyste, 1964b; La science et la vérité, 1965; Ouverture de ce recueil, 1966a; De nos antécédents, 1966b; Du sujet enfin en question, 1966c; D'un dessein, 1966d; D'un syllabaire après coup, 1966e. Poglavlje uvršteno u Savič, O., Hg., *Filozofsko čitanje Frojda*, Beograd 1988) (dt. *Schriften I*. Olten 1973).

Lacan, Jacques 1970. *Écrits 2*. Paris (dt. *Schriften II*. Frankfurt / M. 1975).

Lacan, Jacques 1971a. *Écrits 3*. Paris.

Lacan, Jacques 1971b. «Lituraterre», *Littérature 3*.

Lacan, Jacques 1972. *Encore*. Paris.

Lacan, Jacques 1973a. *Télévision*. Paris.

Lacan, Jacques 1964 / 1973b. *Le Séminaire. Livre XI: Les quatre concepts fondamentaux de la psychanalyse*. Hg. J.-A. Miller. Paris.

Lacan, Jacques 1954–55 / 1978. *Le Séminaire. Livre II: Le moi dans la théorie de Freud et dans la technique de la psychanalyse*. Hg. J.-A. Miller. Paris.

Lacan, Jacques 1955–56 / 1981. *Le Séminaire. Livre III: Les psychoses*. Hg. J.-A. Miller. Paris.

Lacan, Jacques 1959–60 / 1986. *Le Séminaire. Livre VII: L'éthique de la psychanalyse*. Hg. J.-A. Miller. Paris.

Lacan, Jacques 1982. *Feminine Sexuality: Jacques Lacan and the Ecole Freudienne*. Hg. J. Mitchell / J. Rose. New York / London.

LaCapra, Dominick 1983. *Rethinking Intellectual History: Texts, Contexts, Language*. Ithaca, NY.

LaCapra, Dominick 1985. *History and Criticism*. Ithaca / London (dt. *Geschichte und Kritik*. Frankfurt / M. 1987).

LaCapra, Dominick 1987. *Politics, History, and the Novel*. Ithaca / London.

LaCapra, Dominick 1989. *Soundings in Critical Theory*. Ithaca / London.

LaCapra, Dominick 1994. *Representing the Holocaust: History, Theory, Trauma*. Ithaca / London.

Lachmann, Renate 1991a. «Text als Mnemotechnik – Panorama einer Diskussion», in: Haverkamp, A. / Lachmann, R., Hg., *Gedächtniskunst: Raum-Bild-Schrift – Studien zur Mnemotechnik*. Frankfurt / M.

Lachmann, Renate 1991b. «Die Unlöschbarkeit der Zeichen: Das semiotische Unglück des Mnemonisten», in: Haverkamp, A. / Lachmann, R., Hg., *Gedächtniskunst: Raum-Bild-Schrift – Studien zur Mnemotechnik*. Frankfurt / M.

Lachmann, Renate 1993a. «Kultursemiotischer Prospekt», in: Haverkamp, A. / Lachmann, R., Hg., *Memoria: Vergessen und Erinnern*. München.

Lachmann, Renate 1993b. «Gedächtnis und Weltverlust – Borges' *memorioso* – mit Anspielungen auf Lurijas *Mnemonisten*», in: Haverkamp, A. / Lachmann, R., Hg., *Memoria: Vergessen und Erinnern*. München.

Lacoue-Labarthe, Philippe 1971. «Le Détour», *Poétique* 5.

Lacoue-Labarthe, Philippe 1979. *Le sujet de la philosophie*. Paris.

Lacoue-Labarthe, Philippe 1987. *La fiction du politique*. Paris (dt. *Die Fiktion des Politischen: Heidegger, die Kunst und die Politik*. Stuttgart 1990).

Lacoue-Labarthe, Philippe / Nancy, Jean-Luc 1978. *L'absolu littéraire*. Paris.

Lacoue-Labarthe, Philippe / Nancy, Jean-Luc et al. 1983. *Le retrait du politique*. Paris.

Lacour, Claudia Brodsky 1992. «The Temporality of Convention: Convention Theory and Romanticism», in: Hjort, M., Hg., *Rules and Conventions: Literature, Philosophy, Social Theory*. Baltimore.

Lämmert, Eberhard 1955. *Bauformen des Erzählens*. Stuttgart.

Lämmert, Eberhard 1990. «Allgemeine und Vergleichende Literaturwissenschaft», in: Prinz, W. / Weingart, P., Hg., *Die sog. Geisteswissenschaften: Innenansichten*. Frankfurt / M.

Lämmert, Eberhard / Schleunemann, Dieter, Hg., 1988. *Regelkram und Grenzgänge. Von poetischen Gattungen*. München.

Langland, Elizabeth 1995. «Dialogue, Discourse, Theft, and Mimicry: Charlotte Brontë Rereads William Makepeace Thackeray», in: Phelan, J. / Rabinowitz, P. J., Hg., *Understanding Narrative*. Columbus, Oh.

Lanser, Susan Sniader 1981. *The Narrative Act. Point of View in Prose Fiction*. Princeton.

Lanser, Susan Sniader 1992. *Fictions of Authority: Women Writers and the Narrative Voice*. Ithaca / London.

Lanser, Susan Sniader 1993. «Plot», in: Preminger, A. / Brogan, T. V. F., Hg., *The New Princeton Encyclopedia of Poetry and Poetics*. Princeton.

Lauretis, Theresa de 1984. *Alice Doesn't: Feminism, Semiotics, Cinema*. Bloomington.

Lauretis, Theresa de 1986. *Technologies of Gender*. London.

Lausberg, Heinrich 1960. *Handbuch der literarischen Rhetorik: Eine Grundlegung der Literaturwissenschaft*. Stuttgart.

Lawall, Sarah 1993. «Geneva School», in: Makarýk, I., Hg., *Encyclopedia of Contemporary Literary Theory: Approaches, Scholars, Terms*. Toronto et al.

Lawrence, Errol 1982. «Just Plain Common Sense: The ‹Roots› of Racism», in: *The Empire Strikes Back: Race and Racism in 70s in Britain*. London.

Leavis, Frank Raymond 1936. *Revaluation: Tradition and Development in English Poetry*. London.

Leavis, Frank Raymond 1952. *The Common Pursuit*. London.

Leavis, Frank Raymond 1972. *Nor Shall My Sword: Discourses on Pluralism, Compassion and Social Hope*. London.

Leavis, Frank Raymond 1973. *The Living Principle: ‹English› as a Discipline of Thought*. London.

Le Dœuff, Michele 1989a. *L'Étude et le Rouet: des Femmes, de la Philosophie, etc*. Paris.

Le Dœuff, Michele 1989b. *The Philosophical Imaginary*. London.

Leitch, Thomas M. 1986. *What Stories Are: Narrative Theory and Interpretation*. Pennsylvania / London.

Leitch, Vincent B. 1993. «Cultural Criticism», in: Preminger, A. / Brogan, T. V. F., Hg., *The New Princeton Encyclopedia of Poetry and Poetics*. Princeton.

Lejeune, Philippe 1980. *Je est un autre*. Paris.

Leont'ev, A. A. 1966. *Slovo v rečevoj dejatel'nosti*. Moskva.

Lévinas, Emmanuel 1947. *De l'existence à l'existant*. Paris (dt. *Vom Sein zum Seienden*. Freiburg / München 1997).

Lévinas, Emmanuel 1947 / 1979. *Le temps et l'autre*. Paris (dt. *Die Zeit und der Andere*. Hamburg 1995).

Lévinas, Emmanuel 1949 / 1974. *En decouvrant l'existence avec Husserl et Heidegger*. Paris.

Lévinas, Emmanuel 1961. Totalité et infini. La Haye (dt. Totalität und Unendlichkeit: Versuch über die Exteriorität. Freiburg / München 1993).

Lévinas, Emmanuel 1962. «Transcendence et Hauteur», *Bulletin de la Société Française de la Philosophie 56:3*.

Lévinas, Emmanuel 1974. *Autrement qu'être ou au-delà de l'essence*. La Haye (dt. *Jenseits des Seins oder anders als Sein geschieht*. Freiburg / München 1998).

Lévinas, Emmanuel 1985. *Éthique et infini: Dialogues avec Philippe Nemo.* Paris (dt. *Ethik und Unendliches: Gespräche mit Philippe Nemo.* Wien 2000).
Lévinas, Emmanuel 1986. *De Dieu qui vient à l'idée.* 2., erweiterte Aufl. Paris (dt. *Wenn Gott ins Denken einfällt.* Freiburg / München 1999).
Lévinas, Emmanuel 1990. «Sensibility», in: Johnson, G. A. / Smith, M. B., Hg., *Ontology and Alterity in Merleau-Ponty.* Evanston, Ill.
Lévinas, Emmanuel 1991. *Entre nous: Essais sur le penser-à-l'autre.* Paris (dt. *Zwischen uns: Versuche über das Denken an den Anderen.* München / Wien 1995).
Lévinas, Emmanuel 1992. Interview mit R.-P. Droit in *Le Monde,* 2. Juni.
Lévinas, Emmanuel 1994. *Les imprevus de l'histoire.* Montpellier (La réalité et son ombre, 1948).
Lévi-Strauss, Claude 1958. *Anthropologie structurale 1.* Paris (dt. *Strukturale Anthropologie.* Frankfurt / M. 1967).
Lévi-Strauss, Claude 1960. «La structure et la forme», *Cahiers de l'institut de science économique appliquée 99* (enthalten auch in Lévi-Strauss 1974).
Lévi-Strauss, Claude 1962. *La pensée sauvage.* Paris (dt. *Das wilde Denken.* Frankfurt / M. 1994).
Lévi-Strauss, Claude 1964–71. *Mythologiques I–IV.* Paris (dt. *Mythologica.* Frankfurt / M. 1971–75).
Lévi-Strauss, Claude 1974. *Anthropologie structurale 2.* Paris.
Lewis, David K. 1986. *Convention: A Philosophical Study.* Cambridge, Mass.
Lewis, Thomas E. 1979. «Notes Toward a Theory of Referent», *Publications of Modern Language Association 3.*
Lewis, Thomas E. 1985. «Reference and Dissemination: Althusser after Derrida», *Diacritics 4:15.*
Libertson, Joseph 1982. *Proximity: Lévinas, Blanchot, Bataille, and Communication.* The Hague / Boston / London.
Lichačëv, Dmitrij S. 1967. *Poėtika drevnerusskoj literatury.* Leningrad.
Lindner, Burckhardt 1977. «Herrschaft als Trauma: Adornos Gesellschaftstheorie zwischen Marx und Benjamin», in: Arnold, H. L., Hg., *Adorno.* München.
Link, Jürgen 1983a. *Elementare Literatur und generative Diskursanalyse.* München.
Link, Jürgen 1983b. «Diskurs und / oder ‹Ideologie›», *KultuRRevolution 4.*
Link, Jürgen 1988. «Literaturanalyse als Interdiskursanalyse: Am Beispiel des Ursprungs literarischer Symbolik in der Kollektivsymbolik», in: Fohrmann, J. / Müller, H., Hg., *Diskurstheorien und Literaturwissenschaft.* Frankfurt / M.
Link, Jürgen 1993. «Neue lange Märsche durch den Interdiskurs», *KultuRRevolution 28.*
Link, Jürgen / Link-Heer, Ursula 1990. «Diskurs / Interdiskurs und Literaturanalyse», *Zeitschrift für Literaturwissenschaft und Linguistik 77.*
Link, Jürgen / Parr, Rolf 1991. «Semiotische Diskursanalyse», in: Bogdal, K.-M., Hg., *Neue Literaturtheorien: Eine Einführung.* Opladen.
Lodge, David 1977. *The Modes of Modern Writing.* London.
Lodge, David 1990. *After Bakhtin: Essays on Fiction and Criticism.* London.
Loomba, Ania 1998. *Colonialism / Postcolonialism.* London / New York.
Lord, Albert Bates 1960. *The Singer of Tales.* Cambridge, Mass (dt. *Der Sänger erzählt: Wie ein Epos entsteht.* München 1965).
Lord, Albert Bates 1993. «Oral Poetry», in: Preminger, A. / Brogan, T.V.F., Hg., *The New Princeton Encyclopedia of Poetry and Poetics.* Princeton.
Lotman, Jurij M. 1964. *Lekcii po struktural'noj poėtike (Vvedenie, Teorija sticha).* Tartu (dt. *Vorlesungen zu einer strukturalen Poetik: Einführung, Theorie des Verses.* München 1972).
Lotman, Jurij M. 1970. *Struktura chudožestvennogo teksta.* Moskva (dt. *Die Struktur des künstlerischen Textes.* Frankfurt / M. 1973).

Lotman, Jurij M. 1972. *Analiz poėtičeskogo teksta: Struktura sticha.* Leningrad (dt. *Die Analyse des poetischen Textes.* Kronberg 1975).

Lotman, Jurij M. 1985. «Pamjat' v kulturologičeskom osveščenii», *Wiener Slawistischer Almanach 16.*

Lotman, J./Ivanov, V./Toporov, V./Pjatigorskij, A. 1973. «Tezisy k semiotičeskomu izučeniju kul'tur: v primenenii k slavjanskim tekstam», *Stat'i po tipologii kul'tury.* Tartu.

Lubbock, Percy 1921. *The Craft of Fiction.* New York.

Ludwig, Otto 1891. «Formen der Erzählung», in: Stern, A., Hg., *Epische Studien: Gesammelte Schriften.* Leipzig.

Luhmann, Niklas 1971a. «Moderne Systemtheorien als Form gesamtgesellschaftlicher Analyse», in: Habermas, J./Luhmann, N., *Theorie der Gesellschaft oder Sozialtechnologie?* Frankfurt/M.

Luhmann, Niklas 1971b. «Sinn als Grundbegriff der Soziologie», in: Habermas, J./Luhmann, N., *Theorie der Gesellschaft oder Sozialtechnologie?* Frankfurt/M.

Luhmann, Niklas 1975. *Soziologische Aufklärung 2: Aufsätze zur Theorie der Gesellschaft.* Opladen.

Luhmann, Niklas 1977/1981. «Ist Kunst codierbar?», in: *Soziologische Aufklärung 3,* Opladen.

Luhmann, Niklas 1984. *Soziale Systeme. Grundriß einer allgemeinen Theorie.* Frankfurt/M.

Luhmann, Niklas 1985. «Das Problem der Epochenbildung und die Evolutionstheorie», in: Gumbrecht, H.-U./Link-Heer, U., Hg., *Epochenschwellen und Epochenstrukturen im Diskurs der Literatur- und Sprachhistorie.* Frankfurt/M.

Luhmann, Niklas 1986a. «Systeme verstehen Systeme», in: Luhmann, N./Schorr E., Hg., *Zwischen Intransparenz und Verstehen: Fragen an die Pädagogik.* Frankfurt/M.

Luhmann, Niklas 1986b. «Das Kunstwerk und die Selbstreproduktion der Kunst», in: Gumbrecht, H. U./Pfeiffer, K. L., Hg., *Stil. Geschichte und Funkion eines kulturwissenschaftlichen Diskurselements.* Frankfurt/M.

Luhmann, Niklas 1986c. «Die Lebenswelt – nach Rücksprache mit Phänomenologen», *Archiv für Rechts- und Sozialphilosophie 72.*

Luhmann, Niklas 1986d. «Das Medium der Kunst», *Delfin VII (4:1).*

Luhmann, Niklas 1986e. «Intersubjektivität oder Kommunikation: Unterschiedliche Ausgangspunkte soziologischer Theoriebildung», *Archivio di Filosofia 54.*

Luhmann, Niklas 1986f. «Paradigmawechsel in der Systemtheorie: Ein Paradigma für Fortschritt?», in: Herzog, D./Koselleck, R., Hg., *Epochenschwelle und Epochenbewußtsein.* München.

Luhmann, Niklas 1986g. *Ökologische Kommunikation: Kann die moderne Gesellschaft sich auf ökologische Gefährdungen einstellen?* Opladen.

Luhmann, Niklas 1987a. «Die Autopoiesis des Bewußtseins», in: Hahn, A./Kapp, V., Hg., *Selbstthematisierung und Selbstzeugnis: Bekenntnis und Geständnis.* Frankfurt/M.

Luhmann, Niklas 1987b. *Soziologische Aufklärung 4. Beiträge zur funktionalen Differenzierung der Gesellschaft.* Opladen.

Luhmann, Niklas 1988a. *Erkenntnis als Konstruktion.* Bern.

Luhmann, Niklas 1988b. *Die Wirtschaft der Gesellschaft.* Frankfurt/M.

Luhmann, Niklas 1989. «Individuum, Individualität, Individualismus», in: *Gesellschaftsstruktur und Semantik: Studien zur Wissenssoziologie der modernen Gesellschaft.* Frankfurt/M.

Luhmann, Niklas 1990a. «Weltkunst», in: Luhmann, N./Bunsen, F./Baecker, D., Hg., *Unbeobachtbare Welt: Über Kunst und Architektur.* Bielefeld.

Luhmann, Niklas 1990b. *Soziologische Aufklärung 5.* Opladen.

Luhmann, Niklas 1990c. *Die Wissenschaft der Gesellschaft.* Frankfurt/M.

Luhmann, Niklas 1990d. *Paradigm lost. Über die ethische Reflexion der Moral.* Frankfurt/M.

Luhmann, Niklas 1990e. «Das Erkenntnisprogramm des Konstruktivismus und die unbekannt bleibende Realität», in: *Soziologische Aufklärung 5*. Opladen.
Luhmann, Niklas 1992. «Die operative Geschlossenheit psychischer und sozialer Systeme», in: Fischer, H. R. / Retzer, A. / Schweizer, J., Hg., *Das Ende der großen Entwürfe*. Frankfurt / M.
Luhmann, Niklas 1993a. *Das Recht der Gesellschaft*. Frankfurt / M.
Luhmann, Niklas 1993b. «Observing Re-entries», *Graduate Faculty Philosophy Journal 16*.
Luhmann, Niklas 1993c. «Die Paradoxie der Form», in: Baecker, D., Hg., *Kalkül der Form*. Frankfurt / M.
Luhmann, Niklas 1995. *Die Kunst der Gesellschaft*. Frankfurt / M.
Luhmann, Niklas 1996a. *Die neuzeitlichen Wissenschaften und die Phänomenologie*. Wien.
Luhmann, Niklas 1996b. «Eine Redeskription ‹romantischer Kunst›», in: Fohrmann, J. / Müller, H., Hg., *Systemtheorie der Literatur*. München.
Luhmann, Niklas / Fuchs, Peter 1989. *Reden und Schweigen*. Frankfurt / M.
Lukács, Georg 1911. *Die Seele und die Formen*. Berlin.
Lukács, Georg 1916 / 1971. *Theorie des Romans*. Darmstadt / Neuwied.
Lukács, Georg 1937 / 1955. *Der historische Roman*. Berlin.
Lukács, Georg 1973. «Es geht um den Realismus», in: Schmidt, H.-J., Hg., *Die Expressionismusdebatte*. Frankfurt / M.
Lukács, Georg 1974. «Erzählen oder Beschreiben?», in: Brinkmann, R., Hg., *Begriffsbestimmung des literarischen Realismus*. Darmstadt.
Lunačarskij, Vladimir A. 1929 / 1957. «O ‹mnogogolosnosti› Dostoevskogo», in: *Stat'i o literature*. Moskva.
Lurija, Aleksander Romanovič 1968. *Malen'kaja knička o bol'šoj pamjati – Um mnemonista*. Moskva.
Lützeler, Paul Michael 1989. «Fiktion in der Geschichte – Geschichte in der Fiktion», in: Borchmeier, D., Hg., *Poetik und Geschichte*. Tübingen.
Lyotard, François 1971. *Discours, figure*. Paris.
Lyotard, François 1974. *Économie libidinale*. Paris.
Lyotard, François 1977a. *Instructions païennes*. Paris.
Lyotard, François 1977b. *Rudiments païens*. Paris.
Lyotard, François 1979. *La condition postmoderne*. Paris (dt. *Das postmoderne Wissen: ein Bericht*. Wien 1994).
Lyotard, François 1983. *Le différend*. Paris (dt. *Der Widerstreit*. München 1989).
Lyotard, François 1988. *L'inhumain: Causeries sur le temps*. Paris (dt. *Das Inhumane: Plaudereien über die Zeit*. Wien 1989).
Lyotard, François / Thébaud, Jean-Loup 1979. *Au Juste*. Paris.
MacCabe, Colin 1985. *Tracking the Signifier: Theoretical Essays: Film, Linguistics, Literature*. Minneapolis.
MacCannell, Juliet Flower 1985. «Temporality of Textuality: Bakhtin and Derrida», *Modern Language Notes 5*.
Macey, David 1995. «On the Subject of Lacan», in: Elliott, A. / Frosh, S., Hg., *Psychoanalysis in Context: Paths between Theory and Modern Culture*. London / New York.
MacGann, Jerome 1983. *The Romantic Ideology: A Critical Investigation*. Chicago.
Macherey, Pierre 1966. *Pour une théorie de la production littéraire*. Paris (dt. *Zur Theorie der literarischen Produktion. Studien zu Tolstoj, Verne, Defoe, Balzac*. Darmstadt / Neuwied 1974).
MacIntyre, Alasdair 1982. «Philosophy, ‹Other› Disciplines and Their Histories», *Soundings 45*.
MacIntyre, Alasdair 1990. *Three Rival Versions of Moral Enquiry: Encyclopedia, Genealogy, and Tradition*. Notre Dame.

Maclean, Marie 1988. *Narrative as Performance: The Baudelairean Experiment*. London.
Major-Poetzl, Pamela 1983. *Michel Foucault's Archeology of Western Culture: Toward a New Science of History*. Brighton.
Mallon, F. E. 1994. «The Promise and Dilemma of Subaltern Studies: Perspectives from Latin American History», *American Historical Review 99:5*.
Mannheim, Karl 1929. *Ideologie und Utopie*. Frankfurt / M.
Marius, Benjamin / Jahrhaus, Oliver 1997. *Systemtheorie und Dekonstruktion. Die Supertheorien Niklas Luhmanns und Jacques Derridas im Vergleich*. Siegen.
Marshall, Donald G. 1982. «Plot as Trap, Plot as Mediation», in: Hernadi, P., Hg., *The Horizon of Literature*. Lincoln / London.
Martin, Wallace 1986. *Recent Theories of Narrative*. Ithaca, NY.
Martinet, André 1949 / 1965. «La double articulation linguistique», in: *La linguistique synchronique*. Paris.
Martinet, André 1960. *Éléments de linguistique générale*. Paris (dt. *Grundzüge der allgemeinen Sprachwissenschaft*. Stuttgart et al. 1971).
Martínez-Bonati 1976. «Erzählungsstruktur und ontologische Schichtenlehre», in: Haubrichs, W., Hg., *Erzählforschung 1*. Göttingen.
Martínez-Bonati, Felix 1981. *Fictive Discourse and the Structures of Literature*. Ithaca, NY.
Martyn, David 1995. «Unmögliche Notwendigkeit (Die Ethik des Lesens)», in: Fohrmann, J. / Müller, H., Hg., *Literaturwissenschaft*. München.
Mathiessen, F. O. 1941. *The American Renaissance: Art and Expression in the Age of Emerson and Whitman*. Oxford.
Mattelart, Armand 1979. «Introduction: For a Class Analysis of Communication», in: Mattelart, A., Hg., *Communication and Class Struggle*, Bd. 1. New York.
Maturana, Humberto 1982. *Erkennen: Die Organisation und Verkörperung von Wirklichkeit*. Braunschweig / Wiesbaden.
Maturana, Humberto 1996. *Was ist erkennen?* München / Zürich.
McCanles, Michael 1993. «Historicism», in: Preminger, A. / Brogan, T.V.F., Hg., *The New Princeton Encyclopedia of Poetry and Poetics*. Princeton.
McDonell, Diane 1986. *Theories of Discourse: An Introduction*. Oxford.
McGowan, John 1990. *Postmodernism and Its Critics*. Ithaca, NY.
McHale, Brian 1978. «Free Indirect Discourse: A Survey of Recent Accounts», *Poetics and Theory of Literature 3:2*.
McHale, Brian 1983. «Unspeakable sentences, unnatural acts: linguistics and poetics revisited», *Poetics and Theory of Literature 4:1*.
McHale, Brian 1987. *Postmodernist Fiction*. London.
McLennon, Gregor 1998. «Sociology and Cultural Studies: Rhetorics of Disciplinary Identity», *History of the Human Sciences 3*.
Medvedev, Pavel N. (Bachtin, Michail) 1928. *Formal'nyj metod v literaturovedenii*. Leningrad (dt. *Die formale Methode in der Literaturwissenschaft*. Darmstadt 1984).
Megill, Alan 1985. *Prophets of Extremity: Nietzsche, Heidegger, Foucault, Derrida*. Berkeley.
Meier, Christian 1989. *Die Welt der Geschichte und die Provinz des Historikers*. Berlin.
Meletinskij, Eleazar V. 1986. *Vvedenie v istoričeskuju poėtiku ėposa i romana*. Moskva.
Memmi, Albert 1973. «The Impossible Life of Frantz Fanon», *The Massachusetts Review XIV / 1*.
Menand, Louis 1995. «Diversity», in: Lentricchia, F. / McLaughlin, Th., Hg., *Critical Terms for Literary Study*. 2., erweiterte Aufl. Chicago.
Menninghaus, Winfried 1987. *Unendliche Verdopplung: Die frühromantische Grundlegung der Kunsttheorie im Begriff absoluter Selbstreflexion*. Frankfurt / M.
Merleau-Ponty, Maurice 1945. *Phénoménologie de la perception*. Paris (dt. *Phänomenologie der Wahrnehmung*. München 1974).

Merleau-Ponty, Maurice 1960. *Signes*. Paris.
Merleau-Ponty, Maurice 1961. *L'œil et l'esprit*. Paris (dt. *Das Auge und der Geist: philosophische Essays*. Hamburg 1984).
Merleau-Ponty, Maurice 1964. *Le visible et l'invisible*. Hg. C. Lefort. Paris (dt. *Das Sichtbare und das Unsichtbare: gefolgt von Arbeitsnotizen*. München 1986).
Merleau-Ponty, Maurice 1969. *La prose du monde*. Hg. C. Lefort. Paris (dt. *Die Prosa der Welt*. München 1993).
Meyer, Friederike / Ort, Claus-Michael 1988. «Konzept eines struktural-funktionalen Theoriemodells für eine Sozialgeschichte der Literatur», in: Heydebrand, R. von, Pfau, D., Schönert, J., Hg., *Zur theoretischen Grundlegung einer Sozialgeschichte der Literatur*. Tübingen.
Meyer, Holt 1995. «Gattung», in: Pechlivanos, M. et al., *Einführung in die Literaturwissenschaft*. Stuttgart / Weimar.
Miko, František 1978. *The Programme of the Text*. Njitra.
Miller, David A. 1988. *The Novel and the Police*. Berkeley.
Miller, John Hillis 1982. *Fiction and Repetition: Seven English Novels*. Cambridge, Mass.
Miller, John Hillis 1987. *The Ethics of Reading*. New York.
Miller, John Hillis 1990. *Versions of Pygmalion*. London.
Miller, John Hillis 1991a. *Hawthorne and History: Defacing it*. Oxford («The Authority of Reading. An Interview with John Hillis Miller», durchgeführt von M. Heusser und H. Schweizer).
Miller, John Hillis 1991b. *Theory Now and Then*. Hemel Hampstead.
Miller, Nancy 1985. «Emphasis Added: Plots and Plausibilities in Women's Fiction», in: Showalter, E., Hg., *The New Feminist Criticism*. New York.
Millett, Kate 1969. *Sexual Politics*. Garden City / New York (dt. *Sexus und Herrschaft: die Tyrannei des Mannes in unserer Gesellschaft*. Reinbek bei Hamburg 1985).
Mills, Sara 1995. *Feminist Stylistics*. London / New York.
Mitchell, Juliet 1975. *Psychoanalysis and Feminism: Freud, Reich, Laing, and Women*. New York (dt. *Psychoanalyse und Feminismus. Freud, Reich, Laing und die Frauenbewegung*. Frankfurt / M. 1985).
Mitchell, Juliet / Rose, Jacqueline, Hg., 1982. *Feminine Sexuality: Jacques Lacan and the Ecole Freudienne*. New York / London.
Mohanty, Chandra 1988. «Under Western Eyes: Feminist Scholarship and Colonial Discourses», *Feminist Review 30*.
Moi, Toril 1985. *Sexual / Textual Politics: Feminist Literary Theory*. London / New York (dt. *Sexus – Text – Herrschaft. Feministische Literaturtheorie*. Bremen 1989).
Moi, Toril, Hg., 1987. *French Feminist Thought: A Reader*. Oxford.
Moles, Abraham 1958. *Théorie de l'information et perception esthétique*. Paris (dt. *Informationstheorie und ästhetische Wahrnehmung*. Köln 1971).
Monod, Jacques 1970. *Le Hasard et la nécessité: Essai sur la philosophie naturelle de la biologie moderne*. Paris (dt. *Zufall und Notwendigkeit: philosophische Fragen der modernen Biologie*. München / Zürich 1996).
Morris, Charles 1934 / 1946. *Signs, Language, and Behaviour*. Englewood Cliffs (dt. *Zeichen, Wert, Ästhetik*. Frankfurt / M. 1975).
Morris, Charles 1938. *Foundations of the Theory of Signs*. Chicago (dt. *Grundlagen der Zeichentheorie. Ästhetik der Zeichentheorie*. München 1972).
Morris, Wesley 1972. *Towards a New Historicism*. Princeton.
Morson, Gary Saul / Emerson, Caryl 1990. *Mikhail Bakhtin: Creation of a Prosaics*. Stanford.
Morson, Gary Saul / Emerson, Caryl 1997. «Extracts from a *Heteroglossary*», in: Macovski, Mi-

chael, Hg., *Dialogue and Critical Discourse: Language, Culture, Critical Theory.* New York / Oxford.
Mouffe, Chantal 1995. «Democratic Politics and the Question of Identity», in: Rajchman, John, Hg., *The Identity in Question.* New York / London.
Mounin, Georges 1975. *Linguistique et philosophie.* Paris.
Mukařovský, Jan 1936. *Estetická funkce, norma a hodnota jako sociální fakty.* Prag (dt. Ästhetische Funktion, Norm und ästhetischer Wert als soziale Fakten. In: Jan Mukařovský 1970 / 1978, *Kapitel aus der Ästhetik.* Frankfurt / M., S. 7–113).
Mukařovský, Jan 1937 / 38. «K problému funkcí v architekture», *Stavba 19.*
Mukařovský, Jan 1948. *Kapitoly z české poetiky 1–3.* Prag (dt. *Kapitel aus der Poetik.* Frankfurt / M. 1967, *Studien zur strukturalistischen Ästhetik und Poetik.* Frankfurt / M. usw. 1977).
Mukařovský, Jan 1966. *Studie z estetiky.* Prag (dt. *Kapitel aus der Ästhetik.* Frankfurt / M. 1978).
Mukařovský, Jan 1971. *Cestamy poetiky a estetiky.* Prag.
Mukařovský, Jan 1982. *Studie z poetiky.* Prag.
Müller, Günther 1968. *Morphologische Poetik: Gesammelte Aufsätze.* Hg. E. Müller-Kromer / H. Egner. Tübingen.
Müller, Harro 1986. «Einige Argumente für eine subjektdezentrierte Literaturgeschichtsschreibung», in: Vosskamp, W. / Lämmert, E., Hg., *Historische und aktuelle Konzepte der Literaturgeschichtsschreibung.* Tübingen (überarbeitet in Müller 1994).
Müller, Harro 1988. «Einige Notizen zu Diskurstheorie und Werkbegriff», in: Fohrmann, J. / Müller, H., Hg., *Diskurstheorien und Literaturwissenschaft.* Frankfurt / M. (überarbeitet in Müller 1994).
Müller, Harro 1992. «Autonomie und Funktion», in: Brackert, H. / Stückrath, J., Hg., *Literaturwissenschaft: Ein Grundkurs.* Reinbek bei Hamburg (überarbeitet in Müller 1994).
Müller, Harro 1994. *Giftpfeile: Theorie und Literatur der Moderne.* Bielefeld.
Müller, Harro / Wegmann, Nikolaus 1985. «Tools for a Genealogical Literary Historiography», *Poetics 14.*
Mussil, Stephan 1993. «Literaturwissenschaft, Systemtheorie und der Begriff der Beobachtung», in: Berg, H. de / Prangel, M., Hg., *Kommunikation und Differenz: Systemtheoretische Ansätze in der Literatur- und Kunstwissenschaft.* Opladen.
Mussil, Stephan 1997. «Wahrheit oder Methode: Zur Anwendung der systemtheoretischen und dekonstruktiven Differenzlehre in der Literaturwissenschaft», in: Berg, H. de / Prangel, M., Hg., *Differenzen: Systemtheorie zwischen Dekonstruktion und Konstruktivismus.* Tübingen / Basel.
Nairn, Tom 1977. *The Break-up of Britain: Crisis and Neo-Nationalism.* London.
Nancy, Jean-Luc 1986. *La communauté désœuvrée.* Paris (dt. *Die undarstellbare Gemeinschaft.* Stuttgart 1988).
Nancy, Jean-Luc 1993. *Corpus.* Paris.
Nassehi, Armin 1997a. «Kommunikation verstehen. Einige Überlegungen zur empirischen Anwendbarkeit einer systemtheoretisch informierten Hermeneutik», in: Sutter, T., Hg., *Beobachtung verstehen, Verstehen beobachten: Perspektiven einer konstruktivistischen Hermeneutik.* Opladen.
Nassehi, Armin 1997b. «Die Zeit des Textes. Zum Verhältnis von Kommunikation und Text», in: Berg, H. de / Prangel, M., Hg., *Systemtheorie und Hermeneutik.* Tübingen / Basel.
Natoli, Joseph, Hg., 1989. *Literary Theory's Future(s).* Urbana / Chicago.
Natori, Motoki 1994. «Das Sozialsystem Literatur und die Handlungsrolle ‹Verarbeitung›: Skizze des Problems und einige theoretische Überlegungen», in: Barsch, A. / Rusch, G. / Viehoff, R., Hg., *Empirische Literaturwissenschaft in der Diskussion.* Frankfurt / M.
Naumann, Manfred 1976. «Das Dilemma der Rezeptionsästhetik», *Poetica 8.*

Naumann, Manfred et al. 1973. *Gesellschaft, Literatur, Lesen: Literaturrezeption in theoretischer Sicht.* Berlin / Weimar.

Nehamas, Alexander 1985. *Nietzsche: Life As Literature.* Cambridge, Mass (dt. *Nietzsche. Leben als Literatur.* Göttingen 1996).

Neuhäuser, Rudolf 1990. «Polifonija (polifoničnost')», in: Flaker, A. / Ugrešič, D., Hg., *Pojmovnik ruske avangarde*, Bd. 8. Zagreb.

Newton, Adam Zachary 1995. *Narrative Ethics.* Cambridge, Mass. / London.

Ngũgĩ wa Thiong'o 1972. *Homecoming: East African and Caribbean Literature, Culture and Politics.* London.

Ngũgĩ wa Thiong'o 1985. «The Language of African Literature», *New Left Review 150.*

Nietzsche, Friedrich 1972. «Unzeitgemäße Betrachtungen. Zweiter Teil: Vom Nutzen und Nachtheil der Historie für das Leben», in: *Werke.* Bd. III / 1. Colli, G. / Montinari, M., Hg. Berlin / New York.

Norris, Christopher 1988. *Deconstruction and the Interests of Theory.* London.

Norris, Christopher 1990. *What's Wrong With Postmodernism? Critical Theory and the Ends of Philosophy.* Baltimore.

Nöth, Winfried 1985. *Handbuch der Semiotik.* Stuttgart.

Novick, Peter 1988. *The Noble Dream: The ‹Objectivity Question› and the American Historical Profession.* Cambridge, Mass.

Nussbaum, Martha 1986. *The Fragility of Goodness: Luck and Ethics in Greek Tragedy and Philosophy.* Cambridge.

Nussbaum, Martha 1990. *Love's Knowledge: Essays on Philosophy and Literature.* Oxford.

Oberdorfer, Bernard 1992. «Einschränkung von Beliebigkeit? Systemtheoretische Selbstreproduktion und gesellschaftlicher Strukturaufbau», in: Kravietz, W. / Welker, M., Hg., *Kritik der Theorie sozialer Systeme: Auseinandersetzungen mit Luhmanns Hauptwerk.* Frankfurt / M.

O'Hanlon, Rosalind / Washbrook, David 1992. «After Orientalism: Culture, Criticism, and Politics in the Third World», *Comparative Studies in Society and History 34 / 1.*

Ohmann, Richard 1971. «Speech Acts and the Definition of Literature», *Philosophy and Rhetoric 4.*

Ohmann, Richard 1972. «Instrumental Style: Notes on the Theory of Speech Action», in: Kahru, B. B. / Stahlke, H. F. W., Hg., *Current Trends in Stylistics.* Edmonton.

Ohmann, Richard 1976. *English in America: A Radical View of the Profession.* New York.

Ong, Walter J. 1982. *Orality and Literacy: The Technologizing of the Word.* London (dt. *Oralität und Literalität. Die Technologisierung des Wortes.* Opladen 1987).

Ong, Walter J. 1986. «Writing is a Technology that restructures Thought», in: Baumann, G., Hg., *The Written Word: Literacy in Transition.* Oxford.

Oraić-Tolić, Dubravka 1990. *Teorija citatnosti.* Zagreb (dt. *Das Zitat in Literatur und Kunst: Versuch einer Theorie.* Wien et al. 1995).

Ort, Claus-Michael 1985. «Problems of interdisciplinary theory-formation in the social history of literature», *Poetics 14.*

Ort, Claus-Michael 1991. «Literarischer Wandel und sozialer Wandel: Theoretische Anmerkungen zum Verhältnis von Wissenssoziologie und Diskursgeschichte», in: Titzmann, M., Hg., *Modelle des literarischen Strukturwandels.* Tübingen.

Ort, Claus-Michael 1994. «Texttheorie – Textempirie – Textanalyse. Zum Verhältnis von Hermeneutik, Empirischer Literaturwissenschaft und Literaturgeschichte», in: Barsch, A. / Rusch, G. / Viehoff, R., Hg., *Empirische Literaturwissenschaft in der Diskussion.* Frankfurt / M.

Osinski, Jutta 1998. *Einführung in die feministische Literaturwissenschaft.* Berlin.

Ouellet, Pierre 1983. «La voix des faits, approche sémiotique du discours scientifique», *Protée 3.*

Pagnini, Marcelo 1988. The *Pragmatics of Literature*. Bloomington.

Palmer, Frank 1992. *Literature and Moral Understanding*. Oxford.

Paprotté, Wolf / Dirven, René 1985. *The Ubiquity of Metaphor*. Amsterdam / Philadelphia.

Parret, Hermann 1983. *Semiotics and Pragmatics*. Amsterdam.

Parry, Benita 1994. «Signs of Our Times: Discussion of Homi Bhabha's *The Location of Culture*», *Third Text 28 / 29*.

Parry, Benita 1995. «Problems in Current Theories of Colonial Discourse», in: Ashcroft, B. / Griffiths, G. / Tiffin, H., Hg., *The Post-colonial Studies Reader*. London / New York.

Partee, Barbara Hall 1989. «Possible Worlds in Model-Theoretic Semantics», in: Allen, S., Hg., *Possible Worlds in Humanities, Arts and Sciences*. Berlin.

Pascal, Roy 1977. *The Dual Voice: Free Indirect Speech and its Functioning in the Nineteenth-Century European Novel*. Manchester.

Pasternack, Gerhard 1994. «Empirische Literaturwissenschaft und ihre wissenschaftsphilosophischen Voraussetzungen», in: Barsch, A. / Rusch, G. / Viehoff, R., Hg., *Empirische Literaturwissenschaft in der Diskussion*. Frankfurt / M.

Pathak, Zakia / Rajan, Rajeswari Sunder 1992. «Shahbano», in: Butler, J. / Scott, J. W., Hg., *Feminists Theorize the Political*. New York.

Pavis, Pierre 1987. *Dictionnaire du théâtre*. Paris.

Pease, Donald 1991. «Toward a Sociology of Literary Knowledge: Greenblatt, Colonialism, and the New Historicism», in: Arac, J. / Johnson, B., Hg., *The Consequences of Theory*. Baltimore / London.

Pêcheux, Michel 1975. *Les Vérités de La Palice*. Paris.

Pechter, Edward 1987. «The New Historicism and its Discontents: Politicizing Renaissance Drama», *Publications of Modern Language Association 2*.

Pelc, Jerzy 1986. «Semiotics», in: Sebeok, Th. A., Hg., *Encyclopedic Dictionary of Semiotics*. Berlin / New York.

Perkins, David 1992. *Is Literary History Possible?* Baltimore / London.

Petrovskij, M. A. 1928. «Kompozicija *Večnogo muža*», in: *Dostoevskij. Sbornik statej*. Moskva.

Pfau, Dieter / Schönert, Jörg 1988. «Probleme und Perspektiven einer theoretisch-systematischen Grundlegung für eine ‹Sozialgeschichte der Literatur›», in: Heydebrandt, R. / Pfau, D. / Schönert, J., Hg., *Zur theoretischen Grundlegung einer Sozialgeschichte der Literatur: Ein struktural-funktionaler Entwurf*. Tübingen.

Pfister, Manfred 1978. *Das Drama: Theorie und Analyse*. München.

Phelan, James 1989. *Reading People, Reading Plots: Character, Progression, and the Interpretation of Narrative*. Chicago.

Phelan, James 1996. *Narrative as Rhetoric: Technique, Audiences, Ethics, Ideology*. Columbus, Oh.

Phelan, James / Rabinowitz, Peter J., Hg., 1995. *Understanding Narrative*. Columbus, Oh.

Phillips, Adam 1993. *On Kissing, Tickling and Being Bored*. London (dt. *Vom Küssen, Kitzeln und Gelangweiltsein*. Göttingen 1997).

Piaget, Jean 1968. *Le Structuralisme*. Paris (dt. *Der Strukturalismus*. Stuttgart 1980).

Pieper, Ursula 1979. *Über die Aussagekraft statistischer Methoden für die linguistische Stilanalyse*. Tübingen.

Plumpe, Gerhard 1979. «Eigentum – Eigentümlichkeit: Über den Zusammenhang ästhetischer und juristischer Begriffe im 18. Jahrhundert», *Archiv für Begriffsgeschichte 23*.

Plumpe, Gerhard 1981. «Der Autor als Rechtssubjekt», in: Brackert, H. / Lämmert, E., Hg., *Literaturwissenschaft: Grundkurs 2*. Reinbek bei Hamburg.

Plumpe, Gerhard 1985. «Systemtheorie und Literatur: Mit Anmerkungen zum deutschen Realismus im 19. Jahrhundert», in: Gumbrecht, H.-U. / Link-Heer, U., Hg., *Epochenschwellen und Epochenstrukturen im Diskurs der Literatur- und Sprachhistorie*. Frankfurt / M.

Plumpe, Gerhard 1988. «Kunst und juristischer Diskurs. Mit einer Vorbemerkung zum Diskursbegriff», in: Fohrmann, J./Müller, H., Hg., *Diskurstheorien und Literaturwissenschaft*. Frankfurt/M.

Plumpe, Gerhard 1993a. *Ästhetische Kommunikation der Moderne. Bd. 1: Von Kant bis Hegel*. Opladen.

Plumpe, Gerhard 1993b. *Ästhetische Kommunikation der Moderne. Bd. 2: Von Nietzsche bis zur Gegenwart*. Opladen.

Plumpe, Gerhard 1995. «Literatur als System», in: Fohrmann, J./Müller, H., Hg., *Literaturwissenschaft*. München.

Plumpe, Gerhard/Werber, Niels 1995. «Différance, Differenz, Literatur. Systemtheoretische und dekonstruktivistische Lektüren», in: Berg, H. de/Prangel, M., Hg., *Differenzen. Systemtheorie zwischen Dekonstruktion und Konstruktivismus*. Tübingen/Basel.

Poovey, Mary 1988. *Unequal Developments: The Ideological Work of Gender in Mid-Victorian England*. Chicago.

Pope, A. 1711. *An Essay on Criticism* (dt. *Ein Versuch über die Kritik*).

Porter, Douglas 1983. «*Orientalism* and its Problems», in: Barker, H./Hulme, P./Iversen, M./Loxley, D., Hg., *The Politics of Theory*. Colchester.

Portoghesi, Paolo 1982. *Postmodern. The Architecture of the Postindustrial Society*. London/New York.

Posner, Roland 1985. «Nonverbale Zeichen in öffentlicher Kommunikation», *Zeitschrift für Semiotik 3*.

Potebnja, Aleksandr 1862. *Mysl' i jazyk*. Sankt Petersburg.

Pouillon, Jean 1946. *Temps et roman*. Paris.

Poulet, Georges 1949–68. *Études sur le temps humain I–IV*. Paris.

Poulet, Georges 1963. *L'Espace proustien*. Paris.

Poulet, Georges 1964. *Le point de départ*. Paris.

Poulet, Georges 1970. «The Phenomenology of Reading», *New Literary History 2*.

Poulet, Georges 1980. *La poésie éclatée*. Paris.

Poulet, Georges 1985. *Le pensée indéterminée*. Paris.

Pradhan, S. 1986. «Minimalist Semantics: Davidson and Derrida on Meaning, Use and Convention», *Diacritics 1*.

Prangel, Matthias 1993. «Zwischen Dekonstruktionismus und Konstruktivismus: Zu einem systemtheoretisch fundierten Ansatz von Textverstehen», in: Berg, H. de/Prangel, M., Hg., *Kommunikation und Differenz: Systemtheoretische Ansätze in der Literatur- und Kunstwissenschaft*. Opladen.

Prangel, Matthias 1995. «Kontexte – aber welche? Mit Blick auf einen systemtheoretischen Begriff ‹objektiven› Textverstehens», in: Berg, H. de/Prangel, M., Hg., *Differenzen: Systemtheorie zwischen Dekonstruktion und Konstruktivismus*. Tübingen/Basel.

Pratt, Mary-Louise 1977. *Toward a Speech Act Theory of Literary Discourse*. Bloomington.

Pratt, Mary-Louise 1986a. «Ideology and Speech Act Theory», *Poetics Today 1*.

Pratt, Mary-Louise 1986b. «Interpretive Strategies/Strategic Interpretations: On Anglo-American Reader-Response Criticism», in: Arac, J., Hg., *Postmodernism and Politics*. Manchester.

Pratt, Mary-Louise 1987. «Linguistic Utopias», in: Fabb, N. et al., Hg., *The Linguistics of Writing: Arguments between Language and Literature*. Manchester.

Pratt, Mary-Louise 1991. «Arts of the Contact Zone», *Profession 91*.

Pratt, Mary-Louise 1992. *Imperial Eyes: Travel Writing and Transculturation*. London/New York.

Prendergast, Christopher 1986. *The Order of Mimesis*. Cambridge, Mass.

Prieto, Luis J. 1966. *Messages et signaux*. Paris (dt. *Nachrichten und Signale*. München 1972).

Prieto, Luis J. 1975a. *Pertinence et pratique*. Paris.
Prieto, Luis J. 1975b. *Études de linguistique et de sémiologie générale*. Geneva.
Prince, Gerald 1973a. *A Grammar of Stories*. The Hague / Paris.
Prince, Gerald 1973b. «Introduction à l'étude du narrataire», *Poétique 14*.
Prince, Gerald 1987. *A Dictionary of Narratology*. Lincoln/London.
Prince, Gerald 1988. «La thème du récit», *Communications 47*.
Propp, Vladimir 1928. *Morfologija skazki*. Leningrad (dt. *Morphologie des Märchens*. Frankfurt/M. 1972 / 1975).
Pryse, Marjorie / Spillers, Hortense J. 1985. *Conjuring. Black Women, Fiction, and Literary Tradition*. Bloomington.
Putnam, Hilary 1983. «Taking Rules Seriously – A Response to Martha Nussbaum», *New Literary History 15*.
Rabinow, Paul 1984. «Introduction», in: Rabinow, P., Hg., *The Foucault Reader*. New York.
Rabinow, Paul 1993. «Repräsentationen sind soziale Tatsachen: Moderne und Postmoderne in der Anthropologie», in: Berg, E./Fuchs, M., Hg., *Kultur, soziale Praxis, Text: Die Krise der ethnographischen Repräsentation*. Frankfurt/M.
Rabinowitz, Peter 1987. *Before Reading: Narrative Conventions and the Politics of Interpretation*. Ithaca/London.
Racevskis, Karlis 1983. *Michel Foucault and the Subversion of Intellect*. Ithaca, NY.
Racevskis, Karlis 1989. «Genealogical Critique: Michel Foucault and the Systems of Thought», in: Atkins, G. D./Morrow, L., Hg., *Contemporary Literary Theory*. Amherst.
Radway, Janice 1984. *Reading the Romance: Women, Patriarchy, and Popular Literature*. Chapel Hill.
Radway, Janice 1988. «Reception Study: Ethnography and the Problems of Dispersed Audiences and Nomadic Subjects», *Cultural Studies 2*.
Ragland-Sullivan, Ellie 1987. *Jacques Lacan and the Philosophy of Psychoanalysis*. Urbana (dt. *Jacques Lacan und die Philosophie der Psychoanalyse*. Weinheim / Berlin 1989).
Rancière, Jacques 1992. *Les noms de l'histoire: Essai de poétique du savoir*. Paris (dt. *Die Namen der Geschichte: Versuch einer Poetik des Wissens*. Frankfurt/M. 1994).
Rancière, Jacques 1995. «Politics, Identification, and Subjectivization», in: Rajchman, John, Hg., *The Identity in Question*. New York / London.
Ransom, John Crowe 1938. *The World's Body*. Baton Rouge.
Ransom, John Crowe 1941. «Criticism as Pure Speculation», in: Ransom, J. C., *The New Criticism*. Westport, Conn.
Rastier, François 1987. *Sémantique interprétative*. Paris.
Ray, William 1984. *Literary Meaning: From Phenomenology to Deconstruction*. London.
Raymond, Marcel 1933. *De Baudelaire au surréalisme*. Paris.
Récanati, François 1989. *La Transparence et l'énonciation*. Paris.
Reese-Schäfer, Walter 1997. *Grenzgötter der Moral: Der neuere europäisch-amerikanische Diskurs zur politischen Ethik*. Frankfurt / M.
Reformatskij, A. A. 1922. *Opyt analiza novellističeskoj kompozicii. Moskva.*
Reichert, John 1977. *Making Sense of Literature*. Chicago.
Ricardou, Jean 1967. *Problèmes du nouveau roman*. Paris.
Renan, Ernest 1947. «Qu'est-ce qu'une nation?», in: *Œuvres complètes*. Bd. 1. Paris.
Rich, Adrienne 1987. *Blood, Bread, and Poetry*. London.
Richard, Jean-Pierre 1954. *Littérature et sensation*. Paris.
Richard, Jean-Pierre 1955. *Poésie et profondeur*. Paris.
Richard, Jean-Pierre 1979–84. *Microlectures I–II*. Paris.
Richards, Ivor Armstrong 1924. *Principles of Literary Criticism*. London.
Richards, Ivor Armstrong 1926. *Science and Poetry*. London.

Richards, Ivor Armstrong 1929. *Practical Criticism: A Study of Literary Judgment*. London.
Richards, Ivor Armstrong 1936/1965. *The Philosophy of Rhetoric*. New York.
Richards, Ivor Armstrong/Ogden, Charles K. 1923. *The Meaning of Meaning: A Study of the Influence of Language upon Thought and of the Science of Symbolism*. London.
Ricœur, Paul 1965. *De l'interprétation. Essai sur Freud*. Paris (dt. *Die Interpretation. Ein Versuch über Freud*. Frankfurt/M. 1999).
Ricœur, Paul 1969. *Le conflit des interprétation. Essais d'herméneutique*. Paris (dt. *Hermeneutik und Psychoanalyse/Der Konflikt der Interpretation*. München 1974).
Ricœur, Paul 1970. «Qu'est-ce qu'un texte? Expliquer et comprendre», in: Bubner, R. et al., Hg., *Hermeneutik und Dialektik*. Tübingen (enthalten in Ricœur 1981) .
Ricœur, Paul 1971. «The model of the text: meaningful action considered as a text», *Social Research 38* (enthalten in Ricœur 1981).
Ricœur, Paul 1975a. «La fonction herméneutique de la distanciation», in: Bovon, F./Rouiller, G., Hg., *Exegesis: Problèmes de méthode et exercices de lecture*. Neuchâtel (enthalten in Ricœur 1981).
Ricœur, Paul 1975b. *La métaphore vive*. Paris (dt. *Die lebendige Metapher*. München 1986).
Ricœur, Paul 1981. *Hermeneutics and the Human Sciences*. New York/Paris.
Ricœur, Paul 1983. *Temps et récit 1*. Paris (dt. *Zeit und Erzählung*. 3 Bde. München 1988–1991).
Ricœur, Paul 1984. *Temps et récit 2: La configuration dans le récit de fiction*. Paris (dt. *Zeit und Erzählung*. 3 Bde. München 1988–1991).
Ricœur, Paul 1985. *Temps et récit 3: Le temps raconté*. Paris (dt. *Zeit und Erzählung*. 3 Bde. München 1988–1991).
Ricœur, Paul 1986. *Lectures on Ideology and Utopia*. New York.
Rieger, Stefan 1995a. «Medienwissenschaft der Literatur – Literaturwissenschaft der Medien», in: Pechlivanos, M. et al., Hg., *Einführung in die Literaturwissenschaft*. Stuttgart/Weimar.
Rieger, Stefan 1995b. «Memoria und Oblivio: Die Aufzeichnung des Menschen», in: Pechlivanos, M. et al., Hg., *Einführung in die Literaturwissenschaft*. Stuttgart/Weimar.
Riffaterre, Michael 1966. «Describing Poetic Structures: Two Approaches to Baudelaire's *Les Chats*», *Yale French Studies 36–37*.
Riffaterre, Michael 1971. *Essais de stylistique structurale*. Paris (dt. *Strukturale Stilistik*. München 1973).
Riffaterre, Michael 1978. *The Semiotics of Poetry*. Bloomington.
Riffaterre, Michael 1979a. *La production du texte*. Paris.
Riffaterre, Michael 1979b. «La syllepse intertextuelle», *Poétique 40*.
Riffaterre, Michael 1981a. «L'intertexte inconnu», *Littérature 41*.
Riffaterre, Michael 1981b. «Interpretation and Undecidability», *New Literary History 2*.
Riffaterre, Michael 1985. «The Interpretant in Literary Semiotics», *American Journal of Semiotics 3–4*.
Riffaterre, Michael 1990. «Compulsory Reader Response: The Intertextual Drive», in: Worton, M./Still, J., Hg., *Intertextuality: Theories and Practices*. Manchester.
Rimmon-Kenan, Shlomith 1983. *Narrative Fiction: Contemporary Poetics*. London/New York.
Robbins, Bruce 1992. «Death and Vocation: Narrativizing Narrative Theory», *PMLA 1* (January).
Robbins, Jill 1999. *Altered Reading: Levinas and Literature*. Chicago.
Roberts, David 1992. «The Paradox of Form: Literature and Self-Reference», *Poetics 21* (dt. in Baecker 1993b).
Röcker, Werner 1992. «Literaturgeschichte – Mentalitätsgeschichte», in: Brackert, H./Stückrath, J., Hg., *Literaturwissenschaft: Ein Grundkurs*. Reinbek bei Hamburg.
Ronan, Ruth 1994. *Possible Worlds in Literary Theory*. Cambridge.

Rorty, Richard 1980. *Philosophy and the Mirror of Nature.* Princeton (dt. *Der Spiegel der Natur: eine Kritik der Philosophie.* Frankfurt/M. 1994).

Rorty, Richard 1982. *Consequences of Pragmatism.* Minneapolis.

Rorty, Richard 1989. *Contingency, Irony, and Solidarity.* Cambridge, Mass. (dt. *Kontingenz, Ironie und Solidarität.* Frankfurt/M. 1995).

Rorty, Richard 1991. *Objectivity, Relativism, and Truth: Philosophical Papers 1.* Cambridge, Mass.

Rosch, Eleanor/Mervis, Carolyn B. 1975. «Family Resemblance: Studies in Internal Structure of Category», *Cognitive Psychology 7.*

Rose, Jacqueline 1986. *Sexuality and the Field of Vision.* New York (dt. *Sexualität im Feld der Anschauung.* Wien 1996).

Rose, Jacqueline 1993. *Why War? Psychoanalysis, Politics, and the Return to Melanie Klein.* Oxford.

Rose, Margareth A. 1993. *Parody: ancient, modern, and post-modern.* Cambridge.

Rosenberg, Rainer 1987. «Epochengliederung. Zur Geschichte des Periodisierungsproblems in der deutschen Literaturgeschichtsschreibung», in: Fohrmann, J./Vosskamp, W., *Von der gelehrten zur disziplinären Gemeinschaft* (Einzelheft von *Deutsche Vierteljahrschrift für Literaturwissenschaft und Geistesgeschichte*).

Rosenberg, Rainer 1992. «Epochen», in: Brackert, H./Stückrath, J., Hg., *Literaturwissenschaft: Ein Grundkurs.* Reinbek bei Hamburg.

Rosmarin, Adena 1985. *The Power of Genre.* Minneapolis.

Ross, Andrew 1989. *No Respect: Intellectuals and Popular Culture.* New York/London.

Ross, Trevor 1993. «Literature», in: Makarýk, I., Hg., *Encyclopedia of Contemporary Literary Theory.* Toronto et al.

Rossi-Landi, Ferruccio 1972. *Semiotica e ideologia.* Milano (dt. *Semiotik, Ästhetik und Ideologie: 13 Beiträge.* München/Wien 1976).

Roth, Gerhard 1975. *Neurobiologische Grundlagen des Lernens und des Gedächtnisses.* Paderborn.

Roth, Gerhard 1990. «Gehirn und Selbstorganisation», in: Krohn, W./Küppers, G., Hg., *Selbstorganisation: Aspekte einer wissenschaftlichen Revolution.* Braunschweig/Wiesbaden.

Roth, Gerhard 1991. «Neuronale Grundlagen des Lernens und des Gedächtnisses», in: Schmidt, S. J., Hg., *Gedächtnis: Probleme und Perspektiven der interdisziplinären Gedächtnisforschung.* Frankfurt/M.

Rothacker, Erich 1934. *Geschichtsphilosophie.* München.

Rousset, Jean 1962. *Forme et signification.* Paris.

Rousset, Jean 1973. *Narcisse romancier.* Paris.

Rousset, Jean 1981. *Les Yeux se rencontrèrent.* Paris.

Ruegg, Maria 1979. «Metaphor and Metonimy: The Logic of Structuralist Rhetoric», *Glyph 6.*

Rusch, Gebhard 1987. *Erkenntnis, Wissenschaft, Geschichte: Von einem konstruktivistischen Standpunkt.* Frankfurt/M.

Rusch, Gebhard 1990. «Erinnerungen aus der Gegenwart», in: Schmidt, S. J., Hg., *Gedächtnis: Probleme und Perspektiven einer interdisziplinären Gedächtnisforschung.* Frankfurt/M.

Rüsen, Jörn 1977. «Der Historiker als ‹Parteimann des Schicksals›. Georg Gottfried und das Konzept der objektiven Parteilichkeit im deutschen Historismus», in: Koselleck, R./Mommsen, W./Rüsen, J., Hg., *Objektivität und Parteilichkeit.* München.

Rüsen, Jörn 1990. *Zeit und Sinn. Strategien historischen Denkens.* Frankfurt/M.

Russell, Bertrand 1905. «On Denoting», *Mind 14.*

Ruthven, K. K. 1984. *Feminist Literary Studies: An Introduction.* Cambridge.

Ryan, Mary-Laure 1981. «Introduction: On the why, what and how of generic taxonomy», *Poetics 10.*

Rybnikova, M. A. 1924. *Po voprosam kompozicii.* Moskva.
Said, Edward 1972. «Michel Foucault as an Intellectual Imagination», *boundary 2, 1.*
Said, Edward 1975. *Beginnings: Intention and Method.* Baltimore.
Said, Edward 1978. *Orientalism.* New York (dt. *Orientalismus.* Frankfurt/M. et al. 1981).
Said, Edward 1983. *The World, the Text, and the Critic.* Cambridge (dt. *Die Welt, der Text und der Kritiker.* Frankfurt/M. 1997).
Said, Edward 1993. *Culture and Imperialism.* New York (dt. *Kultur und Imperialismus: Einbildungskraft und Politik im Zeitalter der Macht.* Frankfurt/M. 1994).
Sainte-Beuve, Ch. A. 1836–39. *Portraits littéraires* (dt. *Auszüge literarischer Portraits aus dem Frankreich des 17. bis 19. Jahrhundert.* 1923).
Salecl, Renata 1994. *The Spoils of Freedom.* New York.
Sandig, Barbara 1978. *Stilistik. Sprachpragmatische Grundlegung der Stilbeschreibung.* Berlin/New York.
Sandig, Barbara 1986. *Stilistik der deutschen Sprache.* Berlin/New York.
Sartre, Jean-Paul 1938. *La nausée.* Paris.
Sartre, Jean-Paul 1940. *L'imaginaire. Psychologie phénoménologique de l'imagination.* Paris (dt. *Das Imaginäre: phänomenologische Psychologie der Einbildungskraft.* Reinbek bei Hamburg 1980).
Sartre, Jean-Paul 1943. *L'être et le néant. Essai d'ontologie phénoménologique.* Paris (dt. *Das Sein und das Nichts: Versuch einer phänomenologischen Ontologie.* Reinbek bei Hamburg 1992).
Sartre, Jean-Paul 1948. *Situations II. Qu'est-ce que la littérature?* Paris (dt. *Was ist Literatur? Ein Essay.* Reinbek 1979).
Sartre, Jean-Paul 1971/72. *L'Idiot de la famille.* Paris.
Saussure, Ferdinand de 1916/1968ff. *Cours de linguistique générale,* R. Engler (Hg.). Wiesbaden (dt. *Grundlagen der Allgemeinen Sprachwissenschaft.* Berlin 1967).
Saussure, Ferdinand de 1916/1972. *Cours de linguistique générale,* T. de Mauro (Hg.). Paris (dt. *Grundlagen der Allgemeinen Sprachwissenschaft.* Berlin 1967).
Sawicki, Jana 1992. «Feminism and Foucault», *APA Newsletter 91/92* (Newsletters on Feminism and Philosophy).
Scarry, Elaine 1985. *The Body in Pain: The Making and Unmaking of the World.* New York/Oxford (dt. *Der Körper im Schmerz: die Chiffren der Verletzlichkeit und die Erfindung der Kultur.* Frankfurt/M. 1992).
Schaeffer, Jean-Marie 1989. *Qu'est ce que'un genre littéraire?* Paris.
Schechner, Richard 1988. *Performance Theory.* New York/London (erweiterte Aufl.).
Schenda, Rudolf 1977. *Volk ohne Buch: Studien zur Sozialgeschichte der populären Lesestoffe 1770–1910.* München.
Scherer, Wilhelm 1883. *Geschichte der deutschen Literatur.* Berlin.
Scherpe, Klaus 1983. «‹Beziehung› und nicht ‹Ableitung›: Methodische Überlegungen zu einer Literaturgeschichte im sozialen Zusammenhang (am Beispiel der Nachkriegsliteratur)», in: Cramer, Th., Hg., *Literatur und Sprache im historischen Prozeß. Vorträge des deutschen Germanistentages Aachen 1982.* Bd. 1: Literatur. Tübingen.
Schissel von Fleischenberg, Otmar 1910. *Novellenkompositionen in E. T. A. Hoffmanns ‹Elixieren des Teufels›.* Halle.
Schissel von Fleischenberg, Otmar 1912. *Novellenkränze Lukians.* Halle.
Schleiermacher, Friedrich D. E. 1832/1959. *Hermeneutik.* Heidelberg.
Schleifer, Ronald 1987. *A. J. Greimas and the Nature of Meaning: Linguistics, Semiotics and Discourse Theory.* Lincoln.
Schleifer, Ronald/Velie, Alan 1987. «Genre and Structure: Toward an Actantial Typology of Narrative Genres and Modes», *Modern Language Notes 5.*

Schlesinger, Arthur M. 1991. *The Disuniting of America: Reflections on a Multicultural Society*. Tennessee.

Schmeling, Manfred 1987. *Der labyrinthische Diskurs. Vom Mythos zum Erzählmodell*. Frankfurt / M.

Schmid, Herta 1991. «Die entwicklungsgeschichtlichen Ideen Jan Mukařovskýs und Michail Bachtins», in: Titzmann, M., Hg., *Modelle des literarischen Strukturwandels*. Tübingen.

Schmidt, Hans-Walter 1995. «Kulturspezifische Lektüren: Interkulturelle Hermeneutik oder Ethnographie des Lesens», in: Pechlivanos, Miltos, et al., Hg., *Einführung in die Literaturwissenschaft*. Stuttgart / Weimar.

Schmidt, Siegfried J. 1973. *Texttheorie*. München.

Schmidt, Siegfried J. 1980. *Grundriß der empirischen Literaturwissenschaft*. Bd. 1: *Der gesellschaftliche Handlungsbereich Literatur*. Braunschweig / Wiesbaden.

Schmidt, Siegfried J. 1982. *Grundriß der empirischen Literaturwissenschaft*. Bd. 2: *Zur Rekonstruktion literaturwissenschaftlicher Fragestellungen in einer empirischen Theorie der Literatur*. Braunschweig / Wiesbaden.

Schmidt, Siegfried J. 1984a. «Vom Text zum Literatursystem. Skizze einer konstruktivistischen Literaturwissenschaft», *LUMIS-Schriften 1*.

Schmidt, Siegfried J. 1984b. «Empirische Literaturwissenschaft in der Kritik», *SPIEL (Siegener Periodicum für Internationale Empiristische Literaturwissenschaft) 2*.

Schmidt, Siegfried J. 1985. «On Writing Histories of Literature: Some Remarks from a Constructivist Point of View», *Poetics 14*.

Schmidt, Siegfried J. 1989. *Die Selbstorganisation des Sozialsystems Literatur im 18. Jahrhundert*. Frankfurt / M.

Schmidt, Siegfried J. 1991. «Gedächtnisforschungen: Positionen, Probleme, Perspektiven», in: Schmidt, S. J., Hg., *Gedächtnis: Probleme und Perspektiven der interdisziplinären Gedächtnisforschung*. Frankfurt / M.

Schmidt, Siegfried J. 1993. «Kommunikationskonzepte für eine systemorientierte Literaturwissenschaft», in: Schmidt, S. J., Hg., *Literaturwissenschaft und Systemtheorie: Positionen, Kontroversen, Perspektiven*. Opladen.

Schmidt, Siegfried J. 1994. *Kognitive Autonomie und soziale Orientierung: Konstruktivistische Bemerkungen zum Zusammenhang von Kognition, Kommunikation, Medien und Kultur*. Frankfurt / M.

Schneider, Wolfgang Ludwig 1994a. *Die Beobachtung von Kommunikation: Zur kommunikativen Konstruktion sozialen Handelns*. Opladen.

Schneider, Wolfgang Ludwig 1994b. «Intersubjektivität als kommunikative Konstruktion», in: Fuchs, P. / Göbel, A., Hg., *Der Mensch – das Medium der Gesellschaft*. Frankfurt / M.

Schnur-Wellpott, Margrit 1983. *Aporien der Gattungstheorie aus semiotischer Sicht*. Tübingen.

Scholes, Robert 1982. *Semiotics and Interpretation*. New Haven.

Scholes, Robert 1985. *Textual Power: Theory and the Teaching of English*. New Haven.

Scholes, Robert / Kellogg, Robert 1966. *The Nature of Narrative*. New York.

Schön, Erich 1987. *Der Verlust der Sinnlichkeit oder Die Verwandlungen des Lesers: Mentalitätswandel um 1800*. Stuttgart.

Schönert, Jörg 1985. «The Social History of German Literature. On the Present State of Distress in the Social History of German Literature», *Poetics 14*.

Schroeder, Brian 1996. *Altared Grounds: Levinas, History, and Violence*. New York / London.

Schulte, Günter 1993. *Der blinde Fleck in Luhmanns Systemtheorie*. Frankfurt / M. et al.

Schultz, Franz 1935. *Klassik und Romantik der Deutschen*. 2 Bde. Stuttgart.

Schwab, Gabrielle 1996. *The Mirror and the Killer-Queen: Otherness in Literary Language*. Bloomington.

Schwanitz, Dietrich 1987. «Zeit und Geschichte im Roman – Interaktion und Gesellschaft im Drama: zur wechselseitigen Erhellung von Systemtheorie und Literatur», in: Baecker, D. et al., Hg., *Theorie als Passion: Niklas Luhmann zum 60. Geburtstag*. Frankfurt / M.

Schwanitz, Dietrich 1990a. «Selbstreferentielle Systeme», *Zeitschrift für Literaturwissenschaft und Linguistik 77*.

Schwanitz, Dietrich 1990b. *Systemtheorie und Literatur: Ein neues Paradigma*. Opladen.

Schwanitz, Dietrich 1993. «Systemtheoretischer Handlungsbegriff und literarische Kommunikation», *SPIEL (Siegener Periodicum für Internationale Empirische Literaturwissenschaft) 1*.

Schwanitz, Dietrich 1996. «Dichte Beschreibungen», in: Fohrmann, J. / Müller, H., Hg., *Systemtheorie der Literatur*. München.

Schweppenhäuser, Hermann 1972. «Physiognomie eines Physiognomikers», in: Unseld, S., Hg., *Zur Aktualität Walter Benjamins*. Frankfurt / M.

Scott, Joan Wallach 1988. *Gender and the Politics of History*. New York.

Scott, Joan Wallach 1989. «History in Crisis? The Others' Side of the Story», *American Historical Review 3*.

Scott, Joan Wallach 1992. «‹Experience›», in: Butler, J. / Scott, J. W., Hg., *Feminists Theorize the Political*. New York / London.

Searle, John 1969. *Speech Acts: An Essay in the Philosophy of Language*. Cambridge (dt. *Sprechakte: ein sprachphilosophisches Essay*. Frankfurt / M. 1994).

Searle, John 1975. «The Logical Status of Fictional Discourse», *New Literary History 6* (enthalten in Searle 1979).

Searle, John 1979. *Expression and Meaning: Studies in the Theory of Speech Acts*. Cambridge (dt. *Ausdruck und Bedeutung: Untersuchungen zur Sprechakttheorie*. Frankfurt / M. 1990).

Sebeok, Thomas A. 1976. *Contributions to the Doctrine of Signs*. Bloomington.

Sebeok, Thomas A. 1985. «Pandora's Box: How and Why to Communicate 10,000 Years into the Future», in: Blonsky, M., Hg., *On Signs*. Baltimore.

Sedgwick, Eve Kosofsky 1985. Between Men. *English Literature and Male Homosocial Desire*. New York.

Sedgwick, Eve Kosofsky 1992. «Gender Criticism», in: Greenblatt, Stephen / Gunn, Giles, Hg., *Redrawing the Boundaries: The Transformation of English and American Literary Studies*. New York.

Sell, Roger, Hg., 1991. *Literary Pragmatics*. London.

Seltzer, Mark 1984. *Henry James and the Art of Power*. Ithaca, NY.

Serres, Michel 1992. *Éclaircissements: Entretiens avec Bruno Latour*. Paris.

Seuffert, Bernard 1909 / 11. «Beobachtungen über dichterische Komposition», *Germanisch-romanische Monatsschrift 1, 3*.

Shannon, Claude E. / Weaver, Warren 1949. *The Mathematical Theory of Communication*. Urbana, Ill.

Shapiro, Gary 1994. «Jean-Luc Nancy and the Corpus of Philosophy», in: MacCannell, J. F. / Zakarin, L., Hg., *Thinking Bodies*. Stanford.

Shapiro, Michael J. 1997. *Violent Cartographies: Mapping Cultures of War*. Minneapolis / London.

Sharpe, Jenny 1993. *Allegories of Empire: The Figure of Woman in the Colonial Text*. London / Minneapolis.

Sheridan, Alan 1980. *Michel Foucault: The Will to Truth*. London.

Sheriff, John 1989. *The Fate of Meaning: Ch. S. Peirce, Structuralism, and Literature*. Princeton.

Shohat, Ella 1993. «Notes on the ‹Post-colonial›», *Social Text 31 / 32*.

Showalter, Elaine 1977. *A Literature of Their Own: Women Novelists from Brontë to Lessing.* Princeton.
Showalter, Elaine 1979. «Towards a Feminist Poetics», in: Jacobus, M., Hg., *Women Writing and Writing about Women.* London.
Siebers, Tobin 1988. *The Ethics of Criticism.* Ithaca / London.
Sill, Oliver 1997. «Literatur als Beobachtung zweiter Ordnung. Ein Beitrag zur systemtheoretischen Debatte in der Literaturwissenschaft», in: Berg, H. de / Prangel, M., Hg., *Systemtheorie und Hermeneutik.* Tübingen / Basel.
Silverman, Kaja 1983. *The Subject of Semiotics.* New York.
Silverman, Kaja 1988. *The Acoustic Mirror. The Female Voice in Psychoanalysis and Cinema.* Bloomington.
Simmel, Georg 1818 / 1984. «Vom Wesen des historischen Verstehens», in: *Das Individuum und die Freiheit.* Berlin.
Simon, Josef 1994. «Zeichenphilosophie und Transzendentalphilosophie», in: Simon, J., Hg., *Zeichen und Interpretation.* Frankfurt / M.
Sinfield, Alan 1992. *Faultlines: Cultural Materialism and the Politics of Dissident Reading.* Berkeley.
Šklovskij, Viktor Borisovič 1914. *Voskrešenie slova.* Sankt Petersburg.
Šklovskij, Viktor Borisovič 1914 / 1917. «Iskusstvo kak priëm», *Sborniki po teorii poėtičeskogo jazyka* 2. Petrograd (dt. Kunst als Verfahren, in: Striedter, J., Hg., *Russischer Formalismus.* München 1981, S. 3–35).
Šklovskij, Viktor Borisovič 1919. «‹Svjaz› priëmov sjužetosloženija s obščimi priëmami stilja», in: *Poėtika. Sborniki po teorii poėtičeskogo jazyka.* Petrograd.
Šklovskij, Viktor Borisovič 1925. *O teorii prozy.* Moskva (dt. *Theorie der Prosa.* Frankfurt / M. 1984).
Skura, Meredith 1992. «Psychoanalytic Criticism», in: Greenblatt, S. / Gunn, G., Hg., *Redrawing the Boundaries: The Transformation of English and American Literary Studies.* New York.
Sławiński, Janusz 1967. «Sinchronia i diachronia w procesie historyczno-literackim», in: Janjion, M. / Piorunowa, W. *Proces historiczny w literaturze i sztuce.* Warszawa.
Sławiński, Janusz 1982. «O opisu», *Republika 6 / 1984.*
Slethaug, Gordon, E. 1993. «Desire / lack», in: Makarýk, I., Hg., *Encyclopedia of Contemporary Literary Theory.* Toronto.
Sloterdijk, Peter 1983. *Kritik der zynischen Vernunft I, II.* Frankfurt / M.
Sloterdijk, Peter 1986. *Kopernikanische Mobilmachung und ptolemäische Entrüstung.* Frankfurt / M.
Sloterdijk, Peter 1988. *Zur Welt kommen – zur Sprache kommen.* Frankfurt / M.
Smith, Barbara Herrnstein 1978. *On the Margins of Discourse: The Relation of Literature to Language.* Chicago.
Smith, Barbara Herrnstein 1988. *Contingencies of Value. Alternative Perspectives for Critical Theory.* Cambridge, Mass. / London.
Smith, Barbara Herrnstein 1991. «Belief and Resistance: A Symmetrical Account», *Critical Inquiry 18.*
Smith, Barbara Herrnstein 1997. *Belief & Resistance: Dynamics of Contemporary Intellectual Controversy.* Cambridge, Mass. / London.
Solar, Milivoj 1985. *Filozofija književnosti.* Zagreb.
Sourieau, Étienne 1950. *Deux cents milles situations dramatiques.* Paris.
Sourieau, Étienne 1953. *L'univers filmique.* Paris.
Spariosu, Mihai I. 1989. *Dionysus Reborn: Play and the Aesthetic Dimension in Modern Philosophical and Scientific Discourse.* Ithaca / London.

Sperber, Dan 1974. *Le Symbolisme en général.* Paris (dt. *Über Symbolik.* Frankfurt / M. 1975).
Sperber, Dan / Wilson, Deirdre 1986. *Relevance: Communication and Cognition.* Oxford.
Špet, Gustav 1914. *Javlenie i smysl. Fenomenologija kak osnovnaja nauka.* Moskva.
Špet, Gustav 1922. *Ėstetičeskie fragmenty 1.* Petrograd.
Špet, Gustav 1923. *Ėstetičeskie fragmenty 2, 3.* Petrograd.
Špet, Gustav 1927a. *Vvedenie v ėtničeskuju psichologiju.* Moskva.
Špet, Gustav 1927b. *Vnutrennjaja forma slova. Ėtjudy i variacii na temy Gumbol'dta.* Moskva.
Spiller, Robert (Hg.) 1948. *The Literary History of the United States.* New York.
Spitzer, Leo 1923. «Sprachmischung als Stilmittel und als Ausdruck der Klangphantasie», *Germanisch-romanische Monatshefte 11.*
Spitzer, Leo 1928a. «Zur Entstehung der sog. ‹Erlebten Rede›», *Germanisch-romanische Monatshefte 26.*
Spitzer, Leo 1928b. *Stilstudien I, II.* München.
Spitzer, Leo 1931. *Romanische Stil- und Literaturstudien.* Marburg.
Spivak, Gayatri Chakravorty 1974. «Translator's Preface», in: Derrida, Jacques, *Of Grammatology.* Baltimore.
Spivak, Gayatri Chakravorty 1985. «Three Women's Texts and a Critique of Imperialism», *Critical Inquiry 12 / 1.*
Spivak, Gayatri Chakravorty 1987. *In Other Worlds: Essays in Cultural Politics.* New York.
Spivak, Gayatri Chakravorty 1988. «Can the Subaltern Speak?», in: Nelson, C. / Grossberg, L., Hg. *Marxism and the Interpretation of Culture.* London.
Spivak, Gayatri Chakravorty 1990. *The Postcolonial Critic: Interview, Strategies, Dialogues.* Hg. S. Harasym. New York / London.
Spivak, Gayatri Chakravorty 1991. «Theory in the Margin: Coetzee's *Foe* Reading Defoe's *Crusoe / Roxana*, in: Arac, J. / Johnson, B., Hg., *Consequences of Theory.* Baltimore / London.
Sprinker, Michael 1987. *Imaginary Relations.* London.
Squire, I. R. 1986. «Mechanisms of Memory», *Science 232.*
Staël, Germaine de 1814 / 1985. *Über Deutschland.* Frankfurt / M.
Staiger, Emil 1939. *Die Zeit als Einbildungskraft des Dichters: Untersuchungen zu Gedichten von Brentano, Goethe und Keller.* Zürich / Leipzig.
Staiger, Emil 1945. *Grundbegriffe der Poetik.* Zürich.
Staiger, Emil 1955. *Die Kunst der Interpretation.* Zürich.
Stam, Robert 1989. *Subversive Pleasures: Bakhtin, Cultural Criticism and Film.* Baltimore / London.
Staniczek, Georg 1988. «Bildung und Roman als Momente bürgerlicher Kultur: Zur Frühgeschichte des ‹deutschen Bildungsromans›», *Deutsche Vierteljahrschrift für Literatur- und Geistesgeschichte 62.*
Staniczek, Georg 1995. «Kommunikation (communicatio & Apostrophe einbegriffen)», in: Fohrmann, J. / Müller, H., Hg., *Literaturwissenschaft.* München.
Staniczek, Georg 1997. «Im Rahmen? Zu Niklas Luhmanns *Kunst*-Buch», in: Berg, H. de / Prangel, M., Hg., *Systemtheorie und Hermeneutik.* Tübingen / Basel.
Stanton, Domna C. 1986. «Difference on Trial: a Critique of the Maternal Metaphor in Cixous, Irigaray and Kristeva», in: Miller, N. K., Hg., *Poetics of Gender.* New York.
Stanzel, Franz 1955. *Die typischen Erzählsituationen im Roman.* Wien / Stuttgart.
Stanzel, Franz 1964. *Typische Formen des Romans.* Göttingen.
Stanzel, Franz 1979. *Theorie des Erzählens.* Göttingen (erweiterte Aufl. 1982).
Stanzel, Franz 1984. *Linguistische und literarische Aspekte des erzählenden Diskurses.* Wien.
Starobinski, Jean 1961a. *Histoire du traitement de la mélancolie des origines à 1900.* Basel (dt. *Geschichte der Melancholiebehandlung von den Anfängen bis 1900.* Basel 1960).
Starobinski, Jean 1961b. *L'œil vivant 1.* Paris (dt. *Das Leben der Augen.* Frankfurt / M. 1984).

Starobinski, Jean 1968. *L'œil vivant 2*. Paris (dt. *Das Leben der Augen*. Frankfurt/M. et al. 1984).

Starobinski, Jean 1971. *Les mots sous les mots: Les anagrammes de Ferdinand de Saussure*. Paris (dt. *Wörter unter Wörtern: die Anagramme von Ferdinand de Saussure*. Frankfurt/M. et al. 1980).

Starobinski, Jean 1973. 1789: *Les emblèmes de la raison*. Paris (dt. *1789, die Embleme der Vernunft*. Paderborn et al. 1981).

Steele, Meili 1997a. *Theorizing Textual Subjects: Agency & Oppression*. Cambridge.

Steele, Meili 1997b. *Critical Confrontations: Literary Theories in Dialogue*. Columbia, SC.

Steele, Tom 1997. *The Emergence of Cultural Studies: Cultural Politics, Adult Education and the ‹English› Question*. London.

Steiner, Peter 1984. *Russian Formalism: A Metapoetics*. Ithaca, NY.

Steiner, Peter 1993. «Prague School» (unter dem Stichwort Structuralism), in: Preminger, A./Brogan, T. V. F., Hg., *The New Princeton Encyclopedia of Poetry and Poetics*. Princeton.

Steinmetz, Horst 1983. «Historisch-strukturelle Rekurrenz als Gattungs-/Textsortenkriterium», in: *Textsorten und literarische Gattungen. Dokumentation des Germanistentags in Hamburg vom 1–4. April 1979*. Berlin.

Stempel, Wolf-Dieter, Hg., 1972. *Texte der russischen Formalisten 2*. München.

Stepan, Nancy Leys 1990. «Race and Gender: The Role of Analogy in Science», in: Goldberg, D. T., Hg., *The Anatomy of Racism*. Minneapolis.

Sternberg, Meir 1982. «Proteus in Quotation-Land: Mimesis and the Forms of Reported Discourse», *Poetics Today 3*.

Stetter, Christian 1979a. «Zur Konzeption der historisch-pragmatischen Linguistik», in: Jäger, L., Hg., *Erkenntnistheoretische Grundfragen der Linguistik*. Stuttgart.

Stetter, Christian 1979b. «Peirce und Saussure», *Kodikas/Code 2*.

Stichweh, Rudolf 1988. «Inklusion in Funktionssysteme der modernen Gesellschaft», in: Mayntz, R. et al., Hg., *Differenzierung und Verselbständigung: Zur Entwicklung gesellschaftlicher Teilsysteme*. Frankfurt/M./New York.

Stierle, Karlheinz 1973. «Geschehen, Geschichte, Text der Geschichte», in: Stempel, W. D./Koselleck, R., Hg., *Geschichte – Ereignis und Erzählung*. München.

Stierle, Karlheinz 1975a. *Text als Handlung: Perspektiven einer systematischen Literaturwissenschaft*. München.

Stierle, Karlheinz 1975b. «Was heißt Rezeption bei fiktionalen Texten?», *Poetica 3–4*.

Stierle, Karlheinz 1984. «Werk und Intertextualität», in: Stierle, K./Warning, R., Hg., *Das Gespräch*. München.

Stötzel, Georg/Wierlacher, Alois, Hg., 1996. *Blickwinkel: Konstruktionen und Konstellationen interkultureller Germanistik im Zeitalter der Internationalisierung*. München.

Strelka, Joseph 1978. *Methodologie der Literaturwissenschaft*. Tübingen.

Strich, Fritz 1923. «Wesen und Aufgabe der heutigen Geistesgeschichte», *Frankfurter Zeitung 886*.

Striedter, Jurij, Hg., 1969. *Texte der russischen Formalisten I*. München.

Striedter, Jurij 1976. «Einleitung», in: Vodička, Felix, *Die Struktur der literarischen Entwicklung*. München.

Suleiman, Susan Rubin 1983. *Authoritarian Fictions: The Ideological Novel as a Literary Genre*. New York.

Suleiman, Susan Rubin 1987. «Nadja, Dora, Lol. V. Stein: women, madness and narrative», in: Rimmon-Kenan, Sh., Hg., *Discourse in Psychoanalysis and Literature*. London.

Suleiman, Susan Rubin 1996. *Budapest Diary: In Search of the Motherbook*. Lincoln.

Suleri, Sara 1995. «The Rhetoric of English India», in: Ashcroft, B./Griffiths, G./Tiffin, H., Hg., *The Post-colonial Studies Reader*. London/NewYork.

Surber, Jere Paul 1998. *Culture and Critique: An Introduction to the Critical Discourses of Cultural Studies*. Boulder, Col. / Oxford.

Sutter, Tilmann 1997. «Einleitung: Beobachten und Verstehen – eine überwundene Differenz?», in: Sutter, T., Hg., *Beobachtung verstehen, Verstehen beobachten: Perspektiven einer konstruktivistischen Hermeneutik*. Opladen.

Szondi, Peter 1975. *Einführung in die literarische Hermeneutik*. Frankfurt / M.

Tallis, Raymond 1988. *Not Saussure: A Critique of Post-Saussurean Literary Theory*. London.

Tate, Allen 1938 / 1955. «Tension in Poetry», in: *The Man of Letters in the Modern World. Selected Essays 1928–1955*. New York.

Taureck, Bernhard 1991. *Lévinas zur Einführung*. Hamburg.

Taussig, Michael 1993. *Mimesis and Alterity*. New York (dt. *Mimesis und Alterität: eine andere Geschichte der Sinne*. Hamburg 1997).

Taylor, Talbot J. 1992. *Mutual Misunderstanding: Scepticism and the Theorizing of Language and Interpretation*. Durham / London.

Terdimann, Richard 1985. *Discourse / Counter-Discourse: The Theory and Practice of Symbolic Resistance in Nineteenth-Century France*. Ithaca / New York.

Tesnière, Lucien 1965. *Éléments de syntaxe structurale*. Paris (dt. *Grundzüge der strukturalen Syntax*. Stuttgart 1980).

Thomas, Günter 1992. «Welt als relative Einheit oder als Letzthorizont? Zur Azentrizität des Weltbegriffs», in: Krawietz, W. / Welker, M., Hg., *Kritik der Theorie sozialer Systeme: Auseinandersetzungen mit Luhmanns Hauptwerk*. Frankfurt / M.

Thompson, Edward 1926 / 1974. *The Other Side of the Medal*. Westport.

Thum, Bernd / Fink, Gonthier-Louis, Hg., 1993. *Praxis interkultureller Germanistik*. München.

Thurley, Geoffrey 1983. *Counter-modernism in Current Literary Theory*. London.

Titunik, Irwin R. 1977. «Das Problem des *skaz*: Kritik und Theorie», in: Haubrichs, W., Hg., *Erzählforschung 2*. Göttingen.

Todorov, Tzvetan, Hg., 1965. *Théorie de la littérature: Textes des formalistes russes*. Paris.

Todorov, Tzvetan 1966. «Les Catégories du récit littéraire», *Communications 8*.

Todorov, Tzvetan 1967. *Littérature et signification*. Paris.

Todorov, Tzvetan 1968 / 1973. *Poétique*. Paris.

Todorov, Tzvetan 1969. *Le grammaire du Décaméron*. The Hague.

Todorov, Tzvetan 1971a. *Introduction à la littérature phantastique*. Paris (dt. *Einführung in die fantastische Literatur*. Frankfurt / M. 1992).

Todorov, Tzvetan 1971b. *Poétique de la prose*. Paris (dt. *Poetik der Prosa*. Frankfurt / M. 1972).

Todorov, Tzvetan 1972. «Sémiotique», in: Ducrot / Todorov 1972.

Todorov, Tzvetan 1977. *Théories du symbole*. Paris (dt. *Symboltheorien*. Tübingen 1995).

Todorov, Tzvetan 1978. *Symbolisme et interprétation*. Paris.

Todorov, Tzvetan 1981. *Mikhail Bakhtin: Le principe dialogique*. Paris.

Todorov, Tzvetan 1982. *La conquête de l'Amérique*. Paris (dt. *Die Eroberung Amerikas: das Problem des Anderen*. Frankfurt / M. 1993).

Todorov, Tzvetan 1983. *Les genres du discours*. Paris.

Tomaševskij, Boris 1925. *Teorija literatury. Poėtika*. Leningrad (dt. *Theorie der Literatur. Poetik*. Wiesbaden 1985).

Trilling, Lionel 1964. *The Liberal Imagination*. London (Art and Neurosis, Freud and Literature).

Tynjanov, Jurij Nikolaevič 1924a. «O literaturnom fakte», *Lef 2*.

Tynjanov, Jurij Nikolaevič 1924b. *Problema stichotvornogo jazyka*. Leningrad (dt. *Das Problem der Verssprache*. München 1977).

Tynjanov, Jurij Nikolaevič 1927. «O literaturnoj ėvoluciji», *Na literaturnom postu 4*.

Tynjanov, Jurij Nikolaevič 1969. *Puškin i ego sovremenniki*. Moskva.
Ullman, Steve 1962. Semantics: *An Introduction to the Science of Meaning*. Oxford.
Ulmer, Gregory 1985. *Applied Grammatology: Post-Pedagogy from Jacques Derrida to Joseph Beuys*. Baltimore / London.
Uspenskij, Boris 1970. *Poėtika kompozicii. Struktura chudožestvennogo teksta i tipologija kompozicionnoj formy*. Moskva (dt. *Poetik der Komposition. Struktur des künstlerischen Textes und Typologie der Kompositionsform*. Frankfurt / M. 1975).
Užarević, Josip 1990. «Lirski ciklus», in: Flaker, A. / Ugrešić, D., Hg., *Pojmovnik ruske avangarde 8*.
Užarević, Josip 1991. *Kompozicija lirske pjesme*. Zagreb.
Varela, Francisco J. 1991. «Allgemeine Prinzipien des Lernens im Rahmen der Theorie biologischer Netzwerke», in: Schmidt, S. J., Hg., *Gedächtnis: Probleme und Perspektiven der interdisziplinären Gedächtnisforschung*. Frankfurt / M.
Vasseleu, Cathryn 1998. *Textures of Light: Vision and Touch in Irigaray, Levinas and Merleau-Ponty*. London / New York.
Vattimo, Gianni 1985. *La fine della modernità*. Milano (dt. *Das Ende der Moderne*. Stuttgart 1990).
Vaughan, Megan 1991. *Curing Their Ills: Colonial Power and African Illness*. Cambridge / Stanford.
Vaughan, Megan 1994. «Colonial Discourse Theory and African History, or Has Postmodernism Passed us by?», *Social Dynamics 20 / 2*.
Veeser, Aram H., Hg., 1989. *The New Historicism*. New York.
Velčić, Mirna 1987. *Uvod u lingvistiku teksta*. Zagreb.
Veyne, Paul 1977. «L'idéologie selon Marx et selon Nietzsche», *Diogène 9*.
Veyne, Paul 1978. *Comment on écrit l'histoire?* Paris.
Viala, Alain 1985. *Naissance de l'écrivain: Sociologie de la littérature à l'âge classique*. Paris.
Viala, Alain 1988. «Prismatic Effects», *Critical Inquiry 14*.
Vinken, Barbara 1991. *Unentrinnbare Neugierde – Die Weltverfallenheit des Romans*. Freiburg.
Vinogradov, Viktor 1926. «Problema skaza v stilistike», *Poėtika I*.
Violi, Pietro 1986. «Unspeakable sentences and speakable texts», *Semiotica 3–4*.
Viswanathan, Gauri 1989. *The Masks of Conquest: Literary Study and British Rule in India*. New York.
Vodička, Felix 1942. «Literárni historie. Jeji problémy a úkoly», in: Havránek, B. / Mukařovský, J., Hg., *Čteni o jazyce a poesii*. Prag (nachgedruckt als erstes Kapitel in *Struktura vývoje*, Prag 1966).
Vodička, Felix 1975. «Die Rezeptionsgeschichte literarischer Werke», in: Warning, R., Hg., *Rezeptionsästhetik: Theorie und Praxis*. München.
Vološinov, Valentin N. (Bachtin, Michail) 1929. *Marksizm i filosofija jazyka*. Leningrad (dt. *Marxismus und Sprachphilosophie: grundlegende Probleme der soziologischen Methode in der Sprachwissenschaft*. Frankfurt / M. 1975).
Voßkamp, Wilhelm 1987. «Für eine systematische Erforschung der Geschichte der deutschen Literaturwissenschaft», in: Fohrmann, J. / Voßkamp, W., Hg., *Von der gelehrten zur disziplinären Gemeinschaft*. Stuttgart (Einzelheft von *Deutsche Vierteljahrschrift für Literaturwissenschaft und Geistesgeschichte*).
Voßkamp, Wilhelm 1990. «Literaturwissenschaft als Geisteswissenschaft: Thesen zur Geschichte der deutschen Literaturwissenschaft nach dem zweiten Weltkrieg», in: Prinz, W. / Weingart, P., Hg., *Die sog. Geisteswissenschaften: Innenansichten*. Frankfurt / M.
Voßkamp, Wilhelm / Lämmert, Eberhard, Hg., 1986. *Historische und aktuelle Konzepte der Literaturgeschichtsschreibung – Zwei Königskinder?* Tübingen.

Wackernagel, Wilhelm 1906. *Poetik, Rhetorik und Stilistik: Akademische Vorlesungen.* Halle.
Waldmann, Günther 1972. *Theorie und Didaktik der Trivialliteratur: Modellanalysen, Didaktikdiskussion, literarische Wertung.* München.
Walzel, Oskar 1929. *Gehalt und Gestalt im Kunstwerk des Dichters.* Konstanz.
Warminski, Andrzej 1987. *Readings in Interpretation.* Minneapolis.
Warning, Rainer 1975. «Rezeptionsästhetik als literaturwissenschaftliche Pragmatik», in: Warning, R., Hg., *Rezeptionsästhetik: Theorie und Praxis.* München.
Warren, Robert Penn 1942/1958. «Pure and Impure Poetry», in: *Selected Essays.* New York.
Waswo, Richard 1993. *The Founding Legend of Western Civilization.* Princeton.
Watts, Cedric 1984. *The Deceptive Text: An Introduction to Covert Plots.* Brighton.
Waugh, Patricia 1984. *Metafiction: The Theory and Practice of Self-Conscious Fiction.* London/New York.
Weber, Samuel 1985. «Afterword», in: Lyotard, Jean-François, *Just Gaming.* Minneapolis.
Weber, Samuel 1986. *Demarcating the Disciplines.* Minneapolis.
Weber, Samuel 1987. *Institution and Interpretation.* Minneapolis.
Weber, Samuel 1990. *Rückkehr zu Freud: Jacques Lacans Ent-stellung der Psychoanalyse.* Wien.
Weigel, Sigrid 1992. «Geschlechterdifferenz und Literaturwissenschaft», in: Brackert, H./Stückrath, J., Hg., *Literaturwissenschaft: Ein Grundkurs.* Reinbek bei Hamburg.
Weimann, Robert 1973. «‹Rezeptionsästhetik› und die Krise der Literaturgeschichte: Zur Kritik einer neuen Strömung in der bürgerlichen Literaturwissenschaft», *Weimarer Beiträge 8.*
Weimann, Robert 1976. *Structure and Society in Literary History.* Bloomington.
Weimann, Robert 1977. *Literaturgeschichte und Mythologie – Methodologische und historische Studien.* Frankfurt/M.
Weimann, Robert 1982. «‹Rezeptionsästhetik› oder das Ungenügen an der bürgerlichen Bildung: Zur Kritik einer Theorie literarischer Kommunikation», in: Weimann, R., Hg., *Kunstensemble und Öffentlichkeit.* Halle/Leipzig.
Weimar, Klaus 1989. *Geschichte der deutschen Literaturwissenschaft bis zum Ende des 19. Jahrhunderts.* München.
Weinrich, Harald 1964. *Tempus. Erzählte und besprochene Welt.* Stuttgart.
Weinrich, Harald 1988. «Über Sprache, Leib und Gedächtnis», in: Gumbrecht, H.-U./Pfeiffer, K. L., Hg., *Materialität der Kommunikation.* Frankfurt/M.
Wellbery, David 1996. «Interpretation versus Lesen: Posthermeneutische Konzepte der Texterörterung», in: Danneberg, L./Vollhardt, F., Hg., *Wie international ist die Literaturwissenschaft?* Stuttgart/Weimar.
Wellek, René/Warren, Austin 1949. *Theory of Literature.* New York (dt. *Theorie der Literatur.* Weinheim 1995).
Welsch, Wolfgang 1987. *Unsere moderne Postmoderne.* Weinheim.
Werber, Nils 1992. *Literatur als System: Zur Ausdifferenzierung literarischer Kommunikation.* Opladen.
West, Cornel 1995. «A Matter of Life and Death», in: Rajchman, John, Hg., *The Identity in Question.* New York/London.
Weststeijn, Willem G. 1995. «Metafora: teorija, analiza i interpretacija», in: Fališevac, D./Benčić, Ž., Hg., *Tropi i figure*, Zagreb.
Wheelwright, Philippe 1954. *The Burning Fountain: A Study in the Language of Symbolism.* Bloomington (erweiterte Aufl. 1968).
White, Allon/Stallybrass, Peter 1986. *The Politics and Poetics of Transgression.* London/New York.
White, Hayden 1973. *Metahistory: The Historical Imagination in 19th Century Europe.* Baltimore (dt. *Metahistory.* Frankfurt/M. 1994).

White, Hayden 1978. *Tropics of Discourse: Essays in Cultural Criticism.* Baltimore.
White, Hayden 1986. «Historical Pluralism», *Critical Inquiry 12.*
White, Hayden 1987. *The Content of the Form: Narrative Discourse and Historical Representation.* Baltimore (The Politics of Historical Interpretation, The Context in the Text, The Value of Narrativity in the Representation of Reality: Kapitel aufgenommen in *Rival* 1–2, 1989) (dt. *Die Bedeutung der Form. Erzählstrukturen in der Geschichtsschreibung.* Frankfurt/M. 1990).
Whitford, Margareth 1991. *Luce Irigaray: Philosophy in the Feminine.* New York/London.
Wierlacher, Alois, Hg., 1987. *Perspektiven und Verfahren interkultureller Germanistik.* München.
Wierlacher, Alois, Hg., 1993. *Kulturthema Fremdheit: Leitbegriffe und Problemfelder kulturwissenschaftlicher Fremdheitsforschung.* München.
Wiese, Benno von 1933. «Zur Kritik des geistesgeschichtlichen Epochenbegriffs», *Deutsche Vierteljahrschrift für Literaturwissenschaft und Geistesgeschichte 11.*
Wilde, Alan 1987. *Middle Grounds: Studies in Contemporary American Fiction.* Philadelphia.
Wilden, Anthony, hat Lacan übersetzt und herausgegeben 1968, *The Language of the Self: The Function of Language in Psychoanalysis.* New York.
Wilden, Anthony 1974. *System and Structure: Essays in Communication and Exchange.* London.
Williams, Bernard 1985. *Ethics and the Limits of Philosophy.* Cambridge, Mass. (dt. *Ethik und die Grenzen der Philosophie.* Hamburg 1999).
Williams, Raymond 1958. *Culture and Society 1780–1950.* London.
Williams, Raymond 1961. *The Long Revolution.* London.
Williams, Raymond 1977. *Marxism and Literature.* London/New York.
Wilson, Edmund 1934/1938. «The Ambiguity of Henry James», in: *The Triple Thinkers: Essays on Literature.* New York.
Wilson, Rawdon Roger 1990. *In Palamedes' Shadow: Explorations in Play, Game and Narrative Theory.* Boston.
Wimsatt, William K. Jr. 1950. «Verbal Style: Logical and Counterlogical», *Publications of Modern Language Association 65.*
Wimsatt, William K. Jr. 1954. *The Verbal Icon.* Lexington (The Intentional Fallacy, The Affective Fallacy, Essays, veröffenlicht in Koautorschaft mit M. Beardsley).
Winch, Peter 1987. «Die Darstellung der Welt in der Geschichte», in: Rossi, P., Hg., *Theorie der modernen Geschichtsschreibung.* Frankfurt/M.
Winko, Simone 1996a. «Diskursanalyse, Diskursgeschichte», in: Arnold, H. L./Detering, H., Hg., *Grundzüge der Literaturwissenschaft.* München.
Winko, Simone 1996b. «Literarische Wertung und Kanonbildung», in: Arnold, H. L./Detering, H., Hg., *Grundzüge der Literaturwissenschaft.* München.
Winnett, Susan 1990. «Coming Unstrung: Women, Men, Narrative, and Principles of Pleasure», *Publications of Modern Language Association 3.*
Wittgenstein, Ludwig 1958a. *The Blue and Brown Books.* Oxford (dt. *Das blaue Buch. Eine philosophische Betrachtung.* Frankfurt/M. 1980).
Wittgenstein, Ludwig 1958b. *Philosophical Investigations.* Oxford (dt. *Philosophische Untersuchungen.* Frankfurt/M. 1967).
Wittgenstein, Ludwig 1969. *On Certainty.* Oxford (dt. *Über Gewißheit.* Frankfurt/M. 1992).
Wittig, Monique 1969. *Le Guérillères.* Paris (dt. *Die Verschwörung der Balkis.* München 1980).
Wittig, Monique 1973. *Le corps lesbien.* Paris (dt. *Aus deinen zehntausend Augen, Sappho.* Berlin 1984).
Wolfe, Cary 1994. «Making Contingency Safe for Liberalism: The Pragmatics of Epistemology in Rorty and Luhman». *New German Critique 61.*

Wölfflin, Heinrich 1915. *Kunstgeschichtliche Grundbegriffe: Das Problem der Stilentwicklung in der neueren Kunst.* München.

Wolfreys, Julian 1998. *Deconstruction Derrida.* London.

Wollheim, Richard 1983. «Flawed Crystals: James' *The Golden Bowl* and the Plausibility of Literature as Moral Philosophy», *New Literary History 15.*

Wolpers, Theodor 1982. *Motive und Themen in Erzählungen des späten 19. Jahrhunderts.* Göttingen.

Woolf, Virginia 1929. *A Room of One's Own.* London (dt. *Ein Zimmer für sich allein.* Frankfurt/M. 1994).

Wright, Elizabeth 1984. *Psychoanalytic Criticism: Theory in Practice.* London/New York.

Wunderlich, Dieter 1971. «Pragmatik, Sprechsituation, Deixis», *Zeitschrift für Literaturwissenschaft und Linguistik 1.*

Wyschogrod, Edith 1982. «God and ‹Being's Move› in the Philosophy of Emmanuel Levinas», *The Journal of Religion 62.*

Young, Iris Marion 1987. «Impartiality and the Civic Public: Some Implications of Feminist Criticism of Modern Political Theory», in: Benhabib, S./Cornell, D., Hg., *Feminism as Critique.* Cambridge, Mass.

Young, Iris Marion 1990. *Justice and the Politics of Difference.* Princeton.

Young, Katherine Galloway 1987. *Taleworlds and Storyrealms: The Phenomenology of Narrative.* Dordrecht.

Young, Robert 1985/86. «Back to Bakhtin», *Cultural Critique 2.*

Žirmunskij, Viktor 1921. *Kompozicija liričeskich stichotvorenij.* Petrograd.

Žižek, Slavoj 1989. *The Sublime Object of Ideology.* London.

Žižek, Slavoj 1992. *Enjoy Your Symptom!* New York (dt. *Liebe Dein Symptom wie Dich selbst: Jacques Lacans Psychoanalyse und die Medien.* Berlin 1991).

Žižek, Slavoj 1993. *Tarrying with the Negative. Kant, Hegel, and the Critique of Ideology.* Durham.

Žolkovskij, Aleksandr K. 1984. *Themes and Texts: Towards a Poetics of Expressiveness.* Ithaca/London.

Žylko, Boguslaw 1990. «Tinjanov/literarnost», in: Flaker, A./Ugrešić, D., Hg., *Pojmovnik ruske avangarde 7.* Zagreb.

Personenregister